U0839380

Gonglu Gongcheng Gongfa Huibian

公路工程工法汇编

（2010）

下册

中国公路建设行业协会　编

人民交通出版社

内容提要

本书由中国公路建设行业协会组织编写，共汇编了174项公路工程工法，反映了公路路基、路面、桥梁、隧道、交通工程和公路养护的最新施工工艺和施工技术。本书汇编的工法符合国家公路工程建设的方针、政策和标准，具有先进性、科学性和实用性，对于保证工程质量、提高施工效率、降低工程成本、节约资源、保护环境等具有重要的指导作用。

本书主要供公路工程施工与管理人员学习参考。

图书在版编目(CIP)数据

公路工程工法汇编(2010)/中国公路建设行业协会编.—北京:人民交通出版社,2011.4

ISBN 978-7-114-08989-3

I.①公… II.①中… III.①道路工程—工程施工—规范—汇编—中国—2010 IV.①U415-65

中国版本图书馆CIP数据核字(2011)第055138号

书　　名:公路工程工法汇编(2010)(下册)
著 作 者:中国公路建设行业协会
责任编辑:沈鸿雁　丁润铎　韩亚楠　刘永超　郑蕉林
出版发行:人民交通出版社
地　　址:(100011)北京市朝阳区安定门外外馆斜街3号
网　　址:http://www.ccpress.com.cn
销售电话:(010)59757969,59757973
总 经 销:人民交通出版社发行部
经　　销:各地新华书店
印　　刷:北京鑫正大印刷有限公司
开　　本:880×1230　1/16
印　　张:52.5
字　　数:1562千
版　　次:2011年4月　第1版
印　　次:2011年4月　第1次印刷
书　　号:ISBN 978-7-114-08989-3
定　　价:300.00元(上、下册)

中国公路建设行业协会文件

中路建协字[2010]114号

关于公布2010年度公路工程工法的通知

各有关单位:

受交通运输部委托,并根据《公路工程工法管理办法》,我协会组织专家对有关单位申报的2010年度工法进行了评审,经相关媒体公示,审定174项为2010年度公路工程工法,现予以公布。

希望各单位继续支持学习实践科学发展观,重视公路工程工法的管理工作,继续加强科技创新和科技开发力度,提高企业的自主创新能力。在工程建设实践中认真及时总结重点和难点项目的宝贵施工经验,加强公路工程工法的开发创新和管理工作,促进公路工程新技术、新工艺、新材料和新设备的推广和应用,不断提高公路工程施工质量。

附件:2010年度公路工程工法名单(略)

二〇一〇年十二月二十七日

抄报:交通运输部公路局

抄送:各省、自治区、直辖市交通运输厅(交通委),天津市、上海市交通运输和港口管理局,新疆生产建设兵团交通局

前　言

为了深入贯彻落实科学发展观，加快推行现代工程管理制度，全面提高公路工程建设管理水平，打造统一、规范、有序的施工标准体系，实现对建设过程、安全、质量、工期的有效控制；同时，为了促进公路施工企业加强工法的开发创新和管理工作，促进公路工程新技术、新工艺、新材料、新设备的推广应用，中国公路建设行业协会受交通运输部的委托，组织开展了2010年度公路工程工法管理工作。在本次评审中共评出174项为2010年度公路工程工法，其中：路基工程24项，路面工程18项，桥涵工程109项，隧道工程19项，交通工程2项，工程养护2项。

这批工法是我国公路工程建设行业评审出的第三批公路工程工法，是从业单位科技创新成果的具体体现，是广大工程技术人员对优秀施工方法的科学总结。从总体上看，这批工法均已经过工程实践检验，是行之有效的，是指导公路工程施工管理的实施细则，具有较强的创新性和实用性。我们倡导公路交通建设从业单位和广大工程技术人员要积极推广应用公路工程工法，继续修改完善现有工法，积极探索和实践新的工法，不断加强工法成果管理工作。为鼓励公路施工企业加强工法的开发和应用，促进企业增强科技创新能力，加快技术积累并使科技成果尽快转化为生产力，我们将这些工法汇编成书，旨在通过本书，把公路交通建设中优秀科技创新成果展现给大家，以此鞭策和激励从业单位和工程技术人员坚持科技创新，提高自主创新能力，在实践中认真总结难点和重点项目的宝贵施工经验，加强公路工程工法的开发和管理工作，不断提高公路工程质量，促进资源节约型和环境友好型交通运输行业健康发展。

本书的编写，凝结了工法完成单位和工程技术人员的辛勤劳动和汗水，体现了公路建设行业有关专家的集体智慧。程树本、许和平、石新栋、吴全立、刘元炜、范厚彬、许建盛、刘鹏、徐国庆和人民交通出版社的同志为本书的汇编和校稿作了大量的工作，在此我们一并表示诚挚的谢意！

汇编过程中，尽管我们作了很大的努力，但由于时间紧迫，水平有限，加之又是一本专业性比较强的书籍，难免会出现一些疏漏或错误之处，敬请从业单位和广大读者批评指正。

本书汇编的工法，技术水平高、应用广泛、内容翔实、图文并茂，文字表达准确，能指导公路建设工程的施工与管理，是公路建设从业单位工程技术人员必备的一本工具书；同时也可供科研、设计、教学等单位从事土木建筑专业的技术人员学习与参考。

中国公路建设行业协会
二〇一一年四月十五日

目录

上册

路基篇

路　面　篇

桥　梁　篇

下　册

隧　道　篇

交通工程、养护篇

公路桥梁大断面钢塔节段制造施工工法

GGG(中企)C3090—2010

李 毅 吉敏廷 张 宁 钟建驰 陈 策 李军平 张永利 成宇海 吉 林 杨 宁
(中铁宝桥集团有限公司 江苏省长江公路大桥建设指挥部)

1 前言

世界上在桥梁建设中大量采用钢塔柱的国家有美国和日本等,特别是日本由于抗震需要和资源储备的原因,在过去50年的桥梁建设中大量采用钢塔柱,但因桥梁钢索塔的制造难度大,我国在21世纪初才开始进行桥梁钢索塔的设计、制造、安装的相关研究。大型桥梁钢塔柱由于其环保、工程周期短、施工安全性高、工程质量易于保证等原因,越来越受到桥梁建设者青睐,尤其是在类似泰州长江公路大桥这样对于桥梁中塔受力有特殊要求的结构中,钢塔柱成为最佳选择。随着我国桥梁建设技术水平的提高,在国内跨江跨海大桥的建设中,钢索塔将得到更加广泛的应用。

本工法是结合已建成的两个钢索塔工程,并总结施工实践经验,将钢塔制造中的创新技术进行汇总而形成的。作为多塔连跨悬索桥建造关键技术的一部分,该工法的形成,将打造我国在超大跨径桥梁建造方面的自主创新品牌,大幅提高我国桥梁建造技术水平,提升我国在世界桥梁建设领域的影响力。依托工程泰州长江大桥的建成,将成为世界桥梁史上又一标志性的品牌工程,对我国走向世界桥梁强国将起到重大的推动作用。

通过钢塔制造中关键技术——精度控制技术研究,形成了桥梁钢塔制造中厚板焊接、大断面多室箱型结构组装、焊接、修整、端面机加工等一系列创新技术,填补了国内空白,为国内钢塔的制造积累了宝贵的经验,具有明显的社会效益和经济效益。

2 工法特点

(1)测量、调整精度高

测量是为机加工提供数据基础,作为大端面钢塔节段机加工的测量,测量精度直接决定后续的产品精度控制等级。本工法采用空间三维测量技术,再辅以计算机数字建模,可以将待加工件的轮廓在计算机中再现。所采用的测量设备为三维激光跟踪测量仪,测量精度为±5ppm。该仪器具有测量精度高,测量时间短的特点,完全满足钢塔机加工施工要求。

由于钢塔节段重量大(泰州长江大桥钢塔最重的节段近500t),工件在加工过程中,根据加工要求,需要能够沿任意轴调整工件姿态。为此我们开发了数控液压精调系统,采用六点支撑同步系统,各点间升降的同步误差值±0.5mm,单点调平定位精度为±0.15mm,完全满足工况要求。

(2)数据处理自动化

由于塔段轴线的确定、机加工过程精加工量的确定、塔段机加工后端面与塔段轴线的夹角均需要大量的数学计算,为此我们专门开发了“大型钢塔节段机加工专用优化程序”。程序以最小二乘法为计算理论依据,以三维软件为操作平台,友好的可视化操作界面极大地方便了技术人员进行数据处理。

(3)施工速度快

对于斜拉桥,钢索塔和箱梁可以同时开工,均在工厂内生产完成,受外界气候等环境影响较小,桥位仅进行安装作业,且钢塔柱安装到一定高度后即可开始钢箱梁的吊装,加快了工程整体的进度,大大缩短工程建设周期。

南京长江第三大桥钢塔柱工程2003年11月开工,2004年完成全部制造安装任务,桥梁整体工程2005年竣工通车。泰州长江公路大桥中塔钢塔柱工程于2008年10月开工,2010年5月24日完成全部制造安装任务。

(4)易于保证质量

高精度的工厂内节段制造,为桥位安装精度控制打下基础,也为工程整体质量提供保证。工法实际应用的两个工程中,成塔的空间位置均达到设计标准要求。

(5)经济效果佳

钢塔因其自重轻,塔柱基础费用大大减小,且建造周期短,故工程综合造价低。

(6)安全效果好

所有的钢塔节段全部工厂化制造,桥位仅吊装和接口连接施工,减少了高空作业内容。通过在塔柱上设置合理的施工平台,很好地控制了作业过程中的危险因素,且不存在交叉作业,施工过程中安全控制效果好。

(7)利于环境保护

相对于混凝土施工,钢结构制造过程中不需要大量的水资源、很少产生烟尘、运输过程不存在洒落,所以对施工现场几乎不存在环境污染。所有的钢结构件均可回收利用,不存在建筑垃圾,这对可持续发展是极大的贡献。

(8)利于技术创新

世界上在桥梁建设中大量采用钢塔柱的国家有美国和日本,特别是日本在过去几十年的桥梁建设中大量采用钢塔柱,但因桥梁钢索塔的制造难度大,我国在21世纪初才开始桥梁钢索塔的设计、制造、安装的相关研究。通过钢塔制造中精度控制技术研究,形成了桥梁钢结构中厚板焊接,大断面多室箱型结构组装、焊接、修整等一系列创新技术,填补了国内空白,为国内钢塔的制造积累了宝贵的经验。

(9)提升我国桥梁建设水平

本工法结合已建成的两个钢索塔工程,总结施工实践,将建设中的创新技术汇总,攻克了桥梁钢索塔制造的关键工艺。作为多塔连跨悬索桥建造关键技术的一部分,该技术的攻克,将打造我国在超大跨径桥梁建造方面的自主创新品牌,大幅提高我国桥梁建造技术水平,极大地提升我国在世界工程界的影响力。依托工程泰州长江大桥的建成,将成为世界桥梁史上又一标志性的品牌工程,对我国走向世界桥梁强国起到重大的推动作用。

3 适用范围

本工法适用于桥梁钢塔柱节段制造,及由厚板构成的大断面多室箱形焊接钢结构,并可推广应用于所有复杂焊接钢结构的制造。

4 工艺原理

4.1 主要工艺原理

(1)高强厚板焊接

针对材质为Q370qD、Q420qD,厚度在40~150mm的高强度厚板的焊接,目前国内没有十分成熟的工艺应用于大批量生产中。研究厚板熔透焊接坡口设计,通过焊接试验确定合理的焊接参数,通过铁研试验确定高强厚板焊接预热温度。研究合理的厚板焊接变形控制方法,考虑通过外力约束、多次翻身等方法达到控制焊接变形的目的。

(2)节段组装方案

由于钢塔柱断面大、组成零部件多、精度要求高,对多连接关系的钢塔合龙节段其连接接头的空间位置关系要求高,对纵向分块节段为保证桥位安装要求,节段组装方案更为关键。要较好地保证钢塔柱节段的制造质量，采用合理的组装顺序至关重要。

结合国内钢板轧制情况，采取合理的板单元划分方案，在减少焊接量的同时保证板单元结构对称，便于焊接变形控制。通过钢塔节段组装方案比较，确定节段通过板单元—块体单元—钢塔节段的顺序来组装，使节段焊接量分散便于分步控制焊接变形和节段整体精度。

(3)焊接变形控制

主要针对结构复杂，连接关系复杂的钢塔柱节段、大断面钢塔柱节段、纵向分块的不对称钢塔柱节段，组成钢塔节段的壁板、腹板及其纵肋均为高强厚板，其中壁板、腹板厚度达60mm，加劲肋厚度48mm，横隔板厚16～32mm，且焊缝密集、焊接质量要求极高，其中腹板、壁板间主焊缝均为坡口角焊缝(其中端部有孔向里沿伸150mm焊缝有效厚度达到了板厚的80%)，纵肋端部也为较深坡口角焊缝。同时，钢塔节段几何精度要求很高，其中钢塔节段端面高度和宽度允许偏差均为±2mm，对角线差及旁弯允许偏差为3mm，扭曲允许偏差为3mm。由于钢塔节段结构形式复杂、断面大、几何精度要求高，且组成零件多，需多次作业才能完成；而且钢塔节段上焊缝数量多、焊接工作量大，焊接收缩量难以准确预留，局部可能会由于焊缝焊接量大而出现死弯，难以矫正。故控制钢塔节段的箱口尺寸、连接部位板面平面度、扭曲变形等有一定的难度。

研究节段壁板间棱角焊缝坡口形式，通过焊接试验确定合理的焊接参数。研究合理的厚板焊接变形控制方法，结单元划分确定每个部件的焊接量，研究节段施焊顺序采取分步组装分步焊接，分布控制焊接变形的方法，并在节段焊接中通过合理的翻身次数使焊接位置最为合理，焊接质量得以保证，焊接变形最小化。研究结构形式极不对称，焊缝分布极不对称的纵向分块节段焊接变形控制方案，采取合理的制作流程，达到控制焊接变形，保证节段制造精度的目的。

(4)端面机加工

以大端面钢塔节段端面机加工的关键技术为基础，首先采用三维激光跟踪测量仪对待加工件进行数据采集，同时建立工件的数据模型；继而利用“大型钢塔机加工专用优化程序”对工件和塔段理论模型进行数学模型的优化计算，得出理论体轴线和端面在工件上的对应位置；最后通过画线工序将理论体轴线和端面位置在塔段节段上标示出来，现场按线加工并进行测量和修正加工直至工件测量结果满足设计要求。

4.2 总体工艺方案

根据钢塔柱的设计特点，组成节段的各零部件定义如图1所示。每个节段由内外壁板单元、侧壁板单元、角部内外壁板、角部内外侧壁板、边腹板单元、中腹板单元、边隔板单元、中隔板单元组成。

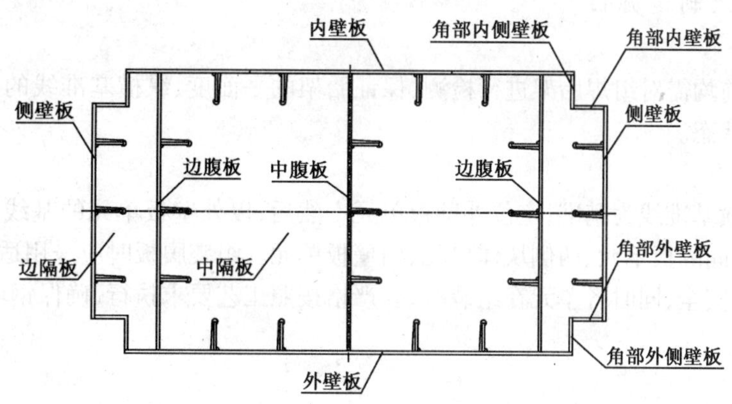

图1 节段零部件定义

合理的组装方案是控制制作精度的基础，节段制作分为四步完成，即板块→板单元→块体→箱体，拟采用的分块方案如图2所示，其中块体由侧壁板、边隔板、边腹板单元组成。节段制作总体工艺流程如图3所示。

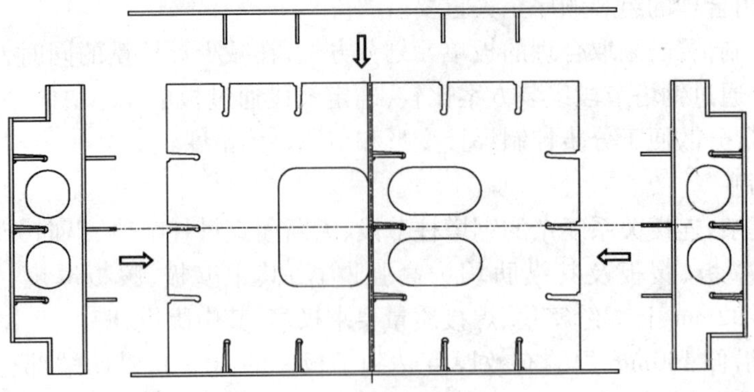

图2　分块方案示意图

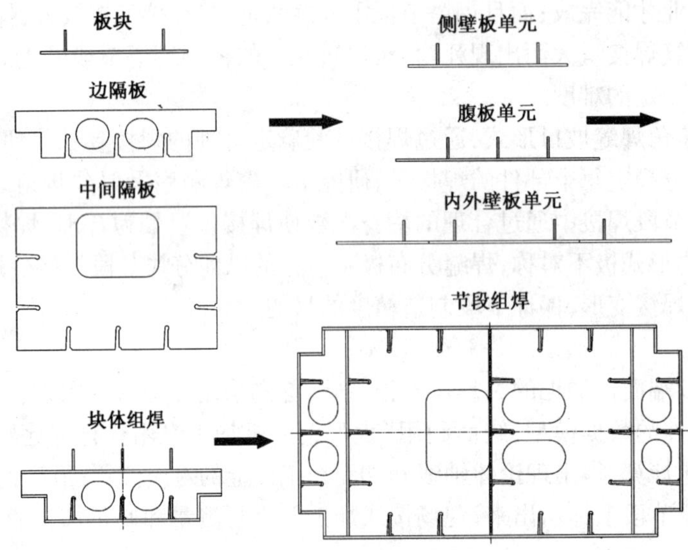

图3　节段制作总体工艺方案

5　制造流程及制造要点

5.1　一般节段制造流程

(1)胎架检查

每次节段组装前均需对组焊胎架进行检测,保证胎架的平面度、纵横基准线的位置关系满足要求,确保胎架处于良好状态。

(2)组装

以胎架上的纵横基准线为基准,定位外壁板单元。然后,以外壁板单元的基线为基准,依次按线组装中间腹板单元、中间隔板单元、两侧块体单元、内壁板单元。组装腹板时应采用适当的临时支撑,以保证腹板单元的稳固、安全,同时各单元在组装时,要严格按照工艺要求执行,确保钢塔节段组装尺寸精度要求。

(3)加固

由于钢塔节段焊缝集中、焊接量大、焊完后刚性较强,如果在焊接过程中产生较大变形,将给修整带来很大困难。为约束焊接变形,在节段组装完成后,应对其进行合理加固,特别是在节段箱口部位应进行重点加固,以减小焊接变形,确保焊后基本能达到标准要求。

(4)报验

钢塔节段在加固过程中可能引起组装尺寸的变化,所以加固完成后需进行报检,经专项检验确认合格后方可施焊。

(5)焊接

组装完成的节段,内壁板朝下并处于水平位置,对此状态易于施焊的焊缝按照焊接工艺要求进行施焊,然后将节段翻身90°,使节段侧壁板基本处于水平位置,对此状态易于施焊的焊缝按照焊接工艺要求进行施焊并检验合格。最后将节段再进行90°翻身,使外壁板在下并处于水平位置,施焊其余所有焊缝并检验合格。

(6)探伤

按照探伤工艺执行。

(7)修整

在专用的节段修整胎架上,采用火焰修正为主,对节段焊接变形进行修整。

(8)端面加工

详见如图4所示的流程图。

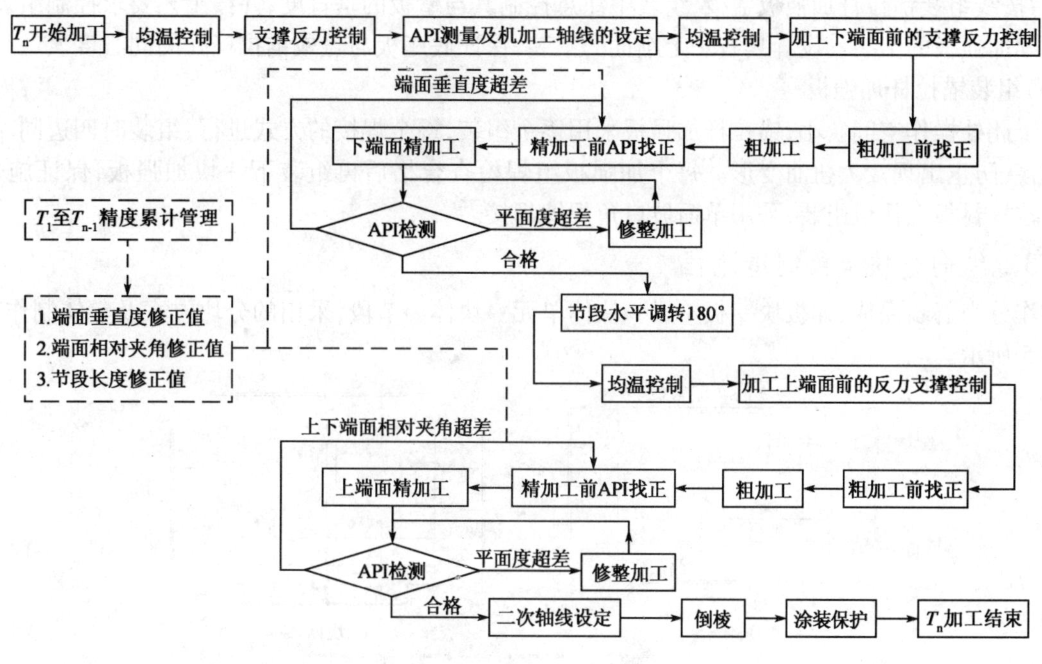

图4 端面加工流程图

5.2 D0节段制造施工流程

D0节段由于其结构的特殊性,采取单元件与零件结合组装整体的制作思路,即节段四周壁板、隔板制作板单元件,底座板及其加强板、锚拉杆补强板及其盖板等零件下料后散件参与组装的方案。D0节段制作要点如下。

(1)底座板定位

在专用平台上布设组装基准线,平台四周设置测量基准,检测平台平面度达到工艺要求。将底座板按照基线铺设在平台上,四边用定位靠挡固定。

(2)组装底座板加强

以平台上的纵横基线为基准,放出底座板加强板组装位置线,按线组装底座板加强板,严格控制垂直度,并设置临时支撑保证加强板的组装安全。采用CO_2气体保护焊焊接加强板与底座板的焊缝,焊后探伤,合格后修整加强板的垂直度达到工艺要求。

(3)组装横隔板

在腹板上设置横隔板组装定位挡块,其余位置设置横隔板临时支撑,水准仪检测支撑顶面高度及平面度,作为横隔板组装的定位平台。以定位靠挡和临时组装支撑平台为基准,组装横隔板单元,并与平台固定,作为后续壁板组装的内胎。

(4)组装四周壁板

在底座板上画出壁板组装位置线,依次组装四周壁板单元,组装中壁板单元下部严格对线,中部与隔板密贴后定位,上端拉尺检查,严格控制箱口尺寸。在节段箱口部位组装工艺隔板,对节段上端箱口角点部位采用角件进行加固。

采用 CO_2 气体保护焊立位焊接壁板间的坡口棱角焊缝,底座板加强板与壁板的角焊缝焊缝,平位焊接隔板上端与壁板周圈角焊缝,仰位焊接隔板下端与壁板的角焊缝。焊接中严格工艺要求,采用对称施焊,控制节段扭曲变形。焊后按照要求对需要探伤的部位进行检验,拆除隔板临时支撑、箱口临时加固,全面检测节段箱口尺寸,对不合格部位进行修整。

(5)组装锚拉杆加强板盖板

锚拉杆加强板盖板分为四块下料,采用零件参与节段组装的方法。先在四周壁板上画出组装位置线,然后按线组装锚拉杆加强板盖板,组装中注意控制其与壁板的垂直度,并按工艺要求控制组装公差,保证后续加强板的组装。设计具有一定刚性的工装,保证底座板与盖板锚拉杆孔的同心度。

(6)组装锚拉杆加强板

由于此处操作空间狭小,锚拉杆加强板采用逐个组装,逐个焊接的方式进行,组装时四边同时进行,对称焊接,防止出现较大扭曲变形。每个加强板组焊检查合格后再组装下一块加强板,保证施焊的实现。锚拉杆封板在桥位组装,采用单面坡口角焊缝焊接。

5.3 纵向分块节段制造流程

制作分为五步完成,即板块→板单元→块体单元→块体→节段,采用的分块方案及整体制作工艺流程如图5所示。

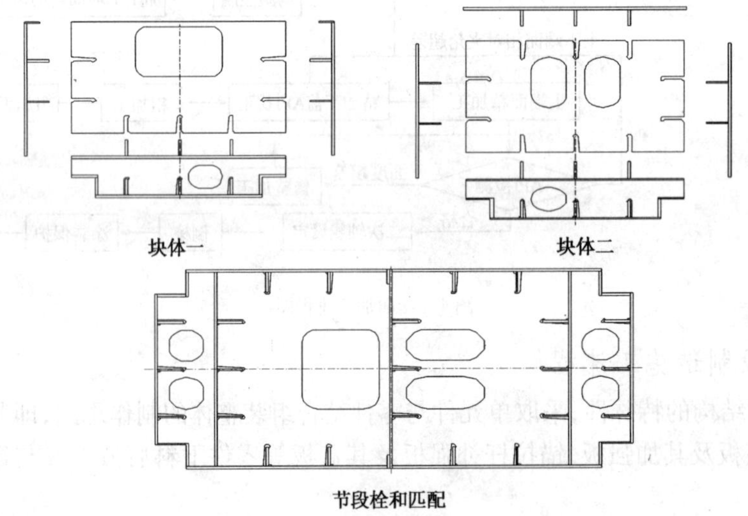

图5 纵向分块节段制作工艺

5.4 一般节段制造要点

(1)节段焊接

在节段整体组焊胎架上组装节段整体。将外壁板单元置于组焊胎架上定位,组装中腹板单元、隔板单元、外侧块体和外壁板形成整体箱形,焊接隔板与壁板、腹板之间的角焊缝,部分焊接腹板与壁板的坡口角焊缝(余下部分在节段翻身后焊接)。

节段翻身在平位焊接节段纵向棱角焊缝,焊接时采用采用药芯焊丝 CO_2 气体保护半自动焊和埋弧自动焊组合的焊接方法进行焊接。为了减小翻身对节段几何尺寸的影响,部分焊缝在横位焊接。

(2)节段加固(图6)

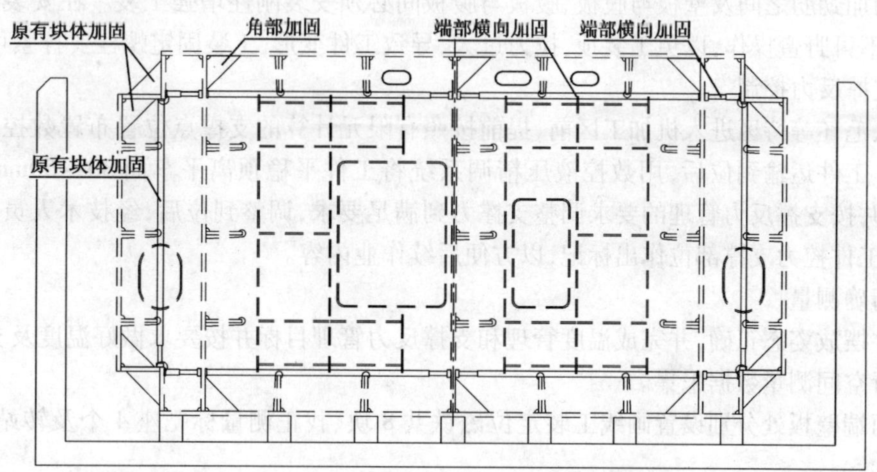

图6 节段加固示意

(3)节段组装工艺留量(图7)

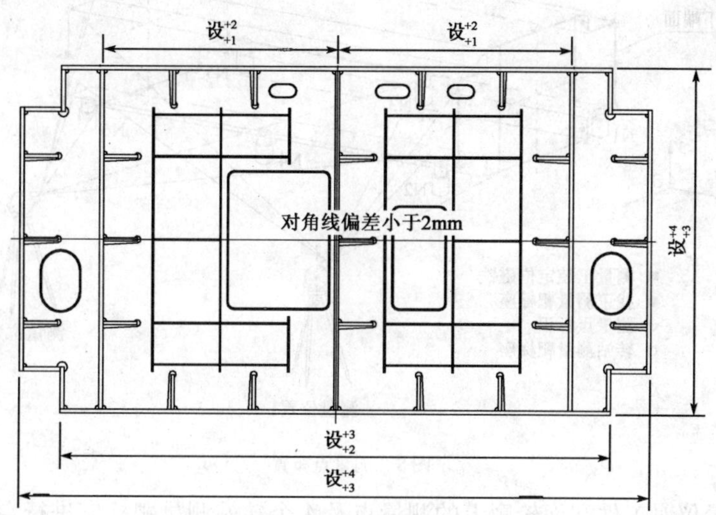

图7 节段组装工艺预留量

(4)节段翻身工艺

节段翻身用600t门吊为公司新制,该门吊为双小车,每个小车起重能力为300t,每个小车配单钩头,下设9m长扁担梁。翻身采用L形吊具空中完成翻身作业,备用吊耳翻身方案。

(5)端面加工及保护

①塔段温度控制

根据钢塔柱节段端面机加工的精度要求和加工特点,其加工属大型钢构件的精密加工,在切削加工中塔段各部如果温差过大将对加工结果产生重要影响,因此加工中的温度管理十分重要。为了保证加工精度必须采取如下温度管理措施:

a. 将完成组装焊接的钢塔柱节段运至机加工车间放置一定时间进行均温,使其各部分温度与厂房内环境温度趋于一致。

b. 做好加工环境温度的计量工作,确定一天中温差变化最小的时间带,在划线及加工找正前应对钢塔节段两端的壁板内外面、腹板用点温计进行温度测量和统计,工件测量、钳工划线、半精加工及精加工应放在温差较小的时段进行。

②安装刚性增强工装

为了防止机加工过程中,筋板作为悬臂结构产生振动,破坏机床刀具,影响加工质量,机加工前,在钢塔柱端面的加劲肋之间及壁板与腹板、腹板与腹板间必须安装刚性增强工装。在安装时要让工装尽量适应工件,不可野蛮操作,以免工装顶、拉力过大,导致工件变形,工装固定螺栓要拧紧可靠。

③进行支撑反力控制

在工件从毛坯等待区进入机加工区前,提前按照有限元计算的支撑点位置布置数控液压精调系统及辅助支撑。工件运输到位后,用数控液压精调系统将工件平稳顶离平车面 30~50mm,待平车驶离后,检查系统并按支撑反力管理的要求调整支撑力到满足要求,调整到位后,经技术人员确认后进行机械锁紧,并在工件控力支撑部位作出标记,以方便后续作业内容。

④塔段精确测量

确认工件摆放姿态正确,并完成温度管理和支撑反力管理目标并按要求做好温度及支撑反力记录,然后开始进行空间测量数据采集。

在工件两端壁板处分别设置画线工装定位磁铁共 8 块、找正测量标靶座 4 个及转站测量靶标座 4 个(图 8)。

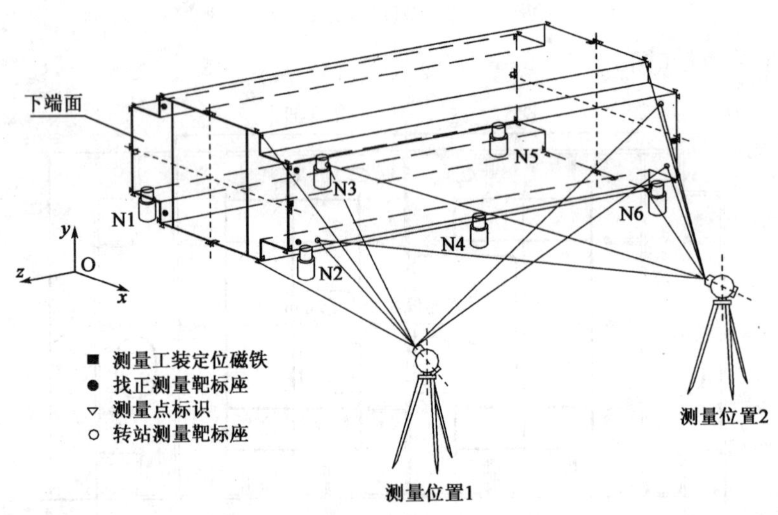

图 8　测量点布置

用激光跟踪测量仪对工件端面轮廓上的测量点及 4 个转站测量靶标座进行空间坐标测量。为了保证测量结果的可靠性,现场测量需进行两遍。测量完成后对两组测量数据进行处理,并在计算机中构造节段的三维数据模型。

⑤测量数据优化系统

根据设计图纸,在计算机中利用节段端面角点的理论数据构造理论节段的三维数据模型。用“大型钢塔节段机加工专用优化程序”在同一坐标系中将节段理论模型与塔段实际模型用最小二乘法进行拟合,求出理论节段模型横桥和纵桥向轴心面与实际塔段数据模型的交线。然后根据计算结果打印出画线定位纸样。

⑥画线作业

画线操作人员利用画线工装和定位纸样在工件表面画出轴线在壁板上的投影线、塔段理论端口位置和加工观测位置线。并进行复核性测量,无误后,保存好原始测量数据和处理后数据。画线定位纸样一式两份,其中一份存档。画线完成后应根据所画轴线位置将塔段找平,做好机加工准备。

⑦机加工作业

塔段机加工作业内容包括:塔段下端面粗加工;塔段下端面半精加工;塔段下端面精加工;塔段上端面粗加工;塔段上端面半精加工;塔段上端面精加工;修正加工。

在加工过程中,要根据加工内容的不同合理选择刀具、机床转速、进给量及切削速度。同时在加工过程要辅以工件测量,适时对工件进行调整和修正加工。

⑧塔段二次轴线设定

为了保证塔段轴线位置精度,在两端面铣削精加工后,需对塔段上的轴线位置按照机加工后的形体重新布划,测量采点、数据处理及画线方法与端面铣削加工前的画线方法相同。

⑨成品保护及端面涂装

工件加工检测完,自检项点均合格后,用毛刷清扫加工端面,按技术要求对机加工边进行倒棱。经驻厂监理复检。合格后,拆除刚性增强工装。并在机加工面上涂端面保护涂料,防止端面在后工序进行前生锈或污染。

5.5 D0 节段制造要点

(1)厚板制造及焊接

泰州长江大桥 D0 节段底座板规格 δ150×6400×7400,其上密布混凝土浇筑孔及锚拉杆通过孔,该件板厚、平面度要求高、孔多,保证其平面度及切割、制孔有一定难度。在数控切割机上,采用特种切割嘴头,按照分块方案下料,同时切割混凝土浇筑孔及锚拉杆通过孔。对接焊接要求熔透,焊接坡口采用预留 8mm 钝边的双面对称 U 形坡口,焊接方法采用埋弧自动焊接。焊接中通过预留焊接收缩量、压重、多次翻身来控制焊接变形(图 9 和图 10)。

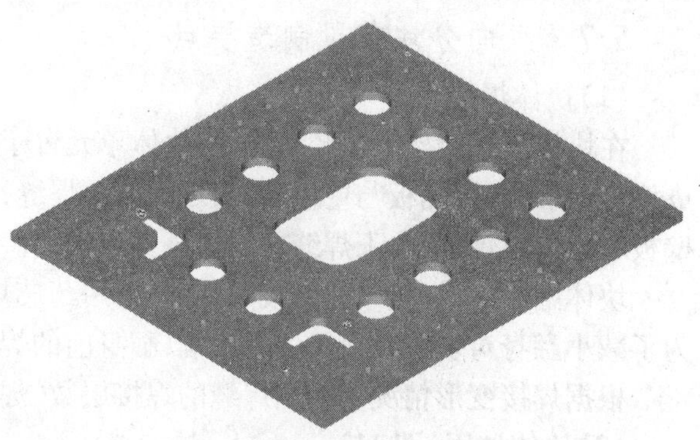

图 9 δ150 厚板形状示意图

(2)D0 节段组装及焊接质量控制

D0 节段结构复杂、精度要求高,给制造带来了许多难题,如壁板要求与承压板磨光顶紧,周圈锚杆加劲板上下端分别要求与锚杆加劲盖板、承压板磨光顶紧。为了保证壁板与承压板磨光顶紧要求,我们对承压板上壁板组装位置的平面度及高程进行了精确测量,采取了打磨或局部焊接长肉办法,保证了组装要求;对锚杆加劲板,采取了量测承压板上相应组装位置高程,画线配刨(按位置编号)结合打磨的方法,保证了磨光顶紧要求。锚杆加劲盖板与壁板要求熔透焊接,由于结构形式限制,只有采用半 V 形坡口加钢衬垫、CO_2 药芯焊丝焊接工艺,既保证了焊接质量,又避免了较大的焊接变形;60mm 厚的壁板、腹板与 150mm 厚承压板的焊接,采取了电热毯预热、焊后石棉保温等措施,克服了冬季低温对焊接质量的影响。

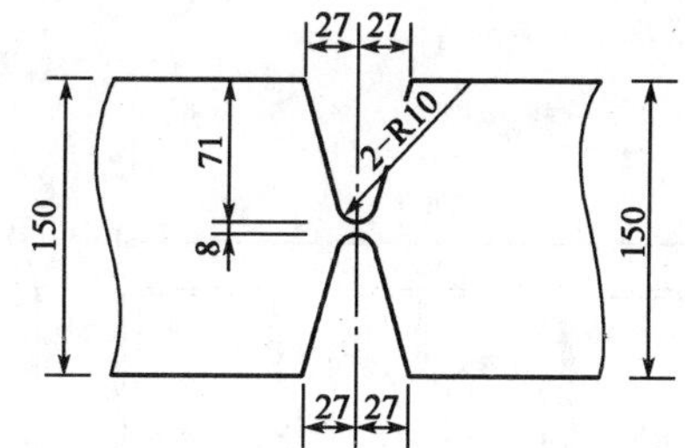

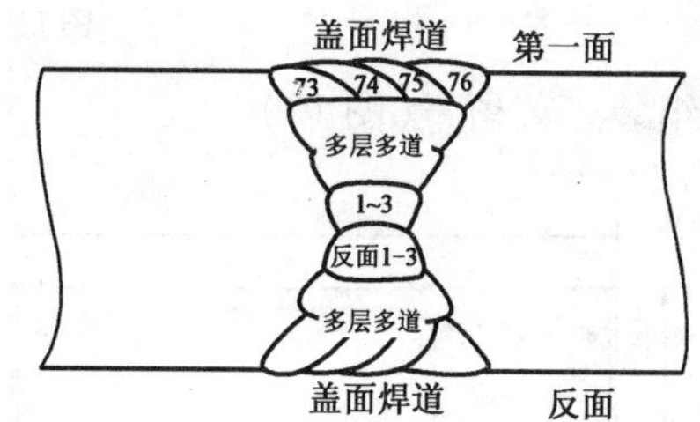

图 10 δ150 厚板对接坡口及焊接过程(尺寸单位:mm)

5.6 连接关系合龙节段(D4)制造要点

D4 节段是下塔柱的合龙节段,结构复杂,有四个方向的连接关系,即与上塔柱的焊接连接,与两个下塔柱的金属接触率+栓接连接,与横梁的连接。节段宽度大,结构复杂,制作工艺需要特别制定。D4 节段制作要点如下:

(1)D4 节段数量少,结构特殊,不制作专用工装,采用在平台上组装的方案完成。组装中严格检查平台平面度,布设组装用测量基准线,作为组装中控制相关尺寸的基准。

(2)D4节段组装中应严格控制腹板组装的空间位置,腹板组装的位置将是影响节段叉开位置角度的关键,也将是保证桥位下塔柱合龙的关键。

(3)D4节段由于其特殊的结构,长度为10.775m,叉开位置最大宽度为16.688m,所以D4节段翻身采用沿长度方向翻身方案。即D4节段翻身时采用600t门吊及专用吊具,一次完成180°翻身。

(4)由于D4节段只能实现180°翻身,所以D4节段块体及节段焊接时考虑特殊的工艺,必要时部分焊缝采用立位或仰位焊接。

(5)横梁接头部位长度较大,没有横隔板约束焊接变形,焊接时应采用临时加固及合理的焊接工艺,控制焊接变形,为横梁连接打好基础。

5.7 纵向分块节段制造要点

(1)块体焊接

在块体组焊胎架上组装块体,将块体单元置于组焊胎架上定位,组装中隔板单元、内外壁板单元形成块体箱形,焊接隔板与壁板、腹板之间的角焊缝,以及此位置处于平位的壁板间焊缝,部分焊接腹板与壁板的坡口角焊缝,余下焊缝在块体翻身后焊接。

块体翻身后,焊接未焊的棱角焊缝,采用药芯焊丝CO_2气体保护焊和埋弧自动焊组合的焊接方法。为了减小翻身对块体几何尺寸的影响,翻身前的焊接须保证使块体有一定的刚性。

根据焊接变形情况调整主焊缝的焊接层数、焊接顺序。

(2)块体加固(图11)

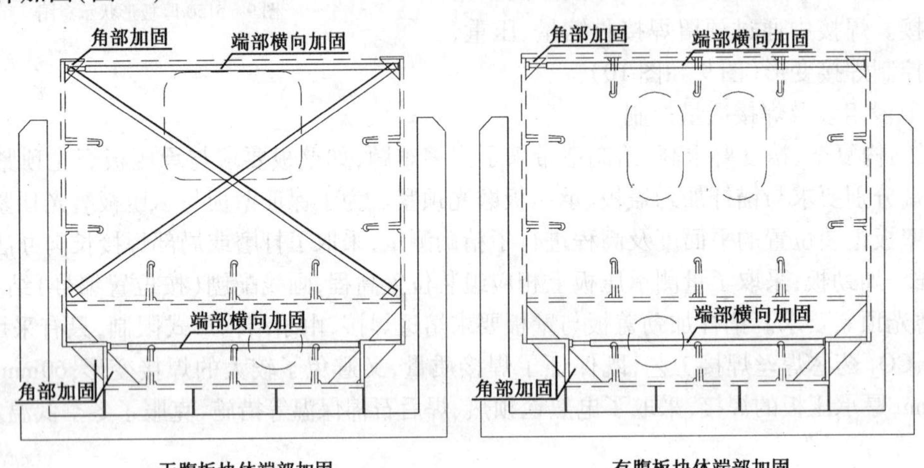

图11 块体加固示意

(3)块体组装工艺留量(图12)

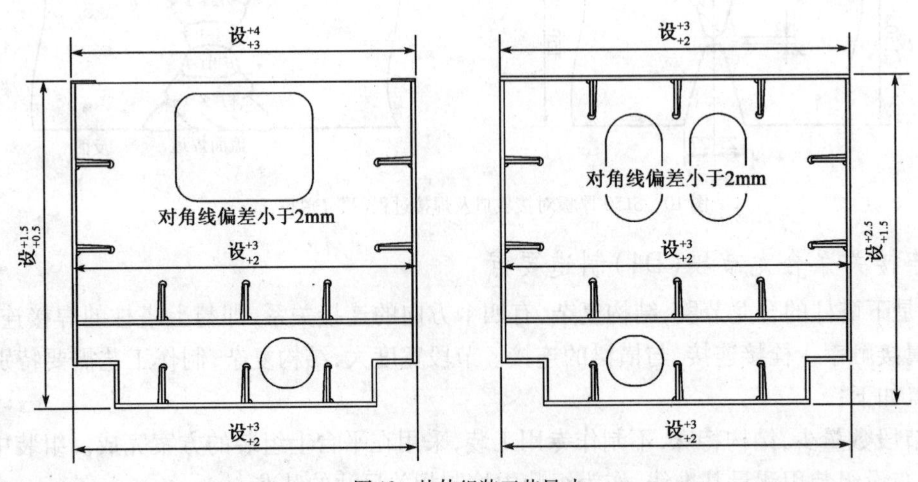

图12 块体组装工艺尺寸

(4)块体焊接变形控制

块体为开口或闭口的箱形结构,所用钢板厚、焊接坡口深、焊接量较大,加之焊缝分部极不对称,极易产生旁弯、扭曲变形。由于块体截面尺寸大,长度较小,一旦产生旁弯、扭曲变形,将给块体修整带来很大困难,故必须在制作过程中严格控制焊接变形。采取控制零部件、块体单元制作质量,严格禁止不合格板单元件或块体单元参与块体组装;严格组装前胎架检测程序和组装过程中的测量监控工作,确保块体在组装过程中不出现旁弯、扭曲变形;块体组装完经检查合格后,将块体壁板与胎架进行加固,方可开始焊接作业,以约束因焊接导致的旁弯;严格按焊接工艺执行,保证同方向对称施焊等工艺措施,来控制钢塔块体焊接过程中的扭曲变形。

(5)节段组装

对于上塔柱,节段制作是指将检验合格的两个块体拼装为节段整体。节段制作的关键是两个块体的良好匹配以保证节段箱口尺寸、耳板的焊接、定位孔的钻制及定位销钉的确定,即控制两块体之间的相对位置关系,保证内外壁板、对应横隔板的错台量在工艺要求的范围内,保证耳板与中腹板之间孔的通过率。节段制作的关键工序是扩钻预留的工艺孔至设计要求的孔径,作为块体间定位的基准。

节段组装成整体后焊接耳板与内外壁板的连接焊缝,焊接前采用试装销钉及螺栓连接两节段,保证焊后两块体之间的位置关系,同时约束耳板焊接变形。

两节段连接部位预留的孔,在节段组装合格后钻,作为两块体桥位安装时复位的基准。采用游标卡尺或特制的圆锥销钉对孔径进行精确测量,用较测量值小 0.1mm 的精制冲钉将两块体之间定位。同时在两块体间划出定位基准线,作为桥位安装时的定位检查线。

(6)解体后重新复位检查

耳板焊接后将两块体解体并重新复位,以释放耳板焊接产生的应力,保证桥位安装时两块体能够顺利栓合。

6　材料与设备

钢塔节段制造所需要的设备包括滚板及预处理设备、下料设备、机加工设备、压形矫正设备、焊接设备、起重及运输设备、检测设备共 7 大类。主要设备见表 1。

主要机械设备表　　表 1

序　号	名　称	数　量	备　注
一、滚板及预处理设备			
1	钢板矫正机	1	A93135 第一重机厂 16 — 60 × 3 200mm
2	钢板预处理线	1	XQ6930GI 青岛 3 × 15m
二、下料设备			
1	数控火焰切割机	2	SKG－1 哈尔滨 4 × 18m
2	门式火焰切割机	2	MKG－1 哈尔滨 7 × 32m
三、机加工设备			
1	大型数显落地镗铣床	2	T6920D 齐齐哈尔
2	刨边机	1	B8112 济南 80 × 12 000mm
3	双面铣床	1	非标宝鸡桥梁厂 1 200 × 18 000mm
4	数控钻床	1	HDM－33/120G 日本 2.8 × 14m
5	摇臂钻床	3	Z3080 × 25 吉林机床 ϕ_{max} = 80mm
四、压型矫正设备			
1	摩擦压力机	1	100t 中铁宝桥 100tf
2	顶弯机	1	300t 中铁宝桥 100tf

续上表

序 号	名 称	数 量	备 注
3	框架液压机	1	XP2FEF－500 徐州锻压 500t
五、焊接设备			
1	CO_2 气体保护焊机	51	YM－350 松下 350A
2	埋弧自动焊机	15	MZ－1250 成都威达 1 250A
3	逆变手弧焊机	8	ZX7－500S 成都玛瑞 500A
4	焊条烘箱	2	YGCH－X－200 苏州 200kg
5	焊剂烘箱	2	NZH－6－500 苏州 500kg
6	保温筒	20	
六、起重运输设备			
1	桥式起重机	2	MQ20－40m 中铁宝桥 20/10t
2	桥式起重机	2	MQ20－36m 中铁宝桥 10/10t
3	Goldhofer 液压运梁平车	2	300t 德国 300t×2(10 轴,3 000×12 000mm)
4	双梁门式起重机	1	中铁宝桥 75t
5	双梁门式起重机	1	中铁宝桥 2×125t
6	双梁门式起重机	1	中铁宝桥 2×300t
7	数控液压精调系统	2	力控制精度±1t,位移调整控制精度 0.15mm
8	300t 运梁平车	2	
9	电瓶叉车	1	3t
七、检测设备			
1	电子全站仪	2	SET2021 索佳
2	水准仪	2	WILDNA2 瑞士
3	电脑超声波探伤仪	10	CUFD－95 北京 0～5 000mm
4	X 射线探伤机	2	丹东 0～80mm
5	数字式超声波探伤仪	1	CUD2010 汕头 0～1 700mm
6	多功能角焊缝磁粉探伤仪	4	XJHY－Ⅱ无锡
7	TrackerIII 型精密激光跟踪测量系统	2	测量精度为±5ppm

泰州长江大桥钢塔柱端面大、精度要求高、焊缝密集,制造难度大,为了保证制造质量、确保制造精度,需在编制切实可行的工艺方案的基础上,设计制作必要的工装来进行控制。工艺装备的设计和制作将按照产品的质量特性和工序控制精度进行严格控制,以达到合理、经济、安全、确保工期和质量的目的(表2)。

钢塔节段制造主要工装明细表 表2

序 号	名 称	功 能	数 量	备 注
1	壁板、腹板板块组装胎型	板块组装	2 组	
2	板块划线平台	板块划线	1 组	
3	壁板、腹板板单元拼焊胎型	板单元组焊	6 组	
4	板单元翻身吊具	板单元翻身	3 组	
5	横隔板组焊胎架	横隔板组焊	3 组	
6	块体及节段组装用工艺隔板	约束焊接变形	若干	
7	钻孔模具			若干
8	块体组焊胎型	块体组焊	2 组	

续上表

序号	名称	功能	数量	备注
9	块体移位、翻身吊具	块体出胎、翻身	3组	
10	块体修整平台	块体修整	2组	
11	节段组装胎型	节段组焊	2组	
12	L形节段移位、翻身吊具	节段出胎、翻身	3组	
13	吊耳式节段移位、翻身吊具	节段出胎、翻身	3组	
14	节段修整平台	节段修整	2组	
15	扁担梁	与门吊配套使用	3套	
16	端面加工专用工装	测量专用工装、栓合式固定靶标、刚性增强工装、辅助支撑墩	若干	

7 质量控制

7.1 钢塔节段制造质量检验(表3和表4)

节段验收尺寸允许偏差(mm) 表3

序号	项目		允许偏差	简图	备注
1	长L		±2		
2	高H		±2		相邻接口错边≤2mm
3	宽B		±2		相邻接口错边≤2mm
4	端口对角线相对差		≤3		用钢尺测量对角线,检查测量值相对差
5	扭曲δ		≤5		测点在两端横隔板与外壁板交点上
6	横隔板垂直度偏差Δ		≤2		用吊线锤测量
7	横隔板间距偏差S		±2		用钢尺测量
8	旁弯		≤3		
9	板面平面度	纵向	≤W/300		W为纵肋中心距 S为隔板中心距
		横向	≤S/500		

节段端面加工验收标准(mm) 表4

项目	允许偏差	检验方法
表面粗糙度	R_a≤12.5μm	粗糙度测量仪或样块对比法
节段长度(mm)	±2.0	钢尺
平面度(mm)	0.08/m 0.25/全平面	API
节段端面对轴线的垂直度(顺桥向、横桥向)	≤1/10 000	API

7.2 制造过程质量控制

技术部负责识别和确定制造过程中的关键工序和特殊工序,在相关技术文件中予以明确,在关键和特殊工序作业指导书中提出质量控制方法。施工过程中按作业指导书对关键工艺项点进行有效控制,下列过程应进行重点控制：

(1)壁板板块单元制作中纵肋间距的控制；

(2)高强度厚板对接焊的焊接质量和焊接变形控制；

(3)横隔板的轮廓尺寸控制；

(4)块体单元、节段制作中预留焊接收缩量控制；

(5)块体单元、节段制作中焊接前箱口加固控制；

(6)节段制作箱口尺寸控制；

(7)合龙节段D4各个连接方向空间位置控制；

(8)纵向分块节段耳板焊接变形控制；

(9)端面机加工质量控制；

(10)节段预拼装质量控制。

7.3 质量控制重点

(1)原材料检验的控制

钢材进公司时，必须验证随钢材交付的质量合格证，并根据给定的质量标准，由项目经理部结构一工段按照钢材进货检验计划或钢材检验规则规定的验证方法和检测项点可在钢厂出厂前或在钢材进公司后进行相应的检验和试验，钢材表面的锈蚀等级应符合规定要求。将检验结果与给定的质量标准进行对比，对其质量特性作出合格与否的判定。判定结果应及时通知相关单位。随进公司钢材提交的原始质量凭证不齐全、凭证内容、检验结论、签印模糊不清或经检验、试验判定为不合格的物资不许入库，更不准投入使用。钢材的质量保证书(原件)、发货码单和标牌必须齐全且一致。

(2)材料下料控制

按要求采用预处理设备对钢材进行预处理，采用火焰精密切割、数控自动切割、等离子切割等以保证组装前几何尺寸精度。钢板下料前采用滚板机机械滚平，消除轧制应力。

(3)工艺装备的控制

按照技术部门设计的图纸，制作足够刚性的板单元的焊接反变形胎架以及钢塔节段的组装、焊接胎架。组装及施焊胎架结构刚度必须符合工艺要求并经监理工程师验证合格后，方可投入使用。钢塔节段的组装胎架上应设有控制钢塔节段外廓尺寸及控制所属钢构件位置的定位设施，在胎架外应设置足够的基准点，以控制胎架的位置及高程。对所使用的工装，包括板单元和钢塔节段的定位装置和组装胎架，批量生产前必须通过检测，制订定期复验程序并严格执行。

(4)焊接质量控制

工艺技术人员负责开工前进行焊接工艺文件的技术交底，生产现场使用的技术文件必须是有效文件，严格执行焊接工艺规程，规范员工的生产作业操作。

焊接材料由专用仓库储存，按规定烘干、登记领用。当焊条、焊剂在工艺规定时间内未用完时，必须交回重新烘干。烘干后的焊条应放置在专用保温筒内备用。定期对焊接设备进行检查、维修、保养，使其处于完好状态，所有计量仪表确保准确有效。焊前要按焊接工艺规程规定工艺参数对焊接设备、仪器等进行调试。

施焊前必须彻底清理待焊区的铁锈、油污、水分等杂质，保证焊接预热温度。焊缝两侧经除锈后24h内，必须进行焊接，以防接头再次生锈或被污染，否则应重新除锈，方可施焊，预热温度达到工艺文件规定的参数并用点温计测量合格后方可焊接作业。焊后必须清理熔渣及飞溅物，并按图纸要求将焊缝打磨平顺。

所有焊缝均应待冷却后进行外观检查，不得有裂纹、未熔合、焊瘤、夹渣、未填满弧坑及漏焊等缺陷，并填写检查记录。外观不合格的焊接部件不得进入下一道工序。

磁粉、超声波、射线、拍片等均按规定认真执行并作记录。焊缝的无损探伤要在焊缝完工24小时之后进行，探伤时发现有超标缺陷时，探伤部门应及时开出“焊缝返修通知单”详细说明缺陷的种类、方位、长度和深度等，严重缺陷和断裂控制焊缝的返修要通知焊接工艺员提出返修工艺，并经监理工程师批准后方可执行。

(5)首件试制质量控制

各类型钢构件首制件必须经检查合格及监理工程师批准后，方可批量生产。钢塔节段经首次预拼装鉴定合格，并经过监理工程师批准后方可批量生产。

(6)端面加工热变形控制

根据我们对钢塔柱节段端面加工工艺系统进行热变形分析后所得出的结论，结合在南京三桥钢塔柱节段加工中的经验，如果将整个加工过程中的环境及工艺系统温度变化控制在3℃之内，将精铣过程中的环境及工艺系统温度变化控制在2℃之内，就可以忽略热变形对加工精度的影响。为此，在加工中应使钢塔节段及机床处于热平衡状态，并对刀具进行冷却处理。在画线及加工找正前对钢塔节段两端的壁板内外面、腹板用点温计进行温度测量，当各点温度差≤3℃时方可进行找正及粗加工作业。各点温度差≤2℃时方可进行半精加工及精加工作业。

(7)端面加工时支撑变形的控制

由于钢塔柱节段单重较大，塔柱节段加工时在自重和梁底支撑力的作用下会发生弯曲和扭曲复合变形。由这两种变形所造成的加工误差将直接增加塔柱安装时空间线形的控制难度，甚至引起梁段受力状态的改变。因此，在塔柱节段加工过程中，用有限元对塔柱节段进行受力变形分析计算，确定塔柱节段底面的支撑位置及不同位置的支撑反力，保证塔柱节段在平放和立放状态下两端面的夹角不发生变化。

(8)API测量精度控制

高精度的加工必须有与其相适应的测量仪器来鉴别，为了保证测量精度，在测量之前，必须进行API测量仪器的测量误差分析。即在水平方向和垂直方向分别固定几组靶标，API在不同的距离和角度对其进行多次重复采点测量，得到其多个重复测量坐标值，然后进行数据处理分析，得到测量误差的范围，并根据测量误差分析的结果确定出API测量仪器最佳的测量位置。

8 安全措施

8.1 焊接作业安全生产措施

(1)经常检查电焊机线路、手柄等是否有漏电现象，电焊机外壳应接地或接零，焊机所有外露带电部分(接线柱、极板等)和旋转部分，必须有完好的护罩护盖等。并防止雨水浸入电机内。焊接电缆要符合规定，有良好的绝缘外皮，使用时不得靠近电弧和炽热的焊缝金属，也应避免与油脂等可燃物接触。

(2)焊机应配备符合要求的动力线，长度以2～3m为宜。如确需较长动力线，应离地面2.5m以上沿墙用瓷瓶布设，严禁拖在工作现场地面上。

(3)焊接电缆要符合规定，有良好的绝缘外层，使用时不得靠近电弧和炽热的焊缝金属。电缆横穿轨道时，应有遮盖或其他防止碾压磨损措施。

(4)焊接处附近禁止放置易燃易爆物品，易爆物应放置距焊接处15m以外，易燃物应距焊接处5m以外。

(5)正常工作的电焊机温度不得超过80℃。

(6)不要裸手更换焊条，一定要戴上完好的焊接手套；不要把焊接电缆缠挂在身上；不要把焊钳夹在腋下去搬焊件或者登高。

(7)焊工身体任何部位不能直接碰到焊接回路中带电体。

(8)工作结束，仔细检查焊接现场及周围，对有易燃物和填有可燃物的隔热层的场所，确认无火灾隐患和焊件冷却后，方可离开现场。

8.2 拼装作业安全生产措施

(1)工作前检查使用的工具卡是否正常，确认完好正常才能使用。

(2)使用大锤前先检查大锤有无卷边、伤痕,锤把应坚韧、无裂纹;打锤时严禁戴手套,应戴好防护眼镜;锤头起落范围不能有人或障碍物;严禁指挥大锤者用手指点大锤所打击处;所打之物必须稳固,锤击有可能倾倒物件时,要设防倾倒设施,打锤中工作物不能移动。

(3)组装、试装的工件上,在吊运前必须将螺栓、销钉、工具等散浮物全部清除。

(4)整体试装时,装对人员要互相联系,专人指挥,天车配合装对时,确认杆件装牢固才能摘钩。

8.3 起重作业安全生产措施

(1)起重作业时,吊钩要垂直,找准重心,使绳受力均匀,绳不得打结扭转,先试吊,确认平稳后方可起吊,下面不得站人或通行。

(2)多人合作吊运物件时,应由专人指挥,经检查确认无误,其他人员站立在安全位置后,由一专人发出信号,发出的信号必须明显准确并要使司机瞭望到,严禁用点头、抬腿、举手等动作指挥,应用标准手势和哨音配合指挥。

(3)吊运时绳索夹角不得大于120°,一般以60°左右为宜。在起吊较大平面或较大重量物件时,应使用4根及以上绳索,吊运时应挂原设计的吊耳,无吊耳的工件要捆绑牢固,最好绑缠两圈方可起吊。

(4)吊物不许从人头上、重要设备和电线上方通过,较远距离吊运时指挥人员应在前面带路。用手扶料、转料时,手不能伸入吊件内、吊索内或吊索附近,以防吊件吊索具移动挤手。稳件或转动吊件时,要离开周围建筑和设备,以防手、臂挤在吊料与固定物之间。长、大、重物件,应用绳索或专用工具稳、扶、转料。

8.4 端面机加工作业安全生产措施

(1)危险部位悬挂"危险"或者"禁止通行"的明显标志,夜间作业应有足够的照明。

(2)特殊作业人员如电工、电焊工、叉车司机、起重机司机及各特殊工种必须持证上岗。

(3)凡患有高血压、心脏病、贫血病、癫痫病的以及其他不适于高处作业的人员,不得从事高处作业。作业过程中发现员工有上述情况时,应及时调换。

(4)高处作业人员使用工具,应随手装入工具袋中。上下传递料具时,禁止抛掷,大型工具放在稳妥的地方,所用材料要堆放平稳,防止掉落伤人。

(5)高处与地面联络、指挥,应有统一规定的哨音或使用对讲机,不得以喊话方式进行联络。

(6)所有设备、仪器及车辆不能带病运转或超负荷作业。设备运转过程中如有不正常的情况,应立即停机检查,排除故障。

(7)安全员应会同设备管理人员定期对起重机械、电焊机、空压机、电气线路等各类设备、机具、管线进行检查,做好检查记录。发现隐患及时进行整改。

9 环保措施

为进一步规范施工现场环境管理,根据《环境管理体系规范及使用指南》(ISO 14001)的要求,编写了环境管理体系文件,该体系文件规定了施工现场生产环境的基本要求。为最大限度地预防和减少对环境可能造成的影响和破坏,施工中主要采取的措施如下:

9.1 余料废料的管理

(1)项目部根据生产、加工的特点配置相应的料斗,分别承装废钢边角料、切屑及废弃物,长大规格的边角料应集中堆放。可回收2处理物和垃圾类废弃物应严格分类收集、存放。

(2)可再利用的余料,如钢板、钢轨余料由项目部办退料手续退交钢料库。

(3)废钢边角料及生产中产生的废品由项目部办退料手续后送交炉料库。

(4)废钢屑和焰割熔渣集中收集后,由物资保障部统一处理。

9.2 废旧办公用品管理

(1)项目部废弃的日光灯管、电池、墨盒等有害废弃物执行"交旧领新"制度。交回的废弃物由收缴单位妥善保存,最后交有回收、处理资格的单位统一处理。

(2)项目部废弃纸制品,按保密和非保密类保存。每季度的第一个月移交企业规划部,其中带有保密级的纸制品应按公司保密规定移交。移交的纸制品由综合管理部统一处理。

9.3 工业垃圾管理

(1)工业废弃物倾倒在公司专用工业垃圾场。

(2)废弃含油纺织品统一收集存放,不得随意丢弃,更不能混入其他垃圾中,并注意存放点的防火工作。

9.4 油品的管理与使用

(1)不同品种、不同牌号的油品分别存放,分类保管,同时做好识别标识,定期进行油料盘点和仓库检查。

(2)油品搬运时不得撞击和严重摩擦,开启油桶时应用铜质工具,防止造成摩擦起火及环境污染。

(3)进入油库人员,不得携带火柴、打火机等发火物和易燃物,严禁吸烟和使用明火,在油库的明显位置设置"严禁烟火"的防火标志,库内应保持通风良好。

(4)油品库房应配备适用的防火设施,做好防火、防爆工作,消防设施应定期检查,确保有效。

(5)库房内外散落的零星油料,应及时清理干净,防止造成土地和水资源污染。

(6)现场使用的油品应存放在指定地点并标识,存放点地面至少为水泥防渗地面,防止油料渗入土地,造成污染。

(7)设备润滑人员应采用油壶、油杯注油,避免大流量注油产生溢出造成浪费和环境污染。

(8)对漏油设备,应采用托盘等形式回收漏油,节约能源,防止污染。设备及其周围的地面和存放油桶处地面应及时清理干净。

(9)油品使用者对使用过的废油应及时收集,交项目部材料员保管,对不能回收的废弃的带油物品要集中收管,收集到一定量时由材料员送交物资保障部。

10 资源节约与效益分析

南京长江三桥作为国内首次采用钢塔柱的跨江大桥,其钢塔柱制造与安装工程具有结构新、精度要求高、施工周期紧等特点。采用本工法具有制造速度快、节段精度高、劳动效率高等优势。

泰州长江大桥是世界上首座付诸工程实践的三塔两跨悬索桥,中塔为纵向人字形,横向门式框架型钢塔柱。钢塔柱具有构造复杂、节段种类多,塔柱安装过程中多次合龙,对节段制造精度要求高等特点。采用本工法具有节段精度高,能够保证安装要求,劳动效率高等优势。

本工法采用了合理的变形控制措施,大大减少了焊接后的火焰修整量,节约了修整人员及修整所用的气体材料;采用节段多次翻身平位焊接,为操作者创造了良好的作业条件,提高了焊缝检验合格率,节约了返修人员及返修所用的材料;采用计算机数据处理系统及数控调整装置,避免了多人参与,确保了数据准确性,提高了作业效率,使得整个机加工周期大为缩短。该工法为工厂化制造,自动化程度高,缩短了工程周期,降低了桥位施工难度,极大地节约了社会资源,经济效益、社会效益显著,分析如下:

(1)直接费用

合理的单元划分、组装顺序、焊接变形控制措施,在保证加工精度的基础上,使钢索塔在工期的优势上最大限度地得以发挥。南京长江三桥钢塔柱制造周期为16个月,多年从事钢塔柱制造的日本在类似工程中,约需要两年完成钢塔柱的制造与安装,在缩短工期上具有明显的优势。

泰州长江大桥钢塔柱结构形式复杂、节段种类多、制造难度大,结合本工法在南京长江三桥钢塔节段制造中应用情况,针对泰州长江大桥钢塔特点的进一步研究,顺利实现国内首座三塔两跨悬索桥纵向人字形,横向门式框架型钢塔柱节段的制造,是本工法在泰州长江大桥钢塔项目中最大的意义。泰州长江大桥中塔钢塔柱制作与安装工程2008年10月开工以来,通过一系列的工法研究,解决了大型钢塔节段制造精度控制的关键技术,保证了所有加工的节段达到标准要求。2010 年 4 月泰州长江大桥钢塔制造与安装顺利竣工,安装结果满足设计要求。

采用本工法,在南京长江三桥 84 个钢塔节段制造中有 60 个节段在焊接完成后无需修整直接检验合格。在占节段制造周期 6 个月过程中,节约人力资源 1 440 天·人,节约人工费 11.5 万元。节约修整用氧气 2 880 瓶、丙烷 600 瓶,计费用 2 880 × 9 + 600 × 180 = 13.39 万元。

采用本工法,在泰州长江大桥 50 个钢塔节段制造中仅投入修整人员 4 人。在占节段制造周期 14 个月过程中,较计划节约人力资源 1 680 天·人,节约人工费 13.44 万元。节约修整用氧气约 3 000 瓶、丙烷 700 瓶,计费用 3 000 × 9 + 700 × 180 = 15.3 万元。

小计节约直接费用为 53.63 万元。

(2)间接费用

南京长江三桥钢塔柱节段制造过程,与钢塔制造工法成熟的日本明石海峡桥相比,缩短工期 8 个月,节约管理费用约 48 万元,节约各种规费约 4 万元。

泰州长江大桥钢塔节段制造中使用本工法后,每个节段节省修整作业时间 5 天,合计节约工期 150 天,节约管理费用约 30 万元,节约各种规费约 3 万元。

小计节约间接费用为 85 万元。

节约直接费用、间接费用共计 138.63 万元。

(3)安全环保效益

所有的钢塔节段全部工厂化制造,桥位仅吊装和接口连接施工,减少了高空作业内容。通过在塔柱上设置合理的施工平台,很好地控制了作业过程中的危险因素,且不存在交叉作业,施工过程中安全控制效果好。

相对于混凝土施工,钢结构制造过程中不需要大量的水资源、很少产生烟尘、运输过程不存在洒落,所以对施工现场几乎不存在环境污染。所有的钢结构件均可回收利用,不存在建筑垃圾,这对可持续发展是极大的贡献。

(4)社会效益

在南京长江三桥之前,世界上在桥梁建设中大量采用钢塔柱的国家有美国和日本,特别是日本在过去几十年的桥梁建设中大量采用钢塔柱。桥梁钢塔柱的制造在国内首次进行,从整个制作过程看,塔柱节段制造精度控制技术达到了日本近几年的水平,制作工期上具有超过日本现有水平的明显优势。使用钢塔节段制造精度控制工法,最重要的意义在于顺利完成了国内第一座钢索塔的制造,填补了国内空白。

通过钢塔制造中节段制造技术研究,形成了桥梁钢结构中厚板焊接,大断面多室箱形结构组装、焊接、修整等一系列创新技术,填补了国内空白,为国内钢塔的制造积累了宝贵的经验。

本工法结合已建成的两个钢索塔工程,总结施工实践,将建设中的创新技术汇总,攻克了桥梁钢索塔制造的关键工艺。作为多塔连跨悬索桥建造关键技术的一部分,该技术的攻克,将打造我国在超大跨径桥梁建造方面的自主创新品牌,大幅提高我国桥梁建造技术水平,极大地提升我国在世界工程界的影响力。依托工程泰州长江大桥的建成,将成为世界桥梁史上又一标志性的品牌工程,对我国走向世界桥梁强国起到重大的推动作用。

11 应用实例

钢塔全部采用工厂化制造,桥位安装的施工方案。塔柱断面尺寸大,制造精度要求高,结构新颖,属国内首创,国际领先。而在钢塔节段钢结构的制造生产中,合理的组装顺序,有效的焊接变形控制对钢塔节段的端面几何尺寸及轮廓形状都将产生直接影响,与钢塔柱的线形精度也密切相关。

施工中通过对厚板焊接质量保证研究,结构复杂的钢塔节段组装工艺研究,钢塔节段焊接变形控制研究,端面机加工工艺研究,形成了一套有效的施工工法,攻克了大型钢塔节段制造的关键技术,多连接关系钢塔合龙节段制造技术,国内首次采用的纵向分块钢塔节段制造技术等难题,保证了所有加工的节段达到并优于标准要求。先后完成了国内第一座钢索塔南京长江三桥钢塔、国内第二座钢索塔泰州长江大桥钢塔的制造。南京长江三桥于2006年10月通车,目前桥梁整体运行良好。泰州长江大桥中塔钢塔柱于2010年4月制造与安装顺利竣工。

目前正在施工的安徽马鞍山大桥就选择了三塔悬索桥的设计方案,本工法所研究的钢塔节段制造技术将在马鞍山大桥钢塔节段制造中应用。

跨江跨海桥梁的建设将成为未来20~30年公路交通的发展重点,我国海岸线长、近海水系发达,沿海各省随着经济的发展,有大量的跨江跨海大桥需要修建。这些桥址由于受地形、地质、水文、通航等条件的限制,以及为了满足岸线与航道资源合理利用、水生态保护、经济与安全风险控制等方面的要求,都有修建长大连跨大桥的可能。我国规划建设的跨海工程:大连—烟台跨海工程、上海—宁波跨海工程、粤港澳跨海工程、琼州海峡跨海工程、台湾海峡跨海工程等。这些跨海工程的特点是水深浪急、水面宽阔,迫切需要一种跨越能力强、受力合理、安全、经济和美观的新桥型。钢索塔由于其良好的受力性能,施工质量高、周期短、施工安全性好,将在新型设计中被广泛采用,本工法研究的钢塔节段制造技术将在钢塔制造中发挥重要作用。

12 工程实例

实例一 南京长江三桥钢塔柱工程

南京长江三桥为钢塔钢箱梁双索面五跨连续斜拉桥,其跨径布置为63+257+648+257+63(m),主桥全长1 288(m)(大桥概貌见图13),采用半飘浮结构体系,纵向设弹性约束,限制钢箱梁活载及风载作用下的纵向飘移。

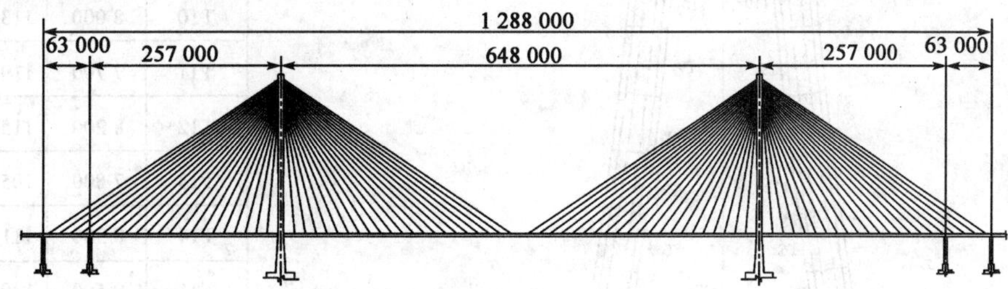

图13 南京长江三桥概貌图(尺寸单位:mm)

该桥索塔为"人"字形塔,高215m,塔柱外侧圆曲线半径720m,设四道横梁,其中下塔柱及下横梁为钢筋混凝土结构,其他部分为钢结构。下塔柱36.318m,塔柱截面横桥向宽度为6.2~8.4m,顺桥向宽度为8.0~12.0m。钢塔柱高178.682m,截面尺寸上下相等,横桥向宽5.0m,顺桥向宽6.8m。

除钢混结合段外,一个钢塔柱共分为21个节段,节段长7.7~11.42m,节段间连接采用端面金属接触、M24高强螺栓连接。钢塔总重约12 000t。钢塔柱概貌及节段种类见图14。

钢塔柱主体结构采用Q370qD(14MnNbq)钢,壁板厚30~48mm,腹板厚32mm,壁板加劲肋厚22~24mm,腹板加劲肋厚24mm,横隔板厚14mm,横隔板加劲肋厚10mm。

南京长江三桥钢塔节段制造难点:该钢塔柱为大断面(断面尺寸:5m×6.8m)切角(0.7m×0.8m)矩形结构,T4~T18钢塔柱节段线形为圆曲线,且壁板和腹板均较厚,达30~48mm,加劲肋厚度22~24mm,横隔板厚14mm。箱形节段焊缝密集、焊接质量要求高,其中腹板、壁板间12条主焊缝均为深坡口焊缝,锚箱处还有不少熔透焊缝,而塔柱节段几何精度要求高,箱口高度和宽度允许偏差为±2mm,对角线及扭转允许偏差为±3mm。由于钢塔柱节段结构形式复杂、箱体断面大、几何精度要求高,且组成零件多、需多次作业才能完成节段整体组装工作;而且其上焊缝数量多、焊接工作量大,焊接收缩量难以准确预留。所以,钢塔柱节段的箱口尺寸、纵肋位置、扭曲变形、圆弧曲线及端面加工的控制有一定的难度。

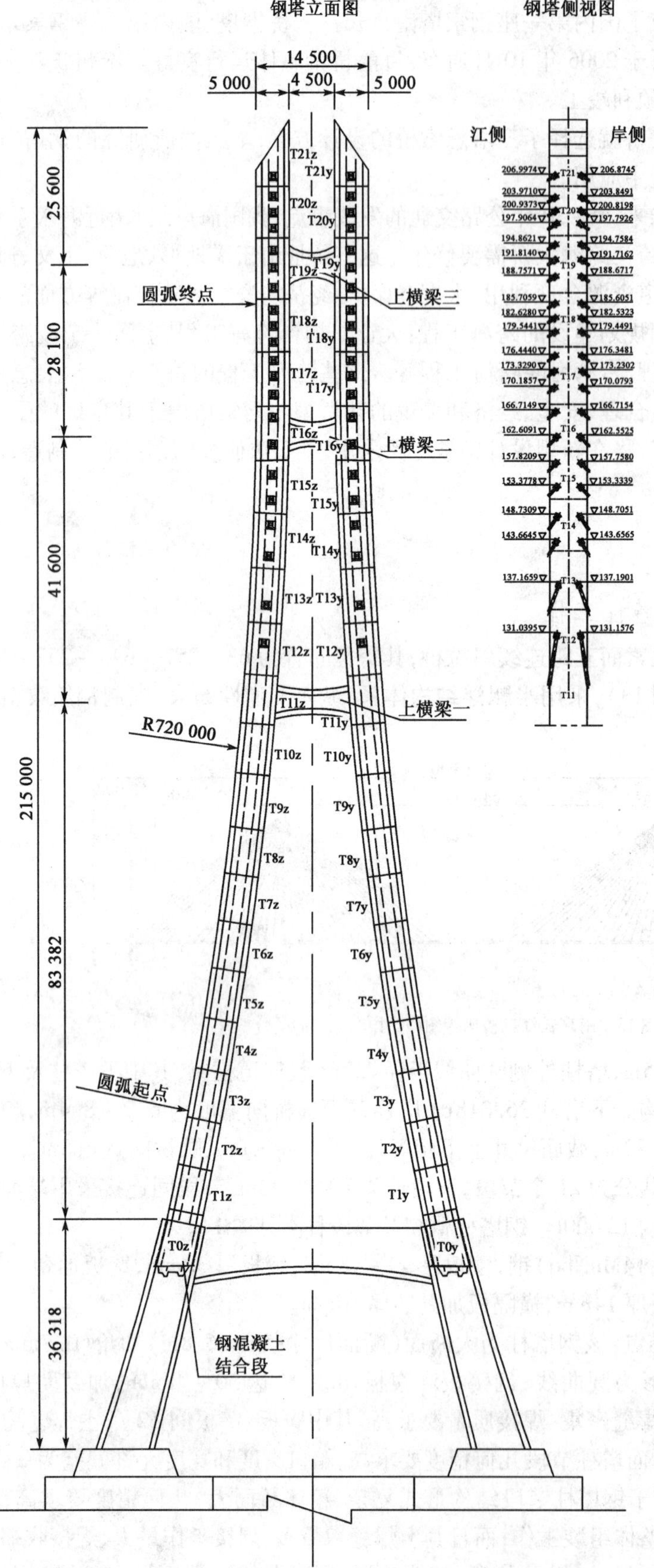

钢塔柱节段统计表

节段号	长度(mm)	质量(kg)
T0	12 332.2	132 406
T1	8 000	130 575
T2	8 000	129 151
T3	8 000	119 221
T4	8 000	113 811
T5	8 000	113 811
T6	8 000	113 811
T7	8 000	113 811
T8	8 000	113 811
T9	8 000	113 811
T10	8 000	113 811
T11	7 700	119 837
T12	8 200	115 463
T13	7 800	105 481
T14	8 300	111 436
T15	9 500	130 447
T16	8 400	127 704
T17	9 300	131 512
T18	9 500	133 253
T19	9 300	139 572
T20	9 000	124 538
T21	11 942	99 825

图14　南京长江三桥钢塔柱概貌及节段种类图

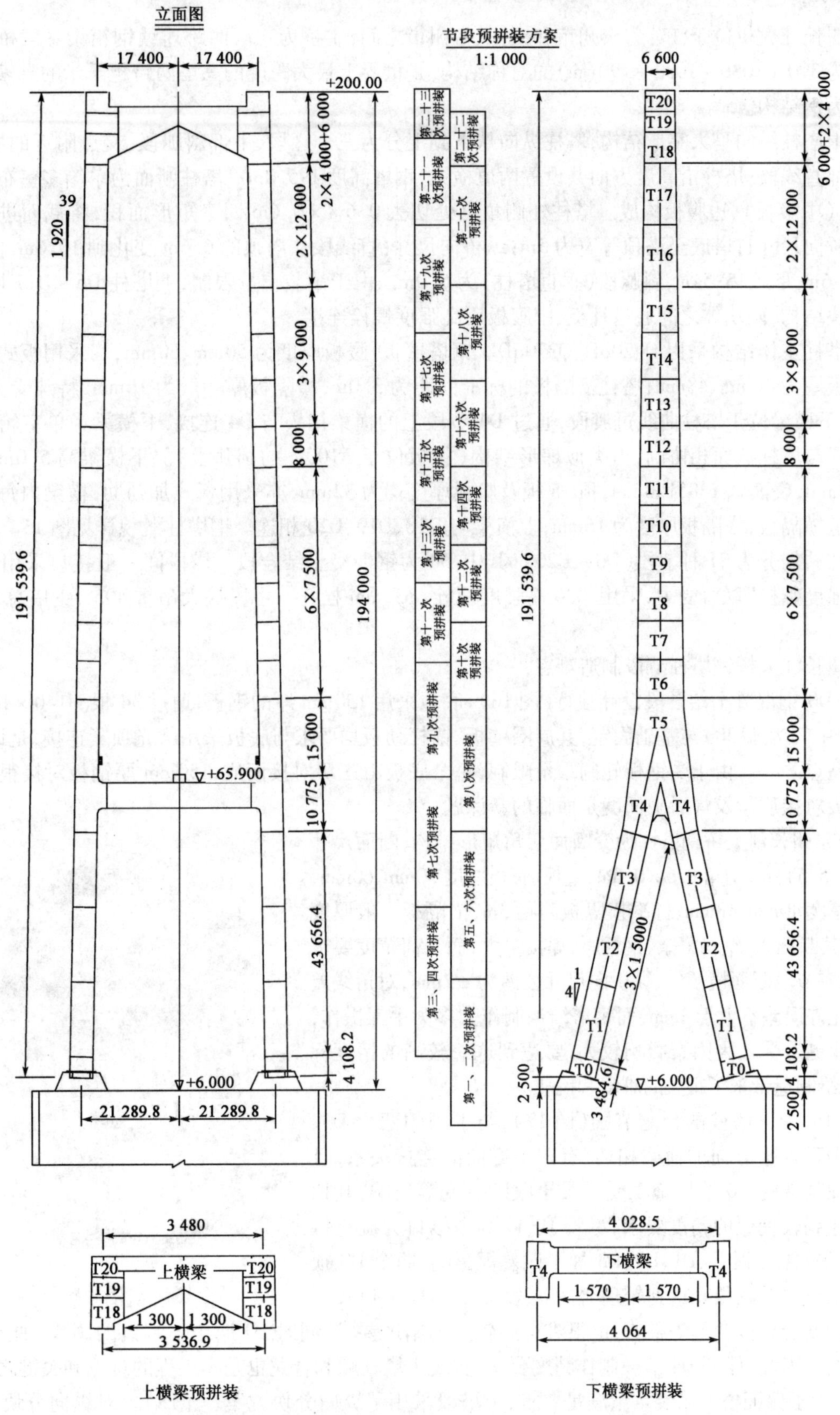

图 15 泰州长江大桥钢塔柱概貌图(尺寸单位:mm)

实例二　泰州长江大桥中塔钢塔柱

泰州长江大桥位于江苏省泰州市和镇江、常州市之间,主桥为三塔两跨连续钢箱梁悬索桥,主缆跨度布置为390+1080+1080+390(m)的对称结构,是世界上最大跨度的三塔两跨越千米的悬索桥,其中中索塔为钢结构。

该中塔柱纵向呈人字形结构,塔柱纵向从下到上分为三个区段,下部斜腿段、交点附近的曲线过渡段及上部直线段;塔柱沿高度方向共设置两道横梁,钢塔高度195.0m。塔柱断面为单箱多室布置,由四周壁板、(中腹板)、边腹板构成。塔柱外侧角点处切去0.6m×0.6m四个矩形面积,将截面进行钝化。塔柱横桥向尺寸自塔底至塔顶等宽为5m;纵桥向尺寸:直线段从塔顶的6.6m变化到10.6m,曲线过渡段从10.6m变到15.54m,斜腿段(垂直塔柱)为6.0m。由于吊装重量限制,上塔柱D6~D17塔段采用纵向分块结构,两块体之间通过耳板、中腹板用高强度螺栓连接。

钢塔柱主体结构采用Q420qD、Q370qD。钢塔壁板、腹板厚度为50mm、60mm,均采用板式加劲肋,加劲肋板厚为40mm、48mm;塔柱横隔板的标准间距为3.0m,横隔板厚一般为16mm,特殊受力部位为32mm。下横梁位于塔柱曲线过渡段,通过D4节段上的横梁接头与D4连接,下横梁为单室箱形结构,端面形式与塔柱截面相协调,为类似梯形结构(腹板位于R100m的圆弧上)。下横梁高5.0m,顶面宽13014.4mm,底面宽14851.8mm,顶、底板及腹板厚度均为32mm,亦采用板式加劲肋,横梁内每隔3.0m设置一道横隔板,横隔板厚度为16mm;上横梁与D18、D19、D20相连。钢塔柱概貌详见图15。

塔柱共划分为21种节段(D0~D20),其中D0为钢混凝土结合段。塔段间一般接口采用“金属接触+高强度螺栓”联合受力,采用M30高强度螺栓、ϕ33mm栓孔。塔段最大吊重495t,钢塔总重约1.3万t。

泰州长江大桥钢塔柱节段制造难点:

(1)D0钢混凝土结合段设计独特(图16),底板采用150mm厚的钢板,通过34根M140×10 184mm长锚杆(中间为ϕ130)与基础固定,其周圈壁板、锚杆劲板均要求与底板采用磨光顶紧连接,是该项目的创新和亮点之一。由于受钢板轧制重量限制,每个底板由三块对接而成,150mm厚钢板对接很少采用,保证厚板对接质量及焊后平面度是面临的新课题。

(2)泰州长江大桥钢塔柱为变断面切角矩形结构,断面尺寸5×(6~15.54)m,切角0.6×0.6m,壁板、腹板厚度50mm、60mm,加劲肋厚度40mm、48mm,标准横隔板间距3m,横隔板一般厚度16mm。其断面大、结构复杂、钢板厚、焊接量大,而几何精度要求较高,钢塔节段断面横桥向、纵桥向尺寸公差为±2mm,对角线差及扭曲允许误差不大于3mm,而钢塔结构制作大多为手工操作,焊接作业更是受人为因素影响较大,要达到这一较高的精度标准,无疑给制造带来了很大的难度和挑战。

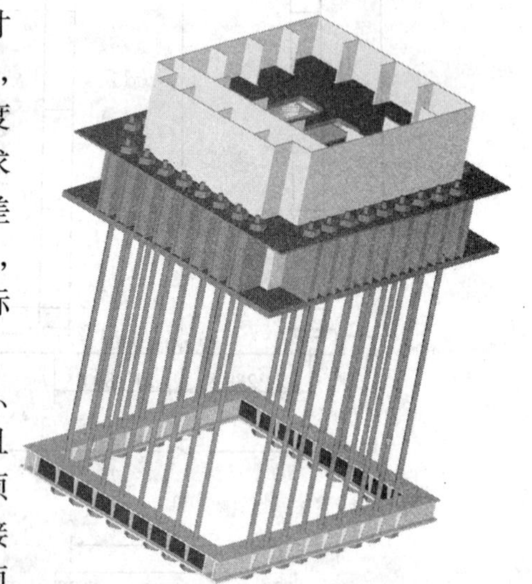

图16　D0节段的典型构造

(3)D4为下塔柱的合龙节段(图17),与下面的两个D3、上面的D5、水平方向的横梁相连,有四个方向的连接关系,且作为塔柱基准的D0节段施工受混凝土收缩徐变等影响,其顶面很难达到较理想的精度要求,尽管J1、J4两个接口为调整接口,由于D0施工误差、D1、D2、D3加工误差等影响,两个D3顶面的三维空间关系很难达到较理想的状态,而且,D4叉口尺寸的制作精度受焊接变形等影响,也很难达到较好的精度要求,同时D4两个下端口的画线、加工也有一定的误差。因此,保证D4节段制作精度要求、实现下塔柱顺利合龙也是本工程的难点和关键之一。

(4)为了保证桥位吊装重量满足要求,上塔段采用了纵向分块方案(图18)。对纵向分块节段,其中有一块或两块为非封闭箱形结构,其90%以上焊缝分布在切角一侧,开口结构焊接变形及几何尺寸、块体旁弯控制,确保两个块体能顺利拼接,是本工程的难点和需要攻克的难题之一。

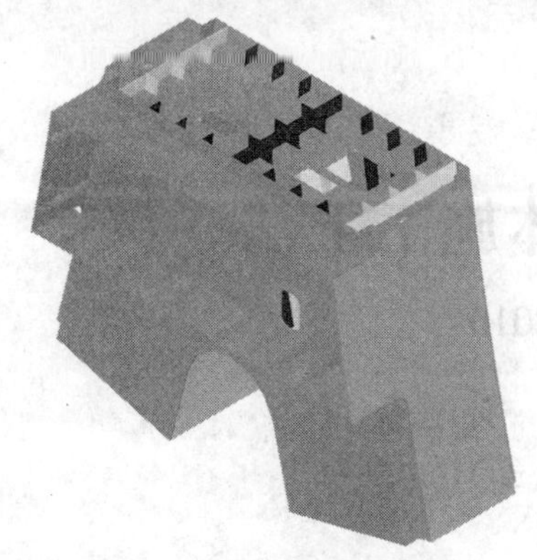

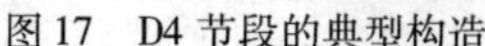

图17　D4节段的典型构造

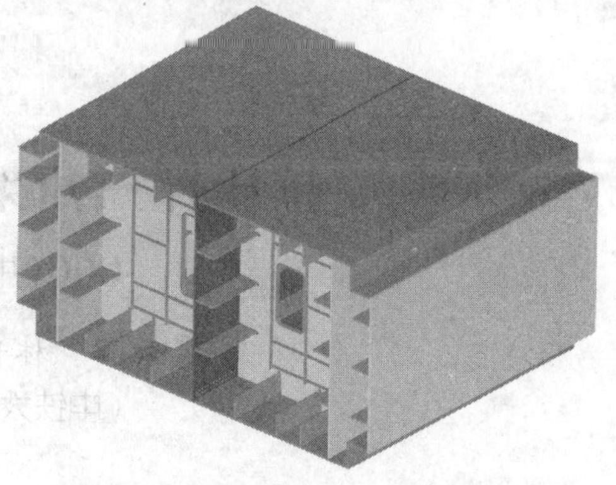

图18　纵向分块节段的典型构造

(5)钢塔节段结构尺寸大,塔段轴线垂直度、机加工端面平面度要求高,测量效率和测量精度要求高,测量难度大。目前国内常规的测量仪器和测量方法,无法满足工程需要。必须采用大型钢塔节段空间测量计算机建模技术。

(6)构件加工为卧式加工,桥位架设为立式安装。加工过程中支撑点的选择,以及如何确保工件姿态“由卧转立”后钢塔轴线不发生偏移,能够再现机加工精度等均为钢塔机加工的技术难点。

(7)钢塔节段重量大,而精加工调整量极小。如何实现塔段在找正过程中的精密定位、姿态调整和姿态保持,成为大端面钢塔机加工的又一个技术难题。

(8)塔段加工轴线及加工量的确定是钢塔机加工的重中之重。因为钢塔轴线为理论线,必须通过机加工过程去完成以下几项工作:①实现理论轴线在工件实体上的转化,为后续预拼装和桥位架设找正建立基准。②实现塔段上、下端面与轴线要求的夹角值。③确保机加工端面的平面度,满足塔段桥位架设时的金属接触率要求。

拉压杆三角架竖向转体施工工法

GGG(中企)C3091—2010

廖云沼　林世发　聂晓军　孙迎春
(中铁大桥局集团有限公司)

1　前言

斜拉桥以其结构形式优美,造型新颖,经济实用在桥梁建设中占据越来越重要的地位。其索塔施工,是斜拉桥施工的关键,是最能体现设计、施工和科学技术水平的工序。大同市南三环御河大桥为三塔无背索斜拉桥,设计为"横桥向为拱,顺桥向为塔"的拱形塔结构,如图1所示。三座索塔采用"桥面卧拼、竖向转体"的施工方法,施工方案安全可靠,在此基础上总结形成本工法。

图1　大同市南三环御河大桥索塔整体图

2　工法特点

(1)将高空作业转换为地面作业,工程质量、施工安全更有保障。

(2)转体设备自动化。机电一体,控制精度高,安全可靠。

(3)转体机械设备无需特别加工,减少了其他工艺中的临时构件,经济实用。

(4)设备体积小,承载能力可根据增加拉索数量而增大,特别适宜于大型起重设备无法达到的地方。

(5)适用性强,受天气、环境、地理条件影响因素小。

3　适用范围

本工法适用于各类斜拉桥钢索塔、信号塔等施工。其适用性强,受环境、地理因素小,又因为其采用柔性拉索,其转体高度和转体空间受限制程度小。

4　工艺原理

浇筑梁体混凝土时预埋塔座,塔身部分预拼后在桥面卧拼成整体,塔身和塔座之间设置转铰,然后利用拉压杆三角架整体起扳,与塔座对接合龙。以大同市南三环御河大桥索塔转体为例,其转体形式如图2和图3所示。

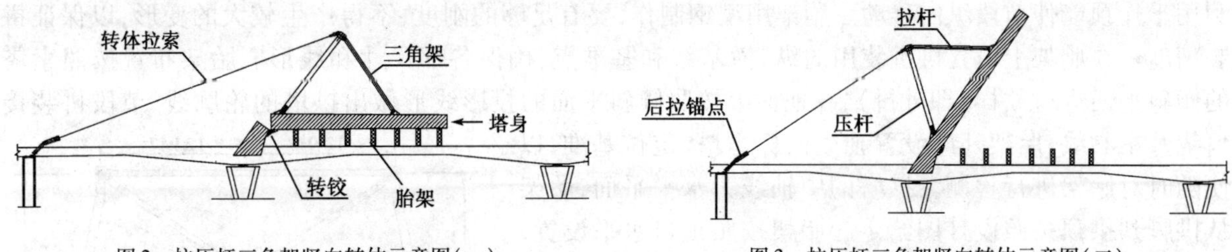

图2 拉压杆三角架竖向转体示意图(一)　　图3 拉压杆三角架竖向转体示意图(二)

5 施工工艺流程及操作要点

5.1 工艺流程(图4)

5.2 施工方法要点

5.2.1 塔座安装定位

塔座定位准确是保证索塔施工质量的基础,因此精确定位是索塔施工的关键工序。为保证预埋塔座和转体塔身顺利合龙对接,减小接口处错台,塔座和塔身相接部分必须工厂预拼,并在各面设置临时定位件,连接塔座和塔身的转铰也作为一个定位件。根据工程特点,塔座处混凝土分两次浇筑,即第一次混凝土浇筑至塔座底部,然后安装塔座,再浇筑第二次混凝土,如图5所示。通过第一次浇筑埋设的预埋件,调节、固定塔座,使其精确定位。安装塔座时应特别注意必须上、下游塔座同时安装,并且保证上下游转铰"同心同轴",否则在转体过程中有可能出现销轴卡死现象。

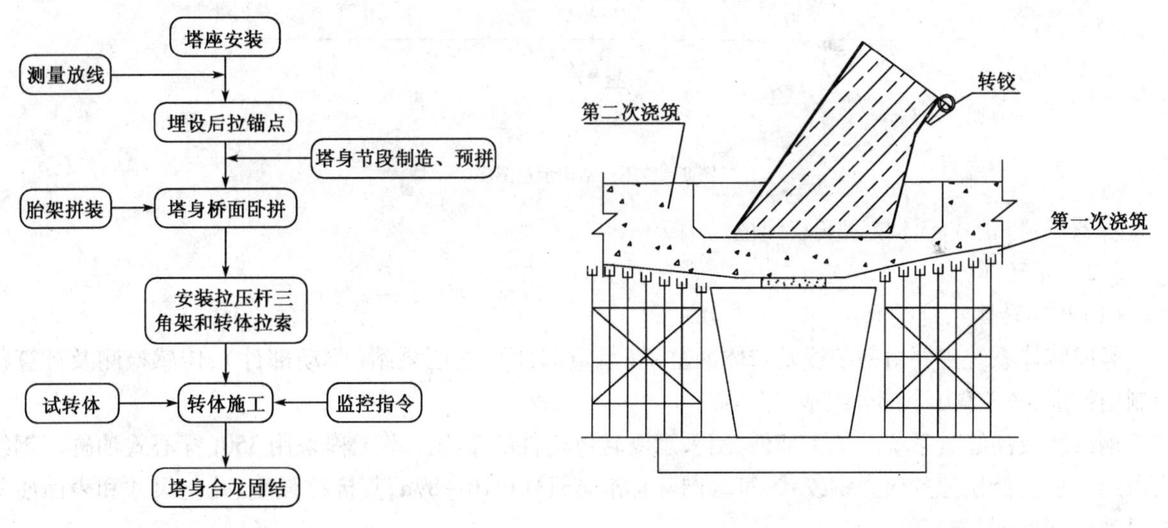

图4 工艺流程图　　图5 塔座混凝土浇筑示意图

5.2.2 后拉锚点安装

后拉锚点是转体荷载传递终点,承受转体的全部荷载。后拉锚点可另设桩式地锚,也可设在梁体、承台或利用斜拉索锚管。本桥在主桥横隔梁内埋设后拉锚点,利用主桥边跨自重平衡转体荷载,其结构形式如图6所示。

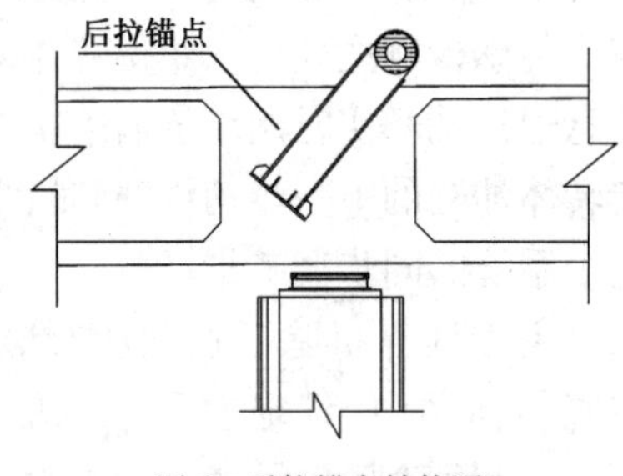

图6 后拉锚点结构图

5.2.3 索塔卧拼

索塔在加工厂内预拼后运至现场,在桥面上拼装胎架,将塔身节段在胎架上焊接成整体。首先梁体施工时,在索塔节段焊接位置预埋钢板,用于塔身节段焊接。胎架的支撑设置在索塔节段的接口处,并预留足够的焊接空间。胎架上设有水平千斤顶能使节段横向移动。通过设置临时挡角,利用千斤顶能使节段纵向移动。胎架用型钢制作,要有足够的刚度,不得产生较大的变形,以保证拼装精度。在胎架上设置供拼装用的纵、横基线和基准点,确保各部尺寸和线形。胎架布置按照索塔的倾斜平面进行放样(即卧拼),在地面上按照倾斜平面的投影线形做出拱塔的轮廓线、节段拼装接口线及中心线,胎架外应设置独立的标志塔、定位基准,以便随时对胎架进行检测。拱塔的中轴线为水平平面,胎架从拱脚到拱顶按照设计图给定。胎架按照顶口水平设置,这样能保证拱塔底口在一个面上,便于调节高程。在塔身最后节段设置焊接嵌补段,防止拼接过程中由于温度变化导致对接出现偏差。

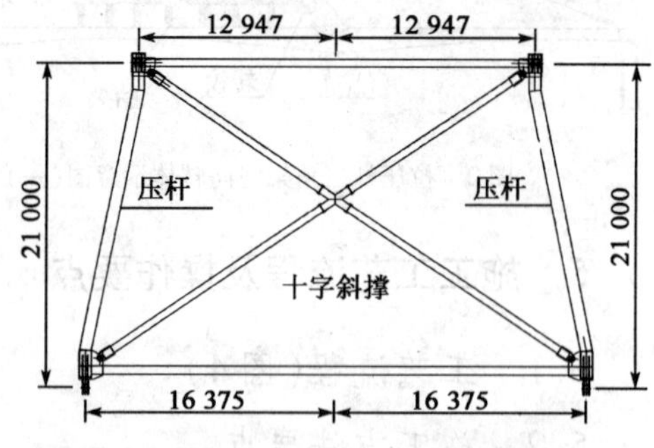

图7　拉压杆结构示意图(一)(尺寸单位:mm)

5.2.4　安装转体拉压杆三角架和转体拉索

步骤一:先将压杆通过销轴连接到转铰上,拼装压杆之间的十字斜杆,使压杆部分成一个整体,如图7所示。

步骤二:通过转铰B连接拉杆,使拉压杆三角架连成整体,起重机提升拉杆起吊点,牵引拉索将三角架牵引到位,然后拉杆一端与转铰D穿销,安装到塔身上。如图8所示。

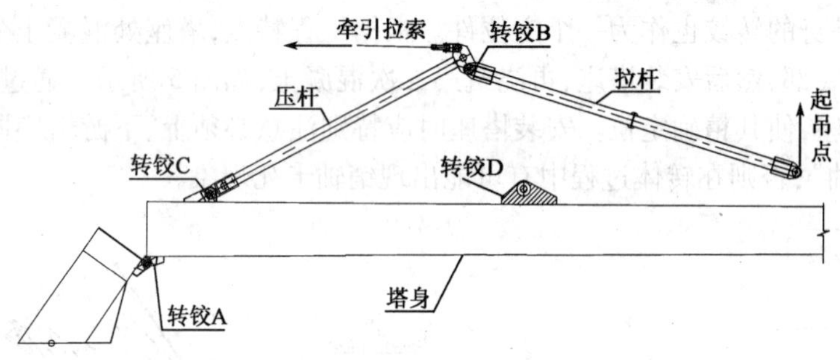

图8　拉压杆结构示意图(二)

步骤三:将正式转体拉索安装到位。

5.2.5　转体

(1)竖向转体系统组成

竖向转体系统主要由钢绞线及转体油缸群(承重部件)、液压泵站(驱动部件)、传感检测及计算机控制(控制部件)等几个部分组成。

钢绞线及油缸是系统的承重部件,用来承受转体构件的重力。本工程采用350t穿心式油缸。钢绞线采用高强度低松弛预应力钢绞线,符合国际标准ASTMA416－87a,其抗拉强度、几何尺寸和表面质量都得到严格保证。

液压泵站是转体系统的动力驱动部分,它的性能对整个转体系统的稳定、可靠性影响最大。在液压系统中,采用比例同步技术,这样可以有效地提高整个系统的同步调节性能。

传感检测主要用来获得转体油缸的位置信息、荷载信息和整个被转体构件空中姿态信息,并将这些信息通过现场实时网络传输给主控计算机。这样主控计算机可以根据当前网络传来的油缸位置信息决定转体油缸的下一步动作,同时,主控计算机也可以根据网络传来的转体载荷信息和构件姿态信息决定整个系统的同步调节量。

主控计算机除了控制所有竖转油缸的统一动作之外,还必须保证各个竖转吊点的位置同步。在竖转体系中,设定主令竖转吊点,其他竖转吊点均以主令吊点的位置作为参考来进行调节,因而,都是跟随竖转吊点。主令竖转吊点决定整个竖转系统的竖转速度,操作人员可以根据泵站的流量分配和其他因素来设定竖转速度。主令竖转速度的设定是通过比例液压系统中的比例阀来实现的。

在竖转系统中,每个竖转吊点下面均布置一台长距离传感器,这样,在竖转过程中这些长距离传感器可以随时测量当前的构件高度,并通过现场实时网络传送给主控计算机。每个跟随竖转吊点与主令竖转吊点的跟随情况可以用长距离传感器测量的高度差反映出来。主控计算机可以根据跟随竖转吊点当前的高度差,依照一定的控制算法,来决定相应比例阀的控制量大小,从而,实现每一跟随竖转吊点与主令竖转吊点的位置同步。

为了提高构件的安全性,在每个竖转吊点都布置了油压传感器,主控计算机可以通过现场实时网络监测每个竖转吊点的载荷变化情况。如果竖转吊点的载荷有异常的突变,则计算机会自动停机,并报警示意。

竖转油缸数量确定之后,每台竖转油缸上安装一套位置传感器,传感器可以反映主油缸的位置情况、上下锚具的松紧情况。通过现场实时网络,主控计算机可以获取所有竖转油缸的当前状态。油缸工作原理如图9所示。

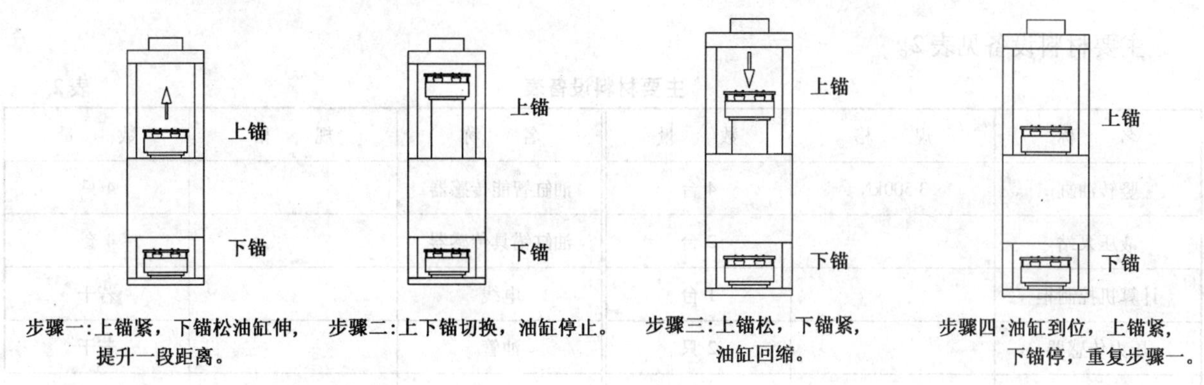

图9　油缸工作原理图

(2)转体准备工作

①正式转体前需要对油泵、油缸、计算机系统、后锚拉点、三角架及塔身和塔座连接销轴进行仔细检查;

②置场地,需要根据现场情况布置控制操作台、施工人员操作区域和严禁进入区;

③选择适合转体天气,进行试转体,使塔身部分脱离胎架,然后检查各杆件部位和机电系统;

④各方密切配合,作出正式转体决策。

(3)正式转体

转体关系到主体结构的安全,需要各方的密切合作,每道工序需要签字确认方可执行。

三个钢塔竖转后拉索最大拉力约820t。根据钢塔的结构和控制特点,横桥向两后拉索分别布置2个拉点,每个拉点布置2台350t竖转油缸,共布置4台350t竖转油缸,每个油缸的平均载荷约205t。其主要参数如表1所示。

转体主要参数　　表1

索　　塔	最大荷载(kN)	3 500kN 油缸数(台)	转体能力(kN)	油缸储备	安全系数
高塔	4×2 050	4	14 000	1.71	3.93
中塔	4×1 615	4	14 000	2.16	4.99
矮塔	4×171	2	7 000	2.05	4.71

其转体模型如图10所示。

为保证转体顺利和塔座对接,在塔座四周焊接导向,使转体将到位时,能够顺着导向顺利对接,减小错台现象。

(4)就位、固结

塔身是否到位,需要根据监控指令确定。到位后先固定临时连接件,然后开始采用间断焊接,最后进行全焊。

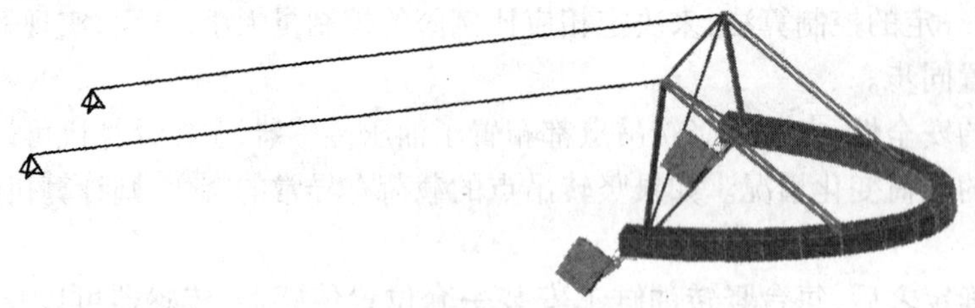

图10 钢塔竖转转体模型图

6 材料与设备

主要材料设备见表2。

主要材料设备表 表2

名称	规格	数量	名称	规格	数量
竖转油缸	3 500kN	4台	油缸智能传感器		4只
液压泵站		2台	油缸锚具传感器		4套
计算机控制柜		1台	电线		若干
压力传感器		2只	油管		若干
压力表		4只			

7 质量控制

(1)加强原材料质量控制,所有主材、辅材需要经过严格检查才能用于工程实体;

(2)对加工方案进行评审,保证加工结构尺寸精确,减小焊接过程产生的次应力;

(3)加强质量监控,每道工序进行"自检、互检、交接检"检查制度,检查签字确认后方可进行下道工序;

(4)严格按照规范要求,进行焊接工艺评审,并按照规范进行焊缝探伤;

(5)拼装设置多支点胎架,连接临时定位件,保证线性准确;

(6)充分考虑温度、焊接对钢结构尺寸的影响,设置嵌补段。

8 安全措施

(1)所有机电设备转体前必须经过仔细检查,逐步试验;

(2)正式转体前需要进行试转体,对整个竖转体系进行考核,确认安全后确定正式转体;

(3)划分责任区,严格执行,统一指挥,统一行动;

(4)转体过程中进行实时监控,时刻掌握索塔的空中状态;

(5)制订各种应急预案。

9 环保措施

(1)应贯彻落实国家关于环境保护的专项法律法规,有针对性地制定专项环保方案,加强宣传教育,切实执行。

(2)建立健全针对性的环保工作体系,落实责任制,配备专人进行管理。

(3)执行公司的《职业健康安全和环境保护体系》。

(4)施工环保、水土保持目标：

①施工用水和生活用水做到达标排放，施工噪声符合环保要求；

②确保施工区域内无重大管线事故；

③严格控制地面变形量，确保建筑物、堤坝等的安全；

④搞好水土保持，防止水土流失。

(5)施工环保方案：

①对施工现场生产、生活用水的排放进行控制，建好生产区和生活区排水沟等设施；分块设置过滤池和沉淀池，所有生活用水和生产用水均经过过滤、沉淀后方可达标排放。

②加强机械管理，执行《建筑施工场界噪声限值》(GB 12523—90)，减少施工过程中的噪声。

③采取有效措施妥善保护施工及生活区域外的绿化草地、植物、花木及道路等公共设施。避免泥浆、油污、生活垃圾、有毒及化学物质对其造成污染，严禁随意攀折树木、花草，踩踏草地，违者将按有关规定对其进行处罚。

④加强职工的环保知识教育，树立全员环保意识。

10 资源节约

(1)拉压三角架竖向转体施工工法形成过程中，严格贯彻国家建筑工程节能的有关要求。

(2)利用竖向转体施工拱塔，相对于一般的支架拼装，设备体积小，承载能力可根据增加拉索数量而增大，特别适宜于大型起重设备无法达到的地方，转体机械设备无需特别加工，节约了大量的机械费。

(3)使用该工法施工，减少了临时构件，节约了材料费，经济实用。

(4)由于合理的组织和技术的革新，总体工期缩短，节省了大量的人力、物力，带来了明显的经济效益。

11 效益分析

(1)经济效益

利用竖向转体施工拱塔，相对于一般的支架拼装，可节约材料费、人工费和机械费。以南三环御河大桥为例，此方案可节约资金约150万元。

(2)社会效益

大同市南三环御河大桥工程竖向转体施工，备受业主、设计和各施工单位的广泛关注，为类似桥梁施工提供了一个崭新的施工方法。

12 应用实例

大同南三环御河大桥主桥为无背索斜拉桥，全桥共设有三座拱形结构桥塔，塔梁固结，自西向东分为矮拱塔(自桥面以上高34.801m)、中拱塔(自桥面以上高44.631m)、高拱塔(自桥面以上高54.461m)，拱塔均采用椭圆形，均向东倾斜35°角；拱塔为钢箱结构，内填充C40混凝土(塔顶无索区为空心钢箱不填充混凝土)。本工程转体施工采用计算机控制液压同步提升技术，该技术是一项新颖的构件提升安装施工技术，它采用柔性钢绞线承重、提升油缸集群、计算机控制、液压同步提升原理，结合现代化施工工艺，将大吨位构件在桥面拼装后，整体提升到预定位置安装就位，实现大吨位、大跨度、大面积的超大型构件超高空整体同步提升。拱塔和三角架拼装完成，开始进行竖向转体施工。全桥三个拱塔转体设置两个后拉点，矮塔后拉点设在P7墩横梁处，中塔、高塔后拉点设在P8墩横梁处。利用钢绞线连接三角架和后拉点的活动铰，以连续千斤顶做动力，将索塔竖向转体到位，固结。转体施工先转体高塔，再转体中塔,最后转体矮塔。本桥高塔转体总质量 389.6t,中塔转体总质量 294.0t,矮塔转体总质量 196.6t。

景德镇白鹭大桥采用扳起法竖向转体施工,即在被扳起的钢塔上安装人字扒杆,扒杆和钢塔本身形成一个稳定的三角结构,然后选取锚点、拉索,由计算机控制钢塔转体,确保钢塔竖向转体施工安全成功。研究结果:历时 9 小时 18 分,钢塔成功竖转 58°到位,合龙精度满足设计要求,偏差仅为 2mm,临时索力同计算相符。研究结论:对于长达 88m 的钢塔,整体采用扳起法竖向转体施工为国内首创,竖向转体全过程采用计算机控制,这也是目前国内最新颖、最先进的大型构件提升安装技术。

大型钢箱梁多点顶推施工工法

GGG(中企)C3092—2010

黄元群 许交武 周永生 肖国庆 高安建

(中铁大桥局集团有限公司)

1 前言

随着钢箱梁在桥梁施工中的大量使用,大型钢箱梁一端顶推也开始在桥梁施工中采用。本工法验证了圆形竖曲线上大型钢箱梁采用一端顶推的可行性,有着广阔的前景。

2 工法特点

(1)采用了钢绞线柔性拉杆和临时反力座体系作为牵引装置,实现顶推。

(2)钢箱梁可以全部工厂制作,减少了施工场地。

(3)实现了圆形竖曲线顶推梁施工的控制。

(4)顶推长度和跨度较大,且为不等跨顶推。

(5)钢箱梁在顶推过程中承受较大的拉应力和局部应力。

(6)顶推设备自动化程度高,循环周期短,施工进度快。

(7)不需要大型的机械设备和大吨位的反力设施。

3 适用范围

(1)适用于跨度较大,且为不等跨的圆形竖曲线上大型钢箱梁一端顶推施工。

(2)适用于跨水桥、跨谷桥、跨线桥及城市立交桥。当要求施工不影响桥下通航和交通时,本工法更能显出其优越性。

4 工艺原理

4.1 钢箱梁顶推施工布置

钢箱梁采用多点顶推法架设,在主墩之间设置临时支墩,顶推跨度70m左右,由于桥位航运要求,临时墩最大跨径为77m。

(1)滑道布置。钢箱梁顶推横桥向采用两根滑道,滑道横向距离22.8m,支承于钢箱梁的内侧腹板下方。滑道长度根据各支点受力情况确定,主墩和临时墩分别为4m和5m,顶推平台上设置了1m和1.5m两种滑道,滑道宽度按0.7m设置。

(2)钢导梁设置。顶推钢导梁设计长度为48m,采用钢板焊接制成。导梁分节长度为8m,共分为上、下游2个单独导梁。导梁采用箱形断面设计,导梁与钢箱梁端部及导梁节段之间均采用螺栓连接,其中底板螺栓受拉,采用高强螺栓,其他部位螺栓为普通螺栓,按受剪控制设计。

(3)顶推牵引系统。钢箱梁顶推采用多点顶推拖拉,即在每个主墩和临时墩上均设置千斤顶拖拉钢梁向前移动,顶推时需在钢梁底部焊接临时反力座。顶推千斤顶采用ZLD100自动连续顶推泵站系统,每墩2个千斤顶共用一台油泵。顶推拖拉杆采用6根ϕ5.24m钢绞线。拖拉钢绞线长度不小于一个顶推跨度长。利用墩顶滑道前端的千斤顶拖拉连接于临时反力座上的钢绞线向前移动,为防止钢绞线束在施工安装过程中垂度过大,在梁底每隔3m左右设置一拆装式的支索器。

4.2 钢箱梁顶推竖曲线线形的施工控制方法

4.2.1 钢箱梁节段的线形匹配

钢箱梁的竖曲线半径较大,在节段长度内其矢高很小,每节段均按照直线进行制作,在理论上钢箱梁是由多段折线组成。

工厂制作时采用短线台座,按照设计线形计算出各个节段的理论长度,严格按照理论尺寸进行下料制作,在台座上进行节段间的匹配,并做出节段间线形匹配的控制线、控制点。现场拼装严格按照节段间的匹配线进行对接拼装。

4.2.2 现场顶推施工各支点高程的控制

钢箱梁现场的竖曲线线形的形成实际上是由各个支点的标高来控制的,所以现场支点的相对高程直接影响了线形,应严格控制并便于调整。

首先顶推平台范围内的各个支点设置时,应考虑具有可调性,充分考虑支点的沉降、梁体的制作误差等影响下其高程需要调整,特别是应满足本桥有三段竖曲线的情况,各支点之间的相对高程均不同。

顶推平台前端主墩和临时墩顶滑道顶面标高亦按照设计线型的要求进行布置和施工,保证钢箱梁顶推的整体线形。

4.2.3 钢箱梁梁面高程控制点监测

现场拼装除按照匹配线进行对接外,还通过精密水平仪测量节段间梁纵向相对高差,按照理论计算值进行调整控制。采用此控制方法的优点是,不考虑节段箱梁的高度误差,仅对钢箱梁桥面线形控制,可以保证吊杆位置与设计相对符合。同时因梁高较小误差对梁底的线形不致造成很大的影响,为此在施工时可以通过调整滑道顶面高程,克服箱梁制作时的高度误差,确保桥面线形。

4.2.4 钢箱梁平面轴线的控制

钢箱梁顶推安装过程中平面轴线的控制亦很重要,其轴线偏差应在允许偏差范围内,节段间不允许出现有平面折线。其控制措施主要有:

(1)在节段制作出厂前,在钢箱梁梁面做好梁体轴线的控制点,现场进行节段对接时调整其轴线与已安装的梁体在同一轴线,其轴线偏差不得大于2mm。

(2)在顶推过程中,利用全站仪对梁体轴线进行跟踪测量,发现有偏差时,通过墩顶的限位装置用千斤顶或手拉葫芦及时进行调整,控制其在允许偏差范围内。

5 施工工艺流程及操作要点

5.1 准备工作

(1)根据全桥总体施工安排及设计要求设置顶推平台;

(2)设置顶推临时墩;

(3)横向布置顶推滑道;

(4)设置钢导梁。

5.2 钢箱梁顶推施工

5.2.1 顶推线形控制

5.2.2 钢箱梁顶推系统设置

(1)安装顶推滑道及滑板;

(2)设置顶推牵引系统。

5.2.3 顶推设备及安装

(1)顶推设备为ZLD100连续顶推泵站系统;

(2)锚固钢结构位置;

(3)布置各临时墩和主墩顶竖向千斤顶及临时支垫;

(4)布置好电路及接口;

(5)滑道布置;

(6)顶推系统调试及钢绞线安装。

5.2.4 钢箱梁线形控制

(1)中线限位装置(侧限)

在主墩和临时墩及顶推平台前端上下游两侧设限位装置,限位装置与主墩盖梁顶预埋件连接或与临时墩顶横向分配梁焊接。

(2)标高限位装置

在每个墩的滑道上布置竖向千斤顶作为标高调整的装置(箱梁顶推就位调整梁底标高时使用)。

5.3 施工要点

(1)顶推系统使用前应认真调整好行程开关位置,系统电源质量应予保证。

(2)必须保证油液的清洁干净。必须经常过滤油液,保证过滤精度不低于20μm,并定期更换油液。

(3)每次顶推,必须对顶推的梁段中线和各滑道顶的标高进行测量,并控制在允许范围以内:

①导梁中线偏差不大于5.0mm;

②梁体中线偏差不大于5.0mm。

(4)四氟滑板两面均应保持清洁,顶推时四氟滑板板面必须朝下,顶推时各支点应有专人检查更换。

(5)顶推过程中若发现顶推力骤升,应立刻停止并检查原因,特别是检查四氟滑板。

(6)每节段开始顶推时,先推进5cm,立即停止,回油,再推进5cm,再停止,回油,如此反复三次,以松动各滑动面并检查各部分设施,然后正式顶推。

(7)顶推时,应派专人检查导梁及箱梁,如果导梁构件有变形、螺丝松动、导梁与钢箱梁联结处有变形或箱梁局部变形等情况发生时,应立即停止顶推,进行分析处理。

(8)顶推到最后梁段时要特别注意梁段是否到达设计位置,需在温度稳定的夜间顶推到最终位置,并根据温度仔细计算测定梁长。

(9)最后一次顶推时应采用小行程点动,以便纠偏及纵移到位。

6 材料与设备

6.1 顶推滑道及滑板

顶推滑道顶面为30mm厚钢板,表面贴厚度为3mm不锈钢板,滑板采用厚度12mm,宽度50cm的MGE型滑板。

6.2 ZLD100自动连续顶推泵站系统

主要技术参数见表1。

ZLD100型自动连续顶推泵站技术参数 表1

序 号	项 目	单 位	技 术 指 标	备 注
1	额定压力	MPa	31.5	
2	额定流量	L/min	100	
3	品质	kg	900	
4	外形尺寸(长×宽×高)	mm	1 700×1 100×1 900	

6.3 钢绞线束拉杆、拆装式支索器和临时反力座

钢绞线束拉杆采用6根ϕ15.24mm钢绞线;在梁底每隔3m左右设置一拆装式的支索器;临时反力

座由钢板焊制而成。

6.4 纠偏机构

手动螺旋千斤顶和滑道侧面安装的支承腿及四氟板滑块。

7 质量控制

(1)梁体中线偏移超过5mm即需纠偏。

(2)箱梁底面不平小于2mm。

(3)同一墩上两滑道顶面高程误差应小于2mm。

(4)进场的千斤顶、油泵、油表等机具必须经过校验、标定和试运转,一切正常后方可使用。

(5)滑道应进行预压试验,其预压力应是设计反力的2倍。

(6)滑道和滑块之间的动摩擦系数应小于0.05。

8 安全措施

(1)箱梁起吊时要仔细检查吊钩吊点。

(2)起吊龙门吊机吊梁行走时应保持两边走行同步、缓慢、匀速。

(3)箱梁在起吊、运输、安装时应注意保护梁面完好,不得随意钻孔、碰撞、破坏油漆层,严禁机油泄漏到钢梁表面。

(4)箱梁在安装时顶面周边应设防护栏,顶推后不能随意向下丢弃杂物,以免砸伤船只及船员。

(5)箱梁在顶推时悬臂端尽量不放杂物,不站人,以减少箱梁受力。

(6)各临时墩操作人员应严格服从中心控制台指挥,并严格按照工艺步骤及技术交底进行操作。

(7)各临时墩及主墩顶周边设栏杆,操作人员应带救生设备。

(8)箱梁起吊遇六级以上大风时停止作业。

9 环保措施

(1)积极开展文明施工窗口达标活动。工程开工前,按照施工组织设计的平面布置要求,认真搞好生产及生活场地的规划,做到布局合理,井然有序,符合消防、环保和卫生等要求;现场施工材料、机具设备堆放整齐、标识清楚,施工便道、管路、电力线、通信线等各种管、线、路布置整齐美观,做到施工场地平整、排水畅通;施工人员实行挂牌上岗制度,做到言行举止文明;及时清理施工现场,力争做到工完料尽,施工场地清洁;工程竣工后,恢复周边地貌,文明撤离;开展共建活动,尊重当地居民的风俗习惯。

(2)保证工地卫生。开水供应,禁止饮用生水,茶水桶内部保证清洁无垢;保持室内环境整洁卫生,用具摆放整齐,实行卫生值班制度,及时做好清洁卫生工作;食堂保持内外环境整洁,定期对炊事人员进行健康检查,食堂一切用具,用后洗净,不得有污垢、霉变物;定期对生活区进行消毒、防尘、灭蝇、灭鼠活动;工地配备急救药物,医务人员每周巡视工地一次,做好季节性疾病的预防、宣传工作;污水经处理后就近排入既有水系,生活垃圾集中装运到指定的垃圾处理场处理,厕所定期消毒。

(3)开展学习和教育,贯彻执行《中华人民共和国文物保护法》和地方政府有关文物保护的法律法规。发现文物或有考古、地质研究价值的物品时,立即停工封闭现场,在派专人保护现场的同时,及时通知建设单位和当地文物保护部门。经文物保护部门处理并同意后方可继续施工,确保祖国文化遗产不受侵害,严禁对发现文物私自占有或非法转卖。

(4)及时获取并确认与施工工程相关的环境法律、法规和其他要求;结合施工现场的不同情况,建立适用的环境法律、法规、标准和其他要求的清单;关注国家、地区立法机构的最新动态,及时跟踪法律法规和其他要求的变化,对环境法律、法规、标准和其他要求的清单进行动态管理。

(5)噪声排放达标,施工现场无扬尘,运输无遗洒,尽量减少油品泄漏,防止化学品泄漏,生产及生活污水达标排放,泥浆达标处理,不使用含有尿素的混凝土抗冻剂,最大限度地防止施工现场火灾、爆炸的发生,使用环保型的灭火器,夜间施工无噪声、光污染,不影响居民休息。固体废物实现分类管理,节约水电能源,节约纸张消耗,保护生态环境资源。

10　资源节约

(1)大型钢箱梁多点顶推施工工法形成过程中,严格贯彻国家建筑节能工程的有关要求。

(2)钢箱梁可以全部工厂制作,节约了施工场地。

(3)不需要大型的机械设备和大吨位的反力设施,节约了大量机械和劳动力。

(4)顶推设备自动化程度高,循环周期短,节约了工期,经济效益显著。

11　效益分析

(1)提高了机械化和自动化的水平。

(2)节约了大量机械和劳动力,减轻了劳动强度。

(3)梁体运行平稳,中线偏移小,便于操纵,文明施工,经济效益显著。

12　应用实例

中铁大桥局集团有限公司承建的福州鼓山大桥为独塔双索面自锚式悬索桥,桥位处于闽江下游的感潮河段,桥跨组成为50m+150m+235m+35m,其中50m跨和35m边跨为钢筋混凝土锚跨箱梁,150m+235m主跨为钢箱梁,轴线处梁高3.5m,桥宽42m,梁重达18.9t/m,主跨钢梁采用分节吊装逐步顶推法施工,顶推距离长达371.5m,顶推节段达53个,最大节段重达296t,顶推跨度达75m,为国内同类桥梁之最。本桥钢梁存在两个竖向线形,顶推后期须下调1号临时墩及顶推拼装平台顶标高,施工控制难度大。

中铁大桥局集团有限公司承建的长沙市湘江三汊矶大桥主孔设计为双塔双索面自锚式悬索桥,全长为732m,自锚式悬索桥加劲梁采用单箱五室闭合截面钢箱梁,2006年采用多点顶推法建成。

该工法吸收了国内外钢梁顶推的优秀成果并进行了创新,节约了成本,加快了施工进度,保证了安全和质量,促进了行业科技进步。它的成功开发和实施,尤其是大跨度钢箱梁多点顶推法施工为今后类似工程的实施提供了宝贵施工经验。

全焊接钢桁梁斜拉桥主梁整节段安装施工工法

GGG(中企)C3093—2010

陈理平　胡　勇　黄　勇　般秀凯　周贵平
(中铁大桥局集团有限公司)

1　前言

我国早在1889年就开始了铁路钢桥的建设,早期的钢桁梁杆件连接为铆接结构,如1957年建成的武汉长江大桥。1965年起发展了栓焊钢桁桥新技术,于1966年建成了第一座栓焊钢桥——成昆铁路迎水村大桥,之后修建了众多的栓焊钢桁梁桥,如九江长江大桥、芜湖长江大桥。上海于2007年起开始修建全焊接的钢桁梁桥,即跨越黄浦江的闵浦二桥。全焊接钢桁桥在国内是第一例,钢桁梁外形简洁、结构耐久,全焊结构具有技术先进、整体性好、节点受力大、外观简洁、防腐简单等优势,代表了钢桁梁技术向高强、轻质、整体、大跨度、新结构发展的趋势。

国内常规的桁梁采用高强度螺栓连接,而闵浦二桥采用全焊结构,本桥是公路与轨道交通上下叠合的形式,在国内属首例,主梁施工采用了整节段工厂预制、现场安装的先进工艺。我国传统的大跨度钢桁梁施工方法多采用单根杆件进行现场悬臂拼装,这一施工方法操作简单容易实现,对吊装设备的起吊能力要求不高,但施工工期较长,水上高空作业,危险性比较大。与传统的现场单杆件散拼安装方法相比,整体节段施工方法将现场的很多工序转移到工厂进行,加工质量更容易保证;桥上高空作业工作量减少,便于提高工效,实现了现场作业的工厂化、高空作业地面化、水上作业陆地化、散拼作业整体化,使施工工期大幅缩短,减少安全风险,提高工程质量,降低了工人劳动强度,整节段安装是钢桁梁斜拉桥发展的趋势。国外钢桁梁斜拉桥中较著名的是日本岩黑岛桥与柜石岛桥,它们是一对孪生公铁两用斜拉桥,还有丹麦和瑞典共同设计施工的一座公铁两用桥——厄勒海峡大桥,这些桥使用了单桁片安装或整节段安装的先进施工技术。

闵浦二桥是目前国内跨度最大的公轨两用双层斜拉桥,也是世界同类型双层桥梁中跨度最大的。桥梁结构设计新颖,主桥为独塔双索面双层斜拉桥,主跨251.4m,锚跨147m + 38.25m,主桥总长436.65m。上层为二级公路,双向4车道,桥面宽度18m;下层为双线轻轨(上海轨道交通5号线闵奉段),最小功能宽度10m。引桥为公路与轨道一体化双层桥梁。

在结构细节上采用了多项新技术,主梁采用全焊接的板桁结合钢桁梁,即正交异性桥面板与主桁间以及主桁与主桁连接均为焊接连接,这种结构形式的桥梁制造在国内尚属首次,制造难度很大。引桥大跨度梁(45m以上)采用了钢混凝土叠合梁。主桥钢桁梁被划分为29个节段,按安装顺序依次为10个支架段、17个标准段和2个合龙段。支架段由1 200t浮吊起吊安装,通过在支架上滑移后对接拼成整体。标准段与合龙段由CQ-260T桥面吊机起吊安装。在此基础上,对其施工方案加以总结,形成了全焊接双层钢桁梁斜拉桥整节段安装施工工法。

2　工法特点

(1)公轨两用独塔双索面双层桥面斜拉桥,主梁首次采用全焊接的钢桁梁,是钢桁梁栓焊连接的一大进步,钢桁梁全焊接施工精度要求高,施工难度大,钢桁梁外形简洁、结构耐久,全焊结构具有技术先进、整体性好、节点受力大、外观简洁、防腐简单等优势,代表了钢桁梁技术向高强、轻质、整体、大跨度、新结构发展的趋势。

(2)公轨两用斜拉桥全焊接钢桁梁主梁首次采用整节段工厂预制、现场整节段安装焊接的先进施工技术,有利于加快施工进度保证工程质量。

(3)通过现场焊接实践,总结出在整节段预制中,采用精确预设整节段长度预留量方法,解决了整节段现场环缝焊接中因焊缝收缩量引起梁长变化并导致索导管发生偏位的技术难题。

(4)整节段预制中,采用先平面匹配后空间立体转换的施工技术,解决了整节段预制的空间几何尺寸控制、节段各单元杆件的精确匹配控制及节段与节段之间的匹配精度控制的技术难题。

(5)对同一座斜拉桥,主梁投影在陆地部分采用大钢管支架法施工,钢梁节段利用浮吊架设后滑移到位并对接成整体,主梁投影在水上运输船能到达部分采用桥面吊机起吊安装钢梁节段,使整座斜拉桥钢梁均可由水上整节段运输,避免了陆上的倒运、存梁、拼装等工序,降低了投入资金。

(6)整节段钢梁质量大、尺寸大,如何控制整体节段总拼的空间几何尺寸,防止节段在运输、吊装过程中的变形是本工法的一大特点。

3 适用范围

本工法适用于桥位处能够满足大节段整体运输、吊装条件的单层或双层桥钢桁梁斜拉桥,也适用于桥位处能够满足整孔运输、吊装条件钢桁梁连续梁桥。

4 工艺原理

闵浦二桥的主桥为公轨两用全焊接双层桥面钢桁梁斜拉桥,主梁施工采用的工艺是先进行工厂整体节段钢梁预制,然后再将节段运输到桥位处进行整节段安装,节段之间的连接为全焊接。在工厂内整节段钢桁梁预制好后利用船舶运抵至桥位处架设,主梁投影在陆地部分采用大钢管支架法施工,钢梁节段利用浮吊架设,主梁投影在水上运输船能到达部分采用桥面吊机起吊安装钢梁节段。支架段钢梁由大型浮吊起吊安装,钢梁节段通过在支架上滑移后对接拼成整体;钢梁标准段与合龙段由设在已架钢桁梁上的桥面吊机起吊、安装,待安装钢梁节段与已安装之间钢梁节段通过匹配件临时锁定,在对接缝焊接完成后,桥面吊机前行一个节间后固定,进行斜拉索安装,之后进行下一个节段的架设,如此反复,直至钢梁节段安装完成。用此施工方法有利于结构线形精度控制,保证工程质量,加快工程进度,并减少桥位处的施工难度,减少扰民及对航道影响。

5 施工工艺流程及操作要点

5.1 闵浦二桥主桥梁段数据资料

闵浦二桥主桥钢桁梁被划分为29个节段,按安装顺序依次为10个支架段、17个标准段(1P号~4P号、1号~13号)和2个合龙段(M-HL、Z-HL)。主梁示意如图1~图3所示;梁段数据如表1所示。

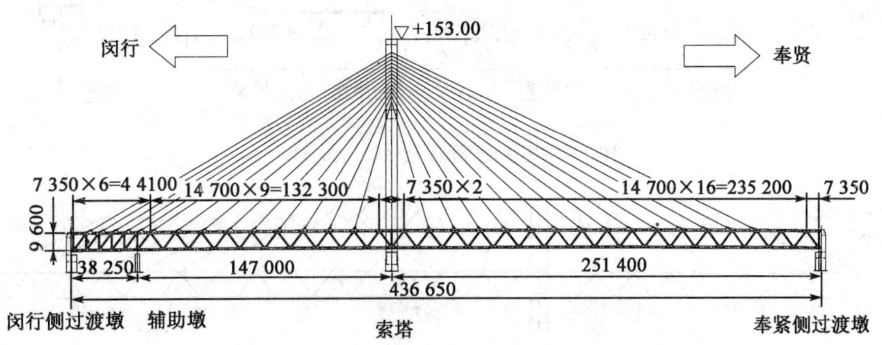

图1 主桥立面图(尺寸单位:mm;高程单位:m)

全桥共14对、56根斜拉索,斜拉索采用PES7-139、PES7-187、PES7-211、PES7-223、PES7-253等五种规格。斜拉索整股钢丝用高强缠包带缠紧后外挤双层HDPE护套,钢丝的抗拉标准强度 R_{by} = 1 670MPa,最长索235.363m,最短索71.267m。

梁段数据 表1

梁段名称	数量	梁段质量(t)	梁段尺寸(L、W、H)	备注
OA	1	332	23.7×23×13.5(m)	梁段
OB	1	439	26.1×23×13.5(m)	梁段
标准段(1P号~4P号、1号~13号)	17	240~252	22.1×23×13.5(m)	梁段
M1	1	340	15.2×23×13.5(m)	梁段
M2	1	370	16.2×23×13.5(m)	梁段
M3	1	349	16.2×23×13.5(m)	梁段
M4	1	356	23.7×23×13.5(m)	梁段
M5	1	348	23.4×23×13.5(m)	梁段
M6	1	255	21×23×13.5(m)	梁段
Z1	1	245	21.3×23×13.5(m)	梁段
Z2	1	344	21.1×23×13.5(m)	梁段
合龙段	2	-各52	下弦杆及下层桥面	散件

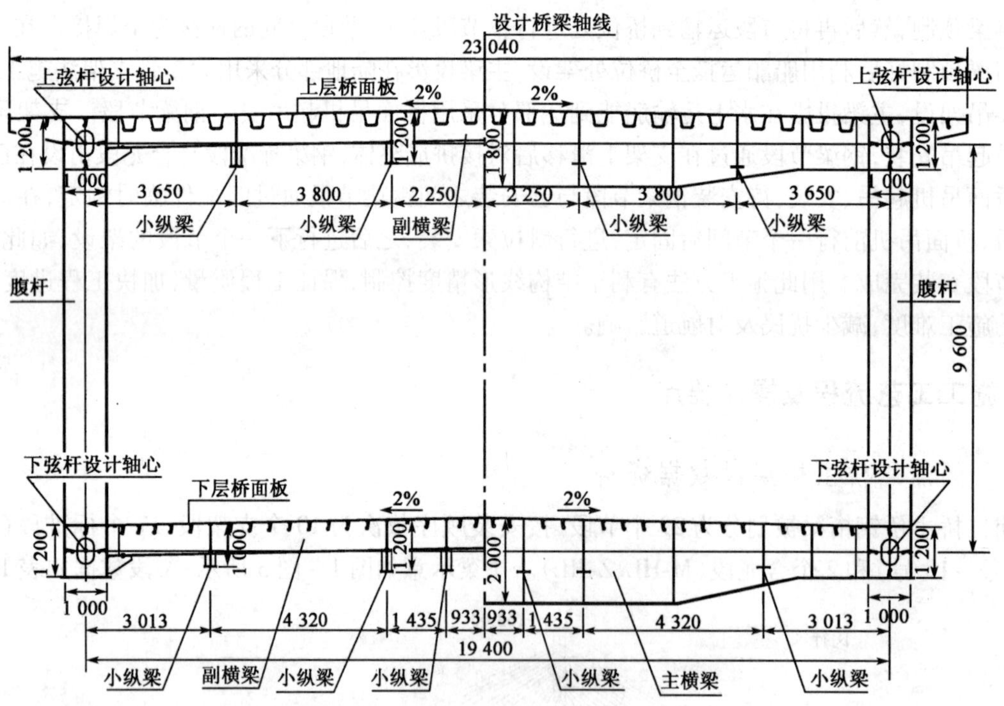

图2 主桁横断面图(尺寸单位:mm)

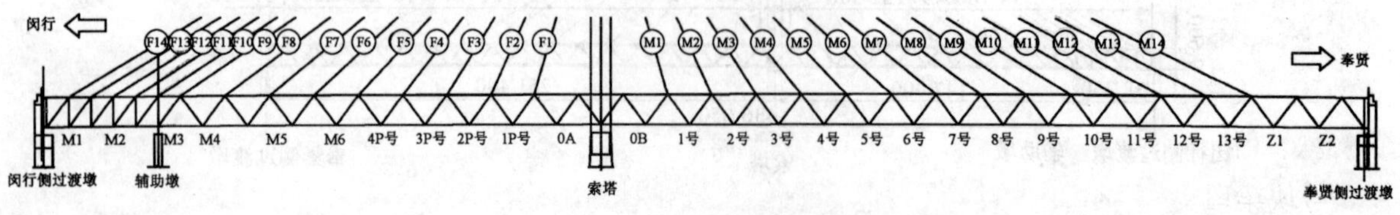

图3 主梁节段分段示意图

5.2　整节段安装施工工艺流程

1 200t 浮吊架设 0 号段（OA、OB）→F1、M1 号斜拉索挂索→CQ-260t 步履式桥面吊机安装（对称进行）→吊机安装 1P 号、1 号钢桁梁→CQ-260t 型桥面吊机前移→F2、M2 号斜拉索挂索→浮吊架设完成 M1～M6 节间→分别安装钢桁梁节段 2P 号、2 号，3P 号、3 号，4P 号、4 号；对应挂设 F3～F5、M3～M5 号斜拉索→架设锚跨合龙段 M－HL→架设节段 5 号～9 号，并相应挂设 F6～F10、M6～M10 号斜拉索→锚跨尾段施加压重（3 000t）→架设节段 10 号～13 号，并相应挂设 F11～F14、M11～M14 号斜拉索（同时浮吊架设完成 Z1、Z2 节间）→架设主跨合龙段 Z－HL→全桥索力调整（图 4）。

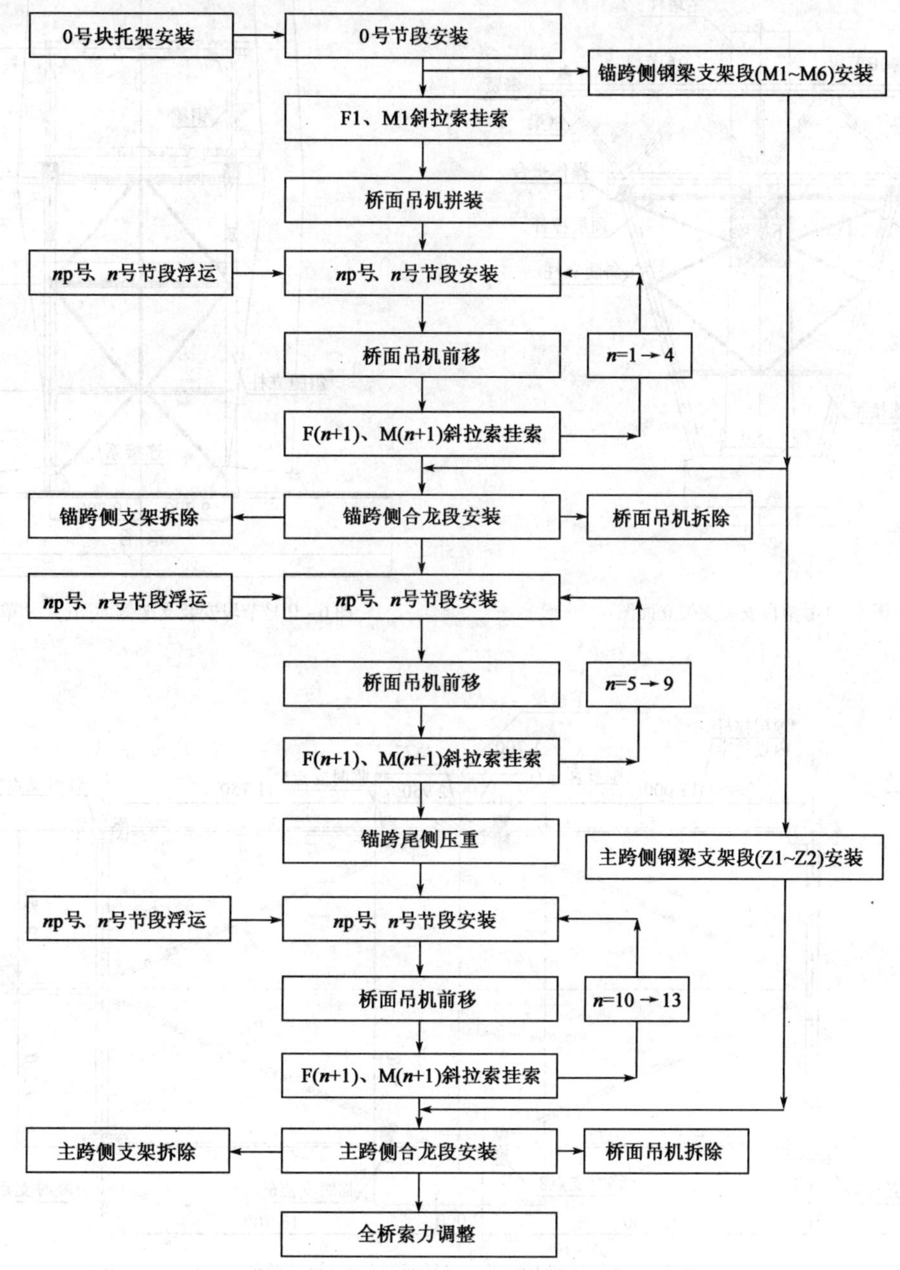

图 4　整节段钢梁安装总体工艺施工流程图

5.3　支架段钢梁安装设施介绍

5.3.1　临时支架情况

0 号块梁段支架采用扇形钢管托架。4 根 $\phi1.2$m 钢管斜腿立柱直接支撑于主墩承台顶面。横桥向立柱之间设置米字形 $\phi0.5$m 钢管联结系，斜腿立柱顶部设置空心钢箱，内灌 C25 微膨胀混凝土，作为托架上临时支点支撑平台。并在顶层纵向水平联系钢管内配置预应力钢绞线,张拉抵以抗钢梁荷载产生的水平力。

在支架斜钢管立柱顶端和主塔下横梁垫石边布置共8个临时支点以方便0A、0B段梁体三向定位。临时支点均有纵横向限位装置,防止梁体转动。临时支点形式采取"临时混凝土垫块(钢箱)+滑移副+600t油顶+分配梁"。通过滑移副实现纵横方位调节,通过600t油顶实现竖向高程调节。滑移副的下滑移托盘与临时垫块顶面预埋钢板(钢箱)焊接固定(图5~图7)。

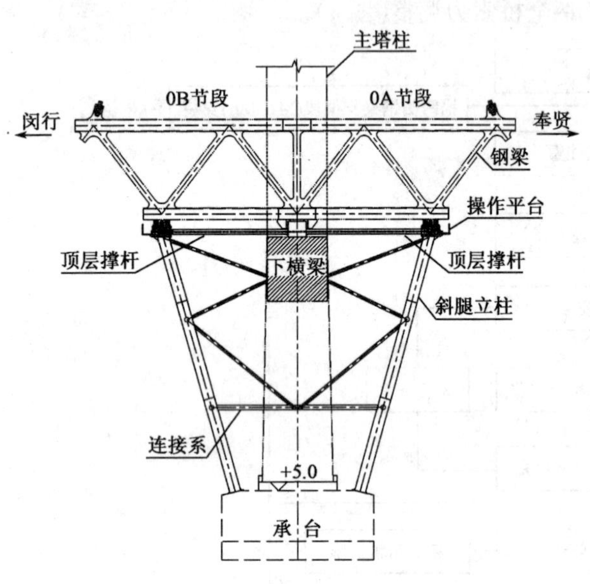

图5 0号节段安装支架立面图

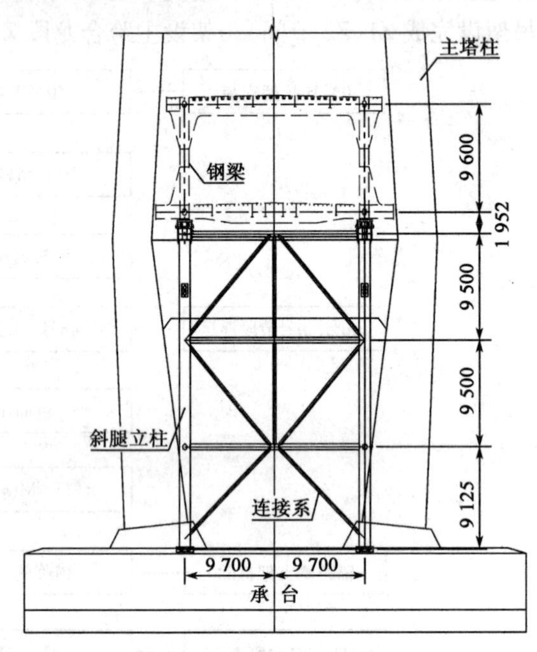

图6 0号节段安装支架侧面图(尺寸单位:mm)

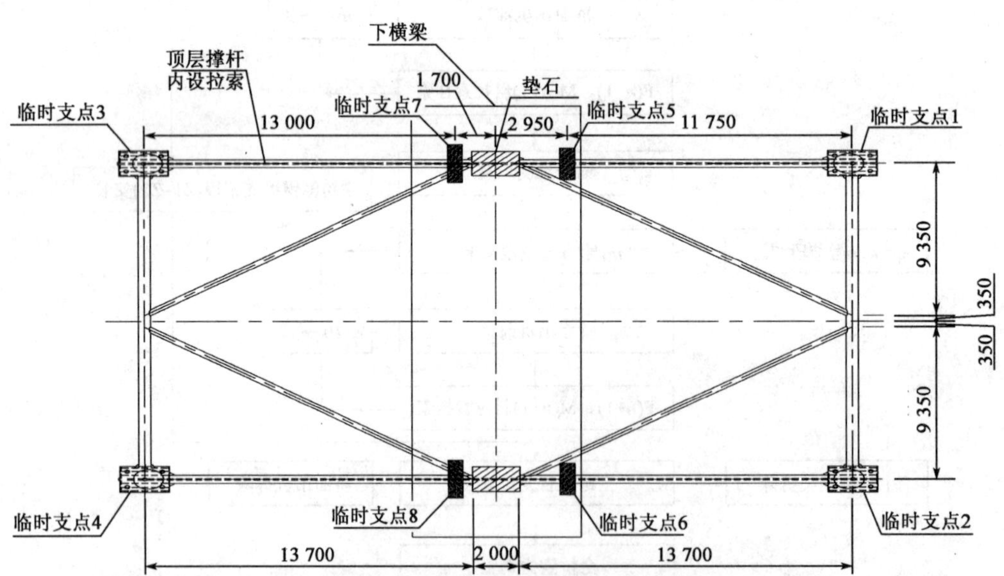

图7 0号块托架上临时支点平面布置图(尺寸单位:mm)

主、锚跨支架段钢梁支架由钢管立柱及焊接箱形滑道梁组成,钢管立柱均采用ϕ1 200×12mm钢管,联结系采用ϕ500×8mm和ϕ300×8mm钢管。采用插打钢管桩基础和扩大基础上立钢管柱两种结构形式相结合。钢管柱顶部设置焊接箱形梁作为钢梁滑道,用于钢桁梁节段在水上吊装落梁后向岸边滑移。柱底与基础上预埋件进行焊接连接。在辅助墩上对称设置两个牛腿,牛腿间采用拉杆预拉连接,

改善受力(图8和图9)

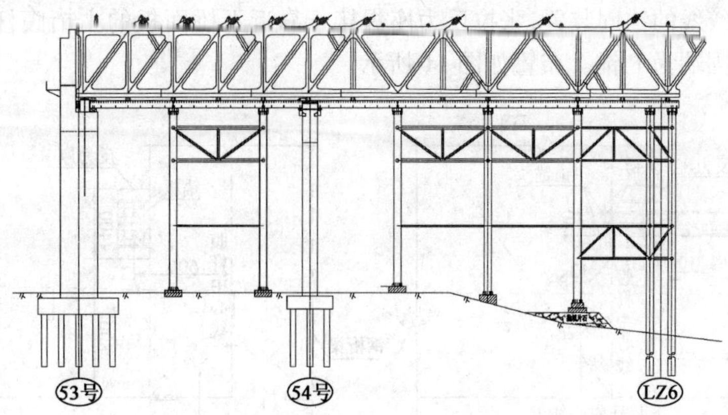

图8　锚跨侧支架及支架段钢桁梁示意图

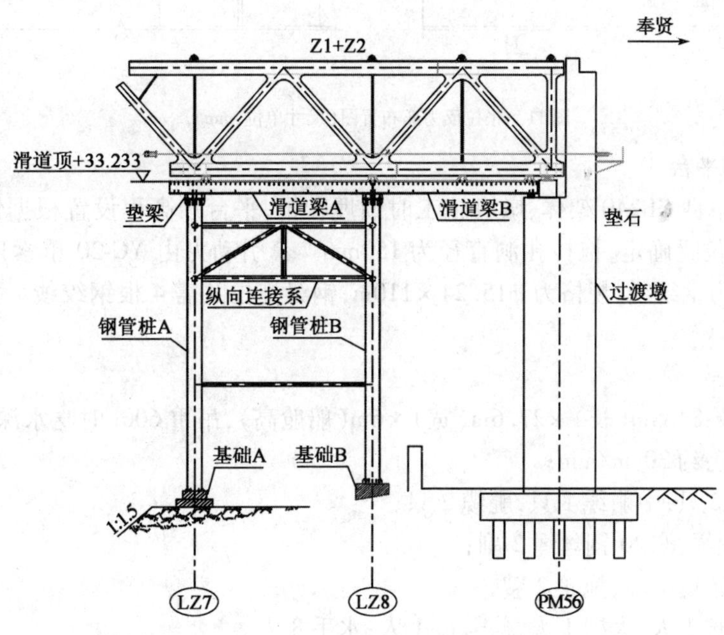

图9　主跨侧支架及钢桁梁示意图

5.3.2　钢梁节段滑移滑块

每节梁单主桁下设置2个滑块作为滑移支点,支撑位置为桁架节点。滑块为焊接箱形结构,底部铺设14mm厚四氟板,两侧设置角钢限位器,与滑道梁之间预留2cm间隙。滑块外侧设置挡板作为横向限位油顶的反力座。通过上述布置可以将钢桁梁的落梁横向偏差控制在2cm之内。滑块构造如图10所示。

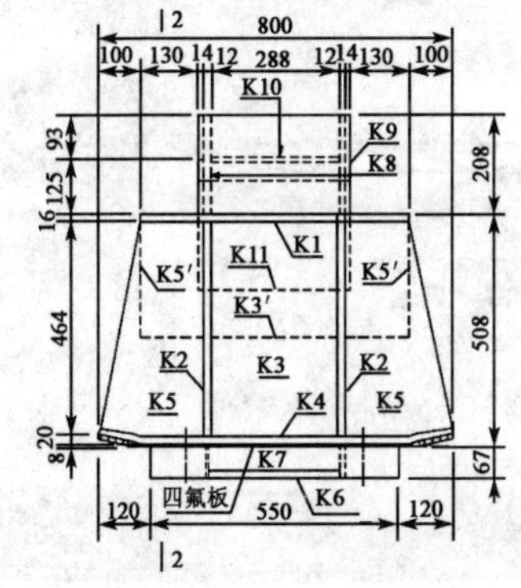

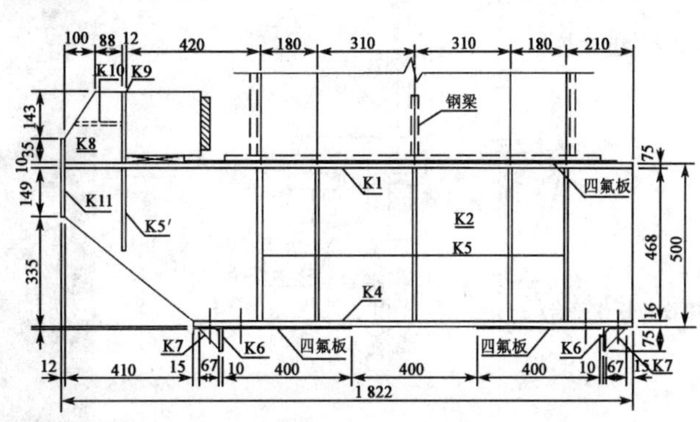

图10　滑块构造图(尺寸单位:mm)

5.3.3　张拉反力座

作为移梁牵引钢绞线的锚固装置,张拉反力座焊接于靠近下桥面板的主桁腹杆内侧。每节段设反力座两个。钢绞线锚固端为P锚。布置如图11所示。

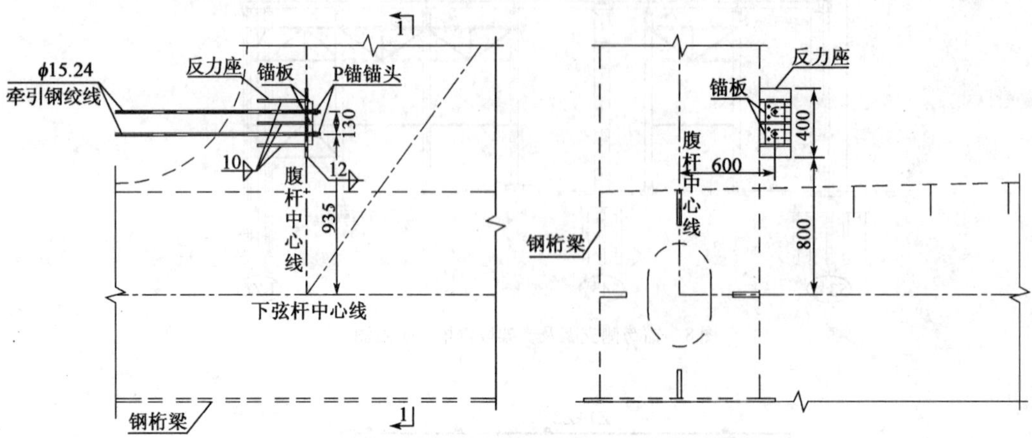

图11　张拉反力座布置图(尺寸单位:mm)

5.3.4　滑移操作平台

操作平台可采用卓良CB240架体,墩身施工时预埋爬锥,平台顶高程设置根据钢梁滑移操作在过渡墩内预留拖拉孔的位置确定,拖拉孔洞直径为150mm。牵引动力由YC-20单索顶提供,共计需要4台。索引材料为预应力钢绞线,规格为$\phi15.24\times110$m,钢梁拖拉共需4根钢绞线。操作平台安装图示如图12所示。

5.3.5　1 200t浮吊

(1)浮吊体型参数:84.8m(长)×27.6m(宽)×6m(船舱高),吊重600t时吃水深度3m;

(2)副钩提升速度:约30cm/min;

(3)锚缆:侧艏缆2只,中艏缆1只,艉缆2只;

(4)副钩抬吊钢丝绳:ϕ120钢丝绳2副;

(5)辅助设备:抛锚艇1艘,拖轮2艘;

(6)人员配备:船长1人,大副1人,信号员1人,水手8人。

5.3.6　吊梁扁担

吊梁扁担采用平面桁架结构,主梁采用2I63a,连接系部分采用I20a和I40a,浮吊旋转钩与扁担上吊耳采用直径为120mm钢丝进行连接,吊梁扁担与下吊耳采用4ϕ120mm销子连接,下吊耳与钢梁采用8ϕ80mm,销子连接参见如图13所示。

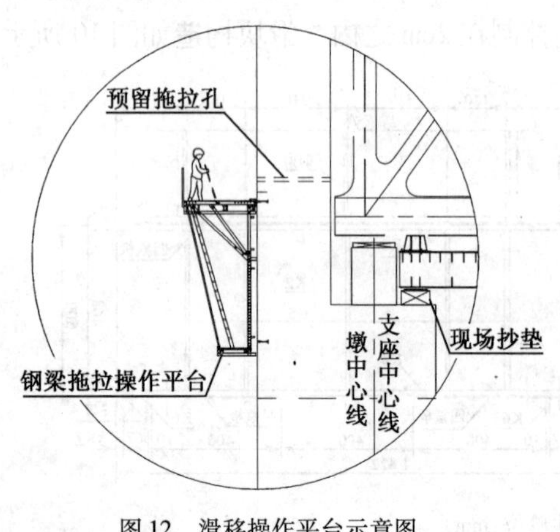

图12　滑移操作平台示意图

图13　浮吊吊装钢梁节段

5.4 标准段钢梁安装设施介绍

5.4.1 CQ-260t 桥面吊机情况介绍

CQ-260t 步履式架桥机,是为闵浦二桥主桥工程而设计的架梁吊机,用于大桥独塔双索面斜拉桥主跨及锚跨标准节段、合龙段(共17个节段)的吊装施工。桥面钢梁节段桁高9.6m、标准节段长14.7m,吊重为260t。

吊机采用两吊点通过分配梁与钢箱梁四吊点连接,具有受力明确的优点。梁段整体拼装采用船舶运输到桥位,由吊机将钢梁节段安全准确地提升至桥面进行对位和拼接。本机设有步履走行装置,可在桥面自行前进或后退。

CQ-260t 步履式架桥机跨度为17.3m,是由主桁、上平面联结系、前后横向联结系构成空间立体桁式承载结构,由行走机构、起升机构、顶升油缸装置、后锚固系统、后端支顶装置、导向装置等构成主要工作机构,起重量260t,起升高度35m的大型专用设备。

5.4.2 CQ-260 型桥面吊机主要技术参数

(1)额定起重量:260t(不含吊具及临时杆件)

(2)单个吊点额定起重量:130t

(3)架桥机自重:140t(单件最大质量:12t)

(4)起升速度:12m/min

(5)整机运行方式:油缸顶推

(6)空载整机爬坡能力:2%

(7)起升高度:35m

(8)前后锚固距离:16.7m

(9)工作时左右支承点距离:17.3m

(10)整机装机容量:120kW

5.4.3 CQ-260t 桥面吊机拼装步骤

(1)在钢梁上层桥面顶面安装轨道系统;

(2)安装底部结构及后锚固机构、前支点;

(3)安装立柱及后三角架结构机架、前三角架结构;

(4)安装辅助件结构;

(5)架梁吊机调试、试运转并进行试吊。

5.5 钢梁节段运输

拼装厂位于长江边,垂直于长江岸线建有一座设计800t起重能力的码头作为基本构件进厂和整体节段下水的码头。码头铺设有两条间距为30m的轨道,用运梁台车将节段梁驮运至码头800t龙门起重机。运输船舶选用两艘400t级重型甲板驳并联加宽改造而成的特种运输船舶,拖轮选择额定功率397kW的顶推拖轮。

为了分散荷载,运输船装置了托架(图14)并与船舶甲板焊接固定,在托架上焊接定位挡块,运输时,托架上铺垫枕木,利用定位挡块+静摩擦力控制梁段的水平面的位移。为了控制纵、横向的倾倒,采用4根直径10mm、6×24的软钢丝绳作为拉索,从桥梁段四对角线方向与甲板上设置的固定装置连接并预张紧。

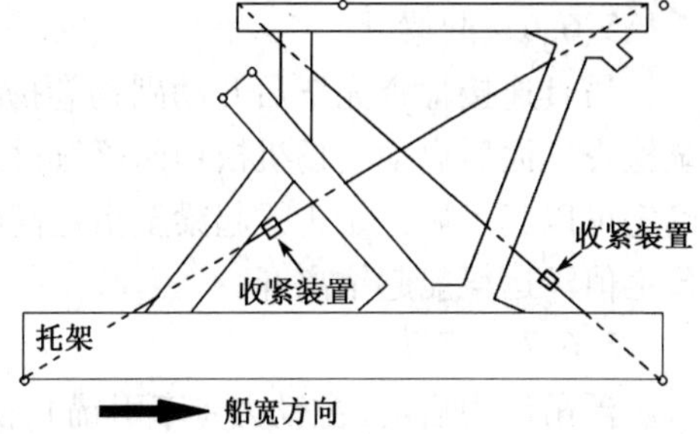

图14 整节段钢桁梁位于运输船上正面示意图

5.6 钢梁支架段吊装

支架段钢桁梁吊装内容可分为:0号节段吊装、锚跨侧支架段吊装、主跨侧支架段吊装。

5.6.1 0号节段吊装工艺

主梁0号节段分为2个大节段(0A和0B)在0号段托架上拼装。0A和0B大节段梁由运输船将钢梁运输到桥位处,由1200t浮吊整体起吊分两段安装。先装0B段,后装0A段。钢梁架设前,将临时支点和竖向永久支座安装、摆放好,梁段架设时,要求梁底高程比设计高程高5mm,即离支座顶面30mm(25mm灌浆高度+5mm预抬高)。0A、0B段在临时支点上通过滑移副进行三向调节定位对接,而后焊接。待0A、0B两段焊接完成,梁体定位复验无误后,整体落梁至设计高程,焊好支座,并对支座预留孔灌浆。砂浆强度达到要求后,下横梁上临时支点(5、6、7、8)落顶。下横梁上临时支点撤除后,及时安装塔梁纵横向永久限位,之后挂索张拉。至此0号节段安装完成。进入标准节段悬臂架设循环。0号节段支架拆除在锚跨侧钢梁合龙后进行,拆除前托架做好施工防护,方便后续架梁。

5.6.2 锚跨侧支架段吊装工艺

锚跨侧4P号节段以西(闵行侧)的钢桁梁分为6个大节段(M1、M2、M3、M4、M5、M6)在支架上拼装,6个大节段均由1 200t浮吊起吊安装,大节段通过在支架上滑移后对接拼成整体。为保证合龙段拼装,拼成整体的支架段主梁向闵行侧引桥预偏移30cm。

钢梁架设前,53号墩(过渡墩)支座、54号墩(辅助墩)支座及其垫石均先不安装。安装滑块以及滑移拖拉设备后,由1 200t浮吊将钢梁节段安装至支架,通过滑块将节段向后牵引滑移,钢梁支座中心线向小里程方向预偏30cm。依次安装M1→M2→M3→M4→M5→M6,每节段滑移到位后,通过竖向、横向油顶调整梁体位置,实现对接。而后将梁临时固定于滑道梁上,并与前节段在无应力状态下对焊焊接,逐步形成支架上整段梁。形成整段梁后,进行体系转换,将支架梁钢梁整体形成三点支承体系,同时在53号墩顶安装整段梁纵向滑移及横向调位装置,准备锚跨侧钢梁合龙。

5.6.3 主跨侧支架段吊装工艺

主跨侧(Z1、Z2)由1 200t浮吊起吊安装在支架上。为保证合龙段拼装,拼成整体的支架段主梁向奉贤侧(大里程方向)预偏30cm。主跨支架段架设与锚跨支架段架设过程类似。滑移对接后的Z1、Z2焊接成整体,并转换成三点支承体系,同时在56号墩顶安装整段梁纵向滑移及横向调位装置,准备主跨侧钢梁合龙。

5.6.4 浮吊抛锚站位

航道封航后,运梁船自临时泊位开出,停靠于托架或支架附近江面。运梁船可以利用自身锚链进行抛锚定位,也可以利用已有条件,如主墩承台的防撞围堰、岸边的码头等。

运梁船就位的同时,浮吊使用抛锚艇快速抛锚定位。将军锚的锚位、锚链与浮吊船体的夹角以确保落梁时在水流冲击作用下船体保持稳定为原则进行设定。

5.6.5 取梁

抛锚完毕后,浮吊绞锚前进(条件允许时还可借助拖轮,以加快速度)靠近运梁船,吊具大致对正钢桁梁节段顶面吊点后落钩。通过艏艉锚链绞锚调节浮吊方位,使吊具与梁面吊点精确对位。收紧锚链锚定船体,插打销轴将吊具与钢桁梁节段连接。吊具连接部位需仔细检查。

5.6.6 起梁

吊具连接检查完毕后开动副钩卷扬机起梁,梁底脱离运梁船30cm高后刹车静止,进行浮吊制动系统检查。而后启动卷扬机松钩回落,进行电器控制开关、卷扬起吊设备检查。钢梁底层绑定2根缆风,确定可以起吊后开始正式起梁至指定高程(高于托架临时支点或滑块50~80cm),并调整拔杆角度至预定值。运梁船起锚离开。

5.6.7 落梁

浮吊动力启动(主动力+牵引锚),携带钢桁梁节段前进,通过锚链系统的收放调整船体方位,直至钢桁梁与托架上落梁位置大致对正。收紧锚链稳定船体。

卷扬机松钩,使钢桁梁节段下落至支点上方10cm并刹车,设置为静定状态。托架上操作人员复核临时支点位置以及钢桁梁下弦杆上的落梁位置标识,核对梁段位置偏差。浮吊操作人员根据指令再次绞锚进行梁体对位,托架上作业人员在梁段上挂设4副导链拖拉、稳定钢桁梁,将偏差控制在5cm(支架段横向偏差为 2cm,纵向里程偏差 5cm)以内。再次落梁 5cm,当确定对位偏差在允许范围以内时确认可以松钩,止副指挥对接指令,指挥浮吊缓缓松钩(此时浮吊锚缆需同时拉紧保持船体稳定)。待钢梁与支架固定确认达到要求,将吊具与钢桁梁所有的连接解拆。浮吊收起吊装器具,退离现场。

(1)0A ~ 0B 节段吊装,浮吊占位如图 15 所示。

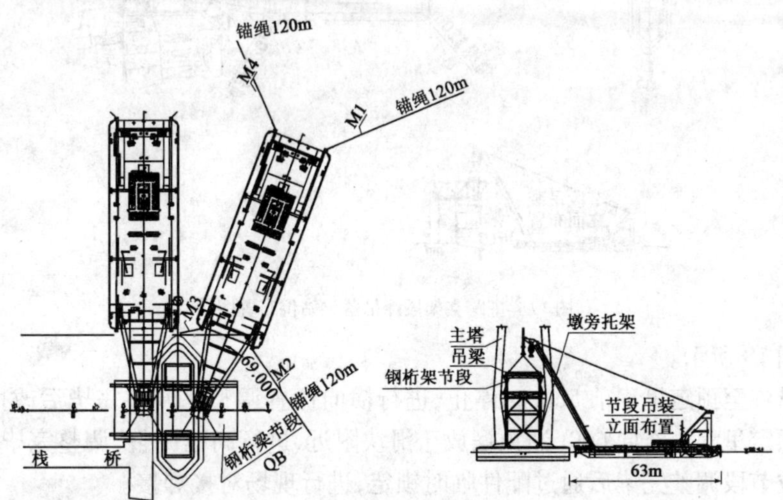

图 15 0 号块 0A ~ 0B 段浮吊落梁站位布置图

(2)吊装锚跨侧钢梁节段时浮吊占位如图 16 所示。

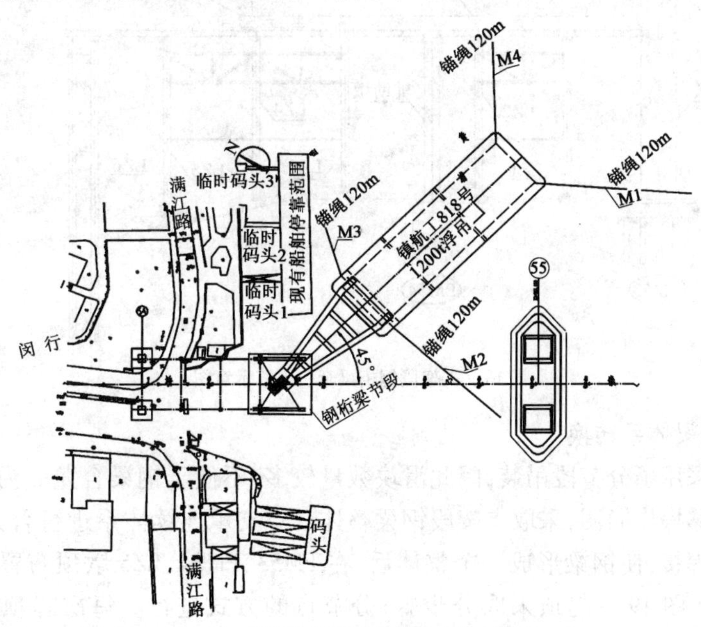

图 16 锚跨支架段浮吊落梁站位布置图

(3)吊装主跨侧钢梁节段时浮吊占位如图 17 所示。

5.6.8 钢梁调整对接

0 号块支架段通过滑移副进行三向调节对接;先调整一个节段的纵、横向位置,确保纵轴线与桥梁设计轴线吻合,横轴线与设计里程吻合;通过竖向油顶调节高程,使竖向线形与监控目标值吻合。之后将该梁段锁定,设置为基准梁。另一梁段以相同方式调整纵轴线、高程分别与设计轴线、监控目标值吻合。

主锚跨支架段先进行牵引滑移,后通过竖向、横向油顶调节对接。主、锚跨支架段钢桁梁吊装时落于 4 个滑块之上,将钢桁梁与滑块做临时连接。安装牵引钢绞线、张拉穿心单索顶。在滑移操作平台上通过张拉钢绞线实现牵引纵移。

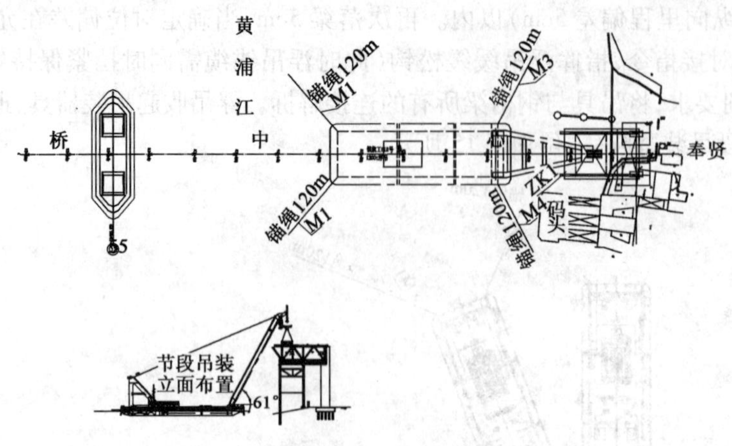

图 17 主跨支架段浮吊落梁站位布置图

纵移操作如图 18 所示。

钢桁梁牵引纵移至预定里程前 5cm 时停止,进行横向位置调整。调整完毕后改由 4 台 50t 液压手工顶精确顶推至预定里程。竖向 600t 油顶摆放于滑块附近,进行高程调整,调整完毕仍由滑块支撑,油顶退出工作。就位节段调整完毕后通过配件临时锁定,进行现场对接焊接。

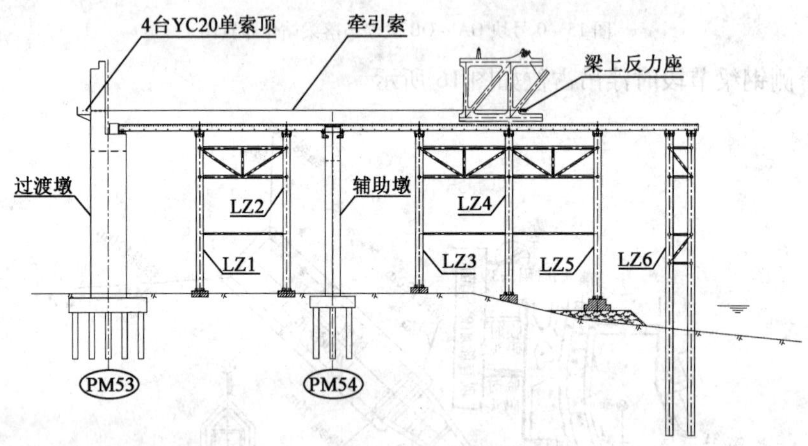

图 18 支架段钢桁梁牵引纵移示意图

5.6.9 支架段钢梁体系转换

由于钢梁架设时采用了分节段吊装,因此滑块数量较多,不便于钢梁合龙。为使结构受力明确,支架段钢梁整体纵向滑移操作简明,采取支架段钢梁整体三点支承连续体系进行合龙前的纵向滑移。在完成支架段所有钢梁焊接,使钢梁形成一个整体后;在 PM53、PM54、LZ6 墩顶布置竖向千斤顶,并起顶使其呈三点支承状态(图 19),起顶采取分步骤、分节点的方式进行。每次起顶高度为 1cm,先中间(PM54)处支点,后支架端部(LZ6)处支点,最后过渡墩处支点。当一个循环结束后即在支点处的滑块顶部加 1cm 厚钢板抄垫。依次循环作业,直至达到监控高程。逐个拆除退出其余支点梁底滑块。在 PM53、PM54、LZ6 墩顶的滑块顶面抄垫 5cm 厚钢板和石棉板,然后落梁至三支点处滑块上,完成体系转换。下一步进入合龙工序。

5.7 钢桁梁标准段架设

锚跨侧 4P 号 ~ 1P 号和主跨侧 1 号 ~ 13 号标准节段由 CQ - 260t 桥面吊机起吊安装。标准段重 240 ~ 252t,由上下弦杆,斜腹杆,上、下层桥面板和临时杆件组成。

整体梁段采用船舶运输到桥位处,由 CQ-260t 桥面吊机将钢主梁节段安全准确地提升至桥面。吊机通过吊具使钢梁四吊点转变为两吊点,两吊点可同步起升或单动调整。吊具上设置有纵向调整装置,在机架上设置有吊点纵移机构，便于钢梁节段的拼装精确对位。桥面吊机吊装标准段钢梁如图 20 所示。

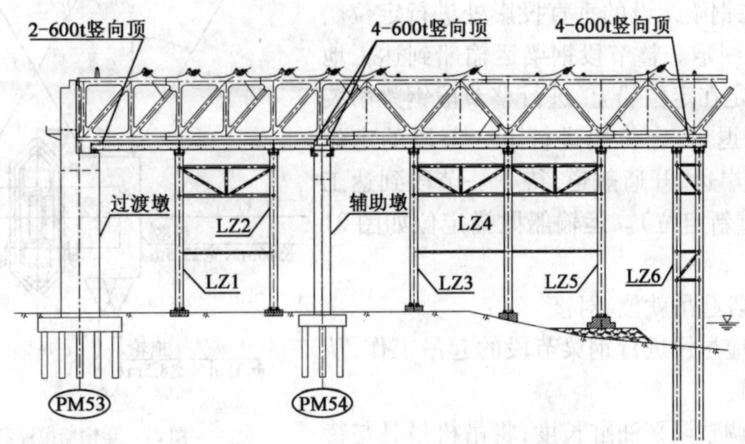

图 19　锚跨支架段连续钢桁梁三点支撑状态示意图

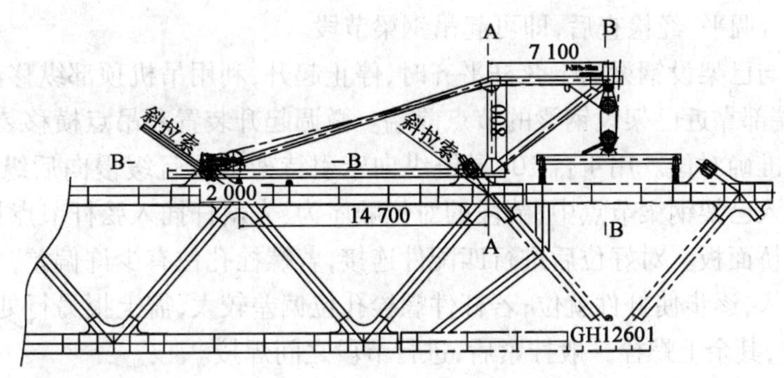

图 20　桥面吊机吊装标准段钢梁

5.7.1　钢桁梁标准段施工流程

(1)桥面吊机安装调试:0 号段拼装完成并安装完 F1、M1 号斜拉索，并初张拉后，利用塔吊对称安装两台 CQ-260t 桥面吊机。

(2)分别用船将 1P 号、1 号整节段钢桁梁运至其设计位置正下方并抛锚定位。

(3)CQ-260t 桥面吊机放下吊具并与整节段连接，起吊整节段钢桁梁至适合高度，两孔钢桁梁之间在一合适温度时段，通过临时连接件用冲钉定位，再用螺栓紧固。根据设计要求，对拱度、旁弯、接口等进行调整，最后进行焊接。

(4)安装 CQ-260t 桥面吊机纵移装置，纵移架梁吊机至下一节段并按要求进行锚固。

(5)安装挂设 F2、M2 号斜拉索。

(6)重复步骤 2 ~ 4，安装钢桁梁节段 2P 号，2 号;3P 号，3 号;4P 号，4 号;挂设 F3 ~ F5、M3 ~ M5 号斜拉索。

(7)此时锚跨支架段已利用浮吊架设完成 M1 ~ M6 节段。

(8)架设锚跨合龙段 M-HL。合龙后拆除锚跨侧桥面吊机。

(9)锚跨合龙后，主跨继续悬拼，逐段架设节段 5 号 ~ 13 号，并相应挂设 M6 ~ M14 号斜拉索。当悬拼至 9 号梁段时，锚跨尾段施加压重。

(10)拆除锚跨支架。

(11)此时主跨支架段已利用浮吊架设完成 Z1、Z2 节段。

(12)架设主跨合龙段 Z-HL。合龙后拆除主跨侧桥面吊机。拆除主跨支架。

(13)全桥索力调整。

5.7.2 钢梁运输船就位

采用定位船进行运输船舶的定位,即在整节段钢梁运输船到达工地前在钢梁架设的垂直投影处进行定位船的定位,并通过锚锭固定。整节段钢梁运输船到达工地后,直接通过锚绳固定在定位船上,进行整节段钢梁吊装作业,起吊后运输船退出,定位船进行下一节段的定位(或利用拖轮拖回至岸边、开通航道,待下一节段到达工地前拖至待架节段重新定位)。运输船抛锚定位如图21所示。

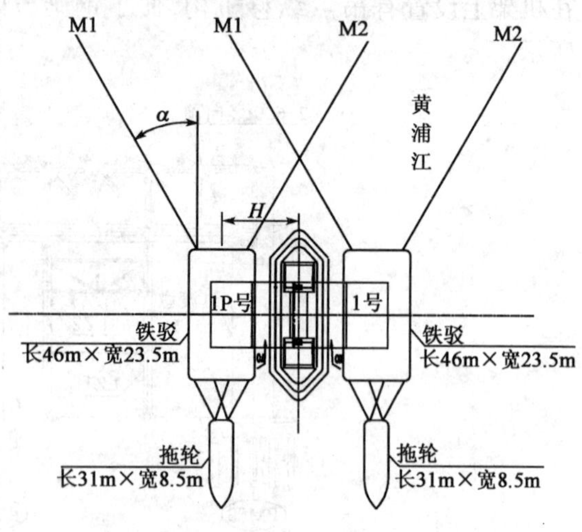

图21 运输船抛锚定位示意图

5.7.3 钢梁节段起吊就位、对接

运输船就位后,应尽快进行钢梁节段的起吊工作,从而尽可能少影响通航。

吊机空钩下放,调整调平油缸长度;将吊机吊具与待起吊的节段插销连接,解除待吊梁段四周锚绳;利用吊机整体提升10cm,看是否调平,经检查后,即可起吊钢梁节段。

钢梁节段下弦杆与已架设钢梁的下弦杆平齐时,停止起升,利用吊机顶部纵移油缸向后纵移架梁吊机吊点,使钢梁节段端部靠近已架设钢梁的节点前端。微调起升装置和吊点横移装置,使钢梁节段端部与已架钢梁节点前端准确对位。用4台10t导链纵向牵引待架节段且缓慢向后纵移架梁吊机吊点,将钢梁节段腹杆端部插入已架钢梁节点中,节段的对位顺序为:先斜杆插入弦杆节点板内,再上弦杆,然后下弦杆,最后上、下层桥面板。对好位后进行匹配件连接,若螺栓孔位有少许偏差,可利用尖头冲钉在不同的螺栓孔中交替打入,逐步使杆件就位;若杆件螺栓孔位偏差较大,需上报另行处理。螺栓孔对位后,立即打入50%的冲钉,其余上螺栓一般拧紧后,进行节段之间焊接。

5.7.4 钢梁节段现场焊接

施焊顺序以从下往上、先主桁后桥面板为原则,按下弦杆对接缝→斜腹杆对接缝→上弦杆对接缝→上桥面板对接缝→下桥面板对接缝的顺序施焊,探伤合格后进行封板、U形加劲肋和纵梁加劲肋的焊接,总体焊接顺序为从中间往两侧进行;单个U形加劲肋嵌补焊接顺序先焊对接焊,然后焊部分熔透坡口焊。工地焊接作业开始前,应准备好临时工作平台,焊接设备、工具、防风、防水防潮设备等施工器材。现场焊接采用防风雨棚以局部防风,雨天时停止施工,有特殊情况时要采取相应措施才能施焊。主要焊接工艺见表2。

钢梁节段现场焊接工艺 表2

序号	焊缝形式	焊接工艺
1	上下层桥面板焊接	采用平位反面贴陶质衬垫 CO_2 气体保护焊打底,埋弧自动焊填充盖面单面焊双面成型的焊接工艺
2	U肋嵌补段对接焊缝	采用反面贴钢衬垫手工电弧焊、仰焊单面焊双面成型的焊接工艺
3	U肋嵌补段及工厂预留调整段与桥面板的坡口角焊缝	采用手工电弧焊、仰焊的焊接工艺。先焊对接焊缝,后焊坡口角焊缝
4	小纵梁腹板对接焊缝	采用手工电弧焊或 CO_2 气体保护焊立位焊接
5	小纵梁面板对接焊缝	采用手工电弧焊或 CO_2 气体保护焊平位焊接,反面贴陶质衬垫单面焊双面成型
6	腹杆面腹板的对接焊缝	采用手工电弧焊或 CO_2 气体保护焊横位和仰位焊接,反面贴陶质衬垫单面焊双面成型

由于钢梁节段现场焊接位于黄浦江上,高空露天作业,风大、湿度大、温差大,施焊环境恶劣,为保证现场焊缝焊接质量,钢梁节段现场焊接从人员培训、材料、设备、技术、工序质量等各方面进行控制,并按规定对主要焊缝进行了无损探伤和随桥试板试验,从而保证了产品的质量。

(1)对施工人员进行培训

在生产准备阶段,对参与本工程的焊工进行了专业技术培训,并持有与其施焊项目相对应的、有效的焊工合格证书。在正式施工前,对上岗的焊工进行技术工艺交底,使其熟悉所承担任务的工艺要求。

(2)焊接材料的使用

①焊接材料的储存温度应在5℃以上,相对湿度不超过60%。当班未使用完的焊丝应回收,不得外露存放过夜。

②所有焊接材料必须经复检合格方能使用。

③J507焊条须经350℃烘焙1小时后方可使用,SJ101q焊剂须经300~350℃烘焙1~2小时后使用。

④焊剂中不允许混入熔渣和脏物。

⑤采用气体保护焊应满足防风、防雨条件,CO_2气体保护焊采用的CO_2气体纯度应不低于99.8%,使用前均需经倒置放水处理。

(3)保证设备正常运转

在施工期间,设备管理人员经常深入现场查看设备使用、保养情况,对操作者严格要求按操作规程作业,发现问题及时联系进行维修,绝不允许设备带病运转。

(4)焊接环境

①焊接区域必须防风、雨,否则须加设防风、雨设施或停止施焊。

②焊接施工环境温度不得低于5℃,环境相对湿度不得高于80%,否则采用火焰烘烤或其他必要的工艺措施除湿。

(5)焊前预热

预热采用氧乙炔火焰加热,预热后采用红外线测温仪检测待焊区域温度并做好记录,未达到要求温度不得施焊,每道焊接前的层温不得低于预热温度(表3),也不得高于250℃。

焊前预热情况表 表3

材 质	板 厚(mm)	预热温度(℃)	预热范围(mm)
		定位焊、手弧焊、CO_2气体保护焊、埋弧焊	
Q345qD	≤25	≥5	
	25~45	80~120	≥80

(6)焊接检验

①焊接完毕,按自检、互检、专检程序进行检验。

②所有焊缝都必须在冷却后在全长范围内进行外观检查,并做好检查记录。

③焊缝外观检验合格后,并待焊缝冷却至室温时进行无损检测。

④对经超声波探伤检验不合格者,必须对该梁上的同类焊缝全部进行探伤检查。并对有超标缺陷的焊缝进行返修,返修部位仍需进行100%的无损探伤,且符合相关规定(表4)。

闵浦二桥主桥钢箱梁现场焊接焊缝一次合格率统计表 表4

序 号	检测方法	检测数量	缺陷长度	焊缝合格率	备 注
1	超声波	4 087 012mm	1 909mm	99.95%	
2	X射线	372张	1张	99.73%	
3	磁粉	4 091 670mm	1 605mm	99.96%	

(7)焊缝返修

①焊缝外观检查应符合相关技术文件的规定,不符者应按表5进行返修。

缺陷修补表 表5

序号	缺陷种类	修补方法
1	焊缝裂纹	查明原因,提出防止措施,清除干净后补焊并修磨匀顺
2	误引弧	对于直径 $\phi\leq4$mm,深度不大于0.5mm的缺陷,要用砂轮修磨匀顺;$\phi>4$mm,深度大于0.5mm的缺陷,补焊后用砂轮磨平
3	未焊透、夹渣、气孔、凹坑等	用碳弧气刨清除后补焊并修磨匀顺
4	焊缝表面高低不平(含接头处)	用砂轮修磨匀顺
5	咬边	深度小于1mm的用砂轮修磨匀顺,深度大于1mm的,补焊后用砂轮修磨匀顺
6	焊瘤	用砂轮磨掉或用气刨清除掉后修磨匀顺
7	烧穿	清除熔渣,并用手工电弧焊补焊烧穿缺口

②返修焊的焊缝应修磨匀顺,并按原质量要求进行复检。返修次数不宜超过两次,超过两次时应报总工程师批准,并做好标记。

③焊缝裂纹缺陷的修补必须先查明原因,经质检人员和主管技术人员确认后进行,并应做好记录。为彻底清除裂纹,应在其两端各外延50mm进行返修焊。

④焊缝缺陷较长($L>400$mm)时,采用CO_2气体保护焊或埋弧自动焊按原工艺参数进行焊接。焊缝缺陷较短($L\leq400$mm)时,采用手工电弧焊焊接之后用砂轮打磨匀顺。

⑤对焊缝修补前必须预热,预热温度比正式焊接时相应提高50℃。

(8)焊接随桥试板

①根据《铁路钢桥制造规范》(TB 10212—98)的相关规定,对接焊缝应做焊接随桥试板。

②试板规格为$\delta\times150\times600$,试板制作后与工件采用相同的标准进行无损探伤。

③试板制作完毕后试验项目有:接头拉伸试验(1组);接头侧弯试验(1组);V形缺口低温(-40℃)冲击试验(1组)(缺口在焊缝中心3个)。

④随桥试板数量为39块,并根据现场梁段编号及焊缝编号对应于每条焊缝进行制作,每块试板的焊接和力学性能试验过程均通知监理旁站,最终代表产品的所有试板的试验结果均一次合格。

5.7.5 桥面吊机纵移

钢梁节段安装就位后与前一整节梁段对接施焊。焊接完毕后,260t桥面吊机松钩,割除临时吊耳,割除时保留2cm,用砂轮将其打磨平顺。以上工作完成后即可将桥面吊机向前纵移一个节间。桥面吊机的纵移步骤如下:

(1)在空载状态下,吊具处于桥面以上1.5m,吊具位于7.1m幅度,拆除后锚锚固轴及耳板座,放松后端支顶装置,后端支撑反力由走道滑座承受。准备倒运轨道梁并前移(图22)。

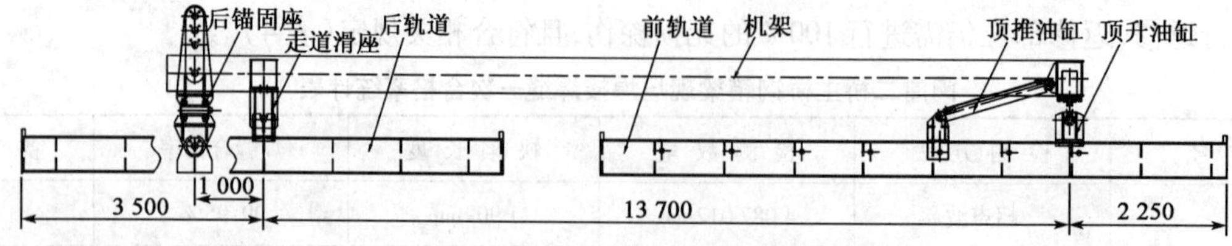

图22 桥面吊机纵移前支撑状态(尺寸单位:mm)

(2)顶升油缸收顶,使260t桥面吊机前部重量由前支点承受。检查并调整前、后轨道梁的方向位置,安装前、后轨道梁之间的连接,在走行油缸的作用下将前、后轨道梁前移6m,再调整前轨道梁的方向和位置(图23)。

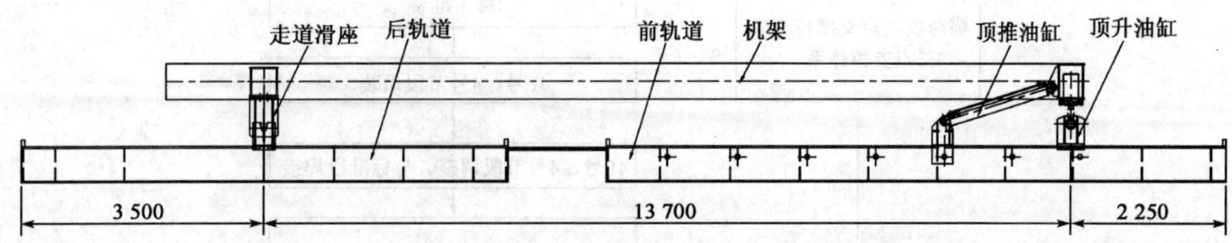

图23　桥面吊机纵移(尺寸单位:mm)

(3)顶升油缸顶起,使整个260t桥面吊机重量由顶升油缸座和走道滑座承受。吊机前支点脱空不承载,旋转前支点,使前支点与前横梁垂直、与钢梁锚箱拉板平行。将机架在走行油缸的作用下前移6m,观察走行过程中前后轨道梁与机架是否偏位。

(4)重复以上步骤,吊机走行到位。

(5)检查并调整前支点、后锚点位置;顶升油缸起顶,旋转前支点,使前支点与前横梁平行、与钢梁锚箱拉板垂直。

(6)顶升油缸收顶,使吊机前部重量由前支点承受;调整后端支顶装置,安装后锚锚固轴及耳板座,开始下个节段梁的吊装。

5.8　合龙段施工

将合龙段分两部分,上弦杆、斜腹杆及上层桥面作为一部分,该部分与支架段同步安装,安装时向预偏30cm。然后下层桥面及下弦杆作为另一部分,在工厂内加工成组合单元,采用桥面吊机提升,提升到位后,与标准段先连接,最后将预偏的支架段反向顶推,对接实现合龙。

当利用桥面架梁吊机动力完成下弦桥面板JX10~JX11吊装后(图24),测量合龙口悬臂端的高程值及轴线位置。而后在PM53墩墩顶实施纵移顶推,调整锚跨侧支架段钢梁位置,使之前端与合龙口准确对位,并临时锁定,在无应力状态下施焊,完成合龙。合龙后,再次起顶钢梁,安装53号支座,施工54号墩墩顶垫石和安装支座。

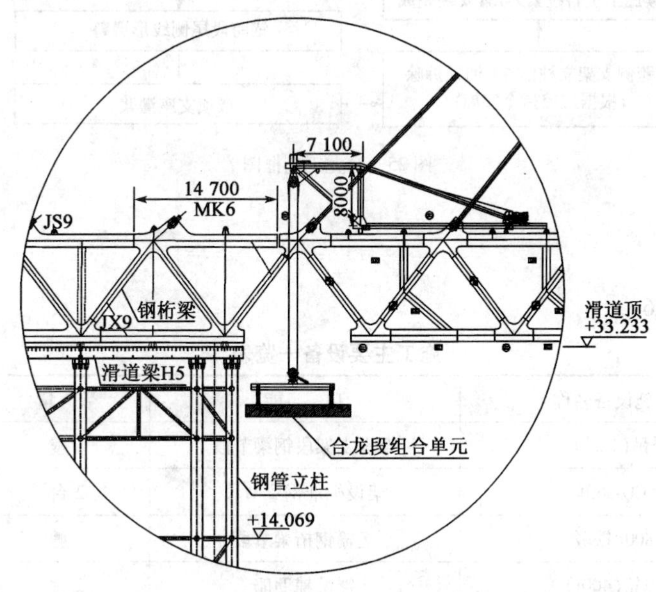

图24　吊装合龙段单元(尺寸单位:mm)

锚跨合龙完成后,主跨继续向前悬拼,最后进行主跨合龙施工。贯通全桥。

本工程钢梁合龙段安装施工的工艺框图如图25所示。

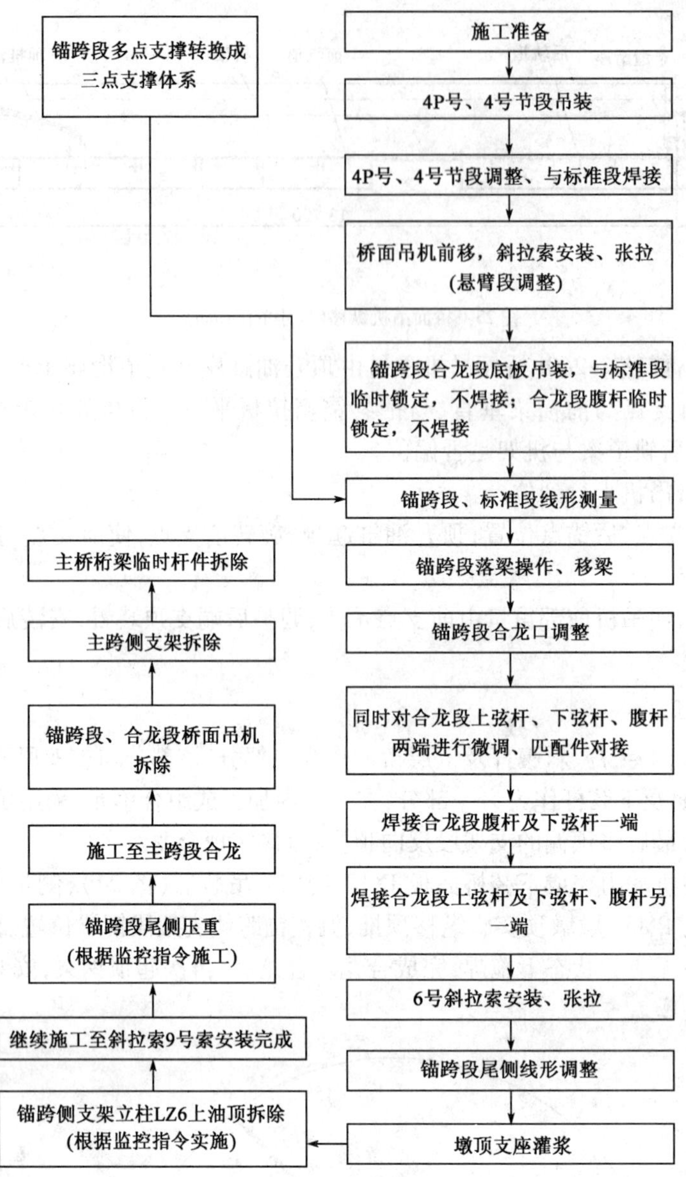

图25　合龙工艺框图

6　材料与设备

施工主要设备见表6。

施工主要设备一览表　　表6

序　号	设施设备名称	功　能	数　量	备　注
1	浮吊(1 200t)	架设支架段钢梁节段	1艘	
2	CQ-260t	架设标准钢梁节段	2台	
3	800t铁驳	运输钢桁梁节段	2艘	
4	拖轮(400t)	浮吊辅助船	2艘	
5	滑块	支架段滑移	28套	16 788kg
6	14mm四氟乙烯板	滑块下滑板	56块	600mm×300mm

续上表

序 号	设施设备名称	功 能	数 量	备 注
7	滑移副	临时支点	12 副	由上滑移、下滑移组成
8	14mm 四氟乙烯板	滑移副	8 块	520mm × 520mm
9	4mm 不锈钢板	滑移副中滑移面	0.49m^2 × 8	700mm × 700mm
10	600t 千斤顶	高程调节临时支点	16 台	顶高小于 400mm
11	200t 千斤顶	钢梁合龙	2 台	
12	50t 千斤顶	架梁纵横移	16 台	可倒用
13	YC-20 单索顶	单节段钢梁滑移	4 台	
14	10t 卷扬机	支架平台	1 台	辅材、工具提升
15	液压油泵	油顶张拉器具	6 台	
16	牵引钢绞线	滑移牵引索	4 根	96m/根

7 质量控制

除按设计图施工，执行现行的《公路桥涵施工技术规范》和《公路工程质量检验评定标准》及其他法规规定外，钢桁梁整节段架设质量控制要点如下：

(1)对水文条件尤其是水流速度、潮位高程的精确了解，是设置合理、有效的浮吊船锚碇系统、拔杆工作角度的前提；

(2)在详细勘察现场作业环境的基础上进行精确图上作业，确定浮吊取梁位置、落梁方位角度，以保证快速、准确落梁；

(3)合理设定滑移副、滑块的调节幅度，既能降低浮吊落梁的对位难度，又能快速实现高精度的终对位；

(4)在水面作业空间受限制的情况下，需利用现场已有构筑物对锚碇系统进行加强，并辅助以拖轮进行浮吊定位控制，确保落梁时船体的稳定，使粗对位精度达到滑移副、滑块调节幅度之内；

(5)对施工区域地基进行承载力试验，对支架沉降进行控制，大幅减少了支架段拼接时高程调整工作量；

(6)支架段梁底高程的设定，是状态转换操作难易程度的控制性因素。对于 0 号块节段，状态转换受后续工序影响不多，出于球形支座灌浆考虑，设定梁底高程高于监控值 5cm；而对锚跨支架段，则设定梁底高程低于监控值 2cm，通过起顶进行状态转换，方便滑块的抽取；

(7)简易可行的纵移牵引系统，是保证支架段钢桁梁节段快速滑移的基础。单索顶张拉的速度为 15cm/min，是可以满足施工进度要求的；而两侧对称张拉不仅可以减少横向纠偏的工作量，也是确保纵移过程中支架横向稳定的必需措施；

(8)主、锚跨支架安装时除保证顶面的高度平整外，其纵轴线也必须与桥轴线严格平行。因为滑块的滑行轨迹依附于滑道梁，滑道梁的精确度直接影响着支架段钢桁梁的横向调节工作量；

(9)钢桁梁的厂内制作精度需严格控制，弦杆对位偏差应以 2mm 的精度为控制目标。一旦精度超出此范围，对于大尺寸断面、多对接口的钢桁梁而言，其匹配对接难度将急剧增加；

(10)每一个节段吊装就位后，需仔细测量里程、轴线偏位和标高(高程应加放焊接收缩量)线形后，上报监控单位并根据监控指令要求进行必要的调整，报监理工程师认可；

(11)测量节段上、下缝宽并与预拼装的缝宽进行比较，报监理工程师认可后方可焊接；

(12)焊后对该分段里程、轴线偏位和标高进行复测，为下一分段的安装提供依据。钢梁最终的总

长度精度控制是通过各道工序施工过程中的精度控制来实现的;

(13)钢桁梁安装要求及精度如表7所示。

钢桁梁安装要求及精度 表7

<table>
<tr><th>项 目</th><th colspan="2">检 查 项 目</th><th colspan="2">规定值或允许偏差</th><th>检查方法和频率</th></tr>
<tr><td rowspan="2">1</td><td colspan="2" rowspan="2">轴线偏位(mm)</td><td>$L≤200$m</td><td>10</td><td rowspan="2">经纬仪:每段检查2点</td></tr>
<tr><td>$L>200$m</td><td>$L/20\,000$</td></tr>
<tr><td rowspan="2">2</td><td rowspan="2">索力(kN)</td><td>允许</td><td colspan="2">满足设计和施工控制要求</td><td rowspan="2">测力仪:测每索</td></tr>
<tr><td>极值</td><td colspan="2">符合设计规定,设计未规定时与设计值相差10%</td></tr>
<tr><td rowspan="3">3</td><td rowspan="3">梁锚固点高程或梁顶高程(mm)</td><td>梁段</td><td colspan="2">满足施工控制要求</td><td rowspan="3">水准仪:测量每个锚固点或梁段两端中点</td></tr>
<tr><td rowspan="2">合龙后</td><td>$L≤200$m</td><td>±20</td></tr>
<tr><td>$L>200$m</td><td>$±L/2\,000$</td></tr>
<tr><td>4</td><td colspan="2">梁顶水平度(mm)</td><td colspan="2">20</td><td>水准仪:测梁顶四角</td></tr>
<tr><td>5</td><td colspan="2">相邻节段匹配高差(mm)</td><td colspan="2">2</td><td>尺量:每段</td></tr>
<tr><td rowspan="3">6</td><td rowspan="3">连接</td><td>焊缝尺寸</td><td colspan="2" rowspan="2">符合设计要求</td><td>量规:检查全部</td></tr>
<tr><td>探伤</td><td>超声:检查全部;
射线:按设计规定,设计未规定时按10%抽查</td></tr>
<tr><td>高强螺栓扭矩</td><td colspan="2">±10%</td><td>测力扳手:检查5%且不小于2个</td></tr>
</table>

注:L为跨径。

8 安全措施

(1)针对本工程的特点,制定了防高空坠落、起重伤害、触电电击及机械伤害等事故安全措施及应急预案。

(2)加强与海事部门的沟通,所有水上工程船舶必须在封航后才能开始作业。所有工序必须在封航时间段内结束,杜绝造成水上交通紊乱。

(3)详细勘察施工范围内水文条件,水流速度、水深、涨落潮时间、潮位高程,以直到浮吊等工程船舶的锚碇系统设置,确保安全。

(4)跟踪了解天气变化,防止在大雾、大雨天气下作业。

(5)成立了以项目经理为组长的安全生产领导小组,建立纵向到底、横向到边安全管理网络。建立安保体系制度。

(6)召开定期或不定期的安全会议。每周进行一次安全检查。各类机械设备按规定定期进行检查,并做好记录。机械设备操作人员按规定定期进行维护保养,维护、保养记录齐全。

(7)对各作业队进行进场安全总交底、分部及分项工程开工前的安全技术交底、专项安全方案等的安全技术交底,并有交底双方签字记录。

(8)进场的安全防护用具、机械设备、施工机具等按规定由安全员、材料员、机管员等进行了验收,并设专人管理,定期进行检查、维护和保养,各类记录齐全。

(9)在施工现场醒目处张挂危险作业每日告知牌。通过危险源告知牌使每个施工人员明确了每天各个岗位上存在的危险源以及相应的防范措施,保证每位员工真正心中有数。

9 环保措施

(1)认真学习环境保护法,并执行当地环保部门的有关规定,接受环保部门的监督指导,教育督促员工自觉做好环境保护工作。

(2)保护周围的环境。对施工过程中产生的垃圾及各种废弃物及时清理,不随意丢弃,污染上部结构及周围环境。工作期间的生活垃圾严禁丢入河中,必须收集后送至岸上垃圾站处理。

(3)高噪声作业需避开沿线居民休息时间,防止噪声扰民,给工程施工造成不必要的麻烦。

(4)设置房间,专门保管对水体有污染的物品,如油漆等,不允许其污染河道。

(5)工程竣工后,及时全面清理施工现场,并在指定地点集中进行废弃物和垃圾的处理。

10 资源节约

(1)运用整节段安装施工工法,钢桁梁杆件在工厂内完成了拼装,现场不需要重新设置大型场地,免除了工地预拼、场内转运、杆件存放、倒运等工作。闵浦二桥工程所处位置为闵行区现有交通繁忙的街道上,采用整节段钢桁梁安装的方法,成功解决了拼装和存梁空间有限的问题。

(2)整节段钢桁梁安装,使用的辅助设备较散拼时有所下降,大部分设施可以循环利用,节省了大量钢材和设备。

(3)运用整节段钢桁梁安装施工工法,通过合理的安排和调配,现场施工人员的劳动强度降低,所需劳动力数量也有所下降。同时,由于合理的组织和技术革新,大大缩短了总体工期,节省了人力、物力,带来了明显的经济效益。

(4)整节段钢桁梁安装施工,钢梁制造可以选用现有的组拼场地,整节段组拼龙门吊机、运梁台车、起重码头等。这些直接节约了成本。

11 效益分析

全焊接双层桥面钢桁梁斜拉桥主梁节段预制施工工法在上海闵浦二桥得到了充分的应用和有效实施,具体情况如下:

闵浦二桥新建工程为独塔双索面公轨两用双层桥面钢桁梁斜拉桥,主梁采用全焊接的整体节点板桁结合钢桁梁,跨径组合为:251.4m(主跨)+(147m+38.25m)(锚跨),是目前国内跨度最大的公轨两用双层桥面斜拉桥。整体节点是焊接代替栓接的一个重要进步,节省了传统的钢桁梁拼接板及高强螺栓,减轻结构自重,并使结构整体质量更加易于保障。

闵浦二桥新建工程主桥钢梁7 900t,全桥钢梁共34个节间,采用工厂整节段预制,现场整节段安装的先进施工工法,分为27个吊装节段和2个合龙段,吊装节段重240~439t。节段间工地连接为全焊接结构,整体节段从2009年5月开始架设到2009年11月架完,共用约6个月时间,架设速度大大快于传统的单根杆件散拼装架设工艺。从控制成本的角度看,利用公司现有的预制场地、龙门吊机、运梁台车、800t起重码头等,充分利用了现有设备设施,减少施工现场新购及租赁大型机械设备数量。该工法比传统工艺减少了现场焊接设备及人员的投入;减少了塔吊、架梁吊机、运输船舶、浮吊、运输车、汽车吊等大型机械设备的租赁期;减少了海事部门的施工配合维护费用;节省了现场钢梁预拼场地及下河码头。现场采取了严格的质量管理及规范的焊接工艺,节段工地对接焊缝得到很好控制,工地对接焊缝经过超声波、X射线、磁粉探伤无损检测,焊缝的一次验收合格率均达到99%以上,缺陷部分经返修后合格率均达到100%。

钢桁梁采用整体节段工厂预拼,现场整体节段安装的工法,与传统的现场单杆件散拼安装方法相比,整体节段施工方法将现场大部分工序转移到工厂进行,加工质量更容易控制,桥上高空作业量大为减少,缩短了工期,减少安全风险,提高工程质量,降低了工人劳动强度,满足现代结构对“轻型大跨、预制装配、快速施工”的要求。

12 应用实例

钢桁梁采用工厂整节段预制,运输到现场整节段安装,节段之间连接方式为全焊接的先进施工工法在闵浦二桥得到运用,该桥是一座公轨两用独塔双索面钢板桁组合梁斜拉桥,主梁为全焊接结构,主桥全长约436.65m,索塔全高148m,H形主塔,预应力钢筋混凝土结构。主桥上层为双向4车道公路桥面,宽度18m,下层为双线轻轨桥面。主梁断面为矩形,桁高9.6m,主跨及索塔与辅助墩之间的锚跨为三角形桁架,标准节间长14.7m,辅助墩与过渡墩之间的锚跨尾端为N形桁架,节间长7.35m。主桥钢梁重7 900t,全桥钢梁共34个节间,分为27个吊装节段和2个合龙段,吊装节段重240~439t,节段间工地连接为全焊接结构,整体节段从2009年5月开始架设到2009年11月架完,共用约6个月时间。采用本工法缩短了架设工期,斜拉桥线形流畅,结构安全优质建成,完全满足设计要求。

多跨连续无风撑斜靠式钢管混凝土拱桥缆索吊吊装施工工法

GGG(中企)C3094—2010

张 新 惠中华 王守国 李志坚 钱如兴
(中铁十三局集团第二工程有限公司)

1 前言

潮州市韩江北桥桥长1930.6m、宽30m,双向六车道。主桥为11m+(85m+114m+160m+114m+85m)+11m五跨连续的无风撑斜靠式钢管混凝土系杆拱桥,桥梁的规模及跨度均位居国内外同类型桥梁之首。

无风撑钢管混凝土拱桥最大的特点是取消风撑(横撑)对上下游拱肋的支撑作用,完全由单片钢管混凝土拱肋自身刚度保证稳定,施工吊装阶段裸拱肋刚度偏小(设计不允许增加临时风撑,目的是防止临时风撑拆除时应力释放导致拱肋线形失控)。对于较大跨度的无风撑钢管混凝土拱桥,需要增加斜靠拱辅助竖拱提高拱肋整体稳定。

已建成常规的无风撑钢管混凝土拱桥均采用落地支架拼装或大型浮吊整孔(单片)安装。而韩江北桥为最大跨度和最大规模的无风撑斜靠式拱桥,桥型新颖独特、结构复杂、施工加载多跨联动效应明显、工序转换多,且跨越韩江流域(水面宽约1km),水位深、水流急,常受洪水及台风暴雨的侵袭,施工难度大,常规方法无法满足工程施工要求。

韩江北桥主桥拱肋为渐变不对称空间三角组合结构,设计不允许增加临时风撑,吊装时拱肋截面重心偏心而导致拱肋整体内倾及各节段偏扭错位,拱肋刚度较小,在风荷载作用下容易产生较大位移及应力,且加载多跨联动效应明显,定位精度要求较高、线形控制难度大。

中铁十三局集团第二工程有限公司依托该桥开展科技创新,突破传统施工方法,总结形成多跨连续无风撑斜靠式钢管混凝土拱桥缆索吊吊装施工工法,该工法关键技术是采用单孔大跨缆索起重机结合斜拉扣挂(塔下张拉)悬拼多跨连续无风撑斜靠式拱肋以及三角组合拱肋空间线形综合调整技术。

该工法首次成功应用于韩江北桥五跨无风撑、斜靠式钢管混凝土拱桥的悬臂拼装,解决了非对称渐变空间三角拱肋的空间线形调整控制难题,确保工程质量和施工安全,加快施工进度,取得了明显的经济和社会效益。

依托该桥成果于2007年12月15日通过吉林省科学技术厅组织的鉴定,鉴定评价该成果解决了国际首创的"五跨连续无风撑斜靠式钢管混凝土系杆拱桥"的关键技术,达到了国际领先水平。该成果获得吉林省2008年科学技术进步二等奖;工程项目获中国铁道建设协会2008年度"火车头"优质工程一等奖;钢管拱安装线形质量控制QC小组获2007年度全国工程建设优秀质量管理小组(中国建筑业协会)。

2 工法特点

2.1 单孔大跨缆索起重机操作简便、灵活快捷、不受汛期影响、安全可靠

采用单孔大跨缆索起重机施工不仅使牵引和提升动力系统数量大为减少(仅需一套),而且所有安装施工均在两侧陆地操作;不仅完成各跨主拱肋及相应构件的安装任务,而且还完成全部横梁、纵梁的

安装施工。不受汛期影响,作业覆盖面广(可以覆盖全桥各跨结构),充分发挥了其操作简便、灵活快捷、安全可靠的特点,保证了桥梁高质量、进度快、低成本的施工要求。

2.2 空中斜拉扣挂(塔下张拉)悬臂拼装线形控制精确、安全、快捷、投入少

空中斜拉扣挂(塔下张拉)悬臂拼装施工,采用张拉精轧螺纹钢调整主拱线形使主拱线形控制更为精确,且张拉作业均集中在主桥承台处(无高空张拉作业,张拉作用点集中,设备无需频繁搬运),悬臂拼装过程中不影响桥下通航,充分发挥了其线形控制精确、安全快捷、投入少的优点。

3 适用范围

本工法适用于各种单跨或多跨连续钢管拱桥,尤其是针对一些主拱肋空间线形复杂、大管径、厚板材、桥下通航受限、容易受洪水影响、不允许增加临时风撑的多跨无风撑拱桥,更能充分发挥本工法的线形控制精确、施工进度快捷、施工投入较少、受自然条件及环境影响较小、施工安全有保障等多方面的优点。

4 工艺原理

4.1 单孔大跨缆索起重机安装工艺

吊装采用单孔大跨度 WLQ2×500kN 无线遥控缆索起重机。缆索起重机主塔架坐落在两侧边主墩的直墩顶,桥面以上塔架为万能杆件,塔架底部采用完全铰基座。该缆索起重机为双索四车制,配以牵引系统和起重系统进行水平、竖直运输,主承重索纵向正对钢管竖拱的纵轴线,即拱肋采用正位吊装。钢丝绳作为承重索及运行轨道,配以牵引系统和起重系统进行水平和竖直运输的大型吊装设备。其主要作用是对主桥钢管拱、钢横梁、钢纵梁的吊装施工。图1所示为缆索吊机总体图。

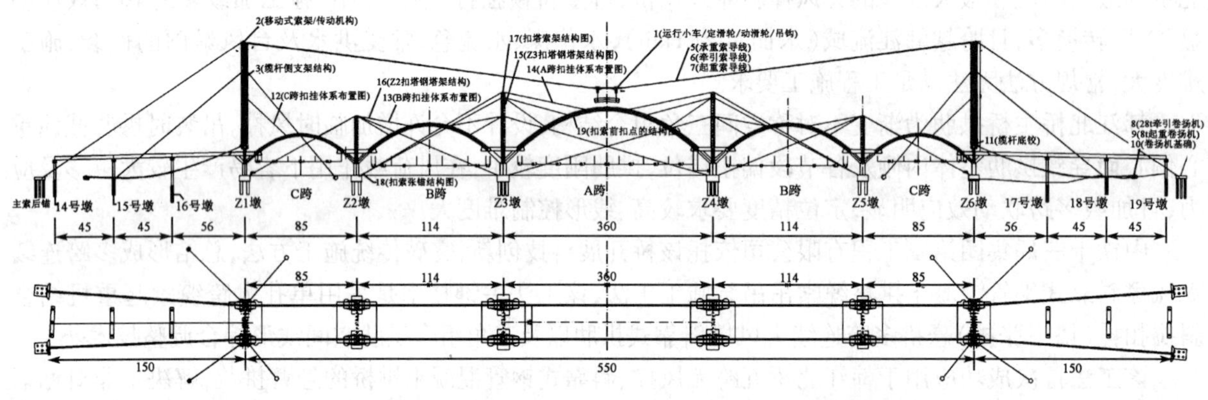

图1 缆索吊机总体图(尺寸单位:m)

4.2 空中斜拉扣挂(塔下张拉)悬臂拼装主拱肋安装工艺

拱肋的安装施工采用单孔大跨缆索起重机结合空中斜拉扣挂(塔下张拉)悬臂拼装方案:在主墩搭设扣塔,利用钢绞线对拱肋进行空中斜拉扣挂,在承台处设精轧螺纹钢张拉转换系统,通过转换系统间接张拉扣索调整拱肋线形,侧向设置缆风绳配合调整线形。主要施工结构采用千斤顶钢绞线斜拉扣挂体系,体系由万能杆件组装的扣挂塔架、扣索、后锚固及张拉端、前端扣点等设施组成。

整个体系以主桥的直墩为中间支撑点,将扣索后端锚固在承台,利用承台下永久群桩基础抵抗水平分力、利用整个下部结构抵抗上拔分力,以确保主拱安装时主桥结构受力合理。斜拉扣挂悬臂拼装工艺原理见图2。

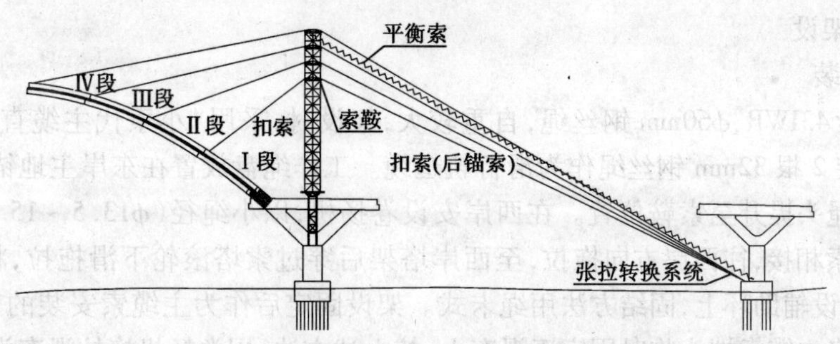

图2　空中斜拉扣挂(塔下张拉)工艺原理示意图

5　工艺流程及操作要点

5.1　单孔大跨度缆索起重机安装施工工艺流程及操作要点

5.1.1　施工工艺流程

缆索起重机安装施工工艺流程见图3。

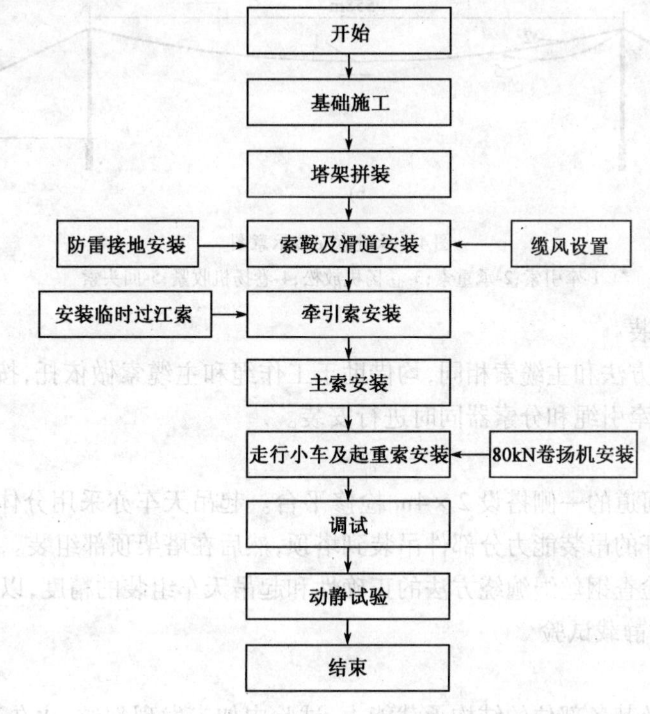

图3　缆索起重机施工工艺流程图

5.1.2　施工操作要点

(1)主塔架和索鞍的安装

①主塔架安装

主塔安装采用"单件拼装摇杆安装"和汽车吊辅助安装。塔架基础利用50t汽车吊辅助安装,其他杆件采用摇头扒杆吊装工具,摇头扒杆随塔架爬升。在塔架加设缆风绳,下、中层缆风绳使用$\phi26$钢丝绳,上层缆风绳使用$\phi42$钢丝绳。

②索鞍安装

在地面将索鞍解体分为索体、辊轴、滚轮三大件,分别吊装至塔顶工作面;然后进行组装,检查校正合格后,调整两座索鞍的中心位置,定位东西索鞍承重索中心线对称、重合拱桥纵向拱轴线。

(2)工作索的架设

①承重索的安装

承重索为6V×43IWR,ϕ60mm钢丝绳,自重较大,架设时,采用“小索代主缆直接拖拉法”安装工艺,见图4。先安装2根32mm钢丝绳作为滑行轨道缆。工作绳盘放置在东岸主地锚附近,开盘拉绳头至东岸塔架下,将绳头提升至索鞍位置。在西岸安设卷扬机,以小绳径(ϕ13.5~15.5mm)牵过河至东岸与ϕ32mm工作索相接,往西岸方向拖拉,至西岸塔架后穿过索塔滚轮下滑拖拉,将工作索绳头固定于西岸主地锚的附设辅助环上,固结方法用绳卡式。架设固定后作为主缆索安装的工作缆索道。在工作绳上安装滑车,将主缆索端头临时固定于滑车上,按上述方法,用卷扬机拖拉滑车滑行,将主缆索拖拉过河至西岸,架设在西岸塔架顶索鞍上层滚轮,主缆索绳头在西岸的主地锚上固定。

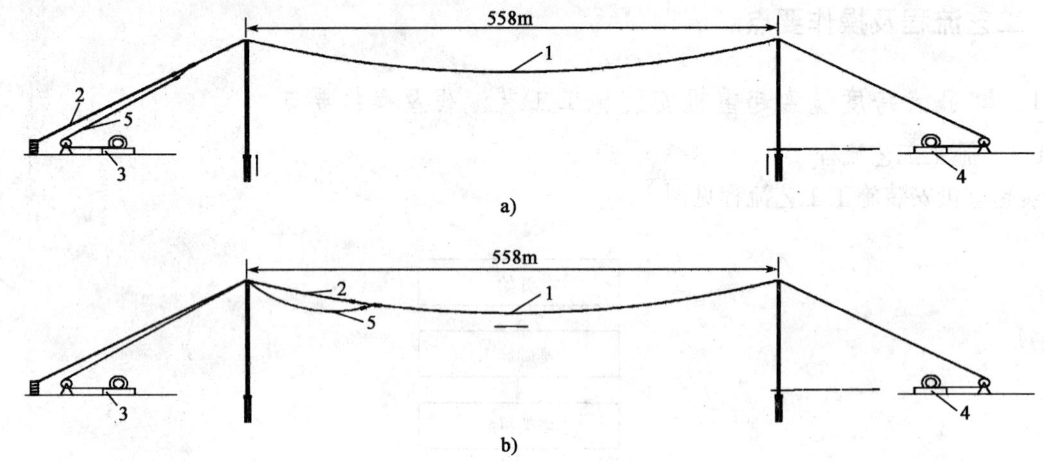

图4 承重索安装示意图

1-牵引索;2-承重索;3-卷扬机放松;4-卷扬机收紧;5-回头索

②起重索、牵引索安装

起重、索引索的安装方法和主缆索相同,均借助于工作绳和主缆索做依托,按照设计图所示走绳方法进行穿绳安装。起重、牵引绳和分索器同时进行安装。

③起吊天车安装

安装前在塔架沿桥河道的一侧搭设2×4m检修平台。起吊天车亦采用分体吊装到索塔顶部组装的形式。分解后根据扒杆的吊装能力分部件吊装到塔顶,然后在塔架顶部组装。组装完毕后,在原装配地点做上、下空载运行,检查钢丝绳缠绕方法的正确性和起吊天车组装的精度,以备做修正。

(3)缆索起重机的动静载试验

①静载试验

目的是检验起重机及其各部位的结构承载能力,试验中如未发现裂纹、永久变形、油漆剥落或对起重机的性能与安全有影响的损坏,连接处没有出现松动或损坏,即认为试验结果良好。试验分为单台起吊天车在缆索道上的起吊试验和双台起吊天车在一道缆索道上的抬吊试验两道程序,每道程序载荷按0.5、0.75、1、1.1、1.25共五次逐级施加,起吊重物为钢筋,每个工况持荷10min。

②动载试验

目的是验证起重机各机构和制动器的功能。如检查各部件均能完成其功能试验,并在随后进行的目测检查中没有发现机构或结构的构件有损坏,连接处也没有出现松动或损坏,则认为试验结果良好。动载试验分为单车动载试验和联动动载试验两组,每组试验分为走行小车的吊重升降试验和吊重运行试验两道程序。每道程序均按提升→停止→下降→停止四个步骤进行,每个步骤在各工况在1/4、1/2、3/4跨径处往复运行动作三次。动载试验载荷按0.5、0.75、1、1.1四次加载。

动静载试验过程中重点监控主索垂度和索力、主塔架变形和内力、主地锚的位移。其中主索后锚的位移、主塔架位移、缆风地锚及预埋件变形、承重索垂度等利用全站仪监测，主塔架根部杆件及后锚钢拉带应力采用钢弦应变计监控，主索内力采用手持应变仪监控。

5.2　空中斜拉扣挂(塔下张拉)悬臂拼装主拱肋安装工艺及操作要点

5.2.1　施工工艺流程

(1)总体安装顺序

主桥五跨钢管拱肋均采用缆索起重机吊装、千斤顶斜拉扣挂法悬拼主拱节段，总体吊装顺序为：东C跨拱肋→西C跨拱肋→东B跨拱肋→西B跨拱肋→A跨拱肋，如图5所示。

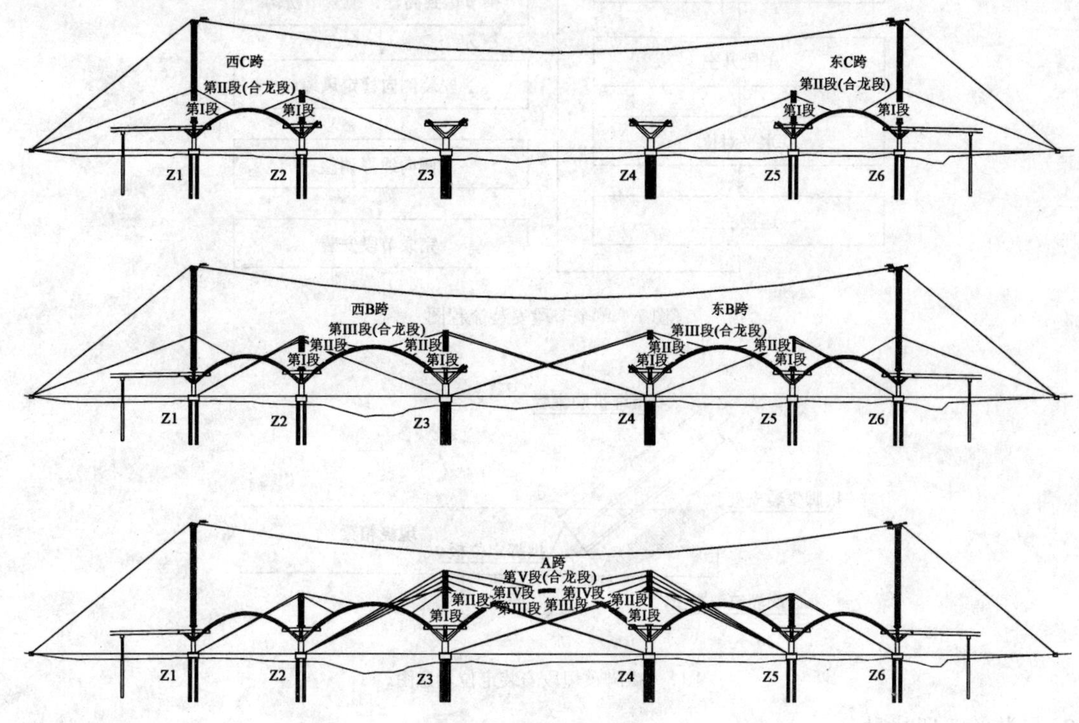

图5　拱肋吊装总体顺序图

(2)单跨安装流程

各节段安装流程为：拱脚预埋段安装→第Ⅰ段拱肋安装→第Ⅱ段拱肋安装→第Ⅲ段拱肋安装→第Ⅳ段拱肋安装→合龙(第Ⅴ段)。各节段安装流程图见图6。

单个节段拱肋安装流程为：运输至起吊点→安装吊具、缆索滑车就位→起吊节段脱空→调整吊具使竖拱轴线竖直→节段升空→水平对位→连接法兰→安装扣索→逐级张拉扣索→缆索吊逐级放松起重绳→拱肋节段达到要求高程、缆索吊松钩→安装侧向稳定风缆→侧向线形调整→完成节段安装。单个节段安装流程图见图7。

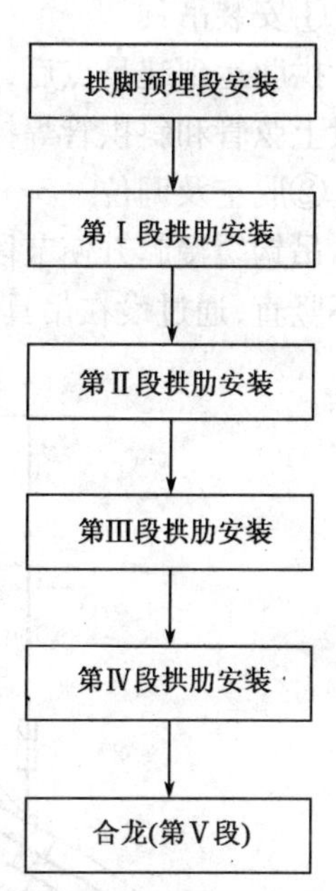

图6　各节段安装流程图

5.2.2　施工操作要点

拱肋安装方法及工艺(以A跨为例)如下：

(1)场地运输

采用拖车或船将拱肋分段运送到起吊位置。

(2)拱脚预埋段安装

先将定位板准确定位后浇筑箱梁第一次混凝土，待达到设计强度后，采用缆索起重机起吊预埋段，利用支架辅助定位(图8)，待预埋段与拱脚定位板焊接后浇筑箱梁剩余混凝土。

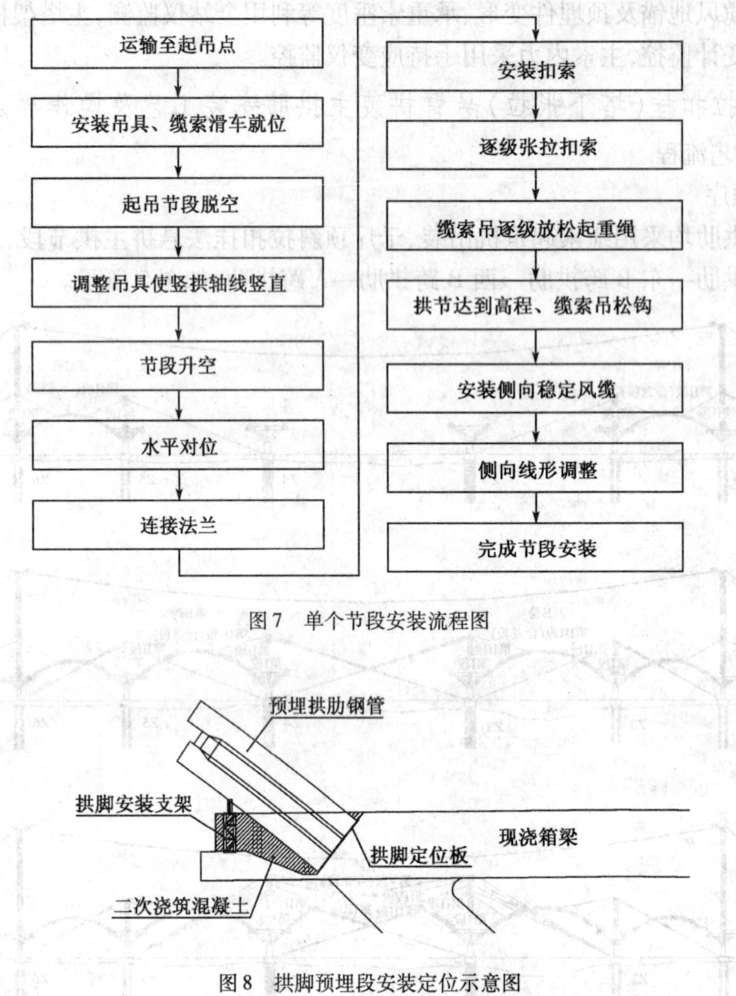

图7　单个节段安装流程图

图8　拱脚预埋段安装定位示意图

(3)吊装第Ⅰ段拱肋

①安装吊具

拱肋运到起吊点后,开始安装吊具,吊具采用 ϕ42mm 钢丝绳配合滑轮组及 10t 导链,出厂前在竖拱节段上弦管和斜拱管焊接钢板吊耳,采用双车、双吊点的方式起吊。

②脱空及调位

吊钩缓慢起升使节段脱离放置面。主拱为不对称三角结构,脱空后斜拱侧偏重导致竖拱面的中心线不竖直,通过设在吊具上的导链将其调整竖直,以便和预埋段管口连接。如图9所示。

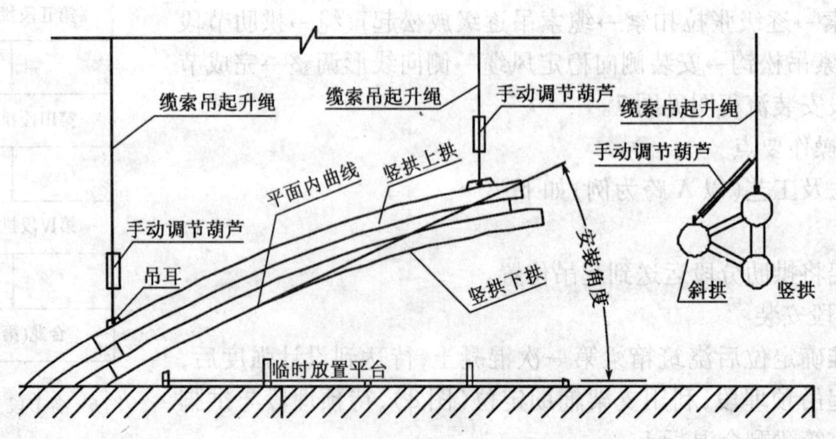

图9　拱肋双点起吊及调位示意图

③起吊就位

调整好竖拱使其竖直后，拱段垂直缓慢起吊至预定高度，缆索滑车水平移动，将拱段运抵安装位置。

④对位连接

调整拱段倾角和前一段(预埋段)进行对口，连接法兰板的顺序是先定位后加固，先连正交法兰板，以少数螺栓卡位后，再连接其余法兰板。

⑤扣索安装

扣索前后头以 P 型挤压锚锚固，用5t 卷扬机牵引扣索过塔，前扣索锚固头暂时固定在已安装好拱肋分段上，后锚索和张锚端连接。拱肋分段接头法兰连接后，用卷扬机将扣索前锚固头牵引至设在新装拱段上弦管的前扣点内，安装限制锚固头位移的螺栓板，后部张锚端开始逐级张拉扣索。

⑥扣索张拉及松吊钩

按预定初拉力对扣索施加作用，张拉过程中严格服从现场指挥的指令，分级分步骤施加作用力。

在扣索分级加载过程中，缆索起重机同时逐级卸载，根据观测拱段抬头高程的实时数据，控制卸载、加载程序。最后达到工况：缆索起重机吊钩完全放松、拱段高程基本满足预设值。吊钩松开后，继续观测拱段高程，根据实测数据张拉扣索调整，直至拱段高程满足预设值。

(4)吊装第 II、第 III、第 IV 节段拱肋

第 I 节段吊装后，张拉扣索及侧向缆风绳配合调整第 I 段的高程、线形，直到满足预设值后才能继续吊装第 II 段。采取同样的方法和工艺依次吊装第 III 段、第 IV 段。

(5)吊装合龙段

吊装合龙段前，多次测量调整全拱拱肋线形、高程、位置，在最接近设计温度的时间内吊装合龙段。合龙段拱肋上弦管长、下弦管短，两个吊钩同步起升时无法通过合龙缺口，因此采用两个吊钩不同步、不等高的方法抬升合龙段，使之穿过缺口，然后从上往下合龙对接，连上法兰板后，同时同步缓慢松开吊钩，完成合龙工序，如图 10 所示。

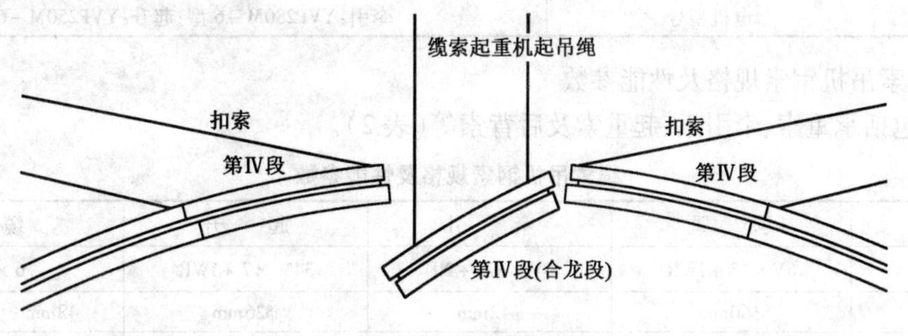

图 10　合龙段吊装示意图

(6)扣索拆除

扣索的拆除顺序由第 IV 段向第 I 段依次对称进行。为保证扣塔在受不平衡力的情况下的稳定，在松扣索索力时不能一次全部卸载，必须逐级(20% 左右)对称卸载拆除，以免影响拱肋线形。

6　材料与设备

6.1　WLQ2 ×500kN 无线遥控缆索吊装系统

缆索起重机主要由桅杆式钢塔架(万能杆件)、整体铸钢索鞍、承重索导挠系统、牵引导挠系统、起重索导挠系统、运行小车、定滑轮和动滑轮组、U 形吊钩系，悬链式支索机构、承重索平衡机构、动力源(80kN 单筒卷扬机 4 台、280kN 双筒卷扬机 4 台)，电控柜、防雷、防空灯系、各缆风绳和地锚系等 18 个系组成。缆索吊机总体结构见图 11。

6.1.1　缆索吊机主要技术参数(表 1)

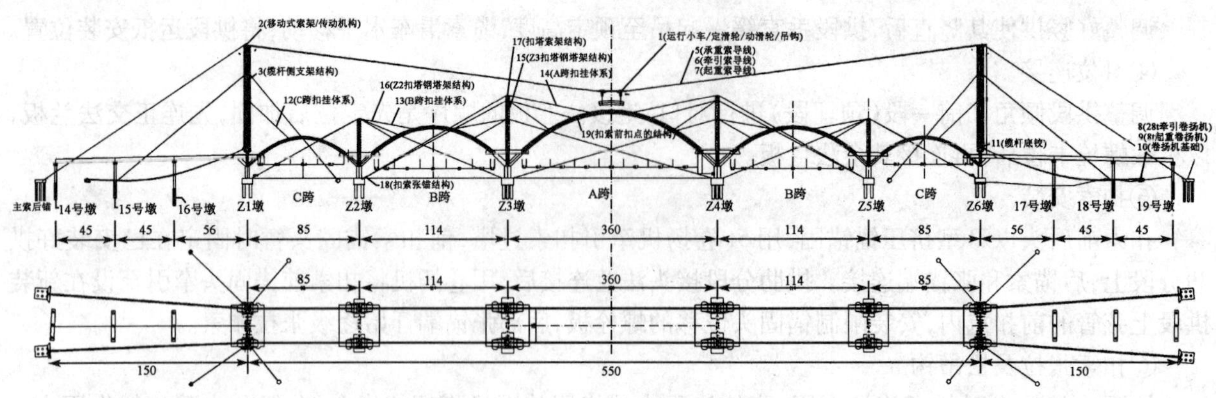

图11 缆索吊机总体结构图(尺寸单位:m)

缆索吊机主要技术参数 表1

序 号	项 目	参 数
1	额定起重量	2×50t
2	建筑跨度	L=558m;单跨二索制
3	承重索最大挠度	$f=L/15\sim L/20$=39.06~27.9m
4	塔架高度	桥面以上80m
5	最大起升高度	43m
6	主索钢丝绳直径	主索 ϕ60mm;牵引 ϕ42mm;起升 ϕ26mm
7	速度	小车运行:10m/min;起升速度:0.98~2m/min
8	卷扬机型号	牵引:2JM28F.110A型;起升:JMW8F.10102型
9	牵引拉力	牵引:280kN;起升:80kN
10	电机型号	牵引:YVP280M-6型;起升:YVP250M-6型

6.1.2 缆索吊机钢索规格及性能参数

索具主要包括承重索、牵引索、起重索及后背索等(表2)。

缆索吊机钢索规格及性能参数 表2

项 目	承 重	牵 引	起 升	缆 风 索	
钢丝绳型号	6V×43+IWR	6V×37s+NF	34W×7+IWR	6×37s+FC	
钢丝绳直径	ϕ60mm	ϕ42mm	ϕ26mm	42mm	ϕ26mm
抗拉强度	1 870MPa	1 870MPa	1 870MPa	1 770	1 770
最小破断拉力	2 571kN	1 246.9kN	401kN	921	352
拉力安全系数	$K_{1\min}$=2.59	$K_{1\min}$=4.41	$K_{1\min}$=6.95		
应力安全系数	$K_{1\min}$=2.0	$K_{1\min}$=3	$K_{1\min}$=3		
钢丝绳折减系数	0.85	0.85	0.85	0.85	0.85
每延米(kg/m)	15.444	7.5	2.64	5.94	2.28

6.1.3 主地锚

主地锚是缆索起重机承重索和后背索的重要受力结构,采用桩嵌承台重力式后锚碇。施工过程中锚碇的竖向和水平位移均控制在5mm。主后锚设计图见图12。

6.1.4 索鞍

索鞍是牵引和起重的导向机构及工作索的支撑点,位于塔架的顶部,与塔架采用滑道式连接。索鞍最上部为张紧过渡轮,半圆壳型结构,铸钢构件,表面设有绳槽。在张紧过渡轮内部设牵引索和起重索的转向滑轮,钢丝绳从塔架根部转向塔顶,绕过转向滑轮与运行小车连接,前面设有牵引索的导向卧轮和塔架(图13)。

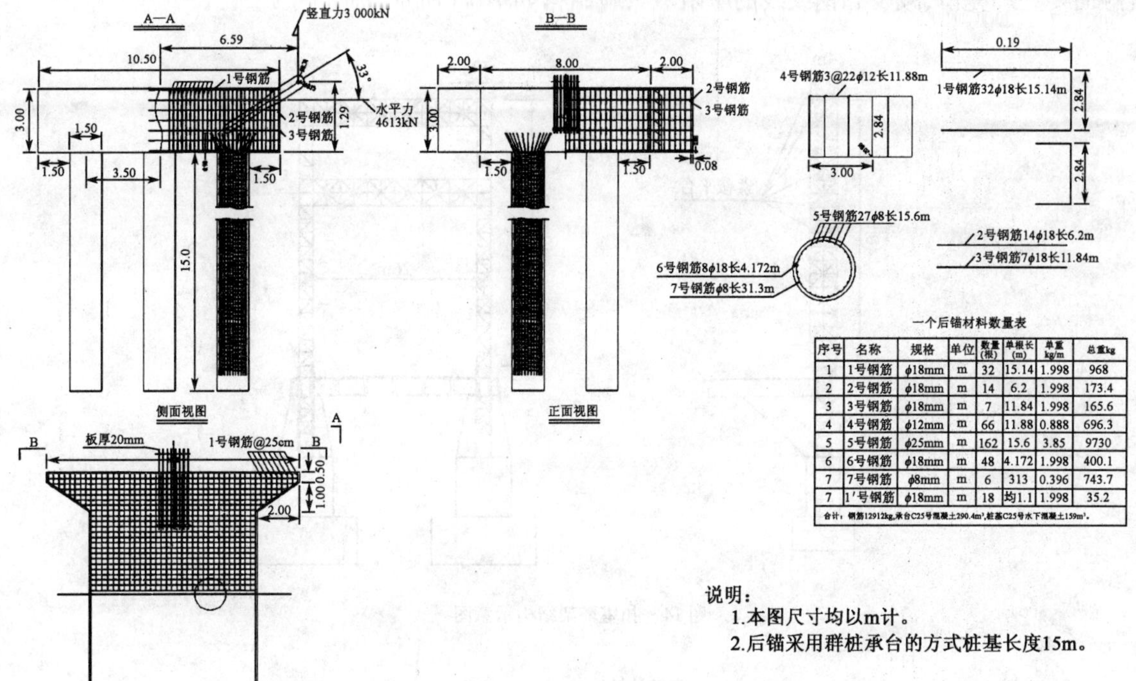

一个后锚材料数量表

序号	名称	规格	单位	数量(根)	单根长(m)	单重kg/m	总重kg
1	1号钢筋	ϕ18mm	m	32	15.14	1.998	968
2	2号钢筋	ϕ18mm	m	14	6.2	1.998	173.4
3	3号钢筋	ϕ18mm	m	7	11.84	1.998	165.6
4	4号钢筋	ϕ12mm	m	66	11.88	0.888	696.3
5	5号钢筋	ϕ25mm	m	162	15.6	3.85	9730
6	6号钢筋	ϕ18mm	m	48	4.172	1.998	400.1
7	7号钢筋	ϕ8mm	m	6	313	0.396	743.7
7	1′号钢筋	ϕ18mm	m	18	均1.1	1.998	35.2
合计:钢筋12912kg,承台C25号混凝土290.4m³,桩基C25号水下混凝土159m³。							

图12　主后锚设计图

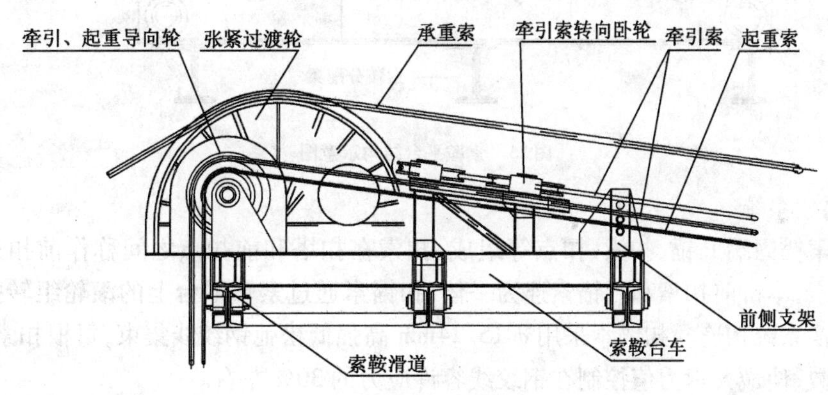

图13　索鞍结构布置图

6.2　斜拉扣挂体系

塔下张拉扣挂体系主要由扣塔基座、扣塔塔架、索鞍平台、扣锚索系统、张拉转换系统、平衡系统组成。

6.2.1　扣塔基座

塔架以预埋在主墩内的工字钢做基础,工字钢基础与扣塔立杆通过“十”字形钢板用螺栓连接。

6.2.2　扣塔塔架

扣塔用万能杆件拼装成门式结构,高为40m,立柱截面为2×4m,两立柱中心距26m(对应竖拱中心线)。每个立柱有6个肢腿,单个肢腿用2N1杆件组拼,水平横杆用2N4杆件,斜杆用2N5杆件。在扣塔立柱24~28m处、36~40m处安装两道横梁(图14)。

6.2.3　索鞍平台

每组塔架在塔身的24m、26m、28m、32m、36m、40m处共设置了六层索鞍平台。索鞍为多轮轴结构,以防钢绞线在索鞍部位发生较大折角使钢绞线索体受损。索鞍分配梁采用型钢组合结构,与扣塔采用螺栓连接。选择Q235钢板和型钢作为辊轴支架。索鞍轮轴采用直径ϕ150mm的45号不锈钢棒,轴套采用ϕ299×11mm和ϕ159×6mm无缝钢管嵌套,内填C60微膨胀混凝土,侧面以5mm圆环板封口,辊轮接触面要处理光滑,减少和钢绞线的摩阻。索鞍结构如图15所示。

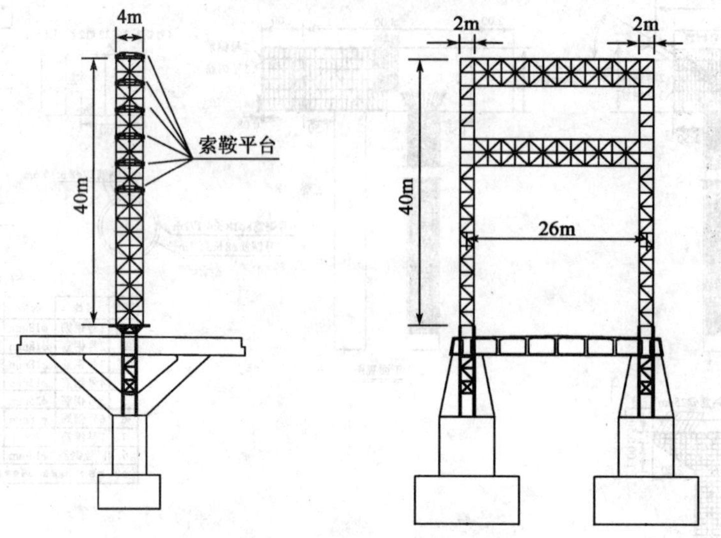

图14　扣塔塔架结构示意图

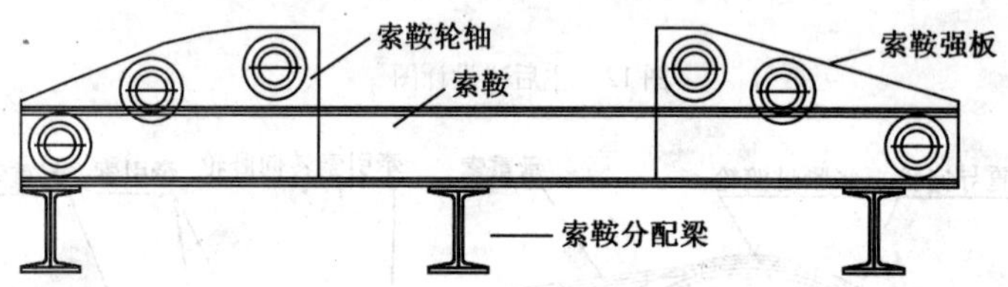

图15　索鞍平台结构示意图

6.2.4　扣锚索系统

主要由扣锚索锚固端P锚、扣索、扣点等组成,扣索在扣塔和前扣点之间称作前扣索,在扣塔和张锚端之间称后锚索,本桥前扣索和后锚索连为一体,扣锚索通过索鞍平台上的滚轮组转换方向后,与承台位置的张拉转换系统相连。扣锚索采用ϕ^j15.24mm高强低松弛钢绞线集束,每根扣索根据最大索力值选择钢绞线根数,使最大索力值控制在钢绞线容许应力的30%左右。

6.2.5　张拉转换系统

主要由预埋件、转换耳板、张拉锚箱、移动锚箱和转换锚箱等五部分组成,钢管拱固定和线形调整通过张拉转换系统来实现,是整个扣挂体系的动力机构和操作平台。张拉转换系统基础预埋件采用ϕ25mmI级圆钢,上部连接有转换耳板、移动锚箱、张拉锚箱和转换锚箱。千斤顶放于张拉锚箱和移动锚箱之间。在拱肋线形调整时,千斤顶加载,移动锚箱向后移动,通过精轧螺纹钢连接的转换锚箱也将随之移动,张拉锚箱后部螺母也跟着移动,拱肋在达到设计高程后拧紧张拉锚箱后部螺母即可锁定拱肋位置,具体参见图16。

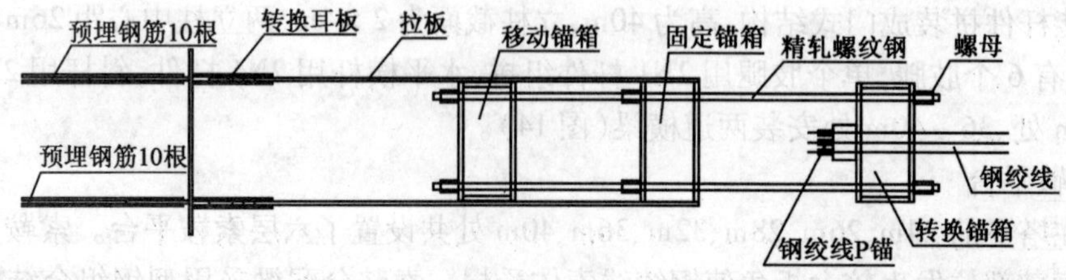

图16　张拉转换体系

6.2.6 平衡系统

在钢管拱吊装过程中由于扣塔前后的角度不同,将产生一个不平衡力,采用平衡索进行调整。扣索与平衡索是两套独立的结构,以便于进行独立操作。

6.2.7 扣索

扣索采用 ϕ^j15.24 钢绞线,单根截面积取 140mm^2、抗拉强度取 1 860MPa。根据扣索索力的理论计算值,选配每段拱肋扣索钢绞线的根数,使最大索力值控制在钢绞线容许应力的30%左右。

6.3 其他机具设备

拱肋安装、焊接施工机械设备见表3。

拱肋安装、焊接施工机械设备表　　表3

序 号	设 备 名 称	数 量	单 位	规 格 型 号
1	CO_2 焊机	15	台	KR500
2	逆变焊机	35	台	NB-500
3	X 射线探伤机	1	台	XXQ3005D
4	超声波探伤机	1	台	CTS-22
5	焊条烘干箱	1	台	YGCH-X-100
6	焊剂烘干箱	1	台	YXH2-100
7	水准仪	2	台	BOIF-AL132、BOIF-AL332
8	经纬仪	1	台	DJD2-G
9	全站仪	2	台	Set2110,GTS602
10	卷扬机	4	台	JZR_2-41-8
11	平板车	1	台	40t
12	汽车吊	1	台	QY16-浦沅

7 质量控制

7.1 质量控制标准

质量标准遵照《公路桥涵施工技术规范》(JTJ 041—2000)和《铁路钢桥制造规范》(TB 10212—98)控制,见表4和表5。

拱肋制造质量标准　　表4

检 查 项 目	规定值或允许偏差(mm)	备 注
单元短直管失圆度	不宜大于钢管外径的 0.003 倍	
钢管直径	D/500 及 5	D 为钢管直径
管节对接径向偏差	不得超过壁厚的 0.2 倍	
管节长度偏差	±1mm	
管材端面对管轴的垂直度偏差	不大于 1/500	
构件纵向弯曲度	不大于 L/1 000	L 为构件长度
每段拱肋内弧长	0, -10	
内弧偏离设计弧长	8	

拱肋安装线型控制标准　　表5

检 查 项 目	规定值或允许偏差(mm)	备 注
轴线横向偏位	L/6 000	L 为跨径
拱肋接缝错台	不得超过壁厚的 0.2 倍	
拱肋高程	±8	
对称点相对高差	L/3 000	L 为跨径

拱肋主要焊缝为熔透焊接,要求达到《铁路钢桥制造规范》(TB 10212—98)的一级/二级焊缝要求(表6)。当发现超标缺陷时应铲除缺陷,按焊接工艺要求重新焊接和无损检测,但返修次数不得超过两次。

焊接质量标准　　表6

外观质量		成形美观、整齐,尺寸符合设计和工艺要求,做到无裂纹、无气孔、无夹渣、无焊瘤、无弧坑等焊接缺陷	
内部质量(焊缝质量等级)		一级	二级
内部缺陷超声波探伤	评定等级	Ⅱ	Ⅱ
	检验等级	B级	B级
	探伤比例	100%	100%
内部缺陷射线探伤	评定等级	Ⅱ	Ⅱ
	检验等级	AB级	AB级
	探伤比例	10%	10%

7.2 拱肋安装线形控制措施

7.2.1 拱脚预埋板安装措施

灌注混凝土前,将拱脚预埋板精确定位后,与预埋钢筋焊接牢固,并采取措施进行固定支撑,确保灌注混凝土时,拱脚预埋板位置不变化。在安装钢管拱前,在钢板上画出十字线,及钢管拱的外轮廓线,保证钢管拱的安装质量。

7.2.2 拱脚各节段安装线形控制措施

对于拱肋为不对称的三角组合结构的无风撑钢管拱桥,在后期加载中拱肋会发生内倾(往桥中心线),如果内倾偏离了竖拱原设计拱轴线的位置,将会降低拱肋横向稳定性,不利于结构的安全。本桥拱肋线形除了与常规拱桥一样设计面内预拱度,还设计了面外预拱度。

本桥拱肋的面内线形可以按常规拱桥的方法进行控制,但对于面外线形则需要采取不同于常规桥梁的措施进行控制,主要措施如下:

(1)在地面加工制作拱肋时,严格控制结构尺寸,现场对所有钢管拱肋进行全幅预拼,保证钢管拱的线形质量,为钢管拱的顺利安装提供充分的条件。

(2)拱肋节段采用竖拱、斜拱一体吊装,而竖拱和斜拱形成的拱肋截面中心不对称,在安装过程中斜拱侧靠在竖拱上,导致拱轴线向桥中心线方向有位移,并且截面有扭角。

利用侧向缆风调整拱轴线的内倾,通过拱段八字侧缆风不对称加载,在保证拱肋侧向稳定的同时将轴线牵引到预定位置(图17)。并利用扣索调整截面的转角:将每段拱肋的扣索分成两根小扣索,布置在竖拱的两侧,拱肋安装定位后,对两根小扣索同步逐级张拉,使拱肋高程达到预设值,然后单独适当增大斜拱方向的小扣索的索力,可以有效地将截面扭角的问题解决。

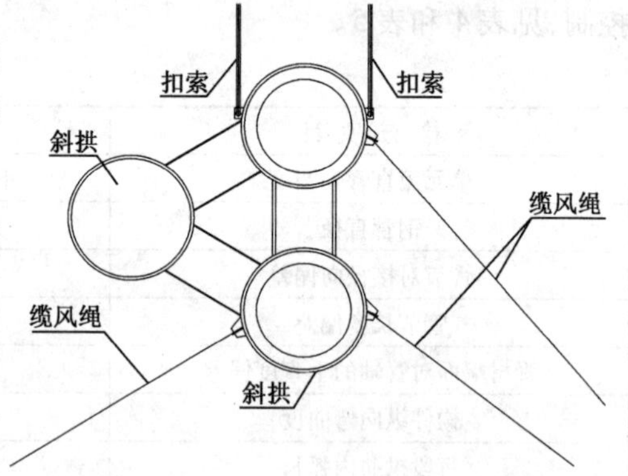

图17　拱肋节段扣索及缆风绳布置示意图

7.2.3 拱肋接头焊接线形控制措施

拱肋接头采用手工焊接,遵循同时、对称施焊原则,尽可能安排在夜间施焊。焊接过程中随时监测变形量,根据变形量的大小以及变形规律来调整焊接顺序、焊接电流。合龙后节段接头外加强外法兰连接,使其处于半刚半铰状态,可以在正式施焊前拆除缆风绳的约束,以便更好地控制线形。对于每片拱肋,要求从拱顶开始往拱脚方向依次对称焊接(图18),而且每个截面、每个管口的焊接要同时对称焊接(图19和图20),尽可能避免焊缝收缩分布不均影响线形。

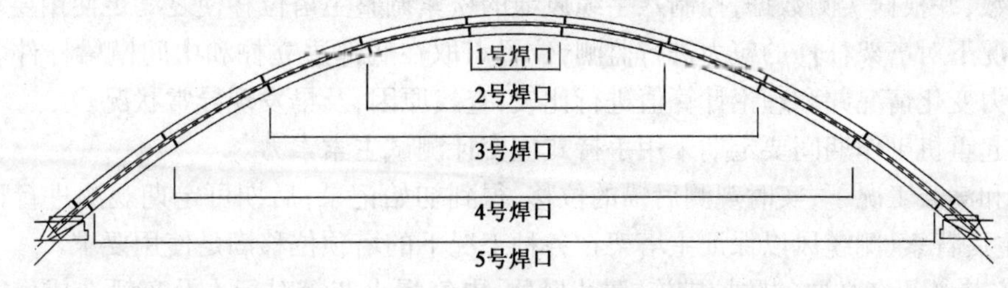

图18　单片拱肋对称焊接顺序示意图

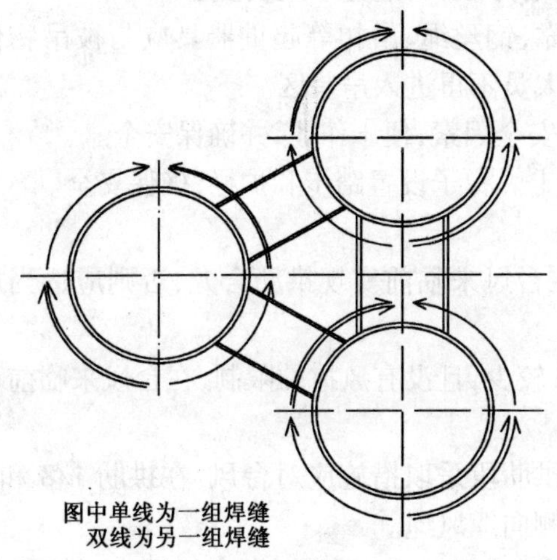

图19　拱肋截面三管对称焊接顺序图

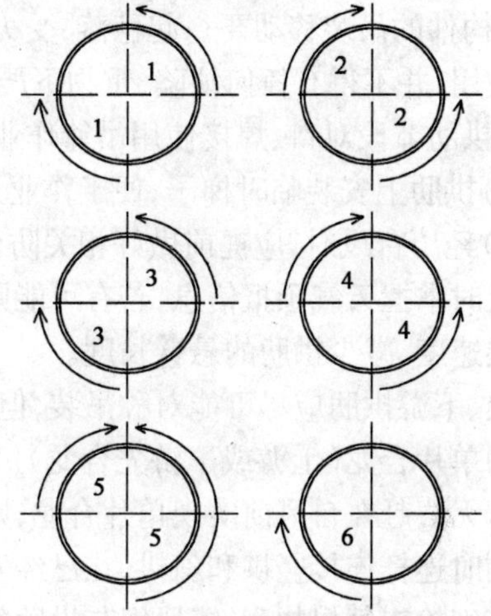

图20　单管拱肋对称焊接顺序图

8　安全措施

8.1　焊接安全措施

(1)遵守施工现场安全作业、用电、防火管理制度。

(2)高于2m作业时必须系安全带。

(3)焊接应远离易燃、易爆物品。

(4)氧气、乙炔瓶应相距15m以上。

(5)管内及夜间作业时,照明灯用电应低于36V。

(6)焊接作业时穿戴好劳动保护用品,打磨时须戴防护眼镜。

(7)工作结束和下班时切断焊机电源,并仔细检查作业现场,确认无燃烧物时方可离开现场。

8.2　主拱安装安全保证措施

(1)施工区域必须设立明显的警示标志,确保行人及车辆安全。

(2)施工人员施工前必须进行安全交底,坚持班前安全会制度。

(3)所有施工人员必须正确配戴劳动保护用品,施工中穿防滑鞋,戴安全帽,着工作装,高处作业必须佩安全带,患高血压、眩晕症、心脏病等不宜登高作业者,严禁登高作业。登高作业前,应对全体施工人员进行严格的身体检查。

(4)设备操作人员要凭证上岗,严禁无证操作和其他本岗人员擅自操作机械设备。

(5)起重作业要有专业人员统一指挥,其他工种人员不得直接参与或指挥起重作业,起重作业应严格按照国家有关的《起重工操作规程》进行。

(6)定期对缆索起重机系统进行施工监测监测,根据监测信息反馈指导施工:

①缆索起重机工作过程中,应选取其空载和满载两种工况,定期观测主塔位移,空载位移作为负重

工况的对比基数,并根据实测数据,控制八字缆风绳的松紧调整主塔位移使之满足使用要求。

②在各工况下对塔架杆件的应力进行监测,位置点取在底部边立柱和中间横梁杆件。分析空载和满载工况下应力变化情况并和理论计算值进行比较,查找原因,及早发现异常状况。

③在缆索起重机工作期间要定期采用手持式应变计测试主索索力。

④在空载和满载工况下,实时观测后锚的位移,得到初始记录,后期可定期观测进行记录。根据观测数据,调整主后背索、侧缆风以保证主塔架在各种工况下的塔顶位移满足使用要求。

(7)构件安装必须有必要的防护措施,防止坠物、电气焊火花等对行人及车辆造成伤害。现场吊装必须注意周围行人和车辆的安全,运输拖车必须统一指挥,有序驶入,避免事故发生。

(8)构件的吊装移动要稳起稳落,受力部件应联结可靠,钢丝绳、吊扣等起重器具应与被吊物体重量匹配使用,并不得有任何缺陷,重物下严禁站人,非相关人员不得进入吊装区。

(9)拱肋节段对口、焊接使用吊篮作业,吊篮应先考虑安全因素,便于作业,并确保安全。

(10)拱肋上安装临时梯子,便于作业人员在拱肋上行走。梯子设置踏步和护栏,确保安全。

(11)经历台风时,应提前做好相关防台风措施:

①及时掌握天气预报信息,若有可能则加快速度,抢在台风来临前实现拱肋合龙,否则应适当放慢拱肋吊装速度,减少拱肋的悬臂长度。

②上、下游拱肋应尽可能对称吊装,但如果吊装节段数较少,且没有风撑的限制,在台风来临前可以考虑拱肋单片合龙(上游或下游先合龙)。

③若无法赶在台风前实现单片合龙,则须对已安装的拱肋段采取措施应对台风:在拱肋 1/8 和 7/8 处增加临时连杆连接竖拱和斜拱,在已经安装各节段增加侧向缆风绳。

④仔细检查每根扣索、缆风绳与拱肋的连接点和后锚点,确保连接牢固,避免台风袭击时连接处脱落导致拱肋被破坏。

(12)当出现风力达到 6 级以上时应停止施工作业。

(13)对易损线路要经常检查,及时修补,非电工不得擅自动电,照明电应采用安全电压。

(14)动火作业时,要远离氧气瓶、乙炔瓶、油漆等易燃品 15m 以上。

9 环保措施

9.1 水源污染控制

主桥及部分引桥位于河道内,岸侧引桥位于城区,采取合理的方案和技术措施减少施工对河道的污染及对区域内百姓正常生活的干扰。施工中弃土、弃泥碴运到指定地点,保护好周围防排水系统,不向河流、水源排放弃油及各种有害杂质,防止水源污染。施工现场内道路平整畅顺,排水出口良好。临时设施四周设置排水沟,不随意排放废水、废液与生活垃圾。

9.2 噪声污染控制

合理分布动力机械设备的工作场所,避免同一个地方运行较多的动力机械设备。噪声超标的机械设备,采用消音器隔音材料、隔音内衬、隔音棚等措施,降低振动部件的噪声,夜间严禁噪声大机械设备在居民区附近施工。

9.3 空气污染控制

(1)水泥、砂石运输应按有关规定进出现场,加强扬尘保护措施。现场搭设临时料库,对水泥、砂石进行遮盖保管。使用过程中的运输及搅拌应有防尘措施。

(2)确因条件限制需露天存放的必须用苫布等遮盖材料进行遮盖,在使用、运输时要轻拿轻放,文明施工,防止遗洒、飞扬,防止人为因素造成扬尘污染。

(3)禁止在施工现场焚烧油毡、橡胶、塑料皮革、树叶、枯草等以及其他会产生有毒、有害烟尘和恶臭气体的物质。

10 资源节约

(1)已建成常规的无风撑钢管混凝土拱桥均采用落地支架拼装或大型浮吊整孔(单片)安装。结合该桥特点及周边环境,经优化后取消了常规的施打大量水中桩基高墩支架以及大吨位浮吊吊装方案,而是充分利用普通型钢、钢丝绳、钢绞线、千斤顶、卷扬机等市场上常用的轻型材料和小型设备,自行开发设计单孔大跨度大吨位缆索起重机系统、不落地的空中斜拉扣挂悬臂拼装拱肋系统,投入的材料及设备均可以拆除重复利用,避免了一次性投入,明显节约了工程施工成本。

(2)采用单孔大跨缆索起重机结合斜拉扣挂(塔下张拉)悬拼多跨连续无风撑斜靠式拱肋,并巧妙利用桥梁永久性结构作为施工临时受力传力基础,避免了在水中施打大量临时桩基础及水中高墩支架,取消了大量临时水中和水下搭拆任务,既保证了韩江航道的正常通行,也很好地保护了水库水资源及周边环境。

11 效益分析

(1)对于多跨连续钢管拱桥,采用单跨的高墩大跨度缆索吊机结合千斤顶斜拉扣挂法施工,可以克服桥下复杂地形的限制,避免桥下洪水的侵袭,减少对通航的限制,可以使主桥下部结构的施工人员和材料设备充分倒用,避免一次性投入过大或窝工;与多跨多套的小跨度缆索吊相比,单跨的大跨度缆索吊机方便施工,有效缩短施工工期,减少各类设备和材料的投入,节省投资约350万元。

(2)单跨大跨度缆索吊的主塔及扣塔的基础通过优化布置在主桥直墩墩顶上,不需要另设塔基。斜拉扣挂索均直接锚固在主桥的主承台上,直接利用主桥永久性的承台和桩基作为扣索的地锚,取消了临时地锚,节省投资约230万元。

(3)通过本工法的应用,可以很好地保护桥梁周边水资源及环境,可以有效地缩短施工工期,减少各类设备和材料的投入,既有效地降低了成本,又加快了施工进度,并能确保施工质量和安全,取得良好的经济效益和社会效益。

(4)韩江北桥是国内外最大跨度和最大规模的无风撑钢管混凝土系杆拱桥,结构复杂、科技含量高,该项目的顺利建成,扩展了新型拱桥设计施工技术,并在桥梁的新领域方面储备了人才和技术,对类似桥梁设计施工具有较好的借鉴和指导意义。

12 应用实例

12.1 工程名称、地点及开竣工日期

工程应用实例为广东省潮州市韩江北桥工程,该项目位于广东潮州市湘子桥以北1.73km处,项目开工日期为2004年10月15日,于2007年6月18日建成竣工通车(图21)。

图21 韩江北桥主桥总体实景图

12.2 工程结构形式及规模

潮州市韩江北桥桥长1930.6m、宽30m,双向六车道。主桥跨度组合为:11m + C跨(85m) + B跨(114m) + A跨(160m) + B跨(114m) + C跨(85m) + 11m,为五跨连续的无风撑斜靠式钢管混凝土系杆拱桥。

韩江北桥是国内外最大跨度的无风撑斜靠式钢管混凝土系杆拱桥,也是规模最大的同类型桥梁;下部结构为钻孔灌注桩、矩形承台、双薄壁矩形直墩、V形结构。主桥上、下游拱肋对称布置,全桥五跨共10片拱肋,每片拱肋由哑铃型竖拱与单管斜拱通过无缝钢管连成不对称的三角组合结构,主管直径ϕ800~1 200mm,壁厚20~24mm。钢管拱肋及钢纵横梁总重约4 500t。

每片拱肋由哑铃型竖拱与单管斜拱通过无缝钢管连成不对称三角结构(图22),且三角结构由拱脚往拱顶渐变缩小。竖拱拱肋主要承受自重及吊杆传来的荷载,斜拱拱肋主要承受运营阶段水平方向的荷载,增加竖拱的横向稳定。

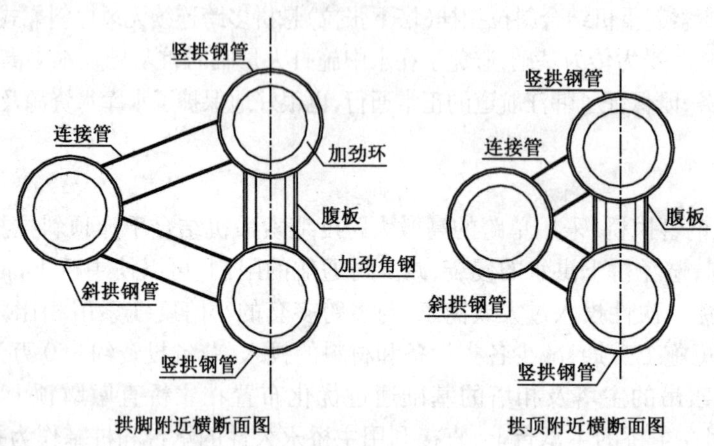

图22 无风撑斜靠式拱肋结构示意图

12.3 采用本工法的效果

韩江北桥主桥为五跨连续无风撑钢管混凝土拱桥,单跨最大为160m,其跨度及规模均位居同类型桥梁之首。

单孔558m大跨度WLQ2×500kN无线遥控缆索吊装系统在施工中不仅完成了主拱肋及相应构件的安装任务,而且还完成了横梁、纵梁的安装施工,特别经受了横梁安装过程中使用频次的考验和不断的精确对位调整的客观要求,对主桥的顺利施工起到了关键作用,充分发挥了操作简便、灵活快捷、安全可靠的特点,保证了桥梁高质量、进度快、低成本的施工要求。

在设计不允许增加临时风撑的情况下,采用空中斜拉扣挂(塔下张拉)施工工法,成功地完成了全桥五跨共70节段拱肋的悬臂拼装,施工操作快捷简便、安全可靠,拱肋线型符合设计要求,外形圆顺美观。施工期间未发生过质量、安全事故,各项技术指标均满足设计及相关规范要求,工程质量最终评定为优良,取得了明显地经济和社会效益。

本工法在韩江北桥五跨连续无风撑拱桥的成功应用,为新型钢管拱桥的设计、施工提供成功范例,不仅为企业积累丰富的施工经验,而且对今后类似桥梁的设计施工具有较高的参考和推广价值。

依托该桥的技术成果获得了吉林省2008年科学技术进步二等奖;工程项目获中国铁道建设协会2008年度“火车头”优质工程一等奖;钢管拱安装线型质量控制QC小组获2007年度全国工程建设优秀质量管理小组称号(中国建筑业协会)。

多圆弧异型独柱塔悬臂模板施工工法

GGG(中企)C3095—2010

尹志清 赵旭洲 蒋剑虹 赵东海 孙晶晶
(中铁十五局集团有限公司)

1 前言

自锚式悬索桥因其不需要修建大体积锚碇、受地形限制小、可以灵活设置空间线形、降低工程造价的优点,在中小跨径桥梁中是很有竞争力的方案,其既可做成双塔三跨的悬索桥,也可做成独塔双跨的悬索桥。

南京长江隧道工程江心洲右汊大桥,主桥为独柱塔自锚式悬索桥,孔跨布置为35m+77m+60m+248m+35m,主塔设计为独柱形式,塔身总高107m,主塔在桥面以上塔高为80m,桥塔高跨比为0.32,塔身截面设计新颖、美观,截面外轮廓为由四段凹圆弧、四段凸圆弧及八个过渡小圆弧围成的变截面。主塔沿着高度向上,截面圆弧随着高度变化其自身曲率连续不规则变化,截面各边的收缩相应要求削减模板。主塔各面圆弧的半径和圆弧的弦长都在收缩,施工时必须采用可调圆弧状异型模板,如何选用结构简单、安装容易、操作方便、施工速度快的模板并浇筑出优质的主塔构筑物是同类型桥梁施工中的一项关键施工技术。

为顺利完成该桥施工,针对本桥主塔异形、多圆弧、变截面、收坡等一系列难题,设计制造了特殊的悬臂模板体系,圆满地完成了桥塔施工,并形成本工法。

本工法的运用确保了南京长江隧道右汊大桥工程的顺利实施,满足了高塔施工的安全、质量、工期要求,取得了显著的经济效益和社会效益,实现了每天完成1m塔身施工技术的突破,经专家评审达到了国际先进水平、关键技术国际领先水平。工程获得中国铁建股份有限公司2009年度科技进步一等奖。

2 工法特点

(1)解决了异形、多圆弧、变截面塔身施工工序复杂和工期长的问题,保证了工期要求。

(2)采用悬臂模板不需搭设脚手架,设备投入少,工序施工速度快、操作简单、方便安全,适于高空作业。

(3)采用悬臂模板体系解决了塔身混凝土错台等通病,塔身混凝土光滑、平整,截面圆顺,保证了工程质量。

3 适用范围

本工法使用于圆弧面或异形截面组成的桥塔或桥梁高墩。

4 工艺原理

采用的悬臂模板(多圆弧、变径、收坡)技术,解决了传统的整体模板及液压模板只适于平面矩形,无法收坡、变径的技术难题。悬臂式模板分层施工,每层按照3m标准节进行配置,外模板分为8个单元,塔吊配合提升爬架,模板高度3m配置,按照塔底最宽处设置,收坡时,将模板依次按照收坡尺寸切除,8 个小圆弧模板做成定型模板,内模采用井筒式结构,塞板进行调整收坡尺寸,该工艺操作工艺简单,既减少了资金投入,降低了成本,提高了施工效率。

5 施工工艺流程及操作要点

5.1 施工工艺流程(图 1)

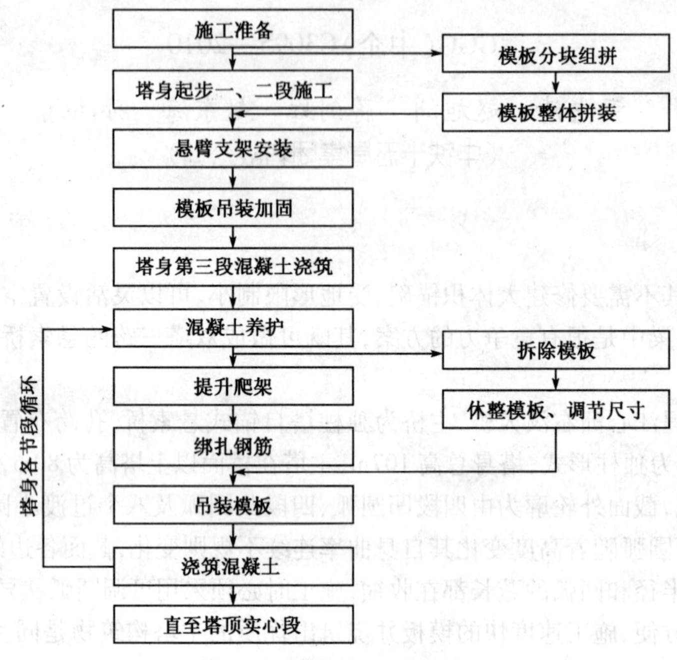

图 1 悬臂模板施工工艺框图

5.2 操作要点

5.2.1 施工方法

南京长江隧道工程右汊大桥主塔设计为独柱形式,塔身截面外轮廓为由四段凹圆弧、四段凸圆弧及八个过渡小圆弧围成的变截面,主塔塔身截面轮廓图如图 2 所示。

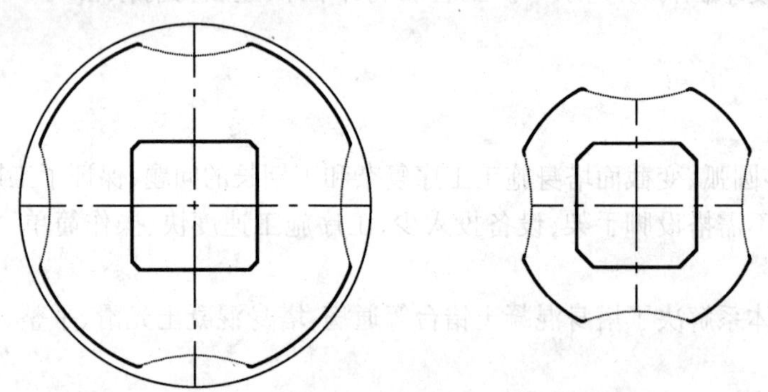

注:粗线为凸圆弧,虚点线为凹圆弧,细线为连接小圆弧。

图 2 主塔塔座处及塔身截面轮廓图

(1)悬臂模板构造

①模板

模板采用木胶合板(VISA 板)+钢框模板体系,塔身外侧圆弧模板采用后移式支撑体系,模板固定在悬臂支架上。

②埋件

悬臂模板体系的锚定总成包括:埋件板、高强螺杆、爬锥、受力螺栓和埋件支座等。

③悬臂模板总构架

悬臂模板主构架是悬臂模板系统的核心，是模板的依托和施工的操作平台及提升的操作台，主要由挑架、斜撑、主梁三角架、吊平台等组成。

悬臂模板构造图如图3所示。

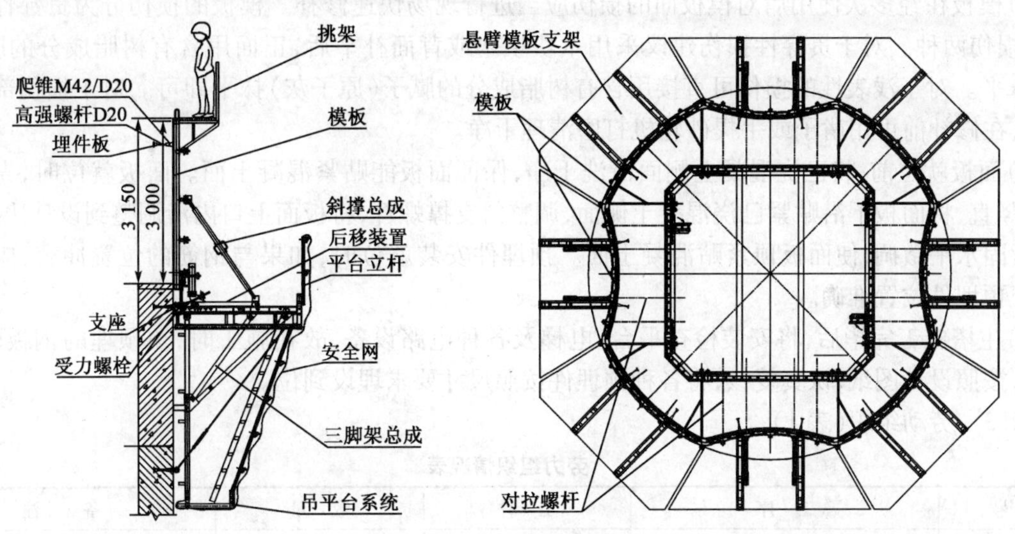

图3 悬臂模板构造图

(2)悬臂模板拼装

悬臂模板在专门搭设的平台上按照图纸设计进行拼装。外圆弧模板单元架和单元竖肋的拼装流程:胶合板上弹线→下料→打穿墙孔→铺面板→弹线安装边肋角钢→弹线安装单元架和单元竖肋→安装调节器和吊钩→拼装好模板后按设计要求调节模板达到要求的弧度→模板吊升靠在模板堆放架上。

悬臂模板在作业面附近进行拼装，经检查合格后，未安排使用时，不得将拼装好的模板随意摆放，采用钢管搭设模板专用竖向搁置架，模板竖向插入，底边采用方木垫平，以免使模板产生变形扭曲。

(3)悬臂模板提升

面板吊装时，利用模板内肋上的专用吊装孔水平起吊，防止磕碰。

混凝土强度达到15MPa时，悬臂模板才可爬升(避免爬锥拔出)。悬臂模板提升时分单元依次进行，缓慢提升保持系统基本水平。塔吊提升时，采用钢丝绳挂在模板的提升钩上，松开固定螺栓，将单元模板缓慢提升，提至上一层高度后，将模板缓慢靠近塔身，将模板主构架落入与预埋在塔身混凝土的爬锥相固接的支座槽内，插入安全销;依次提升其余单元模板。

(4)塔身施工

塔身采用悬臂式模板分层施工，每层按照3m标准节进行配置，外模板分为8个单元，塔吊配合提升爬架，模板按照塔底最宽处设置，收坡时，将模板依次按照设计收坡尺寸切除，8个小圆弧模板做成定型木模板。塔身施工时，在承台上设置塔吊，配合施工。

5.2.2 操作要点

(1)模架的使用与安装:安装预埋定位螺栓组合件时，应认真检查该埋件是否有损伤，如果发现有损伤，应立即更换。

(2)面板就位前，要将已浇混凝土侧面清洗干净，清除所有障碍物，保证面板能贴紧混凝土面。

(3)锚固点混凝土强度不小于15MPa;当气温小于15℃时，混凝土的浇筑速度不大于0.3m/h。当气温在15℃以上时，混凝土的浇筑速度不得大于0.4m/h。

(4)混凝土下料堆积高度不得大于0.5m。混凝土达到预定强度后，应尽早脱模，清理板面。

(5)埋件和爬锥的埋设精度，水平和竖向误差小于±1mm，与混凝土表面保持垂直。特别要保证使高强螺杆与爬锥的旋合长度在80~85mm之间,确保安全。

(6)悬臂模板立模时,面板上沿位置在设计尺寸线之内6~10mm(水平方向),以消除混凝土浇注时,模板受力后出现的微量位移造成的误差,预留尺寸的多少,应根据现场施工的实际情况,通过观测确定。

(7)模板在经多次使用后对模板面的损伤应当进行现场快速修补。模板的损伤分为贯穿性损伤和浅表性损伤两种。对于贯穿性损伤建议采用木块填塞或背面补平后,正面用含有树脂成分的腻子(原子灰)抹平。对于浅表性的损伤可直接用含有树脂成分的腻子(原子灰)抹平即可。对于损伤部位边缘的毛边,在修补前可用凿子或手提砂轮机打磨清理干净。

(8)面板就位前,将已浇混凝土侧面清洗干净,保证面板能贴紧混凝土面。面板就位时,先将面板调整到竖直,将面板下沿贴紧已浇混凝土侧面,调整斜支撑螺杆,将板面上口内沿调整到设计边线位置。然后,紧固水平微调,使面板顶紧贴混凝土面。预埋件安装就位时,如果与钢筋的位置冲突,应调整钢筋,保证预埋件位置准确。

(9)主塔施工完毕后,将安装检查平台、电梯及各种电路设备,故在施工时,须预埋的钢板较多,在施工时,按照设计图纸,认真复核,将各种预埋件按照尺寸要求埋设到位。

5.2.3 劳动组织(表1)

劳力组织情况表

表1

序号	工序	工种	数量	备注
1	模板休整、提升及安装	木工	6	模板休整、安装
2		架子工	6	模板提升、安装
3	钢筋加工、安装	电焊工	4	钢劲性骨架制作、安装
4		钢筋工	8	塔身钢筋加工、安装
5	混凝土灌注	混凝土工	6	塔身混凝土灌注
6	其他	普工	4	材料清理、运输
总计			34	不包括塔吊、输送泵人员

6 机械设备

机械设备的使用情况见表2。

机械设备表

表2

序号	机械设备名称	型号规格	数量(台)	备注
1	塔吊	F0/23B	1	材料吊装
2	混凝土输送泵	HBT100A	1	混凝土灌注
3	空压机	4L-20	1	混凝土凿毛
4	电焊机	BX1-500	4	
5	钢筋直螺纹套丝机		1	塔身钢筋套丝
6	全站仪	徕卡	1	测量与监测
7	水准仪	索佳	1	测量与监测

7 质量控制

(1)在混凝土浇筑过程中,设专人对模板进行观测,若发现模板位移超过10mm时,应立即采取暂停浇筑、控制浇筑速度、加固模板等措施。塔柱施工必须保证泵送混凝土的流动性、和易性,确保混凝土浇筑后振捣密实,表面光洁,杜绝蜂窝麻面,并保持全塔混凝土外观颜色一致。对施工缝接触面应认真凿毛、清洗,以保证新老混凝土的接缝质量。混凝土振捣时,振捣器不得与组合锚件及板面接触,一旦发现组合锚件松动，应立即进行紧固。

(2)严格控制塔柱的倾斜度、高度、断面尺寸。塔柱各控制点的浇筑高度严格按照设计预抬高度施工，施工过程中随时监测、随时调整，以保证塔柱施工精度。

(3)拆模时先拆除安装配件，后松动、拆除穿墙螺栓，使模板与混凝土产生脱离，然后将螺栓退出混凝土。拆模后必须立即用水将模板表面清洁干净。模板在经多次使用后有贯穿性和浅表性两种损伤，对于贯穿性损伤可采用木块填塞或背面补平后，正面用含有树脂成分的腻子(原子灰)抹平；对于浅表性的损伤可直接用原子灰抹平即可。

(4)模板采用 VISA 木模板，模板与骨架连接采用平头螺栓固定，混凝土浇筑后，在螺栓处留有凸印；随着模板多次周转使用，不断的变径切割，木模板变形量较大，表面局部损坏，影响混凝土表面外观质量，针对此情况，采用每层施工再模板上贴膜处理，以保证混凝土外观平整、光滑。

(5)因主塔较高，测量采用莱卡全站仪和精密水准仪测量，每层塔身均测量主塔中心和高程，保证主塔的垂直度、中心和高程符合要求。

(6)施工中配合监控单位做好控制工作，准确提供每个节段的几何尺寸、混凝土强度、弹性模量、各工况时的坐标及高程。

8 安全措施

(1)当气温 5 ~ 15℃时，混凝土的浇筑速度不得大于 0.3m/h；当气温在 15℃以上时，混凝土的浇筑速度不得大于 0.4m/h；混凝土下料堆积高度不得大于 0.5m。

(2)埋件和爬锥的埋设必须与混凝土表面保持垂直，特别要保证使高强螺杆与爬锥的旋合长度在 80 ~ 85mm 之间，确保安全。混凝土振捣器不得碰撞预埋受力螺栓。不得对任何埋件或爬锥实施焊接作业，避免破坏其金相组织，降低其强度。墙体混凝土强度必须达到 15MPa 以上方可提升架体。模板和其他物件起吊时，不得撞击支撑架、模板和组合锚件。不得在除物料平台之外的作业平台上堆放重物。

(3)外平台模板移动前，调整可调斜撑使模板倾斜；外平台模板移动结束后，及时将后移装置与主梁连接的销轴插好就位。在承重三角架的主梁外部与下部埋件支座之间拉好防风缆绳。遇六级(含六级)以上大风时不得进行模板前后移动作业。

(4)悬臂支架自主平台护栏以下设全封闭式防护栏，防护栏外围满设密目网。主平台上方外围满设大眼安全网。定期对悬臂支架进行维护保养，保证万无一失。

(5)塔吊吊装的指挥人员必须持证上岗，作业时应与操作人员密切配合，执行规定的指挥信号。操作人员应按照指挥人员的信号进行作业，当信号不清或错误时，操作人员可拒绝执行。

(6)塔吊起动前应对重点构件进行检查，严格按照操作规程进行操作。

(7)塔吊作业中如遇六级及以上大风或阵风，应立即停止作业，锁紧夹轨器，将回转机构的制动器完全松开，起重臂应能随风转动。对轻型俯仰变幅起重机，应将起重臂落下并与塔身结构锁紧在一起。

(8)生产用电按照有关规定架设线路、安装配电盘。设专人管理和维修。设置好断电和灭火装置、消防器材。在高压线下作业或堆放物料，搭设临时设施，停放机械设备，起重作业时，都应按规范标准进行。严禁乱拉电线和私接电器设备，非专业电工不得从事电工作业。

(9)对起重工、司机及电工等特殊岗位工作人员，实行先培训后上岗，持证工作，规范作业。不得带电作业，尤其是 380V 以上的高压电，设防护措施。电焊工作业时必须戴防护面具、专用手套。非特殊工种人员不得操作特殊作业。

9 环保措施

(1)建立健全环境保护管理机构，明确环保工作任务，健全和完善环保目标责任制，投入环保资金，配备环保设施，建立环保奖罚基金。

(2)施工中严格遵守《中华人民共和国噪声标准(建筑施工现场噪声限值)》(GB 12523—90),采取适当的措施使施工噪声控制在国家规定的噪声标准极限内。

(3)污水排放遵循清污分流、雨污分流原则。各种施工废油、废液集中储积,集中处理。

(4)在塔身施工过程中,对施工产生的垃圾及时集中清理,严禁随意丢弃,保持场地清洁。

(5)运输道路专人养护,洒水防止尘土飞扬。

(6)严格奖罚,使每一个施工人员自觉按环保要求约束自己的施工行为。

10 效益分析

(1)采用多圆弧异型独柱塔悬臂模板施工方法,通过施工过程的工序优化研究,在模板提升、安装等施工阶段实现安全、快速施工。与采用整体式模板施工相比,缩短施工工期 3 个月,节约成本 120 万元。

(2)多圆弧异型独柱塔悬臂模板施工方法,对今后国内同类型桥梁的施工具有重要的参考作用,具有广阔的发展前景及推广应用价值。

(3)本桥在施工期间,许多设计、建筑单位前来参观学习。

(4)该工程的竣工,彻底改变了江心洲与市区通过轮渡通行的现状,实现了全天候通行。同时也提升了本单位的桥梁综合施工技术水平,增强了竞争力,产生了良好的社会效益。

11 应用实例

南京长江隧道工程右汊大桥主塔设计为独柱形式,塔身总高 107m,主塔截面一般为空心截面,塔身截面设计新颖、美观,截面外轮廓为由四段凹圆弧、四段凸圆弧及八个过渡小圆弧围成的变截面主塔。

主塔底部 3m 段为塔座,采用实心圆形截面,塔座底截面直径 14.3m,塔座顶截面直径 11.3m。塔身在塔座顶部的截面外轮廓尺寸为顺桥向宽 10m,横桥向宽 10m,壁厚 2m。塔身在塔座顶部 14m 处的截面外轮廓尺寸为顺桥向宽 8m,横桥向宽 8m,壁厚 1.5m。塔身在塔座顶部 89.2m 处以上部分的截面外轮廓尺寸为顺桥向宽 6m,横桥向宽 6m,壁厚 1.2m。主塔在鞍座下设有 3m 厚的实体段,该实体段底部距顶部 13.792m。

主塔塔座为圆台,塔身外轮廓坡度共分为 3 段,塔座顶部 14m 内塔身外轮廓坡度为 1:14,塔身 14m 处至塔身 89.2m 之间外轮廓坡度为 1:75.2,塔身 89.2m 以上部分为直线段,没有坡度。

针对主塔特点,成功研制和运用悬臂式模板施工了 107m 高、多圆弧变截面的异形主塔。该模板体系为模板、埋件、主构架组成,模板采用木胶合板(维萨板) + 钢框模板体系组成;模板体系分为 8 个单元,每单元通过塔吊提升,施工速度快、操作简单、方便安全。

工程于 2006 年 9 月 25 日开工,2009 年 9 月 30 日竣工。本工法的运用确保了南京长江隧道右汊大桥工程的顺利实施,满足了高塔施工的安全、质量、工期要求,取得了显著的经济效益和社会效益,实现了每天完成 1m 塔身施工技术的突破,经专家评审达到了国际先进水平、关键技术国际领先水平,对今后国内同类型桥梁的施工具有重要的参考作用,具有广阔的发展前景及推广应用价值。

宽幅整体特大吨位T型刚构转体施工工法

GGG(中企)C3096—2010

刘继龙
(中铁十七局集团第五工程有限公司)

1　前言

桥梁转体施工,因其节约材料、施工设备投入少、施工快速安全,且不影响通航、不中断通车等许多优点,所以该施工方法发展迅速,应用越来越广泛,随着桥梁转体施工技术日益成熟,大吨位、大跨度桥梁转体在桥梁施工中得到大力推广应用,仅2008年全国就有三座转体重量在万吨以上的转体施工桥梁顺利完成转体,同时转体重量的世界纪录也两次被改写。

在桥梁转体施工中,取决于桥梁转体是否成功的关键工序有三个:

(1)转体施工的关键构件就是承载整个转动体重量的转动球铰,转动球铰摩擦系数的大小直接影响着转体时所需牵引力矩的大小。在施工中如何控制转动球铰安装精度,减少转动过程中摩擦系数是确保成功转体的关键。

(2)在施工支架完全拆除后以及在转体过程中,转动体的自平衡或配重平衡又对施工过程的安全性起着至关重要的作用。为了保证桥梁转体的顺利进行,及时为大桥转体阶段的指挥和决策提供依据,有必要在转体前进行转动体称重试验,测试转动体部分的不平衡力矩、偏心距、摩阻力矩及摩擦系数。

(3)在正式转体过程中,根据转体重量、转体角度及转动摩擦系数计算出转体过程中各有关技术参数,配置好转体施工各机具设备,确保在铁路要点时间段内成功转体。

由中铁十七局集团第五工程有限公司施工的保阜高速公路跨京广铁路分离立交,主桥为2×80mT型刚构现浇箱梁,采用平面转体施工。转体跨度为2×64m,转体质量14 400t,为国内目前同类桥梁中转体跨度最大、转体质量最大的转体桥。《特大吨位T型刚构转体施工技术》科技成果于2009年10月经山西省专家会议鉴定为达到国际先进水平,2009年12月获中国铁道建筑总公司科技进步二等奖。该成果对于转体桥梁施工中的转体结构施工、称重试验、转体施工等关键技术进行深入探讨和研究,丰富了我国大吨位、大跨度转体桥梁施工的技术和经验。经总结整理,编写了本工法。

2　工法特点

(1)在下球铰承台施工中与常规的三次浇筑工法相比,本工法同样达到设计质量要求,但简化了施工程序、缩短了施工工期。

(2)称重采用测试刚体位移突变的方法进行测试,数据精确度高,技术更加先进。

(3)现场操作性强,投入少,经济及社会效益明显。

(4)能保证安全质量,施工速度快。

3　适用范围

本工法适用于所有转体桥梁施工,也适用于类似结构的工程项目。

4 工艺原理

桥梁转体的基本原理是箱梁重量通过墩柱传递于球铰,上球铰通过球铰间的四氟乙烯板传递至下球铰和承台。待箱梁主体施工完毕后,脱空撑脚将梁体的全部重量转移于球铰,利用埋设在上转盘的牵引索、转体连续作用千斤顶,克服上下球铰之间及撑脚与下滑道之间的动摩擦力矩,使桥体转动到位。

5 施工工艺流程及操作要点

5.1 工艺流程

桥梁转体总体施工流程分6步进行:

(1)拆除或改造相干扰的电化立柱、光缆、电缆等。

(2)施工转体墩的桩基、下转盘、上转盘及墩身。

(3)施工2孔64m现浇梁体,进行预应力张拉及注浆。

(4)拆除支架,进行称重试验,根据称重试验结果进行平衡配重。

(5)通过试转确定转体各项技术参数;正式转体,使整幅桥转体到位;转体就位后,采取固结措施,以保证T构的稳定性。

(6)支架现浇2孔16m合龙段,按顺序张拉梁体预应力束及注浆。

5.2 操作要点

桥梁转体施工中,决定转体成功的关键在于三个关键技术:转体结构施工、称重试验、转体施工。

5.2.1 转体结构施工

转体结构部分是桥梁转体施工中最为关键的部分,转体结构由转体下盘、球铰、上转盘、转动牵引系统组成。

(1)转动球铰施工

转动球铰是转动体系的核心,是转体施工的关键结构。它由上下球铰、球铰间聚四氟乙烯滑片、固定上下球铰的钢销、下球铰钢骨架组成。它是整个转体的核心,在转体过程中支撑转体重量,是整个平衡转体的支撑中心。

本桥使用的球铰在专业厂家制作,球铰平面直径为3.8m,钢球铰分上下两片。钢球铰在工厂加工完成后,经脉冲反射法及HS-510数探仪对转盘进行探伤检测,并进行试磨合,各项指标满足要求后整体运至工地安装。

①下球铰安装

球铰结构位于上下承台之间,下承台高3m,当下承台混凝土浇筑1.8m高度后,根据施工放样安装下球铰骨架,下球铰骨架固定牢固后,吊装下球铰使其放在骨架上,对其进行对中和调平,对中要求下球铰中心,纵横向误差不大于1mm,施工采用十字线对中法,水平调整先使用普通水平仪调平,然后使用精密水准仪调平,使球铰周围顶面处各点相对误差不大于1mm,固定调整螺栓。

球铰安装过程中,其球铰中心安装测量和球铰高程控制见表1和表2。

球铰安装中心测量结果 表1

位置	允许误差		设计值	实际值	实际误差
	顺桥向	横桥向			
19号墩X	±1mm	±1.5mm	4 295 807.142 6	4 295 807.141 9	-0.7mm
19号墩Y	±1mm	±1.5mm	505 709.092 2	505 709.092 7	0.5mm
结论:球铰安装中心误差符合设计允许误差要求					

下球铰安装高程测量结果　　表2

位　置	允许误差	设计高程(mm)	实际高程(mm)	实际任意两最大误差(mm)
1	顶面任意两点高程差不大于1mm	23.455	23.455 36	0.73
2		223.455	23.4550 53	
3		23.455	23.454 854	
4		23.455	23.454 735	
5		23.455	23.454 926	
6		23.455	23.454 987	
7		23.455	23.455 158	
8		23.455	23.455 46	
结论:球铰安装高程误差符合设计允许误差要求				

②下球铰下混凝土施工

由于下球铰水平转盘面积比较大,盘下结构复杂,下转盘混凝土的密实性是转盘安装成败的关键。为此,在下转盘上提前预留了4个较大的混凝土振捣孔,并隔一定距离设置排气孔,混凝土浇注时从下转盘锅底向上依次进行振捣,当混凝土浇筑到每个振捣孔位置时,在水平方向振捣的同时,采用插入式振捣设备从振捣孔深入盘下,捣固密实,现场观察混凝土不产生下沉,而且周边排气孔有充分水泥浆冒出。

③上球铰安装

下转盘混凝土施工完成后,将ϕ270mm转动定位钢销轴放入下转盘预埋套管中,然后进行下球铰四氟乙烯滑动片的安装和上球铰的安装。聚四氟乙烯滑动片在工厂内进行制作,在工厂内安装调试好后编好号码,现场对号入座,安装前先将下球铰顶面和滑动片镶嵌孔清理干净,并将球面吹干。根据聚四氟乙烯滑动片的编号将滑动片安放在相应的镶嵌孔内。每个球铰布置731块ϕ6cm的聚四氟乙烯片。

滑动片安装完成后,各滑动片顶面应位于同一球面上,其误差不大于0.2mm。检查合格后,在下球铰球面上滑动片间涂抹黄油聚四氟乙烯粉,使其均匀的充满滑动片之间的空隙,并略高于滑动片顶面,保证滑动片顶面有一层黄油聚四氟乙烯粉。涂抹完后尽快安装上球铰,其间严禁杂物掉入球铰内。上球铰精确定位并临时锁定限位后,用胶带缠绕密封上下球铰吻合面,严禁泥沙杂物进入球铰摩擦部。

④四氟滑动片应力检算

球铰承受重力共计:141 304kN。

球铰布置731块ϕ6cm、6块ϕ10cm的聚四氟乙烯片,总面积为21 129cm^2。该聚四氟乙烯片设计抗压强度为100MPa。

平均压应力 = (141 304 × 1 000)/(21 129 × 100) = 66.88MPa < 100MPa

安全系数 = 100/66.88 = 1.495

经验算:四氟乙烯片的抗压强度满足转体要求

(2)下盘滑道与上盘撑脚安装

①上盘撑脚与滑道的作用

为保证大吨位结构平转的稳定性,在上盘设置6个向下悬吊的钢管混凝土撑脚,对称分布于纵轴线的两侧,在撑脚下方(即下盘顶面)设1.5m宽、半径为4.7m的滑道。滑道的平整度将直接影响顶推力和梁体标高的变化。

上盘撑脚即为转体时支撑转体结构平稳的保险腿,转体时保险撑脚在滑道内滑动,以保持转体的结构平稳性,同时也能承受转体过程中的不平衡力,以保证转体结构的平稳。

②下盘滑道与上盘撑脚的施工

下承台混凝土浇筑到一定高度后,安装下盘滑道骨架,骨架固定牢固后,吊装滑道钢板使其放在骨架上,对其进行对中和调平,对中要求纵横向误差不大于1mm,施工采用十字线对中法,水平调整先使用普通水平仪调平,然后使用精密水准仪调平,水平控制点采用坐标控制法定点,使滑道周围顶面处各点相对误差不大于2mm,固定调整螺栓。

撑脚在工厂整体制造后运进工地,为双圆柱形,下设40mm厚钢板,双圆柱为2个ϕ1 200mm×18mm钢管,钢管内灌注C50微膨胀混凝土。在下盘混凝土灌注完成上球铰安装就位时即安装撑脚,并在撑脚走板下支垫6mm的钢板,作为转体结构和滑道的间隙。转体前抽掉垫板并在滑道内铺设3mm不锈钢板。

(3)上转盘施工

上盘是转体的重要结构,布置三向预应力钢筋。上盘边长1 400cm、高300cm;转台直径1 080cm、高90cm。转台是球铰、撑脚与上盘相连接的部位,又是转体牵引力直接施加的部位,转台内预埋转体牵引索,预埋端采用P型锚具,同一对索的锚固端在同一直径并对称于圆心,每根索的预埋高度和牵引方向应一致。每根索埋入转盘锚固长度大于250cm,每对索的出口点对称于转盘中心。牵引索外露部分圆顺地缠绕在转盘周围,互不干扰地搁置于预埋钢筋上,并做好保护措施,防止施工过程中钢绞线损伤或严重生锈。

上盘撑脚安装好后,立模,绑扎钢筋,安装预应力筋及管道,预埋转体牵引索,浇筑混凝土。待混凝土达到设计强度后,单端张拉竖向预应力筋及纵横向钢铰线。

(4)牵引索

上转盘设置有二束牵引索,每束由12根强度为1 860MPa的ϕ15.24钢绞线组成。预埋的牵引索经清洁各根钢绞线表面的锈斑、油污后,逐根顺次沿着既定轨道排列缠绕后,穿过QDCL2000型千斤顶。先逐根对钢绞线预紧,再用牵引千斤顶整体预紧,使同一束牵引索各钢绞线持力基本一致。

牵引索的另一端设锚,已先期在上转盘灌注时预埋入上转盘混凝土体内,出口处不留死弯;预留的长度要足够并考虑4m的工作长度。牵引索安装完到使用期间应注意保护,特别注意防止电焊打伤或电流通过,另外要注意防潮防淋避免锈蚀。

牵引反力座采用钢筋混凝土结构,反力座预埋钢筋深入下部承台内,反力座混凝土与下转盘混凝土同时浇注,牵引反力座槽口位置及高度准确定位,与牵引索方向相一致。

5.2.2 称重试验

理想的转动体系统必须具备易于转动和安全稳定这两个基本条件。转体施工的关键构件就是承载整个转动体重量的转动球铰,而转动球铰摩擦系数的大小直接影响着转体时所需牵引力矩的大小。在施工支架完全拆除后及在转体过程中,转动体的自平衡或配重平衡又对施工过程的安全性起着至关重要的作用。

围绕保阜高速公路跨京广线转体桥梁的结构特点和施工特点,本技术在转体梁施工最重要的环节,即转体梁施工称重平衡方面开展工作。通过测试转动体部分的不平衡力矩、偏心距、摩阻力矩及摩擦系数等参数,实现桥梁转体的配重要求,为该桥转体施工的指挥和决策提供依据。

本试验在施工支架完全拆除后和转体前进行,测试内容主要包括:

转动体部分的纵桥向不平衡力矩;

转动体部分的纵向偏心距;

转体球铰的摩阻力矩及摩擦系数;

完成转体梁的配重方案。

(1)测试方法

采用球铰转动测试不平衡力矩,这种方法采用测试刚体位移突变的方法进行测试,受力明确,而且只考虑刚体作用,而不涉及挠度等影响因素较多的参数,结果比较准确。

当脱架完成后,整个梁体的平衡表现为两种形式之一:(a)转动体球铰摩阻力矩(M_z)大于转动体不平衡力矩(M_G)。此时,梁体不发生绕球铰的刚体转动,体系的平衡由球铰摩阻力矩和转动体不平衡力矩所保持;(b)转动体球铰摩阻力矩(M_z)小于转动体不平衡力矩(M_G)。此时,梁体发生绕球铰的刚体转动,直到撑脚参与工作,体系的平衡由球铰摩阻力矩、转动体不平衡力矩和撑脚对球心的力矩所保持。

①转动体球铰摩阻力矩大于转动体不平衡力矩

设转动体重心偏向北京侧,在广州侧承台实施顶力 P_1(图1)。当顶力 P_1 逐渐增加到使球铰发生微小转动的瞬间,有:

$$P_1L_1 + M_G = M_Z \tag{5-1}$$

设转动体重心偏向北京侧,在北京侧承台实施顶力 P_2(图2)。当顶力 P_2 逐渐增加到使球铰发生微小转动的瞬间,有:

$$P_2L_2 = M_G + M_Z \tag{5-2}$$

解方程(5-1)和(5-2),得到:

不平衡力矩:$M_G = \dfrac{P_2L_2 - P_1L_1}{2}$

摩阻力矩: $M_Z = \dfrac{P_2L_2 + P_1L_1}{2}$

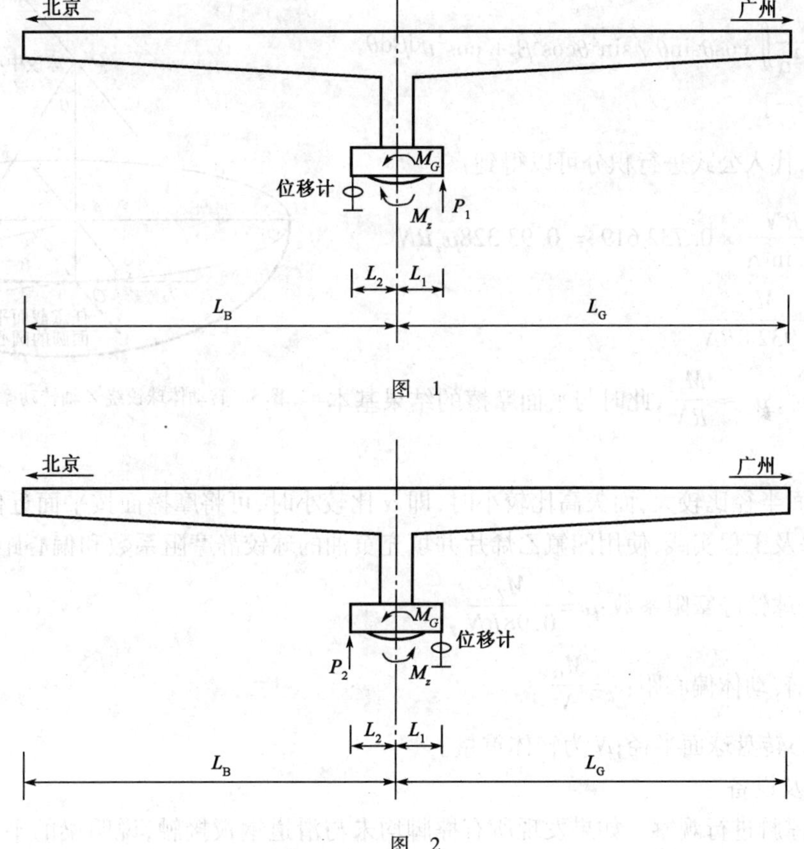

图 1

图 2

②转动体球铰摩阻力矩小于转动体不平衡力矩

设转动体重心偏向北京侧,此种情况下,只能在北京侧承台实施顶力 P_2(图2)。当顶力 P_2(由撑脚离地的瞬间算起)逐渐增加到使球铰发生微小转动的瞬间,有:

$$P_2L_2 = M_G + M_Z \tag{5-3}$$

当顶升到位(球铰发生微小转动)后,使千斤顶回落,设 P'_2为千斤顶逐渐回落过程中球铰发生微小转动时的力,则

$$P'_2L_2 = M_G - M_Z \tag{5-4}$$

解方程(5-3)和(5-4),得到:

不平衡力矩:$M_G = \dfrac{P_2L_2 + P_2'L_2}{2}$

摩阻力矩:$M_Z = \dfrac{P_2L_2 - P_2'L_2}{2}$

③摩阻系数及偏心距

转动体球铰静摩擦系数的分析计算称重试验时,转动体球铰在沿梁轴线的竖平面内发生逆时针、顺时针方向微小转动,即微小角度的竖转。摩阻力矩为摩擦面每个微面积上的摩擦力对过球铰中心竖转法线的力矩之和(图3)。

由图可以得到:

$$dM = \sqrt{(R\sin\theta\cos\beta)^2 + (R\cos\theta)^2}dF$$

$$dF = \mu_z P dA, dA = R\sin\theta \cdot d\beta \cdot R \cdot d\theta, P = P_{竖}\cos\theta$$

$$P_{竖} = \frac{N}{\pi R^2 \sin^2\alpha}$$

所以:

$$M_z = \mu_z \frac{RN}{\pi\sin^2\alpha}\iint \cos\theta\sin\theta\sqrt{\sin^2\theta\cos^2\beta + \cos^2\theta}d\beta d\theta$$

其中,$\alpha \in [0,2\pi]$

当 $\alpha = \dfrac{\pi}{6}$ 时,代入公式进行积分可以得到:

$$M_z = \mu_z \frac{RN}{\pi\sin^2\alpha} \times 0.732\,619 = 0.93\,328\mu_z RN$$

此时,$\mu_z = \dfrac{M_z}{0.932\,8RN}$

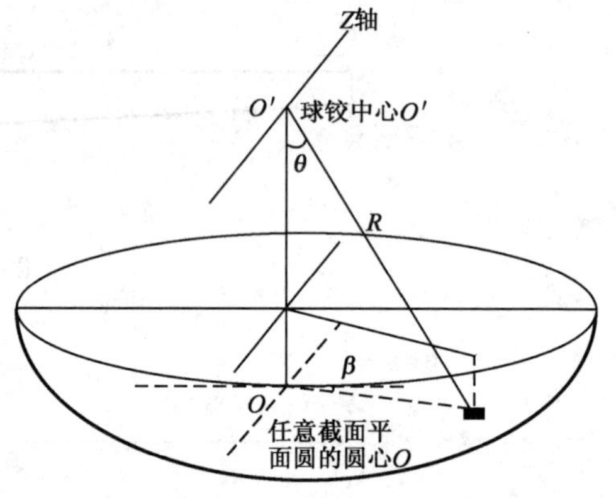

图3 转动体球铰绕 Z 轴转动摩擦系数计算示意图

当 $\alpha = \dfrac{\pi}{5.75}$ 时,$\mu_z \approx \dfrac{M_z}{RN}$,此时与平面摩擦的结果基本一致。

所以,当球铰面半径比较大,而矢高比较小时,即 α 比较小时,可将摩擦面按平面近似计算。

根据研究成果及工程实践,使用四氟乙烯片并填充黄油的球铰静摩阻系数和偏心距可用下式:

球铰静摩阻系数:$\mu = \dfrac{M_Z}{0.98RN}$

转动体偏心距:$e = \dfrac{M_G}{N}$

式中,R 为球铰中心转盘球面半径;N 为转体重量。

(2)测点布置及设备

梁脱架后,对撑脚进行观察。如果发现所有撑脚均未与滑道钢板接触,说明梁的平衡处于"转动体球铰摩阻力矩大于转动体不平衡力矩"的状态,即状态1。根据该状态的测试方法,在主墩上承台底面布置如图4和图5的千斤顶和位移传感器,实施梁的不平衡力矩测试。

(3)测试结果及分析

梁的荷载—位移测试结果列于图6、图7和表3~表5。

在梁的广州侧加载情况下的荷载—位移变化表明,当荷载小于6 732kN时,位移很小,荷载—位移呈线性变化;当荷载大于该值后,位移迅速增加,荷载则变化缓慢。由此判别出 P_1 = 6 732kN时,球铰处于克服静摩阻力的临界状态。在梁的北京侧加载情况下的荷载—位移变化表明,当荷载小于6 930kN时,位移很小,荷载—位移呈线性变化;当荷载大于6 930kN后,位移迅速增加,荷载则变化缓慢。由此

判别出 P_2 = 6 930kN 时，球铰处于克服静摩阻力的临界状态。

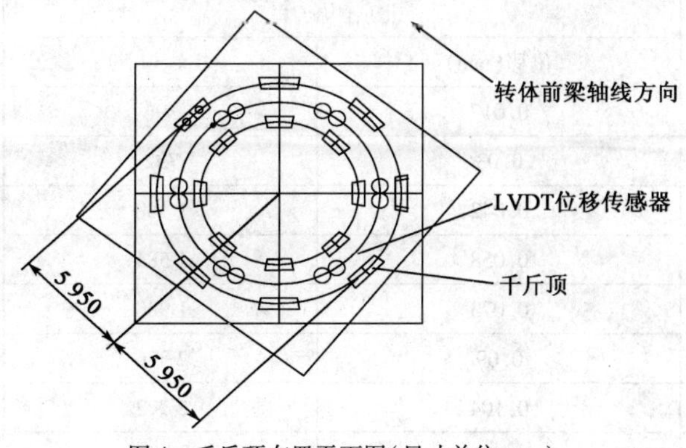

图4 千斤顶布置平面图（尺寸单位：mm）

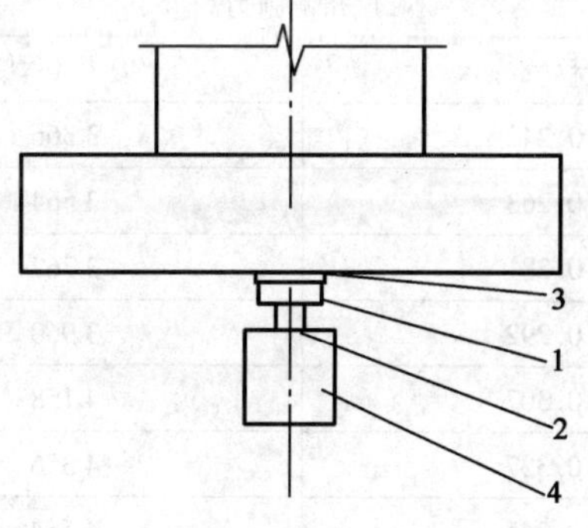

图5 千斤顶布置立面图

1-350t 压力传感器；2-460t 千斤顶；3-梁底垫钢板（350mm×350mm×40mm）；4-千斤顶底座

（4）转体梁配重

①重量平衡转体配重方案

该转体方案的思想是，转体梁在静力状态保持平衡，即通过配重，使转体梁的重心线通过球铰竖轴线。此时，配重可按下式计算：

$$需要配重 = Ne/（悬臂长度 - 配重距梁端距离）$$

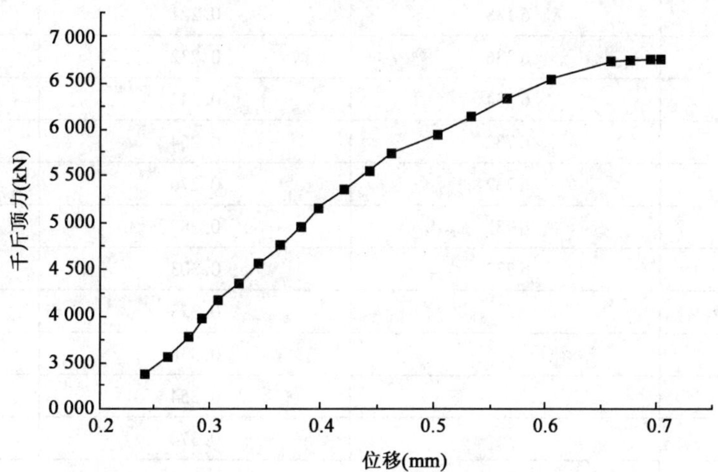

图6 顶力与位移关系曲线（广州侧施力）

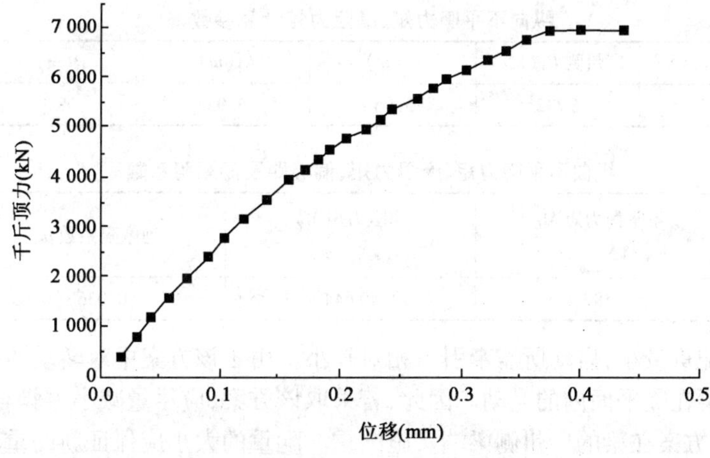

图7 顶力与位移关系曲线（北京侧施力）

梁纵向不平衡测试的荷载—位移列表 表3

广州侧施力		北京侧施力	
位移(mm)	力 P_1(kN)	位移(mm)	力 P_2(kN)
0.242	3 366	0.017	396
0.263	3 564	0.03	792
0.281	3 762	0.042	1 188
0.292	3 960	0.058	1 584
0.307	4 158	0.073	1 980
0.327	4 356	0.09	2 376
0.345	4 554	0.104	2 772
0.364	4 752	0.121	3 168
0.38	4 950	0.139	3 564
0.396	5 148	0.158	3 960
0.419	5 346	0.171	4 158
0.441	5 544	0.18	4 356
0.461	5 742	0.19	4 554
0.502	5 940	0.204	4 752
0.532	6 138	0.221	4 950
0.564	6 336	0.232	5 148
0.605	6 534	0.242	5 346
0.661	6 732	0.264	5 544
0.676	6 732	0.276	5 742
0.695	6 732	0.288	5 940
0.701	6 732	0.303	6 138
		0.323	6 336
		0.338	653 4
		0.354	673 2
		0.374	693 0
		0.401	693 0
		0.437	693 0

纵向不平衡力矩、摩阻力矩计算参数 表4

	北京侧 P_2(kN)	广州侧 P_1(kN)	L_1(m)	L_2(m)	R(m)	N(kN)
转体梁	6 930	6 732	5.95	5.95	8	144 000

纵向不平衡力矩、摩阻力矩、偏心距及静摩阻系数 表5

	不平衡力矩 M_G(kN·m)	摩阻力矩 M_Z(kN·m)	静摩阻系数 μ	偏心距 e(cm)
转体梁	589	40 644	0.036	0.4(偏北京侧)

该方案的好处是配重量小,启动所需牵引力相对较小。由于该方案中对转动体为一点支承,在转动过程中容易导致转体梁在竖平面内的晃动。因此,若采取该方案,应尽量减小撑脚与滑道间的间隙。

根据测试结果,该方案在梁的广州侧梁端实施配重。配重的大小应保证新的重心通过球铰竖轴线。该方案中,梁的配重见表6。

转体配重方案一(梁体平衡配重) 表6

配重(kN)	配重位置	配重前偏心距 e,配重后应通过球铰中心(cm)
600	距广州侧悬臂端 5m	0.4(偏北京侧)

②梁体纵向倾斜配重方案

该转体方案的思想是,在转体过程中转体梁应在梁轴线方向略呈倾斜态势,即梁轴线上桥墩一侧的撑脚落下接触滑道,另一侧的撑脚抬起离开滑道。这样做的好处:使转动体形成两点竖向支承,增加了转动体在转动过程中竖平面内的稳定性。

根据测试结果,结合现场实施配重装卸操作的难易程度,该方案在转体梁的北京侧梁端实施配重。配重的大小应保证新的重心偏移量满足 $5\text{cm} \leqslant e \leqslant 15\text{cm}$ 的要求。梁的配重见表 7。配重及重心偏移可按下式计算:

需要配重 =(摩阻力矩 − $N \cdot e$)/(悬臂长度 − 配重距梁端距离)

重心偏移 =[配重 ×(悬臂长度 − 配重距梁端距离)+ 摩阻力矩]/N

转体配重方案(梁体纵向倾斜配重) 表7

配重(kN)	配重位置	偏心距 e(cm)
110	距广州侧悬臂端 5m	0.3(偏北京侧)

(5)称重结论

梁的不平衡力矩为 589kN·m,摩阻力矩为 406 44kN·m,静摩阻系数为 0.036。

配重方案:距广州侧悬臂端配沙袋 600kN,为平衡状态转体,配重前偏心距为 0.4cm(偏北京侧);或距广州侧悬臂端 5m 增配 110kN 重力,偏心距为 0.3cm(偏北京侧),为非平衡转体。两种配重方案根据现场具体情况选用。

5.2.3 转体施工

(1)转体的牵引力、安全系数及转体过程参数

①转体的牵引力

转体总重力 W 为 141 304kN

其摩擦力计算公式为 $F = W \cdot \mu$

启动时静摩擦系数为 0.1,静摩擦力 $F = W \cdot \mu = 14\ 130\text{kN}$;

转动过程中的动摩擦系数为 0.06,动摩擦力 $F = W \cdot \mu = 8\ 478\text{kN}$。

转体拽拉力计算:

$$T = \frac{2}{3}\frac{RW\mu}{D}$$

式中:R——球铰平面半径,$R = 190\text{cm}$;

W——转体总重力,$W = 14\ 1304\text{kN}$;

D——转台直径,$D = 1\ 080\text{cm}$;

μ——球铰摩擦系数。

计算结果:

启动时所需最大牵引力:$T = \frac{2}{3}\frac{RW\mu}{D} = 1\ 657.3\text{kN}$

转动过程中所需牵引力:$T = \frac{2}{3}\frac{RW\mu}{D} = 994.4\text{kN}$

故本桥每个转体选用两台 QDCL2000 型液压、同步、自动连续牵引系统(牵引系统由连续千斤顶、液压泵站及主控台组成),形成水平旋转力偶,通过拽拉锚固且缠绕于直径 1 080cm 的转台周围上的 $12\phi15.24$ 钢绞线,使得转动体系转动。

启动时动力储备系数:2 000kN/1 657.3kN = 1.21

转动时动力储备系数:2 000kN/994.4kN = 2.01

钢绞线的安全系数:12(根/台)×260kN/根÷1657.3kN = 1.883

②转体时间

千斤顶的牵引速度:

$$V=(L/S)\times 60$$

式中:L——泵头每组油路每分钟的流量,由于现场油路为两泵带一顶,所以实际流量×2,所用油泵流量 $L=2\times 6\text{L/min}$;

S——张拉活塞面积,$S=8.1996\times 10^{-2}\text{m}^2$。

通过计算 $V=8.78\text{m/h}$

整个转体所用时间 $T=L_s/V$

L_s 为转盘所走的弧线长度:$L_s=D\pi\theta/360=10.8\times 3.142\times 52/360=4.90\text{m}$

通过计算转体理论时间:$T=4.90/8.78=0.558\text{h}=33.5\text{min}$

③转体过程参数(表8)

转体过程参数 表8

转体所需时间	转体重	转台直径
33.5min	141 304kN	10.8m
千斤顶动力	启动牵引力	动力储备系数
2 000kN	1 657.3kN	1.21
牵引钢绞线数	牵引力	牵引索安全系数
12 根	3 120	1.883
转体梁端所过弧线长	梁端线速度	转体角速度
58.055m	1.73m/min	1.55°/min
转盘走过弧线长	拉索速度	
4.9m	14.6cm/min	
结论:转体技术参数和安全系数满足施工要求		

(2)主要机具设备配置及技术参数

①主要机具设备(表9)

主要机具设备 表9

序号	名称与规格	单位	数量	备注
1	ZLDK 主控台	台	1	
2	QDCL2000 千斤顶	台	3	1 台备用
3	ZLDB 液压泵站	台	5	1 台备用
4	YDC240Q 千斤顶	台	1	预紧钢绞线用

②主要机具及技术参数

千斤顶

型号:QDCL2000 型

公称张拉力: 2 000kN

公称油压: 25MPa

张拉活塞面积: $8.1996\times 10^{-2}\text{m}^2$

回程活塞面积: $5.1836\times 10^{-2}\text{m}^2$

质量: 850kg

行程: 300mm

外形尺寸：　　　　$\phi550 \times 2\ 100$

液压泵站

型号：ZLDB 型

额定压力：　　　　31.5MPa

额定流量：　　　　2×6L/min

质量：　　　　　　330kg

外形尺寸：　　　　1 000×760×1 050

(3)牵引动力系统

每套自动连续转体系统由两台 QDCL2000 型连续提升千斤顶，三台 ZLDB 液压泵站和一台 ZLDK 主控台通过高压油管和电缆线连接组成。每台 QDCL2000 型连续顶推千斤顶公称牵引力 2 000kN，额定油压 25MPa，由前后两台千斤顶串联组成，每台千斤顶前端配有夹持装置。

两台连续千斤顶分别水平、平行、对称的布置于转盘两侧，千斤顶的中心线必须与上转盘外圆相切，中心线高度与上转盘预埋钢绞线的中心线水平，同时要求两台千斤顶到上转盘的距离相等，且距牵引索脱离转向平台的切点距离大于 5m。千斤顶用高强螺栓固定于反力架上，反力架通过电焊或高强螺栓与反力墩固定，反力墩与反力架必须承受 200t 拉力的作用。主控台应放置于视线开阔、能清楚观察现场整体情况位置(图 8)。

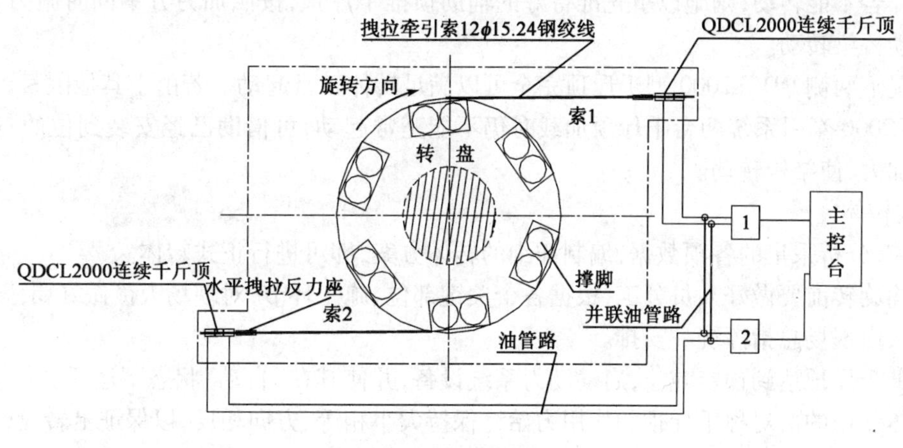

图 8　转体牵引体系

(4)转体前准备

①设备调试。设备在使用前进行标定，之后对系统进行空载联试，以确认全部设备正常并满足要求。

②场地清理。包括环道清理，解除临时支座，结构平转范围内障碍物的清除。

③旋转系统安装(包括主牵引系统和助推系统安装)。

主牵引系统采用柳州 OVM 公司的 QDCL2000 型液压转体设备。主牵引系统的千斤顶安设前在下转盘基础牵引反力座后方搭设支承托架，支承托架的高度以保证 ZLD2000 型千斤顶牵引钢绞线时其轴心处高度与上转盘预埋钢绞线处固定受力点高度一致为原则。千斤顶准确就位后，将预埋钢绞线按照预埋次序穿入连续顶推千斤顶。安装时注意控制各定位钢筋的水平和竖向尺寸，确保牵引钢束的定位准确无误，主牵引系统的千斤顶安设位置必须经过全站仪严格放样、检测，力求使每座转体系统在纯力偶状态下工作。安装卡具并卡紧，然后用 YDCS240Q 型千斤顶在 ZLD2000 千斤顶尾端逐根张拉钢绞线预紧，使钢绞线处于均匀受力状态。

为了避免水平转体施工过程中各牵引索互相干扰，各牵引索必须有单独轨道，运行过程中，各牵引索各行其道，要求一号顶对应的牵引索索道在上，二号索索道在下。

千斤顶安装位置以转动球铰轴心成对称分布。由于初始静摩擦力大于滑动摩擦力，为稳妥起见，防止单独使用柔性钢束造成的T构突然转动,在下盘的支承反力座和上盘平衡脚之间安装3台YCW250A型助推千斤顶,作为初始起动牵引的动力储备。助推千斤顶与油泵车进行连接后,运行直至与平衡脚密贴顶紧。使用过程中,千斤顶头始终用楔型垫铁使其与支撑柱紧贴,使千斤顶的顶推方向与平衡脚的切线方向一致。

④防超转机构的准备。提前在转体就位处设置限位装置,同时配备两台千斤顶备用。

(5)试转

在上述各项准备工作完成后,正式转动之前,应进行结构转体试运转,全面检查一遍牵引动力系统及转体体系、位控体系、防倾保险体系等是否状态良好。

试转采用分级加载步骤进行,如果加载到额定压力后,若主梁仍未被顶动则要停止顶推,全面检查所有的顶推设备、纠偏装置、滑动机构等,并分析原因。借助已经安装到位的三台YCW250A助推系统千斤顶均匀加力,使结构转动。

试转时应做好以下两项重要数据的测试工作:

①每分钟转速,即每分钟转动主桥的角度(角速度)、悬臂端所转动的水平弧线距离,即将转体实际转动的角速度、线速度控制在设计要求范围内。

②控制采取点动式操作,测量组测量每点动1次悬臂端所转动水平弧线距离的数据,为转体初步到位后,进行精确定位提供操作依据。打开主控台以及泵站电源,启动泵站,用主控台控制两台千斤顶同时施力旋转。若不能转动,则施以事先准备好的辅助顶推千斤顶,按照加力方案同时施力,以克服静摩擦阻力来启动桥梁转动。

正常情况下两侧QDCL2000型千斤顶完全可以满足转体正常起动。若由于其他因素影响而导致首次起动QDCL2000牵引系统两台千斤顶加载时仍不能正常起动,可借助已经安装到位的三台助推系统千斤顶均匀加力,使结构转动。

(6)正式转体

试转结束,分析采集的各项数据,编制详细的转体方案,即可进行正式转体。

转体结构旋转前要做好人员分工,根据各个关键部位、施工环节,对现场人员做好周密部署,各司其职,分工协作,由现场总指挥统一安排。

先让辅助千斤顶达到预定吨位,启动动力系统设备,并使其在“自动”状态下运行。

每座转体使用的两对称千斤顶的作用力始终保持大小相等、方向相反,以保证上转盘仅承受与摩擦力矩相平衡的动力偶,无倾覆力矩产生。

设备运行过程中,各岗位人员的注意力必须高度集中,时刻注意观察和监控动力系统设备和转体各部位的运行情况。如果出现异常情况,必须立即停机处理,待彻底排除隐患后,方可重新启动设备继续运行。

在转体撑脚与承台顶预埋钢板行走环道间的6mm预留间隙内铺垫3mm不锈钢板作为转体旋转时平衡行走轨道(镶嵌于平衡脚下底面)。

防超转机构的准备:基础施工时,应提前在转体就位处设置限位装置,并在转盘上标识刻度,以转体梁端的每1m换算到上转盘的圆周上,有现场技术人员负责报数,确保不发生超转。同时在16m合龙段支架上做好控制点,由技术人员进行中线及高程的控制,在支架上设置限位装置及调整千斤顶。

还可以利用反力架做支撑,用千斤顶反推就位。整个转体施工过程中,用全站仪加强对T构两端高程的监测和转盘环道不锈钢板的观察。

(7)转体就位

①点动精确就位

为保证梁体精确就位,防止超转,需设置防超转设备。首先由测量人员在下承台部位精确测量出上承台转体就位时的精确部位,再用型刚与下承台预埋钢筋焊接一个钢骨架,钢骨架要高出上承台底部1.5m以上,上承台转体到位时,以挡住其因转体时的贯性作用下继续转动。

当转体快就位时，由测量人员对梁纵向端轴线进行观测，当梁端轴线距设计轴线位置30cm时，停止自动牵引操作，采用点动控制，点动时间为0.2s/次，每次点动千斤顶行程为1m，梁端行程11.9mm。每操作一次，测量人员测报轴线走行现状数据一次，反复循环，直至梁体轴线精确就位。

②梁体横纵向高程调整

由于桥梁转体并不是理想状态下的水平转体，转体就位后，梁体会存在横向和纵向的倾斜，必须对梁体纵横向高程偏差进行精确调整。通过称重试验可知该桥转体结构需要施加7 000kN左右的力就能克服球铰静摩擦力，因此可选用两台460t千斤顶作为施力设备。

首先对纵向梁体进行高程偏差调整，将两台千斤顶装在靠梁体倾斜端的桥纵向方向的下承台助推千斤顶反力座上，顶住上承台底面，分级荷载往上施力，同时由测量人员对梁端进行高程观测报数，直至纵向梁体高程精确就位，停止千斤顶施力，保持千斤顶压力不变，然后在桥纵向方向的两对撑脚下钢板与滑道钢板缝隙间用楔形钢板抄垫固定，确保横向调整时，纵向不再发生偏斜。用同样的方法对梁体横向高程偏差进行调整。如果横向调整后，纵向梁体又发生偏斜，再循环进行操作，直至梁体纵横向高程精确就位。

③转体结构临时固定

当转体就位后，梁体轴线及纵横向高程精确调整后，需立即对转体结构进行临时固定，防止结构发生轻微偏移。

在每座转体上盘环道设计有6对转体撑脚，撑脚下面设有预埋钢板，钢板底面与下承台滑道钢板缝隙间除采用上述方法进行抄垫固定外，另在撑脚环道方向两侧将撑脚与滑道钢板采用型钢焊接加固，保证精确就位的结构不致发生轻微偏移。

④转体上下盘封固

转体就位后，立即进行封盘混凝土浇筑施工，以最短的时间完成转盘结构固结。T形刚构转体到位后，清洗底盘上表面，焊接预留钢筋，立模浇注封固混凝土，使上转盘与下转盘连成一体。混凝土坍落度保持3～10cm，拌制时掺入微量铝粉作膨胀剂，以方便振捣和增强封固效果。考虑到转体上下盘空隙高度低，面积大，钢筋布设密，混凝土浇筑时，难以保证上下盘混凝土充填密实，因此在混凝土浇筑前，需在转体上下盘之间四个方向预埋浆管和通气管，预埋管道铺设在上转盘底面，注浆孔朝上靠里布设。混凝土浇筑后，及时采用50号水泥浆注浆充填密实，保证封固效果。

6 材料与设备

主要机具设备见表10。

主要机具设备 表10

序号	名称	型号及规格	单位	数量	备注
1	混凝土泵车	HBT-60	台	1	
2	混凝土输送车	JCQ6	台	6	
3	混凝土拌和站	HZS75	台	2	
4	吊车	QY-50	台	1	
5	电子水准仪		台	1	球铰安装时高程控制
6	全站仪		台	1	球铰安装时轴线控制
7	千斤顶、油泵	QCY460	套	4	称重施力设备
8	位移传感器	LVDT	套	2	
9	压力传感器	350t	套	2	
10	数据采集仪		台	1	
11	主控台	ZLDK	台	1	
12	千斤顶	QDCL2000	台	3	1台备用
13	液压泵站	ZLDB	台	5	1台备用
14	千斤顶	YDC240Q	台	1	预紧钢绞线用
15	千斤顶	YCW250B	台	2	助推用

7 质量控制

在施工中贯彻执行《公路工程质量检验评定标准》(JTG F80/1—2004)、《公路桥涵施工技术规范》(JTJ 041—2000)标准及设计文件要求,使施工全过程在有效的控制状态下操作。制订质量计划,落实“以人为本,遵规守纪,信守合同,以优良的工程质量周到的服务赢得用户信任”的质量方针。

(1)制定质量创优目标,确保工程质量检验合格率100%。

(2)积极开展全员质量管理活动,层层签署质量责任状。

(3)质检工程师由富有施工经验并具有专业技术职称,熟悉规范和图纸,严谨的技术人员担任。

(4)认真做好施工技术交底,加强施工技术培训,持证上岗。

(5)认真贯彻执行技术规范,听从监理工程师的工作指令,让监理工程师满意。

(6)在浇筑过程中用电子水准仪和全站仪随时监控球铰的位置和标高变化。

(7)在混凝土浇筑时主管工程师进行全程旁站,严格控制浇筑工艺和振捣质量。

(8)为了达到称重测试效果,在转体结构施工时,应按设计要求精确控制。

(9)为保证数据采集准确,在称重测试及转体前,对千斤顶做好标定,分级加载时,必须专业人员操作,精确控制。

(10)转体就位后,对桥梁轴线、标高进行复核,确保达到规范要求。

8 安全措施

(1)严格执行国家有关安全生产的法律法规及规章制度、《公路工程施工安全技术规程》(JTJ 076—95)。

(2)建立健全安全保证体系及组织机构,项目部设安全总监及专职安全员、施工作业班组设兼职安全员,施工过程中实行层层安全检查。

(3)严格执行岗前安全教育培训,持证上岗,杜绝无证驾驶、无证操作。

(4)进行重大危险源辨识,制定专项安全施工方案及应急预案。

(5)施工前,对千斤顶配套设施进行标定检测,防止施力过程中因故障导致发生安全事故。

9 环保措施

(1)制定培训计划,建立培训、考核程序,定期对直接参与环境管理的人员进行环保专业知识培训,对各层次工作人员进行必要的环保知识培训,对关键岗位人员进行岗位操作规程、能力和环境知识的专门培训,对新工人和人员转岗都严格进行相关的环保培训和教育。

(2)根据工程特点、围绕敏感点,制定噪声、振动控制方案,制定预防扬尘和大气污染工作方案和工地、生活营地的排水和废水处理方案,制定固体废弃物处理、处置方案。

(3)在施工过程中,自觉形成环保意识,最大限度地减少噪声、废水、固体废弃物等环境污染。

(4)严格按照当地有关环保要求执行。

10 资源节约

(1)本桥梁在转体之前,通过调整转体角度,使转体之前的现浇梁体全部位于原107国道上方,利用原107国道路面上搭设满堂支架,节约满堂支架基础混凝土硬化780m^3;满堂支架通过方案优化,分段计算,分段设计,相比同类桥梁节约满堂支架周转材料200余吨。

(2)在施工转体结构下转盘时,在原设计三次浇筑的方案上进行了优化,采用二次浇筑,取得了同样的质量效果,节约了人工120工日,节约机械台班12台次,节约钢模板6t。

(3)在称重试验过程中,利用桥梁张拉的460t千斤顶,在上下转体盘之间称重,相比在同类桥梁中梁端称重,节约支架加固型钢材料20t,节约人工40工日,节约机械台班4台次。

11 效益分析

本项目在设计之初通过对T构转体及斜拉桥转体进行优化比选，采用T构转体施工设计方案大大减少了工程投资。通过对转体结构施工的精度控制以及转体前的称重试验分析，给转体提供了合理的配重方案，在40分钟内顺利完成转体，在同类型如此大跨度、大重量的转体桥梁中，用时较短，转体安全顺利，受到了北京路政局、当地政府及业主的一致好评，也创造了国内同类桥梁跨度及重量之最。经济效益和社会效益十分明显。

12 应用实例

保阜高速公路跨京广铁路分离立交，主桥为2×80m T型刚构现浇箱梁，采用平面转体施工。转体跨度为2×64m，转体重量14 400t，通过对转体结构施工的精度控制以及转体前的称重试验分析，给转体提供了合理的配重方案，于2009年1月9日在40分钟时间内顺利转体成功。

大跨度桁架式钢筋混凝土预应力斜拉桥挂篮施工工法

GGG(中企)C3097—2010

程志强　戴敬辉　李宇航　郑宏银　高　强

(中铁十八局集团有限公司)

1　前言

斜拉桁架体系桥梁是近20年来发展起来的一种新的桥梁形式,属于高次超静定结构,与传统的混凝土斜拉桥相比具有圬工体积小、自重轻的明显优势。中铁十八局集团公司在宜昌市夷陵区长江市场主跨为173m小溪塔大桥施工中,由于业主要求保证桥下水路正常通行,针对这种实际情况,首次设计开发并运用不同于以往普通挂篮的特殊挂篮(底板下主梁以贝雷片拼装18m超长挂篮)施工斜拉桥,并对斜拉桁架桥采用悬臂浇筑施工及施工过程结构的稳定性进行了有效控制,顺利地完成了主桥的施工任务。由此,总结出了《主跨173m预应力斜拉桁架连续刚构桥悬臂浇筑综合施工技术》,于2008年获得中铁十八局集团公司科技进步二等奖,于2009年获得中国铁道建筑总公司科技进步奖二等奖。于2009年10月,通过天津市高新技术成果转化中心组织的鉴定会鉴定,鉴定结论为:该项成果总体水平达到国际先进水平。

小溪塔桁架式钢筋混凝土预应力斜拉桥的上部结构由上弦杆、下弦杆、腹杆组成。在两片斜拉桁架连续梁骨架之间,用了横梁(桁顶横梁、节点横梁、端横梁)联结,然后在横梁上安装预制空心板梁形成桥面,见图1。

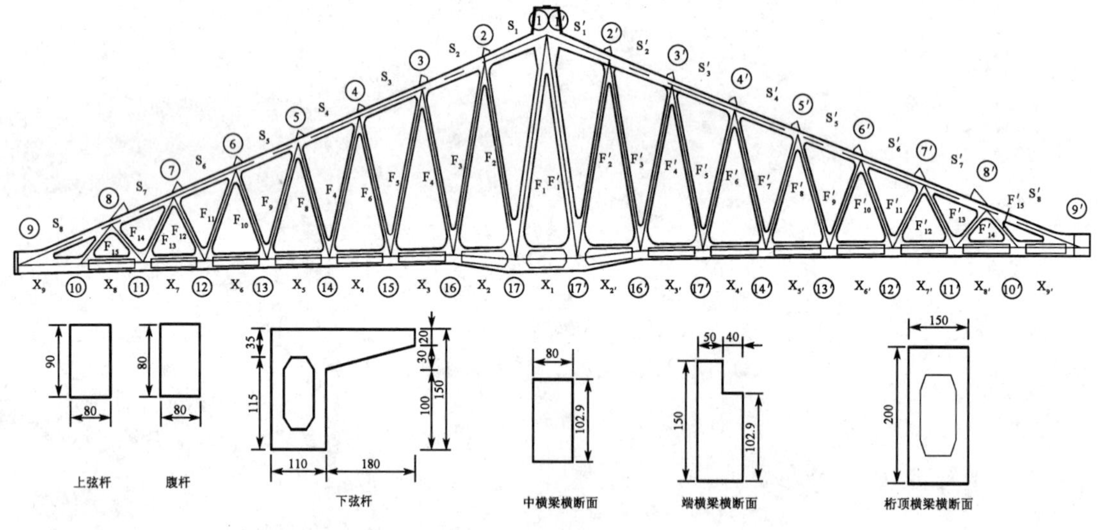

图1　斜拉桁架桥结构形式(尺寸单位:cm)

2　工法特点

预应力混凝土斜拉桁架桥是以预应力混凝土刚性拉杆代替斜拉桥柔性拉索,是目前发展大跨度预应力混凝土桥梁结构很有潜力的一种结构型式。具有圬工体积小、自重轻的特点,又具有斜拉桥的一些特性,受力合理,建筑高度低,经济指标合理,混凝土和钢材的用量不多,节约材料能源。

(1)斜拉桁架桥的挂篮与连续梁的普通挂篮不同之处主要有三点:其一,由于下弦杆多为长细杆件，悬臂挂篮也必然是长挂篮，长达18m，而一般的连续梁段只有2～5m，因此，挂篮的变形控制难度较大；其二，悬吊系统不同，普通挂篮的吊杆直而短，为后支点挂篮，而斜拉桁架桥则采用与斜拉桥挂篮类似的前支点挂篮，用斜吊杆作为主要传力结构；其三，行走系统不同，普通挂篮能沿轨道行走，而斜拉桁架桥的挂篮前移需要缆索吊来完成。

(2)首次对悬臂浇筑预应力斜拉桁架桥挂篮进行结构设计并进行运用，同时总结了悬臂浇筑预应力斜拉桁架桥挂篮设计、施工注意事项。设计出重量轻(22t/副)、长度大(18m)的用于悬臂浇筑预应力斜拉桁架桥的斜拉挂篮，并和缆索吊配合使用，确保了悬臂施工的安全。

(3)本工法挂篮在已施工的上弦杆节点上设置上斜拉吊杆锚固，用于控制悬臂工作平台底模模板高程。挂篮后端悬吊于已浇好的梁段上，将传统的单悬臂受力状态改变为简支正弯矩受力状态，从而大大提高挂篮承载力，又减轻了挂篮自重。

(4)本工法挂篮利用贝雷架作为挂篮的纵、横向主桁，从而大大减少构件加工量，提高构件周转率，降低成本近40%。

(5)预应力斜拉桁架桥悬臂浇注对称施工工艺措施，解决了超密预应力钢束情况下弦杆混凝土施工和30m高差真空压浆技术难题。

(6)对首次采用的悬臂浇筑斜拉桁架连续刚构桥进行了施工过程监控，确保了该桥的顺利合龙，保证了桥梁建设的工程质量。

(7)预应力斜拉钢构大桥，采用悬臂对称浇筑施工技术顺利完工，填补了国内该类型桥梁施工技术的空白，其施工成套技术为今后相关规范的改进提供了宝贵的依据。

3 适用范围

本工法适用于在施工中具有通航要求的大跨度跨河桁架式斜拉桥，施工用地面积较小的山区公路、市政、铁路桁架式斜拉桥梁等。

4 工艺原理

4.1 工艺原理

为保证大桥下河道的正常通航，故采用悬臂挂篮施工的工艺，挂篮的设计、制作及安全操作是本工艺的关键技术。挂篮是实施悬浇施工的主要设备，悬臂挂在已完成悬浇施工的悬臂桁架上，用于进行下一节段的施工，如此循环直到桁架浇筑完毕。

挂篮组成(图2和图3)：斜上横梁、斜吊杆、前下横梁、后下横梁、后上横梁、后吊杆、主梁及限位器。

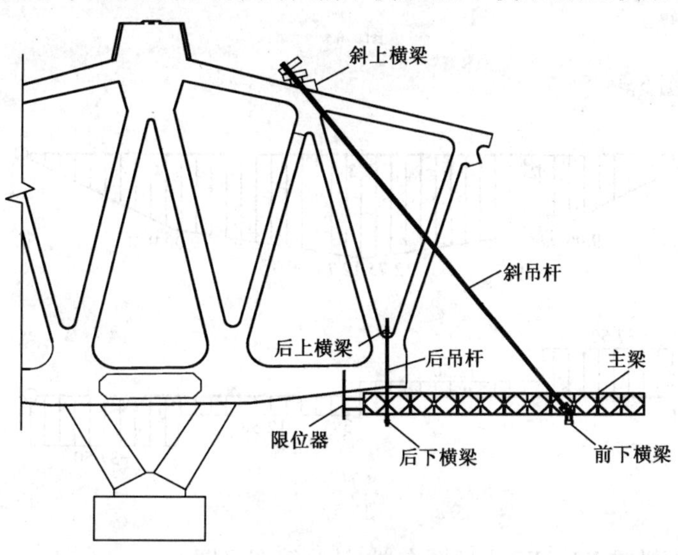

图2 挂篮组成

图3　悬臂浇筑施工照片

4.2　斜拉工作平台受力计算

荷载计算:按最大的混凝土方量计算,即施工下弦杆 X2 时(单侧质量):

混凝土:47.8m³,合 119.6t(47.8×2.5)

贝雷架:24 片,合 7.2t(0.3×6×4)

方木:45 根,合 3.645t(0.9×45×0.152×4)

另加施工人员、一半横联及模板的重量,按 150t 计算。

后下横梁的计算:

(1)槽钢计算

①4 片贝雷片按后下横梁 X2 布置图布置,计算简图见图 4。

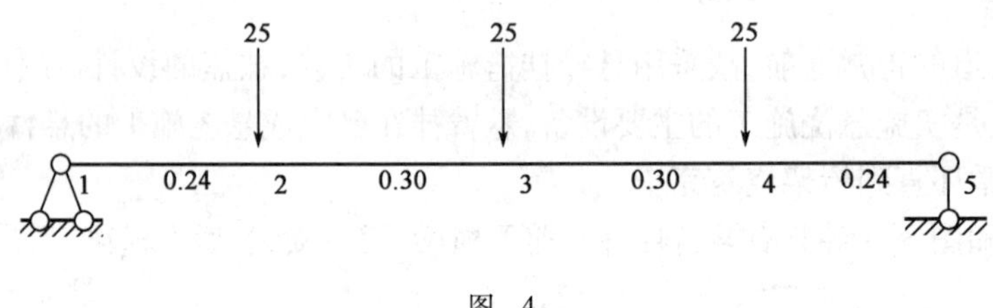

图　4

弯矩图与剪力图见图 5。

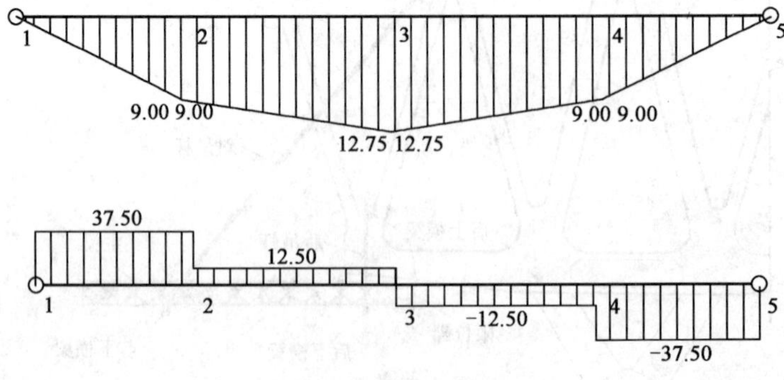

图　5

②4 片贝雷片按后下横梁 X3～X7 布置图布置,计算简图见图 6。

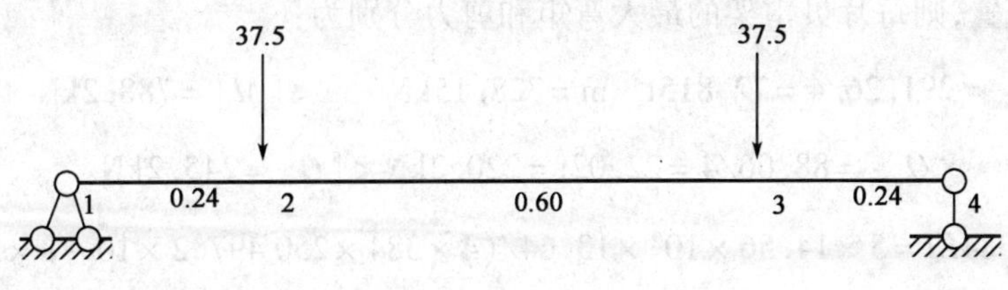

图 6

弯矩图与剪力图见图 7。

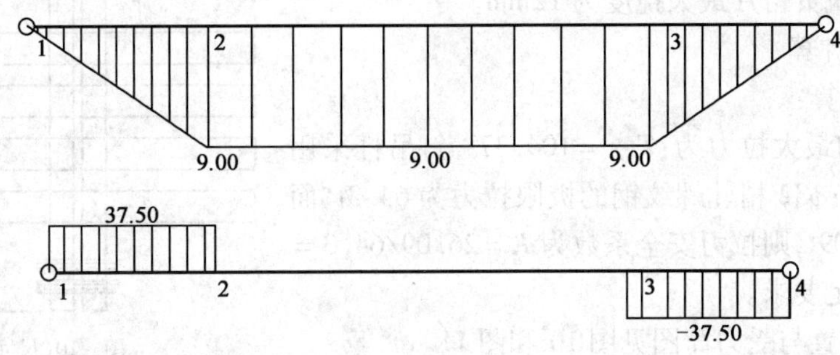

图 7

则 $W = 12.75 \times 10^4 / 170 \times 10^6 = 0.075 \times 10^{-2}\text{m}^3 = 750\text{cm}^3$

[40b 的 $W_x = 932.2$,为提高安全系数,取 2 根[40b;

$Q_{max} = 75\text{t}, \tau = 37.5/83.05 = 0.45\text{t/cm}^2 = 45\text{MPa} < [\tau] = 100\text{MPa}$。

(2)后下横梁吊杆的计算

每侧后下横梁 ϕ32 精轧螺纹钢吊杆共 3 根,则每根吊杆承重 25t,而每根吊杆的极限拉力为 64.3t,故拉力安全系数 $K = 25/64.3 = 0.39 < [K] = 0.8$,满足要求。

贝雷架计算:

设置一道前下横梁,贝雷架受力布置与计算简图见图 8。

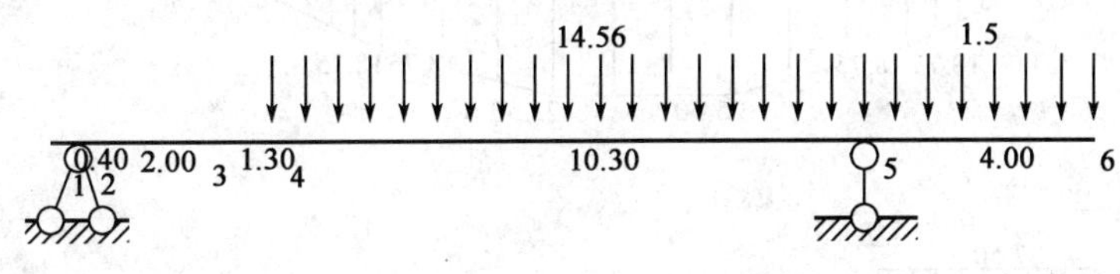

图 8

在该荷载下,弯矩图和剪力图见图 9。

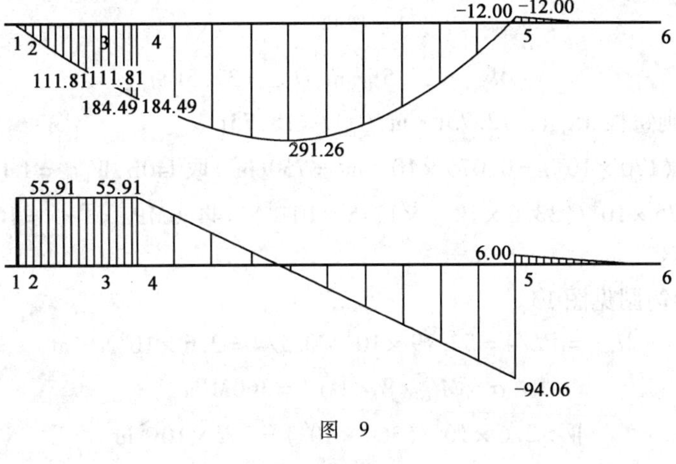

图 9

按四片贝雷架布置,则每片贝雷架的最大弯矩和剪力分别为:

$$M_{max}=291.26/4=72.815t\cdot m=728.15kN\cdot m<[M]=788.2kN\cdot m$$

$$Q_{max}=88.06/4=22.02t=220.2kN<[Q]=245.2kN$$

$$Y_{max}=5ql_4/384EI=5\times14.56\times10^4\times13.64/(4\times384\times250\,497.2\times10-8\times2\times1\,011)$$

$$=32mm<13.6/400=34mm,满足要求。$$

实际施工过程中,先浇筑下弦杆混凝土,最大方量重为 $G_{X2}=57$ t,故实际浇筑贝雷片最大挠度为12mm。

(3)前下横梁的计算

①斜拉吊杆的计算:

前下横梁所受的最大拉力为:$T_{max}=104.37t$,斜吊杆采用4根 $\phi32$ 精轧螺纹钢;$\phi32$ 精轧螺纹钢的极限拉力为64.3t,而实际每根受力为26.09t,则拉力安全系数为 $K=26.09/64.3=0.41<[K]=0.8$ 满足要求。

②前下横梁的布置与受力简图见图10和图11。

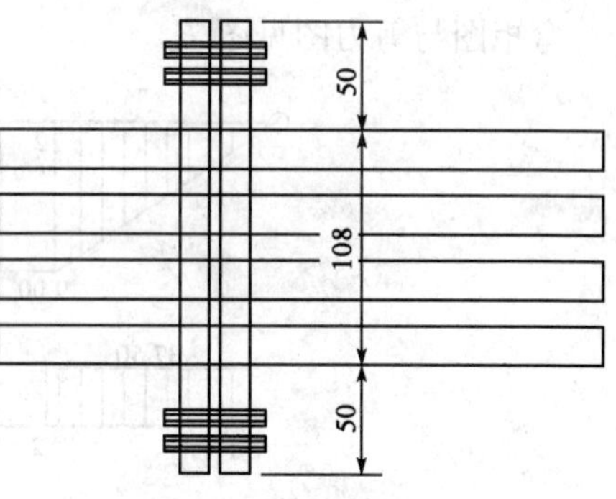

图 10(尺寸单位:cm)

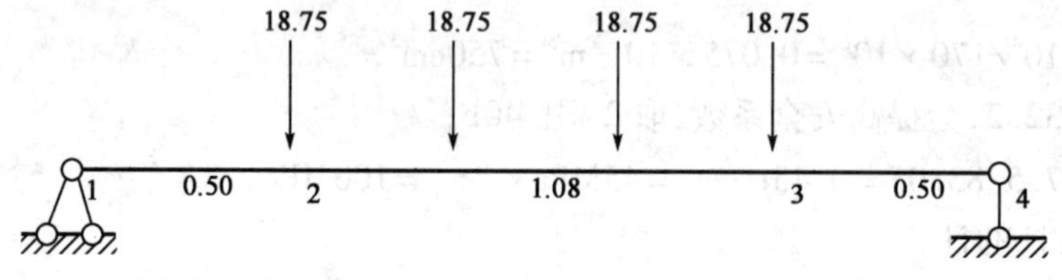

图 11

弯矩图与剪力图见图12。

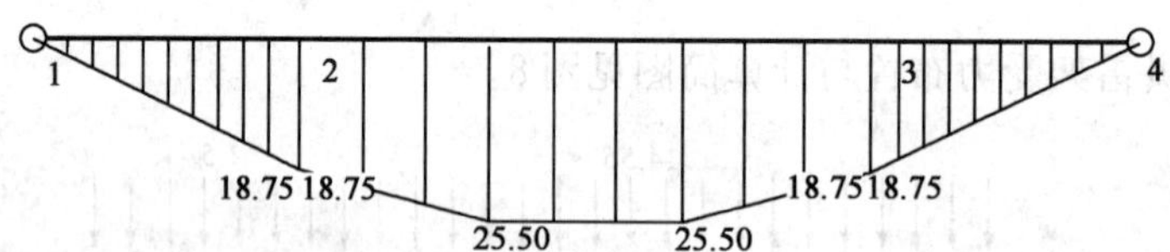

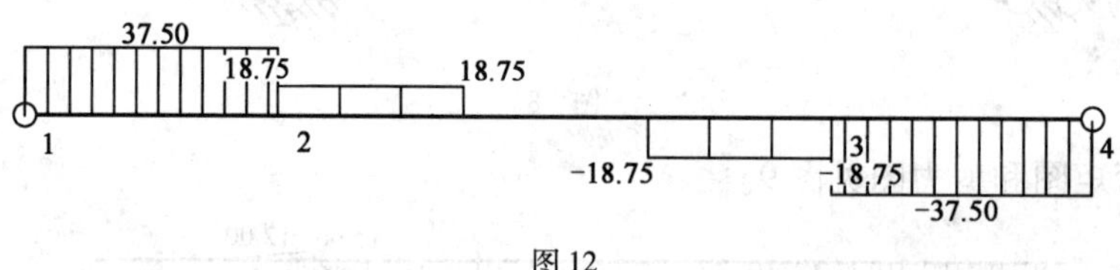

图12

$$M_{max}=25.5t\cdot m;Q_{max}=37.5t$$

布置两根工字钢,则每根 $M_{max1}=12.75t\cdot m;Q_{max1}=18.75t$

则 $W=12.75x10^4/(170\times10^6)=0.075\times10^{-2}m^3=750cm^3$,取I40b,$W_{I40b}=1\,140cm^3$。

$\tau_{max}=Q_s/I_zb=18.75\times10^4/(33.6\times10^{-2}\times12.5\times10^{-3})=44.6MPa<[\tau]=100MPa$;满足要求。

③前下横梁轴计算:

取用45号钢,受力简图见图13。

$$M_{max}=PL/4=52.19\times10^4\times0.2/4=2.6\times10^4N\cdot m$$

$$\sigma=M_{max}/W<[\sigma]=360MPa$$

$$W>2.6\times10^4/(360\times10^6)=7.2\times10^{-5}m^3$$

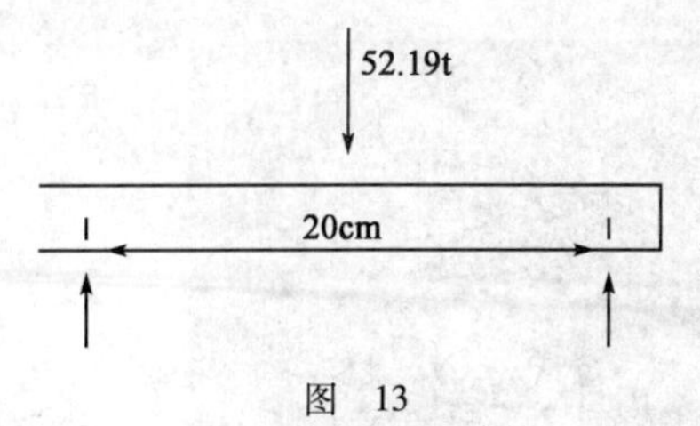

图 13

$$\pi d^3/32 > 7.2 \times 10^{-5} m^3; d > 9.02cm$$

为安全起见，选 $d = 13mm$(45 号钢)。

$\tau_{max} = 16Q/(3\pi d^2) = 16 \times 26.09 \times 10^4/(3 \times 3.14 \times 0.13^2) = 26.2MPa < [\tau] = 125MPa$；满足要求。

5 施工工艺及操作要点

5.1 主要工艺流程

主要工艺流程及其示意如图 14 和图 15 所示。

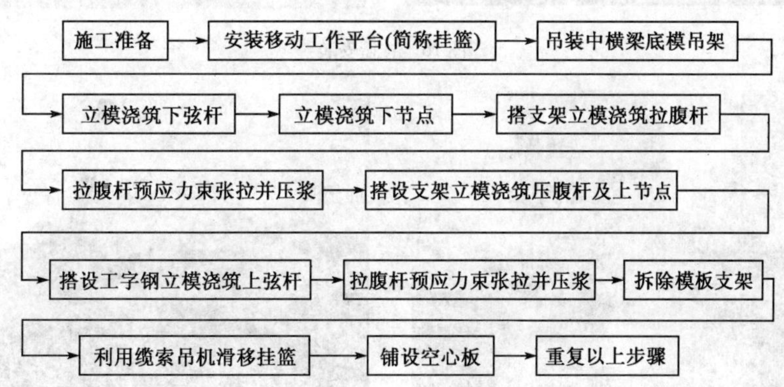

图 14 工艺流程图

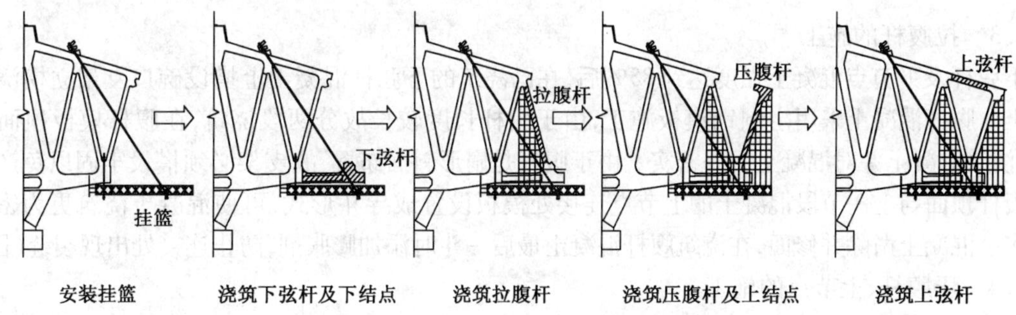

图 15 主要工艺流程示意图

5.2 操作要点

5.2.1 精确安装悬挂式移动挂篮

挂篮及中横梁底模拼装成整体后利用缆索吊吊装到预定位置，首先利用后吊杆固定挂篮主梁后端，斜上横梁固定于上节点位置，利用斜拉杆与前下横梁连接固定挂篮主梁前端，然后根据监控单位提供的立模高程和中线对挂篮和中横梁底模高程、中线进行精确定位，挂篮主梁的高程利用斜拉杆和后吊杆进行调节，并固定牢固完成挂篮的安装定位(图 16)。

5.2.2 下弦杆、中横梁、下节点施工

在已精确定位固定好的挂篮工作平台上，根据设计图纸和规范要求施工下弦杆，下弦杆采用木模与钢管支架，利用缆索吊机运输混凝土并浇筑。浇筑前在下弦杆前端底部预埋四根 40 工字钢外露混凝土面 40cm 作为下一节段施工挂篮的后限位器。在绑扎下弦杆钢筋的同时安装本节段拉腹杆预应力钢绞线及压浆管道。下弦杆混凝土浇筑完毕后混凝土强度达到设计强度的 85% 后，浇筑本节段下节点混凝土。浇筑前对下节点混凝土与下弦杆混凝土接触面进行凿毛处理，保证混凝土的衔接(图 17)。

图 16 挂篮安装

图 17 下弦杆、中横梁、下节点施工

5.2.3 拉腹杆的施工

待下弦杆及下节点混凝土强度达到 85% 后,在已浇筑的下弦杆混凝土上搭设碗口支架立模浇筑拉腹杆混凝土。腹杆混凝土采用定制钢模板施工,由于腹杆长度较长故分两段浇筑,在腹杆模板顶面侧模开窗,用于浇筑混凝土并对混凝土振捣密实。由于腹杆是扇形斜面布置,故支架必须搭设牢固以免产生下沉变形。腹杆顶面与上一节段混凝土的上节点连接处模板设置成导斗形式,可使混凝土浇筑更为密实。拆模后将多余混凝土凿除并修面,在浇筑腹杆混凝土最后一斗时添加膨胀剂,防止连接处出现裂缝(图 18)。

5.2.4 压腹杆、上节点的施工

待拉腹杆混凝土达到设计强度 85% 以上,完成拉腹杆预应力钢束的张拉和压浆后,就可以搭设支架立模浇筑压腹杆混凝土,采用碗口支架支立模板,绑扎钢筋,完成混凝土浇筑。在浇筑压腹杆前,压腹杆的支架与相邻已浇筑拉腹杆用钢管连接固定,加强压腹杆支架模板稳定性。压腹杆浇筑后待混凝土强度达到设计强度 85% 以上时立模浇筑上节点,在浇筑上节点时要预埋一根 40 工字钢,使两端露出混凝土 20cm,用于浇筑本节段上弦杆的立模牛腿(图 19)。

图 18 拉腹杆的施工

图 19 压腹杆、上节点的施工

5.2.5 上弦杆的施工

将两根12m长的40型工字钢焊接于相邻两个上节点预埋工字钢上,12m工字钢间距40cm焊接肋板加强工字钢的刚度减小工字钢下挠,在两根工字钢上铺设15×15方木间距为30cm,在方木上铺设竹胶板作为下弦杆底模,按照规范要求绑扎钢筋连接前一节段上弦杆波纹管,波纹管连接要牢固不能出现漏浆现象,并安装本节段预应力张拉锚具。经监理检验合格后浇筑上弦杆混凝土。待上弦杆混凝土强度达到设计强度85%后张拉本节段上弦杆预应力钢束,同一根上弦杆两根钢束应同时对称张拉,以免将上弦杆拉偏失稳,随上弦杆不断延长此项尤为重要(图20)。

图20 上弦杆的施工

5.2.6 挂篮前移

上弦杆张拉压浆完成后拆除所有支架,将挂篮上多余方木一同吊运到桥下以减轻挂篮自重;先将挂篮用精轧螺纹钢锚固于已浇筑梁段并与混凝土底板脱离,然后拆除斜拉吊杆和后吊杆,使用缆索吊机将斜上横梁及斜拉吊杆调运到下一个上节点处安放到位,最后利用四个缆索吊钩同时起吊将挂篮前移到下一个即将施工的节段处。前移到位后,先将后下横梁连接后吊杆锚固到位,松脱后边两个吊钩,利用松脱的两个吊钩连接斜拉吊杆和前下横梁,连接完成后松脱所有吊钩,初步固定挂篮,完成挂篮的前移。利用斜拉杆和后吊杆对挂蓝的立模标杆和中线进行精确定位,开始下一节段的混凝土悬浇工作,如此循环,直至完成整桥施工(图21)。

图21 挂篮前移

5.2.7 合龙段

合龙段的施工顺序按先边跨后中跨的顺序施工。边跨合龙段在挂篮端头搭设支架作为挂篮底部支撑,中跨合龙段将其中一个挂篮后移,将另一个挂篮前移,悬吊于已浇筑下弦杆预埋孔处,将整桥连为整体。前后吊点各用四根精轧螺纹钢连接,按设计要求施加配重。合龙段施工时,先将相邻两个下弦杆的梁面杂物清理干净,然后焊接劲性骨架绑扎钢筋,连接波纹管。经监理验收合格后,按照设计要求浇筑合龙段混凝土。

为了保证合龙段的合理受力状态,设计中考虑采用顶推法进行合龙,顶推力为2 000kN。相邻两个"T构"上所有观测点的高程精确测量一遍,确定合龙段相邻的两个梁端顶面高程高差符合规范要求后,进行合龙段施工(图22)。

5.2.8 施工监控

(1)施工控制的目的和意义

小溪塔大桥主桥属于大跨径预应力混凝土斜拉桁架连续刚构桥,是由杆件浇筑拼装而成。其最终形成必须经过一个长时间而又复杂的施工过程。通过理论计算可以得到各施工阶段的理论定型定位尺寸,但在施工中存在着许多误差,这些误差均将不同程度地对桥梁的最终建成产生影响,严重的并可能导致桥梁合龙困难、成桥线形及内力状态与设计要求不符等问题。因此,为确保施工过程中的施工安全,实现成桥线形与内力状态符合设计要求,必须对整个施工过程进行有效的监控。通过监控,分析各种影响成桥的各种因素,为制订施工方案提供数据上的支持。根据监控分析结果,制定施工方案,采取纠正措施,确保桥梁施工符合规范要求。

图22 合龙段施工

(2)实施方法

为了保证杆件轴线高程的施工精度,通过现场实测,及时准确地控制和调整施工中发生的偏差值。选用高精度水准仪(偶然误差≤1mm/km),高程控制以II等水准高程控制测量标准为控制网,箱梁浇筑以III等水准高程精度控制网联测。高程测量控制流程如图23所示。

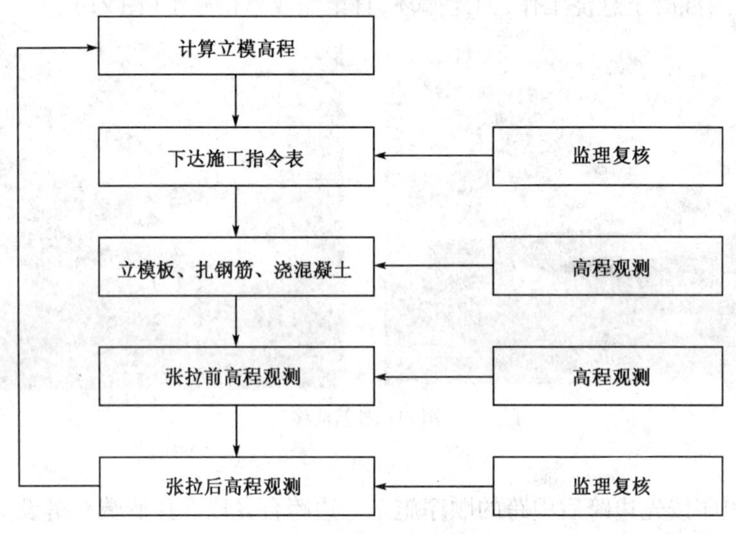

图23 高程测量控制流程图

大桥主梁的轴线和里程用全站仪进行测量,高程用水准仪进行测量。将轴线后视点引至过渡墩,用远点控制近距离点。

①墩顶测量和基准点的设立

利用大桥两岸大地控制网点,使用后方交汇法,用全站仪测出墩顶测点的三维坐标。将墩顶高程值作为梁高程的水准基点,每一墩顶布置一个水平基准点和一个轴线基准点(做好明显的红色标识,施工单位严格做好保护措施)。以首次获得的墩顶高程值作为初始值,每一工况下的测试值与初始值之差即为该工况下的墩顶变位。

②主梁挠度观测

测点布置:各控制截面设立三个高程观测点,同时也作为坐标观测点。测点须用短钢筋预埋设置并用红漆标明。各控制截面高程和线性测点布置如图24所示,如遇特殊情况,测点可以进行适当调整。

测试方法:用高精度水准仪测量测点高程。

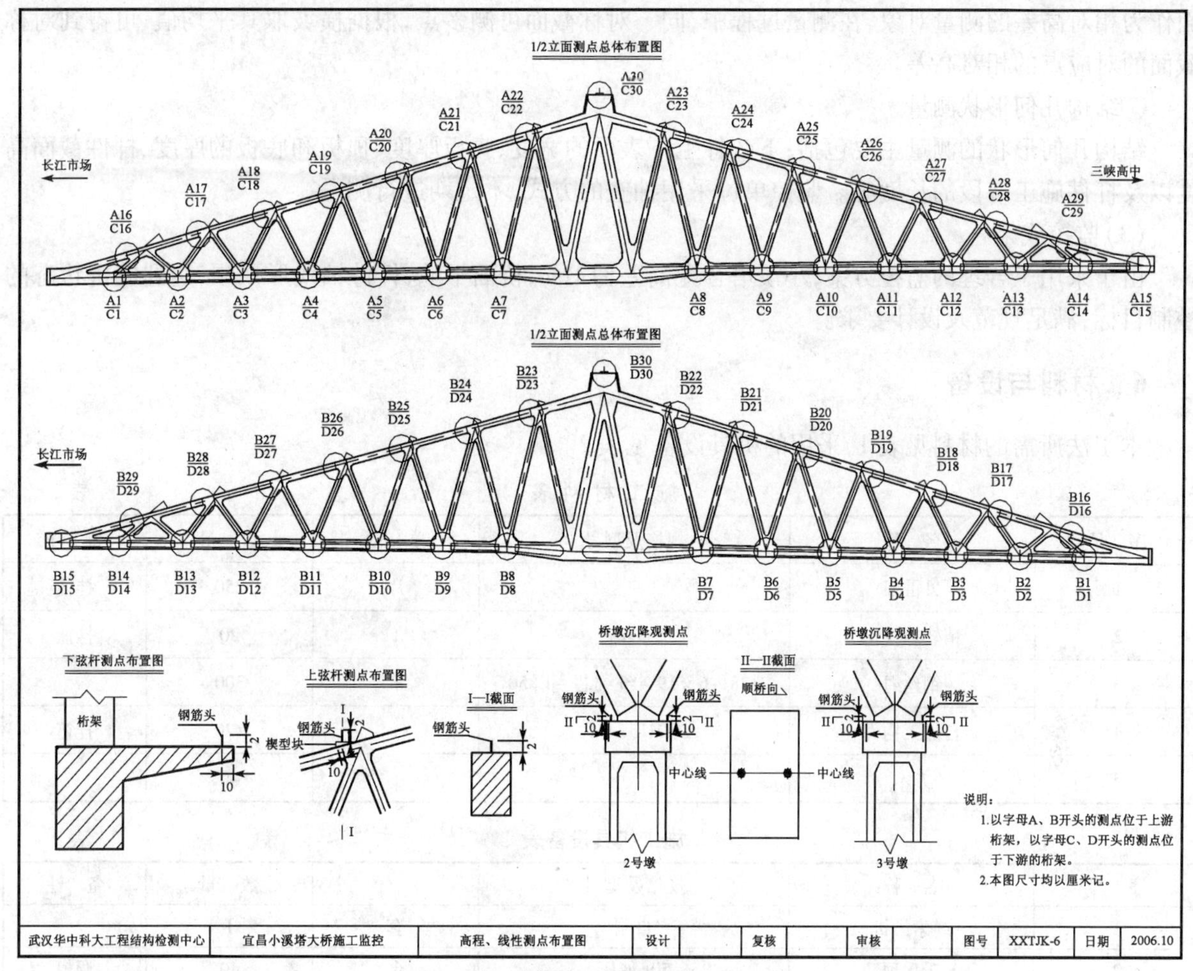

图24 高程和线性测点布置图

测量频率:监控单位和施工单位按各节段施工次序,每一节段按三种工况(即立模后、浇筑混凝土后和张拉后)对杆件挠度进行平行独立测量,相互校核。

测试时间:尽量选择在稳定温度场进行测量。

③杆件轴线抽测

测点布置:利用观测点的中间测点即可,不必另设观测点。

测量方法:使用全站仪和钢尺等,采用测小角法或视准法直接测量其前端偏位。

④主梁立模高程及线性的测量

测点布置:立模高程的测点位置见图中的"|"所指处。

测量方法:用水准仪或高精度全站仪测量立模测点高程。

测量时间:立模高程的测量应避开温差较大的时段。施工单位立模到位、测量完毕后,监理单位、监控单位对立模高程进行复测。

⑤杆件控制截面的高程的测量

在某一施工工况完毕后,对杆件高程进行直接测量。在测量过程中,同一控制截面测量三个测点,根据高差取其平均值,这样可得到主梁顶面的高程值。同时,根据不同的工况观察主梁的挠度(反拱度)变化值,按给定的立模高程(含预拱度)立模,也可得到杆件的高程值。两者进行比较后,可检验施工质量。

⑥两边对称截面相对高差的直接测量

当两边施工节段相同时,对称截面的相对高差可直接进行测量和分析比较。当施工节段不同时,对称节段的相对高差不满足可比性。此时,可选择较慢的一边的控制截面和较快的一边已施工的对应截面作为相对高差的测量对象,在测量过程中,同一对称截面可测多点,根据横坡取其平均值,可得到对称截面的对应点的相对高差。

⑦结构几何形状测量

结构几何形状的测量主要包括:下弦杆上下表面的宽度、腹板厚度、顶板和底板的厚度、杆件截面高度以及杆件施工节段的长度等。监控单位采用抽查的方式,不定期进行测量。

(3)监控成果

由于采用了合理的监控方案,小溪塔合龙高差为1cm,桥面平顺,杆件轴线形平顺,达到成桥状态的控制目标,满足规范及设计要求。

6 材料与设备

本工法所需的材料见表1,采用的机具设备见表2。

施工材料表 表1

序号	名称	规格及型号	单位	数量	备注
1	贝雷架		片	250	挂篮
2	精轧螺纹钢	ϕ32	t	20	挂篮
3	钢丝绳	ϕ28－6×19－纤维芯－1 850	m	300	
4	自加工构件	OVM15 — 12	t	120	挂篮
5	方木		t	40	

施工机具设备表 表2

序号	名称	规格及型号	单位	数量	备注
1	缆索吊机	自制	套	1	
2	千斤顶	50t液压	台	40	调模
3	导链	手动5t	台	20	提升
4	千斤顶	500t	台	4	张拉
5	油泵	ZB4 — 50	台	4	张拉
6	全站仪	徕卡TC1201	台	3	精度1s
7	数字水准仪	DNA03	台	4	精度0.3mm
8	计算机	HP	台	2	

7 质量控制

7.1 工程质量控制标准

《公路桥涵施工技术规范》(JTJ 041—2000)和中华人民共和国行业标准《公路工程技术标准》(JTG B01—2003)、《公路斜拉桥设计规范》(JTJ 027—96)。

7.2 质量控制措施

做好施工控制和施工监控,特别是基础坐标、墩台顶坐标及高程、桁架各节点坐标及高程要严格按照规范规定保证其准确到位。杆件制作要严格按照结构图尺寸和有关规范要求进行。

(1)孔道成型特别是暗管应符合的要求

①位置准确符合设计要求,两段构件接合处孔位应吻合,孔道顺畅。

②锚具轴线与孔道轴线偏差不大于3mm。

③孔道周壁光滑,线形平顺、摩阻小。

④保证规定的孔道直径，并保持恒等。

⑤不串孔不漏浆。

制孔材料及注意事项可按照《公路桥涵施工技术规范》(JTJ 041—2000)第十二章预应力混凝土工程办理。

(2)杆件的容许偏差：

①杆件纵轴线偏差　　≤6mm

②杆件长度误差　　　±5mm

③杆件截面尺寸误差　±2.5mm

④端面平整度　　　　±3mm

(3)构件定位

①预埋测点进行高程测量，且所有杆件要采用同一高程系统，以供施工分析段本身的平直度、相邻杆件的滑移情况及块件的对高程是否符合设计要求。高程测点的设置是在杆件上部两端各预埋2个露出混凝土面10mm的钢筋头，钢筋头平面位置离块件边缘5cm。

②在上弦杆及腹杆杆件端部(或侧端部)上画贯穿相邻杆件的定位线，顶部上则弹出桁架纵轴线、边线等3条墨线，供辅助定位、张拉时观察上滑现象，及作为桁架纵轴线的控制测点。

(4)容许偏差

①各构件沿长度方向两端四角相对高差不大于1mm；

②S1、S1′及F2、F2′杆件两端点控制点高程与设计值相差不大于±1.5mm；纵轴线偏差不大于2mm。

③其他构件高差(与先拼构件相比)不大于±2mm；

④其他构件纵轴线偏移不大于3mm；

⑤全部构件施工完毕后、合龙前，悬臂端部积累高差不大于±10mm；

⑥悬臂端纵轴线偏移不大于±10mm。

⑦斜拉式桁架顶部1号节点倾斜度偏差不大于6mm。

⑧F1和F1′腹杆断面尺寸偏差不大于±10mm。

为了施工统一了验评标准，加强了施工质量的监控。各项标准见表3～9。

钢筋加工及安装实测项目　　表3

项次	检查项目			规定值或允许偏差	检查方法和频率
1	受力钢筋间距(mm)	两排以上排距		±5	每构件检查2个断面，用尺量
		同排	梁板、拱肋	±10	
			基础、锚碇、墩台、柱	±20	
		灌注桩		±20	
2	箍筋、横向水平钢筋、螺旋筋间距(mm)			+0，-20	每构件检查5～10个间距
3	钢筋骨架尺寸(mm)	长		±10	按骨架总数30%抽查
		宽、高或直径		±5	
4	弯起钢筋位置(mm)			±20	每骨架抽查30%
5	保护层厚度(mm)	柱、梁、拱肋		±5	每构件沿模板周边检查8处
		基础、锚碇、墩台		±10	
		板		±3	

钢筋网实测项目 表4

项　次	检 查 项 目	规定值或允许偏差	检查方法和频率
1	网的长、宽(mm)	±10	用尺量
2	网眼尺寸(mm)	±10	用尺量，抽查3个网眼
3	对角线差(mm)	10	用尺量，抽查3个网眼对角线

模板安装的允许偏差 表5

项　次	项　目	允许偏差(mm)
1	模板	±10
2	模板内部尺寸	±5
3	轴线偏位	±10
4	相邻两板表面高差	±2
5	平整度(2m直尺检查)	±5
6	预埋件中心位置	±3
7	预留孔洞中心位置	±10
8	预留孔洞截面内部尺寸	±10,0

现浇桁架梁(杆件)实测项目 表6

项　次	检 查 项 目		规定值或允许偏差	检查方法和频率
1	混凝土强度(MPa)		在合格标准内	按规范要求检查
2	断面尺寸(mm)		±5	用尺量2处
3	轴线偏位(mm)	$L \leqslant 60$m	10	用经纬仪检查，每跨5处
		$L > 60$m	$L/6\,000$	
4	预埋件位置(mm)		5	用尺量
5	杆件高程(mm)		±20	用水准仪检查，每杆件3处
6	对称点相对高差(mm)	$L \leqslant 60$m	20	用水准仪检查，每杆件3处
		$L > 60$m	$L/3\,000$	
7	竖直度(mm)		20	用全站仪检查，每件2处

钢筋混凝土主塔实测项目 表7

项　次	检 查 项 目	规定值或允许偏差	检查方法和频率
1	混凝土强度(MPa)	在合格标准内	按规范要求检查
2	塔底水平偏位(mm)	10	用经纬仪或全站仪检查
3	倾斜度(mm)	塔高的1/3 000，且不大于30	用全站仪纵、横方向各检查2点
4	断面尺寸(mm)	±20	用尺量，每5m检查1个断面
5	风撑高度(mm)	±10	用水准仪或全站仪测量
6	塔下横梁高程(mm)	±10	用水准仪或全站仪测量
7	孔道位置(mm)	10	用钢尺量

现浇横梁及风撑实测项目　　表8

项　次	检查项目	规定值或允许偏差	检查方法和频率
1	混凝土强度(MPa)	在合格标准内	按规范要求检查
2	断面尺寸(mm)	+8，-5	检查3个断面
3	轴线偏位(mm)	10	用经纬仪测量3处
4	高程(mm)	±20	用水准仪检查，每件查3处
5	平整度(mm)	5	用2m直尺检查

后张法实测项目　　表9

项　次	检查项目		规定值或允许偏差	检查方法和频率
1	管道坐标	梁长方向	30	抽查30%，每根查10个点
		梁高方向	10	
2	管道间距	同排	10	抽查30%，每根查10个点
		上下层	10	
3	张拉应力值		符合设计要求	查张拉记录
4	张拉伸长率		±6	查张拉记录
5	断丝滑丝数		每束1根且每杆件断面不超过钢丝总数的1%	查张拉记录

8　安全措施

8.1　安全管理措施

连续梁部及桥面系施工的管理措施：

(1)梁部及桥面系施工为高空作业和临边作业。必须使用检验合格的安全带，安全带应高挂低用，不准将绳打结使用。安全带上的各种部件不得任意拆除，更换新绳时要注意加绳套。

(2)因中间孔有通航要求，梁部及桥面系施工布设安全网。防止落物危及行船安全。安全网网绳不得破损，并生根牢固、绷紧、圈牢、拼接严密。

(3)梁部及桥面系施工根据作业高度和现场风力大小、对作业的影响程度，制定适于施工的风力标准。

(4)7级以上大风不得移动挂篮，同时将挂篮稳妥的锚在已浇梁段上。

(5)已浇筑的梁段两侧设置临时栏杆，栏杆的强度和间距符合安全要求。

(6)浮式吊机工作时，设有专人指挥吊机，吊机开始提升和下降指挥人员均要鸣哨。

(7)混凝土强度达到设计强度要求后，才能张拉预应力筋和拆除支架。

(8)挂篮所使用的材料要进行材料力学性能试验。挂篮试拼后，进行荷载试验。

(9)悬臂浇筑梁段时，桥墩两侧的浇筑进度做到对称、均衡。

(10)在已完成的梁段上前移挂篮时，后端要有压重稳定的措施，后端要锚固于已完成的梁段上。挂篮前移及在其上浇筑混凝土时，抗倾覆稳定系数不小于2.0。

(11)搭设稳固的扶梯，人员上下要走扶梯，不得攀爬脚手架。

8.2　事故紧急处理措施

本工程全部是桥梁施工，主要为水上作业。安全工作的重点放在防台风、预防施工用电、高空作业安全、船舶和机械车辆事故等方面，充分考虑各种安全隐患，为安全顺利完成该项目工程，首先是从技术上采取先进稳妥的施工方案。现场加强施工调度指挥、专职电工、安全员负责专项工作等措施外，还准备以下应急处理措施：

(1)建立应急工作领导小组,由项目经理任组长,负责处理一切突发事件。

(2)落实值班车辆和司机,落实救护船和船员,确保应急工作需要,保证通信畅通。

(3)工作车间、工区、生活区备足灭火器材。

(4)医疗所建立值班制度,落实值班医生。

一旦发生人为不可抗拒的特殊事故,由应急工作领导小组统一指挥,各有关人员全力配合,协同作战,首先把人身安全放在第一位,努力减少突发事件带来的损失。充分利用现场医疗所对伤员急救处理,再送往附近医院治疗。

对工程机械"专家会诊",采取科学合理的措施进行工程机械维修,以使施工机械能够尽快修复,投入使用。

8.3 安全生产引用和遵循的规范、规程和标准

在整个施工过程中,严格按下列规范、规程和标准进行:

(1)建设工程施工现场管理规定(建设部令15号)

(2)施工现场临时用电安全技术规范(JGJ 46—88)

(3)建筑施工高处作业安全技术规范(JGJ 80—91)

(4)建筑机械使用安全技术规范(JGJ 33—86)

(5)施工现场安全生产保证体系(DGJ 08-903—2003)

(6)建筑施工安全检查标准(JGJ 59—99)

(7)中华人民共和国消防法

(8)中华人民共和国国务院令(第303号)

(9)中华人民共和国建设部令(第81号)

(10)建筑施工扣件脚手架安全技术规范(JGJ 130—2001)

(11)中华人民共和国水上、水下施工作业通航安全管理规定(交通部令第4号)

(12)中华人民共和国航标条例(国务院令第187号)

(13)中华人民共和国船舶签证管理规则(交通部令第3号)

(14)中华人民共和国船舶安全检查规则(交通部令第15号)

(15)中华人民共和国船舶最低安全配员规则(交通部令第9号)

(16)运输船舶消防管理规定(交公安发[1995]第137号)

9 环保措施

在桁架式钢筋混凝土预应力斜拉桥挂篮施工过程中认真执行《中华人民共和国环境保护法》和《中华人民共和国水土保持法》的要求,积极维护当地的自然环境,最大限度地减少施工对自然生态的破坏。在施工中尽量最大限度维护原来的地貌地形,保持原来的生态环境。

项目经理部设专人负责环保工作。进场后及时与当地政府环保部门联系,了解地方环境保护法规,签订有关协议、制定报审具体办法及办理相关手续。施工中严格履行合同中对取弃土、排污等施工环境保护方面的承诺。由于悬臂挂篮的施工,很好地保护了当地的水域的自然生态环境。

9.1 水环境的保护措施

9.1.1 污染源及影响

(1)污染源

水环境污染的污染源主要为施工泥浆水、设备油污、车辆冲洗水、施工人员生活污水等。

(2)影响

水环境污染的影响主要表现为污染受纳水体、破坏水质、破坏施工现场的水域环境。

9.1.2 水环境的保护措施

(1)废水排放严格执行各项排放标准,废水排入自然水体时悬浮物(SS)严格执行《污水综合排放标准》(GB 8978—1996)的二级标准(150mg/L)。

(2)在开工前完成工地排水和废水处理设施的建设,在生活营地设置污水处理系统,并配备临时的生活污水汇集设施;在每个施工作业平台上设置污水汇集和沉淀设施,防止污水直接排入海洋或其他系统;保证工地排水和废水处理设施在整个施工过程的有效性,做到现场无积水、排水不外溢、不堵塞、水质达标。

(3)桩基施工泥浆钢制沉淀池,并用运输船舶将泥浆运至指定地点。

(4)将工地生活区的生活垃圾、工程废料及废油分类堆放,将施工平台上的建筑垃圾等每天收集,由运输船舶运至岸上营地,并及时集运至当地环保部门指定的地点,避免造成污染。

(5)对有害物质和施工废水进行处理,严禁直接排放。

(6)优先安排电动机械施工,对柴油发电机安装防漏油设施,对机壳进行覆盖围护,避免漏油污染。

9.2　大气环境的保护措施

9.2.1　污染源及其影响

(1)污染源

大气环境的污染源主要为车辆、船舶运输、燃油机械施工、生活营地炉灶等。

(2)影响

大气环境污染的影响主要表现为扬尘、粉尘、废气。

9.2.2　大气环境的保护措施

(1)对易产生粉尘、扬尘的作业过程,制定操作规程和洒水降尘制度,保持湿度、控制扬尘。

(2)严禁在施工现场焚烧任何废弃物和会产生有毒有害气体、烟尘、臭气的物质等。

(3)水泥等易飞扬细颗粒散体物料在平台上建库存放,散装物料露天堆放场进行覆盖。

(4)对进出施工营地的施工便道,定期压实地面和洒水,减少灰尘对周围环境的污染。

(5)生活营地使用清洁能源,炉灶符合烟尘排放标准。

9.3　噪声环境的保护措施

9.3.1　污染源及其影响

(1)污染源

噪声环境的污染源主要为施工期间施工机械、施工活动、运输车辆造成的噪声。

(2)影响

本工程附近没有居民区和企事业单位,噪声环境的影响主要表现在对参建职工的生产活动等造成噪声污染。

9.3.2　噪声环境的保护措施

(1)严格执行《工业企业噪声卫生标准》,控制和降低施工机械和运输车辆造成的噪声污染。

(2)施工组织采用两班制或三班制作业,使工人每工作日实际接触噪声的时间符合卫生部和劳动部颁发的允许工人日接触噪声时间标准的规定。

(3)设备选型优先考虑低噪声产品,机械设备合理布置,正确安装、固定,减少阻力及冲击振动。

(4)采用低噪声的施工工艺和方法。

(5)出入辅助施工区域的机械、车辆做到不鸣笛,不急刹车;对在施工水域航行的船舶加以控制;加强设备维修,定时保养润滑,以避免或减少噪声。

9.4　振动环境的保护措施

9.4.1　污染源及其影响

(1)污染源

振动环境的振动源主要有钻机作业、振动沉桩等施工活动。

(2)影响

振动环境污染的主要表现为对生产活动所造成影响。

9.4.2 振动环境的保护措施

其控制措施与噪声基本相同。

9.5 固体废弃物

9.5.1 污染源及其影响

(1)污染源

固体废弃物的污染源主要有建筑废料、生活垃圾。

(2)固体废弃物的影响

固体废弃物的影响主要包括对环境卫生等方面的影响。

9.5.2 固体废弃物的控制措施

(1)制定废渣等固体废弃物的处理、处置方案,及时清运,建立登记制度,防止中途倾倒事件发生并做到运输途中不撒落。

(2)剩余料具、包装及时回收、清退。对可再利用的废弃物尽量回收利用。各类垃圾及时清扫、清运,不随意倾倒,每班清扫、每日清运。

(3)施工现场无废弃砂浆和混凝土,运输道路和操作面落地料及时清扫,砂浆、混凝土倒运时采取防落措施,对于作业平台上的固定废弃物每天进行清理,并利用运输船舶返程运输至岸上设置的集中地点,然后定期清运至指定地点。

(4)教育施工人员养成良好的卫生习惯,不随地乱丢垃圾、杂物,保持工作和生活环境的整洁。

(5)严禁垃圾乱倒、乱卸。施工营地设垃圾站,各类生活垃圾按规定集中收集,及时清运。

10 资源节约

预应力斜拉桁架桥具有圬工体积小、自重轻的特点,又具有斜拉桥的一些特性,受力合理,建筑高度低,经济指标合理,混凝土和钢材的用量不多,节约材料能源。同时预应力混凝土斜拉桁架桥的是以预应力混凝土刚性拉杆代替斜拉桥柔性拉索,是发展大跨度预应力混凝土桥梁结构很有潜力的一种结构型式。本成果解决了支架法所无法解决的通航问题,避免了采用拼装法所带来的接头处易裂缝和接头被压碎等问题的发生,整体受力结构更合理,在跨河流、山谷等复杂地形情况下有很好的推广前景。该工法填补了我国在预应力斜拉桁架刚构桥悬臂浇注施工的空白,对今后我国同类型桥的结构设计、施工具有参考和指导意义,从长远来看该工法对促进我国斜拉桁架刚构桥的发展具有很高的推广价值。

11 效益分析

本工法充分利用了现场的施工条件,在保证桥下货轮水运的正常情况下,安全、可靠、高效地完成了该桥的施工任务,避免了不必要的城市经济损失。新技术与新工艺的利用,节约了材料560t,同时在水电能源费节约上,取得了明显成效。此成果使得河道水质环境得到了很好的保护,同时减少了施工机械的大力投入,节省了前期设备投入等各项费用500万元,提高了经济效益。

课题组在开展科技攻关的基础上,归类总结了该类型桥型的施工工艺及关键技术,填补了该类型桥梁的悬臂浇注施工的空白,为该类型桥梁的设计、施工提供了宝贵的实践经验。课题实施过程中,培养了一批桥梁建设的高级人才,拓宽了施工领域,提高了市场竞争能力。

12 工程实例

宜昌市夷陵区小溪塔大桥位于宜昌市夷陵区,跨越黄柏河,全长421.56m。本桥上部结构为25m(预应力简支箱梁)+85.5m+173m+85.5m(预应力斜拉垳架式连续刚构)+45m(预应力简支箱梁);主桥斜拉连续钢构由上弦杆、下弦杆、腹杆组成。在两片斜桁架连续梁骨架之间,用了横梁(桁顶横梁、节点横梁、端横梁)联结。然后在横梁上安装预制空心板梁形成桥面板,见图 25 和图 26。

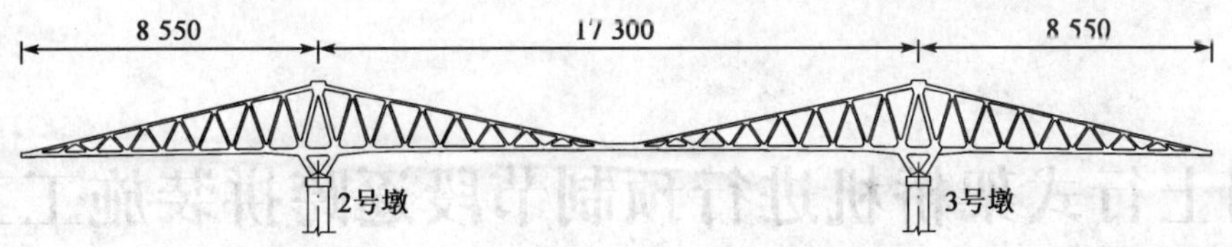

图 25 小溪塔大桥桥型布置立面图(尺寸单位:cm)

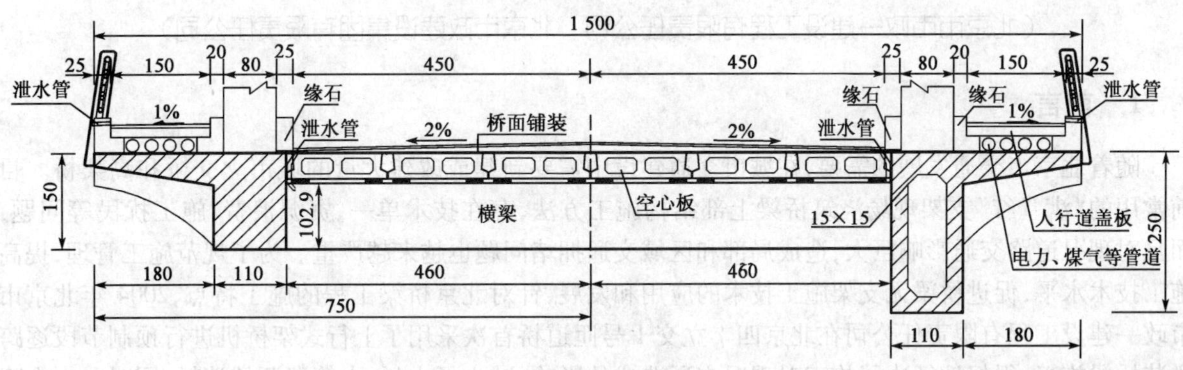

图 26 小溪塔大桥标准横断面图(尺寸单位:cm)

该工法于2006 年1 月 ~2009 年3 月在宜昌小溪塔大桥成功应用。应用期间,保证了河道的正常通航、施工安全和工程质量,取得了显著的经济效益和良好的社会效应。该桥顺利通过验收且已经通车,并经过严格的桥梁荷载试验。验收及试验结果表明,该桥性能指标完全符合设计要求,说明此工法在该桥应用取得了预期的效果。经成桥试验和通车一年的检验,桥梁线形和成桥应力符合规范要求,实现了设计意图。

小溪塔大桥位于宜昌夷陵区,作为连接丁家坝和冯家湾的主要通道,该桥的通车对开发丁家坝,发展宜昌市夷陵区经济建设具有重要的意义。同时该桥结构新颖,外形美观,同黄柏河的地理环境相协调,该桥建成后成为该区域标志性建筑,为黄柏河上增添了一道亮丽的风景。该工程积累的施工经验,特别是上部结构施工中采用的悬臂对称浇注技术,在大跨度斜拉桁架连续刚构桥施工中开辟了一条崭新的道路,填补了我国预应力斜拉桁架刚构桥悬臂浇注施工的空白。

采用上行式架桥机进行预制节段逐跨拼装施工工法

GGG(京)C3098—2010

马少军　景　飒　戴平志　鲍绥意　尹　杉

(北京市市政一建设工程有限责任公司　北京市政建设集团有限责任公司)

1　前言

随着北京市交通发展的需要,在城市交通建设中需要新建或改建大量的城市立交桥和高架桥。目前常用的"满堂红"支架现场浇筑桥梁上部结构施工方法,存在技术单一、资源浪费、施工扰民等问题,而且对现况道路交通影响巨大,造成局部和区域交通拥堵问题也越来越严重。为了规范施工管理,提高施工技术水平,促进桥梁无支架施工技术的应用和发展,针对北京桥梁工程的施工特点,2004 年北京市市政一建设工程有限责任公司在北京四丰立交 1 号匝道桥首次采用了上行式架桥机进行预制节段逐跨拼装桥梁施工,很好地解决了施工对现况交通造成的影响,减少了木材、水等资源的消耗,同时也大大降低了噪声、扬尘等污染。2007 年 3 月 8 日由北京市建设委员会组织了对该项目研究与应用的科技成果鉴定会,鉴定委员会一致认为该项目以北京四丰立交工程为依托,建成了国内首座采用预制节段逐跨拼装技术的具有弯、坡、斜空间曲线的匝道桥。该桥的设计与施工经验对同类型桥梁的建设具有指导意义。该项目成果总体上达到国际先进水平。

2　工法特点

(1)拼装成桥施工速度快,节段预制可与桥梁下部结构同时进行,与钢混凝土组合箱梁相比,大大缩短了施工周期。

(2)节段构件在构件厂制作、外观及内在质量容易控制,适合高性能混凝土及体外预应力的应用,同时可减少梁体断面尺寸、提高材料使用效率及降低工程造价。

(3)使用架桥机进行桥梁节段拼装,避免了传统的"满堂红"支架对现况交通的影响(图 1),缓解了社会交通对施工的压力。

(4)预制节段重量较轻、尺寸较小,对运输条件要求较低(可使用普通的平板拖车)。

(5)对环境影响小,节省能源及材料消耗。如:现场不设钢筋及模板加工厂、不进行现场混凝土浇筑,施工噪声低、占地面积小,同时节省了大量模板和钢支架的投入。

(6)架桥机可重复使用,架设一定量的节段桥梁后,工程费用较钢混凝土组合梁低(图 2)。

图 1　"满堂红"支架方法对交通的影响

图 2　节段拼装方法对交通影响极小

3 适用范围

预制节段拼装工艺可使用上行式架桥机，架桥机架设在桥梁中墩、边墩上或盖梁上，桥下无支架，适宜桥下有特殊要求及高墩柱的桥梁上部结构施工，如跨河、跨越铁路、横跨社会交通道路、跨软土地基等。

4 工艺原理

预应力桥梁预制节段逐跨拼装施工工艺原理就是将桥梁上部结构划分为若干标准节段，在预制场地匹配预制完成后，在现场用架桥机等专用拼装设备在桥梁下部结构上按次序逐块组拼，同时施加预应力使之成为整体结构，并沿预定的安装方向进行逐跨推进、逐跨安装。

5 施工工艺流程及操作要点

5.1 施工工艺流程

施工准备—架桥机就位—依次悬挂节段—1 号块（端块）初步定位—2 号块与 1 号块（端块）试拼—胶结施工—张拉临时预应力—1 号、2 号块精确定位—依次拼装剩余节段—整跨调整—支座灌浆—依次张拉体内、体外预应力并进行荷载转换—架桥机过跨—真空压浆施工。

5.2 操作要点

5.2.1 施工准备

（1）施工单位应根据招、投标文件、施工合同、设计文件及有关规范，结合预制节段逐跨拼装桥梁的施工特点，抓住主要环节和落实主要施工技术措施，及时编报施工组织设计。

（2）施工单位应根据节段重量和架设工艺，与设计单位协商，选定架桥机、模板、运梁车、搬运机等设备。

（3）对架桥机的安装、调试、使用、拆除等应编制安全专项施工组织设计，并制定突发情况应急预案。

（4）桥梁下部结构和拼装后上部结构的承载能力应满足施工荷载要求，应由设计单位按实施的施工工艺对桥梁上、下部结构在节段预制与拼装过程中各种工况的安全性进行验算并确认。

（5）架桥机的拼装、移动等施工顺序，应在下部结构施工前确定。下部结构施工时应预埋节段拼装施工所需的加固预埋件与预留孔，并保证埋设精度。

（6）组拼后的架桥机应进行电器、液压系统的调试及试运行，并应进行架桥机的形式试验及荷载试验，同时向政府相关主管部门申领架桥机的使用许可证。

5.2.2 架桥机就位

（1）按架桥机过孔程序移动架桥机，或直接在待拼装梁跨间组拼架桥机，使架桥机主桁架中心与待拼装梁跨跨中对正。

（2）使用桥台、盖梁或墩顶上的 4 根 ϕ36mm 预埋精轧螺纹钢筋对架桥机的前后主支撑梁进行锚固。锚固方式是使用支撑梁上的 4 根 ϕ36mm 精轧螺纹钢筋，通过连接器与预埋钢筋进行连接（图 3）。

图 3 架桥机就位

5.2.3 悬挂节段

（1）安装扁担梁

①节段进场后使用吊车或架桥机吊机安装扁担梁。扁担梁分 A 型（标准型）、B 型（加长型）、C 型（端块）三种类型，其中 A 型、B 型应用于标准节段（B 型只是在桥面喂梁或前后鼻梁喂梁时才使用），C 型应用于端块。

②提前将悬吊卡具安装在扁担梁上,并调整好卡具间距。A 型、C 型为 4 780mm,B 型为 10 516mm。

③使用吊车将扁担梁吊运至节段顶部,人工配合对准节段顶板上的 4 个预留孔,分别穿入 4 根 ϕ36 精轧螺纹钢筋将扁担梁锚固在节段上(提前应在扁担梁与节段间垫设 25cm 厚方木)。在端块上安装扁担梁,是通过连接器将 ϕ36mm 精轧螺纹钢筋与端块上的预埋锚筋连接起来,实施锚固。

④锚固扁担梁时,箱室内应垫设楔形垫板以保证锚固螺母的受力均衡。在扁担梁顶面使用穿心千斤顶分别对 4 根 ϕ36mm 精轧螺纹钢筋实施张拉,张拉力为每根 10t,张拉后拧紧锚固螺母。

(2)吊装端块

①运梁车将端块运至架桥机下,垂直于桥向停放。将吊机行进至运梁车顶部,放下吊索、吊具,将吊具与固定在节段的扁担梁进行连接。

②吊机将节段垂直吊起,距离地面 1m 的位置停住。施工人员提前将支座抬到双轮小车上,用小车将支座运到端块底板下,利用吊装小车调节节段位置、高度,将支座安装在端块预埋锚栓上,使支座的上钢板紧贴端块底板。

③吊机将节段垂直起吊,使用吊机调整节段位置,使安装好的支座下锚栓对准盖梁或墩顶上的预留支座锚栓孔,吊机下放节段,锚栓插入锚栓孔。

④放下架桥机主桁架两侧的吊杆(M36 精轧螺纹钢筋),与节段上的扁担梁进行连接。操纵吊杆上部的穿心千斤顶提升吊杆使节段抬高,拧紧吊杆顶部的螺母,节段由吊杆悬吊。放松吊索,摘除吊具与扁担梁连接的销轴,吊机移位进行下一节段吊装。

(3)依次吊装本跨其余节段(图 4)

①按照前面叙述的方法吊装本跨其余节段,节段错行布置。

②吊装要求:吊装前运梁平车尽量停放在该节段设计位置的下方,吊装时吊机起吊、行驶速度均匀、平稳,距离待拼节段 20cm 时停止,调整吊机位置,使所吊节段与待拼节段正对。缓慢行驶吊机,使节段间预留 10cm 间隙以保证节段的剪力键不发生磕碰。

图4　吊装本段其余节块

③按上述程序将节段悬吊在架桥机两侧的吊杆上,吊机进行下一节段吊装。

④进行另一侧端块吊装时,支座下锚栓并不提前安装,按设计位置将端块吊运到悬挂位置,进行正式拼装时确认支座位置准确后再将支座下锚栓安装到位。

5.2.4　初步定位端块

端块的位置决定了其他节段的位置精度,因此定位完成后要将端块进行固定,见图 5 和图 6。

图　5

图　6

(1)将吊机行驶到1号节段的上方,放下吊具,与1号节段的扁担梁连接、起吊,放松节段上的吊杆,1号节段由架桥机悬吊。

(2)按1号节段的设计位置,使用经纬仪观测节段上的预放中线,配合吊机对节段的顺桥向位置和中线进行定位。使用水准仪观测节段上预放的A、B、C三个水准点,配合吊机及吊具上的纵、横向液压油缸对节段的高程、纵横坡进行准确定位。

(3)定位完成后,将节段由吊具悬吊转换到由架桥机两侧吊杆悬挂。逐步增加两侧吊杆上手提千斤顶的压力,直至与节段的重量平衡。检查吊杆的垂直度,然后缓慢放松吊机,观察手提千斤顶压力变化,是否达到节段重量。测量人员进行高程复核:如果达到设计高程则不再调节手提千斤顶压力;如果未达到设计高程,则一边进行千斤顶压力提升,一边进行高程复核,直到满足设计要求为止。临时固定1号节段,保证其在后续的吊装过程中不会位移。然后解除吊机与扁担梁的连接,进行下一节段的吊装。

1号块安装测量控制标准见表1。

1号块安装测量控制标准 表1

检 测 项 目	允 许 偏 差	检 测 方 法
轴线平面位置	±5mm	全站仪
平面转角	±20秒	全站仪
纵断高程	±2mm	全站仪
立面转角	±30秒	全站仪
扭转	±5mm	全站仪

5.2.5 节段试拼

试拼时要将临时预应力钢筋进行试穿,梁上人员用靠尺检验,见图7和图8。

图 7

图 8

(1)将吊机行驶到2号节段的上方,放下吊具,与2号节段的扁担梁连接、起吊,放松节段上的吊杆,2号节段由架桥机悬吊。

(2)拼装时吊机缓慢平稳运行,距离待拼节段10cm时停止,节段靠拢时,在一侧垫设木板以防剪力键磕碰。调整吊机位置,使所吊节段与待拼的1号节段正对。

(3)待拼节段箱顶和箱内各安排一名测工,用已弹放在梁顶面和梁底板上的两条中线控制梁段的直顺,使用水准仪观测节段上预放的三个水准点,配合吊机及吊具上的纵、横向液压油缸对节段的高程、纵横坡进行准确定位。完全对接后,穿入临时预应力钢筋,检查临时张拉设备是否能够正常工作。

(4)保持2号节段的中线、纵横坡,用吊机将节段移开约10cm后提升至超过1号节段顶面,准备进行涂胶施工。

5.2.6 接缝间涂抹环氧树脂(胶结施工)

(1)节段的拼装缝可采用干接缝和胶接缝的形式。通常情况下,宜采用环氧树脂型胶接缝(图9)。

图9 胶结施工

(2)节段拼装前应进行试拼并及时调整。应事先对节段匹配面进行预处理,除去尘土、油脂等污染物,清除松散混凝土,并应保持表面干燥。同时将密闭预应力孔道的橡胶垫圈,用环氧树脂胶粘贴在预应力孔道的凹槽内。

(3)胶接缝应符合下列要求:

①环树脂型胶接缝所采用的黏结剂应符合结构设计与节段施工作业要求,涂胶总厚度不宜小于3mm。固化后的力学性能不应低于设计要求。

②应根据不同的使用环境进行试验选定粘结剂,粘结剂的有效工作时间不应小于0.5h,且不宜大于2h。应采用机器拌和粘结剂,涂抹方式及涂抹厚度应根据设计要求及粘结剂的产品特性确定。在冬季低温条件下施工时应采取保温措施。

③涂抹作业人员必须配戴劳动保护用品。

④粘结剂应涂抹均匀,覆盖整个匹配面。必须对孔道口做好防护,严禁粘结剂进入预应力孔道。

⑤节段的拼装、临时预应力张拉、节段的固定工作都应在粘结剂失去和易性之前完成。

⑥拼装作业面下方的施工区域内严禁人员及车辆通行。当拼装涂抹作业下方开放交通时,必须在车道上方设置防滴落的装置。

环氧树脂胶接缝质量检验标准见表2。

环氧树脂胶接缝质量检验标准 表2

检 验 项 目	规定值或允许值	检 验 方 法
天气温度	≥5℃	温度计
涂胶时间	15min	计时表
涂胶厚度	≤3mm	用尺量
挤压力	0.2MPa	压力表
外观检验均匀性	平整均匀密实	目测

5.2.7 张拉临时预应力

临时预应力的布置位置、张拉力应符合设计要求(图10),临时预应力所使用的机具、材料应满足反复多次张拉的作业要求。当设计对张拉力没有要求时,匹配面的混凝土受压应力应尽可能均匀,并且最小压应力不得小于0.2MPa。

在全截面环氧树脂涂刷完毕,安装预应力管道密封圈后,移动待拼梁段,对位进行拼接。张拉临时预应力束,使环氧树脂在不小于0.20MPa的压力下固化,挤压后的胶缝宽度宜在0.5~1.0mm,不应出现缺胶现象。挤出多余的环氧树脂及时刮除,刮除过程中尽量减少对混凝土的污染。

(1)临时预应力张拉在节段涂胶施工完成后再次对接时同时实施。

(2)施工前使用M36高强螺栓通过节段顶面上的预留孔将钢制牛腿安装在节段上(此项工作可在节段到场后,安装扁担梁时同时实施),同时在每个张拉点准备精轧螺纹钢筋、螺母、钢垫板、钢制撑脚、专用扳手、穿心式千斤顶、液压泵等施工材料及施工机具,并提前做好检查。

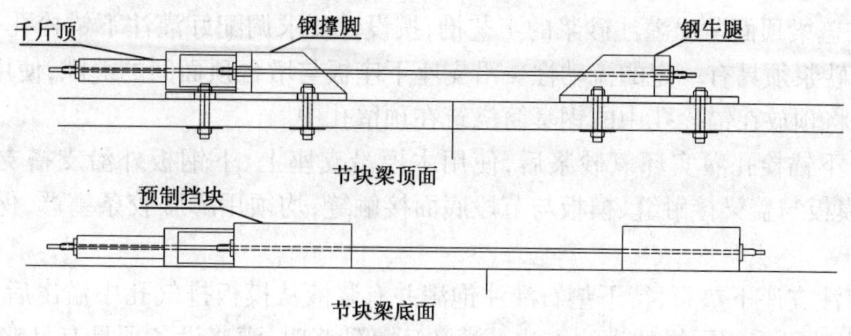

图10 临时预应力施工

(3)节段对接前先将精轧螺纹钢筋穿入一侧的钢牛腿及预制挡块中,对接时快速将精轧螺纹钢筋穿入另一侧的钢牛腿及预制挡块中,钢筋一端套入钢垫板和锚固螺母,另一端按顺序套入钢垫板、锚固螺母、钢撑脚、穿心千斤顶、工作垫板及工作螺母。

(4)使用穿心千斤顶同时进行张拉,张拉时分级加载。先进行底板张拉,然后进行顶板张拉。顶板分级进行张拉,每一级张拉完成后要进行高程复核,监测桥面高程是否变化。张拉完毕后,及时拧紧锚固螺母。千斤顶卸压时也应平稳无冲击。

5.2.8 复核1号、2号节段高程

1号、2号节段拼接完成后,为保证其他节段准确进行拼装,测量人员要进行平面位置校核。如果不符合设计要求,则利用手提千斤顶进行调整。

5.2.9 依次拼接其余节段

按照1号、2号节段的拼装方法依次拼装其余节段。最后一块节段(墩顶块)进行试拼时,应检查固定支座下锚栓的安装位置是否同支座锚栓预留孔匹配,如果出现错位的现象则要将预留孔进行处理后才能进行胶结施工。

5.2.10 整跨调整

(1)整跨节段拼装完成后,进行整跨位置、高程的调整。

(2)在测量人员的配合下,按设计位置,使用前后主支撑梁上的横移油缸调整整跨的轴线位置。

(3)按设计高程,使用前后主支撑梁下的主支撑千斤顶调整整跨的高程及纵、横坡。

预应力节段梁安装的质量检验标准见表3。

预应力节段梁安装的质量检验标准 表3

项目		规定值或允许偏差(mm)
混凝土强度(MPa)		符合设计要求
轴线偏位	$L\leq100$m	10
	$L>100$m	$L/1\,000$
顶面高程	$L\leq100$m	±20
	$L>100$m	$\pm L/5\,000$
	相邻节段高差	10
同跨对称点高程	$L\leq100$m	20
	$L>100$m	$L/5\,000$

5.2.11 支座灌浆

(1)使用扳手分别调整连接支座上座板的4个锚栓螺母,将支座放置在提前测放好的四个支座支点上,使支座达到水平。

(2)提前在盖梁顶面凿出灌注砂浆的工艺槽,按设计要求调配好灌注下锚栓孔及支座上、下垫石的环氧砂浆,环氧砂浆须具有一定的流动性。沿支座下座板与墩台顶面间的缝隙,使用灌浆设备灌注支座下锚栓预留孔,将预放在锚栓孔中的钢套筒浇筑在预留孔中。

(3)当4个下锚栓孔灌实环氧砂浆后,使用木模沿支座上、下钢板外沿支搭支座垫石模板。支模时,模板拼缝、模板与盖梁接触缝、模板与节段底面接触缝,均须用膨胀胶条塞严,保证灌浆时不发生跑模漏浆现象。

(4)首先灌注支座下垫石,待下垫石灌注饱满并有浆液从模板排气孔中溢出后,使用膨胀胶条塞严排气孔。支座上垫石采用同样的灌注方法。灌注环氧砂浆时,灌浆设备须具有足够的压力,保证灌注密实,排气孔要保证排气通畅,严防堵塞。

(5)待垫石强度达到设计强度100%后,拆除上下垫石模板。如发现垫石不密实或与支座不密贴,须重新支模,重新加压补浆。

5.2.12 预应力施工及荷载转换

(1)将预应力束穿入已拼装成型的节段梁体内,并对梁体施加纵向永久预应力,使之成为永久性的结构整体。

(2)预应力施工本着先体内后体外的施工顺序进行。预应力的张拉与架桥机落架必须交替进行,逐步完成梁体由架桥机悬吊到支座支撑的荷载转换。

(3)荷载转换全部完成后,解除所有吊杆与扁担梁的联系。

(4)体外预应力施工完成后,拆除临时预应力钢筋。临时预应力钢筋的拆除分别由两侧向跨中对称逐块拆除,每道拆除时箱顶面和箱内的临时预应力钢筋同时拆除。临时预应力钢筋拆除后进行预应力孔道的真空压浆施工。

5.2.13 架桥机过孔

架桥机移动过孔至下一跨工作位置,进行下一跨节段拼装施工。架桥机移动前,为防止桥梁支座承受过大的水平荷载,应对支座进行临时固定。架桥机过孔操作要严格按照设备供应商提供的架桥机操作手册执行。

5.2.14 真空压浆施工

真空压浆工艺是指在压浆之前,采用真空泵抽吸预应力孔道中的空气,使孔道中的真空度保持在-0.06~-0.09MPa,在孔道的另一端用压浆机以大于0.7MPa的正压力将水泥浆压入预应力孔道。

(1)准备工作

①预应力张拉完毕后,孔道应尽早压浆,以免预应力钢绞线锈蚀和松弛。

②检查材料数量、种类是否齐全,机具是否完好;供水供电是否齐全;全面检查压浆孔、排浆孔、抽真空孔等,并对压浆设备进行试机和安全性能检查。

③水泥浆水灰比应控制在0.3~0.4之间,流动度为20~40s,泌水性小于水泥浆的初始体积的2%,24h后泌水应全部被水泥浆吸收,初凝时间6h。浆体搅拌时,水、水泥和外加剂都严格过磅。

(2)材料要求

①灌浆料:采用具有无收缩防腐蚀高性能预应力管道灌浆剂。

②水:最好为饮用水,水中硫酸盐含量不能大于0.1%,氯盐含量不能大于0.5%,水中不能含有糖分或悬浮有机质。

(3)试抽真空

将压浆阀、排气阀全部关闭,抽真空阀打开,启动真空泵抽真空,观察真空压力表读数,当管内的真

空度维持在 -0.06 ~0.09MPa 时,说明孔道的密封性达到真空压浆的要求,否则要检查孔道,进行密封处理。

(4)拌浆

①搅拌灌浆剂前,应加水空转数分钟,使搅拌机内壁充分湿润,将积水倒干净。将称量好的水(扣除用于溶化固态外加剂的那部分水)倒入搅拌机,边搅拌边倒入灌浆剂,再搅拌 3 ~5min 直至均匀。

②倒入盛浆浆桶的浆体应立即泵送,如不能及时泵送则不停搅拌,不能采取边出料边进料的方法拌浆。

(5)压浆要求

①启动灌浆泵,当灌浆泵输出的浆体达到要求稠度时,将泵上的输送管接到锚垫板上的引出管上,开始灌浆。搅拌好的水泥浆要经过 1.2mm 筛网过滤后方可进行泵送,在压浆的同时,现场做好流动度、泌水率试验,并浇筑浆体强度试块。

②压浆时先关掉压浆阀、排浆阀,启动真空泵,当真空泵达到并维持在 -0.06 ~0.09MPa 时,启动压浆泵,打开压浆阀开始压浆,当浆体经过空气滤清器时,关掉真空泵及抽气阀,打开排气阀,观察排气管的出浆情况,当浆体稠度和压入前稠度一样时关掉排气阀,使管道内加压到 0.5 ~0.7MPa。灌浆泵继续工作在≤0.7MPa 下进行灌浆。

③在压浆的过程中要求压浆连续工作,以免浆体在孔道中部凝固。灌浆工作已在灰浆流动性下降前 30 ~45min 内进行。储浆罐的体积必须大于所要灌注的一条预应力孔道体积。

④压浆完工后,拆卸外接管路、附件,清洗空气滤清器及阀等。完成当日灌浆后,必须将所有沾有水泥浆的设备清洗干净。安装在压浆端及出浆端的球阀,应在灌浆后 5h 内拆除并进行清理。

6 施工材料与设备

6.1 主要设备

LG-900 架桥机由桁架结构、起重机、液压系统、电器系统等部分组成。桁架由两片平行独立的三角形截面桁架组成。桁架间桁架中心至中心的距离为 7.65m。从上下弦截面中性轴测量宽 2.5m,高 5.35m。桁架分为 3 部分,主桁架长 $L=50$m,前后鼻梁长 $L=31.5$m。前后鼻梁用铰与主桁架连接,鼻梁桁架可以水平转动 ±15°。上部门式吊机在两桁架之间运送梁(节)块(图 11)。

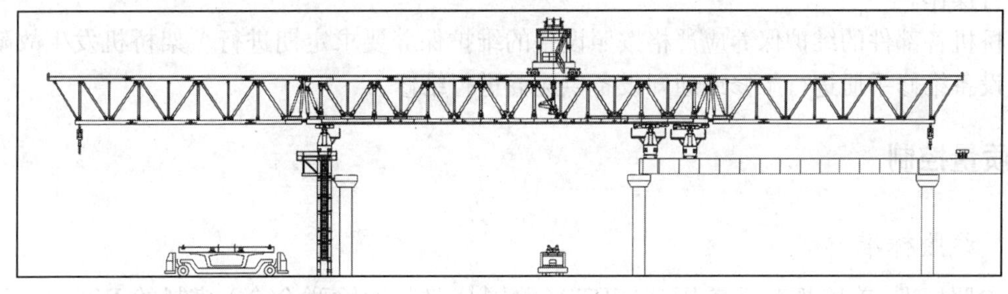

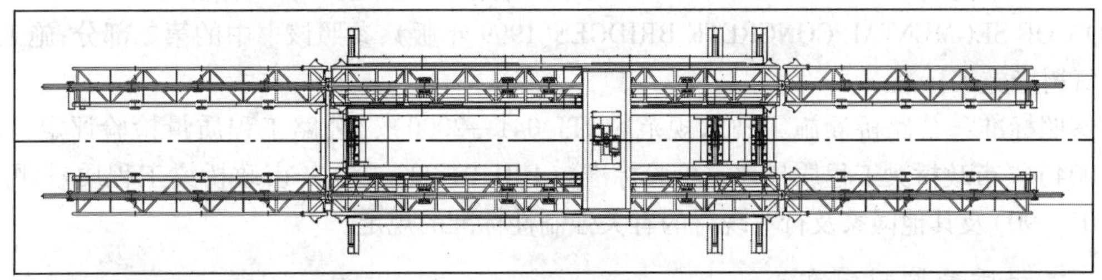

图 11 LG-900 架桥机平面图

6.2 其他设备机具

节段拼装施工采用的其他主要设备还包括:运梁车、普通吊车、千斤顶、灌浆机、升降机等、搅拌器、测量仪器等。

6.3 设备及材料的相关要求

(1)预制节段的材料钢筋、混凝土及各种预埋件等应按照设计的要求选取,并应按照国家现行的有关强制性规范的规定对材料进行验收和质量检查。

(2)预应力施工所采用的预应力筋、锚具、夹具和连接器应符合国家标准《预应力锚具、夹具和连接器》(GB/T 14370)中I类锚夹具的要求,并按相关规定进行检测、检验。

(3)环树脂型胶接缝所采用的黏结剂应符合结构设计与节段施工作业要求,固化后的力学性能不应低于设计要求。

(4)架桥机

①进行节段拼装施工所使用的架桥机必须满足施工所需要的起重能力、跨越能力、转弯半径,以及施工满荷载时的刚度、强度及稳定性要求。同时,必须满足国家对于同类设备的有关安全及防护规定。

②架桥机拼装前应检查结构部件有无永久变形、焊缝开裂等现象,如发现上述现象,必须修整,使之达到设计要求。

③架桥机安装、调试完成后必须进行荷载试验。荷载试验应委托具备检验资质的检测单位进行。试验结束后应由检测单位及时提供试验报告,该报告应由架桥机使用单位及时报送有关管理单位审核备案,并由该部门出具架桥机使用安全许可证。

④每班施工前必须对架桥机的电控系统、液压系统进行检查。对于重复使用的受力部件,应定期进行检查,并严格按照设备供应商规定的使用次数进行更换。

⑤上行式架桥机的连梁、悬吊杆、卡具、穿心式千斤顶等悬吊体系的承载能力安全系数不应小于3.0,卷扬机钢丝绳的安全系数不应小于6.0。

⑥架桥机的起吊装置必须具备过载保护装置、卷扬机的过缠绕和欠缠绕保护装置、限位及缓冲装置、风速报警装置、避雷装置等。

⑦架桥机进行节段拼装、移动就位等操作时,必须严格按照设备供应商提供的架桥机操作手册的有关规定进行操作。

⑧架桥机各部件的维护保养应严格按照设备的维护保养要求定期进行。架桥机发生故障时,必须严格按照设备维修手册进行维修或通知设备供应商进行维修。

7 质量控制

7.1 参照标准

国外参照标准:美国规范系美国 AASHTO(美国公路与运输联合会)编制的 DESIGN AND CONSTRUCTION OF SEGMENTAL CONCRETE BRIDGES(1999 年版),参照该书中的第二部分:施工规范,欧洲 FIP 环氧树脂施工标准。

国内参照标准:《公路桥涵施工技术规范》(JTJ 041—2000)、《公路工程质量检验评定标准》(JTG F80/1—2004)、《市政桥梁工程质量评定检验标准》(DBJ 01-23—95)、《市政桥梁工程质量评定检验标准》(CJJ 02—90)及其他国家及行业现行的有关强制性标准的规定。

7.2 工程质量控制标准

工程质量控制标准参见表2和表4~6。

预应力节段梁安装的质量检验标准 表4

序号	项　目	规定值或允许偏差(mm)	检验频率		检验方法
			范　围	点　数	
1	轴线偏位	10	每跨	5	用经纬仪检查
2	相邻节段间接缝高差	5(顶面)	每条接缝	2	用尺量
		3(底面)	每条接缝	2	
3	支座偏位	5	每个支座	横纵各一点	用尺量
4	接缝宽度	±1	每条接缝	3	用尺量
5	梁长	-10,0	每跨	3	用尺量
6	梁顶面高程	-20,+20	每跨	6m一点	水准仪

后张法预应力筋张拉程序 表5

预应力筋		张拉程序
钢筋、钢丝束		0→初应力→1.05σ_{con}→(持荷2min)→σ_{con}(锚固)
钢绞线束	对于夹片式等具有自锚性能的锚具	普通松弛力筋0→初应力→1.03σ_{con}(锚固) 低松弛力筋0→(持荷2min)→σ_{con}(持荷2min锚固)
	其他锚具	0→初应力→1.05σ_{con}→(持荷2min) 0→σ_{con}(锚固)
钢丝束	对于夹片式等具有自锚性能的锚具	普通松弛力筋0→初应力→1.03σ_{con}(锚固) 低松弛力筋0→初应力→σ_{con}(持荷2min锚固)
	其他锚具	0→初应力→1.05σ_{con}→(持荷2min) 0→σ_{con}(锚固)
精轧螺纹钢筋	直线配筋时	0→初应力→$\circ_{con}$(持荷2min锚固)
	曲线配筋时	0→σ_{con}(持荷2min)→0(上述程序可反复几次) 初应力→σ_{con}(持荷2min锚固)

后张法预应力筋断丝、滑移限制 表6

类　别	检查项目	控制数
钢丝束钢绞线	每根钢丝断或滑丝	1根
	每根钢绞线断丝或滑丝	1丝
	每根断面断丝之和不超过该断面钢丝总数的百分比	1%
单根钢筋	断丝或滑移	不容许

7.3 质量保证措施

7.3.1 节段梁拼装

(1)将墩侧相邻的节段提升到设计高程初步定位后应立即测量,调整节段的纵轴线使之与端块纵轴线的延长线重合。

(2)使其横轴线与端块的横轴线平行且间距符合设计要求。

(3)应检查端块件与相邻节段间孔道的接头情况,安装并调整接缝间孔道接头(塑料波纹管)后,方可将相邻节段固定。

(4)其他节段连续拼装,过程中进行测量复核。

7.3.2 真空压浆

(1)孔道接口必须保证真空度的要求,采用橡胶圈接口,同时保证其结构尺寸。

(2)由于真空泵的储浆罐不易清洗,要求储浆罐入口阀门前增设旁通阀门来排除废浆。真空泵用水要求采用循环水。

(3)灌浆前确定抽空端部及灌浆端,安装引出管、球阀和接头,并检查其功能。

(4)水泥浆体必须满足如下技术要求:

浆体水灰比为0.3~0.35;

浆体初凝时间>6h。

(5)灌浆前先启动真空泵抽孔真空式真空泵达到0.06~0.1MPa并保持稳定。

(6)当灌浆泵输出的浆体达到要求稠度时,浆泵上的输出管接到锚垫板上的引出管上,开始灌浆。灌浆过程中,真空泵保持连续工作,待抽真空端的透明网纹管中有浆体经过时,关闭空气滤清器前端的阀门,稍后打开排气阀。当水泥浆从排气阀顺畅流出,且稠度与灌入的浆体相当时,关闭抽真空端所有的阀。灌浆泵应继续工作在压力不大于0.7MPa下持压1~2min。

(7)完成当日灌浆后,必须将所有沾水泥浆的设备清洗干净。安装在压浆端及出浆端的球阀应在灌浆后5h内拆除并进行清理。

7.3.3 接缝间涂抹环氧树脂胶

(1)采用胶接缝拼装的块件,涂胶前应就位试拼。黏结剂应采用环氧树脂,使用前应经过试验符合设计及规范要求方可使用。

(2)接缝施工应满足:混凝土表面应尽量平整,混凝土松散表面层及附着的水泥应清除干净,涂胶前表面应干燥和洁净。

(3)环氧树脂胶使用前充分搅拌,涂抹均匀厚度一致,胶缝加压被挤出的环氧树脂胶应及时清理干净。

(4)涂胶人员应有防护设施。

(5)胶结缝采用预应力(挤压)0.2MPa,挤压应在30min以内完成。在固化之前应清除被挤出的胶结料。

7.3.4 拉临时预应力

(1)临时预应力的构造和工艺应符合设计要求。

(2)临时预应力选定的点数及部位可按设计规定。

(3)用于工程张拉的千斤顶应进行标定,验收合格后方可使用。

7.3.5 永久性支座安装

(1)永久性支座在安装前,应检查产品合格证书中有关技术性能指标,安装支座应按图纸要求和有关规范要求。

(2)支座下面的垫石混凝土的强度应符合设计要求,顶面要求高程准确,表面平整。

(3)用环氧树脂砂浆灌注底脚螺栓孔及支座底面垫层,环氧树脂砂浆硬化后,拆除支座四角临时钢铁楔并用环氧树脂砂浆填满,抽出楔块的位置。

(4)整孔梁体张拉前,要测试支座垫石强度,满足设计要求后方可张拉。

7.3.6 体内预应力施工

(1)预应力张拉筋的张拉顺序应符合设计要求。

(2)体内预应力在张拉前应测定管道摩阻损失值,如摩阻超过容许值,须采取相应措施。

(3)预应力筋在张拉控制应力值达到稳定后方可锚固,预应力锚固后外露长度不小于30mm,锚具应用封端混凝土保护(当需长期外露时应采取防锈措施)。

(4)锚固完毕后并经验收合格可以将多余的预应力筋切割保护起来(严禁用电弧焊切割)。

7.3.7 体外束施工

(1)体外束采用可更换型的钢绞线,防腐采用涂防腐油脂外包HDPE分体式成品束。

(2)体外束自由长度超过6m需加设减振设施,锚区范围内灌注环氧水泥浆,锚头为可更换型。

(3)标定施工机具并进行调试,所有机具运输到场地后,进行试运行,确保正常后即可调至工作台面就位。

(4)在合适位置布置慢速卷扬机以及滑轮组,做好穿束准备。

(5)安装转向器,将转向器放进钢套筒内,并进行临时固定,两边露出长度大致相同。

(6)安装钢套管与转向器之间的橡胶板,将套管与转向器之间的空隙用橡胶条塞满。

(7)体外束穿束,成品束卷成盘运抵工地就位,利用卷扬机牵引缓缓接盘束并穿过对应预留束孔。牵引过程中,采用可靠的保护措施防止束体表面的 HDPE 护套受到机器损伤。在体外束进入节段梁上的锚固端延长钢管前,根据精度测量的束梁锚固区端部的实际距离,剥除两端 PE 层,确保在张拉后束 PE 层进入预埋管的长度在 100 ~ 600mm,用清洗剂除去裸露的钢绞线的防腐油脂。

(8)第一次压浆(钢套管和转向器之间灌注水泥浆):钢套管与转向器之间的孔道两端,设置灌浆管和排气管,从低点灌浆高点排气,用纯净水泥浆灌浆。

(9)体外束张拉:安装锚具及夹片,力求各根钢绞线孔位要对齐,锚具紧贴锚垫板并注意保护各组装件不受污渍。张拉时采用 YCQ400 千斤顶进行整体张拉。张拉控制应力程序为 $0 \rightarrow 10\% \sigma_{con} \rightarrow 20\% \sigma_{con} \rightarrow 100\% \sigma_{con}$(持荷 2min)→锚固。

8　安全措施

(1)拼装作业前应仔细阅读拼装方案和技术交底,操作人员要经过培训。起重工、电工、电焊工、信号工、登高架子工等特殊工种须持特种作业操作证上岗。严禁酒后作业。

(2)拼装施工前应对架桥机以下各部分进行检查:所有结构的安装正确性、符合性;所有结构的异常永久变形或破坏情况;高强螺栓的预紧情况;膨胀销的安装正确性;各液压站的运转情况;各管路的安装正确性;各油缸的动作情况;各系统的泄漏情况;电气系统的安装正确性等架桥机专项检查。在确保上述部分正确无误后,方可进行使用。

(3)进行节段吊装作业,必须使用设备设计的吊点,合理穿挂索具,作业时应缓起缓落,并用控制绳保持物体平衡。大雨、大雾及风力六级以上(含六级)等恶劣天气必须停止作业。

(4)吊索具必须使用合格产品,对每一副吊具都必须进行检查,保证吊具上和销子上的所有标记都可以识别,并符合相关规定。

(5)钢丝绳根据用途保证足够的安全系数,凡表面磨损、腐蚀、断丝超过标准的,或打死弯、断股、油芯外露的禁止使用。

(6)施工人员应在规定的安全通道、梯道上行走或上下,在专用的操作平台上进行操作,架桥机四周设置护栏。

(7)开始起吊前,运行线路的地面有人或落放吊物时,应鸣铃示警。严禁吊物从人员上方越过。吊机行驶时,吊物离周围障碍物的距离必须大于 50cm。停止作业时,必须将吊物放至地面。

(8)施工区所使用的手持电动工具必须安装漏电保护装置,金属外壳的设备必须接保护零线,工具在使用前要进行必要的检测,合格后方可使用。

(9)高空作业时所有的工具物件必须码放平稳,不得任意堆放,传递物件时不能抛掷,防止坠落,任何零件都要事先加以固定,以防跌落伤人。

(10)高处作业与地面联系,应有专人负责,或配有通信设备。

(11)使用梯子进行攀登作业时,梯子底部应坚实不得垫高使用。上下交叉作业时应错开距离,不得在同一垂直方向上操作。

(12)在使用手拉葫芦时,悬挂支撑点必须牢固,使用三角架悬挂时,基础应坚实,三支腿要受力均匀,防止滑动或倾覆。重物吊起后发生卡链时,应在重物下方支垫后进行检查修理,不得硬拉。严禁使用手动葫芦斜拉重物。

(13)在使用千斤顶的工程中,顶升重物必须在重心位置,如需用千斤顶纠正偏斜物体时,放置千斤顶的台座必须坚固可靠。顶升重物过程中,千斤顶出现故障时,应在重物支垫稳固后,再取出修理。

(14)进行涂胶作业施工时,作业人员必须佩带橡胶手套和护目镜。

9 环保措施

(1)进行涂胶作业施工时,应做好防护措施,当拼装涂抹作业下方开放交通时,必须在车道上方设置防滴落的装置,防止环氧树脂胶遗洒。施工剩余环氧树脂胶应妥善保管。

(2)施工中对机械进行定期检查,防止漏油污染。

(3)对施工人员定期教育,防止噪声污染。

10 效益分析

10.1 社会效益

(1)交通影响小:现浇梁、钢混组合梁跨路施工需支搭"满堂红"支架或支搭临时支架,侵占道路宽度1/2~1/3,频繁造成交通拥堵。而节段拼装桥梁不占用现况道路,架桥机架设在桥梁中墩、边墩上或盖梁上,对交通影响极小。

(2)运输成本低:预制节块重量轻、尺寸小,运输方便,普通平板拖车即可运输。而大部分预制梁、钢梁运输需使用轴线运输车,并由交管部门护送开路,交通影响大,运输成本高。

(3)施工速度快:现浇梁一般施工周期为两个月,而节段拼装桥梁一周即可拼装一跨,对环境影响时间短。

(4)工程质量好:节段构件在预制厂制作,外观及内在质量容易控制,易于工程质量的提高。

10.2 环境效益

(1)噪声低、无扬尘:节段在预制厂预制,无需在现场进行支架支搭、钢筋绑扎、清吹模板、混凝土浇注、振捣等工作,施工现场不设钢筋及模板加工厂,施工噪声低、无扬尘。

(2)节省木材:一般现浇梁每平方米消耗木材约1.33m^3,仅四丰立交1号匝道桥即需要消耗木材约3 336m^3。而节段构件采用钢模板预制,且重复使用,与现浇梁相比节省了大量木材的使用。

10.3 经济效益

四丰立交1号匝道桥节段梁结构部分的桥长254.5m,宽8.45m,面积2 510.525m^2,总造价938.74万元,单位造价4 365.19元/m^2。与其他桥梁结构相比,由于T梁、工字梁在结构上与节段梁有着较大的差异,混凝土和钢筋等用量上相差较多,故造价差距较大;但节段梁与现浇预应力箱梁及钢箱梁相比,差距不是很大,甚至比钢箱梁造价还低。由于四丰立交1号匝道桥节段梁施工为北京市首次实施,使用预应力比例相对较大,尤其是体外预应力束比例大、费用高,节段钢筋含量也较大,施工中不确定因素较多,人力物力财力的投入与正常施工相比,肯定偏大。但随着对该项技术的推广使用和研究总结,设计及施工均有较大的优化空间,该施工方法的性价比优势将会愈发显著。并且由于其对交通影响小、施工速度快、噪声低、无扬尘、节省木材、保护环境等特点所带来的社会经济效益、环境效益是难以用金钱计算的(表7)。

节段梁与其他桥梁结构工程造价比较表 表7

序号	名称	单位造价(元/m^2)	备注
1	节段梁	3 492.15	
2	钢梁	3 548.29~6 329.70	
3	现浇箱梁	1 452.29~2 185.12	
4	T形梁	1 303.00~1 561.74	
5	工字梁	1 200	

11 应用实例

由于城市立交桥梁施工对现况交通的影响越发严重,2002年底北京市公联公司组织市政设计院、市政一公司引进开发预制节段逐跨拼装施工技术,其目的就是以四丰立交1号匝道桥的节段拼装施工为依托,研究一套适用于预制节段逐跨拼装施工的施工工法和质量检验标准,从而推广应用,为解决桥梁施工对城市交通及环境的影响寻找一种可行的途径。

11.1 项目研究的技术路线

项目调研:查询国内外该工艺的发展情况、相应的规范、标准以及关键技术、设备、施工材料等。

工艺试验:模拟实际施工,最大限度地对各道工序的施工方法进行比较和验证,并对部分施工材料、辅助设备进行比较和选择。

编制施工指南:通过项目调研及工艺试验草拟预制节段逐跨拼装施工指南及质量标准。

工程实施:参照施工指南进行四丰立交1号匝道桥节段拼装施工,并根据实际情况对施工指南进行调整、补充和修改。

编制施工工法及质量标准:通过总结四丰立交1号匝道桥节段拼装施工,以及对相关技术、质量、试验、检验等资料的分析,并结合国内外相关规范、标准编制该工艺施工工法及质量检验标准。

11.2 项目调研

自2003年1月开始,北京市政一公司即成立了预制节段拼装施工科研小组。先后赴泰国、新加坡、上海等地参观学习预制节段拼装施工,先后搜集、翻译了美国AASHTO节段拼装施工规范、欧洲FIP环氧树脂施工标准。分别与桥梁设计方、架桥机设计方、预制构件厂及施工所涉及的各种设备、材料厂家和相关科研单位进行技术了交流。

11.3 工艺试验

由于目前该工艺在国内尚无相应的设计及施工技术规范,且国内可借鉴的应用实例极少,设计与施工需进行多项新技术、新工艺的研究。为此于2004年8月至9月在房山桥梁厂,在市政设计院、丰盛构件厂、铁科研等有关单位的配合下使用5块足尺比例试验节段进行了节段梁拼装工艺试验,其目的是对部分前期编制的施工工艺及选择的施工方法进行验证,并对部分施工材料、辅助设备进行比较和选择。试验模拟实际施工分别进行了节段对拼、涂胶、临时预应力张拉、湿接头施工、体内预应力张拉、真空灌浆、支座安装等工序的试验。

11.4 四丰立交1号匝道桥施工

2004年8月至12月在北京四丰立交1号匝道桥进行了北京首座预制节段拼装桥梁的施工。

1号匝道桥上部结构为单箱单室7跨后张预应力混凝土简支梁,每跨长36m,桥长252m,宽8.45m,面积2 130m^2。混凝土预制节段为3种,即2.5m长端块、2.5m长标准块、3m长标准块,最大节段重量约为41t。预应力体系分为体内预应力和体外预应力两种,其中体内预应力束为10束,采用1 860MPa高强低松弛钢绞线,配套使用HVM锚头、锚具及塑料波纹管,管道灌浆采用真空压浆;体外预应力采用分体式体外预应力,外裹PE的普通钢绞线,蜂窝式钢制转向器,整体式可更换锚头,体外预应力束共为6束;体内、体外预应力束均为单向张拉。节段拼装接缝为胶接缝,即采用环氧树脂胶接缝。

节段拼装施工采用LG-900架桥机,该架桥机施工宽度为8~10.5m,最大跨径50m,最小曲线半径150m,最大起吊节段重量75t,最大施工纵坡5%,最大施工横坡6%(图12)。

图12 北京四丰立交1号匝道桥节段拼装施工

施工以前期编制的预制节段逐跨拼装施工指南及质量标准为指导,通过试验跨施工,对施工指南进行调整、补充和修改,逐步形成了成熟的施工工法。该工法通过北京四丰立交1号匝道桥施工的实践检验,证明可以满足国家、地方以及行业关于桥梁施工的技术、质量和施工安全的相关要求,达到了设计标准,有效地指导了施工。

系杆拱桥吊杆更换施工工法

GGG(浙)C3099—2010

王玲才　黄今浩　陈　军　周松国

(腾达建设集团股份有限公司　杭州市市政工程集团有限公司)

1　前言

随着社会生产力水平的不断提高,公路及城市交通货运载重量和客流量都日益增加,对桥梁的损坏也越来越大,从而大大缩短了桥梁的使用寿命。早期建造的一些系杆拱桥在日晒雨淋以及日益增加的交通流量情况下而出现了吊杆内积水、吊杆内部砂浆不均匀、钢丝束外露、锈蚀、松弛、位置偏移等问题,因此为了延长老系杆拱桥的使用寿命,必须对其吊杆进行更换。

我公司结合杭州市叶青兜桥吊杆更换工程的实际施工经验总结出了"一种钢筋混凝土系杆拱桥更换吊杆时取出旧吊杆的方法",并且向国家知识产权局申请专利,现已经被国家知识产权局受理,同时形成了系杆拱桥吊杆更换的施工工法。

2　工法特点

(1)通过吊杆更换能大大延长老桥的使用寿命;

(2)工艺简单,工人易掌握和操作,施工速度快;

(3)吊杆更换现场周边设置防护支架,施工安全性能高;

(4)具有较好的社会效益和经济效益。

3　适用范围

本工法适用于中下承式钢筋混凝土系杆拱桥的吊杆更换。

4　工艺原理

吊杆更换施工技术关键在于原吊杆和临时吊杆、临时吊杆和新吊杆之间力的相互转换的控制。首先是临时吊杆与原吊杆之间的力转换,即用千斤顶同步张拉4根临时吊杆,使每根临时吊杆的受力相等且总和等于原吊杆设计索力的20%,以使临时吊杆先承担部分恒载,然后割断吊杆的1/5钢丝束,以此类推共分5个阶段,最终使原吊杆的设计索力全部由4根临时吊杆承受。在安装新吊杆后就进行新吊杆与临时吊杆之间的力转换,即先张拉新吊杆至20%设计索力,然后对4根临时吊杆同步卸载20%索力,以此类推共分5个阶段,最终使新吊杆张拉至100%设计索力,同时将临时吊杆全部卸载后拆除。

5　施工工艺流程及操作要点

5.1　施工工艺流程图

系杆拱桥吊杆更换的施工工程序如图1所示。

5.2　工艺操作要点

5.2.1　支架工程

吊杆更换的施工现场均在拱肋顶,且拱顶离桥面比较高,故需要搭设支架,建立空中施工通道、平台来进行吊杆更换,满足监控的要求,支架搭设参见图2。

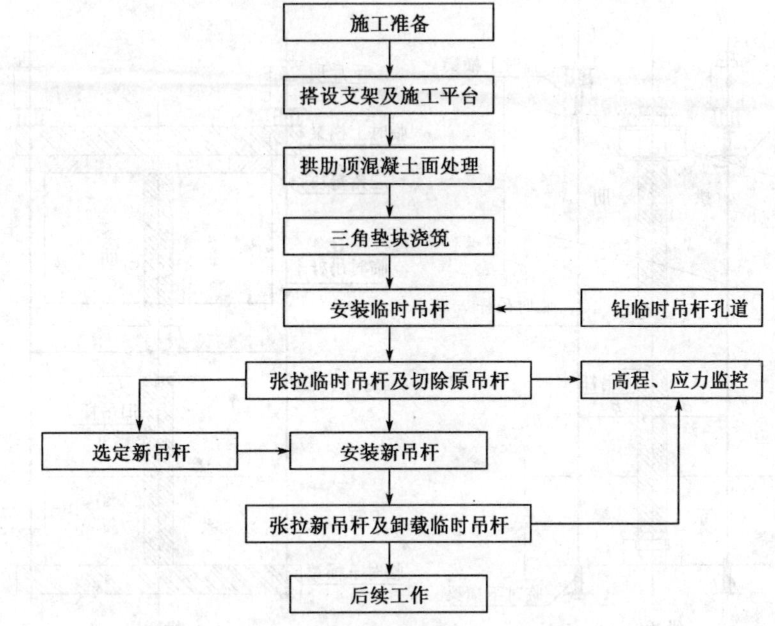

图1 系杆拱桥吊杆更换施工工艺流程图

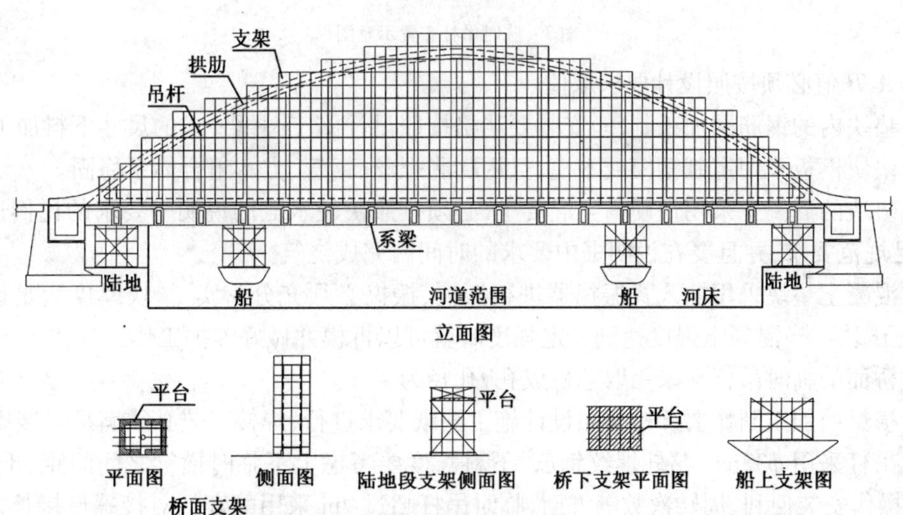

图2 支架搭设示意图

(1)通过对支架的强度和稳定性验算确定支架的立杆间距。

(2)严格按照规范要求以及经受力计算分析确定的立杆间距搭设支架、设置剪刀撑和水平加固杆。

(3)根据吊杆位置和施工操作空间确定支架平台的位置、高度和平面尺寸。

(4)当桥下为陆地时按陆地段进行支架搭设,原地面必须经过地基处理以满足支架承载力的要求。

(5)当桥下为河道时则按船上支架搭设,在施工过程中要将船体抛锚稳固,并用钢丝绳或麻绳与岸上锚固栓绑紧。

(6)在支架四周设置栏杆和密目网以确保操作人员的安全。

5.2.2 临时吊杆施工

每更换一根旧吊杆需要4根临时吊杆、4根临时横梁和2个三角垫块,临时吊杆的具体布置参见图3。

临时吊杆在施工过程中的具体要求有以下几点:

(1)在浇筑混凝土三角垫块前要必须对拱肋顶面进行凿毛、清洗处理,以提高三角垫块与拱肋间的抗滑能力。

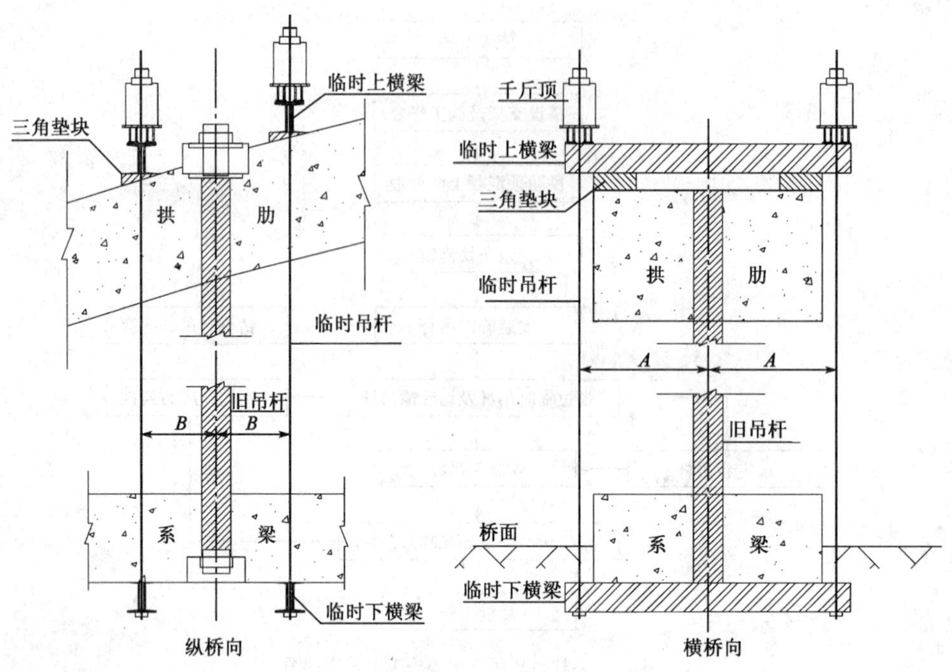

图3　临时吊杆布置示意图

(2)图中 A、B 值必须按照设计要求取值。

(3)三角垫块内的钢筋网加工制作、安装要严格按照设计施工图纸要求的尺寸下料加工。

(4)三角垫块模板采用定制钢模或木模,且用膨胀螺丝、钢管、方木组合体系稳固。

(5)三角垫块的混凝土采用快硬高强混凝土,必须按照快硬水泥的说明书要求的比例进行拌和,拌和时间应满足规范要求,并且要在说明书中要求的时间内完成浇筑。

(6)三角混凝土垫块采用插入式振捣器进行振捣,振捣必须充分密实,垫块厚度满足设计要求,同时制作混凝土试块。当混凝土强度达到一定强度时就可以拆模并做好养护工作。

(7)穿过桥面的临时吊杆孔采用取芯机成孔,孔径为4cm。

(8)临时横梁的加工制作要严格按照设计施工图纸要求进行,焊接工艺必须满足焊接规范要求。

(9)临时吊杆采用 ϕ32mm 精轧螺纹钢筋,下料长度要考虑上下临时横梁之间间距、千斤顶张拉工作长度、工人操作安装便利、周转次数等方面,临时吊杆超过9m 采用配套的对接螺母接长,接好后要使对接的临时吊杆在同一垂线上。

(10)临时吊杆、横梁的安装采用吊机配合人工安装就位,就位后的位置要进行复核以确保临时吊杆位置正确且在张拉时竖直受力。

(11)在安装千斤顶前先用配套螺母进行临时固定。

5.2.3　拆除原吊杆

拆除原吊杆的关键过程是原吊杆与临时吊杆之间的力转换,临时吊杆采用千斤顶分阶段张拉加载,原吊杆则是按阶段比例数量割断钢丝束内的钢丝卸载。

在拆除原吊杆过程中具体要求有以下几点:

(1)原吊杆与临时吊杆之间的力转换过程必须是在桥梁仅受恒载作用下进行,即桥梁段必须断交通。

(2)原吊杆与临时吊杆之间的力转换过程应全程监控各监控点的高程变化,原吊杆、拱肋、系梁构件的应力变化,以确保施工安全。

(3)由人工持切割机具设备将原吊杆的外露段护管割除,割除过程中要注意对钢丝束的保护,避免将钢丝割断。

(4)为了防止钢丝突然蹦断导致事故的发生,采用软质材料绑紧原吊杆以起到阻尼作用。

(5)在同根吊杆处用四台千斤顶同步张拉 4 根临时吊杆,每根临时吊杆的受力相等且总和等于设计索力的 20%,以使临时吊杆先承担部分恒载,并使上下临时横梁与拱肋和系梁贴紧,然后割断钢丝束总数的 1/5,以此类推共分 5 个阶段,最终使原吊杆的设计索力全部由 4 根临时吊杆来承受。

(6)原吊杆内的钢丝全部割断之后,分成了拱肋部分和系梁部分,首先将原钢丝束两头的墩头部分磨光,再采用手拉葫芦、墩头器等机具进行逐根拔除。

(7)钢丝拔除顺序为先抽出中央的钢丝,再由内向外依次抽出。

(8)当拱肋部分在拔除过程中发生断丝无法进行钢丝拔除时则用乙炔气割钢丝束,然后用洞敲进行孔道混凝土清理。

(9)当系梁部分在拔除过程中发生断丝无法进行钢丝拔除时则先用岩芯钻机进行套钻,待其钻至原钢垫板位置时则采用乙炔气割钢丝束,然后用洞敲进行孔道混凝土清理。

(10)钢丝束拆除完毕后,对保留使用的下锚垫板(系梁端)和护管进行除锈。先用钢刷刷去原有锚垫板和护管内侧表面的铁锈,直至去除附着污物,然后再用丙酮清洗除锈。

(11)将拆除下来的旧吊杆钢丝、墩头锚等进行编号标识后封存。

5.2.4 新吊杆安装

新吊杆安装的关键过程是临时吊杆与新吊杆之间的力转换,新吊杆采用千斤顶分阶段张拉加载,临时吊杆则用千斤顶分阶段张拉卸载。

在更换新吊杆过程中具体要求有以下几点:

(1)临时吊杆与新吊杆之间的力转换过程必须是在桥梁仅受恒载作用下进行,即桥梁段必须断交通。

(2)临时吊杆与新吊杆之间的力转换过程应全程监控各监控点的高程变化、新吊杆、拱肋、系梁构件的应力变化以确保施工安全。

(3)对保留使用的旧吊杆的护管和下锚垫板除锈后,将护管接长至设计高程。

(4)将拱肋内原先割断的钢筋重新焊接,并布置钢筋网,设置模板灌入锚下快硬混凝土。待混凝土达到设计强度之后,安装新的上锚垫板(拱肋端)。

(5)新吊杆采用卷扬机、吊机配合人工进行安装,吊杆的下料长度应该按照设计要求进行,在安装过程中要注意保护新吊杆。

吊杆的安装按以下六步骤进行:

①拧出吊杆上端螺母,装到待穿吊杆的预留孔道槽内。

②启动卷扬机,将牵引钢丝绳由待穿吊杆的拱上预留孔道放下。

③将牵引绳的连接头与吊杆上端的锚杯连接起来。

④再启动卷扬机,缓慢将吊杆牵引向上,穿出拱肋预留孔道,拧上上端螺母。

⑤卸下牵引连接头。

⑥在系梁下面拧上下端螺母。

(6)采用 1 台千斤顶先对新吊杆加载 20% 的设计索力,不使其松弛并具备一定的初应力,然后 4 台千斤顶同步卸载 20% 临时吊杆力,并使卸载的临时吊杆总力等于加载的新吊杆力,以此类推共分 5 个阶段,最终使新吊杆张拉至 100% 设计索力,持续两分钟后锚固。

5.2.5 张拉工程

(1)临时吊杆、新吊杆的张拉过程中必须进行“双控”,即对张拉控制力和伸长值的控制。

(2)张拉前必须对千斤顶与压力表进行配套校验标定,以确定张拉力与压力表之间的关系曲线。

(3)新吊杆、临时吊杆等材料进场时除按出厂合格证和质量证明书核查类别、型号、规格和数量外还应按照规范及设计要求进行检验。

(4)新吊杆、临时吊杆等材料设专人保管,存放、搬运过程中加强保护,避免锈蚀、沾污、遭受机械损伤或散失。

(5)实施张拉时,千斤顶的张拉力作用线必须与临时吊杆、新吊杆的轴线重合一致。

(6)张拉过程中设专人指挥,配备步话机,以确保临时吊杆张拉同步。

5.2.6 监控要求

(1)拱肋、系梁应变监控

测试断面为每根吊杆相应位置的拱肋、系梁、拱脚。测试方法采用弦式应变计。吊杆更换的每个施工阶段都进行应变测试。

(2)拱肋高程监控

对每根吊杆相应位置的拱肋部位进行高程监控,测试方法采用全站仪。吊杆更换的每个施工阶段都进行拱肋高程测试。

(3)吊杆张力监控

为了保证吊杆张拉数据的准确,在每根吊杆的系梁、拱肋部位埋设应变计、压力环,随时监控吊杆的张力。吊杆更换的每个施工阶段都进行吊杆张力的监控。

(4)拱座位移监控

在拱座上埋设了位移测试点,主要观测拱座的纵桥向位移和沉降。在每根吊杆的更换过程中对两岸拱座的纵向位移和沉降都进行监控。

(5)监控警戒值

每个监控项目的警戒值以及频率要求必须满足设计要求。

5.2.7 后续工作

(1)新吊杆张拉到位之后,拆除上下临时横梁、临时吊杆。

(2)对露出拱肋外的吊杆锚内部用注浆泵对下预埋管内灌注防腐油脂,以防渗水和腐蚀,外部加装防水罩和锚头罩。

(3)对外露的锚头罩、防水罩和锚垫板应进行喷砂除锈防腐处理。

(4)对于锚头罩、防水罩和锚垫板的防腐的质量要求及施工工艺要求应符合《金属和其他无机覆盖层热喷涂锌、铝及其合金》(GB/T 9793—1997)的规定。

(5)对凿穿的车行道板内的钢筋在施工后应用新的钢筋焊接补强,新吊杆更换完毕之后,立即填上封锚混凝土。

6 材料与设备

6.1 材料

6.1.1 混凝土

按照拟浇筑的设计混凝土数量进行混凝土拌制,必须按照快硬水泥的说明书要求的比例进行拌和,混凝土原材料应符合设计及规范要求。

6.1.2 钢筋

根据工程量已经校核无误的设计施工图纸的数量进行采购,钢筋的规格应符合设计及规范要求。

6.1.3 预应力材料

根据工程量已经校核无误的设计施工图纸的数量进行采购,临时吊杆、新吊杆、锚垫板等材料规格必须符合设计及规范要求。

6.2 设备

以更换一根吊杆为例说明旧钢丝束吊杆更换过程的主要机具设备,如表1所示。

机具设备表　　表1

名　称	规　格	数　量	备注/拟用部位
汽吊	QY25	1辆	安装吊杆、吊装
手拉葫芦	MD1	1套	安装吊杆
卷扬机	JK3	1套	安装吊杆
千斤顶	YCW60B	4台	临时吊杆张拉
千斤顶	YCW100B	1台	新吊杆张拉
油泵	ZB4-500	3台	张拉工程
岩芯钻机	HT-150	1台	套孔
插入式振动器	ZN35	1台	混凝土工程
气割设备	乙炔—氧气	1套	切割
脚手架	碗扣式	20t	支架工程
货船	60t	1艘	桥下支架
水准仪	S3	1套	测量工程

7　质量控制

7.1　模板工程

模板工程按照《市政桥梁工程质量检验评定标准》(CJJ 2—90)、《公路桥涵施工技术规范》(JTJ 041—2000)的要求进行质量控制。模板工程安装允许偏差如表2所示。

模板工程安装允许偏差表　　表2

序　号	项　目	允许偏差(mm)
1	模板高程	±10
2	模板内部尺寸	±20
3	轴线偏位	8
4	相邻两板表面高低差	2
5	表面平整度	5

7.2　钢筋工程

钢筋工程按照《市政桥梁工程质量检验评定标准》(CJJ 2—90)、《公路桥涵施工技术规范》(JTJ 041—2000)的要求进行质量控制。其中钢筋的焊接还应符合《钢筋焊接及验收规程》(JGJ 18—2003)的要求。钢筋工程允许偏差如表3所示。

钢筋工程允许偏差表　　表3

序　号	项　目		允许偏差(mm)
1	网的长、宽		±10
2	网眼尺寸		±10
3	网眼的对角线差		±10
4	钢筋骨架尺寸	长	±10
5		宽、高或直径	±5
6	保护层厚度		±5

7.3　混凝土工程

混凝土工程按《市政桥梁工程质量检验评定标准》(CJJ 2—90)、《公路桥涵施工技术规范》(JTJ

041—2000)、《混凝土结构工程施工质量验收规范》(GB 50204—2002)的要求进行质量控制。混凝土工程允许偏差如表4所示。

混凝土工程允许偏差表　　表4

序　号	项　目		允许偏差(mm)
1	混凝土抗压强度		必须符合规范规定要求
2	断面尺寸	宽	+5
3		长	±20
4	顶面高程		±10
5	平整度		5
6	麻　面		每侧面不大于1%
7	纵横轴线		8

7.4 脚手架工程

脚手架工程按《建筑施工扣件式钢管脚手架安全技术规范》(JGJ 130—2001/J 84—2001)的要求进行控制。脚手架工程允许偏差如表5所示。

脚手架工程允许偏差表　　表5

序　号	项　目		允许偏差(mm)
1	垂直度	每步架	$h/1\,000$ 及 ±2.0
2		脚手架整体	$H/600$ 及 ±50
3	水平度	一跨内水平架两端高差	±$l/600$ 及 ±3.0
4		脚手架整体	±$L/600$ 及 ±50

7.5 预应力工程

预应力工程按《公路桥涵施工技术规范》(JTJ 041—2000)、《预应力筋用锚具、夹具和连接器应用技术规程》(JGJ 85—2002)、《预应力混凝土用钢丝》(GB/T 5223)、《预应力混凝土用钢绞线》(GB/T 5224)的要求进行控制。临时吊杆和新吊杆都不容许破断或破损,实际伸长值和理论伸长值偏差在6%之内,张拉控制力符合设计要求,张拉顺序必须符合规范及设计要求。

7.6 吊杆安装质量控制

吊杆安装顺直,无扭转,防护层完整,无破损,其质量控制标准如表6所示。

吊杆安装质量控制标准表　　表6

序　号	项　目		规定值或允许偏差(mm)
1	吊杆拉力		符合设计要求
2	吊点位置		10
3	吊点高程	高程	±10
4		两侧高差	20
5	吊杆防护		符合设计要求

8 安全措施

(1)水上作业的安全保证措施:

①患病和饮过酒的人员均不得参加水上作业(船上支架上)。

②进行水上作业前,先要落实防护设计,在船上支架的四周挂密目网。

③在水上作业地点放置救生衣,并且对水上作业人员进行如何正确使用救生衣的教育。

④对水上作业人员进行落水注意事项以及如何解救等方法的教育。

⑤随时与当地气象、水文站等部门保持联系，每日收听气象预报，并做好记录，随时了解和掌握天气变化和水情动态，以便及时采取应对措施。

⑥当六级以上大风时，停止水上工作，并检查和加固船舶、锚缆等设施。

(2)吊杆张拉安全保证措施：

①在张拉平台的四周设置防护网。

②在吊杆张拉前进行安全注意事项等技术交底。

③在吊杆张拉过程中应严格听从指挥人员的口令操作，以免出现事故。

④在原吊杆钢丝割断过程中应严格按照要求进行避免割少或割多而发生安全事故。

⑤在张拉之前对所有张拉设备进行检查并且试运转。

⑥张拉人员要戴手套、戴安全帽才可以进行张拉工作。

(3)由于施工高度大于2m就属于高空作业，吊杆更换施工必须符合国家现行的《建设工程安全生产管理条例》的要求。

(4)施工的人员必须佩戴安全带、安全帽及防滑鞋等保护措施，有恐高症人员不能高空作业。

(5)脚手架四周用安全网密封作业，禁止高空抛物。

(6)吊车驾驶员持证上岗，吊车作业时必须有专人指挥，禁止吊臂碰撞脚手架及作业人员。

(7)施工前要求全面进行现场电气设备检查，确保电气设备的使用安全。

(8)搭拆脚手架必须由专业架子工担任，并按现行国家标准考核合格，持证上岗。上岗人员应定期进行体检，凡不适高处作业者不得上脚手架操作。

(9)不得在脚手架上集中堆放模板、钢筋等物件。

(10)起重设备、上料斗应经常检查，钢绳应注意检查保修，各种扣件应经常加固保修。

(11)当风力大于6级时停止一切桥上和桥下的作业。

9　环保措施

(1)施工现场应保持清洁，以免机动车把泥土带到周围道路上，且适当洒水防止车辆行驶后尘土飞扬。

(2)施工污物不得随意排放或漫流，应按环保部门规定地点排放。

(3)施工场地应保持清洁整齐；水泥等粉尘物要保持袋袋罐装、妥善管理，不得裸露空置以防随风飘浮。

(4)各种机械设备都要控制噪声，噪声大的机械尽量不在晚间22～次日6点使用，必须夜间使用的高噪声设备要采取各种防护、降噪措施，使噪声尽量控制在市环保部门规定范围之内。

10　资源节约

通过吊杆的更换工法采用少量吊杆等材料从而大大延长了桥梁的使用寿命，节约了一笔新建桥梁的材料成本，从而大量节约了资源。

11　效益分析

11.1　延长老桥使用寿命

系杆拱桥吊杆更换工程在桥梁加固与维修工程范畴之内，通过吊杆的更换必定能大大延长桥梁使用寿命。如果原吊杆不进行更换，原吊杆或许在经过几年就会因锈蚀等原因发生断裂而导致桥梁不能继续使用，而经过更换后使系杆拱桥的受力体系得到了保证而延长了老桥的使用寿命。

11.2　提高老桥的安全使用性能

如果原吊杆不进行更换，原吊杆存在严重的安全隐患，或许在经过几年后某个时间就会因锈蚀等原因发生断裂而导致事故发生。通过吊杆的更换,消除了存在的安全隐患,而提高了老桥的安全使用性能。

11.3 节省基础设施投资成本

如果不进行更换,原吊杆或许在经过几年就会因锈蚀等原因发生断裂而导致桥梁不能继续使用,那样只能将老桥拆除后再新建其他桥梁,这样势必要一笔新建桥梁的成本,而经过吊杆的更换后使老桥恢复了原有的使用功能,从而达到节省基础设施投资成本的效果。

11.4 社会效益

当企业能如期优质地完成一项工程的建设,在工程项目获得优质工程奖项以及实体工程在社会中展现质量高的一面的同时,企业的信誉度以及社会的褒奖自然会得到提高,从而获得不可预见的社会效益。

12 应用实例

12.1 杭州市叶青兜桥吊杆更换工程

叶青兜桥建于1994年,为下承式钢筋混凝土系杆拱,桥梁共有34根吊杆,南北拱肋上各为17根,同侧相邻吊杆间距为4m,原吊杆材料为120ϕ5mm的高强钢丝,内灌环氧混凝土和钢砂,两端锚头均用混凝土封死。更换前旧吊杆护管内存有积水,积水呈强碱性,对钢丝具有较强的腐蚀性,吊杆内部砂浆不均匀,部分钢丝已经外露,存在明显锈蚀点,外层的钢丝已经有所松弛,部分钢丝束发生位置偏移。

2006年杭州市市政设施监管中心组织对叶青兜桥的吊杆更换建设,该工程中临时吊杆采用ϕ32精轧螺纹钢筋,精轧螺纹钢筋的抗拉强度标准值为770MPa,弹性模量为2.0×10^5MPa,临时横梁为2根Q235的[25b槽钢以4cm上钢板组焊而成,新吊杆采用柳州OVM公司的GJ15-12钢绞线型吊杆。施工单位一次性投入两套设备同时进行吊杆更换,在34日历天内按照本工法顺利完成了所有吊杆的更换工作,从而延长了叶青兜桥的使用寿命以及提高了桥梁安全性能。

12.2 上海市曹安公路拓宽改建工程24号桥

曹安公路拓宽改建工程第3标合同段,合同造价为10 538万元,全长约0.8km。其中24号老桥1座改建,计长543.852m,自2009年3月25日开始施工至2009年5月25日完成老桥改建工程。在施工过程中采用本工法顺利完成了所有吊杆的更换工作,从而延长了上海市曹安路24号桥的使用寿命并提高了桥梁的安全性能。

系杆拱桥中大吨位横梁千斤顶提升安装施工工法

GGG(浙)C3100—2010

江育龙　王玲才　黄今浩　朱俊峰
（腾达建设集团股份有限公司　浙江舜江建设集团有限公司）

1　前言

当系杆拱桥采用先拱后梁的无支架法施工时,桥面100t以上大吨位横梁一般采用大型起重设备进行安装,并通过吊杆固定就位。但大型起重设备对施工场地条件要求较高,同时台班费用昂贵。我公司在上海市交通六号线赵家沟大桥等系杆拱桥的施工过程中,形成了系杆拱桥大吨位横梁的千斤顶提升安装工法,该工法无需使用大型起重设备,而是通过采用提升用千斤顶进行连续提升作业来安装横梁,从而为大吨位横梁安装工艺开辟了新的途径,发展了系杆拱桥的无支架施工法,该工法技术先进,加快了施工进度,节约工程成本,具有明显的社会效益和经济效益。

2　工法特点

(1)起吊能力大:本工法根据横梁安装吨位灵活配置提升千斤顶和提升钢绞线,具备很强的起重能力,在两台千斤顶同时提升的情况下,最大安装能力可达到700t以上,远远超出了传统的起重设备。

(2)适应性强:千斤顶作业占用的施工空间小,可在高空进行连续提升作业,机动灵活,既可应用于水上作业,又可应用于陆地施工。

(3)施工速度快:只要配置足够数量的千斤顶,不同位置的横梁可以做到同步平行施工,有利于加快施工进度,加快施工工期。

(4)环境影响小:本工法无噪声污染,对周边环境几乎无干扰,避免了大型起重设备产生的机械噪声,最大程度上减小了对社会的影响,尤其适合在对环境要求较高的城市居民密集区域的系杆拱桥施工中应用。

3　适应范围

采用先拱后梁法施工的系杆拱桥,吊杆下导管及底端锚垫板已预埋在预制桥面横梁内的横梁吊装工程。

4　工艺原理

(1)连续千斤顶可安装于梁底或拱顶。两种安装方式组成的提升工作系统原理一致,但实现的功能不一样:当千斤顶安装于拱顶时,可组成卸车提升系统,用于将已运输至吊杆下方的大吨位横梁从运输工具(车辆或船舶)上提升后,放置在临时支架上,从而实现横梁卸车的功能;当千斤顶安装于梁底时,可组成横梁安装提升系统,直接将横梁从运输工具或临时支架上进行提升,并安装至设计高程就位,实现横梁提升安装就位的功能。提升系统的工作原理是:连续千斤顶、提升钢绞线、挂索式连接头共同组成提升工作系统,工作时千斤顶以拱肋作为反力支撑,产生的反推力将横梁连续不断地向上缓慢推动,直至横梁安装至设计高程。

(2)提升系统由提升千斤顶、A和B两套专用自动工具锚、提升钢绞线、挂索式连接头组成。当千斤顶安装于梁底用于横梁安装时,提升系统示意图见图1;提升钢绞线一端通过挂索式连接头与吊杆下锚杯的内螺纹连接,另一端安装在横梁底部的穿心式液压提升千斤顶上。当千斤顶安装于拱顶用于横梁卸车时,提升系统示意图见图2。提升钢绞线一端通过挂索式连接头与安放在横梁下导管内的卸车拉杆相连接,另一端安装在拱顶的穿心式液压千斤顶上。提升开始后,开启液压油泵,提升千斤顶缸腔匀速升压,活塞不断伸长,专用自动工具锚具A的工具夹片自动夹紧,横梁开始提升;提升完成第一个行程后,专用自动工具锚具B的工具夹片再自动夹紧,横梁保持不动,液压油泵统一逐步回油,提升千斤顶统一慢慢回程。完成第一个循环之后,重复以上的步骤,进行第二个,第三个循环,直到将横梁提升到设计高程后,将吊杆底端螺母锁紧锚固,横梁安装就位。

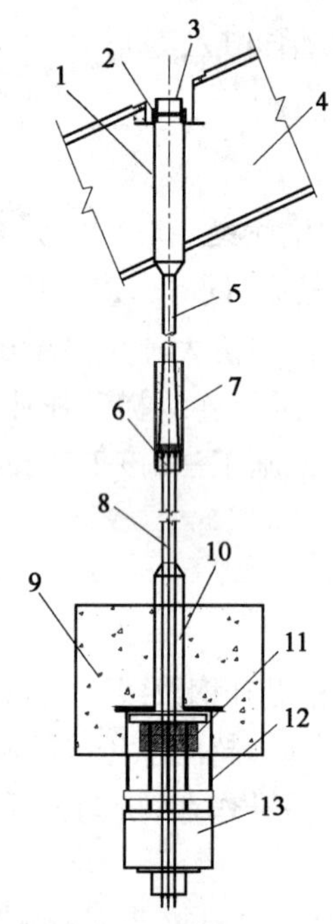

图1 横梁安装提升系统示意图

1-吊杆上导管;2-顶端螺母;3-上锚杯;4-拱肋;5-吊杆;6-挂索式连接头;7-下锚杯;8-提升钢绞线;9-横梁;10-吊杆下导管;11-底端螺母;12-千斤顶撑脚;13-提升千斤顶

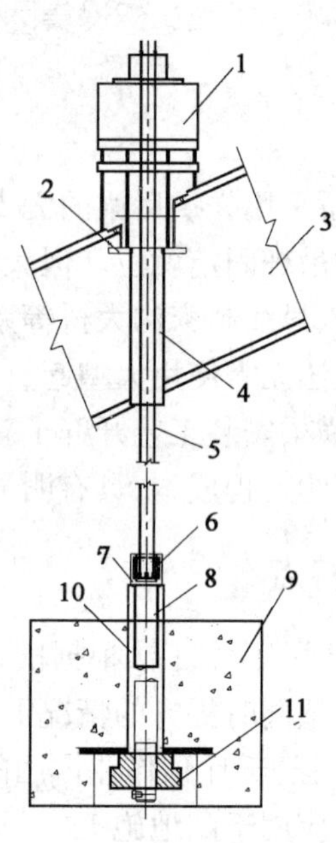

图2 卸车提升系统安装总图

1-千斤顶;2-顶端锚垫板;3-拱肋;4-上导管;5-提升钢绞线;6-挂索式连接头;7-连接锚杯;8-卸车拉杆;9-横梁;10-下导管;11-固定螺母

5 施工工艺流程及操作要点

5.1 施工工艺流程(图3)

5.2 操作要点

5.2.1 施工准备

设备选型及计算:视横梁安装吨位,选择合适型号的提升千斤顶,配备提升钢绞线和挂索式连接头。若横梁卸车时需采用卸车提升系统,则需另行根据横梁特点事先配置卸车拉杆。卸车拉杆的主要作用是横梁卸车时作为起吊杆,其上端为内螺纹结构的连接锚杯,便于与挂索式连接头的外螺纹实现连接,下端为固定螺母(图4),固定于横梁下端吊杆锚垫板的下方。卸车拉杆长度及固定螺母规格分别依据横梁的高度和重量计算确定。挂索式连接头示意图参见图5,其直径与吊杆下锚杯内径一致,螺纹长度依据横梁重量计算确定。卸车拉杆及挂索式连接头均采用40Cr材料,热处理后洛式硬度HRC为30~35。以上海轨道交通六号线工程中横梁重量为110t为例,每榀横梁采用两根吊杆固定,设备选型计算方法如下:

(1)卸车拉杆承载力计算

卸车拉杆抗拉强度按下述下式计算：

$$\sigma \leqslant \sigma_s$$

式中：σ——抗拉强度设计值，按下式计算：

$$\sigma = N/A$$

N——作用于卸车拉杆上的轴向拉力设计值，一般取起吊重量的1.5倍。例如本例中横梁自重1 100kN，因采用两根吊杆，则每根卸车拉杆的轴向拉力设计值为1 100/2×1.5=825kN；

A——卸车拉杆的最小截面积。本例中拉杆外径80mm，扣除螺纹后，最小直径为73.5mm，则最小面积为 $A = \pi D^2/4 = 3.14 \times 73.5^2/4 = 4241\text{mm}^2$；

σ_s——40Cr材料屈服强度。$\sigma_s = 580\text{MPa}$。

本例中，$\sigma = N/A = 825 \times 10^3/4\ 241 = 194.5\text{MPa} < \sigma_s = 580\text{MPa}$，证明卸车拉杆承载力符合要求。

(2)卸车拉杆螺纹强度按下式计算

$$\sigma_w = 3k_1 Nh/(k_z \pi D b^2 z) \leqslant \sigma_s$$

式中：σ_w——螺纹抗拉强度设计值；

k_1——安全系数，本例中取1.5倍；

N——作用于拉杆螺纹上的轴向拉力设计值，一般取起吊重量的1.5倍；

h——螺牙高度，本例中为3mm；

k_z——荷载不均匀系数，取0.56；

b——螺牙根部宽度，按下式计算：

$$b = k_z P$$

P——螺距，一般为6mm；

z——螺牙齿数，本例中为18个。

本例中，$\sigma = 3k_1 Nh/(k_z \pi D b^2 z)$

$= 3 \times 1.5 \times 825 \times 10^3 \times 3/(0.56 \times 3.14 \times 73.5 \times (0.65 \times 6)^2 \times 18)$

$= 314.7 < \sigma_s = 580\text{MPa}$，证明螺纹强度符合要求。

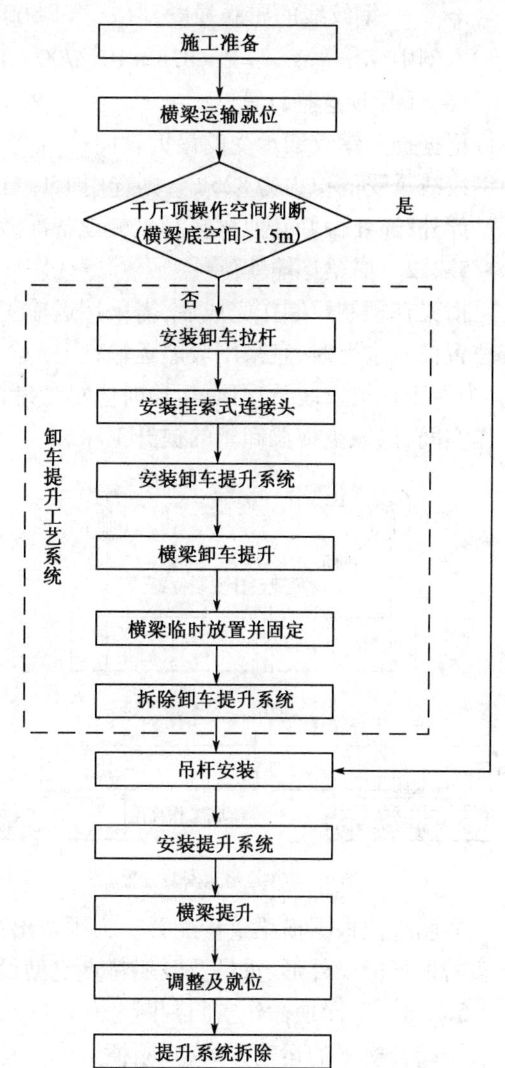

图3 提升工艺流程步骤图

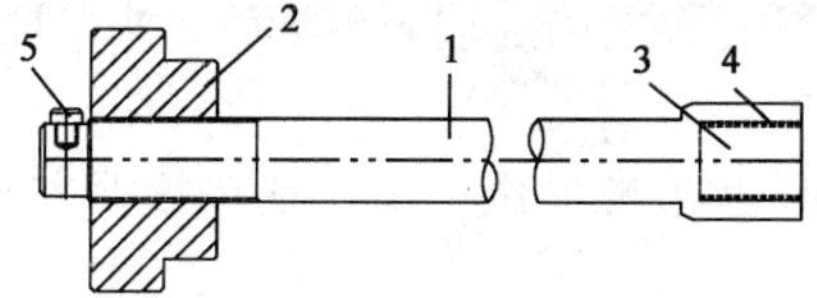

图4 卸车拉杆示意图

1-拉杆；2-固定螺母；3-连接锚杯；4-内螺纹；5-固定销

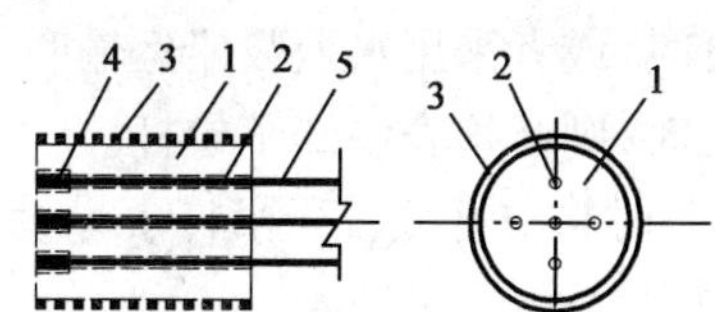

图5 挂索式连接头示意图

1-连接头；2-钢绞线预留孔；3-外螺纹；4-钢绞线挤压头；5-钢绞线

(3)提升钢绞线强度按下式计算

$$\sigma = k_2 N/A \leqslant \sigma_s$$

式中：k_2——提升作业安全系数，取 $k_2 = 2$；

N——作用于提升钢绞线上的轴向拉力设计值，一般取起吊重量的1.5倍。例如本例中取 $N = 1\ 100/2 \times 1.5 = 825\text{kN}$；

A——钢绞线的截面积总和。本例中采用7根钢绞线，则截面积总和为 $A = 7 \times 140 = 980\text{mm}^2$；

σ_s——钢绞线的屈服强度,取 $\sigma_s = 1\,860\text{MPa}$。

本例中,$\sigma = k_2 N/A = 2 \times 825 \times 10^3/700 = 1\,683\text{MPa} < \sigma_s = 1\,860\text{MPa}$,符合要求。

(4)千斤顶选择计算

根据提升钢绞线承受的最大轴向拉力 N 来选择,一般应大于该最大轴向拉力的 1.5 倍。例如本例中钢绞线承受的拉力为 825kN,则选用 150t 千斤顶可满足施工要求。

此外,还要做好其他材料和机械设备准备。

5.2.2 横梁运输就位

横梁在预制厂制作完成后,需采用运输工具运输至设计安装位置的正下方,见图 6。当横梁设计安装位置位于水上时,宜采用驳船运输;当横梁位于陆地时,可采用载重汽车运输或其他驳运方式,见图 7。为便于现场安装千斤顶,运输时应尽量考虑将吊杆下导管的预埋管外露,使梁底具备千斤顶的安装工作空间,以减少横梁卸车的提升工序。

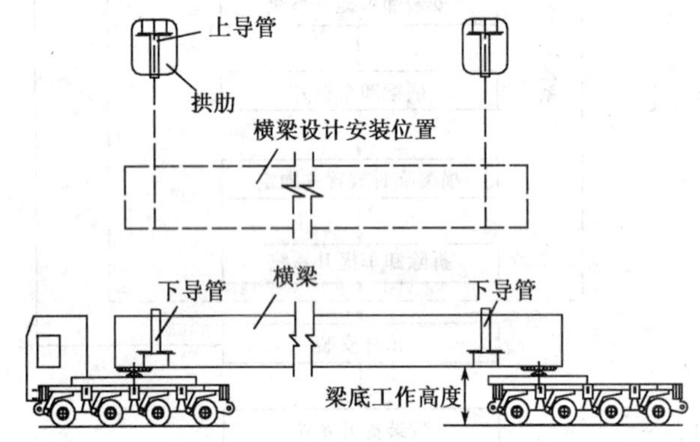

图 6 横梁运输至安装位置下方

图 7 横梁采用载货汽车运输至安装位置下方

驳船吨位根据横梁重量配置。为预留出提升千斤顶的工作高度,横梁在驳船内应架空放置,其承重支架需根据横梁外形、重量及驳船特点定型设计,并做好运输过程中的侧向稳定措施。

5.2.3 千斤顶操作空间判断

需结合横梁的运输方式,判断横梁底部是否具备安装提升千斤顶的操作空间。若由于横梁结构特点,无论采用何种方式均无法保证安装空间时,宜首先进行横梁的卸车提升;若在横梁运输过程中可保证梁底的安装空间,则可不进行横梁的卸车工序,直接转入第 5.2.10 节“安装吊杆”步骤,在拱顶安装吊杆后,再进行横梁的提升安装。

5.2.4 安装卸车拉杆

(1)当采用陆上载货汽车或其他设备运输,且运输设备可以使横梁驳运至安装地点后预留出千斤顶工作高度时,或者采用水上驳船运输时,可以不安装卸车拉杆;反之,当运输至现场后无法保证千斤顶的工作高度时,则必须安装卸车拉杆。

(2)安装时将拉杆放置于吊杆下导管内,使连接锚杯朝上,起吊螺母位于吊杆锚垫板下方并旋紧,再安装好固定销就位,见图 8。

5.2.5 安装挂索式连接头

挂索式连接头的外螺纹与卸车拉杆的内螺纹进行连接(图 9)。提升用钢绞线穿过连接头内的预留孔后,采用 TVM15P 挤压头与挂索式螺纹连接头进行连接,如图 10 所示。

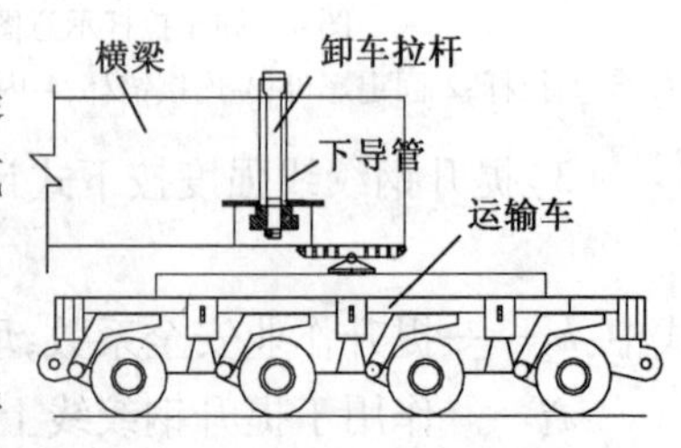

图 8 安装卸车拉杆

5.2.6 安装卸车提升系统

在拱顶安装穿心式连续千斤顶,见图 11,并安装好提升钢绞线,形成横梁卸车用的提升系统。其中提升钢绞线的下端通过挂索式连接头与横梁的卸车拉杆相连接,上端穿过拱顶的千斤顶进行固定。提升系统工作之前,需用千斤顶对提升用钢绞线进行预紧。

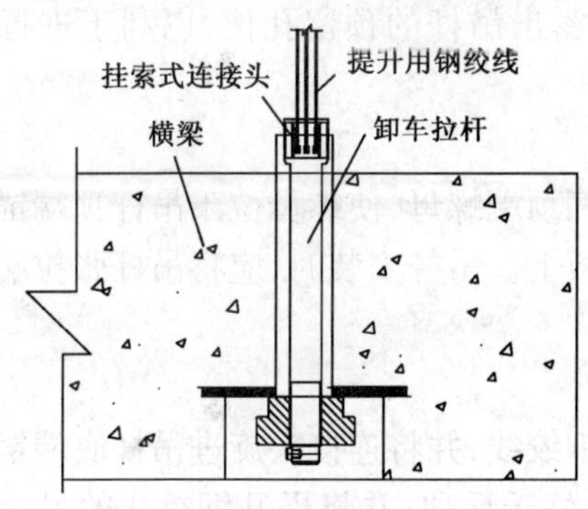

图9　安装挂索式连接头

图10　挤压头与挂索式螺纹连接头进行连接

5.2.7　横梁卸车提升

卸车提升系统安装就位后,再次检查各连接部位是否牢靠,确保安全无误后,开始启动千斤顶的工作油泵,缓慢对横梁进行提升。多台千斤顶同时工作时,宜多台同步、对称、均匀、缓慢进行,使横梁逐渐提升至脱离运输设备后,可撤走运输设备,使横梁悬挂固定于空中,见图12。横梁提升至具备梁底千斤顶安装空间后,可停止提升作业。

图11　在拱顶安装穿心式连续千斤顶

图12　卸车提升系统工作状态图(运输车辆已撤走)

5.2.8　横梁临时放置并固定

横梁提升至满足梁底千斤顶安装空间后,停止卸车提升作业,撤走运输车辆后,立即在梁底部搭设放置横梁用的临时支架(图13和图14),并在横梁侧面增加侧向稳固措施,防止横梁发生侧翻。

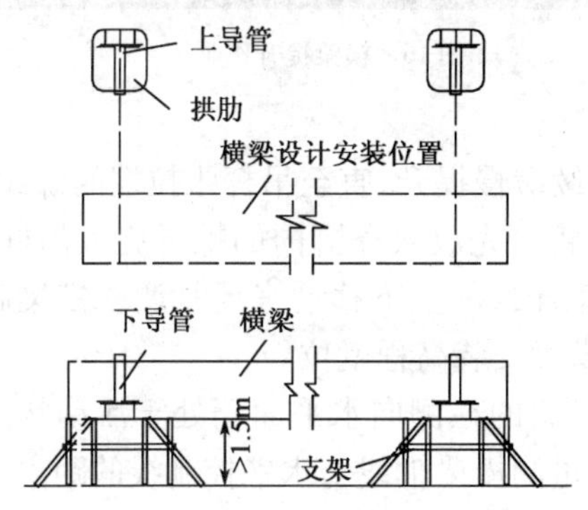

图13　横梁提升卸车后,放置于承重支架上

图14　横梁卸车后放置于临时支架上

5.2.9　拆除卸车提升系统

横梁固定牢固后,将连续千斤顶回油卸载,使横梁荷载全部传递至临时支架上,并确保横梁安全稳

固后,可开始拆除卸车的提升系统。首先放松与千斤顶相连接的钢绞线,再将挂索式连接头从卸车拉杆的内螺纹中的反向旋出,最后再移走拱顶的千斤顶,使拱顶露出吊杆的预留孔位,以利于进行吊杆的安装。

5.2.10 吊杆安装

利用卷扬机将吊杆上端穿过拱肋内的上导管后,调节吊杆顶端螺母,使螺母位于吊杆顶端锚具螺纹的中央。然后旋紧螺母,使吊杆顶端固定于拱肋顶部的锚垫板上。吊杆安装时,应将吊杆张拉端置于底端,以利于提升作业时与挂索式连接头相连接。

5.2.11 安装提升系统

吊杆安装完毕后,再一次在挂索式连接头内安装好提升钢绞线,并将连接头旋进吊杆底端锚杯内螺纹内,从而实现提升用钢绞线与吊杆相连接;然后在梁底安装好千斤顶,并将提升钢绞线的另一端穿入横梁底端的千斤顶内(图15),再用手提式千斤顶逐根预紧钢绞线,保持各根钢绞线受力均匀一致,全面对提升体系的每个安装部位进行检查,为提升安装作充分准备工作。安装时还应注意事先应将吊杆底端的螺母放入千斤顶撑脚内,以便于横梁就位后旋紧。最后将千斤顶与油泵用高压油管稳固连接起来,安装好后试运行,并检查连接点的稳固性和是否漏油,等待准备启动油泵,至此横梁提升系统的安装准备工作就绪。

5.2.12 横梁提升

提升准备工作就绪后,开启油泵使千斤顶开始工作,并按提升千斤顶工作原理连续提升横梁。提升过程中,千斤顶缸腔要匀速升压,保持提升速度缓慢均匀,当有两套或多套提升系统同步工作时,还应注意保持提升工作的同步性。当横梁提升至吊杆张拉端接近预埋下导管的管口时,应委派专人仔细察看吊杆与预埋下导管管口的位置关系,若发生位置偏移,可采用手拉葫芦固定于吊杆上进行调整,使吊杆能顺利进入预埋管口。横梁提升作业的工作状态见图16。

图15 安装横梁提升系统

图16 横梁提升作业

5.2.13 调整及就位

当横梁提升至吊杆完全进入横梁内的预埋导管后,宜继续缓慢提升,直至吊杆张拉端的螺纹完全进入梁底千斤顶的撑脚工作范围。当提升接近至设计高程后,将事先放入撑脚内的螺母旋入吊杆张拉端外露螺纹中,然后用水准仪测量横梁安装高程,用油泵控制千斤顶的上下移动来反复调整横梁高程,直至满足安装高程要求,最后将吊杆底端螺母锁紧锚固,直至横梁安装高程就位。

高程调整就位后,由于横梁通过吊杆悬挂固定于空中,横梁的在侧向水平面仍处于活动状态,此时可通过利用固定于横梁的手拉葫芦来控制横梁的水平位置,量测横梁轴线与水平控制线的距离,确保满足规范要求后,在横梁侧向焊接短钢筋或钢管来固定横梁水平位置,从而实现横梁完全安装就位。

5.2.14 提升系统拆除

当吊杆下端的固定螺母旋紧,且横梁安装至设计位置就位后,可开始拆除千斤顶提升系统。先将千斤顶卸载,使横梁荷载完全传递至吊杆上,然后拆去千斤顶及撑脚,最后将挂索式连接头从吊杆内锚杯中旋出,完成全部提升系统的拆除。拆除见图17。

重复上述步骤,进行下一道横梁的安装,最终完成全桥横梁安装,见图18。

图17 横梁安装完毕后提升系统拆除

图18 全部横梁提升就位

5.3 劳动力组织(见表1)

劳动力组织情况表 表1

序 号	分 项	所需人数	备 注
1	管理人员	4	项目经理/技术负责人/安全员/质量员
2	技术人员	2	技术员/测量员
3	油泵操作工	4	每台千斤顶2人
4	杂工	15	
	合计	25	

6 材料与设备

本工法中提升千斤顶需满足能连续提升的特点。主要采用的机具设备见表2。

机具设备表 表2

序号	设备名称	设备型号	单 位	数 量	用途或说明
1	提升千斤顶	YDTS1500－200	台	4	带安全控制阀及撑脚数量根据工程需要调整
2	电动高压油泵	ZB2×2－500	台	2	配带60MPa油表
3	手提式千斤顶	YDQ260－160	台	1	调整提升钢绞线,含顶套
4	挤压机	GYJ550	台	1	用于钢绞线挤压头
5	挂索式连接头		套	2	根据工程需要定制
6	卸车拉杆		套	2	根据工程需要定制
7	台式切割机	三相	台	1	切割钢绞线等
8	手拉葫芦	5t	台	2	吊杆安装
9	手拉葫芦	3t	台	2	千斤顶安装
10	卷扬机	3t	台	1	吊杆安装
11	专用工具锚	TVM15G-5T	套	4	可根据工程需要调整
12	专用安全锚	TVM15G-5	套	4	可根据工程需要调整
13	退锚灵		盒	1	
14	铜垫片	$\phi13\times\phi7\times2$	片	100	
15	钢绞线	1 860MPa	t	2	可根据工程需要调整
16	对讲机		台	6	

7 质量控制

7.1 工程质量控制标准

横梁安装允许偏差执行《市政桥梁工程质量检验评定标准》(CJJ 2—90),横梁安装质量允许偏差见表3。

横梁安装质量允许偏差表 表3

序号	项目		允许偏差(mm)	检查频率		检验方法
1	平面位置	顺桥纵轴线方向	10	每根横梁	1	经纬仪/全站仪测量
		垂直桥纵轴线方向	5		1	
2	湿接头横隔梁相对位置		20	每处	1	用尺量
3	横梁高程		+10,0	每根横梁	2	水准仪

7.2 质量保证措施

(1)施工前认真做好技术复核工作,对所选用的吊具、千斤顶、钢绞线等均按施工规范规定的安全系数校核其可靠性。

(2)横梁在起吊、提升、下放过程中,要慢车、轻吊、轻放,均稳控制,避免梁体受到冲击或碰撞。

(3)合理设置吊具,做到起吊过程中梁体只受垂直力而无轴向附加施工外力,满足设计对桥面梁的技术要求。

(4)加强技术培训,推行标准化管理,对上岗的人员及关键职工进行技术培训和考核,合格才能上岗。

8 安全措施

(1)认真贯彻"安全第一,预防为主"的方针,根据国家有关规定、条例,结合工程实际情况和具体特点,组成专职安全员和班组兼职安全员,执行安全生产责任制,明确各级人员的职责,抓好工程施工的安全生产。

(2)施工现场按符合防火、防风、防雷、防洪、防触电等安全规定及要求进行布置,并完善布置各类安全标识。

(3)施工现场的临时用电严格按照《临时施工用电安全技术规范》(JGJ 46—2005)执行。

(4)严格执行各工种安全技术操作规程,对特殊工种如张拉操作工、电焊工必须持证上岗,严禁无证和换证上岗,严禁非专业人员擅自操作提升设备。

(5)提升千斤顶在作业过程中,若出现异常情况,应立即启用提升千斤顶上的安全控制阀,暂停提升施工作业,待安全隐患排除后,再恢复施工作业。

(6)提升作业时,作业区以外10m范围应设置警戒线,横梁就位前下方严禁人员通行。

(7)建立完善的施工现场安全保证体系,加强施工作业中的安全检查,确保提升作业标准化、规范化。

9 环保措施

(1)合理编制施工进度安排,采取合理的施工方案,选用性能良好的施工机械,减少和避免噪声对环境及周边居民和团体的影响,设立投诉电话,倾听民众意见,及时改进施工方法。

(2)现场存放油料的库房进行防渗漏处理,储存和使用都采取措施,防止跑、冒、滴、漏,污染水体。

(3)加强建筑施工工地噪声控制管理,建筑施工区域环境噪声平均值小于56dB。

(4)教育、督促施工班组工人在施工中做到轻提轻放,严禁随便乱扔、乱敲工具和材料,杜绝不必要的噪声产生。

(5)当为保证工程进度而必须夜间作业时,及时与建设单位以及作业活动所在地的区、县环境保护部门进行协商,或通过居民组织与被影响的单位、居民协商订立协议,采取双方均能接受的变通性防噪声和防光污染措施,并在办理相关审批手续后,遵照有关单位要求执行。施工过程中还必须对现场照明器械的位置进行合理放置,对紧邻市政道路的现场施工围墙上方不得放置照明器械,并禁止使用探照灯向空中照射,以减少光环境污染。

(6)加强施工管理,实行文明施工,对环境有污染的固体废物,必须经过处理后方可外运。废渣(液)的临时储存,应根据排出量运输方式、处理能力等情况,妥善设置堆场、储罐等缓冲设施,不得任意堆放。选用的产品采用易回收利用、易处理或者在环境中易消纳的包装物。

10 资源节约

本工法只采用少量提升千斤顶和提升钢绞线,节约大量钢材资源。

11 效益分析

(1)经济效益:传统起重吊装工艺受起重设备要求的影响,当安装大吨位横梁时,其设备进出场费和施工台班费都相当昂贵;而本工法只采用了少量提升千斤顶和提升钢绞线,其机械设备使用费和材料费都相当低廉,比传统吊装工艺至少节约80%以上的工程成本,经济效益非常显著。

(2)社会效益:本工法与同类型大型起重设备安装作业相比,占用的施工作业空间非常小,最大程度减小了对陆上或水上交通的影响,几乎不占用社会公共资源,避免了传统起重作业吊装工艺中大型起重设备对陆上道路和水上交通的干扰。

(3)环境效益:同类型大型起重设备安装作业的机械噪声对环境影响大,而本安装工艺机动灵活,无噪声污染和其他环境污染。

12 应用实例

12.1 上海市交通六号线工程土建4B标段(赵家沟大桥)主桥

12.1.1 工程概况

工程位于上海市浦东新区,2004年2月18日开工,2006年12月31日竣工。主桥结构型式为一孔88m下承式钢筋混凝土系杆拱桥,采用先拱后梁工艺。同一横断面上的四道吊杆下方设一道预应力横梁,顺桥向间距为5.1m。拱肋立面布置见图19。

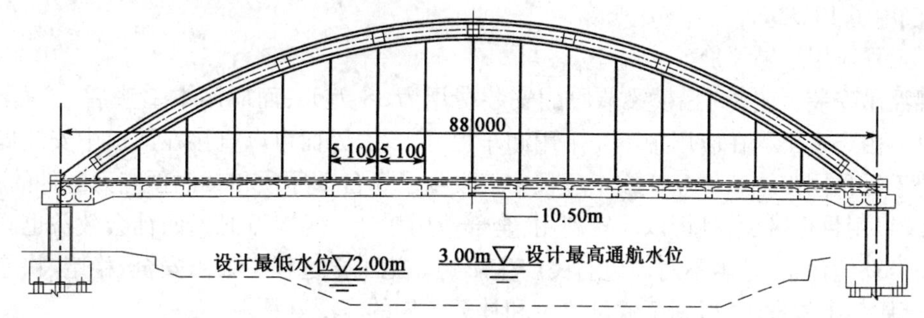

图19 赵家沟大桥主桥拱肋及横梁立面示意图(尺寸单位:mm)

12.1.2 施工情况

每道横梁划分为两个横梁安装节段,每节由两道吊杆固定,相邻两节再现浇60cm湿接头形成整道横梁。全桥共计30节,单节安装质量115t,其中10节为陆上安装,20节为水上安装。全部横梁利用本工法顺利安装完成,由专用液压提升千斤顶提升就位,施工日期为2005年9月19日至10月7日,工期

19 天。施工过程中未使用任何大型起重机械设备。

12.1.3 工程应用结果评价

(1)采用本工法后,工程经济效益和社会效益明显。按照常规大型起重吊装作业,本工程共 30 榀横梁安装费用超过 40 万元;而采用本工法后,仅发生了 4 台提升用千斤顶和辅助用预应力设备的租赁费用,以及施工过程中的人工费,整个施工过程中成本不足 5 万元,大大节约了工程开支,经济效益突出。

(2)在安装工艺施工过程中,无大型起重吊装作业产生的噪声污染,对周边居民几乎无干扰;且除了运输横梁的车辆外,未对周边交通产生任何干影响,在本工程处于居民密集的城市中施工的环境条件下,取得了极其良好的社会效果。横梁提升完成后的工程照片见图 20,工程竣工后桥梁照片见图 21。

图 20　交通六号线赵家沟大桥横梁提升完成后实景

图 21　交通六号线赵家沟大桥竣工后主桥实景

12.2 上海市浦东北路新建工程 II 标

12.2.1 工程概况

工程位于上海市浦东新区,于 2005 年 9 月 18 日开工,工程总造价 7 818 万元,主桥结构型式为一孔 130m 下承式桁架式钢结构系杆拱桥。全桥共设 21 道横梁,纵向间距 5.4m,每道横梁由三根吊杆固定。根据设计,每道横梁划分为三个安装节段,每节由一根吊杆支承,相邻节段在安装完毕后再现浇湿接头连接成整体。

12.2.2 施工情况

全桥共分为 63 个横梁安装节段,最大安装重量为 40t。由于本工程河道宽度约 100m,全部横梁节段均采用水上千斤顶提升施工法。预制梁从预制场由驳船驳运至安装位置下方后,在驳船上横梁下方的支架上安装千斤顶提升系统,然后进行连续提升安装。提升作业时间为 2006 年 11 月 16 日至 12 月 4 日,施工工期仅用了 19 天。

12.2.3 工程应用结果评价

按照常规浮吊安装工艺,63 榀横梁节段的安装费用为 38 万元;而应用本工法后,工程经济效益和社会效益明显。由于本工程在应用中不需采用卸车提升工艺,因而可以直接在河道中安装提升千斤顶,且实现了 3 台千斤顶同步施工作业。施工过程中仅发生了 3 台千斤顶和其他预应力配件的租赁费和部分人工费,钢绞线用量也极少,且可以周转利用,全部费用累计不足 5 万元。而社会效益也同样显著,施工过程中无噪声环境污染,基本不对周边居民产生影响。施工全过程中处于安全、稳定、快速、优质的可控状态,无安全质量事故发生,得到了建设单位和社会各界的广泛好评。

桥梁盆式支座更换施工工法

GGG(浙)C3101—2010

周松国　陈　军　朱培良　周永福　方晓成
(杭州市市政工程集团有限公司　浙江省宏途交通建设有限公司)

1　前言

在桥梁结构中,支座是桥梁上、下部结构的连接点,其作用是将上部结构的荷载顺利、安全地传递到桥梁墩台上去,同时保证上部结构在荷载、温度变化、混凝土收缩徐变等因素作用下的自由变形。目前桥梁使用的支座主要为两类,一类是板式橡胶支座,该类支座承载能力小,更换方式简单;另外一类是盆式橡胶支座,该类支座承载能力大,更换比较困难。桥梁盆式橡胶支座由于安装不当、本身质量问题、使用环境差或接近使用年限等原因需要进行更换,由于当前一般城市桥梁在设计时没有考虑到支座更换,因此支座附近的空间较小,这就需要采用一种好的方法对支座进行更换,从而达到既不影响桥梁的正常使用又不影响桥梁结构安全的目的。

2　特点

(1)施工工期短,更换速度快,施工过程中可不中断交通,对正常交通不产生影响。

(2)桥梁上升和降落精度高,以位移监控为主,安全可靠。

(3)顶升速度和高度容易做到同步,不会因受力不匀而给桥梁造成损伤或者桥面结构破坏。

3　适用范围

应用于桥梁中各种规格型号的盆式支座。

4　工艺原理

本工法采用 ANSYS 有限元对梁体及立柱等局部受压部位进行分析,采用相关桥梁结构计算软件精确计算支座更换时支座的顶升高度,以达到对桥梁的影响程度最小,确保桥梁结构的安全。根据支座具有可更换、可临时替换的特点,克服现有技术中的不足,提供一种方便简单的桥梁盆式支座的更换方法,即通过采用液压控制整体同步顶升系统,精密位移控制,对桥梁进行整体或局部同步顶升至一定高度,进行支座更换作业,包括以下步骤:在墩台上支座对称位置设置千斤顶,顶升主梁,切割支座与立柱及主梁的连接处,更换支座。对失去功能的支座进行更换,不损伤桥梁结构,改善了桥梁的行车状况和消除桥梁的结构隐患。

5　施工工艺流程及操作要点

5.1　工艺流程(图1)

5.2　操作平台搭设

操作平台采用封围型双排井字钢管脚手架,施工时根据地基承载力、周围环境、支架搭设高度、施工荷载等综合情况确定支架搭设方案。根据确定的施工方案,做好施工场地工作平台搭设,便于施工操作人员及监控人员使用,工作平台要牢固可靠,保证作业人员安全。

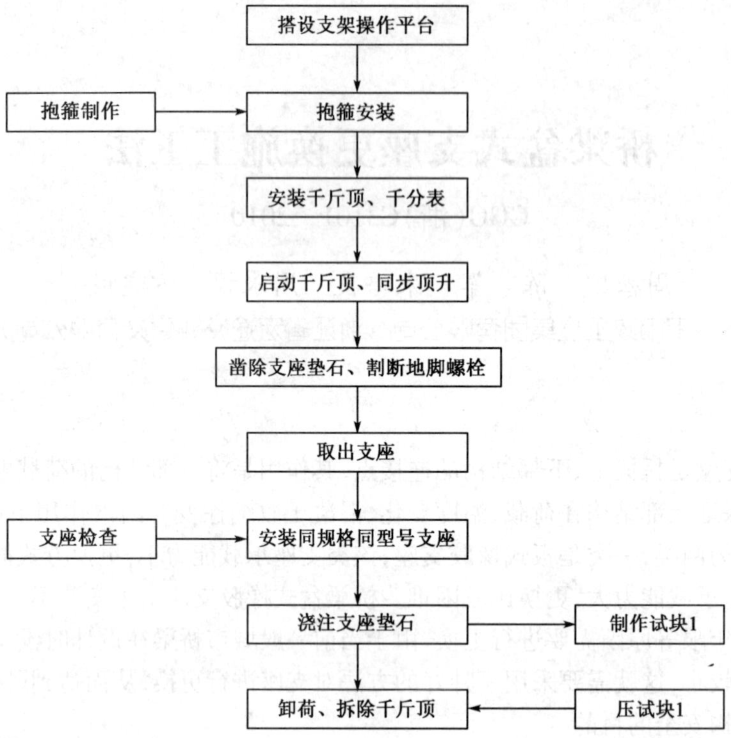

搭设支架操作平台
抱箍制作
抱箍安装
安装千斤顶、千分表
启动千斤顶、同步顶升
凿除支座垫石、割断地脚螺栓
取出支座
支座检查
安装同规格同型号支座
浇注支座垫石
制作试块1
压试块1
卸荷、拆除千斤顶

图 1

5.3 抱箍安装

抱箍用橡胶板和25号槽钢加工,安装于放置千斤顶的墩台四周,用拉杆将槽钢夹紧箍牢,主要起到增加墩台顶面千斤顶承压面积和局部承压受力安全。

5.4 千斤顶安装

根据有限的空间及设计计算力采用合适超高压薄型千斤顶,并且安装前做好千斤顶、油泵的配套标定,另需备用一套。

(1)千斤顶安装至少两个,也可以是多个,设置于以支座为中心的对称位置上,在方便支座更换的前提下尽量靠近支座。

(2)千斤顶上下均可设置有钢板,钢板为400mm×400mm厚20mm的钢板,用以保证千斤顶平面安装位置和混凝土受力状况。

(3)对支座处杂物进行认真清理、解除支座附近的多余约束。

(4)布置监控所需应力、挠度观测测点。每个千斤顶附近起顶位移控制用千分表监测;主梁跨中布置应力监控测点;在墩台设置位移观测测点,观测固结墩的位移变化;在桥面伸缩缝处设置两个位移观测测点,观测桥面伸缩缝处的位移变化。

5.5 千斤顶顶升

(1)顶升施工前组织安排施工人员以便统一安排、指挥,对负责施工及监控人员的技术、任务交底及技术培训。

(2)在统一指挥下将开启油泵,千斤顶开始顶升,顶住梁底,观察千分表读数的变化,千分表开始有规律地转动,记录初读数。控制梁的顶升速度,每顶升2mm为一个程序,每个顶升程序完毕,由监控人员统一完成读数,对起顶不均匀造成位移变化量超过0.1mm的进行局部顶压进行调整,以免负荷不均衡,调整完成后进行下一过程的顶升,直到全部顶升到位,在顶升时一定要压力与行程双控制,并以行程为最终控制,顶起梁体使其离开原支座约5mm。整个顶升过程均须对主梁、桥面及附属设施进行认真观察,如有异常立即停止顶升。

(3)顶升到位后,统一在梁底安放预先准备的临时支垫钢板进行临时支垫,钢板为250mm×400mm厚20mm的钢板,支垫要求牢固可靠,支垫过程不可放松千斤顶,用于顶起后支座更换过程中的保护。

5.6 支座更换

(1)选用与原有支座同型号新支座,并做好新支座的试验检测工作,配套支座防尘罩。

(2)支垫完成支座上钢板与支座的四氟板保持接触但不传递荷载,此时切割地脚螺栓,运用手拉葫芦移出支座下半部分,凿除支座垫石取出支座的上钢板,然后安装新支座,焊接地脚螺栓,浇注支座垫石。

(3)支座就位控制:在抽出旧的支座前,按旧支座上下钢板四边中点位置分别在梁底部和墩台顶端做出标记,并量出支座钢板下钢板到帽梁边距离。放入新支座前在新支座上下钢板做十字中线标志,并将标志做到上下钢板的侧面位置。新支座推入就位后,按照标记对应和测量距离的方法来控制和确认支座是否准确就位和水平,完成支座安装工作。

5.7 支座垫石浇筑

新浇垫石混凝土采用比凿除的垫石混凝土高一等级的混凝土。首先选购材料进行配合比设计,按配合比要求进行搅拌,搅拌成型即进行垫石混凝土浇筑,注意用钢钎插捣密实,同时制作试块一组。此外,进行常规洒水养护或者覆盖养护。

5.8 卸荷

通过压试块确定垫石混凝土强度满足要求后,即可进行卸荷、拆除千斤顶。先将梁底临时支垫钢板解除,再在统一指挥下按顶升时的速度和程序进行卸荷,注意同步进行,密切监控和观测,如有异常立即停止。卸荷完毕即可取出千斤顶、千分表、钢板,完成支座更换。

5.9 具体实施(图2)

更换支座时,在支座3两侧各垫一块厚为20mm的400mm×400mm的钢板4,在钢板4下放置两只扁油压千斤顶5,两只千斤顶5的工作总吨位与支座3承载能力一致,两只扁油压千斤顶5在支座3两侧对称位置上;同时在支座5附近各安装一只千分表6,并且在立柱侧面安置夹紧装置,如安置抱箍7,用拉杆8将立柱夹紧;开动张拉油泵缓慢顶升箱梁1,使得支座上钢板与支座的四氟板保持接触但不传递荷载,在梁底安放预先准备的临时支垫钢板9进行临时支垫;此时切割支座3上的地脚螺栓,移出支座下半部分,再凿除支座垫石取出支座的上钢板;然后安装相同类型的新支座,焊接地脚螺栓,浇筑支座垫石,待垫石混凝土强度达到要求后拆除临时支垫钢板9,对千斤顶5卸荷,取出钢板4、千斤顶5、千分表6,完成支座3更换。

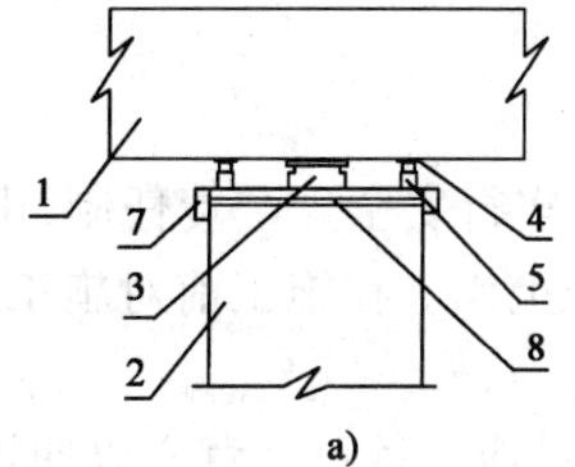

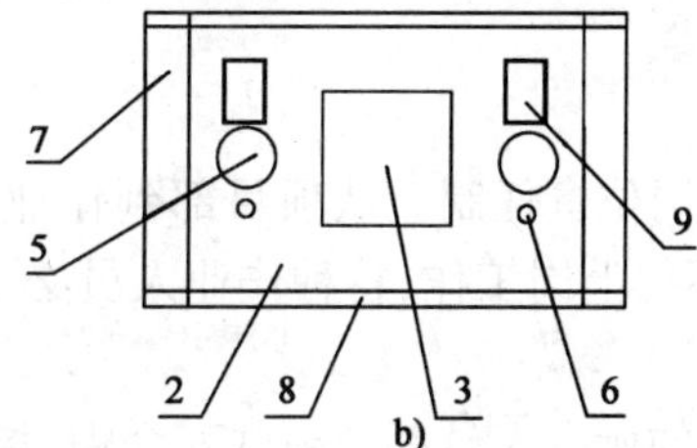

图 2

6 材料与设备

(1)操作平台支架尽可能采用钢管支架,以便提高钢材的利用率,保证支架的质量。

(2)选购与更换支座同型号的盆式支座。

(3)垫石混凝土一般采用高强度等级混凝土,水泥强度等级为52.5,砂为粗砂,骨料级配为5~25mm。

(4)主要机具设备如表1所示。

表1

机具名称	数量	备注
RSM系列超高压薄型千斤顶	2套	配套ZB型超高压电动油泵
千分表	8只	
吊车	1台	
手拉葫芦	2个	
混凝土试模	2组	150mm×150mm×150mm
氧气乙炔切割设备	1套	

7 质量控制

本工法在施工过程中按照《公路桥涵施工技术规范》(JTJ 041—2000)的相关要求,即按质量标准进行支座安装,施工质量应达到中华人民共和国建设部标准《市政桥梁工程质量检验评定标准》(CJJ 2—90)。除此之外还必须满足以下技术要求:

(1)建立健全质量保证体系,加强对工作人员的岗位培训。

(2)支座更换施工前进行技术和安全交底,讲述施工操作要领,做到人人心中有数。

(3)技术人员跟班作业,保证对施工中出现的问题及时解决。

(4)支座安装允许偏差如表2所示。

支座安装允许偏差　　表2

检查项目		规定值或允许偏差
支座中心与主梁中线(mm)		应重合,最大偏差<2
高程		符合设计要求
支座四脚高差(mm)	承压力≤5 000kN	<1
	承压力>5 000kN	<2
支座上下各部件纵轴线		必须对正
活动支座	顺桥向最大位移(mm)	±250
	双向活动支座顺桥向最大位移(mm)	±25
	横轴线错位距离(mm)	根据安装时的温度与年平均最高、最低温差计算确定
	支座上下挡块最大偏差的交叉角	必须平行,偏差小于5′

8 安全措施

(1)建立健全安全岗位责任制。从项目部到作业班组,实行安全生产责任制,由专人负责,未经岗前教育和安全教育者不得上岗工作,特种作业人员必须持证上岗。在施工前对施工操作人员进行安全及技术交底。

(2)进入施工现场的所有人员都必须戴安全帽,指挥人员应穿戴反光背心以便识别,高空作业人员必须系好安全带,按照高空作业相关要求执行。

(3)施工区域要有明显标志和封闭护栏,临边要挂好安全网。

(4)加强施工用材料管理,确认材料具备产品合格证以及法定单位出具的检测报告,不符要求的不得进入施工现场。

(5)材料车进场要有专人指挥,吊装作业严格按操作规程操作,严禁违章作业。

(6)交通繁忙地段要设专职交通指挥及疏导人员。

(7)支座取出后放到指定的安全地点。

9 环保措施

(1)凿除或者浇筑垫石混凝土时因地制宜,尽量减少噪声,避开对环境影响较大的主要时段。

(2)精确计算混凝土的数量以免浪费,多余混凝土不得乱扔以免污染环境。

(3)混凝土尽量采用覆盖养护,节约水资源,施工过程中的搅拌混凝土用水计量准确。

(4)支座中钢板进行回收再利用,橡胶交于专业厂家处理。

10 效益分析

(1)本工法成本低、时间短、操作简单。

(2)社会效益显著,可以在不中断交通的情况下进行更换,保持正常交通,并且更换后改善了桥梁的行车状况。

(3)确保施工中整个桥梁结构完整且不受损伤。

(4)消除桥梁的结构隐患,延长桥梁的使用寿命。

11 应用实例

11.1 杭州市上石立交工程

杭州市上石立交工程上塘路跨地面高架 ST18 ~ ST21 联采用三跨一联的预应力混凝土连续箱梁。桥梁施工完成尚未投入使用时发现东侧边墩 ST19-1 和 ST20-1 支座上下钢板均有偏差,为保证质量,对两个支座进行了更换。

东侧边墩 ST19-1 为 GPD5DX 的 5 000kN 单向活动支座、ST20-1 为 GPD7SX 的 7 000kN 双向活动支座。根据现场实际情况拟采用如下方案:为缩短工期对两个支座进行平行更换作业,即采用两套同步顶升系统,ST19-1 和 ST20-1 两个墩分别用两只 250t 千斤顶和两只 300t 千斤顶同步将横梁抬起,然后分上、下两块将旧支座拆除,再将新支座推放到设计位置,同步卸荷将横梁落下。

11.2 长兴县长和公路改建工程

长兴县长和公路改建工程在上跨长和路高架桥 P04 ~ P07 联采用三跨一联的预应力混凝土连续箱梁。P05-2 墩支座因小汽车自燃起火而烧坏,经业主、监理和设计等单位代表现场查看,一致认为需做更换处理。

P05-2 支座规格型号为 GPZ(Ⅱ)6000DX,质量约 500kg。根据现场实际情况拟采用如下方案:先用两只 250t 千斤顶(千斤顶直径 310mm、高度 130mm、顶高 20mm)在 P05-2 处同步将横梁抬起,然后分上、下两块将旧支座拆除,再将新支座推放到设计位置,缓慢将横梁落下。

系杆拱桥整体简支浮运安装施工工法

GGG(苏)C3102—2010

周安平　李善超　宜林林　余　千　侯兵兵　王京春
(江苏省交通工程集团有限公司　中国路桥工程有限责任公司)

1　前言

近年来,系杆拱桥以其跨度大、结构轻、造型美、省建材等优点,被广泛应用于公路工程。该类桥型按现场施工条件分为陆上施工和水上施工:陆上施工可直接搭支架施工拱肋及系杆;水上施工常采用在岸上拼装结束后,浮吊进行安装。当施工水域运输繁忙,无法满足浮吊安装要求时,则可采用“简支浮运”整体安装。现结合以往施工经验,编制该施工工法。

2　工法特点

本工法系杆拱桥自重由四个拱脚传至运输小车,运输小车通过水平牵引先将系杆拱桥拖上浮运平台,再与浮运平台一起将系杆拱桥运至河对岸,达到快速过河安装系杆拱桥的目的。

2.1　封航次数少、时间短

半幅桥两榀系杆拱采用一次性整体安装,安装占用封航时间短,每次安装分系杆拱上浮运平台、系杆拱纵移过河、系杆拱下浮运平台三大步骤,基本可在3~4个小时完成过河安装。

2.2　安全性高

(1)浮运平台可通过抽、注舱内储水量的方法调节高度,保证运输小车安全、平稳地抵达浮运平台。

(2)浮运过河时,每榀系杆拱与浮运平台纵向两点临时固结,避免浮运过程中平台纵向活动。

(3)浮运平台前后设置“八字锚”控制系杆拱桥轴线偏位(即控制浮运平台前进方向),确保浮运平台顺利到达对岸精确就位。

(4)单幅桥两榀拱肋整体安装,既加快了安装进度,又增强了安装就位后系杆拱桥的整体安全性。

2.3　安装吨位大

由浮运平台做系杆拱桥的承力支点,可通过增大浮运平台的载重量来提高系杆拱桥的安装吨位。

2.4　不影响航道通航

系杆拱桥过河安装前已将风撑钢管及混凝土部分钢筋、模板在岸上安装完毕,无需水中搭设支架,减少水上施工作业量及作业时间,避免航道通航中断。

3　适用范围

适用于在允许短暂封航的前提下,大吨位系杆拱桥安装。

4　工艺原理

系杆拱整体简支浮运安装法工艺原理:系杆拱竖向重力由拱脚传至水平浮运平台和岸上平台,系杆拱浮运过河时,一端拱脚与浮运平台临时固结,形成一个固定支点,另一端拱脚通过运输小车在岸上平台滚动前进,形成一个活动支点,系杆拱简支受力。并通过在河对岸水平牵引浮运平台使得系杆拱纵移过河。整个拖拉安装过程中,系杆拱结构始终处于简支受力状态。

5　施工工艺流程及操作要点

5.1　施工工艺流程(图1)

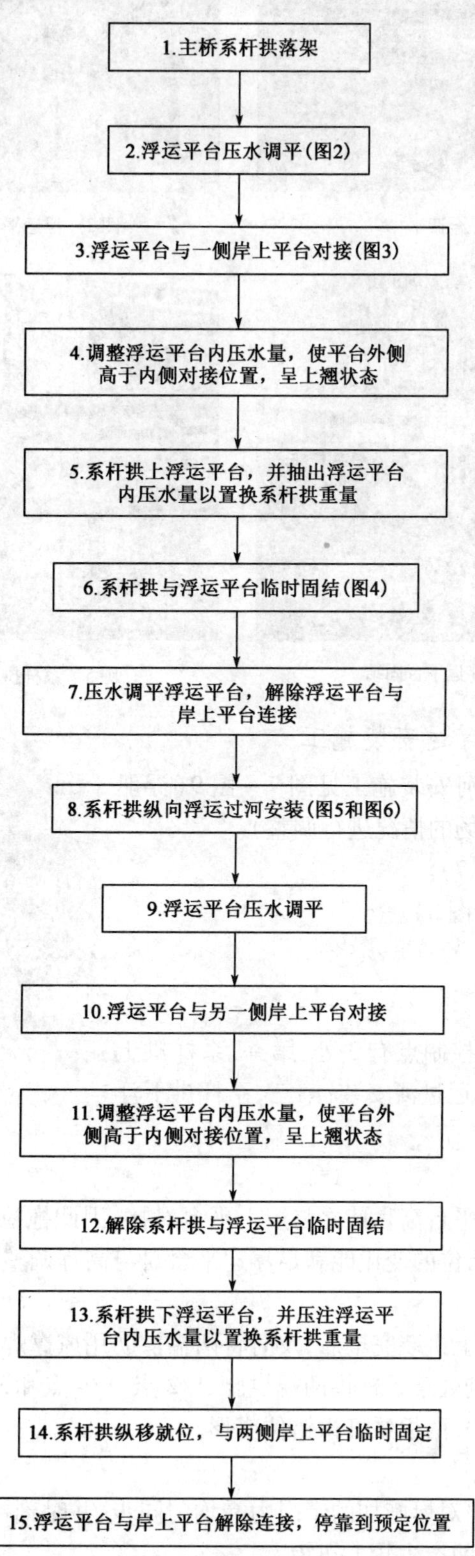

图　1

图2　浮运平台调平

图3　浮运平台与岸上平台对接

图4　系杆拱与浮运平台固结

图5　系杆拱中轴线控制观测点

5.2　系杆拱整体简支浮运安装施工

系杆拱与浮运平台纵移过河安装施工见图7～图9(浮船支架平台的形式可根据施工现场的情况进行调整)。

(1)系杆拱上浮运平台(图7)。

(2)系杆拱纵向浮运安装(图8)。

(3)系杆拱下浮运平台(图9)。

图6　系杆拱纵向浮运安装

5.3　操作要点

系杆拱简支浮运过河关键控制点有3处:第一,系杆拱上浮运平台;第二,系杆拱纵向浮运过河安装;第三,系杆拱下浮运平台。

5.3.1　水位变化

浮运安装因需要调整浮运平台高程使之与岸上平台对接,因此拖拉前必须搜集大量该水域相应时间段的水位数据,确保过河时水位的变化能满足浮运平台自身高程调整的要求。

5.3.2　整体性

单幅桥两榀拱肋钢管在陆上拼装完毕后,及时将两榀拱肋用风撑焊接形成空间整体结构,并在系杆部位安装5个临时中横梁(分别处于系杆拱两端拱脚、1/2点、1/4点和3/4点),2道水平剪刀撑,3道垂直剪刀撑,避免牵引过河过程中,两榀系杆拱错位变形。

5.3.3　同步性

系杆拱桥在浮运过河时,河对岸施加的牵引力需均匀同步,并时刻检查系杆拱在岸上平台的前进距离,确保同步前进,避免两榀拱肋产生较大扭矩。

5.3.4　简支受力

系杆拱上、下浮运平台时，调整浮运平台压水量，使浮运平台外侧略高于内侧接头位置呈上翘形态，确保上、下浮运平台过程中临时钢栈桥和浮运平台始终简支受力。

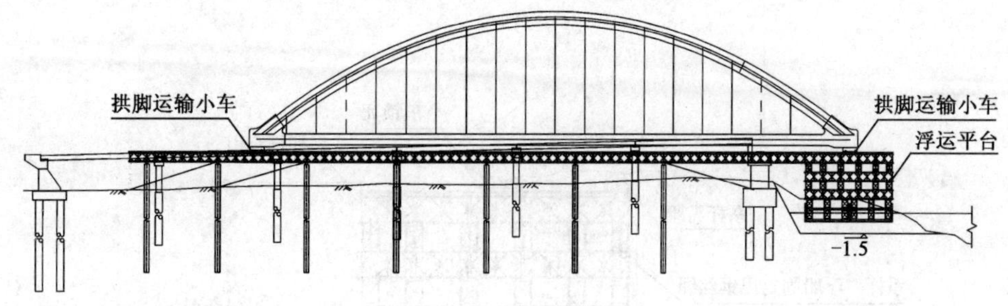

图7　系杆拱上浮运平台

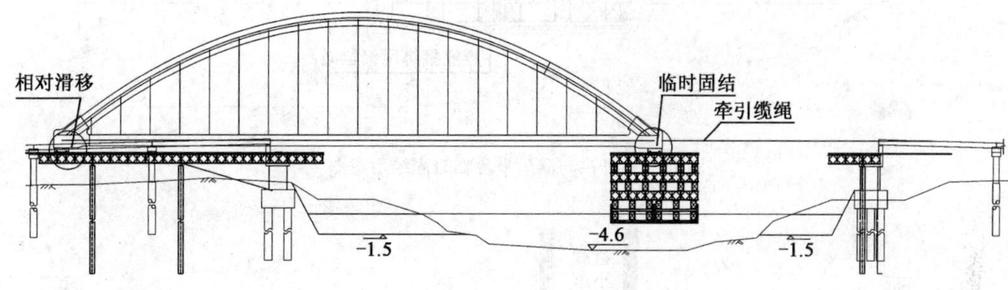

图8　系杆拱纵移过河

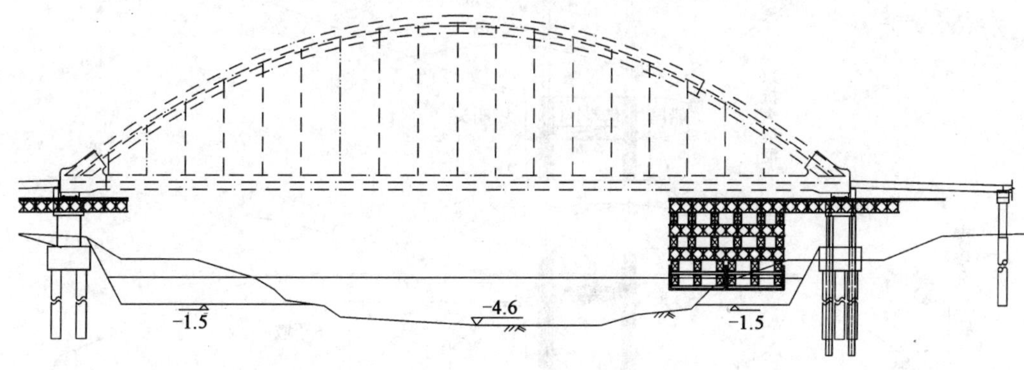

图9　系杆拱下浮运平台

5.3.5　重量置换

系杆拱在上、下浮运平台过程中，浮运平台所受荷载相应发生变化，为确保浮运平台平稳、无倾覆，需对平台内压水量进行调整，通过抽注水置换浮运平台荷载变化量。

5.3.6　系杆拱与浮运平台临时固结

系杆拱纵向浮运过河前，系杆拱与浮运平台之间纵向两点临时固结，使之形成一个整体，避免在纵移时系杆拱与浮运平台发生相对位移，也同时避免船舶纵向摆动，防止平台失稳、倾覆(图10)。

5.3.7　控制系杆拱纵向偏位

系杆拱纵向浮运过河时，因受牵引力、水流、风力等外在因素的影响，系杆拱轴线始终处于变化状态，为控制轴线偏位，通过两岸"八字锚"卷扬机不停校正系杆拱轴线位置，使之始终保持在准确位置左右，直至浮运过河结束(图11)。

6　材料与设备

材料与设备见表1。

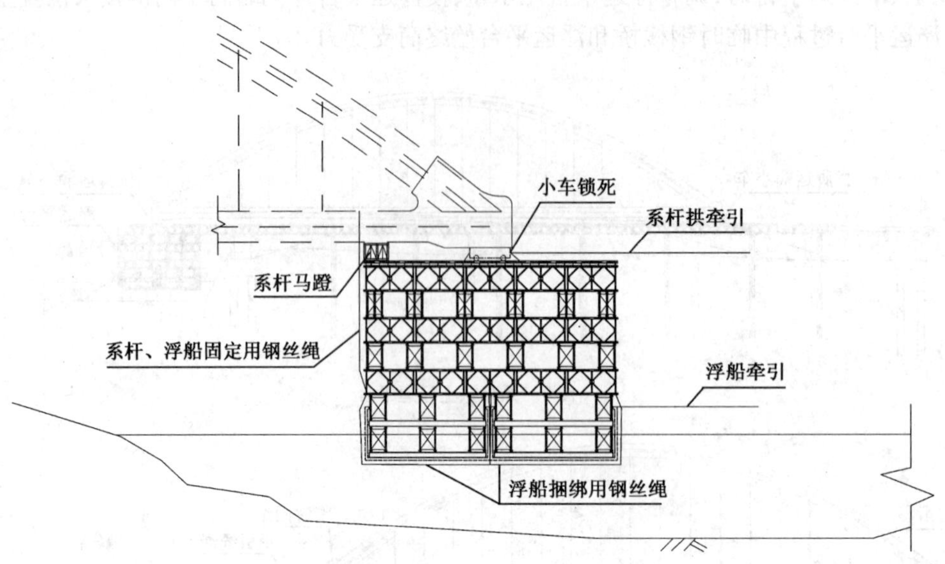

图10　系杆拱与浮运平台临时固结示意图

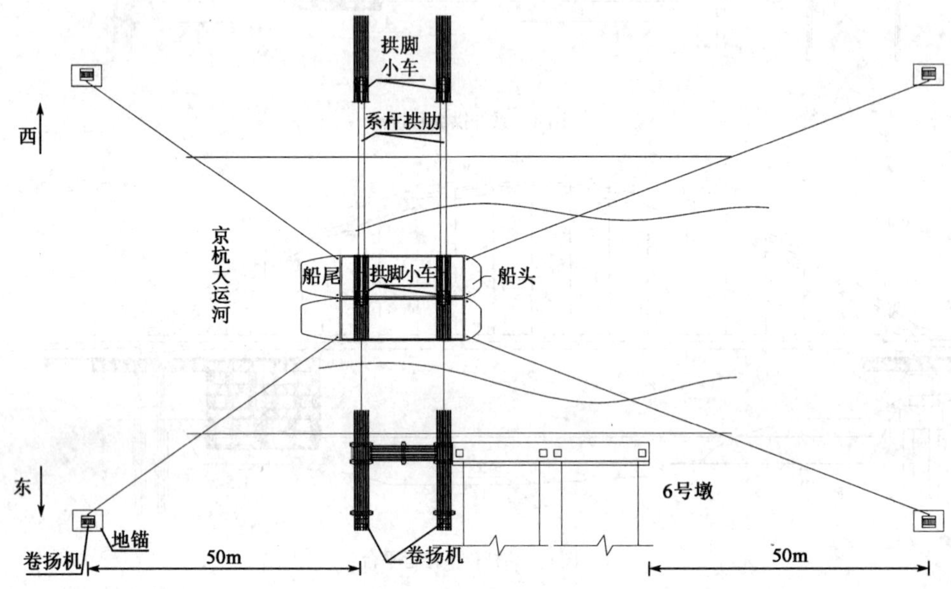

图11　系杆拱浮运过河牵引设备示意图

材料与设备表

表1

名　称	数　量	型　号	备　注
卷扬机	10台		2台备用
水泵	20台	1.5kW	
浮船	2艘		400t
标准贝雷	若干		浮运平台及岸上栈桥
吊车	2台		搭建浮运平台
油顶	4台	250t	用于系杆拱横移就位

7 质量控制

7.1 整体简支浮运质量控制标准(表2)

整体简支浮运质量控制标准　　表2

项次	检查或验算项目	质量要求或安全系数	备　注
1	浮运平台	载质量≥2.0倍运输小车承载	载质量能够承受系杆拱脚运输小车所传荷载,并有足够富余水深以满足水位变化要求
2	牵引力	摩擦系数取0.2	车轮与钢轨滚动摩擦系数应为0.15,考虑现场实际情况酌情调整为0.2
3	系杆拱上、下浮运平台牵引速度	牵引速度应满足当拱脚运输小车达到浮运平台指定位置后,浮运平台舱内抽、注水置换结束	牵引速度应根据平台舱内水泵抽、注水能力实际调整
4	杆件的受弯、压剪强度	安全系数≥1.2	
5	局部承压	安全系数≥1.2	
6	浮运平台整体稳定性	纵、横向倾覆稳定系数≥2,纵、横向倾角<5°	
7	卷扬机地锚	允许拉拔力>牵引力	

7.2 质量保证措施

(1)系杆拱纵移过河前先对浮运平台进行压注水及试拖拉试验,观测浮运平台最大承载能力能否满足施工期间水位变化的要求,检测卷扬机、水泵等主要机具的工作性能,明确人员分工,熟悉操作过程。

(2)组建"简支浮运安装施工领导小组",定岗定员定责,由专人统一发布施工口令。配备无线电对讲机若干方便传递口令、信息,并在浮运平台前后两端设置旗手,用于系杆拱纵移过河时打出旗语,指挥河道两岸"八字锚"卷扬机控制浮运平台前进方向。

(3)河道两岸牵引系统必须同步、对称、稳定施加牵引力,避免两榀系杆拱前进过程中受力不均。

(4)两榀系杆拱之间设置临时中横梁及水平、垂直剪刀撑,提高整体稳定性。

(5)系杆拱上下浮运平台时,安排专人观测平台内抽水或注水置换量,力求与浮运平台荷载变化量一致。

(6)系杆拱上浮运平台后,立即将系杆拱与浮运平台临时固结,防止系杆拱纵移过河时浮运平台出现前倾或后翘。

(7)在系杆拱两端临时中横梁上做出轴线标记,浮运过河时实时观测系杆拱轴线偏位,并通过河道两岸"八字锚"及时调整对正。

8 安全措施

(1)系杆拱简支浮运过河施工是一项高危险性工作,施工前应制定严密的安全保证措施。召开施工动员会,对各级人员的进行安全技术交底,交代清楚各部位施工及观测人员的安全注意事项。

(2)确定施工水域,与港航部门联手设立航标,并利用电视、广播电台、报纸等媒体发布通告,确保水上航行安全和畅通,减少对航道的干扰。

(3)水上作业人员必须戴好安全帽,穿好救生衣。水上作业的施工船舶,要悬挂慢车信号旗,夜间挂灯显示。

(4)遇风力过大,不能保证安全时,应停止水上作业,必要时将船转移至避风锚地。

(5)现场配备救生船、救生圈及时抢救落水人员。

(6)纵移过河安装时,设置指挥区域,并派专人巡查,严禁无关人员进入现场。

(7)纵移过河安装过程中,安排机电人员待命,随时检修机械故障。

9 环保措施

(1)机械维修时,先在地面铺垫一层黄砂或沙土,维修完成后,将其清扫并集中堆放,统一处理或运往环保部门指定的堆弃点;废弃燃油、机油、液压油等集中储存,统一处理。

(2)焊接过程中,做好焊条、焊剂、焊丝的保存和收集工作,防止散落四处;焊接过程中产生的焊条短头、焊渣、药皮等废弃物需及时收集、归拢,统一弃置。

(3)生活垃圾、施工垃圾集中堆放,运至环保部门或业主指定的堆放点,绝对禁止施工人员向河中抛弃任何垃圾。

(4)油类、漆料等化学品堆放在材料仓库中,不得随意堆置于河流、鱼塘、湖泊及饮用水井附近。

10 效益分析

本工法较好地解决了在仅允许短暂封航或在小断面水域内条件下,水上安装大吨位系杆拱桥的施工问题,具有安全性高、造价省等优点,有很强的实用价值。

10.1 受河道宽度影响小

浮吊安装需在起吊后进行转向安装,因此所安装的系杆拱自重越大,所需浮吊吨位也相应提高,受河道宽度影响较大。简支浮运法因不需考虑浮船转向,对河道宽度要求较小,能适应的水域范围较广。

10.2 封航时间短

浮吊法安装时,每榀拱肋需封航一次,且在后续风撑施工时仍需封闭航道。本工法则可一次性拖拉两榀系杆拱拼过河安装,且风撑等后续施工已在岸上施工,从而减少封航时间,减少了对航道的影响。

10.3 安全性高

(1)简支浮运法将系杆拱自重传于拱脚浮运平台及岸上平台,结构受力简单明了,且在拖拉过程中系杆拱与浮运平台临时连接形成整体,整体稳定性好,抗倾覆能力强,比起浮吊安装法具有较高的稳定性及安全性。

(2)本工艺整体浮运安装系杆拱,将系杆拱连接风撑在岸上施工完毕,从而减少了浮吊法在水上风撑施工的工序,减少了水上施工工作量,降低了施工风险。

10.4 综合效益优

简支浮运法因减少了封航次数,简化了水上作业施工,加快了施工进度,从而比浮吊法有更高的综合经济效益(表3)。

浮吊法与简支浮运法工期、费用对比表 表3

项 目	浮 吊 法	简支浮运法	结 果
封航时间	全桥系杆拱肋安装共需4d,风撑安装共需14d,每天安装4h共计18个半天	每半幅桥系杆拱安装需3~4h,全幅桥共需两个半天	减少封航16次
费用	浮吊: 2艘×2×180 000=720 000元 人工费: 10人×150×4=6 000元 8人×200×14=22 400元 合计:748 400元	浮船:2艘×4×18 000=144 000元 浮运贝雷平台: 50×4×554=110 800元 岸上贝雷平台: 50×4×572=114 400元 吊车:1台×1×25 000=25 000元 人工费: 10人×30×150=45 000元 合计:439 200元	节约309 200元
备注:两种方法均未包含准备时间和支架拼装费用,岸上拼装需按现场情况而定。			

11 应用实例

11.1 S241 丹阳大泊至珥陵段 E 标京杭运河大桥

该桥位于241省道丹阳大泊至珥陵段京杭大运河上，整个河宽60m，主桥为1×100m钢管混凝土系杆拱，引桥采用20m先张法预应力空心板梁，为结构简支桥面连续，东侧引桥为6×20m=120m，西侧引桥为6×20m=120m，全桥长348.12m。

京杭大运河为丹阳境内主航道，河道运输量大，在整个施工期间仍要保证京杭运河水域的正常通航。因受通航要求影响，主桥系杆拱安装采用"简支浮运工艺"进行安装施工。整个安装过程快速、安全、准确，减少了对航道的影响，得到了业主和专家的好评。

11.2 镇大公路京杭运河大桥(2000 年)

该桥位于镇(江)大(港)公路京杭大运河上，主桥为钢管混凝土拱组合结构，采用刚性系杆拱，计算跨径71.96m，矢高14.392m。拱肋采用钢管混凝土。系杆采用箱形断面，高170cm，宽100cm，壁厚22cm/27cm；每片拱架设吊杆13根，间距5.14m；共设四道风撑。

该桥建设施工时采用简支浮运工艺拖拉系杆拱过河安装，整个安装工程安全、快捷，得到业主及有关专家的充分认可。

11.3 淮安市西绕成公路 N 标盐河大桥(1999 年)

位于淮安市的西绕城公路N标盐河大桥也同样采用"简支浮运安装工艺"进行主桥安装施工，由于安装快速、安全，在节省成本的同时，提前通车，取得了极大的社会效益。

刚架拱桥整体化现浇施工工法

GGG(鲁)C3103—2010

刘景宝　刘国强　武振国　王繁星　李修安
(山东泰山路桥工程公司)

1　前言

刚架拱桥是20世纪80年代为适应当时的设计、施工及桥梁装配水平而设计的一种装配式钢筋混凝土组合桥梁。由于其具有结构受力合理、自重轻、跨度大,主拱肋分段预制单件起重量小,对施工吊装设备要求低,并且线性流畅与景观协调等特点,其定型设计得到广泛应用,特别是在城市主干道出入口应用较多。随着车辆荷载等级和交通量的增加,刚架拱桥由于设计荷载偏低和装配结构整体化较差,桥面系行车道板出现不同程度的开裂、裂缝等损坏,不能满足安全顺畅通行的要求。对刚架拱桥拱上建筑由装配式结构改造为整体化现浇的补强加固方法,可充分利用旧桥结构并显著提高整体桥梁的荷载能力。

2　工法特点

(1)刚架拱桥整体化改造是一项系统工程,从旧桥检测、主拱肋、横向联系加固、主次节点加固到桥面整体化现浇直至工后荷载检测,都需要设计、施工双方密切配合。

(2)桥梁基础、墩、台及主拱肋、横向联系等构件局部补强后其功能得到充分合理的再利用,工程投资少,工期短,效益高。

(3)整体化现浇桥面板有效加强了整体化效果,提高了全桥的整体刚度和抗扭性能,增强了桥梁荷载能力和行车舒适性。

(4)现浇桥面板可采用悬挂模板,充分利用主拱肋作现浇模板支撑架。对处于深沟陡涧及通航桥位施工方法简便易行。

(5)刚架拱桥整体化改造后,在外观上保持了原桥拱桥和斜腿刚构梁桥组合结构的基本结构特点,保持了旧桥的人文景观效果及地标性建筑作用。

3　适用范围

(1)采用刚架拱桥整体化现浇改造的前提条件是经过详细的桥梁调查和荷载试验后确认旧桥下部结构承载能力满足改造后荷载要求,且主拱肋、斜腿等主要构件的破损程度较轻,不影响结构安全。

(2)旧桥面系破损严重的主要原因是由于装配式结构整体化差,桥面铺装配筋率低,混凝土强度偏低,桥面伸缩缝破坏,水平肋支座老化等非结构性破坏引起的刚架拱桥。

(3)作为城市地标性建筑和人文景观要求需保持原结构形式的刚架拱桥。

4　工艺原理

4.1　拆除前的控制测量和拆除过程中的拆除量统计

(1)在进行拆除桥面铺装及微弯板施工前,在旧桥面上准确量测原桥主拱肋、实腹段、实腹段横向联系的具体位置并画线标注。

(2)在主拱肋、拱脚、斜腿拱肋结合部(大节点)、空腹段与实腹段结合部(大节点)、主跨中心位置全跨对称布设测量控制点,监测拆除旧桥面结构前后主拱圈的弹性变形工况。

(3)拆除过程中详细测量每跨桥面铺装及微弯板拆除工程量,推算主拱肋承受静力荷载。为浇注整体化混凝土时预压荷载提供依据。

4.2 拆除桥面系施工

(1)确保拆除施工安全和确保主拱肋构件不受破坏,尽量减少对主拱片原主要受力结构的损伤是拆除施工的必要条件。在拆除开始前根据实地情况,用排架或横向固定钢架将各片拱肋连成整体增加横向整体性,防止主拱肋拆除桥面荷载后发生扭曲变形。

(2)在拆除旧桥面混凝土结构前应用钻石切割机沿标线位置对桥面进行预割分解,切割后用小型液压破碎锤沿隔块中心位置向两侧展开破除,在破除接近主拱肋 20~30cm 后用人工风镐进行掘除。在掘除过程中尽量保留原拱肋预埋连接钢筋,并尽量减少对主拱肋接口处混凝土的破坏。用液压破碎锤施工时应切实注意拱肋实腹段及在实腹段横向联系部位的凿除,防止因过大振动对主拱肋的损伤。

(3)拆除桥面结构时应根据实际联跨结构作拆除顺序设计。原则上从拱顶向拱脚,从外侧向内侧拆除,每联从中孔向两侧对称拆除。拆除设备和拆除进度应满足对称均匀卸载的要求。

4.3 桥梁下部构件的加固

4.3.1 构件凿毛处理

保证新旧混凝土或混凝土与补强构件的良好结合、共同受力是提高抗微拉刚度达到补强效果的关键。旧构件的凿毛处理是必须高度重视的工序之一。所有新旧结合面必须用电锤或手锤凿至露出粗骨料,凹凸差不小于 6mm 的新鲜混凝土表面,并对表面局部缺陷进行处理。

4.3.2 主要承重构件加固

(1)采用粘贴碳纤布法对主拱肋实腹段,水平弦杆及斜腿等结构进行加固。

(2)采用粘贴异型钢板法对主拱片大小节点进行加固补强,并在钢板外均匀涂 2cm 厚 NSF 砂浆进行防锈保护。

4.3.3 一般承重构件加固

采用增大截面法加固横系梁,对横系梁凿毛后植筋挂钢丝网,横桥向钢筋需钻孔穿过实腹段、弦杆及拱腿混凝土,并注结构胶锚固,对开焊的横系梁进行重新焊接加固,浇筑聚丙烯网状纤维混凝土。

4.4 更换支座

更换全桥橡胶支座并将腹孔与一侧相邻孔弦杆的支座更换为四氟滑板支座。

4.5 现浇整体化聚丙烯网状纤维混凝土桥面板

4.5.1 吊模施工

(1)利用主拱肋作现浇整体桥面混凝土底模的支撑横架,制作专用骑马钢吊架(吊架设有卸架措施),吊架上铺 10cm×10cm 方木或 10cm×10cm 槽钢作为底模顺桥向纵肋,在纵肋上铺设 5cm×10cm 方木作为每幅现浇肋板的横肋。底模及主拱肋倒角侧模铺设 12mm 厚竹模板,模板拼缝夹胶条防止漏浆。

(2)桁架式吊模,利用型钢焊接成型桁架片,在肋片上铺设槽钢作为模板底架,并将桁架片用反力架支撑于主拱肋及水平肋上,在支撑反力架上设卸落措施。

4.5.2 模板安装

模板安装就位检测偏差值符合规范要求后铺设桥面板钢筋,钢筋焊接时下设石棉板,防止对模板的损伤。加强对钢筋焊缝的检测和与预埋钢筋的连接质量检验。

4.5.3 浇筑前配载预压

为防止主拱肋在浇筑整体化混凝土后发生变形导致桥面板开裂,根据拆除前及拆除后主拱肋变形监测结果及拆除工程量计算主拱肋的荷载变形曲线,并按现浇桥面板设计混凝土荷载进行预压,并检测主拱肋变形情况。

4.5.4 桥面整体化混凝土浇筑

(1)由于桥面整体化钢筋配筋率偏高,在主拱肋倒角处设有加强横向连接筋,在水平杆端部设有桥面连续钢筋,混凝土中加入聚丙烯网状纤维,对泵送混凝土的工作性提出较高要求,对选择碎石最大粒径、砂率、水泥用量及高效减水剂方面慎重选择,做多组配合比进行比较。

(2)浇筑顺序按联控制,每联作为一个浇筑单元,在全桥对称从两端联向中间联进行,每一个单元内从两端向中间进行浇筑。在浇筑过程中随着浇注进度减少桥面预压荷载,使拱上荷载基本保持稳定。浇筑混凝土时保持每一单元浇注进度基本相同,若分幅浇注宜先浇注中间一幅,由中间向两边对称扩展,尽量保持对称均衡原则。

(3)混凝土浇筑采用泵送混凝土,避免运输荷载对钢筋、模板的损坏及产生局部荷载影响。

(4)浇筑过程中派专人监测主拱肋变化情况和模板几何尺寸变形情况,发现异常及时纠正。

(5)在浇筑混凝土期间或浇筑后混凝土强度达到设计强度的50%前,暂时封闭交通,防止振动对新浇筑混凝土的影响。当混凝土强度达到设计强度的75%后拆除卸落吊架及模板,卸落顺序与浇筑顺序相反。

(6)浇筑混凝土开始时应逐步拆除对各片主拱肋的横向联系,确保主拱肋在混凝土荷载作用下的自由变形。

5 施工工艺流程及操作要点

5.1 工艺流程框图(图1)

5.2 注意事项及操作要点

(1)开工前对旧桥病害进行调查并与设计方案相核对是非常必要的,可以发现病害发展的程度及设计的不足,在施工时及时变更设计,确保旧桥改造的效果。

(2)施工中监控测量的目的是确保结构的安全性以及主拱肋在改造后的受力特性不变,防止主拱肋发生偏转或弯曲变形,故布设的方案后应根据主拱肋的受力特点,测量时应进行精确测量。

(3)拆除施工的最关键环节是在保证对称卸载的同时确保主拱肋和横梁板不受到结构性破坏,必须用小型机具试验后方可展开施工,切忌盲目拆除造成质量安全事故。

(4)为保证旧桥混凝土与加固混凝土的共同受力,必须严格按照施工工艺的要求进行凿毛和植筋,加强对凿毛、植筋、清洗等环节的检查。

(5)加固施工顺序要按照受力特点,自斜腿刚构—节点—主拱肋—横隔梁板的顺序进行,使各部位加固混凝土与旧混凝土共同受力。

(6)悬挂模板安装应注意与主拱肋接触面的漏浆处理,以及落模设施的有效性,防止落幕困难。

(7)预压荷载可以在悬挂模板上堆积沙袋,亦可通过悬挂模板,在桥下进行悬挂预压,悬挂预压可减少对桥面钢筋绑扎阻碍,加快施工进度。

(8)桥面连续混凝土浇筑必须用泵送施工,严禁在钢筋网上

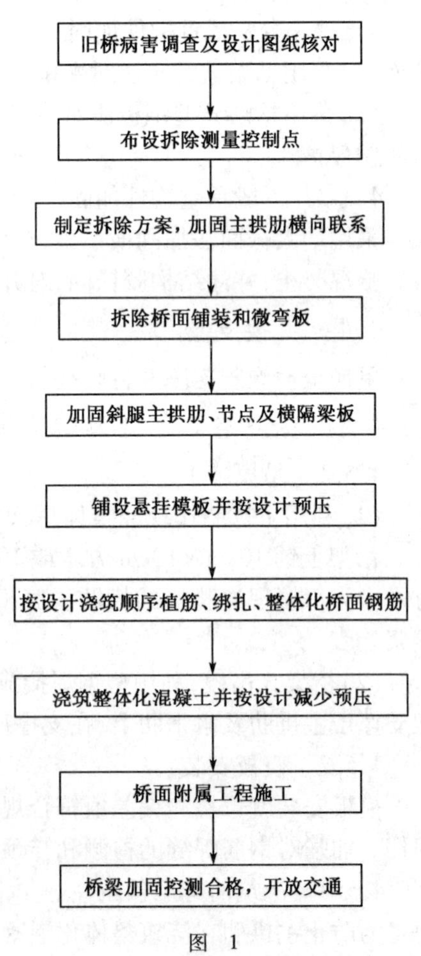

图 1

运输混凝土,在施工过程中确保桥面整体化钢筋的位置不变。浇筑混凝土时应注意避免在高温时段浇筑,防止产生温度裂缝。

(9)混凝土浇筑过程中应密切观测主拱肋变化情况,确保浇筑完成后主拱肋变化曲线符合设计要求。

6 材料与设备

采用的主要材料见表1。

主要材料表 表1

序号	材料名称	备注	序号	材料名称	备注
1	钢材	Ⅰ级钢筋Ⅱ级钢筋,满足规范要求	5	建筑植筋胶	
2	42.5号水泥	低碱水泥	6	碳纤维布	
3	碎石	石质坚硬,针片状含量低,水洗	7	聚丙烯纤维	
4	环氧树脂		8	高效减水剂(泵送剂)	

采用的施工设备、仪器见表2。

施工设备、仪器表 表2

序号	机械、仪器名称	规格型号	数量(台、套)
1	切割机		4
2	小型液压破碎锤	SM15、SM10	4
3	空气压缩机	$6m^3$	5
4	气动凿岩机		36
5	风镐		10
6	钢筋加工成套设备		4
7	吊车	16t、25t	2
8	装载机	ZL50	2
9	混凝土输送泵		1
10	全站仪	拓普康	2
11	水准仪	BT28	4
12	钢架管、槽钢		100t
13	竹胶模板		$3\,500m^2$

拆除设备:切割机、小型液压破碎锤、风镐凿岩机。

凿毛植筋设备:电镐、电锤、电动毛刷、手持切割锯、发电机等。

钢筋加工电气焊机具、支架、模板、混凝土养生设备、搅拌运输车、混凝土输送泵、振动器、振动梁及桥面找平机具。

7 质量标准及质量控制

(1)施工的动态质量控制:根据《公路桥梁加固施工技术规范》的要求,对施工过程实行动态控制。开工前进行详细的设计技术交底,深入了解设计施工技术要求和施工注意事项,在施工中发现原结构或相关隐蔽部位的构造有严重缺陷或与设计不符时及时通知监理设计单位进行变更。加强对主体结构的检测,包括变形、位移、裂缝的变化等情况,确保主体承重构件不因卸载及加载产生异常变形和开裂。

(2)制定详细的施工组织设计,对关键工序和关键施工技术制定施工实施细则,对拆除工序如何确保对主拱肋的损伤程度降到最低,对凿毛及植筋的要求以及对浇筑整体化混凝土时的加载、卸载及振捣养生等环节质量目标细化分解,制定保证措施。

(3)严格按照施工技术规范要求进行施工并按照质量标准对工序进行检验,检验合格后方可进行下一道工序。重点检查工序为:拆除、凿毛、植筋、模板、钢筋加工及绑扎、混凝土原材料就拌和质量、振捣及养生、纤维布粘贴、异型钢板加工及粘贴、防锈涂层等。

8 安全措施

8.1 交通安全措施

制定施工交通安全实施方案,设专职安全员和交通督导员。按照《公路养护安全作业规程》的标准设立各种标志标牌,并在施工期间保持安全体系有效运行。

8.2 主体结构安全措施

旧桥面系拆除前将各主拱片在跨中、空腹段与实腹段交界处分别作横向整体锚固,每段横向锚固锁定四个断面,加强原拱肋的横向联系,防止个别拱肋弯曲变形。

拆除前对空腹段横向联系作包裹覆盖,防止拆除桥面混凝土时损伤。

8.3 施工操作安全措施

(1)防坠落措施:拆除桥两侧护栏、桥面铺装及微弯板后要及时搭设防落安全网,施工人员吊架平台要有安全绳,施工人员必须佩带安全绳、戴安全帽。

(2)用电安全措施:严格按照工地用电安全规范,做到一机一闸一保护,并尽量采用安全电压电动工具。

(3)及时清理施工器具及建筑垃圾,尽量减少道路侵占面积。

9 环境保护措施

(1)固体废弃物处理:根据河道管理的要求,拆除旧混凝土应集中后运送到弃渣场处理,不得随便丢弃桥下,弃渣场处理按环保要求覆盖绿化。

(2)易燃有毒化学品的使用防护:粘贴纤维布用环氧树脂、植筋胶等化学用品的保存与使用严格按照产品使用说明去做,防止出现污染及中毒事故。

10 资源节约

(1)该工法施工充分利用旧桥桩基、承台、墩台身以及主拱肋,减少工程造价,减少材料浪费、建筑垃圾的数量。

(2)利用悬挂模板施工,保证桥下通航,减少有支架施工的设备投入。

(3)该工法施工进度快,道路封闭工期短,对周边影响小。

11 效益分析

(1)刚架拱桥整体化改造,保持了旧桥的主体外形结构,对于具有城市人文景观和地标性建筑的特殊桥梁具有很大的社会效益。

(2)刚架拱桥整体化改造,充分利用旧桥下部结构,减少了工程投资。据施工实体计算,旧桥改造只是重建新桥投资的三分之一左右,经济效益明显。

(3)刚架拱桥整体化改造施工工期短,封闭交通时间只是重建新桥工期的四分之一左右,对交通影响较小。

12 工程实例

(1)大汶口桥加固工程

大汶口桥位于泰安境内,该桥1987年开工建设,1988年建成通车,主要上部结构为13孔42.5m的刚架拱桥,桥跨结构单幅横向设4片拱片,每孔设2道横隔板,16道横系梁和3道少筋微弯板以及12cm钢筋混凝土桥面铺装连接。下部结构为双排6根直径为1.2m钻孔灌注桩,梯形盖梁,群桩基础,组合桥台,桥梁全长579m。

随着近年来交通量不断增加,特别是超载车辆的增加,桥梁的技术状况和服务水平有所下降,桥梁构件特别是桥面少筋微弯板病害严重。根据桥梁检测结果,2008年对该桥进行了整体化加固施工,合同工期5个月,合同造价1 500万元。

(2)泰莱高速公路侯家店桥

侯家店桥位于泰莱高速公路泰安段,于1992年建成通车,桥梁全长77.368m,桥面全宽2×11.40m,上部结构为2孔25m钢筋混凝土刚架拱。泰莱高速化改造通车后,侯家店桥面铺装出现裂缝,拱片大小节点处出现竖向裂缝。经多方论证,决定将该桥微弯板改造为现浇桥面连续板,对刚架拱片进行加固处理并增强拱片间横向联系,桥梁改造加固施工于2008年6月开始,合同工期3个月,合同造价150万元。

大跨度异型钢箱式拱肋施工工法

GGG(鲁)C3104—2010

毕于波　卢　伟　李世存　孟　锐　郭　华
(临沂市政工程总公司)

1　前言

随着城市建设的飞跃发展,要求城市的市政基础建设不仅要满足城市的经济发展需要,而且要与该城市的周边环境相协调,达到一定的景观要求。临沂市蒙山大道祊河大桥就是在这一前提下,由规划设计阶段步入实际施工阶段。

临沂市蒙山大道主桥采用五跨异型拱连续梁桥结构,跨径组合为55+100+120+100+55=430m。其中,主桥钢箱式拱分为三跨(边、中、边),其跨径为100+120+100(m),三跨钢箱式拱穿插于桥面两侧,每个拱由单片矩形钢箱钢箱式拱构成,各钢箱式拱均不在同一个平面上。中跨钢箱式拱外弧总长约91.60m,重约497t,钢箱式拱高2.8m,宽3.5m,拱轴线为二次抛物线,拱轴线水平投影长度L=125.3m,矢高为60.088m,矢跨比f/L=1/2.09;边拱钢箱式拱高2.5m,宽3.5m,拱轴线为二次抛物线,拱轴线水平投影长度L=107.4m,矢高为53.138m,矢跨比f/L=1/2.02。钢箱式拱顶底板及腹板厚16mm,主材采用Q345C。蒙山大道祊河桥吊装钢箱式拱的总工程量约达1 300t,安装的精度是否达标将直接关系到蒙山大道祊河桥的质量与安全。因此,公司项目部专门成立了课题小组对此方案进行研究攻关。

目前,采用钢箱式拱施工的桥梁在国内比较常见,但采用三跨钢箱式拱穿插于桥面两侧,每个拱由单片矩形钢箱式拱构成且各钢箱式拱均不在同一个平面的大跨度异型钢箱式拱施工的桥梁非常罕见。对于类似本工程的异型钢箱式拱高度高(吊装高度60.088m)、体积大、重量重(单块重达43t),轴线偏位控制精度高(偏位1cm)、支架体系独特的大跨度钢箱式拱施工目前国内尚无先例,所以加大对大跨度异型钢箱式拱精确安装技术的研究与应用,对于施工技术发展及行业技术发展都是很大的贡献。2009年12月29日,经临沂市科技局鉴定为国内领先,具有较高的研究推广价值。

2　工法特点

(1)解决了单个拱巨大(中跨钢箱式拱外弧总长91.60m,重497t),平均分割吊装困难的问题。

(2)解决了异型钢箱式拱高度高(吊装高度60.088m)、体积大、重量重(单块重达43t),吊装难度高的问题。

(3)解决了异型钢箱式拱跨度大,轴线偏位控制精度高(偏位1cm)的问题。

(4)解决了钢拱支撑困难,容易倾覆的问题。

3　适用范围

本工法适用于大跨度异型钢箱式拱精确安装的桥梁。

4　工艺原理

采用下大上小的方式对单个钢箱式拱不均匀分割,然后选用经专家论证的合理吊装方案进行安全性试吊后,综合评价安全性试吊的科学合理性,在认为方案及科学性试吊同时合理的基础上进行钢拱吊装，同时采取各种措施保证钢拱安放的准确度和吊装过程的安全。

5 施工工艺流程及操作要点

5.1 施工工艺流程(图1)

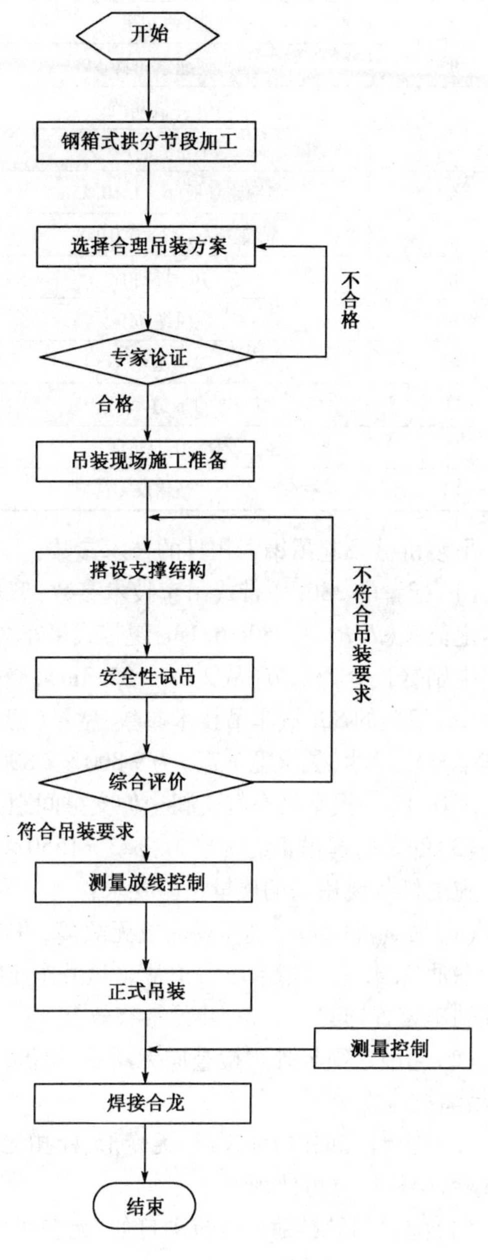

图1 施工工艺流程图

5.2 施工操作要点

5.2.1 钢拱吊装要点

(1)为解决钢箱式拱节段平均分割吊装吊车容易倾覆的问题，我们经过多方考察、研究论证，采用在国内从未使用的下大上小的方式对单个钢箱式拱分割成13段。下边的节段重量大，但是起吊高度低、距离近，负载起吊的倾覆力矩小；上边的节段虽然起吊高度高、距离远，但起吊重量小，相比平均分割的节段而言负载起吊的倾覆力矩小，采用下大上小的方式分割吊装，既容易保证吊装安全，又使轴线偏位容易控制，很好地解决了钢箱式拱节段平均分割吊装吊车容易倾覆的难题。

(2)异型钢箱式拱高度高(吊装高度60.088m)、体积大、重量大(单块重达43t)，吊装难度高。以中间钢箱式拱为例，其外弧总长约91.60m，重约497t，钢箱式拱高2.8m，宽3.5m，拱轴线为二次抛物线，拱轴线水平投影长度$L=125.3$m，矢高为60.088m，矢跨比$f/L=1/2.09$。而全桥吊装钢箱式拱的总工程量达1 300t，这么大的起吊重量、吊装高度，国内少有。

为了解决上述难题，我们采取了一系列的措施：

措施一：选择最佳的吊装方案

根据本工程钢箱式拱吊装的特点及钢箱式拱分段吊装的作业参数，以及最大限度地降低吊装成本等因素考虑，对钢箱式拱分段吊装的方案选择确定如下：

(1)本工程的钢箱式拱分段吊装确定选择一台380t履带式吊机作为主力吊车吊装主桥钢箱式拱。同时，对桥外拱段及吊距近的拱段吊装确定配置2台80t汽车吊车，以双机抬吊的方式进行吊装。

(2)确定380t履带式吊车作为本工程的主力吊车，是与450t汽车吊进行比较后作出的选择。按钢箱式拱分段吊装的最远距离及最大高度，在吊装同一重量的拱段时，履带式吊车能够胜任，而汽车吊车却不能，且履带式吊车就位操作简便、转移快速、灵活机动性强、能负载行走。同时其车身短、转弯半径小、对作业场地的使用范围相对要小。

(3)根据钢箱式拱斜跨主桥的特点考虑吊装的方法是：在单拱分段吊装时，配置的吊车先后就位在主桥两侧，对单拱进行左半跨节段吊装后，再吊装右半跨节段。

(4)在吊装钢箱式拱节段时，吊车就位必须使其转台中心与拱段安装中心在同一水平延线上，保证吊装应尽可能选择最短的吊距。

措施二：合理配置施工机具

为保证吊装方案的顺利实施，我们配置了齐全的吊装机具，主要机具材料详见表1。

主要机具材料表 表1

序　　号	机具、材料名称	数　　量	用　　途
1	美国380t履带式吊车	1台	用于拱段吊装
2	80t汽车吊	2台	用于拱段吊装
3	起吊钢绳索扣具$\phi43$	2副(4根)	用于挂扎拱段吊耳吊装
4	10t导链葫芦	8只	用于拱段吊装和斜度调整
5	5t导链葫芦	10只	用于缆风锁紧和拱段安装轴线调整
6	型钢路基板(6×1×0.25m)	4块	用于吊车支撑铺垫
7	钢板(6×2×0.040)	20块	用于新铺路面的加固铺垫
8	16号卸扣	8只	用于吊绳与吊耳串接
9	缆风绳$\phi19$	2 000m	用于拱段安装后的固定
10	2m道木	20根	用于汽车吊支腿下铺垫
11	1m道木	20根	用于汽车吊支腿下铺垫
12	QY20千斤顶	4只	用于钢箱式拱接口高程调整
13	经纬仪	2台	用于钢箱式拱安装后的测量

吊装机械及起吊钢索扣具的技术参数:

(1)配置的380t履带式吊车技术参数:型号(美产M4600液压式履带式吊车);履带式吊车最大起吊额定荷载(T/R)为380t/6.1m;履带式吊车外形尺寸(长×宽×高)为11983×7620×5074mm;履带式吊车主副臂长分为8节(从24.4~82.3m);履带式吊车全挂配重自重380t。

(2)配置的80t汽车吊技术参数:型号(德产MTL800);汽车吊最大起吊额定荷载(T/R)为80t/3m,汽车吊外形尺寸(长×宽×高)为9 800×2 800×3 900mm;汽车吊主臂全伸4节(11.3~43m),垂直起吊高度达40m;汽车吊左右支腿全伸支撑间距为7.20m,前后支腿间距为8m;汽车吊自重48t。

(3)配置的起吊钢绳规格为:$\phi43\times1550\times6\times37+1$,$P_p=886.5\text{kN}$,$K>6$。

施工机具使用前的质量检验要求:

(1)吊装机械必须确保发动机无故障,发动机输出功率能达到规定的最大功率值。起吊液压系统应无漏油、工作液压指示压力正常。起吊作业时,吊车的变幅指示器、力矩限制器、行程限位开关及起吊自锁刹车装置均必须齐备、并灵敏有效。

(2)起吊钢绳经外观检查应无断股、扭折,无严重断丝、严重锈蚀、绳头套扣穿扎规范。选配规格合适、吊绳抗拉安全系数大于6。

(3)配置的卸扣应无裂纹、无变形、栓扣无滑牙、拧动应自如无卡死。使用前应进行1.25倍静载拉力试验,合格后方可使用。

(4)配置的导链葫芦应拉动自如、无卡死,自锁保险装置安全有效,使用前应进行1.25倍的静载拉力试验,合格后方可使用。

措施三:做好吊装前的相关准备工作

由于钢箱式拱斜跨的分段吊装的各节段吊点不在同一平面内,因此,单拱各节段的吊装距离会越来越大。为了适应这个施工特点,确保吊车在主桥两侧吊装钢箱式拱各节段时能均在最短的吊装距离内作业,我们对主桥两侧的吊装通道及场地进行了铺垫和加固。对河道内新铺垫的路段先挖去河底的淤泥层,然后铺垫大石块层,接着再铺垫不小于1.0m厚的宕渣层后压实。路面加固采取的措施是全程铺垫4cm厚的钢板(单块钢板的尺寸(长×宽×厚)6 000×2 000×40mm)。对新铺垫路面进行全程铺钢板加固的理由是:

(1)河道内地基底层为淤泥层承载力差,虽然对新筑的通道进行了宕渣铺垫,但路面的沉降或塌陷发生的可能性仍然比较大,特别遇到下雨天更是如此。

(2)履带式吊车自身的重量达380t,负载吊装时总重量达420t,其空载行驶时,履带式吊车单位面积承重达15.8t/m^2;负载吊装时,履带式吊车单位面积承重达17.5t/m^2。因此,在吊装场地路面铺垫厚钢板加固主要是为了增大履带式吊车的负载支撑面积,以减小其单位面积的承载力。将钢板横向铺垫在吊车的左右履带下,使吊车履带承压面积增大,由此履带式吊车单位面积的承压力会大大减小。

(3)履带式吊车在负载吊装时,实际履带支撑地面的面积不是全部,而是一部分。特别是在吊装钢箱式拱中间节段时,起吊距离远、高度大,负载起吊的倾覆力矩大,吊装时履带式吊车的重心会往前移,吊车会发生尾翘,吊车履带支撑地面的面积减小,会使其单位面积的承压力增大。如果不采取铺钢板加固地面,一旦地面发生沉降或下陷,其后果是不堪设想的。

(4)路面铺垫钢板不但减压,而且能减小履带式吊车的运行阻力,特别是在履带式吊车负载行走时,因阻力小,既保护了履带不受损,也保护了新铺垫的路面不遭受破坏。

吊装总平面布置如图2所示。

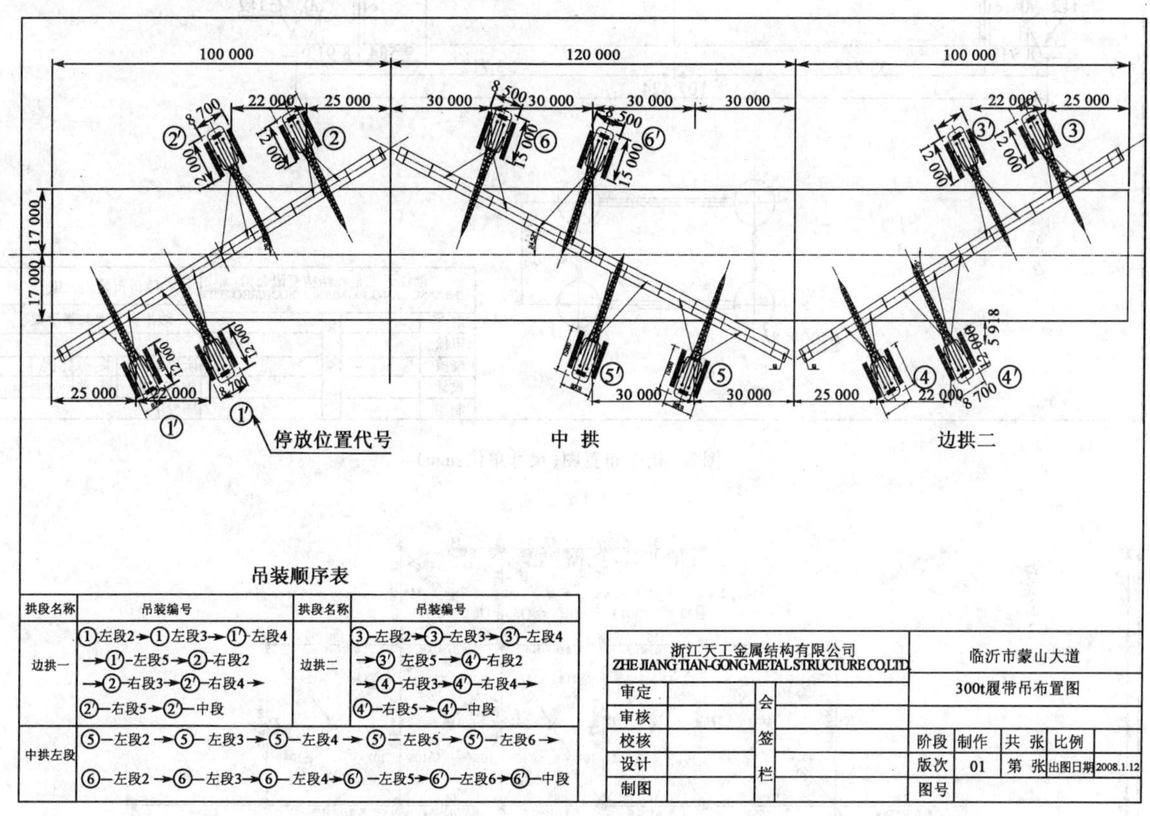

图2 吊装总平面布置图(尺寸单位:mm)

措施四:采用新的技术,搭设安全可靠又经济适用的安装支撑架

在建筑工程施工中,通常采用满堂支架搭设钢箱式拱支撑体系,通过几种方案的比较,在能够保证安全的前提下节约成本,我们选用在国内从未使用过的钢箱式拱支架搭设方式,具体的做法是:支架采用2排桁架搭建,主管子用$\phi400\times8$,横向用缆风平衡,桁架布置图如图3所示。

计算采用中拱建模,模型如图4所示。

配筋包络和钢结构应力图如图5所示。

轴力包络图如图6所示。

通过计算得出:

节点总数:62

柱数:148

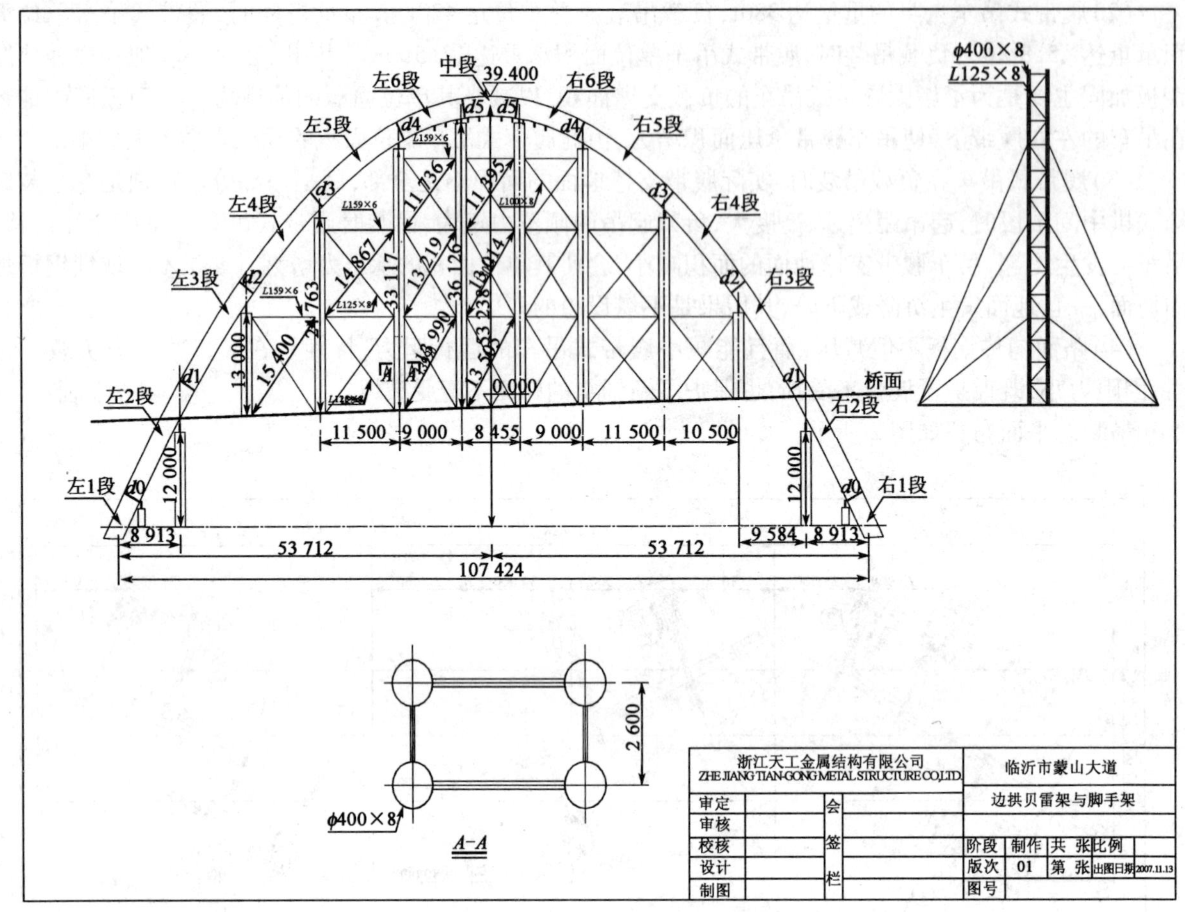

图3　桁架布置图(尺寸单位:mm)

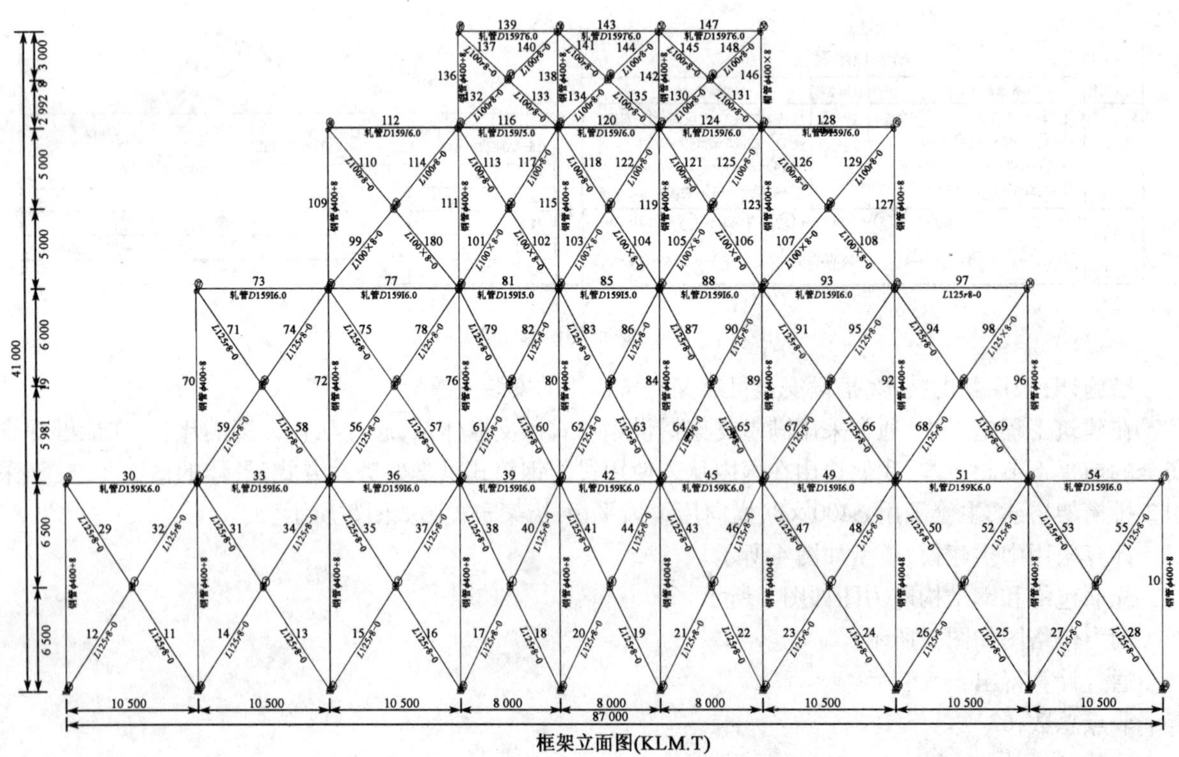

框架立面图(KLM.T)

图4　中拱建模桁架图(尺寸单位:mm)

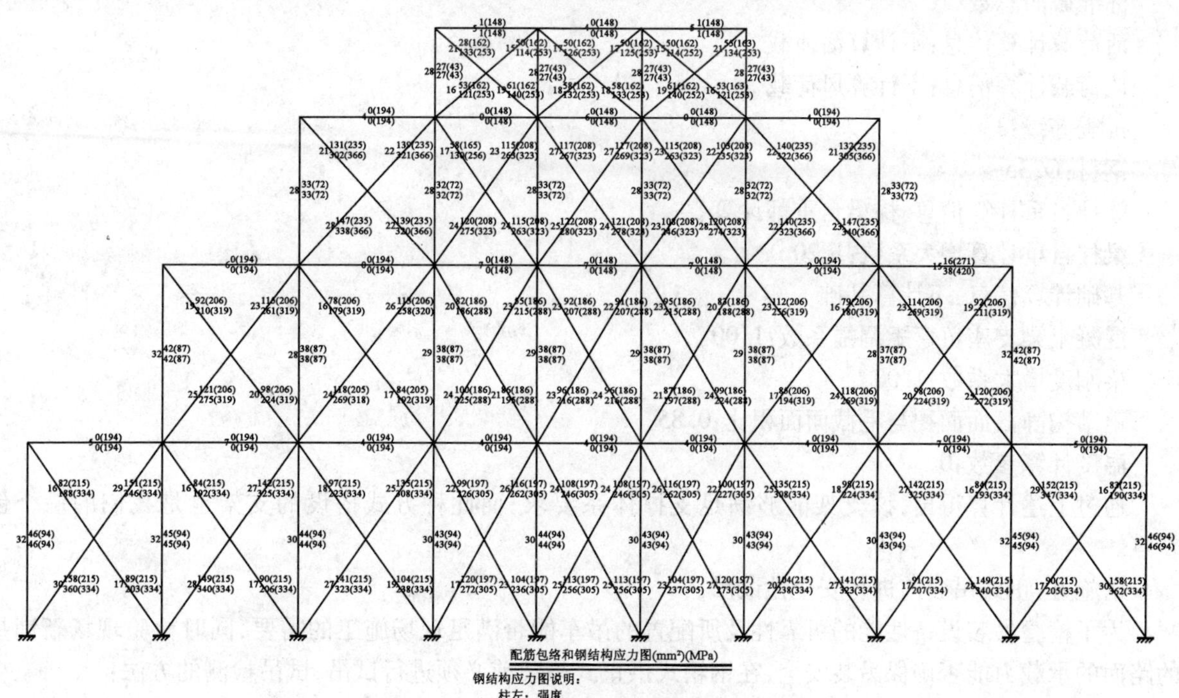

图5　配筋包络和钢结构应力图

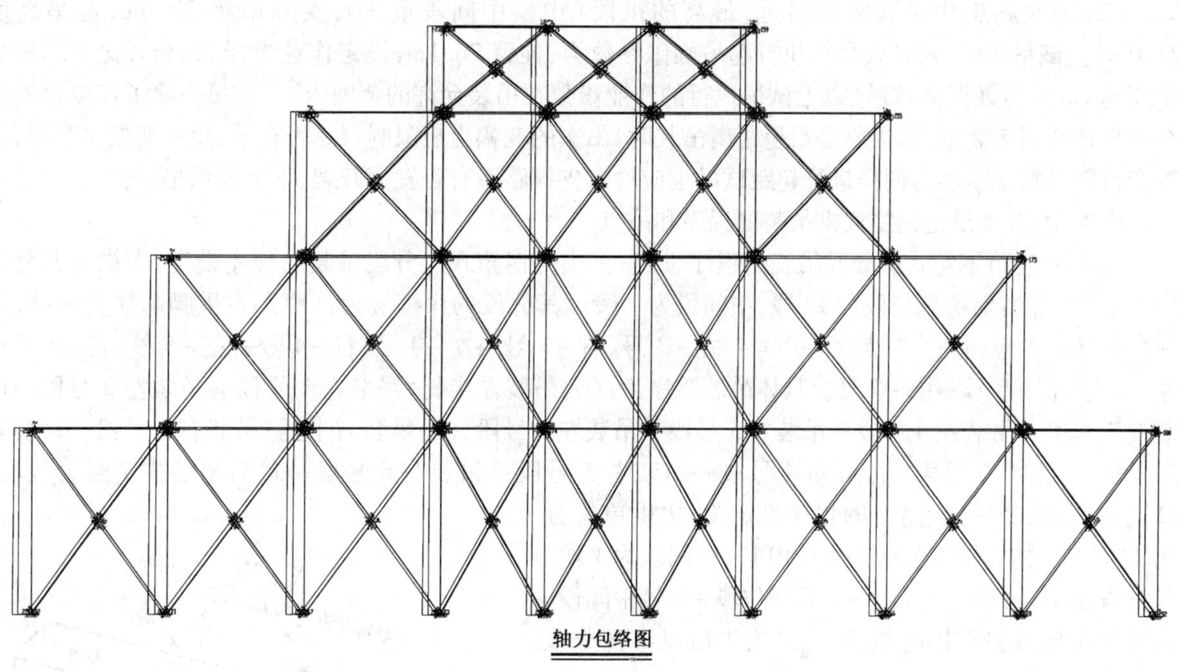

图6　轴力包络图

梁数:0

结构形式:普通钢结构,按《钢结构设计规范》(GBJ 17—88)计算

结构重要性系数:1.00

支座约束数:10

标准截面总数:5

活荷载计算信息:不计算活荷载

风荷载计算信息:不计算风荷载

抗震等级:3

钢材:Q235

梁柱自重计算信息:柱梁自重都计算

梁柱自重计算增大系数:1.20

基础计算信息:不计算基础

混凝土梁支座负弯矩调幅系数:1.00

梁刚度增大系数:1.00

钢结构静截面面积与毛截面面积比:0.85

温度计算参数:0

通过上述计算得出,该支架能够满足支撑体系要求,而此种方式搭设的支架也是我们的一个创新点。

措施五:正式吊装前进行安全性试吊

为了检验吊装设备性能的可靠性及所配置的吊车能否满足现场施工的需要,同时检验现场新铺垫的路面的承载力能否确保吊装安全,在钢箱式拱正式吊装前必须进行试吊,试吊检测的方法:

(1)选取施工中最重的吊装拱段(中拱左3段,43t),在与其实际吊装距离(6.0m)和吊装高度(16.0m)相同的情况下,按其静载超载120%(51.6t)和动载超载110%(47.3t)的吊重进行试吊。通过静载试吊要求重物滞空时间不少于10min,以此检测当履带式吊车静载滞空时自锁保护装置是否能够锁住起吊物。在新铺路段进行静动载试吊时,必须观察吊车的履带支撑地面,是否发生位移和下陷。

(2)选取施工中吊装距离最远,最高的拱段(中拱中间段重31t,实际吊距22.0m,起吊高度71.0m)。试吊中时,履带式吊车执行起吊操作参数为:伸臂76.1m,设定作业半径23.0m,比实际吊装距离远1m进行超距离试吊(以上试吊执行的作业参数在吊装允许的范围内)。试吊中除了需要检测吊车的自锁和刹车装置外,主要是当超距离吊装时,吊车的变幅力矩限制器是否有效,超距变幅吊装时,是否会自动鸣响报警器。同样进行超距试吊也应检察支撑路面有否发生开裂、下沉及塌陷。

措施六:合理设定钢箱式拱吊装的程序和吊点

(1)中、边跨钢箱式拱分段吊装的程序设定:①中跨钢箱式拱分段吊装的程序设定:中拱总共分为13段,其中左右对称侧位段为12段,中间段为1段。其分段的序编号为:(由左右拱脚起往上序排)左-1号,右-1号→左-2号,右-2号→左-3号,右-3号→左-4号,右-4号→左-5号,右-5号→左-6号,右-6号→中-7号。具体吊装顺序为:(先吊装左半托)吊装左1号段→吊装左2号段→吊装左3号段→吊装左4号段→吊装左5号段→吊装左6号段,(后吊装右半托)吊装右1号段→吊装右2号段→吊装右3号段→吊装右4号段→吊装右5号段→吊装右6号段→最后吊装中7号合拢段。②边跨钢箱式拱分段吊装的程序设定为:边拱单拱分为11段,其中左右对称侧位段为10段,中间段为1段。其分段序编号为左、右1号~6号侧位段+7号中间段,吊装程序与吊装中拱时相仿,也采用先后以半托分段的吊装方法进行。

(2)拱段的吊点设置详见图7。

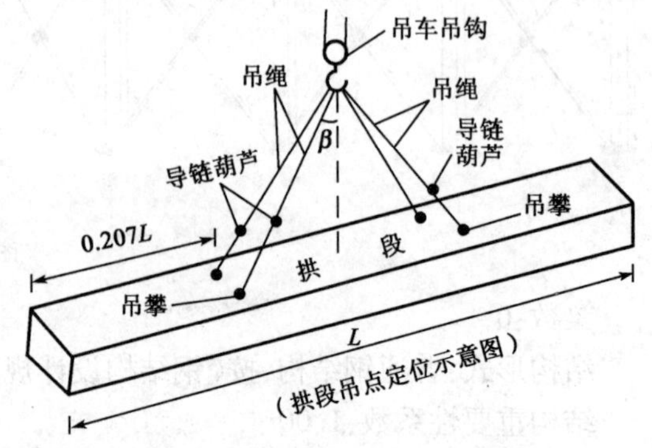

图 7

拱段吊点设置为对称的四吊点,吊点的定位按照拱段长度的0.207比例设置。每一吊点上均焊接一只钢板吊攀。吊点定位距的大小是决定起吊夹角(β)大小的因素。起吊夹角应设定在45°以下,最大不要超过60°。

拱段吊装工序流程如下：

(1)搭建拱段接口支架及操作平台。

(2)全面测量复核：对拱座间的计算跨径、钢箱式拱拱脚预埋段的斜面倾斜度、高程、桥轴线偏斜等全面进行测量。在各项数据均符合规定的要求后，方可进行拱段的吊装。同时做好吊装工器具的准备及检查：千斤顶、吊绳、导链葫芦、缆风绳、道木等。

(3)建立现场吊装指挥系统：按吊装工序进行人员的合理分工，成立机构，明确职责，责任落实到人。高空与地面作业的联系，上下人员应配备手提报话机联络。

(4)建立现场施工测量控制系统：在拱脚两座台处各设全站仪，并选择合适的地点布置无障碍观测站，两台仪器对所测好的数据应作相互比较，以避免发生测量差错。

(5)拱段吊装施工工序流程：

①检查履带式吊车机况：按拱段起吊高度，装置履带式吊车的副臂，同时按拱段起吊的重量，将履带式吊车起吊钢绳进行走道换股(起吊 40～50t 重物时，钢绳走道为 4 股)；汽车吊配合装置履带式吊车配重。

②履带式吊车进入吊装区域内就位，就位后的转盘中心应处在拱段安装中心的水平延线上，以确保能在最短的作业距离内吊装拱段。

③装载拱段的平板车直线倒入履带式吊车侧旁就位，当吊车卸吊了车上的拱段后，平板车应驶离就位地。

④在起重指挥员的指挥下，履带式吊车将拱段吊装到位。由于钢箱式拱是弧形的，所以每一段钢箱式拱在安装时，都需有一定的斜度才能衔接定位。拱段吊装时的斜度调整；采用“上紧下松”由起重工操作拱段上下端吊绳中串接的导链葫芦来完成对其斜度的调整。

⑤在初始安装阶段，拱脚段与拱座预埋段间不进行焊接，待其他段安装调整焊固后，再进行焊接固定。

⑥拱段吊装就位后，应将拱身挂扎的缆风绳与地上立锚用导链葫芦串接。同时测量拱段安装后的高程，轴线位置，并及时进行调整，将其控制在工艺允许的数值范围内。完成后锁紧缆风，焊固拱段接口。

⑦各段钢箱式拱安装定位前，其拱轴线型误差均应符合设计要求。

措施七：确定合理的拱段吊装方法

(1)根据各拱段不同的吊装距离和重量，配置与之相适应的合适的吊车进行吊装。例如在桥外或靠近桥侧的拱段，由于吊距近，起吊高度低，因此，可以配置相对较小吊力的履带式吊车进行吊装，而对吊距远、起吊高度高的拱段吊装，应配置大型履带式吊车进行吊装(现场配置 317.5t 履带式吊车吊装)。

(2)按拱段吊装参数，选择吊机(以吊装中拱中间段为例)，见图 8 和表 2。

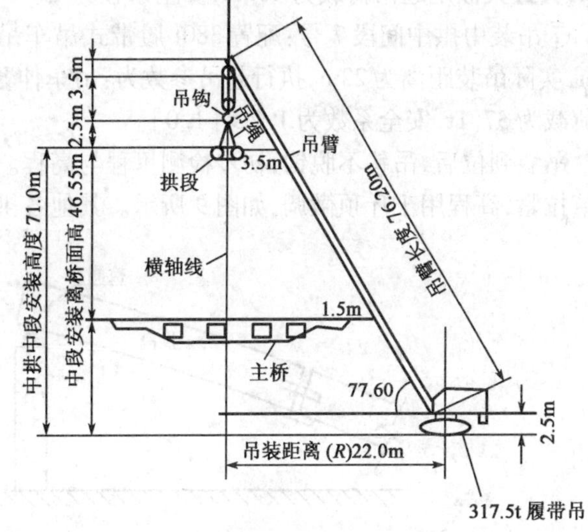

图 8 吊装拱段吊机选型站位示意图

中拱中间段吊装作业参数表　　表 2

作业内容	作业半径	吊臂长度	起升高度	起吊重量	起吊角	离桥侧距	离拱侧距
吊装实际参数	21m	76.20m	70.638m	31.06t	77.6°	1.5m	2.5m
吊装执行参数	22m	76.20m	70.50m	31.06t	77.6°	1.5m	2.5m

(3)拱段吊装的执行参数及安全分析(以吊装中拱右侧半跨拱段为例进行说明):

①吊装中拱的左1号段、右1号段:采用配置2台80t汽车吊,以双机抬吊的方法进行吊装。2台吊车分别就位在主桥中跨区域的东侧旁,各吊住右1号段前后端,将其吊装就位并与拱脚段对接。右1号段的实际吊装作业参数为重42t,起吊高度拱段上端为16.5m,下端为5m,实际吊装距离为5.50m,执行参数为:2台吊车均伸臂18.4m,设定作业半径均为6.0m,在此范围内,单台吊车的最大起吊额定荷载达37t,2台80t吊车的抬吊总额定荷载达74t。抬吊右1号段的安全系数为1.76>[1.20](许用安全系数,后同)。

②吊装中拱右2号段:采用配置120t履带式吊车单机进行吊装。履带式吊车就位在主桥中跨区域的东侧旁。履带式吊车将右2号段吊装就位并与右1号段对接。右2号段的实际作业参数为重38t,起吊高度拱段上端为30m,下端为14m,其实际吊装距离约为10.50m,执行参数为伸臂36.6m,设定作业半径12.0m,在此范围内,其最大额定起吊荷载为46t,安全系数为1.21>[1.0]。

③吊装中拱右3号段:采用配置250履带式吊车吊装,吊车就位在主桥中跨区域的东侧旁,右3号段的实际作业参数为:段重43t,起吊高度拱段上端为40m,下端高为30m;吊装距离为14.50m,执行参数为:吊车伸臂54.90m,设定吊装作业半径为16m,其最大额定起吊荷载为65.4t,安全系数为1.52>[1.0]。

④吊装中拱右4号段:配置与上相同的履带式吊车,就位在主桥中跨区域东侧旁。右4号段的实际吊装作业参数为:段重37t,起吊高度拱段上端口为50m,下端口为40m;吊装的实际作业半径16.50m,执行参数为伸臂60.1m,设定作业半径18m,其最大额定起吊荷载为54.9t,安全系数为1.48>[1.0]。

⑤吊装中拱右5号段:配置与上相同的履带式吊车,就位在主桥中跨区域东侧旁,实际吊装作业参数为:段重39t,起吊高度其上端口为56m,下端口为50m;实际吊装距离约18m,执行参数为:伸臂67.1m,设定作业半径设定19m,其最大额定起吊荷载为48.45t,安全系数为1.24>[1.0]。

⑥吊装中拱右6号段:配置380t履带式吊车吊装。实际吊装作业参数为:段重34t,起吊高度上端口为60m,下端口为56m,实际吊装距离为20m,执行参数为:吊车伸臂67.1m,设定吊装作业半径为20m,其最大额定起吊荷载为46.6t,安全系数为1.37>[1.0]。

⑦吊装中拱中间段7号:配置380t履带式吊车吊装。实际吊装作业参数为:段重31t,起吊高度为70m,实际吊装距离为22m,执行起吊参数为:吊车伸臂76.2m,设定吊装作业半径为23m,其最大额定起吊荷载为37.1t,安全系数为1.2>[1.0]。

吊装到位后,吊钩不脱钩,初步检测里程与高程。误差不大时,在拱肋的左、右侧挂上缆风索,配5t葫芦拉紧,高程用千斤顶微调,如图9所示。其他各拱段依照类似的吊装方式。

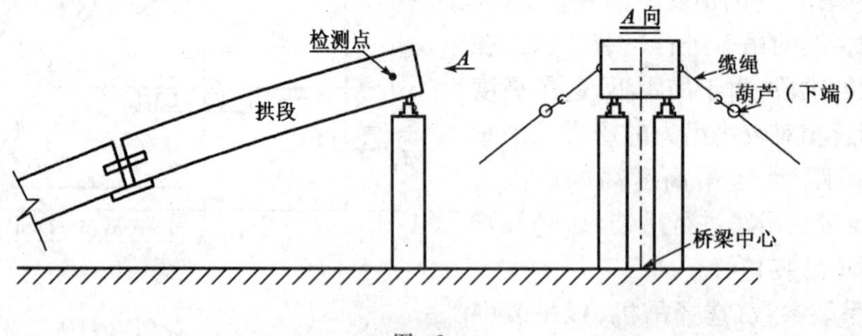

图 9

通过上述7个措施的实施,成功地解决了异型钢箱式拱高度大(吊装高度60.088m)、体积大、重量重(单块重达43t),吊装难度高的难题;新型钢拱支撑架的应用,大大缩短了工期,节约了成本。

5.2.2 精度控制要点

异型钢箱式拱跨度大(中拱跨度120m,两个边拱跨度各100m),轴线偏位控制精度高(偏位≤1cm),测控难度大。

解决方案：

(1)由于钢箱式拱在车间加工时就按设计拱轴线(含预拱度值)线形进行的加工，并在出厂前进行过试拼，所以在安装现场我们只考虑支架上的每一段接头位置的高程、轴线即可。为控制钢箱式拱安装精度，我们采用轴线、高程同时观测的方法，利用达到四等水准测量精度要求的全站仪进行三角高程测量来完成钢箱式拱高程和轴线的控制。先在支架上设置了就位点，然后在每一段钢箱式拱接头的下缘设置了就位点，钢箱式拱的外侧水平地焊接一根垂直于钢箱式拱的标尺。理论上，"就位点重合、标尺立正"即完成测量定位。但事实上，由于加工精度、试拼并不一定到位，设置的就位点、标尺不一定精确，以上只能算初步定位控制。精确定位还要对初步就位的钢箱式拱进行轴线、高程进行复核测量，主要利用支架上就位点处设置的千斤顶和链条葫芦进行调整。

另外，拱脚段钢箱式拱是钢箱式拱高程控制的基础，因此在拱脚的施工中要注意拱脚段钢箱式拱的位置及钢箱式拱的轴线尺寸、纵向仰角、横向垂直度，并且在钢箱式拱安装前进行检查，以确保整个钢箱式拱安装的精度。

为了防止钢箱式拱节段发生扭转，安装起吊时，测量组要进行轴线测量。方法是钢箱式拱吊离运输工具后，用吊线锤观测钢箱式拱上的上缘点和下缘点是否铅垂，如果不铅垂，需要调整起重绳的捆绑位置，直至钢箱式拱节段的轴线投影是一段直线时才可以正式起吊就位。

高程、轴线调整完后，使用支架上设置的千斤顶、链条葫芦和钢箱式拱临时横向侧风缆对轴线进行调整固定。风缆的锚固设置在箱梁顶板上，锚固端与手拉葫芦连接。每一个吊装节段的临时连接，在高程和轴线调整好后，焊死成固接。

最后进行钢箱式拱中间段拼装合龙，首先，合龙段安装前将梁段尺寸误差作出精确测定，同时测出合龙段间距；其次，全面测量拱轴线型及轴线平面偏差，进行调整，达到设计要求；第三，运用千斤顶进一步精调拱轴线形；第四，在气温均匀变化的时间内多次观测合龙段空隙；第五，将测量结果报监理、设计院审核、批准；第六，锁定拱轴线后仍需选定最佳时间进行观测拱轴线线形，符合表3所示的要求后认定钢箱式拱吊装合格。

拱轴线线形允许偏差 表3

检 查 项 目	规定值或允许偏差(mm)	检查方法或频率
拱轴线横向偏位	10	用经纬仪检查5处
拱圈跨度	L_0/3 000	测距仪检查
拱顶、拱脚高程	0~10	
接头点	15	水准仪检查5~7次
两对称接点高差	15	
同跨各钢箱式拱相对高差	10	
同跨各钢箱式拱间距	15	

(2)各项技术指标都达到设计要求后，对整个钢箱式拱进行完整的焊接。安装缝的焊接采用全位置双面手工焊接工艺，整个钢箱式拱从拱顶到拱脚顺序焊接接口，左右拱段2组焊工对称焊接焊缝。接口焊接顺序：先腹板立焊→底板平焊→顶板平焊，气刨清根后焊背缝，先腹板后顶、底板。对称焊接若出现中线左偏，则右侧腹板先行焊接，待中线复位后再同时对称焊接，反之亦然。

焊接要求为：

①焊接作业超过8m/s时，要设防风栅，或停止焊接。

②焊接作业区相对湿度低于90%。

③焊接作业区温度低于0℃时，应将物件焊接区各方向不小于100mm范围内的焊材，加热到20℃以上方可施焊，且在焊接过程中均不应低于这一温度。

④雨天不准焊接。

焊条牌号为E5015,直径为ϕ3.2,ϕ4,焊机为ZXG1-400。现场焊缝平焊时的参数见表4,示意图见图10。

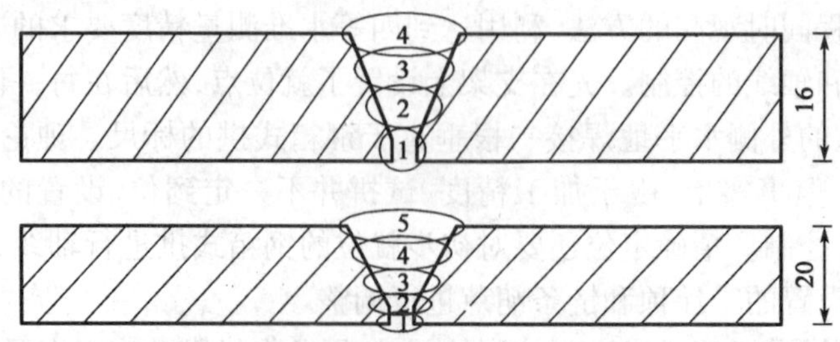

图10　现场焊缝平焊示意图(尺寸单位:cm)

现场焊缝平焊参数　　表4

序　号	工 序 内 容	焊条直径(mm)	电流(A)	电压(V)	焊接速度(cm/min)
1	第1层	3.2	100	36	9.7
2	第2~3(4)层	4	180	36	15
3	盖面层	4	170	36	15
4	清根后焊背面	4	100	36	14

气刨清根后焊仰焊,参数按仰焊确定。

立焊焊接工艺参数见表5,示意图见图11。

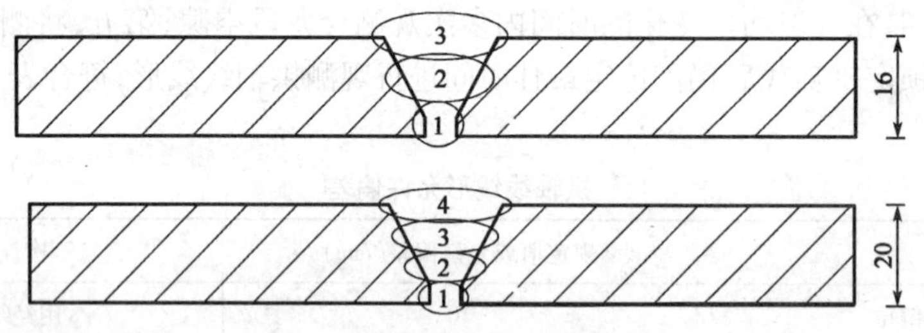

图11　立焊示意图(尺寸单位:cm)

立焊焊接工艺参数　　表5

序　号	工 序 内 容	焊条直径(mm)	电流(A)	电压(V)	焊接速度(cm/min)
1	第1层	3.2	100	36	8.8
2	第2(2~3)层	4	130	36	13.8
3	盖面层	4	120	36	14
4	清根后焊背面	4	120	36	14

焊接完成后按表6检验。

焊接质量允许偏差　　表6

序　号	项　　目	允许偏差(mm)	检测工具和方法
1	轴线偏位	≤L/10 000,且不大于10	经纬仪,每段检察2点
2	节段纵向位置	≤10	经纬仪,检查每段
3	拱圈高程	±L/3 000	全站仪,检查上口检测点
4	对称点高差	≤L/3 000	全站仪,检查相对节段相应点

(3)纠偏方法及控制:轴线偏位主要在于预埋拱脚段拱肋精确程度和加工的大段接头的精度,如果在施工产生了偏位,采用在大段接头打铁尖、垫钢板来调整控制。通过横向侧风缆增加拱肋的横向稳定性,并起到左右约束拱肋和左右调整轴线的作用。

(4)中间段合龙焊接:

①合龙接头

拱肋采用先合龙后落架,设置合龙段拱肋长度比实际略长,各段拱肋安装就位后,应调整好高程和轴线,并实测合龙段长度,切割合龙段多余部分并安装焊接。

②合龙温度

采用低温合龙,为后阶段施工提供压应力储备,减小挠度值。根据工程实际情况,我们采取在凌晨5点开始焊接,从而尽可能减小钢拱热胀冷缩带来的变形,控制合龙段轴线偏位在标准范围内。

现场合龙焊接完成后,拆除拱肋支架后测量记录下轴线、标高偏移情况并与设计值相比较,轴线偏位为2mm,小于1cm,严格控制在设计范围数值之内。

通过上述控制措施,很好地解决了轴线偏位控制精度要求高的问题,整个钢箱式拱安装完成后,其轴线偏位控制在2mm之内,远远超过了设计精度(1cm)要求。

6　材料与设备

6.1　机械设备投入情况(表7)

主要设备表　　表7

序　号	机具、材料名称	数　量	用　途
1	美国380t履带式吊车	1台	用于拱段吊装
2	80t汽车吊	2台	用于拱段吊装
3	10t导链葫芦	8只	用于拱段吊装和斜度调整
4	5t导链葫芦	10只	用于缆风锁紧和拱段安装轴线调整
5	QY20千斤顶	4只	用于钢箱式拱接口标高调整
6	经纬仪	2台	用于钢箱式拱安装后的测量

6.2　材料使用情况(表8)

主要材料表　　表8

序　号	名　称	数　量	用　途
1	起吊钢绳索扣具 ϕ43	2副(4根)	用于挂扎拱段吊耳吊装
2	型钢路基板(6×1×0.25m)	4块	用于吊车支撑铺垫
3	钢板(6×2×0.040)	20块	用于新铺路面的加固铺垫
4	16号卸扣	8只	用于吊绳与吊耳串接
5	缆风绳 ϕ19	2 000m	用于拱段安装后的固定
6	2m道木	20根	用于汽车吊支腿下铺垫
7	1m道木	20根	用于汽车吊支腿下铺垫

7　质量控制

钢箱式拱的安装过程安装过程中,我们对每个钢箱式拱的13个节段分别用两套全站仪对轴线和高程逐一进行了误差控制。每一节段安装焊接完后,对设计坐标与实际安装坐标进行对比,如有误差,在下一节段安装时要对本节段偏移后的误差进行调整。以中拱为例,每一节段安装的设计坐标与实际坐标位移如表9所示。

中跨钢箱式拱设计坐标与检测坐标对照表　　表9

节段号	设计坐标		检测坐标		偏差(mm)	
	X	Y	X	Y	ΔX	ΔY
1	9.65	17.085	9.653	17.083	-3	2
1′	115.65	17.085	115.65	17.087	-2	-2
2	17.65	29.087	17.652	29.086	-2	1
2′	107.65	29.087	107.65	29.089	0	-2
3	28.65	42.391	28.647	42.388	3	3
3′	96.65	42.391	96.646	42.394	4	-3
4	40.65	52.689	40.649	52.691	1	-2
4′	84.65	52.689	84.649	52.691	1	-2
5	50.65	57.992	50.65	57.992	0	0
5′	74.65	57.992	74.652	57.995	-2	-3
6	58.65	59.988	58.648	59.988	2	0
6′	66.65	59.988	66.65	59.99	0	-2
7	62.65		62.648		2	

注:X 为轴线方向,Y 为高程方向。

8　安全措施

(1)建立完善的施工安全保证体系,加强施工过程中的安全检查,确保作业标准化、规范化。

(2)制定适应工程特点的施工安全措施和注意事项,并在施工过程中认真执行。

(3)对参加施工的全体员工进行安全教育,贯彻安全第一的思想,不盲目追求施工进度。

(4)严格控制吊车吊装过程,消除安全隐患,确保安全文明施工。

9　环保措施

成立以项目部经理为首的环境保护领导小组,对施工现场进行全面管理。为防止土模制作中产生的扬尘,项目部采取封闭施工,四周设置围挡,施工现场及时洒水,运输回填材料的车用密闭安全网覆盖,工地出入口设置冲洗设备,运输车辆进出现场时冲刷车轮,雨天停止施工,施工现场内设排水设施,保证场内无积水。

10　资源节约

此吊装方式与传统施工方法比较,提高了施工安全性,提高了钢拱的精确度,降低了人、机、材的投入,节约了资源。

11　效益分析

11.1　经济效益分析

钢箱式拱的安装,采用通常的扣件式钢管落地脚手架作为钢箱式拱支撑,其搭设尺寸为:立杆的纵距为1.4m,立杆的横距为1.4m,大小横杆的步距为1.5m;内排架距离墙长度为0.30m;大横杆在上,搭接在小横杆上的大横杆根数为2根;脚手架沿墙纵向长度为150.00m;采用的钢管类型为 $\phi48 \times 3.5$;横杆与立杆连接方式为单扣件;取扣件抗滑承载力系数为1.00;连墙件采用两步三跨,竖向间距3m,水平间距4.2m,采用扣件连接;连墙件连接方式为双扣件。其布置图如图12和图13所示。

经计算,采用扣件式钢管落地脚手架作为钢箱式拱支撑的方案全桥需用长杆总长35 865.333m,小横杆 6 717 根，直角扣件 26 106 个，对接扣件 6 098 个，旋转扣件 1 819 个，脚手板 235.4m^2，脚手架基础处理需 C25 混凝土 130m^3，脚手架的安装所需工期为 45 天，总费用约 362 万元。

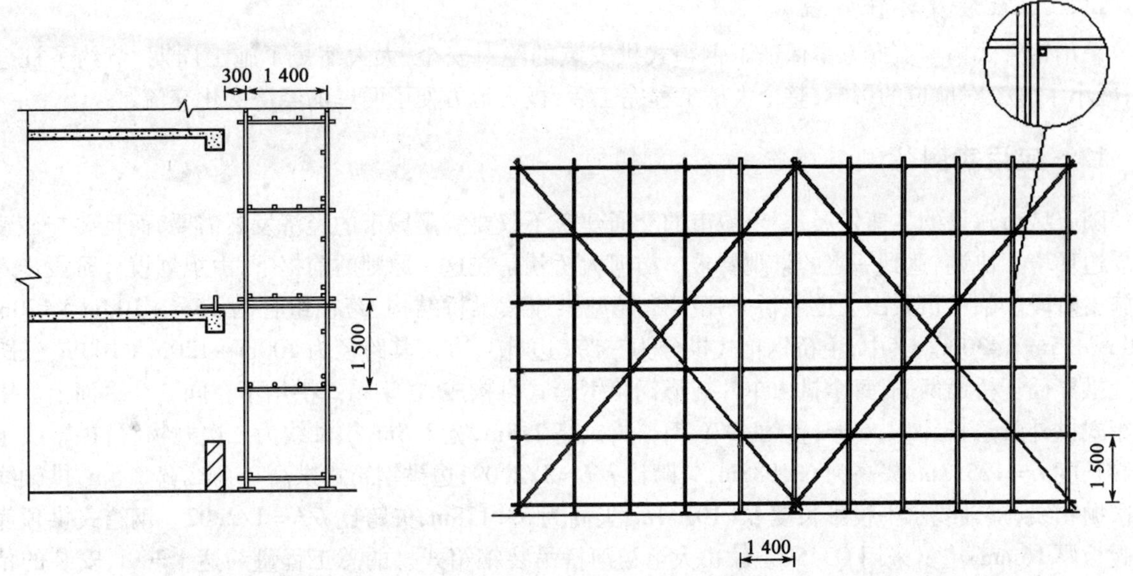

图 12　落地脚手架侧立面图(尺寸单位:mm)　　图 13　双立杆落地架脚手架正立面图(尺寸单位:mm)

我们采用的钢管式桁架支撑，需要钢管 16 根，总长 728m，脚手架长杆总长 3 126m，对接扣件 607 个，脚手板 164m^2，其布置图如图 14 所示，钢管基础处理需 C25 混凝土 42m^3，安装工期需 30d，总费用约 293 万元。

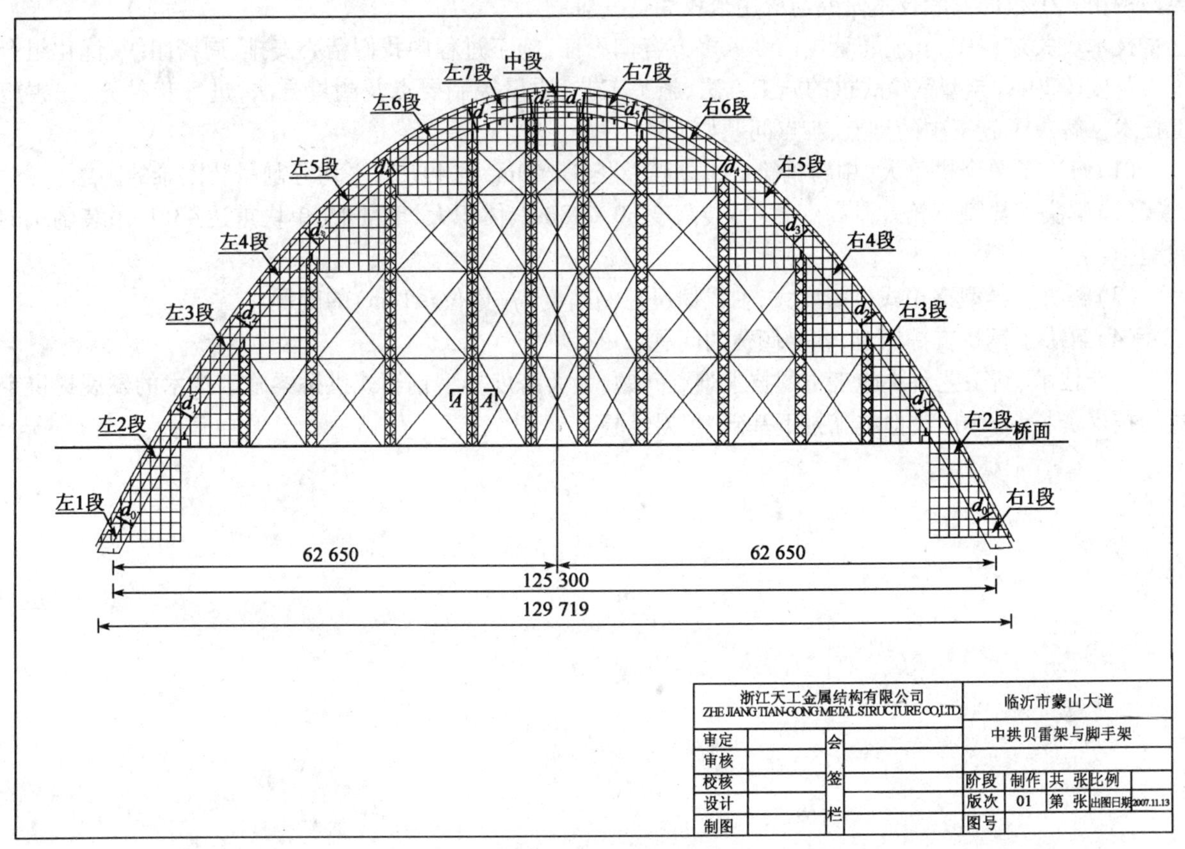

图 14　钢管式桁架支撑示意图

通过对扣件式钢管落地脚手架方案和钢管式桁架支撑对比,我们可以看到费用节省了69万元,工期提前了15天,大大提高了经济效益。

11.2　社会及环保效益

采用钢管式桁架支撑方案保证了钢箱式拱安装的绝对安全,大大缩短了施工周期,节约了社会资源,减小了施工对航道的影响,整个大桥工程完工后,极大地方便了两岸的经济文化交流。

12　应用实例

随着城市建设的飞速发展,要求城市的交通建筑不仅要满足城市的经济发展需要,而且要与该建筑的周边环境相协调,达到一定的景观要求。祊河大桥就是在这一原则的前提下,由规划设计阶段步入实际施工阶段。临沂市蒙山大道主桥采用五跨异型拱连续梁桥结构,跨径组合为55m+100m+120m+100m+55m=430m。其中,主桥钢箱式拱分为三跨(边、中、边),其跨径为100m+120m+100m,三跨钢箱式拱穿插于桥面两侧,每个拱由单片矩形钢箱钢箱式拱构成,各钢箱式拱均不在同一个平面上。中跨钢箱式拱外弧总长约91.60m,重约497t,钢箱式拱高2.8m,宽3.5m,拱轴线为二次抛物线,拱轴线水平投影长度$L=125.3$m,矢高为60.088m,矢跨比$f/L=1/2.09$;边拱钢箱式拱高2.5m,宽3.5m,拱轴线为二次抛物线,拱轴线水平投影长度$L=107.4$m,矢高为53.138m,矢跨比$f/L=1/2.02$。钢箱式拱顶底板及腹板厚16mm,主材采用Q345C。蒙山大道祊河桥吊装钢箱式拱的总工程量约达1 300t,安装的精度是否达标将直接关系到蒙山大道祊河桥的质量与安全。该桥是临沂市重点工程,大跨度异型钢箱式拱的施工作为其中的一个关键工序,被称为世界少有,亚洲第一,其质量好坏直接影响到施工进度和工程形象,而对该课题进行攻关,有利于积累相关施工经验,对以后类似工程施工具有重要的指导意义。临沂市政工程总公司的工程技术人员认真分析研究,并借鉴国内外同类企业的先进经验,决定开展大跨度异型钢箱式拱精确安装技术研究与应用来攻克这一难题。

技术攻关过程中,我们聘请国内专家多方咨询论证,施工过程中我们精心安排、周密组织,优化组合了大跨度(120m)异型钢箱式拱的施工方法、施工工艺、质量控制要点及测量方法,进一步补充、完善施工技术。解决了施工中的重点、难点问题如下:

(1)解决了单个拱巨大(中跨钢箱式拱外弧总长91.60m,重497t),平均分割吊装困难的问题。

(2)解决了异型钢箱式拱高度高(吊装高度60.088m)、体积大、重量重(单块重达43t),吊装困难的问题。

(3)解决了异型钢箱式拱跨度大,轴线偏位控制精度高(偏位≤1cm)的问题。

(4)解决了钢拱支撑困难,容易倾覆的问题。

用新技术、新工艺解决施工中的技术难点问题,为大跨度异型钢箱式拱桥梁施工技术的发展提供宝贵的技术资料,为今后类似施工打下基础、积累经验。

单塔无背索斜拉桥劲性混凝土整体提升模板体系施工工法

GGG(中企)C3105—2010

韩建红 武群虎 陈 磊 常得胜
(中铁二十局集团第六工程有限公司)

1 前言

单塔无背索斜拉桥索塔施工是斜拉桥质量控制的一个重要环节,索塔线形控制对成桥后的应力场分布有着直接的影响,其中模板的设计与施工起着非常关键的作用。中铁二十局集团第六工程有限公司在宝鸡代家湾渭河大桥施工中,针对双向倾斜索塔劲性钢筋混凝土结构设计,创新性的研制并采用了整体提升模板系统,该模板系统具有操作方便、工艺简单、经济合理、安全可靠等特点,为双向倾斜劲性混凝土结构的施工开创出一条新路。该项目完成的"单塔无背索斜拉桥施工技术"科技成果于2008年12月9日通过中国铁道建筑总公司专家评审,评审意见为:总体技术水平达到国内领先。该成果已申请受理国家专利4项,其中发明专利3项,实用新型专利1项,其关键技术成果获得中铁二十局集团公司科技成果特等奖、中国铁道建筑总公司科技成果二等奖。在施工实践的基础上,总结形成本工法。

2 工法特点

(1)该工法综合技术性强,施工安全质量可靠。整体提升模板体系是集加固系统、提升系统、脱模合模系统、操作平台为一体的多功能组合体系,能够满足施工全过程各个工序施工需要。

(2)该工法工艺简单、操作方便。模板整体提升过程由人工利用手拉葫芦完成,经过一两个循环后操作工人能很快熟练操作。

(3)该工法施工效率高。施工机具设备随操作平台系统上升,提升到位后即可投入使用,工序安排紧凑,劳动组织合理。

(4)该工法降低了施工成本。整体提升模板体系加工制作经济,模板沿劲性骨架整体提升,施工过程中不需要搭设支架。

(5)该工法施工速度快,循环周期短,有效地缩短了施工工期。

3 适用范围

本工法适用于公路、铁路斜拉桥劲性钢筋混凝土索塔施工,可应用于一般矩形断面劲性钢筋混凝土结构的施工。

4 工艺原理

4.1 工艺原理

以已浇筑节段混凝土及劲性骨架作为模板体系支撑、加固的基础,模板系统通过嵌固段模板与已浇筑混凝土之间的握裹力,形成模板根部的嵌固,通过拉杆及手拉葫芦实现模板与劲性骨架可靠连接,保证模板整体稳定性。

以模板外框加固支架的插入式嵌固联结把四侧模板形成整体,每侧模板外框支架焊接于模板面板加劲肋上,相邻两侧模板外框支架通过插入式嵌固联结。脱模、合模利用千斤顶完成,通过调节外框支架插入长度实现整体固定。

以手拉葫芦作为主要的提升设备,通过滑轮、滑道形成模板体系的提升系统。手拉葫芦上端通过钢丝绳与劲性骨架连接,下端通过吊环与模板吊耳连接,操作工人站在操作平台上通过拉动手拉葫芦实现模板整体提升。

模板系统原理见图1。

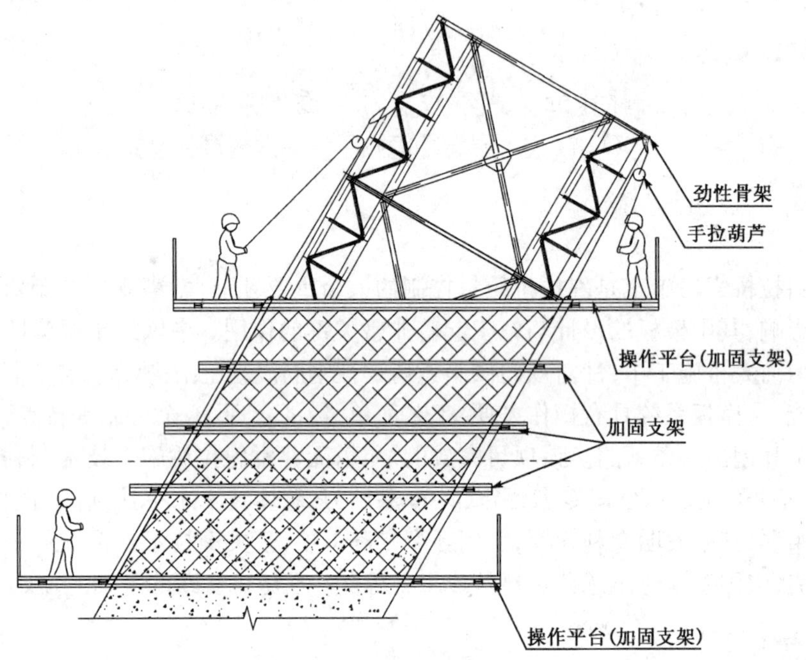

图1 模板系统原理图

4.2 模板系统构造

整体提升模板体系主要由加固系统、提升系统、脱模合模系统、操作平台四部分组成。

4.2.1 加固系统

模板加固系统由嵌固段模板、模板外支框架以及拉杆组成。

模板外框支架采用型钢焊接组成,支架插入连接后与模板加劲肋焊接形成整体。

拉杆采用特制螺母与直径200mm圆钢组成,圆钢一端套丝后与特制螺母连接,另一端焊接于劲性骨架上。布置在支架旁边并与支架固定,横向间距100cm。待混凝土强度达到80%时拆除螺母,可循环使用,螺母结构见图2。

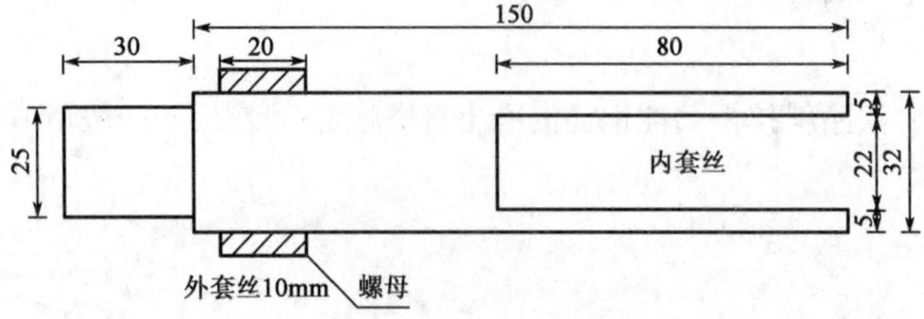

图2 螺母结构图(尺寸单位:mm)

4.2.2 提升系统

提升系统由提升设备、滑道、滑轮、滑轮支架四部分组成。

提升设备主要为10t手拉葫芦,塔柱模板每侧布置2个,上端固定于劲性骨架上,下端固定在模板上。

滑道采用5mm钢板，下垫直径16mm钢筋与斜塔钢筋点焊，支垫钢筋的密度要保证滑道有足够刚度，不产生过大变形影响模板爬升。

滑轮采用20t自动调心轴承，通过滑轮轴固定于滑轮支架上。

滑轮支架采用两块厚度20mm钢板与模板加劲肋焊接固定。

4.2.3 脱模合模系统

脱模机具：20t螺旋千斤顶4台；10t手拉葫芦4台；2t手拉葫芦4台。

合模机具：20t螺旋千斤顶4台；10t手拉葫芦4台；2t手拉葫芦4台。

4.2.4 平台系统

施工平台利用模板顶端和底端支架作为载体，在支架顶面铺设竹胶板，四周焊接围栏形成封闭作业平台。

5 施工工艺流程及操作要点

5.1 施工工艺流程

施工工艺流程见图3。

5.2 操作要点

5.2.1 安装劲性骨架

劲性钢筋混凝土索塔施工过程中主要依靠斜塔劲性骨架以及临时支撑钢管保证施工过程中斜塔的刚度、强度、稳定性。劲性骨架由[32B槽钢组合焊接而成。临时支撑采用两根ϕ1 200mm×20mm钢管，钢管端在分叉点通过支撑箱与斜塔内劲性骨架联结，下端支撑于边跨的承台上。

5.2.2 安装模板

安装模板面板之前在索塔根部混凝土上用墨线标记统一标高线，索塔每侧标高线下安装两个可调支撑，面板吊装时直接坐于可调支撑上，利用可调支撑调节模板到统一标高，以利于模板间螺栓连接及模板平面位置的调整。

安装顺序：安装模板面板→安装模板支架→焊接操作平台→安装滑轮支架→焊接提升吊环→安装手拉葫芦。

5.2.3 模板整体提升

模板整体提升施工流程见图4。

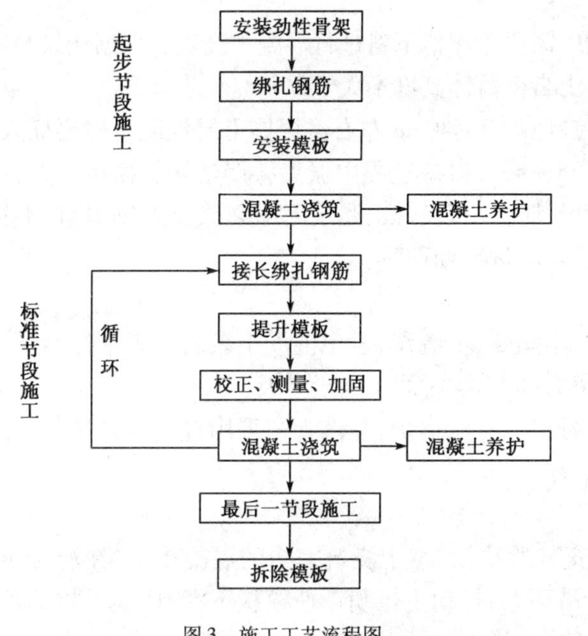

图3 施工工艺流程图

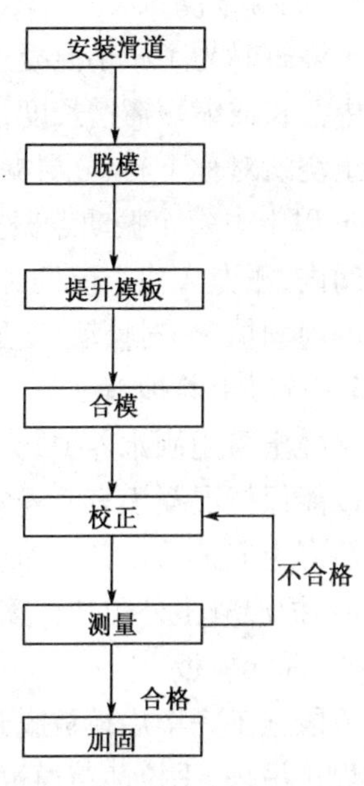

图4 模板整体提升施工流程图

(1)安装滑道

在索塔待浇注段安装滑道,滑道钢板固定在斜塔钢筋上。已浇注混凝土段,直接利用索塔混凝土作为模板提升滑道。

(2)脱模

安装滑道后,把手拉葫芦固定到指定位置的劲性骨架上,松开模板四个角连接螺栓用长螺杆螺栓代替,保证每个角至少有8个长螺杆连接螺栓,去掉支架之间的加固三角钢楔块,利用螺旋千斤顶配合手拉葫芦打开下仰面两块模板,距离混凝土面50mm,安装固定8个提升滑轮,打开上趴面两块模板,距离混凝土面25mm(同时下仰面模板距混凝土面距离减为25mm),安装固定28个提升滑轮,完成脱模。

(3)提升模板

施工人员站在操作平台上同时拉动8个手拉葫芦进行模板整体提升,提升的过程中专人检查四个面的模板提升情况,保证同步提升,提升到指定标高。

(4)合模

模板提升到位后,松开塔柱上趴面模板拉紧器,利用螺旋千斤顶打开塔柱上趴面模板约30mm,取出滑轮,利用手拉葫芦拉紧模板使嵌固段模板与混凝土面接触,上紧螺栓,打入支架之间三角钢楔块,松开塔柱下仰面模板拉紧器,取出滑轮,利用螺旋千斤顶手拉葫芦拉紧塔柱下仰面模板,使嵌固段模板与混凝土面接触,上紧螺栓,打入支架之间三角钢楔块,完成合模。

(5)校正、测量

采用全站仪前方交会法精确测设,对索塔高程控制采用常规高程传递和三角高程传递的办法相互检核,测设每浇筑节段模板的四个角点平面坐标和高程。

将全站仪分两次架设,分别架设在斜塔顺桥向两侧的控制点上,将反射棱镜立于角点处,利用全站仪测出该角点的高程,在三维模型上查出该高程下此角点的平面坐标,利用坐标来控制该角点的平面位置。平面位置控制的标准为四个角点坐标控制在设计坐标与预抛值叠加±10mm以内,如偏差超过控制标准,利用10t手拉葫芦来调整该角点的平面位置。在调整过程中,该角点的三维坐标不可避免地会发生变化,因此,对一个角点的控制应反复进行,直至该角点的高程与平面位置均满足控制标准要求,然后对该角点的模板进行加固。一个角点加固完成后方可进行下一角点的控制测量,直至所有角点的高程与平面位置均满足精度要求。

5.2.4　混凝土浇筑

混凝土浇筑时为了减小混凝土自由落体高度,需要用溜槽下料进行混凝土浇筑。根据浇筑高度,在浇筑过程中接长或缩短溜槽长度,从而保证混凝土自由落体高度不大于2.0m。

混凝土浇筑对称下料、分层振捣,分层高度控制在30~40cm左右。振捣上层混凝土时要插入下层混凝土5cm以上。每个振动点振捣时间控制在35~45s,振捣过程中振捣棒严禁接触模板。并在混凝土浇筑期间内,派专人检查模板对拉螺杆松紧情况,防止出现涨模、漏浆等现象;专人检查预埋钢筋和其他预埋件的稳固情况,对松动、变形、移位等情况,及时进行处理。

5.2.5　混凝土养护

夏季混凝土采用洒水养护,保证洒水要及时、不间断、不流淌,避免混凝土表面出现干湿循环,每天养护次数以能保持混凝土表面经常处于湿润状态为度,养护时间不少于7天。

冬季混凝土养护采用蒸汽养护,每个塔柱配备一台蒸汽锅炉,蒸汽管道采用普通钢管制作,外包岩棉保温,待养护混凝土外包加棉篷布保温。

5.2.6　拆除模板

全部节段施工完毕后模板脱开20~30mm,安装滑轮,支撑于浇筑完毕的混凝土上,在混凝土面预埋钢板上焊接吊环,手拉葫芦通过钢丝绳固定于吊环上,拉动手拉葫芦使模板下滑,倒换手拉葫芦直至模板滑至索塔根部,在桥面上对模板体系进行拆除(索塔上段滑至交叉平台处拆除)。

6 材料与设备

模板制作钢材采用普通 Q235 材料,特制螺母采用高强材料。施工主要设备见表 1。

施工主要设备表 表 1

序 号	名 称	型 号	数 量	用 途
1	塔吊	5013	1 台	提升吊装材料
2	混凝土运输车	$8m^3$	3 台	运输混凝土
3	拖泵	HBT60A	1 台	混凝土入模
4	全站仪	TC702	1 台	平面位置、高程控制
5	水准仪	DSZ3	1 台	高程复核
6	钢尺		1 把	测量尺寸
7	电焊机	BX350	4 台	现场钢筋焊接
8	钢筋切断机	GQ-40	1 台	钢筋加工
9	钢筋弯曲机	GW-40	1 台	钢筋加工
10	钢筋调直机	$\phi6\sim14$	1 台	钢筋加工
11	套丝机		1 台	钢筋接头加工
12	手拉葫芦	10t	12 台	模板提升、脱模、合模
13	手拉葫芦	2t	4 台	脱模、合模
14	滑道	5mm 钢板	8 条	模板提升
15	滑轮	20t 自动调心	16 个	模板提升
16	螺旋千斤顶	20t	4 台	脱模、合模
17	振捣棒	$\phi70$	4 台	混凝土振捣
18	振捣棒	$\phi50$	4 台	混凝土振捣

7 质量控制

7.1 质量标准

7.1.1 模板制作质量标准

模板制作质量标准执行现行《公路桥涵施工技术规范》,模板制作允许偏差见表 2。

模板制作允许偏差 表 2

项 目			允许偏差(mm)
钢模板制作	外形尺寸	长和高	0, -1
		肋高	±5
	面板端偏斜		≤0.5
	连接配件(螺栓、卡子等)的孔眼位置	孔中心与板面的间距	±0.3
		板端中心与板端的间距	0, -0.5
		沿板长、宽方向的孔	±0.6
	板面局部不平		1.0
	板面和板侧挠度		±1.0

7.1.2 模板安装质量标准

模板安装质量标准执行现行《公路桥涵施工技术规范》,模板安装允许偏差见表 3。

模板安装允许偏差 表3

序号	项目		允许偏差(mm)	检查方法
1	尺寸	长	±20	尺量
		宽	±20	尺量
2	轴线偏位		10	全站仪或经纬仪检查
3	倾斜度		1/3 000 塔高,且不大于30	全站仪或经纬仪检查
4	模板相邻两板表面高低差		2	尺量
5	平整度		5	3m 靠尺

7.2 质量保证措施

(1)整体提升模板必须经过严格的设计计算,满足具有足够的强度、刚度、稳定性。

(2)模板板面之间应平整,接缝严密,不漏浆,保证结构物外露面美观,线条流畅。

(3)劲性骨架作为钢筋定位依据,应严格保证安装精度,以防结构钢筋保护层过少,无法提升模板或者保护层过大,造成混凝土表面收缩裂缝。

(4)钢筋绑扎严格按照设计和规范要求施工,保证钢筋数量、间距、位置符合规范及设计要求,整体成型时注意支撑钢筋数量,防止钢筋骨架下沉使上部保护层过大造成裂缝。

(5)混凝土浇注采用分层浇注法,分层浇筑厚度根据混凝土的初凝时间与浇筑速度确定,一般不超过50cm,保证浇筑下一层混凝土时上层混凝土不初凝。

(6)混凝土初凝以后开始洒水养护,保证施工节段7d内混凝土表面始终处于湿润状态。

(7)坚持对原材料进行进货检验和进场后试验,确保使用优质材料。

(8)编制完善的索塔施工作业指导书,做好工前技术交底,严格按作业指导书要求操作,保证工序操作质量。

(9)认真细致地做好工程预检、隐检和不定期质量检查、评定工作,发现问题后与责任人一起制定纠正措施,报项目部总工程师批准后组织实施。

8 安全措施

(1)建立健全各项规章制度,加强岗位责任制,落实安全教育制度,严格施工纪律,严格按照操作规程作业。

(2)高空作业必须佩戴安全帽、穿施工鞋、系安全带,未经工班长许可,任何人不得顶岗、跨岗作业。

(3)施工现场的临时用电严格按照《施工现场临时用电安全技术规范》的有关规范规定执行。

(4)索塔施工支架、劲性骨架等必须经过严格验算,保证有足够的强度、刚度以及稳定性。

(5)劲性骨架安装所搭设的操作平台必须有可靠的围护措施。

(6)整体提升模板操作平台四周必须有可靠的围护栏杆,平台底板不能集中堆载,操作设备放置时尽量靠近平台的根部。

(7)提升模板所用的提升设备必须有足够的安全系数,同时备用2~3台。

(8)索塔施工时,桥面上必须设置安全通道,以保证车辆、人员通行安全。

9 环保措施

(1)认真执行《中华人民共和国环境保护法》、《中华人民共和国环境噪声污染防治法》、《中华人民共和国水污染防治法》、《中华人民共和国水土保持法》、《中华人民共和国大气污染防治法》、《中华人民共和国森林法》等有关法律规定。

(2)成立对应的施工环境保护管理机构,加强对施工燃油、工程材料、设备、废水、生产生活垃圾、废渣的控制和治理,遵守有关防火及废弃物处理的规章制度,随时接受相关单位的监督检查。

(3)将施工现场和作业限制在工程建设允许的范围内,合理布置,规范围挡,做到标牌清楚、齐全,各种标识醒目,施工现场文明整洁。

(4)对施工中可能影响到的各种公共设施制定可靠的防止损坏和移位的实施措施,加强实施中的检测、应对和验证。同时,将相关方案和要求向全体施工人员详细交底。

(5)做好弃渣及其他工程材料运输过程中的防散落与沿途污染措施,废水除按环境卫生指标进行处理达标外,并按当地环保要求的制定地点排放。弃渣及其他工程废弃物按工程建设规定的地点和方案进行合理堆放和处理。

(6)优先选用先进的环保机械。采取设立隔音墙、隔音罩等消音措施降低施工噪声到允许值以下,同时尽可能避免夜间施工。

(7)对施工场地道路进行硬化,并在晴天经常对施工通行道路进行洒水,防止尘土飞扬,污染周围环境。

10 资源节约

(1)合理选用各种降耗装置,提高各种机械的使用率和满载率,降低各种设备的单位耗能。施工过程中使用能耗低的施工机械和设备,提高施工设备负荷运转效率,淘汰了能耗大的施工机械和设备。并禁止不合格临时设施与用电设施的使用。

(2)合理规划工地临时住房、围墙、施工便道,尽量采用可重复使用的材料。施工现场居住与办公采用隔热保温措施,并采用密封保温隔热性能好的门窗,降低使用能耗。

(3)所有施工使用的用电设备应科学合理,使用节能设备和施工节能照明工具,生活照明和其他用电器具合理配置和管理,严禁使用电炉及非节能型的大功率用电器具。

(4)节约施工用水和工地生活用水,使用节水型产品和安装计量装置,所有用水部位都应有节水措施。

(5)建立常用小器具和废旧料管理制度,钢管、配电箱等各种常用材料应设专人保管;废钢材、废电线等可回收材料应建立收集和处理制度。

11 效益分析

11.1 经济效益

本工法施工与组合模板施工比,该模板体系一次组拼到位,逐步上升至顶,节省了支架的租用、搭设费用。在宝鸡代家湾大桥索塔施工中,采用整体提升模板较支架体系模板施工,节约脚手架的租用、搭设费用96.5万元,整体施工工期缩短20d,节约塔吊、混凝土输送泵、装载机等施工机械设备租赁使用费用30万元,节约人工费10万元。总计节约成本136.5万元。

11.2 技术经济分析

双向倾斜劲性混凝土施工中采用爬模模板体系,模板制作费用高,工艺复杂;采用翻模模板体系,结构下侧模板很难实现翻升;采用滑模模板体系,混凝土初凝之前滑升模板会导致混凝土的坍落。因而整体提升模板体系在单塔无背索斜拉桥劲性钢筋混凝土施工中更经济适用。

11.3 社会效益

整体提升模板体系施工工法为劲性混凝土施工开创了一条新路,填补了同类工程施工的空白。该工法成功应用于宝鸡代家湾渭河大桥施工,施工过程中得到了宝鸡市市政府、宝鸡市城市建设局多次嘉奖,并多次经过陕西日报、宝鸡日报、宝鸡市电视台报道,社会效益显著。

11.4 环境效益

本工法施工,减少了施工噪声的排放,对施工产生的固废、粉尘、污水排放能够有效控制,环境效益明显。

12 应用实例

宝鸡市代家湾渭河大桥主桥为两座单塔无背索斜拉桥,分别跨越西宝高速公路、规划中的滨河路。斜拉桥全长127m,钢筋混凝土结构,索塔采用钻石形结构,内设焊接型钢格构式劲性骨架,顺桥向倾斜角度为60°,横桥向面内倾角为23.415°。桥面以上斜塔长63m,桥面以下斜腿长10.425m。该桥于2008年5月底建成通车,全桥景观优美、结构合理、施工工艺先进。

12.1 应用实例一:宝鸡代家湾渭河大桥P12主塔

该塔柱2007年5月开始施工,2008年2月施工结束,应用本工法组织施工,平均每4.5d施工一个节段,施工后经过检测索塔各项指标均满足设计、施工规范要求,线形控制良好,断面尺寸最大偏差8mm < 20mm(许用值,后同),轴线偏位6mm < 10mm,倾斜度7mm < 1/3 000塔高(21mm)。

12.2 应用实例二:宝鸡代家湾渭河大桥P30主塔

该塔柱2007年6月开始施工,2008年3月施工结束,应用本工法组织施工,平均每4d一个施工节段。施工后经过检测索塔各项指标均满足设计、施工规范要求,线形控制良好,断面尺寸最大偏差7mm < 20mm,轴线偏位5mm < 10mm,倾斜度4mm < 1/3 000塔高(21mm)。

预应力刚性混凝土系杆拱桥支架拼装施工工法

GGG(中企)C3106—2010

严朝锋　张广义　王永丽
（中铁二十局集团第一工程有限公司）

1　前言

泰东河大桥位于江苏省广山镇,主跨82.4m,为下承式预应力刚性混凝土刚性系杆拱桥,跨越通航的三级航道。设计通航标准为70m×7m,最高通航水位2.87m。这种桥梁的建设一般采用满堂支架施工方法,该方法技术上比较成熟,操作比较简便,但在较长时间内妨碍航道的通行,对于交通量较大的航道不宜采用此方法。近年来无支架施工工艺在大交通量航道的系杆拱桥建设中得到了尝试应用,该工艺对航道的通航能力影响较小,但造价较高。在施工中经过方案比选和经济比对,采用在主墩上部立托架,并设置临时支墩,在墩顶、托架和临时支架上搭设上下加强型贝雷纵梁构成施工平台,拱肋支架采用贝雷梁支架的方案,顺利完成了泰东河大桥主跨施工任务,并总结形成了"钢筋混凝土系杆拱桥支架拼装施工技术"这一国内领先的新成果,并于2008年12月9日通过了中国铁道建筑总公司科委会鉴定,专家们一致认为该技术达到了国内先进水平,对同类桥梁施工有积极的借鉴意义,该成果获得了2008年度中国铁道建筑总公司科技进步三等奖。

2　工法特点

(1)采用上跨泰东河的贝雷梁支架,在满足支架强度的同时又满足了通航要求。

(2)临时墩柱桩基合理采用钢管桩基础,增加了基础的可靠性。

(3)分段法施工,拱肋竖向预制,支架上拼装,减少了吊装时设备投入和高空作业,增加了安全系数。

(4)该工法施工快速,工序简单,施工成本低,需要机具设备和劳动力少,经济可行。

(5)在通航的交通安全上便于施工管理。

3　适用范围

本工法适用于有通航要求的刚性混凝土系杆拱桥的支架拼装施工,水上短距离吊装拱肋,支架分段安装。

4　工艺原理

利用钢管桩基础和临时支墩组成支撑体系,搭设上下6排加强型贝雷片构成纵梁体系,中间以横向拉杆、支撑架连接。贝雷梁采用断开设置,工字钢做支垫,保证支架下通航航道,在支架上拼装系杆构件。拱肋分5段采用竖向预制,在贝雷梁支撑和型钢、方木构成的拱肋弧形支垫上,利用两台100t浮吊进行安装。

5 施工工艺流程及操作要点

5.1 施工工艺流程

该工法施工工艺流程见图1。

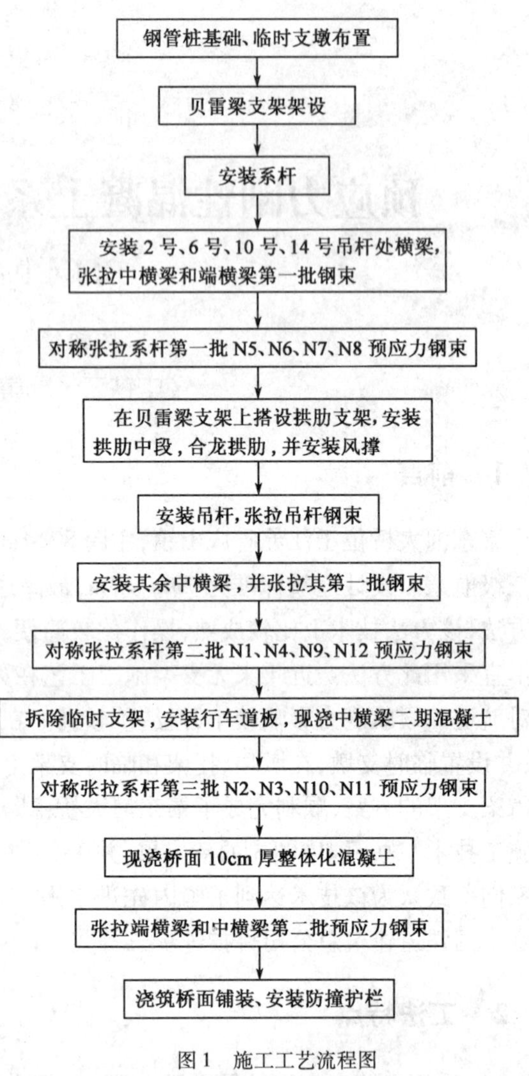

图1 施工工艺流程图

5.2 操作要点

5.2.1 支架布置思路

在泰东河大桥主跨施工中,其支承结构采用的方案为:利用主墩立托架,并设置临时支墩,在墩顶、托架和临时支架上搭设上下加强型贝雷纵梁构成施工平台;拱肋支架采用贝雷梁支架。全桥共设六处临时支墩,编号按照路线前进方向依次为临1号→临6号,临时支墩的立面和平面布置分别见图2和图3。

(1)临1号和临6号基础利用主墩承台。临5号在驳岸上,基础采用钢筋混凝土承台和扩大基础,边承台尺寸为4.5×2×0.8m(长×宽×高),中承台尺寸为7.5×2×0.8m(长×宽×高)。临2号、临3号、临4号墩均在水中,采用钢管桩基础。临2号两个边支墩采用2排×2列、中支墩采用2排×3列的ϕ600mm×δ8mm钢管桩群桩基础,边支墩和中支墩钢管桩的纵、横向中心间距均为2.6m。临3号、临4号两个边支墩采用2排×4列、中支墩采用3排×5列的ϕ600mm×δ8mm钢管桩群桩基础。边支墩钢管桩纵向间距为2.6m,横向间距为1.5m;中支墩钢管桩纵向间距为1.3m,横向间距为1.4m。所有钢管桩的有效入土深度不小于12m。钢管桩的桩位布置图见图4。

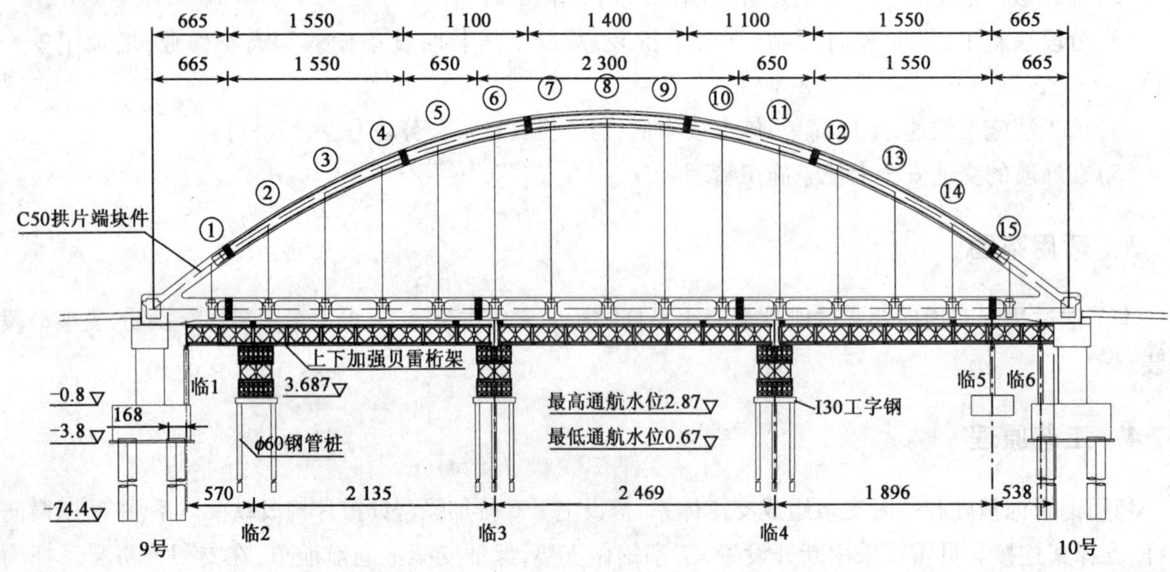

图2 临时支墩的立面布置图(尺寸单位:cm)

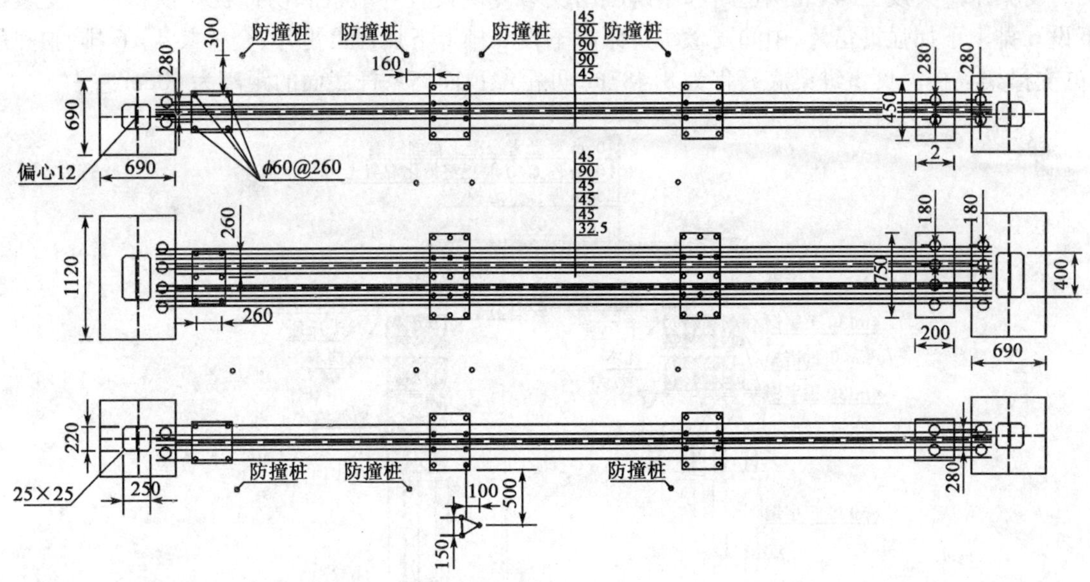

图3 临时支墩的平面布置图(尺寸单位:cm)

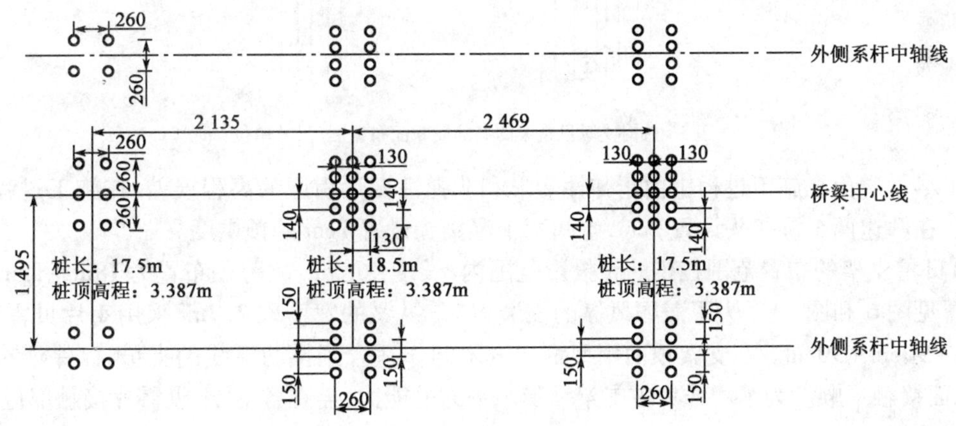

图4 钢管桩桩位布置图(尺寸单位:cm)

(2)临1号和临6号支墩采用 $\phi600\mathrm{mm}\times\delta12\mathrm{mm}$ 的钢护筒,直接安装于主墩承台上。每个边支墩使用2根,中心间距为2.8m;中支墩使用4根,中心间距为1.8m。临5号支墩采用 $\phi600\mathrm{mm}\times\delta12\mathrm{mm}$ 的钢护筒,边支墩使用2根,中心间距为2.8m;中支墩使用4根,中心间距为1.8m。临2号、临3号、临4号支墩均采用贝雷梁,共需三层,以满足通航净空要求。为了保证钢管桩受力均匀,先用4根30号工字钢组合制作的分配梁安装于钢管桩的顶部,其上再设置纵向贝雷梁。临时支墩贝雷梁的局部横断面布置见图5。

由于两个过渡墩盖梁间净距77.76m,受贝雷梁定尺限制,贝雷梁需断开布置(在临3号、临4号墩顶断开,断开间距取69cm),跨径布置为:1.68m+5.7m+21.35m+24.69m+18.96m+5.38m。纵梁横向布置按照横梁下两道,系杆下两道,同时满足拱肋支架搭设的平面尺寸布置。边系杆纵梁横向间距取45cm+90cm+90cm+90cm+45cm,中系杆纵梁横向间距取45cm+90cm+45cm+45cm+45cm。

(3)纵梁上有两个部位需设置支垫用工字钢,一是系杆安装时的支点,一个边系杆支点用4根4m(共48根)长的工字钢,一个中系杆支点用4根6m(共24根)长的工字钢;二是拱肋安装时的支架落脚点,一个边系杆支点用6根4.5m(共72根)长的工字钢,一个中系杆支点用6根7m(共36根)长的工字钢。

临时支架水中共设三跨,北侧边跨和中跨临时支墩外侧设置导航桩和防撞桩。横桥向边支墩每片系杆下设6排上下加强贝雷片,中间支墩每片系杆下设6排上下加强贝雷片,全桥共4×6排,中间用横向拉杆、支撑架连接。贝雷纵梁底高程为8.487m,贝雷梁顶面离系杆底面的距离为60cm左右。

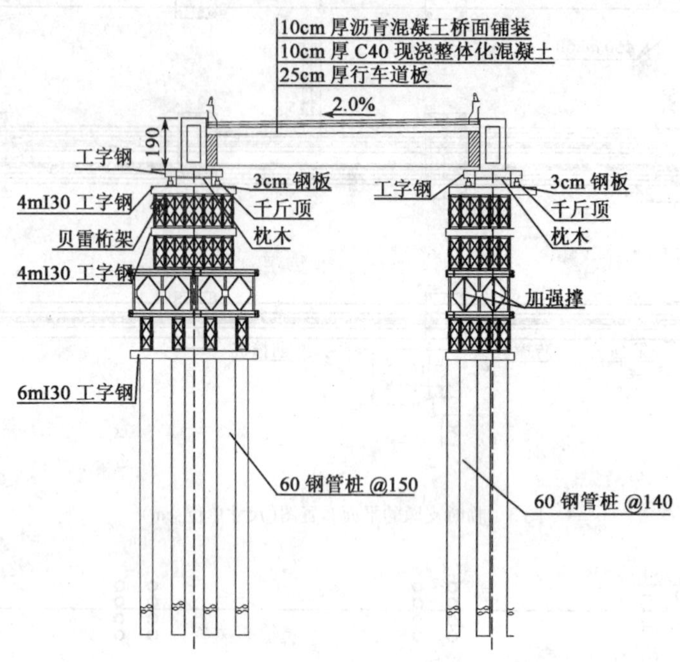

图5　临时支墩贝雷梁的局部横断面布置图(尺寸单位:cm)

为了尽量避免在施工过程中由于弹性变形和非弹性变形引起的高程误差,在施工过程中必须设置预拱度。在两边两个湿接头设置2cm,中间两个湿接头设置7cm的预拱度。

(4)贝雷支架的布置范围在拱肋正投影范围内,长度46.5m,故跨径布置为18m+15m+18m(贝雷支架布置见图6和图7)。为了兼顾风撑的安装,贝雷纵梁的宽度取2.7m,采用4片贝雷梁,宽度布置为90cm+90cm+90cm。在支架顶面用型钢和方木制作适合于拱肋弧线的支垫,以保证拱肋安装就位时,支承面接触平顺。为了增强贝雷支架承受水平力的能力,需在各上、下贝雷片接触部位设置纵向、横向或斜支撑。

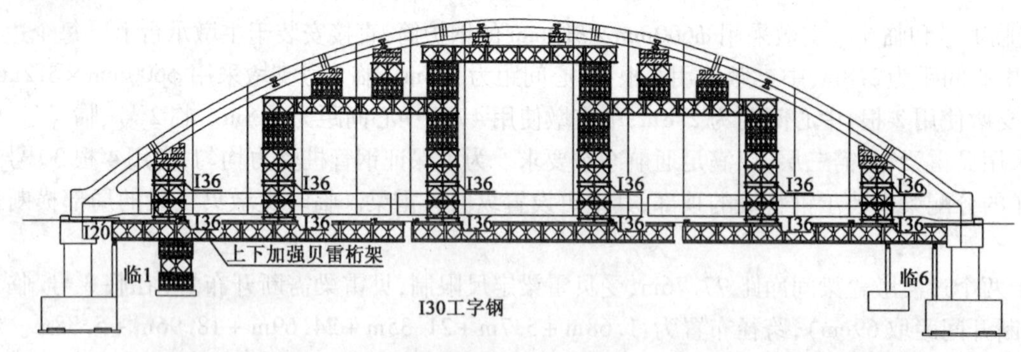

图6　拱肋支架布设图

为了确保支架在整个施工过程中的安全性,搭设时局部需再增加加强支撑架(在6号和10号中横梁上设置缆风和支撑架),确保支架整体的刚度和稳定性。

5.2.2　沉降观测

施工期间在钢管桩基础上设观测点上、系杆支点及拱肋支点处设沉降观测点,随时用水准仪监测支架沉降情况。钢管桩观测点的布置见图8。经监测,施工中最大累计沉降量为24mm,满足施工要求。

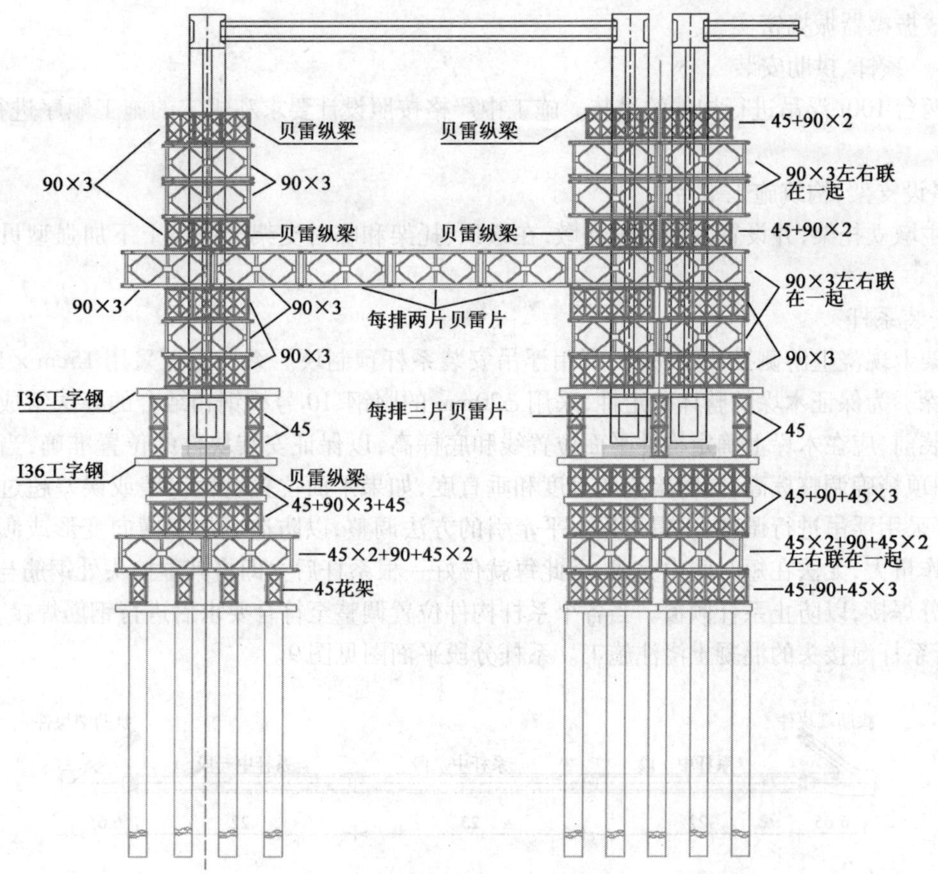

图7 拱肋支架横断面图(尺寸单位:cm)

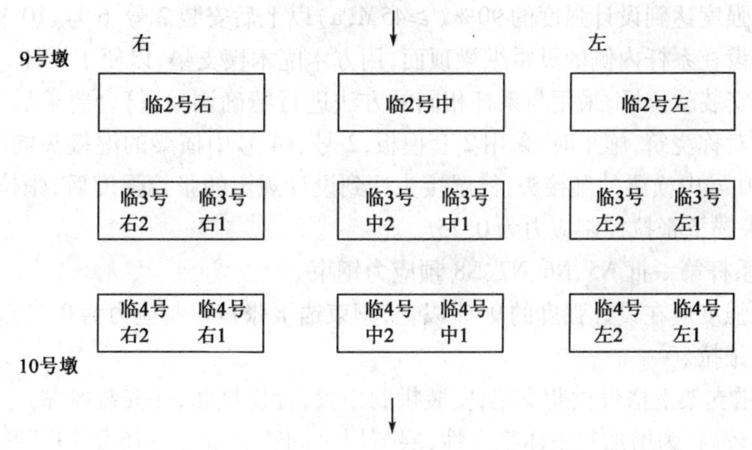

图8 沉降观测布置

5.2.3 拱肋预制

拱肋分五段预制且采用竖向预制方案。

预制场地选择在泰东河北岸主桥两侧堤岸边，在该位置放样并平整场地后，进行地基压实，填筑40cm厚5%石灰稳定土，上铺20cm掺灰碎石土，然后浇筑10cm厚C25混凝土，整平抹光作为大型构件的预制场地。为确保拱肋坐标的精确性，其各点的坐标值均由电脑模拟拱肋得到。用C25混凝土浇筑高度为30cm的构件台座，在吊点位置的台座内预留孔道，预埋钢板做底模，结合设计预拱度铺设底模，并在底模中每隔1m预留一根拉杆(与侧模拉杆对应)。拱肋侧模采用涂塑板，系杆侧模采用定型刚模板,每隔1m设一道夹枋,确保模板稳固。混凝土浇筑采用斜向分层法进行,两侧同时均衡推进,混凝土采用插入式振捣器振捣密实。

5.2.4　系杆、拱肋安装

采用两台100t浮吊进行构件的吊装。施工中严格按照设计要求和规定的施工顺序进行安装,主要步骤如下:

(1)搭设支架,构筑施工平台

利用主墩立托架,并设置六排临时支墩,在墩顶、托架和临时支架上搭设上下加强型贝雷纵梁构成施工平台。

(2)安装系杆

在支架上现浇上游侧拱片端块件,利用浮吊安装系杆预制块。系杆支点采用15cm×15cm的方木组成的木垛。为保证木垛的整体稳定性,采用ϕ20mm的圆钢、10号槽钢相结合的办法组成箍圈将木垛箍紧。安装前,应在木垛上确定构件平面位置线和底标高,以保证安装块件的位置准确,当各个块件就位后,用油顶精确调整标高,同时检查顺直度和垂直度,如果平面位置发生误差或误差超过检验标准的规定时,可采用浮吊进行调整,不得采用水平牵引的方法调整,以防造成支架横向变形或倾覆。由于系杆吊装工作量大,无法在短时间内完成,因此每就位好一根系杆后立即将其湿接头处钢筋与其相邻系杆钢筋做部分焊接,以防止系杆倾覆。当各个系杆构件位置调整至符合要求后进行钢筋焊接,穿入预应力束后,进行系杆湿接头的混凝土浇注施工。系杆分段平面图见图9。

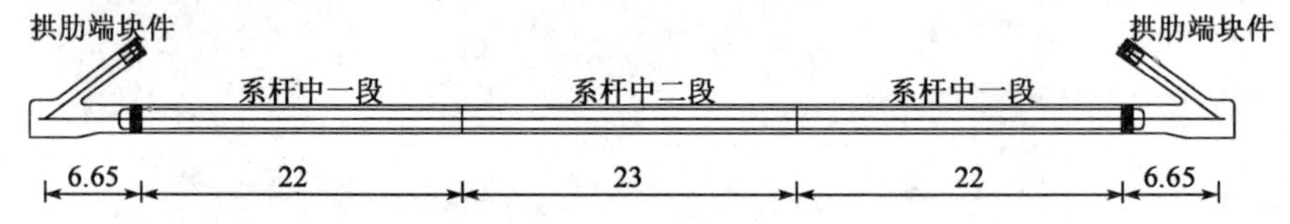

图9　系杆分段平面图(尺寸单位:m)

(3)安装2号、6号、10号、14号中横梁,张拉上述中横梁和端横梁第一批钢束

待系杆湿接头强度达到设计强度的90%(≥45MPa)以上后安装2号、6号、10号、14号中横梁。横梁安装搁置的支点设在系杆内侧的贝雷纵梁顶面,用方木配木楔支垫,以便于拆卸,吊装顺序为2号→6号→10号→14号,安装就位后,采用与系杆相同的方法进行精确调整,符合要求后浇筑湿接头,每根横梁的湿接头应同时对称浇筑,施工时,采用2套模板,2号、14号中横梁的湿接头同时浇筑,拆模后浇筑靠近跨中的6号、10号中横梁的湿接头,待湿接头达到设计规定的张拉强度后,张拉上述中横梁和端横梁第一批钢束,钢束锚下张拉控制应力为$0.75f_{PK}$。

(4)对称张拉系杆第一批N5、N6、N7、N8预应力钢束

张拉时混凝土强度应在设计强度的90%以上,钢束锚下张拉控制应力为$0.72f_{PK}$。采用4台千斤顶两端左右对称同步张拉。

(5)在临时贝雷支架上搭设拱肋支架,安装拱肋中段,合拢拱肋,并安装风撑

由于拱肋支架较高,为增加其整体稳定性,层与层之间连接除用ϕ16的"U"形卡外还采用ϕ20的圆钢做拉杆上下方向连接。在支墩纵向两侧各设置2道钢丝绳来做缆风绳,缆风绳与贝雷支架间用受拉葫芦拉紧。拱肋支点的下半部分同系杆一样采用15cm×15cm的方木组成木垛,上半部分采用事先用型钢做好的三角架。

构件固定后,可进行拱肋湿接头的浇筑,待拱肋湿接头混凝土强度达到设计强度的90%(≥45MPa)以上后安装风撑。风撑采用100t浮吊按先跨端后跨中的顺序安装,风撑安装搁置点在拱肋支架上。拱肋分段示意图见图10。

(6)安装吊杆

风撑吊装就位后,应尽快进行湿接头的浇筑,以及早保证主桥总体框架的稳定,在风撑湿接头强度

达到设计强度的90%以上后,即可拆除部分拱肋支架,采用浮吊进行吊杆的安装。吊杆安装和预应力施加必须严格按设计规定的顺序进行,以保证拱肋受力合理。

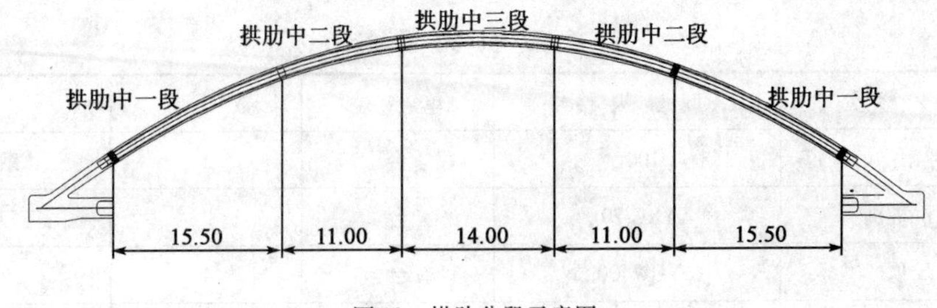

图10 拱肋分段示意图

(7)张拉吊杆钢束

吊杆编号自左向右依次为1号~15号,吊杆张拉顺序8号→4号、12号→6号、10号→2号、14号→7号、9号→5号、11号→3号、13号→1号、15号。吊杆预应力采用一端张拉,张拉端位于拱肋处。吊杆共分二次张拉,第一次张拉在吊杆安装完成后进行;第二次张拉在系杆第一批预应力束N5、N6、N7、N8张拉后进行,张拉至锚下控制应力的100%。

(8)安装其余中横梁,并张拉其第一批钢束,钢束锚下张拉控制应力为$0.75f_{PK}$,单端张拉。

(9)对称张拉系杆第二批N1、N4、N9、N12预应力钢束,锚下张拉控制应力为$0.72f_{PK}$。系杆采用两端张拉,张拉时要求单根系杆及一幅桥两根系杆对称张拉。

(10)拆除临时支架。

(11)安装行车道板,现浇中横梁二期混凝土。

桥面板共计32跨,采用8T汽车吊,两幅桥同时对称吊装。现浇中横梁二期混凝土。

(12)对称张拉系杆第三批N2、N3、N10、N11预应力钢束,钢束锚下张拉控制应力为$0.72f_{PK}$。系杆采用两端张拉,张拉时要求单根系杆及一幅桥两根系杆对称张拉。

(13)现浇桥面10cm厚整体化混凝土。

(14)张拉端横梁和中横梁第二批预应力钢束,钢束锚下张拉控制应力为$0.75f_{pk}$,单端张拉。

(15)浇筑桥面铺装、安装防撞护栏。

6 材料与设备

6.1 主要材料

施工主要材料见表1。

施 工 主 要 材 料 表1

序号	材料名称	规格	数量	性能
1	贝雷桁架	3 115cm×176cm×1 500cm	550片	纵梁
2	贝雷桁架	3 115cm×176cm×1 500cm	180片	支墩
3	钢管桩	$\phi600\times\delta8$mm	14根	临2号桩基
4	钢管桩	$\phi600\times\delta8$mm	62根	临3号、临4号桩基
5	钢管桩	$\phi600\times\delta8$mm	84根	防撞设施
6	钢护筒	$\phi600\times\delta12$mm	24根	临1号、5号、6号支墩
7	工字钢	I_{30}型		钢管桩顶、支墩顶
8	加强弦杆	3 115cm×176cm×100cm	1 100片	纵梁加强
9	支撑架	1 270cm×540cm×80cm、1 270cm×990×80cm		纵梁连接、支墩连接
10	型钢、方木			拱肋支垫

6.2 主要设备

施工主要设备见表2。

主要机具设备 表2

序号	名称	型号规格	单位	数量	用途
1	浮吊	100t	台	2	系杆、拱肋吊装
2	浮式沉桩机	YKC-70	台	2	钢管桩施工
3	千斤顶	YCW400	台	4	纵梁支架
4	张拉千斤顶	250t	台	4	预应力张拉
5	全站仪	SOKKIA(set 2110)	台	2	坐标放样
6	水准仪	DSZ2	台	4	高程控制

7 质量控制

(1)贝雷梁支架体系必须经过设计计算,其强度和刚度应符合现行《公路桥涵施工技术规范》的相关要求。支架受载的弹性挠度不得超过相应结构跨度的1/400。

(2)混凝土的内在、外观质量控制。在严控混凝土原材、配合比、外加剂的同时,在施工过程中加强复振,增加混凝土的密实,浇筑后采取有效养护手段防止混凝土裂缝的产生。

(3)做好沉降观测和拱肋受力状态的监控。在施工中对钢管桩基础、系杆支点、拱肋支点进行了沉降观测控制,对各构件受力状态进行了监控,结果在控制范围内。

(4)系杆、拱肋分段安装精度保证。在构件就位后精确调整高程,同时检查顺直度和垂直度满足施工要求,控制平面位置误差在检验标准范围内。

(5)预应力施工的质量保证。保证张拉千斤顶、压力表、高压油泵的配套检验,张拉应力值和水泥浆的水灰比达到设计要求,要严格控制张拉速度。

8 安全措施

(1)执行国家颁发的现行《建筑施工安全技术规范》。

(2)建立完善的安全保证体系,实行岗位责任制,逐级层层签订安全责任状。

(3)实行全日制值班制,日常监控、巡查,及时发现问题,限期整改。

(4)加强"三级"安全教育,坚持安全技术交底。

(5)张拉时,严禁非工作人员进场,操作人员不得站在千斤顶后面。高压油泵要接头严密,且要随时检查,防止高压油喷出伤人。

(6)设置施工标志、航道变窄标志、限高标志、限速标志等安全交通标志牌。

(7)系杆、拱肋吊装时,要对浮船进行锚固,确保浮吊的稳定。

(8)高空作业防止人员坠落及空中坠物伤及航道行船。

(9)系杆、拱肋支架施工过程中设立安全防护栏杆,以确保施工作业人员的安全。

(10)在系杆、支架等醒目位置设置夜视灯和彩灯,确保夜间通航船只过往安全。

9 环保措施

(1)执行国家颁发的《江苏省环境保护条例》和航道管理等要求。

(2)禁止生活垃圾和污水排入河道,造成航道污染。

(3)建立环境保护责任制,加强环境保护的宣传力度。

10 资源节约

在本工法形成过程中，积极贯彻国家节能工程的有关要求，以材料节省、新技术开发或原有技术的改进提高为主要的设计指导思想。进行工艺设备选型时，优先采用技术成熟、能源消耗低的工艺设备；对设备进行定期维护、保养，保证设备运转正常，降低能源消耗，减少因设备的不正常运转造成能源浪费。相对于拱肋平躺预制，拱肋竖向预制，节约了场地，减少了临时用地的征用，节省了土地资源；拱肋采用竖向预制，其竖向坐标由电脑模拟得出，施工放样时不必采用整体放样，起吊时不翻身，安装前不试拼，节省工时，从工艺上达到了节能的目的；相对于满堂支架的方案，贝雷梁支架体系工作量小，施工快捷，不仅节省了材料，还少占用航道的水上资源，节约了断航维护费用。

11 效益分析

采用此工法施工对航道的通航能力影响较小，未对过往船只及两岸居民的生活造成不便，未影响当地水上经济的发展。应用该工法，实际产生直接经济效益为：少投入的支架（钢管桩）费用约 31.4 万元；节省工时费约 4.5 万元；节省断航维护费用 20 万元；累计降低成本 55.9 万元。

12 应用实例

泰东河大桥桥面宽度为 28.70m（行车道 2×11.75m + 中央带 4.2m + 外侧护栏 2×0.5m），桥梁全长 536.88m，桥跨布置为（4×25+24）m+（24+3×25）m+82.48m+（4×25）m+（5×25）m，其中主跨两侧引桥为装配式部分预应力混凝土连续箱梁。为刚性系杆刚性拱，计算跨径 L=80.3m，拱轴线为二次抛物线，矢跨比为 1/5，矢高为 16.06m。拱肋采用等截面“I”形截面，拱肋高 1.4m，宽 1.2m，拱肋分五段预制，最大重量为 64t；系杆采用等截面箱梁，系杆高 1.9m，宽 1.2m，系杆最大重量为 97t；吊杆采用 GJ15-15 钢绞线整束挤压式拉索体系成品索；风撑设置 6 道，采用等截面“I”字截面，高 0.8m，宽 0.6m；端横梁高度为 1.50～1.755m，中横梁高度为 1.25～1.505m，梁顶设有 0.25m 后浇混凝土，桥面单向 2% 横坡通过横梁高度的变化调整。拱肋、风撑、5m 桥面板为钢筋混凝土结构；横梁、系梁为预应力混凝土结构。

在施工中合理采用钢管桩基础和临时支墩组成支撑体系，在贝雷梁支架上进行施工；拱肋竖向预制，支架拼装，在满足三级航道的通航要求下，顺利完成了施工任务，缩短了施工时间，节约了施工成本。

斜拉三角挂篮悬臂浇筑预应力混凝土连续梁施工工法

GGG(中企)C3107—2010

徐高山　徐冬青　马　杰　吴太华　王鑫平
(中铁二十二局集团有限公司)

1 前言

目前在悬臂浇筑预应力混凝土连续梁施工中普遍采用挂篮施工。京承高速公路(三期)工程清水河2号桥的设计文件中要求挂篮及模板总质量不得超过60t。经过多方考察、咨询、计算,若采用的常用三角挂篮或菱形挂篮,质量均超过64t,不能满足设计要求,无法进行施工。为了既满足单个挂篮总质量不大于60t的设计要求,还要保证挂篮结构简单,保证挂篮整体的稳定性、安全性,综合以往的挂篮施工经验,研究设计了斜拉三角挂篮。斜拉三角挂篮改变了常用挂篮的受力体系,由悬臂系统、走行系统、模板系统、内外模板导梁系统、吊挂系统和锚固系统组成,总质量52t,质量比为0.32。目前常用的三角挂篮和菱形挂篮主要受力构件为梁体上端的三角架或菱形架,三角架或菱形架处于悬臂受力状态。斜拉三角挂篮改变了三角挂篮和菱形挂篮受力模式,在挂篮体系中增加了后锚梁和斜拉吊带,使后锚梁和斜拉吊带作为主要受力构件,通过斜拉吊带和后锚梁将主要施工荷载传递到挂篮纵梁上,使构件受力更加简单合理。经过在清水河2号桥的研究与应用,由此总结出了一套完整的斜拉三角挂篮悬臂浇筑预应力混凝土连续梁施工技术和施工方法,经总结形成本工法。

2009年11月本工法的关键技术通过了中国铁道建筑总公司组织的技术评审,该项技术通过在京承高速公路清水河2号桥成功应用,取得了良好的经济和社会效益,并已申请了国家专利,获得授权,专利号为ZL200920159686.3,具有较高应用价值和广阔的推广前景,该成果达到了国内领先水平。

2 工法特点

(1)研发并应用的斜拉三角挂篮,结构简单,受力合理,具有重量轻、抗风性能强、拆装方便、成本低等优点,通用性强,适用范围广。

(2)设计采用后锚梁和斜拉吊带作为主要受力杆件,通过斜拉吊带及后锚梁将主要施工荷载传递到挂篮纵梁上,减轻了挂篮自重,降低了挂篮重心,增强了挂篮的刚度,提高了挂篮的抗倾覆能力和稳定性,使悬臂浇筑桥梁施工更加安全可靠,具有创新性。

(3)针对不同形式的悬浇桥梁施工,只需改变斜拉吊带的数量及加固少数构件即可满足要求,具有较强的通用性。

(4)斜拉三角挂篮结构简单,直接前移就可利用挂篮作为合拢段施工,方便快捷。

3 适用范围

适用于悬臂浇筑预应力混凝土连续刚构桥。

4 施工工艺

4.1 悬臂浇筑施工工艺流程(图1)

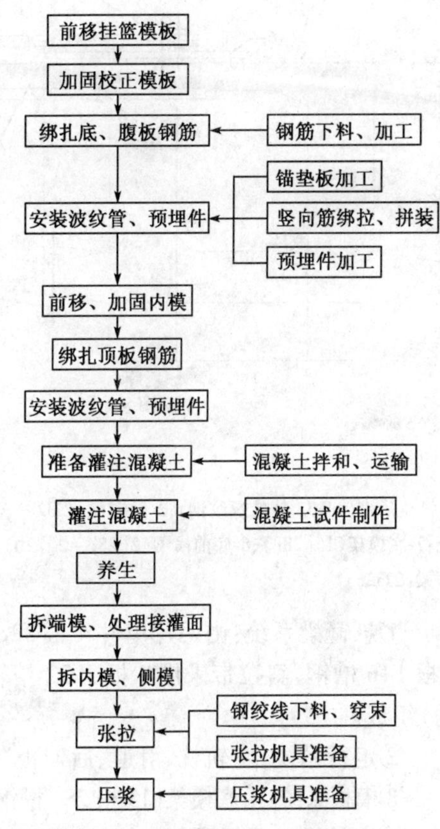

图1 悬臂浇筑施工工艺流程图

4.2 关键技术

4.2.1 挂篮设计

(1)设计技术条件

本设计以北京至承德高速公路清水河2号桥为基础。此桥为三孔(75m+120m+75m)悬浇刚构。桥梁为左右两幅独立式桥,右幅桥接30m预应力简支T梁,右幅300m,左幅270m,每幅桥宽13m,箱梁为单箱单室结构,梁高2.50~7.00m,桥梁下部中墩为双矩形片墩,右半幅处于$R=4\,000$m曲线上,左半幅处于直线段上。悬浇刚构T构包括0号块、1号块~17号块17个梁段,其中0号块8m,1号块2m,0号块和1号块采用托架法同时施工。2号块~17号块梁段采用挂篮施工。

清水河2号桥2号块~7号块每个梁段长3m,8号块~17号块每个梁段长3.5m,合龙段长2m。最重梁段为2号块,重量为1 630.4kN,梁段长度3m。本设计以最重梁段2号块1 630.4kN为基础,挂篮前臂长度、模板长度4m为设计基本参数。

(2)设计依据

京承高速公路清水河2号桥施工设计图和相关规范、设计手册等。

钢结构设计指标按照《钢结构设计规范》(GB 50017—2003)规定取值。

(3)设计参数

挂篮按照最重梁段2号块进行设计,计算荷载按照荷载组合进行计算。

挂篮悬臂长度:450cm。

计算跨度$L=2\times450=900$cm

挠度允许值为$L/400=900/400=22.5$mm

允许最大变形(包括吊带变形的总和):22mm

施工时、行走时的抗倾覆安全系数:2

斜拉水平限位系统安全系数:2

上水平限位安全系数:2

(4)技术性能

适应最大梁段质量:164t

适应最大梁段长度:3.5m

梁段高度变化范围:7~2.5m

挂篮走行方式:后抓式

挂篮总质量:52t

(5)挂篮构造

斜拉三角主要由悬臂梁系统、走行系统、模板系统、内外模板导梁系统、吊挂系统和锚固系统组成(图2)。

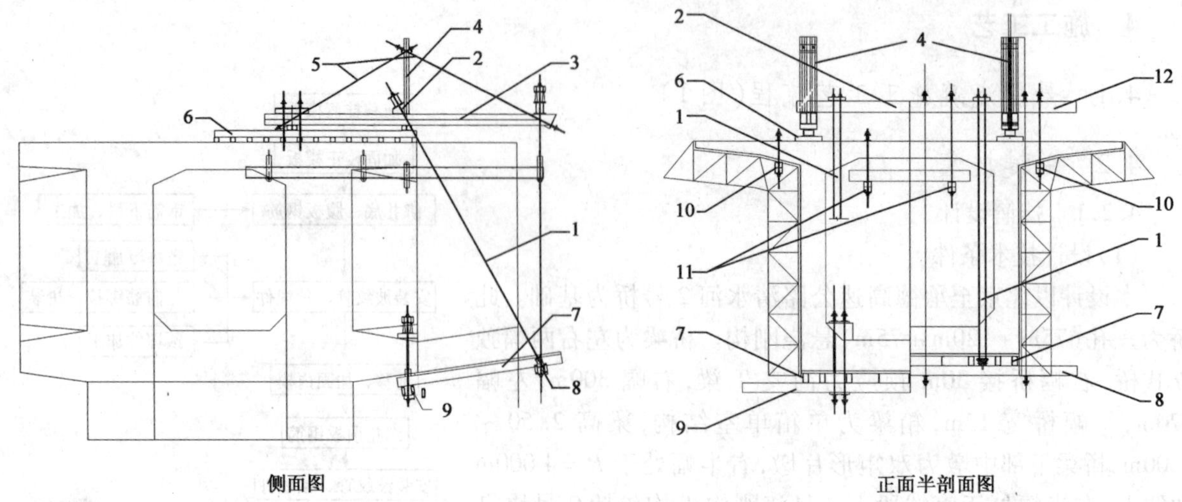

图2 挂篮总体设计图

1-斜拉吊带(4JL32 精轧螺纹钢);2-后锚梁(2I32c);3-悬臂梁(4[32c);4-立杆(4[14b 槽钢);5-斜拉带(4JL32 精轧螺纹钢);6-走行系统;7-底模架(15[28c);8-底前横梁(2[28c+2[22b);9-底后横梁(2[28c+2[22b);10-外模导梁(2I32c);11-内模导梁(2I32c);12-顶前横梁(2I32c)

①悬臂梁系统:由两片单件4根32c槽钢主梁(共8根32c槽钢),三角斜拉(三角架每根立杆采用4根14b槽钢,斜拉带采用8根JL32精轧螺纹钢)、顶前横梁(2根32c工字钢)、后锚梁(2根32c工字钢)组成。

②走行系统:由轨枕、滑道、后勾板、前支座和手拉葫芦组成。

③模板系统:由底模架(15根28c槽钢)、底横梁(2×(28c槽钢+22b槽钢))、底模、内外模、内外模架。

④内外模板导梁系统:四组导梁组成(8根32c工字钢)。

⑤吊挂系统:采用JL32精轧螺纹钢。

⑥锚固系统:采用扁担梁及JL32精轧螺纹钢。

(6)受力状态分析

斜拉三角挂篮受力状态分为浇筑混凝土状态和走行状态。

在混凝土浇筑状态,承重结构分两部分,即主承重结构和辅助承重结构。主承重结构由斜拉带和底模架组成,辅助承重结构由悬臂梁、内模导梁、侧模导梁组成。主承重结构承受箱梁腹板、底板混凝土重力和底模架、底模板重力。辅助承重结构承受箱梁翼缘板、顶板混凝土重力和侧模、内模板重力。

在走行状态下,由辅助承重结构完成。在混凝土浇筑完成、预应力张拉结束后,底模板和侧模板拉杆不拆除,模板不脱落,先将斜拉吊带、前吊带和悬臂梁后锚松开,将侧模导梁和内模导梁悬挂于悬臂梁前端,用倒链等工具将悬臂梁前移,同时带动内外模导梁前移就位。将后锚固定后,拆除模板拉杆和底模架后锚,将侧模和底模悬挂于侧模导梁,利用导链等工具,拉动侧模和底模架前移就位,锚固底模架后锚和悬挂吊带。用同样办法使内模就位,之后调整测量,使挂篮模板至设计位置。

(7)挂篮结构设计计算

根据挂篮原理,主要承重结构和辅助承重结构所承受的荷载见表1和表2。

主要承重结构承受的荷载　　表1

名　称	腹板和底板混凝土(kN)	底模(kN)	底模架(kN)	合计(kN)
荷载	1 071.41	26	80	1 177.41
取值	1 071	26	80	1 178

辅助承重结构承受的荷载　　表2

名　称	翼缘板与顶板混凝土(kN)	侧模(kN)	内模(kN)	悬臂梁(kN)	导梁(kN)	合计(kN)
荷载	558.99	76.28	61.36	40	40	776.63
		合计:217.64				
取值	559	218				777

①荷载组合

根据荷载设计规范,主要承重结构和辅助承重结构所承受的荷载组合见表3和表4。

主要承重结构所承受的荷载组合表　　表3

序　　号	荷　　载	重力(kN)	分 配 系 数	最终重力(kN)
1	模板及其支架自重	106	1.2	127.2
2	混凝土自重	1 071	1.2	1 285.2
3	人员、材料、机具	20	1.4	28
4	振捣产生的荷载	12	1.4	16.8
5	其他荷载	30	1	30
6	合计			1 488

辅助承重结构所承受的荷载组合表　　表4

序　　号	荷　　载	重力(kN)	分 配 系 数	最终重力(kN)
1	模板及其支架自重	218	1.2	261.6
2	混凝土自重	559	1.2	670.8
3	人员、材料、机具	20	1.4	28
4	振捣产生的荷载	12	1.4	16.8
5	其他荷载	30	1	30
6	合计			1 007.2

②结构计算模型

根据结构设计和各种荷载组合,主要结构、辅助结构、底后横梁计算模型见图3~图5。

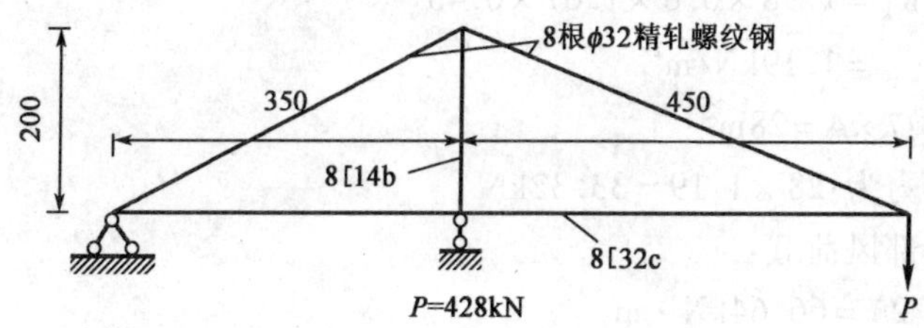

图3　受力结构—悬臂梁力学模型辅助(尺寸单位:cm)

③结构强度和变形检算

杆件基本参数:

斜拉带和底模架8根JL32精钢参数:$A=2\times4\times8.04=2\times32.12\text{cm}^2=0.006\,424\text{m}^2$

底后横梁2根28c槽钢和2根22b槽钢参数:$A=0.017\,48\text{m}^2$　$I=0.000\,161\,32\text{m}^4$

底模架15根28c槽钢参数:$A=0.091\,95\text{m}^2$　$I=0.001\,290\,435\text{m}^4$

顶前横梁2根32c工字钢参数:$A=0.015\,8\text{m}^2$　$I=0.000\,243\,4\text{m}^4$

悬臂梁8根32c槽钢参数:$A=0.049\,2\text{m}^2$　$I=0.000\,695\,2\text{m}^4$

8根14b槽钢参数:$A=4\times21.3\text{cm}^2=0.017\,04\text{m}^2$

以上面结构基本参数为依据,利用 Ansys 有限元软件,进行力学检算。

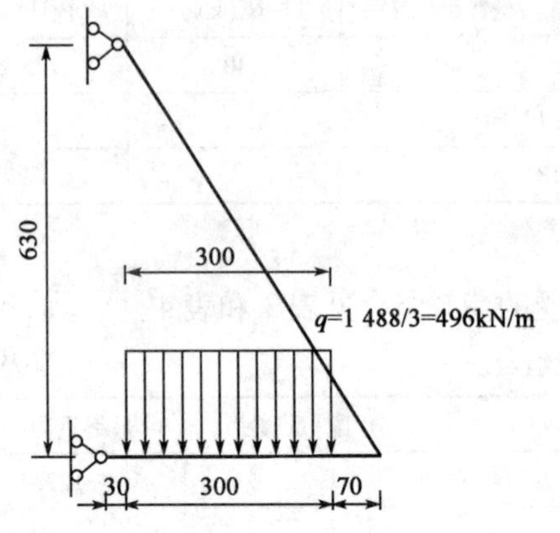

图4 主要受力结构 - 3m 梁段力学模型(尺寸单位:cm)

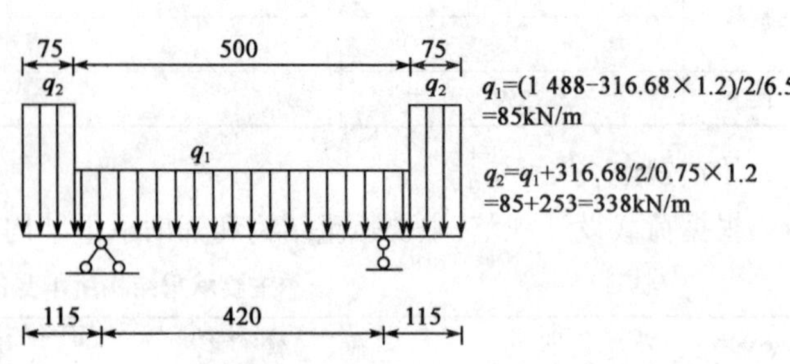

图5 底后横梁力学模型(尺寸单位:cm)

④抗风检算

该工程地处北京郊区山岭地区,风荷载对挂篮施工安全具有一定影响,需要根据《建筑结构荷载规范》(GB 50009—2001)对挂篮抗风能力进行检算。

根据荷载规范,风荷载标准值 W_k(kN/m^2)为:

$$W_k = b_z m_s m_z w_0$$

式中:b_z——高度 z 处的风振系数;

m_s——风荷载体型系数;

m_z——风压高度变化系数;

w_0——基本风压(kN/m^2)。

查表得:

$$b_z = 1 + (\xi \nu_z)/m_z = 1 + (1.88 \times 0.87 \times 1.0)/1.67 = 1.98$$

$$m_s = 0.8$$

$$m_z = 1.67$$

$$w_0 = 0.45$$

因此,风荷载标准值:$W_k = 1.98 \times 0.8 \times 1.67 \times 0.45$

$= 1.19kN/m^2$

挂篮侧面迎风面积为:$7 \times 4 = 28m^2$

挂篮承受风荷载侧压力为:$28 \times 1.19 = 33.32kN$

假设由悬臂梁承受全部风荷载:

弯矩:$M = 33.32 \times (4/2) = 66.64kN \cdot m$

单片悬臂梁横向惯性矩为(图6和图7):

$$I = 2 \times (374 + 61.5 \times (5 + 2.09)^2 + 374 + 61.5 \times (25 - 2.09)^2)$$
$$= 2 \times (3\,465 + 32\,653) = 72\,236cm^4$$

悬臂梁横向应力:

$$\sigma = MY/I = 66\,640/2 \times 0.25/(72\,236 \times 10^{-8}) = 11.53MPa < 215MPa$$

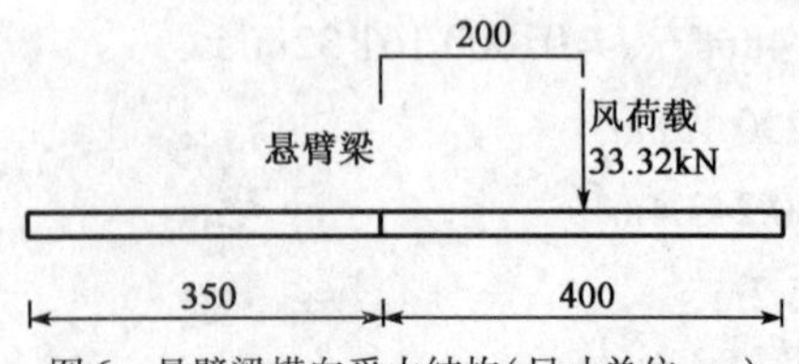

图6 悬臂梁横向受力结构(尺寸单位:cm)

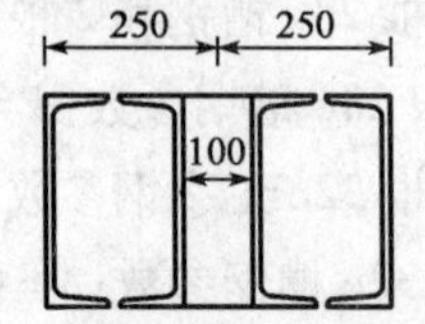

图7 悬臂梁截面(尺寸单位:cm)

4.2.2　施工要点

悬臂浇筑段施工主要包括挂篮的安装、挂篮预压、挂篮前移、钢筋、混凝土及预应力施工等。

(1)挂篮安装

在墩顶的0号和1号块段纵向预应力、横向预应力、竖向预应力按设计张拉完成后，将梁顶面清理干净，按以下步骤安装挂篮。

①将挂篮各构件运至墩下，在工作平台上按设计图组装主桁架等，做好吊装准备工作。测量放样，铺设钢枕，钢枕顶面高程要一致，安装挂篮轨道并将之锚固在竖向预应力钢筋上。

②吊装挂篮的悬臂梁，调整到位后，将后部锚固在梁体的竖向预应力筋上，同时联接相关杆件。

③安装悬臂梁上的立杆、斜梁，穿斜拉杆。

④安装顶前横梁。

⑤挂篮前移2m，安装顶前横梁吊挂杆件。

⑥安装底前横梁，并校准固定。

⑦挂篮前移到位，安装底后横梁。

⑧安装底模架，铺设底模。

⑨安装外模、内模，临时固定。

⑩安装内模、外模导梁，拆除模板的临时固定，使模板悬挂在导梁上。

⑪安装斜拉吊带，校准、固定，调整模板标高。

(2)挂篮预压

①观测点布置

在挂篮上选择四个截面，每个截面左、中、右布置三个观测点(图8)。

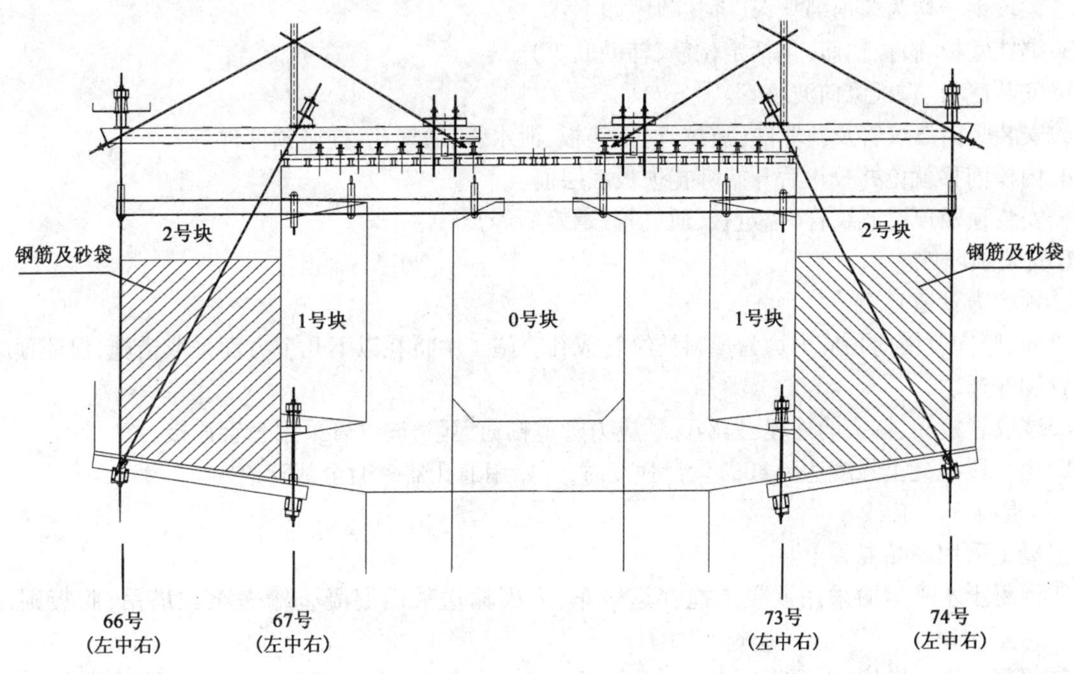

图8　挂篮预压观测点布置示意图

②加载预压

梁段最大重量为1 630.4kN，采用砂袋按设计荷载的1.2倍(1 956.48kN)对挂篮进行分级均匀加载预压。按三级进行，即按40%、80%、120%加载总重量。每级加载后静载4h后分别测量变形量，做好预压测量记录。

③施工注意事项

加载过程中要注意均匀加载,防止挂篮偏压。加载全部完成后,静载24h等到挂篮稳定后,方可进行卸载,按加载量分级卸载时,并记录全过程沉降量变化。预压过程中加强对挂篮的观测,防止出现意外情况。

(3)前移挂篮

①松动模板

当梁段混凝土强度达到拆模强度时,首先解除内模、侧模的支撑等,松动侧模和内模。安装走行轨道,将梁顶面清理干净,然后铺放钢枕、轨道,注意钢枕顶面标高要一致,可拉线找平。将轨道用连接器锚固在梁段竖向预应力筋上,在锚固过程中,要特别注意锚杆和竖向预应力筋旋入连接器的长度要相同,并且等于连接器长度的一半。

②悬臂梁前移

当混凝土强度达到设计强度时,按设计顺序张拉预应力后方可移动悬臂梁。将斜拉吊带、前吊带和悬臂梁后锚松开,将侧模导梁和内模导梁悬挂于悬臂梁前端,用倒链等工具将悬臂梁前移,同时带动内外模导梁前移就位后,将后锚固定。

③模板前移

拆除模板拉杆和底模架后锚,将侧模和底模悬挂于侧模导梁,利用导链等工具,拉动侧模和底模架前移就位,锚固底模架后锚和悬挂吊带。用同样办法使内模前移就位。

④调整模板

模板就位后,安装斜拉吊带,调整模板方向及高程,使之满足设计要求。

(4)钢筋及预应力管道施工

①钢筋施工

各梁段钢筋均为模内绑扎,其绑扎顺序如下:

a. 绑扎底板、腹板钢筋(包括定位筋、辅助筋等)。

b. 安装底板、腹板纵向波纹管。

c. 安装竖向波纹管及预埋件(波纹管、锚垫板、泄水管、通气孔、挂篮预埋件等)。

d. 内模前移就位并校正后开始绑扎顶板底层筋。

e. 安装顶板顶层波纹管(锚定板、通气管、螺旋筋等)。

f. 安装预埋件。

②预应力管道施工

纵向、竖向及横向预应力均为塑料波纹管成孔。施工中将在以下几个方面采取措施,保证预应力管道位置和畅通。

a. 波纹管接头、端头的处理:为确保预应力管道畅通无阻,波纹管采用套管连接。

b. 当梁段混凝土强度达到80%设计强度时,开始用通孔器疏通全部管道。

(5)混凝土施工

混凝土采用商品混凝土。

①混凝土水平运输采用混凝土搅拌运输车,入模输送采用混凝土输送泵或塔吊,腹板则用串筒入模。

②混凝土灌注顺序:由两端向中间对称灌注。每一层按先底板、后腹板的顺序循环灌注,最后灌注顶板混凝土。

③振捣采用30型、50型、70型插入式振捣器根据不同部位以及钢筋、预应力孔道的疏密程度进行振捣,底板、顶板配备平板振捣器辅助振捣,振捣器插点尽可能均匀排列,采用"行列式"和"交错式"的次序移动,但不可混用,以免漏振,每次移动的距离不得超出振捣棒的作用半径,插点距离模板不易大于15cm,也不宜紧靠模板。施工中,捣固人员要划分区域,责任明确,实行岗前交底。

④混凝土灌注分层厚度为30cm左右,不超过振捣棒长的1.25倍,在振捣上一层时,应插入下一层

混凝土中5cm左右，以消除两层之间的接缝，同时应在下层混凝土初凝前振捣上层混凝土。

⑤振捣器的操作要做到“快插慢拔”，快插是为了防止先将表面混凝土振实而与下面混凝土发生分层、离析现象；慢拔是为了使混凝土能填满振动棒抽出时所造成的空洞。在振捣过程中，宜将振捣棒上下略为抽动，以使上振下捣密实均匀。

⑥每一插点要掌握好振捣时间，过短不易捣实，过长可能引起混凝土产生离析现象，对水灰比较大的混凝土尤其要注意。一般每一振捣点的振捣时间以20～30s为宜，以混凝土表面不再显著下沉、不再出现气泡、表面泛出灰浆为准。

⑦施工注意事项

a. 灌注混凝土时，切勿使未灌注部分的钢筋、波纹管等受到混凝土的污染；

b. 振捣混凝土时，注意振动棒远离预应力管道，以免损伤波纹管；

c. 操作人员要站在工作平台上，不得踩踏预应力管道和其上的钢筋；

d. 梁段混凝土养护方法为覆盖有纺土工布洒水养生，养护用水利用塔洼隧道高位水池水泵直接供水，注意要经常保持梁体表面湿润，以利于混凝土强度发展。

(6)预应力施工

连续刚构设计为三向预应力，纵向、横向、竖向预应力筋分别为低钢绞线和高强精轧螺纹粗钢筋。预应力钢束(钢筋)都要对称张拉，张拉顺序为先长束后短束，张拉后尽快压浆。

①纵向钢绞线张拉

a. 安装工作锚：将钢绞线平行地逐根穿入，注意钢绞线不得交叉和穿乱，先安装中心或内圈锚孔的楔片，然后安装外圈锚的楔片，最后用套管适当用力将楔片敲入锚环孔，注意楔片间缝隙要均匀，其端头要在同一平面上，否则要将之取下重新安装。

b. 安装限位板，限位板凹槽要与锚环对中，不得错开。

c. 安装千斤顶于孔道中线对位，注意不要接混大、小油缸油管。

d. 按第一步安装工具锚，为使工具锚卸脱方便，在工具锚环与楔片之间缠垫塑料布并涂少量黄油等润滑剂。

e. 初张拉：仔细检查千斤顶、油路等安装正确无误后，开动油泵进入初张拉，注意要有2～3人扶正千斤顶使工作锚环进入锚垫板的限位槽内，待油表读数达初张拉应力时测量大缸行程和锚具楔片外露量。

f. 张拉：进一步检查千斤顶和油路，然后两端千斤顶同时加载，每次互相通报油压表读数，使两端读数在张拉过程中随时保持一致直到两端达到超张拉应力，这时测量大缸行程和楔片外露量，检查伸长值及其与理论值之差是否符合规范要求。持荷5min在持荷状态下，如发现油压下降应立即补至控制张拉应力。

g. 回程、退楔：两端顶锚完成后，大缸分别回程到底，然后用小锤轻轻敲打工具锚环，取下楔片，依次取下锚环，拆除千斤顶、限位板。

h. 割断多余钢绞线，以手动砂轮锯切割为宜，钢绞线外露锚环达3cm即可。

张拉前测量孔道摩阻系数，张拉采用双指标控制，伸长量的计算以张拉至10%～20%的数值为计算依据，0～10%张拉力不计钢绞线伸长值，10%～20%张拉力下伸长值记为0～10%张拉力钢绞线伸长值，防止钢绞线松弛造成伸长值指标不合格，确保张拉数据的准确。

②竖向JL32精轧螺纹钢的张拉

a. 竖向预应力筋张拉程序：安装工作锚→安装千斤顶→安装连接器张拉杆→安装工具锚→初张拉→张拉至锚下控制应力→测量伸长量→拧紧工作锚→大缸回程→拆除千斤顶。

b. 张拉时采用单端交替张拉，在张拉过程中，注意螺纹钢与张拉杆旋入连接器的深度要相同并等于连接器长度的一半，脚撑下垫板要高度一致，并且水平，工具锚处要安装双锚具，以保证张拉安全。

c. 最后在高出螺母35mm处采用砂轮锯切割精轧螺纹钢筋，然后封锚，钢筋下料及端头切割均严禁使用电弧切割工艺。

③横向预应力张拉

a. 主梁采用C50混凝土浇筑,混凝土强度达到100%时方可张拉横向预应力。

b. 横向预应力钢束采用4 - ϕ^s15.2低松弛钢绞线,f_{pk} = 1 860MPa,σ_{con} = 0.7f_{pk} = 1 302MPa,单端张拉,每束张拉控制力为361.9kN。

c. 钢束间距1m,与竖向预应力交替放置,钢束张拉端与非张拉端交错布置。

④张拉顺序

a. 箱梁纵向预应力张拉时,左右腹板束及顶、底板束均沿箱梁中心线横向对称、同时张拉,每个工作面上必须保证两台千斤顶同时工作。

b. 横向预应力单头张拉,左右交替张拉(自由端2m范围内横向预应力及竖向预应力留到下阶段张拉)。

c. 精轧螺纹钢筋张拉左右均对称交替张拉(自由端2m范围内横向预应力及竖向预应力留到下阶段张拉)。

(7)孔道压浆

本桥预应力管道压浆采用真空压浆法。孔道压浆是预应力施工最后一道关键工序,在预应力张拉完成之后应尽早进行,竖向预应力筋在灌浆前应复拉。真空辅助压浆施工装置连接示意图见图9。

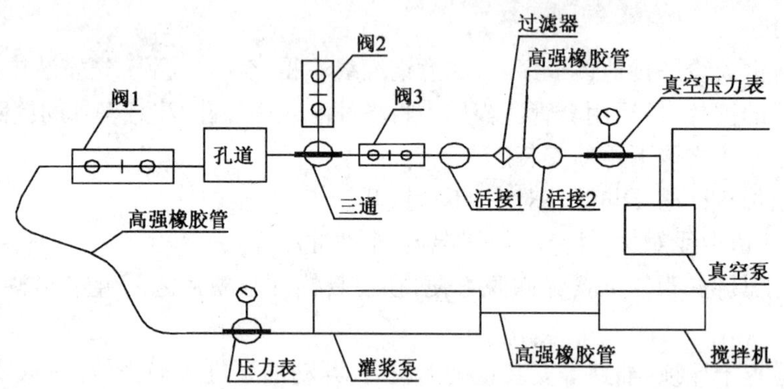

图9 预应力管道压浆真空泵连接示意图

真空压浆的步骤如下:

①张拉工序完成后,严禁碰撞锚头,切割外露钢绞线,保证钢绞线外露长度不小于30mm。

②清理装配螺栓孔内、锚座底面的水泥浆,保证锚座底面平整。清理盖帽的密封口及封锚槽并保持清洁。

③在密封槽内均匀涂上一层玻璃胶,装入"O"形密封圈。

④装配盖帽,将螺栓加垫片旋入螺孔内并紧固,并将排气孔垂直向上放置。

⑤定出吸真空端和压浆端(吸真空端的出浆孔置于锚座上方,压浆端的压浆孔置于锚座下方)。

⑥盖帽安装完毕,用高压气将管道内残留的水分吹出。

⑦按图示方法安装压浆设备与管道。

⑧在真空辅助压浆前用真空泵试吸真空,当真空度检测达到要求的标准后,即可开始真空辅助压浆。

⑨关掉阀1、阀2,打开阀3,启动真空泵进行抽真空,当真空度达到 -0.09 ~ -0.1MPa时,可打开阀1,启动灌浆泵开始灌浆。

⑩保持真空泵开启状态,观察到空气滤清器中有浆体通过时,关掉真空泵及阀3。

⑪打开阀2,观察排气管的出浆情况,当浆体稠度和灌入前一样时,关掉阀2,仍继续灌浆,使管道内有0.5 ~0.6MPa的压力,持压1 ~2min,再关掉阀1。

⑫将输浆管拆下来,再拆卸活接1和活接2段,清洗空气滤清器,然后接到另一组孔道,压浆。

孔道真空压浆要连续,一次完成。若出现无法及时排除的故障时,立即拆下压浆管道,用高压水冲洗孔道,待故障排除后重新压浆。

4.2.3　中边跨合龙技术

施工过程中共有两次体系转换,第一次体系转换为边跨合龙,第二次体系转换为中跨合龙。

(1)边跨合龙施工

①对称移动挂篮至边跨合龙段。

②接长现浇支架,并将其与悬臂梁端连接,使悬臂端及现浇段与落地支架有相同的变形。

③挂篮底模、外模板就位,绑扎底板、腹板钢筋,安装波纹管。

④内模板就位,绑扎顶板钢筋,安装波纹管,安装合龙段锁定槽钢(焊接一端)。

⑤在合龙温度(提前一周专人进行24h温度测量,根据测量数据按最低温度点作为合龙温度)下对称焊接锁定槽钢另一端,避免锁定装置不对称受力。边跨合龙锁定装置见图10。

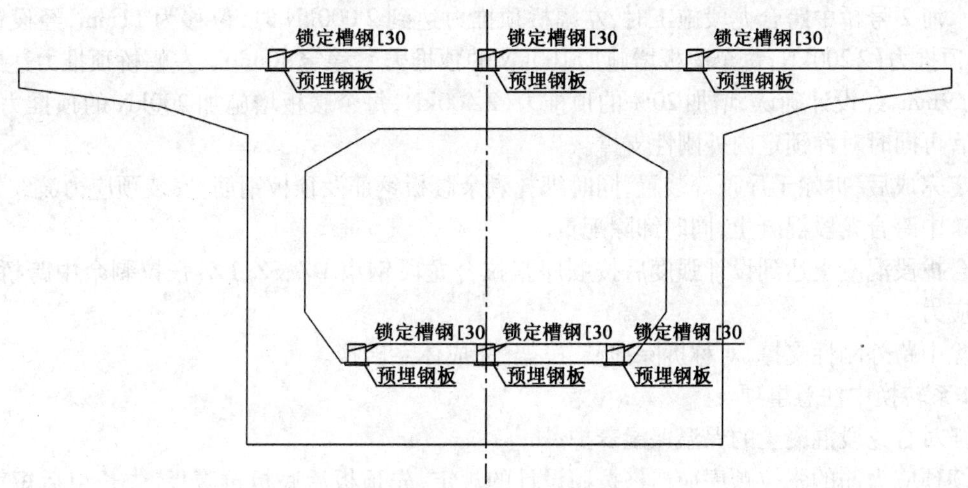

图10　边跨合龙段锁定装置构造图

⑥浇筑边跨合龙段混凝土。

⑦待合龙段混凝土达到设计强度,张拉边跨合龙段钢束SB、FB、DB。

⑧张拉剩余边跨桥面板横向及竖向预应力。

⑨拆除边跨现浇段支架。

(2)中跨合龙施工

①在17号块施工时,预埋好锁定槽钢钢板、顶推钢板、工字钢。

②移动挂篮至中跨合龙段。

③绑扎底板、腹板、横隔板钢筋,安装波纹管,安装合龙段锁定槽钢预埋钢板。

④安装内模,内模采用木模板。

⑤绑扎顶板钢筋,安装波纹管,安装合龙段锁定槽钢预埋钢板。

⑥对临时备用孔道DBB进行灌浆处理。

⑦在合龙段两端各设置300kN的配重(经设计单位和监控单位确定配重的重量与设计一致)。配重采用型钢加载,配重位置靠近挂篮,施工时按混凝土的浇注量同时卸载相同重量的型钢。

⑧顶推锁定

a. 在合龙温度下对中跨合龙段进行顶推、锁定。中跨合龙顶推锁定装置见图11。

b. 在合龙段两端对称施加2 000kN的水平推力,千斤顶达到设计推力时稳定30min,顶推过程中,墩顶位移控制在30～35mm。顶推顺序见图12。

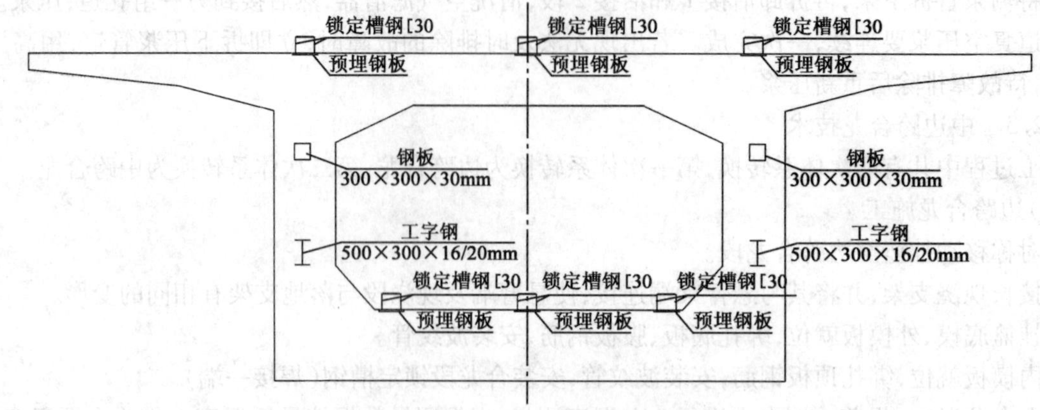

图11 中跨合龙段顶推锁定装置构造图

在清水河2号桥中跨合龙段施工时,左幅桥顶推力达到2 000kN时,位移为11mm,经设计确认,增加10%的顶推力(2 200kN,每个腹板增施加100kN的顶推力),稳定30min。左幅桥顶推力达到2 000kN时,位移为9mm,经设计确认,增加20%的顶推力(2 400kN,每个腹板增施加200kN的顶推力)后,稳定30min,然后再同时对称锁定内外刚性支撑。

⑨锁定完成后,拆除千斤顶等装置,同时绑扎剩余腹板钢筋及顶板钢筋,安装预应力波纹管。

⑩浇筑中跨合龙段混凝土,同时卸除配重。

⑪待合拢段混凝土达到设计强度后按顺序张拉合龙段钢束DZ、SZ、FZ,张拉剩余中跨桥面板横向及竖向预应力。

⑫拆除中跨外刚性支撑,对称拆除挂篮、吊架,完成体系转换。

(3)体系转换中注意事项

①加强对合龙段混凝土的保温保湿养护;

②连续预应力筋的张拉顺序应严格按照设计的规定,先顶板后底板再腹板,先长束后短束的顺序,并对称实施张拉;

③正弯矩力筋张拉过程中,要有专人观察记录齿板后端梁断面的变化,检查是否出现裂纹。

5 机具配备

主要机械设备配置见表5。

主要机械设备配置表　　表5

序号	机具名称	型号规格	单位	数量	序号	机具名称	型号规格	单位	数量
1	塔吊	QTZ5613	台	1	12	钢筋调直机	GTJ4/813	台	2
2	塔吊	QTZ5515	台	1	13	电焊机	BX500	台	8
3	塔吊	QTZ6015	台	1	14	振捣棒	50	根	30
4	斜拉三角挂篮	52T	套	4	15	振捣棒	30	根	10
5	混凝土输送泵	HBT80	台	2	16	振捣棒	20	根	10
6	张拉千斤顶	YCW400	台	4	17	角磨机		部	12
7	张拉千斤顶	YC60	台	1	18	水泵		台	12
8	张拉千斤顶	YCD60	台	1	19	柴油发电机	120kW	台	2
9	注浆泵	YSH-3	台	2	20	汽车吊	50t	台	1
10	真空泵	MBV80	台	2	21	汽车吊	25T	台	1
11	钢筋弯曲机	GWJ40	台	2	22	空压机		台	1

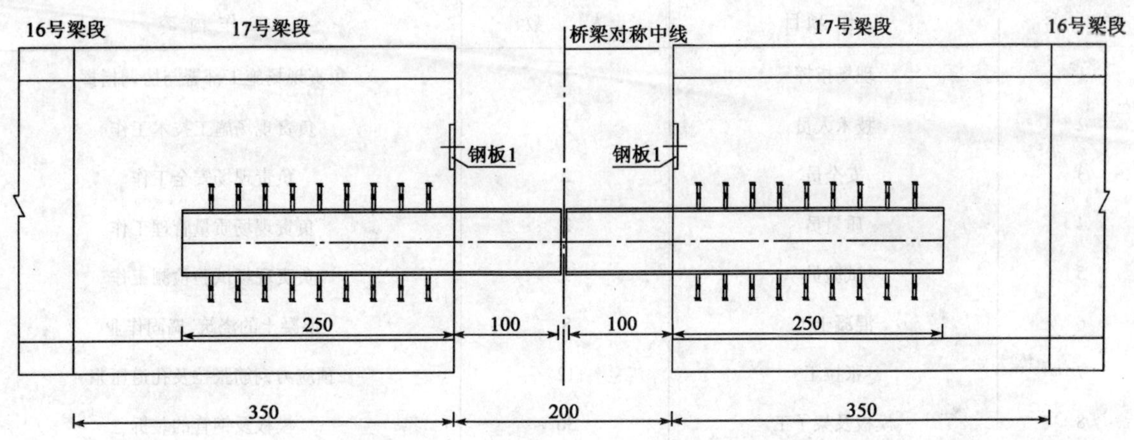

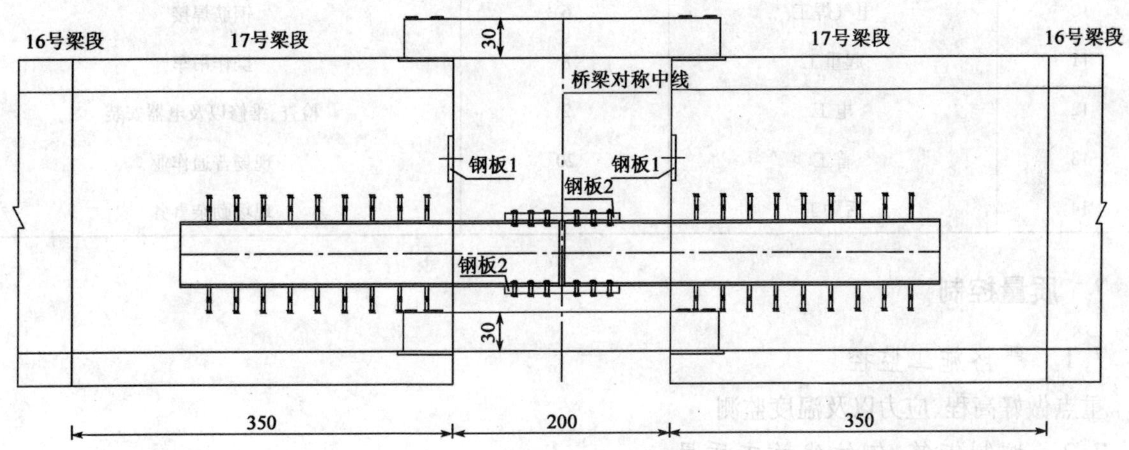

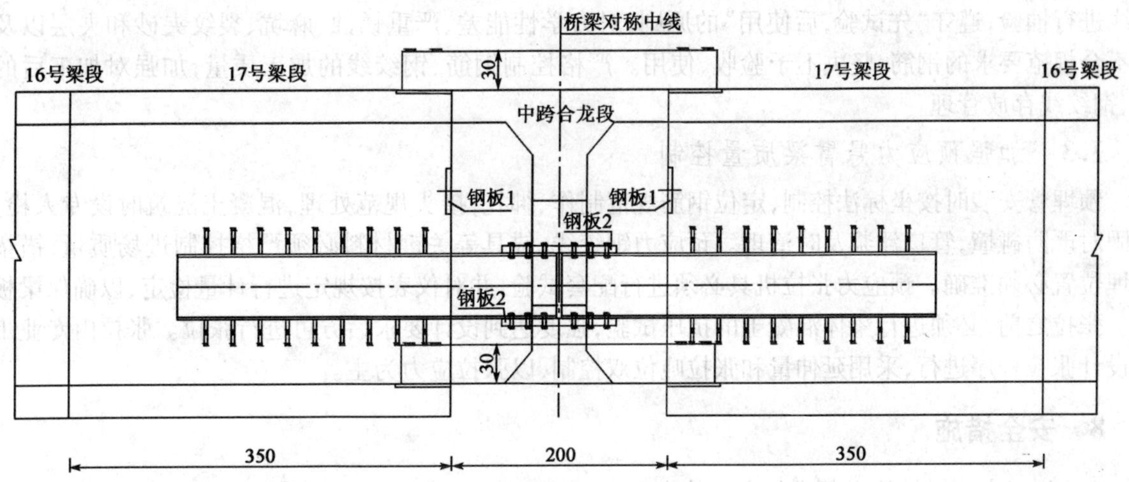

图 12　中跨合龙段顶推顺序示意图(尺寸单位:cm)

6　劳动力组织

施工人员配备见表 6。

桥梁施工悬浇施工人员配备表　　表6

序　　号	工 作 项 目	人　　数	工 作 内 容
1	现场指挥	1	负责现场施工部署与协调指挥
2	技术人员	3	负责现场施工技术工作
3	安全员	2	负责现场安全工作
4	质量员	2	负责现场质量管理工作
5	试验员	3	负责现场试验检测工作
6	混凝土工	8	混凝土的浇筑、捣固作业
7	张拉工	12	预应力钢筋张拉及孔道压浆
8	模板及架子工	36	模板及钢管的装拆
9	钢筋工	40	钢筋的制作及绑扎
10	电气焊工	6	钢筋焊接
11	起重工	8	操作吊车
12	电工	2	检查、维修以及电器安装
13	普工	20	现场普通作业
14	后勤工	4	现场勤杂事务

7　质量控制

7.1　严格施工监控

重点做好高程、应力以及温度监测。

7.2　控制钢筋、钢绞线施工质量

严把材料关。钢筋、钢绞线有出厂质量保证书或试验报告单,并作机械性能试验,对进场的钢筋、钢绞线进行抽验,遵守"先试验,后使用"的原则,对力学性能差、严重锈蚀、麻坑、裂纹夹砂和夹层以及其他不合规范要求的钢筋,坚决不予验收、使用。严格控制钢筋、钢绞线的加工质量,加强对加工后的钢筋、钢绞线存放管理。

7.3　加强预应力悬臂梁质量控制

预埋管安装时按坐标法控制,定位钢筋规范制作、绑扎,接头规范处理,混凝土浇筑时设专人检查,捣固时严防碰撞,管口浮浆及时清理。预应力钢绞线、锚具等关键材料必须严格控制进场质量,锚垫板预埋位置必须准确。预应力张拉机具必须进行配套试验,并对仪表按规定进行计量检定,以确保梁板质量。张拉之前,必须进行梁体混凝土的抗压试验,强度达到设计要求后方可进行张拉。张拉由专业工班按设计张拉程序进行,采用延伸量和张拉吨位双控制,以张拉应力为主。

8　安全措施

(1)施工中临时结构必须进行安全技术交底,合格后方可使用。

(2)特殊工种必须持证上岗。指电焊工、气焊工、电工、机械工等工种。

(3)做好各种标志牌:在工程现场适当位置设置必要的标志牌,包括警告与危险标志、安全与控制标志、指路标志等。

(4)工地架设的动力照明线路、库房,都必须符合防火、防水、防触电、防雷击的要求,配置足够的消防设施。

(5)机械设备的安全措施:机械设备布局要合理,且装有安全装置,操作者严格遵守操作规定,操作前要对设备进行检查,机械设备严禁带故障运行。

(6)电器设备的安全措施:对电器设备的外壳要进行防护性接地,接零或绝缘,派专人负责电器安全工作,进行用电安全知识教育,定期检修电器设备。

(7)夜间施工:夜间施工时,现场必须有符合操作要求的照明设备。施工驻地要设置照明设施及警戒指示灯。

(8)防火灾措施:消除一切可能造成火灾、爆炸事故的根源,控制火源、易燃物及助燃物。配备灭火器材,加强安全防护工作。

9 环保及节能

9.1 水污染的防治

施工现场废水和固体废物随水流流入水体部分包括水泥、油漆、各种油类、混凝土外加剂、木头、泡沫、胶带等,是造成水污染的主要来源。

混凝土的生产、运输、浇筑产生的污染,施工机械设备产生的污染,劳动力高度集中产生的污染,以及其他相关配套设施产生的污染将对水源产生较大影响,在施工中采取以下有效措施,保护水源不受污染:

(1)施工现场搅拌站废水和施工机械油污必须经沉淀池沉淀并符合国家规定标准后方可排放,并充分利用沉淀水用于工地洒水降尘。

(2)现场存放油料的地面进行防渗处理,如采用防渗混凝土地面、铺防油毡等措施。在使用过程中,采取防止油料跑、冒、滴、漏的措施,有效防止土壤受到污染。

(3)施工现场100人以上的临时食堂,污水排放设置有效的隔油池,定期清理,防止污染。

(4)工地临时厕所的化粪池采取防渗措施,并尽可能利用既有建筑物内的水冲洗厕所,同时做好防蝇、灭蛆工作。

(5)化学用品、外加剂等在库内存放,妥善保管,防止污染环境。

(6)加强对地表水和地下水水质的监测,配合当地环境监测部门搞好舆论宣传和监督工作,加强对沿线施工废水的控制,发现新的污染问题及时进行处理,防止水质恶化。

(7)靠近生活水源的施工,用沟壕或堤坝同生活水源隔开,避免污染生活水源。

(8)施工废水、生活污水经处理达标后再排入农田、河流和水库。

9.2 固体废弃物的处理

本工程在施工过程中,会产生大量的固体废弃物,包括建筑碴土、生活垃圾、废弃的散装建筑材料、废弃的包装材料、粪便等。固体废弃物对环境的危害主要表现在侵占土地、污染土壤、污染水源、污染大气、影响环境卫生,因此在施工中将采取以下措施进行处理:

(1)回收利用。对建筑碴土可视其情况加以利用;废钢可按需要用作金属原材料;对废电池等分散回收,集中处理。

(2)焚烧处理。对于不适合再利用且不直接予以填埋处理的废物,尤其是对受到病菌、病毒污染的物品,采用焚烧进行无害化处理。焚烧处理使用符合环境要求的处理装置,避免对大气的二次污染。

(3)稳定和固化处理。利用水泥、沥青等胶接材料,将松散的废物包裹起来,减少废物的毒性和可迁移性,减少污染。

(4)填埋。经过无害化、焚烧处理的废物残碴集中到当地环保部门指定的地点进行填埋处理。填埋场利用天然或人工屏障,尽量使需处置的废物与周边的生态环境隔离,确保废物的稳定性和长期安全性。

(5)施工营房和施工现场的生活垃圾,运至当地环保部门指定地点集中堆放。

9.3 大气污染的防治

本工程工程量大,上场机械设备较多,且集中施工,为避免对当地人员和房屋、树木、农作物等造成损害,采取以下有效的措施对施工现场的空气污染进行防治。

(1)选择低污染的设备。

(2)在运输时,采取覆盖、密封、洒水等措施防止和减少扬尘。

(3)车辆进出工地严禁超限运输,防止沿途撒漏。

(4)严禁在现场焚烧任何废弃物及有毒废料(废机油、废塑料等)。生活营地使用清洁能源,保证炉灶烟尘符合标准;对施工机械车辆加强维护,以减少废气排量;对汽油等易挥发物品采取密闭存放,并尽量缩短开启时间。

(5)配备专用洒水车,对施工现场和运输道路经常进行清扫和洒水湿润,减少扬尘。

9.4 其他保护措施

(1)保护野生动物,严禁施工人员猎杀野生动物。

(2)对使用的工程机械加强维修保护,降低噪声。

(3)机械车辆途经居住区时减速慢行,不鸣喇叭。

(4)合理安排施工作业时间,在居民区尽量降低夜间车辆出入频率。

(5)对钢筋加工场地选择时,尽量远离居民区。

9.5 水土保持措施

(1)合理设置施工营地、材料场、拌和站、机械保养场、临时工棚、施工便道等,做好水土保持防护工作。

(2)不将取土场、弃渣场设置在植被发育良好的地段,不随意大面积开挖、破坏地表草皮及地层结构。

(3)不在清水河河流漫地及两岸洪水位以下乱取砂砾,不侵占河道核心区和缓冲区。对开挖的弃、取土场及河岸边坡,采取及时有效的岸坡防护措施,以防水土流失。

(4)施工中严格按设计方案施工,尽量减少植被破坏。

10 效益分析

采用斜拉三角挂篮,挂篮重量明显降低,减少了挂篮的费用。在本工程中,若采用三角挂篮或菱形挂篮,质量达64t,而采用斜拉三角挂篮,挂篮质量52t,每个挂篮节约钢材12t,而4套(8个)挂篮节约钢材96t,挂篮费用按8 000元/t计算,清水河2号桥采用斜拉三角挂篮节约成本约76.8万元。

直接利用挂篮进行中边跨合拢,简化了施工工艺,缩短了施工时间,提高了施工工效。

由于斜拉三角挂篮的通用性强,可在不同跨径的悬浇法桥梁中使用,降低了挂篮的使用费用。目前清水河2号桥使用的三角斜拉挂篮已经转场至津秦客运专线的悬浇刚构桥继续使用。

由于斜拉三角挂篮质量轻、运输方便,减少了运输费用。

斜拉三角挂篮的研制和使用,充分体现了挂篮设计工艺的先进性,大大降低了悬臂浇筑的成本,加快了施工进度,确保了工程质量,按期优质地完成了清水河2号桥的建设任务,得到业主和监理的一致好评。

本成果的研究和应用,丰富了我集团公司在悬臂浇筑桥梁施工中的经验。开拓了技术的创造能力,培养了一批桥梁施工专业技术人才,增加了集团公司的人才储备,为集团公司进一步拓宽高新技术及建筑市场提供了有力的技术后盾。

环保节能方面,坚持“全面规划,合理布局,预防为主,综合治理,强化管理”的方针,在水土保持、水污染防治、固体废弃物处置、大气污染防治等方面采取了有效措施,尽可能减少对生态环境的破坏,取得了显著成效,施工过程中既保护了环境,又节约了能源,取得了很好的环保、节能效益。

11　工程实例

京承高速公路清水河2号桥分左右两幅独立式桥，每幅桥宽13m，右半幅桥处在R=4 000m圆曲线上，左半幅处在直线段上。上部结构型式右(左)幅主桥为三孔悬浇刚构，跨径75+120+75(m)。单孔最大跨度为120m，主墩最高48.91m，是北京市"第一大跨、第一高墩悬浇刚构桥"，是全线重点控制性工程，施工难度大，技术要求高、工期紧。

该桥采用斜拉三角挂篮进行悬臂段施工，大大降低了悬臂浇筑的成本，加快了施工进度，确保了工程质量，取得了良好的经济、社会效益，具有较高的应用价值和广阔的推广应用前景。

大跨径箱形拱桥无支架吊装工法

GGG(中企)C3108—2010

田宝华　丁维军　肖　俊
(中铁二十三局集团有限公司)

1　前言

大跨度拱桥无支架吊装,通常多采用大吨位缆索吊,适用于峡谷或水深流急的 V 形河段上,或在通航的河流上需要满足船只的顺利通行,缆索吊具有跨越能力大,水平和垂直运输机动灵活,适应性广,施工比较稳妥方便等优点。对于预制安装的拱肋,应根据施工方法和分段情况确定吊装能力,其接头位置选择在裸肋自重弯矩最小处。

由中铁二十三局集团三公司承建的云南丽江金安桥水电站平安大桥 150m 跨等截面悬链线箱形拱桥无支架吊装施工现已取得成功,施工过程中在吸取各方面的实践经验和局处有关专家的指导下,自行设计了 80t 缆索吊,制定了无支架吊装的工法,并在该桥的施工中取得了成功。

2　工法特点

(1)拱肋采用分段预制。平安大桥主跨径 $L=150$m,拱肋分成七段预制,设单组轨索,采用单基肋碰撞合龙,双肋合龙解除扣索方式施工。

(2)能充分发挥缆索吊的空中优势,不受复杂地形的限制,最宜跨越河谷和山川,可以节省运输便道工程和大量施工脚手架,避免施工场地及航道干扰。

(3)采用无支架吊装,可以使拱肋预制与吊装系统同步施工,缩短工期,降低造价。

(4)无支架吊装系统(除主锚桩地锚、风缆地锚、塔架基础混凝土外)材料都可回收,多次倒用,加上设备简单,拆装方便,所以经济效果好。

3　适用范围

本工法适用于跨越深水、深谷或通航河道的桥梁,或必须在洪汛期间进行上部构造施工的桥梁。在技术经济合理,材料设备可能的条件下,大跨度薄壁组合式箱形拱桥、双曲拱桥采用本工法施工具有很大的优越性。

4　工艺原理

箱形拱桥无支架吊装工法,就是在跨越深水、深谷或通航河道的拱桥施工中,不采用拱架法成拱,而用大吨位的缆索吊机将预制好的拱段分段进行拼装,利用扣索、风缆作临时固定和调整以完成拱部的安装。

5　施工工艺流程及操作要点

5.1　工艺流程

大跨度拱桥无支架吊装施工的关键工序是拱肋吊装合龙时的松索调整成拱。主拱圈施工过程分为四个阶段、七个流程,即:

缆索吊机安装阶段→缆索吊机试车阶段→主拱箱吊装合龙阶段→拱箱接头、肋间、拱背混凝土加载阶段。

施工准备→拱(肋)箱纵横移出台→拱(肋)箱吊装→松索调整→拱(肋)箱合龙→拱(肋)箱纵横向联接→拱(肋)箱接头、肋间混凝土灌注。

不论主拱圈的纵向或横向分为几个单元,它的四个阶段、七个流程都是相同的。

5.2 施工要点

5.2.1 施工准备(主要指吊装前的准备)

(1)大吨位缆索吊的设计实施

缆索吊的设计实施是无支架施工的关键工序,它直接影响着安全、质量和工期,而大吨位缆索吊目前在我国还没有定型设计,也没有专门的生产厂家,只能根据实际情况自行设计(图1)。缆索吊主要包括:轨索、天车、塔架、地锚等驱动装置设计程序(图2)。

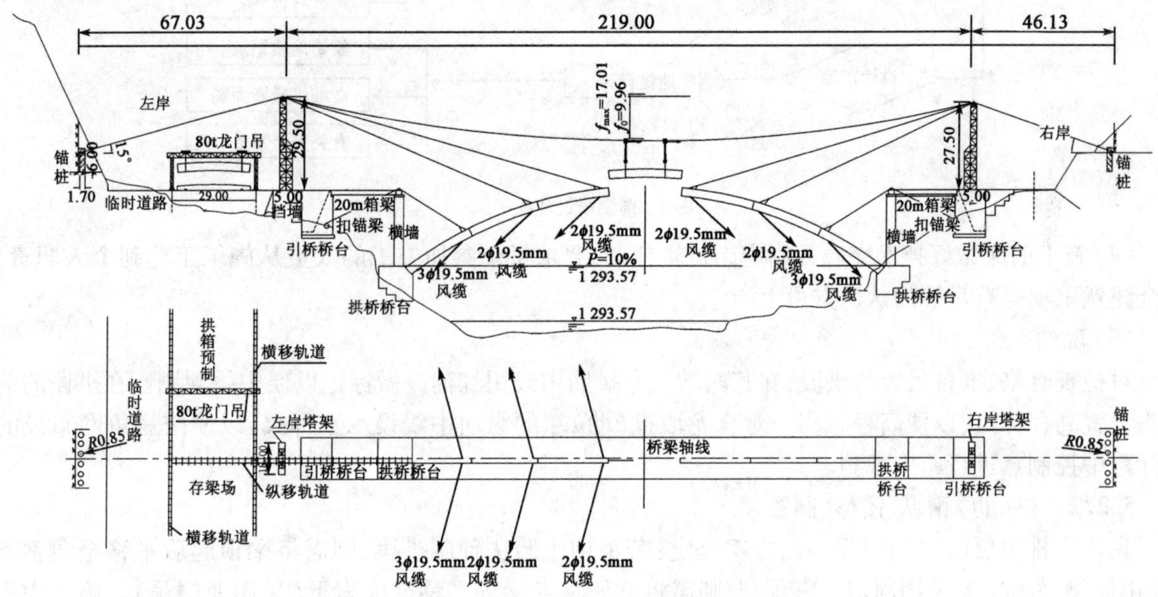

图1 平安大桥无支架吊装系统示意图(尺寸单位:m)

在设计中值得注意的是,本桥采用单组天索,正吊正落位的安装方式,采用单基肋碰撞合龙,双肋合龙解除扣索方式施工。即第一根拱肋合龙,经调整轴线、高程、楔紧拱肋接头缝后,再稍松扣索和起重索,压紧接头缝,但不去掉扣索和起重索(受力10%左右),浇筑接头混凝土,待接头混凝土强度达到设计强度的85%以上时,松卸起重索。等第二根拱肋合龙,两根拱肋横向联结固定并拉好风缆后,再同时松卸两根拱肋的扣索和起重索。所以地锚的受力组合按一条拱肋已合龙调整,第二条中段拱箱运至跨中时运输缆索产生最大内力。缆索吊设计的具体检算内容见图3。

(2)拱肋的预制

拱箱可采用土胎法或固定台座预制,拱箱预制可采用预制组装或整体现浇,预制时应按质量要求严格控制其几何尺寸、预埋件位置及混凝土质量。

(3)吊装前检查

吊装前检查工作的总体情况见图4。其中预制拱肋检查、拱座中线及跨度复核十分重要,应将实测的主跨度和七片实际拱段形成的跨度与设计跨度比较,以掌握拱段制作误差的大小,决定吊装前各拱段接头应采取的措施。

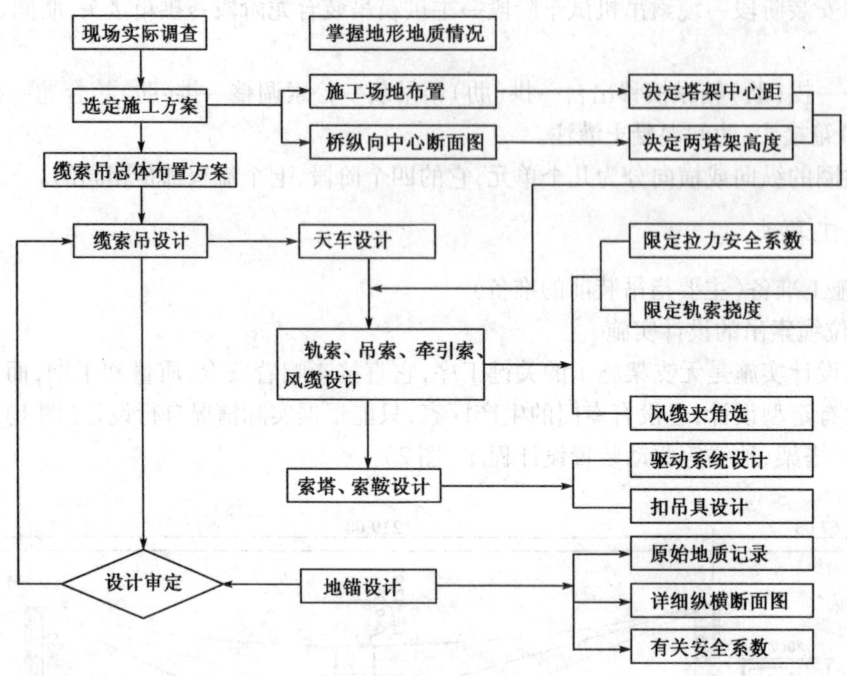

图2　缆索吊设计程序

(4)施工前应做好技术交底并制定岗位责任制,要求每个参加施工的人员从施工工艺到个人职责、安全注意事项等有足够的认识方可上岗。

(5)观测准备

对检查合格、准备吊装的拱段,在其两端头及拱肋中线用红油漆做标记以便中线观测。在拱段的前端头设置高程标尺,以便高程观测。对合龙段拱(肋)箱的纵向中线设水平标尺,以便按三角网布设的设计跨中控制点进行跨中观测。

5.2.2　拱(肋)箱纵、横移、搁置

具体安排主要由拱(肋)箱预制方案决定:若采用土胎法预制拱段,则需将梁顶起后平移至缆索下(采用运梁平车),若采用固定台座预制,则需将梁段从存梁场平移至缆索下(采用龙门吊)。施工中根据不同的施工方法制定相应的拱段移置安全细则。拱段存放或运输可近似地作为直梁考虑,采用两点搁置。垫木位置与吊点位置相一致,以免受力不均发生开裂。拱(肋)箱的堆放和运输应考虑安装先后顺序。

5.2.3　拱(肋)箱吊安及松索调整和拱肋合龙

当拱肋分段较长或曲率较大时,为使吊运中受力均匀、稳定,可采用四个吊点,两端位置约在离拱肋端0.17L处,两中点位置约在离拱肋端0.37L(L为拱肋分段长)处。安装中按拱段施工控制坐标,由测量观测组提供拱段的前端头和后端头控制高程。

松索调整是拱肋架设过程中的关键步骤,也是难度、危险性最大的工序。它包括合龙前的松索调整和合龙时的松索调整。两者的松索程序截然不同,应严格按《施工细则》中的要求办理。调整包括高程和中线两个方面,松索的同时完成高程调整。中线调整在每次高程调整之后进行,它由拱段上、下游八字风缆的收松来控制。下拉索在合龙时的松索调整中作用很大,不可忽视。下面以主拱圈为七段组成情况为例,说明各段施工定位时的技术要点。

(1)拱脚段拱箱定位

拱(肋)箱吊装就位时,下端先对准拱座上标画的中线,上端中线位置用上下风缆控制,待落到拱座后,固定肋座背面,然后进行前端标高调整。其具体做法为:前端头标高比设计标高高出15~20cm时,收紧扣索卡紧,徐徐松完起重索,但吊钩不取,待中线偏差调整到小于2cm时,固定风缆,再取走吊钩。

另一边工序同上(图3)。

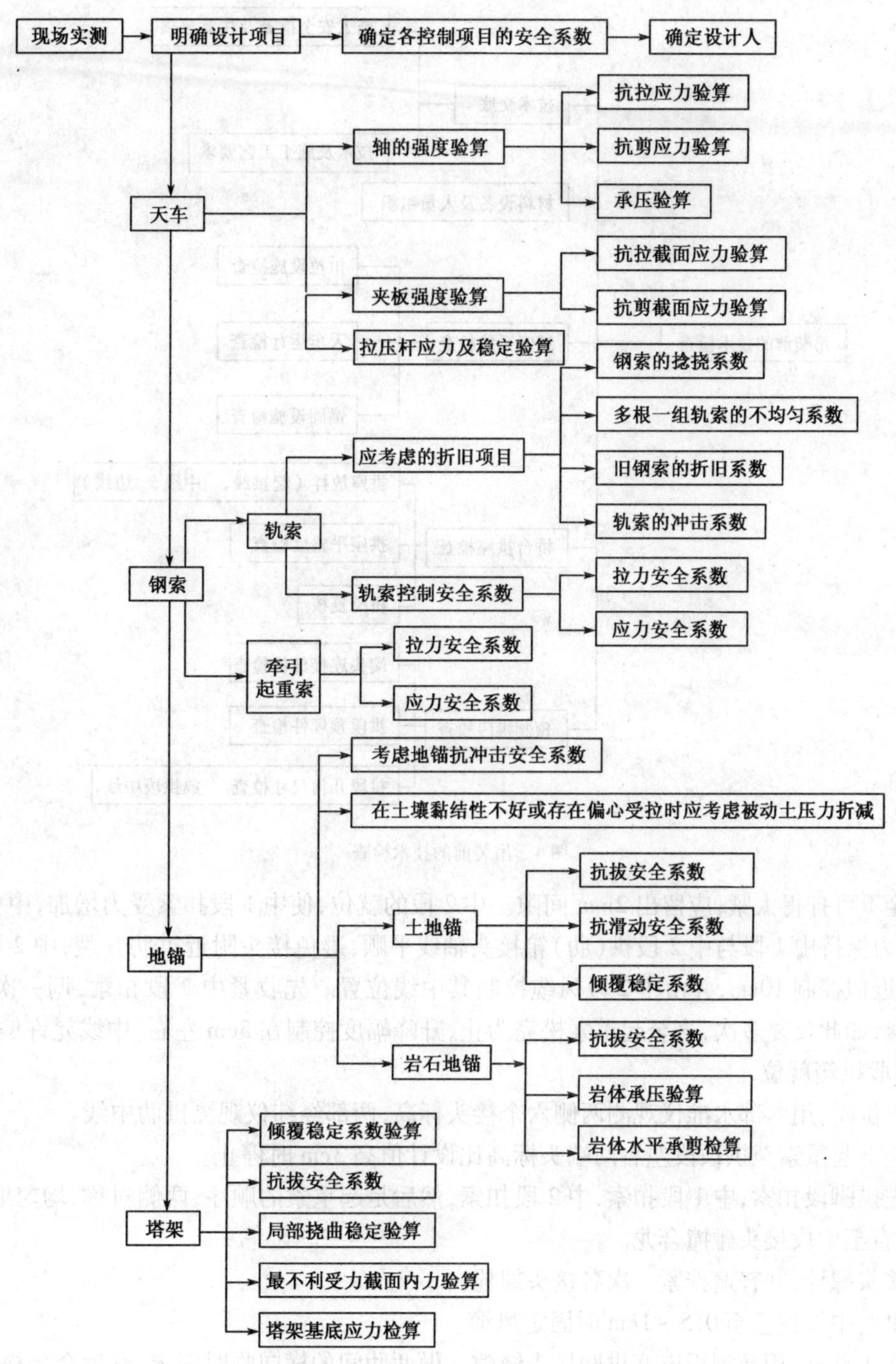

图3 缆索吊设计的检算内容

(2)中1段拱箱定位

中1段到位后,先将底板的螺栓孔对好,穿入螺栓,然后调整中线,将顶板螺栓穿好。接头螺栓不可拧得太紧,应留出2mm间隙。中1段的就位,使拱脚段扣索受力增加,拱脚段拱箱标高下降,为保持拱脚段与中1段拱箱接头轴线平顺,避免接头附近拱肋开裂,中1段上下接头预留高度,应近似控制10~15cm,并由中1段风缆控制其中线位置。先收紧中1段扣索,调一次中1段扣索,松一次起重索,如此反复多次,直至起重索松完为止,升降幅度控制在5cm左右,中线允许偏差2cm。

(3)中2段拱箱定位

中2段到位后,先将底板的螺栓孔对好,穿入螺栓,然后调整中线,将顶板螺栓穿好(图4)。

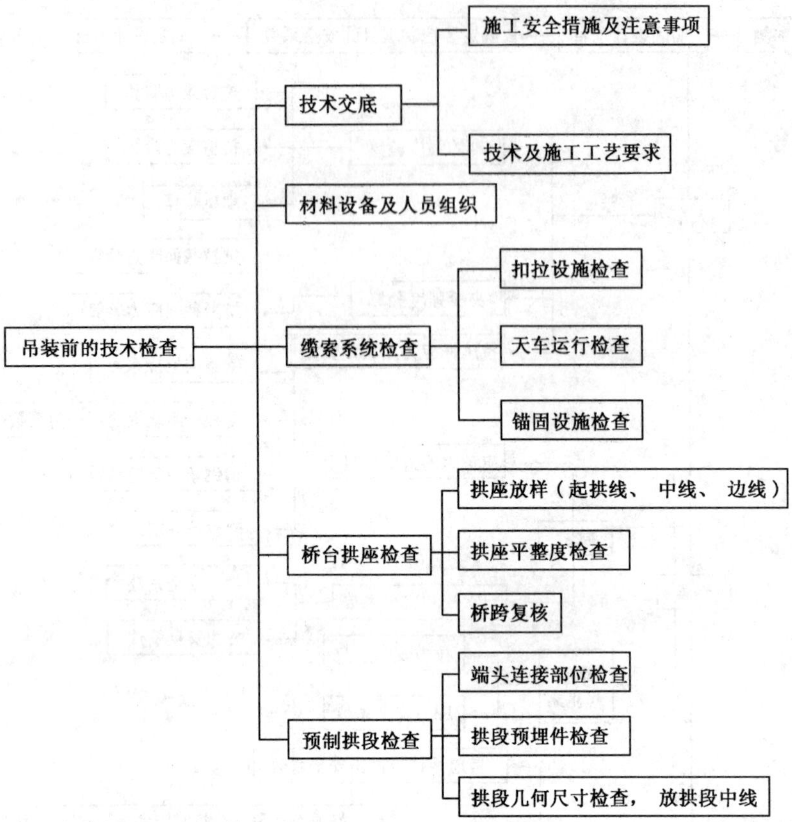

- 吊装前的技术检查
  - 技术交底
    - 施工安全措施及注意事项
    - 技术及施工工艺要求
  - 材料设备及人员组织
  - 缆索系统检查
    - 扣拉设施检查
    - 天车运行检查
    - 锚固设施检查
  - 桥台拱座检查
    - 拱座放样(起拱线、中线、边线)
    - 拱座平整度检查
    - 桥跨复核
  - 预制拱段检查
    - 端头连接部位检查
    - 拱段预埋件检查
    - 拱段几何尺寸检查,放拱段中线

图4　吊装前的技术检查

接头螺栓不可拧得太紧,应留出2mm间隙。中2段的就位,使中1段扣索受力增加,中1段拱(肋)箱标高下降,为保持中1段与中2段拱(肋)箱接头轴线平顺,避免接头附近拱肋开裂,中2段上下接头预留高度,应近似控制10cm,并由中2段风缆控制其中线位置。先收紧中2段扣索,调一次中2扣索,松一次起重索,如此反复多次,直至起重索松完为止,升降幅度控制在5cm左右,中线允许偏差2cm。

(4)拱顶段拱箱就位

拱顶段就位时,用六部水准仪观测两侧六个接头标高,两部经纬仪观测拱肋中线。

①徐徐松下起重索至拱顶段左右两端头标高比设计值高3cm时停止。

②按照先拱脚段扣索,中1段扣索,中2段扣索,然后是起重索的顺序,两侧对称、均匀地放松,经多次反复循环,直至中段接头碰撞合龙。

③安好接头螺栓,并普遍拧紧一次各接头螺栓。

④调整拱肋中线偏差至0.5~1cm时固定风缆。

⑤电焊接头部件,用薄钢板嵌塞拱肋接头缝隙。做两肋间的横向临时固定,然后全部松索成拱。

⑥再次检查拱肋中线,调整其偏差至0.5cm时固定风缆。并且对各接头及拱顶高程作普遍的观测记录。

无支架施工采用基肋合龙时,必须检算横向稳定,安全系数应不小于4。本桥采用单基肋合龙,双肋合龙解除扣索方式,合龙后灌注接头混凝土,待接头混凝土强度达到设计强度的85%以上时,方可进行第二肋拱箱安装。实践证明,这样做是安全可靠的。

⑦合龙后的各阶段松索。

无支架施工中的各阶段松索,相当于有支架施工时的卸架,操作上应特别注意使拱肋由悬挂状态逐渐过渡到安全成拱的稳定状态。故应注意以下几点:(a)用水平仪观测以控制各接头标高变化情况,防止出现反对称变形，导致拱肋开裂，甚至纵向失稳。(b)松索顺序应严格按照拱脚段扣索、中1段扣索、中2段扣索、起重索的顺序，对称均匀地松卸，每次松索量宜小，一般各接头高程变化不超出2cm。

5.2.4 拱(肋)箱纵横向连接

纵向连接包括接头螺栓、接头上下及侧面缀板焊接，横向连接为拱(肋)箱间上、下顶面缀板焊接及侧板间的拉杆连接。焊接顺序应对称进行，宜采取分层、间隔、交错施焊，每层不可一次焊得过厚，应注意防止周围混凝土过热烧坏，电焊后必须最后拧紧各接头螺栓然后焊死。

5.2.5 拱(肋)箱接头及肋箱混凝土灌注

接头混凝土灌注前应对拱圈的接头、跨中及1/8跨径处的高程和各肋中线进行全面观测，若发现不符合规范要求，应立即采取措施加以调整。接头混凝土可分两次灌注，单基肋合龙后灌注一次，其余待全部合龙后再灌。为了加强单基肋合龙后的整体性，纵向接缝也可间断地灌注一定厚度的混凝土。

肋间(及拱背)混凝土灌注前还应按上面的要求位置对高程作全面复测，并做详细记录。混凝土浇筑应严格按照加载程序进行。

6 材料与设备

主要材料设备见表1。

主要材料设备表 表1

序号	设备名称	规格	单位	数量	部位
1	钢丝绳	ϕ19.5	m	12 650	梁体风缆、塔架风缆
		ϕ21.5	m	5 400	吊索、牵引索
		ϕ26	m	300	梁体捆绑索
		ϕ47.5	m	2 600	扣索、工作索
		ϕ52.5	m	2 000	主索
2	滑车及滑车组	15～20t	个	30	风缆
		20～32t	个	36	横向风缆、纵向扣索
		50t	个	8	吊梁
		50t油顶	个	8	起梁
3	卷扬机	5t	台	16	索鞍横移、扣索起重、工作索起重、牵引
		8t	台	2	牵引
		10t	台	2	主起吊
4	塔架	M型万能杆件	t	180	塔架
		分配梁	t	26	塔头
5	天车	50t天车	50t	2	运梁
6	运梁平车	50t运梁平车	50t	2	运梁
7	吊扣具	40t吊具	套	4	吊梁
		40t扣具	套	6	扣梁
8	平衡轮	30t	套	6	主索
9	对讲机	20km	个	10	安装通信设备
10	龙门吊	80t龙门吊	台	1	移梁

7 质量控制

主要是指预制构件的尺寸精度控制，拱肋吊安时的高程、中线控制和合龙前后的松索调整精度控制。

拱肋安装前应从长、宽、高、中线及预埋件位置等做全面检查,把问题解决在吊装以前。拱肋构件精度要求为:

(1)拱肋内弦或内弧长≤5mm;

(2)拱肋外弧长应比理论长度短10~15mm;

(3)拱肋侧面挠曲≤10mm;

(4)拱肋脚和接头处尺寸和方向(经修正后)应与样板吻合;

(5)预埋件及预留孔≤5mm。

掌握施工过程中拱肋(圈)和墩台的变位规律,用以指导施工。因此必须做到:①做好拱肋挠度和横向偏移观测,掌握拱肋在吊装过程中纵横向稳定和变位情况,是松索成拱的纵横向位置达到设计要求的重要保证。应以拱肋接头位置的高程作为观测的控制点。②拱肋合龙时,中线偏移控制在1.0cm以内;拱顶标高误差为+1.0~+3.0cm("+"表示抬高);两对应接头之高差≤2cm。③对扣索、索塔、主索及其地锚等的变形和变位,注意经常观测,及时纠正其不正常现象。每当主索横移一次,必须对上述吊装设施重复观测一次。④吊扣索受力观测,可用钢索索力仪测定,采用微振法进行测试,分析吊扣索实际受力情况,在决定调整程序中使拉力不超限。

8 安全措施

(1)施工期间应经常与水文、气象单位取得联系,根据水文、气象的长期、中期和短期预报指导施工安排。

(2)对于安全生产关系重大的设施如地锚、索塔、扣索、天车及电源线路等,必须指定专人经常检查。

(3)现场必须建立明确的岗位操作责任制,严格执行统一指挥、统一信号、统一行动。除指定的现场指挥人员外,其他人不得直接发号施令。

(4)为了确保施工安全,在每段拱肋的顶板一侧设圆钢扶手,靠拱座的边段顶面,还要设防滑木梯。

(5)桥头设有警卫,缆索吊及驱动系统设有防火设施,非架梁人员不得进入作业区。

(6)在架梁过程中,水上配备救生船和救生衣。救生船停靠在桥附近的下游位置,船上人员不得擅离岗位。

(7)高空作业人员必须经过专门训练,身体检查合格后方能上岗。上岗人员必须戴安全帽、系安全带。

(8)缆索吊机应由专人操作和定期检修。

(9)遇到下列情况之一,不得进行吊装作业:

①没有安全措施和明确的岗位操作责任制;

②预制构件未达到规定的吊装强度;

③看不清指挥信号;

④大雨、冰雪天气;

⑤有五级大风;

⑥夜间没有良好的照明设施;

⑦作业人员工作不熟练;

⑧地锚附近土层开裂、缆索断丝、脱轮、设备失常等。

9 环保措施

严格执行国家环保部门要求,各项控制指标均不超过规定的允许值。生活及办公区四周设置防污排水沟,排水沟直接与污水处理池相连,避免生活区域内的水流直接排放到地面和河流、湖泊,造成环境污染。生活垃圾集中堆放,定期送到当地指定的地方进行处理。

生活废水排入污水池,进行处理后才能排放。污水池应不渗漏,以免造成对地下水的污染,并应进行加盖,有除臭设施,以免造成周围环境空气的污染。

10 效益分析

(1)利用大吨位缆索吊在峡谷、山川及通航河道修建大跨径组合式拱桥是一种最优的施工方法,既不受复杂地形的限制,又节省了运输便道工程和大量施工脚手架。

(2)缆索系统的准备与构件预制同步进行,可以缩短工期,加快工程进度,降低工程费用。使高空作业变为地面作业,既保证了施工安全,又保证了工程质量。

(3)缆索吊设备结构简单,安全可靠,拆装方便,操作灵活,起吊高度大,吊运速度快,经济效果好,而且又是因地制宜的起吊设备。

(4)从拱肋到桥面系都采用预制构件,可以充分发挥缆索吊的作用。平均每吨钢丝绳能吊装 60 ~ 80t 构件,每吨吊装费用在 80 元左右,较为经济。

(5)应用本工法建造大跨径桥梁,可采用空腹式悬链线拱,结构采用预制装配、分部组合的较轻型的拱式结构,这是一种新桥式,很便于工厂化生产。

11 应用实例

中铁二十三局三公司承建的金安桥水电站平安大桥,为等截面悬链线薄壁组合式箱形拱桥。设计荷载:汽—84、挂—300,在同类桥梁中此荷载居前几位。主拱净跨 150m,横截面为八箱,每箱共分七段,每段弦长近 23m,设计最重拱段为 64t。缆索吊设计最大吊重 80t,索跨 216m,索鞍最大横移量为 5.74m。梁体吊装采用 6ϕ52.5mm 主索及 4ϕ43.5mm 工作索。该桥采用单基肋合龙,双肋合龙解除扣索方式施工,于 2005 年 7 月 30 日顺利完成主拱圈的合龙,取得了较好的经济效益和社会效益。

大节段三管结构钢管混凝土拱肋制作工法

GGG(中企)C3109—2010

陈幼林　彭育芬　刘延龙　彭东京　李　坤

(中铁二十三局集团有限公司)

1 前言

钢管混凝土拱桥是我国近年来桥梁结构发展的新技术,具有自重轻、强度大、抗变形能力强、造型优美等优点。钢管的套箍作用可大大提高混凝土的抗压承载力;混凝土反过来可增强钢管的稳定性,提高钢管的稳定承载力。它较好地解决了修建桥梁所要求的用料省,安装重量轻、施工简便及承载力大的诸多矛盾问题,是大跨度拱桥的一种比较理想的结构形式,钢管混凝土拱桥是桥梁技术发展的必然产物。

中铁二十三局集团主建的江西吉安大桥钢管拱制作工程,结构新颖,精度要求高,工艺复杂,焊接量大,无论是拼装还是焊接施工难度都很大。公司在多年类似施工经验积累的基础上,通过开展科技创新,研究出了一套科学的、完整的、适合江西吉安大桥钢管拱制作的技术。该技术经专家会议评审,达到国内领先水平。同时,形成了大跨度三管结构形式钢管混凝土拱桥制作工法。采用该工法制作的江西吉安大桥工程被评为"火车头优质工程一等奖";荣获2006年度中国建筑工程鲁班奖。

2 工法特点

(1)拱圈截面三管结构形式为国内首次采用。制作过程中采用了先进新的数控设备,通过计算机编程,精确地切割出了所需的任意相贯线,保证了制作质量,提高了施工效率。

(2)在拱肋拼装和焊接时(无论是单元拱肋拼焊、三管桁架结构拼焊还是半跨(1/4跨)厂内预拼焊),利用可移动式靠模在专用的工装平台上进行定位,避免了焊接变形对线形的影响,确保了拼装的线形精度。

(3)针对该桥使用的Q345QC新型材料,且焊接工作量大的特点,制作中采用了先进的焊接设备、全新的焊接工艺和完善的检测手段,保证了焊接质量。

(4)根据主跨188m的大跨度钢管拱桥的施工特点,我们在工艺上高标准,严要求;质量上精细化管理,严把每道工序检查关;人员上配备了公司一流的管理和技术人才;制度上制定了有效的安全、质量管理体系和各项规章制度,确保了工程顺利、优质、安全完工。

3 适用范围

本工法适用于各类钢管拱桥的制作。

4 工艺原理

严格控制原材料复验质量关,按筒体直径计算采用数控多头切割机下出每个筒体料,用四辊卷板机卷筒节,由相贯线数控切割机加工出任意需要的相贯线,然后进行单元拱肋筒节组拼、焊接,三管桁架拱肋运输段组拼、焊接,半跨(1/4跨)拱肋厂内预拼装,验收合格后拆分拱段,转入防腐车间进行防腐处理,最后逐段运到安装现场。

5 制作工艺流程及制作要点

江西吉安大桥主桥钢管拱分三跨:中跨(主跨)跨度188m,两边跨(次跨)均为138m,拱肋均为悬链拱轴线,拱肋截面均为等腰三角形且等截面桁式空间结构(图1)。截面高3.5m,宽2.0m,上弦管采用ϕ1 000×16mm直缝焊管,两根下弦管采用ϕ750×12mm直缝焊管,上、下弦管间通过ϕ299×10mm的斜腹杆联接,两下弦管之间通过ϕ402×10mm的平联杆联接(图1)。

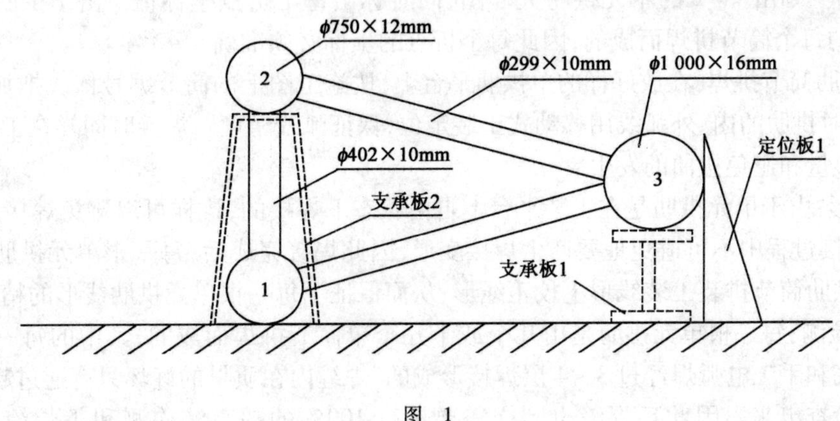

图 1

5.1 钢管拱制作工艺流程(图2)

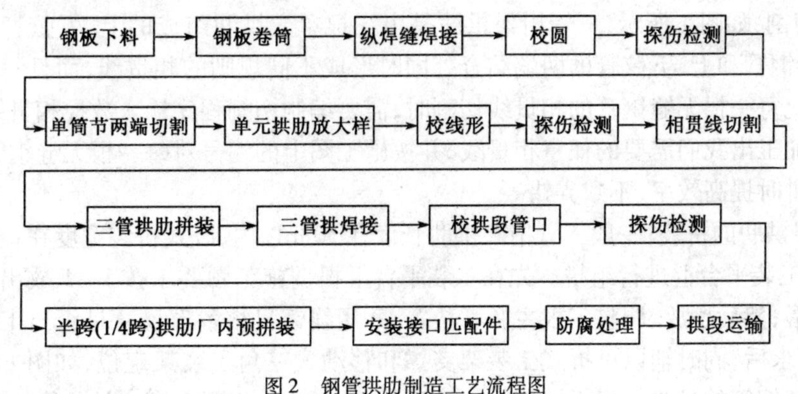

图2 钢管拱肋制造工艺流程图

5.2 钢管拱制作要点

5.2.1 单元拱肋制作

(1)原材料复验:大桥所用的原材料(钢材和焊材)在进场后,按批次、炉号等送当地有资质的检验单位对原材料进行复验(包括物理性能试验和化学成分检验)。

(2)钢板切割下料:由于每张钢板是根据不同规格的筒节尺寸定尺加工的,所以在切割每张钢板前一定要检查规格,避免切错造成浪费。并按图纸要求,在每张切割好的钢板上用油漆编上筒节编号。使用的设备是高精度的数控多头直条切割机,一次可以切几个筒节板料,不仅加工精度高,而且效率高。

(3)钢板卷圆:在四辊液压卷板机上进行单筒节卷圆,注意控制钢板往返卷圆的次数,同时对筒体直径进行测量,避免筒体直径误差过大,给后续单元拱肋筒节组拼工作造成困难。

(4)单筒节直缝焊接:为了保证焊接质量,筒节直缝焊接全部采用双面焊接,焊工必须先在筒体里面进行手工电弧焊,并且每填一层焊缝必须把焊渣清除干净,才能进入下一层的焊接,内直焊缝一般分两层焊;进行外直缝焊接前必须先用碳弧气刨清根,然后在工装架上用埋弧自动焊机进行自动焊接,这样焊接出来的焊缝不仅外观质量好,而且效率高。

(5)校圆:由于焊接变形,使得筒体直径不圆,因此每个筒节焊后都要进行校圆。校正时用自制的圆弧样板进行椭圆度检查。

(6)探伤检测:单筒节直焊缝100%超声波探伤,且每筒节两端各300mm的范围内进行X射线拍片。检查焊缝内部有无熔渣、气孔、裂纹等缺陷。

(7)单筒节两端切割:根据施工图,把每个筒节对应的切割程序输入数控相贯线切割机,加工出所需的尺寸和坡口。

(8)单元拱肋放样:一般拱段长度在30m以内,弦高在6m以内,因此工装平台长30m,宽6m;按施工图要求在平台上划出1∶1的单元拱肋大样图,同时标出每个折点坐标值。由于拱肋线形是以直代曲,由2m左右的每个筒节拼焊而成的,因此每个折点的坐标必须准确。

(9)单元拱肋筒节拼焊:在放好样的单拱肋平台上,按施工图上的筒节编号依次把加工好的筒节组拼在一起,组拼时拱肋的内、外弧线用移动式工装定位,保证弧线精度。焊接时同样在工装平台上进行,减少焊接的变形量和避免扭曲的发生。

(10)校线形:由于单元拱肋是在工装平台上自由状态下焊接的,这样可以避免焊接应力集中,对焊缝质量不利,焊接过程中不可避免地要产生焊接变形,因此焊接完成后,每一根单元拱肋要重新回到原来的那根单元拱肋筒节拼装工装线形上校正线形,从而保证了每一根单元拱肋线形的精度。

(11)探伤检测:每一根单元拱肋是由几个或十几个单筒节拼焊而成的,其中的每一条环缝全是由手工氩弧焊打底和手工电弧焊经过3~4层焊接形成的,焊缝内在质量的好坏只有通过超声波检测和X射线拍片才能检查出来。因此环焊缝也同样需要进行100%的超声波检测和T焊缝处进行X射线拍片。

5.2.2 三管桁架拱肋拼焊

(1)相贯线切割:如图1所示,三管桁架拱肋是由三根单元拱肋组成的上、下弦管和无缝钢管组成的空间结构,无缝钢管和上、下弦管的两端结合处同时形成不同规则的相贯线,而且每一处无缝钢管的相贯线不同。因此每一根无缝钢管的相贯线切割时,需要编制切割程序输入数控相贯线切割机,通过数控相贯线切割机加工出我们需要的任意相贯线,并按施工图上的编号对每一根无缝钢管进行编号,以便三管桁架拱肋组拼时提高效率,不致弄错。

(2)三管桁架拱肋的拼装:一般三管桁架拱肋长度在30m以内,卧式拼装宽度在6m范围内,因此在长30m,宽6m的工装平台上进行组拼。先在工装平台上根据施工图要求按1∶1放出三管桁架拱肋的卧式拼装大样线形;然后摆放、调整三根主弦管位置,并用线锤复核各部尺寸是否与工装平台上的线形位置重合,符合要求后,同时辅以可拆式工装架支撑和移动式三角工装架定位,如图1所示。最后再根据施工图上的无缝钢管编号与每根无缝钢管上的编号一一核对,组装在相应的位置上,同样用吊线锤的方法复核正确后,进行定位焊接(保证吊装不变形),移走三角定位工装,拆除支撑工装,吊走组拼好的三管桁架拱肋,进行下一段三管桁架拱肋的组拼。

(3)三管拱焊接:焊接仍然在工装平台上进行,焊接之前,拱段两端上、下主弦管管口必须打十字支撑,减少焊接变形量。由于焊缝结构全是相贯线形式,焊缝坡口角度大小不一,有些角度小于20°,焊条到达不了焊缝的根部,只有采用CO_2打底,手工电弧焊填充和盖面,从而保证焊缝质量。

(4)校正拱段管口:由于焊接过程中产生焊接应力,引起焊接变形,因此需要对拱段管口进行校正,保证管口椭圆度符合要求,同时再重新打上十字支撑,防止吊装、运输过程变形。

(5)探伤检测:该工序主要是对相贯线焊缝进行超声波探伤检测,检查焊缝的内部质量(主要是裂纹、夹渣等)。

5.2.3 半跨(1/4跨)拱肋厂内预拼装

半跨(1/4跨)拱肋厂内预拼装就是按施工图设计的拱段顺序,每半跨(1/4跨)拱段在厂内先试组装一起,检查每相临两段之间的拱段接口是否达到要求,安装拱段接口临时连接匹配件(桥位安装焊接好之后割吊),最后用全站仪复核拱肋线形,这样可以保证在现场安装工作顺利开展。

(1)由于半跨(1/4跨)弦长近80m,弦高近10m,河面上、下游拱段对称预拼装,因此需要在一块长

100m,宽30m的平地上进行。

(2)根据拱段预拼装施工图,在拱段每个接口位置预埋钢板(用做接口位置划线用),同时在弦线整长位置预埋钢板(用做划线用),最后按施工图划出各拱段的预拼装位置线。

(3)按工装布置图,在每个接口位置摆上拱段支撑工装(使拱段悬空,便于施工操作),再按施工图按编号依次摆放每个拱段,调整每个接口位置,用全站仪测量(既要保证三管对接时每个管口错台符合要求,同时又要保证半跨拱肋的整体线形),各部尺寸符合要求后,焊上临时匹配件,并用螺栓连接,拧紧螺栓。报监理组织联合验收。

5.2.4 防腐处理

验收合格的拱段拆除连接螺栓,转入防腐车间进行喷砂除锈和无气喷涂处理。

5.2.5 拱段运输

防腐处理合格后,采用柔性吊具,把钢管拱逐段卧式运到工地安装,交付安装单位,为了保证运输过程中的安全和防止运输变形,运输车的长度和车身高度都有严格要求。

5.3 劳动力组织(表1)

劳动力组织情况表 表1

序 号	名 称	所需人数	备 注
1	管理人员	9	
2	技术人员	20	
3	下料制作组	16	
4	焊接施工组	64	
5	组拼组	20	
6	防腐打磨组	12	

6 材料与设备

6.1 材料

江西吉安大桥钢管拱肋上、下主弦管材料选用Q345qC合金结构钢板($\delta = 12mm$,$\delta = 16mm$)卷制而成,斜腹杆和平联杆选用无缝钢管($\phi299 \times 10mm$、$\phi402 \times 10mm$)。钢板要求满足《桥梁用结构钢》(GB/T 714—2000),无缝钢管要求满足《结构用无缝钢管》(GB 8162—1999)及《低合金高强度结构钢》规定的化学成分及机械性能等。

6.2 设备

本工法采用的主要机具设备见表2。

机 具 设 备 清 单 表2

序 号	名 称	型 号	数量(台)	用 途
1	数控/多头直条切割机	GS/Z-4000	1	钢板下料
2	四辊液压卷板机	2500×16	1	卷筒加工
3	数控钢管切割机	GS/G-1000	1	相贯线加工
4	自动埋弧焊机	MZ-1-1000	3	焊接
5	CO_2 气体保护焊	NB-500	15	焊接
6	直流焊机(带碳弧气刨)	ZX5-630	2	焊接
7	直流焊机	ZX7-400B	40	焊接
8	摇臂钻床	Z3050	1	钻孔

续上表

序　号	名　称	型　号	数量(台)	用　途
9	半自动切割机	CG1-300	3	板材下料
10	焊剂烘箱	YZH2-150	1	焊剂烘烤
11	焊条烘箱	YXH2-550	1	焊条烘烤
12	10t 葫芦吊	10t	2	吊装
13	65t 门式起重机	65t	1	
14	50t 汽车吊	50t	1	吊装
15	叉车	3t	1	零部件搬运
16	10t 平板载货汽车	10t	1	运输
17	超声波探伤仪	PXUT-27	2	
18	X 射线探伤仪	XXG-3005	1	
19	水准仪	DSZ2	2	
20	电子经纬仪	ZH. ET-1	2	
21	测厚仪	JT250F1	1	
22	圆弧样板	ϕ1 000mm	2	
23	圆弧样板	ϕ750mm	2	
24	游标卡尺	0 ~ 300mm	1	
25	高度游标卡尺	0 ~ 300mm	1	
26	宽座角尺	200 ~ 500mm	7	
27	塞尺	0.02 ~ 1.0mm	1	
28	塔尺	5m	1	
29	放大镜	10 倍	6	

7　质量控制

7.1　钢管拱质量控制标准

(1)钢管拱制作执行的技术标准见表3。

执行的技术标准　　表3

序　号	标 准 名 称
1	铁路钢桥制造规范(TB 10212)
2	公路桥涵施工设计规范(JTJ 041)
3	钢结构工程施工质量验收规范(GB 50205)
4	桥梁用结构钢(GB/T 714)
5	低合金高强度结构钢(GB/T 1591)
6	结构用无缝钢管(GB 8162)
7	埋弧焊焊缝坡口的基本形式和尺寸(GB 986)
8	气体保护焊用碳钢、低合金钢焊丝(GB 8110)
9	埋弧焊用碳钢焊丝和焊剂(GB/T 5293)
10	气焊、手工电弧焊及气体保护焊焊缝坡口的基本形式与尺寸(GB 985)
11	碳钢焊条(GB/T 5117)
12	设计要求

(2)钢管拱制作允许偏差应符合表4的要求。

钢管拱肋组装验收允许偏差 表4

序号	项目		偏差
1	筒体椭圆度	管端	$f \leq \frac{3D}{1\,000}$
		管节中间	$f \leq 5$
		钢管外径	符合设计要求
2	筒体端部的不平度		$f \leq \frac{D}{500}$,且不大于3.0
3	筒体直径		±2.0
4	筒体棱角度		2.0
5	筒体成型两板面错台		Δ≤0.1t且不大于2.0
6	筒体对接两板面错台		Δ≤0.1t且不大于2.0
7	成型拱肋高度偏差		±4.0
8	成型拱肋宽度偏差		±3.0
9	拱肋断面扭曲偏差		Δ≤1mm/m,≤5mm/段
10	腹板组合偏差		Δ≤2.0
11	内弧偏离设计弧线		8.0
12	钢管弧度曲度的局部凹陷		2.0
13	吊杆锚固件水平间距偏差		±3.0
14	拱肋接缝错台		Δ≤3.0

(3)钢管拱焊缝质量控制:

①所有焊缝必须在全长范围内进行外观检查,不得有裂纹、未熔合、夹渣,未填满、弧坑和焊瘤等缺陷。

②焊缝超声波探伤、X射线探伤按表5的要求进行。

焊缝质量检验项目及要求 表5

检验焊缝部位		超声波检验(UT)			射线检验(RT)		
		数量	质量等级	检验等级	数量	质量等级	底片等级
钢管环缝对接		100%	I	B	抽查	II	AB
钢管纵缝对接	空管	100%	II	B			
	需灌注混凝土	100%	I	B	抽查	II	AB
管节点相贯焊缝		100%	I	B			
腹管与弦管连接(部分熔透)		100%	II	B			
腹板嵌填对接		100%	II	B			

7.2 质量保证措施

(1)建立质量保证体系,健全各项检查检验制度。每个关键工序由专人控制,从制度和人员控制上保证质量。

(2)从原材料采购、进场、使用全过程层层把关,确保原材料质量满足设计要求。原材料质量是保证钢管拱制作质量的基础。

(3)钢管拱肋的精度是靠高精度的机械设备、准确的工装定位、科学的施工工艺、人员的自身素质和熟练的操作技能、先进的检测手段等作保证,确保了钢管拱的制作精度。

(4)在钢管拱制作过程中,强化质量意识,坚持“百年大计,质量第一”的方针,在质量检查过程中需要坚持检查及时、数据准确、执行标准严格的原则。

8 安全措施

(1)建立完善的安全生产管理制度,逐级建立安全生产层层包保责任制。设置专职安全员,负责生产现场安全监督、检查工作。

(2)对上岗人员进行安全教育与培训,考核合格后上岗。对特殊操作人员必须持证上岗。

(3)设置安全装置,包括防护用品、保险、信号、危险警示标志等。

(4)对机械设备做好日常维护,并有计划地进行检修,避免机械设备带病作业,防止事故的发生。

(5)高空作业人员应戴好安全带或安全绳,并拴在牢固的结构上。高处作业人员使用的工具、材料、零件等,均应放在工具袋或材料箱内;上下传递时,禁止抛掷,应使用可靠的吊具;材料要堆放平稳,防止掉落伤人。

(6)操作前应检查设备或工作现场,排除隐患。在高处进行电焊、切割作业时,必须事先清除火花飞溅范围内的易燃易爆物品。

(7)操作工在硼砂除锈作业时按规定穿戴防护服;在油漆喷涂过程中要戴防毒面具。

(8)对易燃、易爆和大型吊、卡具及吊运大件应有专人负责,进入工作场地必须戴好安全帽,否则不得进入。

9 环保措施

(1)在施工过程中严格遵守国家和地方政府下发的有关环境保护的法律、法规和规章,加强对工程材料、设备、废水、生产生活垃圾等的控制和治理。

(2)施工作业场地合理布置、规范围挡,做到标牌清楚、齐全,各种标识醒目,施工场地整洁文明。

(3)收集好制作时的边角余料,并集中堆放,定期处理。

(4)喷砂除锈时在装有吸尘装置的密闭工作间进行,同时避免夜间进行施工。

(5)油漆喷涂设备优先选用先进、节能的环保设备。喷涂作业在固定作业区操作。

10 效益分析

10.1 经济效益

江西吉安大桥钢管拱制作采用本工法施工,不仅提高了钢管拱的施工质量,确保了产品精度,减少了返工、返修费用;而且生产效率的提高,人工费用大大降低,工期缩短,相应的管理费、机械设备费和场地租赁费用减少,共计节约成本资金约75万元。

10.2 社会效益

我公司将此工法运用于江西吉安大桥钢管拱制作,得到了设计单位、监理单位、安装单位和业主的普遍赞同。此工法的应用使得该工程按时保质建成,极大地缓解了吉安市两岸交通压力,为地方的经济发展提供了有利条件。桥梁与城市景观做到了和谐统一。各级领导和广大市民给予了高度赞誉。江西省委书记赞誉为:千里赣江第一桥。市民一致称道,大桥是吉安市标志性建筑。

10.3 环保效益

钢管拱制作为工厂化施工,制作过程中优先采用先进环保的制作设备。采用数控自动切割机自动下料,减少了钢材的浪费,并可集中回收边角余料;采用自动埋弧焊机,提高了焊接质量,可有效地多次利用焊剂;喷砂除锈和防腐作业在固定密封作业区域操作,作业粉尘和噪声均可控制在国家规定的标准范围内。

11 工程应用实例

该工法成功应用于江西吉安大桥(原阳明大桥)的建设工程上。

11.1　工程概况

江西吉安大桥(原阳明大桥)总长2 627.02m,大桥全长1 744.9m,主桥536m,引桥1 208.9m。主桥结构为三管五跨中承式钢管混凝土拱,由主跨、东西次跨及飞燕组成,主跨跨度188m,主拱肋之间设四道“k”形横撑,中间一道“米”形横撑,矢高54m;两个边跨138m,分别设两道“k”形横撑,中间一道“米”形横撑,三根主钢管(内灌C50混凝土)组成。设计为城市II级主干道,桥梁设计荷载为城-A级,设计洪水频率为1/100,通航等级为III-(4)级,属城市公路特大桥。三管三角型拱圈截面结构形式为国内首次采用。

11.2　施工情况

吉安大桥主桥主拱圈横断面为三管桁架结构,钢管拱的轴线为悬链线,上下悬管与连接腹管间的相贯线为不规则曲线,常规的下料工艺和设备是无法满足质量要求的,相贯线的施工成为工程的难点一;需要的平、立、仰、横向多样焊接型式的质量保证为难点之二;再加上目前在国内还没有正式的钢管拱加工及验收标准,不规则曲线相贯线的施工国内暂时没有可借鉴的工艺,使工程的施工技术难点十分突出。

我们经多方收集资料和参照《铁路钢桥制造规范》,编制了《吉安阳明大桥钢管拱和钢横梁制造工艺》、《吉安阳明大桥钢管拱和钢横梁制造验收规则》,并通过国内知名的潘际炎、陈宝春等8位专家的审核评定认可。采用数控相贯线切割机,曲线展开图数据,解决不规则相贯线下料难题。针对多种焊接操作的焊缝进行100%超声波(UT)和10%射线(RT)检测,保证焊接质量。

该工程于2003年1月18日开工,2005年8月26日竣工。

11.3　检测及效果评价

钢管拱几何尺寸,经武汉金目检测工程技术有限公司和第三方武汉桥机检测公司检测:下料公差为1mm,单筒节组对错台为1mm;1/2跨厂内试组装公差:接缝错台小于2mm,间隙为3～5mm,内弧偏离设计弧线小5mm/20m。拱段采用扣索塔架斜拉扣挂式进行安装,拱段连接尺寸质量,通过验收单位的测量和检测,各项指标均符合规范要求。每条焊缝经100%超声波(UT)和10%射线(RT)抽样检测,质量达到100%合格。

通车前,由福州大学土木建筑工程实验检测中心于2005年7月23日～7月30日进行静动荷载试验和环境振动试验。测试结果表面大桥整体结构刚度满足设计要求,结构受力状况良好。

该工法在施工过程中运用,不仅施工方便、质量控制准确,而且施工效率高,效果非常良好,得到业主和监理的一致认可。施工期间,未发生任何安全和环保事故,各级领导和广大市民给予了高度赞誉。江西省委书记赞誉为:千里赣江第一桥。市民一致称道,大桥是吉安市标志性建筑。该桥在2006年度获得国家建筑工程最高奖——鲁班奖。

大跨径悬索桥钢桁加劲梁桥面吊机架设施工工法

GGG(中企)C3110—2010

覃宗华　徐　刚　付望林　王　超　童　欣
(中交第二航务工程局有限公司　中国港湾工程有限责任公司)

1　前言

钢桁加劲梁结构由于其结构布置灵活、施工装配程度较高,在铁路和公路桥梁中得到了较为广泛的应用,但是对于悬索桥结构,由于受到钢桁梁架设工艺限制,桥型跨度相对较小,跨径选择基本控制在900m以内。近年来,随着我国交通事业的飞速发展,大跨径钢桁加劲梁悬索桥由于其跨径的优越性,在跨越大峡谷的公路桥梁中的应用得到较快的发展。

国内悬索桥钢桁加劲梁架设方法主要有3种:缆载吊机架设法、缆索吊机架设法、顶推架设法。缆载吊机架设法主要适用于大江大河或桥下具有运输条件的加劲梁整体吊装;缆索吊机架设法主要适用于中小跨径的加劲梁架设;顶推架设法主要适用于自锚悬索桥或小跨径悬索桥的加劲梁架设。这3种悬索桥加劲梁架设方法由于各自适用的工况条件和经济性所限,不能有效解决大跨径悬索桥钢桁加劲梁的架设问题。

对于超千米跨径的大跨径钢桁加劲梁悬索桥特别是大跨径山区桥梁,钢桁加劲梁的架设方法应该首选桥面吊机悬臂拼装架设法。桥面吊机架设大跨径悬索桥钢桁加劲梁施工方法在日本有成功的工程实例和较成熟的施工工艺,在国内还没有工程先例。

中交第二航务工程局有限公司根据坝陵河大桥上部结构工程主跨1 088m的单跨双铰钢桁加劲梁悬索桥施工需要,对桥面吊机架设大跨径悬索桥钢桁加劲梁施工技术进行专项研究,总结出一套完善的悬索桥钢桁加劲梁桥面吊机悬臂拼装架设施工工法,在坝陵河大桥钢桁加劲梁架设中得到成功的运用,填补了国内该领域的空白。

2　工法特点

2.1　步履走行式桥面吊机具备常规起重机吊装作业的特点和优势,吊装架设作业灵活方便快捷。

2.2　以钢桁加劲梁横桁架为支承设置桥面吊机行走轨道,行走采用液压推进,吊机步履行走平稳、安全,操作方便。

2.3　架设顺序从两侧索塔向跨中推进,钢桥面板架设与加劲梁同步推进,跨中进行主梁合龙。

2.4　钢桁加劲梁用单根杆件和平面构架法进行拼装架设,架设施工一次完成,不需要后期调整,架设精度和加劲梁线形容易控制。

2.5　钢桁加劲梁主桁架弦杆上合理设置临时“铰”结构,用以释放吊索及加劲梁杆件在逐次刚接法架设中产生的过大内力,又使加劲梁架设线形不致产生过大变化,能满足架设设备在加劲梁上的通行要求。

2.6　安装吊索用的牵引提升装置结构简便,张拉牵引不需要大吨位专用设备,施工方法简单,操作方便。

2.7　与缆索吊机架设法相比,本架设工法架设工效快,单个架设梁段从拼装到架设成型可以在5d内完成,架设施工的前期准备和后期拆除工作量大幅度降低,可极大地缩短工期。

2.8 与缆索吊机架设法相比,对于超千米跨径的钢桁加劲梁悬索桥,桥面吊机架设法具有明显的经济性,成本节省不少于30%。

2.9 对环境影响小。

3 适用范围

本工法适用于大跨径悬索桥钢桁加劲梁悬臂架设施工,对于中小跨径悬索桥也可以选择性地采用。对于超千米跨径的悬索桥,其施工可操作性、安全性、安装线形、精度控制和技术经济指标等方面更有优势。

4 工艺原理

钢桁加劲梁首节梁段采用搭设墩旁支架或鹰架进行杆件散拼组装架设,有条件的可以采用在塔底将首节梁段整体拼装后整体吊装架设,也可在拼装场将首节梁段整体拼装后采用浮吊架设。一般架设单元采用步履走行式桥面吊机按设有临时"铰"的逐次刚接法进行悬臂架设。临时"铰"按照逐次刚接法架设施工过程有限元分析结果进行设置,以适应主缆在加劲梁架设过程中的线形变化,确保架设过程中吊索及加劲梁杆件内力不超过设计允许内力。加劲梁架设接近跨中合龙前,线形逐步逼近成桥状态,临时"铰"部位下弦杆水平拉力基本为零,进行临时"铰"闭合施工,拆除临时连接。

单个架设梁段的主桁架和主横桁架采用平面构架法拼装,架设顺序按照先主桁架,后主横桁架,最后平联及附属结构的顺序进行。一个架设梁段悬臂架设完成后,采用牵引提升装置对加劲梁悬臂端进行牵引,安装悬臂端吊索,完成单个架设梁段的架设工作。一个架设梁段完成后桥面吊机步履走行前移至前端,依照前述步骤依次架设一般梁段,直至合龙段,跨中进行主梁合龙,完成加劲梁全部架设任务。

牵引提升装置通过牵引索夹(钢构件)和连接托梁分别与主缆(吊索一端)和加劲梁杆件连接,液压千斤顶顶升缩短主缆与加劲梁之间的距离,安装吊索。牵引提升装置由牵引索夹(钢构件)、牵引吊索、张拉杆、千斤顶、托梁等部件组成。

5 施工工艺流程及操作要点

5.1 施工工艺流程

钢桁加劲梁架设施工工艺流程如图1所示。

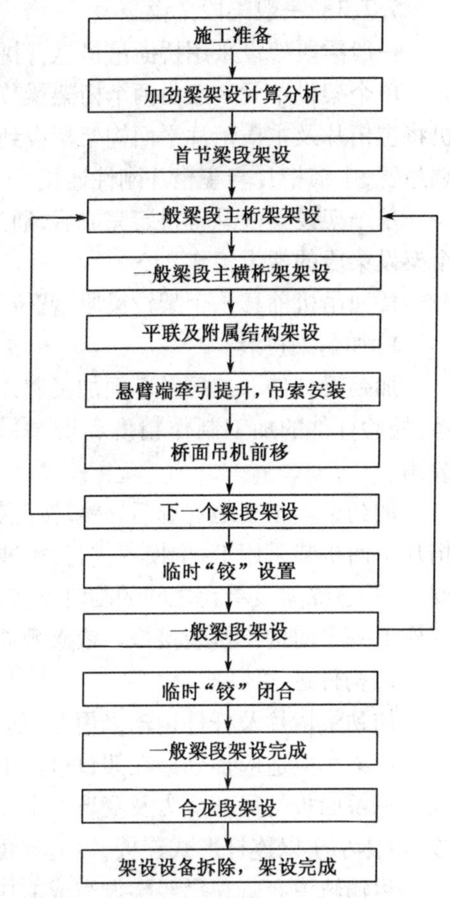

图1 钢桁加劲梁架设施工工艺流程图

5.2 主要工序及操作要点

5.2.1 架设计算分析

加劲梁架设前应根据设计施工图要求及架设方案拟定的架设工况进行详尽的架设计算分析。架设计算采用有限元计算软件按照逆施工法(倒拆法)进行,计算加劲梁架设过程中梁端部支反力(水平和竖向)及首节梁段相关变形参数、加劲梁杆件内力、吊索内力、主缆内力及变形、安装吊索牵引力及牵引距离、加劲梁架设线形、临时"铰"相关变形参数、合龙段参数等,根据架设分析计算来判别架设方案的可行性及对架设方案进行优化。

5.2.2 首节梁段架设

首节梁段靠近索塔侧,是加劲梁的起步段,考虑索塔周边的起吊设备作业半径、桥面吊机的工作性能以及结构受力安全等因素,首节梁段架设有几种方式。

(1)杆件架设法

在索塔侧搭设落地支架或者墩旁鹰架,采用索塔周边的起吊设备或者桥面吊机在支架(鹰架)上进行单根杆件架设拼装,安装吊索。

支架及鹰架必须满足首节梁段架设的结构尺寸要求并留有一定富余,满足支承首节梁段重量及施工临时荷载的结构强度和稳定性要求。架设设备既要满足吊装性能要求,又要其支腿压力满足结构受力要求。

架设顺序一般先底层杆件,再逐步向上;也可以先纵桁再横桁的顺序进行。整个梁段拼装完成经检测符合精度要求,然后整体更换高强螺栓进行节点固结。

(2)平面构架法架设

在塔底或者预拼场将杆件按桁架平面结构进行拼装,利用以主缆为支承的起吊设备进行架设。架设按照先主桁,后横桁,最后平联的顺序进行。

(3)整体梁段吊装

在塔底搭设预拼场,布置拼装台座,采用常规起重机进行首节梁段整体拼装,利用以主缆以支承的起吊设备进行首节梁段整体吊装架设,安装吊索。

预拼场必须满足首节梁段架设的结构尺寸要求并留有一定富余,台座布置在杆件拼接板两侧,做好台座高程检测,使台座各顶面高程一致。

起吊设备一般采用以主缆为支承的卷扬机起吊系统,也可采用液压提升系统。卷扬机起吊系统(液压提升系统)在使用前必须进行性能检验和荷载试验,确保起吊系统满足首节梁段吊装重量要求和安全系数储备要求。

有条件的江河湖海地区还可以采用在预拼场将首节梁段(首节梁段与一般梁段)整体拼装成型,水上船舶运至安装位置,利用大型浮吊进行首节梁段整体吊装架设,安装吊索。

5.2.3　一般梁段架设

一般梁段架设采用桥面吊机悬臂拼装法架设。

单个架设单元一般由两个桁架梁节间组成,采用平面构架法拼装,由运梁车运送到位,通过桥面吊机将主桁片及主横桁片平面构架架设到位,主桁架一端与前一梁段相应节点由高强螺栓刚性连接,另一端悬臂,主横桁片与主桁片刚性连接。

单个架设梁段悬臂拼装完成后,通过牵引提升机构对悬臂端节点进行牵引提升,安装吊索,完成一个架设梁段的架设工作。

桥面吊机前移一个架设梁段,就位并锚固,进行下一架设梁段的架设。

1)加劲梁拼装

加劲梁杆件在工厂及车间加工制作完成后,必须进行立体试拼装检验,验证各杆件的相互匹配关系,检验杆件的加工制作精度和误差,然后将各杆件进行详细编号,做好标记,以备架设现场再次拼装用。

加劲梁运至工地现场后,一般按照架设单元进行杆件平面拼装即可,检验平面构架的拼装精度。主桁片平面拼装采用1+1模式进行,拼装采用2个相邻架设单元桁片进行,检查拼装几何精度,满足设计要求后,解除架设单元之间的临时连接,由拼装场专用设备起吊出运,进行悬臂架设作业,剩下架设单元留作下一平面构架拼装接口。依次循环上述拼装工艺进行加劲梁平面构架拼装。

2)构件运输

加劲梁桁片及杆件运输采用专用运梁车。

运梁车应适应加劲梁在架设过程中的线形变化及临时铰状态,满足纵、横向运输稳定性要求,轮压满足钢桥面板的局部应力及变形要求。根据加劲梁架设单元桁片尺寸,运梁车一般由两个单体小车组成,单体小车以连杆形式连接,以适应线形及临时“铰”变化。

运输轨道布置在已经架设完成的加劲梁正交异性钢桥面板上,为方便桥面吊机起吊,加劲梁桁片需采用“直立式”状态运输。

加劲梁运输情况如图 2 所示。

图 2　加劲梁运输

3)梁段架设

(1)架设步骤

①桥面吊机行走至已架设梁段的前端,机身调整并锚固,大臂回转 180°面对运梁车构件,起吊加劲梁平面构架并旋转至加劲梁安装位置,大臂调整对位,加劲梁平面构架与已架设梁段对接点精确对接,安装拼接板,利用冲钉及工具螺栓进行拼装作业。待加劲梁桁片上、下弦杆所有拼接点的拼装完成并具有足够数量的冲钉后,桥面吊机大臂松钩,加劲梁桁片呈悬臂状态。

加劲梁在悬臂状态下采用高强螺栓对拼接点冲钉及工具螺栓进行分批置换,换栓后将高强螺栓拧至设计和规范要求。

②单个架设梁段的架设顺序是:先架设纵向主桁架,然后是主横桁架,最后进行平联架设。单个架设梁段若由两个或者多个节间组成,横桁及平联架设应按节间逐步推进,在前一节间的横桁及平联架设完成后再进行后一节间的架设,以确保架设精度。

③在加劲梁平面构架悬臂拼装法架设中,由于加劲梁处于悬臂状态,主横桁架架设时与主桁架不是理想中的垂直相交状态,需利用手拉葫芦对主横桁架进行角度调整,再精确对位拼装。

主桁架及主横桁架架设情况如图 3 所示。

图 3　主桁架及主横桁架架设

(2)特殊吊具

随着加劲梁架设推进,主缆位置越来越低,主缆与钢桁梁之间的距离越来越近,桥面吊机大臂将超过主缆顶面,在主桁片加劲梁架设中会与主缆和猫道发生干扰。为避开干扰,需采用特殊吊具辅助安装。

特殊吊具有两种形式:L形吊具和C形吊具,分别适应不同的吊装工况。

①主缆斜度较大部位:主缆与加劲梁之间的净空较大,满足L形吊具及配套索具的净空高度,则选用L形偏心吊具进行辅助架设。

L形吊具及吊装情况如图4所示。

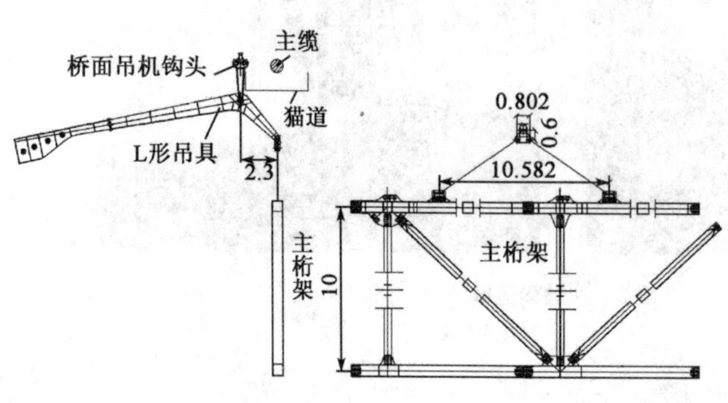

图4 L形吊具及吊装作业(尺寸单位:m)

②主缆斜度平缓部位:主缆与加劲梁之间的净空更小,不再满足L形吊具要求,则可采用C形吊具进行辅助架设。

C形吊具及吊装作业如图5所示。

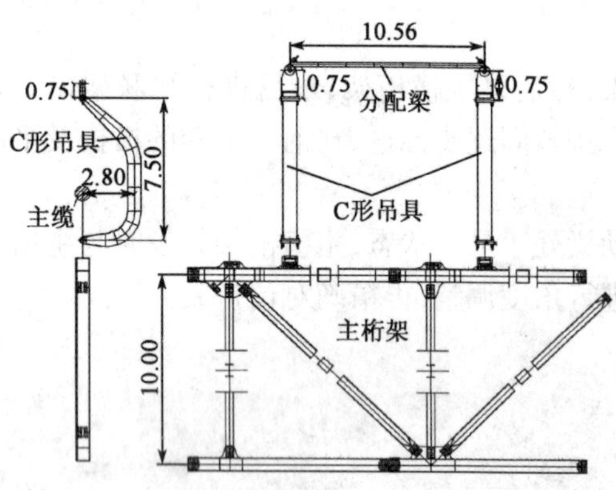

图5 C形吊具及吊装作业(尺寸单位:m)

L形吊具根据杠杆平衡原理设计,主要功能是避开主缆轴线下的猫道宽度,是一种偏心吊具,根据猫道宽度一般取有效偏心距为2.1~2.3m,以避开猫道干扰,确保加劲梁桁片吊装重心能达到设计位置。

C形吊具设计与L形相同,主要功能是利用C形槽口避开主缆及主缆轴线下的猫道宽度,以确保加劲梁桁片吊装重心能达到设计位置。

5.2.4 牵引提升

对于单个架设梁段,由于加劲梁悬臂拼装架设以及主缆线形变化,加劲梁悬臂端吊索耳板与主缆索夹的距离大于吊索设计长度,因此为安装吊索,需在主缆与主桁架之间安装牵引提升装置,通过牵引提升装置的牵引作用使吊索安装就位,从而完成单个架设梁段的架设作业。

牵引提升装置分两种形式:直接牵引装置和间接牵引装置。

直接牵引装置是指直接在吊索上安装的牵引提升装置,牵引提升装置与钢桁架相连,通过牵引牵引提升装置来直接牵引吊索就位。

间接牵引装置是指在主缆上安装的牵引提升装置,牵引提升装置与钢桁架相连,通过牵引牵引提升装置来间接牵引吊索就位。

1)牵引提升装置设计

间接牵引提升装置主要由安装在主缆上的临时索夹、临时吊索,上、下托梁、张拉杆、张拉千斤顶组成。牵引力以架设计算的最大牵引力作为设计标准。

(1)临时索夹是为了防止临时吊索直接接触主缆造成主缆损伤而设置的。一般采用上下对合的索夹形式,竖向螺杆紧固。

(2)临时吊索的长度随着加劲梁的架设推进而逐步缩短,吊索长度需根据现场情况确定,现场制作。

临时吊索材料可以选用平行钢丝束、钢丝绳以及钢绞线。

平行钢丝束材质均匀,受力条件好,轴向受力不扭转,是较理想的临时吊索材料,缺点是难适应不断的长度变化,现场制作难度大。

钢丝绳受力明确,能适应长度的变化,现场制作方便,是较理想的临时吊索材料,缺点是钢丝绳直径偏大,弹性模量小,伸缩性大,有一定扭转,成本费用高。

钢绞线能适应不断的长度变化,现场制作容易,费用低廉,缺点是钢绞线多束并用条件下受力不均匀,钢绞线束梳理工作难度大,需要较大的安全储备。

(3)液压千斤顶为穿心式千斤顶,顶升力选择根据架设计算分析结果,一般不大于250t,顶升行程一般为200mm。一套牵引提升装置配备一台油泵,顶升同步性通过供油管路和分油阀进行控制。

(4)上、下托梁采用优质钢材组焊而成。上托梁与临时吊索相连,两端通过张拉杆与下托梁连接。张拉杆上布置穿心千斤顶。

(5)张拉杆考虑临时吊索长度的计算、制作误差,采用全螺纹形式。

2)牵引提升作业

(1)牵引提升装置安装

通过塔顶卷扬机安装临时索夹及临时吊索,利用桥面吊机安装上、下托梁、张拉杆以及千斤顶,连接好油管,完成牵引提升装置安装。

(2)牵引提升装置检查

检查牵引提升装置系统的组装完好性,检查临时索夹安装位置及紧固螺杆的紧固力,检查临时吊索及其销轴的完好率,检查张拉杆的弯曲度、T形螺纹及螺母完好情况,检查张拉系统油泵、油管路及分油阀的完好率,对张拉系统进行试运行。

(3)牵引提升作业

启动油泵,千斤顶顶升一个工作行程,锚固张拉杆螺母,检查、调整牵引提升系统各张拉杆的同步顶升状况,若无异常情况,千斤顶回油,完成一个顶升循环,重复顶升循环,直至吊索安装就位。

牵引提升作业过程中,需时刻观察和记录油泵工作状态及牵引力值变化情况,确保牵引作业安全。

间接牵引提升装置如图6所示。

5.2.5 临时“铰”

钢桁加劲梁采用桥面吊机悬臂架设,梁段逐次刚接,每架设一个吊装梁段,该架设梁段就要与已架设梁段的节点进行刚接。随着架设梁段推进,架设完成的梁段不断增多,主缆的变形增大,加劲梁的杆件内力变化会相应增大而且复杂;同时由于悬臂拼装及加劲梁荷载吊索力也随之增大,根据加劲梁架设过程计算分析,架设中的施工内力会大大超出成桥状态运用期间的结构内力,施工内力就是影响和控制结构设计的主要因素,因此为释放逐次刚接法架设中加劲梁杆件及吊索的过大内力,削减应力峰值,就应在加劲梁主桁架上弦杆设置临时连接构造。临时连接构造一般采用铰接形式,在上弦杆腹板设置临时耳板,耳板上设置销轴,加劲梁通过耳板与销轴形成铰节点,因此称为临时“铰”。

1)临时“铰”设置

(1)临时铰结构

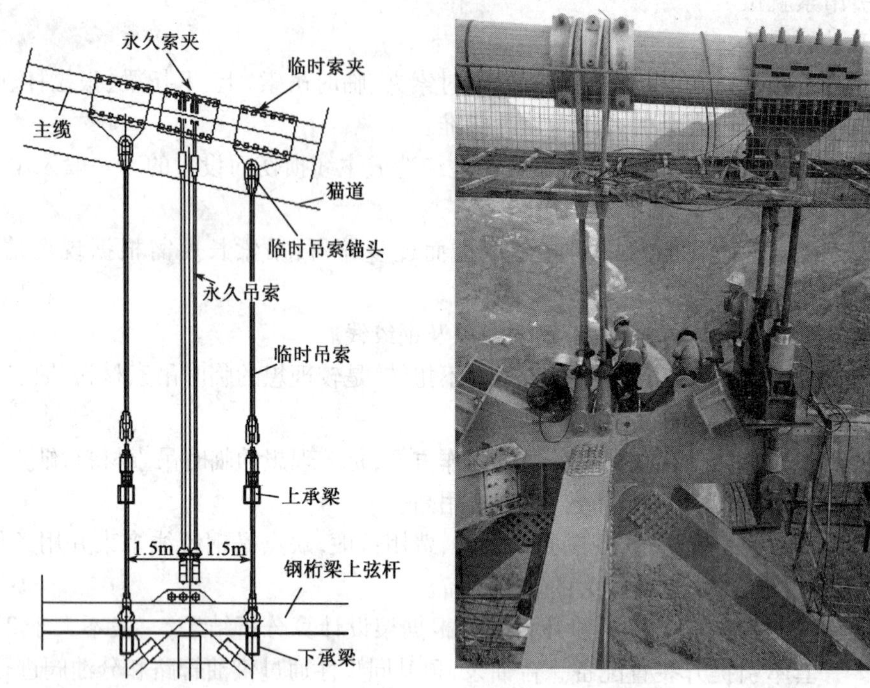

图6　间接牵引提升装置

临时"铰"设置在加劲梁主桁架上弦杆,上弦杆两侧腹板各向上伸出一个耳板,腹板外侧各安装一个带耳板的拼接板,耳板上设置销轴孔,与销轴形成铰节点。临时铰处下弦杆、下平联断开,上弦杆与斜腹杆、上平联之间设置临时连接构件。

临时"铰"结构如图7所示。

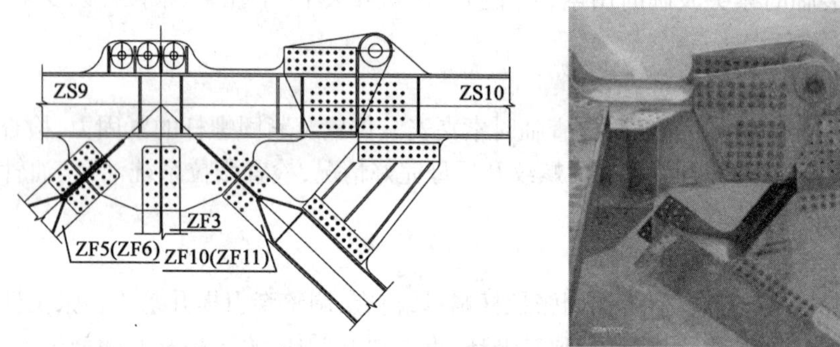

图7　临时"铰"结构

(2)临时"铰"设置位置

临时铰设置位置是根据加劲梁架设计算分析结果、吊索及加劲梁的结构选型和设计内力综合分析选定,加劲梁两端对称设置。

(3)临时"铰"设置数量

加劲梁临时铰设置数量可以是单"铰"、双"铰"或多"铰"。临时"铰"数量越多则架设施工杆件内力越小,加劲梁的截面和材料选型越经济,但临时"铰"越多,对现场的架设施工影响就越大,特别是对桥面吊机悬臂拼装架设影响更大,相应的结构稳定性以及桥面吊机等架设设备通过铰的难度都会有很大的影响。

目前世界上钢桁加劲梁悬索桥技术比较发达的日本,在20世纪80年代设计建造的加劲梁悬索桥单边主梁都采用设置单"铰"的形式,没有采用设置双"铰"的先例。我国在贵州坝陵河大桥钢桁加劲梁悬索桥单边主梁采用设置双"铰"的结构形式,技术难度很大。

2)加劲梁抗风稳定性

加劲梁临时“铰”上弦杆以铰接形式连接,下弦杆及下平联断开呈自由状态,由此加劲梁结构的横向抗风稳定性会受到减弱。为有效抵抗横桥向的风荷载作用,临时“铰”形成以后需在加劲梁主横桁架的上、下横梁上增设临时抗风拉索结构,以抗风拉索结构替代上、下平联进行临时“铰”前后梁段的连接,抵抗横向风荷载。

抗风拉索结构主要由张拉调解装置和钢丝绳组成。主横桁架上下横梁上伸出耳板,耳板上设置销孔,钢丝绳通过销轴与耳板连接,张拉调节装置采用精轧螺纹钢筋或张拉杆结构。

加劲梁架设过程中,抗风拉索需适时调整和收紧,确保临时铰前、后梁段主横桁架的有效联结。一般每架设一个梁段,抗风拉索张紧力需检查和调整一次。

抗风拉索结构张紧力值以加劲梁架设分析计算结果进行确定,一般控制在20~80t。

3)架设设备过“铰”

加劲梁临时“铰”设置后,后架设梁段主桁架上弦杆在结构内力作用下会以临时“铰”销轴为中心发生转动,下弦杆出现开口,由此加劲梁顶面呈现折角,后架设梁段会出现较大的坡度变化。这样由于加劲梁坡度和高差的变化就使得桥面吊机、运梁车等架设设备通过临时“铰”的难度加大,下弦杆开口现象也使得悬挂于加劲梁下弦杆的移动防护安全作业平台通过临时“铰”的难度加大。

(1)桥面吊机过“铰”

桥面吊机行走轨道是以加劲梁主横桁架上横梁为支承,临时“铰”引起的加劲梁坡度和高差变化使桥面吊机行走轨道不能正常前移,桥面吊机过铰需采取特殊的处理措施。

桥面吊机过铰可以采用两种方式:

①爬坡过“铰”

临时“铰”处的加劲梁架设单元直接架设成型,安装吊索,加劲梁形成折线,“铰”后的架设梁段翘起,坡度变陡,下弦杆的开口量处于最大值。桥面吊机过铰前在其工作支腿及走行轨道下进行支垫,使桥面吊机机身抬高一定高度,然后通过前后支腿的高度调节使机身倾斜,走行轨道坡度与加劲梁折线坡度相近,在走行轨道底高程超过下一节间主横桁架上横梁顶高程后,在推进油缸推动下走行轨道前移到下一节间主横桁架上横梁顶上,轨道就位并锚固,桥面吊机依靠自身的走行推进油缸工作沿走行轨道爬坡前移就位,完成过“铰”作业。

桥面吊机爬坡过“铰”必须具备两个条件:

a.轨道支垫高度;

b.桥面吊机自身的爬坡推进能力。

根据加劲梁架设分析计算,临时“铰”的坡度最大值在10%以内,加劲梁节间距一般在10~15m,由此考虑前后梁段坡度差可以计算相邻主横桁架最大高差值在50cm以内,轨道支垫高度以临时“铰”相邻主横桁架最大高差值为基准,并结合现场适时调整。

桥面吊机设计制造中应把机身爬坡性能作为一项重要技术指标,配置相应的爬坡走行推进机构。桥面吊机最大爬行坡度建议达到10%。

坝陵河大桥桥面吊机采用的是爬坡过“铰”方式。

桥面吊机爬坡过“铰”如图8所示。

②直线过“铰”

临时“铰”处的加劲梁架设后,吊索暂不就位安装,通过临时牵引提升装置将加劲梁前端悬挂,加劲梁基本呈直线,下弦杆开口量很小,临时“铰”前后的主横桁架上横梁基本位于同一高程,桥面吊机按照正常的走行前移步骤前行,通过临时“铰”,走行到下一个架设梁段,桥面吊机及其轨道就位并锚固。然后临时牵引提升装置进行牵引作业,前端架设梁段沿临时“铰”销轴转动,加劲梁前端逐步升高直至吊索就位安装,达到临时“铰”成型状态。此时下弦杆的开口量达到最大值。

日本多采用桥面吊机直线过“铰”方式。

桥面吊机直线过"铰"的施工要点如下:

a. 过"铰"前及过铰作业过程中下弦杆的连接处理。日本一般采用先连接后解开释放的方式,确保桥面吊机走行中的稳定。

b. 加劲梁牵引提升安装吊索的过程中,桥面吊机的稳定和安全措施至关重要。

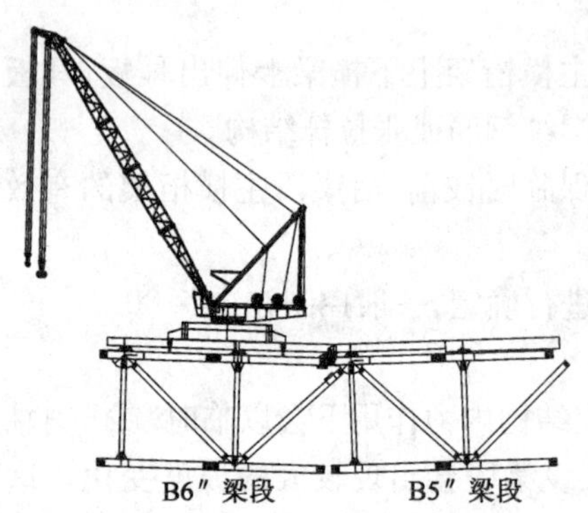

图8 桥面吊机爬坡过"铰"

(2)运梁车过"铰"

运梁车轨道铺设在钢桥面板上,随着加劲梁架设推进运梁轨道延伸到安装点。加劲梁临时"铰"以销轴铰接形式设置,但钢桥面板结构没有设置相应的临时"铰"结构,钢桥面板不能正常安装(需待临时"铰"闭合后安装钢桥面板),造成运梁轨道不能正常铺设,运梁车不能通过。为使运梁车过铰,在临时"铰"处以钢桥面板纵梁为依托,加工制作简易组焊钢构件替代钢桥面板。组焊钢构件一端以铰接形式与钢桥面板纵梁连接,另一段自由搁置在下一节间的主横桁架上横梁上,使组焊钢构件同时具有临时"铰"功能和前后节间的搭接功能。

在简易组焊钢构件上铺设轨道,使运梁车正常通行。

加劲梁临时铰处的坡度变化较大,运梁车设计制造中应考虑足够的爬坡能力,配置足够的驱动电机,以满足现场运梁工况。

运梁车过"铰"临时结构如图9所示。

图9 运梁车过"铰"临时结构

(3)移动防护平台过"铰"

移动式安全防护作业平台悬挂在加劲梁下弦杆外侧的检查车轨道上,临时铰处下弦杆断开,检查车轨道也相应断开,防护平台不能顺利过"铰"。为使防护平台顺利通过临时铰,防护平台应选用组装和拆卸灵活的悬挂驱动机构,平台上设置多个悬挂点,在临时铰处采用10~20t手动葫芦和平台自身的悬挂驱动机构进行空中倒换完成防护平台过"铰"作业。具体做法是:先采用手动葫芦将防护平台悬臂端临时悬挂,然后分步骤拆移防护平台驱动机构到临时铰后的架设梁段检查车轨道上,直至防护平台所有的悬挂驱动机构都拆移过铰,完成过铰任务。

移动防护平台过"铰"情况如图10所示。

4)临时“铰”闭合

随着加劲梁架设推进,加劲梁、钢桥面板及附属结构等一期恒载逐步加载到主缆上,主缆线形逐步接近成桥线形,加劲梁杆件内力和线形逐步接近成桥状态,下弦杆开口逐步缩小,达到闭合状态。一般在加劲梁跨中合龙前2~3个梁段架设期间的某一个时刻,加劲梁下弦杆开口量为0,临时铰闭合。

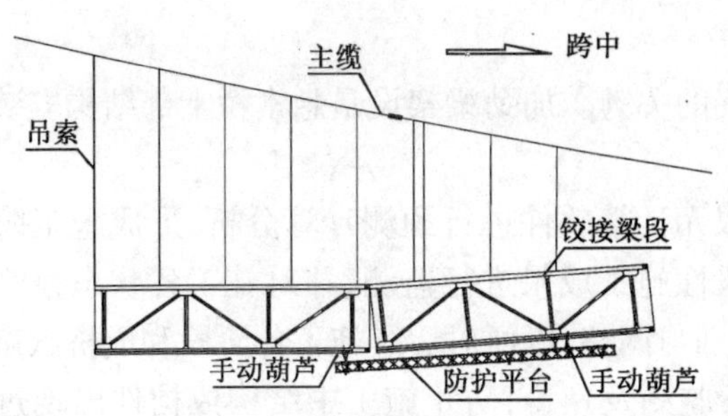

图10 移动防护平台过“铰”

临时“铰”闭合顺序:靠近跨中的加劲梁临时“铰”对架设线形比较敏感,一般先进行合龙闭合,然后对靠近索塔侧的临时铰进行闭合作业。

临时“铰”闭合一般实行自然闭合,闭合时下弦杆节点部位水平力接近于0。临时“铰”闭合作业时必须加强下弦杆开口量观测,做好观测记录,掌握好闭合时机,做到无应力闭合作业。

临时“铰”闭合作业中先采用冲钉和工具螺栓对下弦杆进行闭合拼接,然后对斜腹杆、上下平联依次进行闭合拼接,待所有加劲梁杆件全部完成闭合拼接后,调整竖向及横向拼接偏差,检测各杆件的拼接尺寸和精度,满足设计和规范要求后进行高强螺栓更换和施拧,完成临时“铰”闭合施工。

临时“铰”闭合施工如图11所示。

图11 临时“铰”闭合

5.2.6 合龙段架设

合龙段是加劲梁架设的最后架设单元,是加劲梁杆件制作误差及架设误差的汇集点,由此合龙段架设是极为关键和复杂的架设施工工序。

合龙段架设前首先要进行架设分析计算,预测主缆及加劲梁的线形状态,有针对性地提出合龙方案和措施;其次是要观测和分析各种误差的累积情况,提出误差消除和纠偏措施;第三是要计算和确定合理温度条件下的合龙条件,提出合龙段加劲梁杆件的备用方案。

合龙施工分梁段合龙和杆件合龙。顺序是:先合龙主桁架,然后主横桁架架设。主桁架合龙顺序一般是先上弦杆,再下弦杆,然后斜腹杆,最后上下平联。

合龙施工一般实施强迫合龙。由于合龙段开口一般比理论开口小,因此需要采取工装措施进行顶推或者牵拉将合龙段开口顶开,以满足合龙段开口尺寸。

合龙段竖向偏差采取压载以及提升措施进行调整,横向偏差采取上下游交叉对拉方式进行调整。

采用冲钉和工具螺栓将合龙段所有杆件都完成合龙拼接后,调整竖向、横向及对角线拼接偏差,检测各杆件的拼接尺寸和精度,满足设计和规范要求后进行高强螺栓更换和施拧,完成合龙段的合龙施工。

合龙段应按设计杆件及拼接板尺寸进行合龙施工,使合龙精度满足设计及规范要求,一定条件前提下可以考虑少量实配拼接板。

5.2.7 施工监控

实施有效的施工监控是大跨度悬索桥成功施工的关键。加劲梁架设是悬索桥上部结构安装施工的关键工序,施工中必须进行严格控制。

加劲梁架设前必须模拟架设施工过程采用有限元计算软件进行预测计算分析,形成施工阶段的理想状态线形及内力控制数据。施工过程中应对阶段性施工成果进行监测,并对施工各状态控制数据实测值与理论值进行比较分析,进行结构设计参数识别与调整,以便对后续施工各阶段和成桥状态进行预测与反馈控制分析,对结构线形及内力(应力)进行监测及预警,防止施工中结构或构件出现过大位移和应力,确保施工朝预定目标顺利进行。

加劲梁架设期间施工监控的主要内容包括:主缆线形及内力、加劲梁架设线形及内力、吊索的无应力长度及内力、锚跨索股张拉力、主塔内力及塔顶偏位、鞍座预偏及顶推值、临时铰参数、加劲梁端部约束、合龙段参数等。

6 材料、设备及劳动力组织

6.1 劳动力组织

劳动力组织情况见表1。

劳动力组织表 表1

序号	工种	工作内容	人数	备注
1	技术	施工组织设计、现场控制	12	
2	质检	现场质量检验、监督	6	
3	起重	起重指挥	10	
4	机械使用	桥面吊机、运梁车操作	12	
5	拼装	预拼场拼装、构件装车	45	
6	架设	现场加劲梁架设	35	
7	高栓	高强螺栓装配、施拧	60	
8	吊索	吊索牵引、安装	12	
9	测量	线形、高程、里程检测	6	

6.2 加劲梁架设关键设备

加劲梁悬臂架设的关键设备是步履移动式桥面起重机——桥面吊机。

桥面吊机是一种单臂架全回转式起重机,起重机回转部分通过回转大轴承支承在下车底盘上,底盘的4个支承腿和起重机的爬行装置连接,起重机在爬行机构(油缸)推动下可沿轨道移动。

桥面吊机采用卷筒水平位移补偿系统,起重机在变幅过程中货物水平性能好,变幅功率小,可改善起重机的操作性能和安全性能。

起重机的主要工作机构为主起升机构、副起升机构、变幅机构、回转机构和爬行机构等。除了爬行机构采用液压油缸驱动外,主起升机构、副起升机构、变幅机构、回转机构均采用交流变频电动机驱动,在较大范围内进行无级或有级调速,能保证重载工况下的平稳和准确对位,从而提高空载及轻载工况时的工作效率。

起重机下车总成由底盘、步履走行机构、锚固系统、液压系统等组成。

起重机的回转支承装置采用大型三排滚子式滚动轴承,工作平稳、可靠。

起重机设有起升负荷显示、限制装置,风速指示器以及防止臂架后倾止挡装置等。起重机各机构都有相应的行程限位等保护装置。桥面吊机总体结构如图12所示。

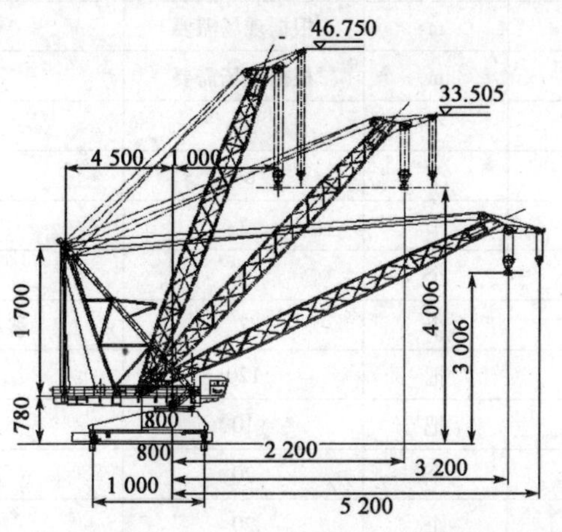

图12　桥面吊机(高程单位:m;尺寸单位:cm)

与常规起重机相比,桥面吊机设计及技术性能需考虑以下因素:

(1)主缆的轴线间距及猫道宽度,桥面吊机的作业范围和机身尺寸受到限制;

(2)由于临时铰的设置及加劲梁线形变化,桥面吊机爬行机构设计及爬坡性能需满足架设工况;

(3)行走轨道是支承在主横桁架上横梁上,轨道长度需根据加劲梁节间距进行设计;

(4)对已架设的加劲梁及吊索而言,桥面吊机及其支腿压力是主要的临时施工荷载,因此机身自重一般会受到限制或尽可能减小,机身配重设置值得研究,可以考虑不设或者少设配重。桥面吊机工作时可以考虑机身及轨道与主横桁架上横梁可靠连接,这样即可减少配重又有利于机身安全。

6.3　设备及材料

设备及材料见表2。

设备及材料表　　表2

序　号	名　称	规格型号	单　位	数　量	备　注
1	桥面吊机	1 540t·m	台	2	
2	运梁车	60t	台	4	
3	门机	20t	台	2	
4	门机	40t	台	6	
5	汽车吊	25t	台	2	
6	汽车吊	50t	台	1	
7	塔吊	TC5023	台	2	
8	运输车	20t	辆	2	
9	运输车	40t	辆	2	
10	卷扬机	25t	台	4	
11	卷扬机	15t	台	4	
12	卷扬机	8t	台	12	
13	千斤顶	60t	台	8	
14	千斤顶	200t	台	32	
15	千斤顶	500t	台	8	

续上表

序　号	名　称	规格型号	单　位	数　量	备　注
16	滑车组	150t	个	8	
17	钢丝绳	ϕ24	m	根据现场需要	
18	钢丝绳	ϕ36	m	根据现场需要	
19	钢丝绳	ϕ88	m	根据现场需要	
20	临时索夹	200t	个	32	
21	张拉杆	ϕ100	个	64	
22	L形吊具	70t	个	2	
23	C形吊具	70t	个	4	
24	防护平台	32m×36m	个	2	移动式
25	电动扳手	各种规格	把	120	
26	带响扳手	各种规格	把	10	
27	手动葫芦	5t	个	20	
28	手动葫芦	10t	个	20	
29	冲钉	各种规格	个	根据现场需要	
30	工具螺栓	各种规格	套	根据现场需要	
31	精轧螺纹钢	ϕ32	m	根据现场需要	
32	钢轨	P38	m	3 000	
33	托架	自制	个	64	
34	型钢	各种规格	t	根据现场需要	
35	枕木		m	根据现场需要	

7　质量保证措施

7.1　建立健全质量管理体系,所有操作人员均培训考核合格后方能上岗,并严格进行技术交底,增强员工质量意识。

7.2　加劲梁杆件及拼接板制作完成后需进行立体试拼装,确保加工制作精度。

7.3　做好构件运输保护,装卸规范,防止杆件变形。

7.4　杆件堆放合理规范,堆放层数不宜超过2层,支垫正确。

7.5　现场拼装台座布置合理、规范,标高精度满足规范要求。

7.6　主桁架现场采用1+1模式预拼,单个架设单元预拼装的长度、宽度及对角线误差满足设计及规范要求。

7.7　钢桁加劲梁拼装精度严格按照相关规范和标准执行。严格按照加劲梁拼装工艺流程作业,认真检测单个架设梁段的整体尺寸及里程坐标,拼装精度满足设计及规范要求。

7.8　高强螺栓施工严格按照《钢结构高强度螺栓连接的设计、施工及验收规程》(JGJ 82—91)执行。加强施工质量控制,做好施拧扳手的标定及检验,严格高栓抽检制度。

7.9　加强施工监控,严格执行监控指令。

8　安全措施

8.1　认真贯彻"安全第一,预防为主"的安全方针,根据国家有关规定建立健全完善的安全组织管理机构,实行安全生产责任制,确保安全生产的正常进行。

8.2　认真编制施工安全专项方案,对架设施工各工序严格进行安全技术交底,加强安全教育及培训工作。

8.3　设计和配置专业的安全防护设施。

8.3.1　移动式安全防护作业平台

为全面防护加劲梁架设施工作业区的施工作业人员安全,有效隔离施工作业人员的视觉范围,减少作业人员的高空视觉差,在加劲梁底部设计配置大型可移动式的安全防护作业平台。

移动式安全防护平台需能够对加劲梁架设作业范围进行有效防护,架设作业区域一般在三个架设梁段范围内,防护平台内布置安全防护网及救护设施。

移动式安全防护平台悬挂在加劲梁主桁架下弦杆外侧的检查车轨道上,可以沿检查车轨道移动,随着加劲梁架设推进向前移动。

移动式安全防护平台可由桁架式组合钢结构和安全防护设施组成,平台驱动可采用电机、卷扬机及液压推进等方式。移动式安全防护平台如图 13 所示。

图 13　移动式安全防护平台

8.3.2　悬挂式安全作业吊架

对于各节点拼装作业,为方便作业人员站位,便于施工,确保安全应设计配置悬挂式安全作业吊架。

悬挂式安全作业吊架由小型型钢组焊件构成,轻便灵活,装拆移动快捷。

悬挂式安全作业吊架如图 14 所示。

图 14　悬挂式安全作业吊架

8.4　制订安全技术操作流程,各项作业严格按工艺流程进行。

8.5　桥面吊机移机操作严格按照安全操作规程进行,吊机移动前及移动就位后都要严格进行安全检查,确保吊机支垫及锚固正确。

8.6　加劲梁牵引提升作业中,千斤顶张拉操作应严格按照操作规程进行,保持张拉杆受力均匀同步,注意检查张拉力值,若出现异常立即停止作业,排除异常后再正常施工。

8.7　施工现场安全通道规范合理,临边安全设施齐全,警戒标志明显。

9 环保措施

9.1 废弃的螺栓、冲钉等应集中分类堆放。

9.2 桥面吊机、千斤顶等机械的废油集中收集处理,避免污染环境。

9.3 施工期间的废弃物、边角料分类存放,集中处理。

9.4 生活垃圾设置收集设施,集中处理,防止随意丢弃,污染环境。

10 资源节约

本工法采用桥面吊机进行钢桁加劲梁悬臂架设,拼装场采用龙门吊机进行桁片单元拼装,其特点是拼装及架设速度快、工效高;在钢桁梁架设中采用覆盖全作业区域的大型移动平台和作业吊架,可有效地减少拼接板、工具螺栓、拼装冲钉以及工机具损失,能节省大量材料、设备和人力资源。

11 效益分析

大跨径悬索桥加劲梁架设采用桥面吊机悬臂拼装是一项全新的施工技术,填补了国内该领域施工技术的空白,推进了大跨径悬索桥施工技术的进步。

与传统的悬索桥加劲梁架设工法相比较,桥面吊机架设施工工法在生产效率、经济成本有独特的优势,跨径越大,选用桥面吊机架设工法优势越明显。

11.1 工期效益

桥面吊机悬臂架设可使加劲梁架设施工一步成型,减少后期的线形调整,并且可连续均衡施工。

单个架设单元平均架设周期分析如下:

主桁架片(2片)架设:1d

主横桁架(2片)及附属构件架设:2d

牵引提升安装吊索(含牵引装置安装):0.5d

钢桥面板(4片)及附属构件架设:1d

桥面吊机移机及锚固:0.5d

单个架设梁段(包括附属构件)架设施工净工作时间可以在5d内完成,架设施工高效快捷。

桥面吊机架设的前期准备及后续拆除等工作都可以和现场其他工序施工同时展开,相互干扰性小,不占用关键工期时间。

11.2 经济效益

对于超千米跨径的加劲梁悬索桥(以贵州坝陵河大桥为工程实例),选用缆索吊机架设和桥面吊机架设,其费用成本粗略对比如下:

(1)采用缆索吊机架设工法施工的成本费用为:

缆索吊机牵引行走设备、提升设备、各种钢丝绳、锚固及转鞍等各项费用估算总计约为1 500.0万元。

(2)采用桥面吊机架设工法施工的成本费用为:

桥面吊机设计、制造、检验等各项费用估算总计约为950.0万元。

(3)节省的费用为:1 500.0万元-950.0万元=550.0万元

大跨径悬索桥采用桥面吊机架设工法的经济优势明显。

11.3 社会效益

采用加劲梁桥面吊机悬臂拼装架设施工工法,社会效益方面更为突出。国内首座跨径超千米的加劲梁悬索桥成功采用桥面吊机悬臂拼装架设施工工法完成千米跨径主梁架设,受到社会各界的广泛关注,拓展了悬索桥加劲梁的设计及施工技术,实现零的突破,填补了国内该领域的施工技术空白。

桥面吊机悬臂拼装架设施工工法，加劲梁架设高效快捷，节点对位准确，架设安装精度高，架设质量优良。

随着我国大型公路桥梁和铁路桥梁工程建设的不断增多，大跨径桥梁的设计和建设水平迅猛提升，桥面吊机悬臂架设施工工法在悬索桥桥梁建设中将有广阔的运用前景，坝陵河大桥对桥面吊机架设施工技术的研究和成功实施必将为同类桥梁施工提供有益的借鉴和宝贵经验。

12 运用实例

贵州坝陵河大桥主桥采用248m＋1 088m＋228m的单跨双铰钢桁加劲梁悬索桥。主桥加劲梁采用全高强螺栓联结的钢桁加劲梁结构，全桥供51个架设梁段，100个节间，其中首节梁段2个，标准梁段48个，合龙梁段1个，采用桥面吊机悬臂拼装架设施工的梁段有47个，架设单元最大吊装重量70t，相应吊距22m。钢桁加劲梁高10m，宽28m。

标准梁段架设从2008年10月中旬开始，2009年5月18日主桥合龙，完成全桥架设任务。钢桁加劲梁架设精度优良，跨中合龙段“零”误差合龙，完全满足设计及规范要求，整体工程质量受到一致好评。

加劲梁桥面吊机悬臂架设施工中为适应加劲梁线形变化及消减杆件和吊索内力，需在加劲梁主桁架上弦杆设置临时“铰”结构，坝陵河大桥单边主梁设置两个临时“铰”。临时“铰”的技术研究成果必将为今后同类大跨径桥梁设计和建设作出贡献。

自锚式悬索桥空间主缆的架设与体系转换施工工法

GGG(中企)C3111—2010

林吉明　揣国新　施津安　孙艳明　高　辉
(中交二公局第二工程有限公司)

1　前言

主缆的架设与体系转换是自锚式悬索桥施工中至关重要的环节,根据自锚式悬索桥结构的不同采用的安装方法也不同,常规的自锚式悬索桥安装方法是采用牵引系统和猫道架设主缆,主缆在原位安装吊索直接进行体系转换施工。近年来,部分自锚式悬索桥采用了空间线形主缆(如江东大桥),常规的施工工艺无法满足空间主缆的架设与体系转换施工的需要,采用了牵引系统和猫道在铅垂面内架设主缆,通过张拉临时吊索将主缆初步分开,进一步挂索形成空间缆索线形的体系转换施工工艺。

我单位承建的江东大桥空间主缆的架设与体系转换施工建设性地采用了牵引系统和猫道在铅垂面内架设主缆,通过张拉临时吊索将主缆初步分开,进一步挂索形成空间缆索线形的体系转换施工方法,成功地解决了自锚式悬索桥空间主缆的安装施工。该工法成功地实现了空间主缆由平面线形到空间线形的转换,填补了我国空间缆线形自锚式悬索桥缆索架设技术空白,获得了巨大的社会效益和经济效益,具有很大的应用前景。2010 年 2 月 6 日,经陕西省科技厅鉴定认为该工法总体达到国际先进水平,其中空间缆索体系转换施工技术达到国际领先水平,建议进一步加快工法的推广应用。该技术成果获 2009 年度中交股份科学技术进步奖一等奖。

2　工法特点

2.1　空间缆索结构自锚式悬索桥中跨猫道改吊及拆除施工技术

猫道采用三跨分离式,两边跨各设一幅猫道,中跨猫道在索股架设阶段合二为一,猫道改吊时一分为二。

2.2　空间缆索结构自锚式悬索桥索夹的空间定位及安装施工技术

索夹横向角度的调整在夜间气温低且稳定时进行,并采用游标万能角度尺和水平尺相结合的方法进行测量,确保了索夹定位的准确。

2.3　自锚式悬索桥空间缆索体系转换施工技术

主缆在铅垂面内架设,通过张拉临时吊索将主缆初步分开,进一步挂索形成空间缆索线形的体系转换施工技术。索夹安装采取退后分次进行,即主缆初步分开后从主塔向跨中对称安装索夹吊索、对称张拉吊索。

3　适用范围

本工法适用于自锚式悬索桥空间主缆的架设与体系转换施工。

4　工艺原理

(1)架设牵引系统,利用牵引系统架设主缆索股。

(2)架设猫道,作为悬索桥缆索系统施工重要的高空工作通道和临时作业场地。猫道采用三跨分离结构，两边跨侧只设一幅猫道，中跨每根主缆下各设一幅猫道，索股架设完成前两幅猫道合二为一，猫道改吊时将中跨两幅猫道分开。

(3)安装临时索夹和吊索，通过张拉临时吊索将主缆初步分开。

(4)安装永久索夹和吊索，通过分批张拉永久吊索使主缆形成空间线形。

5 施工工艺流程及操作要点

5.1 缆索系统施工工艺

缆索系统施工工艺流程如图1所示。

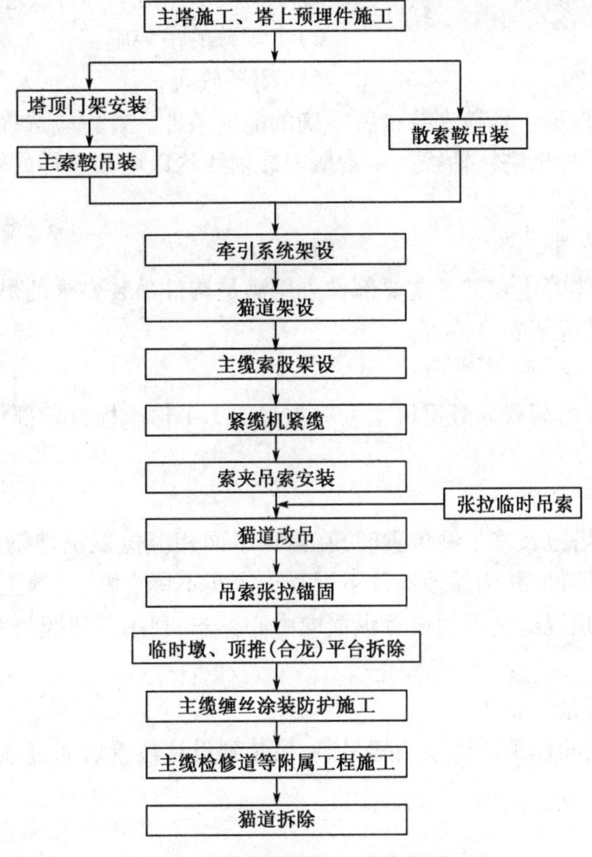

图1 缆索系统施工工艺流程图

5.2 主、散索鞍吊装施工

5.2.1 主索鞍的安装

主索鞍吊装施工流程如图2所示。

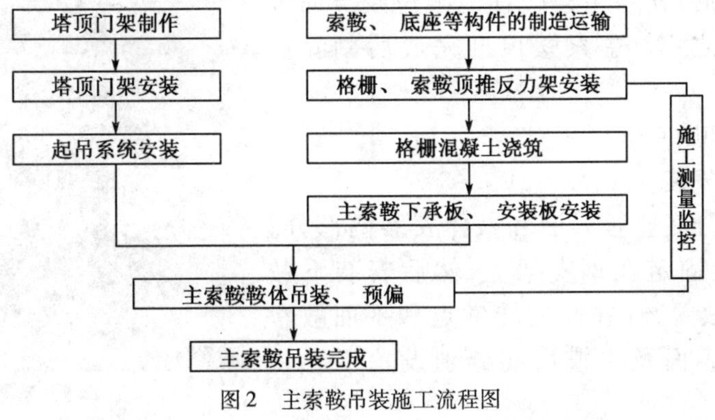

图2 主索鞍吊装施工流程图

图3 塔顶门架施工

1)塔顶门架的设计与施工

塔顶门架结构包括主承重结构、支撑锚固结构、起吊行走装置、工作平台组成,其各项尺寸应满足相关要求。

塔顶门架施工情况如图3所示。

塔顶门架各杆件均先在加工厂内加工完成,然后运送至现场利用满足构件吊装要求的塔吊提升至塔顶,再用高强螺栓连接并焊接成整体。其工艺流程为:准备材料→塔顶门架杆件加工→塔顶栓接拼装并焊接→安装顶横梁及纵移装置→安装吊点滑车→穿线卷扬机就位。

2)主索鞍的吊装施工

(1)测量放线

精确测量塔顶轴线是保证主索鞍安装位置准确的前提条件。首先应选择在天气较好并且气温较稳定的夜间测量放线,在塔顶放出塔柱轴线。主索鞍安装轴线均以塔顶放样的轴线为控制线,以消除温度和天气变化对塔位的影响。

(2)主索鞍移至起吊位置

上下承板、安装板、鞍体等主索鞍各主要部件先用满足构件吊装要求的吊机吊放至已架好的钢箱梁桥面上,通过桥面轨道将其运至起吊位置。

(3)塔顶门架试吊

利用型钢作为配重,试吊荷载为最重块主索鞍重量的1.1倍。检查各部件的受力情况,在各部件均无异常情况后,解除配重。

(4)塔顶格栅的安装

当塔顶混凝土浇筑至塔冠及施工缝位置时,在塔顶平面相应位置预埋钢筋、顶推反力架、塔顶门架柱脚及格栅定位型钢等预埋件,并确保预埋件下混凝土密实不留空隙,沿施工缝将塔顶混凝土表面人工凿毛,并根据塔中心,在塔顶混凝土表面设置纵横向中心标志,利用门架起吊系统垂直起吊、平移格栅安装到设计位置。

(5)主索鞍下承板和安装板的安装

主索鞍下承板、安装板同样采用塔顶门架吊装,吊装到设计位置后通过锚栓与格栅固定。安装板吊装完成后吊装主索鞍鞍体。

(6)主索鞍鞍体安装

安装鞍体前,需粘贴四氟滑板和不锈钢板,并做好滑移面的润滑处理。

座板吊装完成后,利用塔顶门架吊装主索鞍鞍体。鞍体在塔顶的初始位置要满足设计预偏值。标记好安装线;就位时单块主索鞍纵剖线对准安装线并临时固定;再吊装另一半主索鞍部分,两半鞍体靠拢后用高强螺栓连接成整体,并用黄油填塞两侧缝隙。经检查位置无误后,安装主索鞍其他限位及导向等各种部件,以备顶推之用。主索鞍顶推完成后割除反力架。

主索鞍吊装情况如图4所示。

5.2.2 散索鞍的安装

散索鞍安装通常分底座板安装和鞍体安装两部分。底座板采用高强螺栓固定在钢支架上,然后安装下鞍体,由于散索鞍倾斜放置,存在竖向转索点和平面散索点,所以在散索鞍散索面及主缆后端分别设置了工具索鞍。

图4 主索鞍吊装施工

5.3 牵引系统及施工猫道设计施工

5.3.1 牵引系统的设计

牵引系统是悬索桥缆索系统施工的重要组成部分,它主要用于主缆索股的架设。

经过综合比较,采用的是利用架空索道单线往复式牵引系统架设主缆索股,主副牵引卷扬机布置在两边跨钢箱梁上。

牵引系统主要由主副牵引卷扬机各两台,轨道索锚碇系统、轨道索限位系统、散索鞍部的转向导轮、塔顶导轮组、滑轮、手拉葫芦、卸扣、两根轨道索、两根牵引索等组成。

5.3.2 猫道系统的设计

猫道是悬索桥缆索系统施工最重要的高空工作通道和临时作业场地,平行于主缆线形布置。在整个上部施工期间,猫道作为索股牵引、索股调整、主缆紧固、索夹及吊索安装、主缆缠丝防护等施工的作业平台。

1)猫道总体布置

猫道采用三跨分离结构。两边跨各设一幅合并猫道。由于中跨主缆架设需要经过空间转换过程,所以中跨每根主缆下各设一幅猫道,主缆架设时亦为合并猫道,猫道面网、踏步方木上下游分开铺设,大、小横梁端板栓接。吊索张拉后两根主缆需分开,因此猫道改吊前猫道横梁端板连接拆除,猫道一分为二。

2)猫道构成

猫道由猫道承重索、横梁、扶手索、面网、横向抗风稳定索、锚固调整系统等组成。

5.3.3 牵引系统、猫道架设施工流程

牵引系统及猫道架设采用的是在钢箱梁桥面上利用满足构件吊装要求的塔吊直接提升法安装的方法。猫道架设施工流程如图5所示。

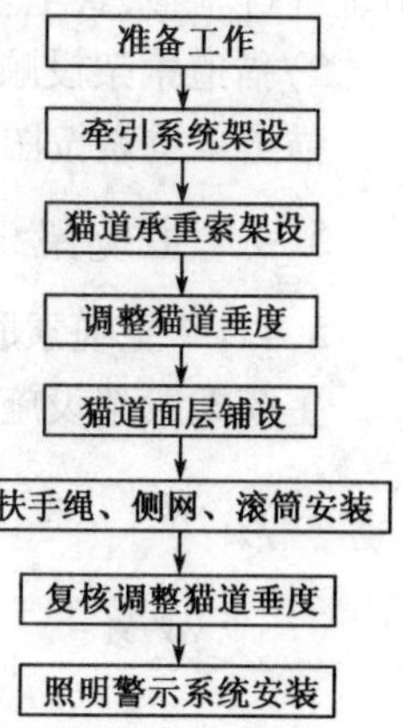

图5 猫道架设施工流程图

5.3.4 牵引系统施工

由于自锚式悬索桥施工顺序是先梁后缆,所以牵引系统施工均在钢箱梁顶面进行,施工方法比较简单,具体步骤如下:

(1)塔顶主索鞍吊装完成后,在塔顶门架上安装导轮组。

(2)主、副牵引卷扬机绕牵引索,安放在钢箱梁顶面,并与钢箱梁临时固定。

(3)主、副牵引索绳头穿过导向轮后,人工牵至塔底钢箱梁顶面,塔吊提升牵引索绳头至塔顶临时锚固。

(4)主副卷扬机收放牵引索,调整垂度牵引系统形成。

5.3.5 猫道架设施工

1)猫道承重索架设

(1)边跨猫道承重索架设

成圈包装的承重索运送到现场以后,用吊机提升到桥面,放在边跨跨中附近钢箱梁顶面的放索盘内,用卷扬机或人工将承重索沿桥面牵拉至主塔附近,塔吊提升锚头至塔顶,与预埋件直接锚固连接;此时后锚头已从放索架放出,主缆锚固区后布设的卷扬机滑车组与后锚头连接,将后锚头回牵至锚固位置与散索鞍钢支架上的锚梁连接,调整垂度。

(2)中跨猫道承重索架设

将承重索索盘置于跨中附近桥面上,用卷扬机或人工将承重索沿桥面牵拉至一塔底箱梁顶面,利用其中一塔上的塔吊提升承重索一端锚头至塔顶,与预埋件和锚固梁连接。后端锚头由另一塔塔顶门架上的卷扬机牵拉与锚固梁连接,调整垂度。

边、中跨全部猫道承重索架设完成后,再次调整承重索垂度。

2)猫道面层铺设

猫道面层采用人工从下至上逐段进行铺设。在钢箱梁上将组成猫道面层的各种材料,如防滑木条、面层网,按设计位置将猫道面层分块绑扎好,用吊机将分块绑扎好的面层提升到猫道承重绳上。人工将猫道面层与猫道承重索利用U形螺拴进行连接,按此方法逐步铺设猫道面层。

3)扶手索、抗风稳定索的安装

利用吊车及塔吊统逐根架设猫道扶手索,用U形螺栓把上扶手索与扶手立柱相连接、下扶手索卡在圆钢钩内,猫道扶手索牵拉到位后分别锚固于塔顶门架及散索鞍定位钢支架上,并用手拉葫芦收紧,用铁丝把侧面网与下扶手索连接。

抗风稳定索一端与猫道大横梁型钢固定、另一端固定在钢箱梁上,施加预紧力。

4)猫道垂度调整

猫道距主缆空缆中心线距离一定,猫道与主缆空缆线形垂跨比相同,从而确定猫道垂度及高程。

猫道承重索架设完毕后依据猫道承重索垂度设计值,进行垂度调整。猫道面层距主缆空缆中心线距离一般为1.3~1.5m,猫道面层中心高程误差控制为±20cm。

单根猫道承重索的调整采用三角高程法进行,利用实测角度和测点的设计坐标、置仪点的坐标,利用角度控制,进行测点的高程数据计算,或每幅猫道承重索逐根调平后,进行整体调整猫道到设计高程。

利用全站仪实测各跨跨中点的垂度及跨径,同时实测温度,与设计计算值比较,中跨利用塔顶预埋件上的手动葫芦收紧调整直至满足垂度,边跨利用散索鞍定位钢门架上的手动葫芦连动滑车组卷扬机系统进行调整,直至垂度满足要求。

5)猫道索架设顺序

猫道承重索按图6所示对称进行架设。

5.4 主缆架设施工

5.4.1 主缆索股架设施工流程

主缆索股架设施工流程如图7所示。

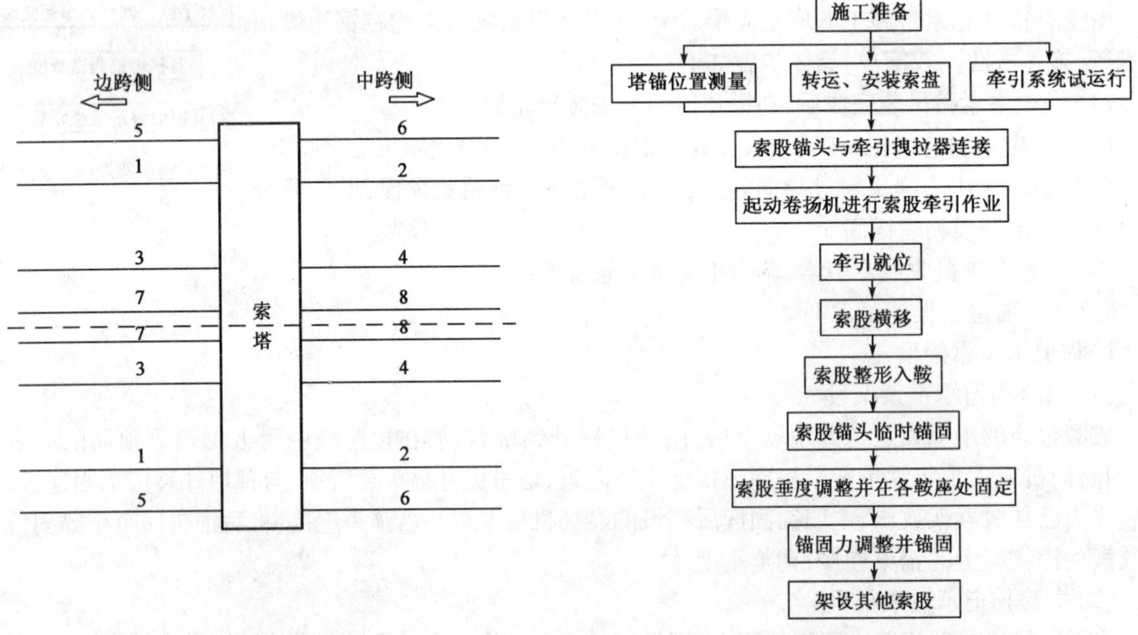

图6 猫道承重索架设顺序

图7 主缆索股架设施工流程图

5.4.2 主缆架设施工

猫道架设完成后,将牵引索置入猫道门架导轮组,形成主缆架设施工的单线往复牵引系统。

1)基准索股线形的确定

主缆索股架设前，测量塔锚平面位置、高程、跨径，主、散索 IP 点的高程，实际预偏位置等。根据施工监控结合索股弹性模量等计算主缆线形，并指导施工作业。

2）主缆架设施工

主缆索股架设分为一般索股架设和基准索股架设两类。每根主缆根据设计图纸规定只有一根索股为基准索股，其余均为一般索股。

(1)索股牵引

首先架设基准索股，一般索股均按照自下而上、由里向外的原则架设。索股架设前，先将索盘安装在放索支架上，拉出索股前锚头与牵引系统拽拉器连接(图 8)。

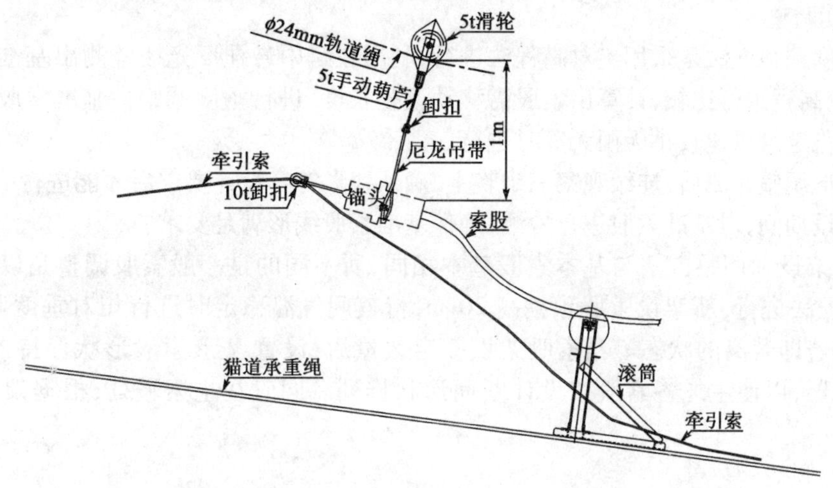

图 8　主缆索股牵引示意图

准备工作完成后，正式开始索股牵引作业，起动主牵引卷扬机进行索股牵引作业，牵引过程中两台卷扬机基本保持同步运行，副卷扬机始终要保持一定的反拉力。若发现索股扭转、散丝、鼓丝等，应及时进行处理，并将索股锚头经索道口拽拉至设计位置临时锚固，完成一根索股牵引作业。如此循环，即可完成其他索股的牵引施工。

主缆索股架设情况如图 9 所示。

图 9　主缆索股架设施工

(2)索股上提、横移整型入鞍

当索股牵拉到位后，利用吊车、塔顶门架卷扬机、握索器进行索股的上提、横移、整型入鞍工作。由于索鞍鞍槽为矩形，而索股断面为六边形，入鞍前需将该部分索股断面整型为矩形，再放入鞍座内设定位置。

在距离主索鞍前后各 20m 的位置处，将握索器安装在主缆索股上，将主索鞍处索股提松，保证无应力状态，以便进行整型。整型前，应确定着色丝位置(用于确定索股是否扭转)，如发现扭转应及时进行矫正。整型时,在距离索鞍前后约3m处,分别安装上六边形夹具将索股夹紧,解除两夹具间索股的绑扎带,同时在距离六边形夹具1m处开始整型。主索鞍处从边跨向中跨方向进行整型,人工用木槌敲打索股,并用钢片梳进行索股断面整理,使其由六边形变为四边形;整理成规则断面后,用专用四边形夹具夹紧,并用绑扎带绑扎,钢片梳继续延伸整理索股断面成四边形,每隔1m左右缠上绑扎带。

(3)索股垂度调整顺序

索股调整的顺序为先中跨后边跨。先将索股与一塔顶主索鞍槽固定,在另一塔顶调整索股,直至中跨垂度符合要求,固定后再调整两边跨的垂度;最后调整锚跨张力。

(4)索股垂度调整

基准索股垂度调整方法是采用绝对高程法进行,利用在跨中悬挂反光棱镜测出基准索股跨中点实际高程,并与理论高程进行比较,计算出索股需移动调整长度,进行垂度调整。基准索股的垂度测定与调整在夜间气温稳定且风速较小无雨无雾时进行。

基准索股线形调整完成后,连续观察三个晚上,确认线形符合设计要求后才能进行一般索股的架设与调整。主缆架设期间,对基准索股进行检测,确保基准索股线形满足要求。

一般索股的架设和调整方法与基本索股基本相同,所不同的是一般索股调整是以基准索股为基准,采用相对高程法进行,新架设索股预抬高20cm,待夜间气温稳定时进行相对垂度调整,调整好后的索股间应保持若即若离的状态。当索股架设一定数量后,设置V形索股形状保持器,同时设置主缆竖向形状保持器,以使主缆各索股按设计断面形状排列。同时在主索鞍处,根据架设情况及时安装鞍槽隔板。

(5)锚跨张力调整

锚跨张力调整,采用撑脚配合千斤顶进行张拉。单根索股锚跨张力要符合设计要求。

5.5 自锚式悬索桥索夹、吊索安装

5.5.1 索夹安装

1)索夹放样数据计算

索夹安装采取退后分次进行,即主缆初步分开后从主塔向跨中对称安装索夹。但索夹的放样是在主缆位于铅垂面内时进行的。紧缆完成以后,实测主缆的空缆线形,主、散索鞍间的实际里程以及跨径作为索夹施工放样的初始数据,监控单位据此计算索夹坐标。

索夹放样之前,根据监控组提供的索夹位置,进行施工放样数据的计算,为测量放样准备数据,主要包括三部分内容:一是吊索中心线与主缆的中心线交点在空缆状态下的坐标计算和吊索中心线与主缆的天顶线交点的坐标计算;二是吊索中心线与主缆天顶线交点到索夹两端的距离的计算。这两部分内容要根据监控单位提供的数据进行各个索夹位置的坐标和距离计算。三是天顶线交点到索夹两端的距离,不同位置的索夹数值不同,且同型号的索夹其数值也有差别。施工前监控单位必须提供索夹放样的坐标。

2)现场实测

通过对主缆的温度进行昼夜观测,找出温度变化相对稳定的时段进行索夹放样工作。放样时依据监控单位计算结果,首先放出索夹天顶线。

索夹中心里程是根据特定的结构状态计算出来的,在实际操作时,结构的实际状态与计算采用的状态存在一定误差,因此在放样时,必须进行修正。通过对实测跨径和设计跨径进行数据比较得出一个修正系数来进行里程数据修正。

放样时,仪器位于主索鞍顶部中心点,后视另一塔顶主索鞍中心点,先在索夹位置放出主缆天顶线,再采用测距法定出吊索中心线与主缆天顶线交点位置,同时采用测距法确定索夹两边缘位置,在边缘线外10cm处做出参考标志线,则某一索夹位置即可定出。

在索夹放样完成后,根据放样方法进行检测。同时采用距离法对所放点位检查。

3)索夹安装

索夹安装采取退后分次进行,即主缆初步分开后利用吊车或塔吊从主塔向跨中直接进行对称安装索夹(图 10)。索夹横向角度的调整在夜间气温低且稳定时进行,并采用游标万能角度尺(精度为 5′)和水平尺相结合的方法进行测量(图 11)。

图 10 索夹安装施工

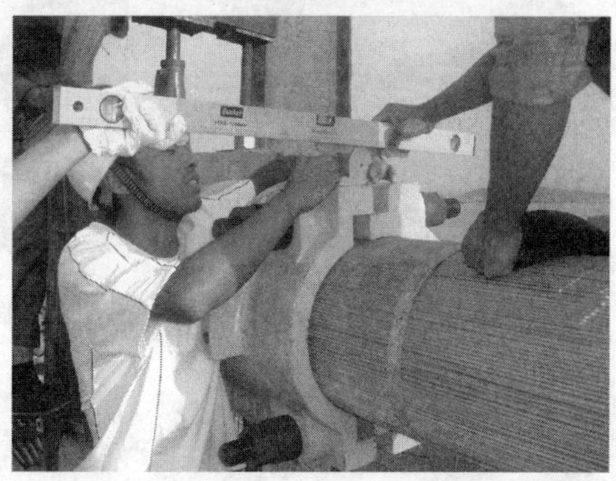

图 11 采用游标万能角度尺和水平尺测量索夹横向倾角施工

4)螺杆紧固

索夹高强螺杆轴力导入用拉伸器完成,使用前应进行标定和摩擦面摩擦系数测定。索夹螺杆紧固原则为:中间向两边对称进行。重复紧固直至所有索夹螺杆轴力满足设计要求,并做好紧固力以及紧固顺序的详细施工记录。同时应加强检测,当螺杆拉力小于设计应力的 70% 时,应及时补足。索夹安装时,仅将螺杆紧固临时固定即可,在吊索张拉各个过程中依据监控指令进行紧固。

5.5.2 吊索安装

吊索安装(图 12)直接利用吊车或塔吊从钢箱梁顶,经猫道开口,垂直提升到索夹下端与吊耳销接完成。起吊前应核对吊索编号,并利用吊车将吊索平顺展开,以减弱在吊索末端离开钢箱梁表面时发生的扭转力。吊索安装过程注意对吊索及其相关构件的保护。

吊索锚头对称调试,满足设计要求后,安装吊索防雨水的护罩。安装过程不得损伤吊索。

图 12 吊索安装施工

5.6 自锚式悬索桥体系转换施工

5.6.1 临时吊索的张拉

1)临时吊索的布置及张拉

主缆空间线形的初步形成是靠临时吊索的张拉来实现的。临时吊索要根据设计要求进行布置。

在中跨采用几对临时吊索将主缆分开。然后自塔柱侧向中跨跨中方向分批次安装索夹、张拉吊索,使吊索拉力和主缆线形符合设计要求,以实现独柱双塔、空间缆索、宽桥面、分离式钢箱、单跨悬吊的自锚式悬索桥的施工。单根临时吊索最大控制张拉力要满足设计要求,吊索材料可采用钢绞线和钢丝绳相结合的方式,利用千斤顶进行临时吊索的张拉施工(图 13)。

2)主缆分开、猫道改吊施工

中跨采用临时吊索将主缆分开。临时吊索张拉前,将猫道面网从中间割开,安装猫道中间侧栏杆、扶手绳及猫道改吊绳,同时将中跨猫道两塔顶锚固承重钢丝绳放松,猫道完全改挂在主缆上,张拉临时吊索将主缆分开过程中,不断调整猫道改吊绳,使其猫道水平,主缆分开到位后将猫道承重绳在两塔顶处锚固,完成猫道改吊施工(图 14)。

图13　临时吊索施工

图14　主缆分开、猫道改吊施工

5.6.2　永久吊索的张拉

1)永久吊索的张拉顺序及张拉力控制

永久吊索的张拉顺序及张拉力按照施工监控提供的施工步骤及数据进行控制。

2)张拉施工

(1)张拉设备的选择及安装

根据单根永久吊索最大控制张拉力选用穿心式千斤顶对称进行永久吊索的张拉施工。同时依据吊索所需要的张拉力及张拉底座空间进行张拉撑脚的设计。

图15　吊索张拉施工

(2)吊索的接长

体系转换过程中大部分吊索需要采取临时接长措施。临时接长杆一般采用材质为40Cr-GB的钢棒或钢绞线进行接长。

(3)吊索的牵引

在吊索上设置绑带,利用吊车起吊牵引下放吊索至钢箱梁锚管内。

(4)吊索的张拉及体系转换

吊索按照设计张拉顺序及张拉力控制进行张拉。吊索张拉施工过程如图15所示。

5.6.3　临时墩的拆除

在钢箱梁吊索张拉完成后,钢箱梁与临时墩脱离,拆除临时墩轨道梁底部的垫块,拆除轨道梁。再按照从上到下的顺序逐步拆除。

6 材料与设备

自锚式悬索桥空间主缆的架设与体系转换施工工法采用的配套设备如表1所示。

主缆的架设与体系转换施工机具设备表 表1

序号	名称	规格	数量	备注
1	汽车吊	25t	2台	材料设备转运
2	汽车吊	50t	1台	散索鞍、索夹、吊索吊装
3	提升桁吊	120t	1个	主、散索鞍吊装
4	塔吊	150t · m	2台	索塔部位
5	千斤顶	350t	12台	吊索张拉、鞍座顶推
6	卷扬机	10t	2台	塔顶门架
7	卷扬机	10t	4台	牵引系统
8	手拉葫芦	10t	20个	猫道架设
9	手拉葫芦	5t	2个	牵引系统
10	卸扣	5t	1个	牵引系统
11	卸扣	10t	3个	牵引系统
12	卸扣	50t	4个	猫道架设
13	滑轮	5t	3个	牵引系统
14	滑轮组	50t	4个	猫道架设
15	滑轮组	80t	2个	塔顶门架
16	千斤顶	250t	10台	临时吊索张拉
17	拖挂车	20t	2台	材料设备运输
18	钢结构加工设备		3套	钢结构加工
19	测量设备		2套	施工测量
20	电焊机		15台	钢结构施工

7 质量控制

7.1 质量控制标准

7.1.1 应遵照中华人民共和国行业标准现行的《公路工程质量检验评定标准》(JTG F80/1—2004)(土建工程)的要求执行。

7.1.2 应按工程的招标文件及业主确定的技术质量标准要求执行。

7.2 质量控制措施

7.2.1 每道工序严格按监控指令进行,确保符合设计要求及施工安全。

7.2.2 牵引系统及猫道系统的架设严格按图纸要求进行。

7.2.3 塔顶门架焊缝需进行外观检验、内部质量检验。

所有焊缝均应在冷却后按相关质量标准进行外观检查,并填写检查记录。所有焊缝不得有裂纹、未熔合、焊瘤、夹渣、未填满及漏焊等缺陷,外观检查不合格的焊接件,在未返修合格前不得进入下一道工序。

外观合格后,对塔顶门架所有关键受力焊缝及对接焊缝应沿焊缝全长进行超声波探伤,质量等级为Ⅰ级;检验不合格件,在未返修合格前不得进入下一道工序。

7.2.4 严格控制塔顶门架的搭设精度及焊接质量,并进行试吊试验,确保门架的起吊能力和刚度满足施工要求。

7.2.5　索鞍顶推系统需能保证顶推过程中的同步性。

7.2.6　临时吊索确保具有足够的强度,达到初步分开主缆的效果。

7.2.7　在体系转换阶段吊索张拉时,恒一阶段以吊索索力与线形双控,以索力为主;恒二阶段以吊索索力与线形双控,以线形为主。体系转换过程中,钢箱梁反力、内力、应力、线形满足规范及设计要求。

8　安全措施

8.1　遵照中华人民共和国行业标准现行的《公路工程施工安全技术规程》(JTJ 076—95)及《公路项目安全性评价指南》(JTG/T B05—2004)的要求执行。

8.2　遵照国家颁发的有关安全技术规程和安全操作规程办理。

8.3　严格按施工工艺、施工操作规程、施工组织设计有关安全条款进行施工。

8.4　施工时严格按指令进行,集中指挥,发现问题及时反映并解决后方可进行下一工序的施工。

8.5　严格遵守安全用电操作规程。钢结构是良好的导电体,四周应接地良好,拆接设备和电源应有专业电工操作。

8.6　进入施工现场必须戴安全帽,高空作业必须系好安全带,穿防滑绝缘鞋。

8.7　吊装索具及临时吊索,使用前必须认真检查规格及完好状况。

8.8　体系转换过程中应由施工监控单位对桥梁进行监测,发现问题及时进行调整。

9　环保措施

9.1　设立对应的施工环境卫生管理机构,在施工过程中严格遵守国家和地方政府下发的有关环境保护的法律、法规和规章,加强对施工燃油、工程材料、废水等的控制与治理。

9.2　严格控制顶推千斤顶的油路,确保不出现漏油现象。若有机械废油及类似废弃物不得直接排放,需集中处置。

9.3　各种施工废弃物按相规范及要求集中进行处理,严禁直接排放。

10　节能措施

10.1　建立能源考核办法;建立能源管理机构,具体负责能源的节约利用工作;建立能源监测检查办法,依法进行管理。

10.2　优化主体工艺结构和产品结构,建立装备结构大型化、资源利用高效化、物质消耗减量化的高效生产体系。积极采用计算机同步控制系统,加强自动化建设。

10.3　在供电、输电压、用电系统,应用节电产品和节电技术。

11　效益分析

自锚式悬索桥空间主缆的架设与体系转换施工工法与传统的自锚式悬索桥缆索系统的安装方法相比,成功实现了主缆由平面线形到空间线形的转换,具有经济性好,安全性高,施工效率高,易于保证施工质量等特点。效益分析具体如下:

11.1　与传统的自锚式悬索桥缆索系统的安装方法相比,猫道采用三跨分离式,两边跨各设一幅猫道,中跨猫道在索股架设阶段合二为一,猫道改吊时一分为二,节约施工工期。

11.2　与传统的自锚式悬索桥体系转换方法相比,主缆架设完毕后需将其初步分开,采用钢绞线临时吊索和千斤顶张拉系统,节约了设备费用。

11.3　与传统的自锚式悬索桥缆索系统的安装和体系转换方法相比,技术难度大,工艺复杂,通过对重要的施工工序进行反复论证,很好地保证了缆索系统的施工质量。

12 工程实例

该工法在江东大桥主桥自锚式悬索桥缆索系统施工中得以应用。

江东大桥主通航孔自锚式悬索桥跨径布置为 83m + 260m + 83m，分离式钢箱梁，独柱式桥塔，主缆为三跨空间线形，中跨两根空间主缆交汇于塔顶，吊索间距 9m，共布置有 26 对吊索，矢跨比 f/L = 1/4.5，边跨主缆在中央分隔带内平行布置，不设吊索。缆索系统的施工不同于常规的自锚式悬索桥，主缆先合后分。中交二公局第二工程有限公司联合相关单位进行了缆索系统施工关键技术的研究，在施工中建设性的采用了牵引系统和猫道在铅垂面内架设主缆，通过张拉临时吊索将主缆初步分开，进一步挂索形成空间缆索线形的体系转换施工方法，成功地解决了江东大桥自锚式悬索桥空间主缆的安装施工。该工法成功地实现了空间主缆由平面线形到空间线形的转换，填补了我国空间缆线形自锚式悬索桥缆索架设技术空白，为相关标准、规范修订提供了依据。

江东大桥自锚式悬索桥空间主缆的架设与体系转换施工开始于 2008 年 3 月 16 日，结束于 2008 年 8 月 8 日。施工过程中经历了台风等不利气象条件，提前保质保量地完成了空间主缆的架设与体系转换施工。

该工法在江东大桥得到成功应用，在提前进度的同时，显著提高了工程质量，节省施工成本，社会效益和经济效益显著，具有广泛的应用前景。

900t 箱梁预制、运输、安装施工工法

GGG(中企)C3112—2010

叶　坤　毛　奎　余常俊　李金龙　鲁统伟　李植淮
(中交第二公路工程局有限公司　中国路桥工程有限责任公司)

1　前言

32m 跨径的 900t 预制箱梁以其现场集中预制、提梁机存放、运梁车装梁、架桥机架设的特点,人力投入少、工效快、时间短、质量高等优点,在客运专线铁路桥梁中得到大量应用。据统计,客运专线铁路桥梁绝大部分为常用跨度预应力混凝土简支箱梁(约占 90%),总数达数万孔。

900t 箱梁要求预制及存放过程中 4 个支点不平整度≤2mm,产品外形尺寸要求严格;由于箱梁体积大,转运、存放、运输及安装均需投入大型机械,成本投入高,需要合理的施工组织来保障梁场制梁到现场安装的顺畅运转。施工技术难度相当大。900t 箱梁的预制、存放、运输和安装工法的整理编制,将为以后类似工程提供参考和借鉴。

2　工法特点

2.1　模板安装、钢筋安装均采用装配化作业模式,设备利用率高,生产效率高。

2.2　由于墩高梁重,施工设备需求品种多,尤其是特大型设备的使用,如 900t 提梁机、运梁车和架桥机的使用,需要其密切配合,对其管理、使用、养护、维修等要求都特别高。

2.3　箱梁质量要求严格,预制场地处理机预制台座模板等工艺要求高。

2.4　制移运架一体化,必须兼顾工程设备,合理规划预制场记运输路线、架设顺序及计划。

2.5　架设箱梁多、尺寸大、质量大、架设工况复杂、技术难度很高、施工风险大,箱梁在起吊、落梁过程中的生产安全是施工控制的重点。

3　适用范围

本工法适用于以下条件:

3.1　施工场地具备箱梁预制、运输场地条件的铁路客运专线项目。

3.2　大规模箱梁预制、存放、运输与安装项目。

4　工艺原理

4.1　箱梁预制

(1)箱梁采用在制梁台位预制,且台座能保证箱梁 4 个支点不平整度不大于 2mm;

(2)在制梁台座上安装模板,箱梁底模、侧模及端模均宜采用整体式钢模,内模宜采用液压式自动缩放内模;

(3)底腹板钢筋与顶板钢筋分别在钢筋台座绑扎成型并安装整体吊装骨架和吊具,用龙门吊移运至待浇筑梁位处安装;

(4)梁体的各种预埋件、预留孔与模板及钢筋骨架同时安装;

(5)根据要求选定高性能混凝土配合比,箱梁混凝土采用全断面连续灌注成型;

(6)根据季节气候条件,采用自然养护或蒸汽养护进行箱梁混凝土养生;

(7)待混凝土达到2d龄期并达到60%强度要求后,对其进行预张拉,张拉完成后拆模;达到5d龄期并达到80%强度后,进行移梁前初张拉。

4.2 箱梁完成初张拉后,即可用900t提梁机将箱梁移运至存梁台座上。

4.3 箱梁终张拉后,对预应力管道进行真空辅助压浆,封锚养护。

4.4 900t提梁机将箱梁移运至运梁车上,运送至桥位。

4.5 900t架桥机进行箱梁架设,完成箱梁施工。

5 施工工艺流程及操作要点

5.1 施工工艺流程

900t箱梁预制及存放施工工艺流程见图1,运输及安装施工工艺流程见图2。

5.2 操作要点

5.2.1 900t箱梁预制施工

1)梁场布置

制梁场的布置应有利于桥梁的预制、存放、运输及架设。制梁场地的选择主要根据架梁计划而定,同时要考虑交通状况、原材料来源、地形地貌、地质概况、水电供应和环保要求等因素。

梁场设计规划分三大功能区域,即制梁区、存梁区、辅佐生产区,各功能区之间既相互独立又相互联系。

(1)制梁区规划布置原则:根据总体工期进行考虑制梁台座数量,具体应根据内外模板安装、混凝土浇筑、蒸汽养护、预应力预张拉及初张拉等台座占用时间和箱梁预制全周期考虑。

(2)存梁区规划布置原则:存梁台座的数量主要是根据制梁的数量和存量周期确定。

(3)辅助生产区规划布置原则:辅助生产区由于系统众多,应遵循各功能系统经济合理、方便生产、专业设计及生产施工的原则进行布置。

制梁台座底部采用钢筋混凝土板式结构、上部为钢筋混凝土条形基础纵梁。条形基础顶面设预埋角钢,与底模连接以保证箱梁预制平整度,减少预制过程中台座的不均匀沉降。基础必须满足沉降小于2mm要求,必要时应采用桩基础。

为保证900t提梁机行驶需求,提梁机通道地基处理采用三灰土进行加固,上部采用厚度为25cm的C30混凝土进行硬化。

某梁场平面布置见图3。

2)钢筋施工

(1)工艺流程

进场复检→钢筋下料→弯制成型→绑扎骨架→吊装就位→预留孔道成型→隐蔽工程检查→模板施工。

(2)钢筋加工

采用钢筋调直机、闪光对焊机、钢筋切断机以及钢筋弯曲机等机械设备进行钢筋半成品加工。

钢筋接长采用闪光对接焊。冬季闪光对焊时,焊接车间内的温度不低于0℃,钢筋提前运入车间,焊接完毕的钢筋待完全冷却后运往室外。

(3)钢筋绑扎

箱梁钢筋分底腹板钢筋和顶板钢筋两部分,分别在预先加工的钢筋绑扎胎具上绑扎成型。钢筋骨架绑扎完毕后,进行预应力管道设置。预应力管道各截面均采用定位网片定位。

箱梁纵向预留孔可采用橡胶抽拔管成孔。

(4)钢筋骨架吊装

钢筋骨架分底腹板及顶板两部分进行绑扎,绑扎完毕后,采用2台龙门吊进行吊装。加强钢筋骨架以保证骨架刚度和骨架吊装的尺寸。

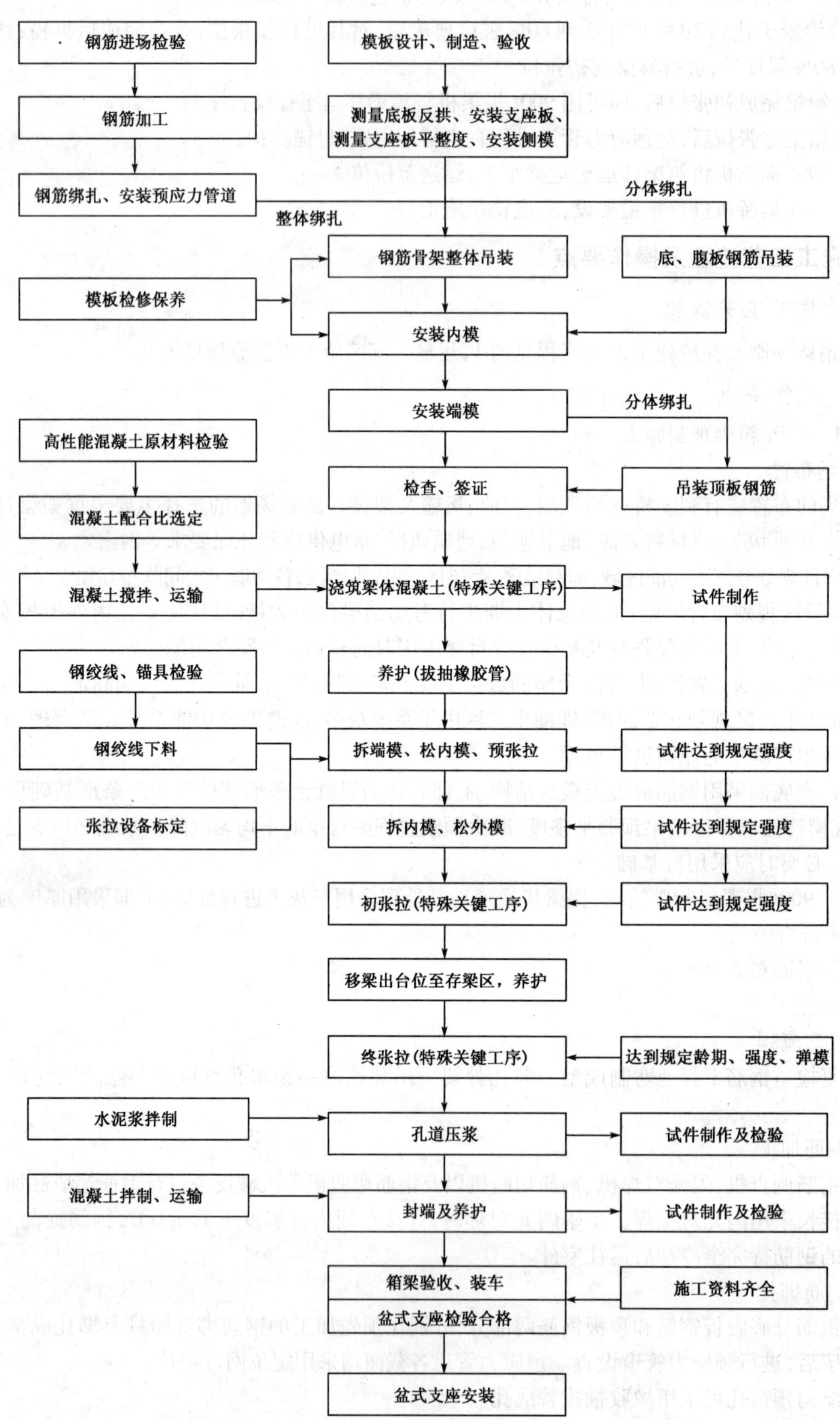

图1　900t 箱梁预制及存放施工工艺流程图

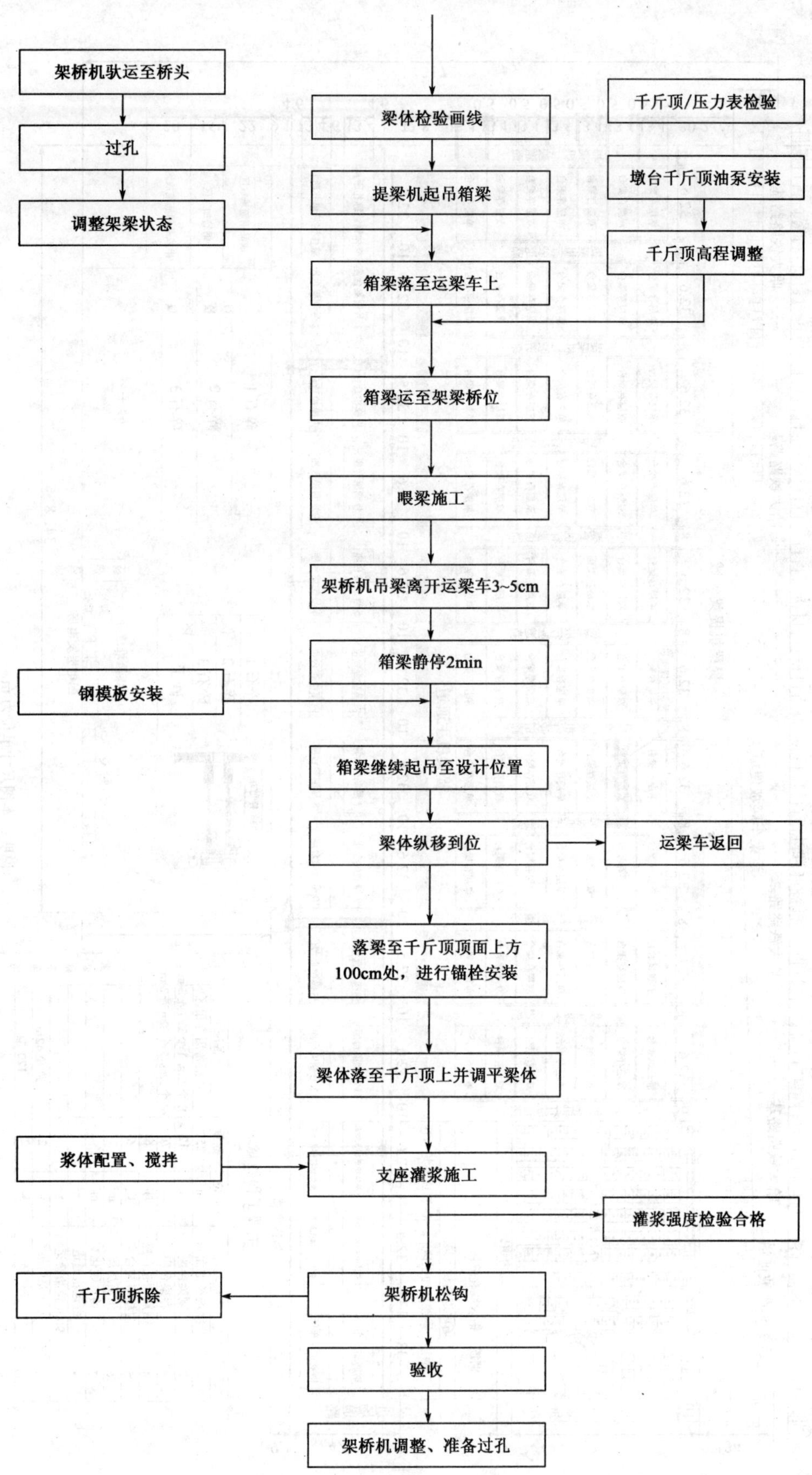

图2 900t 箱梁运输机安装施工工艺流程图

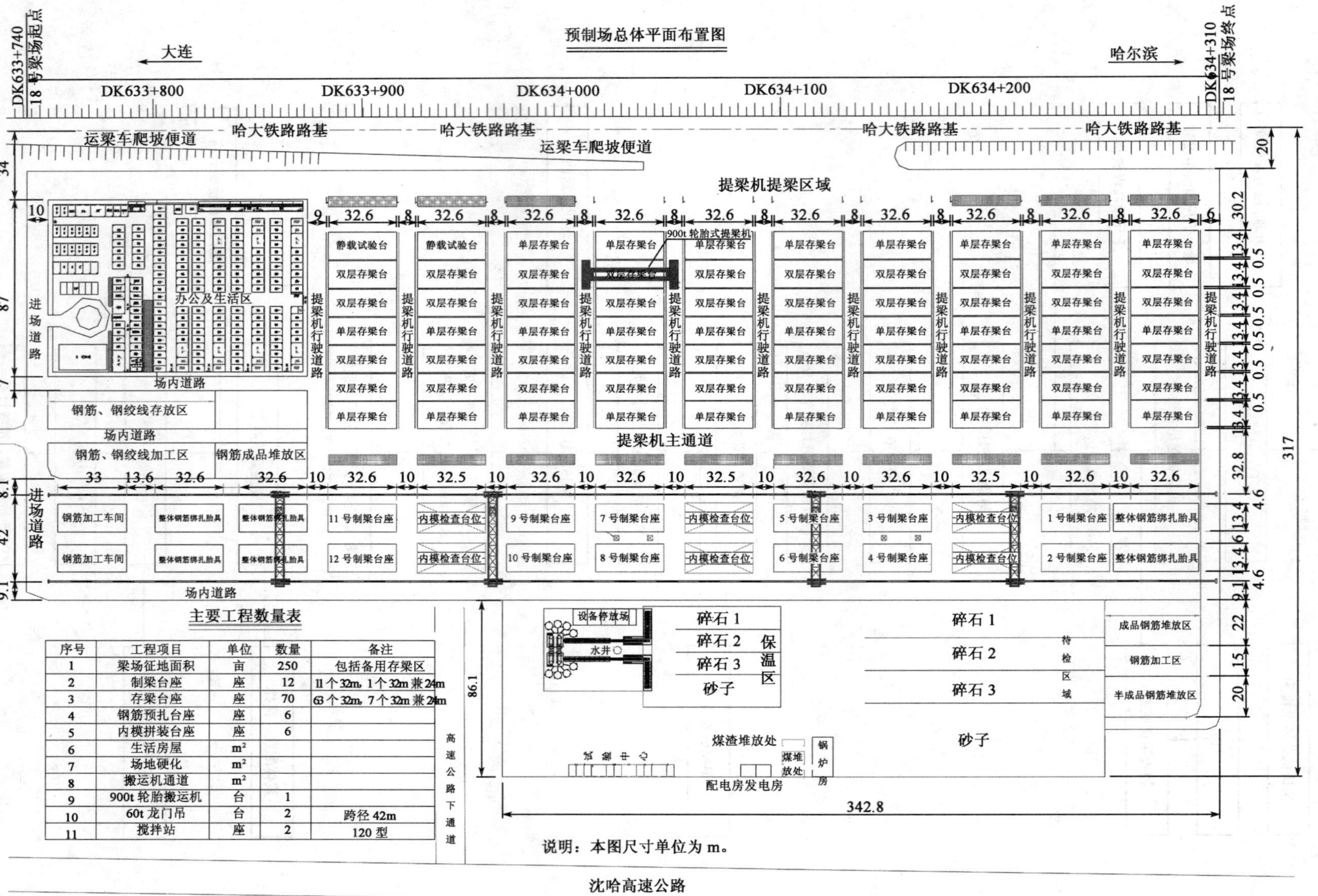

图 3　某梁场平面布置示意图

底腹板钢筋整体吊装如图4所示;顶板钢筋整体吊装如图5所示。

图4　底腹板钢筋整体吊装

图5　顶板钢筋整体吊装

3)模板施工

(1)模板安装

箱梁底模、侧模及端模均可采用整体式钢模、内模宜采用液压式自动缩放内模。模板安装顺序为:底模→侧模→内模→端模。

在钢筋混凝土台座基础上预埋钢构件,底板在工厂加工成块,在工地安装焊接成整体,底模与钢构件焊接固定底模。侧模与底模通过横向螺栓进行连接,接口处进行焊接并打磨平整。底模及侧模安装时,沿纵向按抛物线预设反拱,根据设计要求预留反拱度及压缩量,并使平整度达到设计要求。

底腹板钢筋绑扎完毕后,安装内模。液压式自动缩放内模在整修台位上修整、检查达到要求后,通过两台50t龙门吊吊装到底腹板钢筋已安装就位好的制梁台座上并精确对位。内模底板为不封闭结构,在安装内模时,要随时注意腹板部位通风孔预埋件的安装。内、外模安装就位后安装顶板钢筋。

端模采用整体可拆式端模,用螺栓与外侧模板连接,与侧模板、内模板间的间隙用橡胶条填充。严格按照设计图纸设置预留预应力孔道。

箱梁模板安装情况如图6所示。

(2)模板拆除

当梁体混凝土强度达到设计强度的60%即30MPa时,梁体混凝土芯部与表层、箱内与箱外、表层与环境温差均不大于15℃,且能保证棱角完成时,进行模板拆除,严禁在气温急剧变化时拆模。

拆模首先拆除模板顶面连接平台,再拆除端模,并松开内模,待进行预张拉后,移出内模。再松动外模进行预张拉施工。拆除下的模板应进行及时清理保养。

模板安装的验收标准如表1所示。

图6　箱梁模板安装

模板安装验收标准　　表1

序　　号	项　　目	允许偏差
1	模板总长	±10mm
2	底模板宽	+5mm、0
3	底模板中心线与设计位置偏差	≤2mm
4	桥面板中心线与设计位置偏差	≤10mm
5	腹板中心线与设计位置偏差	≤10mm
6	横隔板中心位置偏差	≤5mm
7	模板倾斜度偏差	≤3‰
8	底模不平整度	≤2mm/m
9	桥面板宽	±10mm
10	腹板厚度	+10mm、0
11	底板厚度	+10mm、0
12	顶板厚度	+10mm、0
13	横隔板厚度	+10mm、-5mm

4)预埋件及预留孔施工

梁体的各种预埋件、预留孔须与模板、钢筋骨架同时安装,不得遗漏,要保证设置齐全、位置准确。

5)混凝土施工

(1)配合比设计

配制的混凝土拌和物性能须满足施工要求,满足设计强度、耐久性等质量要求。

(2)混凝土耐久性技术指标

①对于高纬度严寒地区,混凝土抗冻性试件在冻融循环次数200次后,质量损失不应超过5%、相对弹性模量不应低于60%。

②混凝土抗渗性试件的抗渗等级不应小于P20。

③混凝土抗氯离子渗透性试件的氯离子渗透电量不应大于1 200C,当处于含氯盐环境时,氯离子渗透电量不应大于1 000C。

④混凝土护筋性试件中的钢筋不应出现锈蚀。

(3)混凝土拌制

配置实际供应能力不小于100m^3/h的拌和站如HZS120搅拌站2座。混凝土拌和之前,对所有机械设备、工具、需用材料进行认真检查,确保混凝土的拌制和浇筑正常连续进行。

搅拌上料前按试验室提供的施工配合比调整配料系统,拌制中严格按照施工配合比进行配料和称量,并在微机上做好记录。

搅拌时先向搅拌机内投入细骨料、水泥、矿物掺和料和外加剂,搅拌均匀后再加入水,待砂浆充分搅拌后投入粗集料，并继续搅拌至均匀为止。每一阶段搅拌时间不小于30s。

混凝土在拌和过程中，及时地进行混凝土有关性能（如坍落度、和易性、保水率）的试验与观察，首盘测定坍落度和含气量，稳定后每50m^{3}测一次。搅拌工作全部完毕后将搅拌机及全部混凝土容器清洗干净。

混凝土入模温度控制在5～30℃，当昼夜平均气温低于5℃或最低气温低于3℃时，应采取保温措施，并按照冬季施工处理。

冬季搅拌时采用加热水的预热方法调整拌和物温度，水的加热温度不得高于80℃。

（4）混凝土浇筑

混凝土运输采用混凝土搅拌运输车运至制梁台位，通过混凝土输送泵泵送到液压全自动布料机，再由布料机布料入模。

混凝土采用泵送连续浇筑、一次成型，全部混凝土须在初凝前浇筑完毕。混凝土浇筑时间控制在6h以内。浇筑时采用斜向分段，水平分层的方法，左右对称浇筑。采用两台布料机先从一端向另一端浇筑，浇筑至距另一端5～8m时，从梁体另一端向反方向浇筑至合龙的顺序及分层连续浇筑的方法（图7）。在浇筑到梁端时由于梁端附近钢筋非常密集，混凝土下料困难，根据以前箱梁施工经验看，混凝土浇筑过程中经常造成支座地板处出现“空洞”现象，而这一位置正是箱梁受力最不利位置，因此必须加强振捣。

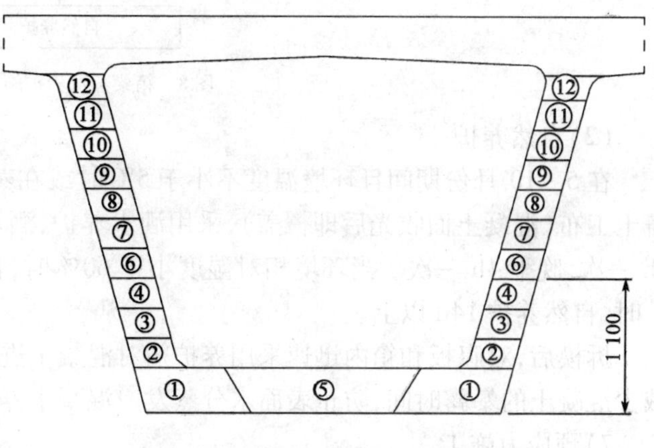

图7　混凝土浇筑分层示意图

（5）混凝土验收及试件试验

施工完成后，观察实体混凝土表面是否存在非外力裂缝。按高性能混凝土耐久性的检验评定要求，组织自检。在自检合格的基础上，再由技术负责人组织有关人员进行评定，并填写混凝土质量检验评定表，然后监理工程师对自检结果进行审核及签认。

批量生产中，预制梁每20 000m^{3}混凝土抽取抗冻融循环、抗渗性、抗氯离子渗透性、碱骨料反应的耐久性试件各一组，进行耐久性试验。耐久混凝土试件要分别从箱梁底板、腹板及顶板随机抽取，随梁体同条件成型。

6）箱梁养护

预制箱梁养护可采用蒸汽养护或自然养护，桥梁浇筑后至拆模前用土工布覆盖蓄水养护。

夏期气温高昼夜温差小，采用自然养护。冬期施工或春秋季昼夜温差较大。昼夜平均气温低于5℃或者最低气温低于－3℃时采用蒸汽养护。

（1）蒸汽养护

蒸汽养护分静停、升温、恒温、降温4个阶段，其流程见图8。

蒸汽养护以4t锅炉供汽，主管道采用DN108mm钢管，分支放汽管道采用DN70mm钢管，在放汽管道上均匀钻一排5mm孔眼，孔距500mm。混凝土浇筑完毕采用养护罩封闭梁体，并输入蒸汽控制梁体周围的湿度和温度。

静停期间，须保持棚温不低于5℃，浇筑完4h后方可升温，升温速度不超过10℃/h；恒温不超过45℃，混凝土芯部温度不超过60℃，个别最大不得超过65℃。降温时降温速度不超过10℃/h；当降温至梁体温度与环境温度之差不超过15℃时，撤除养护罩。箱梁的内室降温较慢，可适当采取通风措施。罩内各部位的温度保持一致，温差不大于10℃。

在升温和降温阶段，每隔半小时观测一次温度。恒温阶段亦每半小时测量一次。

蒸汽养护定时测温度,并做好记录。智能温度传感器布置在箱梁跨中和靠梁端1m处的侧模、内模、梁顶混凝土表面以及梁端腹板混凝土内。恒温、升降温时均每半小时测一次温度,并做好记录,根据实测温度确定蒸汽放入量,以调节蒸养温度,防止混凝土表面开裂。

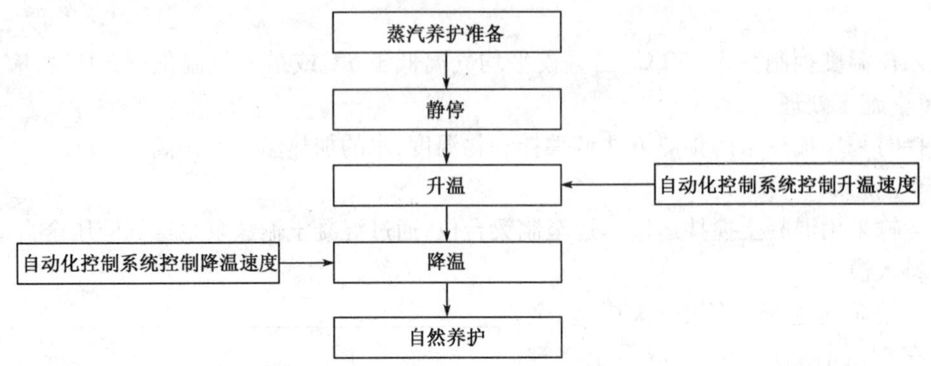

图8 箱梁蒸汽养护施工工艺流程图

(2)自然养护

在5~10月份期间且环境温度不小于5℃时或在蒸汽养护结束后,即进行自然养护。箱梁表面覆盖土工布(混凝土面收光后即覆盖),采用洒水养护,洒水次数以混凝土面充分湿润为度,一般白天1~2h一次,晚上4h一次。当环境相对湿度小于60%时,自然养护28d以上。当环境相对湿度在60%以上时,自然养护14d以上。

拆模后,对腹板和箱内迅速采用养护剂对混凝土进行后期养护,箱梁顶面采用湿水土工布覆盖养护减少混凝土的暴露时间,防止表面水分蒸发。混凝土养护期间,对混凝土的养护过程做详细记录。

7)预应力施工

(1)抽拔橡胶管

箱梁预应力采用橡胶管成孔,在混凝土浇筑后6~8h之间或混凝土初凝后需抽拔橡胶管。拔管时应用手触压检查梁体混凝土强度,若不留凹坑即可开始抽拔胶管。抽拔胶管应先试拔,即胶管抽拔出后孔道壁光滑,孔道内无落砂或残渣,孔道不发生变形及塌孔,胶管上不附着湿水泥浆即可。

抽拔橡胶管的方法,先用麻绳套扣胶管的外露端,并与钢丝绳连接,再用3~5t的卷扬机外拉抽拔,抽拔顺序是先拔先灌注的一端,由上而下,每次捆拔不得超过3根。

拔胶管时如遇拔断,则在拆模后用单根钢丝探明断的位置,然后凿取小窗口,拔出留在梁内的胶管,并在对梁体预施应力前修补完好。对拔出的胶管需及时清除其表面粘带的灰浆,同时检查其表面有无破损,剥皮或割裂,如有则需予以剔除。

(2)预应力张拉

预施应力按预张拉、初张拉、终张拉3个阶段进行。张拉前,须清除管道内杂物和积水。

①当混凝土强度达到设计强度的60%加3.5MPa(即33.5MPa)时拆除端模,此时预制梁带模预张拉,但内模板须松开,不应对梁体压缩造成障碍,张拉数量、张拉力、张拉顺序符合设计要求。

②当梁体混凝土强度达到设计值的80%加3.5MPa(即43.5MPa)时,且模板拆除后,进行初张拉。张拉数量、张拉力、张拉顺序符合设计要求。初张后梁体方可吊出台位。

③终张拉在存梁台座上进行,且梁体混凝土强度100%加3.5MPa(即53.5MPa)、弹性模量达到35.5GPa、龄期不少于10d后方可进行。

8)压浆及封锚施工

预应力管道压浆采用真空辅助压浆工艺,压浆设备须采用连续式泵。同一管道压浆须连续进行,一次完成。压浆顺序为先下后上。

压浆施工完成后,采用与梁体混凝土配合比加适当膨胀剂而成的封锚混凝土进行封锚施工。封锚完成后应加强养护,充分保持混凝土湿润,防止封锚混凝土与梁体之间产生裂纹。

9)成品箱梁的检测与验收

成品梁应逐孔检查验收,质量要求见表2。

产品质量要求　　表2

序号	项　目		要　求	备　注
1	梁体混凝土		混凝土试件28d强度不低于50MPa,且满足耐久性要求	
2	28d弹性模量		不低于35.5GPa	
3	梁体及封端混凝土外观		平整密实、整洁、不漏筋、无空洞、无石子堆垒、桥面流水畅通	对空洞、蜂窝、漏浆、硬伤、掉角等缺陷,需修整并养护,使其强度达到梁体同样的强度。蜂窝深≯5mm、长≯10mm,每平方不多于5个
4	表面裂缝		桥面保护层、挡碴墙、端隔墙、遮板、封端等,不允许有宽度大于0.2mm的表面裂缝,其他部位的梁体表面不允许有裂缝	
5	静载试验		梁体在最大控制荷载($K_f = 1.20$)作用下,持荷20min,梁体下翼缘底部边角及梁底面无受力裂纹,且在静活载作用下实测挠度值$f_{实测} \leq 1.05(f_{设计}/\psi)$	
6	钢筋保护层	构造筋净保护层厚度	桥面不小于30mm 其他部位不小于35mm	
		预应力筋保护层厚度	不小于设计值	
7	产品外形尺寸	桥梁全长	±20mm	检查桥面及底板两侧
		桥梁跨度	±20mm	
		底板宽度	±5mm	检查$L/4$截面,跨中,$3L/4$截面和梁端
		桥面及挡碴墙内侧宽度	±10mm	
		腹板厚度	+10mm,−5mm	
		桥面外侧偏离设计位置	≤10mm	从支座螺栓中心放线,引向桥面
		梁高	+10mm,−5mm	检查两端
		梁上拱	小于±L/3 000	终张30d时测量
		顶、底板厚度	+10mm,0	检查最大误差处
		挡碴墙厚度	±5mm	
		表面垂直度偏差	每米内偏差≤3mm	检测梁两端,抽查腹板
		梁面平整度偏差	每米内偏差≤5mm	
		底板顶面不平整度	每米内偏差≤10mm	
8	支座板	每块边缘高差	1mm	用水平尺量
		支座中线偏离设计位置	±3mm	
		螺栓孔	垂直梁底板	
		螺栓中心位置偏差	≤2mm	测每块支座板上4个螺栓中心距
		外露底面	平整无损,无飞边,防锈处理,无空腹声	
9	其他	泄水管、管盖	齐全、完整、安装牢固、位置正确	泄水管流水面不高于桥面、确保流水畅通
		桥牌	标志正确、安装牢固	
		电缆槽竖墙、伸缩装置预留钢筋	设置齐全,位置正确	
		接触网支架座钢筋	设置齐全,位置正确	
10	施工原始记录,制造技术证明书		完整、规范整洁,签章齐全	

5.2.2 900t 箱梁移运及存放

1)箱梁搬运步骤

(1)梁体初张拉后,将梁体打扫干净。

(2)将 900t 轮胎式提梁机启动,横跨整个制梁台位。搬运机中线与制梁台位轴线对齐。

(3)将天车上的吊具对准制梁台位上的梁体吊装预留孔下放,吊杆入孔后,用大螺母旋紧固定牢固。

(4)启动搬运机天车的卷扬机,将箱梁缓慢提离台位约 20cm 高,静停约 2min 确认一切正常后,提升至需要的高度。

(5)启动两侧走行轮开始移动,根据存梁台位的位置,调整搬运机的运动方向,将梁稳妥地放置在存梁台座上。

提梁机移梁情况如图 9 所示。

图 9 900t 提梁机移梁现场

2)箱梁存放

(1)箱梁存放在永久支座位置的 4 个存梁柱上。

(2)存梁台座约高出地面 50cm,当箱梁移到存梁台座并对位后,下放吊具将梁体就位。

(3)单层存梁(图 10)的步骤:

①先测量存梁柱顶面四点高差。根据规范要求箱梁支点不平整度应控制在 2mm 以内,如超过规定,则要垫薄钢板,以调整四支点的高差。

②清除存梁台座垫石上的杂物,在混凝土支墩顶垫橡胶垫板。

③当梁移位到接近存梁柱时,搬运机移动速度要放慢,注意对位。

④箱梁到位后,通过天车下放吊具,使箱梁落在存梁柱上。

图 10 单层存梁

(4)双层存梁(图11)的步骤

①双层存梁支点位置同单层存梁支点位置一致,首先在下层梁的梁面对应位置用细砂找平,砂层厚度为20mm左右,然后在其上垫橡胶支座,四周用砂浆密封,防止细砂溢出。最后再次测量存梁支点顶面四点高差,如超过规定,则进行调整,以确保四支点的高差在规定范围之内。

②当梁移位到接近存梁支点时,搬运机移动速度要放慢,注意对位。

③箱梁到位后,通过天车下放吊具,使箱梁落在存梁支点上。

图11 双层存梁

3)箱梁搬运及存放注意事项

(1)搬运机使用前,对走行系统、电气系统及动力系统要进行全面检查,确认一切正常方可使用。

(2)两侧轮胎的移动速度要保持一致。

(3)在移梁过程中,需要转向时,必须停机后将两支腿下的千斤顶打顶,支撑整个搬运机及起吊箱梁重量,两侧轮胎基本脱离地面。根据运行方向,启动液压系统将轮胎进行转向,然后将支撑千斤顶收回,搬运机方可继续前行。

(4)移梁分为初张拉后吊运及终张拉后的吊运。初张拉后吊运时严禁梁上堆放其他重物,终张拉后的吊运必须在管道压浆达到设计强度后进行。

(5)预制梁在存梁台座上存放时梁端允许悬出长度不得大于1.5m,运输时支点距梁端距离不得大于3m。

(6)预制梁在预制场内运输、起落梁和出场装运、落梁均采用联动液压装置或三点平面支撑方式,运输和存梁时均须保证每支点实际反力平均差不超过±5%和4个支点不平整量不大于2mm。

(7)为避免箱梁存放因两端不均匀下沉发生倾斜,存梁台座在存放箱梁期间,需定期对存梁台位进行沉降观测。刚开始观测时密度稍大,每周观测一次,直至存梁台位基础沉降变化不大,趋于较稳定后,隔15d、30d再进行观测。

5.2.3 支座安装

(1)安装支座之前,对梁底预埋钢板进行清理,确保梁体预埋支座钢板表面无浮浆,螺栓孔内无杂物。

(2)确定安装支座的类型,技术人员根据设计相关图纸确定待架梁所需的支座类型,根据有无声屏障确定支座承载力;根据箱梁架设位置的设计坡度确定支座坡度类型;根据支座坡度类型确定支座安装方向。

(3)由于制梁台座高度的限制以及双层存梁的特点,支座在提梁后人工配合叉车进行安装。由叉车将所需要的支座运至待架梁的下方,根据设计要求,对不同类型的支座进行定位安装。4人用专用套筒扳手及活动扳手,采用对角线同时安装支座螺栓,保证支座安装平整,如图12所示。紧固上座板螺栓,使支座上座板与梁底预埋螺栓板密贴,保证支座方向、搭配、紧固度。支座安装技术要求如表3所示。

图12 现场支座安装

箱梁支座安装要求 表3

<table>
<tr><th colspan="2">项　目</th><th>允许误差(mm)</th></tr>
<tr><td colspan="2">支座中心线与墩台十字线的纵向错动量</td><td>≤15</td></tr>
<tr><td colspan="2">支座中心线与墩台十字线的横向错动量</td><td>≤10</td></tr>
<tr><td colspan="2">支座板每块板边缘高差</td><td>≤1</td></tr>
<tr><td colspan="2">支座螺栓中心位置偏差</td><td>≤2</td></tr>
<tr><td colspan="2">同一端两支座横向中心线间的相对错位</td><td>≤5</td></tr>
<tr><td colspan="2">螺栓</td><td>垂直梁底板</td></tr>
<tr><td colspan="2">4 个支座顶面相对高差</td><td>2</td></tr>
<tr><td rowspan="2">同一端两支座纵向中线间的距离</td><td>误差与桥梁设计中心线对称</td><td>+30,-10</td></tr>
<tr><td>误差与桥梁设计中心线不对称</td><td>+15,-10</td></tr>
</table>

(4)支座安装后,再次检查支座类型、坡度、安装方向和安装位置。固定支座上座板与下座板中心纵、横错动量,以及活动支座中心线横向错动量均不得大于3mm;活动支座中心线的纵向错动量与设计计算值的允许偏差之和为±3mm。固定支座及活动支座下座板中心线的扭转偏差为1mm。

支座安装无误后,用L尺及记号笔画出待架梁梁端中心线,帮助运梁车对中,画出支座横纵中心线并引至腹板外侧,这是落梁时重要的依据和控制指标。

5.2.4 运梁车装梁

采用900t运梁车进行运梁作业,提梁机将箱梁提至装车高度,装梁前运梁车调整好车架左右高度,使车架处于水平状态。运梁车根据对中摄像头红外线装置对正路线中线,行至箱梁下部。在装梁过程中,调整运梁车支承架上4个支承座,使油缸均匀受力防止箱梁受扭。运输支点设置在梁端底板的腹板下方,距梁端距离≤3m。梁体装载到运梁车上之后,箱梁重心线与运梁车中心线重合,允许偏差±50mm。梁体在装运过程中支点位于同一平面,相对高差不大于2mm。

5.2.5 运梁车运输

运梁车在桥面上运行按预先划定的标志前进,避免轮组离开桥梁腹板位置。运行应保持匀速,严禁突然加速或紧急制动,曲线、坡道地段应严格将速度控制在0~2.5km/h范围内。当运梁车接近架桥机时(一般20~30m)停车,在得到允许命令后才能向架桥机喂梁。运梁过程中设立专人监护,查看运梁道路情况、是否跑偏、运梁车轮胎是否正常、机械声音有无异常变化等,操作室人员时刻观察仪表盘上4个支撑点的压力差变化情况,观察轮胎标准气压是否均在0.8MPa。指挥人员均用对讲机进行沟通,发现问题及时停车,等问题处理好后再启动运梁。路基宽度保证8m、压实度达到设计要求≥96%,桥台处及涵台两侧填筑段也应满足上述要求,并且其纵坡≤3%,横坡≤4%,在实际填筑过程中尽量保证其无横坡,考虑到运梁车满载时各支点的压力差,也考虑到架桥机主机过孔时处于偏压状态容易损坏钢轨及存在安全隐患。填筑长度需在35m以上，保证运梁车底盘不被拖地。

箱梁起吊设4个吊点，吊梁时为保证4点受力均匀，采用4点起吊3点平衡的原理保证4点受力均衡，确保箱梁起吊过程的安全可靠。即首先使箱梁一端两个吊点在吊梁、纵走、横移、落梁整个过程中始终受力相等。这样，由静力平衡条件使箱梁另一端两个吊点受力必然相等。

梁端部安设倾角传感器，并在屏幕上随时显示倾斜角度，并由司机随时调整。一是在起落梁过程中控制箱梁纵横向倾角不得过大（小于0.70°），以保证吊杆和梁体的安全；二是箱梁就位时需调整横向水平和纵向坡度。

900t箱梁运输情况如图13所示。

图13　900t箱梁运输

5.2.6　箱梁安装

1）箱梁安装采用满足箱梁施工要求的铁路架桥机施工。

架桥机应执行定期保养和检定制度，保持良好状态，具有安全系数，并应按规定进行试吊，试运和检查以及刹车试验，合格后方可使用。电气设备应绝缘良好，开关应装箱上锁，方可送电。以上设备均应建立值班巡守制度。架梁时，应按架桥机使用说明书的规定操作架桥机。

架梁期间，有关防火、防爆、防雷击、防洪和防暑等措施，均应符合国家现行规章的规定。夜间架梁必须有足够的照明。

2）箱梁架设前准备工作

由测量人员和架梁技术人员对下部结构进行验收，测量墩台前后、左右距设计中心线的尺寸和支承垫石高程；复核墩台上加密水准点，检查垫石顶面是否平整；复核锚栓孔位置、深度、孔眼大小等是否符合设计要求，将支座十字线画在墩台垫石顶面上，作为梁就位的依据，检查工序交接资料是否齐全。

验收标准：平面位置误差小于10mm，跨距误差小于5mm，墩顶高程误差小于10mm，相邻墩顶相对高差小于5mm。

3）箱梁架设安装

架桥机架梁安装（图14）主要工艺流程：运梁车喂梁→前吊梁小车吊梁前行→后吊梁小车吊梁前行→前后吊梁小车于架梁位落梁→架桥机纵移过孔→调移下导梁→架桥机过孔完毕→架设下一片梁，运梁车运输到架桥机前喂梁，新的循环开始。

图14　箱梁架设

架桥机安装工艺流程见图15~图24。

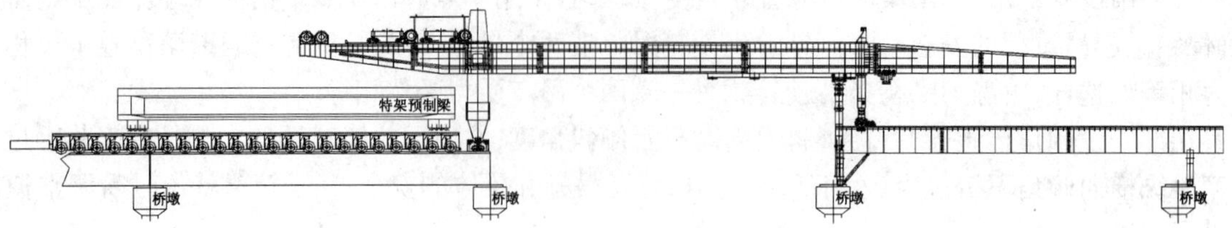

图15　步骤一:运梁车喂梁

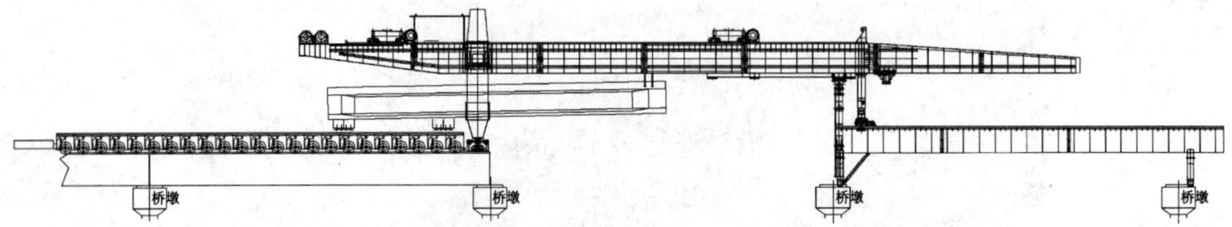

图16　步骤二:前吊梁小车吊梁前行

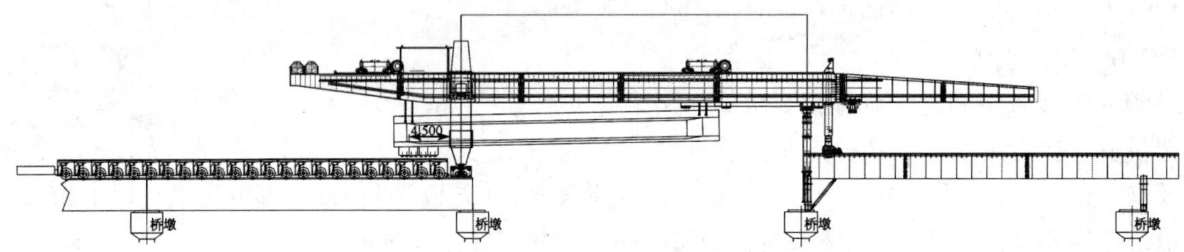

图17　步骤三:后吊梁小车吊梁前行(尺寸单位:mm)

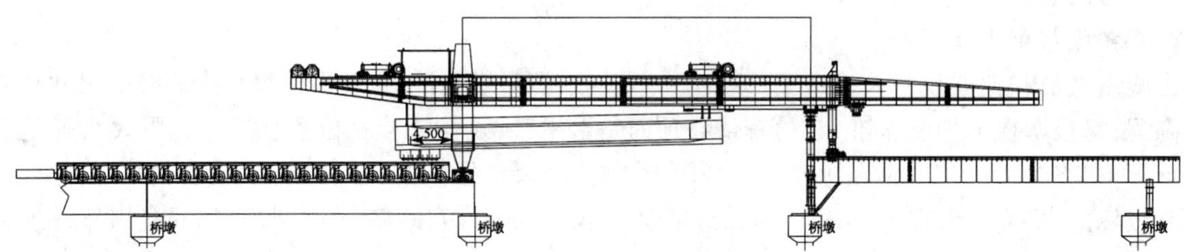

图18　步骤四:前后吊梁小车在架梁位置落梁(尺寸单位:mm)

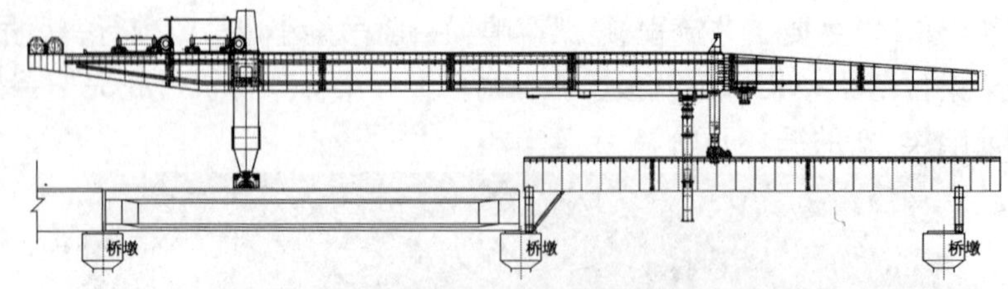

图19　步骤五:架桥机过孔示意图

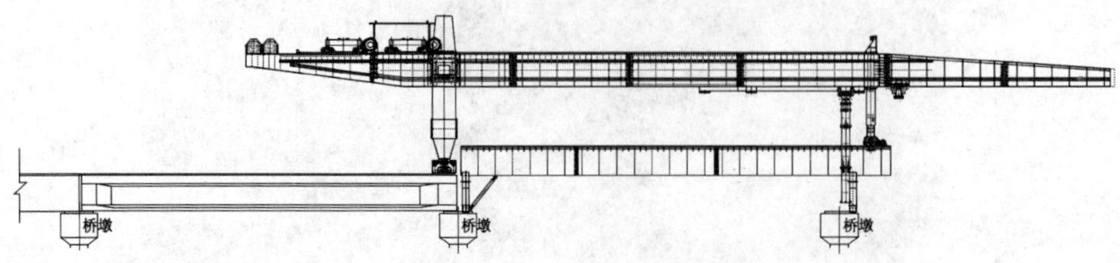

图20　步骤六:箱梁纵移过孔

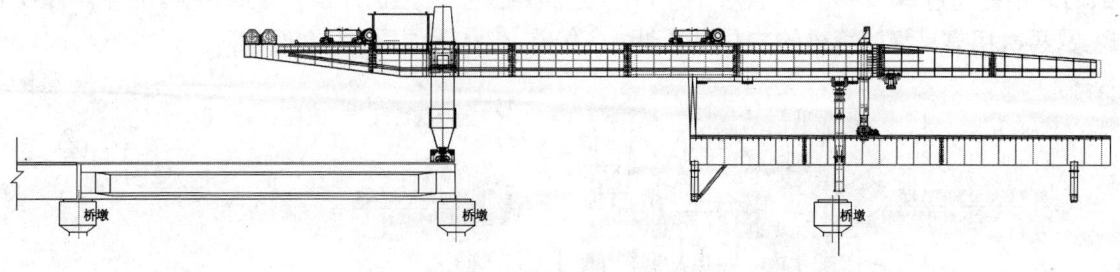

图 21　步骤七:调移下导梁

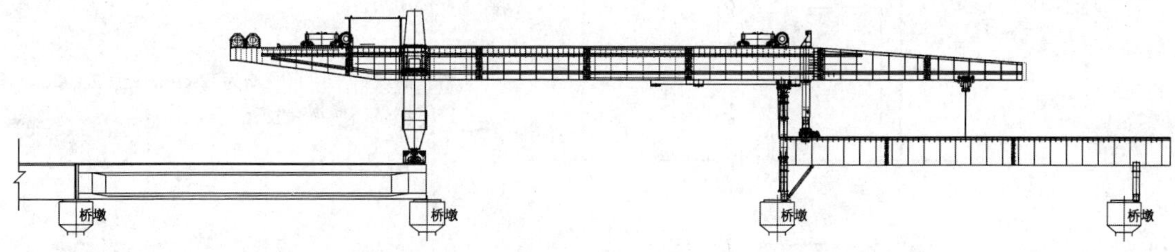

图 22　步骤八:架桥机过孔后

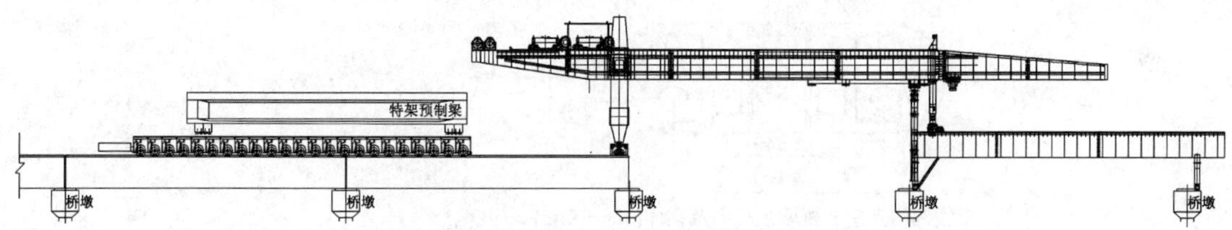

图 23　步骤九:运梁车进行下片梁的喂梁

图 24　运梁车整体驮运架桥机

4)架桥机锚固

运梁车喂梁之前,用千斤顶顶起后支腿,使车轮悬空,垫箱受力,架桥机前支腿通过墩顶预埋的精轧螺纹钢锚固在桥墩上(锚固方式见图 25),使架桥机具有足够的稳定性。

5)落梁就位质量控制

(1)高程控制:在过孔之后,用精密水准仪测量千斤顶顶面高程即为待架梁梁底设计高程。测量墩台支座垫石顶面高程后将两者的差值作为千斤顶油缸顶升行程的依据,并标注在支座垫石侧面。

(2)平面位置控制:调整架桥机吊梁小车使待架梁前后端侧面腹板支座中心线和待架梁前端支座中心线与墩台上支座中心十字线重合,两侧工人拿钢尺测量左右偏差,使用吊锤和靠尺辅助作业。调完左右再调前后,前后以桥墩上的弹线为准,并以伸缩缝宽度 10cm 校核,每次梁体均以前导梁为准,允许偏位:左右 10mm,前后 20mm。

(3)支反力控制:采用 400t 千斤顶 4 个,顶升行程 200mm,高度为 450mm,每台千斤顶配备 1 台油泵。千斤顶每月进行一次校验。油泵进油表精度选用 0.4 级,每月校验一次。千斤顶安放在墩台支承垫石内侧。千斤顶持压后,有一定的回缩沉降量,用钢尺量测距离与现场工程师事前测好标出的数值进行对比,根据基础数据同时匀速顶升千斤顶达到设计高程。压力值控制在 5% 之内,即左表达到

25MPa,右表不能超过26.25MPa。查看千斤顶读数是否稳定,检查千斤顶自锁状态,检查千斤顶是否有漏油现象,再次用靠尺复核箱梁的左右偏差和梁底偏差,确认无误后,准备灌浆。

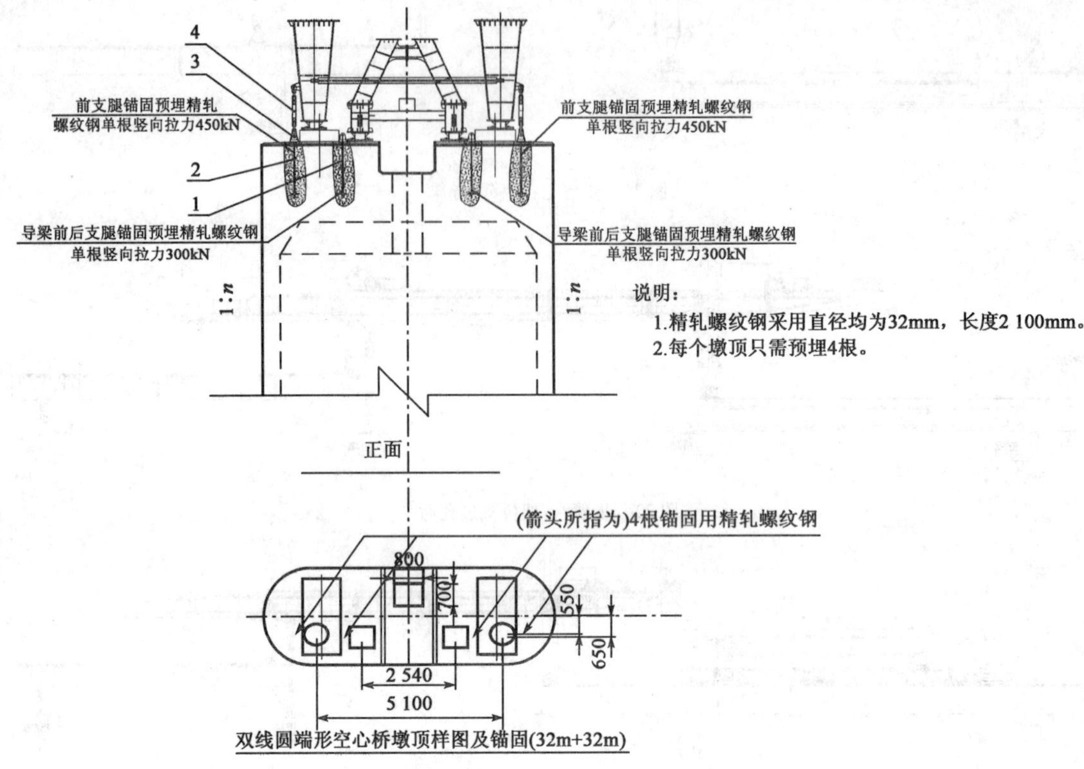

图25　锚固方式示意(尺寸单位:mm)

5.2.7　主要工序工效分析

(1)单片箱梁生产周期为30d,其中制梁台座占用时间为6d;

(2)存梁周期约为60d;

(3)配备1台架桥机及1台运梁车,单片梁运架周期约为0.5d;

6　材料与设备

一个500片箱梁预制架设规模以上的客运专线900t箱梁预制、存放、运输及安装所需机具设备见表4。

设备配备表　　表4

序　号	名　称	规格型号	数　量	单　位	备　注
1	底模	32m	12	套	预制箱梁
2	固定侧模	32m	12	套	预制箱梁
3	端模		6	套	预制箱梁
4	全液压式内模	32m	6	套	预制箱梁
5	混凝土拌和楼	$120m^3/h$	2	套	预制箱梁
6	提梁机	900t	1	台	移梁
7	混凝土输送泵	$80m^3/h$	3	台	预制箱梁
8	布料机		3	台	预制箱梁
9	龙门吊	50t	4	台	预制箱梁
10	蒸养锅炉	4t	2	套	箱梁养护

续上表

序 号	名 称	规 格 型 号	数 量	单 位	备 注
11	运梁车	900t	1	台	箱梁运输
12	架桥机	900t	1	台	箱梁安装
13	静载试验梁架	32m	1	套	静载试验
14	发电机组	250KW	2	台	电力供应
15	发电机组	200KW	1	台	电力供应
16	整平机	9m	2	台	整平
17	装载机	ZL50D	3	台	装料
18	混凝土罐车	9 方	6	台	混凝土运输
19	真空灌浆泵	SQG45A	2	台	压浆施工
20	压浆台车	JS-300	1	台	压浆施工

7 质量控制

7.1 质量控制标准

(1)应遵照中华人民共和国行业标准现行的《客运专线铁路桥涵工程施工质量验收暂行标准》(铁建设[2005]160 号)、《铁路混凝土工程施工质量验收补充标准》(铁建设[2005]160 号)及《客运专线预应力混凝土预制梁暂行技术条件》(铁科技[2004]120 号)的要求执行。

(2)应按本工程的招标文件及业主确定的技术质量标准要求执行。

7.2 质量控制措施

(1)钢筋施工中,严格按照有关技术要求进行操作,加工允许误差控制在规范允许范围内。绑扎成型的钢筋骨架必须确保保护层厚度、预留管道位置准确。

(2)模板具有足够的强度、刚度和稳定性,能保证梁体各部形状、尺寸及预埋件的准确位置。安装时必须严格按照操作规程进行操作,确保各部位尺寸符合设计要求。

(3)气温急剧变化时,不得拆模。拆模至预加应力前,梁体混凝土表面温度与环境温度差不大于15℃。大风或气温急剧变化时不拆模。在寒冷季节,若环境温度低于 0℃,需待表层混凝土冷却至 5℃以下方可拆除模板,要采取脱而不移、立即预张的方法。在炎热和大风干燥季节,须采取逐段拆模、边拆边盖、边拆边浇水的拆模工艺。

(4)施工中根据气温、输送距离来考虑坍落度损失。混凝土在拌和过程中,及时地进行混凝土有关性能(如坍落度、和易性、保水率、含气量)的试验与观察,前 5 盘每盘测定坍落度,稳定后每 $50m^3$ 测一次。

(5)混凝土浇筑应快速、连续浇筑,一次成型,浇筑时间不超过 6h。

(6)炎热天气避开中午、下午的高温时间,尽量选择在低温或傍晚进行混凝土的浇筑。当昼夜平均气温低于 5℃或者最低气温低于 -3℃时,须采取保温措施,并按冬季施工处理。

(7)批量生产中,预制梁每 20 000m^3混凝土抽取抗冻融循环、抗渗性、抗氯离子渗透性、碱骨料反应的耐久性试件各一组,进行耐久性试验。耐久混凝土试件要分别从箱梁底板、腹板及顶板随机抽取,随梁体同条件成型。

(8)梁体混凝土蒸汽养护采用自动控温养护罩,严格控制静停、升温、恒温、降温 4 个阶段养护温度。冬季施工浇筑的混凝土要采取覆盖养护,当平均气温低于 5℃时,按冬季施工方法进行养护,箱梁表面喷涂养护剂养护,禁止对混凝土洒水。

(9)试生产期间,至少对两件梁体进行各种预应力瞬时损失测试,确定预应力的实际损失,必要时须由设计方对张拉控制应力进行调整。正常生产后每 100 件进行一次损失测试。箱梁预应力施工以张拉力为主,伸长量为辅。

(10)预制梁在预制场内运输、起落梁时均采用联动液压装置或三点平面支撑方式,运输和存梁时均须保证每支点实际反力平均差不超过±5%或4个支点不平整量不大于2mm。

(11)为避免箱梁存放因两端不均匀下沉发生倾斜,存梁台座在存放箱梁期间,需定期对存梁台位进行沉降观测,刚开始观测密度稍大,每周观测一次,直至存梁台位基础沉降变化不大,趋于较稳定后,隔15d、30d再进行观测。

(12)箱梁运输施工时,设专人进行指挥及检查,保证箱梁运输安全、顺畅。

(13)箱梁架设施工应严格遵守箱梁安装质量检验及验收制度,按章操作架桥机,架桥机施工前应进行试吊,合格后方可使用。

8 安全措施

8.1 遵照中华人民共和国行业标准现行的《铁路工程施工安全技术规程》(TB 10401.2—2003)的要求执行。

8.2 遵照国家颁发的有关安全技术规程和安全操作规程办理。

8.3 严格按施工工艺、施工操作规程、施工组织设计有关安全条款进行施工。

8.4 建立健全各工地、各施工环境下的施工安全规章制度,做好上岗前职工安全施工培训工作;特殊工种必须持安全考核证上岗,严禁无证操作、违章作业。

8.5 箱梁搬运、安装时应制定专项施工方案及安全技术规程并于施工前进行安全交底,现场设置专人进行指挥,起吊前应对机械及吊具进行重点检查,其中机械按要求进行试吊。

8.6 当工作地点的风力达到5级时,不宜进行起吊作业;当风力达到6级及以上或遇有大雪、大风、雷雨等恶劣天气及夜间照明不足的情况,不得进行起吊作业。

8.7 从事箱梁起吊、纵横移、降落、装车的所有工作人员必须严格执行有关的安全规程,要求操作正确,稳妥可靠,服从指挥,配合协调。

8.8 橡胶管抽拔时,梁端附近2m范围内严禁站人防止胶管回弹伤人。

8.9 吊车施工时,严禁在非自由状态下斜拉吊装物;起重臂下严禁站人,吊运重物后慢速行驶,行驶中不突然变速和倒退。

8.10 张拉施工安全措施如下:

(1)油泵千斤顶油路无泄露,确认正常后进行作业。

(2)专用张拉架安装要牢固可靠,保证安全。

(3)作业中,操作要平稳、均匀,张拉时两端不站人。在测量伸长量时,操作人员站在侧面进行操作。

(4)千斤顶不准超载,不准超出规定的行程。

(5)张拉时,油压升降缓慢,切忌突然加压或卸压,两端伸长值基本保持一致,严禁一端张拉。

(6)张拉区域禁止非工作人员进入,周围要设置明显警示牌。

8.11 混凝土养护与冬季施工安全措施:

(1)采用煤炉升温的室内要将烟气利用管道排到室外,保持室内通风透气,防止煤气中毒。

(2)采用电热片升温的地方要做好用电管理,防止漏电、触电事故的发生。

(3)要准备充足的消防器材,防止火灾事故的发生。

(4)锅炉房要定期检查,定期清除锅炉内水垢和积炭。

(5)冬期施工期间,工人要注意劳动保护,防止冻伤、烫伤事故的发生。

9 环保措施

9.1 成立对应的施工环境卫生管理机构,在施工过程中严格遵守国家和地方政府下发的有关环境保护的法律、法规和规章，加强对施工燃油、工程材料、废水、封底混凝土等的控制与治理。

9.2 现场施工采用环保型设备，梁场施工完毕后，工完清料，不可破坏周边环境。

9.3 对外加剂等化学品，设专人管理，严防丢失散漏；残余外加剂等有毒有害材料使用完后应及时隔离处理，不直接丢弃、倒撒，防止造成土质污染。

9.4 冬燃材料必须符合环保及消防(阻燃)要求。

9.5 现场所有的细颗粒、易飞扬材料应入库存放报关，不能入库存放的应覆盖严密，以防止飞扬造成污染。

9.6 加热保温措施应符合环保规定，不采用污染较大的燃料进行加热保温处理。

10 效益分析

10.1 预制箱梁施工质量易保证、施工速度快，将在客运专线建设中迅速发展，且将会越来越多地被广泛应用。

通过工艺及设备的优化，开发并形成了成套的技术，实现优质高效的完成本项目的施工，节省了直接成本，提前工期 1 个月；通过现场工艺的实施和推广，形成该技术和市场领域的领先地位。由此可见，设备的选择及工艺的更新，对大型预制梁场运转及箱梁架设的生产效率，具有巨大的提高作用。

科研成果总体上达到国内同行业的领先水平。

10.2 在规划设计方面，梁场规划时充分利用供梁范围内路基较多的特点，将梁场设置在路基附近，架梁方式才用爬坡上桥的方式进行架梁，节省了 4 台 450t 跨墩提梁门吊，不但节约设备投入费用 1 800万元，同时还规避了提梁过程中的重大安全风险。

10.3 在资源配置方面，将遮阳棚、养生棚、挡雨棚，三棚合一，且可以利用门吊来回移动，由于此棚的作用，即使雨天也可进行混凝土浇筑，大大加快了施工进度，取得了不错的经济效益。

10.4 在箱梁预制过程中，采用整体抽拔式内模板、钢筋整体吊装、预、初、终等三级张拉等新工艺、新措施，平均每天制梁达 3 榀，大大加快了施工进度，缩短工期约 3 个月，仅此一项减少设备摊销及人员工资等各项费用约 400 万元。

10.5 对配合比设计进行了优化，C50 高性能混凝土单方量胶凝材料用量 480kg，其中水泥用量仅仅 330kg，大大低于同级普通混凝土胶凝材料或水泥用量，按照单方混凝土节约 20kg 水泥计算，两个梁场 30 万 m^3 混凝土，节约水泥约 6 000t，合计约 240 万元。

10.6 在箱梁架设过程中，充分利用穿裆式提梁机的特点，采用运梁车穿裆的方式进行装梁，装梁通道由 30m 变更为 8m，节约成本约 100 万元，该项成果在“哈大中交指”组织的“我为哈大作贡献”方案征集活动中，获得 10 大优秀成果奖。

11 节能措施

11.1 优化施工方案，合理进行施工组织安排，减少临时工程及材料投入量，缩短设备使用时间及周转期。

11.2 采用低功耗设备，设备勤保养，减少故障发生率，提高设备有效使用率。

11.3 合理布设各种用电，取暖、供水管道，并采购相对应的设备，降低能源无功损耗。

12 工程实例

该工法在哈(哈尔滨)大(大连)客运专线 17 号及 18 号梁场工程中得以应用。哈(尔滨)大(连)客运专线设计最高运行速度 350km/h。17 号、18 号梁场位于吉林省公主岭市，处于高纬度严寒地区，共计 1 122 孔 32m、24m 预制箱梁的预制、运输及安装施工作业，工程总造价约 10 亿元。

12.1 哈大 17 号梁场工程概况

17 号梁场位于路线前进方向左侧，负责 544 孔 32.6m 和 24m 跨径的预制箱梁的预制安装施工作业,32.6m 预制箱梁单片重约 900t,箱梁顶板宽度 13.4m,底板宽度 5.5m,梁高 3.05m。

本梁场交通位置方便,可以直接修建便道与 102 国道进行连接。进场物资基本采用公路运输到施工现场。

12.2 哈大 18 号梁场工程概况

哈尔滨至大连客运专线 18 号梁场位于路线与沈哈高速公路间,负责 578 孔 32.6m 预制箱梁的预制安装施工作业,32.6m 预制箱梁单片重量约 900t,箱梁顶板宽度 13.4m,底板宽度 5.5m,梁高 3.05m。

本梁场交通位置方便,可以直接修建便道与 102 国道进行连接。进场物资基本采用公路运输到施工现场。

12.3 施工效果评价

采用本工法施工,施工过程安全可靠,箱梁批量生产质量优良,很好地满足了高纬度严寒地区的使用要求,架梁速度快,实现了梁场制梁、存梁、现场转运、架梁的稳定运转,大为提高了施工效率,保证了施工质量,社会效益和经济效益显著。

大跨度变截面连续箱梁组合式支架大节段现浇施工工法

GGG(中企)C3113—2010

杨 萍 杨振伟 王 君 时天利 曹振民
(中交第二公路工程局有限公司 中国路桥工程有限责任公司)

1 前言

一直以来,我国大跨度预应力混凝土连续梁基本采用悬臂浇筑法施工,近年各种新型挂篮的研制和应用,使得悬臂浇筑法施工大跨度预应力混凝土连续梁更加广泛和实用。但该施工方法的工期相对较长,尤其随着近年来我国经济的迅猛崛起,铁路大发展日新月异,客运专线,高速铁路的建设进入到一个全新的时代,在这样一个大背景下,桥梁工程的数量急剧增加,很多工程都要求桥梁施工的进度必须加快,缩短施工工期,从而满足总体的需要。对于大跨度预应力混凝土连续梁采用悬臂浇筑法施工,显然时常会影响到工程的进度,而改用分大节段现浇法施工便能很有效地解决这个问题。

中交第二公路工程局在哈大高速铁路、京沪高速铁路以及沪宁城际铁路上、下行线等项目施工中采用组合式支架大节段现浇大跨度变截面连续箱梁施工,成功地完成了多座连续梁,为保证全线按时顺利贯通奠定了基础。

2 工法特点

2.1 采用大节段现浇,每次浇筑长度40m左右,梁体高度大,荷载集度大,对支架的承载力、沉降、稳定性要求高;施工预拱度设置也完全不同于悬浇工法。

2.2 采用下部大钢管桩支架,上部碗扣式满堂支架的组合形式,保证承载力、沉降、稳定性的同时,便于高墩纵向弧线形梁底高程的调整。

3 适用范围

本工法适用于以下条件:

3.1 地基较为软弱,无法直接采用满堂支架或桥下净空较高,采用满堂支架,高度太大,稳定性、沉降无法满足梁体施工要求的项目。

3.2 水中无法直接采用满堂式支架现浇施工梁体的项目。

3.3 工期要求较紧的项目。

4 工艺原理

采用组合式支架大节段现浇大跨度预应力混凝土连续梁施工工艺原理:

4.1 下部采用大直径钢管桩框架支架跨越障碍物、既有线,并保证承载力、沉降、稳定性;上部2~6m高度采用通用碗扣式满堂支架,便于纵向弧线形梁底高程及纵横坡的调整。

4.2 连续梁纵向分段,施工时按照设计给定的施工顺序进行分段搭设支架(也可一次搭设)、立模、绑扎钢筋、浇筑混凝土施工。

4.3 每一梁段混凝土浇筑完成,混凝土强度达到设计要求后,张拉本阶段的预应力束,然后再进行下一梁段的施工,直至全桥合龙,最后进行全桥预应力连续张拉、压浆。

4.4 箱梁由支架支撑转换为桥墩支座受力,完成受力体系转换。

5 施工工艺流程及操作要点

5.1 施工工艺流程

采用组合式支架大节段现浇大跨度预应力混凝土连续梁施工工艺流程见图1。

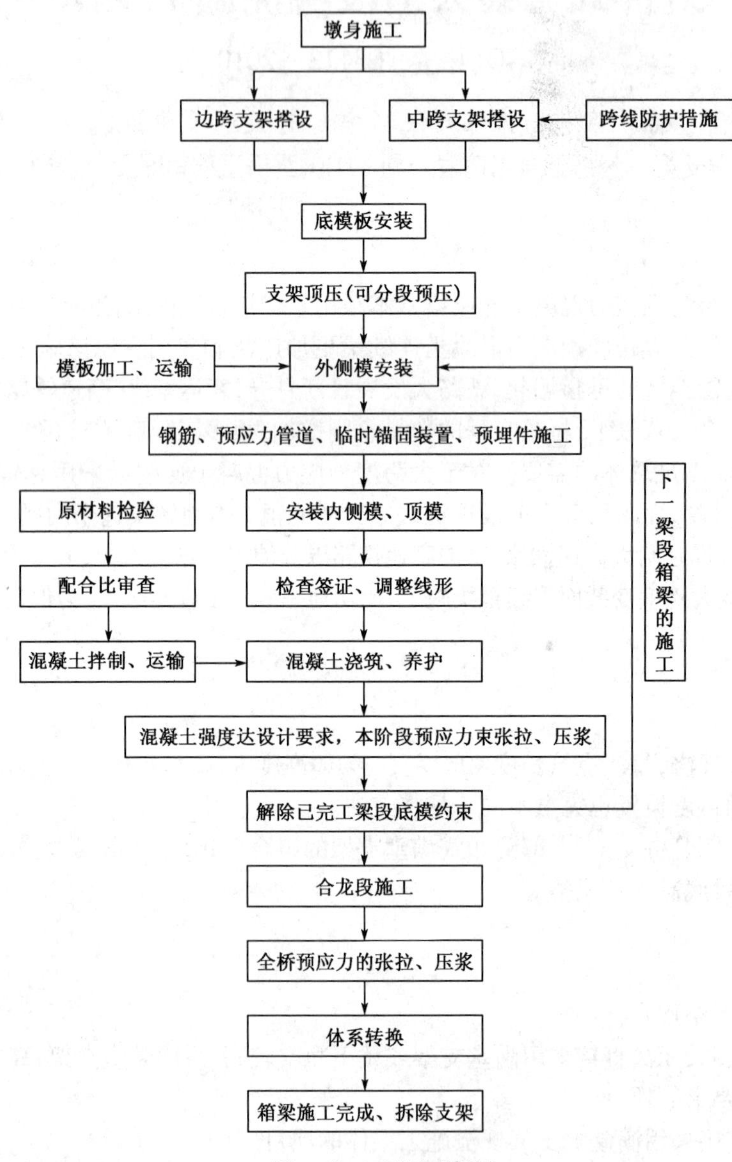

图1 施工工艺流程框图

5.2 操作要点

5.2.1 支架施工前的准备工作

在跨线支架安装之前,做好交通安全防护措施及各种施工安全措施。跨既有公路安装好交通警示标志标牌等,跨既有铁路的安装好防护棚架等。

某高铁跨既有线路线总体图如图2所示。

5.2.2 组合式支架搭设

1)支架基础施工

(1)基础类型

组合式支架基础一般采用钢管桩基础或钢筋混凝土桩基础 + 条形承台或扩大基础(地基条件较好时采用)。

(2)基础荷载试验

基础施工前,应进行荷载试验,验证软土地基承载力及沉降值,为基础形式的选取提供可靠的参数。

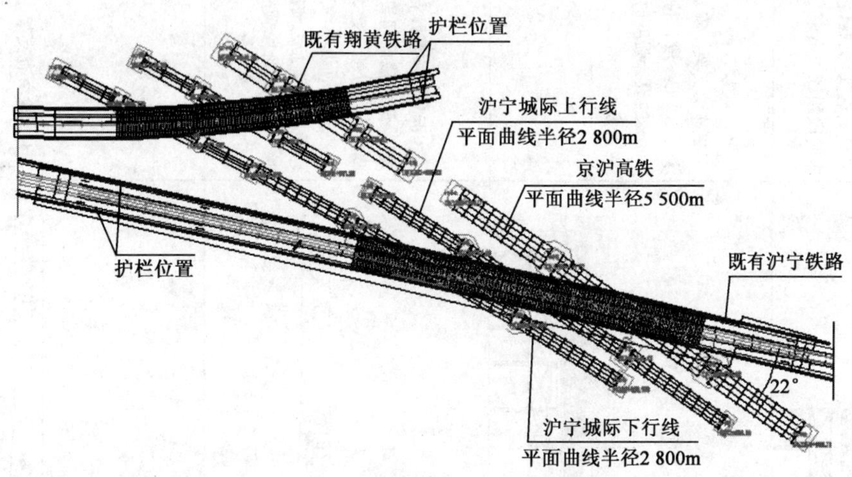

图2 某高铁跨既有线路线总体图

(3)基础施工

确定基础形式后,即进行基础施工,基础施工要严格按设计要求进行。

2)下部钢管桩支架的安装

基础施工完成后,进行下部钢管桩支架的安装,安装注意事项如下:

(1)分层安装钢管立柱及钢管间平、纵联,注意钢管间接头、钢管立柱垂直度以及平、纵联与钢管的连接满足设计要求。

(2)钢管立柱安装完成后安装桩顶横梁,注意桩头处理及横梁与桩头的连接。

(3)安装承重主梁,一般采用贝雷架或者大型钢,注意与横梁的连接。若主梁需要加强时,如型钢需贴钢板、贝雷支点位置需加立杆,必须按设计要求进行加强。

(4)分配梁的安装,按照设计要求进行安装,分配梁与主梁的连接一般采用点焊。

3)上部满堂支架的安装

碗扣支架搭设时,必须保证纵、横成线,纵横向杆件要用扣碗扣紧,不移动,形成牢固的纵、横、竖三维网架。为加强支架整体稳定性,按设计要求安装纵、横、平剪刀撑,剪刀撑需左右上下连通。

某高铁工地搭设的跨既有线组合式支架如图3所示。

图3 某高铁工地搭设的跨既有线组合式支架

5.2.3 连续梁施工

连续梁的施工顺序见图4,整个施工工艺流程如下:

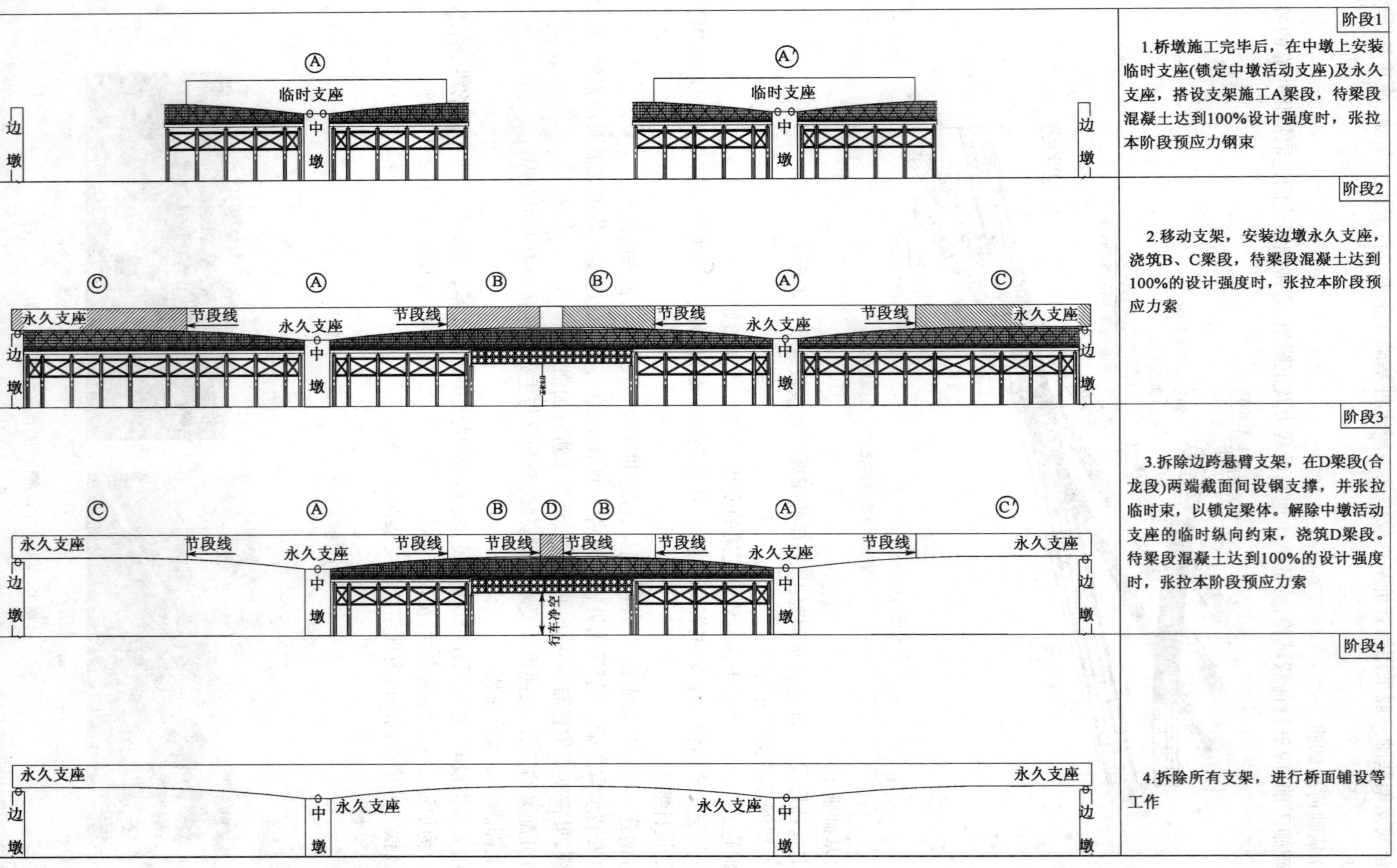

图4 某连续梁施工顺序图

支架安装完成后安装底模→预压→安装外侧模→绑扎底板和腹板钢筋→安装内侧模及顶模→绑扎顶板钢筋、设预应力管道、安装预埋件、预留孔→检查签证，调整线形→浇混凝土→养护→拆除侧模和内模→预应力张拉→压浆→部分解除已浇筑梁段底模约束→施工下一梁段，直至全桥合龙→全桥预应力连续张拉→压浆→拆除全桥模板支架体系转换为桥墩支座受力→恢复环境。

1）底模板安装

底模采用钢模或竹胶板，按设计要求安装底模的纵、横肋。

2）支架预压

（1）预压目的：消除支架及基础非弹性变形及验证地基基础、支架的承载力和稳定性。

（2）预压试验：

①连续箱梁为分段施工，支架预压采用分段预压。

②底模板及外侧模板安装好后，开始进行预压。

预压可采用砂袋或水箱，并模拟梁体荷载，根据梁体不同部位，按照梁体自重荷载120%布置预压物。

③纵向每隔5m设置一排沉降观测点，观测点设置在特点受力部位，如图5所示。

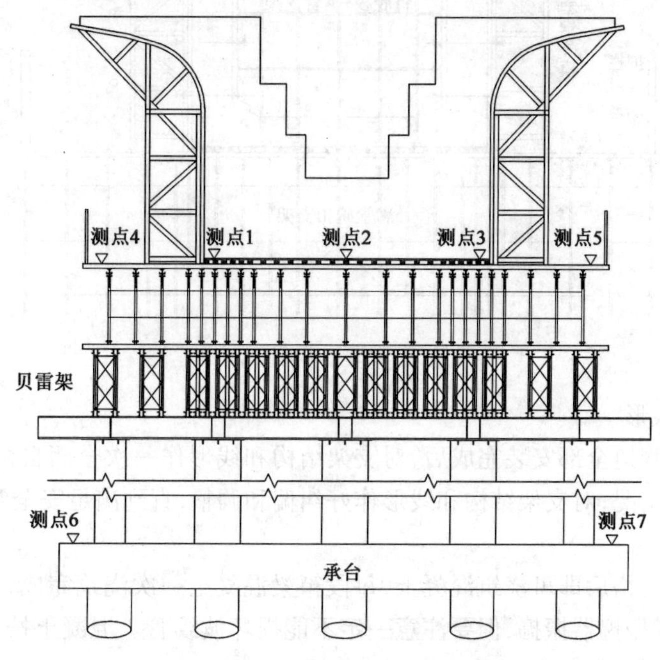

图5 组合式支架预压沉降观测点布置图

④加载预压观测：加载顺序为0→10%→20%→50%→80%→100%→120%→0

每到一级荷载后，观测此时支架各特征点的高程，并与上一级高程进行比较分析。若发现异常，要查找原因，并采取好处理措施后，然后继续加载预压。当荷载达到混凝土设计重量的120%后，停止加载，并在预压重物上覆盖防雨布，每4h测一次高程，待高程变化稳定后，开始卸载。卸载完成后测一次高程。将历次测得的高程进行制表汇总、分析，计算支架的弹性变形和非弹性变形。计算式如下：

加载前0%的高程 - 卸载后0% = 非弹性变形

总变形 - 非弹性变形 = 弹性变形

施工预拱度 = 设计预拱度 + 弹性变形

其中要适当考虑非弹性变形

3）安装外侧模

外侧模为定型钢模，调整模板轴线、高程，达到设计要求后，用对拉杆固定。

4）钢筋、预应力管道、临时锚固装置、预埋件施工清理模板表面脏物、涂脱模剂,开始钢筋施工。普通钢筋在加工场加工成型,汽车运到墩位旁临时存放,吊车吊往支架顶面,人工按设计图纸要求布置并绑扎。同时,按设计图纸布置预应力管道,并用定位钢筋固定,保证其位置准确,管道接口采用封箱带包裹严密,避免漏浆。

在施工肋墙钢筋时,根据实际需要预先制作成钢筋网片,等现场就位后再绑扎或焊接。

5)安装内侧模及顶模

(1)肋墙钢筋安装完成后,安装内侧模板,内侧模板与外侧模板对拉拉紧。

(2)开始安装肋墙内模板,采用拉杆对拉(图6),检查合格后,安装内箱顶部模板。内箱顶部模板采用钢管支架支撑,可调托撑调整高程。顶部模板安装牢固后,安装顶板钢筋、安装顶板预应力管道。

(3)安装端部封端模板。

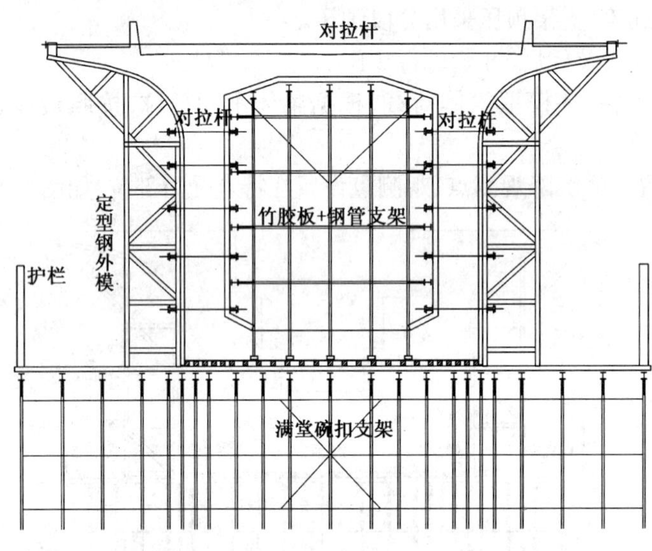

图6 箱梁模板加固图

6)检查签证,调整线形

模板、钢筋、预应力管道全部安装完成后,对支架结构和线形作一次全面自检,自检合格后,请监理工程师检查。针对检查情况,对支架结构和线形作好纠偏和调整,直到满足安全要求。

7)混凝土施工

经监理工程师检查合格后即可浇筑混凝土,每段箱梁混凝土一次浇筑完成,采用拌和楼集中拌制,混凝土泵送入模,插入式振捣器振捣,但要注意一定不能损坏波纹管。混凝土按梁的全断面斜向分段、水平分层连续浇筑,层厚按30cm控制。

8)混凝土养护

由于是大面积、大体积混凝土,施工时间相对较长,施工过程中要做好混凝土养护,顶板顶面、底板顶面等外露面成型后,及时用棉麻编织袋包裹并保水养护,成型一部分就覆盖一部分。混凝土未凝固前,要保护好混凝土表面不被损坏。

9)拆除侧模和内模

混凝土达到75%强度后,拆除内外模板。

10)预应力施工

混凝土强度达到设计强度的90%后,进行张拉。

(1)钢绞线的下料采用砂轮切割机切割,切口两侧用20号铅丝绑扎,以免松散。钢绞线通过吊车吊往桥面,采用卷扬机牵引法穿入梁段中的预应力管道。

(2)待混凝土强度达到设计容许值后即可进行预应力筋张拉施工,预应力束张拉程序:0→(0.1设计值)→持荷2min→量测伸长量→张拉至100%设计值→持荷2min→锚固。张拉顺序按设计要求。

11)压浆

预应力管道压浆紧随预应力张拉工序后进行施工。水泥浆搅拌及压浆设备均布设于梁顶,由高压输浆管输送到施工位置;压浆前用压缩空气清除管道内杂质,压浆配合比采用最优配合比,不掺入任何氯盐。采用活塞式压浆至最大压力后,稳压一段时间,达到孔道另一端饱满和出浆为止。压浆后,从检查孔抽查压浆的密实情况,如有不实,应及时处理和纠正。压浆时,每一工作班取3组7.07cm×7.07cm×7.07cm的立方体试件标养28d,检查其抗压强度,作为水泥浆质量评定的依据。

12)解除已完工梁段底模约束

孔道张拉压浆完成后,适当松开支架的托撑,解除对已完工梁段底板的约束。

13)施工下一梁段,梁段结合面处理

在进行下一梁段施工前,与前一梁段混凝土接合面应凿毛并清洗干净,按设计要求进行普通钢筋、预应力筋的连接。

14)合龙段施工

满足正常施工温度:合龙段混凝土浇筑时间应在一天中温度最低时,并使混凝土浇筑后温度开始缓慢上升为宜。

合龙段的施工应严格按《铁路桥涵施工规范》执行。

15)预应力连续张拉及压浆

进行全桥预应力连续张拉、压浆。

16)体系转换

松开所有托撑和楔子,箱梁由支架支撑转换为桥墩支座受力,完成受力体系转换。

全桥箱梁完成后,拆除支架,恢复环境。

6 材料与设备

以单个连续梁整个施工过程为例,该工法采用的主要机具设备如表1所示。

主要机械设备配备表 表1

名称	型号	规格	单位	数量	用途
履带吊	QUY50A	50t	台	2	支架搭设、钢筋施工、混凝土浇筑
装载机	ZL50	$3m^3$	台	1	支架搭设、钢筋施工、混凝土浇筑
推土机	SD13		台	1	支架搭设
挖掘机	PC220	$1m^3$	台	1	支架搭设
打桩机	YZY80		台	2	支架搭设
自卸汽车		15t	台	2	支架搭设、钢筋施工、混凝土浇筑
汽车起重机	QY25	25t	台	1	支架搭设、钢筋施工、混凝土浇筑
混凝土拌和站	120型	$120m^3/h$	台	1	混凝土浇筑
混凝土拌和站	180型	$180m^3/h$	台	1	混凝土浇筑
混凝土输送车		$10m^3$	台	10	混凝土浇筑
汽车泵			台	2	混凝土浇筑
插入式振捣器	ZH-50	2.2kW	台	15	混凝土振捣
插入式振捣器	ZX-30	1.1kW	台	15	混凝土振捣
钢筋切割机	GQ-40	40mm	台	2	钢筋施工
电焊机	ZLD21	30kW	台	15	钢筋施工
手拉葫芦		5t	台	5	支架搭设、钢筋施工、混凝土浇筑
全站仪	LeicaTC802		台	1	支架搭设、钢筋施工、混凝土浇筑

续上表

名　称	型　号	规　格	单　位	数　量	用　途
电子水准仪	SOKKIA SDL30		台	1	支架搭设、钢筋施工、混凝土浇筑
GPS 接收机	LeicaTX1200		台	1	支架搭设、钢筋施工、混凝土浇筑
三脚架及棱镜	Leica		台	2	支架搭设、钢筋施工、混凝土浇筑
发电机组		120kW	台	1	备用
预应力张拉设备			套	2	预应力张拉
压浆设备		连续式	套	2	压浆

7　质量控制

7.1　工程质量控制标准

对于公路上部箱梁施工质量控制标准参见《公路桥涵施工技术规范》(JTJ 041—2000)。客运专线上部箱梁施工质量要求高,施工时应严格要求,精细施工,严把质量关。严格遵守《客运专线铁路桥涵工程施工技术指南》(经规标准[2005]110 号)和《客运专线铁路桥涵工程施工质量验收暂行标准》(铁建设[2005]160 号)的相关要求。下述为客运专线上部结构施工质量控制标准。

7.1.1　模板施工

模板施工质量控制标准见表2。

模板施工质量控制标准　　表2

1	模板安装允许偏差(mm)	梁段长	±10
2		梁高	+10,0
3		顶板厚	+10,0
4		底板厚	+10,0
5		腹板厚	+10,0
6		横隔板厚	+10,0
7		腹板间距	±10
8		腹板中心偏离设计位置	10
9		梁体宽	+10,0
10		模板表面平整度(不少于3点)	3
11		模板表面垂直度	每米不大于3
12		孔道位置	1
13		梁段纵向旁弯	10
14		梁段纵向中线最大偏差	10
15		梁段高度变化段位置	±10
16		底模拱度偏差	3
17		底模同一端两角高差	2
18		桥面预留钢筋位置	10

7.1.2　钢筋施工

钢筋施工质量控制标准见表3。

钢筋安装质量控制标准 表3

1	钢筋安装允许偏差（mm）	受力钢筋全长	±10
		弯起筋弯折位置	20
		箍筋内净尺寸	±3
2	钢筋安装允许偏差（mm）	桥面主筋间距及位置	15
		底板钢筋间距及位置	8
		箍筋间距及位置	15
		腹板箍筋垂直度	15
		钢筋保护层厚度	+5,0
		其他钢筋偏移量	20

7.1.3 混凝土施工

混凝土施工质量控制标准见表4。

混凝土施工质量控制标准 表4

1	大节段现浇连续梁（刚构）梁体外形尺寸允许偏差（mm）	梁全长		±30
2		边孔梁长		±20
3		变高段长度及位置		±10
4		边孔跨度		±20
5		梁底宽度		+10，-5
6		桥面中心位置		10
7		梁高		+15，-5
8		挡碴墙厚度		+10，-5
9		表面垂直度		每米不大于3
10		梁上拱度偏差		±10
11		底板厚度		+0,0
12		腹板厚度		+10,0
13		顶板厚度		+10，-5
14		桥面高程		±20
15		桥面宽度		±10
16		平整度		每米不大于5
17		腹板间距		±10
18		支座板	四角高度差	1
			螺栓中心位置	2
			平整度	2

7.1.4 箱梁预应力施工

箱梁预应力施工质量控制标准见表5。

7.2 工程质量保证措施

7.2.1 支架

(1)受力杆件、贝雷梁进场前要先做探伤检验并出具检验报告。

(2)杆件之间的连接要安全可靠,栓接达到规定的强度数,焊接达到规定的焊接长度及厚度。

(3)杆件轴线位置保证符合设计要求。

预应力施工质量控制标准　　表5

<table>
<tr><td rowspan="5">1</td><td rowspan="5">预应力筋下料长偏差
(mm)</td><td rowspan="2">钢丝</td><td>设计(计算)长度</td><td>±10</td></tr>
<tr><td>束中各根之差</td><td>钢丝长度1/5 000,且不大于5</td></tr>
<tr><td rowspan="2">钢绞线</td><td>设计(计算)长度</td><td>±10</td></tr>
<tr><td>束中各根之差</td><td>5</td></tr>
<tr><td colspan="2">热轧带肋钢筋</td><td>±50</td></tr>
<tr><td>2</td><td colspan="3">梁段预留孔道位置允许偏差(mm)</td><td>4</td></tr>
<tr><td rowspan="5">3</td><td rowspan="5">张拉端预应力筋内缩量限值</td><td rowspan="2">支承式锚具、墩头锚具等(mm)</td><td>螺帽缝隙</td><td>1</td></tr>
<tr><td>每块后加垫板缝隙</td><td>1</td></tr>
<tr><td colspan="2">锥塞式锚具(mm)</td><td>5</td></tr>
<tr><td rowspan="2">夹片式锚具(mm)</td><td>有顶压</td><td>5</td></tr>
<tr><td>无顶压</td><td>6~8</td></tr>
</table>

7.2.2　模板工程

(1)箱梁模板底模及内模一般采用竹胶板,侧模采用钢模。

(2)模板接缝采用先进可靠的技术工艺,确保接缝满足外观质量要求和混凝土耐久性需要。

(3)加强模板的维修与保养,拆摸后及时清理、整修、涂刷脱模剂。

7.2.3　钢筋、钢绞线工程

(1)每批进场的钢筋、钢绞线,都要附有批号、炉罐号、出厂合格证,以及有关材质、力学性能试验资料等质量证明资料。

(2)到工地的每批钢筋、钢绞线,要按规范要求进行抽样试验,所有试验符合有关标准的规定。钢筋按不同品种、等级、牌号、规格及生产厂家分批验收,分别堆放。

(3)钢筋的加工、绑扎、焊接以及安装严格按图纸中的尺寸、位置以及规范要求的质量标准进行。

(4)钢绞线的下料、安装严格按图纸中的尺寸、位置以及规范要求的质量标准进行。

8　安全措施

8.1　跨既有公路施工时安全保证措施

当跨既有公路施工时,为保证现场交通车辆、人员安全,拟采取下列措施:

(1)正确使用安全帽,进场施工必须戴好经有关部门检验合格后的安全帽。

(2)在既有高等级公路及高架桥上进行部分车道围挡施工时,施工区前方2km、1km处分别设"前方×km施工"警示标牌,500m范围内设"前方施工,注意慢行"、限速、限高限宽、行车路标等警示标志及车道引导锥形帽,必要时设置数条减速带,以提醒过往驾驶员注意。

(3)在施工区的围挡上设置醒目的红色霓虹灯,夜晚警示过往车辆驾驶员前方为施工区域,路面变窄,小心驾驶;在限高限宽门架及车行道预留孔对着行车方向涂刷红白相间的反光漆或粘贴反光膜。

(4)派人配合交通管理部门,协调指挥,做好车辆交通疏导工作,确保道路交通畅通,防止堵塞。

(5)通行车道顶部进行全封闭防护,支架四周及底部均牢固挂安全网,防止施工坠物伤车伤人;在限高限宽门架及车行道预留孔对着行车方向支架前设置防撞墩,防止车辆撞毁支架。

(6)加强施工的规范化,提高员工特别是操作工人的交通安全意识,听从统一指挥,不随意乱扔杂物。派专职安全员进行现场监督管理。

(7)在主梁两侧的作业平台边缘,安设间距不大于1.5m、高度不低于1.2m的防护栏杆和15cm高的踢脚板,并挂好安全网,防止人员与物品坠落。

(8)高空作业或临边作业必须使用检验合格的安全带,安全带应高挂低用,不准将绳打结使用。安全带上的各种部件不得任意拆除,更换新绳时要注意加绳套。高空作业布设安全网,安全网网绳不得破损,并生根牢固、绷紧、圈牢、拼接严密。

(9)在位于高架桥护栏以上2m高范围内围设防眩目装置,避免夜晚对过往车流产生影响。

(10)高处露天作业、构件起重吊装时,根据作业高度和现场风力大小、对作业的影响程度,制定适于施工的风力标准。遇有六级(含六级)以上大风时,上述施工停止作业。

(11)在高架桥上口处封闭道路时,应在适当位置设立显著的安全警示标志及指示标牌,避免造成车辆堵塞。

(12)跨线施工时,大型施工照明灯从上向下横向照射至施工区域,严禁将其指向高速公路行车方向,避免产生交通事故。

(13)行车道上方支架底部在夜晚开启红色霓虹灯,使过往车辆明确建筑物位置及施工高度。

(14)起重机驾驶员操作之前,应做例行保养,检查制动器、钢丝绳、信号装置、限位开关等是否符合安全要求。如发现异常,及时报告处理,不得带病工作。

8.2 跨既有铁路施工时安全保证措施

当跨越既有铁路时,为了确保既有线施工中安全,应严格按照铁道部办公厅2008年印发《铁路营业线施工及安全管理办法》(铁办[2008]190号)以及《铁路行车线上施工技术规则》(TBJ 412—87),并采取以下主要措施:

(1)在技术质量部成立既有线安全施工组织机构,配置相应的安全人员和安全材料设备。

(2)加强与既有铁路管理部门的联系与沟通,按照施工要求进行施工。

(3)调查既有线路的通信、信号光缆及地下埋设物等,确保施工时不损坏既有设备。

(4)对全体职工进行既有线施工中的安全知识教育,提高对保证既有线安全的认识,同时选派责任心强的人员担任安全员,保证施工中的一切活动不危及行车安全。

(5)为加强对既有线路的防护,按规定指定驻站联络员和工地防护员,并配备相应的信号和通信设备,设置醒目的信号和标志牌。

(6)临近既有铁路施工前,要将专项施工方案报经铁路局有关部门批准,方案中要充分考虑到可能对既有线路基的影响,必要时采取相应的加固措施,施工前按规定要点设防。在既有线两侧护栏外5~10m设置沉降观测点,跨线支架搭设和连续梁施工期间,每2h测定沉降观测一次,如果沉降量达到2mm/h,则立刻通知现场负责人停止施工,并通知工务段维护人员维护。

(7)施工中任何机具、材料、设备及人员均不得侵入既有线建筑限界内,列车通过前,所有人员必须撤到安全地带,确保行车和人员安全。

(8)对必须封锁线路进行的作业,将严格按规定要点,事先做好充分施工准备,接到调度命令后,施工负责人要确认施工起止时间,设好施工标志停车防护后,方可开工,并保证在规定的时间内完成。经检查确保行车安全,办理开通登记后,通过车站值班员通知列车调度员开通区间。

(9)在封闭作业上方进行的起重作业,必须保证起重机械完好,对吊点、索具、吊具要经过检查,不准“带病”工作,起重臂和起吊重物,不得伸出封闭构架的空间外。对重大物件起重,必须有方案,事前确认吊物重量、重心位置,确定吊机停放的位置,起重臂幅度,回转范围,司机应严格按规定操作,作业时,施工负责人必须在场。

(10)对跨线部分实行封闭作业,也不能放松警惕,必须严格规范作业人员的行为,严禁抛掷工具、材料和其他物品,防止坠落影响行车安全。

8.3 跨既有线施工时既有线接触网安全技术措施

(1)所有跨越接触网的施工和操作,在跨越接触网的地方,必须设置安全栅网。

(2)现场所有人员和所携带的物件(如长杆、导线、钢管、钢筋、吊索、吊臂等)与接触网设备、牵引变电设备和电力机车的带电部分,必须保持5m以上的距离;

(3)进入电气化区段作业的人员必须按规定穿戴劳动保护用品(如绝缘手套、绝缘靴等)。

(4)离接触网带电部分不足2m的建筑物作业时,接触网必须停电,由供电部门验电和装设可靠的临时接地线,并设专人监护,作业结束,供电部门要确认所有工作人员都已进入安全地点,方可正式完工,办理送电手续。

(5)严禁在接触网支柱上搭挂衣物、攀登支柱或在支柱旁休息。禁止在吸流变压器、支柱、铁塔、接触网下避雨。雷雨天气时,不准靠近避雷针、避雷器,雨天作业时,必须远离接触网支柱、接地线、回流线等设备。

(6)遇雨、雪、雾等不良天气时,禁止靠近接触网设备部件,禁止使用带金属的雨伞等物在接触网下作业。

(7)用水或一般灭火器扑灭距离接触网带电部分不足4m的燃着物体时,接触网必须停电,扑灭距离接触网超过4m的燃着物体时,可不停电,但必须使水流不向接触网方向喷射。若用沙土灭火时,距离在2m以上可不停电。

(8)在距离接触网支柱及带电部分5m范围内的钢管、脚手架、钢梁、道口金属杆等金属结构上,均需装设接地线。在距接触网5m范围内使用发电机、空压机、搅拌机等机电设备时,应有良好的接地装置。所有接地装备必须经过测试,其电阻值不得大于10Ω。

(9)在电气化区段进行圬工养生等作业时,禁止向接触网带电部分2m范围内泼水、喷水。

(10)严禁向接触网上抛挂绳索等物体,发现接触网断线或在接触网上挂有线头、绳索等物体时,不得与其接触,必须保持10m以上的距离,并将该处加以防护,立即通知供电部门进行处理,防止跨步电压伤人。

(11)施工现场装卸石灰、碎石等散料时,应远离接触网,防止破坏及降低接触网对地绝缘。

(12)手持木杆、梯子等工具通过接触网时,必须水平通过。

(13)施工现场必须每天清理,严禁现场有塑料布、土工布、苫布等物品散放,避免被风吹起刮到接触网及其设备上。

(14)梁体脚手架和梁上施工中严禁向下抛掷任何物品,避免落于接触网上。

(15)棚架外侧要用安全网封闭,防止坠物从侧面落入棚架内,既有线未封锁时,严禁在防护棚架以外铁路上方投影范围内起吊物件。

(16)接触网防雨、防水安全保证采用在跨线支架防护棚盖顶设置1%的单坡,雨水和养生水通过棚盖顶铁皮顺坡排至护栏外,并通过地下明沟排出铁路侧。

9 环保措施

(1)施工及生活废水的排放遵循清污分流、雨污分流的原则,各种施工废油、废液集中储积,集中处理,严禁乱流乱淌,防止污染水源,破坏环境。

(2)注意夜间施工的噪声影响,尽量采用低噪声施工设备和限时作业措施。混凝土浇筑噪声应控制在85dB以下。

(3)在施工期间废弃物、边角料等应分类堆放,统一集中处理。

(4)支架拆除时,各类材料应分类存放,严禁乱堆乱放。

(5)施工完成后,应尽快恢复原地貌。

10 资源节约

(1)优化施工方案,合理进行施工组织安排,减少临时工程及材料投入量,缩短设备使用时间及周转期。

(2)采用低功耗设备,设备勤保养,减少故障发生率,提高设备有效使用率。

(3)合理布设各种用电线路和取暖、供水管道,并采购相对应的设备,降低能源无功损耗。

11　效益分析

组合式支架法大节段现浇大跨度连续梁施工工法与传统的悬臂法浇筑大跨度连续梁施工方法相比,最明显的优点就是节约工期,可满足近年来铁路建设市场的需要。

例如某60m+100m+60m连续梁,采用悬臂浇筑法共分为16个节段(包括合龙段),按传统的悬臂施工总工期大约需206d,见表6。

挂篮悬臂施工60m+100m+60m连续梁施工工效分析　　表6

序　号	施工工序	控制工期(d)	备　注
1	0号块施工	45	
2	挂篮拼装、预压	30	
3	标准段施工	7×13	
4	边跨合龙段施工	20	
5	中跨合龙段施工	20	
合计		206	

采用组合支架法大节段现浇共分为7段,分4次浇筑,则总工期大约需147d,见表7。

组合式支架大节段现浇施工60m+100m+60m连续梁施工工效分析　　表7

序　号	施工工序	控制工期(d)	备　注
1	基础施工,安装交通安全防护设施	30	连续梁分7个大块段进行浇筑
3	支架搭设	30	
7	预压	8	
8	分段A、A′安装模板/扎设钢筋/浇筑混凝土/张拉/压浆	25	
9	分段B、B′安装模板/扎设钢筋/浇筑混凝土/张拉/压浆	20	
11	分段C、C′安装模板/扎设钢筋/浇筑混凝土/张拉/压浆	20	
14	合龙段D施工,全桥张拉压浆	6	
15	支架拆除/体系转换	8	
合计		147	

由此可见,采用组合式支架法大节段现浇连续梁比传统的悬臂法施工工期减少59d,使生产效率大幅提高。经过对多座连续梁的施工成本的分析,比较,发现主跨在60m以上的连续梁采用该工法与传统的悬臂浇筑法相比,其所创造的间接效益远大于其比悬臂浇筑法多投入的费用。

12　工程实例

京沪高速铁路土建六标段在上海市区京沪高速铁路DK1290+441.860~DK1290+541.860处跨越既有线沪宁铁路,在该处桥型布置为60m+100m+60m三跨连续梁。沪宁城际上行线在上海市区HQS2+665.403~HQX2+765.403处,下行线在HQX2+744.43~HQX2+844.43处跨越既有线沪宁铁路,该处桥型布置为57m+100m+63m连续梁。

以上3座主跨为100m的连续梁(跨线总体图见图2)原设计均为挂篮悬浇法施工,由于工期要求,全部变更为组合式支架现浇施工。每座桥均分为7段,采用上述工艺进行现浇施工,全部成功地建成了3座连续梁,为保证全线按时顺利贯通奠定了基础。

此外,该工法在新建的吉林省哈大高速铁路、上海市和江苏省京沪高速铁路及沪宁城际铁路上的其他标段中也被广泛采用,均取得了成功。其次,在杏林大桥中也采用了该工法,杏林大桥位于厦门岛北部,其部分跨海主桥采用了该工法,杏林大桥已于2008通车。

现浇混凝土拱桥无支墩施工工法

GGG(中企)C3114—2010

夏孝畲　张韶华　李　辉　董　波　孙文龙
(安通建设有限公司　北京市公路桥梁建设集团有限公司　新疆昆仑路港工程公司)

1　前言

随着我国公路事业的高速发展,现浇钢筋混凝土箱形拱桥因其工量少、自重轻、截面合理,近年来在大跨度钢筋混凝土拱桥中被广泛应用。我公司本次承建的包(头)—茂(名)高速公路毛坝至陕川界MC4合同段麻柳河大桥就是一典型的大跨度现浇钢筋混凝土拱桥实例。该桥地处高差达60多米的V字形陡峭山谷中,谷中是与本桥成正交的麻柳河。麻柳河在每年的11月至次年4月份为相对枯水期。根据本桥的特点及现场实际情况我们选定拱圈无支墩施工方案。在该桥施工中大力开展科技攻关,运用结构软件提前进行结构模拟验算,不断完善施工工艺,保证了施工安全,成功地克服了主拱圈下沟深、水流急而对施工造成的影响;无支墩贝雷梁拼组可调曲率桁式拱架搭设方法和要求;支撑主拱圈底模的杆件的材料选择与制作;主拱圈加载程序和拱架卸载程序;主拱圈间隔槽的预留位置;合龙温度的选择;混凝土分段和浇筑顺序;拱上运输系统的布置;消除拱架形、控制主拱圈变形等关键技术难题,本工法是在总结上述成功经验的基础上形成的。

2　工法特点

公路工程大跨度钢筋混凝土拱桥,近年来的桥跨已经发展到140m现代桥梁,这种桥集桥梁结构学、结构力学、地质结构学、测量学与材料科学等技术为一体,具有很高的技术含量和远景发展。大跨度钢筋混凝土拱桥具有以下特点:

2.1　采用无支墩贝雷梁拼组可调曲率桁式拱架,较以往的土牛和地面搭满堂架方法,能够很好地克服主拱圈下沟深、河流流量大的地形影响,大大降低了施工成本。

2.2　主拱圈底模采用螺旋千斤顶支撑,能够更加方便、准确、快速的对线性进行调整。

2.3　拱圈采用钢筋混凝土分段现浇,整体性强、结构轻盈、自重小、线性美观,减少了混凝土用量,节约了投资。

2.4　施工工艺完善、简便,可操作性强,降低劳动强度,便于推广。

2.5　施工速度、施工质量容易得到保证。

3　适用范围

该工法适用于钢筋混凝土箱形拱桥采用现浇的主拱圈,适合拱圈下部为山谷、沟壑、洼地、河流,跨度30~120m的钢筋混凝土拱桥施工。

4　工艺原理

大跨度钢筋混凝土拱桥设计理念先进、施工技术成熟,具有广阔的市场前景。通过对贝雷梁拼组过程中的全程控制,用螺旋千斤顶对拱圈底模的控制,使得拱圈线形与设计准确一致、美观大方。通过对混凝土原材料把关、配合比选定、混凝土搅拌、运输、浇筑过程的控制,以及后期通过混凝土养护、控制水温以降低混凝土内外温差,有效地防止了大体积混凝土出现裂缝,保证了大体积混凝土的施工质量。

5 施工工艺

5.1 拱座施工

5.1.1 施工准备

首先,平整场地,整修道路,满足设备停放和进出要求。然后进行拱座基础放样及复核。根据设计图纸的测量坐标及现场三角控制网,用全站仪测放出拱座基础位置。

5.1.2 开挖基坑

(1)开挖采用微振爆破开挖,尤其是接近基底时严格控制药量,尽量减少对基底岩石的破坏。

(2)岩石基底应清除岩面松碎石块,凿出新鲜岩面,将表面清除干净,倾斜岩层应将岩面凿平或凿成台阶。

(3)基坑成型后应检查基地平面位置、尺寸及高程是否正确。基底地质与设计是否相符,若不相符应及时与监理设计单位联系。

(4)基底高程误差应符合下列规定:

石质:+50mm -200mm

(5)基坑达到设计高程后,要保证基础底面应嵌入弱风化岩石内不少于50cm且承载力不低于1 300kPa,后台岩石挖成设计中要求的阶梯形,绑扎钢筋前必须将基底所有虚渣清理干净。

5.1.3 拱座钢筋绑扎

拱座钢筋的焊接、绑扎要求均按照《公路桥梁施工技术规范》(JTJ 041—2000)严格执行。

5.1.4 混凝土浇筑

每个拱座混凝土分两次浇筑,即先浇筑C30拱座基础混凝土待其强度达到设计的70%以上在浇筑拱座C40混凝土。混凝土采用搅拌站集中拌和,混凝土灌车运输到施工现场,采用泵送浇筑。混凝土的浇筑应连续进行,如因故必须间断时,其间断时间应小于混凝土的初凝时间或能重塑的时间,浇筑时要严格控制基础顶高程,使其误差在±1cm范围内。注意在拱座混凝土浇筑时要预埋与拱架的连接钢板。

振捣时使用4台ϕ50mm插入式振动器振捣,选择具有丰富施工经验的人员进行混凝土振捣作业,并固定专人负责,振捣时应注意:

(1)振捣器插入混凝土时速度要快和拔出时速度要慢,以免产生空洞;

(2)振捣器要垂直插入混凝土内,并要插入前层混凝土中,以保证新浇筑和先浇筑混凝土结合良好,但插入下层深度不超过5cm;

(3)振捣器工作点间距要均匀,间隔半径不得超过有效振动半径的1.5倍,且避免与钢筋和预埋件相碰触;

(4)振捣要保持足够的时间和强度,以彻底振实混凝土,但时间不能太久已防止混凝土离析;

(5)不能对已经硬化到振动作用下不能形成塑性的混凝土区段或层次直接或间接地施加振动,不能通过模板或钢筋进行振动。

5.1.5 混凝土养护

待混凝土强度达到2.5MPa以上时,保证其表面不因拆模而受损时方可拆模。加强混凝土洒水养护在养护期内始终保持湿润状态。

5.2 拱圈施工

5.2.1 拱架施工

主拱施工方法的选定是本桥施工的关键。该桥所处地V形山谷中,大部分时间下面河流较急,而且常年多雨,为了尽量避免雨天水位上涨造成的影响,以及节省大规模改河道的成本投入,我们对桥施工方案进行了认真的分析研究,并对各种方案进行了反复比选,最终选用无支墩钢拱架施工。钢拱架采用贝雷梁拼装复合体系,其结构构成主要分别为贝雷梁拼装成型的拱架和有螺旋千斤顶、横木组成的拱盔,拱架卸落利用螺旋千斤顶完成。拱架由专业厂家生产,在施工现场附近拼装钢拱架节段,然后纵向用“悬臂拼装法”,由拱脚向拱顶对称拼装,至钢拱架合龙。横向拼装采用差接绑贴法施工。

1)拱架设计

拱架由321型贝雷桁架片组成,顺桥向桁架片以折线形式连接模拟主拱圈的曲线,构成多圆弧相连接的曲线特征,折线段的标准长度为2片桁片组成即6m,拱架中间合龙段用长2.3m的加工件,拱架轴线长度为69.32m。折线段间的贝雷上弦用特别加工的长18cm,高10cm的贝雷短臂和贝雷销连接,下弦直接用贝雷销连接;横桥向共布置16片拱架,拱片间分别用45cm、90cm规格的支撑架横向连接成整体,总宽度9.9m,拱架跨度为66m。为加强拱架的整体刚度,横桥向在拱架的下弦面上用[10槽钢连接成整体,[10槽钢环向间距30cm。施工拱架主要由拱架、拱盔组成,另外还有供拼装用的扣索等。在浇筑拱座混凝土时要预埋与拱架连接的钢板,拱架与钢板采用铰接。

(1)拱架

拱架由321型贝雷梁的标准段、贝雷销、支撑架、贝雷短臂,联系槽钢等和和长2.3m桁架加工件拼装而成。每片由22个标准段和一段长2.3m的加工件组成。贝雷短臂用2cm厚的钢板加工而成,具体尺寸如图1所示。长2.3m桁架加工由[10槽钢焊接加工而成,具体尺寸如图2所示。槽钢与拱架用$\phi16$圆钢加工而成的U形螺栓连接,详细尺寸如图3所示。贝雷桁架片标准段规格为150cm×300cm,每片270kg。其容许应力为245MPa,贝雷销的允许剪力550kN。贝雷桁架片拱架总体布置图见图4。

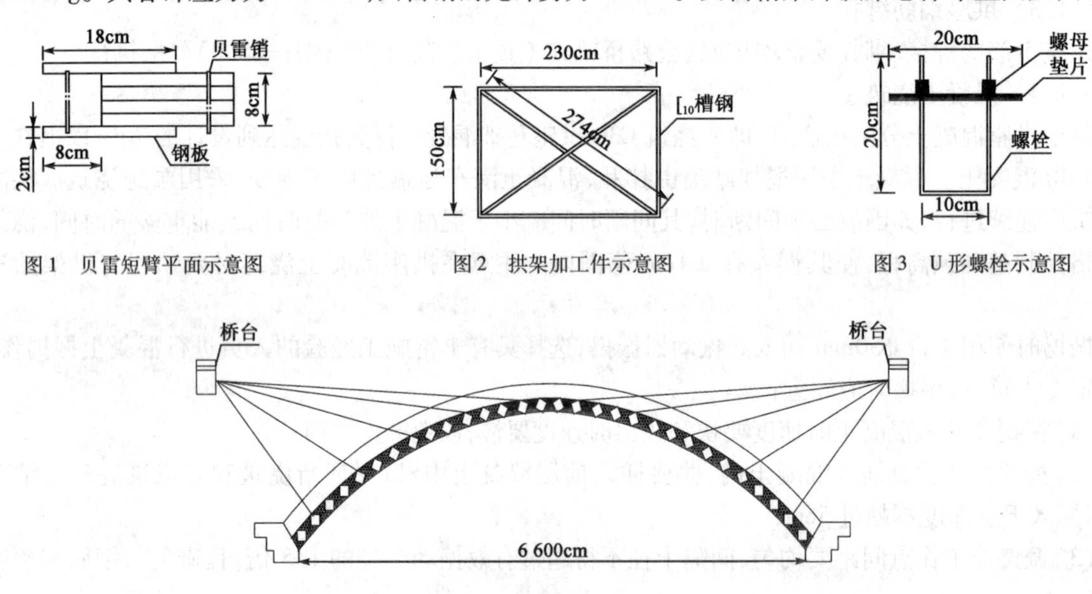

图1　贝雷短臂平面示意图

图2　拱架加工件示意图

图3　U形螺栓示意图

图4　拱架总体布置图

(2)拱盔

拱盔主要由钢管支架、螺旋千斤顶、横木组成,结构如图5所示。钢管、螺旋千斤顶、横木的纵桥向间距均为30cm,钢管规格为$\phi50$,横木规格为10cm×12cm,横桥向钢管、螺旋千斤顶间距为90cm,两层上下连接钢管的间距为80cm。钢管支架用必须用自制螺栓与拱架联结牢固防止滑动。

(3)扣索、后锚风缆

扣索采用$\phi21.5$的钢丝绳,共设置16组。扣索一端固定在后锚的地锚环上,另一端吊拉拱架片,松紧程度由5t慢速卷扬机调整。对于后锚,利用先施工以达到设计强度的两岸桥台,在每个桥台前侧设置每组25根$\phi16$的钢筋锚环。风缆的风绳采用$\phi21.5$的钢丝绳,在每个桥台的两侧适当位置分别设计两个2m×2m×2m的混凝土地锚,采用用$\phi16$的钢筋锚环。在桥台浇筑时为加强桥台的抗倾覆和抗滑能力,在桥台基底岩石中钻孔安装20根长300cm的$\phi28$钢筋锚杆,锚杆嵌入岩石长度150cm。

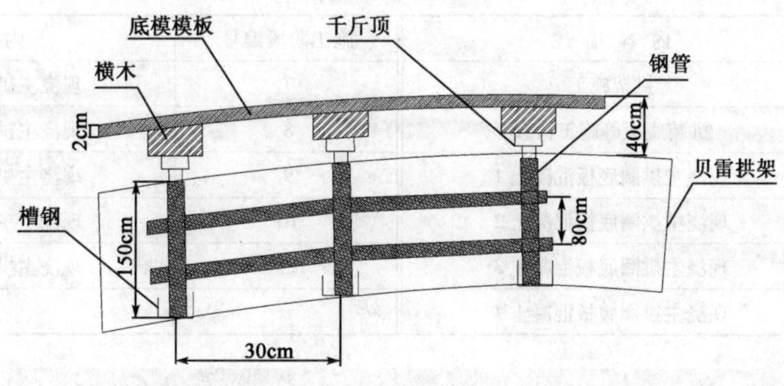

图5 拱盔示意图

2)拱架建模验算

(1)基本资料

①321 贝雷桁架

本次等截面悬链线钢筋混凝土箱型拱施工支架采用321贝雷桁架片拼装组成。该桁架片的力学性质见表1和表2。

贝雷桁架片力学性质　表1

类　型	高×长（cm）	弦杆截面积 F（cm^2）	弦杆惯距 I_x（cm^4）	弦杆断面率 W_x（cm^3）	桁片惯矩 I_0（cm^4）	桁片断面率 W_0（cm^3）
国产贝雷	150×300	25.48	396.6	79.4	250 500	3 570

贝雷桁架片力学性质(续)　表2

类　型	桁片允许弯矩 M_0（kN·m）	桁片允许剪力 Q_0（kN·m）	弦杆纵向允许轴力 N_0（kN）	弦杆回旋半径 $R(I_x/F)$（cm）	自由长度 l_p（cm）	长细比 $\lambda = l_p/R$	纵向弯曲系数 φ
国产贝雷	788.2	245.2	663.0	3.94	75.0	19.0	0.953

②施工荷载

经计算施工单位荷载为：

$$G = 18\text{kN/m}^2$$

(2)现浇箱梁分阶段参与拱架整体受力验算

①计算模型

本次计算采用MIDAS软件进行计算分析,建立有限元模型,模型总共2 224个节点,4 292个梁单元。贝雷桁架片及横向联系槽钢采用梁单元。

施工荷载以均布荷载形式加于贝雷桁架片上,施工过程中底板、腹板及顶板湿重以节点荷载的形式加于贝雷桁架片上。本次计算中贝雷桁架片容许内力以贝雷桁架片力学性质表中弯矩、剪力和轴力的允许值为限进行评价,即在各施工阶段中贝雷桁架片任何部位的内力均不能大于该容许内力值,否则视为不满足要求。

②施工阶段划分

按照现浇主拱圈,应按分段、分环和纵、横向对称均衡的原则进行加载。进行施工阶段划分,共划分为11个施工阶段,如表3所示。

③计算模型

其计算模型如图6所示。

施工阶段划分一览表 表3

施工阶段编号	内容描述	施工阶段编号	内容描述
1	拱架施工	7	现浇主拱圈腹板混凝土2
2	拼装底板等施工荷载	8	现浇主拱圈腹板混凝土3
3	现浇主拱圈底板混凝土1	9	现浇主拱圈顶板混凝土1
4	现浇主拱圈底板混凝土2	10	现浇主拱圈顶板混凝土2
5	现浇主拱圈底板混凝土3	11	现浇主拱圈顶板混凝土3
6	现浇主拱圈腹板混凝土1		

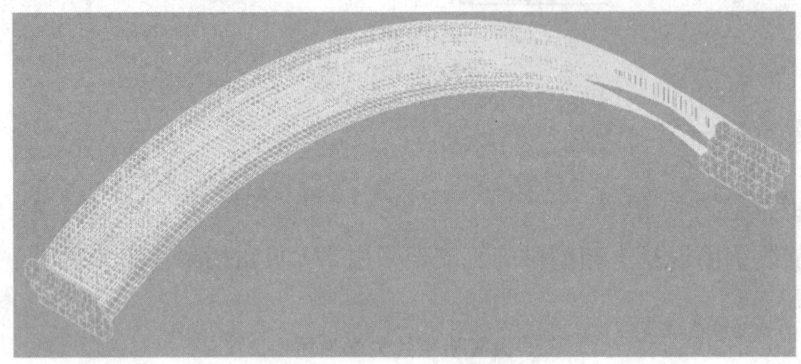

图6 麻柳河大桥拱架计算模型

④施工阶段划分

严格按照本桥施工图设计文件中"主拱圈拱上加载程序图"中的相关规定——"在钢拱架上立模，现浇主拱圈，应按分段、分环和纵、横向对称均衡的原则进行加载。可按底板、腹板、顶板三环施工，前一环合龙并达到80%设计强度后，再进行下一环的施工。"进行施工阶段划分，共划分为14个施工阶段，如表4所示。

施工阶段划分一览表 表4

施工阶段编号	内容描述	施工阶段编号	内容描述
1	拱架施工	8	现浇主拱圈腹板混凝土2
2	拼装底板等施工荷载	9	现浇主拱圈腹板混凝土3
3	现浇主拱圈底板混凝土1	10	现浇主拱圈腹板合拢段，腹板合龙
4	现浇主拱圈底板混凝土2	11	现浇主拱圈顶板混凝土1
5	现浇主拱圈底板混凝土3	12	现浇主拱圈顶板混凝土2
6	现浇主拱圈底板合拢段，底板合龙	13	现浇主拱圈顶板混凝土3
7	现浇主拱圈腹板混凝土1	14	现浇主拱圈顶板合龙段，顶板合龙

(3)拱架悬拼阶段验算

①计算模型

本次计算采用MIDAS软件进行计算分析，建立平面杆系模型，模型总共27个节点，30个单元。其中梁单元24个，索单元6个。贝雷桁架片采用梁单元，扣索(ϕ21.5的钢丝绳)采用索单元。

移动卷扬机和支撑架重量以节点荷载形式加于贝雷桁架片上。由于每个拱片均独立采用扣索固定，故本次计算以一片拱片进行建模分析，计算模型如图7所示。

②施工阶段划分

根据麻柳河大桥施工方案，贝雷桁片并装采用"悬臂拼装法"，由拱脚向拱顶对称拼装，至钢架合拢。横向采用差接修订绑贴法实现拒拱架整体合龙。横向拼装采用差接绑贴法施工，先从两岸对称安装4片拱架，合龙后，以这4片为基础，对称绑贴拼装其他拒拱片，每个拱片均采用扣索固定，当16片拱架全部合龙后，上好槽钢使成为一个完好的整体。扣索从拱脚向拱顶依次编号为1、2、3，下同（表5）。

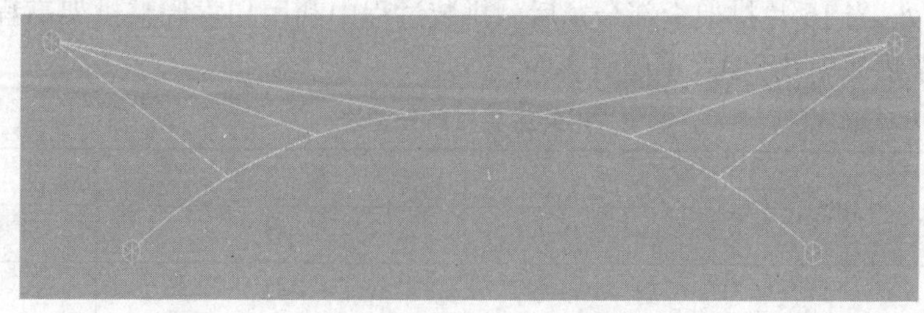

图7　麻柳河大桥拱架悬拼阶段验算模型

施工阶段划分一览表　　表5

施工阶段编号	内 容 描 述	施工阶段编号	内 容 描 述
1	安装桁架加工件及第1~3片贝雷桁架片，安装第1根扣索	3	安装第7~9片贝雷桁架片，安装第3根扣索
2	安装第4~6片贝雷桁架片，安装第2根扣索	4	安装第10~11片贝雷桁架片，拱架合龙

（4）验算结果

通过分别对本桥主拱圈混凝土施工过程中拱架整体验算（分箱梁参与受力和不参与受力两种情况）和拱架悬拼阶段扣索拉力验算，可以得出以下结论：

①贝雷桁架片在主拱箱梁现浇过程中内力均满足其技术指标要求，其中最大弯矩只达到其允许值的22.8%，为180.10kN·m；剪力只达到其允许值的15.1%，为36.91kN；轴力最大达到其允许值的35.5%，为470.82kN。

②由贝雷桁架片组拼的钢拱架在主拱箱梁现浇过程中跨中挠度变形为8.34mm（扣除钢拱架自身变形及底模架作用下的变形后），变形较小，可以满足要求。

③贝雷桁架片在悬拼过程中各索的拉力最大为：第2根索，16.4kN，远小于ϕ21.5钢丝绳的破断拉力：245.5kN（公称抗拉强度为1 400MPa），满足要求。

④施工过程中的稳定性特征值达到6.87则满足要求。

3）拱架拼装

（1）准备工作

拱架拼装准备工作包括材料、机械和人员等准备等。

①材料准备

根据拱架设材料由生产厂家按合同按时按量供应。各类材料应符合设计及规范要求，并经检验合格后才能使用。要落实元器件的进货检验制度，由物资装备科和试验室具体负责，把好原材料进场关。质量安全科落实检查，如现场发现不合格材料应立即清除，并做好记录。工程技术科及时做好施工技术交底，对原材料的适用标准予以明确，并严把操作的规范化。

拱架拼装所用主要材料如表6所示。

②机械、设备

主要机械有装载机1台，运输汽车2台，卷扬机8台，全站仪1台，水准仪1台。

③人员准备

管理人员5人，技术人员8人，其他工人30人。

（2）拱架拼装工艺流程

拱架的拼装严格按照设计及规范要求进行，拼装工艺流程详见图8。

拱架用汽车运输至河底，然后用吊车（或者卷扬机）吊装。纵向用悬臂拼装法，由拱脚向拱顶对称拼装，至钢拱架合龙。横向用差接绑贴法实现拱架整体合龙。悬臂拼装法就是利用吊车在河床上吊装拱片，由拱脚向拱顶边安装边扣拉边推进直至拱架合龙的方法。如图9、图10所示，首先安装中间4

片,合龙后以这4片为基础,对称绑贴拼装其他拱片,每个拱片均采用扣索固定,固定位置在标准片的第2、4、6、8、10节节点处,当16片拱架全部合龙后。拼装过程中利用扣索调整拱架高程(高程差值不超过2cm),利用风缆调整拱架中线(偏差不超过3cm)。

拱架主要材料一览表 表6

名 称	单 位	数 量	质量(kg)
贝雷片	片	352	95 040
支撑架	副	352	10 406
槽钢	排	227	26 383
螺旋千斤顶	个	2 724	196 068
方木	m^3	28	21 000
钢管	m	11 426.4	39 992
贝雷销	个	912	2 736
扣件	个	2 724	5 448
贝雷短臂	个	176	3 064
加工件	片	32	2 912
槽钢与拱架连接U形卡	个	2 724	5 720
木模板	m^2	1 455	15 280

(3)拼装中注意事项

①扣点位置在已经上好贝雷销的节点处;

②拼装时要及时拉上风绳,以增加横向稳定性;

③在拱架拼装过程中,要及时测量主要节点处的高程及中线偏差;

④在拱架拼装时要左右对称、前后对称拼接。

(4)拱盔安装

①高程控制。拱盔高程控制主要指底模施工时其顶面的高程,它直接关系到拱圈高程。底模施工高程由底板底面的设计高程和拱架、拱盔、拱圈的预拱度决定。

②拱架、拱盔、拱圈的预拱度。拱架受拱盔、拱圈的荷载产生变形($\Delta_{拱架}$);拱盔受拱圈的荷载产生的变形($\Delta_{拱盔}$),包括拱圈受自重、混凝土收缩与徐变、墩台位移影响产生变形($\Delta_{拱圈}$)。

③底模顶面施工高程$H_{施}$:

$$H_{施}=H_{设}+\Delta_{拱架}+\Delta_{拱盔}+\Delta_{拱圈}$$

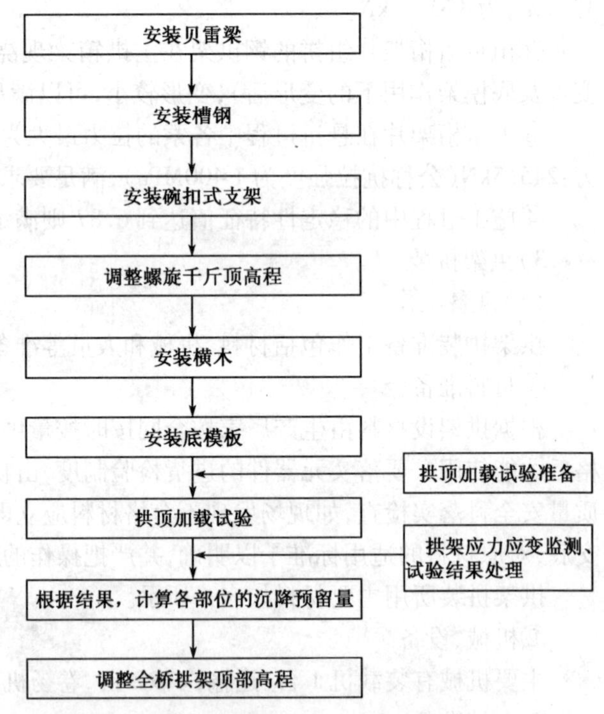

图8 拱架拼装施工工艺流程图

(5)底模安装

底模采用2cm的木模以便于减轻拱架荷载。

(6)拱架的预压

为检验拱架应力及其结构的稳定性,拱架的弹性变形,减少非弹性变形,以确保现浇拱圈施工的安全和顺利进行,拱圈需进行预压,且预压荷载不小于拱圈恒重。全联整体预压,预压顺序按照实际施工浇筑顺序模拟进行。预压质量采用100%拱圈荷载总质量。

具体施工过程如下：

①拱架采用砂袋预压，预压时顺桥向按拱圈混凝土实际质量和其他荷载分配搁置，横桥向砂袋对拱架均布加载。全联拱圈体荷载总质量 $G = 405 \times 2\,500 + 168 + 80 = 1\,260.5\text{t}$。每平方米平均荷载：17.8kN，这里按 18kN/m^2 计算。底板、腹板和顶板的质量分别按总质量的36%、29%和35%计算。预压按总质量分25%，25%，20%，20%，10%五个级别进行。

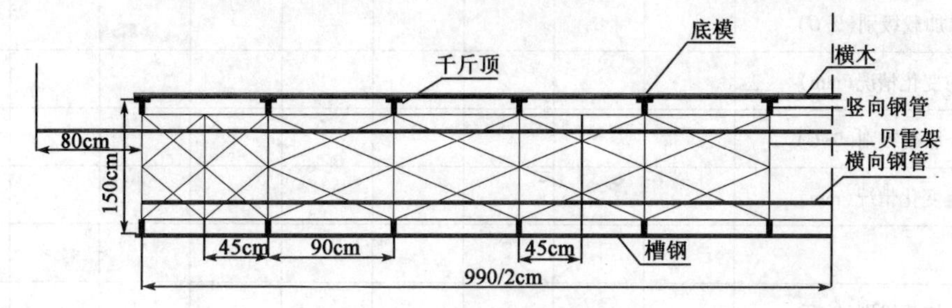

图9　拱架断面局部示意图

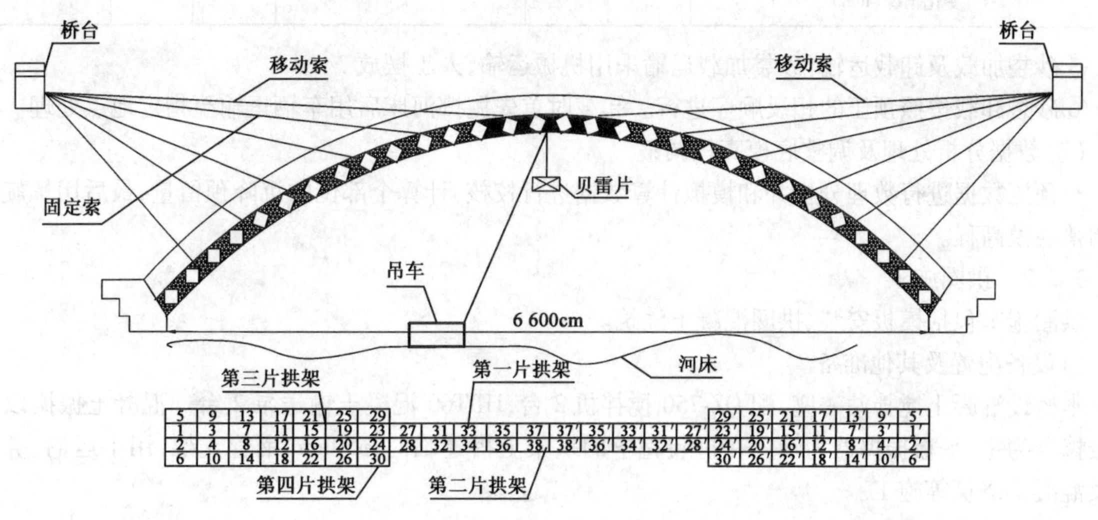

图10　拱架断面示意图

②预压程序：按照纵横对称的原则进行，每个砂袋按35kg计算。顺序严格按照先拱脚到拱顶再拱腰的顺序进行。按5个阶段进行：第一阶段先按总重力25%，即 4.5kN/m^2，按照先拱脚到拱顶再拱腰的顺序预压，预压观测两天拱架、拱盔各杆件应力变化情况及拱架、拱盔挠度和变形等如安全；第二阶段按照继续按照25%，即 4.5kN/m^2 的质量进行加载预压，预压观测两天拱架、拱盔各杆件应力变化情况及拱架、拱盔挠度和变形等如安全；第三阶段按照20%，即 3.6kN/m^2 进行加载预压，预压后观测两天拱架、拱盔各杆件应力变化情况及拱架、拱盔挠度和变形等如安全；第四阶段继续按照20%，即 3.6kN/m^2 进行加载预压，预压后观测两天拱架、拱盔各杆件应力变化情况及拱架、拱盔挠度和变形等如安全；第五阶段继续按照10%，即 1.8kN/m^2 进行加载预压，预压后观测两天以上拱架、拱盔各杆件应力变化情况及拱架、拱盔挠度和变形等，如数据稳定可停止预压。注意在每一预压过程如发现拱架、拱盔各杆件应力变化情况及拱架、拱盔挠度和变形等超过计算值应查找分析原因并采取补救措施确认安全后才能进行下一阶段预压。

③预压期不少于10d且连续两天沉降观测不大于1mm时，开始卸载。把观测的数据进行整理，绘出弹性变形量，并以此值为参考，考虑施工抬高值，设置跨中预拱度，按二次抛物线至拱圈各点。

④测点布设及观测方法：

预压观测将纵向分为67个断面，每断面布置4点，预压后每天定期观测。观测从开始预压到卸载的全过程。加载、卸载分级进行，分级观测，加载及卸载过程中随时观测拱架的稳定，防止局部失稳导致拱架架坍塌。

观测记录表如表7所示。

沉降观测记录表(预计加载为 G)　　表7

观测断面位置:　　观测开始时间:　　结束时间:

测点编号	观测时间(d)	1	2	3	4	5	6	7	8	9	N
1	加载级别(% G)										
	变化情况(mm)										
2	加载级别(% G)										
	变化情况(mm)										
⋮											
n	加载级别(% G)										
	变化情况(mm)										

⑤砂袋加载及卸载运输:砂袋加载运输采用机械运输,人工摆放。

⑥砂袋卸载按照预压的相反顺序进行。卸载时首先抛掷河床后用车辆运输至指定地点处理。

(7)数据分析处理及调整底模高程调整

对预压数据进行数理分析并和模拟计算数据进行校核,计算个部位的沉降预留量,最后用螺旋千斤顶调整底模高程。

5.2.2　拱圈施工

拱圈施工包括模板安装、拱圈混凝土浇筑。

1)设备配置及其他准备

本桥设混凝土搅拌站一座,配QZ-750搅拌机2台,HBT60混凝土输送泵2台。混凝土振捣以插入式振捣器为主,平板振捣器为辅。在拼装完毕的拱架上搭建临时 ϕ50mm 钢管支架,用于运输、绑扎钢筋及混凝土浇筑等施工。

2)模板安装

拱圈底模、侧模和顶模均采用优质木模板,重量轻可以减轻拱架的荷载,同时造价底可以减少成本技术上完全可行。缝隙用加工后的木条填塞,再用"即时贴"贴缝,以防漏浆。

模板的铺设顺序:

第一环混凝土浇筑时:拱圈底模→外侧模→安装拉筋;

第二环混凝土浇筑时:内侧模(包括横隔板下部侧模)→安装拉筋及分段侧隔板→设置横竖带木→安设下部(底板)盖板;

第三环混凝土浇筑时:顶模→侧模→安装拉杆及横竖带木→上缘盖板。

3)钢筋加工及安装

拱圈底模铺好后,即测设中线、边线、高程、标出各分段点及横隔板的位置,作为安装其他模板及绑扎钢筋的依据。

拱圈钢筋采用在桥下加工弯制,运至拱架上就地绑扎施工。钢筋绑扎顺序按拱脚至拱跨1/4段,先按箍筋后穿主筋的方法;拱跨1/4段至拱顶段先穿主筋后套箍筋,以利于施工。主筋接头、箍筋及横隔板钢筋连接采用焊接;间隔槽钢筋除纵桥向在绑扎分段钢筋时一次成型外,其余的横桥向钢筋和箍筋可以在浇筑前绑扎。

钢筋在绑扎中和骨架成型后,要做好支撑架避免变形,上层钢筋网采用钢管临时定位,保护层混凝土垫块按40cm间距布置,与主筋绑扎牢固。钢筋在浇筑前要保证其无锈蚀现象。

4)浇筑工艺

拱圈混凝土浇筑采用分环分段法。分为底板、腹板、顶板三环,先浇筑第一环底板,再浇筑第二环腹板,最后浇筑第三环顶板。底板、腹板、顶板可分5段浇筑,如图11和图12所示。先浇筑拱脚①再浇筑拱顶②最后浇筑③。浇筑时纵横需对称进行。

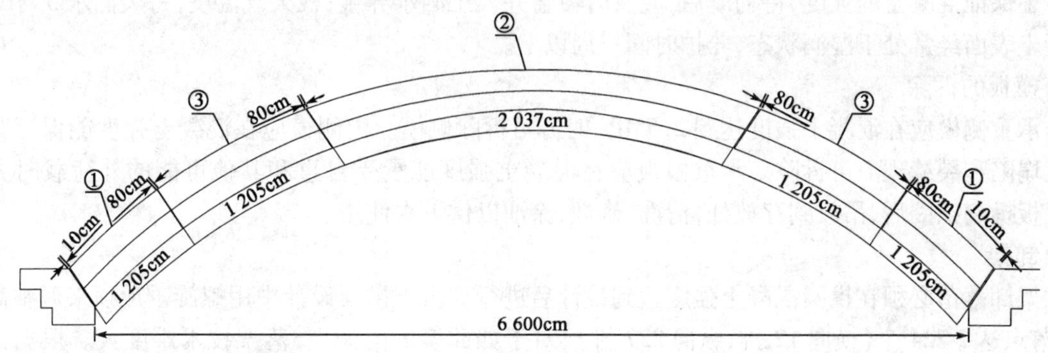

图11 拱圈施工示意图

段与段之间预留间隔槽,间隔宽度为0.8m,间隔槽混凝土,浇筑前要将分段混凝土表面凿毛冲净,残留混凝土清理干净后绑扎钢筋,立模浇筑,浇筑由拱脚向拱顶对称地浇筑。拱圈合龙采用开口箱合龙,即在底板、腹板的所有分段混凝土和段间10cm缝混凝土强度达到设计强度的75%时,浇筑底板、腹板的间隔槽混凝土;在顶板的所有分段混凝土和段间10cm缝混凝土强度达到设计强度的75%时,浇筑顶板的间隔槽混凝土。这样底板、腹板形成拱,承受部分荷载,减少拱架承受荷载,利于安全施工拱圈。合龙温度宜在较底温度进行,合龙温度按设计要求在5~15℃条件下进行。

(1)混凝土泵送

混凝土施工前,有关的泵送设备应全面检修保养,以确保连续泵送。泵送前要用$1m^3$左右1:1的砂浆润滑管道,水泥砂浆应泵出模外。开始泵送时,混凝土泵应处于慢速、均匀并随时可反泵的状态,待个方面情况正常后转入正常泵送。正常泵送时,泵送要连续进行,尽量不停顿,遇有运转不正常的情况,可放慢泵送速度。混凝土供应不及时,可降低泵送速度,要保持连续泵送,但慢速泵送时间不能超过从搅拌到浇筑的允许连续时间。否则做废料处理。混凝土停泵时,料斗内应保留足够的混凝土,作为间隔推动管路内混凝土之用。短时间停泵,再运转时要注意观察压力表,逐渐过渡到正常泵送;长时间停泵应2~3min开泵一次,使泵正常运转和反转个两个冲程,以防止混凝土假凝堵管,同时开动料斗中的搅拌器,使之搅拌3~4转,防止混凝土离析,但不宜连续搅拌。在泵送过程中,应注意料斗内的混凝土量,应注意混凝土面不应低于上口20cm,否则不但吸入率低,而且易吸入空气形成堵塞。若吸入空气应进行反泵将混凝土反吸到料斗内,排除空气再正常泵送。

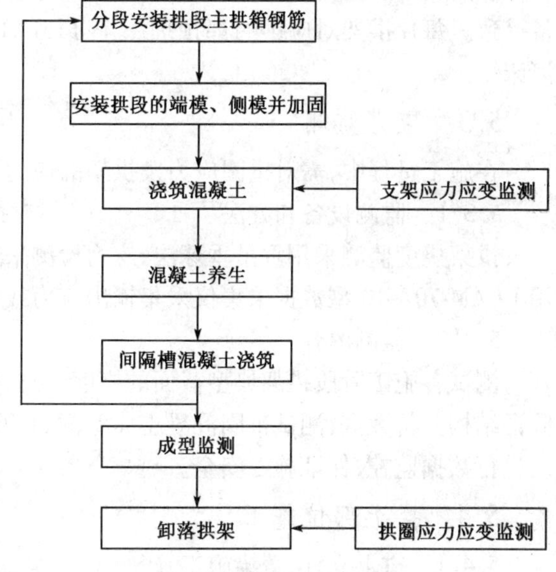

图12 拱圈施工工艺流程

(2)混凝土运输

先用混凝土罐车运桥下,再用混凝土输送泵运至拱模内。浇筑混凝土前,对模板、钢筋、保护层、预埋件,预留孔道进行检查。并认真检查模板的结构尺寸,中线位置、水平位置,脱模剂的涂抹,钢筋骨架的安装,止浆垫的设置等情况,经检查合格后,方可浇筑混凝土。严格控制进场原材料的质量,不合格的原材料不准进场;在浇筑前,测定原材料的含水率,据此开出本次施工配合比,在浇注过程中,应经常测定拌和物的和易性和坍落度。混凝土浇筑时,应设专人检查模板、钢筋和预埋件、预留孔,发现有松动,变形,移位时应及时处理。混凝土施工时,温度控制在5~32℃之间,如果温度过高或过低,应采取降温或升温措施。

为了保证混凝土的强度,待初凝后,应及时覆盖并人工洒水养生;视天气温度,每天洒水5~7遍,保证混凝土表面经常处于湿润状态,养护时间一周以上。

5)模板的拆除

非承重侧模应在混凝土强度达到2.5MPa时方可拆除侧模。内侧模应在混凝土强度能保证其表面不发生塌陷和裂缝现象可拆除。承重模板应在混凝土强度能承受自重和其他可能的外荷载时方能拆除。模板拆离拱圈后,吊放到存放处,清洗、修理、涂油以供下次使用。

6)卸架

拱架卸落落必须在拱圈混凝土强度达到设计后进行。由于拱架设计中用螺旋千斤顶来调整高程和落架,落点达2 724个(横向12排,纵向227排),对于如此多的落架点,落架技术难度大。根据计算分析,确定卸架原则:横桥向必须同时均匀卸落,在纵桥向从拱顶向拱脚逐排卸落,并保持拱顶两侧对称同步进行。对于卸落量开始小,后渐大,纵向从拱顶到拱脚逐渐减小,横向一致。

注意事项:卸架分若干次,每次按拱顶到拱脚的顺序进行一次。在卸架前、过程中、卸架后必须进行卸架监测。如果在卸架过程中出现异常现象(如拱圈偏位较大、拱圈混凝土出现拉应力等),必须立即停止卸架,待出现问题分析解决后,方能恢复。卸架监测包括如下4个方面:

(1)通过应力检测仪测应力变化;

(2)通过悬挂的线垂测挠度变化;

(3)通过全站仪测轴线偏位;

(4)通过值班人员检查异常。

7)拱架拆除

拱圈脱架后,拆除上面横木和联系槽钢等,然后按拱架拼装的相反顺序,逐步拆除,所用的方法和设备一致。每片拱架对应拱圈都预埋一个ϕ15PVC孔,在卸架和拆除时,通过此孔用卷扬机将拱架落至河床。

5.3 应力监测

在施工过程中,需对拱圈应力及拱架的应力、挠度进行不间断监测。

5.3.1 监测设备和方法

拱架挠度监测采用垂吊垂球法,应力检测采用1G120电阻应变片作探头,牢固粘贴在被测部位,利用UCAM-70A-10型数据采集仪采集输出应力或应变值,并由此计算出杆件内力增量的方法。

5.3.2 监测内容

测试各施工阶段拱架典型截面的挠度,分析验证挠度数据;测试各施工阶段拱架典型截面的应力,验证结构分析数据;测试拱圈混凝土典型截面的应力,提供施工参考数据;通过对数据分析对各施工阶段进行数据监控,保证施工安全。

5.4 拱上部位施工

5.4.1 拱上立柱、盖梁施工

在主拱圈的混凝土达到设计强度后,卸落拱架,按设计顺序对称浇筑拱上立柱。在浇筑混凝土立柱前在浇筑完的主拱圈上搭设满堂支架,支架纵横上下步距均为75cm,以便于立柱和行车道板的钢筋绑扎、模板安装、混凝土浇筑。在预留的PVC空中插入钢筋,钢筋与钢管支架之间采用焊接等措施确保,支架不会滑移。立柱高度均小于10m,按常规方法分2~3次立模成型,浇筑混凝土即可。在施工时立柱钢筋应注意下料长度,宜制成长短不一,以避免钢筋连接时的焊接接头在同一截面。模板用脚手架钢管固定,模板采用特制组合钢模,分为上下节,每节由4块组成,每节3m高。盖梁模板采用定型钢模,钢筋的加工与安装严格按照桥规执行。混凝土采用输送泵浇筑,插入式振捣器振捣。

5.4.2 墩、台施工

1)墩、台基础施工

按设计尺寸位置开挖,3号墩基础需嵌入中风化基岩不小于1.5m基底承载力不低于600kPa,高程可根据开挖实际情况调整。桥台基底承载力不低于200kPa且不高于设计高程;达到设计要求后浇筑混凝土。

2)墩身、台身施工

(1)施工准备。施工前应清除并凿毛基础混凝土表面上的浮浆并用高压水冲洗,放点定位。

(2)搭设脚手架。由于本桥墩身、台身高度不大但由于地形坡度较大所以搭设双层脚手架均能满足施工需要,且在搭设前对地面做必要的抗滑处理。

(3)模板加工。模板全部采用大块钢模板拼装,模板套数根据墩台数量、施工周期和工期安排确定,在工厂定点加工,墩身高度较小,一次安装浇筑。

(4)模板安装。模板利用吊车及倒链配合进行安装,其连接螺栓及扣件按规定上够数量,并设好内部支撑及拉杆。模板应有足够的强度、刚度、稳定性和精确的结构尺寸,板面要求平整,接缝密贴,确保不漏浆,板面变形不大于1.5mm。

(5)混凝土浇筑。墩身混凝土浇筑必须在其基础混凝土强度达到设计强度的85%以上方可进行。混凝土拌和采用拌和站集中拌和,混凝土罐车运输,拌和时严格按照混凝土的配合比进行配料,振捣采用插入式振捣器振捣,并配附着式振动器,浇筑高度大于2m时,设置串筒,以避免混凝土混合料从高处向模板内倾卸时产生离析。混凝土混合料分层进行浇筑,厚度不得超过30cm。用插入式振捣器振捣要仔细,以免漏振。振捣密实的标志是混凝土停止下沉,不再冒出气泡,表面呈平坦泛浆。

(6)拆模及混凝土养生。混凝土初凝后应及时进行洒水覆盖养护,达到规定强度后方可拆模,脱摸时先松开大块模板的连接扣件,用倒链配合人工逐块拆下各块模板倒至上部,经对板面进行清理及涂刷脱模剂后备下次周转使用。

5.4.3 盖梁、台帽

已成型的墩身上端,根据设计高度画好抱箍线,安装钢抱箍,其上搭设分配梁,铺设底模,绑扎钢筋,立侧模,经监理检查合格后,浇筑混凝土。台帽是在已施工好的台身上放线立模浇筑混凝土。

5.4.4 支座施工

为保证支座安装平整度和对其精度的要求,垫石施工高程较设计高程稍高,再利用整平器及精密水准仪量测,反复整平混凝土面,安装支座前凿毛垫石,铺2~3cm厚与垫石等强度的砂浆,砂浆浇筑高程较设计高程略高3mm左右,然后安设支座就位,用锤振击,使符合设计高程。

5.4.5 桥面实心板施工

桥面实心板采用搭满堂支架施工。混凝土按照设计顺序对称进行。混凝土抗压强度低于2.5MPa前不得承受行人或其他物件的荷载,低于设计强度70%时,不得通行各种车辆。模板采用定制钢模,钢筋分段绑扎不得有锈蚀现象,模板支架在达到设计强度后拆除。施工时要严格控制混凝土的高程。

1)满堂支架施工

搭设满堂支架施工支架须进行设计计算,满足强度、刚度和稳定性支架采用满堂式布置,利用ϕ50钢管脚手杆搭设,支架底部与拱圈预留空中插的钢筋和已浇筑好的立柱做连接处理防止支架滑移,支架顶部设置顶纵梁和横梁,其上铺设梁体模板。支架纵横向设置剪力撑顶部设单向风缆(靠墩方向),以增加其整体稳定性,并在支架上端与墩身间用方木塞紧。支架拼好后,进行预压,消除变形。钢管间距纵横上下步距均为75cm。支架与满堂支架因接头多,在荷重作用下的变形较大,且不易准确计算,为清除支架的变形和因地基沉陷、拱圈挠度变化而引起的实心板早期开裂,同时为验证支架的安全性和预拱值的准确性,不同跨径的支架需进行预压试验,预压在实心板底模支好以后,按设计荷载1.2倍换算出压载重量,在底板上模拟现浇重量加载预压。预压采用砂袋法,加载时尽量符合混凝土浇筑时的状态。

支架预压时在底模和地基、拱圈上设沉降监测点,底模监测点选在跨中和1/4跨共三点,在预压重量达设计荷载50%、75%、90%、100%时皆需进行监测,并派有专职施工员和安全员监测支架变形情况,一旦发现支架变形超出允许范围,必须立即停止预压,并分析原因,待处理完善后方可再进行预压。全部加载后不可立即卸载,需等一段时间(一般24~72h)后,再逐级卸载,逐级测量并详细记录。

2)实心板浇注顺序

按纵横对称原则进行。

3)模板安装

模板采用钢模以确保施工的质量。模板要有足够的刚度、强度,板面要平整,接缝密贴,确保不漏浆。用高强度螺栓连接,安装时要严格按设计控制高程和中线。

4)钢筋安装

严格按照设计及规范要求施工,钢筋不得有油污、锈蚀,注意控制保护层的厚度。

5)混凝土浇筑

混凝土浇筑采用混凝土输送泵浇筑,严格控制配合比确保混凝土的强度,用插入式和平板振动器振捣确保混凝土的密实。

6 机具设备

使用的机具设备见表8。

机具设备 表8

序号	项目	机具设备名称	规格	单位	数量
1	混凝土作业	强制式搅拌机	500L	台	2
2		插入式振动器	HZ6X-50	台	8
3	钢筋作业	钢筋切断机	CQ40	台	1
4		钢筋调直机	TQ4/4	台	1
5		钢筋弯曲机	CW40	台	1
6		电焊机	BX3-500	台	8
7	缆索	简易索塔	槽钢拼装	个	2
8		电动卷扬机	30kN、20kN	台	4
9		天线滑车	自制	个	1
10		钢丝绳(牵引、升降索)	ϕ14mm	m	400
11		钢丝绳(承重索)	ϕ22mm	m	250
12		钢丝绳卡子	Y7-22	个	20
13		钢丝绳卡子	Y4-12	个	20
14	量测仪器	全站仪	拓普康	套	1
15		水准仪	蔡司010B	台	1
16		塔尺		个	2
17	支架安装	倒链	100kN	个	4

7 质量控制标准

本桥通过对主拱圈挠度形、拱架压缩形和地基沉降的控制,达到主拱圈轴线与设计悬链线最大程度的吻合。具体控制标准见表9。

现浇拱圈的质量检测标准表　　表9

项 目 名 称		检 测 标 准
拱肋间距		5
检查项目		规定值或允许偏差(mm)
混凝土强度(MPa)		在合格标准内
轴线偏位(板拱)		10
内弧线偏离设计弧线		+L/1 500
断面尺寸	高度	+5
	顶底腹板厚	+10.0

8　安全措施

除严格遵守国家相关安全技术规程外,本项目还根据本工程特点制定各项安全措施,包括雨季防汛安全措施,桥梁施工高空作业安全措施,交通安全措施及《施工现场安全管理办法》、《安全操作规程》、《治安、保卫、消防措施》;建立安全检查落实制度,经常定时召开安全例会,会前布置,会后检查落实,做到超前控制,定期和不定期开展安全评比工作,查违章、查隐患、查措施、抓落实、树立典型,使安全工作常抓不懈。

主要过程的安全措施如下:

(1)拱架作业安全技术措施

对下落、提升贝雷片等必须有明确的色旗和哨声等指挥设备,设专职信号员,指挥吊装;采用差接帮贴法悬臂拼装拱架时,根据悬臂长度,随时拉好扣索和风缆,以确保稳定和拼装安全;扣索必须扣在拱架的大节点处,决不可扣在小节点处;拼装过程中,要及时上足拧紧螺栓并进行全面检查;提升的钢丝绳必须与吊钩连接牢固,保证升降时不脱钩,钢丝绳安全系数必须大于6,且派专人经常检查,发现断丝或伤口必须更换。

(2)拱圈施工时安全措施

拱圈浇筑前,对机具设备及防护设施等进行检查,对施工人员进行技术交底;拱圈浇筑时,随时检查拱架和模板,发现异常情况及时采取措施;拱架经计算,具有足够的强度、刚度和稳定性;拱圈浇筑时,侧模外预留人行道并安装护栏;拱圈浇筑时,严格按照浇筑顺序进行浇筑;拱圈浇筑时,应进行挠度、应力监测;夜间施工必须有充足的照明设施。

(3)拱架卸架安全措施

拱圈卸架在其顶板合拢混凝土强度达到设计强度的90%进行;拱圈卸架按照开始小,后逐渐增大;纵向对称、横向同时的原则进行;对拱圈卸架前刻、过程中和完成后都应进行监控,包括拱架的挠度、拱架应力和拱圈应力等监控;拱圈卸架时,卸架人员必须戴安全帽、穿防滑鞋等。

9　环保措施

采用该成果施工对地形破坏程度小,防止了水土流失,有利于当地环境保护,具有较好的社会效益。

10　效益分析

该主拱圈由我单位独立施工,由于在材料、工艺、技术、程序上都得到了有效的保证,主拱圈无论在几何尺寸、结构强度和外观质量上都一次达优,受到业主的好评,取得了良好的社会效益。

11　资源节约

采用无支墩贝雷梁拼装桥梁拱架与传统拱架比较有不少技术经济上的优势,节约了大量材料和施工时间,且部分附属配套设施可以循环利用。

12 工程实例简介

位于陕西省紫阳县境内的包茂(包头—茂名)高速公路MC4标合同段麻柳河大桥为主跨66m的等截面悬链线钢筋混凝土箱形拱桥,净矢高11.0m,矢跨比为1/6,主拱圈为单箱三室整体现浇结构,顶板、腹板、底板厚均为20cm,箱高130cm。左线长88.9m,右线长87.4m,桥宽12m。设计荷载:汽车荷载-1级,抗震烈度VI度。2009年2月10日开始处理拱座基础,到2009年8月24日主拱圈合龙。采用本工法施工的项目工程,施工质量评定为优良,受到业主及监理单位的好评,积累了大跨度钢筋混凝土拱桥施工经验,对类似工程的施工有一定的指导作用。

大跨度结构缓黏结预应力混凝土施工工法

GGG(中企)C3115—2010

夏孝畲 张延春 张生成 折 欣 孙文龙 孙西蒙
(安通建设有限公司 北京市公路桥梁建设集团有限公司 北京市海龙公路工程公司)

1 前言

预应力混凝土技术在我国各种工程结构领域中已得到广泛应用,满足了我国基本建设的需要。

随着我国交通运输的蓬勃发展,公路工程中预应力混凝土技术在设计理论及规程规范的发展、材料技术的研发及施工工艺技术的改进和应用等方面取得了全面的突破和创新,在项目建设、功能使用、节能环保等方面取得了可观的经济效益和社会效益。结合缓黏结预应力混凝土技术在重庆南方高速公路某标段公路工程近 18m 大跨度桥梁结构中的应用,在此浅析阐述该技术的实施及其发展前景。

2 工法特点

预应力混凝土结构按施工特征分为两大类,即先张法和后张法。而在后张法中又有有黏结和无黏结之分。

后张法有黏结筋的预应力混凝土施工中,预应力筋的孔道设置及孔道压浆均是施工质量难以保证却又为极其重要的环节,随着高强度混凝土及预应力筋的采用、构件截面尺寸的减小、三向预应力的采用,施工中混凝土分批灌筑、张拉、压浆等阶段性因素都使以上问题更显突出。

无黏结筋无需制孔工艺,减少了施工工序流程,无需进行压浆,也就消除了制孔、压浆工艺所带来的后顾之忧,同时由于预应力筋的本身所占空间较小,易满足构件狭小空间的布索要求,所以在工程中得到了广泛的应用。但无黏结筋一般用于板类构件,在特种工程中使用还受到一定限制。

缓黏结预应力筋是处在无黏结筋与有黏结筋间的一种新的预应力筋黏结形式,它既具有无黏结筋的布索自由、使用方便、无需孔道的设置和压浆的优点,又具有有黏结筋在后期使用上的特点和安全性的一种新预应力工艺,克服了后张有黏结和无黏结预应力技术自身的缺点,是一种全新的预应力技术,是预应力混凝土技术的一次重大突破。

3 适用范围

在严峻的暴露条件下,从结构安全、耐久性和经受冲击方面考虑,混凝土结构中钢筋腐蚀的后果严重。

采用缓黏结预应力技术的钢绞线可以提供所需的额外防腐蚀措施。该体系具有方便的施工工艺、卓越的抗腐蚀和耐久性能,且多为替代无黏结筋用在腐蚀性较大,存在振动的构件部位上,能够限制裂缝宽度、提高延性,可广泛应用于各类混凝土结构。

该预应力体系适用于大开间、大跨度的建筑结构、公路桥梁、特种工程结构(如水工建筑、高耸结构、圆形储仓、重荷载结构、超长不设缝工程等)。

4 工艺原理

缓黏结预应力混凝土是一种新型的预应力体系,其核心技术就是缓黏结剂随着时间的推移逐渐硬化与混凝土和钢绞线间形成很强的黏结力。

其作用机理是在预应力筋与护套之间填充缓凝剂，这种材料在正常温度下，在一定时间内几乎无凝结，这样使其在工程现场进行安装、张拉时可完全采用无黏结筋预应力技术、设备和工序。

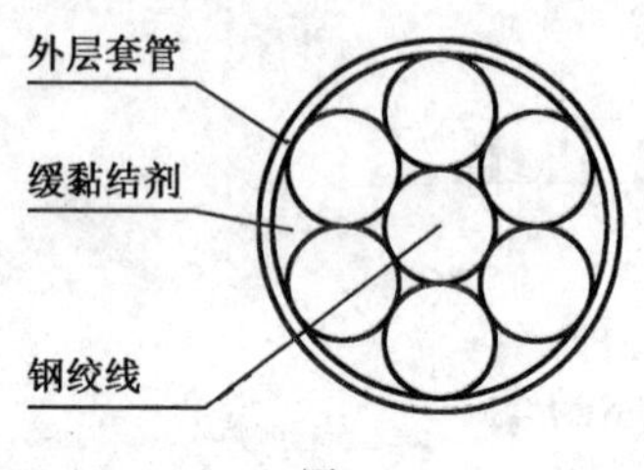

图 1

施工完成后经过预定时间，缓凝材料开始逐渐硬化并达到相当的黏结和抗压强度，对预应力筋产生握裹和保护作用，使得预应力筋和混凝土构件黏结为一体，即按无黏结预应力筋施工，但是却达到有黏结预应力筋的力学效果。

通过图 1 和图 2 可以进一步说明预应力筋与混凝土之间的工作关系：缓黏结预应力筋包括预应力钢绞线和护套，护套外表面具有带肋的竹节状凸起，制作采用挤塑成型工艺，并由专业化工厂生产，涂料层的涂敷和护套的制作一次性连续完成，涂料层防腐油脂完全填充预应力筋与护套之间的环形空间。缓黏结预应力筋在布筋和张拉阶段预应力筋与混凝土间可以滑动，从而具有无黏结预应力技术的优点，而张拉完成后不必灌浆，当时间到达一定期限(可在 2 个月到 1 年之间)，黏结剂层开始凝固，从而将预应力筋和混凝土之间完全黏结，阻断了外界腐蚀介质的侵入，完好地保护预应力筋不受腐蚀作用，这就是缓黏结预应力筋的防腐性，增加了预应力混凝土结构的安全性，克服了在施工中由于波纹管漏浆产生的预应力筋和波纹管固结在一起的弊病，在施工中具有良好的适用性。

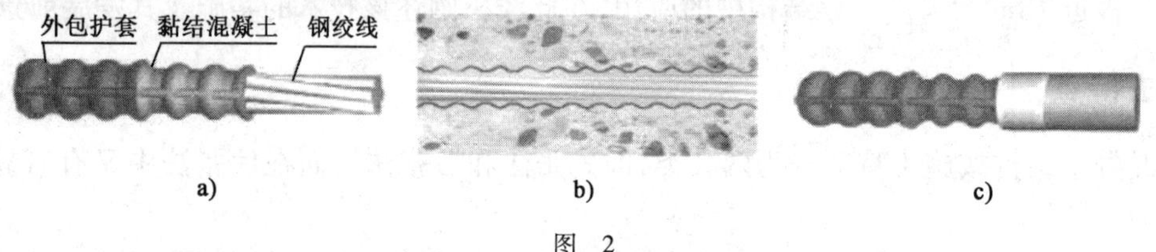

a)　b)　c)

图 2

a)缓黏结预应力钢绞线；b)预应力筋于混凝土之间的黏结；c)端部保护

5 施工工艺流程及操作要点

5.1 施工工艺流程

预应力结构施工是整个工程项目结构施工的一部分，随整体施工进度而进行。预应力梁的施工流程如图 3 所示。

5.2 操作要点

5.2.1 缓黏结预应力筋铺放

(1)缓黏结预应力筋铺放之前，及时检查其规格尺寸和数量，逐根检查并确认其端部组装配件可靠无误后，方可在工程中使用。对护套轻微破损处，采用外包防水聚乙烯胶带进行修补，每圈胶带搭接宽度不应小于胶带宽度的 1/2，缠绕层数不应少于 2 层，缠绕长度应超过破损长度 30mm。

(2)张拉端端部模板预留孔按施工图中规定的缓黏结预应力筋的位置编号和钻孔。

(3)张拉端的承压板采用可靠的措施固定在端部模板上，且保持张拉作用线与承压板面相垂直，如图 4、图 5 所示。

(4)缓黏结预应力筋应按设计图纸的规定进行铺放。铺放时符合下列要求：

①缓黏结预应力筋可采用与普通钢筋相同的绑扎方法，铺放前应通过计算确定缓黏结预应力筋的位置，其竖向高度采用支撑钢筋控制，亦可与其他钢筋绑扎。束形控制点设计位置允许偏差见表 1。

束形控制点的设计位置允许偏差　　表 1

截面高(厚)度(mm)	$h \leqslant 300$	$300 < h \leqslant 1\,500$	$h > 1\,500$
允许偏差(mm)	±5	±10	±15

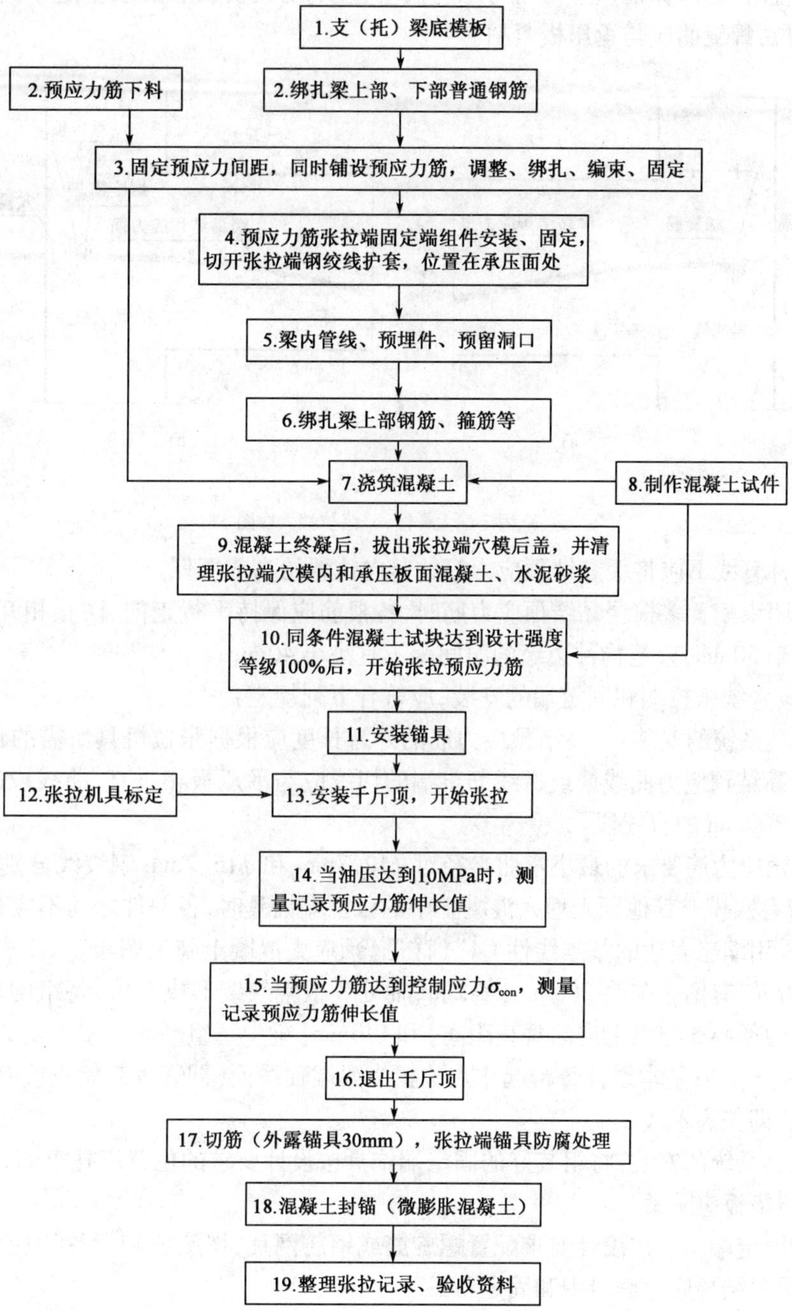

1.支（托）梁底模板
2.预应力筋下料
2.绑扎梁上部、下部普通钢筋
3.固定预应力间距，同时铺设预应力筋，调整、绑扎、编束、固定
4.预应力筋张拉端固定端组件安装、固定，切开张拉端钢绞线护套，位置在承压面处
5.梁内管线、预埋件、预留洞口
6.绑扎梁上部钢筋、箍筋等
7.浇筑混凝土
8.制作混凝土试件
9.混凝土终凝后，拔出张拉端穴模后盖，并清理张拉端穴模内和承压板面混凝土、水泥砂浆
10.同条件混凝土试块达到设计强度等级100%后，开始张拉预应力筋
11.安装锚具
12.张拉机具标定
13.安装千斤顶，开始张拉
14.当油压达到10MPa时，测量记录预应力筋伸长值
15.当预应力筋达到控制应力σ_{con}，测量记录预应力筋伸长值
16.退出千斤顶
17.切筋（外露锚具30mm），张拉端锚具防腐处理
18.混凝土封锚（微膨胀混凝土）
19.整理张拉记录、验收资料

图 3　施工工艺流程图

螺旋筋
挤压锚
缓黏结预应力筋
a)
第二次合模
第一次支模
缓黏结预应力筋
b)

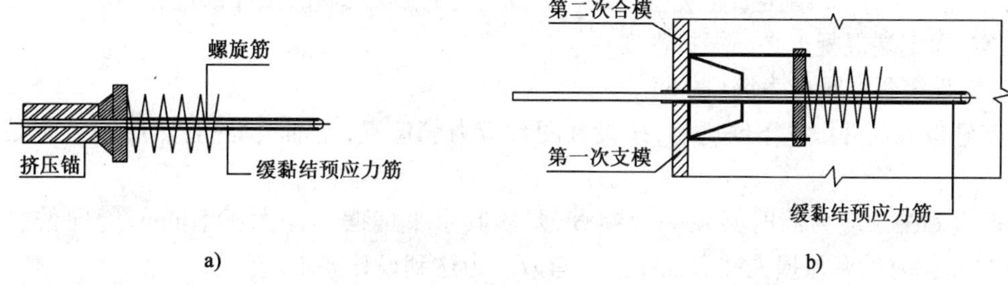

图　4

a)固定端组件；b)缓黏结筋张拉端

②张拉端设置时,必须保证预应力筋与承压板垂直,承压板安装后必须稳定牢固且不得重叠,防止混凝土浇筑时走位,螺旋筋应与承压板紧贴。

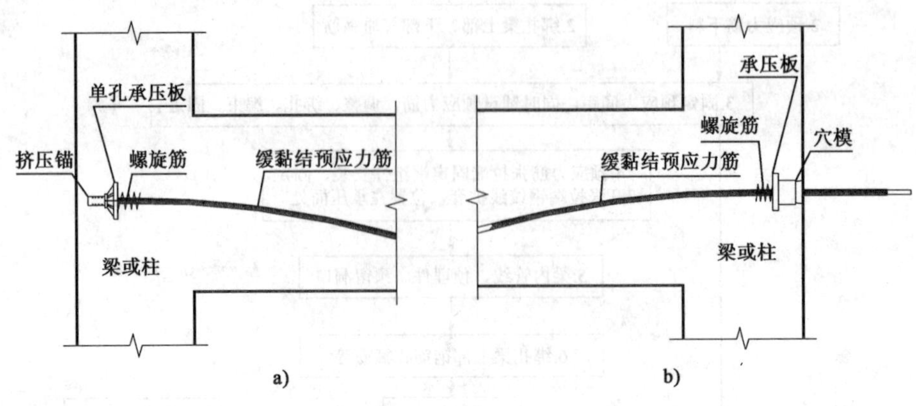

图 5

a)固定端大样图;b)张拉端大样图

③敷设的各种管线不应将缓黏结预应力筋的竖向位置抬高或压低;

④当采取集团束配置多根缓黏结预应力筋时,各根筋应保持平行走向,防止相互扭绞;束之间的水平净间距不宜小于50mm,束至构件边缘的净间距不宜小于40mm;

(5)夹片锚具系统张拉端和固定端的安装,应符合下列规定:

①张拉端锚具系统的安装:缓黏结预应力筋的外露长度应根据张拉机具所需的长度确定;“弯矩决定曲线曲率”,缓黏结预应力曲线筋或折线筋末端的切线应与承压板相垂直,曲线段的起始点至张拉锚固点应有不小于300mm 的直线段。

单根缓黏结预应力筋要求的最小弯曲半径对 ϕ12.7mm 和 ϕ15.2mm 钢绞线分别不宜小于 1.5m 和 2.0m。在安装带有穴模或其他预先埋入混凝土中的张拉端锚具时,各部件之间不应有缝隙。

②“本图中采用缩略表达的基本线性 C4”(详见《预应力混凝土施工图集》,C4 表示 4 端抛物线,以反弯点、最低点为界,有两个矢高 300mm【梁端Ⓐ轴处 8 根钢绞线形成一组,每组的形心 < 相当于 8 根钢绞线形成矩形的形心 > 与梁上皮的垂直距离】和 140mm【梁中每组形心与梁下皮的垂直距离】),其参数 $k_1 = k_3 = 0.1, k_2 = 0.5$;基本线性每跨起止点位置为梁端轴线处(即Ⓐ为起始点或Ⓓ轴为终止点),“形心高度不应改变”即矢高不改变。

③固定端锚具系统的安装:将组装好的固定端锚具按设计要求的位置绑扎牢固,内埋式固定端垫板不得重叠,锚具与垫板应贴紧。

④张拉端和固定端均应按设计要求配置螺旋筋或钢筋网片,螺旋筋和网片均应紧靠承压板或连体锚板,并保证与缓黏结预应力筋对中和固定可靠。

(6)浇筑混凝土时,除按有关规范的规定执行外,尚应遵守下列规定:

①缓黏结预应力筋铺放、安装完毕后,应进行隐蔽工程验收,当确认合格后方可浇筑混凝土;

②混凝土浇筑时,严禁踏压撞碰缓黏结预应力筋、支撑架以及端部预埋部件;

③张拉端、固定端混凝土必须振捣密实。

5.2.2 穿设缓黏结预应力筋(图 6)

(1)在支好板底模并绑扎下铁之后,按设计图预应力筋位置,先铺设马凳,然后铺设缓黏结预应力钢绞线。

(2)铺设缓黏结预应力筋时必须平行顺直,要求其水平偏摆不得大于 50mm,竖向偏差不得大于 10mm,以减少张拉时的摩擦损失并保证张拉后有效应力达到设计要求。

(3)固定好预应力筋的位置及高度之后,安放穴模和螺旋筋等,并固定好。

(4)缓黏结筋应牢固地固定在事先安放好的马凳上。

(5)在浇筑混凝土前，技术人员认真检查验收预应力筋及锚具、垫板、螺旋筋的安装情况，填写“隐蔽工程验收记录”。

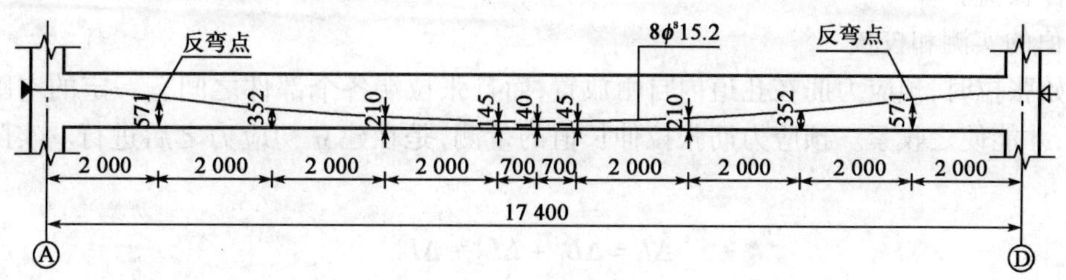

图6　缓黏结预应力筋布置示意图(尺寸单位:cm)

(6)在浇筑混凝土时，振捣棒不得长时间碰撞缓黏结筋，防止钢绞线偏离原位或塑料皮受损伤。

(7)及时拆模，拆模后清理张拉预留洞，并安装张拉端锚具。

(8)尽量使各种管线为预应力筋让路，在穿设预应力筋之后，严禁电焊损伤预应力筋。

5.2.3　缓黏结预应力张拉作业：

(1)在土建单位提供的混凝土强度达到张拉要求之后，开始预应力筋的张拉。

(2)预应力张拉控制应力及伸长值应满足设计要求。

(3)预应力筋张拉采用张拉力与伸长值双控进行，如发现伸长值不满足规范的有关规定，应立即停止张拉，并查明原因。

(4)张拉步骤如下：

①剥去张拉端塑料护套，擦净预应力筋上油脂，清理端部及穴模后安装锚环及夹片。

②安装千斤顶，连接好油路系统。张拉到初应力(张拉控制应力的10%)时，首次记录千斤顶伸长值，然后继续张拉至控制应力，再次量测伸长值。核算伸长值符合要求后，卸载锚固回程并卸下千斤顶，张拉完毕。

③张拉时以控制张拉力为主，同时用张拉伸长值作为校核依据，实测伸长值与计算伸长值的偏差应在-6%～+6%范围之内。如果超出正常范围，应立即停止张拉，查明原因并采取相应的措施之后再继续作业。

5.2.4　封端保护

缓黏结筋的锚固区，必须有严格的密封防护措施，严防水汽进入，锈蚀预应力筋。因此，缓黏结预应力筋张拉完毕后，应立即对缓黏结预应力筋进行封端保护。

(1)用砂轮切除多余预应力筋。缓黏结预应力筋切断后露出锚具夹片外的长度应不得小于30mm。严禁采用电弧烧断。

(2)将外露预应力筋涂专用防腐润滑脂，并罩上封端塑料套。

(3)用微膨胀C50混凝土封堵张拉端后浇部分以保护锚具，封堵时应注意插捣密实。

5.2.5　预应力张拉控制力与伸长值

1)预应力张拉控制力

(1)对混凝土强度的要求

本工程要求混凝土强度达到设计强度的100%才能张拉。只有混凝土强度试验报告表明混凝土强度达到要求后，才能开始张拉。

(2)张拉控制力

预应力筋的张拉控制，以控制张拉力为主，同时用张拉伸长值作为校核依据。

本工程张拉控制应力取为0.75倍钢绞线强度标准值，即1 860×0.75 =1 395MPa。

每根钢绞线张拉控制力为201.1kN。

2)理论伸长值

依据《无黏结预应力混凝土结构技术规程》(J409—2005)等规程规范中关于理论伸长值计算要求,计算出理论伸长值。

3)伸长值的实测和校核

由于开始张拉时,预应力筋在孔道内自由放置,而且张拉端各个部件之间有一定的空隙,需要用一定的张拉力,才能使之收紧。预应力筋张拉伸长值的量测,是在建立初应力之后进行。实际伸长值 ΔL 应等于:

$$\Delta L = \Delta L_1 + \Delta L_2 - \Delta L_c$$

式中:ΔL_1——从初应力至最大张拉力之间的实测伸长值;

ΔL_2——初应力以下的推算伸长值;

ΔL_c——混凝土构件在张拉过程中的弹性压缩值。(量值很小,可忽略。)

本工程初应力取为张拉控制应力的10%。初应力以下的推算伸长值 ΔL_2 根据弹性范围内张拉力与伸长值成正比的关系推算。

张拉时,通过张拉伸长值的校核,可以综合反映张拉力是否足够,孔道摩擦损失是否偏大,以及预应力筋是否有异常。张拉时要求实测伸长值与理论计算伸长值的偏差应在 -6% ~ +6% 范围之内,超出时应立即停止张拉,查明原因并采取相应的措施之后再继续作业。

5.2.6 施工几点说明

(1)如果由于洞口、管线过密,局部预应力筋间距及顺直可作合理的调整。

(2)如果由于梁内管线管径过大,布置较密影响预应力筋曲线线型轴线与反弯点间曲线,可向上作适当调整;顺跨中与反弯点之间曲线,可向下作适当调整。

(3)外伸张拉端的侧模应使用木模,并在预应力筋位置开槽或打眼。

(4)缓黏结预应力筋的润滑材料具有自行固化性能,可以保证施工阶段不离析,固化后体积稳定不收缩,能够很好地满足工程质量要求。

(5)缓黏结预应力筋的加工时间与工程整体进度相协调,减少缓黏结筋制用到铺放在空气中的暴露时间。

(6)缓黏结预应力筋端头要用胶带包裹密实,避免润滑剂流出和杂质进入。运输、吊装过程中应注意避免对预应力筋表皮的损伤,轻拿轻放、严禁抛摔,铺放时避免拖擦,并着重加强铺放后及混凝土浇筑时的成品保护工作。

(7)尽量避免缓黏结预应力筋穿越施工段,应合理安排施工段的划分和施工顺序,在混凝土强度达到设计要求后尽快优先张拉缓黏结预应力筋。

(8)因为缓黏结剂不仅是防止腐蚀的间隔体,还是在后期黏结完成后的连接体,流出留下的孔洞会较大程度上影响缓黏结的质量和设计效果。所以在调运、切断、张拉必须控制缓黏结剂的流出。

(9)预应力张拉控制应力为 $\sigma_{con} = 0.75 f_{ptk}$(钢绞线极限抗拉强度为1 860MPa)= 1 395MPa。若到达 f_{ptk}(钢绞线极限抗拉强度),则会破坏钢绞线。

6 材料与设备

6.1 材料

6.1.1 预应力主材的选购

材料规格见表2。

6.1.2 材料的进场验收

(1)锚具按有关规定进场验收,验收方式根据《混凝土结构工程施工及验收规范》(GB 50204—2002)的第6.2.12条进行,每1 000套锚具作为一批进行检查和验收。

材料规格及验收标准 表2

材料名称	规格	验收标准
钢绞线	1 860MPa 级、ϕ^{j}15.20 低松弛	《预应力用钢绞线》(GB/T 5224—2003)
单孔夹片锚	I类	《预应力筋用锚具、夹具和连接器》(GB/T 14370—93)
挤压锚	I类	

(2)缓黏结钢绞线进场后抽样送检,每60t 作为一批验收,材料的极限强度和延伸率须符合规范的有关规定。

(3)挤塑成型后的缓黏结预应力筋按工程所需的长度和锚固形式进行下料和组装;并采取措施防止防腐油脂从筋的端头溢出,玷污非预应力钢筋等。

(4)缓黏结预应力筋下料长度,应综合考虑其曲率、锚固端保护层厚度、张拉伸长值及混凝土压缩变形等因素,并应根据不同的张拉方法和锚固形式预留张拉长度。

6.1.3 材料包装、运输、保管要求

缓黏结预应力筋的包装、运输、保管应符合下列要求:

(1)缓黏结预应力筋在工厂加工成型后,可整盘包装运输或按设计下料组装后成盘运输,整盘运输应采取可靠保护措施,避免包装破损及散包;工厂下料组装后,宜单根或多根合并成盘后运输,长途运输时,必须采取有效的包装措施。

(2)装卸吊装及搬运时,不得摔砸踩踏,严禁钢丝绳或其他坚硬吊具与缓黏结预应力筋的外包层直接接触。

(3)缓黏结预应力筋应按规格、品种成盘或顺直地分开堆放在通风干燥处,露天堆放时,不得直接与地面接触,并应采取覆盖措施。

6.2 设备

设备规格见表3。

设备规格表 表3

序号	设备名称	型号	数量	备注
1	油泵	ZB0.6-63 型	4台	用于张拉作业
2	千斤顶	YCQ20 型	4台	用于张拉作业
3	切割机	—	4个	钢绞线下料
4	角磨机	—	6个	张拉后切割多余钢绞线

预应力张拉设备在使用前,应送权威检验机构,对千斤顶和油表进行配套标定,并且在张拉前要试运行,保证设备处于完好状态。

6.3 材料与设备图示

材料及设备图示见图7。

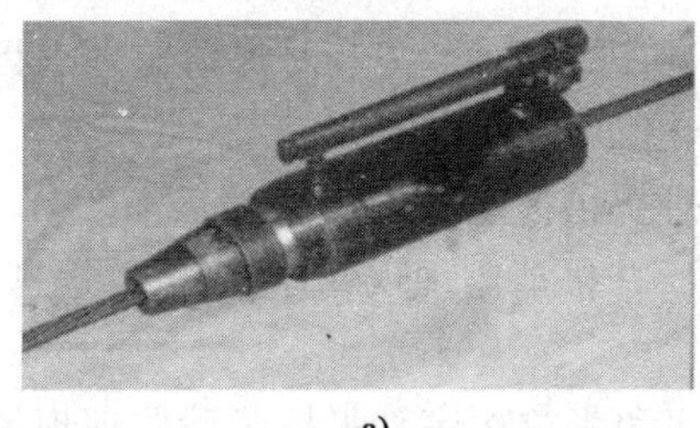

a)

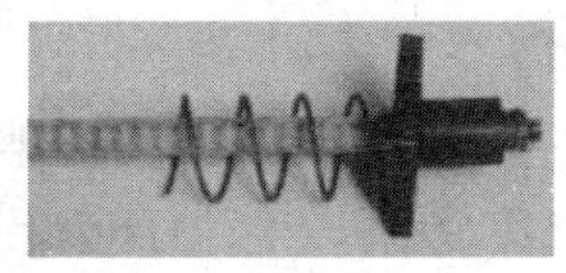

b)

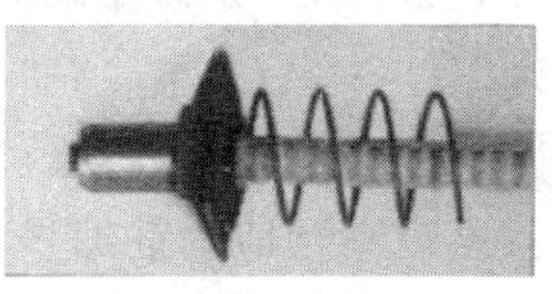

c)

图 7

a)穿心千斤顶;b)固定端组件;c)张拉端组件

7 质量控制

7.1 建立质量管理工作机构,实行岗位责任制

(1)将质量责任层层分解,层层落实。由质检员行使质量否决权和奖惩权。

(2)加强技术管理,明确岗位责任制,认真做好技术交底工作。除进行书面交底外,还应组织各班组召开技术交底会,对施工难点和重点专门进行讲解。

(3)各种不同的材料必须合理分类,堆放整齐,严格管理。加强原材料检验工作,严格执行各项材料的检验制度。

(4)三检制:质量严格检查,坚持"自检、互检、交接检"三检制。

(5)隐检制:根据施工进度安排预检、隐检计划,进行预检、隐检程序,办理预检、隐检手续,并及时履行签证归档。

(6)质量管理流程如图8所示。

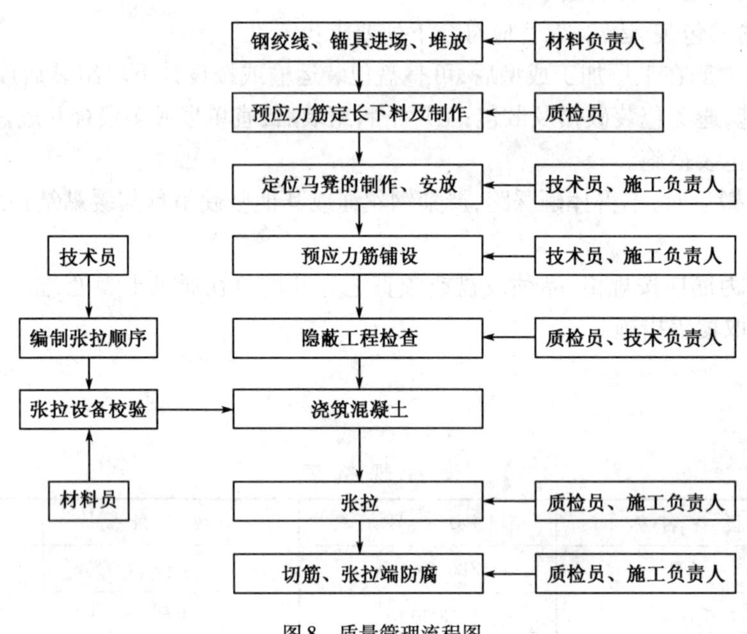

图8 质量管理流程图

7.2 保证监理制度的实施

严格的工程质量监理制度是保证工程项目具有优良质量的关键。主动接受监理单位的监督和检查,促进施工管理水平的提高,达到现场管理严格化、各道工序施工规范化、工程质量优良化,在进场、施工、竣工各阶段,应做好以下工作:

(1)根据施工组织设计中的工期、质量保证体系、形象进度编制详细的预应力分包工程的施工技术方案,呈报监理单位审批。

(2)材料分批进场时,均提前3d向监理提供质量保证书和进场数量,并及时提请监理进行见证抽样和送检。

(3)张拉设备进场前和规范规定的使用期后均提前向监理提供标定记录。

(4)认真填写预应力筋编号、位置、数量、矢高等自检记录,并报请监理现场监督,及时送自检材料。提前通知监理进行隐蔽验收。

(5)接到混凝土强度试验报告后,提前通知监理张拉时间和张拉次序。张拉时请监理现场监督和核算张拉控制值。

(6)预应力分项工程结束后,及时整理竣工验收的有关文件和资料。

(7)雨季施工应注意做好钢绞线、锚具等材料及设备的防雨、防潮等工作。

8 安全措施

(1)成立安全管理工作机构,制定安全生产责任制,现场设专人负责有关预应力施工的安全。

(2)施工前,由项目负责人进行安全教育和安全考核,成绩合格方可上岗。

(3)在整个施工过程中,由安全负责人定期对全体施工人员进行具体施工要求安全交底和安全检查。

(4)制定详尽的安全管理条例和奖惩制度,安全负责人定期组织安全学习和教育。

(5)张拉人员要严守张拉操作规程,张拉时千斤顶后严禁站人。

(6)进入现场必须配戴安全帽,高空临边作业必须系安全带。

(7)规范用电管理,所有闸箱、电缆和用电机具必须达到安全用电的标准,做到人走断电。

(8)所有施工机械必须由专人负责保管,并且要常保养、常检查、常维修,使其保持良好的工作状态;设备要由专人操作,必须严格遵守操作规程,防止一切可能的机械伤害。

(9)建立消防组织,编制防火技术措施,经常性的进行防火检查,及时发现和消除存在的火灾隐患;现场禁止使用明火,动火作业必须履行安全监督员审批制度。

9 环保措施

可持续发展和环境保护是21世纪的主题。在工程项目中推行可持续发展战略,施工阶段是重要阶段。项目施工具有周期长、资源能源消耗大、废弃物产生多等特点。所产生的废弃物占填埋废物总量的比重较大。施工过程中产生的粉尘、微粒和空气污染物等对环境造成负面影响。在严格执行国家《建筑施工现场环境与卫生标准》中的强制性条文的前提下,推行以减少污染物的产生量和排放量、节约能源、降低消耗为基本宗旨的"绿色施工",把环保施工列为工程建设的重要内容之一。

本文所述的缓黏结预应力技术是一项具有可持续发展思想的施工技术,可以称为绿色施工技术或可持续施工技术。它不是独立于传统施工技术的全新技术,而是用"可持续"的理念对传统施工技术的重新审视,是符合可持续发展战略的施工技术。

(1)确定工作管理目标

①噪声、粉尘、污水排放达标,减少和控制固废的产生;

②降低原材料消耗,工程原材料用量低于国家规定标准。

(2)实施环境保护

通过对环境因素的识别,包括:大气污染、水污染、固体废弃物、土地污染、原材料与自然资源的使用、噪声、光污染和其他当地环境和社区问题,在初始评审与因素辨别评价的基础上形成重大环境因素与不可承受风险控制计划清单。当现场作业环境与条件有重大变化时,对环境因素进行重新识别,制定环境工作计划。

①建立环境保护管理工作机构,明确机构中各岗位的职责和权限,对所有参与体系工作的人员进行相应的培训。

②加强培训、增强意识和提高工作能力,对内部培训需求进行识别,并对全员进行环境安全的教育和交底。

③加强环境场所、环境活动运行控制,对关键的环境活动,编制作业指导书,并予交底。

④对可能具有重大环境影响的运行与活动进行监测和测量,以实现环境安全活动的有效控制。

⑤定期召开"施工现场环境保护"工作例会,总结前一阶段的施工现场环境保护管理情况,布置下一阶段的施工现场环境保护管理工作。建立并执行施工现场环境保护管理检查制度。

⑥制订防止对大气、水等污染的相应措施。

⑦制订防止强光、噪声、污水、固体废弃物等施工扰民的相应措施,做好疏导解释工作。

10 资源节约

随着我国经济快速发展,铁路、公路、市政、房屋建筑等基本建设日新月异,而预应力技术已成为基础建设工程中十分重要的结构材料和特殊工艺手段。正如我国预应力学科的学术带头人、东南大学教授吕志涛所言"基础建设节能勿忘预应力",发展绿色混凝土、实现预应力混凝土的可持续发展,符合国家节约资源、保护环境的发展战略。

采用预应力技术,为节约型结构形式提供技术支持和保障,拓展了使用空间和功能使用,仅就和普通混凝土施工而言最大限度地减少了对资源和能源的消耗,而缓黏结施工工艺又增强了预应力筋的抗腐蚀性,大大提高了混凝土的耐久性,延长了工程寿命,对于保护环境、节约能源,其资源意义是十分显著的。

11 效益分析

(1)从材料、使用功能方面分析,预应力混凝土与普通混凝土相比,有很多突出特点:

①提高构件的抗裂度和刚度。

②增加了结构及构件的耐久性。

③结构自重轻,能用于大跨度结构。

④能节约材料,与钢结构相比,能节约大量钢材,降低成本,增加耐火性能。

与钢筋混凝土相比,同跨度构件能节约钢筋和混凝土,而相对经济。

(2)从预应力施工工艺发展角度分析,缓黏结预应力施工工艺与无黏结工艺相比,从人力、运输、制作、保管、施工等方面都节约了大量资金。

(3)现代预应力专项施工穿插在非预应力钢筋安装绑扎及混凝土浇筑后进行,不占工期。混凝土浇筑后一般5~7d即可张拉,张拉后即可拆除梁的底模,比普通钢筋混凝土拆模还早,还可缩短工期1~2d。

(4)将跨度及功能相同的一根标准预应力梁与非预应力梁进行经济上的分析比较:工程直接费可节约9%,其中主要材料中的钢材用量可节约46%,混凝土用量节约23%。

12 应用实例

(1)重庆南方高速公路某标段公路工程由安通建设有限公司承建。该工程桥梁工程为主线桥,均为预应力连续梁桥,全桥使用1 860级$\phi^{s}15.20$钢绞线852t,1 798个张拉点数,采用BM15-3J型、BM15-4J型、M15-5J型、M15-9J型、M15-12J型等I类锚具,预应力桥梁混凝土均为C50。

目前,该工法在桥梁工程建设中普遍采用,预应力桥梁是整个桥梁施工中非常关键的工序,它的施工质量直接影响到整个结构的受力和安全,张拉锚固作业完成后,通过与设计计算比较,测量结果与设计计算相吻合。

(2)本桥位于原哈同公路(哈尔滨至同江)K117处,该桥标准跨径13m,净宽12m+2×0.5m护轮带。设计荷载:汽—20级;验算荷载:挂车—100。设计为空心板截面桥面结构,每块板采用12根ϕ15.24mm缓黏结预应力钢绞线。选用适于锚固缓黏结预应力钢绞线的乙型夹片式锚具,张拉设备选用YC—18型千斤顶。经核算,缓黏结工艺比有黏结预应力空心板桥节省工期20%;与钢筋混凝土空心板比较,二者的混凝土用量基本一样,但钢筋用量有较大差异,节省9.16%;与钢筋混凝土T梁比较,缓黏结预应力混凝土空心板不仅减少了钢筋用量,且降低建筑高度50%,从而可在很大程度上降低引道高度,取得明显的经济效益;与有黏结预应力混凝土空心板比较,缓黏结预应力混凝土空心板所需的II级钢筋有所增加,但节省预应力钢筋13.8%。为了对设计工作及施工质量进行检验,在多种工况(环境随机、振动荷载、冲击荷载、制动荷载)下进行了动载试验,结果表明该桥具有足够的承载能力和良好的耐久性,带来了良好的经济效益和社会效益。

空间拱形斜塔自锚式悬索与斜拉组合结构体系桥梁上部施工工法

GGG(中企)C3116—2010

谯兰志　王宗仁　赖宏扬　刘　波　赵富立
(路桥集团国际建设股份有限公司　路桥华南工程有限公司)

1　前言

龙城大桥的结构形式为自锚式悬索斜拉组合体系桥梁,这种结构形式为世界上首次采用。空间拱形斜塔自锚式悬索与斜拉组合结构体系桥梁上部施工工法是在此基础上形成的。

图1所示为龙城大桥结构示意图。

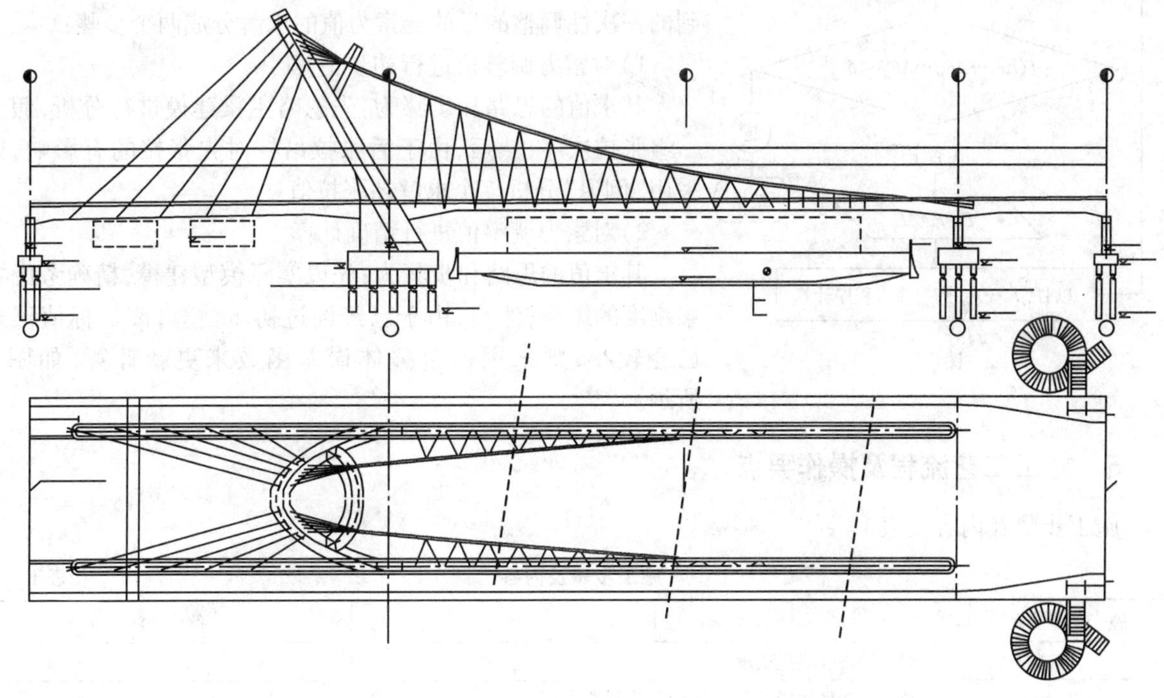

图1　龙城大桥结构示意图

2　工法特点

该工法是在一般悬索桥缆索体系、自锚式悬索桥、斜拉桥施工工法的基础上建立的,具有自锚式悬索桥、斜拉桥的施工特点。该工法具有以下几个特点:

(1)工序繁多;

(2)衔接紧密;

(3)同步性较强;

(4)施工设备繁多。

该工法与传统的施工相比,在工期、质量、安全及造价等技术经济效能方面的先进性和新颖性。

工期:与传统工法相比,该工法具有提前工期的特点,特别是在猫道施工、体系转换等环节上。

质量:用传统的工法施工,根本不可能满足自锚式悬索斜组合体系桥梁施工质量要求。

安全:安全性能良好。

造价:造价较高。

3 适用范围

该工法施工的范围:自锚式悬索桥、小跨径斜拉桥、自锚式悬索斜拉组合体系桥梁。

体系转换施工方法的技术经济条件:

(1)最大张拉力250kN;

(2)12台千斤顶同步张拉;

(3)一次性调整就位。

4 工艺原理

该工法主要的核心部分为体系转换施工技术,体系转换施工技术主要是利用变形相互协调原理,达到最终的索力。

体系转换施工的主要核心就是利用变形相互协调原理达到的一次性调整的目的。索力值的求解分成两个步骤:

1)对索力调整值进行初步估算

其求值的思路和步骤为:先忽略主梁建模进行分析,假定一组张拉次序;然后,由于后张拉吊杆对先张拉的有影响,则采用"倒退"分析逐个求解超张拉值。

2)对索力调整值进行精确计算

其求值的思路和步骤为:先以实际模型建模,精确考虑主梁刚度的影响;然后,由于已经经过初步估算,离目标值误差已经较小,则采用一个整体误差函数来更新计算,如图2所示。

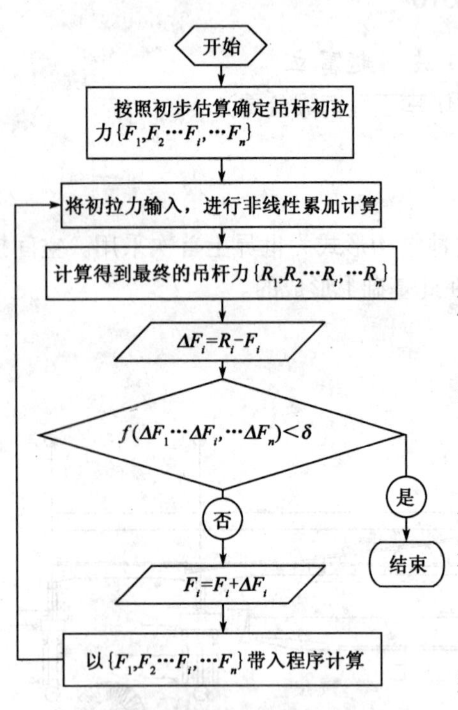

图 2

5 施工工艺流程及操作要点

施工步骤及内容见表1。

施工步骤及内容 表1

施工步骤	施工内容	备注
1	主梁2号块混凝土块段施工	
2	张拉主梁2号块段内预应力束施工、压浆	
3	主梁0号块段混凝土施工	
4	张拉0号块段内预应力束施工、压浆	
5	主梁1号块混凝土块段施工	
6	张拉1号块段内预应力束施工、压浆	
7	主桥0、1号块段连接段施工	
8	主桥0、1号块段预应力束施工及压浆	
9	叠合梁中1、15号钢箱梁(端梁)安装	
10	钢—混凝土连接段施工	
11	叠合梁中钢箱梁节段安装及焊接	
12	叠合梁中预制桥面板安装施工	

续上表

施工步骤	施工内容	备注
13	叠合梁现浇翼缘板施工	
14	叠合梁混凝土湿接缝施工	
15	T1、T2、T3、T4 混凝土顶板预应力索施工、压浆	
16	叠合梁翼缘板预应力施工、压浆	
17	索塔竖转在1号块段上拼装，安装竖转工装，竖转就位	
18	索塔与预埋段焊接及拆除竖转工装	
19	搭设次塔散索套支架	
20	张拉 C1、C3、C5 斜拉索；C2、C4 入锚	
21	次塔散索套下盖、入梁散索套下盖安装	包括定位工装
22	MC7 基准索股调整	
23	一般索股安装；或同时安装散索套的上盖板	
24	猫道施工	与索股安装同时施工
25	紧缆	
26	散索套上盖安装	
27	拆除次塔散索套的固定装置	
28	主缆索力的调整：次塔处、入梁段7根分缆力的调整	
29	主缆线形测量	
30	索夹放样	
31	索夹安装及吊索安装	
32	缆索体系索力调整	
33	拆除主梁支架	
34	进行缠丝与防护	
35	桥面系施工	

6 材料与设备

该工法所用的材料与设备，主要用于主桥混凝土块段施工，索塔施工及缆索施工用。材料与设备清单见表2。

材料与设备清单 表2

设备适用部位	设备	型号	数量	备注
混凝土块段	张拉、压浆设备	250t	4套	
	张拉、压浆设备	25t	2套	
	混凝土输送泵	37m/42m	2台	
	拌和站	HZS60/HZS25	2套	
	混凝土罐车	$6m^3$	4辆	
	吊车	16t	1辆	
	吊车	25t	1辆	
	电焊机	BX1-400	8台	
	装载机	ZL40B	2台	
	平板车	20t	1辆	
	满堂钢管支架	碗扣式	800t	
	钢筋弯曲/切断机		2套	
	箱梁模板	竹胶模板	$3\,500m^2$	

续上表

设备适用部位	设　备	型　号	数　量	备　注
叠合梁	履带吊车	150	2	钢箱梁/预制板吊装
	钢箱梁支架	ϕ519mm×11mm	2 000	支撑叠合梁
	CO_2 电焊机		14 套	钢箱梁焊接用
	各类型钢	[20/∠14	30t	用于剪刀撑
	满堂支架	碗扣式	100t	现浇翼缘板
	模板	竹胶模板	1 000m	现浇翼缘板
索塔安装	连续提升千斤顶	200t		竖转用
	钢绞线	23t		提升用拉索
	竖转塔架	140t		索塔竖转
索塔安装	履带吊车	150t	2 台	索塔卧拼用
	汽车吊	50t	1 台	索塔卧拼用
	汽车吊	25t	1 台	索塔卧拼用
	支撑钢墩	20t	32 个	索塔卧拼用
缆索体系施工	汽车吊	50t	1 台	安装主缆索股
	汽车吊	80t	1 台	安装主缆索股
	汽车吊	25t	1 台	索夹、紧缆、缠丝
	汽车吊	16t	1 台	索夹、紧缆、缠丝
	紧缆机	500mm	2 套	紧缆
	缠丝机	500mm	2 套	缠丝
	扇形千斤顶	250t	12 套	体系转换用
	千斤顶	550t	2 套	斜拉索
	千斤顶	280t	4 套	斜拉索
	千斤顶	450t	2 套	斜拉索

7　质量控制

本工法执行的标准包括:

(1)《公路桥涵施工技术规范》(JTJ 041—2000);

(2)《常州市京杭运河和312国道改建工程》(JHCZQ—7)标评定标准。

质量标准见表3。

工法执行的质量标准　　表3

部　位	检测项目			允许值	实测值	备　注
桥梁上部结构	中线偏位			±10mm	+3,+4	
	桥宽	车行道		±10mm	-5,-2	
		人行道		±10mm	+4,+1	
	桥长			±(10+0.1L)=21	-15	L:跨径
	主缆	基准索	中跨跨中高程	±l/10 000=12mm	0,-2	
			上下游索股高差	±5mm	+2	
		交工前实测	中跨跨中高程	±12m	+12	
			上下游主缆高差	±5m	-4	
			一般段主缆空隙率	22%±2%	23.1%、23%	
			索夹处主缆空隙率	20%±2%	22.0%、19.8%	
			吊索上下游高差	20mm	-2,+7,+10	

续上表

部 位	检测项目			允许值	实测值	备 注
桥梁上部结构	主桥与引桥中线衔接			±10mm	+5, -5	
	主桥与引桥高程衔接			±3mm	+2, +1.5	
	桥面横坡			±0.3%	+0.04	
	主塔	倾斜度		H/3 000 且≯30mm	8,9	
		塔身断面尺寸		±2mm	+2,0	
		平面位置	塔底偏位	±20mm	+1,0	
			塔顶中心偏位	±10mm	+1,0	
		高程位置	承台高程	±20mm	+2, +1	
			预埋段中心高程	±10mm	+1, +2	
			塔顶中心高程	+10, -0	+1	
	桥梁总体	桥梁中线偏位		10mm	2,3,3	
		桥宽	车行道	±10mm	+4, +5,0	
			人行道	±10mm	-4, -3,0	
		桥长		+300mm, -100mm	+10	
		引桥与引道中线平面衔接		±20	5	
	预制桥面板	长度		+5mm, +10mm	+1, +2	
		宽度		+10mm,0mm	+1,0	
		湿接缝宽		±20mm	+3, +1	
	后张法张拉	管道坐 标	梁长方向	30mm	0, +3	
			梁高方向	10mm	+1, +2	
		管道间距		10mm	+1, +3	
		张拉伸长率		±6%	1%	

8 安全措施

(1)周生产例会:由各个部门负责人、作业班组负责人及现场技术员参加,生产副经理主持会议。会上由专职安检工程师通报上周安全情况,并根据生产情况布置下周的安全重点。

(2)每月安全质量大检查制度:由专职安检工程师、质检工程师共同组织,施工作业队负责人、施工作业队安全员及安全质量领导小组成员参与。对施工作业区安全生产、施工防护以及生活区域防火、防盗等方面进行检查。

(3)现浇支架验收制度:现筑满堂支架在浇筑之前必须经过由专职安全员组织的验收小组进行检查,现场施工操作人员针对其提出的安全隐患进行处理解决,待处理完毕后方能进行混凝土施工。

(4)高空作业防护:高空作业人员必须系好安全带,人行爬坡必须牢固;有必要的防护设需,如安全网等等,同时高空作业人员必须接受体检。

(5)施工机械作业防护:施工机械必须挂牌作业;施工机械由专人调配;机械作业时须由专人指挥;加强对机械的保养。

9 环保措施

该工法涉及的污染源为噪声、建筑垃圾等。具体的处理措施如表4所示。

环保措施 表4

目标	指标		措施	备注
污染排放物达标	噪声	噪声排放控制在《建筑施工场界噪声限值》之内	购置一台声级计,每月对场界噪声进行一次测量	
			制现绘场噪声测点布置图	
			若发现噪声排放超标及时组织有关部门制订控制措施	
			对发电机等超标噪声源采取隔声措施	
			维修、保养机械设备,使机械设备处于良好的工况	
			满堂支架施工、混凝土施工、模板加工等作业尽量安排在白天	
	施工垃圾(三废)	倾倒在地方环卫指定地点	清理主缆防护的腻子	
			主缆索股缠包带	
			斜吊索、斜拉索防护布	
			混凝土渣子	
			滑润油清理	
危险化学品无大面积泄漏	柴油大面积泄漏	0案次	制定柴油罐库管理制度	
	液压油大面积泄漏	0案次	制作张拉操作及机械管理手册	

10 节能措施

该工法在实施过程中,主要采用了一些措施进行节能,如更换新的节能发动机(缠丝机、张拉油泵发动机等)。

11 效益分析

从工程实际效果(消耗的物料、工时、造价等)以及文明施工方面综合分析应用本工法所产生的经济、环保、节能和社会效益(可与国内外类似施工方法的主要技术指标进行对比分析),特别是通过咨询国内专家,总体上说:虽然这种悬索斜拉组合体系桥梁在设计及施工中仍有不少困难,但由于其造型独特、新颖,在城市桥梁中还是占有一定的优势。该类型桥梁推广应用重点是:跨径为60~150m的城市桥梁。

该类型桥梁应用时应做如下的改进:

(1)悬索的吊杆应由目前斜吊杆改成垂直吊杆;

(2)加劲梁由目前的钢—混凝土叠合梁改成钢箱梁(混凝土梁),考虑到自重的影响,可在钢箱梁里面浇筑混凝土;

(3)主缆索股的钢丝将由 ϕ7mm 改成 ϕ5.1~ϕ5.35mm 之间;

(4)索股散开的形状将形成对称状态。

1)技术经济指标

由于该工法解决了世界上首座自锚式悬索斜拉组合体系桥梁施工问题,具有较高的技术经济指标。

2)经济效益预测

这是一套完整、规范、技术先进的空间独塔自锚式悬索斜拉组合结构体系桥梁上部施工技术,能够为今后的该类型桥梁或类似桥梁提供技术支撑。今后,经济发达的城市会修建更多造型独特的组合索结构的桥梁,预计经济效益将达到2 000万元。

12 应用实例

该工法主要应用于常州京杭运河上的龙城大桥，该桥数据如下：

工程建设项目的名称：常州京杭运河和312国道改建工程JHCZQ—7合同段；

地点：江苏省常州市湖塘镇常漕路降子村；

工程结构形式：主桥为自锚式悬索斜拉组合体系桥梁，引桥为三跨现浇连续箱梁；

工程开工日期：2006年6月26日；

工程竣工日期：2008年1月5日；

工程的事物工程量：钢筋3 259.04t，钢绞线774.137t，C60混凝土466m^3，C50混凝土16 450.9m^3，其他混凝土18 193.9m^3，钢结构2 248.678t，缆索结构335.846t；

工程应用效果：主缆、主梁线形与理论符合性良好，各分项工程合格率100%。

钢拱桥卧拼竖提转体施工工法

GGG(中企)C3117—2010

李德钦　刘　炜　李友清　宋满忠
(路桥集团国际建设股份有限公司　路桥华南工程有限公司)

1　前言

对于大跨度拱桥系统,一般采用竖转方法施工。竖转体系由索塔、扣索和张拉油缸组成,索塔树立在拱脚处,张拉油缸布置在边拱上,这样的施工体系,索塔和扣索受力大,因而成本高。整个竖转体控制监测点分散,现场施工较为困难,因而安全性较低,针对这些问题,根据广东佛山市东平大桥施工现场的具体特点,提出一种卧拼、垂提、竖转的施工方法,这种方法将索塔前移变成提升塔,张拉油缸从边拱移至提升塔顶部,可以大大降低提升吊塔和张拉油缸的载荷大小,从而降低施工成本。由于竖转体系简单,施工周期可以大大缩短,更为重要的是,在现场监控点集中,施工控制容易,可以大大提高竖转施工的安全性。

近几年来,随着国内经济的发展,建造的大跨径拱桥日益增多,其施工方法和技术引起了工程技术人员的广泛关注。

《提高环道施工平整度》一文获2006年全国“茅台杯”QC成果发表赛一等奖及2006年“全国优秀质量管理小组”奖;佛山东平大桥主桥在同类型桥梁中竖提、平转质量最大分别为3 000t、14 800t,被列为2005年全国交通企业新纪录;佛山东平大桥主桥首次采用无扣索竖直提升转体施工工艺被列为2005年全国交通企业新纪录。

2　工法特点

2.1　工法使用功能简介

竖提转体相对于扣索竖转有巨大的经济效益,主要适用于河道繁忙与跨越深谷的地方。复式钢箱拱卧拼竖提转体具有构造简单,转体结构受力明确合理,易于同步控制,更安全可靠等优点,具有广阔的应用前景。

2.2　施工方法上的特点

(1)通过提升设备扩展组合,提升重量、跨径、面积不受限制;

(2)采用柔性索具承重,只要有合理的承重吊点,提升高度不受限制;

(3)提升设备具有保护性自锁设置,提升过程十分安全可靠,并且构件可在提升过程中的任意位置锁定;

(4)提升系统具有微调功能,可实现空中精确定位;

(5)设备自动化程度较高,操作方便灵活,能够实现制度化作业,施工作业安全性能好,可靠性高;

(6)施工结构构件可以较好地实现原设计要求。具体体现在:

①采用支点反顶形式的拱肋线形调整方案,施工操作方便,易于调控;

②采用低支架拼装方案,减少了设备投入,降低了施工难度,确保了拼装质量,同时有效降低了施工成本;

③将传统的扣索竖转索塔前移至主拱肋前端,形成提升吊塔,避免了需要等到拱座施工完毕后才能安装索塔的影响,从而大大节省了工期;

④垂直提升转体施工所用提升索和平衡索构造简单,受力明确,索力均匀,易于同步控制,安全性高。

3 工法适用范围

本工法适用于大跨径钢拱桥,尤其是复合式钢箱拱的施工。

4 工艺原理

卧拼竖提转体施工,即主桥主拱肋施工采用分两岸,先在低支架上按照设计线形将半跨拱肋分节段拼装成整体,同时在主拱肋拱脚位置处设置活动铰,然后利用设置在主拱肋前端距离悬臂端约 51.5m 处的提升塔架,通过塔顶的液压同步连续千斤顶和钢绞线使拱肋绕拱脚处竖转铰竖直转动进行提升转体;边跨拱肋按设计高程拼装,并在支架横梁上设置砂桶,用于平转前落架。初步提升竖转到位后,在主拱肋约 1/8 点处(Z_3 节段)利用支架施加竖直向上的顶升力,调整拱轴线形满足设计线形要求,再合龙副拱肋和系杆箱,固接竖转铰,使半跨主拱和边拱连接成整体,分级、对称卸掉提升力,拆除提升塔、平衡索等提升设施,准备整体平转。平转通过设置在拱座位置的上、下转盘及中心转轴,结合液压同步千斤顶张拉分别进行两岸半拱的整体平转,平转到位后在适当的温度下进行两岸主拱肋合龙。主拱肋竖转质量约为 3000t,转体角为 25°,平转角度北岸为 104.6°,南岸为 180°,平转质量约为 14 800t。

5 施工工艺流程及操作要点

5.1 主要施工流程

施工范围内的用地拆迁 → 场地平整→铺设龙门轨道及拼装龙门 → 施工主墩承台拱座、搭设拱肋拼装支架→ 拱肋节段拼装、竖转铰及提升塔架安装 → 灌注边拱混凝土 → 安装提升索、张拉塔架平衡索 → 竖转提升设备调试、准备竖向转体 → 张拉提升索进行主拱竖转施工、在塔架上临时支撑主拱 → 接高 1/4L 位置处的拼装支架形成反力架 → 调整拱肋线形后合龙副拱肋及边跨系杆钢箱→固结竖转铰。

卧拼竖转施工工艺流程如图 1 所示。

5.2 卧拼施工

拱肋节段拼装采用先在拱肋各分段接头位置附近投影正下方搭建钢管桩支架和拼装工作平台,同时搭建跨墩龙门;然后用龙门将各拱肋节段及横撑等结构件吊至钢管支撑架上,并对各节段进行调整,使之符合设计线形位置,之后利用拼装工作平台提供的操作空间对各节段接头施焊连接形成整体。

1)施工准备

在施工基桩的同时,按卧拼竖转施工的场地要求完成两岸的拆迁,然后再平整场地、硬化运梁轨道基础。

2)搭设拼装支架

因拱肋节段自重较大,部分拼装高度较高,且拼装施工很可能经过台风期,故对拱肋拼装支架的竖向承载能力和横向稳定性的要求较高。

拼装支架主要采用钢管桩,其中主拱支架钢管桩采用 ϕ600mm × 8mm,边拱支架钢管桩采用 ϕ800mm × 8mm。拱肋每节段接头位置处设置 2 根(部分设置 4 根)钢管桩,钢管桩之间用 ϕ273mm × 5mm 的钢管作为平联连接成空间桁架,钢管装顶设置承重横梁,横梁由型钢加工。为了消除拱肋节段对支架的水平推力,在拱肋节段每端支点处设钢楔支承块,支承块顶面与拱肋底面接触,并在拱肋底面设置挡板防止拱肋下滑,使支架结构只承受竖向作用力。边拱支架考虑到落架的需要,在每个支承块下均设置了砂桶。

3)拱肋吊装龙门

基本情况:拱肋分节吊装,每片主拱肋分为8个节段(不包括合龙段),边拱分为3个节段。拱肋最大吊高(距原地面高度)约30m,拱肋最大节段重力约1 320kN。

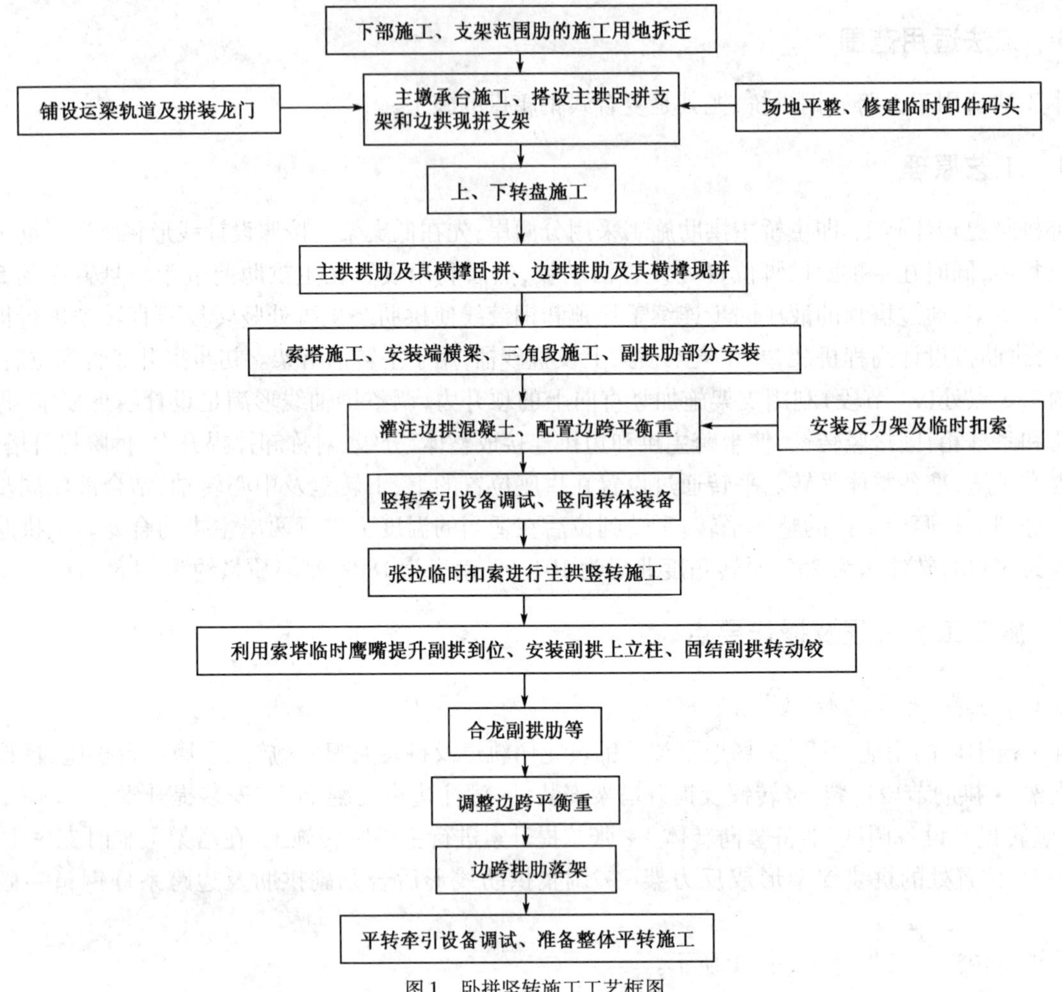

图1 卧拼竖转施工工艺框图

拱肋节段吊装采用跨墩龙门直接提升吊装,龙门吊采用万能杆件拼装,其结构形式为门形框架式结构。其优点是:

(1)拼装龙门吊工艺成熟,吊装能力可以根据实际需要选择;

(2)吊装速度快,吊装同步易于控制,起吊过程中稳定性易于控制;

(3)分节段吊装重量轻,易于控制,最大重力约为1 320kN;

(4)可按要求进行微小提升和下放,从而实现对拱肋的精确调整。龙门吊系统安装、调试好后,通过试吊试验来检验起吊系统安全性和可靠度。

龙门吊轨道基础南岸采用钢管桩支架形式,和拱肋拼装支架一样,钢管桩通过平联连接成整体,并在其顶部设置纵、横向分配梁,然后铺设轨道。北岸考虑到对防洪大堤的影响,拟采用混凝土扩大基础,扩大基础截面尺寸为350cm×80cm,基础底面铺20cm厚碎石并压实,基础顶面埋预埋钢板,间距75cm,其上铺设轨道并用压板固定。根据施工工艺和施工进度的要求,两岸各投入1套龙门起吊系统以保证两岸拱肋能同时安装。

4)拱肋节段安装、调整

(1)轴线调整:根据设计图纸给出的拱轴线和拼装预拱度,计算出拱肋在卧拼状态下各控制点坐标,包括拱肋天顶线的定位点坐标和楔形钢支承块的特征点坐标。拱肋节段吊装前先安装支承块,用全站仪调整支承块至理论位置(预留2cm的调节高度)并与支承横梁临时连接;同时在拱肋底面标出与支承块间的相对位置线并焊接前端和侧面限位挡板(预留1cm的调节空隙),起吊拱肋节段并缓慢落梁。在起吊系统不受力状态下,用全站仪通测拱肋天顶线各控制点坐标并测量控制断面的垂直度,根据实测垂直度和实测高程,计算出调整值后,将拱肋提空,依据调整值在支承块上加垫薄钢板调平拱肋。再次通测拱肋天顶线各控制点坐标和控制断面的垂直度,如此反复直至达到设计精度。然后在支承块上焊接侧面限位挡块(挡板与拱肋间预留0.5cm调节空隙)。

(2)高程调整:按以上方法调整轴线后,拱肋高程已经接近设计值,如高程仍需调整,只需在支承块上表面加垫钢板就可以达到精调的目的。达到精度后将支撑块与拱肋焊接固定。

轴线调整和高程调整没有严格的先后顺序,两者互有影响。现场操作时实际上是一个反复穿插的过程。

在上述调整过程中同时考虑制作误差使线型达到最理想状态。

另外,前一节段安装就位后,后一节段调整就位时不仅要考虑其设计位置,更重要的是尽量减少两个节段对拼缝的错台,对拼缝要进可能平顺。拱轴线和高程调整好后在拼缝处焊接固定。

安装时,不仅要控制好单片拱肋的位置,还要控制3片拱肋间的相对平面位置和相对高差。3片拱肋的安装进度尽量保持同步,同时要经常检查拱肋整体中轴线偏位。

5)拱肋节段接头焊接

按焊接工艺和设计要求装配、焊接对拼缝,质检人员对每道焊缝的装配、除锈、焊缝外环、表面裂缝等进行严格的检查,并对焊缝进行无损探伤,合格率达100%后,再进行下一道工序。

勤测、勤量、勤比较、勤分析,在拱肋节段拼缝焊接的过程中要经常检查拱肋的线形,及时了解焊接变形对拱肋线形的影响。若线形不能满足设计要求,要及时停止焊接,查明原因,采取补救措施。

在施工拱肋对拼环缝时应采用对称焊接方式,以减小焊接应力和焊接变形对拱肋线形的影响。

6)拱肋横撑及端横梁安装

拱肋横撑安装应在拱肋节段安装完成并全部焊接好后再进行,安装采用龙门吊进行。

7)拱肋与拱座间的连接

完成边拱肋及拱肋横撑拼装焊接后即开始进行拱肋与拱座间的连接。边拱肋与拱座通过拱肋钢板和拱座预埋板间的焊接以及设于两者之间的预应力钢束连接。连接前应对拱肋线形、上转盘控制点坐标等进行多次测量,符合设计要求后才可施焊。

主拱肋由于竖转施工的需要,在其端部与拱座相连处设置了竖转活动铰,因而主拱肋等到竖转到位后才开始进行与拱座的固结。固结前应对拱肋线形、上转盘控制点坐标等进行多次测量,符合设计要求后才可施焊。

整个连接时间不要太长,而且3片拱肋间及主、边拱间均应该采用平行对称焊接,以避免因不对称焊接造成转盘和拱肋间产生相对转动。连接完成后要对拱肋线形、上转盘控制点坐标等进行多次测量。

8)三角段施工

三角段施工包括副拱肋安装,上、下立柱安装,三角段内系杆箱安装,浇筑边拱肋及端横梁混凝土,三角段内桥面板主次横梁、次纵梁安装,以及三角段内人行道挑梁等结构件的安装等。可用吊车、龙门对以上结构件进行安装定位,根据结构件大小、重量、位置等因素灵活选用。

5.3 竖转施工

5.3.1 竖转体系构造

竖转体系由提升塔、同步提升张拉反力架、拱肋竖转铰轴、提升索、提升塔平衡索等组成,如图2所示。

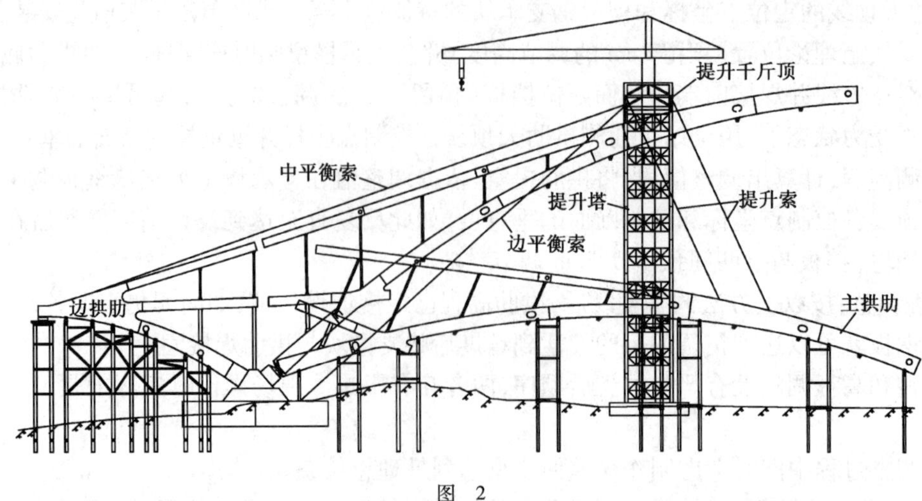

图 2

主跨竖转提升塔采用三角形,提升塔钢管为格构式柱,每个提升塔采用6根 ϕ800mm 钢管组成,钢管间采用法兰连接,每个拱肋两侧各3根钢管间由万能杆件拼装的桁片连接成整体,桁片竖向净距4m,地面以上塔高约为77m(其中塔顶8m部分采用 ϕ800mm×16mm 钢管,其余69m采用 ϕ800mm×14mm 钢管)。钢管底部提升塔承台顶面以上7.7m范围内浇筑了C40混凝土。提升塔承台厚3m,承台间以系梁相连。提升塔基础采用 ϕ500mm×125mm 锤击高强预应力管桩,严格按照规范控制桩的贯入度。桩身混凝土强度等级为C80。

左、中、右拱肋提升塔柱顶部分别设平衡索,左、右边拱肋平衡索锚固端位于主墩承台上,中拱肋设置的2条平衡索锚固端位于边跨 B_2 拱肋节段腹板上,用于调整拱肋提升过程中提升索的水平分力,控制塔顶变位。在塔顶设置了加强顶横梁,该横梁设计为空间钢管桁架。提升装置设备置于塔顶横梁下方。每条中拱肋平衡索采用9-ϕ^j15.24钢绞线,边拱肋采用31-ϕ^j15.24钢绞线。

如图3所示,提升塔吊下方,每个拱肋两侧腹板均设两个吊点,吊点处拱肋腹板与吊耳焊接,吊耳上设销轴,通过夹板、连接件与钢绞线锚具连接,拱肋上吊点上设加强横梁,每个横梁上通过3条提升索与塔顶吊耳连接。提升索采用18-ϕ^j15.24钢绞线,每条拱肋采用6束钢绞线提升,每条提升索力最大为1019kN。

竖转到位后为调整拱肋线形,在位于距平转中心转轴34.91m处设置拱肋顶升支架,为每条拱肋提供2 280kN的顶升反力。

主拱提升塔上设置可横向调节拱肋位置的装置,用以拱肋横向精确定位。

5.3.2 竖转施工组织机构

竖转施工是一项复杂的系统工程,为使分工明确,便于统一指挥协调,竖转实施前成立专门的组织机构,这其中包括指挥决策组、技术组、监控组、测量组、重点部位观察组、应急组、专家组、提升操做组等。

5.3.3 竖转前的准备和检查验收

竖转实施前应做好结构初始状态观测、障碍物的清除、通讯设备调试等准备工作,并对拱肋结构和提升竖转设施设备质量、监控监测点布设情况及缆风等应急措施准备情况进行检查验收,并制定相应的记录表格逐项签证。同时还应提前进行气象资料的预测预报。

5.3.4 脱架(试转)

按设计计算起动张拉力的80%、90%、95%、100%分级同步加载,每次加载按以下步骤进行,并做好记录。

(1)操作:分级同步张拉提升索和平衡索,使索力达到预定值,每级加载持荷10~15min。

(2)观察:各观察组及时对重点部位进行检查和情况反映。

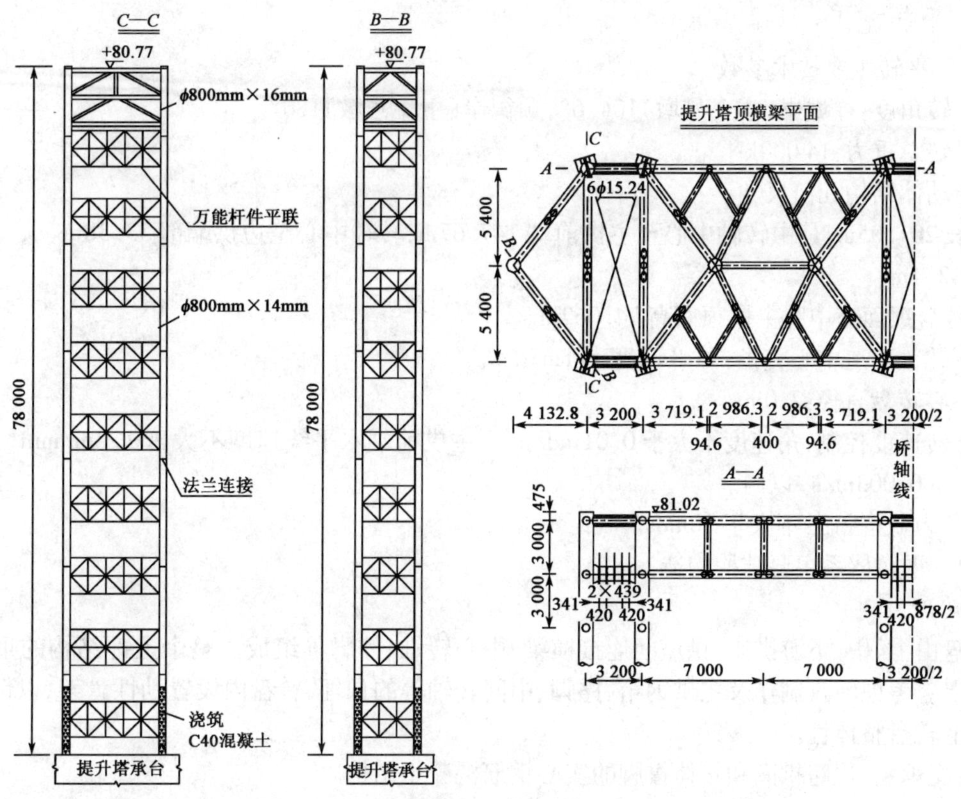

图 3　提升塔构造图(尺寸单位:mm)

(3)测量:测量组观测高程、轴线及塔顶偏位并反映测量情况。

(4)校核:观察及测量数据汇交技术组,比较实测数据与理论数据的差异。

(5)分析:若比对数据有偏差,有关各方应认真分析并提出调整处理意见。

(6)决策:总指挥认可当前工作状态,并决定下一步操作。

脱架后静置 12h 以上,并对各重点部位进行详细检查。

5.3.5　竖转

步骤与脱架时一样,加载分级则根据竖转角度进行,每级加载提升竖转过程中应保持所有提升索受力的均匀性和提升索与平衡索力的合理比例关系,保证提升塔顶纵横向偏位不超过设计允许值。同时还应保持 3 片拱肋相对高差控制在允许范围内,即保持同步性,也就是说每级加载都要实行索力和高程双控。整个竖转时间正常大约 12h。

5.3.6　顶升调整主拱线形

提升竖转过程中,主拱肋要从多跨支承于支架上的连续曲梁转化为铰支承和吊点处索支承的曲梁,脱架时要完成结构自身的变形与受力的转化,经过计算,竖转到位后主拱肋约 $L/8$ 处将下挠 21cm(与合龙线形比),为此,需将拱肋竖转至 25.66°,然后在该处设置顶升支架,并在拱肋底面放置楔形块和砂桶,之后缓慢放松提升索,使主拱肋被动顶升至合龙线形。

5.3.7　合龙

选择稳定的温度时段,通过瞬时合龙连接钢板完成副拱、系杆箱的临时合龙,根据实测合龙口的宽度进行合龙段钢板的下料和装焊,形成无铰半拱。合龙段焊接顺序为:先副拱后系杆箱,最后焊接竖转铰嵌补段。

5.3.8　配重、边拱落架形成自平衡体系

合龙段焊接完成后,拆除顶升支架并按设计计算在边拱端部加平衡重,卸载部分提升索力后,沿边拱端部至拱座方向进行边拱落架,最后放松全部提升索,形成自平衡体系,准备平转。

5.4 平转施工

5.4.1 平转主要技术参数

(1)平转角度:禅城岸(主3号墩)104.6°,顺德岸(主4号墩)180°。

(2)平转总重力:14 000kN。

(3)转动体结构几何尺寸:

①总长201.05m,其中转轴中心至主拱前端147.67m,转轴中心至边拱端部53.38m。

②宽42.4m。

③下转盘顶面至中肋主拱顶面高74.062m。

(4)下转盘环道中心直径:30.8m,宽1.1m。

(5)中心转盘直径:2.0m。

(6)平转速度控制:角速度不大于0.01rad/min;主拱前端水平线速度不大于1.2m/min(即0.02m/s);加速度在0.003m/s^{2}以内。

(7)平转风速控制:不大于10m/s。

5.4.2 平转体系主要结构构造

1)上转盘

上转盘由上、中、下游拱座、拱座间连接横梁、中心转轴、撑脚等组成。整个上部结构的重力均作用在上转盘上。考虑转盘制作及主拱钢箱、撑脚、中间转轴等的预埋,转盘内设置劲性骨架,以保证埋设精度和加强上转盘整体性。

拱座:支承主、边跨拱圈和转体撑脚的实心钢筋混凝土结构。

连接横梁:由顶板、底板、腹杆构成,顶底板为厚100cm的钢筋混凝土板,腹杆为ϕ457mm×10mm实心混凝土钢管。

撑脚:每个上转盘设置10个脚撑,分两种,位于两端的为加强型撑脚,由3根ϕ800mm×14mm钢管混凝土组成,位于中间的普通型撑脚,由2根ϕ800mm×14mm钢管混凝土组成。

撑脚上端埋于上转盘内,下端支撑在下转盘环道上,与环道接触部分设置千岛走板,走板厚50mm,内嵌四氟蘑菇头,四氟蘑菇头外露5mm。

横向预应力束:由于拱座中心偏离撑脚中心,横梁承受负弯矩,并考虑因环道不平整所带来的影响,在连接横梁的顶底板内布置横向预应力束,调整转体重力在撑脚、中心转轴间的分配。按照设计要求,顶板内预应力在竖转之前对称张拉4束,剩余8束及底板内4束在竖转后平转前张拉。

2)下转盘

下转盘主要包括转轴、环道和牵引体系。

环道:转动体系的主要重力通过上转盘撑脚直接传递到环道上,环道质量(主要是平整度和光洁度)直接影响转体的成败。环道由镜面不锈钢板、钢板和环向型钢劲性骨架组成,镜面不锈钢板接头采用亚弧焊接方式焊接并打磨平整光滑。钢板下面焊有加劲角钢,并在钢板接缝处前进方向的底面设置一角钢,角钢下设加劲板,以防止搬运和转体过程变形。用螺栓将钢板与承台内预埋的劲性骨架相连,此法可精确调平并不会使钢板变形。调平后再浇筑钢板下混凝土。

为方便搬运,每块钢板厚度25 mm,宽度1 100mm,长度1 410mm,每块钢板用6副螺栓连接,下端用双螺帽,钢板接缝预留1mm间隙两侧倒角1mm×1mm。

中心转轴:中心转轴由上下钢板、钢板四氟蘑菇头及中心定位轴构成。上钢板厚50mm,底面钻孔,埋设蘑菇头,蘑菇头外露5mm;上钢板顶面焊接ϕ1 800mm×20mm钢管,便于与上转盘劲性骨架形成整体。下钢板厚30mm,顶面刨平。用角钢对上下钢板加劲,防止钢板在加工、搬运过程变形。

中间定位轴直径300mm,长800mm,伸入上下钢板分别为200mm和600mm。

在承台内,对应中心转轴下钢板位置预埋型钢骨架,保证安装精度。

3）平转牵引体系

平转牵引体系由牵引索、牵引千斤顶，辅助顶推千斤顶，对应需设置牵引千斤顶反力座、辅助顶推千斤顶反力座等组成。由于平转角度较大，上转盘无法满足一次平转到位，因此在下转盘上增设转向滑轮组。牵引千斤顶张拉牵引索克服动摩擦力，辅助顶推千斤顶克服起动时静、动摩擦力之差值。

平转体系构造如图4～图8所示。

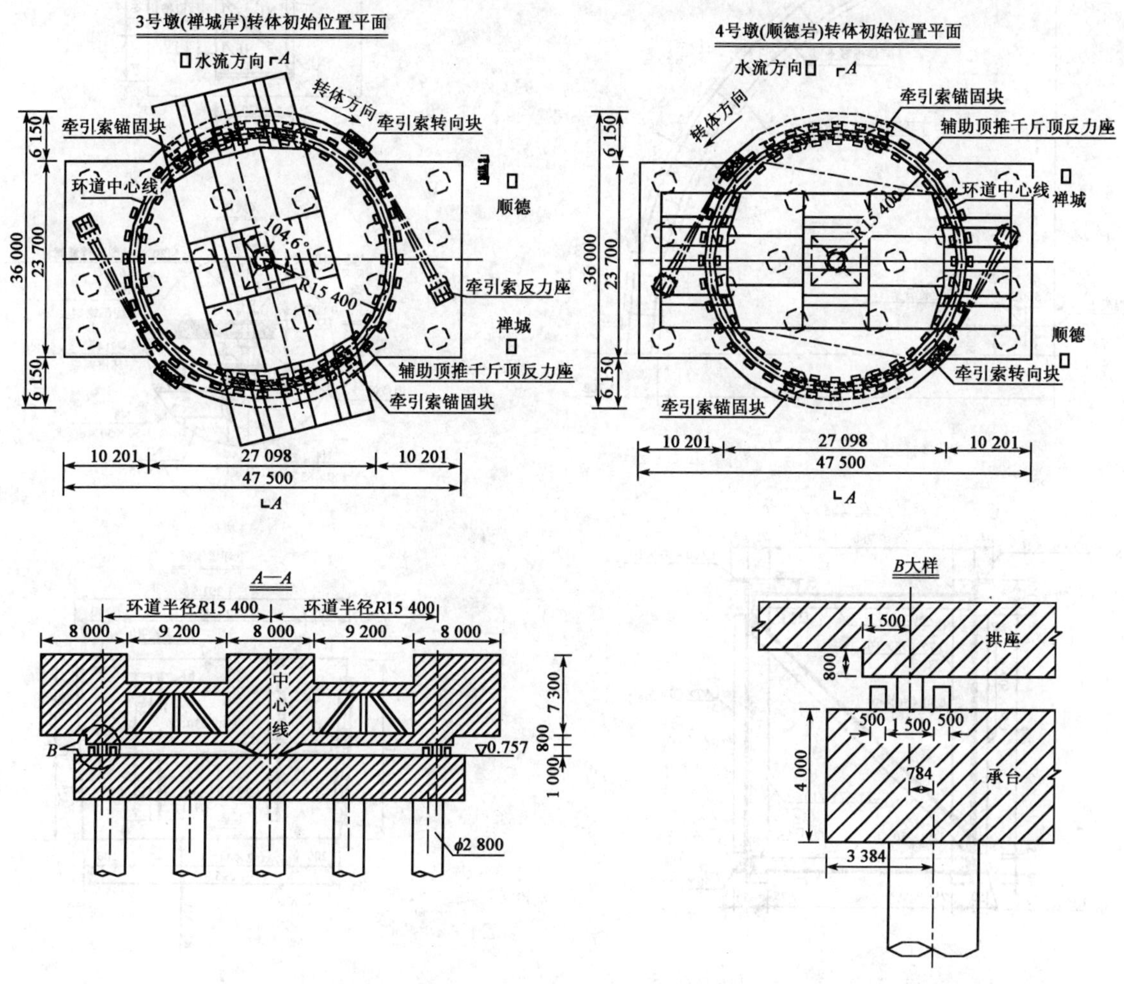

图4 上、下转盘示意图(尺寸单位:mm)

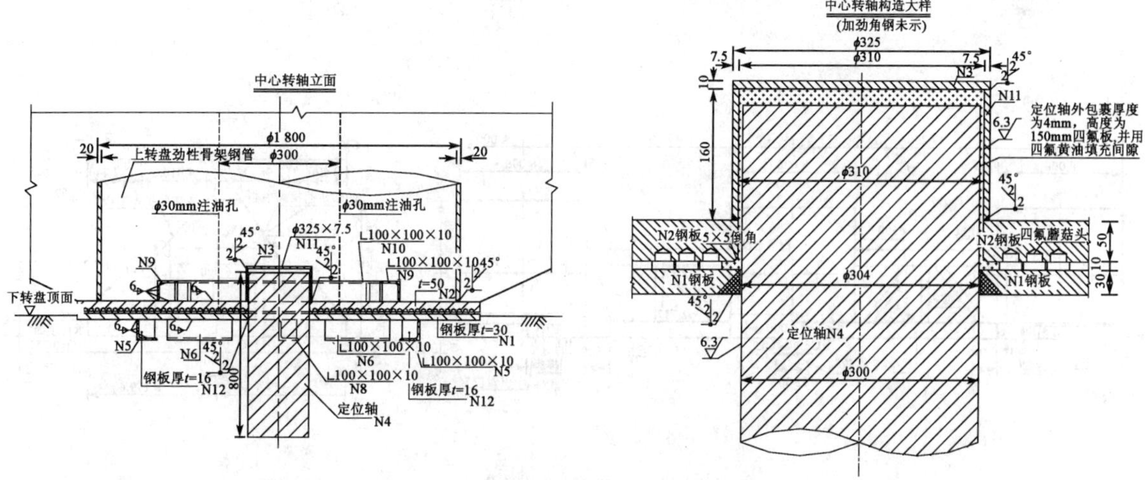

图5 中心转轴示意图(尺寸单位:mm)

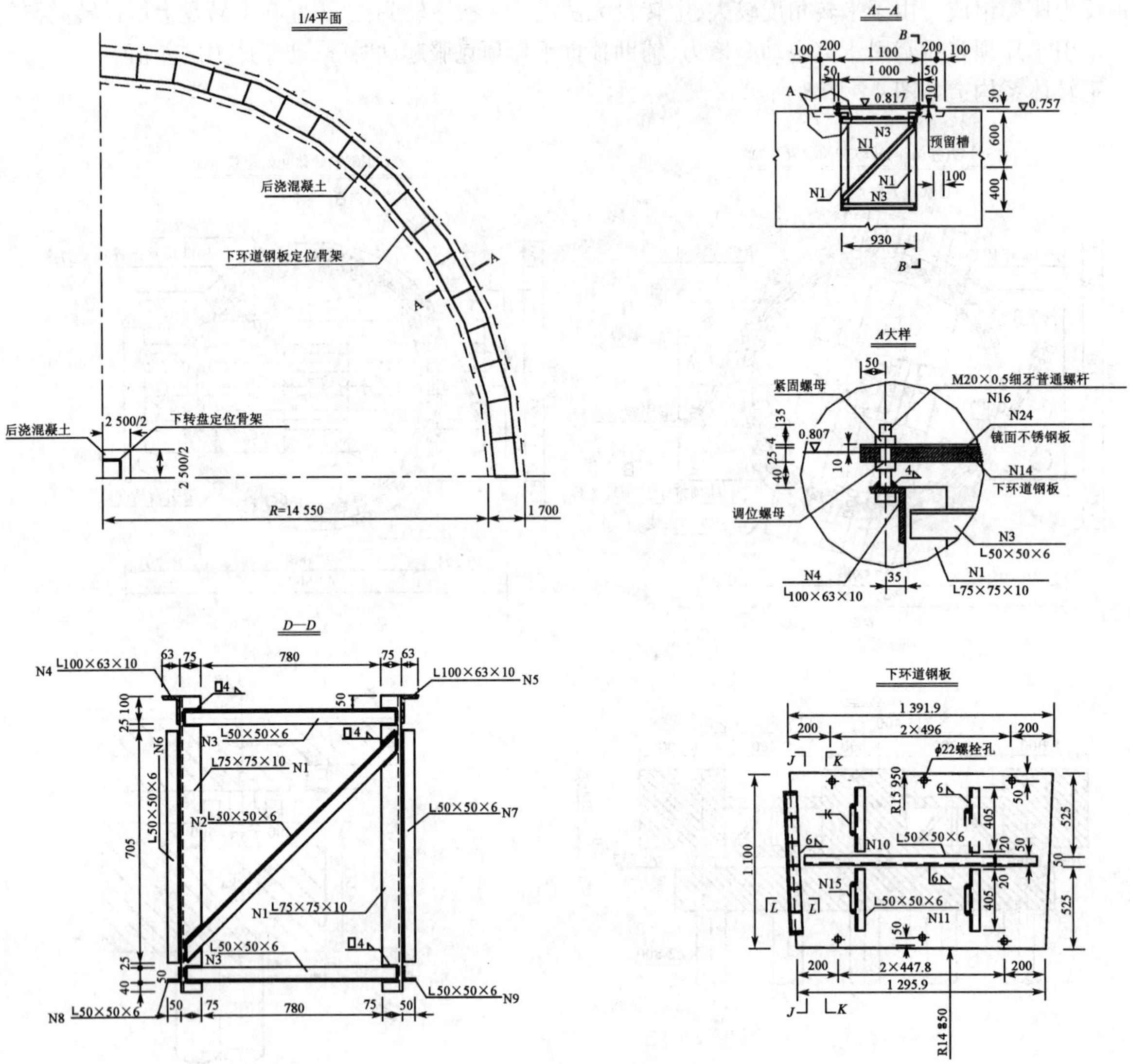

图6　环道示意图(尺寸单位:mm)

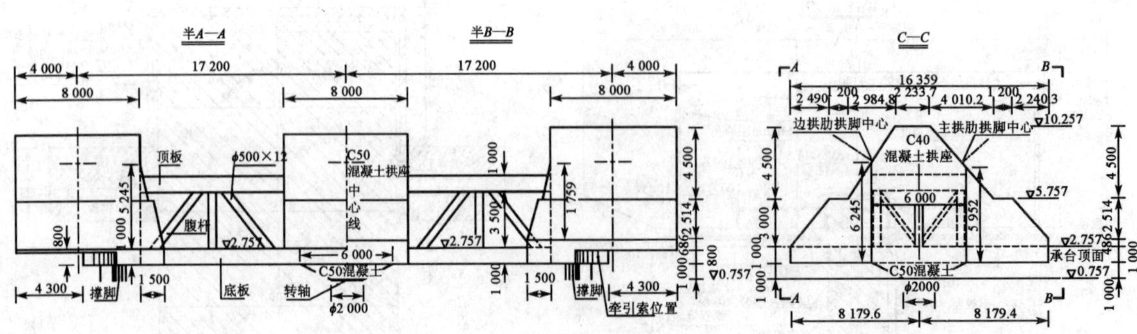

图7　拱座示意图(尺寸单位:mm)

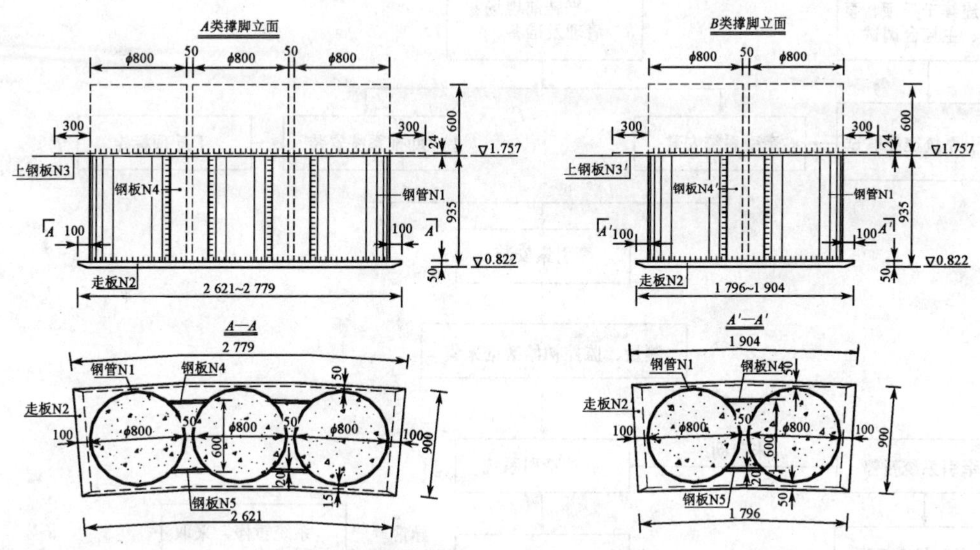

图 8 撑脚示意图(尺寸单位:mm)

5.4.3 平转施工

平转施工工艺流程如图 9 所示。

1)平转前检查及准备工作

(1)承台及环道清理、环道润滑:将环道、转轴表面和周围防护材料、承台内外杂物及障碍物清理干净,拆除竖转时上转盘撑脚和辅助千斤顶反力座间临时限位固定设施以及拱座底板支撑型钢,撑脚走板前端抹黄油四氟粉。检查中心转轴内的黄油四氟粉,确认是否需要重新注入。

(2)平转千斤顶标定调试,牵引系统联调。

(3)平转牵引千斤顶,钢绞线、锚具安装。

(4)检查拱顶合龙口各构件、材料到位准备情况,确保无缺损。

(5)助推千斤顶及反力梁安装,具体布置见图 10。

(6)松主拱前端缆风及临时限位支撑,在主拱肋 1/4*L*、3/8*L* 处分别系好两组缆风,以便接到大风预报时能迅速收紧。

(7)平转到位后的抗风缆锚碇设置。

(8)观察组再次检查结构关键部位。

(9)测量组测量记录主、边拱特征断面、拱座角点等观测点的初始平面位置及标高数据,监控组测取平转前初始状态各监测部位的内力值,再次确认转体结构处于平衡状态。

(10)拆除平转半径范围内、龙门轨道混凝土承重梁、贝雷片、钢管支架、树木、房屋、电线等可能影响转体的障碍物,卸除主 3 号墩拱座底板砂模。

(11)提前与航道部门联系,做好在平转转动半径范围内的航道管制工作。

(12)转体施工日期根据气象部门预报确认 20d 内无大风天气决定,平转期间风速不大于 10m/s。

2)起动

(1)同步张拉牵引千斤顶:每台连续千斤顶(总共 6 台)先同步加载至 1 800kN,再加载至 2 000kN,如转动体开始起动,则系统进入自动连续工作状态,同时迅速拆除助推系统横梁及千斤顶。设计计算动摩阻力为 4 700kN 左右,静摩阻力为 11 000kN 左右。

(2)助推千斤顶分级加力:如每台连续千斤顶加载至 2 000kN 仍未起动,则系统暂停。将一对助推千斤顶按 2×200kN 分级加力,直至撑脚走板水平位移观测确定起动,并记录静摩阻力,牵引千斤顶系统进入自动连续工作状态,之后立即迅速拆除助推系统横梁及千斤顶。

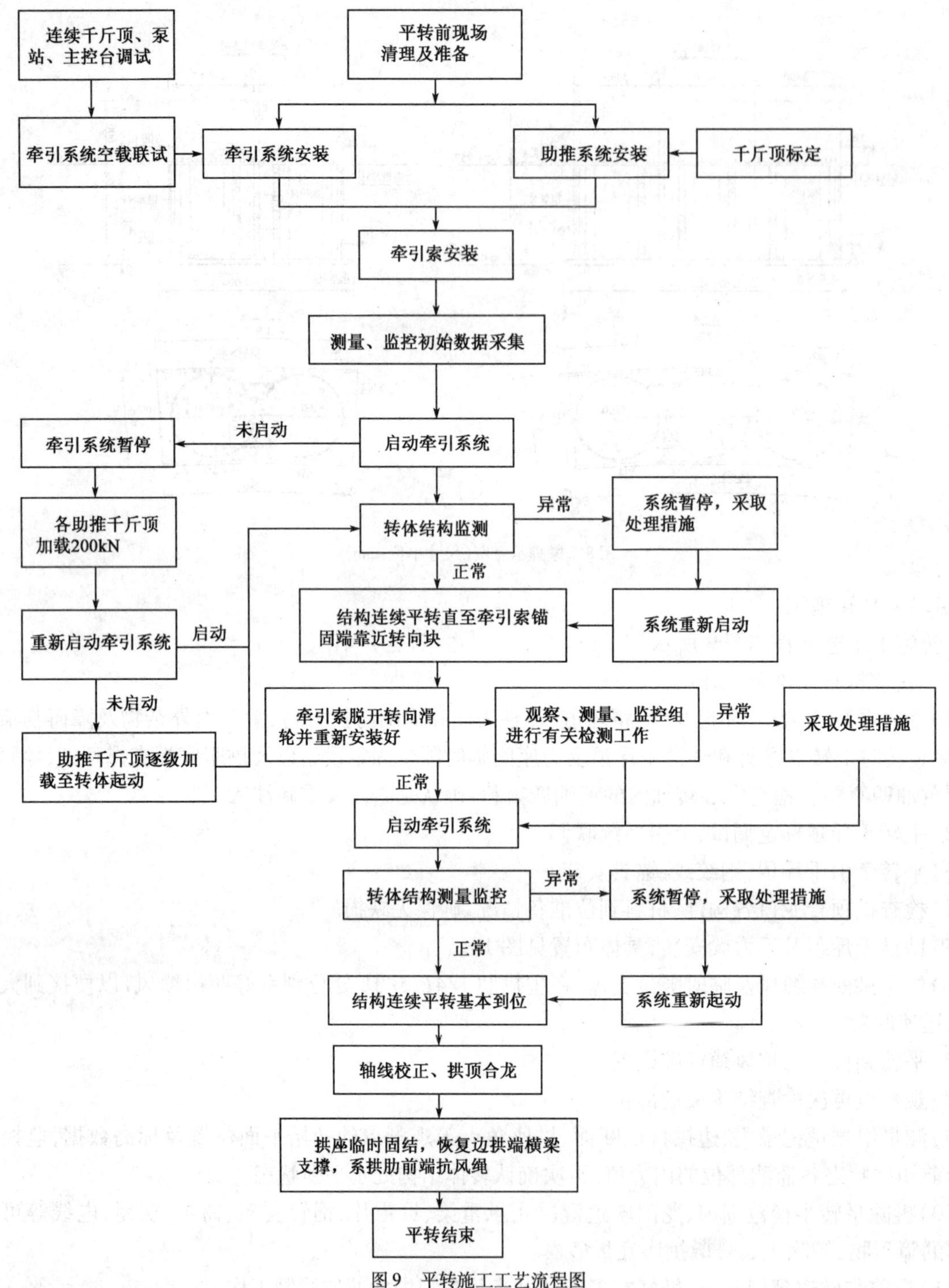

图9 平转施工工艺流程图

3)平转

(1)同步张拉牵引索匀速平转,直至牵引索需脱开转向块滑轮,平转时应控制速度,角速度不大于0.01rad/min;主拱前端水平线速度不大于1.2m/min(即0.02m/s);加速度在0.003m/s^{2}以内。平转过程中测量组反复观测拱肋轴线偏位及各特征截面(主拱拱顶、边拱拱顶、拱座角点)的高程变化情况,监控组连续监测各测点应力、应变变化情况,发现异常立即报告总指挥台。

(2)牵引千斤顶回油,牵引索脱开转向块滑轮,重新排好束,张拉端初张拉并锚固,检查锚固端情况(主4号墩平转90°后需迅速割除转向块)。与此同时,观察组检查各重点部位,测量组观测记录轴线偏位和各特征观测点高程,监控组测取各监测点应力、应变值,报技术组分析判断,并将实测与理论计算值对比结果交专家组咨询,最后向总指挥提出继续转体或调整、加固建议。

(3)继续匀速牵引平转,直至基本到位(主拱顶横向距轴线0.5m时减速停转)。平转整个过程控制在10～12h内完成。

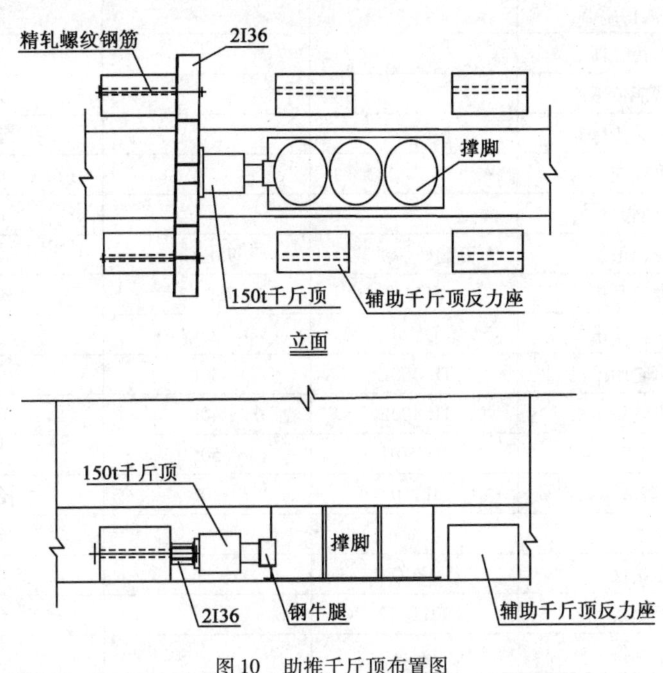

图10　助推千斤顶布置图

(4)轴线校正后,根据测量组实测轴线偏差值决定微调调幅(考虑惯性位移),测量组观测微调闭合情况并适时发出停转信号,经反复微调直到轴线重合,精度满足设计要求(±10mm)。轴线校正时必须使两条边拱肋拱顶高程一致。尽量控制不超转,根据即时推算的撑脚就位线在助推反力座后设置限位装置,阻止撑脚到位后继续前移。若超转则利用助推反力座向回顶。

(5)拱座调整:测量每个拱座4个顶角高程与转前初始状态高程值比较,如发现较大偏差,即两侧拱座产生较大高差或扭转,应通过调整拱座横向预应力钢束索力予以校正。

(6)再次复核校正轴线,确保满足设计精度要求。

(7)边拱支承架恢复:轴线校正后在边跨端横梁底面对应每条拱肋处设置钢管支承架。

(8)系缆风:将系在主拱肋1/4*L*、3/8*L*处的两组缆风收紧锚固。

(9)拱座临时固结:在上、下转盘间设置临时支撑架,利用辅助千斤顶反力座并通过临时限位装置将撑脚固定,同时将撑脚走板与滑道钢板通过码板焊接牢固、焊接中心转轴上下钢板。接着即可开始拱座封固的准备工作,该项工作可与拱顶合龙工序平行作业。

6　主要材料与设备

卧拼竖提转体施工主要机械、设备见表1。

东平大桥竖(平)转施工机械、设备一览表　　表1

序　号	名　称	型号规格	流量或额定载荷	单　位	数　量
1	液压泵站	TX-40-P	40L/min	台	2(0)
2	液压泵站	TX-80-P-D	80L/min	台	14(6)
3	提升油缸	TX-100-J	100t	台	4(0)

续上表

序 号	名 称	型号规格	流量或额定载荷	单 位	数 量
4	提升油缸	TX-200-J	200t	台	36(24)
5	提升油缸	TX-350-J-D	350t	台	4(0)
6	计算机控制柜			台	1(1)
7	长距离传感器			台	5(3)
8	压力传感器			只	6(6)
9	油缸智能传感器			只	36(24)
10	油缸锚具传感器			套	36(24)
11	电缆线			m	若干
12	油管			m	若干
13	双龙门吊机	万能杆件拼装	75t×2	套	1
14	双龙门吊机	桁架式	75t×2	套	1
15	武陵汽车吊	QY20	20t	台	1
16	多田野轮胎吊机	TR-300E	30t	台	1
17	多田野轮胎吊机	TR-400E	40t	台	1
18	浦沅汽车吊机	JQZ50H	50t	台	1
19	塔吊	JL150	10t	台	2
20	全站仪	Leica		台	4
21	全站仪	TOPCON		台	1
22	经纬仪	WILD T2		台	2
23	水准仪	Leica		台	1

注:①表中括号内外数据分别为竖、平转时的数量,龙门吊机施加完平衡重后于平转前拆除。

②平转时还需准备助推的150t张拉千斤顶2台及配套油泵。

7 质量控制

7.1 质量保证措施

(1)配备职业道德良好、责任心强、技术能力高的测量人员和工程技术人员进行竖转测量及现场控制,加强测量的精度控制并能及时反馈信息以指导施工,从人员素质上确保工程质量。

(2)严格执行材料,设备进场的复核验收工作程序,确保进场材料,设备合格。试验室做到严把施工材料进场关,任何结构用材,进场前必须携带厂家出具的产品质量合格证及其主要技术指标文件,经试验室在现场按有关试验规程规定抽检合格,并取得监理工程师签证批准后,方准进场备用。

(3)严格每一道工序开工前和结束后的检查验收制度,作业班组实行上、下工序交接检查制度,坚持执行班组自检,质检部门检查合格,报请监理工程师检验的工作程序,实行质量检验否决办法,各道工序的施工工艺和操作方法必须符合技术规范要求。

(4)项目经理部采用定期和不定期相结合的工作方式开展工程质量检查工作。项目经理部质检工程师,每月组织一次质量检查和评比工作,并对特殊过程、关键工序实行跟踪检查,做到预防为主,把质量事故隐患消灭在萌芽之中。

(5)通过技术质量攻关活动,积极推动技术进步,改进完善施工工艺,提高劳动生产率。精心组织合理的施工流程,各工序尽量形成流水作业,必要时可采取两班或连续作业,以满足工程需要。

(6)加强对现场施工的监督与指导。

(7)严格控制拱肋的安装精度和焊接质量,保证满足设计及规范要求。

7.2 施工工序过程控制

1)提升塔结构安装、焊接过程控制

在施工中采用经纬仪严格控制提升塔安装垂直度满足规范要求，并采用超声波、磁粉检测结构焊缝焊接质量，对不满足要求的焊缝予以铲除重焊或包板加强。

2）提升设施安装的过程控制

提升设施包括提升油缸、液压泵站、液压油管、电缆线及提升用钢绞线、锚具等，保证提升设施布局设置合理且配套配置，质量满足施工要求。

3）拱肋提升施工的过程控制

拱肋提升过程中采用基于实时控制网络的液压同步提升技术，在每个吊点处安装激光测距仪和长行程传感器，确保拱肋提升过程中，拱肋各吊点高程可精确地测量和控制，拱肋结构每个吊点处安装压力传感器测量各点的负载压力，以确保拱肋在提升过程中受力合理。

4）拱肋控制点平面位置、高程、线形调整的过程控制

根据拱上测量控制点位分布情况，并结合现场情况，建立与之相适应的全桥测量控制网并报监理工程师批准，通过全站仪精确测量，精调拱肋的平面位置和高程符合设计和规范要求。

5）拱肋合龙段安装的过程控制

拱肋合龙控制除通过采取有效手段和措施确保提升计划调整精确就位外，还应考虑温差影响，选择适当时间进行临时合龙。

6）技术交底

竖转之前组织技术、管理人员和现场操作工人进行专项技术交底，对施工中的各个技术要点、施工程序操作要点和质量标准在施工前进行详细的技术交底。

7.3　施工质量控制标准

卧拼竖提转体施工质量控制标准如表2所示。

转体施工观测项目精度要求及允许误差（或位移）汇总表　　表2

项次	观测项目		规定值或允许误差（mm）	检查方法和频率
1	轴线偏位（mm）	主拱拼装（初始状态）	$\pm5\sqrt{n}$（n 为安装节段序数）	用全站仪检查 1/8L、1/4L/、3/8L、1/2L
2		主拱转体过程	+20	用全站仪检查 1/8L、1/4L、3/8L、1/2L
3		边拱拼装（初始状态）	$\pm5\sqrt{n}$（n 为安装节段序数）	用全站仪检查 1/2L、L
4		边拱转体过程	±20	用全站仪检查 1/2L、L
5		主拱顶合龙口	±10	用全站仪检查 1/4L、1/2L
6		竖提时提升塔顶纵向位移	38	用经纬仪检查塔顶
7		竖提时提升塔顶横向位移	30	用经纬仪检查塔顶
8	高程（mm）	主拱拼装（初始状态）	+25 −6	用全站仪检查 1/8L、1/4L、3/8L、1/2L
9		主拱竖转上、中、下游拱肋相对高差	±5	用全站仪检查 1/4L、1/2L
10		主拱平转上、中、下游拱肋相对高差	±5	用全站仪检查 1/4L、1/2L
11		主拱合龙前拱轴线调整	+20 −0	用全站仪检查 1/8L、1/4L、3/8L、1/2L
12		边拱拼装（初始状态）	20	用全站仪检查 1/2L、L
13		主拱竖转边拱肋位移	不允许	用全站仪检查 1/2L、L
14		边拱平转上、中、下游拱肋相对高差	±5	用全站仪检查 L
15		拱座顶面	±2	用水准仪检查 1～12 点

续上表

项次	观测项目		规定值或允许误差(mm)	检查方法和频率
16	副拱及系杆箱合龙口偏位(mm)	截面高度	-1mm≤Δ≤+3mm	用钢尺检查
17		断面对角线差	Δ≤4mm	用钢尺检查
18		宽度误差	Δ≤3mm	用钢尺检查
19		端口截面拱轴线竖向偏差	-2mm≤Δ≤+10mm	用全站仪检查
20		端口截面拱轴线横向偏差	Δ≤10mm	用全站仪检查
21		端口腹板垂直度偏差	Δ≤3.5mm	吊线锤
22		两端口截面拱轴线竖向相对偏差	Δ≤5mm	用角尺检查
23		两端口截面拱轴线横向相对偏差	Δ≤5mm	用直尺检查
24		对接板件错边量	Δ≤1mm	用角尺检查

7.4 质量控制规范

卧拼竖提转体施工质量控制依据以下规范或规则：

(1)中华人民共和国交通行业标准.公路桥涵钢结构及木结构施工技术规范(JTJ 025—1986).北京:人民交通出版社,1986.

(2)中华人民共和国交通行业标准.公路工程质量检验评定标准(JTG F80—2004).北京:人民交通出版社,2004.

(3)中华人民共和国交通行业标准.公路桥涵施工技术规范(JTJ 041—2000).北京:人民交通出版社,2000.

(4)铁路钢桥制造规范(TB 10212—1998).北京:中国铁道出版社,1998.

(5)先张法预应力混凝土管桩(GB 13476—1999).北京:中国标准出版社,1999.

8 安全措施

卧拼竖提转体的施工在高空进行,危险性较大,在施工中除严格遵守桥梁安全技术规程的有关规定外,还应注意以下几点:

(1)参加施工的人员要熟知本工种的安全技术操作规程;在操作中,应坚守工作岗位,严禁酒后作业。

(2)施工现场的脚手架、梯子等一切防护设施,安全标志和警告牌,未经请示施工负责人同意不得擅自拆动。场内道路畅通,急弯、陡坡处设置明显的标志。

(3)工地上各种电器设备的检查维修、安装、拆卸,一般应停电作业。如必须带电操作,应有可靠的安全措施并派专人监护。已经不用的接头、线头应收至安全的位置,统一管理,严禁将带电的线头置于工作平台上。由于大桥的施工位置处于长年高温的地带,应定期对线路进行检查、更换。

(4)针对东平河认真作好防汛工作,及时与当地水利部门取得联系,采取必要的防范措施,预备必要的抽水设备、防暴雨设施等。

(5)对各种施工机具要定期进行检查和维修保养,以保证使用的安全。工地车辆、机械、设备,非驾驶人员、管理人员严禁动用。

(6)施工操作人员进入现场时必须佩戴安全帽,高空作业必须系安全带。进入施工现场,禁止穿拖鞋或光脚。在没有防护设施的高处、悬崖和陡坡施工,必须系安全带。上下交叉作业,有危险的出入口,要有防护棚或其他隔离设施。距地面2m以上作业,要有防护栏杆、挡板或安全网。

(7)密切注意天气和台风预报,转体施工工期根据气象部门预报确认20d内无大风天气决定,且转体当天风速不能大于10m/s。不在恶劣天气下进行高空和吊装作业,遇6级以上大风时应停止施工作业。

(8)结构上所有电焊工作均不能触及提升索钢绞线。

(9)转体前对结构上所有电缆进行全面检查,确保其安放位置及绝缘保护在转体过程中不会发生漏电。

(10)拱顶放置的合龙装置和构件及安装的工作架必须固定好。

(11)必要的工具仪器和材料外,结构上所有的多余物件必须全部清除。

(12)结构上必须设置可靠的安全检查爬梯和通道,高空作业面下必须安装安全网。

(13)现场必须设置安全警报系统。作业区设置醒目的安全警示牌。

(14)对所有现场工作人员在上岗前进行集中统一安全施工教育和安全操作技术交底。

(15)转体施工范围设置警戒线,所有非工作人员严禁进入警戒区。

(16)所有岗位必须定人定点,未经许可任何人不得私自脱岗。

(17)所有仪器设备都必须专人操作,无关人员不得乱动。

(18)牵引系统操作人员在系统运行过程中严禁站在千斤顶后。

(19)所有工作人员必须严格遵守公司的有关安全施工操作规程。

9 环保措施

9.1 水环境保护措施

(1)施工废水、生活污水按有关要求处理,不得直接排入河流。

(2)施工的废油,采取隔油池等有效措施加以处理,不得超标排放。

(3)对工人进行环保教育,不得随地乱扔果皮纸屑。

(4)对于施工中废弃的零碎配件、边角料、包装袋、包装箱等及时收集清理并搞好现场卫生,以保护自然与景观不受破坏。

9.2 大气环境及粉尘的防治措施

(1)施工现场和运输道路经常洒水,减少灰尘对人的危害和环境的污染。

(2)禁止在施工现场焚烧油毡、塑料、橡胶等有毒,有害烟尘和恶臭气体的物质。

(3)施工现场垃圾渣土及时清理出现场,运到指定的卸土区。

9.3 降低噪声措施

(1)严格控制人为噪声,限制高音喇叭的使用,最大限度地减少噪声扰。

(2)在比较固定的机械设备附近设置临时隔声屏障,减少噪声传播。

(3)适当控制噪声叠加,尽量避免噪声机械集中作业。

9.4 地面环境保护

建筑垃圾、生活垃圾固定地点堆放,及时清理,生活垃圾进行必要地生化处理后排放。

10 效益分析

效益分析见表3。

表3

项目比较 \ 施工方法	扣索提升转体施工	卧拼竖提转体施工
主拱受力状态	竖转时压弯组合	提升时弯矩(梁自重)
竖转结构体系	结构复杂	简单
施工工期	结构、受力等复杂,对边拱、主拱的拱肋拼装有干扰,扣索、后锚结构、前锚结构、反力架及索塔本身的拼装时间长,总施工时间长	结构、受力简单,施工周期短,对边拱、主拱的拱肋拼装无干扰,可以与其他过程同步进行;省去扣索、后锚结构、前锚结构、反力架及索塔本身的拼装时间,总施工时间大大缩短
竖转施工监控	结构受力复杂监控难度大	结构受力简单监控易于控制
主拱合龙调整	方便	稍复杂
材料用量	两岸索塔共需 2 400t 左右	两岸提升塔共需质量 800t 左右
拱座受力影响	索塔的压力及自重都作用在拱座上,拱座的受力有很大影响	拱座上基本上无外力作用,拱座的受力无影响
边拱受力影响	由于扣索拉力由边拱提供,因此对边拱受力影响较大	直接由提升塔提供提升力,对对边拱受力无影响
平转重量	由于索塔布置在拱座上,平转之前没有时间进行拆除,因此平转总量增加大约 2 400t	提升塔结构直接支撑在地面上,无平转施工总量的增加
张拉同步性	钢绞线数量多,张拉同步千斤顶数量多,同步难以控制	钢绞线数量变少,张拉同步千斤顶数量减少,同步易以控制
与拱肋结构相容性	由于前后锚点、反力架及索塔与拱肋拱座的连接,对局部结构有影响,易于产生局部应力集中	对拱肋结构物无影响,与拱肋有很好的相容性,能更好地与平转相结合
与周围环境的影响	对周围环境无影响,现场条件能满足方案实施	对周围环境无影响,现场条件能满足方案实施

11 应用实例

11.1 广东佛山东平大桥

佛山市东平大桥总长 1 427.2m,由主桥和两岸引桥组成,跨径组合为 6 × 35m + 6 × 35m(禅城岸引桥) + 43.5m + 95.5m + 300m + 95.5m + 43.5m(主桥) + 2 × 35m + 5 × 35m + 5 × 35m(顺德岸引桥),其中主桥长 578m,主跨跨径 300m,边跨组合跨径 95.5m,主桥结构形式为钢筋混凝土连续梁——钢箱拱协作体系系杆拱桥,引桥为五联 35m 跨径预应力混凝土连续箱梁。该桥位于广东佛山市禅城区南部,跨越东平河,北连禅城区,南接顺德区,是佛山市中心组团新城区的重要桥梁,连接 2006 年省运会主会场,对大佛山的政治、经济、文化发展具有十分重要的意义。该工程于 2004 年 4 月开工,采用本工法高效、优质、安全地成了主体结构的施工,同时得到了专家与同行广泛的赞誉,取得了良好的经济效益;2006 年 10 月竣工交付使用。

11.2 广州丫髻沙大桥

广州丫髻沙大桥的转体施工,采用了液压千斤顶的原理并应用在桥梁竖转、平转施工中。该桥长为 76m + 360m + 76m,主跨为中承式钢管混凝土拱桥。其主拱安装采用先竖转后平转的二次转体施工。采用液压同步提升系统,由承载系统(钢绞线和液压提升千斤顶)、传感检测系统、计算机控制系统及液压动力系统组成,每肋布置 10 台千斤顶,每台千斤顶可提供 2 000kN 的提升力,张拉速度 2.2m/h,正常竖转时间为 12h。该桥的平转质量为 13 865t,采用 ZTD 自动连续同步张拉系统,千斤顶的行程速度为 8m/h,每岸正常平转时间 8 ~9h。

斜拉桥边跨全支架顶推施工工法

编号:GGG(中企)C3118—2010

彭立志 应 虹 阎王虎 李 勇 王俊伟 王明城
(中交路桥华北工程有限公司 中国路桥工程有限责任公司)

1 前言

随着我国桥梁的发展,尤其斜拉桥有他独特的景观效果,成为城市建设的热点。斜拉桥采用的钢箱梁安装方法也在不断地探索、寻求更为简便、适用、经济的施工方法,钢箱梁安装难点主要体现在复杂地质条件下安装以及合龙施工,因钢箱梁受外界影响其结构内力、高程、梁长变化大,给施工增加了难度。全支架吊装及顶推式强迫合龙在国内桥梁施工中是一种成功有效的施工方法。江西省南昌市的英雄大桥为独柱斜塔空间扭面背索斜拉桥,根据桥梁边跨的地理条件、施工工期、施工难度等情况,决定边跨钢箱梁采用全支架与中跨强迫合龙,形成边跨全支架顶推合龙施工工法,克服了钢箱梁的安装及合龙难度。下面以南昌市英雄大桥为例介绍边跨全支架顶推合龙施工工法。

2 工法特点

边跨全支架顶推合拢施工可以同时展开两个工作面、压缩工期,其支架结构安全,顶推工艺简单,尤其顶推合龙降低了钢箱梁随外界因素变化的施工难点,顶推力采用钢箱梁体内牵引,合龙无需采用刚性连接。

3 适用范围

边跨顶推合龙施工工法主要适用于各类水上桥梁的预制构件安装。尤其当面临工期紧张时,采用该工法将极大缩短桥梁的施工周期。

4 工艺原理

结合边跨的地理位置搭设全支架及布设滑槽、移位器,利用大型浮吊将钢箱梁吊装至支架滑槽内移位器上,采用手拉葫芦牵引钢箱梁至设计位置。边跨钢箱梁全部吊装完成后,利用移位器逐个调整梁段并完成对接,并以移位器作为临时支垫,梁段调整时整体预偏一定距离作为合龙段的吊装空间。主跨钢箱梁继续采用桥面吊机安装至合龙段,然后,首先在合龙温度下当梁段之间高程齐平时,完成环向间隙的配切,定位安装顶推反力座,最后在合龙温度下顶推边跨大块段钢箱梁实现强迫合龙。

5 施工工艺流程及操作要点

5.1 工艺流程

英雄大桥边跨钢箱梁采用全支架顶推合龙施工,其整体施工工艺流程如图1所示。

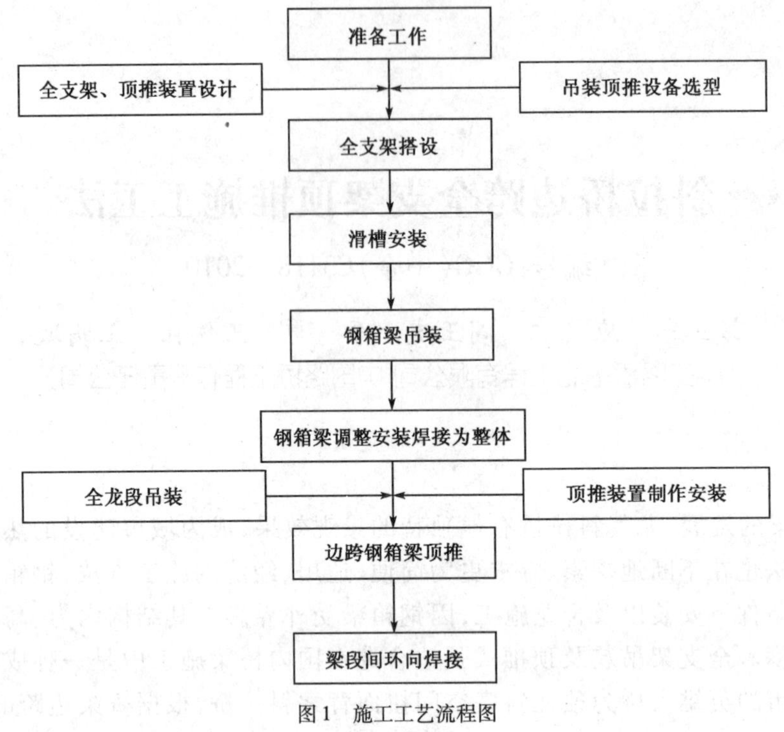

图1　施工工艺流程图

5.2　全支架、滑槽构造

5.2.1　全支架

英雄大桥的边跨钢箱梁吊装支架根据钢箱梁各节段的重量、钢箱梁的刚性节点位置、地形条件、地质情况、吊装方式等,进行吊装支架的设计。支架承重采用 ϕ630mm 钢管作为钢管桩基础,钢管桩之间通过平联、斜撑连接在一起,平联、斜撑采用 ϕ273mm 钢管。整体支架为框架式横断面与桁架式纵断面的结合。钢管桩顶位置采用 2H450×200 作为承重横梁,跨径根据桥型布置取 5.0m、5.3m,并在承重横梁跨中(为滑槽中心线位置)下方设置 ϕ273mm 钢管作为八字撑。

5.2.2　滑槽

英雄大桥边跨钢箱梁全支架滑移施工,关键部位在滑槽的顺桥向承重梁。由于钢箱梁的重量大、且梁段处于滑移状态,因此承重梁可采用贝雷桁架或钢结构形式。上部滑槽结构形式为:纵向承重梁采用四肢加强弦杆贝雷桁架,滑槽采用[40 槽钢,滑槽与贝雷桁架之间设计为 I28a 横向分配梁与 I12.6 纵向分配梁,纵向分配梁与[40 槽钢之间采用 δ30mm 厚度的钢板作为荷载分配传力。贝雷桁架承重梁的载荷为钢箱梁通过移位器以移动载荷形式加载,但其载荷值为固定值,仅以一定的牵引速度位置上发生变化。因此,通过多跨简支连续梁的结构分析,明确最不利载荷位置极为关键,贝雷桁架承重梁需进行的结构分析为:弯矩、剪力、挠度值。

5.2.3　吊装设备

根据钢箱梁各节段的重量,地形条件,附近桥梁的通航能力等,合理地进行大型浮吊的选型。尤其在内河施工,不仅要考虑大型浮吊的吊重,还应考虑施工水域的上、下游的桥梁的通航高度,以及内河的水域深度,是否满足大型浮吊吊装作业要求的吃水深度。

钢箱梁吊装吊具应根据钢箱梁的起吊高度、大型浮吊提升高度、钢箱梁的自重等,选用钢丝绳,英雄大桥钢箱梁吊装使用钢丝绳为无接头钢丝绳,共 4 根。在选定钢丝绳后,应进行强度验算,且安全系数必须大于 3.5。

5.2.4　钢箱梁行走系统

钢箱梁行走系统分为滑移系统与牵引系统。钢箱梁的滑移系统采用设备为移位器,滑移系统原理是移位器自身的滚动摩阻系数较小,其与滑槽的滚动摩阻力远小于移位器顶面与钢箱梁之间静摩阻力。移位器的承载力的选择根据钢箱梁的自重,以及梁自重在支撑点位置的支点反力确定。为了缩小移位器在滑槽内滑移过程中的轴线偏位,在移位器上设置限位器(图2),限位器采用套筒轴承或滚珠轴承加工而成,以保证钢箱梁在滑移过程中避免移位器与滑槽壁接触,以及抵达设计位置时轴线偏位满足钢箱梁吊装轴线偏位10mm的要求。

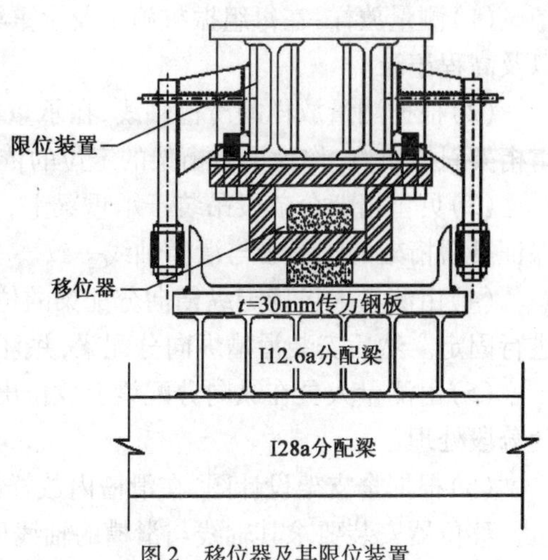

图2 移位器及其限位装置

钢箱梁的牵引系统采用手拉葫芦在滑槽中心进行牵引,根据钢箱梁滑移过程中的摩阻力选择适合施工需要的手拉葫芦。

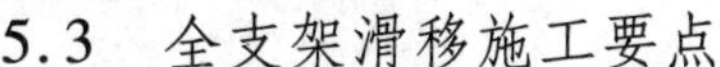

5.3 全支架滑移施工要点

5.3.1 施工前准备

(1)根据钢箱梁全支架滑移施工设计图,进行作业指导书的编制,并进行施工前技术交底。

(2)根据施工工艺及作业指导书的需要,进行机械设备、人员合理组织及安排。

(3)根据全支架设计图,进行施工测量放样。

5.3.2 下部支架施工

1)技术质量要求

(1)钢管桩振沉施工单桩平面允许偏位50mm,垂直度1.0%。

(2)对钢管桩支架搭设施工中焊缝要求焊缝厚度均不应小于6mm,各部位具体要求如下:

①钢管桩接头焊接要求满焊,并加4块10cm×15cm加劲板,也采用满焊。

②平联、斜撑施工焊缝长度不应小于25cm;八字撑采用满焊,且在棱角位置设置加劲板。

③所有牛腿均按照设计要求进行满焊,且焊缝不小于8mm。

2)下部支架施工工序

全支架滑移施工下部支架施工工序:

测量放样→钢管桩振沉及接桩→桩间平联斜撑焊接→安装承重梁及牛腿→八字撑及撑下平联焊接:

(1)测量通过控制点准确的定出桩位,水上作业利用浮吊上的悬臂导向支架,通过浮箱的拉锚调整定位,确定桩位。

(2)测量组准确定出钢管桩桩位,用履带吊调整悬臂导向支架,固定导向支架于浮箱之上,复测桩位。

(3)在钢管桩头部位进行加固,然后吊装钢管桩进入导向支架,在钢管桩垂直度满足要求后,开动振桩锤进行振沉,振沉以钢管桩不再下沉并落与基岩之上为标准,振沉过程中采用在钢管桩上做记号以观察钢管桩下沉情况,然后进行接桩至支架设计高程。

(4)接桩完成后,进行斜撑、平联焊接安装,以及桩顶承重梁、八字撑与撑下平联的安装。

5.3.3 上部滑槽施工

1)技术质量要求

全支架上部滑槽施工包括贝雷桁架、滑槽、滑槽纵向、横向分配梁的安装,其安装必须满足轴线允许偏位在10mm以内。

2)上部滑槽施工工序

全支架滑移施工上部滑槽施工工序:

测量放样→安装贝雷桁架及其加固构造→横向分配梁的安装→纵向分配梁的安装→载荷扩散钢板的安装→滑槽的安装:

(1)测量放样:在每组振桩施工及承重梁安装完成后,测量人员在承重横梁上放出滑槽的轴线位置以及高程记录。

(2)根据测量放样的滑槽轴线,在承重梁上进行四肢贝雷桁架承重梁的安装位置放线。并安装贝雷桁架斜撑单侧,作为贝雷桁架的定位的依托。

(3)贝雷桁架分节段吊装于承重梁上,然后再完成贝雷桁架的安装,施工中要注意斜撑的定位,以保证贝雷桁架的轴线于与滑槽轴线一致。

(4)由测量人员确定纵横向分配梁的位置,安装滑槽横向分配梁,并与贝雷桁架之间采用骑马螺栓进行固定。然后安装滑槽纵向分配梁,并且将横向、纵向分配梁之间采用焊接进行固定。

(5)由测量人员在纵向分配梁上放样出滑槽的轴线,然后进行滑槽的安装,并进行滑槽千斤顶位置的分段处理。

(6)根据全支架设计图,在滑槽内放样出钢箱梁落架的平面,并将移位器布设在滑槽上,且进行限位。移位器安装要求其轴线与滑槽的轴线偏位不超过2mm。

全支架滑移吊装支架如图3所示。

图3　全支架滑移吊装支架

5.4　边跨钢箱梁安装

5.4.1　边跨钢箱梁的施工工序

边跨P91～P92号墩之间搭设全支架及滑槽完成后,P92号墩顶永久支座定位安装,以及永久支座与墩顶垫石的环氧砂浆固结,边跨钢箱梁的安装工艺如下:

(1)钢箱梁22～16号梁段依次采用大型浮吊起吊落架,移位器全支架滑移吊装,将钢箱梁预偏30cm搁置在支架上。

(2)P91号墩顶永久支座定位安装,以及永久支座与墩顶支座的环氧砂浆固结,吊装钢箱梁15号梁段,落架在移位器上并调整梁段以安装钢箱梁与支座的高强螺栓连接,使钢箱梁与支座上盖板沿顺桥向滑移8cm,安装钢箱梁墩侧限位。

(3)安装15～21号梁段,采用移位器依次精确调整15～21号梁段,进行环缝焊接,并预偏10cm作为主跨合龙的吊装空间。

(4)在钢箱梁20号、21号梁段之间的纵腹板焊接完毕后,进行合龙口24h的连续观测,观测21号梁段的轴线、梁长(里程),以及钢箱梁顶、底板温度;建立钢箱梁变形与气温的变化规律,确定合龙施工时间及温度。

(5)根据连续观测结果,计算确定边跨合龙段22号梁在合龙温度下的梁长,并进行边跨合龙段的梁长修正。

(6)在合龙时间当日,利用千斤顶及移位器进行边跨合拢段的轴线、高程的调节,使21、22号梁之间保留5cm的间隙且调整后梁段不可扭曲。

(7)解除永久支座的限位装置,与钢箱梁进行高强螺栓连接。

(8)等待合龙温度,纵移边跨合龙段实现强迫合龙,进行边跨合拢段与21号梁段的纵腹板焊接,同时焊接刚性连接,完成21、22号梁之间的环缝焊接,完成边跨钢箱梁焊接为整体并梁底以移位器作为临时支垫,作为边跨顶推滑移设备。

5.4.2　钢箱梁吊装工艺

1)钢箱梁起吊

大型浮吊进行抛锚定位,必须根据起吊重量、吊装水域的深浅等确定锚的锚固力。然后运梁船定位抛锚,进行吊索的安装以及抗风缆绳(图4)。

在检查工序准备就绪后,大型浮吊必须进行大型构件的试吊操作,主要检查设备制动工作情况。在检查无任何异常现象后,运梁船退出,浮吊将钢箱梁起吊满足支架高度要求,然后收紧锚绳向钢箱梁的落架位置靠近(图5)。

图4　浮吊抛锚就位

图5　运梁船就位及钢箱梁起吊

2)钢箱梁落架

(1)钢箱梁离支架高度为50cm时,由测量人员采用全站仪观测钢箱梁的平面位置,依据测量的桩号、边距确定出钢箱梁所需调整的数据;通知浮吊指挥人,由浮吊指挥人下令指挥调整钢箱梁的平面;同时保持风缆处于受力状态,并在贝雷桁架上挂葫芦与风缆对拉,对钢箱梁进行强制定位,直到钢箱梁平面位置偏差调至最小,然后继续下放钢箱梁(图6)。

图6　钢箱梁强制对位及落架

(2)当钢箱梁下放至离支架10cm时稳住,其中的下放高度由测量监控。测量人员对钢箱梁的位置进行复测,复测没有问题后,所有作业人员远离钢箱梁落架范围,由浮吊指挥人指挥浮吊将钢箱梁匀速得一次性下放至支架移位器上,完成钢箱梁的落架。

3)钢箱梁纵向滑移

钢箱梁落架后进行牵引装置的安装,包括2台10t手拉葫芦、钢丝绳、10t卸扣等,由专人检查钢丝绳的绷紧程度,在明确所有钢丝绳均处于顺直状态(初始受力一致)后,同时牵引2个手拉葫芦,开始钢箱梁滑移。为保证钢箱梁能够在两个滑槽上行程一致,必须有专人在滑槽上观测滑移行程,左右行程差别不超过5cm。同时应注意两台10t手拉葫芦的牵引力一致,以避免由于牵引力的过大差别,导致钢箱梁发生左右行程不一致的现象,同时随时观察移位器上限位器的限位情况。

4)钢箱梁横向滑移

钢箱梁滑移到设计平面位置后,根据钢箱梁横桥向的平面位置,确定是否进行钢箱梁横向调节。横桥调节方法:用千斤顶将箱梁顶起,将移位器调转90°,然后再油泵回油将梁下落至移位器上,根据测量结果需要横向调节的距离,然后在移位器调节到位的地方进行限位,采用两个32t千斤顶进行顶推移位器,达到横移钢箱梁的效果。将梁横桥向滑移到位后,用4个100t千斤顶顶推钢箱梁进行高程调整,调整到设计高程后取出移位器,并用临时支座进行支垫。

钢箱梁横向滑移情况见图7。

5)钢箱梁顶升高程调节

在钢箱梁滑移就位后,便采用穿心式液压千斤顶进行高程调整取出移位器,并采用临时支座进行支垫钢箱梁,在临时支座上放置钢板进行调节高程来达到竖向高程调节的目的。

钢箱梁吊装滑移就位情况见图8。

图7 钢箱梁横向滑移

图8 钢箱梁吊装滑移就位

5.5 钢箱梁合龙施工工艺

5.5.1 合龙段钢箱梁安装

在主跨钢箱梁13号梁悬臂吊装,以及边跨钢箱梁焊接形成15~22号大块段梁后,利用边跨钢箱梁预偏10cm作为合拢段14号梁的安装空间。英雄大桥合龙采用边跨钢箱梁顶推强迫合龙,合龙顶推行程为10cm,合龙段安装主要施工工艺如下:

(1)调整桥面吊机的三角吊具螺杆间隙,液压纵移至13号梁段(定位允许偏差±10mm),调整悬臂吊机的纵向调节机构(定位允许偏差±10mm),保证14号梁吊装空间。

(2)合龙段吊装梁长计算,通过对钢箱梁13、15号梁(即合龙口)的24h连续观测,确定钢箱梁的线膨胀系数。根据实测最高温度、最低温度的合龙口宽度,按照吊装梁长=高温合龙口宽度-2×环向间隙-2×吊装间隙进行计算,取环向间隙=8mm、吊装间隙=25mm,而且需按照理论合龙梁长=低温合龙口宽度-2×环向间隙-顶推行程进行复核,保证吊装梁长大于理论合龙梁长。

(3)合龙段梁长按照吊装梁长进行修正,修正线放样必须在夜间低温下进行,且必须一次性放线切割。

(4)合龙段吊装施工流程为运梁船定位→梁段起吊入合龙口→斜拉索P6、B6二次调索→合龙段调整4项内容,吊装过程应使温度尽量贴近温度较低且应与连续观测天气较为接近时进行。当桥面吊机同步提升钢箱梁至合龙口下方时,安装4台手拉葫芦于钢箱梁13、14、15号梁上,形成两台一组沿里程方向的牵引,调整合龙段的平面位置至合龙段位于合龙口中间,即合龙段与钢箱梁13、15号梁段之间均保留相等吊装间隙33mm,在确定合龙段在4台手拉葫芦的牵引下处于相对静止后(里程方向的晃动小于10mm),桥面吊机继续同步提升钢箱梁,且4台手拉葫芦与桥面吊机同步缓缓收紧,避免合龙段在合龙口内的提升过程与钢箱梁13、15号梁段发生剧烈的碰撞。

(5)由两台桥面吊机继续同步提升钢箱梁，当与13号梁齐平时即完成合龙段的起吊，按照标准梁段施工工艺，对梁段的里程、轴线进行初步调整，且完成合龙段与13号梁的临时马板连接，等待夜间恒温进行6号斜拉索二次索力调整后精确匹配。在夜间恒温下的斜拉索索力调整、合龙段精确匹配调整均与标准梁段的施工工艺一致。当应注意索力调整应与合龙段的精确匹配调整相结合，以完成合龙段匹配后大桩号侧高程与边跨15号梁小桩号侧完成匹配为标志。

钢箱梁合龙施工情况见图9。

图9 钢箱梁合龙施工图

5.5.2 钢箱梁合龙施工

1)合龙准备工作

合龙施工为钢箱梁边跨大块段梁整体顶推与钢箱梁14号梁闭合，即形成钢箱梁主跨的强迫合龙，钢箱梁14、15号梁段进行腹板马板及对接焊接施工。钢箱梁设计温度为15℃，合龙施工温度为6℃，合龙时间为夜间12:00，合龙施工为夜间22:00至次日日出之前(7:00)，该时间段温度变化小于1℃，且钢箱梁悬臂梁段端高程随温度变化小于5mm。

2)合龙梁长确定

当钢箱梁13号梁段与主跨合龙段14号之间环向焊缝完成纵腹板、顶底板(不包括U肋嵌补段)的施工后，开始对钢箱梁14~15号梁段之间的间隙进行两天的连续观测，如果天气将出现异常变化，可以在完成纵腹板焊接后开始环向间隙的观测。

连续观测采用钢板尺进行丈量合龙段14号梁段与15号梁段之间高程关系与环向间隙宽度，主要观测时间段为夜间18:00~次日8:00，通过钢箱梁14~15号梁段之间的间隙的里程、高程的连续观测，确定合龙段梁长的第二次修正切割(应注意控制切割线形质量，一旦进行边跨顶推合龙即没有充分的时间进行再次切割)，以及边跨顶推合龙施工温度与合龙施工时间，顶推合龙施工以高程±5mm、里程±5mm进行控制。

3)合龙强度分析

通过有限元软件模拟桥梁施工步骤分析，钢箱梁主跨合龙后，在钢箱梁14~15号梁段之间接缝位置因温度变化产生的竖向剪力利用马板克服。

当钢箱梁边跨顶推合龙后，必须在夜间全部焊接完成，温度变化后钢箱梁变形形成的竖向剪力由6道纵腹板来承受，纵腹板采用全熔透对接焊，钢箱梁为Q345c，取最薄弱厚度即为腹板板材厚度，对截面进行抗剪验算。

4)合龙顶推

在钢箱梁顶推过程中，先启动91号墩侧的牵引千斤顶达到动摩擦力，然后再启动92号墩侧的顶推千斤顶(施加顶推力)达到静摩擦力，即采用顶推千斤顶促使顶推力达到钢箱梁滑动的临界状态。然后两侧千斤顶同时工作完成顶推工作。

5)合龙顶推设备

顶推采用采用4台YCM250t千斤顶，顶推设备的顶推力必须满足施工安全系数需求，顶推方法为在14~15号梁段之间(对应两道中纵腹板)设置两道ϕ15-12预应力钢束进行牵引，而在22号梁与P92号墩之间(边纵腹板2的位置)直接以千斤顶顶推，形成前拉后顶的顶推力。

6)合龙段梁长修正

合龙施工前必须由有指定人员对天气预报资料进行收集，实测期间通过实测温度与预报情况进行对比，确立天气预报资料的准确性，再通过合龙施工时的天气预报资料的收集，确定天气情况满足合龙施工的温度要求。在确定合龙时间后，提前一日对合龙段进行梁长第二次修正，修正必须在夜间12:00

且14、15号梁为齐平状态,若因温差影响标高无法则需通过调整索力来达到,然后顶底板同时按照环向间隙总值进行放线及修正切割。

7)合龙顶推施工步骤

(1)解除钢箱梁15号梁在P91号墩的限位型钢,并检查支架上移位器的滑槽是否均已以清理干净,保证顶推方向移位器的滑槽无任何杂物。

(2)在正式顶推之前必须对P91号墩侧的预应力钢束进行预紧张拉,以顶推控制力的动摩擦力的20%为准,且调整两台千斤顶的初始状态一致。

(3)通过三通油管促使两台千斤顶达到同步效果,夜间12:00在梁段齐平的状态下,起动P91号墩侧油泵,使单台千斤顶的张拉力分级达到动摩阻力,应注意在牵引顶推过程中必须保证两台对称的千斤顶油表读数始终保持一致,且通过复核千斤顶的伸缩量是否一致来验证两台千斤顶的同步性,如千斤顶行程有差别则需在千斤顶与反力座面板之间衬垫薄钢板来调节。

(4)起动P92号墩侧油泵,注意保证两台千斤顶油缸同时接触钢箱梁,然后保持千斤顶的顶伸行程一致,直到边跨大块段钢箱梁开始滑动,如千斤顶行程有差别则需在千斤顶与钢箱梁端隔板之间衬垫薄钢板来调节。

(5)当P92号墩侧两台千斤顶顶动钢箱梁的同时,起动P91号墩侧千斤顶,转化顶推力,同时结束P92号墩的千斤顶顶推,全部顶推施工由P91号墩侧千斤顶完成顶推施工,必须保证张拉牵引过程中的对称同步进行,直到环向间隙的顶推行程挡块间隙为60mm时停止,即停止千斤顶顶推施工。

(6)顶推完成后无需进行刚性连接,只需早晨7:00之前完成纵腹板的马板及焊接工作,即可满足钢箱梁在温度变化下产生的内力。

6 材料与设备

边跨全支架顶推合龙施工工法中使用的设备有吊装设备、钢管、滑槽槽钢、分配梁工字钢、移位器、牵引设备等,具体主要设备如表1。

主要施工设备表 表1

编 号	设备名称	规 格	数 量	备 注
1	浮吊	350t	1艘	
2	吊索	ϕ118mm	8副	无结头钢丝绳
3	卸扣	150t	5个	
4	移位器	120t	32个	据施工需求确定
5	手拉葫芦	10t	8台	
6	钢丝绳	ϕ21.5mm	200米	长度根据施工确定
7	顶推反力座		2套	据施工自行设计
8	千斤顶	250t	4个	三通连接
9	钢绞线	ϕ15.2mm	24束	配套锚具

7 质量控制

边跨全支架顶推合拢施工工法必须根据工程所处地形条件、地质情况、水文情况等,进行吊装支架的设计,设计符合《公路桥涵设计通用规范》(JTG D60—2004)、《钢结构设计规范》(GB 50017—2003),《钢结构设计手册》等中相应条款的规定。

全支架滑移施工过程控制符合《公路桥涵施工技术规范》(JTJ 041—2000)的施工要求,且对于钢箱梁安装质量与施工规范相比可提高安装的精度,如表2。

钢箱梁安装的允许偏差　表2

项	目	允许偏差(mm)	全支架滑移控制偏差(mm)
轴线偏位	钢箱梁中线	10	5
梁底高程	墩台处高程	±10	±5

8　安全措施

8.1　施工前准备

(1)钢箱梁梁段吊装应避开大风期进行,以确保架梁的安全。

(2)吊装前,起重船必须经过严格的检查和满载或载起吊试验,检验其中设备的可靠性,确保安全。

(3)清理施工现场的工作场地。由于钢箱梁吊装所需的机具较多,因此在吊装前必须分类放置,做好明显的标志,防止错拿错用。尤其是所使用的钢丝绳严禁混用或挪作他用,施工前现场的技术员必须进行检查。

(4)吊具安装时,现场技术员必须再次检查所使用的吊具是否正确。绑扎完毕后,检查绑扎山字钩的无头绳是否牢固。严禁将无头绳红油漆(无头绳的接头处)位置放在受力集中点。

(5)钢丝绳的检查。钢丝绳安装完毕后,需检查以下几个问题:

①两种钢丝绳的交叉方式是否正确。

②钢丝绳的捆绑是否牢固。

③检查钢丝绳是否有断丝现象,绳股是否有突起现象。

④检查钢丝绳是否有电焊烧伤或机械损伤现象。

(6)支架及贝雷架的检查。

①检查支架平联的连接是否牢固,是否有脱焊的现象。

②检查贝雷架固定是否牢固、可靠。尤其是斜撑的固定。

(7)钢箱梁的吊装必须有持有合格有效特殊工种操作证的人员执行。

8.2　钢箱梁行走安全措施

(1)钢箱梁支架和操作平台应严格按照施工设计安装。平台四周要有防护栏杆和安全网,平台铺设不得留空隙。作业人员应戴安全帽、穿防滑鞋,水上施工穿救生衣,高空作业系安全带。

(2)上下爬梯应焊结牢固,经常出人的通道应搭设顶棚。

(3)钢箱梁吊装过程中,严格按照吊装施工规范进行作业,要经常调整水平、垂直偏差,防止整体失衡。

(4)操作平台上,不得多人聚集一处,严禁向下乱抛掷钢筋、螺丝、工具等,下班时应清扫和整理好料具。

(5)钢箱梁支架上所装置的液压设备,电器设备,严禁他人乱动。操作平台应经常检查,是否安全牢固。

(6)钢箱梁行走过程必须严格按照操作规程进行,密切关注天气变化情况,合理组织施工,不得违章操作。

(7)各工序的施工严格遵守项目各项安全管理规定和安全操作规范。

(8)钢箱梁支架应增设航标灯警示及夜间照明灯具。

9　环保措施

大型构件吊装采用全支架顶推合龙施工工法,主要根据工程所处的地形环境来确定而定,即可按照“依山而建”维持地形环境,减少对自然环境造成破坏,从而对环境保护得以良好的保护,具体环保措施如下:

(1)设置环保机构

成立环保工作小组,配置环保专职人员,切实贯彻环保法规,各队、各班组派人参加,将环保责任和义务落实到人。严格执行国家及地方政府颁布的有关环境保护,水土保持的法规、方针、政策和法令,结合设计文件和本工程的实际情况,及时申报有关环保文件,按批准的文件组织实施,定期检查。

(2)重视环保工作,加强环保学习和宣传,掌握特点,实施环境保护,消除水污染和噪声污染。

(3)采取有效措施控制现场的各种粉尘、废气、污水、固体垃圾及噪声振动对周围环境的污染和危害。

(4)施工现场废料主要是喷砂、打磨、焊接等工序产生的锈渣、漆渣、焊渣及废矿砂,定期清理回收并在指定的防渗漏的填埋场填埋;生活区垃圾应及时清理,按当地的有关规定投掷在指定地点,减少污染。

(5)打磨时交叉使用风砂轮作业,减小噪声污染。在距居民区较近时为防止噪声,尽量不在夜间进行有噪声的作业。

(6)运输道路经常洒水,避免扬尘。

(7)随着工程进度的推进,及时清理施工现场,尽量维持现有渠道、道路的畅通,保护生态平衡,避免出现的环境污染。

(8)生活污水不随意排放,厂区内卫生间的粪水,经化粪池后方可进入污水管网。职工食堂厨房排水经隔油池后,方可排入厂区污水管网。临时雨污水排放要符合当地环保部门要求。

(9)为了保证各项环保设施能发挥效能和“三废”排放符合排放标准,设环保管理人员1员。设专职卫生员,清扫工地,垃圾集中处理,不污染环境和水源,不在施工现场焚烧油毡、油漆以及其他会产生有毒有害烟尘和恶臭气体的物质。

10 资源节约

全支架顶推合龙施工工法所选用的全支架材料:ϕ630钢管作为支架基础,贝雷横梁作为承重梁,ϕ273mm钢管作为平联和斜撑,[40槽钢以及I28和I12.6工字钢等,都是能够循环利用的;同时滑移顶推设备,选用的移位器、千斤顶等,也都是可循环利用的,这在资源节约方面,体现了材料再生的观念要求。

工法中钢箱梁吊装,采用了大型浮吊吊装,充分利用了现有设备节约能源。

11 效益分析

全支架顶推合龙施工的经济效益主要通过其支架形式简单、施工快、缩短工期等各方面表现。简单的支架形式使施工难度降低、提高了工效,节省了机械材料;它可根据工程施工进度需要,采用全支架滑移施工将可提前施工的部位提早进入施工节段。英雄大桥钢箱梁15~22号梁段采用全支架顶推合龙工法吊装施工,投入临时钢材约716t,人工近3 000个,机械台班费约40万元,全支架搭设造价为544万元,八段钢箱梁吊装费370万元,总造价约为914万元。对于工期紧,同等工期条件可采用的长臂悬臂吊机方案或原设计图纸方案的总造价约为1 300万元,相比之下全支架顶推合龙安装节省经济效益达约386万元,可缩短工期45d,节约投资约为30%。

12 应用实例

南昌市英雄大桥边跨钢箱梁已经成功的应用了全支架顶推合龙施工工法进行钢箱梁安装。

南昌市英雄大桥边跨钢箱梁全支架顶推合龙施工由2008年1月5日至2008年11月20日,以下简要介绍工程概况:

南昌市洪都大桥北主桥为独柱斜塔空间扭面背索混合梁斜拉桥、墩、塔、梁固结,跨径组成是109m+188m+88m;跨径109m为混凝土箱梁、跨径188m+88m为钢箱梁,桥梁纵坡1.603%。跨径88m即

P91 号墩至 P92 号墩钢箱梁共 8 片，由钢箱梁 15 号 ~ 22 号节段，其宽度为 44m，高度为 3.5m，其具体阶段的类型与质量如表 3 所示，总质量约为 2 275t。

跨径 88m 钢箱梁各节段数量表 表 3

梁段编号	15	16	17	18	19	20	21	22
梁段类型	D	C	B	B	E	E	E	F
梁段长度(m)	12	12	12	12	12	12	12	8.97
梁段质量(t)	330	302	288	288	274	274	274	245

全支架构造如图 10 ~ 图 13 所示。

钢箱顶推示意图见图 14。

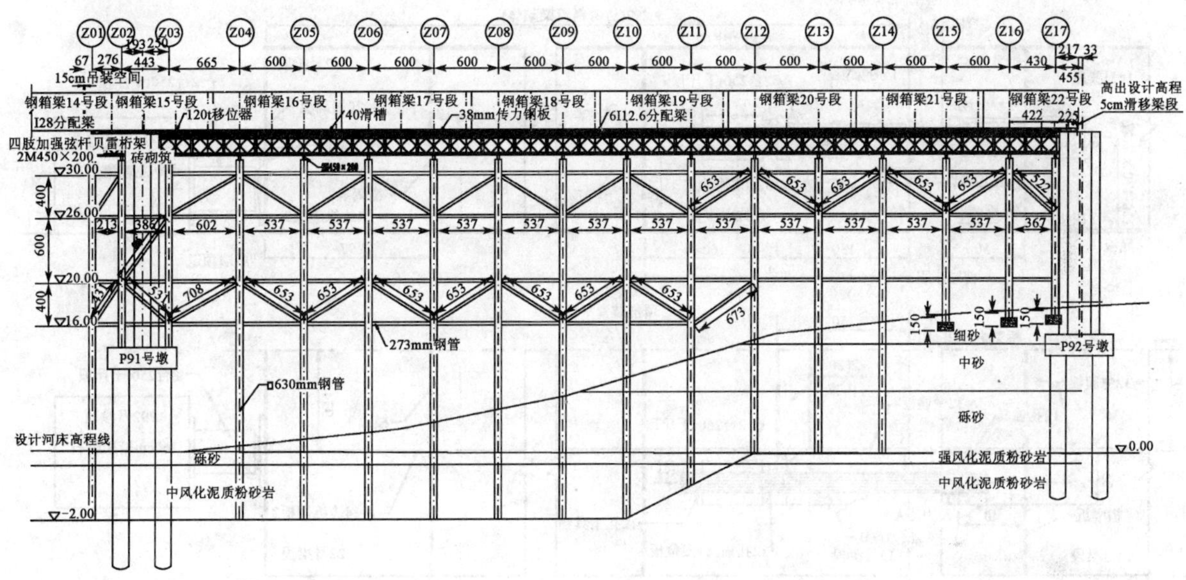

图 10 全支架纵段面图(尺寸单位:cm)

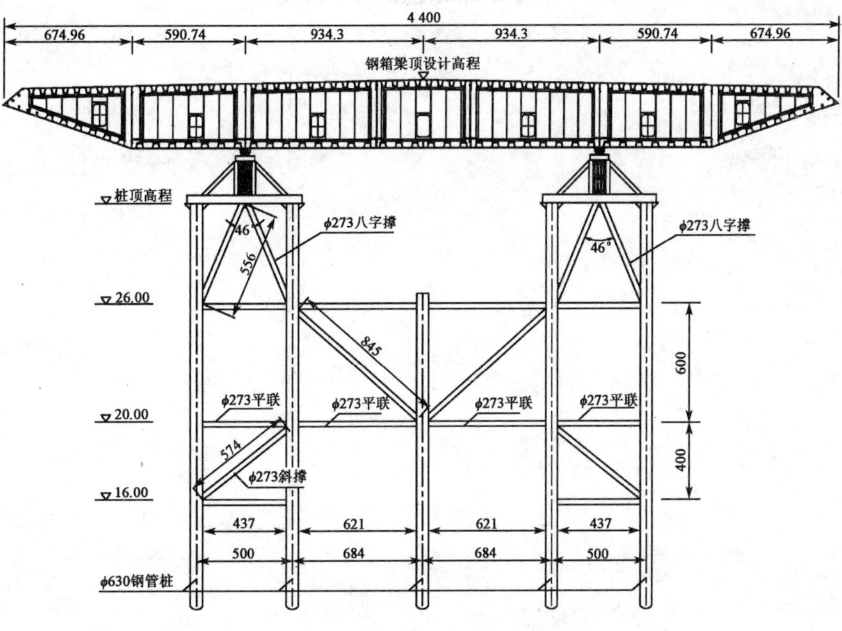

图 11 上部滑移构造图(尺寸单位:mm)

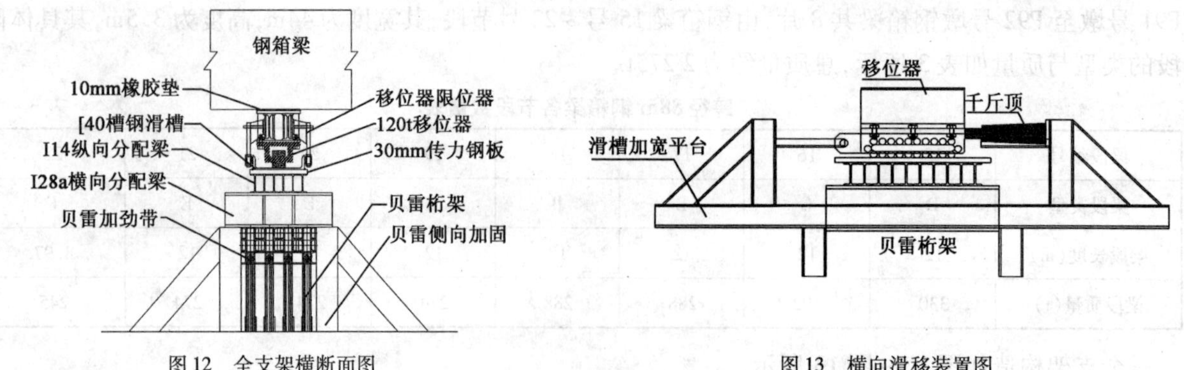

图12　全支架横断面图　　　　图13　横向滑移装置图

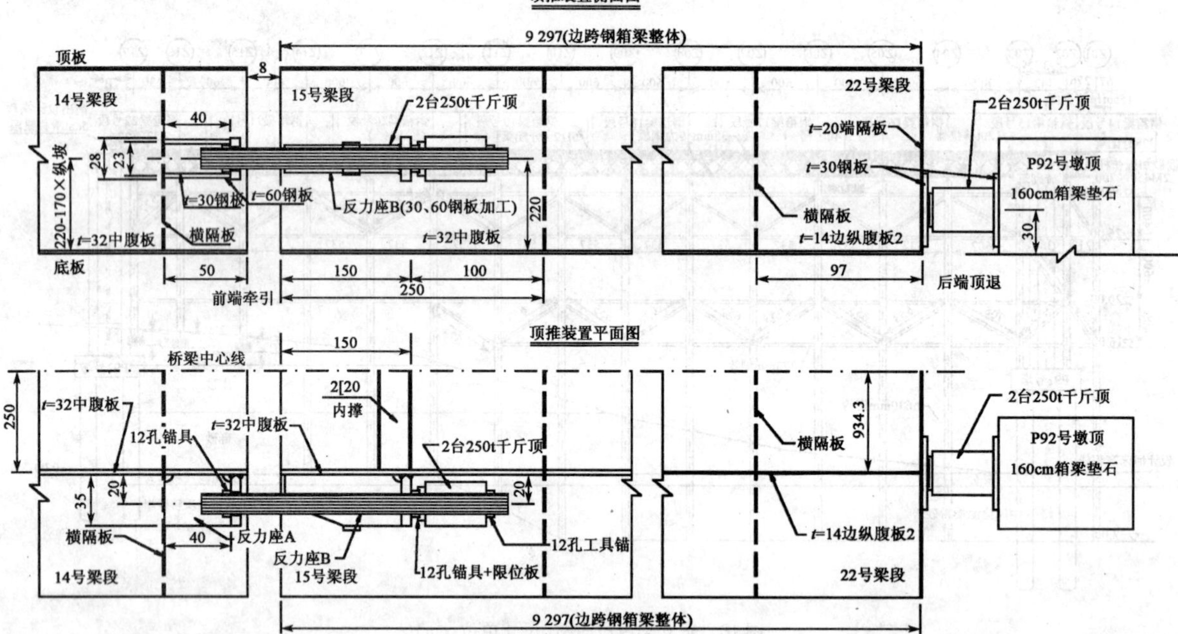

图14　钢箱梁顶推示意图(尺寸单位:cm)

独塔柱自锚式悬索桥钢箱梁顶推施工工法

GGG(中企)C3119—2010

鲜正洪 杨卫平 肖向荣 唐红敏
（路桥集团国际建设股份有限公司 路桥华南工程有限公司）

1 前言

随着桥梁建设事业的飞速发展,桥梁结构不断推出新形式,如自锚式悬索桥、斜塔斜拉桥等。造桥技术也在不断推出新方法,顶推施工技术就是其中一例。当桥梁跨越深谷、不可间断的运输线(铁路、公路、河道)、难以拆迁的建筑物(地下设施、古迹等),有特殊要求且其他施工方法不可能满足其要求时,采用顶推施工方法从空中完成跨越作业,无疑是一种比较理想的方法。因此,20 世纪 60 年代初期在欧、美一些国家就相继采用此法,我国在 70 年代后期才开始运用这一施工技术,80 年代才逐渐开始推广运用。

21 世纪以来,我国修建了大量的自锚式悬索桥,这类桥型的施工特点是先梁后缆,其钢箱梁一般采用顶推法进行安装,如佛山平胜大桥、湖南三汊矶大桥、杭州江东大桥等。江东大桥钢箱梁与以往采用顶推施工的钢箱梁最大的不同,就是其钢箱梁在安装架设阶段采用“五段连续曲线”的结构形式,这种结构形式使得顶推工艺变得非常复杂,目前仅在法国米约桥和我国杭州江东大桥成功实施过。江东大桥独塔自锚式悬索桥钢箱梁的成功顶推到位,将我国在顶推施工技术提升到国际先进、国内领先的水平。

2 工法特点

(1)传统顶推工艺无法解决“多坡度、变曲率”钢箱梁无应力曲线拼装和顶推时竖向调节等技术难题,本工法在这些方面提出了一套有效、便捷、经济的处理方案。

(2)本工法采取顶推平台拼装多个节段,因此钢箱梁无应力拼装线形控制起来较为方便,与传统顶推工艺逐节拼装、顶推相比,施工周期大大缩短。

(3)本工法对梁体线形、水文地质环境等客观因素要求较低,较传统顶推工艺适用范围更为广泛。

(4)生产集中、工点集中、程序化强,便于管理,对质量有较好的控制。

(5)采用顶推方式进行钢箱梁施工,可以节约大型吊装设备,节约施工支架,施工方案经济性较好。本工法与传统的满堂支架方案相比,大大节约投资。

3 适用范围

适用于竖曲线小范围变化的各类钢箱梁顶推施工,适用于除变平曲线外的所有钢箱梁。

4 工艺原理

(1)自锚式悬索桥钢箱梁通常分为标准梁段和特殊梁段,其中,特殊梁段包括锚固端横梁、合龙段,标准梁段通过顶推就位,而特殊梁段在桥位拼装。

(2)搭设(拼装)用于钢箱梁顶推的大型临时结构,包括将钢梁提升到拼装平台的提梁龙门,用于拼装钢梁节段的拼装平台、辅助临时支墩(图1)、钢导梁、特殊梁段拼装平台。

(3)在永久墩和临时支墩上安装调试顶推系统,顶推系统包括同步连续水平千斤顶(通常是几对)及中央控制台、竖向调节千斤顶、牵引钢绞线、拉锚器、侧向限位装置、滑板(图2)。

(4)每轮钢箱梁在拼装平台上按无应力线形拼装好后,同步连续水平千斤顶一端(锚固端)连接在钢箱梁底面对应的拉锚器上,另一端(牵引端)与千斤顶工作锚连接,所有千斤顶在中央控制器的指令下开始同步协调工作,钢箱梁在千斤顶牵引力的作用下沿滑道均速、稳定前移。

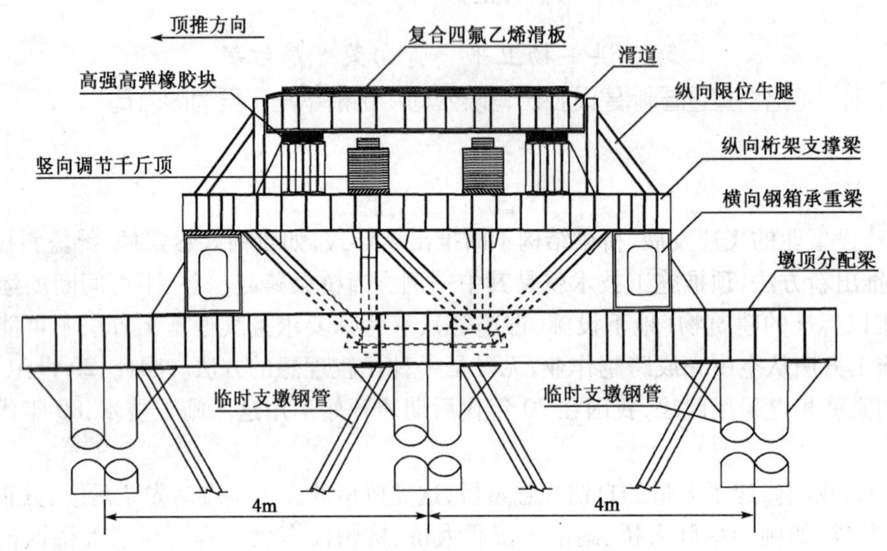

图1 临时支墩布置图

当拉锚器接近水平千斤顶时(5~6m),将钢绞线锚固端与拉锚器分离,向后拽拉到后续拉锚器并与之连接,收紧牵引钢绞线,进行下一步顶推,如此反复直到本轮顶推结束。

(5)由于钢箱梁梁底曲率一直在变化,因此在钢箱梁前移过程中,滑道顶钢梁底面标高也一直在变化,如果某个阶段的累积变化值太大而又对滑道高程不做调整,则其中的一些滑道就有可能达到“脱空”状态,同时将这些滑道的竖向支撑力转移到旁边的滑道上,从而对支墩甚至是钢箱梁的结构安全构成威胁,因此,在钢箱梁顶推过程中,要对钢箱梁高程、应力进行监控,同时利用竖向千斤顶按监控指令对滑道高程进行适时调整。

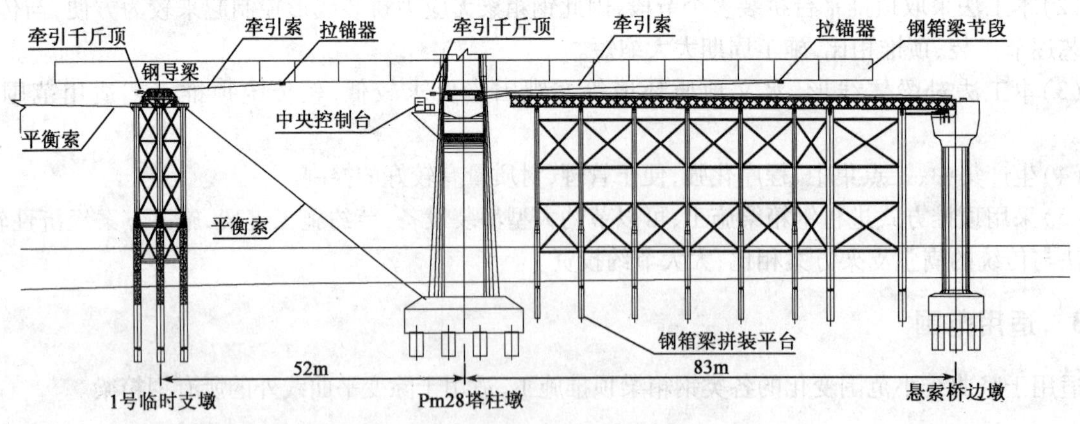

图2 项推大型临时结构、牵引系统布置图

5 施工工艺流程及操作要点

独塔自锚式悬索桥钢箱梁顶推施工工艺流程如图3所示。

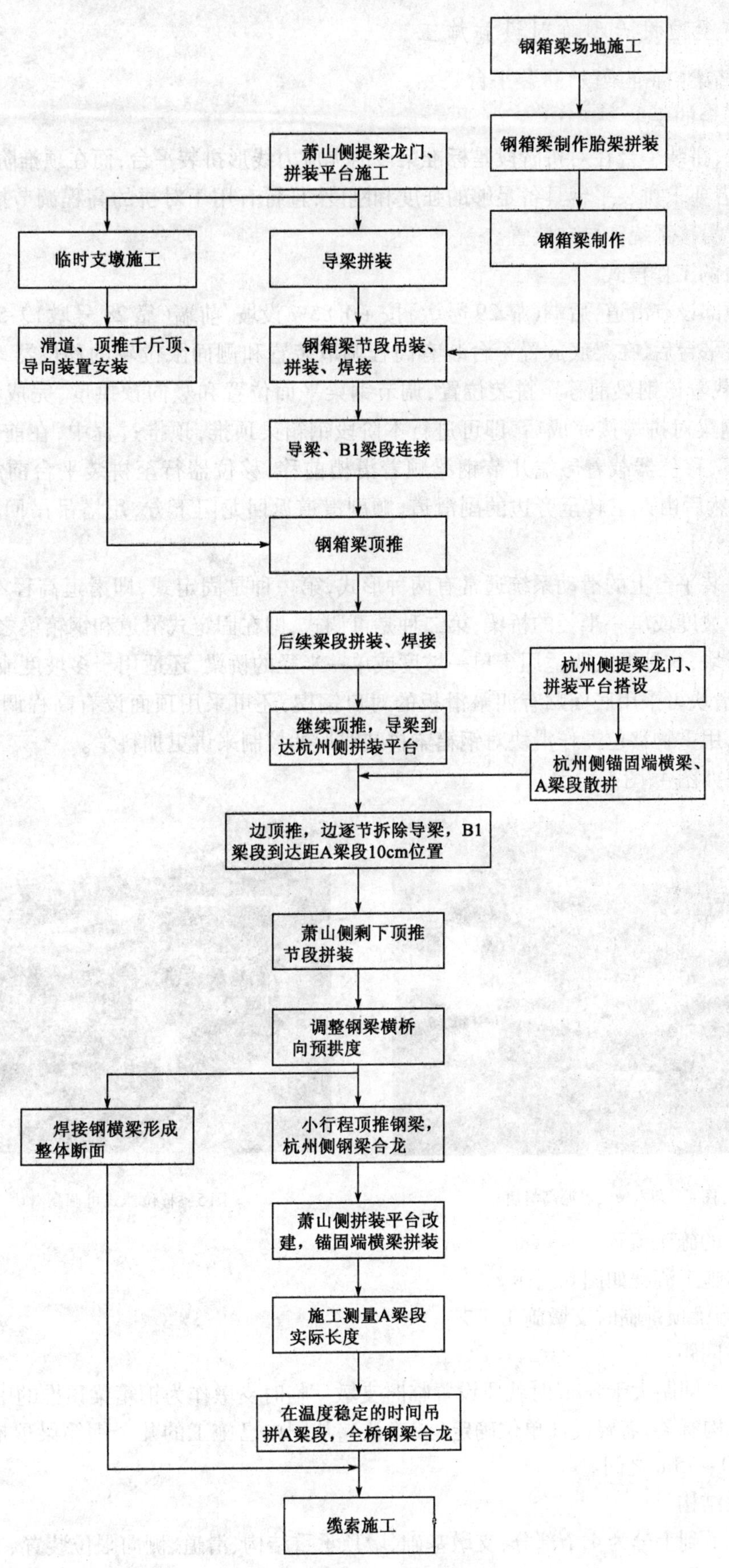

图3 钢箱梁顶推施工工艺流程框图

5.1 钢箱梁顶推大型临时设施施工

5.1.1 钢箱梁(标准梁段)拼装平台

1)对拼装平台的要求

按顶推工艺,拼装平台在对拼阶段是标准梁段的无应力线形拼装平台,而在顶推阶段又是尾端梁段的滑动平台,前者要求拼装平台具备足够的强度和刚度,且备有用于对拼的高程调节措施,后者要求拼装平台上有钢梁滑移系统和导向装置。

2)拼装平台的工作模式

拼装平台顶部设有滑道,后端(靠29号墩)按+0.85%设坡,前端(靠28号墩)9.5m按-1%设坡。每片梁吊至拼装平台后,在梁底放置4台装有高程调节装置和侧面限位轮的移位器,通过卷扬机牵引(图4),移位器载着该钢梁前移至拼装位置,调节钢梁平面位置和竖向预拱度,完成与前端钢梁的对拼。每阶段的钢梁对拼焊接完成后,即可进行本阶段钢箱梁顶推,顶推过程中,在前方水平同步连续千斤顶的牵引下,移位器载着尾端几节钢梁顺着滑槽前移,移位器行至拼装平台前端滑槽下坡段后自动脱离钢梁,然后由人工转至旁边的副滑道,顺副滑道返回龙门下方,用塔吊吊回主滑道用于下阶段钢梁拼装。

钢箱梁在拼装平台上的滑动系统通常有两种形式,第一种是固定式,即滑道高程不可调整,这种形式只适用于单一坡度或单一半径的桥梁;第二种是可调式,即在固定式滑道和钢箱梁之间增加一个随梁行走的可调高滑块,这种形式既适用于单一坡度或单一半径的桥梁,还适用于多坡度或多种曲线半径变化的桥梁,调高滑块可采用底面贴有四氟滑板的对口钢楔,还可采用顶面设有高程调节块的重物移位器,相比较而言,用重物移位器作滑块对钢箱梁拼装线形的控制来讲更加科学。

可调高滑块如图4、图5所示。

图4 杂木楔式可调高滑块

图5 移位器式可调高滑块

3)拼装平台的施工流程

拼装平台的施工流程如图6所示。

5.1.2 钢箱梁顶推临时支墩施工工艺

1)临时支墩间距

一般在结构墩间距大于80m时就要设置临时支墩。临时支墩作为钢箱梁顶推的中间"支点",其间距与钢箱梁的结构有关,需要设计单位确定(或确认),从国内已施工的几个钢箱梁顶推工程来看,临时支墩的间距在40~75m之间。

2)临时支墩结构

临时支墩从下到上分为4个部分:支墩基础、墩顶承重结构、滑道、侧向限位装置、平衡索。

支墩基础可根据具体情况采取多种形式:钻孔灌注桩基础、预应力混凝土管桩基础、钢管桩基础、扩大基础、混合结构，这些形式在国内外的顶推施工中均有成功实例。选择时主要考虑的因素包括：承载力要求、水文地质条件、施工成本、施工单位的习惯及当地航道和海事部门的相关规定等，这些因素必须综合考虑。

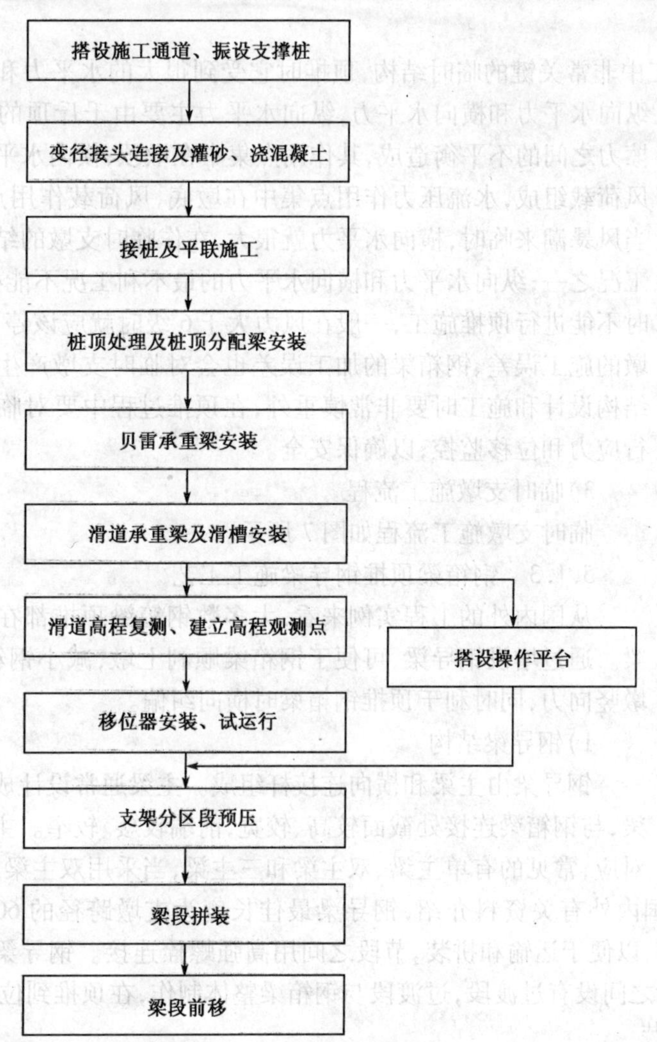

图6　拼装平台施工流程框图

临时支墩墩顶承重结构包括墩顶分配梁、滑道支撑梁，它们按支墩基础和滑道的结构采用纵横向叠加布置，通常采用组合型钢、桁架梁、焊接箱形梁结构，也可采用预应力混凝土结构。在顶推过程中，由于会受到很大的竖向力和水平推力，因此，顶推工艺对它们的强度和刚度都提出了较高的要求。竖向力往往比按“支墩”数量平均分摊钢箱梁自重的力要大，尤其是在“变坡度、变曲率”钢箱梁的顶推过程中，支墩受到的竖向力可能会达到均摊力的2倍，因此，墩顶承重结构最好采用桁架梁或焊接箱形梁结构。

为保证钢箱梁在滑道上平稳前移，滑道要有足够的强度、刚度和相当高的平整度，通常滑道顶面要铆焊一层2～3mm不锈钢板，不锈钢板顶面均匀地涂抹优质黄油，以尽量减小滑板与滑道之间的摩阻系数。另外，同一个支墩的两条滑道之间的高差在施工时要作重点控制，以便两条滑道受到的竖向力尽可能均匀。

钢箱梁侧向限位装置包括横向限位和纵向限位，横向限位的作用是限制钢箱梁在前移时不至于横向“走偏”，纵向限位的作用是在前后两个方向顶紧滑道，以克服滑道受到的不平衡水平力。横向限位由两部分组成，一部分是固定在钢箱梁梁底的导轨，另一部分是固定在各支墩顶的导向轮，导轨平行于钢箱梁，通长布置，导轨和导向轮之间一般设置2～3cm间隙。纵向限位布置在滑道前后，通常采用反三角牛腿的结构形式，固定在墩顶纵向承重梁上。

当临时支墩自由高度很高时,在临时支墩和结构墩之间设置纵向平衡索非常必要。平衡索将各临时支墩和结构墩连在一起,可以有效地克服临时支墩受到的不平衡水平力,减小临时支墩在顶推时的振动,提高整个系统的安全性。平衡索一般采用钢绞线,两端锚固在两侧结构墩的承台上,安装时需施加预紧力。

临时支墩是顶推施工中非常关键的临时结构,顶推时它受到很大的水平力和竖向力。水平力分为纵向水平力和横向水平力,纵向水平力主要由千斤顶的顶推力与钢梁梁底摩擦力之间的不平衡造成,其作用点集中在墩顶;横向水平力主要由水流压力和风荷载组成,水流压力作用点集中在墩底,风荷载作用点集中在墩的中上部,当风暴潮来临时,横向水平力就很大,在作临时支墩的结构设计时要作为验算工况之一;纵向水平力和横向水平力的最不利工况不能叠加,即在风暴潮来临时不能进行顶推施工,一般在风力大于6级时就应该停止作业。另外,临时支墩的施工误差、钢箱梁的加工误差也会对临时支墩产生附加外力。处在进行结构设计和施工时要非常慎重外,在顶推过程中要对临时支墩的关键部位进行应力和位移监控,以确保安全。

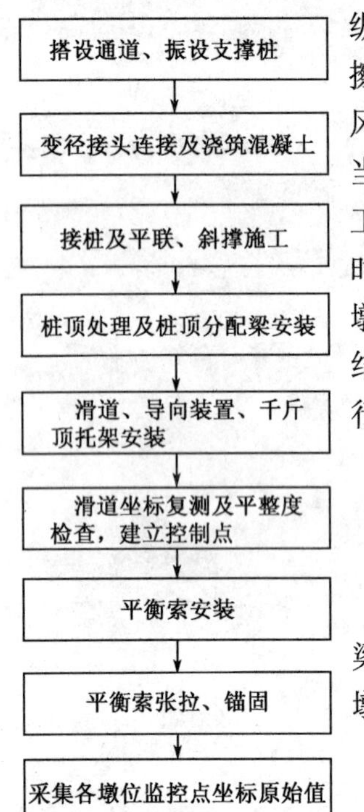

图7 临时支墩施工流程框图

3)临时支墩施工流程

临时支墩施工流程如图7所示。

5.1.3 钢箱梁顶推钢导梁施工工艺

从国内外的工程实例来看,大多数钢箱梁顶推都在钢箱梁前端设有钢导梁。通过增设钢导梁,可便于钢箱梁顺利上墩,减小钢箱梁施工应力,减小支墩竖向力,同时利于顶推钢箱梁时横向纠偏。

1)钢导梁结构

钢导梁由主梁和横向连接杆组成。主梁通常设计成变截面桁架片或箱形梁,与钢箱梁连接处截面较高、较宽,前端较矮、较窄。主梁的根数与滑道条数对应,常见的有单主梁、双主梁和三主梁,当采用双主梁或三主梁时,主梁之间要设横向连接杆。根据国内外有关资料介绍,钢导梁最佳长度为支墩跨径的60% ~80%。一般情况下,钢导梁在纵向要分节,以便于运输和拼装,节段之间用高强螺栓连接。钢导梁与钢箱梁的连接方式一般采用现场焊接,两者之间设有过渡段,过渡段与钢箱梁整体制作,在顶推到位后割除。

2)钢导梁加工及拼装

钢导梁由专业厂家按设计图纸加工,完成后要进行厂内试拼。现场拼装时,不仅要注意拼缝的连接质量、主梁线形,还要控制好与钢箱梁之间的夹角,夹角控制得不好就有可能造成导梁上墩困难。

5.1.4 钢箱梁顶推系统

顶推系统包括同步连续水平千斤顶(通常是几对)及中央控制器、竖向调节千斤顶、牵引钢绞线、拉锚器、侧向限位装置、滑板。

提供顶推力的设备为ZLD100自动连续顶推泵站系统,由若干套连续千斤顶、若干套泵站、预应力钢绞线、一个主控台及电路形成的一个闭合控制系统。该设备用行程开关作为连续千斤顶的动作传感元件,它将千斤顶活塞的位置信号传递给主控台及泵站,主控台将实际需要给出相应信号给泵站,泵站通过电磁阀去控制相应的连续千斤顶的动作。顶推系统是机电液一体化设备,工作过程主要是通过电气控制来完成,控制及显示元件均布置于控制柜上。

5.2 钢箱梁连续顶推工艺

钢箱梁顶推施工采用多点连续顶推,按“分级调压,集中控制,差值限定”原则控制进行。

钢箱梁的顶推,是将钢箱梁梁体搁置在焊接了不锈钢板的滑道上,钢箱梁与滑道之间设置聚四氟乙烯橡胶板作为滑板,并且在滑板下面涂上优质黄油,使钢箱梁与滑道之间的摩擦力大为减小,当水平千斤顶工作时,通过设置在钢箱梁底板的拉锚器和拉索施力于梁体,带动梁体向前滑动。

5.2.1　顶推钢箱梁工作程序

在每阶段顶推前，做好顶推前各项准备工作，包括总控台和各牵引千斤顶的动力油泵空载调试、检查各导向装置是否牢靠、施工人员是否到位、施工用材准备是否齐全等。

准备就绪后，及时报告总控台，由总控台统一指挥操作，按起动电动油泵顶进键，给各水平千斤顶供油，千斤顶通过拉索和拉锚器传力于梁体，将梁体向前拉动。

当千斤顶达到最大行程时，按关闭电动油泵顶进键，按起动电动油泵回程键，此时千斤顶前锚松弛后锚锚定，止住梁体防止下滑；回程完后继续供油顶进，直至本阶段结束。

5.2.2　顶推过程中的施工控制和工作信号

顶推过程中，便于总控台统一指挥，设置总指挥；各临时墩须配备技术干部，便于各墩施工的指挥控制，并及时向总指挥汇报情况和执行总指挥的指示意见。各临时墩技术干部配备使用专用频道的对讲机，顶进或回油前，用对讲机进行联络，确保动作一致。

5.2.3　顶推钢箱梁的线形控制

钢箱梁顶推施工过程中，钢箱梁的线形控制非常重要，应密切进行观测。钢箱梁的横向线形控制主要通过横向限位装置控制，但同时要有防止和纠正中线偏差的有效措施。竖向线形控制主要通过设置在支墩顶的竖向千斤顶完成。

6　材料与设备

6.1　配备的主要设备

配备的主要设备见表1。

主要设备配备表　　表1

序　号	名　称	规　格	单　位	数　量
1	连续千斤顶	ZLD100	台	30
2	主控制台		台	2
3	子控制台		台	8
4	竖向千斤顶	500t	台	30
5	手动油压扁千斤顶	100t	台	8
6	重物移位器	100t	台	72
7	运梁平板车	DCY150	台	1
8	履带吊	50t	台	4
9	汽车吊	25t	台	3
10	振桩锤	135kW	台	2
11	振桩锤	90kW	台	1
12	提梁龙门	125t	个	2
13	导梁	35m	根	2
14	卷扬机	10t	台	4
15	卷扬机	5t	台	8
16	滑车	6门60t	个	8
17	电焊机	15kW	台	35
18	测量设备	LeiKa	套	2

6.2　配备的主要材料

配备的主要材料见表2。

主要材料配备表 表2

序号	名称	规格	单位	数量
1	复合四氟乙烯滑板	600mm×500mm×23mm	块	480
2	高弹高强橡胶块	500mm×300mm×60mm	块	72
3	高弹高强橡胶块	916mm×611mm×124mm	块	56
4	优质黄油	1号	kg	200
5	牵引钢绞线	左捻	t	3.5
6	牵引钢绞线	右捻	t	3.5
7	螺旋钢管	ϕ600mm~1 200mm	t	4 150
8	型钢	[20、I45、I63	t	3 172
9	钢板	16Mn	t	230
10	钢板	Q235	t	1 392
11	不锈钢板	厚3mm	t	4.536
12	贝雷片	国产3000mm×1500mm	片	2 480
13	钢丝绳	ϕ15.5mm~28mm	t	54

6.3 新型材料

高弹高强橡胶块是一种弹性模量较小,而强度又比较高的新产品,当用多个支点支撑重物(如钢箱梁)时,如果在每个支点上增垫一块高弹高强橡胶块,就能解决各支点受力不均的问题。高弹高强橡胶块结构如板式橡胶支座类似,都是在几层橡胶之间嵌入几层薄钢板而成,但所采用的橡胶不同,高弹高强橡胶块所用的橡胶弹性大,抗拉能力强。制作前需将支点需要调整的高度、单块橡胶板可能受到的竖向压力提供给厂家,厂家根据要求配制橡胶,制作样板,然后对样板作相关试验以检验是否达到要求,样板需验收的项目见表3。

主要材料验收项目表 表3

序号	检验项目	技术要求	检验方法
1	胶料性能	符合JT/T 4—2004标准中4.3.1条表2要求	专业试验
2	外观尺寸	符合设计图纸要求	量测
3	外观质量	符合JT/T 4—2004标准中4.5条要求	目测
4	弹性模量	符合设计要求	竖向压缩试验
5	耐久性	在极限荷载下持压100h,产品侧面橡胶膨胀均匀、不脱胶,撤除荷载后变形能自然恢复	竖向压缩试验

7 质量控制

7.1 施工技术标准

施工技术标准见表4。

表4

序号	规范、标准名称	版本号
1	《公路桥涵施工技术规范》	JTJ 041—2000
2	《铁路桥涵施工及验收规范》	TB 10203—2002
3	《公路桥涵钢结构及木结构设计规范》	JTJ 025—86
4	《港口工程基桩规范》	JTJ 254—98

7.2 其他施工技术标准

施工中,除严格执行以上规范、标准外,还要满足以下技术要求:

(1)大型临时结构的设计方案除按规定报批外,还必须得到设计、监控单位的复核确认。

(2)对大型临时结构的关键部位必须采取有效的应力、位移监控,如提梁龙门的承重梁、临时支墩的支撑桩等。

(3)参与顶推的操作工人必须进过专业培训。

(4)必须成立顶推指挥小组,顶推时号令统一,行动一致,确保安全。

(5)对于"变坡度、变曲率"的钢箱梁顶推,各支墩顶必须设高程调节装置,如果高程调节装置不能"无级"调整,则应该在滑道支撑上加垫高弹高强橡胶块。

(6)为了有效控制顶推过程中的中线偏位,两侧各纵向千斤顶的行程装置(施工单位已进行考虑);为了尽量减少桥墩承受的水平力和扭矩,应尽量保证各滑道处纵向千斤顶张拉力和摩擦力的平衡(等值反向),各纵向千斤顶的张拉力应与支承反力成正比(假设摩擦系数相同)。因此,各纵向千斤顶要实行双控,即行程控制和力控制。在保证各纵向千斤顶行程一致的前提下,各纵向千斤顶的张拉力与支承反力应成正比。以行程控制为主,兼顾力控制的原则进行顶推作业。严禁顶推过程中加劲梁的"爬行"现象,严格控制各墩各滑道的水平位移和临时墩应力。

(7)导梁上墩前必须作好提升导梁的准备工作(或者加强检查),严防导梁与墩相撞。

(8)横向纠偏只能在梁体顶推前移中逐渐实施,严禁梁体纵向静止状态下横推梁体,滑道设在加劲梁纵隔板和底板的加强部分,严禁加劲梁纵隔板和底板的加强部分偏离滑道(控制误差根据滑道与加劲梁加强部分的相对尺寸确定),因此应及时纠正顶推过程中的横向偏位。

(9)各墩滑道标高误差不超过2mm,同一桥墩两滑道高程差不超过2mm,滑道顶面纵坡设置准确(成桥纵坡),误差不超过2mm/3.5m。

(10)顶推到位后的钢箱梁中线偏位应符合规范和设计要求(5mm);顶推前进过程中梁的轴线偏位容许值为20mm,极限值为40mm;每顶推阶段结束后(即拼装后续的钢箱梁前)梁的轴线偏位容许值为5mm,极限值为10mm。

8 安全保障措施

顶推过程中,工作人员要坚守岗位,集中注意力,听从指挥,不得违反操作规程及有关安全章程,本工法安全措施如下:

8.1 组织管理保证措施

成立钢箱梁顶推安全专项管理小组、大型临时结构检查验收小组、钢箱梁顶推指挥小组、顶推施工监察监控小组。

8.2 技术保障措施

(1)钢箱梁顶推工艺的技术含量非常高,涉及的面很广,因技术问题造成的安全事故通常又很大,因此,顶推施工需配备的技术力量要强、要全;

(2)编制钢箱梁顶推专项安全施工方案,通过专家论证后实施;

(3)顶推实施前,编制详细的监控方案,顶推时实施采集监控数据,并与理论值比较分析,如果差别太大必须立即停止顶推,查找原因;

(4) 严格按监控指令进行现场操作;

(5) 临时支墩是极为重要的受力构件,如果采用振动沉桩或打入桩作基础,其承载力必须通过试桩确定。

8.3 人员保障措施

(1) 由于同步连续牵引的技术含量高,所使用的设备专业性强,因此,参与顶推的人员必须经过专

业培训,骨干必须有丰富的顶推经验;

(2) 钢箱梁顶推属于高空、大型吊装作业,所有人员必须持证上岗。

8.4 生产组织保障措施

(1)提梁龙门拼装完成后需进行试吊;

(2)正式顶推前,须进行1~2次顶推“演练”;

(3)6级风以上天气要停止顶推,在10级风来临前,要用风缆将钢箱梁固定在支墩上;

(4)提梁龙门、拼装平台、临时支墩承受动载,需定期检查维护。

8.5 顶推施工安全操作要点

(1)同步统一是确保顶推顺利成功的关键,必须严格按“分级调压,集中控制,差值限定”原则控制进行;

(2)在顶推施工之前,派人对整个牵引系统、导向装置、滑动系统进行安全检查,落实人员的到位情况及施工用材的到位情况;

(3)在顶推施工之前,要确定指挥系统人员,要专人指挥,要求指挥人员口令要清晰、明确;

(4)推施工过程中,经常检查导梁与钢箱梁以及导梁各节段间联结的高强螺栓是否松动,否则及时进行处理;

(5)千斤顶的安装要严格控制,其中心线尽量与梁底平行,角度过大容易使水平千斤顶的拉杆撇断,进而可能引发安全事故;

(6)拉索时,钢绞线不能交叉打绞或扭转;

(7)箱梁顶推过程中,如有偏移,及时在导向装置的导向轮上加垫胶皮,对钢箱梁进行纠偏,保证其轴线偏差不超过3mm,严禁在梁体静止状态下横顶梁体;

(8)施工过程中,高空作业,操作人员必须佩戴好安全带及安全帽等一切防护用具,工作平台上设置防护栏和安全网等;

(9)和航道局、海事局积极联系,在施工水域附近设置航道站及海事管制站,在施工期间实行航道管制,保证过往船只的安全和施工安全;尤其是在通航孔上顶推的时候,严格实行航道管制,保证过往船只的安全和施工安全。

(10)临时支墩及平台上一定要设置航道标志灯,保证晚上过往船只的安全和施工安全。

9 环保措施

(1)如果在居民区附近施工,要尽量避免在夜间沉振桩;

(2)完工后,必须将在航道范围内的支撑桩拔除,无法拔除的需将桩顶清理到航道部门要求的高程位置;

(3)在航道内搭设、拆除大型临时结构时,尽量避免将施工用材掉入水中,对掉入航道并可能影响通航安全的必须捞出;

(4)顶推施工使用的千斤顶数量很多,在使用前要逐个检查油封,避免将油污撒落江中。

10 效益分析

10.1 工期效益

将常规钢箱梁顶推4d/片加快到了2.42d/片;

10.2 经济效益

江东大桥钢箱梁顶推按本工法施工,节约临时钢材1 330余t,节约人工2 750个,减少机械台班费37.5万元,综合经济效益达863余万元,与传统的满堂支架方案相比,节约投资20%。

10.3 社会效益

在国内,本工法首次顺利完成了“多坡度、变曲率”钢箱梁的顶推施工,从而将我国在顶推施工技术提升到国际先进、国内领先的水平。

11 应用实例

2007 年 11 月至 2008 年 2 月,杭州江东大桥南北两岸的两座独塔自锚式悬索桥钢箱梁顶推均应用了本工法。独塔塔柱布置在中央分隔带范围,钢箱梁采用左右分幅、多点同步顶推。自锚式悬索桥主跨 260m,两边跨 83m,主跨等距设置了 4 个临时支墩,岸侧边跨设置长 75m 的拼装平台,江心边跨也设置了一个临时支墩,支墩自由高度达 35m,钢导梁长 35m,采用双主梁形式。左右幅各 50 个顶推节段,单幅顶推力 51 000kN。南岸悬索桥钢箱梁平均顶推速度为 2.42d/片,北岸悬索桥钢箱梁平均顶推速度为 2.65d/片。实测摩擦系数 0.73 ~ 0.81 之间,南岸钢箱梁就位横桥向最大偏差 6mm,纵向最大偏差 7mm;北岸钢箱梁就位横桥向最大偏差 8mm,纵向最大偏差 5mm。

骑索式桥面吊机施工工法

GGG(中企)C3120—2010

卢冠楠　刘国波　全少彪　王学峰　苏　杰
(路桥集团国际建设股份有限公司　路桥华东工程有限公司　中国路桥工程有限责任公司)

1　前言

印度尼西亚苏马拉都大桥主桥为三跨全飘浮体系双塔双索面叠合梁斜拉桥,上部结构为钢主梁和混凝土桥面板组成的叠合梁,标准梁段采用悬臂拼装的方法施工。在施工中采用的骑索式桥面吊机,解决了跨索面行走的问题,完成了钢主梁吊装、桥面板安装、斜拉索上桥面的一体化施工,减少了机械设备投入,并大大缩短了施工工期,具有明显的经济效益和社会效益。骑索式桥面吊机施工技术经查新,在国内尚属首次采用,在国外仅采用韩国西海桥的施工图片作为参考。在苏拉马都大桥采用这种桥面吊机顺利完成了58个标准梁段的安装。

2　工法特点

骑索式桥面吊机施工技术,吊机主体跨越整个斜拉索索面,采用同一台桥面吊机,既可以吊装钢主梁,又可以吊装桥面板,还能作为斜拉索上桥面的设备使用,具有安全、经济和提高工效的特点。

经过在印度尼西亚苏拉马都大桥主桥的实施,采用骑索式桥面吊机,实现了钢梁梁段的整体吊装,梁段在后场拼装,现场吊装,较常规桥面吊机现场散件拼装节省工期2个月;一台桥面吊机即可以吊装钢梁梁段,又可以吊装桥面板,还能提升斜拉索上桥面,较常规叠合梁斜拉桥施工节省了专门的桥面板、斜拉索上桥面提升设备和桥面板安装设备,节省材料和设备投入约950万元。

3　适用范围

本工法适用于钢混结构的叠合梁斜拉桥标准梁段安装。

4　工艺原理

将叠合梁的钢主梁和预制桥面板安装结合起来设计,桥面吊机主桁跨过斜拉索索面,采用螺栓连接,吊机行走时可拆装,保证吊机前移时顺利通过斜拉索,在主桁前端安装液压提升设备用于提升钢梁梁段,左右幅主桁上设置的桥面板吊机用于提升安装桥面板和提升斜拉索上桥面。

利用桥面吊机安装钢梁和桥面板,吊机不能侵占桥面板安装的空间,吊机必须锚固在钢主梁上,左右幅主桁间距较大,在主桁上还要设置桥面板吊机天车横梁,整个桥面吊机连成整体,整体稳定性要求高,主桁设置成双桁片形式,主桁片要跨越斜拉索骑在索面上。其中的关键技术是吊机行走时穿过斜拉索,主桁片之间的平联要拆装,行走时的整体稳定性成为吊机设计的关键。

5　施工工艺流程及操作要点

5.1　桥面吊机结构形式

桥面吊机由主桁、提升系统、锚固系统、行走系统、桥面板吊机几大系统组成。

5.1.1 主桁

桥面吊机主桁采用菱形桁架结构，一台吊机由两组4片主桁组成，每组主桁的两片主桁片均对称与斜拉索中心线布置在钢主梁吊耳上方，桁片之间用[28a型钢平联栓接，便于吊机行走过程中穿过斜拉索时拆装。两组主桁之间用钢管桁架焊接平联连接，使整个吊机形成框架结构，如图1所示。

5.1.2 提升系统

在吊机每组主桁前端布置液压提升系统(图2)，用于提升钢梁。液压提升系统由200t液压连续千斤顶(提升速度6~8m/h)、钢绞线束、地锚、钢绞线卷筒支架、千斤顶垫梁、吊具几部分组成。在垫梁底部与主桁上弦之间铺设一块5mm四氟滑板，垫梁前部设置两套液压油缸顶推系统，用于水平顶推上吊点，调整吊点纵向位置，调整范围0~300mm。

图1 骑索式桥面吊机结构总体示意图

图2 桥面吊机液压提升系统示意图

5.1.3 锚固系统

吊机前后支点设置钢凳，用销轴与钢梁吊耳板连接，吊机与钢凳之间通过销轴连接，将吊机锚固在钢梁上。边跨和中跨的吊机后支点高度固定，可通过调整前支点的高度调整吊机为水平状态。

5.1.4 行走系统

吊机内侧主桁片下弦下设置一根H450型钢作为行走轨道，轨道与桁片下弦用可拆卸的钢板夹固定，两者之间可以相对移动。在主桁尾部设一套液压顶推油缸，油缸前部与主桁下弦固定连接，后部通过活动底座与轨道固定。轨道顶面焊接不锈钢板，在不锈钢板和主桁下弦杆地面之间铺设四氟滑板，如图3所示。

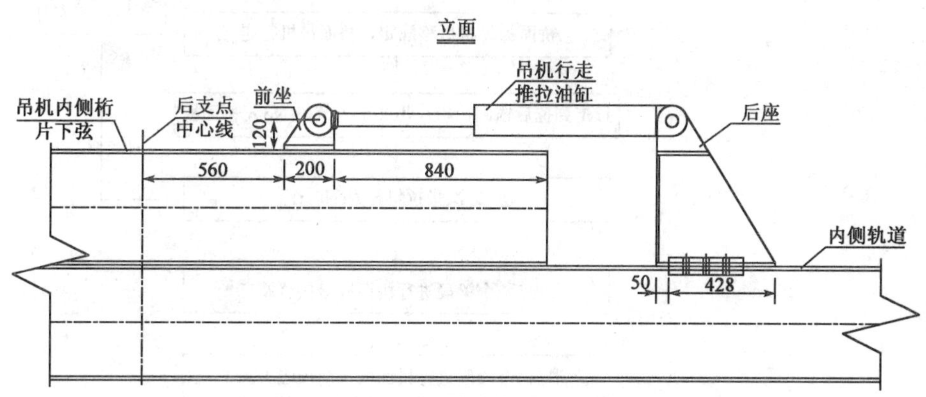

图3 桥面吊机行走系统示意图(尺寸单位:cm)

5.1.5 桥面板吊机

在两侧主桁之间布置桥面板吊机，吊机横梁用4排贝雷桁架组拼，两端置于主桁上弦钢轨上的单轨平车上；横梁上布置横移轨道，上面布置双轨平车和5t卷扬机，作为桥面板的提升设备，如图4所示。

图4　桥面板吊机示意图

5.2　标准梁段安装方法

5.2.1　标准梁段安装施工流程图

标准梁段安装施工流程见图5。

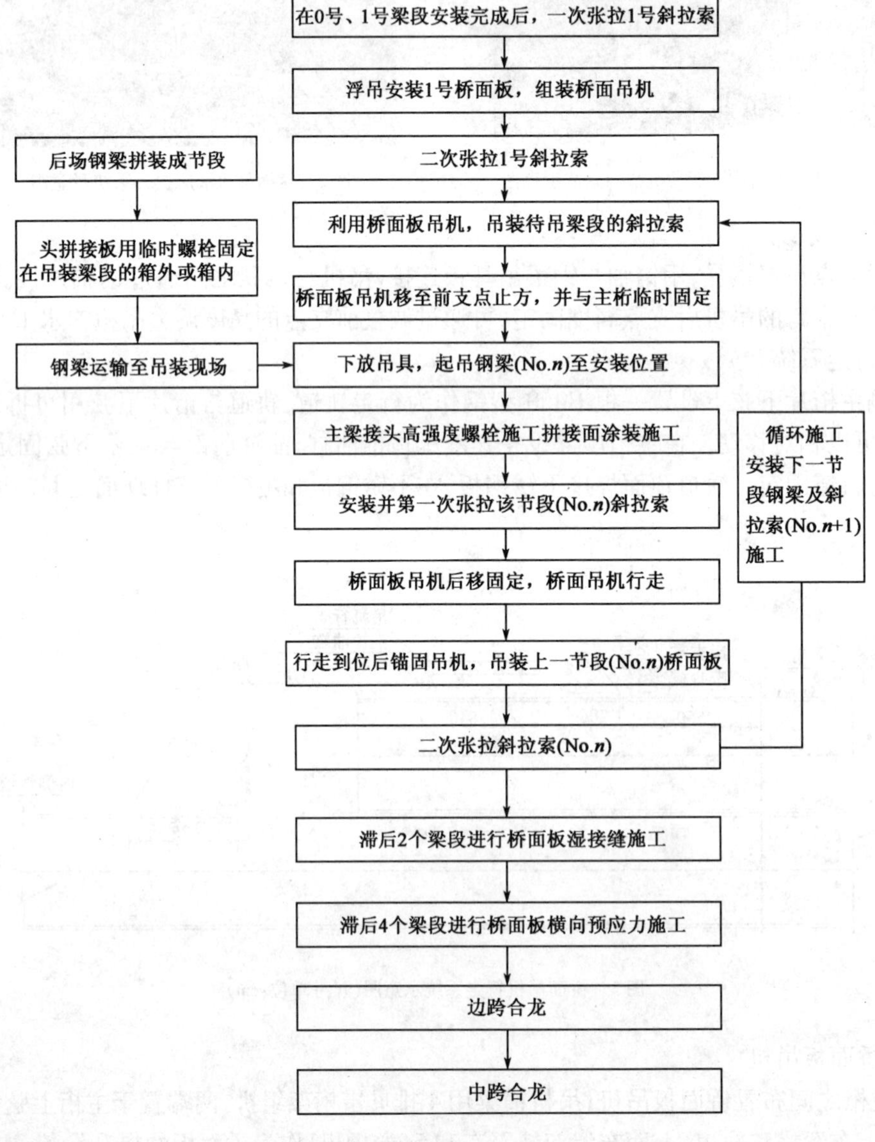

图5　标准梁段安装施工流程图

5.2.2 梁段吊装方法

1)吊装前准备工作

(1)在轨道与钢凳之间垫设填块,使钢梁吊装时桥面吊机主桁上弦水平,提升千斤顶为垂直提升状态。边跨侧前支点垫块高度为140mm,后锚点为20mm;中跨侧前支点垫块高度为20~140mm,后锚为140mm。前支点及后锚点构造图见"桥面吊机设计图纸 No.27、28、29、30"。

(2)仔细检查桥面吊机前支点垫块及后锚点销子等构件是否安装到位并完好。

(3)桥面板吊机移至桥面吊机前支点上方,并与主桁上弦临时固定,作为两侧主桁的横向支撑使用。

(4)上吊点千斤顶中心置于距前支点8.2m位置,理论上吊装梁段与对拼梁段之间预留20cm间距。

(5)钢主梁、横梁、小纵梁、摩托车道挑梁在后场拼装成节段,并完成接头的高栓施工(除钢主梁接头外)。

(6)将吊装梁段的拼接端成为后端,另一端为前端。钢梁后端拼接板:箱外拼接板均用临时螺栓固定在钢梁后端上,顶板内拼接板置于钢梁后端箱内,并与顶板成一定角度。钢梁前端拼接板:腹板和底板的内拼接板装在前端内箱内,如图6所示。

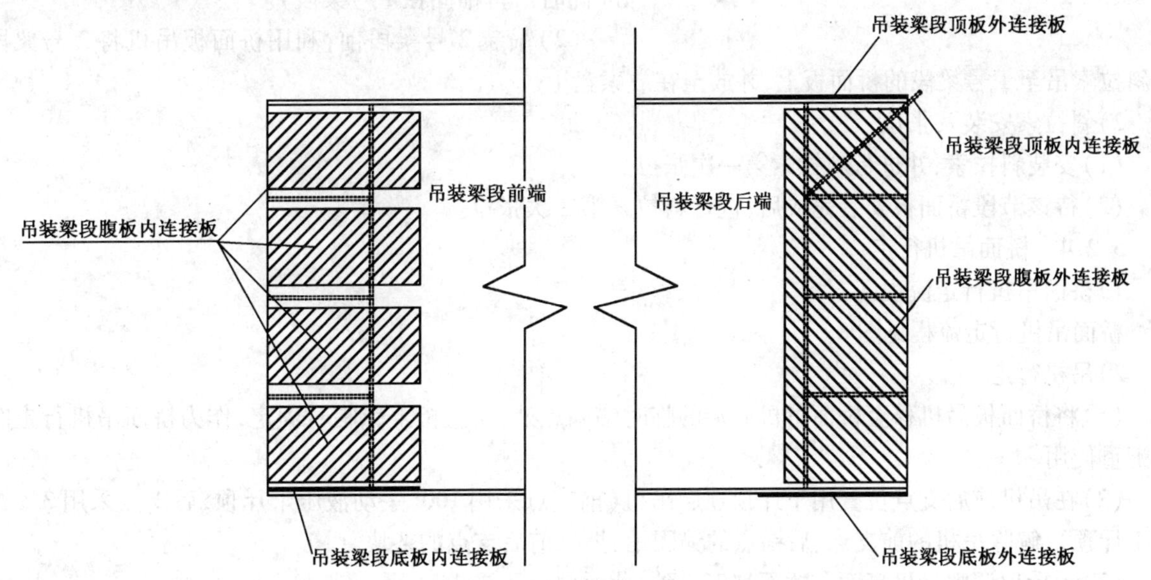

图6 钢梁拼接示意图

(7)将对应梁段(除0号、1号、2号钢梁)的检查车轨道用长螺栓临时固定在横梁下方。

2)钢梁吊装

(1)吊具下放至钢梁上,将吊具B型小平衡梁上的卸扣和钢梁的吊耳连接起来;

(2)开启提升千斤顶,将钢梁提升脱离驳船,在支垫上方约5~10cm处悬停20min;

(3)检查吊机各主要受力点的工作状况是否正常,若有问题,应该马上停止吊梁施工,进行整改。正常则进入后续工作。

(4)通过吊具上(2A平衡梁上)的顶推千斤顶调整钢梁顶面为水平;

(5)继续提升钢梁至距离安装位置20cm的地方,翻转上顶板的内连接板伸入吊机所在梁段的钢主梁箱内,如图7所示。

(6)提升钢梁至安装高度,利用上吊点顶推油缸调整钢梁的高程,利用2A型平衡梁上的顶推油缸调整钢梁纵向位置;调整钢梁到拼装位置后准备钢梁拼接工作。

(7)钢梁拼接:

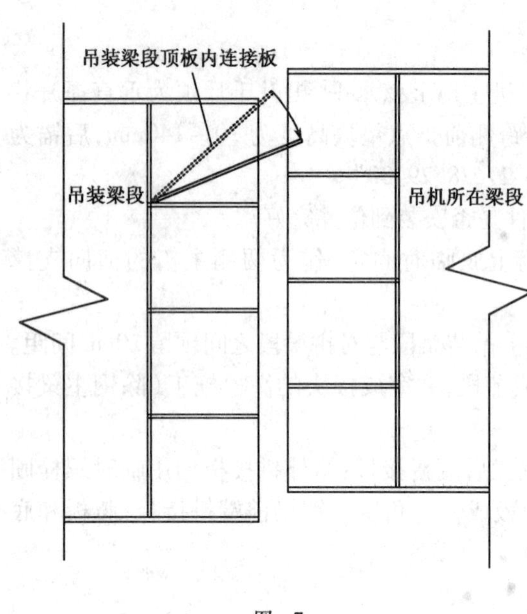

图 7

①钢梁定位后,放下吊机上的工作吊篮,安装钢梁拼接连接板挂架。

②解除连接板与钢梁的临时连接螺栓(吊装固定用的临时螺栓),将连接板移至安装位置,进行高栓施工。

③安装梁段拼接位置的小纵梁。

(8)拼接检查车轨道。

(9)钢梁拼装完成后,提升系统千斤顶卸载,利用挂在桥面吊机上的手动葫芦,将吊具向吊机内侧拽离钢梁中心线位置,让出斜拉索安装位置。

5.2.3 斜拉索吊装、安装及张拉

1)斜拉索吊装

以2号梁段安装说明斜拉索的吊装施工步骤。

(1)利用钢梁上船悬臂吊机,将2号拉索索盘吊至运输驳船上放好;运输至桥位,锚泊在桥面吊机吊点下方(此时吊机锚固在1号梁段)。

(2)吊装2号梁段前,利用桥面板吊机将2号梁段的斜拉索吊至1号梁段的桥面板上,并放至在放索盘上。

2)斜拉索安装及张拉

(1)安装斜拉索,并进行斜拉索第一次张拉。

(2)待该节段桥面板安装完成后,进行斜拉索第二次张拉。

5.2.4 桥面吊机行走

1)桥面吊机行走流程图

桥面吊机行走流程见图8。

2)吊机行走

(1)将桥面板吊机移至桥面吊机后端的临时锚固点处,与主桁上弦临时固定,作为桥面吊机行走时的配重使用。

(2)在吊机前后支点位置用千斤顶顶起吊机(前支点采用100t手动液压千斤顶,后支点采用32t螺旋千斤顶),解除吊机的前支点、后锚点的锚固销;拆除前后支点的垫块。

(3)千斤顶调整吊机高度与桥面坡度一致,此时轨道不受力。

(4)在已安装梁段上布置钢凳,行走轨道4m,轨道前端置于钢凳上;内侧轨道采用液压油缸顶推行走,外侧轨道用手拉葫芦拖拉。

(5)用前、后锚板与钢马凳的连接销将轨道固定在马蹬上,用木楔楔紧。

(6)在轨道上铺设四氟滑板和不锈钢板,千斤顶完全卸载,吊机落在轨道上,行走吊机,行程4m;吊机行走采用液压油缸顶推行走。

重复步骤(3)~(6),吊机与轨道交替行走,至下一梁段吊装位置并锚固。

桥面吊机行走时,在吊机后设保险溜绳,溜绳上连接花篮螺丝或手拉葫芦,溜绳后端与钢梁上的吊耳连接,前端与吊机上弦尾部连接,通过花篮螺丝或手拉葫芦调节松紧。

桥面吊机前移穿过斜拉索时,逐一解开主桁片间的型钢平联。遇到斜拉索时解开,穿过后立即装好,禁止提前全部解开。

3)桥面板安装

利用桥面板吊机进行桥面板的安装。桥面板安装流程如下:

(1)桥面板安装前,在钢梁上安装桥面板的设计指定位置黏贴橡胶条;

(2)桥面板运输驳船移至桥面吊机下方,桥面板吊机前移至距桥面吊机前支点约3m处位置,放下

动滑轮,挂设桥面板吊装钢丝绳;

(3)提升桥面板高过桥面吊机下平联;

(4)桥面板吊机后移至靠近安装位置(下放桥面板时不能与桥面吊机的构件位置冲突),吊机天车横移将桥面板吊至安装位置上方;

(5)下放桥面板至钢横梁与吊机下弦或平联之间的空当,移动桥面板吊机和天车,将桥面板准确放置在安装位置。

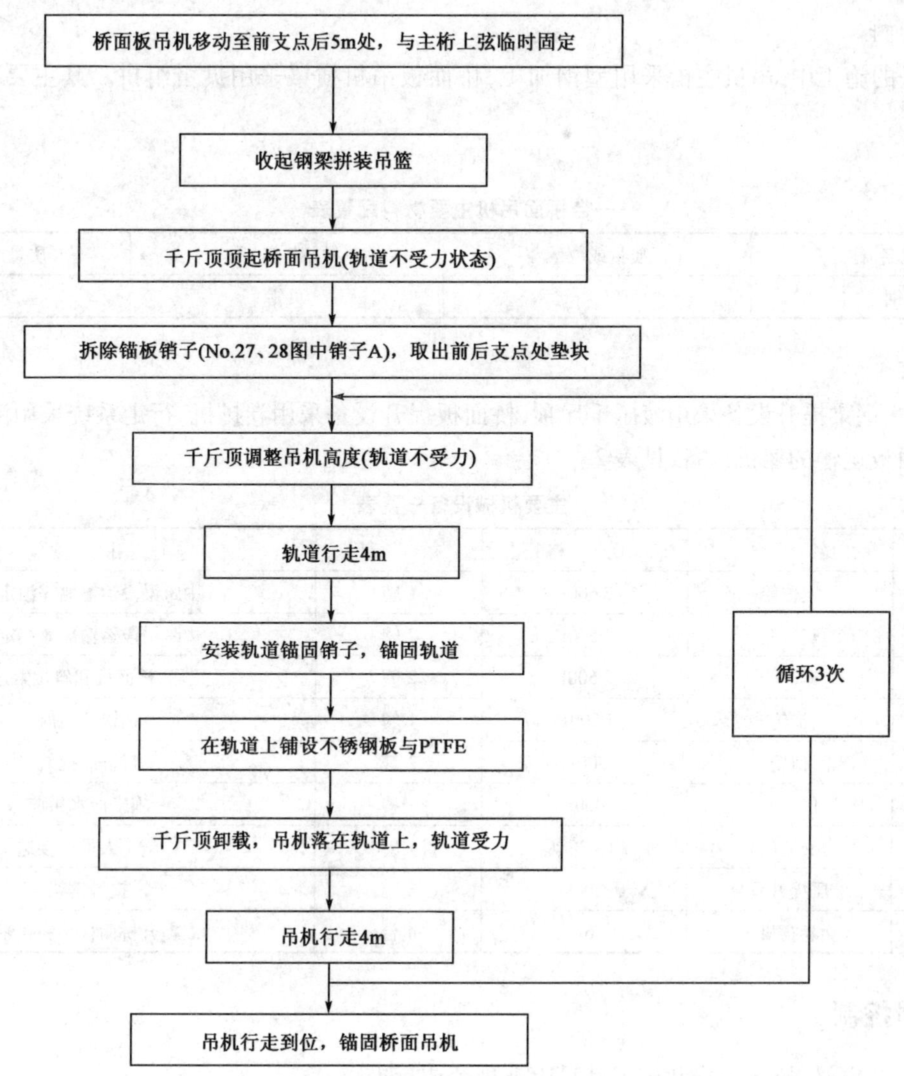

图8 桥面吊机行走流程图

5.3 现场管理

标准梁段的安装,属于大型结构吊装,施工具有周期性、重复性,因此现场的组织管理显得尤为重要。为此,专门成立了吊梁指挥部,责任明确到人,各班组分工具体明确,具体组织如下:

(1)根据钢梁起吊时间、潮水情况、船舶尺寸、风浪方向分别安排驳船、定位船相对施工墩位的具体位置关系。

(2)统一方位,统一指挥口令,统一指挥。

(3)钢梁起吊时:梁段运输船上观察员将起吊过程中的梁段位置与驳船脱空情况报告给指挥平台上总指挥,总指挥在综合所有观察员信息后统一指挥梁段各吊点的提升速度。梁段提空提升平稳后液压提升系统自动控制提升。

(4)梁段提升就位后:锁定提升千斤顶,选择夜间温度较低的时候(一般为10点以后)进行钢梁微调定位。

(5)钢梁微调定位:箱梁接头位置的观察员检查钢梁拼缝宽度和接头位置梁段高差,利用吊机前端的水平以为千斤顶和提升千斤顶对梁段进行微调定位。

6 材料与设备

6.1 材料

在本工法的施工中,吊机主桁采用型钢加工,桥面板吊机横梁采用贝雷组拼。其主要材料配置见表1。

一台桥面吊机主要材料配置表 表1

材料名称	质量或数量	材料名称	质量或数量
型钢	51.4t	贝雷	28片

6.2 设备

本工法中,钢梁提升设备采用液压千斤顶,桥面板提升设备采用卷扬机,行走系统采用液压油缸,还有钢梁和桥面板运输的船机设备,见表2。

主要机械设备一览表 表2

序号	名称	规格	数量	用途
1	定位船	3 600t	1艘	中跨梁段运输船靠泊定位
2	定位船	1 500t	2艘	边跨梁段运输船靠泊定位
3	运输船	1 500t	2艘	梁段、桥面板和斜拉索运输
4	拖轮	1 200P	1艘	运输船拖航
5	拖轮	800P	2艘	运输船拖航
6	供水船	400t	1艘	施工淡水供应
7	交通船	20~30人	1艘	施工人员的接送
8	液压提升系统	200t	8套	提升钢梁
9	卷扬机	5t	4台	提升桥面板和斜拉索

7 质量控制

吊机加工及钢梁、桥面板安装施工满足以下规范或标准:

(1)中华人民共和国交通行业标准.公路桥涵施工技术规范(JTJ 041—2000).北京:人民交通出版社,2000.

(2)中华人民共和国交通行业标准.公路工程质量检验评定标准(JTG F80—2004).北京:人民交通出版社,1998.

(3)中华人民共和国国家标准.钢结构工程施工质量验收规范(GB 50205—2001).北京:中国计划出版社.

8 安全措施

8.1 方案报批

钢梁的起吊、运输及吊装方案完成后必须送当地船监局、海事局等相关部审批,必要时申请封航。

8.2 试吊

桥面吊机拼装完成后,正式使用前必须进行试吊,以检验加工质量和整体结构的安全性。

8.3 选择拖航时间

钢梁一旦出港,就应从天气上考虑能使后续工序连续施工,要求满足以下要求。

(1)出航之日应是风平浪静之时,航线所经海域风力小于7级。

(2)从施工周期方面考虑,钢梁应在吊装日早上就位。

8.4 吊装操作

套箱的吊装、就位等必须由专业吊装人员统一指挥,所有操作人员应佩戴安全防护用品。

9 环保措施

在本工法实施过程中,我们始终遵守"节约既是环保"的理念,从设计思路和现场实施等方面采用了一定的措施,起到了很好的环保效果。

9.1 设计思路

将钢梁吊装与桥面板安装相结合,比传统钢梁安装与桥面板安装分离施工,不论从钢材的用量还是从实施过程中人员、船机设备的投入方面都具有明显优势。

9.2 吊机采用陆地加工

吊机在陆地工厂分节段制作后现场拼装成整体,这为原材料的节约、加工现场组织整理等提供了有力的保证。

9.3 高品质液压设备选用

吊机自动化程度较高,采用了多种液压设备,设备选择时即选用高品质设备,减少施工中因液压油泄漏造成对钢梁和海洋环境的污染。

10 效益分析

针对苏拉马都大桥上部结构施工,我们对采用普通全回转悬拼吊机散件拼装与骑索式桥面吊机整体拼装施工成本作了比较。

由于施工方法的区别,吊装设备选型不同,回转吊机(吊装能力50t)设备构造复杂,需从专业厂家采购,骑索式桥面吊机构造简单,自行设计由专业钢结构加工厂加工即可,采用骑索式桥面吊机还可减少桥面板吊装设备。主要节约成本具体比较见表3、表4。

采用全回转悬臂吊机施工施工成本分析表 表3

序　号	项 目 名 称	单　位	单价(元)	数　量	金额(元)
一	全回转吊机使用费				
1	吊机采购	台	3 000 000	4	12 000 000
2	吊机安装	台	50 000	4	200 000
3	吊机拆除	台	50 000	4	200 000
二	桥面板吊机使用费				
1	吊机加工	t	10 000	200(6台安装龙门,2台提升龙门)	2 000 000
2	提升设备采购	台	50 000	8	400 000
3	吊机安装	台	20 000	6	120 000
4	吊机拆除	台	20 000	6	120 000
合计					15 040 000

采取骑索式桥面吊机成本分析表 表4

序 号	项目名称	单 位	单价(元)	数 量	金额(元)
一	人工费				
1	吊机加工	t	2 000	210(4台吊机重量)	420 000
2	吊机安装	台	30 000	4	120 000
3	吊机拆除	台	20 000	4	80 000
二	材料费				
1	吊机主结构材料	t	8 000	210	1 680 000
三	机械使用费				
1	液压提升系统使用	套	400 000	8	3 200 000
合计					5 500 000

(1)根据表中数据可计算出采用骑索式桥面吊机施工技术后,与标后预算相比,单就工、料、机直接节约经济成本:15 040 000 万元 - 5 500 000 万元 = 954 万元。

(2)由于骑索式桥面吊机施工技术后,钢梁梁段的拼装不在关键线路,58 个标准梁段的拼装节约总工期约 2 个月。整个项目(约 800 人)的人员及设备管理费用约 1 600 余万。

共计节约成本 2 554 余万元,取得了巨大的经济效益。

骑索式桥面吊机施工,不但节约了大量施工成本,而且将原计划工期缩短了 2 个月以上,赢得了监理与业主的一致好评,取得了良好的社会效益。

随着我国交通事业的发展,大型桥梁工程将会不断增多,尤其是在 400m 跨径左右的斜拉桥,叠合梁有着明显的经济优势,越来越多的叠合梁桥将出现。采用骑索式桥面吊机,可以解决钢梁安装和桥面板安装一体化施工的问题,具有显著的效益。

11 应用实例

11.1 应用实例

承台与承台防撞结构一体化施工技术目前已在印度尼西亚苏拉马都大桥中成功应用:

SURAMADU 大桥位于印度尼西亚东爪哇省 Madura 海峡上,大桥全长约 5.4km,大桥桥跨组成为堤道桥(Causeway,40.25m + 35 × 40.5m) + 引桥(Approach bridge,40m + 7 × 80m + 72m) + 主桥(Main bridge,192m + 434m + 192m) + 引桥(Approach bridge,72m + 7 × 80m + 40m) + 堤道桥(Causeway,44 × 40.5m + 40.25m),全桥共 103 个墩位和两个桥台。

工程范围为主桥和引桥部分,即墩位为 P37 ~ P56,共 20 个墩位(不含与两侧堤道桥相接的过渡墩),里程桩号分布为 K1 + 458 ~ K3 + 620,桥跨布置为(40m + 7 × 80m + 72m) + (192m + 434m + 192m) + (72m + 7 × 80m + 40m)的工程部分,总长为 2 162m。

主桥为三跨半飘浮体系双塔双索面叠合梁斜拉桥钻孔桩高桩承台基础,主塔高度为 140.62m,其中上塔柱高 57m,中塔柱高约 54m,下塔柱高约 30m,塔柱设置三道横梁,塔柱均为空心薄壁结构。上部结构为钢主梁(由 2 个钢箱梁、横梁及小纵梁构成)和混凝土桥面板组成的叠合梁。斜拉索为半平行钢丝索。

主桥 58 个标准梁段采用骑索式桥面吊机安装,钢梁在中国按构件加工海运至印尼,在钢梁拼装场地拼装成梁段后驳运至桥位利用桥面吊机起吊安装。

截至2009年3月,马都拉大桥主桥58个标准梁段全部安装完毕。

11.2 应用条件

由于本工法相对常规叠合梁安装施工(主梁安装施工与桥面板安装分开独立进行)具有明显的成本和工期优势,同时具有安全、环保的特点。因此,本工法具广泛的应用前程,其应用条件是,桥梁上部结构为叠合梁,斜拉索为双索面结构。

斜拉桥预应力混凝土单索面牵索挂篮施工工法

GGG(中企)C3121—2010

雷志超　付开庆　袁志红　吴证安　刘　逵
(路桥集团国际建设股份有限公司　路桥华南工程有限公司)

1　前言

广东佛山高赞大桥为跨径150m + 280m + 150m的双塔单索面预应力砼斜拉桥,墩、塔、梁固结,主梁采用近似三角形断面(顶宽30.5m,底宽4.0m,梁高3.5m),单箱三室结构,高跨比为1:80,高宽比为1:8.7,宽跨比为1:9.18。主塔采用独柱式,桥面以上塔柱高度为70m。

主梁因其近似三角形主梁断面,其截面高度低,自重轻,抗风性能好,但其突出的问题是施工阶段结构稳定性较差,从结构设计需要出发,主梁施工必须采用牵索挂篮施工。结合本桥结构设计特点,采用常规牵索挂篮施工方法不能满足技术经济性和结构稳定性上的要求,因而采用复合式牵索挂篮方案。复合式牵索挂篮就是综合中支点挂篮和牵索挂篮结构特点而形成,即利用中支点挂篮的行走方式代替牵索挂篮的C形梁行走方式。

2　工法特点

采用复合式牵索挂篮方案,解决了低箱形截面高度预应力混凝土斜拉桥的悬臂浇筑施工难题,并在施工结构中引入体外预应力结构,克服了大宽高比箱形截面结构本身的稳定性差问题,满足了预应力混凝土斜拉桥结构设计创新的需要,有效保证了施工质量,实现了技术经济性。

3　工法适用范围

本工法适用于各种地形条件下大宽高比箱形截面单索面预应力混凝土斜拉桥施工。

4　工艺原理

4.1　复合式牵索挂篮工作原理

在梁体悬臂浇筑阶段挂篮前端由斜拉索支撑,可大大降低梁段悬浇期对已浇筑梁段产生的负弯矩效应,确保结构安全。而挂篮行走再利用独立的行走系统,保障了挂篮施工安全,体现了技术经济性。

4.2　复合式牵索挂篮结构构成

复合式牵索挂篮(图1)由底篮结构和行走提篮结构构成。底篮系统包含钢箱系(图2)、钢箱行走系、钢箱锚固结构、桁架系、对拉支撑系、桁架锚固结构和钢箱止推机构;行走提篮系统包括行走桁架、行走轨道、行走轨道锚杆锚梁、行走小车、行走桁架后锚点、中支点和前吊点等几个部分。

4.3　分部结构工作原理

4.3.1　底篮结构是主梁悬浇的承重结构,前端以弧形梁作为前支点,利用结构斜拉索将部分施工荷载转移到主塔上,前支点产生向后的水平推力通过止推器予以平衡;后端通过锚固系统固定在已浇梁段上。

4.3.2　行走提篮结构则是设置在箱梁顶面的两组独立桁架,底篮系统行走时前端悬挂在行走桁架上，后端通过钢箱支撑在托滚上，通过牵引带动底篮前移就位（图3）；悬浇时行走提篮结构为辅助结构，不参与箱梁悬浇时的结构受力，只是作为施工时横向荷载不均衡时的保护措施。

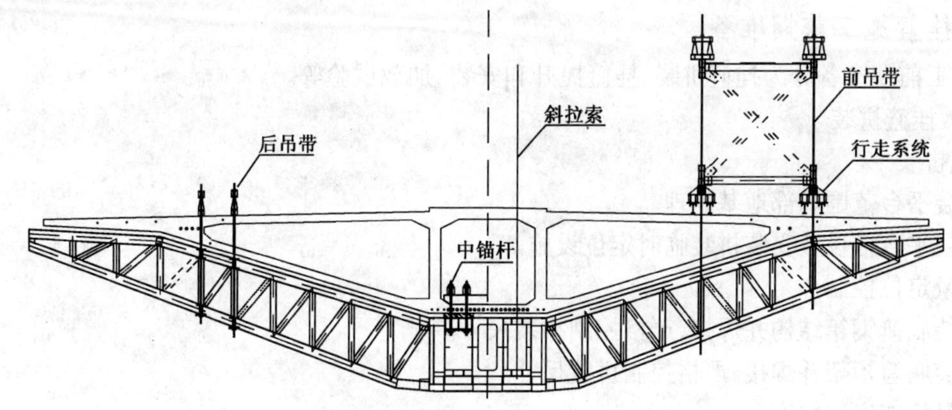

图1　复合式牵索挂篮横断面图

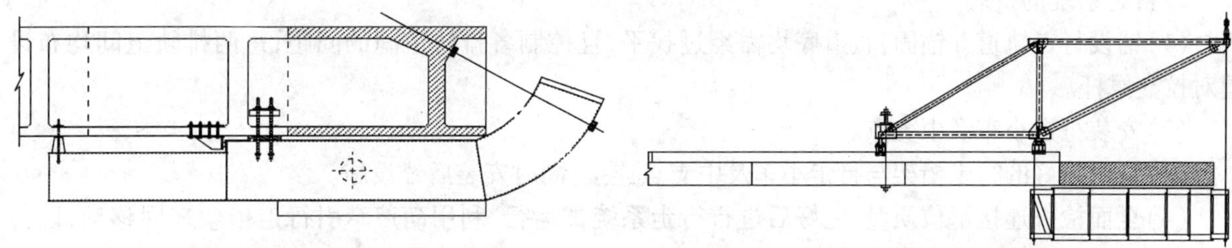

图2　复合式牵索挂篮主梁钢箱纵断面图　　图3　复合式牵索挂篮底篮前端行走方式

4.3.3　为保证桁架的横向刚度，在底篮前端设置了横向对拉结构，减少挂篮两侧桁架的变形，保证梁体结构尺寸。

4.4　与同类典型产品技术性能比较

它具有结构简单，受力性能好，使用方便，功能先进等优点，如表1所示。

与同类典型产品技术性能的比较　　表1

序　　号	项 目 名 称	主梁基本尺寸及相关数据	施 工 方 案
1	顺德高赞大桥	近似为倒三角形单箱三室的单索面悬浇预应力混凝土斜拉桥，主梁节段长度为6m，高度3.5m，底宽4m，顶宽30.5m，翼板宽4m，C50混凝土127m^3，重约3 300kN，斜拉索横向间距2m	复合式牵索挂篮施工，中支点挂篮和牵索挂篮综合，利用中支点挂篮的行走方式带动底篮共同行走，行走提篮结构为辅助结构，不参与箱梁悬浇时的结构受力，只是作为施工时横向荷载不均衡时的保护措施，挂篮底篮钢箱采用连续梁结构，在底篮前端设置了横向对拉结构，以减少挂篮两侧桁架的变形
2	西昌大桥	梁宽28.5m，高3.36m，单箱五室，节段长度6m，斜拉索横向间距1.34m	复合型牵索挂篮施工，牵索挂篮与上行挂篮综合，该挂篮牵索纵梁设置在主梁的箱室内而不是与底篮连接成整体，浇筑混凝土时斜拉索与上行挂篮共同承受荷载，行走时上行桁架与底篮整体行走
3	广东衙门大桥	梁宽26.8m，高3.55m，单箱五室，节段长度6m，斜拉索横向间距2m	牵索挂篮（无C梁）施工，纵梁与底篮是一整体，浇筑混凝土时前端只有斜拉索承受荷载，行走时在主梁前端安装有导梁作为前移轨道，后端则利用锚固在主梁上的吊架

5 施工工艺流程及操作要点

5.1 挂篮施工前期准备

挂篮施工前期准备分为挂篮拼装、挂篮提升和安装、加载试验等。

5.1.1 挂篮拼装

1)底篮拼装

(1)拼装平台范围局部地基处理。

(2)拼装平台搭设及安装拼装临时定位设施。

(3)测量定位控制。

(4)组装底篮钢箱结构并焊接,严格控制拼装尺寸。

(5)组装底篮桁架并焊接,严格控制拼装尺寸。

(6)测量检查安装精度。

(7)焊缝质量检测(专职检测单位)。

2)行走系统的拼装

(1)铺设行走轨道并锚固,轨道底均需经过找平,且控制各排轨道间的间距;每两排轨道间均布设置对拉支撑杆。

(2)安装行走小车及中支点。

(3)将组装好的行走桁架与行走小车及中支点连接,同时安装后锚设施。

(4)全面检查连接部位质量,完好后进行行走系统试运行,利用葫芦牵引行走桁架来回移动,以检查行走通畅性及结构连接的完好性。

5.1.2 底篮提升和安装

(1)底篮提升采用四点起吊,前后各两点,前端在行走桁架上设置提升吊点,后端在梁上设置鹰嘴架提升。

(2)吊点处局部加强处理,并为避免损坏钢丝绳,在吊点处宜用麻袋等包裹。

(3)根据底篮重量,选择合适的钢丝绳,钢丝绳的安全系数不得低于5~6。

(4)行走桁架和鹰嘴架必须锚固牢靠。

(5)同步均匀缓慢提升。

(6)待挂篮提升到位后,安装挂篮底篮锚固系统和止推结构。

5.1.3 加载试验

加载预压的目的首先是消除结构非弹性变形,然后是检验挂篮的强度、刚度,同时还要确定挂篮整体变形实际数据,以检测实际结构内力状态及变形与设计是否吻合,为正式施工提供立模数据依据。

(1)预压载荷为最大荷载的1.2倍,采取分级施加的方式,荷载可采取模拟等代的方式施加,应尽量与箱梁的实际重力作用相吻合。

(2)关键及重要受力部位变形和应力的监测。

5.2 挂篮悬臂施工工艺

5.2.1 挂篮悬臂施工工艺流程

挂篮悬臂施工工艺流程见图4。

5.2.2 主要施工工序的控制要点

1)挂篮行走

(1)行走轨道平顺度,轨道后锚数量、间距、锚固质量。

(2)前吊带、钢箱行走吊带锚固情况以及限位保险措施设置情况。

(3)统一指挥,保持协调和平衡,在行走桁架和底篮上同步施加作用力,严格控制挂篮行走速度和同步性，防止单边不协调和两边不同步。

(4)挂篮行走时必须在挂篮行走桁架后部设置一个5t的手拉葫芦作限位葫芦，控制挂篮行程，采取边行走边松弛的办法，确保安全。

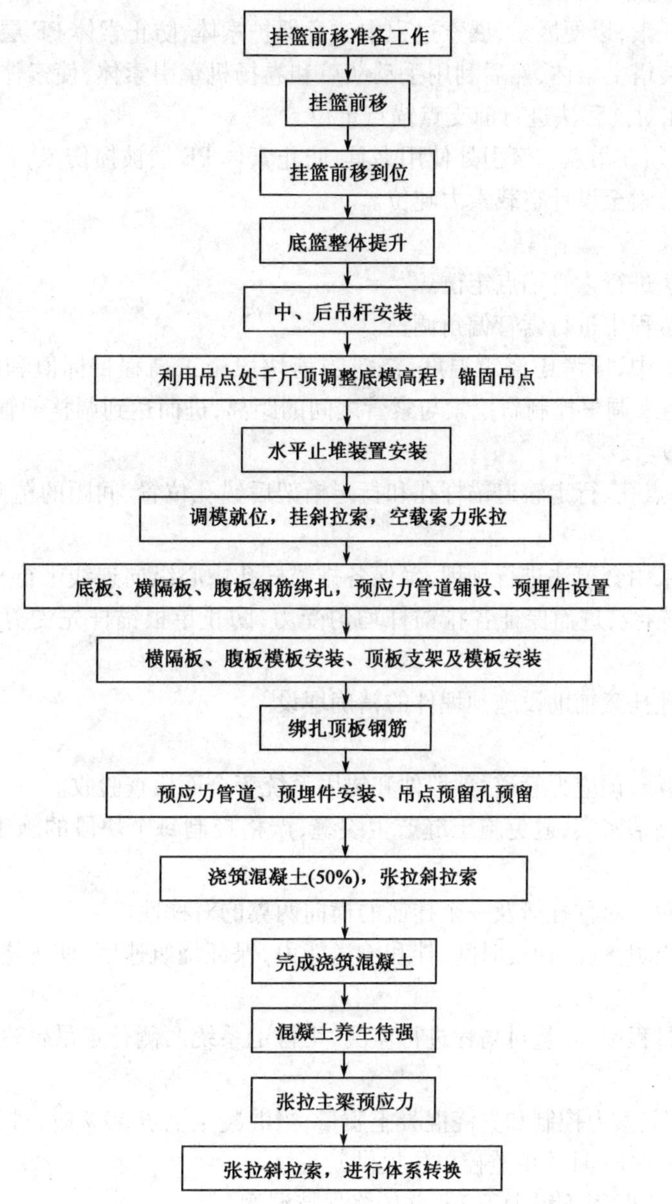

图4　挂篮悬臂施工工艺流程图

2)调模

(1)挂篮行走到位后，安装中锚杆和行走桁架后锚杆。

(2)利用挂篮前吊带对挂篮高程进行调整、就位。

(3)填塞钢箱后锚点与梁底的空隙，安装钢箱后锚杆并预紧所有中后锚杆。

(4)测量复测挂篮高程(若高程发生变化则复调)。

(5)安装挂篮前端对拉锚固系统，利用前端对拉锚固系统对挂篮两侧翼缘板进行高程调整。

(6)安装止推器，并填塞止推器与钢箱的空隙，并预紧所有止推器锚杆，以便其提供足够的止推力，防止底篮后移。

(7)严禁利用斜拉索进行调模,影响索力控制。

(8)调模时间一定按照监控单位指令时间进行,一般在晚上21时至第二天凌晨6时之间温度低温差变化幅度小时进行。

3)挂索及空载索力施加

(1)安装索盘架和托滚,以便展索,展索过程中注意保护索体,防止索体PE层被损伤。

(2)利用塔吊先安装塔上索体,然后利用手动葫芦和卷扬机牵引索体,使索体与梁端挂篮弧形梁张拉接长杆相连,并利用相对高程法进行前支点锚点定位。

(3)挂索过程中,必须在吊点和牵引处使用夹具,防止索体PE层被损伤。

(4)第一次张拉斜拉索至设计空载索力吨位。

4)索管定位

(1)采用相对距离法进行索管锚点定位。

(2)在混凝土浇筑过程中进行索管偏角调整。

(3)在偏角调整过程中,应考虑浇筑温度、浇筑当前块段施工高程目标值和成桥态设计高程目标值,利用两目标值的差值来调整控制斜拉索与索管之间的距离,进而达到调整索管偏角的目的。

5)挂篮有关预埋件埋设

(1)中锚杆孔、后吊点孔、行走轨道锚杆孔和行走桁架后锚孔位置、间距的精确定位与固定,并保证预埋孔竖直。

(2)止推器锚杆孔采用套模法进行预埋,确保各排锚杆孔中心纵向连线平行于桥轴线,各排锚杆孔中心横向连线垂直于桥轴线,进而保证各排锚杆均匀受力,防止单根锚杆先受剪而导致各锚杆被逐根剪断。

(3)保险措施等其他挂篮辅助设施预埋件的精确埋设。

6)混凝土施工

(1)浇筑前,普通钢筋、预应力管道、预埋件和锚固系统等全面检查验收。

(2)为保证施工缝黏结密实,避免施工缝产生裂缝,严格控制每个块段的施工缝凿毛质量,并在浇筑前洒水湿润。

(3)浇筑时要注意两个对称挂篮及一个挂篮的横向两翼的对称性。

(4)严格控制混凝土坍落度、初凝时间、拌和输送能力,保证浇筑速度,使先浇混凝土初凝前完成整个块段的浇筑。

(5)在混凝土浇筑过程中,测量对高程进行监测,用行走系统两侧行走吊带进行不平衡和翼板高程偏差调整。

(6)为保证主梁线形、索力控制和先浇混凝土质量,当混凝土浇筑50%时,进行第二次索力施加,张拉至满载索力的80%~90%(具体由监控单位提供)。

(7)混凝土养护,养生时间不得少于7d,并始终保持湿润。

7)梁体预应力张拉及体系转换

(1)张拉设备必须定期进行配套计量与检校。

(2)张拉时间按设计要求进行强度和龄期(弹性模量)双控。

(3)体系转换即将索体锚点从挂篮弧形梁上转换到梁上,同时解除索体与张拉接长杆的相连。

(4)体系转换时,按20t分级同步均匀缓慢施加索力,保证塔两侧索力和单侧两索索力对称施加。

(5)体系转换时间一定按照监控单位指令时间进行,一般在晚上21时至第二天凌晨6时之间温度低温差变化幅度小时进行。

8)索力及线形控制

索力及线形控制是施工控制的重点,必须在以下几方面严格执行监控指令:

(1)立模高程、时间和梁上施工荷载的控制。

(2)当混凝土浇筑50%时,索力施加吨位。

(3)体系转换时间和索力施加吨位。

6 材料与设备

本工法无需特别说明的材料,施工所需机具设备见表2。

机具设备表　　表2

序　号	机械设备名称	型　号	数　量	用　途
1	挂篮	294t	1对	混凝土浇筑
2	轮胎式起重机	QY-25	1台	材料周转
3	电梯	—	1台	人员通行
4	塔吊	JL150	1台	材料吊运
5	混凝土搅拌站	$60m^3/h$	1座	混凝土生产
6	混凝土卧式输送泵	HBT60	2台	混凝土输送
7	混凝土运输车	$6m^3$/车	2台	混凝土运送
8	装载机	ZL50	1台	材料装运
9	平板拖车	YZT9130	1台	材料转运
10	发电机组	300kW	1台	备用
11	运输船	150t	1艘	材料运输
12	交通船	SC1010	1艘	人员通行
13	空压机	$10m^3/min$	1台	混凝土凿毛
14	卷扬机	TM5	6台	挂篮拼装
15	钢筋弯曲机	3kW	1台	钢筋制作
16	钢筋切断机	GT40	1台	钢筋制作
17	电焊机	交流/直流	10台	钢筋焊接
18	振动棒	HZ6X-35	12	混凝土振捣
19	高压水泵	DA1-50	1台	混凝土养生
20	潜水泵	—	2台	混凝土养生
21	千斤顶	500t	4台	预应力张拉
22	千斤顶	300t	2台	预应力张拉
23	千斤顶	25t	4台	预应力张拉
24	千斤顶	70t	2台	预应力张拉
25	压浆机	UB3	2台	管道压浆
26	油泵	—	12台	预应力张拉
27	螺旋千斤顶	32t	10个	挂篮施工
28	手动葫芦	5t	16个	挂篮施工

7 质量控制

7.1 执行的质量标准

(1)《公路桥涵施工技术规范》(JTJ 041—2000);

(2)《公路工程质量检验评定标准》(JTJ F80/1—2004)。

7.2 质量控制的技术措施及管理措施

7.2.1 技术措施

(1)为严格控制两翼板高程及其变形,挂篮前端设置对拉系统。

(2)悬浇时利用行走提篮结构作为施工时横向荷载不均衡时的保护措施。

(3)为保证各类锚杆的锚固能力,均采用预紧并施加到受力吨位。

(4)为保证索管准确定位,采用相对高程和相对距离法定位,在混凝土浇筑过程中,利用施工高程目标值和成桥态设计高程目标值来调整控制斜拉索与索管之间的距离,进而控制索管偏角。

(5)为控制混凝土超方,底板和斜腹板均设置拉杆,防止内模上浮。

(6)为控制梁面平整度、横坡和粗糙度,顶板设置高程限位措施,用铝合金尺刮平,并木抹提浆收平。

(7)为保证止推器锚杆预埋孔精确定位,采用套模法埋设。

(8)为防止体系转换过程中塔偏位,按20t分级张拉。

7.2.2 管理措施

(1)编制详细的施工组织设计、作业指导书,并组织安全技术交底,落实各工序应控制的技术要点和质量要求,并建立工序交验卡制度。

(2)编制质检计划,定期和不定期组织进行质量检查,每周质检工程师组织召开质量例会,针对出现的质量隐患、质量事故制订预防纠正措施,并对其完成情况进行跟踪验证,建立质量奖罚制度,实行质量一票否决制。

(3)编制测量方案,制定导线、水准复核计划和测量仪器检校计划,并加强对控制桩和水准点的保护,在施工过程中,测量数据多次复核,测量放样坚持两人测量两人复核的原则,确保施工放样准确。

(4)编制试验计划,按规定及时进行原材料的自检、送检工作,制订试验计量设备的检校计划,在施工过程中加强对拌和站计量设备的校准工作,监督拌和站的投料工作和拌和时间,严格按配合比执行,确保混凝土的质量。

8 安全措施

8.1 挂篮底篮系统主要靠提升和锚固系统支撑,施工各阶段应严格注意控制,在进行体系转换时应确保有稳定的支撑或悬吊系统,同时行走系统设置吊梁作为其安全保险措施,防止托滚意外损坏而导致挂篮倾覆。

8.2 挂篮行走过程中,更换每根轨道锚杆时,必须对进行预紧,确保其锚固能力,防止挂篮倾覆而导致重大安全事故。

8.3 挂篮行走时必须在挂行走桁架后部设置一个5t的手拉葫芦作限位葫芦,控制挂篮行程,采取边行走边松弛的办法,确保安全。

8.4 挂篮行走就位锚固后必须有现场技术人员和作业队负责人协同检查挂篮锚固系统的安全性,检查合格经签认交验后方可进行下一步工序作业。

8.5 在台风时节禁止挂篮施工,必须将挂篮退回到已浇筑块段上并与箱梁梁体锚固,各模板结构也必须固定,台风过后必须先仔细检查挂篮各部结构的完好性,如有损伤须补强后方可进行施工。

8.6 风速大于6级时不允许挂篮前移。

8.7 施工过程中不能损坏锚杆及吊杆,特别是电焊损伤。

8.8 严格控制挂篮行走时的同步性,由专人统一指挥。

8.9 密切监控各锚杆、吊杆的受力状况,及时发现异常情况并及时处理。

8.10 在底篮行走系统检查平台、弧形梁张拉平台及行走桁架的操作平台处及人行通道必须安装安全网,且确保牢固。

9 环保措施

9.1 密切与当地政府联系,并取得工作上的支持,加强对使用的乡村道路及施工便道的养护,及时洒水养护,对易飞扬的粉尘材料在运输和堆放时进行覆盖,减少粉尘对环境和周围居民生活的影响。

9.2 注意保护自然资源。生活污水、生活垃圾按规定进行排放或堆放,粪便集中处理,防止污染水源。生活用锅炉采取消烟除尘措施,减少烟尘排放。并做好绿化工作。对噪声、振动超过国家标准的机械设备,采取降噪或防振措施。对有害的化学物品,必须专柜或专库存放,指定专人管理,建立严格的收发登记制度。

9.3 对噪声、振动超过国家标准的机械设备,采取降噪或防振措施。

9.4 加强施工现场管理,保持施工现场整洁,做到材料堆放整齐,机械设备停放有序,特殊施工地段有明显标志。

9.5 对有害的化学物品,必须专柜或专库存放,指定专人管理,建立严格的收发登记制度。

9.6 所有临时工程、临时设施都要在工程全部完工后清除并恢复原貌。

9.7 建立相应机构及规章制度,专人专项随时检查和定期组织大检查,环境保护工作与项目经理部及各作业队效益挂钩,奖优罚劣。

9.8 开展环境保护知识的宣传教育,提高全体员工的环境意识。

10 效益分析

10.1 高赞大桥悬浇块段共42对,每个块段浇筑周期为:模板安装、调整及钢筋绑扎3d,混凝土浇筑0.5d,养生5d,张拉压浆1d,体系转换0.5d,共计10d。经与其他各种施工方案的综合比较分析,诸如采用常规牵索挂篮施工,需将翼缘板后浇,增加了施工工序,而且还需另外投入人员、设备,同时工期加长;采用复合式牵索挂篮施工则避免了上述因素,该项目最终节省工期1个月,节省了人工工资及管理费用34万元,减少机械设备的投入32万元;因施工工序减少节省26万元,因工期质量的保证奖励8万元,总共节省施工投入100万元,经济效益良好。

10.2 通过对该类型斜拉桥挂篮桥施工技术的开发,为以后同类桥梁的设计、施工提供更多的技术保障。倒三角形断面既经济、抗风性能又好,使用前景好,该项目的开发具有较大的经济、社会效益。

11. 工程实例

11.1 工程概况

广东佛山市顺德区高赞大桥主桥采用双塔单索面,墩、塔、梁固结的预应力混凝土斜拉桥,跨径组合为61m+89m+280m+89m+61m,全长580m。高跨比为1:80,高宽比为1:8.7,宽跨比为1:9.18。主梁节段长度为6m,高度3.5m,底宽4m,顶宽30.5m,翼板宽4m,中腹板厚0.4m,斜底板板厚0.25m,边箱顶板厚0.27m,中箱顶板厚0.4m,底板厚0.3m,悬臂板厚度为0.2~0.5m,C50混凝土127m^3,重约330t。箱梁设计有纵、横、竖三向预应力,斜拉索采用PES7-109~PES7-199规格的双层PE防护低应力平行热镀锌拉索,梁上纵向索距6m,横向2m;塔上竖向标准索距为1.6m,横向0.9m。

11.2 施工情况

该工程为近似三角形断面的结构形式,箱梁顶板宽,底板窄,单块梁重量大,对挂篮结构的稳定性要求高,且设计上对挂篮还有重量限制,采用复合式牵索挂篮施工,充分利用中支点挂篮和底篮设置托滚的行走方式代替常规牵索挂篮设置C形梁反挂在已浇梁体上作为挂篮的行走方式,采用通长型工字钢,确保轨道的平顺度,保证挂篮平稳、快速、安全的行走;挂篮前端设置对拉系统,提高桁架的横向刚度,减少挂篮两侧桁架的变形,进而保证梁体结构尺寸。

11.3　工程结果评介

施工全过程处于安全、稳定、快速、优质的可控状态,每个标准节段施工周期10d(养生待强5d),交通部公路科学研究院的监测报告显示索力误差2% ~3%,合龙高程误差8mm。佛山市公路桥梁工程监测站对高赞大桥的检测结果显示高赞大桥的线形完全满足设计要求,线形流畅,质量合格。施工过程中没有安全生产事故的发生,得到了各方的好评。

预应力钢筋混凝土刚构桥采用变异挂篮免支架施工工法

GGG(中企)C3122—2010

李春平 聂意江 刘子旭 赵振同 张银竹

(中国建筑第七工程局有限公司)

1 前言

PC 连续刚构桥施工最困难的是 1 号块。本工程 0 号块长度是 4.5m,桥墩纵向长度是 4.5m,三角挂篮根据工艺要求每幅长 12m,两幅长 24m,此时施工 1 号块时三角挂篮不起作用。为解决 1 号块施工,有的单位采用在墩上做托架的方法,但由于本工程桥墩高 46m,而且是柔性薄壁构件,做托架难以实施。有的单位采用搭设钢管支架的方法,但由于此墩过高,搭设支架时间长、费用高。为解决此难题,经研究决定采用免支架变异挂篮的方法,既不需采用大量钢管支架,也无须设托架,只需增加二根副梁的方法并相应采用其他措施,缩短了工期,圆满地完成了任务。本技术经河南省科学技术情报研究所检索为国内首例,经河南省建设厅专家评审为国内先进技术。对 1 号块施工具有广泛的应用价值。

2 工法特点

本项目主要解决 1 号块施工的难题。在预应力钢筋混凝土刚构桥施工中,1 号块是比较困难的,我们既没有采用在薄壁空心墩做托架的方法,也没有从地面搭设塔架的方法,而是在已完成的 0 号块上安装三角挂篮主梁之上叠加一个副梁,并把三角挂篮主梁和副梁连成整体,形成一个悬臂的大梁,承受 1 号块的自重和施工荷载等;然后完成 1 号块的支模、钢筋和混凝土的浇筑;随后将此悬挑梁变为三角形标准挂篮,完成 2 号块、3 号块和以后各号块的施工。增加的副梁可回收使用,可节约大量资金和工期。

3 适用范围

它适用预应力钢筋混凝土刚构桥 1 号块的施工,特别对较高的薄壁桥墩,更有它的经济适用性。

4 工艺原理

三角挂篮是一桁架结构,它对 2 号块以后的施工是适用的,而对于 1 号块施工就用不上。我们拟采用的悬挑梁的方法来代替三角桁架,但三角桁架的主梁经计算其强度及挠度值均不符合要求,为此在主梁上又叠加一个副梁,并将主副梁连成整体,形成一个大断面的悬臂挑梁。该梁可满足承受 1 号块的施工和自重荷载的要求。

为了使此大梁能更有效地承受 1 号块荷载,我们将墩两侧的主梁和副梁连接成一体,而且在 0 号块预埋 16 根 2.5m 长的 ϕL32 精轧螺栓,将大梁牢牢地固定在 0 号块上,同时将 1 号块的坡角 0.5m 部分放在 0 号块施工,可减轻大梁悬挑荷载,进而减少大梁的端点挠度,同时又配合其他一些措施,顺利地完成了 1 号块施工。

5 工艺流程及操作要点

5.1 工艺流程。

工艺流程如图 1 所示。

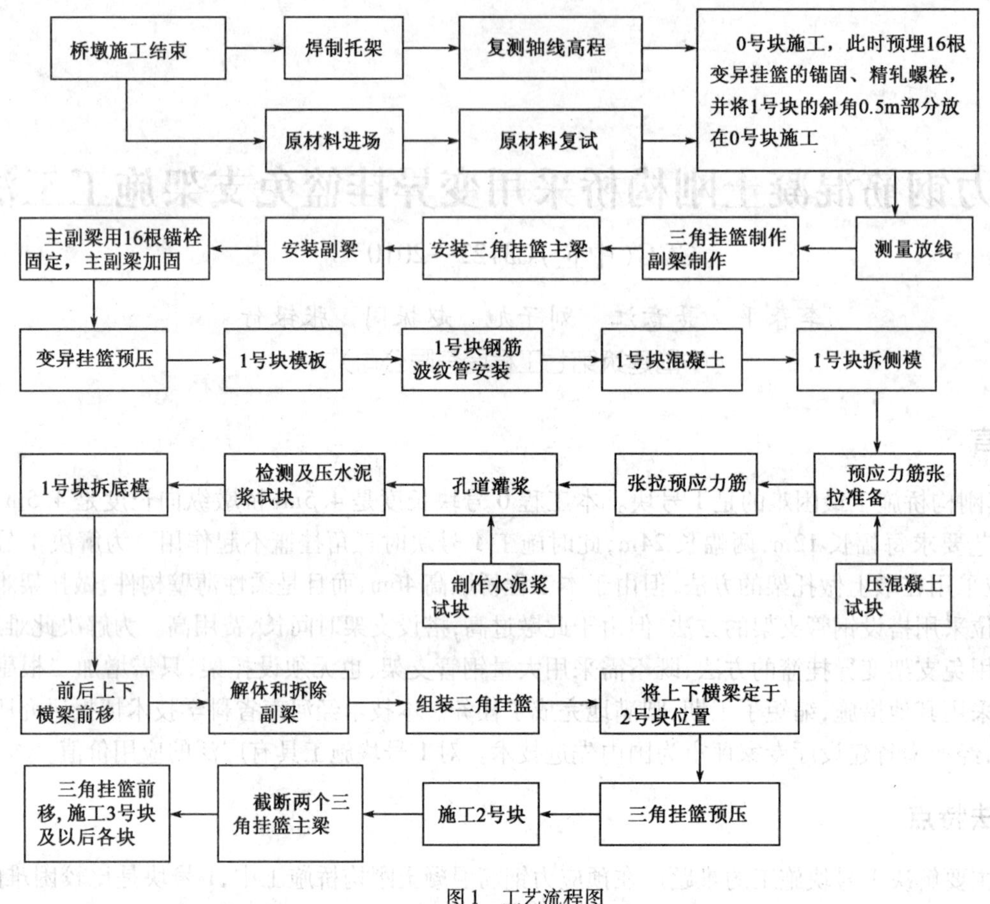

图1　工艺流程图

5.2　操作要点

5.2.1　施工的顺序

0 号块施工→安装变异挂篮→1 号块施工→变异挂篮改为三角挂篮→2 号块施工。

1)0 号块施工方法

因为 0 号块是 1 号块施工的基础，所以先简要介绍 0 号块的施工。

0 号块箱梁断面中心高 5.3m，混凝土总方量 65.757m^3，预应力筋 T1-T11 及预 1 通过 0 号块。竖向预应力筋仅在横桥方向有从桥墩埋设到桥面的 8 根，间距 2 100mm，中线处为 1 400mm。水平方向在横桥方向腹板人孔的上下各有一组 4 根的预应力筋，型号同竖向预应力筋，只不过两端均为张拉锚具。

为了使悬浇 1 号块施工方便，也为了减轻 1 号块重量，进而减少变异挂篮的变形，将 0 号块两端各加长 50cm，即把 1 号块中倒角部分划归 0 号块。同时为了安装 1 号块挂篮，特地在 0 号块施工时沿三角架大梁纵向预埋临时施工 1 号块锚固用的精轧螺纹钢筋 ϕ32mm，每侧 4 根，总计 16 根，每根 2.5m 长，锚固深度 2.0m。

0 号块采用托架施工。

(1) 0 号块施工工艺流程

焊制托架→复核轴线、高程→铺底模→高程→立侧模→校侧模高程、垂直度、几何尺寸→绑底板筋→立端模→预埋竖向预应力筋→浇底板混凝土→立内模(下部)→绑腹板钢筋→立端模→立内模(上部)→浇筑腹板混凝土→顶内模→绑顶板钢筋→立顶端模→固定顶板波纹管→预埋 0 号块预埋件→浇筑顶板混凝土。

(2)托架平台

支模平台的作用是支承0号块外侧模架和当作工作平台用，由于外侧模架将通过对拉螺栓与内模形成整体且0号块将分三次浇筑，故平台受力要略大于外模架自身重量与施工重量之和。另一受力峰值是挂篮组装时，为安全起见，挂篮的下横梁需临时放置一下，其重量约为40kN。经计算平台采用I25工字钢制作，如图2、图3所示。

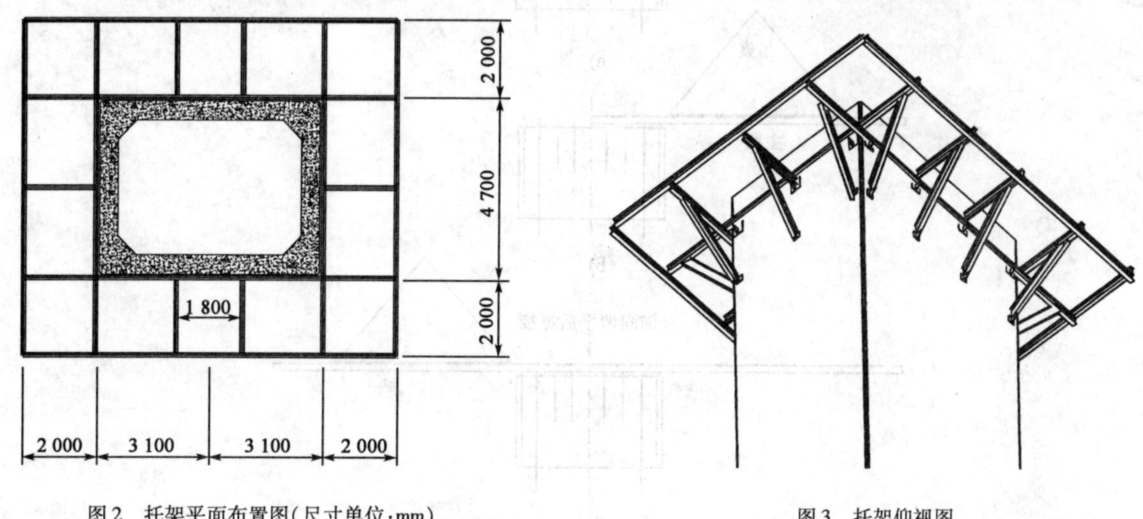

图2 托架平面布置图(尺寸单位:mm)

图3 托架仰视图

(3)底模

底模为组合钢模，当0号块托架做好后，先测桥墩顶0号块底轴线，确定底模准确位置，然后用水准仪测墩顶高程，弹墨线，在托架上铺底模。

(4)侧模框架及侧模

侧模框架为已预制好的单片钢架，单片质量350kg，在地面平台上拼成整块侧模，用塔吊垂直运输，然后整片立直于外平台的支承桁架上，临时固定并调整，用水准仪控制其高程。保证立模垂直度和平整度，保证模板与桥墩之间接触的紧密性，最后校正两侧模之间的几何尺寸，一切控制好后，用PVC管内穿M16的I级对拉螺栓配合大楞进行，对拉加固。

(5)端模

0号块顶端模为钢模，顶板部分为钢框木模板，端钢模上已预制好波纹管通过孔及钢筋通过孔。

(6)内模

内模为预先做好的木制内模，内模的形状均按图纸所标注几何尺寸详细加工，内模靠混凝土一侧贴2mm铁板，防止变形及漏浆。

(7)0号块混凝土的浇筑

0号块混凝土采用塔吊垂直运输。

0号块混凝土采用3次浇筑法，采用底板、腹板、顶板分三次浇筑，并按一般操作规程。

2)安装1号块变异挂篮

由于挂篮主梁长度有12m，两根主梁同时就位后是24m，0号块宽5.5m(每侧加0.5m后的宽度)，每侧悬臂9.25m。方案确定把两主梁对接焊起来。

主梁在悬臂状态下，受力条件最不利，经过受力分析，主梁变形和应力超过许用值，解决办法是在主梁上，压上一个副梁。

挂篮主梁是双拼I60工字钢，副梁采用的是双拼I63工字钢。副梁制作仅仅是用5块联板把两根工字钢双拼焊接，基本上没有改变其形状，不影响I63将来其他用途。主副梁之间联结：中间钢枕用[20槽钢搁置，用预埋的ϕL32竖向预应力筋预紧，锚固在0号块上。端部用－16×200×400钢板焊接，主要传递剪力使主副梁形成受力整体,为操作方便钢板先焊在副梁上,就位后再与主梁焊接。主梁安装顺序见图4。

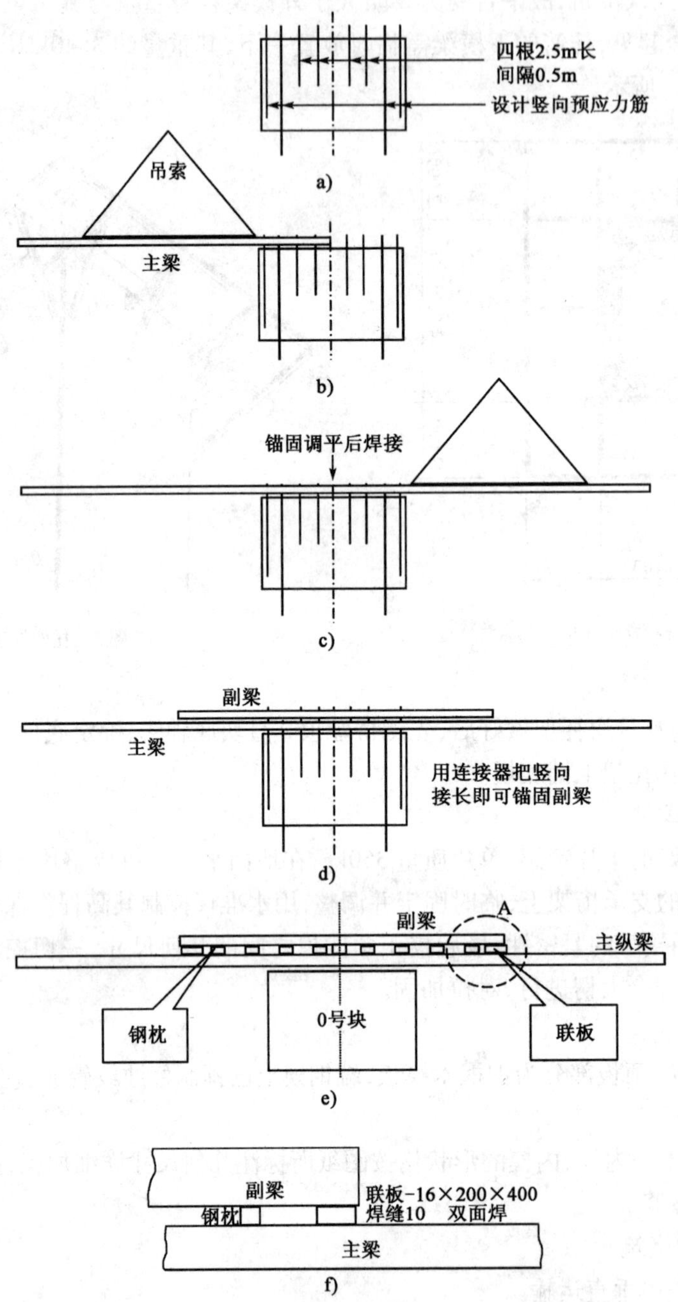

图4 主梁安装顺序

a)预埋临时锚固精轧螺纹钢;b)安装主梁1并临时锚固;c)安装主梁2居中锚固;d)安装副梁并锚固;e)主纵梁加固;f)A节点大样图

下一步安装横梁、吊杆、底板等构件,完成1号块变异挂篮,如图5所示。

在1号块挂篮安装完毕后进行了预压,最大预压值是块体重力的1.3倍。预压1.0倍时前下横梁沉降值15mm,1.3倍时前下横梁沉降值18mm。在浇筑施工时按15mm施加了预拱度,浇筑完毕后复测发现实际沉降只有10mm,分析认为是钢筋搭接连接和混凝土黏着力形成竖向抗剪力,减小了沉降量。无意中遵循了预拱度设置就高不就低原则。随后进行支模,绑钢筋及浇筑混凝土。

3)1号块施工

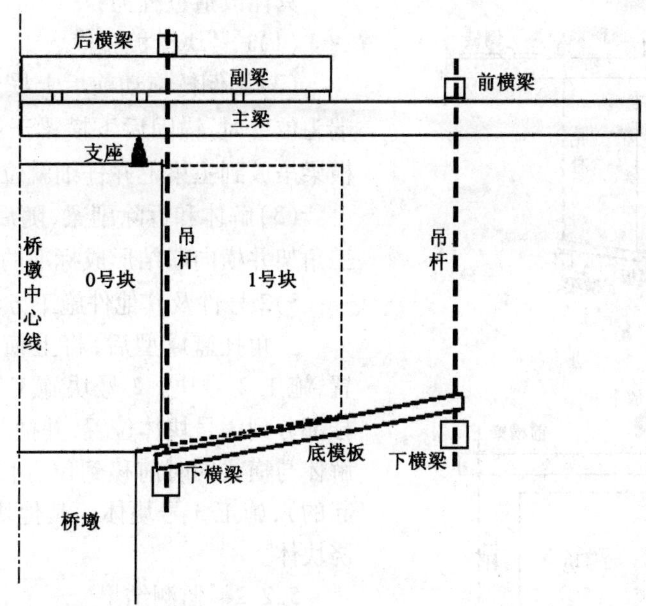

图5 1号块时挂篮安装图

(1)施工顺序

挂篮安装→安装支设底内外模板→穿插绑扎块段钢筋、孔道波纹管→浇筑混凝土及养生→预应力张拉及压浆→落模及挂篮行走

(2)模板工程

底模为组合钢模,侧模为预制好的钢制大模板。端模为木端模,按每个梁段端部几何尺寸下料,钻孔成型(预留预应力钢筋和普通钢筋孔)。内模为木内模,按图纸所标尺寸加工,内模靠混凝土一侧贴2mm铁板,防止变形及漏浆。因混凝土一次浇筑,所以模板也一次支设完毕。

(3)钢筋工程

按照绑底板、腹板和顶板的顺序进行。普通钢筋按一般操作规程。预应力钢筋与绑扎普通钢筋同时进行。各节段预应力束管道在灌筑混凝土前,在波纹管内插入硬塑管作衬填,以防管道被压瘪,管道的定位钢筋应用短钢筋作成井字架形,并与箱梁钢筋网架安装固定,定位钢筋网架间距保持在0.5~0.8m,以防止混凝土振捣过程中波纹管上浮,引起预应力张拉时产生沿管道法向的分力,酿成质量事故。钢绞线两端为同步分级对称张拉。张拉分六级,即 $\sigma_0 \to 0.2\sigma_K \to 0.4\sigma_K \to 0.6\sigma_K \to 0.8\sigma_K \to \sigma_K$。实际伸长值按图纸要求 +10% ~ -5% 控制。竖向钢筋张拉工艺与伸长值计算同钢绞线,当拉至 σ_K 时用自动扳手将螺栓帽拧紧。

(4)混凝土施工

混凝土采用一次浇筑成型,严格遵守混凝土浇筑施工技术规范。混凝土输送采用泵送方法。混凝土浇筑先从两个挂篮前端开始,以便挂篮微小变形大部分实现,从而避免新旧混凝土间产生裂缝。混凝土浇筑前必须严格检查挂篮中心线,挂篮底模高程,纵、横、竖三向预应力束管道;钢筋、锚头、人行道及其他预埋件的位置,认真核对后才可浇筑。施工中严格控制原材料质量和配合比,拌和的速度与浇筑的速度相适应。混凝土养护按大体积混凝土养护方法,上覆一层塑料布两层草袋,并加强测温。

4)变异挂篮改为三角挂篮

1号块纵向预应力筋张拉压浆完毕后,对挂篮进行改造,使其形成标准的三角挂篮,直至块体悬浇完成。

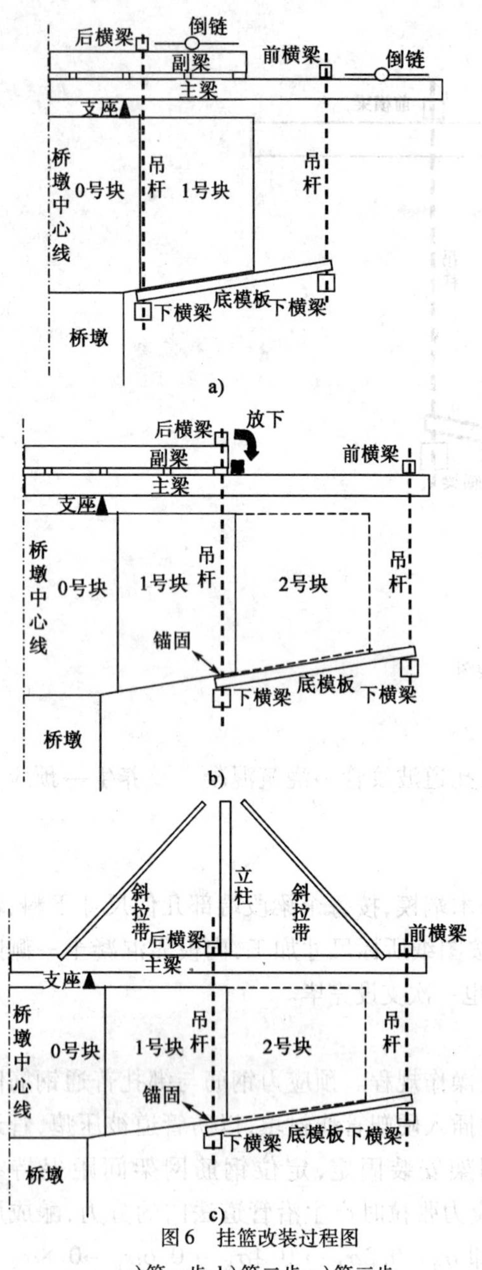

图6　挂篮改装过程图

a)第一步;b)第二步;c)第三步

具体改造过程为:

(1)1 号块模板脱模。

(2)用倒链拖动前后上横梁前移,后上横梁至副梁端头位置时,锚固后下横梁于箱梁底板上,塔吊把后上横梁吊放到主梁上并仔细就位。

(3)解体和拆除副梁,随后用塔吊配合安装挂篮的三角架并横向联结形成标准的三角挂篮,如图 6 所示。

5)2 号件及其他件施工方法

三角挂篮成型后,将上横梁定位于 2 号块施工位置,施工 2 号块。2 号块施工结束,前移上下横梁及吊挂部分到 3 号块体位置,并把两个挂篮的主纵梁从中间解体与横梁同时前移到位,(因两个三角架主梁焊在一起的),施工 3 号块体。其他块体依此类推完成全部悬浇块体。

5.2.2　监测结果

在 1 号块施工中,用经纬仪和水准仪进行弧度,预拱度控制,整体刚构桥中点测量结果挠度上抬 5mm,设计规范"公路工程质量检验评定标准"要求高程误差 ±20mm,完全符合规定。其他质量检验评定见交工资料,均符合规范要求,质量评为优良。

6　材料与设备

6.1　工程材料

(1)模板:底面组合钢模,侧面钢制大模,端部木模。

(2)普通钢筋为Ⅱ级钢,按数量设计。

(3)预应力钢筋,数量按设计。

(4)I60 工字钢及 I63 工字钢,具体应用按设计。

(5)混凝土强度等级为 C40。

6.2　机械设备

所用机械设备见表 1。

机械设备清单　　表1

设备名称	型　号	数　量		技术性能
		单位	数量	
5t 卷扬机		台	4	
千斤顶(32t)		个	40	
手拉葫芦(3t,5t)		个	24	
圆盘砂轮切断机	PWS6-100	台	4	600W
钢筋切断机	GJ40	台	2	5.5kW
振动器		台	40	
塔吊	QTZ63	台	1	

续上表

设备名称	型　号	数　量		技术性能
		单位	数量	
钢筋弯曲机	GW40	台	1	
混凝土搅拌机	J_4-375	台	2	功率 10kW/台
混凝土配料机	HP750	台	1	功率 7.5kW
混凝土输送泵	HBT60C	台	1	功率 120kW
装载机	ZLM15	台	1	功率 73.5HP
电焊机	BX_1 -315	台	6	功率 23kW

7　质量控制

7.1　建立以工程项目经理为组长，项目总工为副组长，各专业队长为组员的质量保证领导小组，项目设专职质检员，各专业队设兼职质检员，形成完善的质量管理体系。

7.2　建立健全质量管理制度，明确项目、专业队的质量责任，实施奖罚。

7.3　编制施工组织设计，对专项技术进行技术交底。

7.4 编制质量管理计划，在保证项目创优的基础上，明确各专业达成的质量目标。

7.5　组织专家组，对项目的技术措施进行评估和认定。

7.6　对全体施工人员进行培训，熟练掌握专业技能。

7.7　组织专业骨干和技术人员到外地学习，取长补短，为改变挂篮结构取得宝贵经验。

7.8　建立质量信息反馈制度，及时发现问题及时纠正。

7.9　开展 QC 活动。

7.10　加强测量工作，对模板的高程、轴线、坡度、预拱度，进行严格控制。

7.11　对进场的原材料进行检验和复试，确保质量合格。

7.12　变异挂篮的制作与安装，其材料、焊接、紧固件连接，以及钢结构的组装，符合《钢结构工程施工质量验收标准》，变异挂篮的预压按 1.1 ~ 1.3 倍的 1 号块自重及施工荷载进行，精心测量预压力与变形的关系，按就高不就低的原则，预压变形值确定为 15mm。

7.13　预应力钢筋的质量

7.13.1　预应力应严格按工程图纸和施工方案进行施工，因特殊情况需要变更，需监理单位批准。

7.13.2　施工前由项目技术负责人向有关施工人员进行技术交底，并在施工过程中检查执行情况。

7.13.3　预应力分项工程项目负责人、施工人员和技术工人应持证上岗。

7.13.4　应建立质保体系，完善施工质量控制和质量检验制度。

7.13.5　预应力分项工程施工质量应由施工班组自检、施工单位质量检查员及监理工程师监控等把关，对后张预应力张拉质量，应做到见证记录。

7.14　预应力分项工程质量检验标准见《公路桥涵施工技术规范》(JTJ 041—2000)。

7.15　一般混凝土分项工程、普通钢筋分项工程、模板执行《公路桥涵施工技术规范》(JTJ 041—2000)有关规定。

8　安全措施

8.1　建立以项目经理为组长，项目副经理为副组长的，各专业队长为组员的安全领导小组。项目设专职安检员，各专业队设兼安检员，形成完善的安全保证体系。

8.2　建立安全管理制度，明确项目和专业队的安全责任。

8.3　编制施工组织设计，详细列出安全内容，并对专业队、班组进行安全交底。

8.4 挂篮组装后,要进行全面的检查,并在预压试验时确保安全可靠。

8.5 使用的机具设备(千斤顶、手拉葫芦、钢丝绳等)应进行检查,不符合安全规定的严禁使用。

8.6 双层作业时,操作人员必须严守各自岗位职责,并应防止铁件工具掉落。定期检查安全网,人员要戴安全帽。

8.7 挂篮拼装时在桥墩设置防护措施。

8.8 挂篮使用时,后锚固筋,张拉平台的保险绳等要经常检查,底模高程调整时,应设专人统一指挥,且作业人员应站在稳定的脚手板上。

8.9 挂篮行走时要缓慢进行,应控制在0.1m/min以内。

8.10 箱梁混凝土接触面凿毛,作业人员要有安全防护措施。

8.11 浇筑混凝土前,应对挂篮锚固,水平限位,吊带和限位装置进行全面检查。

8.12 焊工必须学习焊工知识,经考试合格后才可单独操作。

8.13 电焊设备必须有接地装置,停止焊接时,电源开关要拉开。

8.14 焊工及其他操作工人必须按劳动部门颁发的有关规定使用劳保用品。

8.15 预应力张拉设备不允许随意更换。

8.16 张拉过程中,锚具和其他机具严防高空坠落伤人。油管接头处、张拉油缸端部严禁站人,应站在油缸两侧,测量伸长值时,严禁用手抚摸缸体,避免油缸崩裂伤人。

8.17 严防高压油管出现扭转或死弯现象。

8.18 油箱油量不足时,要在没有压力下加油。

8.19 其他措施可在编制施工组织设计时列入。

未尽事宜执行《公路工程施工安全技术规程》。

9 环保措施

为保护生态环境,防止水土污染环境保护工作在施工时应做到全面规划,合理布局,化害为利,为当地百姓创造个清洁适宜的生活和劳动环境,为此制定以下措施:

9.1 切实贯彻环保法规严格执行国家及地方政府颁布的有关环境保护,水土保持的法规、方针、政策和法令,结合设计文件和工程,及时提报有关环保设计,按批准的文件组织实施。

9.2 重视环保工作编制实施性施工组织设计时,把施工生产和环保工作作为一项内容并认真贯彻执行。严格遵守业主的环境保护政策,为了确保环境得到保护,不管任何时候都要接受监理工程师、业主的环保人员及政府有关环保机构的工作人员的检查,认真按照监理工程师的指令办。

9.3 对废土、废水、废石、废渣的处理,施工产生的废土、废石、废渣均应按地方有关部门规定,运到指定地点处理,不得随意乱倒废水,用水泥浆、混凝土渣不得直接排入溪流,污染河道。

9.4 加强施工生产的环境保护工作针对地区特点,有针对性地采取措施,最大限度地减少施工环境的破坏:

9.4.1 加强对植被的保护,除必须时不得破坏。已破坏的将给予恢复。

9.4.2 采用有效措施,消除施工污染。施工废水、生活废水采用沉淀池、化粪池等设施处理,清洗集料或含有油污的废水采用集油池等方式处理,不得污染水源靠近城区的施工点要防治噪声污染。施工便道要经常洒水,防止车辆通过时尘土飞扬,钻孔桩泥浆要及时清理,不得流入河道,水中墩施工时设置的筑岛围堰,施工完毕后及时清除。

9.4.3 强化环保管理,健全环保管理机制,定期进行环保检查,及时处理违章事宜,并与地方政府的环保部门建立工作联系,接受社会及有关部门的监督。

9.4.4 加强环保教育,宣传有关环保政策、知识,强化职工的环保意识,使保护环境成为参建职工的自觉行为。

9.5 保护生态施工中注意保护自然和生态,水资源的开发要持许可证并报有关管理部门备案,临时用地要恢复原貌。不随便拆堵水利设施,保护好河渠,不污染水源。

9.6 设立专人对做好环保监测,每天有专人做监测记录。如有异常立即启动应急预案。

10 资源节约

工法形成过程中,贯彻国家节能工程的有关要求,工期比其他方案提前30d,需钢管652t,租赁费4元/d·t,时间30d,节约费用78 240元,需人工6 504工日,30元/d,节约195 120元,机械费节约2万元,节约管理费86 640元。

11 效益分析

本技术是国内首创,国外也未见到,与同类结构其他方法相比,可节约资金38万元,工期提前30d,是保质量、保安全、保工期的有效方法。

12 应用实例

我公司于2001年9月承接生死崖大桥的施工。该大桥位于国道主干线二连浩特至河口公路山西境内祁(县)临(汾)高速公路K79+575~K79+800处。全长217m,分左右两幅,宽24.5m,箱梁为55m+100m+55m三跨变截面P.C.连续刚构。左幅桥梁从2002年4月19日开始施工,同年8月16日合龙。右幅是2002年8月20日开始,同年11月26日合龙。本课题1号施工左幅,2002年5月1日开始至同年5月25日完成,右幅从2002年8月20日开始至同年9月10日完成。

1)工程特点

本项目主要解决1号块施工的难题,在预应力钢筋混凝土刚构桥施工中,1号块是比较难的施工块。我公司既没有采用在薄壁空心墩做托架的方法,也没有以地面搭设塔架的办法,而是在已完成的0号块上安装三角挂篮主梁之上叠加一个副梁,并把三角挂篮主梁和副梁连成整体,形成一个悬臂的大梁,承受1号块的自重、施工荷载等,完成1号块的支模,钢筋和混凝土的浇筑。随后将此悬挑梁变为三角形标准挂篮,完成3号块的施工。增加副梁可回收使用,但却节约了大量资金和工期。

2)应用领域

它可用在预应力钢筋混凝土刚构桥1号块的施工,特别对较高的薄臂桥墩,1号块离地面较高的更有它的经济适用性。

本技术可在预应力钢筋混凝土刚构桥施工1号块使用,特别对较高断面较小的桥墩施工1号块更具有明显的优势,它具有广泛的应用前景,对于桥墩较低,或桥墩断面较大的,施工1号块时可在桥墩做好托架或在地面上搭设塔架的条件也可不必采用本技术。技术人员采用何种方案要进行优化,可根据条件进行选择,否则,一味采用本技术,不但不能降低成本,反而适得其反。

钢筋混凝土开口薄壁箱施工工法

GGG(黔)C3123—2010

赵 渝 徐 贵 王 骞 罗 艳 杨圣林
(贵州桥梁建设集团有限责任公司)

1 前言

有平衡重平面转体施工技术,是桥梁施工工艺的重要组成部分。而钢筋混凝土箱型拱桥是山区桥梁最普遍采用的形式。为减轻转体重量,主拱圈在转体阶段采用开口薄壁箱的断面形式。由于重力原因,半拱浇筑时混凝土会向拱脚段流淌,半拱混凝土箱的几何尺寸特别是底板厚度得不到保证,会影响转动体系重心位置,增加转体难度。薄壁箱体混凝土质量也是保证转体阶段结构安全和转体重量的关键指标。

通过试验段施工,确定分层分段浇筑顺序、分段长度、预埋定位筋、拉杆压模、振捣方式等,并经过多段实施,总结形成开口薄壁箱施工工法。达到严格控制开口薄壁箱的几何尺寸、混凝土的浇筑质量,满足设计要求的目的,使实际重心位置和设计理论重心位置尽量吻合,转体阶段拱圈结构安全,确保转体顺利实施。

此项工法所需材料设备简单、施工方便、工程质量和结构尺寸易于保证,有较高的经济效益和推广应用价值。

2 工法特点

(1)将开口薄壁箱分为(底板+马蹄)及腹板两层浇筑,(底板+马蹄)分段长度为1m,腹板浇筑分段长度为2m,以保证混凝土振捣机具有效工作范围和混凝土容许的流动范围。

(2)采用压模、压模拉杆及定位钢筋的联合作用,有效控制涨模,保证混凝土几何尺寸满足设计要求。

(3)插入式振捣棒及附着式振动器联合作用,在每段箱体预留浇筑口,保证混凝土质量满足设计强度要求。

3 适用范围

适用于钢筋混凝土箱形拱桥的主拱圈浇筑,特别是外形尺寸要求严格的薄壁箱体结构;对于斜支箱体结构也有一定的参考价值。

4 工艺原理

(1)根据混凝土振捣机具的有效工作范围,及为防止混凝土离析容许的自由下落高度(2m)确定分层浇筑及分段长度。

(2)采用定位钢筋保证底板厚度,压模、压模拉杆与底模共同作用防止涨模,通过结构分析,确定定位钢筋及压模拉杆布置间距,有效控制底板混凝土的几何尺寸。

(3)采用内外模对拉拉杆,与内外模支撑钢管架相结合,控制腹板的几何尺寸。

5 施工工艺流程及操作要点

5.1 施工工艺流程

(1)支架基础处理,搭设钢管支架铺设底模,安装底板钢筋,如图1所示。

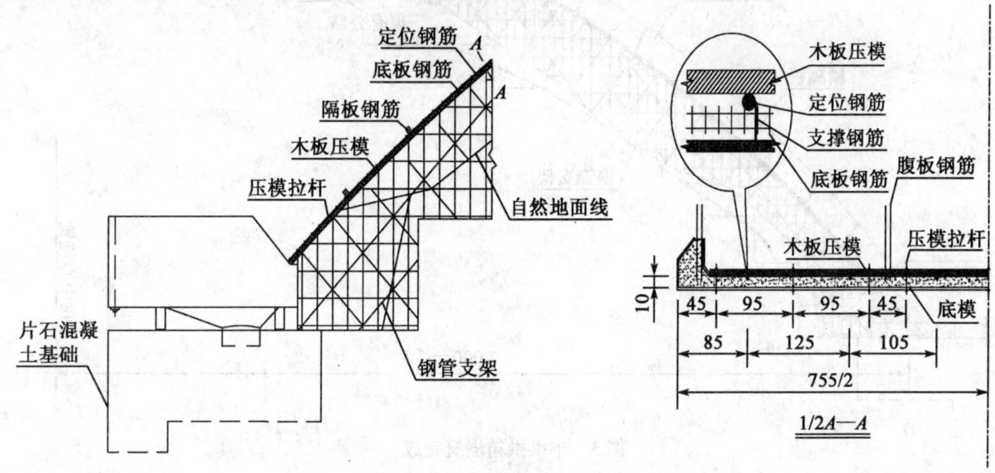

图1 底模、钢筋、压模图(尺寸单位:cm)

(2)安装马蹄模板,并设置定位钢筋,定位钢筋每箱设置两根,间距110~130cm,纵桥向贯通。

(3)安装压模及压模拉杆,压模拉杆每箱横桥向设置3根,间距90~110cm;纵桥向间距50cm。

(4)浇筑(底板+马蹄)混凝土,每段浇筑100cm;浇筑两段后,安装腹板钢筋及模板,腹板与拉杆竖向间距50~75cm,纵桥向间距50cm,浇筑腹板混凝土,如图2所示。

(5)重复1~4步至半拱拱箱浇筑完成,如图3所示。

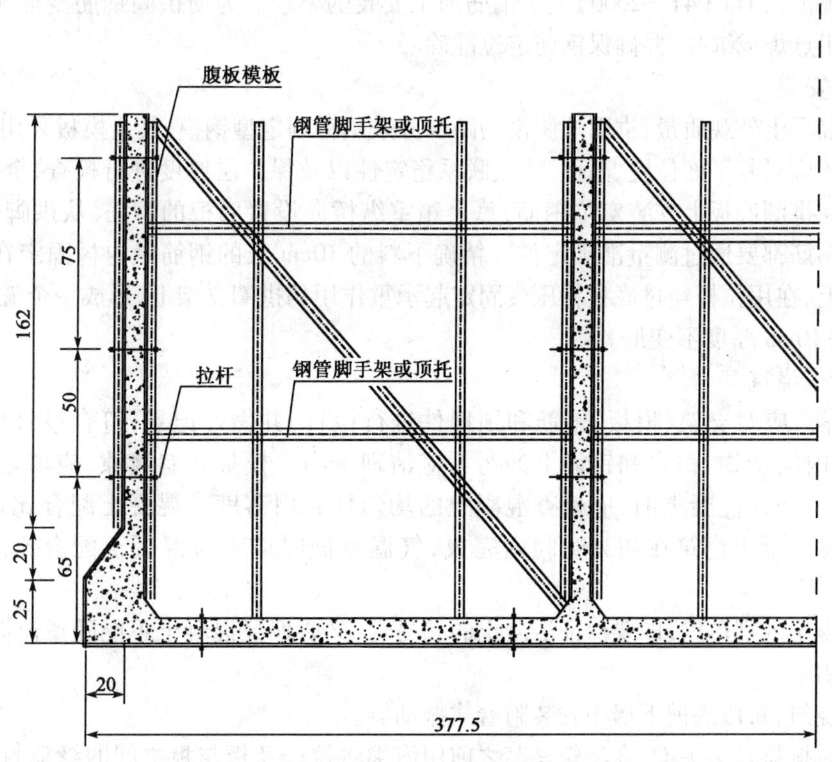

图2 腹板模板支撑图(尺寸单位:cm)

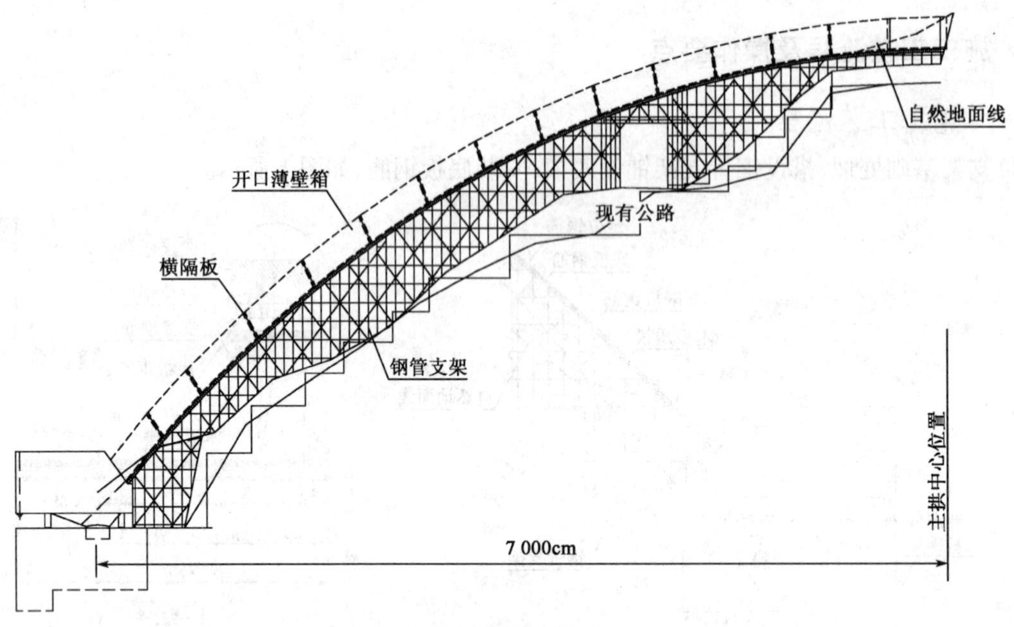

图3 半拱拱箱浇筑完成

5.2 操作要点

5.2.1 支架搭设

支架搭设前应对地基进行硬化处理,若岩石出露,在支架搭设范围内挖成台阶,按支架设计图进行,支架顶横杆满足拱圈底板高程要求,并设置一定的预拱度。

5.2.2 钢筋的制作安装

在支架上铺上底模和绑扎钢筋。钢筋预先加工完成后现场绑扎,钢筋的制作和安装必须满足《公路桥涵施工技术规范》(JTJ 041—2000)关于钢筋加工安装的要求。为使拱圈钢筋笼形成稳定的骨架,钢筋交汇点应采用点焊或绑扎,并确保钢筋定位准确。

5.2.3 模板安装

为保证拱圈混凝土外观质量,拱圈外侧模马蹄部分采用特制定型钢模,其余模板采用12mm厚的木模。模板就位后还应对其平面位置、高程、节点联系稳定性以及保护层厚度进行检查,全部合格后方可进行下道工序。在拱圈底板上安装定位钢筋,每个箱室纵桥向设置两根的钢筋,从拱脚一直延伸至拱顶。每一根定位钢筋都要通过测量准确定位。精确下料的10cm长的钢筋做内衬固定在底板钢筋上,将压模放在内衬上,在用拉杆经过底板将压模固定起承重作用的拱圈支架上,形成一个五面封口的开口箱,以保证底板的10cm厚度不变形。

5.2.4 混凝土浇筑

浇筑混凝土前,应对支架、模板、钢筋和预埋件进行检查,并做好记录,符合设计要求后方可浇筑混凝土。模板内的杂物、积水和钢筋上的污垢应清理干净。模板如有缝隙,应填塞严密,模板内面应涂刷脱模剂。浇筑混凝土前,应检查混凝土的均匀性和坍落度。混凝土配合比设计应渗入早强缓凝剂,使拱圈混凝土浇筑在初凝时间内完成,气温较低时应考虑混凝土配合比的适当调整及温水养生保温。

严格控制混凝土的坍落度,即要保证混凝土的和易性,又要保证混凝土不能随意流淌,坍落度控制在14~17cm范围内。

混凝土分段浇筑,每段底模下居中安装附着式振动器。

混凝土浇筑时振捣较为关键,在浇筑马蹄之前用海绵将拉杆及板与板之间的缝隙封塞严实。用塔吊吊料斗将料送到浇筑点,边放混凝土边振捣,每一插点振动时间为20~30s,每段初振后,开启附着式振动器3~5次,每次时间10~15s内。振动棒振捣时注意避开模板和钢筋骨架。

6 材料与设备

1)材料

本工法所采用材料见表1。

主要材料数量表 表1

序 号	名称及规格	单 位	单位质量(kg)	数 量	总质量(kg)	备 注
1	基础处理	m^2		1 346		69.6 m^3
2	0.4×0.4×2.5 枕木	根		696		
3	ϕ48×2.5 钢管	m	2.806	24 320	68 242	
4	直角扣件	个		22 030		
5	旋转扣件	个		9 542		
6	1.22×2.44×0.012 模板	m^2		3 802		
7	[20a 型钢	m^2	22.6	70	1 582	
合 计					79 046	

2)设备

本工法主要设备见表2。

主要机械设备表 表2

设备名称	型 号	规 格	数 量
振动棒电机	ZN35	1.1kW	10台
振动棒	ZH35	35mm	16根
附着式振动器	ZW50	1.1kW	8台
强制式拌和机	JS750	30~35m/h	2台
塔吊	QTZ100	8t	2台
可控漏斗	自制	0.35m^3	2个
便携式小漏斗	自制	底宽10cm	6个
柴油发电机	150GF	150kW	2台
钢筋调直机	GT4-14	8kW	2台
钢筋切断机	JQ-40-2	6kW	2台
钢筋弯曲机	GW6-40B	3kW	2台
钢筋挤压机	XJH-32		2台
直流焊机	AX3-300-1		4台
交流焊机	BX3-300-1		6台

7 质量控制

7.1 一般要求

(1)加强测量的精度控制与复核,确保转体拱圈的平面位置,高程符合设计要求。

(2)严格执行合同文件有关规定和施工规范要求。

(3)严格执行材料,设备进场的复核验收工作程序,确保进场材料,设备合格。

(4)严格每一道工序开工前和结束后的检查验收制度,坚持执行班组自检,质检部门检查合格,报请监理工程师检验的工作程序,重要工序请监理旁站监督检查。

(5)严格控制模板的加工,保证满足精度和刚度要求。

7.2 施工工序过程控制

7.2.1 支架质量控制

(1)支架整体、杆配件、节点、地基和其他支撑物应进行强度和稳定验算。

(2)各排拱架顶部的高程要符合拱圈底的轴线。为保证拱架的稳定应设置足够的斜撑、剪力撑、扣件。

(3)拱架预留施工拱度。并在拱架的适当部位设置相应的木楔、砂筒或千斤顶等落模设备。

(4)工艺质量标准见表3。

支架及拱架安装的允许偏差 表3

项目		允许偏差(mm)
支架和拱架	纵轴的平面位置	跨度的1/1 000或30
	曲线形拱架的高程(包括建筑拱度在内)	+20, -10

7.2.2 钢筋焊接质量控制

(1)钢筋焊接前,必须根据施工条件进行试焊,合格后方可正式施焊。焊工必须持考试合格证上岗。

(2)电焊机的鉴定:电焊作业时需要对电焊机进行简单的检查,检查需要注意以下几点:

①焊机完好,没有损坏,如有损坏及时进行修补;

②电源箱和操作盘上的各种开关、旋钮的功能清晰,便于识别。

(3)施焊前,钢筋的表面应洁净,使用前应将表面油渍、漆皮、鳞锈等清除干净。钢筋应平直,无局部弯折。

(4)焊接所用焊条、焊剂必须与母材相匹配。

(5)焊缝质量必须满足《钢筋焊接及验收规程》(JGJ 18—2003)中的焊缝要求。

①焊缝表面应平整,不得有凹陷或焊瘤;

②焊接接头区域不得有肉眼可见的裂纹;

③咬边深度、气孔、夹渣等缺陷允许值及接头尺寸的允许偏差;

④坡口焊、熔槽帮条焊和窄间隙焊接头的焊缝余高不得大于3mm。

(6)焊缝检验。所有焊缝都必须进行外观检查,咬边、弧坑、焊瘤、表面气孔等外观缺陷用肉眼观察,焊缝外形尺寸用焊缝尺度样板测量。对于上述不合格的缺陷应进行返修焊。

(7)工艺质量标准见表4。

焊接骨架的允许偏差 表4

项目		允许偏差(mm)
焊接骨架	长度	±10
	宽度	±5
	高度	±5
骨架箍筋间距		±10
受力主筋	间距	±15
	排距	±5

7.2.3 模板安装

(1)模板的加工安装必须满足设计及规范要求,并严格控制其平面位置、高程、节点联系及纵横向稳定性进行检查;模板安装好后经再次复核确认符合要求后才能浇筑混凝土,混凝土浇筑过程中跟踪检查模板加固情况。模板及支撑不得松动、跑模或下沉等现象。模板不平整度<2mm。

(2)安装后不便涂刷脱模剂的内侧模板,应在安装前涂脱模剂,底模安装好后涂脱模剂,再安装钢筋。

(3)相互连接的模板,模板面要对齐,连接螺栓不要一次紧到位,整体检查模板线形,发现偏差及时校正模板,然后再锁紧连接螺栓及扣件,固定好支撑杆件。

(4)模板连接缝间距大于2mm 就应用灰膏类填缝或贴胶带密封。

(5)工艺质量标准见表5。

模板安装的允许偏差　　表5

项　目		允许偏差(mm)
模板	高程	±10
	内部尺寸	+20,0
	轴线偏差	8

7.2.4　混凝土浇筑

(1)为防止混凝土离析采用了自制的漏斗泄料。

(2)混凝土采用附着式振动和插入式振捣,由于混凝土厚度较薄,在采用振动棒振捣时应避免振动棒碰撞模板、钢筋及其他预埋件;每一处振动完毕后应边振动边徐徐提出振动棒;对每一振动部位,必须振动到该部位混凝土密实为止,密实的标志是混凝土停止下沉、不再冒出气泡、表面出现平坦、泛浆。

(3)混凝土浇筑过程中,设专人跟踪检查模板支撑加固、钢筋骨架及预埋件等的加固情况,当发现有松动、变形、位移时要及时处理。并对支架的沉降进行观测,以核对设置的预拱度是否合理。

(4)混凝土浇筑时,随时检查定位钢筋的固定情况。

(5)在浇筑腹板时浇筑速度不宜过快,以利于降低混凝土的水化热和降低混凝土对模板的侧压力。

(6)在混凝土浇筑完成以后,及时进行养护(设专人进行混凝土养护工作)。

7.3　执行标准

(1)《花江大桥主桥施工图设计文件》;

(2)《公路桥涵施工技术规范》(JTJ 041—2000);

(3)《钢筋焊接及验收规程》(JGJ 18—2003);

(4)《公路工程施工安全技术规程》(JTJ 076—95);

(5)《公路工程质量检验评定标准》(JTG F80/1—2004)。

8　安全措施

8.1　现场安全措施

8.1.1　建立健全安全保证体系:项目经理部设安全科,专职负责安全工作,各施工队、工班、组设专职安全员,形成一个组织体系。

8.1.2　健全安全生产责任,坚持安全第一的原则,要把安全放在一切工作的首位,要杜绝一切漏洞,保证安全生产。安全工作要分专人管理,各级领导要亲自抓。

8.1.3　加强安全生产教育,提高全员安全意识,施工现场全体人员必须严格执行《建筑安装工程安全技术规定》和《建筑安装工人安全技术操作规程》。人员上岗前将进行安全培训。

8.1.4　项目经理部和各工区配备医务人员和适当的抢救设施及药品,施工工地配备足够的安全网、安全绳以及施工工人的保护用品,驻地配备消防设施和卫生设备,消除各环节的安全隐患。

8.1.5　机械司机、电工等专业工种,必须按《特种作业人员安全技术考核管理规定》(GB 5036—85)经过技术培训,考试合格,发给操作证后方可单独作业,严禁无证操作。

8.1.6　施工现场临时电线线路必须符合建设部颁发的《施工临时用电安全技术规范》(JGJ 46—88)的要求,严禁任意拉线接电。

8.2　起重作业安全措施

8.2.1　吊装作业指派专人统一指挥,参加吊装的起重工要掌握作业的安全要求,其他人员要有明确分工。

8.2.2　吊装作业前必须严格检查起重设备各部件的可靠性,并进行试吊。起重机械必须符合《起重机械安全规程》(GB 6067—85)的规定。

8.2.3　各种起重机具不得超负荷使用。

8.2.4　钢丝绳要有足够的强度和刚度。

8.2.5　在吊装过程中,除现场指挥人员外,任何人都不得指挥操作。

8.2.6　吊装作业区严禁非操作工作人员进入,所有人员均不得在起吊和运行的吊物下面站立。

8.2.7　对各种吊装设备定期进行检查和维修。

8.2.8　主要起重机械配备经过专门训练的专业人员操作,指挥员、司机、挂钩工人使用的信号要统一。

8.3　高空作业安全措施

8.3.1　高空作业必须设有可靠的安全防护措施,上下作业面必须设可靠的人行通道,所有悬空作业面下必须挂安全网,侧面必须有安全护栏。

8.3.2　定期或随时对从事高空作业的人员进行体检,发现有不宜登高的病症(高血压、心脏病、癫痫病)以及其他不适宜高空作业的人员,不得从事高空作业。

8.3.3　高空作业人员不得穿拖鞋或硬底鞋。所需的材料事先准备齐全,工具应放在工具袋内作业时必须拴好安全带。

8.3.4　高空作业的梯子不得缺档或垫高,同一梯子不得二人同时上下,在通道处或平台使用梯子应设置围栏。

8.3.5　高空作业与地面联系,设专人负责,或配有通信设备。

8.3.6　高空作业必须设置防护措施,并符合《建筑施工高处作业安全技术规范》(JBJ 80—91)的要求。按照《高处作业分级标准》(GB 3608—93)实行四级管理级别划分如下:

①2~5m 为一级管理;

②5~15m 为二级管理;

③15~30m 以上为三级管理;

④30m 以上为四级管理。

施工负责人对该工程的高处作业安全技术负责,安全防护措施应由负责人组织验收,因工作必须临时拆除或变动安全防护设施时,必须经施工负责人同意,并采取相应可靠措施。

9　文明施工与环保措施

9.1　文明施工措施

9.1.1　文明施工组织管理机构

成立由项目经理为组长的文明施工小组,全面开展文明工地活动,创造良好的施工环境和氛围,保证工程顺利完成。

9.1.2　文明施工保证措施

(1)对进场施工队伍签订文明协议,建立、健全岗位责任制,把文明施工落实到实处,提高全体施工人员自觉性和责任心。

(2)采取有效措施处理生产生活废水,不得超标排放,并保证施工现场无积水现象。在多雨季节应配备应急的抽水设备和突击人员。

(3)现场布置合理,材料、物品、机具、土方堆放符合要求。

(4)施工现场、办公室内按要求布置图表,及时反映现场及工程进度状况。

(5)施工期间,经常对施工机械车辆道路进行维修,确保晴雨畅通。

(6)施工现场各种标志、标识牌布置合理。

9.2 环境保护措施

9.2.1 水环境保护措施

(1)施工废水、生活污水按有关要求处理,不得直接排入河流。

(2)施工的废油,采用隔油池等有效措施加以处理,不得超标排放。

(3)对工人进行环保教育,不得随地乱扔果皮纸屑。

(4)对于施工中废弃的零碎配件、边角料、包装袋、包装箱等及时收集清理并搞好现场卫生,以保护自然与景观不受破坏。

9.2.2 大气环境及粉尘的防治措施

(1)施工现场和运输道路经常洒水,减少灰尘对人的危害和环境的污染。

(2)对油料物品设立专门库房,采取严密可靠的存放措施。

9.2.3 降低噪声措施

(1)对使用的工程机械和运输车辆安装消声器,降低噪声。

(2)在比较固定的机械设备附近设置临时隔声屏障,减少噪声传播。

(3)适当控制噪声叠加,尽量避免噪声机械集中作业。

10 资源节约

工法形成过程中,改变传统工艺,优化工艺流程,确保混凝土的浇筑质量,以保证拱圈成型后符合设计要求,保障转体结构的安全。在设备选型方面,选用低能耗、高效益的设备,对选用的设备进行优化组合,以提高生产效益、降低消耗为目标,达到资源节约的目的。

11 效益分析

钢筋混凝土箱型拱桥是山区桥梁最普遍采用的形式。为减轻转体重量,主拱圈在转体阶段采用开口薄壁箱的断面形式。由于重力原因,半拱浇筑时混凝土会向拱脚段流淌,半拱混凝土箱的几何尺寸特别是底板厚度得不到保证,会影响转动体系重心位置,增加转体难度。薄壁箱体混凝土质量也是保证转体阶段结构安全和转体重量的关键指标。

采用钢筋混凝土开口薄壁箱施工工法,达到严格控制开口薄壁箱的几何尺寸、混凝土的浇筑质量,满足设计要求的目的,使实际重心位置和设计理论重心位置尽量吻合,转体阶段拱圈结构安全,确保转体顺利实施。

本项工法将主拱圈按转体前后分为两次成型,转体前的开口薄壁箱大幅度地降低了转体重量,由此带来较大的经济效益,以依托工程140m主拱圈为例进行分析,具体数据见表6。

经济效益分析表 表6

方案名称	开口薄壁箱转体	整箱一次成型转体
转体重力	38 000kN(其中拱圈4 000kN,平衡重34 000kN) 平衡重混凝土1 360m^3,68万元	237 500kN(其中拱圈25 000kN,平衡重212 500kN) 平衡重混凝土9 500m^3,475万元
拱圈成型措施费	两次成型,措施费136万元	一次成型,措施费45万元
转体费用	26万元	187.5万元
节省费用	477.5万元	

12 应用实例

花江大桥为董箐水电站库区路桥复建工程,设计桥型布置为:2-13m(钢筋混凝土连续板)+1-140m(箱拱)+4-13m(钢筋混凝土连续板),桥梁全长242.5m。

主跨为 140m 上承式钢筋混凝土箱型拱,主拱圈为等截面悬链线单箱三室箱形拱,拱轴系数为 $m=1.998$,净矢跨比为 1/5,拱圈截面高度 2.3m,宽度 7.55m。主拱圈采用有平衡重平面转体施工,设计转体重力为 38 000 余 kN,贞丰岸按顺时针方向转 180°,关岭岸按逆时针方向转 90°后合龙成拱,如图 4 所示。

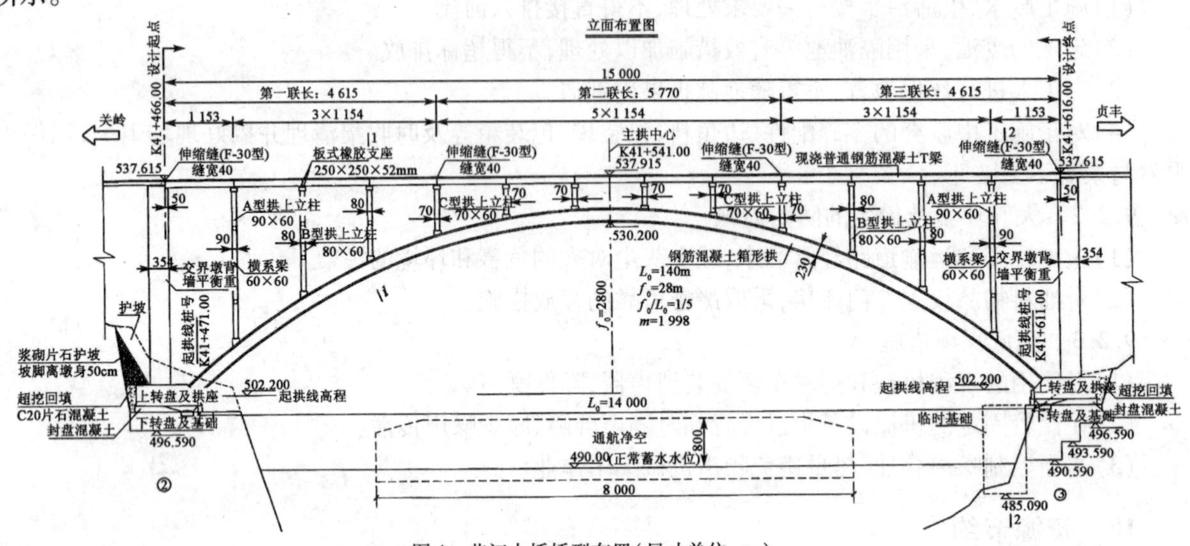

图 4 花江大桥桥型布置(尺寸单位:cm)

主拱圈分两次成型,转体阶段采用钢筋混凝土开口薄壁箱施工工法,达到严格控制开口薄壁箱的几何尺寸、混凝土的浇筑质量,满足设计要求的目的,使实际重心位置和设计理论重心位置尽量吻合,转体阶段拱圈结构安全,确保转体顺利实施。转体完成后,浇筑拱圈二期混凝土,完成主拱圈施工。

本桥转体于 2009 年 8 月顺利实施,2010 年 3 月全桥完工。

三角刚构劲性骨架挂架翻模施工工法

GGG(黔)C3124—2010

杨光华 覃 杰 胡云江 杨 俊 吴 俊
(贵州桥梁建设集团有限责任公司)

1 前言

新光大桥主桥跨越珠江主航道,其桥跨为满足主航通航需要布置为177m+428m+177m,为提高主跨钢桁拱的跨越能力并增强抵抗船舶撞击的能力,将主桥上部设计为三跨连续钢桁拱与混凝土三角刚构组合结构。三角刚构是组合体系的重要组成部分,主拱侧高41.5m,边拱侧高40.1m,跨度102m,由系梁和斜腿两部分构成。三角刚构两侧斜腿为主跨、边跨拱圈的延续,采用钢筋混凝土结构。

三角刚构处于深水中,结构体积庞大,采用常规的支架施工,支架基础工程量大,工期、质量及安全均不易保证。为此,贵州省桥梁工程总公司联合贵州省公路工程集团总公司,结合斜腿的结构设计,采用劲性骨架挂架翻模分层浇筑混凝土,分层对拉拉杆,控制三角刚架的应力和变位满足结构构造要求。成功实施后形成了三角刚构劲性骨架挂架翻模施工工法。

此项工法是三角刚构无支架施工的经典方法,结构体系明确,工程质量和施工安全易于保证,节省了支架工程量,经济效益明显,有较高的推广应用价值。

2 工法特点

2.1 利用三角刚架结构内部的劲性骨架,作为翻模挂架的支撑体系,节省了外设支撑架,经济效益显著;底模系统锚固于已浇段及劲性骨架,分层浇筑混凝土,结构体系明确,工程质量和施工安全易于保证。

2.2 两侧斜腿同步施工,分层设置水平临时拉杆对拉,有效地控制施工过程中混凝土的拉应力和变位。

3 适用范围

适用于三角刚构斜腿施工,三角刚构规模越大,经济效益越明显;对斜腿刚构也有较高的借鉴价值。

4 工艺原理

4.1 第一层混凝土浇筑,底模支撑于矮支架上;以后浇筑层,将底模锚固于已浇层底板和劲性骨架下弦杆,形成悬臂浇筑体系如图1所示。

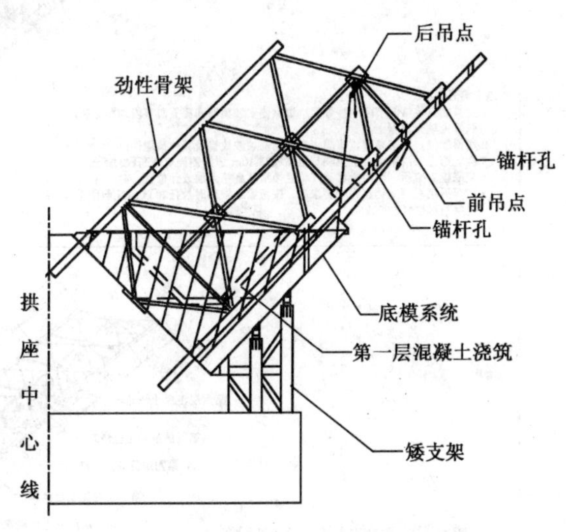

图1 劲性骨架挂架翻模体系示意图

4.2 在悬出的劲性骨架上设置前后吊点,通过松后吊点,拉前吊点的循环操作,完成底模系统的纵向滑移。

4.3 两侧斜腿水平临时拉杆对拉,控制斜腿悬臂施工过程中根部混凝土的拉应力和端部的变位。

5 施工工艺流程及操作要点

5.1 施工工艺流程

施工工艺流程见图2。

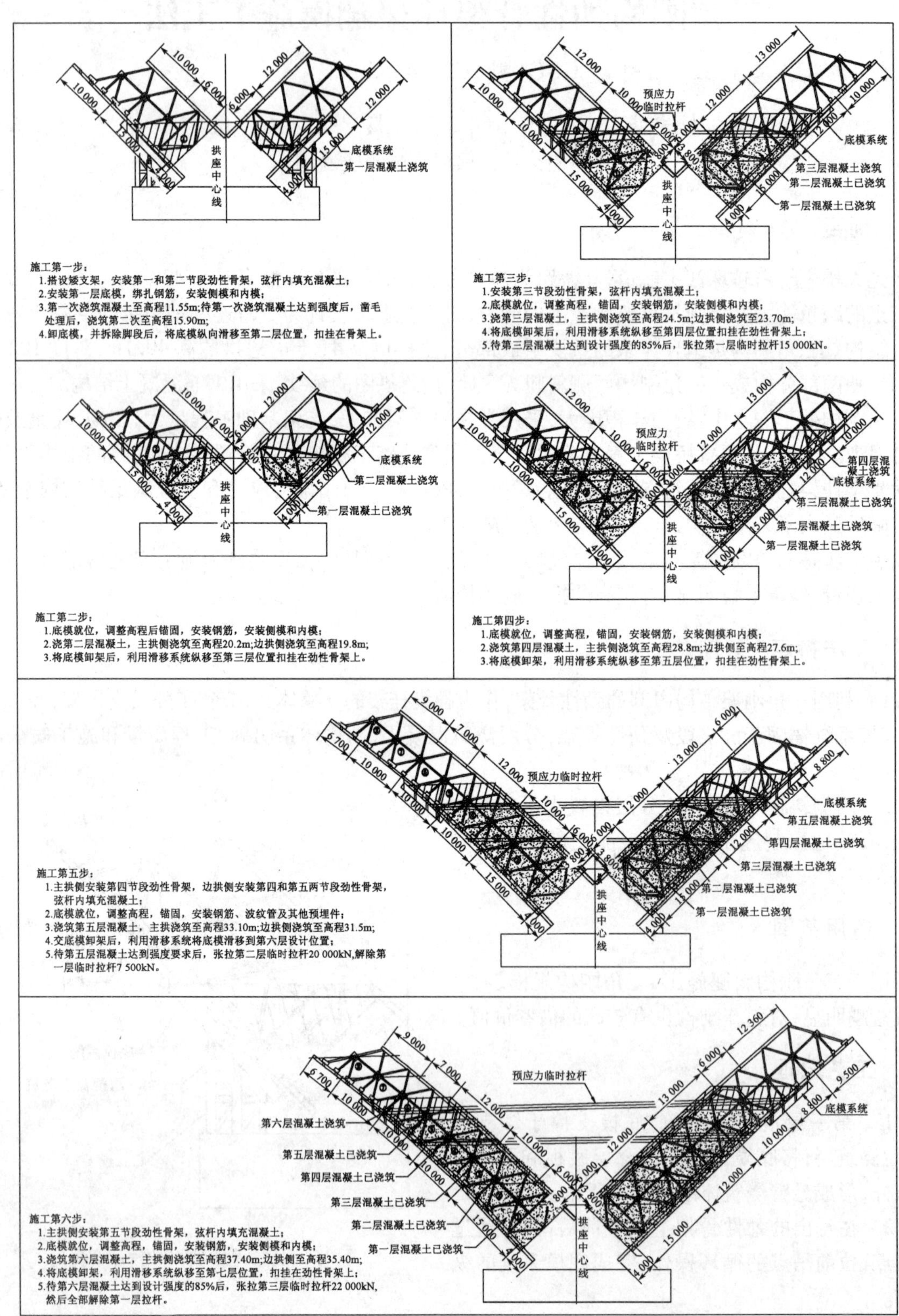

图 2

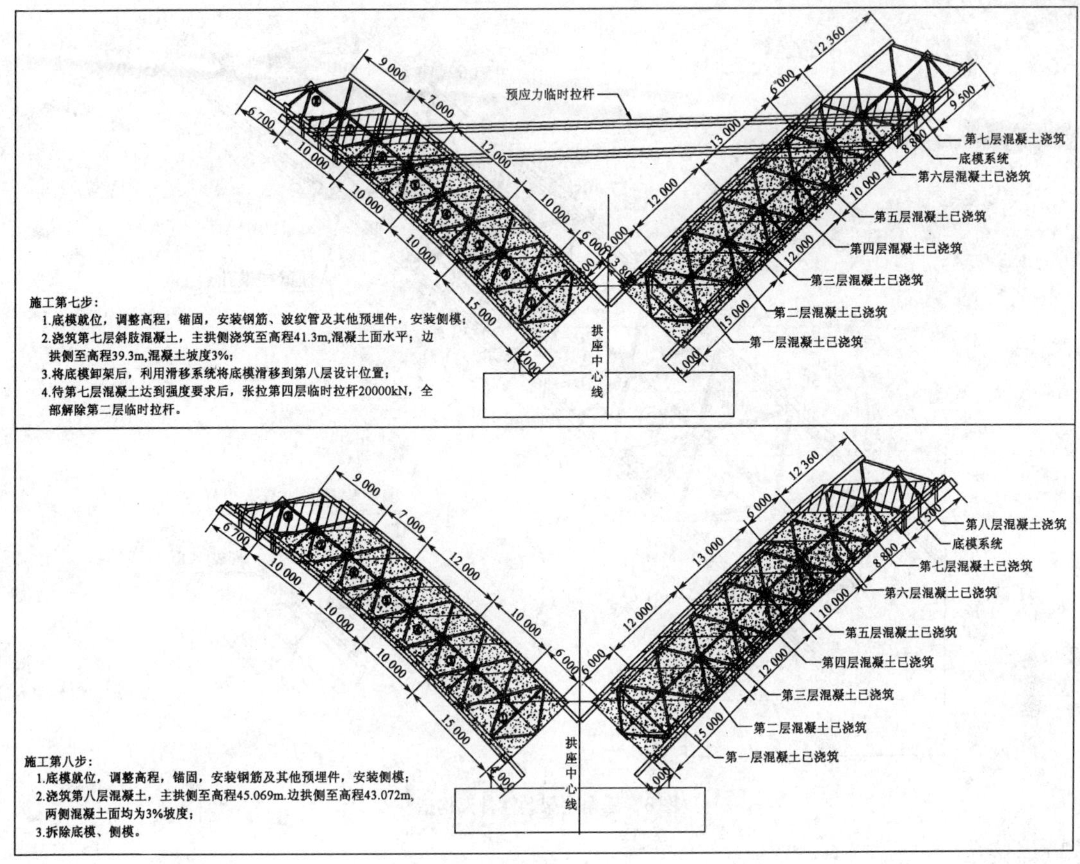

图2　施工工序流程(尺寸单位:mm)

5.2　操作要点

5.2.1　劲性骨架

1)V肢劲性骨架结构

上下弦杆为4ϕ529mm×8mm钢管,分别位于底板和顶板的中部,横向距离为3.80m,即腹板的中心,其桁架高度10.58~8.60m。斜杆为2[28a,两根槽钢的净距为280mm;竖杆用2[25a和2[28a槽钢连接上下弦杆,槽钢的净距分别为250mm和280mm;纵向水平杆为2[25a组成格构式,工字钢的间距为250mm;V肢内桁片之间用2[20a和2[14a作横向连接。

三角形桁架用2 I 56a作竖杆, I56a纵向水平连接主、边拱V肢劲性骨架,竖杆工字钢间距为280mm,用缀板连接成格构式柱,桁片之间用[20a作横向连接,如图3所示。

2)劲性骨架安装

(1)下料

①精确放样与下料,按1:1进行放样,根据实际放样下料。

②当钢材不平直、有锈迹、油漆等污物时,应先矫正并清理干净后再下料。

③劲性骨架连接按金属接触设计,对其连接部位进行开口,即对横撑竖撑及斜撑的开口进行切割,成为焊接前所需的形状,并使其尺寸、边缘和精度均满足构造要求。

④为防止切割时钢材变形,采用对称切割,在切割机上采用多割炬气割,使其周边温度场均匀,以防止因热膨胀差异而产生弯曲变形。

(2)劲性骨架的安装

劲性骨架采用塔吊逐节散件安装,每根杆件的长度控制在15m(1.2t)左右,即控制在塔吊的起重能力范围内,杆件接头处焊接定位角钢,并且接头处及工人常走动处应搭设人行通道,在人行通道两侧设安全网。

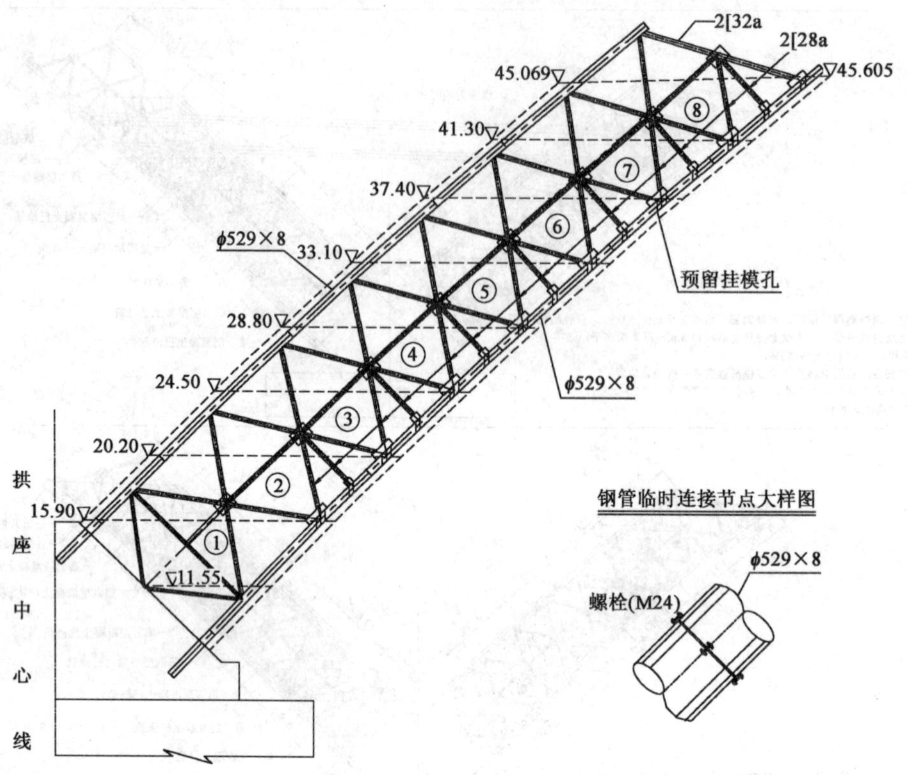

图3　三角刚架劲性骨架构造

(3)焊接

劲性骨架各杆件的连接采用焊接的方法:先对各接头采取临时固定措施,然后按照焊接工艺要求进行第一个接头接缝的焊接。焊接时不应出现焊接不良的现象。以此类推至全部接头焊完。临时固定采用焊接角钢块固定。

5.2.2　底模系统及模板安装

1)底模系统组成

底模系统由托架、支撑钢板、吊挂系统及模板组成。托架由两道围檩钢箱、四道纵梁、横梁及操作平台组成,操作平台设置在托架两侧,与横梁焊接成整体;围檩钢箱底部紧靠支撑钢板,支撑钢板焊接在预埋件上;吊挂系统上锚点设置在劲性骨架下弦杆节点处(间距3.1m),下锚点设置在托架围檩;模板采用工厂加工成型的大块钢模,如图4所示。

2)安装调整

分层混凝土浇筑完毕后,待混凝土达到设计强度,先松内外模对拉杆,接着松吊杆,内、外、底模均与混凝土分离,之后底模系统前移。做法是通过设置在悬出劲性骨架上前后吊点,采用链条滑车进行拉、放的循环操作,使底模尾部与混凝土底面贴紧,底模前端达到设计施工高程,各锚点吊杆安装就位,完成底模安装;外模直接采用塔吊安装就位;待浇层底板和侧墙钢筋安装完毕,将停在箱内的内模起吊与已就位的外模齐平,安装内、外模对拉拉杆。

模板安装完成后,对三角刚架位置再复测一次,确保其平面位置、高程符合设计要求。

5.2.3　混凝土浇筑

三角刚架斜腿混凝土浇筑主、边拱两个方向分层对称进行,上下游两幅V肢侧分别浇筑。

(1)混凝土浇筑前,将模板内的杂物、积水及钢筋上的污垢要清理干净,模板内面刷脱模剂,模板接缝要堵塞严密。

(2)混凝土运输过程中,采取措施使混凝土保持均匀性和规定的坍落度,不出现漏浆、失水、离析等现象。

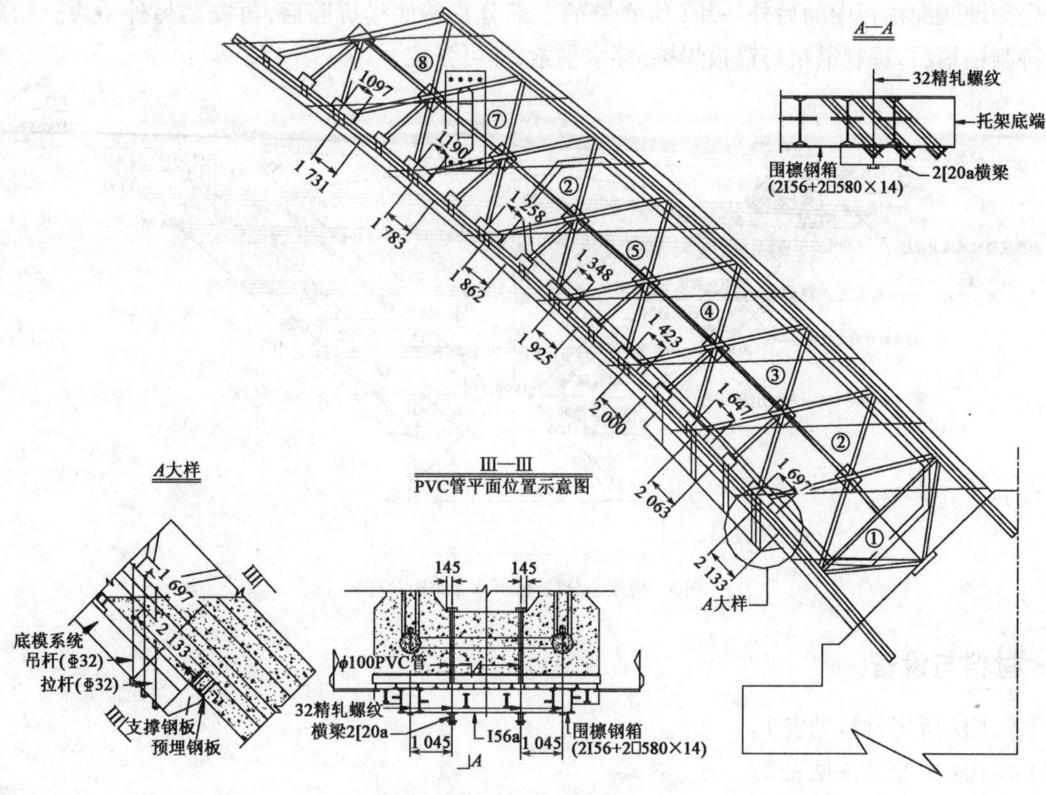

图4　底模系统构造(尺寸单位:mm)

(3)采用输送泵将混凝土泵送至待浇筑段,漏斗、串筒配合向模板内浇筑混凝土,减小混凝土布料的自由落差。

(4)混凝土浇筑采用主拱侧与边拱侧同时浇筑。

(5)混凝土采用插入式振捣,振捣时移动间距不超过振动器作用半径的1.5倍;与侧模应保持5~10cm的距离;插入下层混凝土5~10cm;每一处振动完毕后应边振动边徐徐提出振动棒;应避免振动棒碰撞模板、钢筋及其他预埋件;对每一振动部位,必须振动到该部位混凝土密实为止,密实的标志是混凝土停止下沉、不再冒出气泡、表面出现平坦、泛浆。

(6)振动棒不得触击波纹管,以防波纹管破损、接头脱节,造成孔道堵塞,位移,弯曲或出现局部凹陷等事故。

(7)混凝土浇筑过程中,设专人跟踪检查模板支撑加固、钢筋骨架及预埋件等的加固情况,当发现有松动、变形、位移时要及时处理。并对支架的沉降进行观测,以核对设置的预拱度是否合理。

(8)混凝土浇筑时,随时检查定位箍筋和压块垂直情况。

(9)混凝土浇筑速度控制在60m^3/h以内,以利于降低混凝土的水化热和降低混凝土对模板的侧压力。

(10)混凝土浇筑完成后,对混凝土的裸露面及时进行修整、抹平,等定浆后再抹第二遍,对于梁顶面,在初凝前进行拉毛处理,初凝后及时进行养护(设专人进行混凝土养护工作)。

5.2.4　水平临时拉杆

(1)临时水平拉杆共计4层布置,采用低松弛高强钢绞线31-7ϕ5,其标准强度为1 860MPa。第一层为4束,每束张拉375t,布置在第三层混凝土内;第二层为6束,每束334t,布置在第四层混凝土内,第三层为6束,每束张拉367t,布置在第六层混凝土内,第四层6束,每束张拉334t,布置在第七层混凝土内(见图5)。

(2)水平拉杆布置在劲性骨架钢管ϕ529×8的外侧,横向间距4.5m,每侧2或3索。

(3)锚点位置的主筋断开,在四周各加2根加强,水平索锚固处设置匹配锚板,即在浇混凝土前,在底板处先预埋匹配锚板中的另外一块(作底模的一部分),待底模拆除后,再安装另外一块。然后安装水平索特制锚箱后,特制锚箱与锚板焊接,穿水平索,即可张拉。

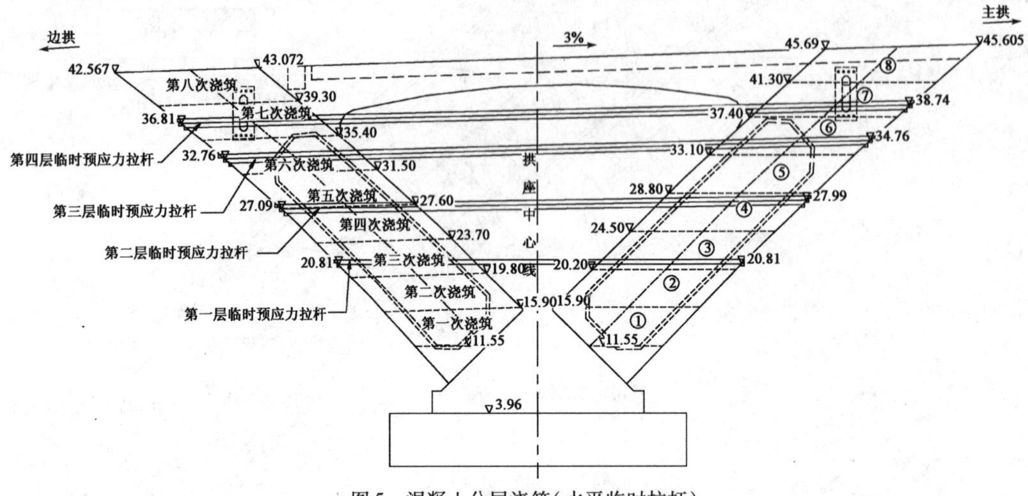

图5　混凝土分层浇筑(水平临时拉杆)

6　材料与设备

(1)本工法所用材料见表1。

(2)本工法主要设备见表2。

主要材料数量　　表1

材　　料	长度(m)	单位重(kN/m)	总重(kN)
ϕ529×8 钢管	887.2	1 032.9	916
[14a	1583.3	145.3	161
I56a	2205.6	1062	2342
[20a	3854.8	226.4	1366
[25a	3129.6	274	484
[28a	1646.4	314.2	329
[32a	168	380.8	64
钢绞线 31-7ϕ5	95 641.2	11	1 052
缀条钢板			320
OVM15-31 锚具	88 套		

主要机械设备　　表2

设备名称	型　号	规　格	数　量
装载机	ZL50	$3m^3$	1
空压机	9~$12m^3$/h		2
塔吊		160t·m	1
汽车式起重机	QY32C	25t	1
汽车式起重机		50 t	1
混凝土输送泵	HBT-60	60m/h	1

续上表

设备名称	型 号	规 格	数 量
钢筋调直机	GT4－14	8kW	2
钢筋切断机	JQ-40-2	6kW	2
钢筋弯曲机	GW6-40B	3kW	2
钢筋挤压机	XJH-32		3
直流焊机	AX3-300-1		4
交流焊机	BX3-300-1		6

7 质量控制

7.1 一般要求

(1)加强测量的精度控制与复核,确保三角刚架的平面位置,高程符合设计要求。

(2)严格执行合同文件有关规定和施工规范要求。

(3)严格执行材料,设备进场的复核验收工作程序,确保进场材料,设备合格。

(4)严格每一道工序开工前和结束后的检查验收制度,坚持执行班组自检,质检部门检查合格,报请监理工程师检验的工作程序,重要工序请监理旁站监督检查。

(5)严格控制模板的加工,保证满足精度和刚度要求。

7.2 施工工序过程控制

7.2.1 劲性骨架焊接质量控制

(1)在焊接前先点焊定位,两焊缝中距不大于管壁厚的24倍,且不大于300mm,固定点不得少于3点,其焊缝长度为50～100mm。

(2)在焊接过程中如发现点焊定位处的焊缝出现微裂缝,则该微裂缝部位必须全部铲除重焊。

(3)施焊前,焊工必须检查焊接部位的组装和表面清理的质量,对不符合要求的应在处理合格后方能施焊。

(4)焊接所用焊条、焊剂必须与母材相匹配。

(5)焊缝质量必须满足《钢结构工程质量验收规范》(GB 50205—2001)中二级焊缝要求。

(6)焊缝的处理:

①焊缝尺寸超过规范允许的超差的咬边必须应用手弧焊进行返修。

②焊缝中有气孔、裂纹、溶渣、未溶透等缺陷,且未超出规范允许值时,用碳弧气刨清除缺陷,用焊接的方法进行返修。

③返修焊必须将清除部位的焊缝刨成1:5的斜坡,再进行焊接。

④返修焊的焊缝应立即进行铲磨匀顺,并按质量要求进行复查。

⑤返修焊次数不宜超过2次。

(7)焊缝检验:所有焊缝都必须进行外观检查,咬边、弧坑、焊瘤、表面气孔等外观缺陷用肉眼观察,焊缝外形尺寸用焊缝尺度样板测量。对于上述不合格的缺陷应进行返修焊。

7.2.2 模板及预应力管道安装

(1)模板的加工安装必须满足设计及规范要求,并严格控制其平面位置及高程;模板安装好后经再次复核确认符合要求后才能浇筑混凝土,混凝土浇筑过程中跟踪检查模板加固情况。模板及支撑不得松动、跑模或下沉等现象。模板不平整度 <2mm。

(2)安装后不便涂刷脱模剂的内侧模板,应在安装前涂脱模剂,底模安装好后涂脱模剂,再安装钢筋和预应力管道。

(3)相互连接的模板,模板面要对齐,连接螺栓不要一次紧到位,整体检查模板线形,发现偏差及时校正模板,然后再锁紧连接螺栓及扣件,固定好支撑杆件。

(4)模板连接缝间距大于2mm应用灰膏类填缝或贴胶带密封。

(5)控制预应力孔道用的波纹管的加工质量,保证其强度、刚度、密封性满足要求。

(6)采用ϕ10钢筋固定波纹管位置,保证预应力孔道的准确性。端模板应与侧模板紧密贴和,并与孔道轴线垂直。

(7)垫板处的加固钢筋网尺寸和位置,制孔器的外径和位置应符合设计要求。

7.2.3 混凝土浇筑

(1)混凝土采用插入式振捣,振捣时移动间距不超过振动器作用半径的1.5倍;与侧模应保持5~10cm的距离;插入下层混凝土5~10cm;每一处振动完毕后应边振动边徐徐提出振动棒;应避免振动棒碰撞模板、钢筋及其他预埋件;对每一振动部位,必须振动到该部位混凝土密实为止,密实的标志是混凝土停止下沉、不再冒出气泡、表面出现平坦、泛浆。

(2)振动棒不得触击波纹管,以防波纹管破损、接头脱节,造成孔道堵塞,位移,弯曲或出现局部凹陷等事故。

(3)混凝土浇筑过程中,设专人跟踪检查模板支撑加固、钢筋骨架及预埋件等的加固情况,当发现有松动、变形、位移时要及时处理。并对支架的沉降进行观测,以核对设置的预拱度是否合理。

(4)混凝土浇筑时,随时检查定位箍筋和压块垂直情况。

(5)混凝土浇筑速度控制在60m³/h以内,以利于降低混凝土的水化热和降低混凝土对模板的侧压力。

(6)混凝土浇筑完成后,对混凝土的裸露面及时进行修整、抹平,等定浆后再抹第二遍,对于梁顶面,在初凝前进行拉毛处理,初凝后及时进行养护(设专人进行混凝土养护工作)。

7.2.4 预应力束张拉

预应力筋张拉实行“双控”措施,采用应力控制张拉,以伸长值进行校核,实际伸长值与理论伸长值的差值控制在6%以内,否则应停止张拉,待查明原因并采取措施予以调整后,方可继续张拉。

7.3 执行标准

(1)《广州新光大桥施工图设计文件》;

(2)《公路桥涵施工技术规范》(JTJ 041—2000);

(3)《金属材料室温拉伸试验方法》(GB/T 228—2002);

(4)《金属材料弯曲试验方法》(GB/T 232—1999);

(5)《钢结构工程质量验收规范》(GB 50205—2001)

(6)《公路工程施工安全技术规程》(JTJ 076—95);

(7)《公路工程质量检验评定标准》(JTG F80/1—2004)。

7.4 工艺质量标准

质量标准详见表3。

工艺质量标准 表3

项目		允许偏差
劲性骨架	构件尺寸	±2mm
	轴线偏差	±20mm
	高程偏差	±20mm
	焊缝	一次检验合格率85%,二次检验合格率100%

续上表

项目		允许偏差
模板	高程	±10mm
	内部尺寸	±20mm
	轴线偏差	10mm
临时系杆张拉力		5%
预应力钢束		±6%
混凝土拉应力和位移		符合设计和规范要求

8 安全措施

8.1 水上作业安全保证措施

8.1.1 在珠江上施工的安全管理工作应符合现行的《内河交通安全管理条例》的规定。

8.1.2 施工所用船只经船检部门检查合格后方可使用。施工期间按规定设置临时码头、航行标志及救护、消防等设施。

8.1.3 船只在航行前,应检查各部位的机械与设施是否良好,不得带病作业。

8.1.4 掌握和了解当地的气象和水文情况,遇到大风天气应检查和加固船只的锚缆等设施。遇有雨、雾,视线不清时,船只应显示规定的信号,必要时应停止航行或作业。派专人在施工期间作出气象及水文报告,及时通知工地现场。

8.1.5 作业船锚定后,应在涉及航域范围内设置警示标志,抛锚时,锚链滚滑处附近不得站人。

8.1.6 船只靠岸后(或在两船间倒运货物时)应搭设跳板、扶手或安全网,经调试稳定牢固,方可上下人或装卸货物。

8.1.7 装船时严禁超载、偏载,必要时加配重,调整平衡。

8.1.8 交通船按规定的载人数量渡运,严禁超员强渡。船上应配有足够数量的救生设备。船行中途遇有阵风、雨时,乘船人员不得走动或站立。

8.2 起重作业安全措施

8.2.1 吊装作业指派专人统一指挥,参加吊装的起重工要掌握作业的安全要求,其他人员要有明确分工。

8.2.2 吊装作业前必须严格检查起重设备各部件的可靠性,并进行试吊。

8.2.3 各种起重机具不得超负荷使用。

8.2.4 钢丝绳要有足够的强度和刚度。

8.2.5 在吊装过程中,除现场指挥人员外,任何人都不得指挥操作。

8.2.6 吊装作业区严禁非操作工作人员进入,所有人员均不得在起吊和运行的吊物下面站立。

8.2.7 对各种吊装设备定期进行检查和维修。

8.2.8 主要起重机械配备经过专门训练的专业人员操作,指挥员、司机、挂钩工人要统一信号。

8.3 高空作业安全措施

8.3.1 高空作业必须设有可靠的安全防护措施,上下作业面必须设可靠的人行通道,所有悬空作业面下必须挂安全网,侧面必须有安全护栏。

8.3.2 定期或随时对从事高空作业的人员进行体检,发现有不宜登高的病症(高血压、心脏病、癫痫病)以及其他不适宜高空作业的人员,不得从事高空作业。

8.3.3 高空作业人员不得穿拖鞋或硬底鞋。所需的材料事先准备齐全,工具应放在工具袋内,作业时必须系好安全带。

8.3.4 高空作业的梯子不得缺档或垫高,同一梯子不得二人同时上下,在通道处或平台使用梯子应设置围栏。

8.3.5 高空作业与地面联系,设专人负责,或配有通信设备。

8.4 预应力束张拉施工安全措施

8.4.1 在张拉现场应有明显标志,与该工作无关的人员严禁入内。

8.4.2 张拉或退楔时,千斤顶后面不得站人,以防应力筋拉断或锚具、楔块弹出伤人。

8.4.3 油泵运转有不正常情况时,应立即停车检查,在有压情况下,不得随意拧动油泵或千斤顶各部位的螺丝。

8.4.4 作业应由专人负责指挥,操作时严禁摸踩及碰撞力筋,在测量伸长及拧螺母时,应停止开动千斤顶或卷扬机。

8.4.5 在张拉时,螺丝端杆、套筒螺丝及螺母必须有足够长度,夹具应有足够的夹紧能力,防止锚具或夹具不牢而滑出。

8.4.6 千斤顶支架必须与梁端垫板接触良好,位置正直对称,严禁多加垫块以防支架不稳或受力不均倾倒伤人。

8.4.7 在高压油管的接头应加防护套,以防喷油伤人。

8.4.8 已张拉完而尚未压浆时,严禁剧烈振动,以防预应力筋断裂而酿成重大事故。

8.4.9 孔道压浆时,工人应戴防护眼镜,以免水泥浆喷伤眼睛。

9 文明施工与环保措施

9.1 文明施工措施

9.1.1 文明施工组织管理机构

成立由项目经理为组长的文明施工小组,全面开展文明工地活动,创造良好的施工环境和氛围,保证工程顺利完成。

9.1.2 文明施工保证措施

(1)对进场施工队伍签订文明协议,建立、健全岗位责任制,把文明施工落实到实处,提高全体施工人员自觉性和责任心。

(2)采取有效措施处理生产生活废水,不得超标排放,并保证施工现场无积水现象。在多雨季节应配备应急的抽水设备和突击人员。

(3)现场布置合理,材料、物品、机具、土方堆放符合要求。

(4)施工现场、办公室内按要求布置图表,及时反映现场及工程进度状况。

(5)施工期间,经常对施工机械车辆道路进行维修,确保晴雨畅通。

(6)施工现场各种标志、标识牌布置合理。

9.2 环境保护措施

9.2.1 水环境保护措施

(1)施工废水、生活污水按有关要求处理,不得直接排入河流。

(2)施工的废油,采取隔油池等有效措施加以处理,不得超标排放。

(3)对工人进行环保教育,不得随地乱扔果皮纸屑。

(4)对于施工中废弃的零碎配件、边角料、包装袋、包装箱等及时收集清理并搞好现场卫生,以保护自然与景观不受破坏。

9.2.2 大气环境及粉尘的防治措施

(1)施工现场和运输道路经常洒水,减少灰尘对人的危害和环境的污染。

(2)对油料物品设立专门库房,采取严密可靠的存放措施。

9.2.3 降低噪声措施

(1)对使用的工程机械和运输车辆安装消声器,降低噪声。

(2)在比较固定的机械设备附近设置临时隔声屏障,减少噪声传播。

(3)适当控制噪声叠加,尽量避免噪声机械集中作业。

10 资源节约

本项工法在研究过程中,本着落实国家的节能降耗的政策,大胆创新,提出劲性骨架挂架翻模施工工法,即利用永久结构构件及合理布置的临时拉索,结合悬浇挂篮和翻模的施工工艺,替代了支架现浇法。工法关键技术先进,操作方便,结构体系受力明确,安全可靠,适应各种地形及施工条件。新光大桥三角刚构体积庞大,是目前世界上规模最大的三角刚构,施工周期长,且三角刚构位于通航繁忙的珠江主航道上。采用劲性骨架挂架翻模施工工法,减少了水中基础、支架的架设,节省时间,节约成本,达到国家提倡的节能目标。减少对河道的污染,达到环保的目的。

11 效益分析

新光大桥主桥上部为三跨连续钢桁拱与混凝土三角刚构组合结构,三角刚构是组合体系的重要组成部分,主拱侧高41.5m,边拱侧高40.1m,跨度102m;体积大,重量大,日照及温差对结构变形影响较大,对施工精度要求很高,施工中采用了劲性骨架挂架翻模施工工法,并通过水平预应力临时拉杆控制,施工过程中及完工后刚构线形和内部应力均与设计值吻合。该工法节省了支架工程量,经济效益显著,具体分析见表4。

挂架翻模与支架方案经济效益分析 表4

挂架翻模				支架方案			
工程量	单位	数量	造价(元)	工程量	单位	数量	造价(元)
ϕ529mm×8mm 钢管	t	91.6	732 800	ϕ530mm×10mm 钢管	t	249	1 992 000
型钢	t	474.6	2 847 600	型钢	t	780	4 680 000
钢绞线	t	105.2	1 157 200	钢绞线	t	105.2	1 157 200
				ϕ500mm×100mm 混凝土预制桩	m	1 800	450 000
				ϕ400mm×100mm 混凝土预制桩	m	120	25 200
				C25 混凝土	m^3	200	90 000
合计			4 737 600	合计			8 394 400
一个三角刚构挂架翻模比支架方案节省365万元							

12 应用实例

新光大桥主桥跨越珠江主航道,其桥跨为满足主航通航需要布置为177m+428m+177m,为提高主跨钢桁拱的跨越能力并增强抵抗船舶撞击的能力,将主桥上部设计为三跨连续钢桁拱与混凝土三角刚构组合结构,引桥为3×50m的预应力混凝土连续箱梁(见图6)。新光大桥混凝土用量:104 491.7m^3钢材用量:27 856.7t,合同造价:4.12亿元,于2004年1月开工,2006年12月竣工通车。

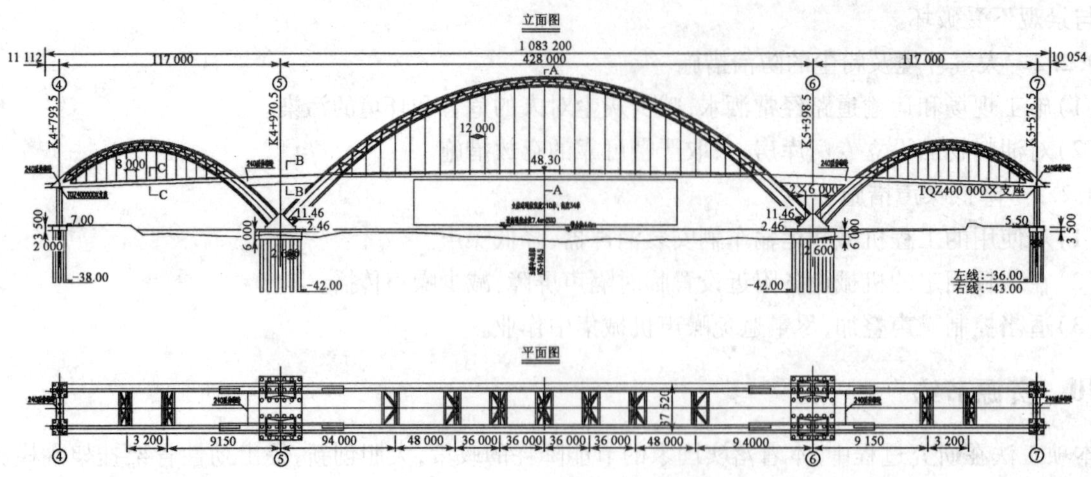

图6　广州市新光大桥桥型布置(尺寸单位:mm)

三角刚构是组合体系的重要组成部分,主拱侧高41.5m,边拱侧高40.1m,跨度102m;体积大,重量大,日照及温差对结构变形影响较大,对施工精度要求很高,施工中采用了劲性骨架挂架翻模施工工法,并通过水平预应力临时拉杆控制,施工过程中及完工后刚构线形和内部应力均与设计值吻合。该工法于在新光大桥的实施,节省了支架工程量,经济效益显著,有较大的推广应用价值。

横移组合式索鞍缆索吊装拱桥施工工法

GGG(黔)C3125—2010

吴 飞 胡云江 刘 彬 程 荣 钟 恩
（贵州桥梁建设集团有限责任公司）

1 前言

缆索吊装是桥梁施工常用的方法之一，具有垂直起吊、纵向移动、垂直安装就位、适用范围广等特点。但由于桥梁结构通常在横向由多肋（或多片）组成，缆索吊装也需要采取分段分片的方法来降低吊装重量，这就对缆索吊装系统提出了横向可以移动的功能；否则需要对应于桥梁结构横向各肋（片）的轴线设置吊装主缆，增加了工程成本和操作的复杂性。

为此，贵州省桥梁工程总公司研发了横移式缆索吊装系统，利用缆索吊装系统的索塔宽度，将索鞍做成可横向移动的装置，满足桥梁结构横向各肋（片）垂直安装需求；通过该缆吊系统将吊装节段安装就位后，扣于扣挂系统，从拱脚至拱顶两岸对称悬拼，完成主拱圈安装；通过西水大桥、大宁河大桥的成功实践，形成横移式缆索吊装拱桥施工工法。

此项工法大幅度降低了缆索吊装系统的工程量，操作方便，施工安全，工期和工程成本均有可靠保证，有较高的经济效益和推广应用价值。

2 工法特点

(1)利用索塔的横桥向宽度，在索塔顶上设置横移滑道，主缆索鞍设置在滑船上，形成一个可以横向移动的缆索吊装系统，覆盖桥梁结构纵、横向各节段垂直吊装的范围。大幅度提高了缆索吊装机具的使用效率，降低了施工成本。

(2)仅配备一套吊装主缆、行走和起重机具，缩短了安装和拆除的时间，降低了施工风险和成本，同时也节约吊装系统锚碇的工程量。

(3)实现桥梁结构各安装节段的垂直吊装，便于精确就位。

3 适用范围

该法适用于需要分段分片安装的拱桥施工，尤其是对于跨越U形河谷的大跨径拱桥，经济效益明显；对于其他地形条件和其他桥型的施工也有借鉴价值。

4 工艺原理

(1)在传统缆索吊装的基础上，通过在索塔顶上设置滑道，主缆索鞍设置在滑船上，横桥向往复移动索鞍，使得整个承重索可以移动到横桥向各个位置，覆盖桥梁结构纵、横向各节段垂直吊装的范围。

(2)在索塔顶上两侧设置反力架，采用液压千斤顶作为横桥向往复移动索鞍的动力装置。

(3)组成索塔构件的强度和刚度，能够抵抗主缆因横向偏移而产生的横桥向水平力。

5 施工工艺流程及操作要点

5.1 施工工艺流程

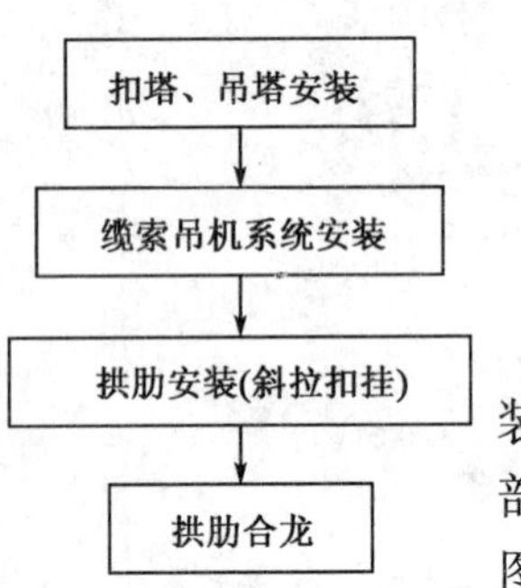

图1 总体施工工艺流程

5.1.1 总体施工工艺流程

1)施工工艺流程

施工工艺流程见图1。

2)总体施工方案(以大宁河大桥为例)

(1)主拱肋安装采用缆索吊机吊装就位,扣索斜拉锚固定位的施工方法安装。全桥设一套缆索吊装系统,缆索吊塔与扣塔二合为一,吊塔置于扣塔顶部,吊塔与扣塔之间铰接,拱肋节段采用缆索吊机单肋安装,两岸对称悬拼,如图2所示。

(2)扣塔采用2HW400×400×13宽翼缘H形钢作立柱,用万能杆件作纵横向连接,各杆件间采用螺栓、节点板连接,形成空间结构,缆塔采用西乙型万能杆件组拼成三柱门式缆塔,塔高26m,两柱之间的中心距离为10m,缆塔顺桥向宽度为6m,横桥向宽度为32m。

(3)为满足不同施工阶段的需要,吊装主索系统设为可拆分的两组(2-12ϕ52mm),同时主索索鞍可在塔顶横移。拱肋悬拼阶段,每片拱肋由主索上的4台跑车共同抬吊,两岸同一片拱肋吊段安装就位,扣锚稳固后松钩,横移主索至正对近旁一片拱肋位置,开始安装第二片拱肋节段,依此次序完成第三片拱肋节段的安装;拱肋合龙后,在吊装拱上结构阶段时,则将主索分拆为上、下游两组缆索独立使用。缆索吊额定最大吊重为165t,两组缆索跑车单独吊装拱上构造时,其最大吊重控制在80t以内。用辅助工作天线安装拱肋节段间平联和横联。

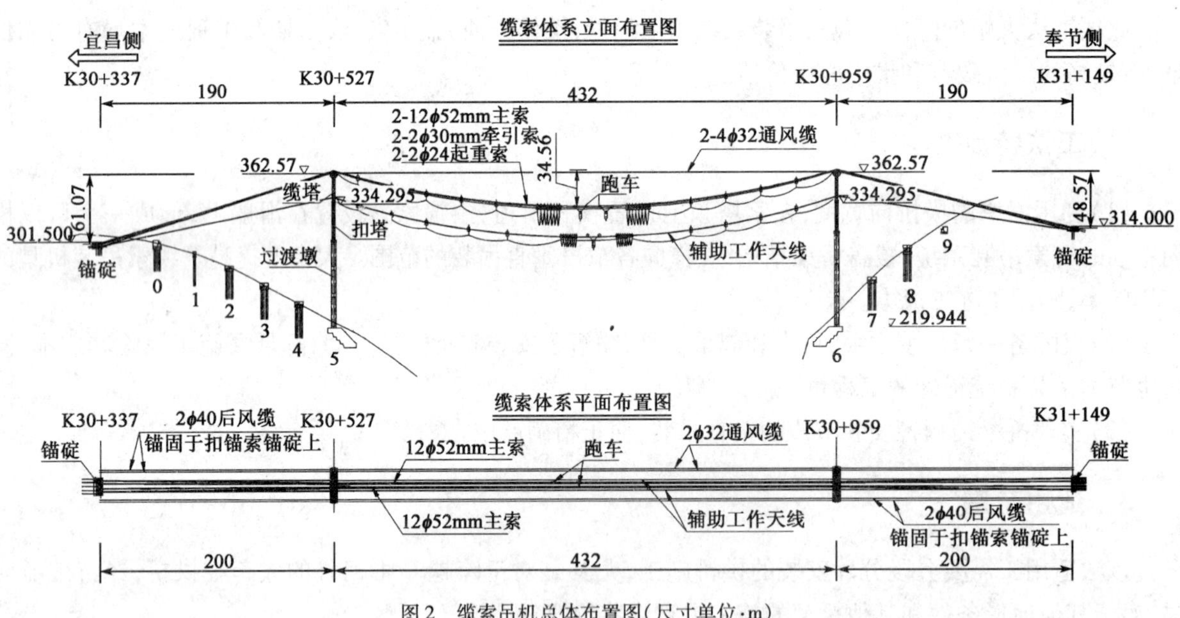

图2 缆索吊机总体布置图(尺寸单位:m)

(4)拱肋节段经工厂制造预拼检验合格后出厂,船运至桥位处河面停泊,起吊、纵移、就位、测量,临时连接、扣锚。东西两岸对称分别自拱座第一节段开始,向跨中拼装至第五节段,待整体调整好拱轴线及高程后,封固拱脚临时铰。然后依此程序逐段吊装,直至第九节段吊装完成。

(5)拱肋按照监控单位提供的安装预抬置就位,强迫合龙,临时连接,在无应力状态下施焊。

5.1.2 缆吊系统的安装

1)吊塔塔体结构安装

(1)吊塔各拼装构件采用辅助缆吊转运至交界墩处,由墩旁的塔吊起吊组拼。

(2)扣塔施工完成后,按照设计图纸精确放样,安装缆塔下铰座分配梁和上铰座。下铰座分配梁主梁为螺栓连接组拼构件,用塔吊分节段吊装就位、螺栓连接,焊接分配梁间连接杆件,最后安装下铰座和上铰座。

(3)吊塔立于扣塔之上,与扣塔铰接。吊塔在拼装过程中先临时固接,在缆风系统布置完成后解除固接,恢复铰接。在正常起吊时,铰座两侧仍需超垫,但预留 2cm 间隙。吊塔横向稳固性较好,不考虑设置横向稳定性缆风索。

(4)吊塔万能杆件拼装过程中应设置临时缆风稳定。

(5)吊塔顶滑道分配梁根据塔吊吊装能力,分成节段制作、分节段安装,节间采用等强连接。

(6)滑道梁顶面必须打磨平滑,上贴不锈钢板,涂抹黄油。

(7)索鞍部分构件根据设计图纸制造,用塔吊吊上塔顶,进行现场组拼。构件的制作和安装将制订专门的工艺规程和验收标准,确保安装质量。

线索吊机索塔构造、线索吊机铰脚构造、横移式索鞍构造如图 3 ~ 图 5 所示。

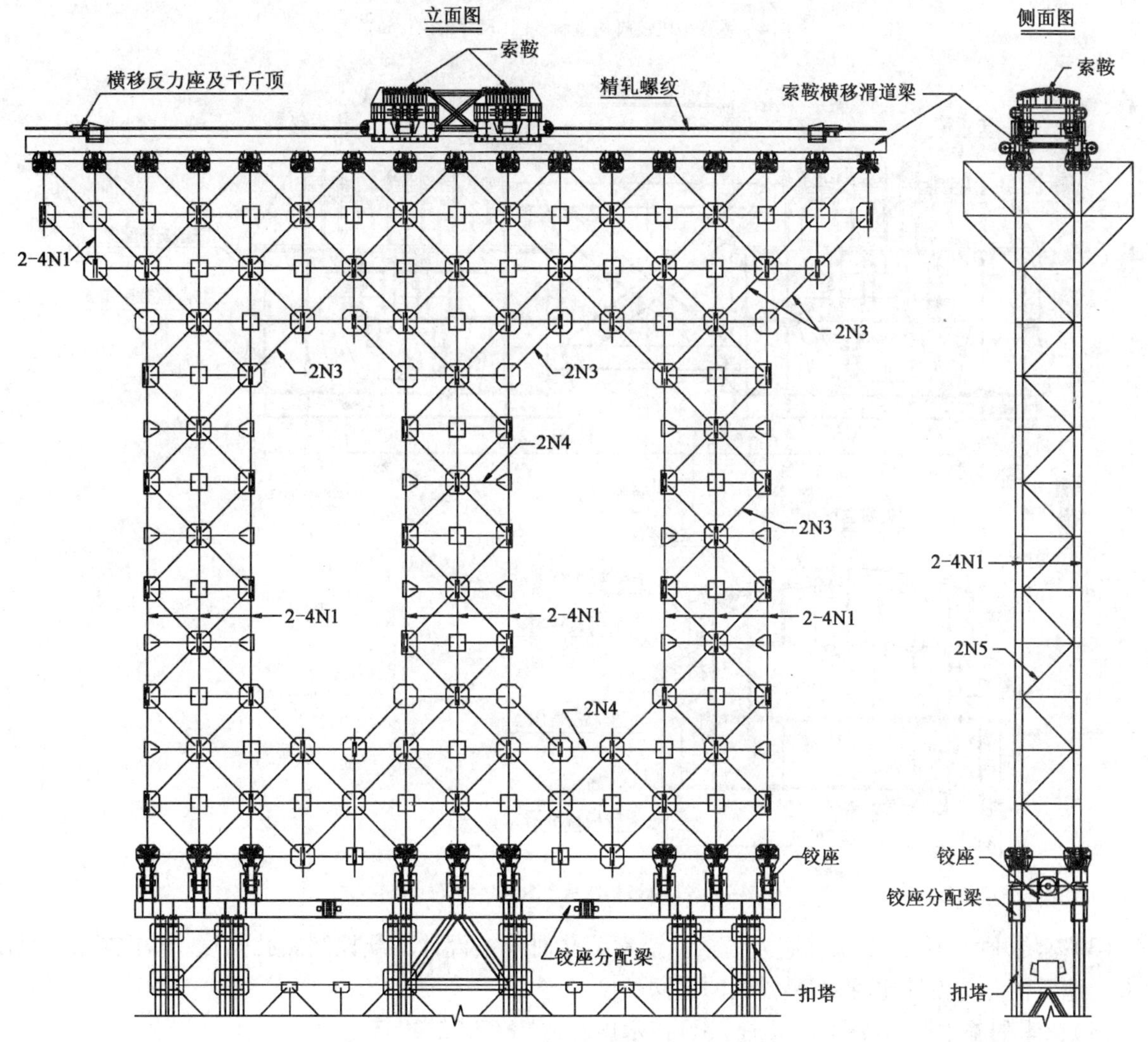

图 3　缆索吊机索塔构造图

2)锚碇系统施工

(1)按照设计图纸放样出锚碇基坑开挖边线。

(2)锚碇的开挖采用小间距、小装药、低爆速设计,确保对基坑不造成损害,在接近基地 50cm 范围内,由人工用风镐修整到位。基底应密实,对局部软弱土层要用片石混凝土作换填处理。

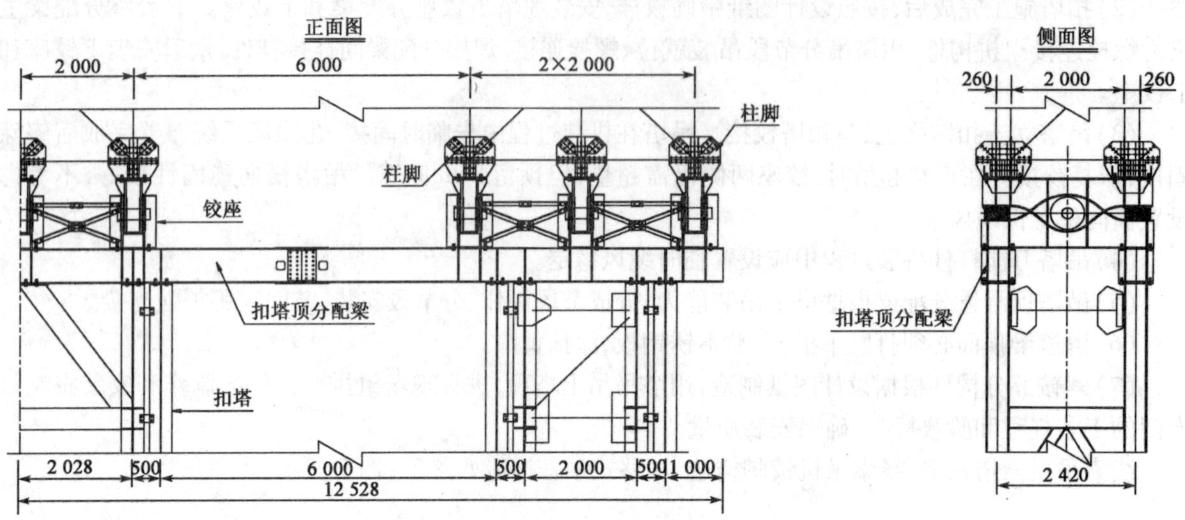

图4　缆索吊机铰脚构造示意图(尺寸单位:mm)

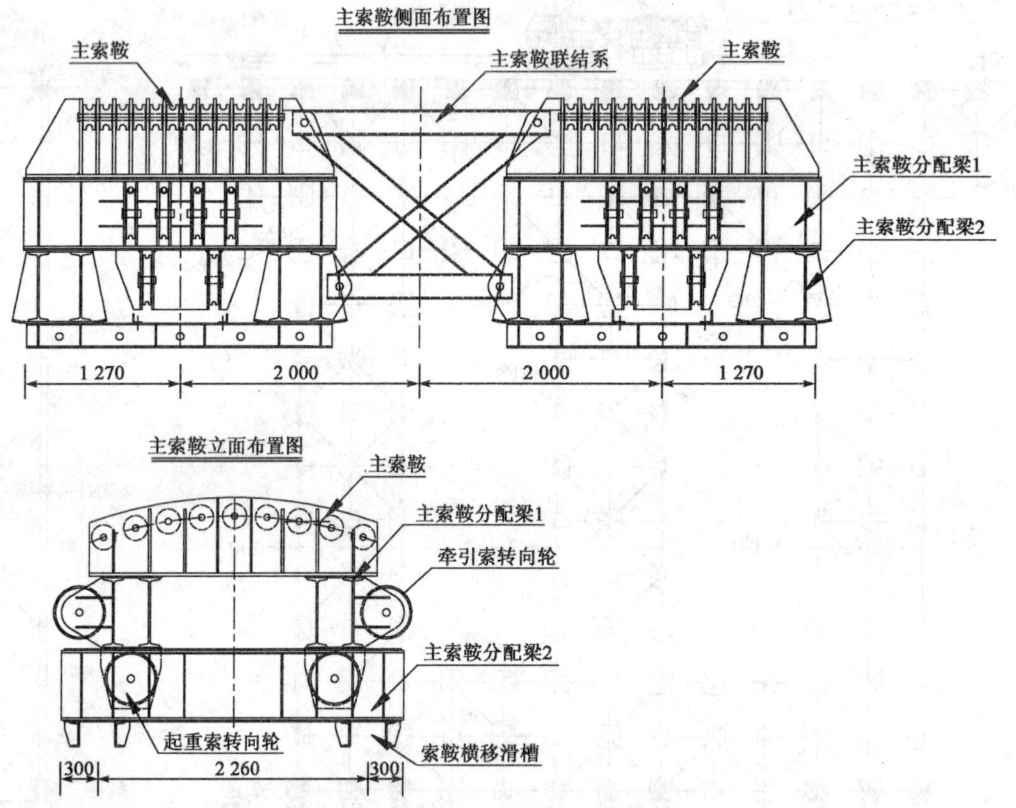

图5　横移式索鞍构造示意图(尺寸单位:mm)

(3)基坑开挖到位后施工预应力锚索。锚索钻孔时应按设计图纸控制钻孔角度,并根据钻孔反映出来的地质情况与设计比较,调整锚索的锚固长度。

(4)锚索的施工严格按《岩土锚杆(索)技术规程》(CECS 22:2005)执行。

(5)锚碇混凝土采用一次浇筑完成。在施工锚碇钢筋混凝土结构时,采取可靠的防护措施对锚索进行防护。

(6)锚碇预应力锚索的张拉在锚碇混凝土强度达到设计强度的75%后进行,并作相应的基本试验和验收试验。

(7)施工锚碇时,应按设计图纸埋设相关预埋件。

3）主索及跑车系统安装

用 ϕ25mm 钢丝绳作为主索的临时拖拉索。主索牵引前，先将拖拉索牵引绕过万州岸塔顶索鞍，用施工基础和下部构造的 15t 缆索吊机将其牵引过河，并绕过宜昌岸塔顶索鞍，进入宜昌岸牵引卷扬机。将主索钢丝绳盘置于万州岸引道上，在主索锚碇上设置定滑轮，主索牵引端用绳夹牵引索与主索连接牢固，收放拖拉索两端卷扬机捎绳，将主索拖至万州岸塔顶，绕过索鞍支座滑轮后，继续拖拉过宜昌岸塔顶至锚碇，锚固在锚块上。回拉 ϕ25mm 临时拖拉索，安装其余主索。

为使主索受力与设计相符，要对主索的安装垂度进行严格控制。主索牵引到位后，一端锚固，用另一端作为调索端，先用卷扬机走线初调垂度，再用自制调索器精确调整至满足设计要求。主索安装时严格控制空索安装垂度为 f_0 = 18.90m 。

主索空索安装完成后用塔吊安装起重跑车及支索器，在利用临时拖拉索安装起重索和牵引索。

5.1.3　吊装系统试吊

吊装系统布置完成，检查验收完毕，在吊装拱肋前必须进行试吊运行试验，以检测验证其吊重能力及各种工况下的系统的工作状态。为以后拱肋的吊装施工提供可靠的技术保证。缆索系统试吊运行试验主要包括吊重的确定及重物选择，缆索系统的观测、试验数据的收集、整理、分析等工作内容。

本缆索吊机试吊荷载为：静载 1.2P，动载为 1.1P。P 为设计吊装重量，P =165t。

吊装荷载采用钢材等重物加载，用万能杆件组拼一荷载平台，将重物堆放于平台上。

试吊加载程序如下：

（1）试吊时先分级加载（按照 0.5P→0.75P→1.0P→1.2P 的顺序）进行静载试验，再按 0.75P→1.1P 的顺序进行动载试验。

（2）因有两组各自独立的主索系统，除每组分别进行单独试吊外，还须模拟拱肋吊装过程中的实际情况进行两组的组合试吊试验。

（3）静载试验时每次荷载起吊后持荷时间不得小于 1h，重物离地 10cm，且需进行全跨范围内的行走，进行动载试验，同时对两岸吊塔监控监测，动力系统（卷扬机）测试，以及各部位结构件的观测，并作详细记录。

5.1.4　扣锚系统施工

（1）扣塔所有新制构件均委托有相应资质和技术能力的专业厂家制作加工。工厂内加工的构件必须进行试拼，试拼验收合格后，统一编号标识运至工地现场。制订合理的运输方案，确保加工件在运输过程中完好无损。

（2）扣塔所有构件均采用设置在交界墩处的塔吊进行现场组拼安装。

（3）交界墩施工时，在柱顶预埋型钢支架，用于定位扣塔底节段，施工交界墩墩帽前安装好扣塔底节预埋段，同时安装扣塔立柱间联结系，经过精确测量，预埋段安装精度达到要求后，方可施工交界墩墩帽。所有预埋件横向偏差不大于 5mm，四角高差不大于 2mm。预埋件必须确保其焊接质量满足设计要求。预埋件周围混凝土需振捣密实。

（4）扣塔安装节段，扣塔每安装一节段，需测量塔柱轴线垂直度。扣塔拼装垂直度控制在 1/2 000。

（5）扣塔钢结构的制造、安装施工按照《钢结构工程施工质量验收规范》（GB50205—2001）执行，严格控制塔的安装精度、栓接和焊接质量，安装完成后组织专门的验收小组验收。

（6）锚索必须锚固于新鲜、稳定的岩层里，并通过试验验证锚索的安全性能和锚固深度；严格控制回缩量，确保锚索锚固索力不小于设计值；张拉时先张拉主受力锚索，后张拉辅助锚索。

（7）宜昌、奉节侧锚碇基坑开挖应尽量减小对既有地基的扰动，基地碎石土应尽量密实，对局部软弱土层要用片石混凝土作换填处理。

5.1.5　拱肋安装

1）拱肋节段的运输

拱肋节段在工厂内制造完成后必须进行预拼，进检验合格后，采用船舶将拱肋吊装节段由武汉船水运至桥位。为便于施工，所有拱肋吊装节段均采用立位运输，运输过程中采用拉缆风和固定支架等可靠的措施加固稳固。

由于地形条件限制,不能临时存放钢拱肋构件,项目部将根据施工进度及结构吊装工序需要,制订与现场安装进度比较协调的详尽的运输方案。

2)拱脚预埋段安装

(1)施工图设计已考虑每片拱肋对应一个钢支架预埋与拱座上。拱脚预埋段靠定位钢支架支承和定位。

(2)拱座C30部分混凝土施工时,在混凝土表面上对应的钢支架节点处埋设预埋钢板,用于定位钢支架。

(3)拱脚预埋段用三维坐标定位方法精确定位,利用15t缆索吊机进行安装。为控制拱脚预埋段的安装精度,安装前必须重新复核全桥测量控制网的精度,由两人独立测量、独立计算进行校对,并将满足要求的测量成果报监理工程师批准后方可使用。

(4)定位支架和预埋段必须采用钢支撑作加固,确保新浇混凝土产生的侧压力不会使预埋件发生偏移。预埋段安装必须严格控制安装精度,尤其重视保证3片拱肋铰座铰轴的同心度。

3)拱肋安装

拱肋安装施工工艺流程如图6所示。

(1)吊装宜昌岸的第一节段上游侧拱肋桁片就位,挂1号扣索,测量确认拱肋高程和轴线至满足设计要求,锚固扣索。

(2)吊装奉节岸第一节段上游侧拱肋桁片,挂1号扣索,测量确认拱肋高程和轴线至满足设计要求,锚固扣索。

(3)向下游方向横移主索索鞍至中间拱肋正上方,锚固索鞍。

(4)先后吊装两岸中间第一节段拱肋桁片就位,挂扣索,测量确认拱肋高程和轴线至满足设计要求,锚固扣索,围焊节间环焊缝。同时用辅助工作天线安装上游侧拱肋间平联、横联。

(5)将主索索鞍横移至下游侧拱肋正上方,锚固索鞍。

(6)先后吊装两岸下游侧第一节段拱肋桁片,挂扣索,测量确认拱肋高程和轴线至满足设计要求,锚固扣索,同时用辅助工作天线安装下游侧拱肋间平联、横联。

(7)照上述顺序吊装第2~5节段,节间法兰盘临时螺栓连接,调整扣索索力,调整拱肋高程和轴线。

(8)封固拱脚临时铰。

(9)参照步骤(1)~步骤(6)顺序吊装上游侧及中间片拱桁第6~9节段,节间法兰盘临时螺栓连接,分别挂扣索,张拉扣索,调整拱肋高程和轴线,安装拱肋间横联、平联,工地焊缝焊接。

(10)观测拱肋线形、高程、合龙段长度与温度的关系,按设计规定的合拢温度,精确测量合龙段长度,切割余量,在规定温度时,安装合龙段,实施强迫合龙,临时连接,在无应力状态下焊接合龙段连接环焊缝。

参照上述步骤,安装下游侧第6~9节段拱桁。

观测拱肋线形、高程、合龙长度与温度的关系,通过监控监测结果,调整拱肋内力,确定合龙时机,在在规定温度时,安装下游侧拱桁合龙段,实施强迫合龙,临时连接,焊接合龙段连接环焊缝。

5.1.6 拱肋合龙

采用三肋吊装完成1~5节段并封铰,先行吊装上游侧及中间拱桁6~9节段,再安装下游侧6~9节段直至合龙,拱肋的合龙采用强迫合龙,临时连接,在无应力状态下焊接合龙段节间环焊缝的方式。

5.2 操作要点

5.2.1 缆索吊机系统

1)塔架支撑系统

缆索吊机塔架主要是由西乙型万能杆件组拼而成的桁架结构,塔架横向为3组4m×2.56m万能杆件三立柱塔柱,塔柱中心距为10m,由万能杆件横联将上、下游塔柱联成整体,形成门形框架,并分别铰结于扣索塔架顶部。滚动索鞍设置在塔顶上,为放置承重索、起重索、牵引索等。

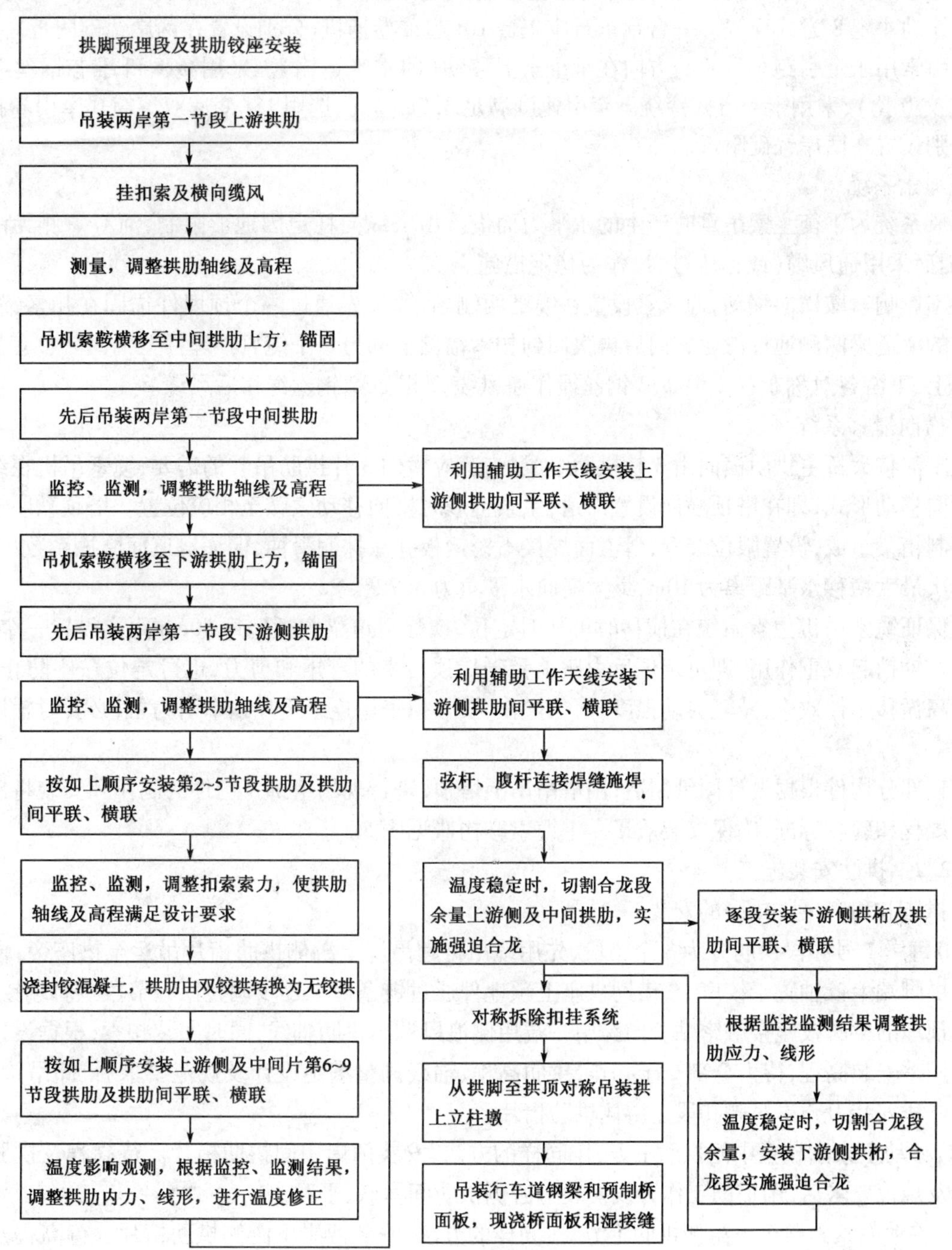

图6　拱肋安装施工工艺流程图

采用新制钢箱在扣塔塔顶设置连接分配梁，并将其与扣塔立柱焊接，在分配梁上布置吊塔铰脚。铰脚由铰座、铰板、钢销等几部分组成。

2）锚固系统

主缆锚碇系统为锚固承重索（主索）用。根据地质情况分别采用不同的受力方式设计。宜昌岸锚碇位置处地质条件较差，设计为重力式锚碇，奉节岸锚碇位置处地质条件较好，采用斜向岩锚。

3）绳索系统

承重索支承于两岸塔架的索鞍上。选用 $12\phi52$mm 纤维芯钢丝绳（$6\times37+\text{PPC}$），共设两组，在进行拱肋节段吊装施工时，由两组主索上的4台跑车（每组上两台）共同抬吊，拱肋合龙后，两组主索则独立工作，安装拱上立柱墩、钢梁等。

起重索用于控制吊运构件的升降(即垂直运输),选用 ϕ24 纤维芯钢丝绳(6×37+PPC,交互捻),采用定5动4走8方式穿绕。一台跑车对应2台10t起重卷扬机,分别设置在两岸锚碇附近。

牵引索用于牵引跑车沿桥跨方向在承重索上移动(即水平运输)。采用 ϕ28 纤维芯钢丝绳(6×37+PPC,交互捻),采用走4方式穿绕。牵引速度满足3.5m/min,选用15t变速双滚筒式牵引卷扬机。卷扬机分别设置在两岸锚碇附近。

4)绳索系统

缆风系统为平衡主索吊重时产生的水平力而设。吊塔纵向稳定因地形限制,河心一侧无法设置前缆风,因而采用通风缆(或称压塔索)作为稳定措施。

为不影响索鞍横向移动,缆风索设置在缆塔两侧,后缆风先通过一个预埋件锚固在扣索锚碇上,在塔顶上的滑道梁两侧通过滑轮转向后再次回到扣索锚碇上的另一个缆风预埋件上锚固。整套吊装系统在吊塔上、下游各对称布置2根 ϕ32 钢丝绳作通风缆,2根 ϕ32 钢丝绳作后风缆。

5)横向滑移系统

大宁河特大桥主拱肋横向由3片拱肋组成,为适应横向3片拱肋吊装的需要,缆索吊机在缆塔塔顶采用横向移动形式,即在塔顶横向设置滑道,主索空载时横向移动索鞍至相应位置。塔顶鞍座滑道梁由两根新制箱梁组成,设置限位装置,滑道面焊接不锈钢板并涂抹润滑油,保证滑道面摩擦系数小于0.15。索鞍每次最大横移水平距离为10m,最大横向水平角为3.72°。

为保证缆索吊机主索系统在横移时可随时定位,横移滑道梁腹板上每50cm距离设置一个定位孔。定位孔及轴销起双重作用,即可定位反力座承受千斤顶传来的弯矩和剪力,也可定位鞍座防止其移动。为了提高横移工作效率,减轻劳动强度,简化操作,横移拟采用连续千斤顶牵引为主,必要时辅以千斤顶顶推。

索鞍部分构件根据设计图纸制造,用塔吊吊上塔顶,进行现场组拼。构件的制作和安装将制订专门的工艺规程和验收标准,确保安装质量。主缆索鞍构造见图5。

5.2.2　拱肋安装施工

1)拱脚扣段(1号扣段)的安装

(1)每岸1号扣段拱肋分为3个吊段,先用缆吊将宜昌岸上游侧拱肋桁片吊运至拱座旁,慢慢将拱肋节段拱脚端上铰轴置于铰座上,借助拱座上预埋件通过链条滑车逐步调整第一节段拱脚端铰轴位置,使其与预埋的拱脚铰座接触密贴。向跨中一端用侧浪风调整拱肋轴线,同时安装扣索,根据设计高程张拉扣索调整安装高程,待力全部交于扣点,拱肋高程、轴线调整满足设计及规范要求后,卸吊钩,然后按同样的方法安装万州岸拱脚扣段上游侧拱肋桁片。

(2)移动主索索鞍至中间拱肋上方,按同样的方法,安装两岸中间拱肋桁片。待高程及拱肋轴线满足设计及规范要求后,用辅助工作天线安装上游侧拱肋间横联、平联。

(3)移动主索索鞍至下游侧拱肋上方,按同样的方法,安装两岸下游侧拱肋桁片。待高程及拱肋轴线满足设计及规范要求后,用辅助工作天线安装下游侧拱肋间横联、平联。

2)一般扣段(2~9号扣段)的安装

(1)一般扣段参照吊装程序与拱脚扣段(1号扣段)的施工方法进行施工。东西两岸对称分别自拱座第一节段开始,向跨中拼装至第5节段,待整体调整好拱轴线及各控制点高程后,封固拱脚临时铰,再安装上游侧及中间拱桁6~9节段,合龙后,再安装下游侧拱桁节段直至合龙。

(2)拱肋桁片吊装就位后,吊段下端接头与已安装好的相连段上端接头法兰盘临时用螺栓连接,松下端吊钩,挂扣索和横向调节风缆,张拉扣索。经对高程和拱肋轴线调整至满足设计要求后,卸上端吊钩,围焊节间环焊缝。

(3)当每一节段中相邻的片拱肋桁片安装就位,高程和拱肋轴线调整至满足设计及规范要求后,在主缆吊安装另一片拱肋桁片时,可同时用辅助天线安装拱肋间横联和平联。

(4)按吊装程序,每一组扣索(3片肋)挂好后,均需对该扣索之前的扣索进行调索作业。调索作业根据设计方和监控方现场共同发布的调整索力和拱肋高程、调索顺序,对每一扣索采用对应钢绞线束数的千斤顶、油泵张拉设备,同步作业,对称、分级张拉,同时用频谱分析仪对索力进行测试,以确保调索顺利开展,确保各吊段节间连接焊缝及横联、平联连接焊缝、连接螺栓结构安全。对每一扣段,均进行一次拱肋轴线、拱肋高程的调整,避免拱肋的线形、高程误差累积到最后而造成调整困难,确保其安装精度的有效控制。

(5)拱肋吊装过程中的稳定措施:拱肋节段起吊就位后上、下游各设一定数量的缆风,以调整拱轴线、保证其悬臂施工阶段的安全稳定性。

(6)扣索在张拉前,应用20t穿心式千斤顶对每束扣索的每根钢绞线预紧,再张拉至设计张拉力,以确保所有钢绞线受力均匀。

两岸扣索布置图如图7、图8所示。

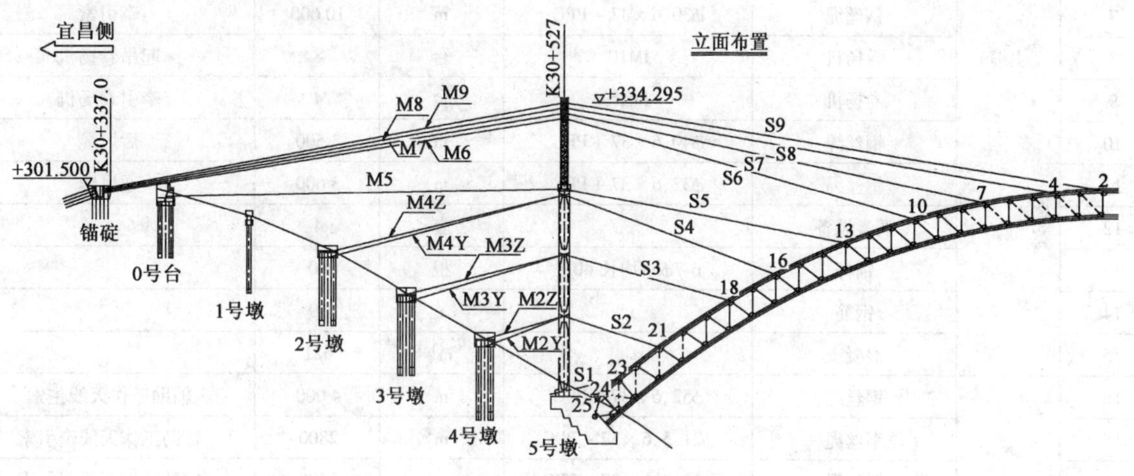

图7 宜昌岸扣索布置示意图

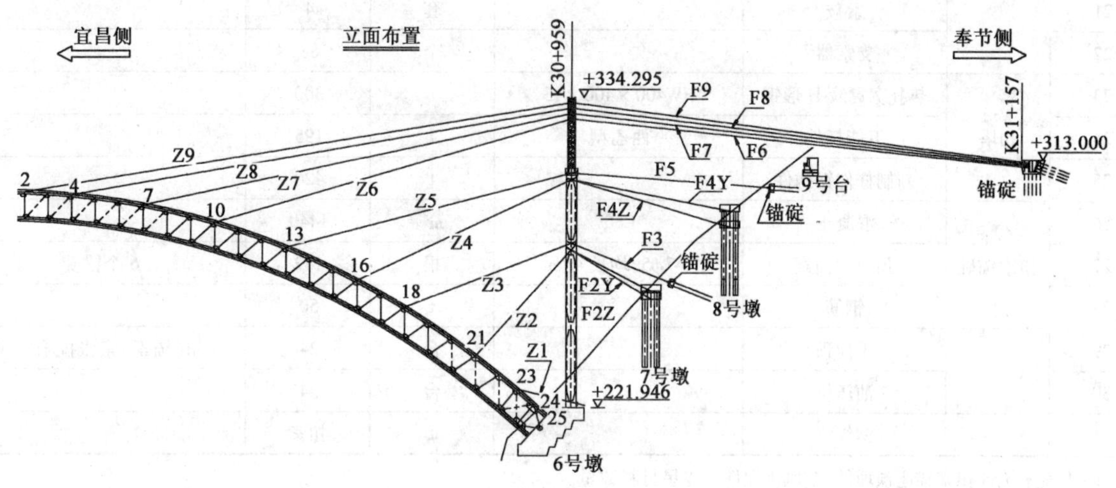

图8 奉节岸扣索布置示意图

5.2.3 拱肋合龙

合龙前,根据对拱肋内力及线形的监控结果,通过扣索、浪风索对拱肋进行全面线形、内力调整直至满足设计要求。同时进行温度观测,测量合龙长度,切割合龙段余量,安装合龙段就位,临时连接,强迫合龙,在无应力状态下施焊合龙段连接环焊缝,以确保结构内力合线形满足设计要求。

6 材料与设备

材料与设备具体见表1。

主要材料设备表 表1

序号	材料(设备)名称		规格型号	单位	数量	备注
1	主缆	跑车及吊具	50t	套	4	
2		缆吊索鞍		套	4	
3		支索器		个	80	
4		万能杆件	西乙型	t	509	
5		钢丝绳	2-12ϕ52,6×37+PPC	m	24 000	承重主索,共24根,单根长1 000m
6		钢丝绳	ϕ24,6×37+PPC	m	12 000	起重索
7		钢丝绳	ϕ30,6×37+PPC	m	10 600	牵引索
8		卷扬机	JM10	台	8	起吊卷扬机
9		卷扬机	JM15	台	4	牵引卷扬机
10		钢丝绳	ϕ40,6×37+PPC	m	3 500	后风缆
11		钢丝绳	ϕ32,6×37+PPC	m	3 600	通风缆
12		调索设备		套	4	
13		锚杆	6-7ϕ5,均长40m	根	80	
14		钢筋		t	19	
15		混凝土		m^3	621	
16	辅助工作天线	钢丝绳	ϕ52,6×37+PPC	m	4 000	辅助工作天线主索
17		钢丝绳	ϕ21.5,6×37+PPC	m	2800	辅助工作天线牵引索
18		钢丝绳	ϕ19.5,6×37+PPC	m	3200	辅助工作天线起吊索
19		卷扬机	8t	台	8	辅助工作天线牵引卷扬机
20		卷扬机	8t	台	4	辅助工作天线起吊卷扬机
21		索鞍		套	4	
22		支索器		个	88	
23	扣塔	热扎宽翼缘H形钢	HW400×400×13	t	300	
24		万能杆件	西乙型	t	195	
25		新制杆件钢构件		t	420	
26	扣索锚碇	混凝土	C30	m^3	1440	
27		预应力锚索	6-7ϕ5,均长40m	根	132	6个锚碇
28		钢筋		t	50	
29		千斤顶		台	24	扣(锚索)索张拉千斤顶
30		油压机		台	24	
31		钢绞线		t	扣索	

注:本表未统计扣索锚座预埋件、缆风预埋件等零星材料数量。

7 质量控制

7.1 一般要求

(1)加强测量的精度控制与复核,确保构件安装的平面位置,高程符合设计要求。

(2)严格执行合同文件有关规定和施工规范要求。

(3)严格执行材料,设备进场的复核验收工作程序,确保进场材料,设备合格。

(4)严格每一道工序开工前和结束后的检查验收制度,坚持执行班组自检,质检部门检查合格,报请监理工程师检验的工作程序,重要工序请监理旁站监督检查。

7.2 施工工序过程控制

7.2.1 缆索吊机施工注意事项

(1)缆索吊机为空中运行的起吊设备,其加工制造和安装质量尤其重要。缆索吊机结构的钢结构、焊接构件、机加工销轴、铸造件滑轮片及一些外购件等,其设计、制造标准,完全与永久结构相同,加工前应严格制定加工工艺和操作细则,并进行技术交底,确保满足设计要求的工艺、精度及技术要求。

(2)原材料要使用正规厂家的合格产品,要有产品质量证明书、合格证,并按有关规定进行验收。对旧钢丝绳必须详细检查,对其承载力作出评估报告。

(3)对使用的销轴、铸造件滑轮片等要对其原材料和加工成品进行探伤和验收,对销轴要按设计图纸要求进行调质。

(4)对外购件(如轴承等)、委托加工件等要有材质说明书、合格证,并检查验收符合设计要求后方可使用。

(5)对缆索吊机起重跑车、索鞍及分配梁、主索锚头及锚碇预埋件等产品要专项检查验收,并有验评报告。

(6)现场施工时应深刻领会设计意图,制定安全操作细则并进行技术交底,使缆索吊机的安装工作根据设计图纸及工艺与技术要求,按章有序进行。

(7)为确保施工安全,在施工过程中,应组织专门人员负责施工观察与通信的联系,及时发现问题及时采取处理措施,避免事故发生。

7.2.2 缆索吊机使用注意事项

缆索吊机使用过程中,除按常规注意事项外,还应重点注意下列事项:

1)定期调索

主索非弹性伸长较大,使用中须定期调整主索垂度。风缆也应定期观测调整。

2)重点部位的观测检查

(1)缆吊使用初期,每次吊重前后以及起吊过程中均须测量观测锚碇位移情况,雨天更应严格执行。待运行正常后,可视情况酌减观测次数。

(2)两缆塔顶中心线纵、横向偏移量,无吊重时每半月检查一次;缆吊使用初期,每次吊重前后以及吊重过程中均需观测。

(3)轨索跨中最大垂度即两轨索跨中垂度差,使用初期,每次吊重前后及吊重过程中均需观测。

(4)轨索锚头、调索器、精轧螺纹钢筋及锚固螺母,使用初期,每次吊重前检查一次,以后可视情况逐步酌减观测次数。精轧螺纹钢筋要有防护措施,严禁碰电焊和其他物件撞击。

(5)后锚固、缆风等处销轴每半月检查一次。

(6)塔柱各节点螺栓,每半月检查一次。

(7)塔柱索鞍、分配梁连接螺栓、滑轮组、吊钩、小车行走机构、导向轮,每周检查一次。

(8)主缆、风缆的松紧度及绳夹,每半月检查一次。大风后,应立即检查。

7.2.3 扣索施工注意事项

(1)挂索阶段,应逐层对称施工,确保挂索过程中由于索体自重及风力组合产生的不平衡水平力在设计文件的允许范围内。

(2)扣(锚)索张拉应分级进行,每一张拉阶段完成后观测塔顶水平位移,确保主体桥墩基础承受的不平衡力不致过大。

(3)锚(扣)索张拉阶段,扣塔张拉不平衡水平力按30t控制。为确保塔顶不产生过大不平衡水平力,张拉过程中严格采用张拉力与塔顶位移双控制。张拉时同步观察张拉机具油表读数,确保张拉过程中锚(扣)索水平力相等,同时进行塔顶位移观测,若三柱水平位移不均匀,应立即停止张拉,查明原因后,采取措施使各柱变形协调一致。

(4)拱肋安装过程中,扣塔顶纵、横桥向水平位移 $\Delta_{纵}$、$\Delta_{横}$ 需满足以下要求:

纵桥向:$\Delta_{纵}\leqslant100$mm;

横桥向:$\Delta_{横}\leqslant20$mm。

7.2.4 拱肋安装注意事项

(1)拱肋的安装严格按照加载程序进行。

(2)拱肋3肋安装完成1~5节段后,在第5段拱桁前端布置横向风缆,根据监控监测结果,调整好拱轴线形及各控制点的高程后,封固拱脚临时铰。

(3)在安装上游及中间片拱桁6~9节段期间,需在上游侧布设横向临时缆风,确保拱肋的部对称结构的安全稳定性。

(4)拱桁的合龙应以监控监测结果为依据,通过采取调整扣索索力,采取强迫合龙的措施,确保拱桁线型和内力满足设计要求。

7.3 执行标准

(1)《重庆巫奉高速公路大宁河特大桥主桥上部构造安装施工方案》;

(2)《公路桥涵施工技术规范》(JTJ 041—2000);

(3)《钢结构工程质量验收规范》(GB 50205—2001);

(4)《岩土锚杆(索)技术规程》(CECS 22:2005);

(5)《公路工程施工安全技术规程》(JTJ076—95);

(6)《公路工程质量检验评定标准》(JTG F80/1—2004)。

7.4 工艺质量标准

工艺质量标准见表2。

工艺质量标准 表2

项目		允许偏差
吊、扣塔安装	构件尺寸	±2mm
	预埋件	水平偏差≤5mm,高差≤2mm
	塔底水平偏位	10mm
	垂直度	塔高的1/2 000,且不大于30mm
	螺栓连接	终拧转角偏差在10°以内
扣塔顶位移	纵桥向	≤100mm
	横桥向	≤20mm
缆塔顶位移		≤缆塔高的1/150
拱肋应力		符合设计要求
拱肋轴线偏位		±5mm
合龙高程		±10mm

8 安全措施

8.1 组织措施

(1)成立吊装领导小组,由业主、监理办、设计单位、施工监控单位、施工单位人员组成。

(2)项目经理部成立吊装指挥组。指挥组长1人,总指挥1人,现场负责人2名,现场指挥2名,成员若干人。

(3)吊装指挥组下设吊装作业班、测量观测组、安全治安组。

吊装作业组下设4个作业班组：

①起吊落位组；

②扣索作业组；

③卷扬机组；

④抗风作业组。

(4)制定作业组“工作范围”及“操作注意事项”使全体操作人员明确职责。

(5)建立健全安全规章制度、措施，并严格监督、检查落实。

(6)吊装作业工班设专职巡视检查员1人，负责施工过程中全系统各部的检查。

(7)在吊装与场设置专职警卫人员，禁止非工作人员进入现场，保护吊装设施安全。

(8)吊装作业前，技术负责人向参加吊装的所有施工人员进行全面细致的技术交底，做到人人心中有数。

8.2 各作业组人员工作范围及操作注意事项

8.2.1 吊装作业工班

吊装作业工班主要负责拱肋从船上起吊，拱肋运输、安装、调整拱肋轴线、高程，连接节段螺栓等，对吊装全过程的安全及质量负责，作业小组工作范围及操作注意事项如下：

1)起吊落位组

(1)工作范围

①负责吊运系统的全面检查处理。

②拱肋起吊、运输。

③与扣索组、抗风组互相配合，负责拱肋轴线、高程的调整。

④负责拱肋间横撑起吊、运输、就位。

⑤负责拱肋节段间螺栓连接。

⑥执行指挥及工班长临时交办的任务。

(2)操作注意事项

①必须严格遵守高空作业规程。

②拱肋起吊运输过程中，提升、下落、运行要求平稳，防止突然停动增大荷载对线的冲击。

③合龙采用双肋同步合龙方式。拱肋节段为单安装，待同一岸上、下游节段就位后，紧接着安装节段间连接横撑，即完成一个拱肋节段单元。其横向稳定的措施单肋节段安装就位后，用抗风索保证横向稳定；一个拱肋节单元形成后，结构本身即保证其横向稳定。

④拱肋吊运到安装位置，通过前后吊点的缓慢收放、牵引，使拱肋待安装节段后端靠近对位已就位拱肋的前端拼装接头，拼装时，先用螺栓拼装，螺栓不完全拧紧，以便于拱肋高程、轴线调整。拱肋高程通过正式扣索(或临时扣索)调整，拱肋轴线通过抗风索调整。拱肋吊点在力完全交于予扣索且抗风索调整好之后松下。

2)扣索作业组

(1)工作范围

①负责扣索系统的检查处理。

②负责各拱肋的扣索安装及张拉，按指令“定长松索”，对拱肋进行调整。

③配合起吊落位组，测量观测组进行拱肋高程调整工作台。

④执行指挥及工班长临时交办的任务。

(2)操作注意事项

①坚守工作岗位，不得擅自离开。

②与测量观测组、起吊落位组、抗风作业组密切配合，进行扣索张拉及调索工作。

③上、下游拱肋扣索张拉及调整分级进行,上、下游对称,同步作业。

3)卷扬机组

负责全桥卷扬机的操作、检修、保养;操作过程中精力集中,一切行动服从现场指挥的指令,接到可靠的指令后才能进行操作。

4)抗风作业组

负责抗风系统的检查、处理,配合起吊落位组对拱肋横向偏移进行调整。经常性检查抗风地锚及抗风索的牢固情况。同岸对应相同节段在拱肋横撑连接完成后方可拆除抗风索。每段拱肋上、下游风缆交叉设置,避免拱肋间横联受拉。张拉浪风索,拱肋上、下游同步张拉,且张拉力应相等。

8.2.2　测量观察小组

1)工作范围

(1)负责拱肋轴线观测;

(2)负责扣塔及吊塔塔架在拱肋安装中的偏移观测;

(3)负责拱肋各扣点在各阶段的高程控制;

(4)负责扣索各阶段索力观测;

(5)负责缆索吊装主缆索垂度、索力观测;

(6)负责吊装锚碇及扣索锚碇的位移观测;

(7)汇总和整理测量数据。

2)注意事项

测量观测结果要求准确、迅速、及时地报告指挥台。

8.2.3　安全治安组

(1)负责吊装期间的施工安全布置、督促、检查工作。

(2)负责在施工区域布置安全哨,指挥过往车辆、行人安全通行。

(3)配合港航监督部门作好施工期的通航管理工作。

(4)负责全桥吊装期间的治安保卫工作,对于吊装系统各部门必须严加防范,以保证吊装安全。

8.3　安全规章制度措施

(1)按时进入工作岗位,未经同意不得擅自离开工作岗位。

(2)施工操作人员上班前不得饮酒。

(3)一切行动听指挥,严格遵守操作规程。

(4)指挥人员站位要适当,发出的信号要明确、及时、无误。

(5)施工人员上班必须戴安全帽,不准穿硬底鞋,高空作业必须拴安全带、安全绳。

(6)施工工具(如撬棍等),螺栓及螺帽应妥善放置,作业区下方布置钢丝网,防止落物伤人,严禁向下抛掷物件,严禁坠物伤人及对桥下安全通航构成威胁。

(7)停止作业时,所有吊装机具、设备应加防护,起重绳、牵引绳、扣索等都应卡定,并去掉电源保险。次日上班应进行全面检查。

(8)由于自然条件(如大雨、大风、大雾)的影响及夜间停止作业。

(9)指挥联络设施失灵或缺乏可靠的安全防护措施,发现吊装设备工作不正常等原因影响吊装作业时,现场指挥应及时采取措施或暂停吊装作业,不得冒险施工。

(10)两岸吊装塔架设避雷装置。

8.4　安全防护措施

(1)各拱肋节段接头处悬挂工作平台,平台底部满铺钢板网,四周设围栏并加挂铁丝网防护。

(2)布置爬梯便于人员上下拱肋,爬梯两侧安装扶手,底部满铺铁丝防护网。

(3)人员上下扣塔及吊塔,通过附着于扣塔上的电梯至扣塔顶,通过吊塔上附着的安全防护步梯至吊塔顶。

(4)索锚固点设置牢固可靠的操作平台。

(5)吊装索塔、扣塔设置避雷设施，接地电阻小于4Ω。

(6)整个拱肋吊装系统，拱肋各个作业点均设置漏电保护设施。

(7)吊塔塔顶、扣塔上索鞍位置周边设置防护栏，各操作位置设置操作平台。

9　文明施工与环保措施

9.1　文明施工措施

9.1.1　文明施工组织管理机构

成立由项目经理为组长的文明施工小组，全面开展文明工地活动，创造良好的施工环境和氛围，保证工程顺利完成。

9.1.2　文明施工保证措施

(1)对进场施工队伍签订文明协议，建立、健全岗位责任制，把文明施工落实到实处，提高全体施工人员的自觉性和责任心。

(2)采取有效措施处理生产生活废水，不得超标排放，并保证施工现场无积水现象。在多雨季节应配备应急的抽水设备和突击人员。

(3)现场布置合理，材料、物品、机具、土方堆放符合要求。

(4)施工现场、办公室内按要求布置图表，及时反映现场及工程进度状况。

(5)施工期间，经常对施工机械车辆道路进行维修，确保晴雨畅通。

(6)施工现场各种标志、标识牌布置合理。

9.2　环境保护措施

9.2.1　水环境保护措施

(1)施工废水、生活污水按有关要求排放，不得直接排入河流。

(2)施工的废油，采取隔油池等有效措施加以处理，不得超标排放。

(3)对工人进行环保教育，不得随地乱扔果皮纸屑。

(4)对于施工中废弃的零碎配件、边角料、包装袋、包装箱等及时收集清理并搞好现场卫生，以保护自然与景观不受破坏。

9.2.2　大气环境及粉尘的防治措施

(1)施工现场和运输道路经常洒水，减少灰尘对人的危害和环境的污染。

(2)对油料物品设立专门库房，采取严密可靠的存放措施。

9.2.3　降低噪声措施

(1)对使用的工程机械和运输车辆安装消声器，降低噪声。

(2)在比较固定的机械设备附近设置临时隔声屏障，减少噪声传播。

(3)适当控制噪声叠加，尽量避免噪声机械集中作业。

10　资源节约

工法形成过程中，积极开拓创新，发明实用新型专利即可横移索鞍，利用缆索吊装系统的索塔宽度，将索鞍做成可横向移动的装置，一套缆吊系统即可满足桥梁结构横向各肋(片)垂直安装需求。减少缆索吊装系统的投入，节约施工成本，以达到降低能耗的目的。同时优化工艺流程、优化设备组合，选用高生产率或低能耗的设备。

11 效益分析

缆索吊装是桥梁施工常用的方法之一,具有垂直起吊、纵向移动、垂直安装就位、适用范围广等特点。但由于桥梁结构通常在横向由多肋(或多片)组成,缆索吊装也需要采取分段分片的方法来降低吊装重量,这就对缆索吊装系统提出了横向可以移动的功能;否则需要对应于桥梁结构横向各肋(片)的轴线设置吊装主缆,增加了工程成本和操作的复杂性。

贵州省桥梁工程总公司研发的横移式缆索吊装系统,利用缆索吊装系统的索塔宽度,将索鞍做成可横向移动的装置,满足桥梁结构横向各肋(片)垂直安装需求。以大宁河大桥为例,采用横移式缆索吊装拱桥施工工法吊装主拱,一套主缆吊装了3道主拱肋,节省了缆索吊装系统近1/2的费用,且操作方便,施工安全,有较高的经济效益和推广应用价值。经济效益分析见表3。

经济效益分析表 表3

方案名称	横移式缆索吊装系统		传统缆索吊装系统费用(万元)
	工程量	费用(万元)	
主缆	540.0		1 620
辅助工作天线	36.5		36.5
缆塔	509t 钢材	152.7(4次摊销)	152.7
扣塔	915t 钢材	274.5(4次摊销)	274.5
扣索锚碇	1 440m³ 混凝土	86.4	86.4
	50t 钢筋	25.0	25.0
费用小计	1 115.1		2 195.1
工期	4.5个月		6个月
节省费用	1 080万元		

12 应用实例

12.1 大宁河特大桥

大宁河特大桥工程位于三峡风景区、长江支流大宁河入江口附近,桥址位于巫山县白水村与月亮山之间,横跨大宁河。特大桥全长682m,起点桩号K30+372,终点桩号K31+054,主桥为净跨400m的钢箱桁架上承式拱桥,主拱净矢高80m,矢跨比1/5。宜昌岸引桥为5×30mT梁,奉节岸引桥为3×30m T梁。桥面净宽24.5m。大桥总用钢量为19 420t,混凝土用量为38 383m^3,工程总造价为2.6亿元。施工起止日期为:2006年6月至2009年12月。

主桥主拱肋为钢箱桁架结构,钢桁架高度为等高,桁高10m(上、下弦中心线间),横向分为3片拱肋,肋间中距10m。拱肋上下弦杆为等截面钢箱,高1.5m,宽1.0m,内设纵向加劲肋。钢桁拱肋节段按吊装重量控制,从拱脚至拱顶划分为9个节段,全桥共54个节段,最大节段吊装重量为165t。

拱肋节段结构具有尺寸大、重量大、数量多的特点。如果采用常规缆索吊装施工方法,需要3套缆索吊装系统,所需器具、材料数量多,工期难以得到保证,建设成本也会升高。为此,贵州省桥梁工程总公司采用了全桥设一套缆索吊装系统,索鞍横移,上、中、下游拱肋节段采用缆索吊机单肋安装,两岸对称悬拼的吊装方案。于2008年10月顺利完成了大宁河大桥的主拱安装工作。

此项工法大幅度减少了缆索吊装系统的数量。工期和工程建设费用能够得到保证,施工方便,也非常安全。有较高的经济效益和推广应用价值。缆索体系布置见图9。

12.2 酉水大桥

酉水大桥起讫桩号:K56+171.58~K56+329.02,全长157.44m;

孔跨布置:主跨采用1~120m箱型拱右边跨为1~13m钢筋混凝土空心板梁。桥面设0.85%的纵坡。

主孔拱圈:净跨120m钢筋混凝土箱形肋拱,矢跨比1/6,等截面悬链线,拱轴系数$m=1.543$,拱圈宽度790cm,高度220cm。

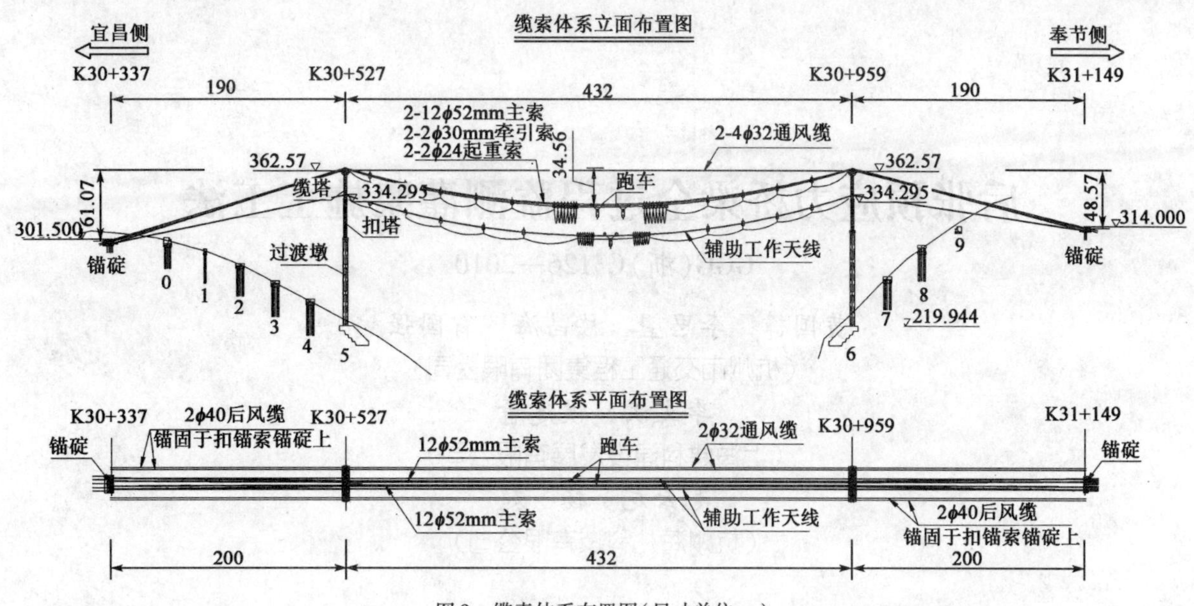

图9 缆索体系布置图(尺寸单位:m)

主拱圈横桥向分为5肋、纵桥向分5段预制,采用横移式缆索吊装系统进行安装。大幅度减少了缆索吊装系统的数量。工期和工程建设费用能够得到保证,施工方便,也非常安全。有较高的经济效益和推广应用价值。主拱圈安装于2006年6月顺利完工。缆索体系布置见图10、图11。

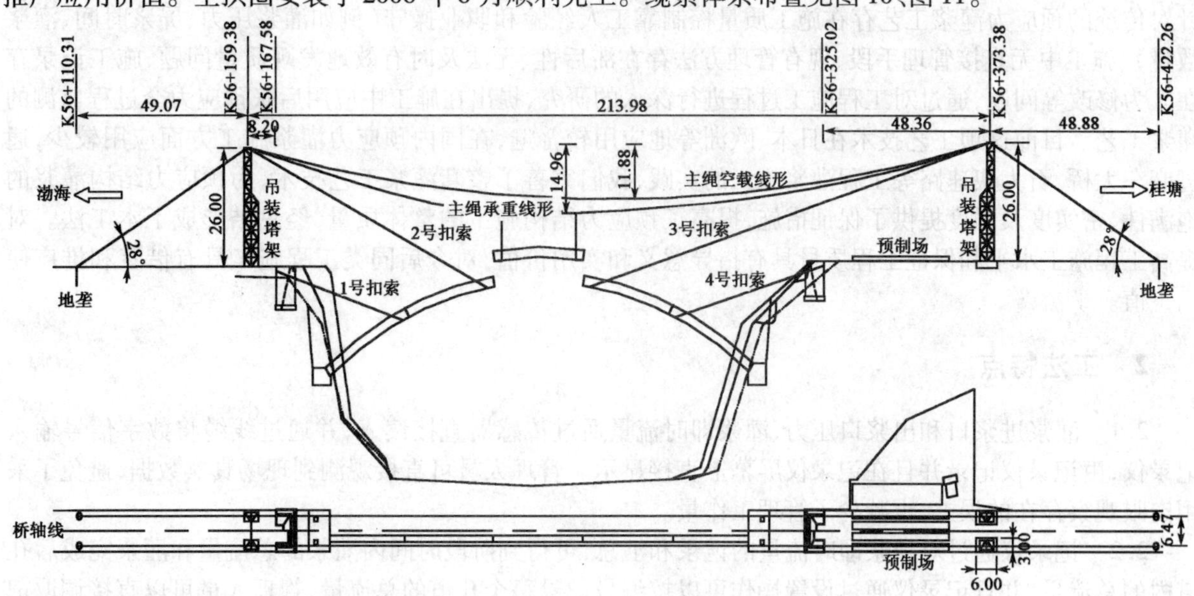

图10 缆索体系布置图(尺寸单位:m)

图11 拱肋合龙图片

后张预应力桥梁全过程监测灌浆施工工法

GGG(浙)C3126—2010

黄国樟　李思望　嵇昌海　翁国强
(杭州市交通工程集团有限公司)
季文洪　侯建青
(上海建科建设发展有限公司)
毛云龙　杨　超
(杭州海儿科技有限公司)

1　前言

在后张预应力混凝土结构中,以高标号水泥浆充满预留孔道的过程称为灌浆。在工程施工中,我们针对传统的预应力灌浆工艺存在施工质量控制靠工人经验和职业操守(例如灌浆压力、屏浆时间、灌浆数量)、施工中无直接管理手段、现有管理方法存在滞后性、无法及时有效地发现质量问题、施工记录存在人为修改等问题,通过对工程施工过程进行深入的研究,提出在施工中应用后张预应力全过程监测的灌浆工艺。目前这项工艺技术在日本、欧洲等地应用较普遍,在国内预应力灌浆施工方面应用较少,通过麻车大桥、石大快速路等工程灌浆施工的实践,我们完善了整套灌浆工艺技术,为预应力结构灌浆的饱满性、密实度及强度提供了保证措施,提高了预应力结构施工的整体质量,经总结形成了本工法。对提高工程施工水平和保证工程质量具有指导意义和实用价值,对今后同类工程施工具有借鉴和推广使用价值。

2　工法特点

2.1　灌浆进浆口和出浆口压力、灌浆即时流量通过传感器直接读入,并通过线缆将数字信号输入记录仪,由记录仪记录并且在记录仪屏幕上直接显示。管理人员可直接观测到现场真实数据,避免了采用肉眼观察存在的误差,也减少了管理工作量。

2.2　记录仪通过对灌浆即时流量的记录和汇总,可得到阶段时间内灌浆的总流量和灌浆完成后孔道内的总流量,并且记录仪通过设置操作可以按编号记录每个孔道的总流量,管理人员可以直接调取记录仪内部记录来检查每个孔道的各项灌浆参数,在现场施工中杜绝了少灌和漏灌现象。

2.3　在常规灌浆施工中,如何较好地执行和完成灌浆工序中屏浆操作成为灌浆施工的关键,而本工法中屏浆操作通过灌浆进浆口和出浆口压力传感器直接监测,并由记录仪直接记录屏浆持荷时间,屏浆压力值和持荷时间的记录完全通过记录仪完成,管理人员可直接监测或间接调用记录仪数据,检查该工序的执行情况和执行效果,保证了施工工序的执行力度和实施效果。

3　适用范围

本工法适用于各种不同形式的公路桥梁后张预应力混凝土结构灌浆施工。

4　工艺原理

开始预应力孔道灌浆施工后,浆液分别流经流量传感器和压力传感器,流量和压力等物理量被转换为电流信号，经处理后被送至远程数据采集模块进行 A/D 转换，最后由通信模块将转换数据通过串口送至计算机进行处理，软件系统实时显示当前流量、累积流量和压力等重要物理量的数值，绘制这些参数的趋时曲线，并提供一定的实时监控功能，灌浆结束后，系统自动保存重要的数据和曲线。检测流程见图 1。

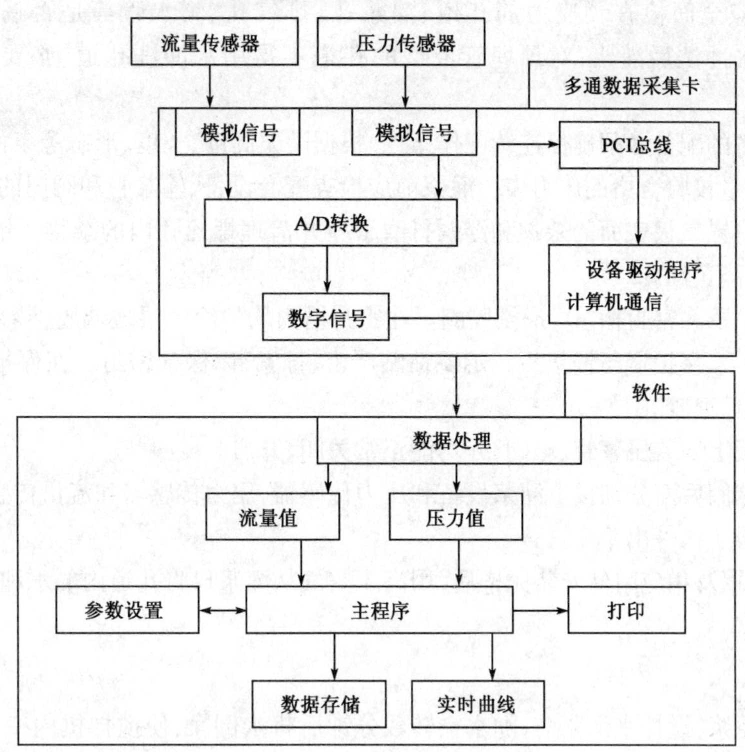

图 1　孔道灌浆检测流程图

从压浆泵出口位置开始算量到压浆管 3m 左右的位置上截断，截断后两端分别接上快速接头，然后把流量传感器和压力传感器接上。连接的时候在所有的丝口上缠上 3 圈半左右的防水胶带，以防止在灌浆的时候因压力而产生喷浆。此目的是为了缓解压浆泵的瞬间高压而产生的振动给传感器带来的不稳定。当传感器和压浆管连接好后，将另一个压力传感器放置在检测孔道的出浆口上，固定好传感器。检测示意见图 2。

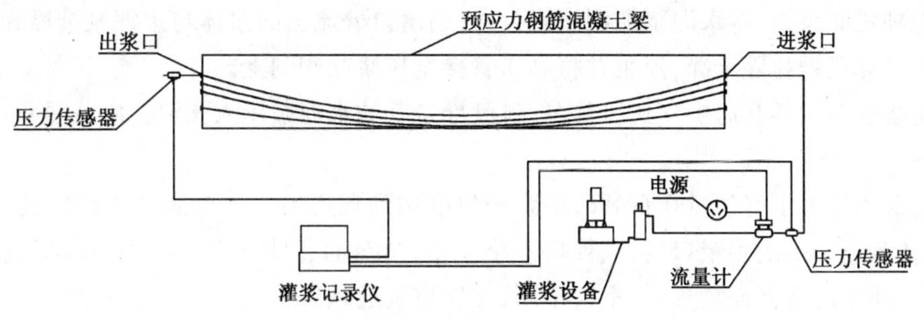

图 2　孔道灌浆检测示意图

5　施工工艺流程及操作要点

5.1　准备工作

5.1.1　组织有关人员对上道施工工序进行验收。

5.1.2 根据灌浆数据,参照配合比检查原材料是否满足此次灌浆要求。水泥选用经检验合格的普通硅酸盐水泥。施工用水采用自来水,如使用河水应保证洁净并化验合格。

5.1.3 检查施工所用的各种机械设备的运转情况,对易损部件要有备件,易出现故障的设备要有备用设备。

5.1.4 灌浆前应全面检查预应力筋孔道、灌浆孔、排气孔、泌水管等是否畅通。对抽芯成型的混凝土孔道宜用水冲洗后灌浆;对预埋管成型的孔道不得用水冲洗孔道,必要时可采用压缩空气清孔。

5.1.5 灌浆设备的配备必须确保连续工作条件,根据灌浆高度、长度、形态等条件选用合适的灌浆泵。灌浆泵应配备计量校验合格的压力表。灌浆前应检查配套设备、输浆管和阀门的可靠性。

5.1.6 用砂纸将锚垫板表面的杂物和浮锈打磨干净并清理螺栓孔内的杂物。锚垫板在使用前应在灌浆孔和螺孔内涂满黄油。

5.1.7 清理保护罩和密封槽"O"形橡胶圈。在密封槽内均匀涂一层玻璃胶,装入"O"形橡胶圈后将保护罩装在锚垫板上,保护罩与锚垫板一定要粘贴严密、拧紧,以保证密封。在保护罩与锚垫板的接口处再均匀地涂一层玻璃胶。

5.1.8 在锚垫板上安装压浆管、球阀,并均能正常关闭、开启。

5.1.9 在两端球阀后面分别接上灌浆设备和压力传感器,压力传感器和流量传感器设于构件进浆端,另一压力传感器设于构件出浆端。

5.1.10 在保护罩及相应附件安装完毕后,用高压空气从灌浆口将孔道内的水和杂物吹出,并保证孔道洁净无杂物。

5.2 灌浆

5.2.1 拌制水泥浆:搅拌水泥浆前,加水空转数分钟后将水倒净,使搅拌机内壁充分湿润,将称量好的外加剂加入搅拌机搅拌1min,加入水泥搅拌3min出料。水泥浆出料后应马上泵送,否则应不停搅拌。对于未及时使用而降低了流动性的水泥浆不得使用。水泥浆的水灰比控制在0.4~0.45之间,在1.725L漏斗中的流动度可控制在18s±4s。

5.2.2 搅拌机的转速不低于1 000r/min,浆叶的最高速度限制在15m/s以内。浆叶的形状应与转速相匹配,并能满足在规定的时间内搅拌均匀的要求。压浆机采用连续式浆泵(螺杆式)。其压力表最小分度值不应大于0.1MPa,最大里程应使实际工作压力在其25%~75%的里程范围内。储料罐应带有搅拌功能。

5.2.3 启动螺杆式灌浆泵,将水泥浆加到灌浆泵中,当出口处流出的浆体与水泥浆浓度相同时,表明泵和管中的水分、气体已被排除干净,停泵并将高压管接至压浆端阀门上。

5.2.4 开启压浆端阀门并开启螺杆式压浆泵,将已准备好的水泥浆压入孔道。灌浆过程中灌浆压力不得小于0.4MPa。

5.2.5 灌浆的最大压力不宜超过0.6MPa,灌浆充盈度达到孔道另一端饱满并于排气孔排出与规定流动度相同的浆体为止。关闭出浆口后,应保持不小于0.5MPa且不少于2min的稳压期。稳压前必须关闭进出浆阀门。灌浆应缓慢连续进行,不得中断,并应排气通顺。

5.2.6 当孔道直径较大,采用不掺微膨胀减水剂的水泥浆灌浆时,可采用下列措施。

(1)二次压浆法:二次压浆的间隔时间可为30~45min。

(2)重力补浆法:在孔道最高点处400mm以上,连续不断补浆,直至浆体不下沉为止。

5.2.7 对于连续梁或者进行压力补浆时,让孔道内水与浆悬浮自由地从出口端流出,再次泵浆,直到出口端有同质浆流出后,再在0.5MPa的压力下保压5min,此过程重复1~2次。

5.2.8 孔道灌浆时限符合下列要求。

(1)终张拉完毕,应在48h内进行孔道灌浆。

(2)灌浆后可以提前交库,但需保证28d标准试件的强度达到规定值。

(3)灌浆强度未达到规范或设计28d强度要求之前,不得进行静载试验或出场架设。

(4)采用连接器连接的多跨连续预应力筋的孔道灌浆,应在连接器分段的预应力筋张拉后随即进行,不得在各分段全部张拉完毕后一次连续灌浆。

5.3 清洗

5.3.1 拆除灌浆端和球阀以外的所有附件及设备,并冲洗干净以备下次灌浆使用。

5.3.2 灌浆端和球阀以内的附件及保护罩,可在灌浆完成后的24h左右拆除,并进行清理,以备下次使用。

5.4 注意事项

5.4.1 施工人员要有高度的责任心,要有经过培训的专业施工队。

5.4.2 对灌浆人员进行专业化培训,将灌浆设计提高到专项施工组织设计的高度。

5.4.3 关闭出浆的阀门后要施以0.4MPa以上的正压力持压最少2min。

5.4.4 对所用水泥进行检查,不允许有结块现象。

5.4.5 对于灌浆过程制订严格现场试验检测频度要求。

5.4.6 孔道清理一定要干净。

6 材料与设备

6.1 主要材料

根据浆液配合比的设计,主要材料为经检验合格的普通硅酸盐水泥、水和外加剂。

6.2 主要设备

主要施工设备见表1。

主要施工设备表 表1

名　称	规格及型号	单　位	数　量
强制式灰浆搅拌机	JW350	台	1
螺杆式压浆泵	LGB3	台	1
台秤	10kg	台	1
储浆桶	带有搅拌功能	个	2
压力表	1.0MPa	块	1
灌浆自动记录仪	HTGJ-III	套	1

6.3 人员配备

主要人员配备见表2。

人 员 配 备 表 表2

工　种	工 作 分 工	人　数
小型机械操作工	操作压浆设备	7
电工	负责现场用电	1
试验员	按配比通知单监控灌浆料配比	1
记录仪操作员	操作记录仪,记录现场压力、灌浆量	1
合计		10

7 质量控制

7.1 施工中严格执行《公路桥涵施工技术规范》(JTJ 041—2000)、《公路工程质量检验评定标准》(JTG F80/1—2004)。

7.2 出浆口水泥浆稠度与进浆口水泥浆稠度基本一致时方可关闭出浆口阀门。

7.3 保护罩与锚垫板间的玻璃胶应密封完好不漏气。

7.4 各种材料的用量要严格按配比计量应用。

8 安全措施

8.1 施工现场周围应在明显的位置设置各种安全标志,设专人阻拦,禁止无关人员进入危险区域,操作区域周围应设有完善的安全防护设施。

8.2 在灌浆过程中,工作人员必须坚守岗位,集中精力,听从指挥,不得违反操作规程。

8.3 进入施工现场人员必须戴安全帽、穿工作鞋。

8.4 孔道灌浆时,灌浆操作的工人应佩戴防护眼镜,以防水泥浆喷出射伤眼睛。

8.5 电源接线要加接地线,并随时检查各处绝缘情况以免触电。

8.6 灌浆工作开始的同时应有备用发电机,以防各种原因引起停工造成的影响。

8.7 灌浆完毕后及时清理现场机具及管线,以防发生危险。

9 环保措施

9.1 因操作不当而引发的浆液污染梁体及其他构件,必须冲刷清理。

9.2 废弃浆液、清洗浆沫和循环水排放,应引流至指定场所沉淀后再排放到指定的地方。

9.3 封端完成后及时打扫,随时保持场地清洁。

9.4 压浆完毕后,一次性排气阀门或耐压胶管等废弃物派专人收集,集中处理。

9.5 机具使用完毕后冲洗干净,收集规范,放置在规定区域,并做好防护,不影响周围环境。

10 资源节约

采用后张预应力全过程监测的灌浆工艺,有效地增加了混凝土结构的安全度和耐久性,延长了桥梁的使用寿命,所以从资源节约的角度讲,也是一种值得推广和和应用的技术。

11 效益分析

灌浆全过程监测工艺改变了传统的压力灌浆工艺管理不到位、施工工艺得不到完全贯彻,从而造成预应力筋得不到有效保护的弊病,解决了后张预应力的关键技术和管理问题,增加了后张预应力混凝土结构的安全度和耐久性,从而延长桥梁的使用寿命,减少维护费用,具有很高的经济效益及长远的社会效益。

12 应用实例

12.1 杭州市建德麻车大桥全桥长447m,主桥为72m+120m+72m的现浇变截面后张预应力混凝土连续箱梁,引桥分别为30m×2和30m×4后张预应力混凝土预制小箱梁。灌浆采用全过程监测施工工艺,取得了较好的经济效益和社会效益,达到了预期的质量目标。

12.2 杭州市石大快速路第二合同段起点桩号为K1+366.323,终点桩号为K2+254.335,主线全长888.012m,本工程合同工期自2007年2月1日至2007年9月30日,共242日历天。其中主线高架桥全长776m,为本项目节点控制性工程,上部为现浇后张预应力混凝土连续箱梁结构。灌浆采用了全过程监测施工工艺,保证了工程质量。

16m 预应力空心板顶板负弯矩施工工法

GGG(豫)C3127—2010

王任群　刘巧军　张挺益　王　虎　金　山
(河南省路桥建设集团有限公司)

1　前言

16m 预应力空心板一般都是将底板进行正弯矩张拉,预制安装后进行板端部纵横向钢筋网搭接及横向铰缝施工。也有的将 16m 预应力空心板顶板预埋钢筋,先简支后连续进行负弯矩施工。为了提高空心板桥梁承载能力,预防桥墩处桥面铺装混凝土开裂。经商丘市路鑫高速公路发展有限公司要求,于 2005 年 8 月,在不改变 16m 预应力空心板标准图各部位尺寸的前提下,我公司将标准图各部位尺寸与顶板齿板设计简图进行科学合理的组合,反复摸索试验,多次修改简图,首次在商丘至周口高速公路土建 1 标成功实施了 16m 预应力空心板顶板张拉槽的预留及顶板使用钢绞线进行的负弯矩施工,并在河北省廊涿高速公路 LZ5 标进行推广运用。

该工法关键技术经河南省科学技术信息研究院查新,在国内数据库检索范围内,未见有与本项目研究的 16m 预应力空心板顶板负弯矩施工工艺相同的公开文献报道,经河南省公路学会专家委员会鉴定为国内领先。

2　工法特点

本工法对与顶部张拉相关的尺寸进行了细化和改进,并加工了定型模板。将 16m 预应力空心板标准图各部位尺寸及顶板齿板设计简图位置进行科学合理的组合,实现了 16m 预应力空心板顶板增加钢绞线施工负弯矩的目的。

应用本工法劳动效率明显提高,并节省了费用,能够预防桥墩处桥面铺装混凝土开裂,提高了板体承载能力及湿接缝处的质量,延长了桥梁使用年限。

改进了 16m 预应力空心板顶板采用钢筋进行负弯矩施工的工艺,提高了工程质量。

3　适用范围

本工法适用于所有先简支后连续的 16m 预应力混凝土空心板梁的施工。

4　工艺原理

在不改变 16m 预应力空心板标准图各部位尺寸的前提下,根据 16m 预应力空心板标准图各部位尺寸及为增加顶板负弯矩而进行的顶板齿板设计简图,反复摸索,对顶部张拉相关尺寸进行细化、不断改进简图尺寸,并加工定型模板。将标准图各部位尺寸及顶板齿板设计简图位置科学合理地组合。用最细振捣棒振捣齿板钢筋较密处的混凝土、用振动抹振动较小作业区域预留槽。使每块预应力空心板每个连续端顶板均成功预埋 4 组齿板钢筋、波纹管、锚垫板,且成功预留了 4 个张拉槽。然后按照一联连续段中,先两端湿接头及间隔一湿接头断面施工,待本批湿接头断面压浆强度达到后,再进行剩余湿接头断面钢筋、钢板及混凝土浇筑、张拉、压浆、封锚槽的施工。其余联同样进行以上交叉、顺序施工,最终完成 16m 预应力空心板顶板使用钢绞线进行的负弯矩施工。

5 施工工艺流程及操作要点

5.1 施工工艺流程

预应力空心板(顶板有负弯矩张拉预留槽、齿板钢筋、波纹管、锚垫板)预制→安装→一联内两端湿接头断面湿接头钢筋、波纹管连接与安装及波纹管所在段的铰缝钢筋连接及安装→铰缝及湿接缝混凝土浇筑→负弯矩张拉→压浆→空心板上预留槽处预留钢筋连接→浇筑预留槽混凝土→养生→间隔一湿接缝断面及铰缝施工→养生→剩余湿接缝断面及铰缝施工→养生→拆除一联临时支座完成体系转换,施工工艺流程见图1 和图2。

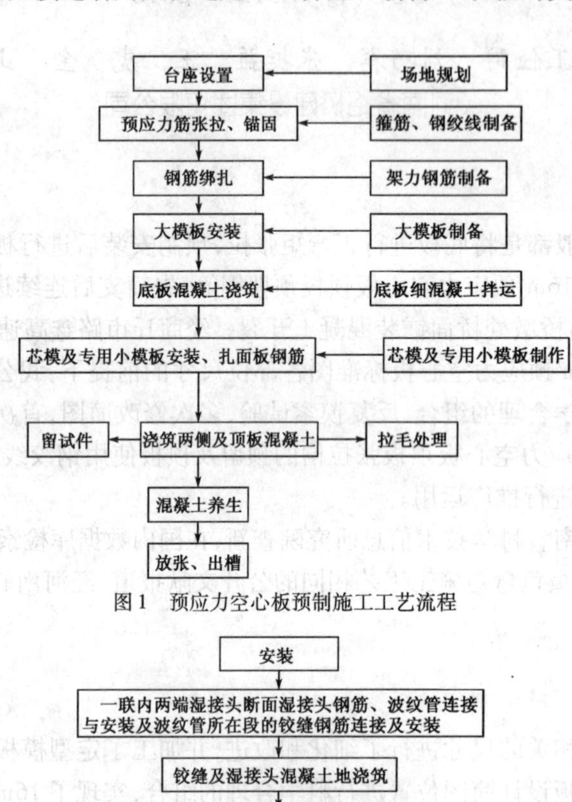

图1 预应力空心板预制施工工艺流程

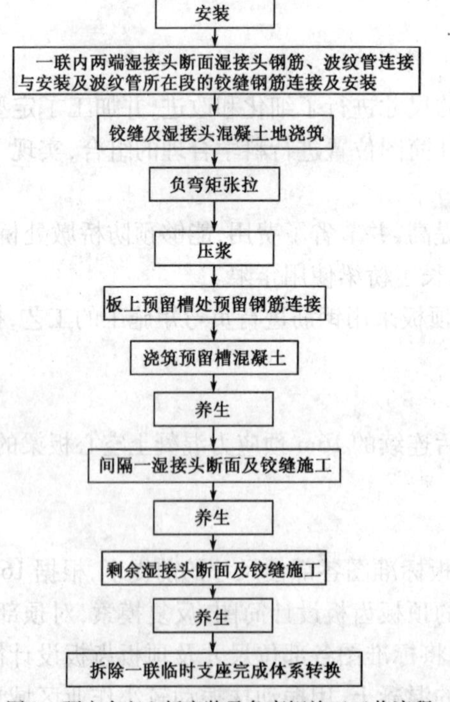

图2 预应力空心板安装及负弯矩施工工艺流程

5.2 操作要点

5.2.1 预应力空心板(顶板有负弯矩张拉预留槽、齿板钢筋、波纹管、锚垫板)预制,严格按照简图(图3~图7)施工。

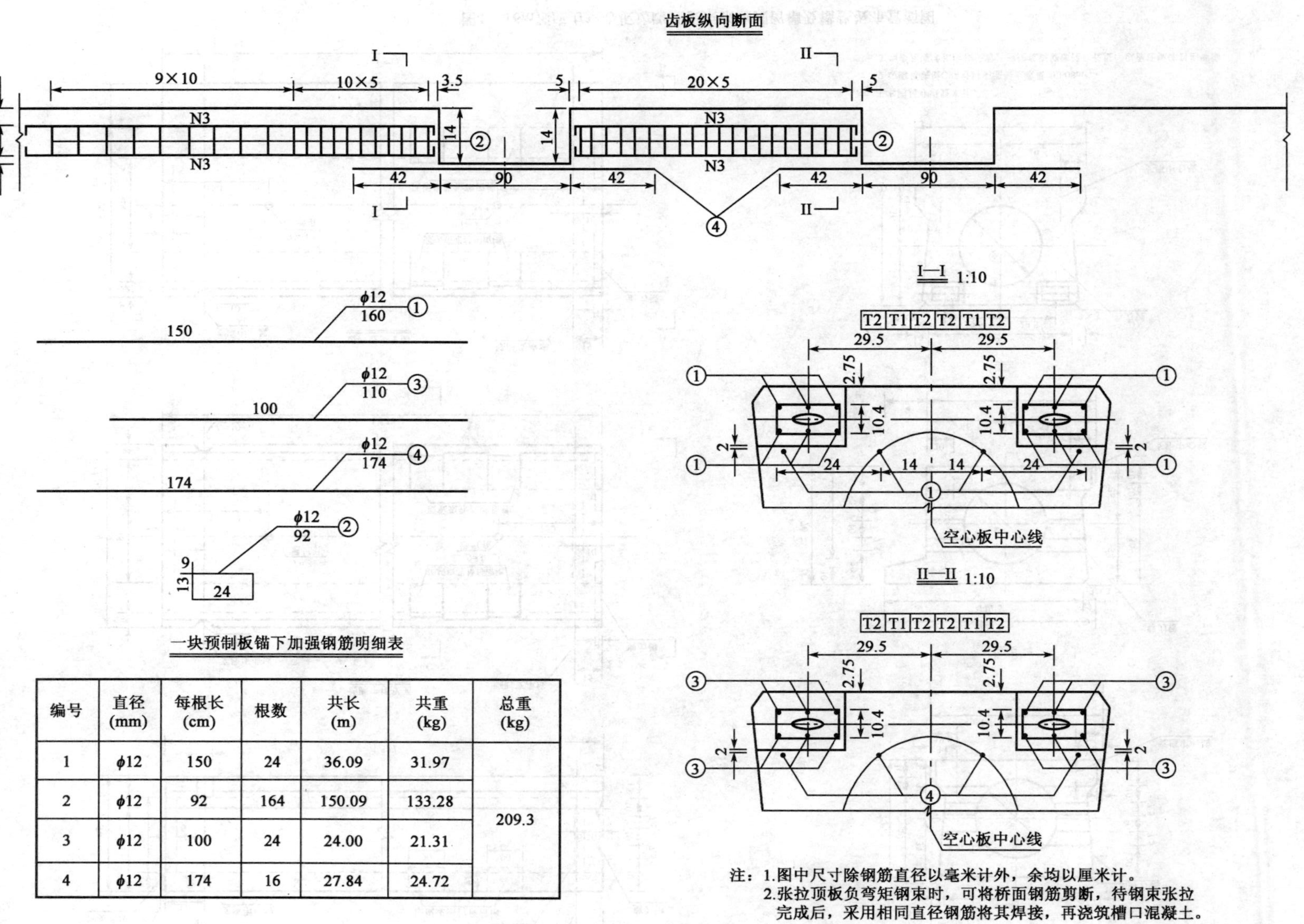

一块预制板锚下加强钢筋明细表

编号	直径(mm)	每根长(cm)	根数	共长(m)	共重(kg)	总重(kg)
1	φ12	150	24	36.09	31.97	209.3
2	φ12	92	164	150.09	133.28	
3	φ12	100	24	24.00	21.31	
4	φ12	174	16	27.84	24.72	

注：1.图中尺寸除钢筋直径以毫米计外，余均以厘米计。
2.张拉顶板负弯矩钢束时，可将桥面钢筋剪断，待钢束张拉完成后，采用相同直径钢筋将其焊接，再浇筑槽口混凝土。

图3　16m预应力空心顶板齿板钢筋布置简图

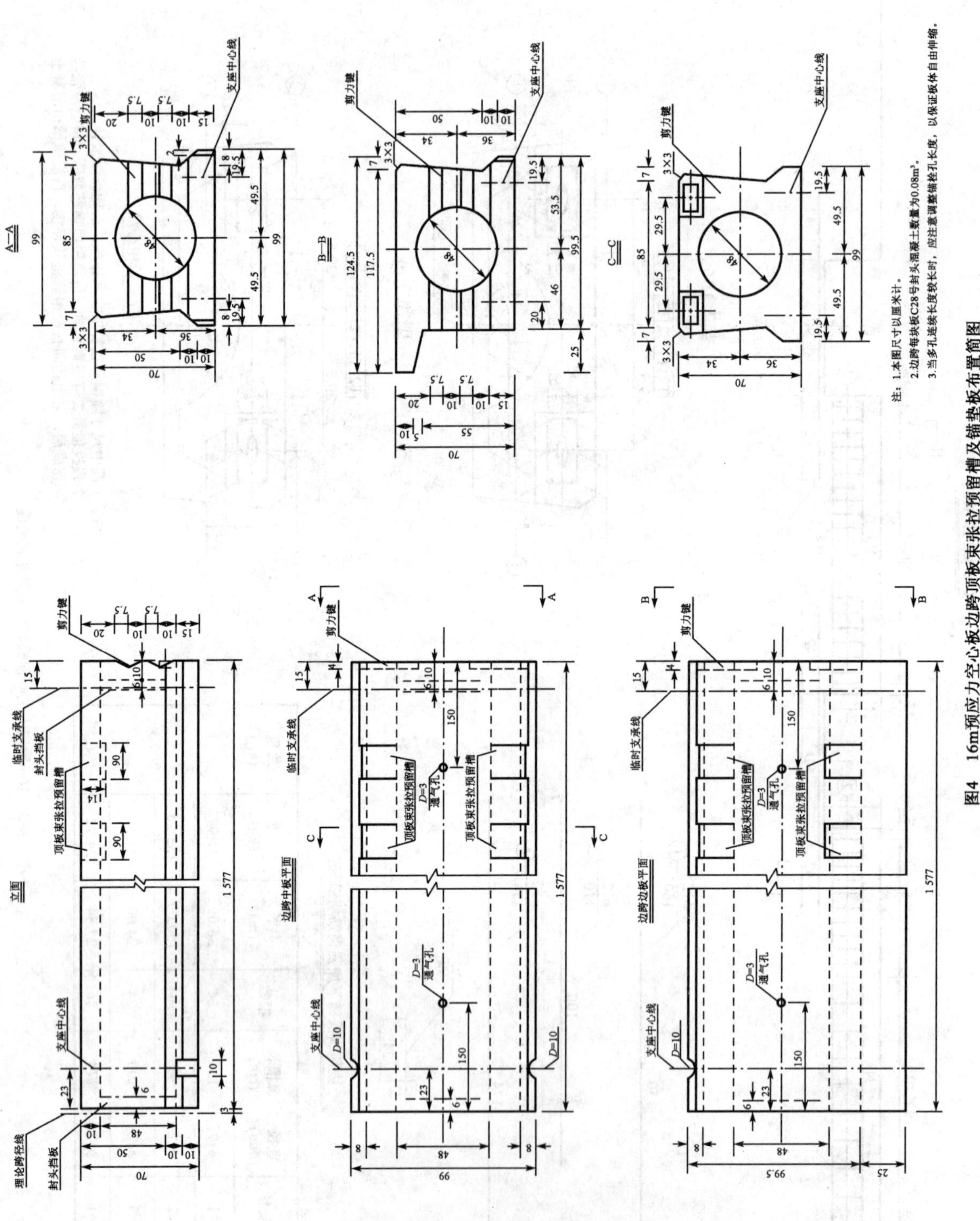

注：1.本图尺寸以厘米计。

2.边跨每块板C28号封头混凝土数量为$0.08m^3$。

3.当多孔连续长度较长时，应注意调整锚栓孔长度，以保证板体自由伸缩。

图4 16m预应力空心板边跨顶板束张拉预留槽及锚垫板布置简图

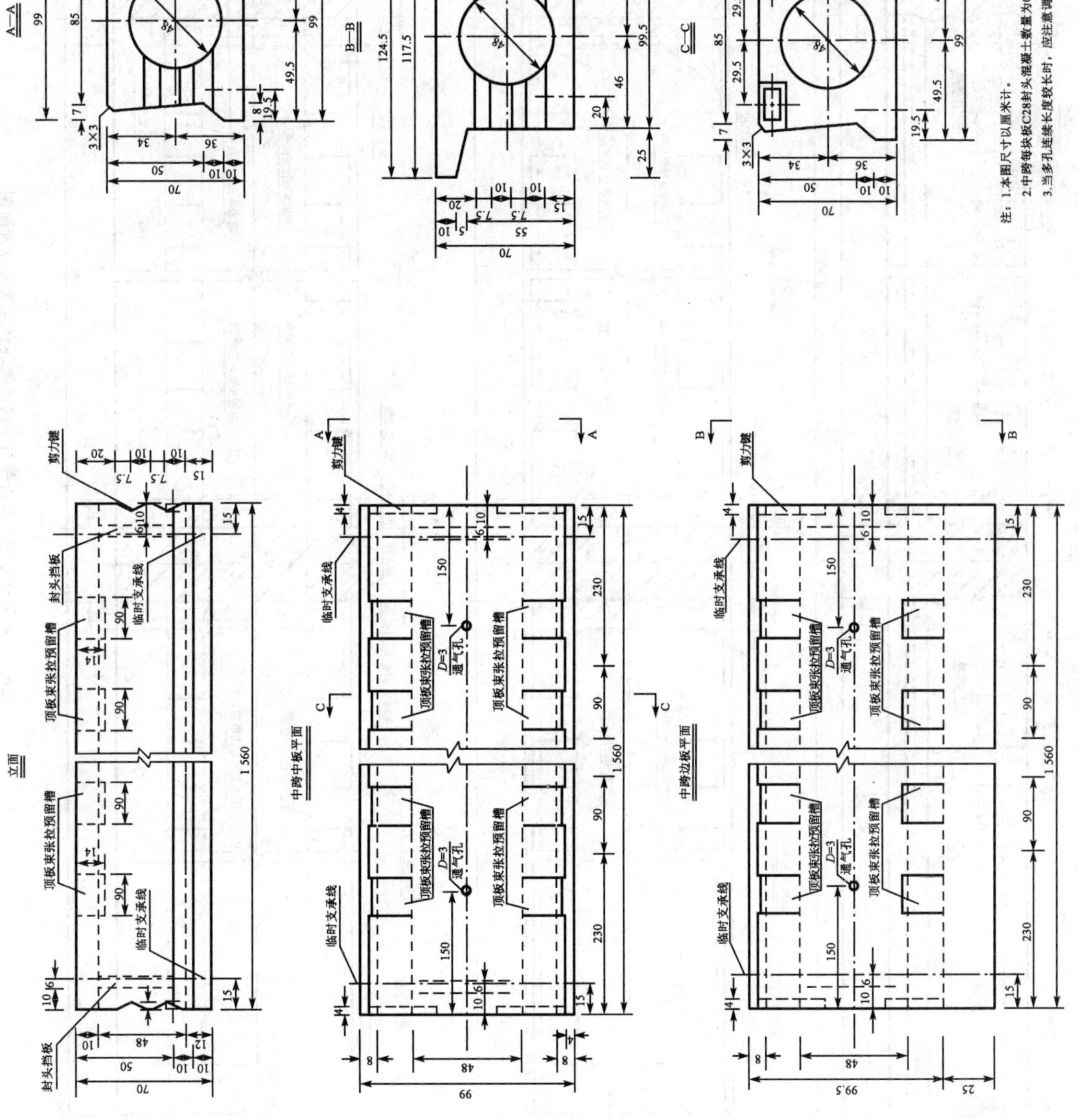

图5　16m预应力空心板中跨顶板束张拉预留槽及锚垫板布置简图

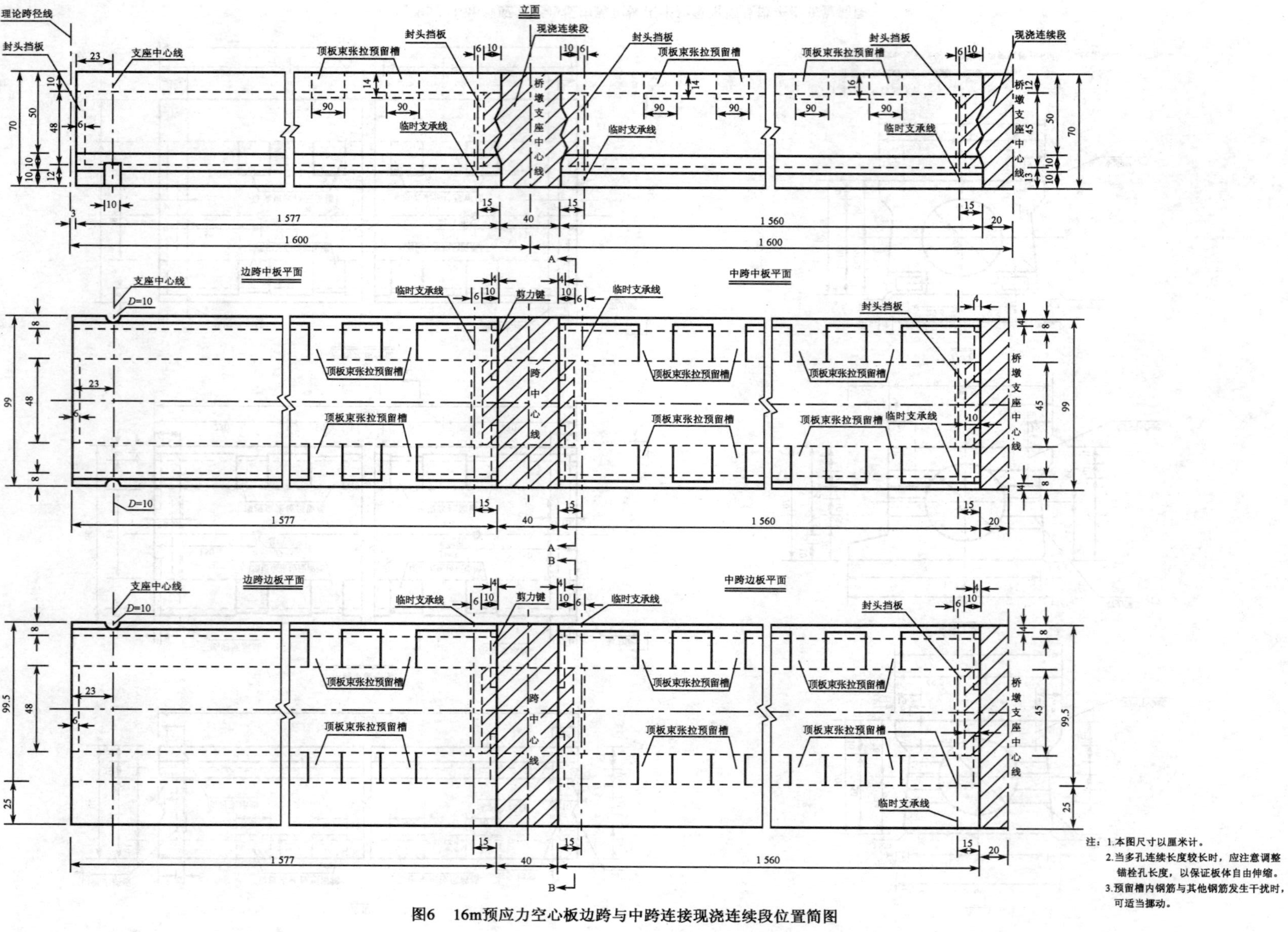

注：1.本图尺寸以厘米计。
2.当多孔连续长度较长时，应注意调整锚栓孔长度，以保证板体自由伸缩。
3.预留槽内钢筋与其他钢筋发生干扰时，可适当挪动。

图6　16m预应力空心板边跨与中跨连接现浇连续段位置简图

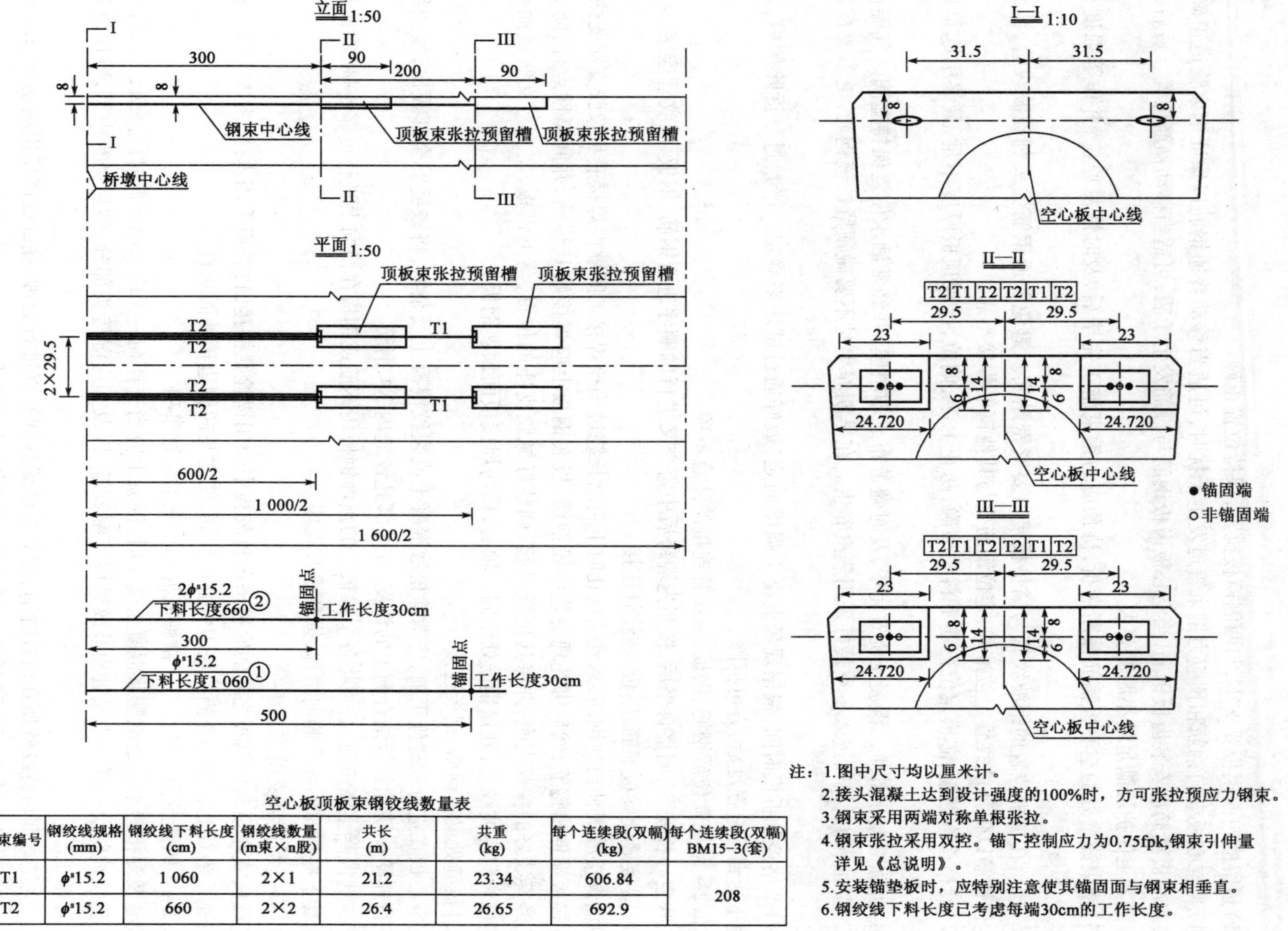

空心板顶板束钢铰线数量表

钢束编号	钢绞线规格(mm)	钢绞线下料长度(cm)	钢绞线数量(m束×n股)	共长(m)	共重(kg)	每个连续段(双幅)(kg)	每个连续段(双幅)BM15-3(套)
T1	ϕ^s15.2	1 060	2×1	21.2	23.34	606.84	208
T2	ϕ^s15.2	660	2×2	26.4	26.65	692.9	

注：1.图中尺寸均以厘米计。
2.接头混凝土达到设计强度的100%时，方可张拉预应力钢束。
3.钢束采用两端对称单根张拉。
4.钢束张拉采用双控。锚下控制应力为0.75fpk,钢束引伸量详见《总说明》。
5.安装锚垫板时，应特别注意使其锚固面与钢束相垂直。
6.钢绞线下料长度已考虑每端30cm的工作长度。

图7 16m预应力空心板顶板负弯矩钢束构造及锚垫板位置简图

除正常施工空心板外,在浇筑空心板时,还应注意以下几点:

(1)将顶板齿板钢筋及顶板负弯矩钢束的波纹管及锚垫板预埋并校正。

(2)预留槽要采用加工的定型模板,且必须满足图3~图7所示预留尺寸,及芯模上最小保护层要求。

(3)预留槽四面模板要支牢,与两侧模板拉紧,保持位置正确。

(4)当空心板纵向钢筋和预应力钢束管道发生干扰时,可适当移动普通钢筋以保证钢束管道正确。先安装空心板箍筋后安装齿板钢筋,当空心板齿板钢筋与箍筋发生矛盾,可适当移动箍筋位置。最后必须保证混凝土保护层满足最小厚度要求。

(5)钢束锚槽处的空心板箍筋截断弯折,待预应力钢束施工完毕后,及时恢复原位,并作等强度补强焊接。

(6)预留在顶板位置的钢波纹管与锚垫板接口要紧密贴实。避免普通钢筋尖头刺破波纹管,波纹管加定位钢筋以保证波纹管定位准确,定位钢筋要与其他钢筋焊接牢靠。

(7)严格检查芯模,芯模定位箍筋下料要准确,防止上浮、偏位,出现顶板厚度不足,最终引起早期裂缝。

(8)加强混凝土养生。混凝土浇筑完毕,及时盖苫布或塑料膜,并经常洒水使之保持湿润。气温低于10℃,要加保温材料,进入冬季最好采用蒸汽养生。在早期养生时不要碰预留铰缝钢筋,更不要在其上行走。

(9)严格控制拆模时间,根据现场混凝土强度而定,最好通过试块来确定。严禁过早拆除侧模,要待混凝土达到一定强度后,方可拆除。

5.2.2 梁板就位后钢筋、钢板、波纹管连接的注意事项

一联空心板安装、调整合格后,按照先端跨后中跨交叉进行的顺序进行钢筋、钢板、波纹管连接。

(1)湿接缝处梁板钢筋、钢板、波纹管连接

单面焊接底板伸出的钢筋,遇到锚栓孔时下料增长绕过锚栓焊接。间歇性焊接避免橡胶支座受热,双面焊接板端伸出钢筋,然后绑扎现浇连续段钢筋,板底钢板上应焊接好U形筋,并间隔性点焊,防止烧伤已经安装好的橡胶支座,并将其稍微提起,调整好橡胶支座的位置,落下钢板,使之与支座顶面密贴。连接对应扁波纹管,确保钢筋处于同一轴心,横向焊接板面预埋钢板。

(2)铰缝处梁板钢筋、钢板连接

①空心板在进行铰缝施工前,应凿除松散混凝土或裂纹混凝土及杂物,将铰缝筋全部拔出,按图纸要求进行连接。清除铰缝结合面上的浮皮,安装绑扎铰缝内N4钢筋。

②铰缝混凝土浇筑前,必须将各个梁板上的预埋钢板用钢筋或钢板在横向上进行可靠连接,确保在浇筑混凝土振捣时不发生侧向滑移,损坏橡胶支座。

5.2.3 湿接缝支模注意事项

连续段支座顶预埋钢板之间的底模采用竹胶板中间用锚栓孔拼接,竹胶板下用木撑,木撑下用木楔支起在通长垫石上。边板外侧挡块用竹胶板加固,使之与两侧边板外面顺直。

5.2.4 铰缝及湿接缝小石子微膨胀混凝土施工注意事项

铰缝及湿接缝小石子微膨胀混凝土施工时,混凝土应当选择在一天内气温最低时段浇筑,一联连续段应先浇筑端跨及一联正中墩处扁波纹管段半幅铰缝,以及相应湿接头部分,然后浇筑中跨,顺序浇筑交叉循环施工。

(1)浇筑端部扁波纹管所在段铰缝前,先对端部梁板间底缝进行处理,底缝底面使用填塞M12.5砂浆进行预处理,待砂浆强度达到50%后方可浇筑端部铰缝混凝土。

(2)浇筑端部铰缝混凝土时,对梁体腹板洒水湿润,但端部铰缝内不得有积水。

(3)浇筑时应斜向分段、水平分层施工,确保铰缝混凝土振捣密实。

(4)端部铰缝混凝土顶面高程略低于梁体顶,注意刷毛。

(5)浇筑完成后,在端部铰缝混凝土未达到设计强度前,严禁对梁体进行扰动,防止端部铰缝混凝土与梁体连接开裂。

(6)端部铰缝混凝土浇筑完成终凝后及时采用土工布进行覆盖洒水养生。

(7)端部铰缝混凝土顶面低于梁板顶面20mm。检验时进行灌水试验,应无漏水现象发生,否则须凿除铰缝混凝土重新浇筑。

(8)湿接缝浇筑前,必须将扁波纹管穿胶管以防挤扁波纹管,其余同铰缝混凝土施工。混凝土浇筑完成后表面拍实,剔除多余混凝土控制湿接头处的高程,使混凝土与两侧板顶一致。

(9)湿接缝拆模时避免采用撬锤方式硬性拆除,致使板端腹板出现裂缝。

(10)混凝土到7d强度后方可张拉负弯矩钢束,同时可以浇筑中间段铰缝混凝土。

(11)最后进行联内剩余铰缝及湿接头部分的施工。

(12)预防桥墩处湿接缝混凝土开裂应注意以下四点。

①合理进行混凝土配合比设计。在混凝土配合比设计中,不要为了提高保证率而过多地增加水泥用量。在满足混凝土坍落度的前提下,尽量采用可靠的减水剂,合理调整配合比,降低水泥与水的用量,以减少混凝土的凝结收缩量。

②严格控制原材料。按照质量要求,严格进行选料,不符合要求的砂、石料和水泥不许进场,对含泥量较大的集料要用水冲洗,严禁使用过期和不同强度等级的水泥,尽量采用发热量和收缩量较小的水泥。

③选择比较好的天气浇筑混凝土并应连续进行。注意天气预报,尽量选择好的天气浇筑空心板的混凝土,尽量避开下雨和温差较大的天气。在夏天浇筑混凝土不宜在白天进行,在冬季宜在温度较高的时间浇筑,并要采取冬季施工措施。严禁在浇筑空心板过程中间断施工,底板混凝土振平以后,立即放内模并浇筑二层混凝土,尽量缩短施工缝处上下两部分混凝土的施工时间差,确保混凝土浇筑的连续性。

④适时收浆,二次抹平。混凝土在初凝前往往会出现裂缝,这时应适时收浆,并进行二次抹平。这样处理一是增加了混凝土表面的密度;二是使混凝土表面产生的裂缝愈合,这是消除早期裂缝最有效的措施。

5.2.5 张拉注意事项

一联连续段张拉应先端跨及间隔一湿接头断面,然后进行中跨中间湿接头断面张拉。张拉要从边板向中板一次过渡。待本批湿接缝处张拉、压浆强度达到后,再进行相邻接缝的张拉施工,顺序进行,交叉循环施工。

1)顶板负弯矩钢绞线采用穿心式千斤顶单根张拉,两端对称同时进行。

2)根据以下预应力空心板顶板张拉计算书进行张拉施工。

(1)计算依据

上部结构为装配式预应力混凝土连续空心板。预应力钢绞线采用专业厂家生产的公称直径15.24mm,公称面积140mm^2,标准强度1 860MPa。板顶锚具采用OBM型锚具及其配套设备,管道采用钢波纹管,钢绞线锚下控制应力为$\sigma_k = 0.75R_{yb} = 1\,395$MPa。张拉采用双控,以钢束伸长量进行校核,表1所示为预应力钢筋设计工程数量。

预应力钢筋设计工程数量 表1

钢束端点	T1	T2
下料长度(mm)	1 066	660
数量	2×1	2×2
张拉长度(mm)	1 000	600

(2)理论伸长量的计算公式及示意图

a.预应力钢绞线弹性模量设计为1.95×10^5MPa,公称面积=140mm^2。

b. 公式及计算说明如下:

预应力筋的理论伸长量 ΔL(mm)

$$\Delta L = P_p \cdot L/(A \cdot E_y) \tag{1}$$

式中:P_p——预应力筋的平均张拉力(N);

L——预应力的长度(mm);

A——预应力筋的截面积(mm^2);

E_y——预应力筋的弹性模量(MPa)。

其中:
$$P_p = \frac{P(1-e^{-(k_x+\mu_\theta)})}{K_x+\mu\theta}$$

直线段:
$$P_p = P$$
$$\sigma_k = 0.75R_{yb} = 1\,395\text{MPa}$$

c. 钢绞线的构造示意图见图 8。

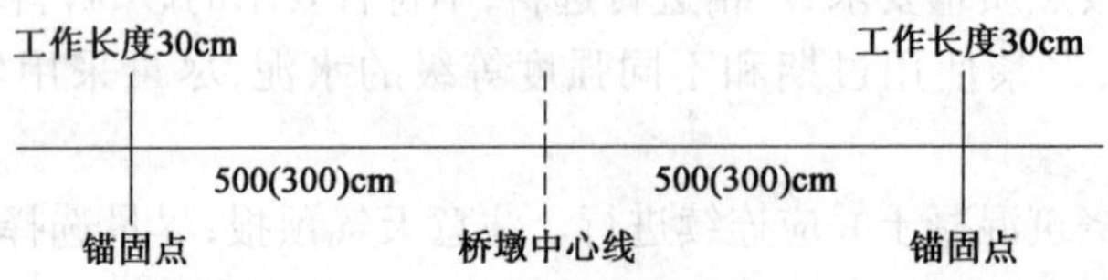

图 8　钢绞线构造示意图

(3)钢绞线伸长量计算

①钢绞线伸长量计算

a. T1 筋

a)单根张拉力 P 的计算

$$P = 19\,5300\text{N}$$

两端同时张拉,x 取至跨中位置即用:$x = 5$m

b)T1 理论值伸长量 ΔL 计算

$$\Delta L = 35.8\text{mm}$$

双侧:

$$2 \times 35.8 = 71.6\text{mm}$$

b. T2 筋

a)单根张拉力 P 的计算,$P = 195\,300$N,两端同时张拉,x 取至跨中位置即用:

$$x = 3\text{m}$$

b)T2 理论值伸长量 ΔL 计算:

$$\Delta L = 21.5\text{mm}$$

双侧:

$$2 \times 21.5 = 43.0\text{mm}$$

②钢绞线理论值修正(根据使用批次钢绞线试验数据确定)

$$\Delta' = E \cdot A \cdot \Delta/(E' \cdot A')$$

式中:E'、A'——实测弹性模量及截面积,$E' = 1.993 \times 10^5$MPa,$A' = 142.492\text{mm}^2$;

Δ——理论伸长量;

Δ'——修正后的理论伸长量

$$\Delta' = 0.961\,3\Delta \tag{3}$$

表 2 所示为钢绞线伸长值计算汇总表。

钢绞线伸长值计算汇总表 表2

位置		T1	T2
受力钢绞线长度(m)		5	3
计算伸长值(mm)		35.8	21.5
修正后伸长值	15%	5	3
	30%	10	6
	100%	34	21

③张拉力对应油表读数计算表

a. 张拉程序

$0 \to 0.15\sigma_{con} \to 0.3\sigma_{con} \to$ 张拉 $1.0\sigma_{con}$ 持荷 3min→锚固

b. 油表读数计算(表3～表6)

设计张拉应力为1 395MPa，千斤顶型号0～270kN 编号07038，对应油表编号1577，其对应油表读数计算见表3。

$$回归方程 \quad y = -3.722 + 0.235\,1x \tag{4}$$

张拉力对应油表读数计算表(一) 表3

位置	T1、T2		
张拉应力(%)	15%	30%	100%
张拉力(kN)	29.295	58.59	195.3
对应油表读数(MPa)	3.2	10.1	42.2

设计张拉应力为1 395MPa，千斤顶型号0～270kN，编号07038，对应油表编号1619，其对应油表读数计算见表4。

$$回归方程 \quad y = 0.226\,3x - 2.446\,7 \tag{5}$$

张拉力对应油表读数计算表(二) 表4

位置	T1、T2		
张拉应力(%)	15%	30%	100%
张拉力(kN)	29.295	58.59	195.3
对应油表读数(MPa)	4.2	10.8	41.7

设计张拉应力，1 395MPa，千斤顶型号0～270kN，编号07036，对应油表编号1 616，其对应油表读数计算见表5。

$$回归方程 \quad y = 0.240\,8x - 0.774\,7 \tag{6}$$

张拉力对应油表读数计算表(三) 表5

位置	T1、T2		
张拉应力(%)	15%	30%	100%
张拉力(kN)	29.295	58.59	195.3
对应油表读数(MPa)	6.3	13.3	46.3

设计张拉应力为1 395MPa，千斤顶型号0～270kN，编号07036，对应油表编号1640，其对应油表读数计算见表6。

$$回归方程 \quad y = 0.244\,9x - 2.046\,5 \tag{7}$$

张拉力对应油表读数计算表(四) 表6

位　置	T1、T2		
张拉应力(%)	15%	30%	100%
张拉力(kN)	29.295	58.59	195.3
对应油表读数(MPa)	5.1	12.3	45.8

3)按每组规定根数和长度,用22号铁丝编扎,两头距端头5~10cm处用两根铁丝绑扎并编号。保证编扎成组顺直不扭转。将锚垫板孔口及喇叭管内的混凝土浆清除干净。采用15kN卷扬机或人工进行穿束作业,要求钢绞线束顺直,不得有死弯,不得沾有油渍。钢绞线顺波纹管道布置行走,伸出梁体两端长度相同,均为30cm。

4)顶板负弯矩预应力钢绞线张拉条件根据气温和混凝土施工情况进行。张拉前实施混凝土强度、弹性模量、混凝土龄期"三控",张拉前墩顶湿接缝混凝土龄期不少于7d。

5)每次张拉先T1后T2,以利于千斤顶入槽。

6)张拉时应进行控制应力和伸长量双重控制,即张拉时以油压表读数为主、以钢绞线的伸长值作校核,伸长值不得超过±6%。

(1)每片梁断丝及滑丝数量不得超过预应力钢绞线总丝数的0.5%,并不得位于梁体的同一侧,且一束内断丝不得超过一丝。否则,放松后换束或更换锚具。

(2)因处理滑丝断丝而引起钢束重复张拉时,同一束钢绞线束张拉次数不得超过3次,若钢绞线与锚具因滑丝而留有明显刻痕时,应予更换。

(3)锚固后夹片外露量不小于3mm,且平齐,夹片不得错牙。并在夹片与锚圈、夹片与钢绞线啮合处画线标记,24h后检查有无夹片跟进或钢绞线内缩。钢绞线回缩量控制在6mm以内。

5.2.6　压浆注意事项

一联连续段应按先端跨后中跨的顺序进行压浆,交叉循环施工。待本批湿接缝处压浆强度达到后,再进行相邻接缝的施工。张拉完成后24h必须压浆。

(1)施工步骤及顺序

①步骤:清除管道内杂物及积水→用水泥砂浆密封锚具→清理锚垫板上的压浆孔→确定出浆端安装引出管→压浆泵压水→出水清净时,搅拌水泥浆→压浆泵压浆→出浆稠度与压入的浆体相同时,堵塞出浆端口→压浆泵保压→关闭压浆泵及压浆端阀门→拆卸外接管路移至下一处继续施工。

②顺序:T2压浆→封T2锚槽且预留孔→T1压浆。

(2)压浆注意事项

①压浆一定按照试验配合比设计配制,掺入膨胀剂的水泥浆拌和时间不少于2min,然后将调好的水泥浆放入下层压浆罐,下层压浆罐进口处设过滤网,滤去杂物以防止堵塞管道,过滤网孔格不大于2.5mm×2.5mm。

②压浆时一定要由一端先压入水,直至出浆端顺畅流出清水。

③当另一端溢出的稀浆变浓(与灌入的浆体相同时)之后,才能封闭出浆口,继续压浆使压力达到0.5~0.6MPa,持压2min且无漏浆情况时,关闭进浆阀门卸下输浆胶管。

④当天完成施工任务后,一定要拆卸并清理安装在压浆端及出浆端的阀门,彻底冲洗压浆设备及工具。

5.2.7　浇筑预留锚槽注意事项

一联内逐次张拉压浆完成后,要及时进行有效环氧砂浆封锚。

(1)施工步骤:锚具穴槽表面凿毛处理→锚具防水处理→安装封锚钢筋→填塞混凝土→养护→对新旧混凝土结合部进行防水处理。

(2)浇筑预留锚槽注意事项

①封锚前,对锚具穴槽表面刷毛不到位的地方进行凿毛(宜在梁端钢模拆卸后立即进行刷毛)处理,并将灰、杂物以及支承板上浮浆清除干净。然后在锚具及与锚垫板接触处四周采用881-1型聚氨酯防水涂料进行防水处理。

②锚垫板外预留张拉槽处钢筋恢复就位,并用同截面钢筋帮焊连接。

③采用低流动度的与板体同强度等级的无收缩混凝土浇筑时,应注意控制下料数量,保证混凝土达到规定的高度,浇筑过程中注意振捣棒不要碰到锚具端头,设专人负责将混凝土推平、抹好。混凝土终凝之后及时进行表面刷毛,注意不能扰动混凝土内部强度的形成。

④混凝土凝固后,采用保湿养护,在封堵混凝土四周、长方边处不得有收缩裂纹。最后,对新旧混凝土结合部采用聚氨酯防水涂料进行防水处理。

5.2.8 拆除一联临时支座注意事项

一联内所有混凝土强度达到后,才可拆除一联临时支座,并应左右对称,同时进行拆除,然后才能进行桥面铺装施工。

6 材料与设备(表7和表8)

施工所需材料表 表7

序 号	材料名称	规格型号	技术状况	备 注
1	水泥	P.O 32.5R级	良好	
2	水泥	P.O 42.5R级	良好	
3	中砂		良好	
4	石子	1~3cm	良好	
5	石子	1~1.5cm	良好	
6	石子	0.5~1cm	良好	
7	扁钢波纹管	7.0cm×2.5cm	良好	
8	钢绞线	$\phi^s 15.24$	良好	
9	钢筋	一级	良好	
10	钢筋	二级	良好	
11	锚垫板		良好	
12	锚具	OBM15-3型	良好	
13	膨胀剂	UEA	良好	
14	减水剂	BZK-10粉剂	良好	

施 工 设 备 表 表8

序 号	设备名称	规格型号	单 位	数 量	技术状况
1	混凝土搅拌站	$60m^3/h$	台	1	良好
2	装载机	ZJ-50	台	2	良好
3	混凝土搅拌送输车	$6m^3$	辆	4	良好
4	箱式变压器	315KVA	台	1	良好
5	发电机	120kW	台	2	良好
6	切割机	Ca-400	台	3	良好
7	电动卷扬机	JK-1.6t	台	1	良好
8	弯曲机	GW-40	台	1	良好
9	对焊机	4N2-100	台	1	良好

续上表

序　号	设备名称	规格型号	单　位	数　量	技术状况
10	特制硬塑料芯模	16m	套	同板数量	良好
11	振捣设备	ZL-50	套	6	良好
12	振捣棒	ZL-30	套	4	良好
13	振动抹		套	2	良好
14	交流弧焊机	BX1-500	台	3	良好
15	交流弧焊机	BX1-35	台	1	良好
16	切断机	GQ-40	台	1	良好
17	空压机	X112m-2	台	1	良好
18	门式起重机	25t	台	1	良好
19	张拉设备	0～270kN 穿心式千斤顶	套	4	良好
20	张拉设备	200t 千斤顶	套	4	良好
21	钢模板	16m	套	10	良好
22	钢模板	16m 边模	套	2	良好
23	水泥浆拌和、压浆设备	200L	套	2	良好

7　质量控制

7.1　采用本工法施工的桥梁质量应符合《公路工程质量检验评定标准》(JTG F80/1—2004)的要求。

7.2　采用本工法施工的桥梁质量应符合现行《公路桥涵施工技术规范》的要求。

7.3　质量控制流程:施工现场复测→原材料检测、测量施工放样→监理工程师抽检→工序实施→质检组自检→监理工程师抽检→签字确认→下一道工序施工。

7.4　质量控制重点:16m 预应力空心板顶板齿板钢筋的安装顺序与位置,张拉槽预留的平面位置,锚垫板安装的位置,现浇段施工的顺序,负弯矩施工的顺序。

8　安全措施

8.1　加强安全教育,提高施工人员的安全意识。

8.2　施工现场设专职安全员,随时检查督促,发现隐患及时排除。

8.3　施工现场设张拉作业标志牌,梁两端设置防护措施。张拉现场周围设置安全标志,在本工程现场周围配备、设立安全标志牌。

8.4　进入施工现场必须戴安全帽。严禁穿拖鞋、高跟鞋或硬底易滑鞋类进入施工现场作业。

8.5　增强全员安全生产的自觉性,时时处处注意安全,把安全生产工作真正落到实处。各工序严格衔接,相关人员严格持证上岗。

8.6　严格按照施工设备操作规程施工,千斤顶要定期检测。严禁各种违章指挥和违章作业行为的发生。

8.7　材料堆放布局合理有序,钢筋、钢绞线防锈覆盖,桥面压浆的水泥及膨胀剂、减水剂覆盖防潮。配备灭火器材,实行夜间巡逻制度,防止被盗。

8.8　保持进场道路平整畅通。

8.9　加强安全用电管理,覆盖闸刀或安装保护盒。

8.10　施工现场应符合《安全检查评分标准》(JGJ 59—99)的有关要求。

8.11　定期进行安全检查,使达到安全法律、法规要求。

9 环保措施

9.1 实施依据

(1)《中华人民共和国大气污染防治法》

(2)《中华人民共和国水污染防治法》

(3)《中华人民共和国噪声污染防治法》

(4)《中华人民共和国固体废弃物污染防治法》

(5)交通部2002年第5号令《交通建设项目环境保护管理办法》

9.2 环境保护方案:施工中加强与当地政府和环保部门联合协作。预制厂尽量与混凝土拌和站建在同一个地方,尽量利用永久性征地,尽量设置在离村庄较远处,尽量少破坏可耕地与林地。

9.3 设备要尽量采用能够防尘封闭的三级配混凝土拌和站,并建立围墙,进行隔尘。

9.4 生活用水、污水及拌和站刷盘水要过滤排到下水道。

9.5 剩余混凝土、压浆剩余浆要及时掩埋处理。

9.6 施工废料禁止乱弃,进行收集处理。

9.7 施工时要控制、减少噪声污染,混凝土搅拌棚进行封闭处理,噪声大的设备禁止晚上10点后施工。

9.8 施工机械维修保养的废弃物要埋置处理。

9.9 预制厂、拌和站及便道要经常洒水,尽量控制施工造成的空气粉尘污染。

9.10 施工现场人员要规范管理,文明施工。

9.11 定期进行环保检查,使达到环保法律、法规要求。

10 资源节约

本工法,在不改变16m预应力空心板标准图各部位尺寸的条件下增加顶板负弯矩,减少了空心板自重,节约了空心板钢筋及混凝土;用最细振捣棒振捣齿板钢筋较密处的混凝土、用振动抹振动较小作业区域预留槽,节约了设备所需的钢材;加工了定型模板,固定了各部位置,减少了混凝土浪费。

11 效益分析

11.1 经济效益

11.1.1 商丘至周口高速公路土建1标古宋河桥,中心桩号K2+725.3,跨径布置为20m+3×16m+20m。其中的一联3×16m采用本工法施工,按照本工艺流程平行流水同时施工,既保证了施工质量,每道湿接缝又可比预期节省时间,共节省费用1.1万元。

11.1.2 河北省廊涿高速公路LZ5标K52+796泄洪通道大桥,17孔(6+5+6)16m,共三联。采用本工法,按照本工艺流程平行流水同时施工,既保证了施工质量,每道湿接缝又可比预期节省工期半天,共14天,节省费用4.2万元。河北省廊涿高速公路LZ5标K57+206天堂河大桥,9孔(4 +5)16m,共两联,采用本工法,按照本工艺流程平行流水同时施工,既保证了施工质量,每道湿接缝又可比预期节省工期半天,共7天,节省费用2.1万元。

11.2 社会效益

大大提高桥梁承载能力,使桥梁空心板质量上了一个等级,可延长桥梁使用年限。

12 应用实例

12.1 商丘至周口高速公路土建1标古宋河桥施工的一联3×16m,上部结构采用先张法预应力混凝土空心板,先简支后连续,共计78片。桥梁横断面由26块空心板组成,其中4块边板,22块中板,共1联,有两道湿接缝,每道288次张拉,共进行顶板负弯矩张拉576次。2005年8月开工,2006年4月完工。

经商丘市路鑫高速公路发展有限公司组织的各项检测、验收,各项指标均达到规范要求,工程质量优良。

12.2 河北省廊涿高速公路LZ5标,K52+796泄洪通道大桥交角90°,桥梁全长277.06 m。上部结构采用先张法预应力混凝土空心板,先简支后连续,共计442片。每幅桥梁横断面由13块空心板组成,其中2块边板,11块中板,共3联(6 +5 +6),有28道湿接缝,每道72次张拉,共进行顶板负弯矩张拉2 016次。2006年3月开工,2007年8月完工。河北省廊涿高速公路LZ5标K57+206天堂河大桥,上部结构采用先张法预应力混凝土空心板,先简支后连续,共计261片。左幅桥梁横断面由13块空心板组成,其中2块边板,11块中板。右幅桥梁横断面由16块空心板组成,其中2块边板,14块中板,共2联(4 +5),7道湿接缝,左幅每道72次张拉,右幅每道90次张拉,共进行顶板负弯矩张拉1 134次。2006年3月开工,2007年8月完工。并且基本没有影响桥面铺装钢筋施工。

经过河北省公路工程质量监督站鉴定、业主与监理单位检测各项指标均达到规范要求,工程质量优良。

大跨径梁桥特高箱梁全断面一次悬浇施工工法

GGG(湘)C3128—2010

吴初平 刘玉兰 周 强 曾美容 杨文志
(湖南路桥建设集团公司 中国路桥工程有限责任公司)

1 前言

在跨越较大沟谷、大河时,常选用大跨径预应力混凝土箱形梁桥(连续刚构、连续箱梁等)的设计方案。其上构箱梁在根部梁段高一般都为10m左右,目前最大高度达到了14.5m。箱梁常采用挂篮悬浇的施工方法,对于根部区域的箱梁梁段,因高度大,操作空间窄,存在混凝土入仓、布料困难,振捣难度大,混凝土综合性能要求高,挂篮刚度要求大等难题。对于特高箱梁梁段以往常采用分次、分层浇筑方法以降低施工难度,此施工方法存在着施工周期长、各层接合面施工缝明显、各层混凝土因龄期不同受徐变与收缩产生不利影响等缺陷。

湖南路桥建设集团公司承建的福宁高速公路下白石大桥主桥为四跨145m+2×260m+145m预应力混凝土连续刚构桥,2001年通过开展科技创新和自主研究,研制的梯形挂篮系统成功应用于下白石大桥主桥特高箱梁(最大高度近14m的梁段)全断面一次悬浇施工中,取得了施工技术的新成果与新突破,填补了国内空白。本工法关键技术经湖南省建设厅组织的技术鉴定,认为该技术达到国内领先水平,现经总结形成本工法。

2 工法特点

2.1 研制的梯形挂篮系统结构合理、自重轻、刚度大、稳定性好、操作简便、行走灵活、能适应各种梁段变化,模板安拆与立模快捷、辅助工作时间短、能提高工作效率和保证施工安全。挂篮还可作为专用设备周转使用。

2.2 采用复合新型的吊杆与吊带相结合的定位与锚固方法,更易于挂篮立模调整和锚固,能显著提高工作效率,施工监控准确。

2.3 本工法研制了梯形挂篮、混凝土入仓及布料系统、专用的插入式振捣器等新型施工设备。混凝土施工通过布料窗口、照明窗口、观察窗口监控,采用多层布料、分层浇筑、分区振捣等控制质量的施工工艺,有效地解决了以往分次分层浇筑工艺需要设置层间施工缝和工期过长的弊端,确保了箱梁的施工质量。箱梁混凝土密实,竖向接缝结合紧密,桥梁结构受力和外观质量好,施工速度快,显著缩短了工期,降低了成本,具有良好的经济与社会效益。

3 适用范围

本工法适用于各类跨径梁桥单箱单室箱梁悬浇施工,也适用于相似混凝土结构悬浇施工。

4 工艺原理

本工法的工艺原理是:在已浇梁段上利用竖向预应力钢筋或钢束,按自锚原理将挂篮系统固定;通过挂篮自身结构的强度、刚度及前后支锚点的支反力系统来平衡待浇梁段的重力;挂篮作为承重及模板结构,通过吊杆与吊带调整进行挂篮立模控制箱梁的平面位置与高程,保证其线形;配备专用振捣设备、机具,设置布料窗口、照明窗口与观察窗口,将混凝土分层入仓、布料、振捣,全断面一次浇筑箱梁混凝土。

5　施工工艺流程及操作要点

5.1　施工工艺流程(图1)

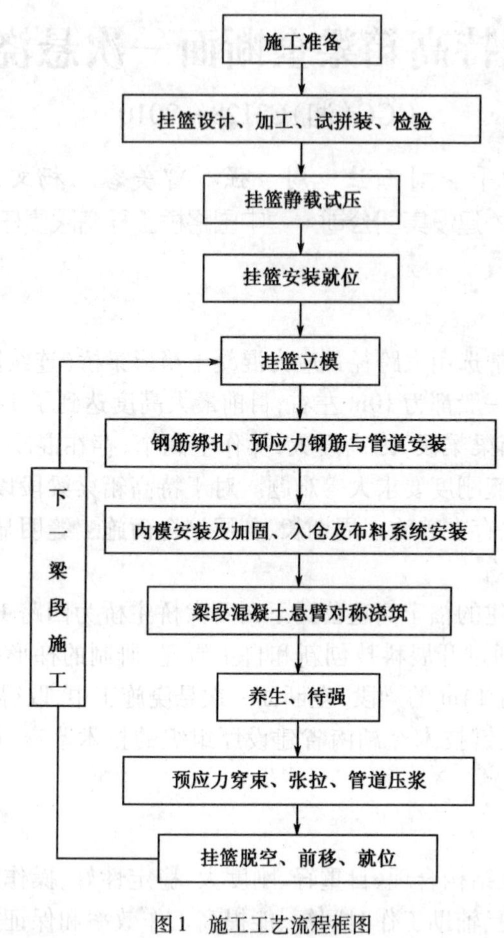

图1　施工工艺流程框图

5.2　操作要点

5.2.1　梯形挂篮设计要点

1)梯形结构挂篮系统

挂篮是箱梁全断面一次悬浇施工承重和模板结构的主要载体,包括主桁架(含前吊横梁)、悬吊及锚固系统、模板系统和行走系统四大部分(见图2和图3)。

(1)主桁架及前吊横梁

主桁架是箱梁悬浇施工的主要承重结构,每套挂篮主桁架由两片梯形纵桁组成,梯形纵桁间用两根连杆在其顶部横向连接。每片梯形纵桁采用2组I36_b焊接而成;挂篮的前支点采用滑板式支座,焊接在主桁架的中部;挂篮行走后锚点采用反扣滚轮支座,焊接在主桁架尾部;前吊横梁由2根I45_b组焊而成。

(2)悬吊及锚固系统

悬吊及锚固系统包括主桁架锚固、轨道锚固、底篮悬吊及锚固、外模悬吊及锚固、内模悬吊及锚固五部分。主桁架锚固、轨道锚固是用精轧螺纹钢筋或钢绞线做锚固件,以箱梁的竖向预应力钢筋或钢束做锚固反力点,通过预紧实现锚固。其他三部分的悬吊与锚固均用16Mn钢板条作吊带和用精轧螺纹钢筋作吊杆来实现。

(3)模板系统

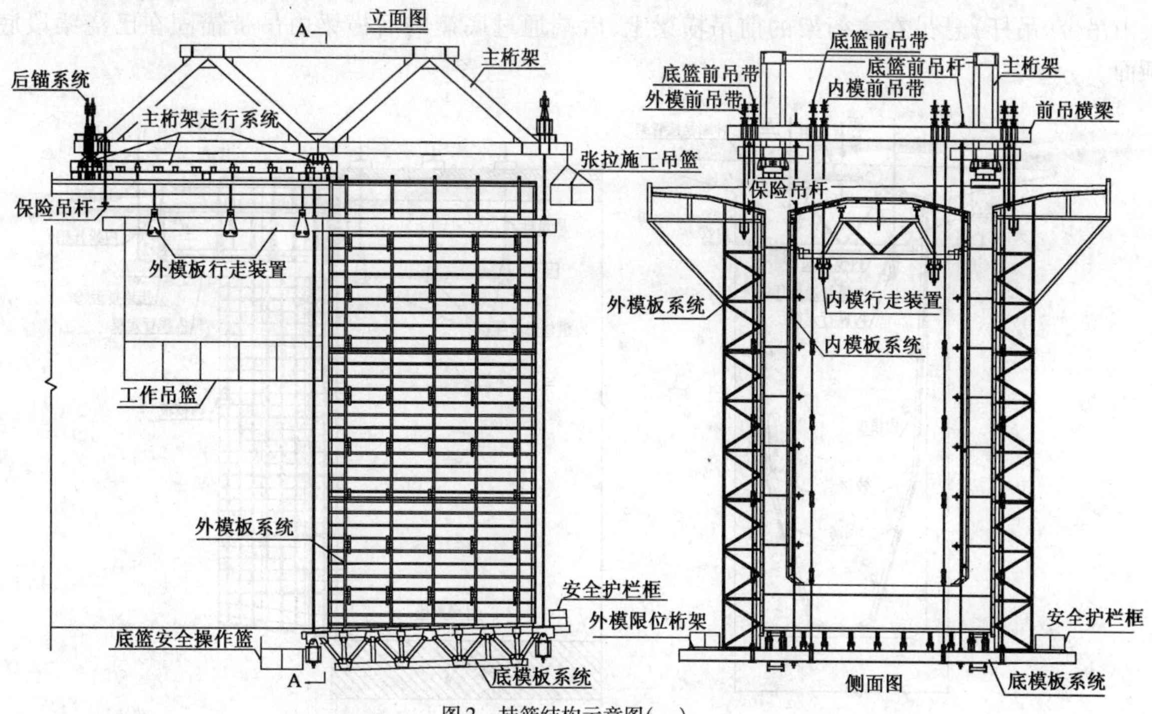

图2　挂篮结构示意图(一)

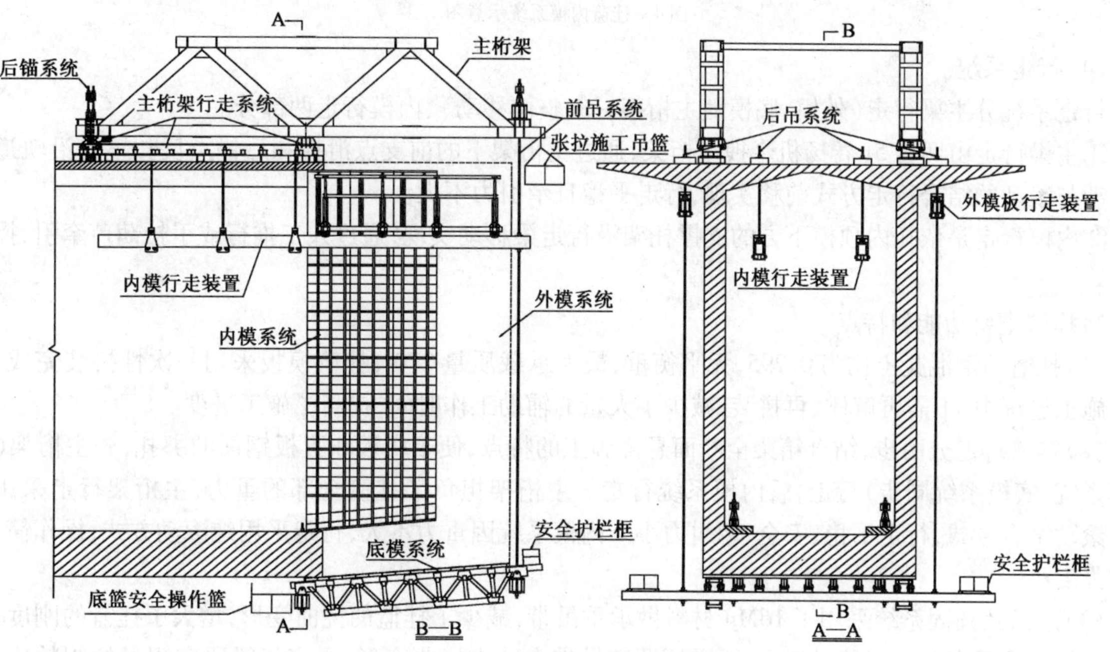

图3　挂篮结构示意图(二)

模板系统由外模板、内模板和底模板三部分组成。

①外模板:竖向分节,节间用螺栓连接,型钢空间桁架结构;支撑在两根外模行走梁上,行走梁前端由吊杆悬吊在主桁架的前吊横梁上,后端由吊杆悬吊在已浇梁段翼板顶面。

②内模板:包括内顶模、内侧模板,由组合钢模和异形转角钢模拼装而成,内附骨架,依托在内顶模下方的支撑托架上,支撑托架下设行走轮可沿两根行走梁滚动;行走梁前端由吊杆悬吊在主桁架的前吊横梁上,后端由吊杆悬吊在已浇梁段顶板顶面;内顶模的骨架可伸缩,适应主梁截面宽度的变化;内侧模板的顶部和中下部设有活动转铰,脱模方便。图4所示为挂篮内模系统示意图。

③底模板:依附在底篮上,由底篮的两片倒梯形桁架梁和工字钢梁铰接支撑;前端通过底篮的前横

梁由吊带(吊杆)悬吊在主桁架的前吊横梁上,后端通过底篮的后横梁由吊带锚固在已浇梁段底板顶面。

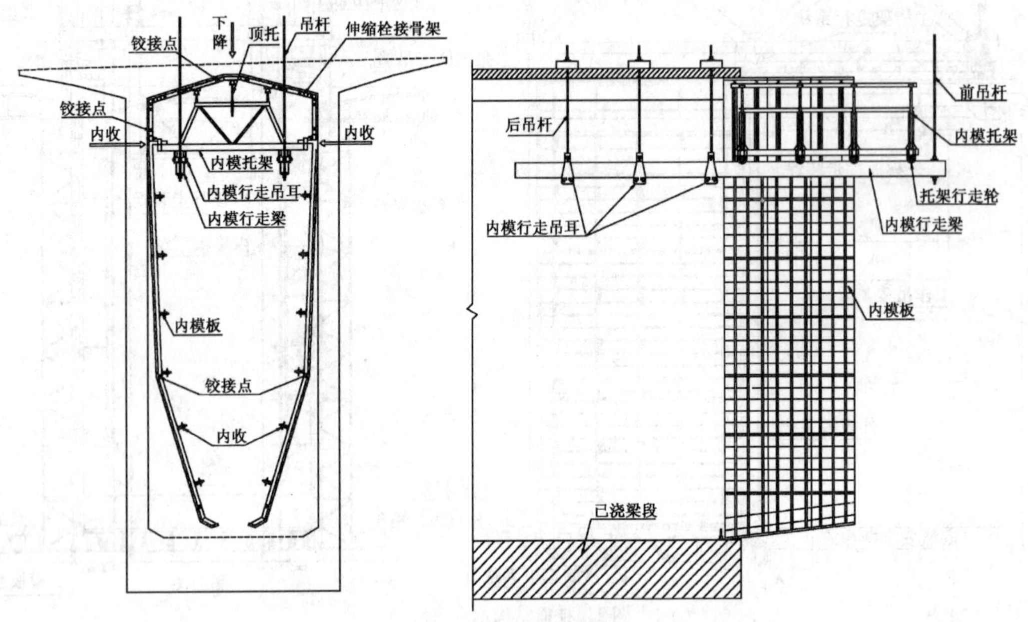

图4 挂篮内模系统示意图

(4)行走系统

行走系统分主梁行走(外模、底模随主桁架一起整体移动)、内模行走两部分。

①主梁行走由两台5t卷扬机牵拽主桁架,通过主桁架下的前支点滑板和后锚点反扣滚轮沿轨道采用滑动与滚动的结合行走方式前移实现,行走平稳且牵引力不大。

②内模行走是依托内顶模下方的支撑托架沿行走梁移动实现,通过人工推行或手拉葫芦牵引,操作简单。

2)挂篮主要功能和特点

(1)挂篮的钢混凝土比为0.295,无平衡重,最大承载质量270t;挂篮模板采用一次性拼装完成,在梁段施工过程中,不需再解体、再拼装;减少了大量的辅助工作时间,提高了施工进度。

(2)挂篮行走分两步,结合箱梁全断面悬浇施工的特点,便于底板和腹板钢筋的绑扎,先主桁架(携外模系统、底模系统同步)行走,后内模系统行走。主桁架担负了挂篮全部的重力,主桁架行走采用滑动与滚动结合方式,行走平稳、安全、牵引力小。内模系统因重力不大,行走采用纯滚动方式,操作简单,劳动强度小。

(3)悬吊及锚固系统采用了16Mn材料做承重吊带,减少了挂篮的挠曲变形,增大了挂篮的刚度,使挂篮在超高箱梁混凝土浇筑过程中,不需用调整吊带来减少挠曲变形,提高了梁段高程的控制精度,避免了对箱梁内应力的干扰,确保了箱梁内在质量。同时采用精轧螺纹钢筋做调节吊杆和锚固件,减少了挂篮立模的劳动强度,使立模和挂篮锚固更方便、更快捷、更简单。

(4)内顶模骨架设计可向两侧伸缩,螺栓锁定,能适应不同腹板宽度的需要。箱梁的腹板宽度变化时,只需解开螺栓锁定,伸缩内顶模钢骨架,在加长或缩短处加拼或拆移组合模板即可,减少了内模改装的工作量,使内模适应性更强。

5.2.2 挂篮加工、挂篮试拼装与检验

挂篮由专业厂家或专业加工队负责,严格按照挂篮设计图纸的要求加工,加工后进行试拼装与检验,确保加工质量与精度。

5.2.3 挂篮试压

为确保箱梁悬浇施工安全,在挂篮正式安装使用前对挂篮进行静载试压试验。挂篮试压分为主桁架和底篮试压。分级加载,加载最大重力为施工最大梁重的1.2倍,然后分级卸载,以检验挂篮的实际承载能力、稳定性及安全可靠性;对设计计算图式及技术参数进行验证;根据实测值推算各梁段挂篮的竖向变形为施工预拱度提供参考数据;消除非弹性变形,并测量变形值;对挂篮加工、焊接、拼装质量进行检验。

5.2.4 挂篮安装要点

(1)在已浇梁段腹板轨道底面位置的桥面上用砂浆找平,并控制好顶面高差,保证其后铺设的两侧钢枕顶面在同一水平面上。

(2)安装下锚扁担梁、钢枕和轨道;钢枕顶面高差在5mm以内,保证轨道安装平稳,并用短精轧螺纹钢筋做锚杆接长竖向预应力钢筋,利用锚板锁定轨道。要求每根锚杆预紧力不少于150kN,且受力要均匀。

(3)安装挂篮前后支座,提吊单片主桁架安装在支座上,并将两者连接为整体,两片主桁架之间用横向连杆连为一体,同时用上、下锚扁担梁和精轧螺纹钢筋将主桁架后锚点锚固。要求每根锚杆预紧力不少于300kN,且受力要均匀。

(4)安装挂篮的前吊横梁、扁担梁和支撑梁及吊杆、吊带;提吊底篮及底模板,用吊杆、吊带将其前、后横梁悬吊锚固。

(5)安装外模板行走吊杆、吊带,外模板(包括行走梁)先整体拼装好后,提升外模板系统,用前后吊杆、吊带将其行走梁悬吊锚固。

(6)在箱梁底板和腹板钢筋绑扎完后,现场安装内模板系统(包括行走装置),要求内模的后吊杆预紧力不少于150kN,且受力要均匀。

(7)挂篮的拼装是高空作业,两端要同时对称进行拼装,控制好挂篮的结构尺寸。

5.2.5 挂篮立模要点

挂篮立模是根据监控单位提供的立模高程,通过吊杆与吊带调整,对底模、外模、内模的平面位置与高程进行测量,并通过全站仪与水准仪对模板的中线位置、高程及相对尺寸进行有效控制、调整与定位。

5.2.6 钢筋制安要点

(1)钢筋在加工车间制作成半成品,做好编号挂牌,分类堆放整齐。

(2)现场绑扎时按设计要求进行平面尺寸的测量放样,再按照放样标记依次安装各种钢筋;先绑扎底板下层钢筋,安装好底板端模,并支垫好混凝土垫块,底板上下层钢筋须用架立钢筋连成一个整体;再绑扎腹板钢筋,与底板钢筋连接牢固;安装内模托架及内模,最后绑扎顶板和翼板钢筋。要求纵向钢筋水平顺直、竖向钢筋垂直。

5.2.7 预应力管道、钢筋和钢束安装要点

按照设计图纸的布置要求,预应力钢束、钢筋与波纹管应与钢筋绑扎同步进行安装,达到预应力束和管道的坐标和平面位置定位准确,固定牢固,平顺、流畅、无折角。

5.2.8 箱梁全断面一次悬浇施工要点

(1)施工组织与管理

施工人员要按照混凝土浇筑的工序要求,合理组织安排与分工,实行岗位责任制,各工序定人定岗,且前后台人员要统一指挥,紧密配合与协调,明确各方职责与任务,确保梁段混凝土连续浇筑。

(2)混凝土输送

箱梁一般设计为C50~C60混凝土,属于高强混凝土,采用拌和站集中搅拌,要严格控制水灰比,坍落度在18~20cm及其损失为1~2cm,使混凝土的各项性能指标满足设计与现场施工要求;混凝土罐车运输到墩位下,经输送泵泵送到梁段处同时对称进行梁段浇筑。

(3)混凝土浇筑方法及要求

箱梁采用混凝土全断面一次悬浇法,先底板、后腹板、最后浇筑顶板、翼板;混凝土浇筑宜选在一天

中温度较低的时间内进行,以减少温度应力的影响。

(4)混凝土入仓及布料系统设计与施工方法

①混凝土入仓及布料系统组成。在内模的支撑托架上附着混凝土入仓及布料系统,该系统由吊架、料斗、多层布料盆、溜槽和串筒组成,见图5。

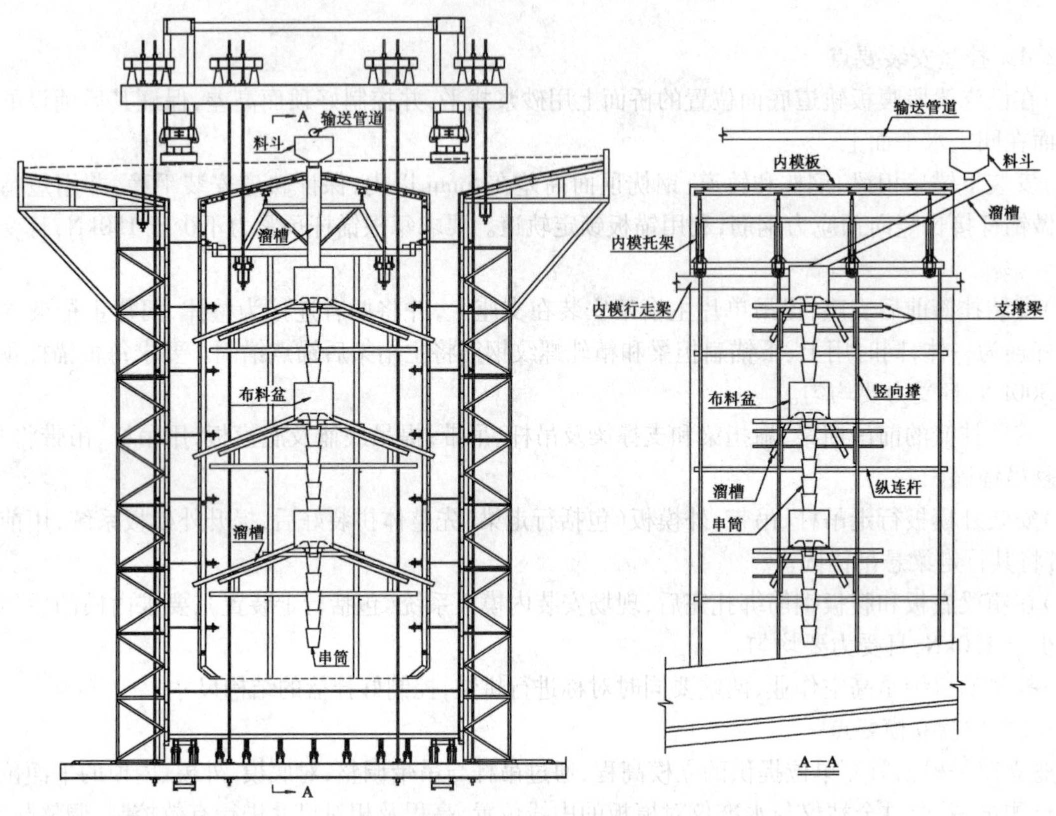

图5 箱梁全断面一次悬浇混凝土入仓与布料系统

②混凝土入仓及布料的施工方法。混凝土经过输送泵的输送管道,首先进入内顶模处的料斗,再经过溜槽从上到下进入各层布料盆,并根据混凝土的浇筑位置,通过各层串筒和溜槽,从串筒口或通过布料盆从不同高度的可开关的内模布料窗口布料,有效控制混凝土的自由跌落高度2m左右,使混凝土连续均匀地进入箱梁底、腹板内。

(5)混凝土浇筑质量控制方法

通过在每层内模布料槽窗口附近开设的照明窗口照明,在腹板端头模板上等高度位置开设的观察窗口进行观察,派专人有效地监控腹板混凝土振捣情况,确保混凝土浇筑质量。

(6)混凝土浇筑工艺与方法

①底板混凝土浇筑:控制出料口混凝土堆积高度不超过1m和分层厚度30cm,按从已浇梁端处往待浇梁段前端进行,先两侧、后中间的顺序分层浇筑。混凝土的振捣以插入式为主,最后用平板式振动器拖平,人工收浆压光。对腹板与底板连接处的倒角要特别振捣,底板混凝土浇筑完后,在靠近两侧腹板处表面各压上一块1m宽的压板,以防止浇筑腹板混凝土时,因混凝土尚未凝结而产生振动流失现象而翻入底板,以致下倒角出现局部空洞。

②腹板混凝土浇筑:因腹板高而窄,钢筋和预应力管道密集,按从下到上的顺序,通过内模各层布料窗口进料;除按底板混凝土浇筑方法外,要控制出料口混凝土堆积高度不超过0.8m,对称浇筑上下游腹板混凝土,每梁段上、下游腹板浇筑高差小于2m,以保证挂篮平衡受力。腹板混凝土振捣由专人负责,按1m的长度分区定位,并采用12~14m长定制专用的插入式振捣棒与配用2kW以上振动器进行振捣;振捣棒应与侧模保持5~10cm的距离,直起直落,严禁抛甩,以防钢筋卡棒和碰撞预应力管道。在

混凝土浇筑过程中,通过内模上的照明窗口用矿灯照明,派专人从腹板端头模板上的观察窗口监控与指挥振捣,防止漏振不实和过振泌水的现象;在预应力筋锚固区以及其他钢筋密集部位要认真振捣,并派专人采用小木锤轻敲模板检查其密实度,确保腹板混凝土质量良好。

③顶板、翼板混凝土浇筑:按先浇腹板顶部,再浇顶板、翼板的顺序从待浇梁段前端往已浇梁端处浇筑;直接利用输送泵管道均匀布料,以插入式振动器振捣为主,最后用平板式振动器拖平;在预应力筋锚固区以及其他钢筋密集部位加强振捣,避免振捣棒碰撞预应力管道、预埋件、锚固端垫板等;混凝土浇筑完成后,人工将梁段顶面用木抹收浆抹平,控制好横坡和平整度。混凝土初凝后按规范要求进行养生待强度形成。

5.2.9 预应力穿束、张拉和管道压浆施工

箱梁一般设计有三向预应力结构,梁段混凝土达到设计规定的强度后进行预应力钢束(钢筋)的穿束等,并按先纵向、后横向、最后竖向顺序对称张拉;张拉后,应尽早压浆。

5.2.10 挂篮脱空、前移、就位

(1)挂篮脱空

①底模脱空:先将底模前后横梁上的前后吊杆(吊带)放松下降15cm左右,使底模板脱离底板混凝土底面,然后临时将底模的前移后吊杆锚在外模行走梁上后,再解除底模后吊带与底板混凝土的连接。

②外模脱空:先拆卸外模与内模的对拉螺杆,解除两者之间其他约束连接,然后将两侧外模行走梁上的前后吊杆(吊带)放松下降20cm左右,使外模脱离翼板混凝土底面与腹板混凝土侧面。

③内模脱空:先用手拉葫芦将内模下端通过连接铰向内收拢,再将内模行走梁上的前后吊杆放松下降15cm左右,使内模托架携内模整体脱离顶板混凝土底面与腹板混凝土侧面。

④主桁架脱空:通过千斤顶先预顶压扁担梁使后锚杆放松,然后松动后锚杆的螺母10cm,千斤顶缓慢卸压使主桁架的后支座底面脱离轨道顶面,使反扣滚轮顶紧轨道顶板下缘,再拆卸后锚杆装置,满足挂篮前移的要求。

(2)挂篮前移、就位

①先在已浇梁段上找平,铺设轨道并锚紧,并在两侧轨道上做好前移距离标记,在其前端焊接临时限位挡块;再在主桁架尾部用10t手拉葫芦配钢丝绳打保险。

②通过两台5t卷扬机配转向滑轮、钢丝绳等反向拖拉主桁架前支座使之携底模、外模同步前移到位。

③挂篮前移到位后,按照其安装的相关要求进行立模就位,进入下一梁段施工。

6 材料与设备

6.1 主要施工材料

一个"T"构箱梁悬浇施工采用的主要施工材料见表1。

主要施工材料 表1

序号	名称	规格型号	单位	数量	用途
1	短锚杆	ϕ32mm精轧螺纹钢筋	根	24	轨道、主桁架锚固
2	工具连接器	与精轧螺纹钢筋匹配	个	20	轨道锚固
3	型钢	[12/[10	m	若干	入仓及布料系统
4	钢板	δ3~5mm	m^2	若干	入仓及布料系统
5	钢管	ϕ48mm	m	若干	安全护栏等

6.2 主要机械设备

一个"T"构箱梁悬浇施工采用的主要机械设备见表2。

主要机械设备 表2

序号	名称	规格型号	单位	数量	用途
1	梯形挂篮	专门设计制造	套	2	箱梁浇筑施工
2	搅拌机组	$50m^3/h$	台套	2	混凝土拌和
3	混凝土输送泵	$60\sim100m^3/h$	台	3	混凝土泵送
4	插入式振动器	2.0kW	台	12	混凝土振捣
5	专用振动棒	12~14m	根	16	腹板混凝土振捣
6	振动棒	6m	根	16	混凝土振捣
7	平板振动器	1.5kW	台	2	底板、顶板混凝土振捣

7 质量控制

7.1 工程质量控制标准

7.1.1 箱梁悬臂浇施工质量执行《公路工程质量检验评定标准》(JTG F80/1—2004)。箱梁悬浇施工允许偏差见表3。

箱梁混凝土悬浇实测项目 表3

<table>
<tr><th>项次</th><th colspan="2">检测项目</th><th>规定值或允许偏差</th><th>检查方法和频率</th><th>权值</th></tr>
<tr><td>1Δ</td><td colspan="2">混凝土强度(MPa)</td><td>在合格标准内</td><td>按 JTG F80/1—2004 附录 D 检查</td><td>3</td></tr>
<tr><td>2Δ</td><td>轴线偏位(mm)</td><td>L > 100m</td><td>L/10 000</td><td>全站仪:每个节段检查2处</td><td>2</td></tr>
<tr><td rowspan="2">3</td><td rowspan="2">顶面高程(mm)</td><td>L > 100m</td><td>±L/5 000</td><td>水准仪:每个节段检查2处</td><td>2</td></tr>
<tr><td>相邻节段高差</td><td>10</td><td>尺量:检查3~5处</td><td>1</td></tr>
<tr><td rowspan="4">4Δ</td><td rowspan="4">断面尺寸(mm)</td><td>高度</td><td>+5,-10</td><td rowspan="4">尺量:每个节段检查1个断面</td><td rowspan="4">2</td></tr>
<tr><td>顶宽</td><td>±30</td></tr>
<tr><td>底宽</td><td>±20</td></tr>
<tr><td>顶底腹板厚</td><td>+10,-0</td></tr>
<tr><td>5</td><td>合龙后同跨对称点高差(mm)</td><td>L > 100m</td><td>L/5 000</td><td>水准仪:每跨检查5~7处</td><td>1</td></tr>
<tr><td>6</td><td colspan="2">横坡(%)</td><td>±0.15</td><td>水准仪:每节段检查1~2处</td><td>1</td></tr>
<tr><td>7</td><td colspan="2">平整度(mm)</td><td>8</td><td>2m 直尺:检查竖直、水平两个方向,每侧面每10m梁长测1处</td><td>1</td></tr>
</table>

7.1.2 箱梁钢筋加工及安装施工质量执行《公路工程质量检验评定标准》(JTG F80/1—2004)。

7.2 质量保证措施

7.2.1 坚持“质量第一”的方针,认真贯彻执行公司的质量认证体系标准,实施全面质量管理。

7.2.2 建立严格的质量管理制度,按照三级质检体系严把工序质量关,对各工序质量进行全过程控制和检查。

7.2.3 挂篮的全部构件在专业厂家加工、制作与检验、试拼,合格后在现场一次组装验收,并按设计荷载及技术要求进行静载试压。

7.2.4 挂篮自重控制在设计要求重量之下,并采用空间结构计算软件对挂篮的受力进行计算与分析,优化挂篮设计,使之结构合理,自重轻便,受力安全;并使挂篮最大变形控制在20mm以内;挂篮在施工、行走时的抗倾覆安全系数大于2,锚固系统、吊点系统的安全系数大于2。

7.2.5 通过优化混凝土的配合比设计,配置性能好的高强混凝土;采取科学的施工管理、控制措施与施工方法,人员分区定岗,设置布料窗口、照明窗口与观察窗口,用专用的振捣设备,保证混凝土质量的内实外美。

7.2.6 加强混凝土的养护工作和确保施工缝凿毛质量;按要求和程序进行预应力张拉、压浆施工,确保预应力体系的施工质量。

7.2.7 在雨季混凝土施工掌握好天气情况,避开雨天浇筑,适时调整混凝土的施工配合比,并对混凝土进行覆盖保护。

7.2.8 在夏季混凝土施工采取如拌和水加冰冷却、骨料洒水与输送管覆盖洒水、避开气温较高的时段浇筑等降温、缩短运输时间等必要的措施,防止混凝土因失水而丧失流动性或出现早凝现象。

7.2.9 在冬季混凝土施工当日气温低于 -3℃或昼夜平均气温低于5℃时,混凝土施工须采取拌和水加温、输送管覆盖保温等措施,保证出罐、入模温度满足规范要求,浇筑完毕后进行覆盖保温。

7.2.10 加强后台保障系统生产与供应,防止机械故障,确保混凝土浇筑时快速连续。如出现因混凝土供应等故障无法一次浇筑,应及时采取其他保证措施,必要时采取设置施工缝处理措施,确保施工质量。

7.2.11 建立悬臂施工监控体系,加强各施工梁段施工阶段的监控测量,控制每个施工阶段的高程误差和平面误差均不大于设计要求,控制各施工状态下的主梁内力处于安全范围内,保证成桥后结构的线形及内力最大限度地接近设计状态的目的。

8 安全措施

8.1 要严格执行《安全生产许可证条例》(中华人民共和国国务院令第397号)、《中华人民共和国安全生产法》、《建设工程安全生产管理条例》(中华人民共和国国务院令第393号)、《建筑施工高处作业安全技术规程》(JGJ 80—91)的安全标准与要求。

8.2 坚持"安全第一,预防为主,综合治理"的安全生产方针,建立安全管理机构,明确安全生产目标,健全各项安全规章制度,落实安全生产责任制,确保安全生产工作从组织上、思想上、制度上得到长效的保证和控制,形成良好的安全管理保证体系。加强施工作业中的安全检查,确保施工作业标准化、规范化。

8.3 挂篮悬臂施工属高空作业,要严抓施工现场管理,严格按照施工操作规程和安全规程组织施工,施工现场必须设置完善、醒目的安全警示、警告标语和标志,以增强人员的安全警觉。施工人员要求穿戴整齐,必须佩戴安全帽;高空作业要系安全带,严禁违章作业;施工现场要及时清理、整顿,确保安全生产,文明施工。

8.4 在挂篮结构上配备有安全护栏、施工与工作吊篮、安全网、消防器及防雨等安全防护设施,确保安全施工。

8.4.1 在挂篮前吊横梁上设有张拉施工吊篮,位于主桁架梁前端的下方,作为纵向预应力张拉施工的施工平台。

8.4.2 在挂篮外模行走梁上设有配牵引器用钢丝绳悬吊的工作吊篮,位于外模后方、箱梁外腹板的两侧,用于外腹板升降清理修饰和外模行走吊耳的转换的工作平台。

8.4.3 在挂篮的底篮尾部设有安全操作篮,作为箱梁底板施工缝清理与底模后吊杆转换的施工平台。

8.4.4 在挂篮的底篮纵梁前端用钢管设置安全护栏,并在纵梁外伸部分铺设木板,为施工人员提供工作与行走平台,用安全网兜底与水平围护。

8.4.5 在外模两侧的限位桁架上用钢管设置安全护栏,并铺设木板,为施工人员提供行走平台,并在外模板桁架底部位置用安全网兜底防护。

8.5 对挂篮的主要设施与构件要进行结构设计并通过验算,满足有关技术规范要求。

8.6 在梁段混凝土浇筑时,两端对称梁段要均衡浇筑,并指派专人对挂篮结构及模板等的焊缝、对拉螺杆、吊杆及锚杆等进行过程跟踪检查,及时进行加固。

8.7　在雨季施工,做好防雨工作,配备雨衣、帆布、彩胶布等,做好机械设备与电器设备覆盖防雨、电缆架空绝缘工作,防漏电、触电、电火与人员淋雨等。

8.8　在高温季节施工,加强防暑降温的管理,选择日气温较低时施工,并设置遮阴棚,实行轮班制度,缩短工作时间,确保人员人身安全。

8.9　在冬季施工,对工作区域及时清理,并对爬梯、施工平台等设置防滑装置,机械设备进行防冻维护,合理安排作业时间,选择一天气温较高时段施工。

8.10　挂篮水面高空施工时,在江河施工水域做好航道的通航标志和夜间照明警示标志,同时严禁高空坠物和抛物,确保过往船只安全。

9　环保措施

9.1　在工程施工期间,成立施工环境保护管理机构,严格遵守国家和地方政府下发的有关环境保护的法律、法规。

9.2　在工程施工范围内,合理布置施工场地、规范施工作业,围挡隔离施工区域,做到标牌清楚、齐全,各种标识醒目,施工场地整洁文明。

9.3　加强对工程材料、设备、生产生活垃圾、废油、废水、施工燃油、工程弃渣的控制和管理,遵守防火及废弃物处理的规定,接受相关单位的监督检查。并认真做好对施工废浆、废水、生活污水无害化集中处理,防止乱排乱流。废水按环境卫生指标进行处理达标并按当地环保部门要求的指定地点排放。弃渣及其他工程废弃物按工程建设指定地点和施工方案进行合理堆放和规范处治。

9.4　对施工场地道路进行硬化,派清洁工每天打扫,并在晴天经常对施工通行道路进行洒水,防止尘土飞扬污染周围环境。

9.5　在夜间作业,要办理相关施工手续,合理安排工序工作,降低机械设备的施工噪声,防止扰民。

9.6　施工人员进行电焊等施工时要配备电焊手套、墨镜、电焊面罩与防辐射的衣服进行有效防护;同时对钢筋采取机械连接方式,尽量减少电焊的工作量,将光污染影响降低到最小。

10　资源节约

10.1　梯形主桁架挂篮是从三角形组合梁挂篮优化设计而来,具有结构合理、受力明确、竖向刚度大、主桁架变形小、杆件相对少、可有效降低主桁架高度的特点,因此其自重较轻,可节约材料。同时采用梯形结构降低了挂篮高度,相应合理缩短了其前吊系统吊带、吊杆的长度,同时减少了吊杆的变形,施工作业高度与难度降低,保证施工安全和提高工作效率。

10.2　梯形挂篮系统结构合理、操作简便、行走灵活、适应各种梁段变化、模板安拆与立模快捷、辅助工作时间短、能提高工作效率,大量节省人工费用。

10.3　采用挂篮全断面一次悬浇施工工艺可缩短施工周期,节约工序,大大减少和降低了人工、机械设备台班的投入。

10.4　挂篮可作为专用设备周转使用。

11　效益分析

11.1　经济效益

11.1.1　箱梁采用挂篮全断面一次悬浇与分次分层浇筑,在挂篮投入方面相比是一样的,但通过结构优化设计和采用梯形结构主桁架的挂篮,使挂篮结构设计更加合理,降低了前吊系统的吊带、吊杆的长度,每个挂篮节约钢材近12t。下白石大桥主桥6个"T"构12套挂篮总计节约钢材近144t,减少投入约90万元。

11.1.2　箱梁采用挂篮全断面一次悬浇施工工艺,缩短梁段施工周期,每个梁段施工节约工序时间5d。下白石大桥主桥每个"T"构有10对高10m以上箱梁,采用全断面一次悬浇比分次分层浇筑工期要缩短50d;大大减少人工工日、机械设备的台班的投入,6个"T"构共节约资金近200万元。

11.1.3 采用挂篮全断面一次悬浇成型,整体性好、线形平顺、外表美观;竖向施工缝处混凝土经钻芯取样随机抽检,芯样完整、密实;同时减少了采用输送泵泵送混凝土前润管与最后压水洗管的浪费;下白石大桥主桥6个"T"构箱梁施工中节约混凝土约350m^3,减少资金投入15万元;不存在水平施工缝的清理工作。

11.1.4 采用挂篮全断面一次悬浇工艺避免了各层混凝土因龄期不同受徐变与收缩产生的不利影响,结构受力更好,且能确保外观颜色一致,提高了质量效益。

11.1.5 采用梯形结构挂篮降低了高空作业高度,并在挂篮上设置了全方位的工作吊篮、护栏、安全网等安全设施,大大增加了施工人员的安全,确保了安全生产、文明施工,提高了安全效益。

11.2 社会效益

本工法成功应用于下白石大桥主桥箱梁,是我国大跨径预应力混凝土梁式桥由徘徊不前到持续发展的新突破,表明了我国大跨径连续刚构桥已跨入世界同类桥梁建设先进水平行列。因此,本工法的技术成果是大跨径梁桥特高箱梁全断面一次悬浇施工技术和施工工艺方面取得的重大进展,是一项创新成果,是特高箱梁悬浇施工一个里程碑,是一项实用、经济、高效的施工技术成果,为以后类似或相关特大桥梁施工提供了参考依据,对加快工程建设和确保工程质量具有良好的社会效益。

12 应用实例

12.1 下白石大桥主桥

12.1.1 工程概况

下白石大桥是福建省福鼎至宁德高速公路段的一座特大桥,其主桥为145m+2×260m+145m四跨预应力混凝土连续刚构(见图6),主桥全长810m,桥面总宽24.5m。主桥箱梁为分离式双箱,每幅桥箱梁设计为单箱单室断面,箱梁顶板宽度为12.0m,底板宽度为6m,墩顶处梁段高度为14.0m,跨中梁段梁高为4.2m。每个"T"构有29对悬臂梁段,悬臂总长度为123.25m,悬浇最大梁重为2 252kN。

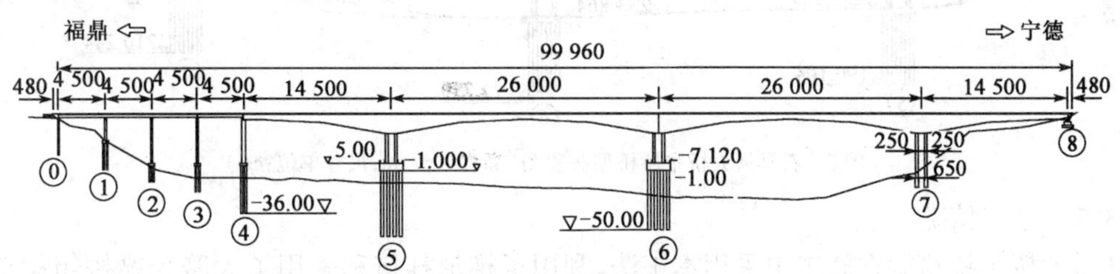

图6 下白石大桥桥型布置(高程单位:m,尺寸单位:cm)

12.1.2 施工情况

下白石大桥从2000年3月开始进场建设,其主桥5、6、7号墩箱梁共采用12套挂篮全断面一次悬浇施工,其中5、7号墩箱梁悬浇从2002年5月上旬开始施工,到2003年2月上旬全部完成,施工工期为9个月;6号墩箱梁悬浇从2002年7月上旬开始施工,到2003年3月上旬全部完成,施工工期为8个月。采用本工法后前15d完成,到2003年6底建设竣工通车,并经福建省交通建设工程质量监督站竣工验收评定为优良工程。

12.2 木塘垸沅水大桥主桥

12.2.1 工程概况

湖南省常张高速公路A6合同段木塘垸沅水大桥主桥上构为74.6m+6×120m+74.6m八跨预应力混凝土刚构与连续组合梁桥(见图7),是常张高速公路上的一座特大桥;主桥全长869.2m,桥面总宽31m。每幅桥箱梁设计为单箱单室断面,箱梁顶板宽度为15.25m,底板宽度为8m,墩顶处箱梁高为7m,

各跨跨中以及现浇梁段梁高均为3m,每幅桥7个“T”构的悬臂均各有16对梁段,悬臂总长度为56m,悬浇最大梁重为1 400kN。

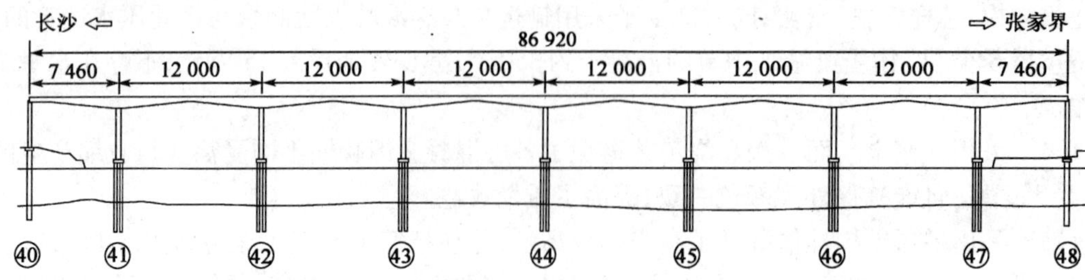

图7 木塘垸沅水大桥主桥桥型布置(尺寸单位:cm)

12.2.2 施工情况

木塘垸沅水大桥主桥采用本工法研制的梯形挂篮系统、利用箱梁全断面一次悬浇施工技术对上构箱梁(最大高度近7m的梁段)进行施工。本桥从2002年月2月开工,2005年12月26日建成通车,经湖南省交通建设工程质量监督站竣工验收评定为优良工程。

12.3 石马河大桥主桥

12.3.1 工程概况

重庆市巫奉高速公路A21合同段石马河大桥主桥上构为106m+2×200m+106m四跨预应力混凝土连续刚构(图8),其主桥全长612m,桥面宽24.5m。每幅桥箱梁设计为单箱单室断面,箱梁顶板宽度为12m,底板宽度为6.5m,墩顶处梁段高为12m,各跨跨中以及现浇梁段梁高均为3.5m。每幅桥三个“T”构的悬臂各分为22对梁段,悬臂总长度为92m,悬浇最大梁重为2355kN。

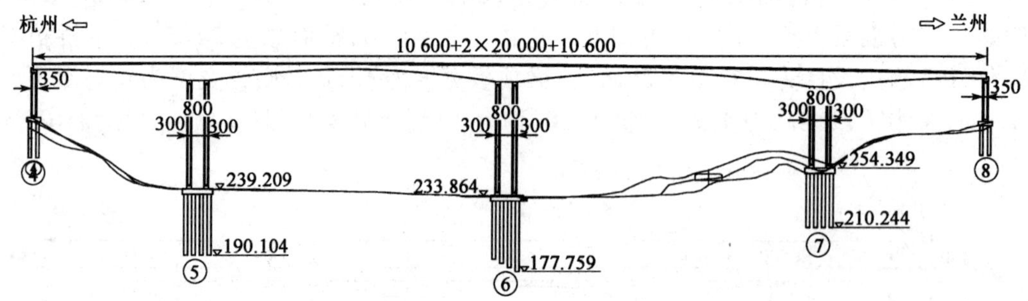

图8 石马河大桥主桥桥型布置图(高程单位:m;尺寸单位:cm)

12.3.2 施工情况

石马河大桥主桥箱梁在施工中采用本工法,利用了梯形挂篮和采用了大跨径梁桥箱梁全断面一次悬浇施工技术对本桥上构箱梁(最大高度近12m的梁段)进行施工。现本桥上构箱梁在2010年6月全面完成悬浇施工至合龙,箱梁梁段的施工安全、进度、投资得到了有效控制,施工质量优良。

悬索桥边跨无索区钢箱梁安装施工工法

GGG(川)C3129—2010

卢 伟 杨如刚 邓亨长 龙 勇 李润哲
(四川公路桥梁建设集团有限公司)

1 前言

悬索桥是目前跨越能力最强的桥型,目前悬索桥主梁分为钢箱梁与桁架式两种,桥型布置分为两跨(三或四跨)连续或单跨双铰式主梁构造。主梁安装是悬索桥施工的关键工序之一。

舟山大陆连岛工程西堠门大桥是目前国内最大跨径桥梁,也是世界第一大跨钢箱梁悬索桥与第二大跨悬索桥。大桥地处台风区,同时桥址处海流情况复杂、波急浪高、海床无覆盖层,这些因素的存在,使得大桥钢箱梁安装难度极大(面临很大挑战)。

在大桥北边跨无索区钢箱梁安装施工中形成了"悬索桥边跨无索区钢箱梁安装施工工法"。该工法解决了西堠门大桥边跨无索区钢箱梁安装难题,所用施工设备较少,技术先进,社会效益与经济效益明显。

2 工法特点

2.1 移动支架与固定支架结合

在悬索桥全桥钢箱梁桥位焊接前,以固定支架作为无索区钢箱梁临时存放场所,移动支架作为钢箱梁纵移就位的中转接力装置,结构简单有效。

2.2 无索区钢箱梁荡移,临时吊索、吊具及牵引系统的组合

借助临时吊索与水平牵引系统,采用连续荡移技术(即钢箱梁"荡秋千"),以缆载吊机与特制吊具将无吊索钢箱梁从运输船转运至支架上。充分利用已有设备,确保施工过程安全高效、安装定位准确。

2.3 无索区线形调整工艺

以千斤顶群作为无索区线形调整手段,结合线形精细调整监控技术,简单、快速、实用。

3 适用范围

受地形限制无法使用浮吊、大型履带吊安装的两跨(或多跨)连续钢箱梁悬索桥边跨无索区(锚侧)钢箱梁安装施工。

4 工艺原理

吊机、临时吊索与水平牵引系统以及支架系统(包括固定支架与移动支架)组成无吊索钢箱梁连续荡移安装系统。吊机垂直提升钢箱梁,水平牵引系统提供水平力牵引钢箱梁至临时吊索位置,连接临时吊索与钢箱梁,放松吊机吊索,使钢箱梁重量转移至临时吊索,同时吊机前行,通过吊机与临时吊索的交替接力,最终使钢箱梁荡移至移动支架位置。总体布置见图1。

受吊机或吊索荡移角度所限,此时钢箱梁无法通过荡移施工平移至固定支架上,故设计移动支架,待钢箱梁提升超过支架高程后,横移移动支架并与固定支架连接,贯通钢箱梁纵移轨道后,下放钢箱梁

至移动支架,解除吊具后纵移钢箱梁至固定支架上设计平面位置。支架布置见图2。

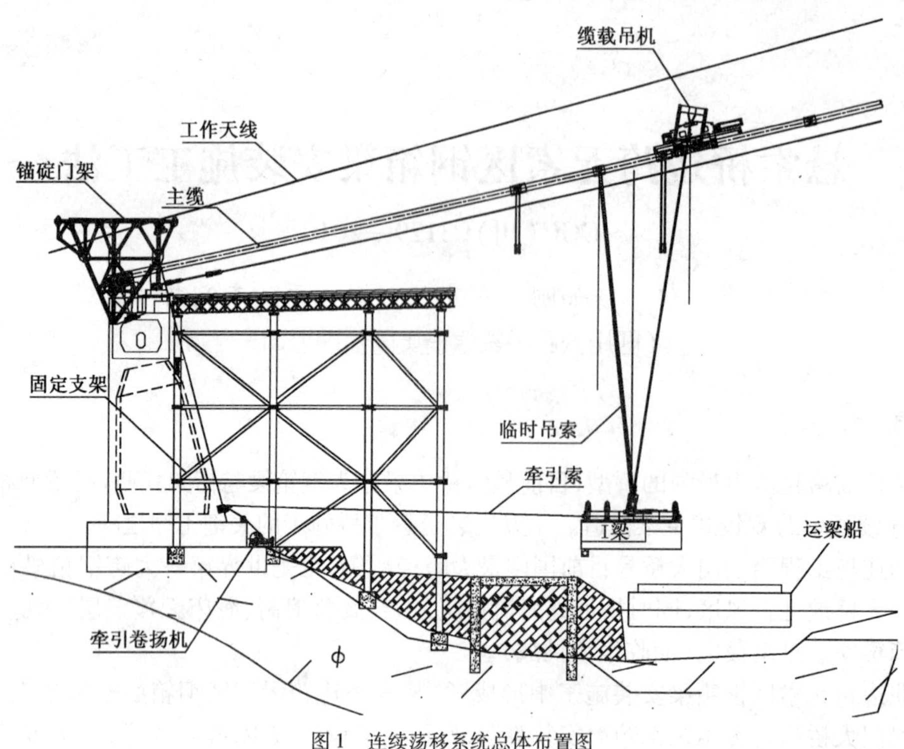

图1 连续荡移系统总体布置图

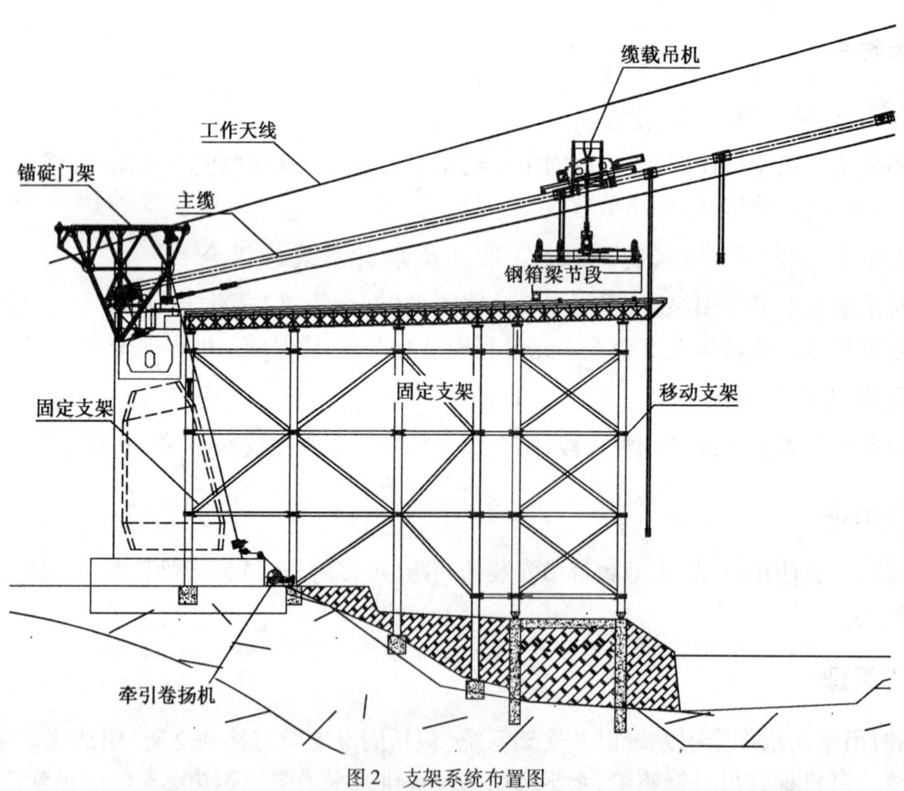

图2 支架系统布置图

待所有钢箱梁吊装完成后,按监控指令利用安放于支架上的千斤顶群调整无索区梁段高程,首先将支架上无索区梁段调整并焊为一体,再整体调整无索区梁段并与有吊索梁段临时连接、焊接,最后利用千斤顶群完成钢箱梁体系转换,整个调整过程均全程监测梁段高程变化,随时调整千斤顶作用力,确保调整过程安全。

5 施工工艺流程及操作要点

正式安装前,首先搭设固定与移动支架,安装临时吊索与索夹,布置好水平牵引系统。加工特制吊具。吊机行走至可安装位置。

运梁船将梁段运到锚前可停泊位置,此时下放吊机吊具,连接临时吊耳与吊具,做好准备,即可进行钢箱梁安装。

5.1 施工工艺流程(见图3)

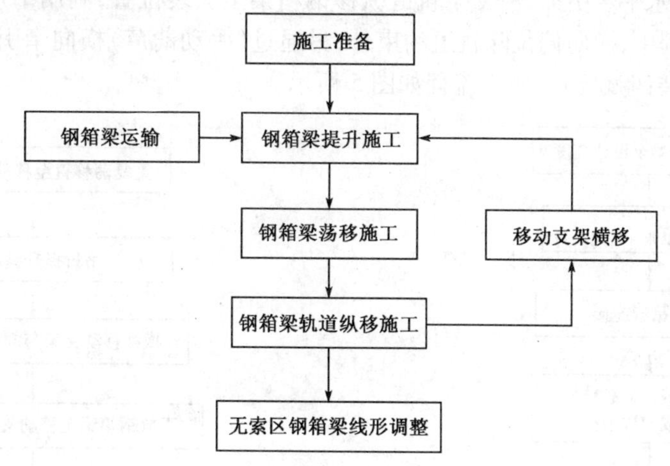

图3 无索区钢箱梁安装流程图

5.2 操作要点

5.2.1 钢箱梁提升施工

(1)施工准备

①支架搭设。无索区钢箱梁在与有吊索钢箱梁焊接前,必须考虑临时放置场地,按钢箱梁的安装平面与高程布置存梁的固定支架,一般考虑型钢桁架式,同时支架上还包含钢箱梁纵移系统与线形调节系统,前者一般为带水平牵引力的轨道,后者为钢支垫与千斤顶群的组合。

同时在固定支架外端靠塔侧布置可横桥向移动的移动支架,其高度与固定支架匹配,轨道与固定支架相接。

②水平牵引系统布设。在将钢箱梁从起吊位置向安装位置方向荡移过程中,水平牵拉力由水平牵引系统提供,水平牵引系统由牵引卷扬机、钢绳、连接吊耳、锚固件、转向滑车等部分组成,均在吊装前布设好。

③临时吊索与索夹安装。作为钢箱梁荡移中转装置,临时吊索与索夹也提前布置好,其安装位置与长度根据吊机最大允许荡移角度设计。

④吊具与吊机就位。吊装前,缆载吊机需在主缆上行走至提升位置,并提前下放吊具至安全高度。

(2)运输船就位

其他工作准备就绪后,运梁船将钢箱梁运抵提升吊机正下方,进行动力定位。

(3)吊机垂直提升

连接吊具与钢箱梁临时吊耳,解除钢箱梁与运输船的临时约束,启动吊机提升钢箱梁至设计荡移高度。

钢箱梁提升要点如下:

①钢箱梁固定支架与移动支架设计高度需考虑支垫与千斤顶作用空间,可低不可高。

②临时吊索长度根据钢箱梁荡移角度确定,设计时需考虑主缆在钢箱梁重力作用下高程的变化。

③吊具应针对无吊索钢箱梁设计与吊索对应的吊耳构造,作为荡移过程临时承力构造。

5.2.2　钢箱梁荡移施工

钢箱梁提升至一定高度后,此时水平牵引系统吊耳已连接好,启动水平牵引卷扬机开始连续荡移施工,其施工流程如图4所示。

5.2.3　钢箱梁轨道纵移施工

当完成最后一次荡移后,吊机提升钢箱梁超过移动支架高程,横移移动支架至钢箱梁下方,连接固定支架与移动支架(含轨道),布置好钢箱梁移运器与钢支垫,下放钢箱梁至移位器,吊机卸载并解除吊具。启动钢箱梁支架上水平牵引绳,沿支架轨道纵移钢箱梁至安装位置,利用千斤顶卸载,将钢箱梁转移至钢支垫上,纵移过程中,横向偏位除轨道约束外,另通过(手动葫芦)横向牵引钢箱梁调整平面位置(移运器与钢支垫上安装四氟板)。施工流程如图5所示。

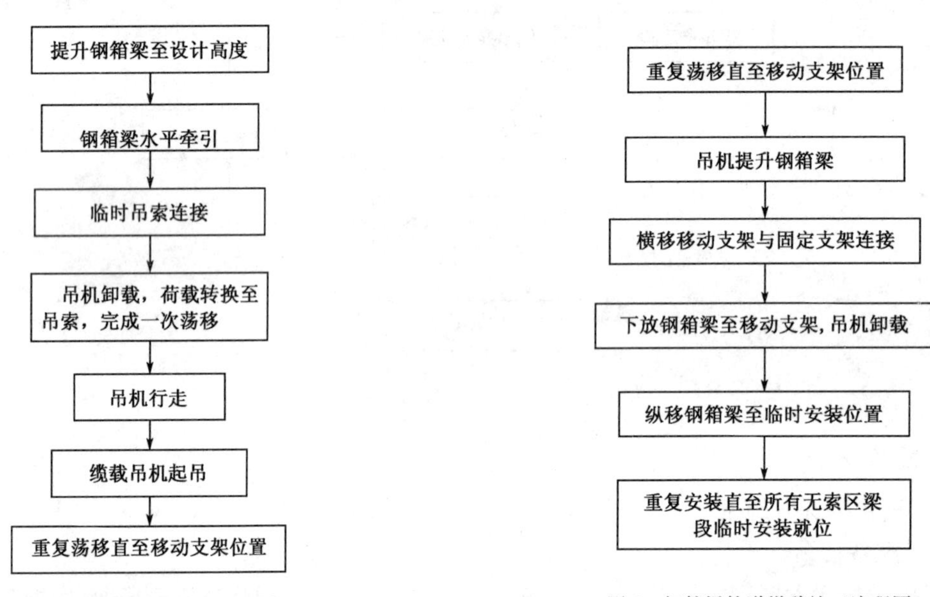

图4　钢箱梁荡移施工流程图

图5　钢箱梁轨道纵移施工流程图

5.2.4　钢箱梁线形调整

钢箱梁合龙段架设完成,将预先牵拉开的梁段恢复原来位置,随后进行主梁线形测量,施工监控单位在此基础上计算线形调整目标值,施工方根据上述数据计算无索区钢箱梁段高程调整量,即可开始线形调整工作。

无索区线形调整分两步进行:

第一步依次调整无索梁段的纵坡与高程,待无索区梁段高程调整完成后,利用千斤顶将梁段重力转至支承楔块,荷载转换至支垫后进行梁段高程与纵坡复测,结果无误后固定焊接马板并焊接无索区梁间环焊缝以及纵隔板焊缝,待探伤合格后再对称施焊嵌补段焊缝。

第二步将第一二段有吊索梁间临时连接与匹配件解除,利用千斤顶与特制施工装置,按监控指令调节无吊索梁段与相邻有吊索梁段的相对高程与纵坡。高程与纵坡调整完成后,调节焊缝宽度,固定焊接马板,焊接环焊缝以及纵隔板焊缝,待探伤合格后再对称施焊嵌补段焊缝。焊接完成后,利用千斤顶卸落无索区梁段支承,将无索区梁重力转移至主缆与支座,完成无索区梁段线形调整作业。施工流程如图6所示。

所有钢箱梁吊装完成

无索区梁段线形调整并焊接

无索区梁段与有吊索梁段线形调整并焊接

无索区梁段体系转换

图6　钢箱梁线形调整施工流程图

5.2.5　监测技术与分析

无索区钢箱梁安装与线形调整过程需对大桥几何参数进行监测以确保线形调整结果的准确,监测内容包括:①无索区箱梁梁面高程测量;②塔偏位及竖向变形测量;③主缆线形测量。

其中①项采用精密水准仪——索佳B1测量,每次线形调整前后均需测量;②、③项采用全站仪——TCA2003与TCA1800测量,仅在线形调整前进行一次测量。以上测量过程中,梁温为关键参数之一,需采用专用温度传感器进行全程测量。与支座连接的钢箱梁安装时应在过程中监测梁轴线与高程变化并及时调整。

监测的关键在于①项,而②、③项内容为监控复核所用,测量数据与监控分析计算值比较,及时反馈指导施工。

主要的监测内容参见表1。

监测项目汇总表 表1

序 号	监测项目	监测仪器	监测频率	监测目的
1	主梁温度	LM35温度传感器	梁温:1~2次/梁,每次调整,塔温:1~2次,均在气温稳定时(夜间或阴天)观测	掌握塔温与梁温,为监控计算提供数据
2	塔温			
3	主梁梁顶高程	索佳B1精密水准仪	1~2次/梁,每次调整	掌握梁面高程,为监控计算与线形调整提供数据
4	桥轴线偏位	TCA2003、TCA1800全站仪	1次	掌握大桥钢箱梁轴线偏差与主缆实际线形,为大桥精确计算提供数据
5	主缆线形			

5.3 劳动力组织(表2)。

劳动力组织情况表 表2

序 号	单项工程	所需人数	备 注
1	管理人员	4	
2	技术人员	9	
3	钢箱梁转运与吊具安装	25	
4	钢箱梁提升施工	8	
5	钢箱梁荡移施工	14	
6	钢箱梁轨道纵移施工	26	
7	钢箱梁线形调整	60	与3~6不同时作业
8	杂工	5	
合 计		86(78)人	括号中数字为线形调整所用人员

6 材料与设备

本工法无需特别说明的材料,采用的机具设备见表3。

机具设备表 表3

序 号	设备名称	设备型号	单 位	数 量	用 途
1	缆载吊机	370t	台	1	钢箱梁吊装
2	卷扬机	JKK10	台	2	钢箱梁荡移牵引
3	自航驳船	2000t	台	1	钢箱梁运输
4	临时吊索	GW40	台	1	钢筋加工
5	固定支架	钢管桁架	个	1	存梁,钢箱梁线形调整
6	移动支架	钢管桁架	个	1	钢箱梁安装
7	重物移运器	80t	台	10	钢箱梁安装
8	重物移运器	60t	台	10	钢箱梁安装

续上表

序号	设备名称	设备型号	单位	数量	用途
9	千斤顶	50t	台	16	钢箱梁线形调整
10	千斤顶	32t	台	9	钢箱梁线形调整,卸架
11	千斤顶	25t	台	8	钢箱梁线形调整
12	精密水准仪	索佳 B1	台	2	钢箱梁安装,线形调整
13	全站仪	TCA1800,TCA2003	台	3	钢箱梁安装,线形调整

7 质量控制

7.1 工程质量控制标准

钢箱梁施工质量执行《公路桥涵施工技术规范》(JTJ 041—2000)与《舟山大陆连岛工程西堠门大桥专项质量检验评定标准》。钢箱梁安装允许偏差按表4执行。

钢箱梁安装允许偏差表 表4

序号	项目	允许偏差(mm)	检查频率	检验方法
1	相邻节段匹配高差	±2	每片梁	用钢尺
2	箱梁段轴线偏差	±10		全站仪
3	吊点偏位	±30		用全站仪
4	同一梁段两侧对称吊点处梁顶高差	±40		用水准仪

7.2 质量保证措施

7.2.1 缆载吊机、支架系统等主要承载构造均需进行详细的计算分析或完成荷载试验,保证钢箱梁吊装、存放的安全。

7.2.2 结合监控计算成果确定临时吊索长度,保证钢箱梁不接触地面构造物的同时,确保荡移角度足够大。

7.2.3 支架顶面高程应低于主梁合龙线形减去梁高,保证千斤顶有足够操作空间。

7.2.4 缆载吊机单机提升钢箱梁,故在安装前需计算每段梁的重心,并通过吊具进行相应调整,确保提升荡移过程钢箱梁的平稳。

7.2.5 无索区钢箱梁特别是首段梁纵移过程通过轨道进行限位,同时通过手动葫芦横向牵引纠偏,确保安装时桥轴线偏差控制在允许范围内。

7.2.6 用千斤顶进行线形调整时,应遵循同步、小量的原则,在夜间稳定时段测量(包括温度与梁顶高程)、白天统一进行线形调整。

8 安全措施

8.1 认真贯彻执行国家和行业的有关规定、条例,建立完善的施工安全保证体系,加强施工作业中的安全检查,确保作业标准化、规范化。

8.2 缆载吊机吊装、荡移与钢箱梁存梁固定、移动支架上施工均为高空作业,需做好安全防护措施以及对作业人员进行相应安全教育。

8.3 沿海风环境对钢箱梁安装影响极大,在吊装前应根据天气预报保证在吊机设计规定风速下进行吊装,同时因钢箱梁安装会穿越台风期,故缆载吊机、存梁固定支架与移动支架设计均考虑台风荷载并制订相应的防台预案。

8.4 无索区钢箱梁线形调整时,利用千斤顶群进行顶升或下降时,需进行全程监测,保证顶升的同步、小量,避免千斤顶不同步导致偏载引起安全事故。

9 环保措施

9.1 树立“以人为本”的理念；贯彻“施工过程中最大限度保护、实施中最小限度破坏及最大程度恢复生态平衡”的指导思想，根据工程所在地形、地貌、地质特点等因素，灵活运用技术标准，将工程与自然环境融为一体。

9.2 对施工界限内、外的植被、树木等尽量维持原状。对临时用地范围内的裸露地表，通过植草或种树进行绿化，工程完工后，及时彻底进行现场清理，并按设计要求采用植被覆盖或其他处理措施。

9.3 靠近生活水源的施工，用沟壕或堤坝同生活水源隔开，避免污染生活水源。所有吊机与施工船只必须遵守有关海上防污染国际公约，严禁向海域抛设和倾倒废弃用品。在陆上建立废油和废弃用品的回收站，并负责及时处理。

10 资源节约、效益分析

10.1 本工法通过缆载吊机结合临时吊索与荡移牵引系统安装无索区钢箱梁，避免采用浮吊与大型汽车吊（或履带吊）等大型设备，简单易行，对环境影响小，为悬索桥边跨无索区钢箱梁安装提供了经济指标优越、适用性强的成套安装技术可资借鉴，该技术成功运用，将促进悬索桥施工技术进步，社会经济效益明显。

10.2 本工法利用存梁固定支架与千斤顶群结合调整无索区钢箱梁线形，不用缆载吊机辅助整体提升，占用大型设备时间短，节约建设资金，同时因不使用吊机，主缆防护等工作可同步开展，相应节约了至少一个月工期，产生了良好的经济效益。以西堠门大桥为例进行效益比较，见表5。

经济效益分析表 表5

序 号	方案简述	工 程 量	费 用	备 注
1	搭设固定和移动支架。通过缆载吊机荡移后提升，通过移动支架将梁段安装到位。 利用存梁支架与千斤顶群调整钢箱梁线形	支架和贝雷673t	330万元	本工法
2	采用浮吊船搭设支架进行安装。 缆载吊机辅助整体提升进行无索区线性调整	支架和贝雷673t，1 600t浮吊、3 200P拖轮和锚艇各一艘，缆载吊机一台	550万元	占用缆载吊机，主缆防护不能同时进行

11 应用实例

浙江舟山大陆连岛工程西堠门大桥上部结构北边跨钢箱梁安装

西堠门大桥是舟山大陆连岛工程的第四座大桥，大桥于2004年5月10日开工，2009年10月1日通车。大桥主桥为主跨1 650m的两跨连续飘浮体系的钢箱梁悬索桥，钢箱梁连续总长为2 224.2m。主跨跨径居世界第二、国内第一，主桥总体布置见图7。

北边跨无索区三个梁段17～19号梁长分别为12.414m、12.8m、12.4m，采用缆载吊机结合临时吊索、牵引系统连续荡移安装。全桥钢箱梁安装于2007年12月圆满完成，得到了行业人士的一致肯定，获得了良好的社会效益。

悬索桥钢箱梁运梁船海上动力定位施工工法

GGG(川)C3130—2010

杨如刚　龙　勇　邓亨长　卢　伟　虞业强
(四川公路桥梁建设集团有限公司)

1　前言

动力定位技术(dynamic positioning, DP)广泛地应用于海上作业船舶(海洋考察船、半潜船等)、水下潜器(ROV)和军用舰船(布雷舰、潜艇母船等)的定位。目前,在进行桥梁建设大型构件的安装作业施工中,也引进了动力定位技术,来进行运梁船的动力定位。

世界第二大跨度悬索桥舟山西堠门大桥(主跨1 650m),地处海洋施工环境,桥位处海流情况复杂、波急浪高、海床无覆盖层,运梁船无法实施抛锚定位,运梁船动力定位技术的实施,成功解决了在复杂海洋环境下自航驳单船直接动力定位的难题,为圆满完成全桥钢箱梁吊装的任务打下了基础,是对我国现代桥梁建设中运梁船定位方法的一次重大创新和突破。本工法投入设备较少,对航道干扰较小,作业效率高,社会效益与经济效益显著,具有极强的推广与应用价值。

2　工法特点

2.1　运梁船自身定位系统

运梁船的动力定位,是在具有风、浪、流干扰的情况下,不借助抛锚系统,利用船舶自身的测量系统、控制系统、推力系统来进行船舶自身的定位。利用自身的推力器系统,通过舵机配合,使得船舶保持一定的位置和角度。双机双舵配置为船舶自身动力定位提供很好的保证。

2.2　"天吊"辅助定位措施

借助辅助"天吊"系统精确调整船首位置。利用锚固于主缆上的一对辅助定位钢绳对运梁船船首进行辅助定位,防止船舶受漩涡、紊流的影响而产生侧向偏移,降低船舶的定位难度,提高船舶的定位精度。

3　适用范围

适用于自带动力的钢箱梁运梁船(或运输船)实施精确定位。由于对运梁船的配置要求相对较高,一般船舶需要经过适当的改进后方可满足船舶动力定位的要求,因而,本工法在钢箱梁运输距离较近,投入运梁船舶较少时,具有更好的适用性。

4　工艺原理

钢箱梁利用平潮(高平潮或低平潮)时段,在海况较好的时候(风力小于6级,风浪小于2级)进行安装。运梁船在平潮来临前逆水流、风向运行到吊梁位置进行定位,在潮汐起落水流方向发生改变之前完成提升动作。

运梁船以周围地形和吊点为参照物快速进入施工作业区。在施工作业区内,缆载吊机下放吊具至离水面约6m(超出运梁船高度),运梁船以放下的吊具作参照,通过自身定位系统调整船舶位置进行初定位,使运梁船定位在吊具下方。

下放辅助定位"天吊"系统,将"天吊"系统两根钢绳与运梁船船首上左、右船舷卷扬机钢绳连接,通过收放钢绳定位船首。舵手只需根据水流速度控制船舶航行速度(航行速度等于水流速度,并方向相反),保持船舶相对静止,同时通过控制船尾双舵,调整船舶船尾位置来进行运梁船的精确定位。"天吊"系统的运用,在提高运梁船定位精度的同时,大大缩短了运梁船的定位时间,保证在一个潮位可利用的时间内完成一片钢箱梁的吊装。

将吊具下放到位,作业人员分组进行吊具与钢箱梁连接穿销工作。穿销完成后,缆载吊机缓步提升钢箱梁,当吊具承受钢箱梁约20%重量时,检查钢箱梁与吊具连接情况,合格后再继续提升钢箱梁。当钢箱梁与船体脱离后,快速解除"天吊"辅助系统。操作运梁船倒退或横移并驶离吊装区域。钢箱梁继续起吊并进行安装。

5 施工工艺流程及操作要点

本工法的核心是通过船舶自带动力来进行运梁船自身的定位,通过"天吊系统"来辅助船舶进行精确定位。采用扁平的宽体甲板驳,使船体具有较高的稳定性和耐风浪性,采用双轴、双舵、大功率发动机,使船舶具有更好的操控性。本工法的运用,克服了采用传统的抛锚定位,铁锚出现"走锚"和"卡锚",采用预制大型混凝土锚块会在海地地形、海流的作用下漂离和翻滚,反而增加船舶作业风险等不足,同时具有作业效率高,占用航道少等明显优点。

5.1 施工工艺流程(图1)

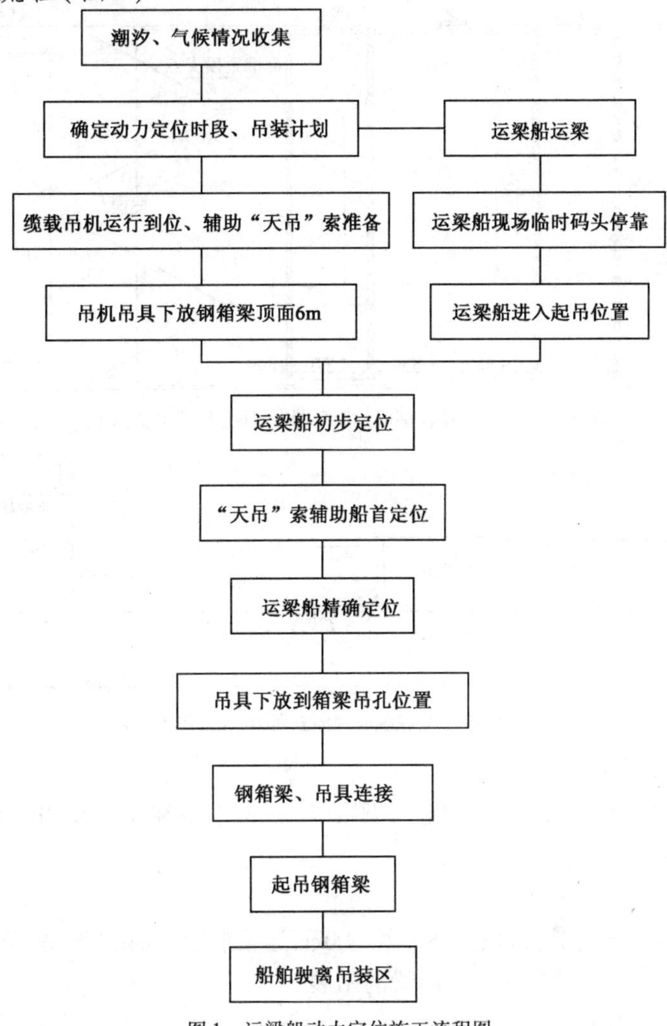

图1 运梁船动力定位施工流程图

5.2 操作要点

5.2.1 实施动力定位自航驳的准备

根据船舶的控制原理和运动特性,综合考虑桥区自然条件和海洋特点,船舶设计的主导思路是采用双轴、双桨大动力主机,可以实现船舶的各种姿态控制,特别是在小流速情况下的船舶定位、横向移动等都能满足使用要求。其优点如下:

(1)由于自身带动力及定位操控系统,定位操作单一化,操控人员可以根据水流和风向的变化及时调整船舶运动,以到达定位要求。

(2)由于船型较长,船体较宽,而且采用平板驳船,钢箱梁固定方便而且装载后的稳定性较好。

(3)这一方法施工作业时间短,进入和撤出时间短,每个月的某些天1个潮位时间能够实现两次吊梁。

(4)由于船舶的额定装载量远远大于单片钢箱梁重量,所以这一方法所使用的船舶的利用率较低,荷载利用不到50%。但是,这一特点又便于船舶的操控。

5.2.2 施工准备

(1)钢箱梁落驳、加固

运梁船停靠在钢箱梁加工厂专用码头,选择在高潮位时段装船。梁段由龙门吊吊起直接放在运梁船上。

装船时使梁段落在预定的位置,前后用5t手拉葫芦将钢缆拉紧并加固牢靠,防止风、浪对船的影响,见图2和图3。

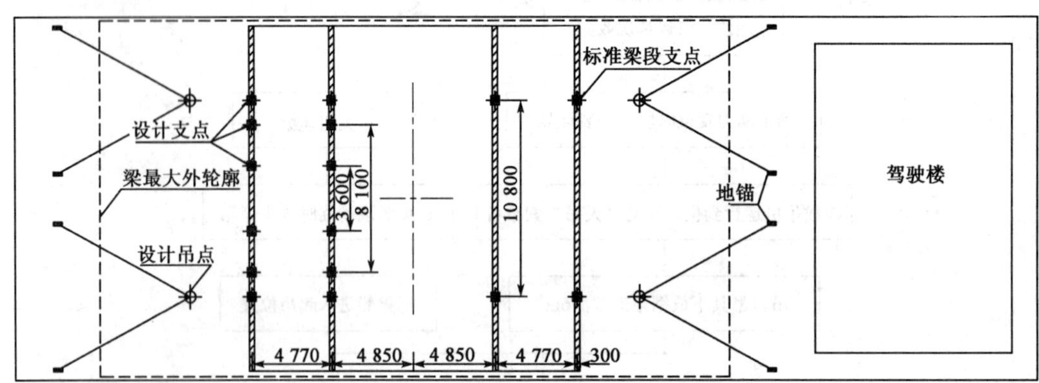

图2 支点布置、梁段临时加固平面布置图(尺寸单位:mm)

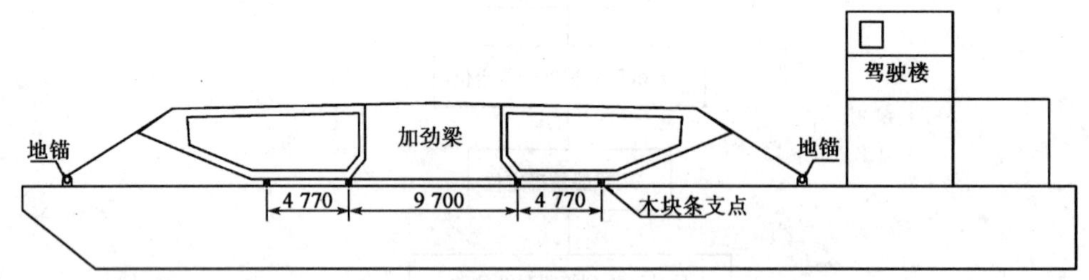

图3 支点布置、梁段临时加固立面图(尺寸单位:mm)

(2)辅助定位"天吊"系统布置

辅助定位"天吊"系统主要由天吊索系统、主缆锚固点和收、放绳系统和调位系统三大部分组成(见图4)。

①"天吊"索系统

由2根ϕ21.5mm的钢绳组成,每根钢绳大约300m,运梁船定位时,"天吊"索与水平面夹角一般在30°~60°之间,一组天吊索可以满足几片钢箱梁的吊装。

②主缆锚固点和收、放绳系统

由转向滑轮和猫道上2台2t卷扬机构成(两台卷扬机布置在同一幅猫道上)。天吊索卷入2t卷扬机中,在船舶定位时,通过卷扬机下放,采用两艘交通船将绳头牵引至运梁船,并将其与运梁船船首5t卷扬机引出的绳头连接,运梁船正式定位前,“天吊”绳上端与主缆进行锚固,定位完成后,解除上端锚固和接头,采用2t卷扬机收回“天吊”钢绳。转向滑轮悬挂在主缆上,收放绳过程中起转向作用。

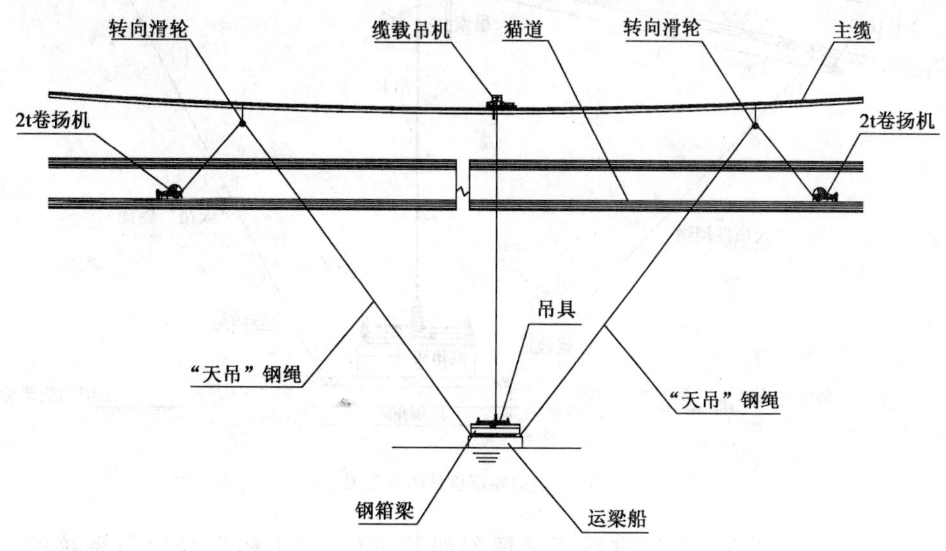

图4 辅助定位“天吊”系统组成图

③调位系统

由布置在运梁船船首的2台5t卷扬机组成,此卷扬机中引出钢绳与“天吊”钢绳连接后,通过收放卷扬机,实现运梁船船首精确定位,满足吊具与钢箱梁临时吊耳连接和箱梁平稳起吊要求。

5.2.3 运梁船动力定位的实施

(1)运梁船初定位

装好梁段的运梁船首先在工地临时码头停靠,等待作业时机。在海况满足运梁船动力定位要求时,运梁船以下放的吊具为参照,快速驶入吊装施工作业区,并进行初步定位。

运梁船进入作业区后,通过自身位置测量系统检测当前船位与目标船位的位置偏差,采集环境参数(风、浪、流),计算使运梁船恢复到目标位置所需的推力,并对各推力器的推力进行分配,确定各推力器的推进方向、螺距及转速,推力器产生的推力使运梁船保持设定的方向和位置。

(2)运梁船动力精确定位的实施(图5)

①辅助定位“天吊”系统的工作要点

运梁船在平潮期进行定位,由于潮位和水流速在不断发生变化,运梁船实际可利用定位时间30~45min。辅助定位“天吊”系统的采用,可以快速对运梁船船首进行定位。

a.在运梁船驶入定位现场的过程中,将“天吊”钢绳绳头通过猫道上的卷扬机下放到两艘交通船上,交通船在定位区域待命。

b.当运梁船进入定位现场时,两艘交通船牵引“天吊”钢绳绳头至运梁船,并与运梁船上与调位卷扬机上的钢绳连接。

c.将“天吊”钢绳上端与主缆进行锚固,收放运梁船上5t定位卷扬机,以吊具位置为参照,进行运梁船船首精确定位。

d.当钢箱梁与船体脱离后,快速解除“天吊”绳与运梁船5t调位卷扬机中钢绳的连接和主缆上的锚固,猫道上2t卷扬机收回“天吊”绳。

②船舶自身动力定位的工作要点

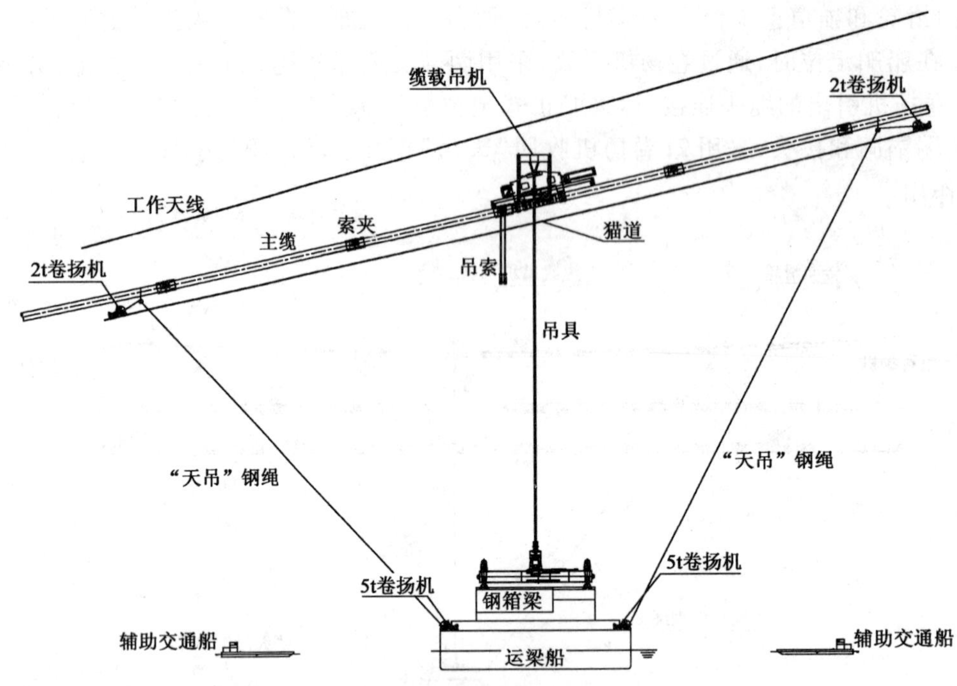

图5　运梁船定位总体布置图

由于运梁船采用了"天吊"系统进行了运梁船船首定位,运梁船自身定位系统的工作主要体现在:

a.依靠船机自带动力,控制运梁船的航行速度。运梁船航行速度等于水流速时(反向),运梁船方可在海面上保持相对静止不动。

b.控制推力器的推进方向,使运梁船船尾保持设定的方向和位置,并防止因水流方向与运梁船轴线有夹角时,运梁船尾端发生侧向漂移。

c.在运梁船定位的同时,用链子葫芦收拉吊具,满足吊具与梁上临时吊耳的准确连接,所有连接完成后,观测吊具吊点是否满足吊梁条件,若满足则进行起吊,不满足需要重新进行定位。

5.2.4　钢箱梁起吊、安装

钢箱梁与吊具连接完成后,驳船继续保持定位,缆载吊机缓慢提升直至钢箱梁脱离船体,驳船解除定位。操作运梁船倒退或横移并驶离吊装区域。钢箱梁继续起吊并进行安装。

5.2.5　劳动力组织(表1)

劳动力组织情况表　　表1

序　号	名　称	单　位	数　量	备　注
1	梁段安装负责人	人	1	
2	技术人员	人	2	
3	调　度	人	1	
4	船长	人	2	
5	大副	人	2	
6	船员	人	10	
7	安　全	人	2	
8	钢箱梁穿销人员	人	20	

续上表

序 号	名 称	单 位	数 量	备 注
9	辅助定位系统人员	人	10	
10	杂工	人	4	
11	合计	人	54	

6 材料与设备

本工法采用的材料、机具设备见表2。

材料、机具设备表 表2

序 号	设备名称	设备型号	单 位	数 量	备 注
1	自航驳船	2 000t	艘	1	钢箱梁运输，自带动力，双机双舵
2	卷扬机	5t	台	2	辅助定位系统
3	卷扬机	2t	台	2	辅助定位系统
4	钢绳	ϕ21.5	m	600	辅助定位系统
5	转向滑轮	5t	个	2	辅助定位系统钢绳转向
6	链子葫芦	10t	台	4	吊具调位
7	辅助交通船	90t	艘	2	牵引钢绳
8	斧头		把	4	应急情况切断辅助定位钢绳

7 质量控制

7.1 工程质量控制标准

运梁船动力定位质量控制主要指标见表3。

运梁船动力定位质量控制主要指标 表3

序 号	项 目	允许偏差	检查频率	检验方法
1	运梁船与目标位置偏差	±200 mm	每片梁	吊具与钢箱梁吊耳之间间距，卷尺
2	吊具偏位	±100 mm		全站仪

7.2 质量保证措施

7.2.1 驳船定位前对设备测量系统、控制系统、推力系统要进行调试。

7.2.2 船舶进行定位作业选择在风力6级以下，风浪2级以下的平潮时段进行。

7.2.3 钢箱梁落驳后与船体临时支垫用5t链子葫芦绑扎牢固，避免箱梁在运输或定位过程中发生移位。

7.2.4 驳船进入作业区后，船长根据船上测量系统和控制系统传出的数据，缓慢操作，保证定位时船舶不会发生剧烈移位。

7.2.5 辅助定位“天吊”系统中的钢绳每次使用前、后要检查钢绳是否有磨损或断丝现象，如有应立即更换。

7.2.6 卷扬机注意定期保养。

7.2.7 吊具下放最后40cm时，需用10t链子葫芦拽拉，缓慢落到临时吊耳。

7.2.8 吊具与箱梁临时吊耳连接完成后，缆载吊机提升至钢箱梁重量20%时，检查运梁船定位情况,偏位满足要求后再进行起吊。

7.2.9 箱梁提升后在梁体左、右幅检修轨道上用麻绳捆绑,根据梁体摆动情况收放麻绳,防止箱梁脱离船体后摆动幅度过大。

8 安全措施

8.1 针对定位施工作业位置在主航道上,梁段安装施工工作量大、作业线长、气象水文条件对施工影响较大等特点,制定专门安全措施。

8.2 定期获得作业区域天气预报,应该对即将发生的任何天气变化迹象予以应有的重视,特别是在风向突变或风力突然增大时。

8.3 在冬季,风向突变和风力突然增大的现象经常发生。使用船上的气象设备,包括气压计、风力传感器、干湿温度计,确保能够采取及时的措施来减小丢失船位的可能性。

8.4 钢箱梁运输船舶作业期间,根据施工部位的不同,船舶定位位置有所变化,钢箱梁安装计划提前报送海事部门,每次作业前与海事警戒人员提前协调,明确船位,以便引导过往船只避让。

8.5 大型船舶经过时,定位船舶上的雷达发现后,要及时与海事警戒船舶联系,与过往船只取得联系。

8.6 船舶在定位过程中受过往船只航行时产生的船行波的影响较为明显,所以,过往船只在警戒区域航行时要求速度不超过4节。

9 环保措施

9.1 清洗机械、施工设备的废水严禁直接排入海中,禁止机械在运转中产生油污未经处理就直接排放,或禁止维修机械时油水直接排入海中。

9.2 所有施工船只严禁向海域抛设和倾倒废弃用品,并配有应急的油污染收集设施和粪便收集装置。

9.3 禁止使用一次性塑料餐具,防止白色污染。

10 资源节约、效益分析

10.1 本工法通过自航驳船单船直接动力定位和"天吊"辅助定位系统的运用,运用了船舶自带动力定位和锚泊定位的优点,回避了抛锚定位的风险,最大限度地缩短了运梁船定位时间。从运梁船进入作业现场开始定位到钢箱梁正式提升,整个过程仅约30~45min,比传统抛锚定位节省时间一个小时以上。

10.2 本工法操作简单易行,投入设备减少,减少了大型设备(如大功率拖轮、抛锚艇)的使用,作业效率得到显著提高,节省成本500多万元。

11 应用实例

浙江舟山大陆连岛工程西堠门大桥上部结构钢箱梁安装运梁船动力定位。

西堠门大桥主桥设计为主跨1 650m的两跨连续钢箱梁悬索桥,桥跨布置为:578m(北边跨)+1 650m(主跨)+485m(南边跨),钢箱梁连续总长为2 224.2m。全桥共计126个梁段:北边跨标准梁段24个,中跨标准梁段84个,北边跨合龙段1个,中跨合龙段2个,其余特殊梁段15个,标准梁吊重约250t,梁段划分见图6。

西堠门大桥跨度大,工程规模较大,钢箱梁节段多(126段),船舶梁段运输、定位次数多,过程保障复杂。钢箱梁的生产组拼现场就在册子岛,梁段起运码头距大桥桥位大约3海里。

运梁船正常动力定位周期为:船舶初定位(同时吊钩下放)约15min,精确定位约10min,穿销约(含前端吊钩受力后船舶再次稳定时间)10min,提升 5min 后船即可离开,整个定位周期约 40min。

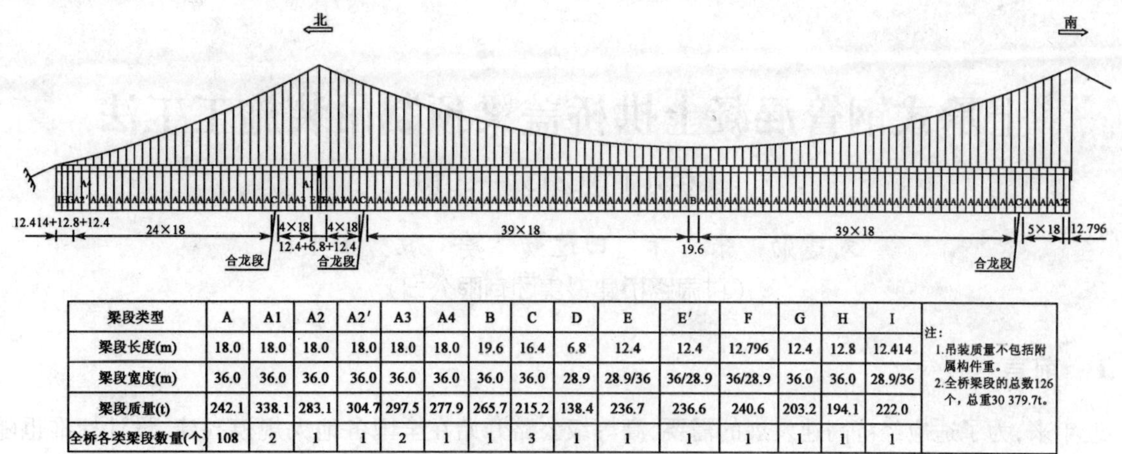

梁段类型	A	A1	A2	A2′	A3	A4	B	C	D	E	E′	F	G	H	I
梁段长度(m)	18.0	18.0	18.0	18.0	18.0	18.0	19.6	16.4	6.8	12.4	12.4	12.796	12.4	12.8	12.414
梁段宽度(m)	36.0	36.0	36.0	36.0	36.0	36.0	36.0	36.0	28.9	28.9/36	36/28.9	36/28.9	36.0	36.0	28.9/36
梁段质量(t)	242.1	338.1	283.1	304.7	297.5	277.9	265.7	215.2	138.4	236.7	236.6	240.6	203.2	194.1	222.0
全桥各类梁段数量(个)	108	2	1	1	2	1	1	3	1	1	1	1	1	1	1

注:
1.吊装质量不包括附属构件重。
2.全桥梁段的总数126个,总重30 379.7t。

图6　西堠门大桥梁段划分示意图(尺寸单位:m)

上承式钢管混凝土拱桥盖梁预制吊装施工工法

GGG(甘)C3131—2010

刘建勋 张 詠 田过勤 姜 敏 王生辉
(甘肃路桥建设集团有限公司)

1 前言

近年来,为了适应经济高速发展的需要,高等级公路开始在全国各地大规模兴建,设计标准也随之提高,在很多项目上都出现了一批施工难度高、结构复杂的桥梁。桥梁工程施工的难度主要体现在桥梁高度参数上。目前墩身设计的形式大多采用柱式墩和空心薄壁墩。柱式墩因施工工艺简单、外表美观,被广泛采用,但因其受稳定性局限,高墩设计一般采用空心薄壁墩。钢管混凝土拱桥拱上结构大部分采用梁柱式,立柱采用钢管混凝土立柱,针对不同的墩身形式,其盖梁的施工方法也有所不同。目前盖梁施工方法主要有四种:横穿型钢法、预埋钢板法、支架法、抱箍法。

国道213线祁家黄河大桥全长248.06m,盖梁顶距水面平均60m。为保证施工安全、降低施工难度、节约施工费用,技术人员充分利用现有吊装设备,加快施工进度,对该桥的盖梁全部采用预制吊装进行施工,并通过对施工过程的完善和总结,形成本工法。

2 工法特点

2.1 就地利用现有缆索吊装设备,施工成本低。

2.2 无需搭设高空脚手架,减少高空作业及劳动强度。操作更为简便安全。

2.3 施工工艺简单,操作简便安全,施工进度快。

3 适用范围

本工法适用现浇施工有困难、具备一定吊装能力的高墩(柱)桥梁盖梁的施工。

4 工艺原理

上承式钢管混凝土拱桥盖梁预制吊装施工,是指墩柱施工时,在墩柱顶预埋与盖梁连接的预埋件施工。在预制场将盖梁按照设计的规格尺寸并预留与墩柱连接的预留孔进行预制;待预制完成的盖梁混凝土强度达到设计强度的80%以上时,采用吊装设备将盖梁吊装就位;测量并调整高程和轴线偏位,满足要求后与墩柱顶预埋件进行焊接连接;然后在预留孔中浇筑高于盖梁混凝土强度等级的微膨胀混凝土并振捣密实,完成盖梁施工。

5 施工工艺流程及操作要点

5.1 盖梁预制安装工艺流程(图1)

5.2 盖梁预制操作要点

5.2.1 场地准备及底模制作

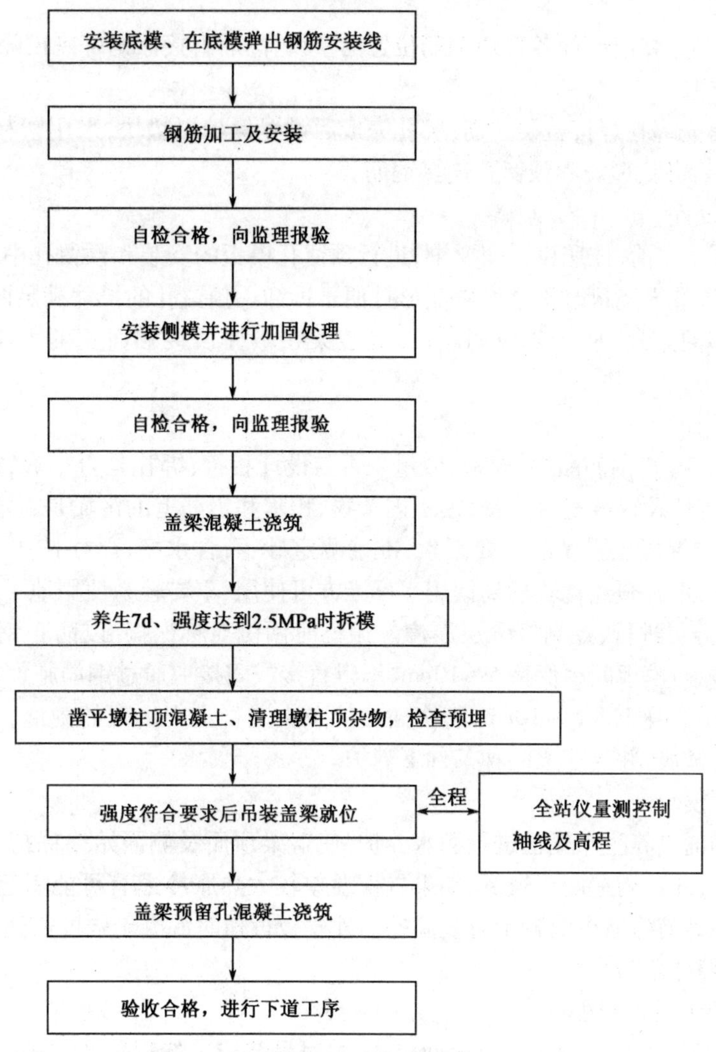

图1 盖梁预制安装工艺流程图

(1)预制场地平整、硬化,排水通畅,配备电源、水源。根据盖梁的质量计算场地的承载力,预防不均匀沉降和雨后沉陷,必要时可做级配砾土或碎石垫层提高地基承载力,同时保证原材料及制成品的方便运输。

(2)底模采用钢模板,底模可比设计盖梁每侧宽 20 ~ 40cm,以便不同规格的盖梁使用同一套底模,同时沿板长方向在底模表面每 1m 焊接挡块 1 个,用以加固侧模板。底模的制作质量直接影响到盖梁的外观及尺寸,因此要求表面必须平整、光滑,侧模安装几何尺寸控制在允许误差范围内。

5.2.2 侧模制作安装

(1)侧模制作:模板必须有足够的强度、刚度和稳定性,能可靠地承载混凝土的侧压力即施工荷载。侧模板一般选用 5mm 厚钢模板做面板,用扁钢或角钢做加劲肋。

(2)侧模安装:为避免模板接缝漏浆并保证尺寸准确,模板之间的连接最好采用螺栓连接并加双面胶。底模侧边粘 2mm 厚的双面胶后将模板与底模侧边紧贴,防止漏浆,再通过焊接的挡块及设置拉杆固定紧。模板上部放置与底模同宽的钢筋或木条做顶杆定上口宽度,然后用对拉螺栓将侧模拉紧,端模用螺钉固定于侧模上,锚垫板灌浆口应朝上放置并用螺钉固定于端模上。检查调整顺直度和垂直度等尺寸后,拧紧拉筋,加固支撑。

5.2.3 钢筋加工

(1)在底模上用墨斗弹出底面各普通钢筋位置的墨线,然后直接涂刷好脱模隔离剂(如黄油等),开始绑扎钢筋及骨架成型。

(2)钢筋绑扎:首先绑扎焊接盖梁主筋,绑扎完成后设置保护层垫块,采用塑料垫块,并按梅花形布置,间距1m左右,然后绑扎箍筋和预留孔连接钢筋。

5.2.4 预留孔设置

在浇筑盖梁混凝土之前,按照设计图要求,进行预留孔模板的安装和预留孔中预埋件的焊接。预留孔模板加固牢靠,在混凝土浇筑时不会发生变形且便于拆卸。预留孔的尺寸满足两个要求,一是在盖梁就位时要有一定的移动余地,便于轴线调整;二是盖梁在墩柱顶接触面积的大小满足其本身质量的要求。

5.2.5 混凝土浇筑

(1)混凝土浇筑前检查钢筋品种、规格、数量是否与设计相符,绑扎是否牢靠,垫块数量、位置,模板尺寸、强度、刚度、稳定性及接缝是否严密,模板内杂物、积水和钢筋上的污垢是否清理干净。

(2)水灰比是影响混凝土强度的重要因素,准确测定砂、石含水率,严格按照配合比进行施工。为确保盖梁的使用寿命,水必须经化验达到饮用水标准方可使用,不要轻易使用地下水。

(3)混凝土浇筑分层进行,控制好分层厚度。振捣时两侧对称振捣,以防止钢筋骨架左右移位,振捣过程中50型振动棒与模板间距保持5~10cm,不得直接或间接地通过钢筋施加振动。振捣上层混凝土时,振动棒插入下层混凝土内5~10cm,需快插慢拔减少混凝土中出现的气泡。施工时,每1块盖梁做不少于3组混凝土试块,并与盖梁同种条件下养护。

5.2.6 养护、拆模

盖梁的养护采用铺设养生布覆盖进行洒水养护,使盖梁顶面及侧面始终保持湿润状态。由于盖梁为实心构造,体积较大并且构造配筋较少,如果昼夜温差较大热胀冷缩有可能引起表面开裂,因此露天作业时通过搭遮阳篷等措施减少混凝土昼夜温差。外模板拆模时混凝土强度需达到2.5MPa,以拆模不粘模板、混凝土不缺棱掉角为宜。

5.2.7 盖梁吊装(图2~图4)

(1)盖梁吊装前必须对吊装设备进行全面检查,并对吊装施工按规范要求进行详细计算,确保吊装施工满足要求。

(2)盖梁吊装就位前,对墩柱顶混凝土进行凿毛并清理干净表面杂物,用水湿润后铺上厚度为1cm

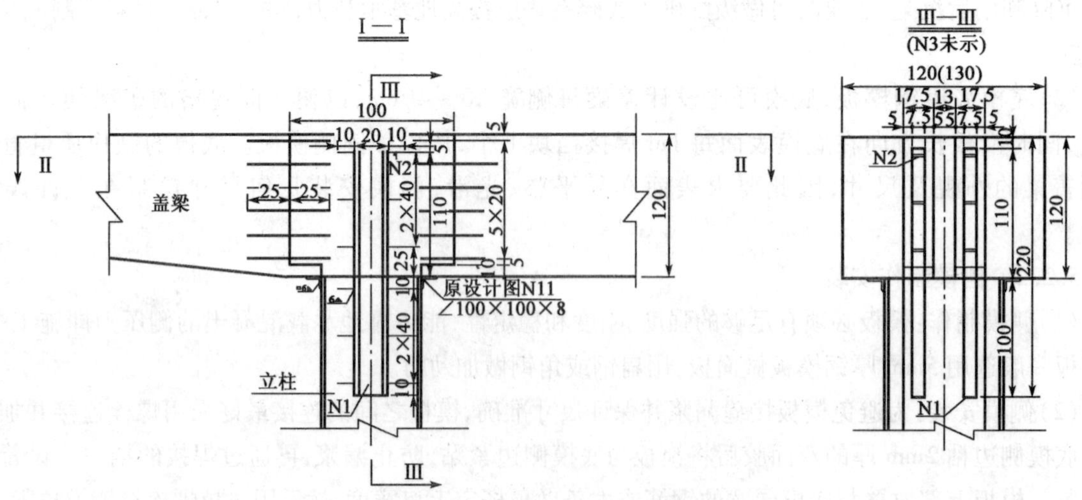

图2 祁家黄河大桥盖梁与墩柱连接示意图(尺寸单位:cm)

左右的高强度砂浆,以便与预留孔新浇筑的混凝土更好地连接。

(3) 施工时若盖梁钢筋与预埋件有干扰,可先做截断处理,待安装就位后再焊接;与斜筋有干扰时,可调整斜筋横向位置。

(4)盖梁起吊时采用捆绑方式,对钢丝绳与盖梁接触处进行必要的防护处理,防止钢丝绳损坏盖梁棱角。

(5)预埋槽钢插入盖梁预留孔实施就位过程中,人工采用撬杠等工具调整盖梁纵、横轴线,符合要求后缓慢放松起吊索,使起吊索承担的质量逐步由墩柱承担,完成盖梁就位。

(6)盖梁就位后,焊接连接预留孔中钢筋和钢筋与柱顶预埋槽钢,填塞预留孔与柱顶间的空隙。

(7)在盖梁预留孔中浇筑高于盖梁混凝土强度等级的微膨胀混凝土并振捣密实,完成盖梁施工,进入下道工序。

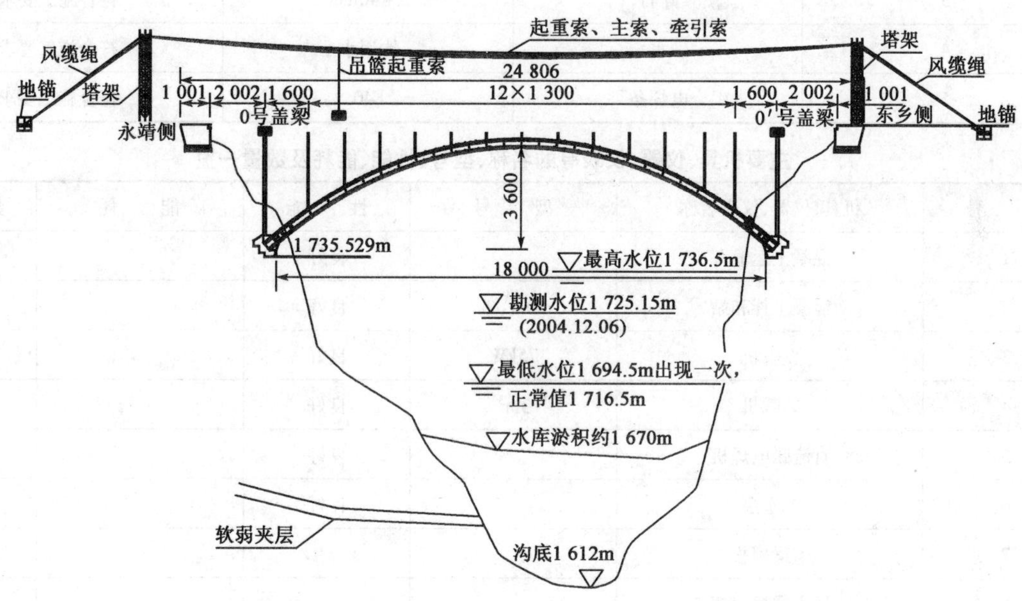

图3 祁家黄河大桥盖梁吊装过程示意图(尺寸单位:cm)

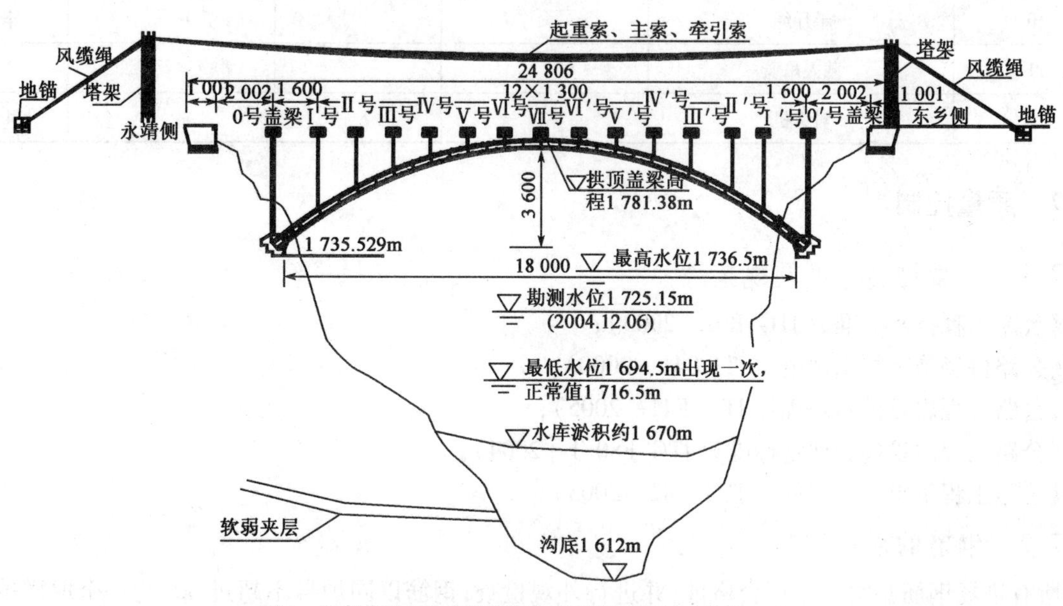

图4 祁家黄河大桥盖梁吊装完成后示意图(尺寸单位:cm)

6 材料与设备

6.1 主要材料名称、规格及主要技术指标(表1)

6.2 主要机具、仪器、仪表等的名称、型号、性能、能耗及数量(表2)

主要材料名称、规格及主要技术指标一览 表1

序号	材料名称	规格	主要技术指标
1	水泥	P.O 42.5	符合施工要求
2	中砂	0.075～5mm	符合施工要求
3	碎石	5～40mm	符合施工要求
4	水	饮用水	符合施工要求
5	电焊条	E40	符合施工要求

主要机具、仪器、仪表等的名称、型号、性能、能耗及数量一览 表2

序号	机具、仪器、仪表名称	型号	性能	能耗	数量
1	混凝土运输车		良好		2辆
2	混凝土拌和站	$50m^3/h$	良好		1座
3	发电机	75kW	良好		1台
4	装载机	$3m^3$	良好		1辆
5	直流弧电焊机		良好		2台
6	抽水泵		良好		1台
7	盖梁模板				2套
8	插入式振捣棒				4组
9	吊装设备				1套
10	千斤绳				若干
11	载人吊篮				2个
12	对讲机				4个

7 质量控制

7.1 质量控制标准及规范

《公路工程技术标准》(JTG B01—2003);

《公路桥涵施工技术规范》(JTJ 041—2000);

《公路工程岩石试验规程》(JTG E41—2005);

《公路工程质量检验评定标准》(JTG F80/1—2004);

《公路工程集料试验规程》(JTG E42—2005)。

7.2 钢筋的质量控制

所有进场钢筋必须有出厂合格证,并进行外观检查;钢筋以同炉号不超过60t为一个取样单位,经检验合格后方可使用,其机械性能分别按《钢筋混凝土用钢 第1部分:热轧光圆钢筋》(GB1499—2008)

和《预应力混凝土用钢绞线》(GB/T5224—2003)执行。进场时按规定进行外观检查、硬度检验,经检验合格后方可使用。

7.3 混凝土质量控制

混凝土到现场后,必须进行坍落度试验,符合要求后方可浇筑。混凝土严格按程序分层浇筑,并且要连续浇筑,一次完成;振捣手明确分工,按操作规程进行,确保振捣均匀、密实,不漏振也不过振;混凝土初凝后用养生布覆盖,终凝后再洒水养护,洒水频率以混凝土表面经常处于湿润状态为准,连续养护7d。

7.4 盖梁安装质量控制

盖梁就位时,要严格控制好纵、横向的轴线偏位和盖梁顶面高程,具体内容见表3。

盖梁安装实测项目检查表

表3

项 次	检查项目	规定值或允许偏差(mm)	检查方法和频率	权 值
1	轴线偏位	5	全站仪:每梁检查纵、横2点	3
2	倾斜度(%)	1.2	吊垂线:每梁检查2处	2
3	梁顶面纵向高程	+8,-5	全站仪:每梁检查2点	2

8 安全措施

认真贯彻执行“安全生产,预防为主”的方针,严格按操作规程、施工工艺、施工方案进行施工,建立健全各级安全体系,消除不安全因素,坚持作好安全生产的三级教育。

8.1 现场设置盖梁安装场地警戒线,非施工人员严禁入内。高空作业悬挂安全警示标志牌。

8.2 每片盖梁安装结束,即时清理现场、机具,准备下一个工作循环。

8.3 高空作业人员应佩戴安全帽和安全绳,不得向下乱抛物品以免伤人。缆索吊装人员必须持证上岗,佩戴安全帽、安全带及安全绳,并安排专人负责施工安全。

8.4 对进场工人在开工前进行安全教育,严把各工种工人进场关,严禁带病和素质较低的工人进场。

8.5 在整个施工过程中,施工区内设立施工警示牌,白天挂警示旗,晚间挂警示灯。施工人员和机械应注意安全,严禁违章指挥,违规操作。

8.6 缆索吊装设备必须由相关单位进行鉴定并出具合格证书,操作人员必须熟悉和熟练操作起重设备作业,每次吊装前详细检查各紧固件连接是否可靠,开机前进行空载,试运转无异常才可正式工作。专职安全员必须在场,负责安全协调。

8.7 加强机械设备管理,确保安全。对机械设备的使用和维修人员进行岗位培训,熟悉机械设备性能,掌握机械设备的作用和维护性能,杜绝重大机损、机械伤人事故的发生。

8.8 定期检查各种吊索、吊具,发现问题立即报告并处理。吊装时注意吊索、吊具的布置,使用要安全可靠。

8.9 现场所使用的各种机具设备、电器设备要有专人管理、专人操作;现场吊运施工时,设专人指挥,所有操作人员必须接受指挥人员的指挥。严禁违章指挥、违章施工。

9 环保措施

在施工过程中,按照国家和地方的相关法规和行业要求,采取措施控制施工现场的粉尘、废水、废气、固体废弃物及噪声、振动等对环境的污染和危害,同时要防止水土流失,保护和改善施工环境,保证施工人员身体健康,消除外部干扰,保证施工顺利进行。

9.1 环境保护目标

环境保护目标是:“两不破坏”——不破坏景观,不破坏生态;“三不污染”——不造成水质污染,不造成空气污染,不造成噪声污染;“一无”——无当地环保部门投诉事件。

9.2 管理措施

9.2.1 建立环境保护管理机构,定期进行环保检查,明确施工人员各自的环保责任,建立健全环境保护奖惩制度,把环境保护同经济利益挂钩。

9.2.2 将环境保护管理方针、管理体系的有关要求、环境知识通过各种形式传达到每一个施工人员,增强环保意识。

9.3 技术措施

9.3.1 在运输和储存施工材料时,采取覆盖、仓储等措施,防止材料漏失。生活、生产垃圾集中堆放、处理。

9.3.2 施工中产生的污水和废水,集中处理,不能随意排放。

9.3.3 施工期间修建足够断面的临时排水设施,不形成淤积和冲刷,做到工完、料尽、场地清。

10 资源节约

利用现有缆索设备进行吊装,节约了施工辅助材料,减少高空作业及劳动强度,降低了施工成本。

11 效益分析

上承式钢管混凝土拱桥盖梁预制吊装施工,就地利用现有无支架缆索吊装系统,减少了空中施工作业量,有效降低了施工过程中的安全风险。对于跨径200m、墩(柱)高度40m左右的桥梁,盖梁预制吊装施工可以缩短工期1~2个月,节约成本20万~30万元。施工中严格“按操作规程、规范施工”,施工组织科学,工序衔接有序,施工过程未发生安全责任事故。同时降低了管理费、人工费、机械费等成本,经济效益显著。

采取有效措施控制施工现场的粉尘、废水、废气、固体废弃物等,防止了因现浇混凝土而造成对河流的污染,节约了社会资源,利于环保,环境效益和社会效益显著。

积累了在高墩位盖梁预制吊装方面的施工经验。

12 工程应用实例

12.1 工程名称:祁家黄河大桥。

12.2 工程地点:甘肃省临夏回族自治州永靖县刘家峡库区祁家渡口上游1km处。

12.3 2006年8月开工,2009年9月19日底交工通车。

12.4 工程造价:3 293万元。

12.5 工程概况:桥梁结构为主跨180m的上承式钢管混凝土无铰拱桥,净矢跨比采用1/5,拱圈采用截面高度相等的悬链线,拱轴系数 $m = 1.543$,起拱线高程1 741.826m。跨径组合为20m简支梁+净跨180m拱+20m简支梁,全长248.06m。技术标准:公路等级二级,双车道,桥面宽12m,两侧设防撞墙;设计荷载:公路-I级。

该桥拱圈截面由哑铃形桁式双肋组成;拱脚段将腹杆改成缀板,内填充微膨胀混凝土形成实腹段。每肋由4根直径 ϕ700、壁厚12mm的16Mnq钢组成,内灌C50微膨胀混凝土作为弦杆;上弦和下弦横向两根钢管之间用缀板连接,内灌C50微膨胀混凝土。

拱上结构采用梁柱式,最大凌空高度达60m,盖梁重70t,共15片。桥面板为13m预应力混凝土空心板,拱脚处跨度16m,两则各设一孔20m预应力混凝土空心板梁与路基相接;普通重力式拱座;U形桥台,明挖扩大基础。

12.6 施工过程简介:在盖梁预制前,通过对各立柱顶面高程的反复测量,根据立柱顶高程误差确定盖梁预制高度。预制时,严格控制盖梁的结构尺寸,特别要精确控制预留孔的位置和尺寸,以便吊装时能准确就位。盖梁吊装前必须对吊装设备进行全面检查,并对吊装施工按规范要求进行受力分析计算,确保吊装施工满足要求。

就地利用现有吊装设备,拱上盖梁吊装两岸对称进行。吊装就位后,测量调整纵、横向轴线偏位使其符合要求,将盖梁钢筋与预埋件进行焊接连接,然后在预留孔中浇筑高于盖梁混凝土强度等级的微膨胀混凝土并振捣密实,完成盖梁吊装。吊装就位后,完成盖梁预制吊装施工。

电伴热冬季钢管混凝土施工工法

GGG(中企)C3132—2010

王　泉　廉兴军　姜洪军　彭玉红　孙　周
(胜利油田胜利工程建设(集团)有限责任公司)

1　前言

20世纪90年代,钢管混凝土拱桥开始在我国出现。由于钢管混凝土应用于以受压为主的构件中比钢构件和混凝土构件均有较大的优越性,钢管混凝土构件现正越来越多地应用于大跨径的桥梁、房屋等民用建筑。近年来,因其具有造型优美、跨度大等特点,我国北方的城市市政和公路建设中也较多的出现了钢管混凝土拱桥的身影,由此钢管混凝土冬季施工的问题就摆在我们面前。

济宁杨家河公路桥为中承式钢管桁架拱桥,施工日期为2009年8月至2010年3月。我们采用在钢管表面用电热带加热,钢管外包裹玻璃丝绵保温层的方法,成功地实施了钢管混凝土的冬季施工。该工法不仅保证了钢管混凝土的质量,而且缩短了工程工期。相对传统的蓄热保温的混凝土冬季施工的方法,电伴热混凝土冬季施工工法施工周期短、消耗的人力物力少,不需燃烧加热,现场清洁无污染,施工安全有保障,所用材料均可多次利用,节约资源。电伴热钢管混凝土冬季施工工法是我公司独创的施工工艺,目前在国内还未见此类施工方法。

2　工法特点

2.1　该工法施工周期短。电热带和钢管保温层的安装工期小于7d。

2.2　保温效果稳定。由于电热带的功率稳定,并且自身有温控装置,在混凝土养生期内钢管温度稳定,混凝土强度增长较好。

2.3　减少对周边环境的污染。电热带和玻璃丝绵保温材料均为可重复利用材料,施工完成后可全部回收。

2.4　有较好的经济效益。电热带和保温材料均为可多次重复利用的材料,降低施工成本。

2.5　减少不安全因素的出现。相对常规混凝土冬季养生方法,此工法减少了工地易燃易爆不安全因素的出现。

3　适用范围

本工法可普遍应用于钢管混凝土的冬季施工。不仅可应用于桥梁钢管混凝土,而且可广泛地应用在房屋建筑的钢管混凝土冬季施工,有较好的应用前景。

4　工艺原理

根据发热电缆发送功率和钢管热损失,结合养护钢管混凝土时周边的气温和保温材料性能,确定每根钢管表面附着发热电缆的数量和分布方式。确保每根钢管电热带的功率大于钢管管道热损失。通过电热带提供稳定适量的热量,钢管保温层减少钢管的热损失,确保钢管混凝土养生期间钢管温度适合稳定,保证钢管混凝土冬季施工的质量。

5 施工工艺流程及操作要点

5.1 施工工艺流程

本工法施工工艺流程如图1所示。

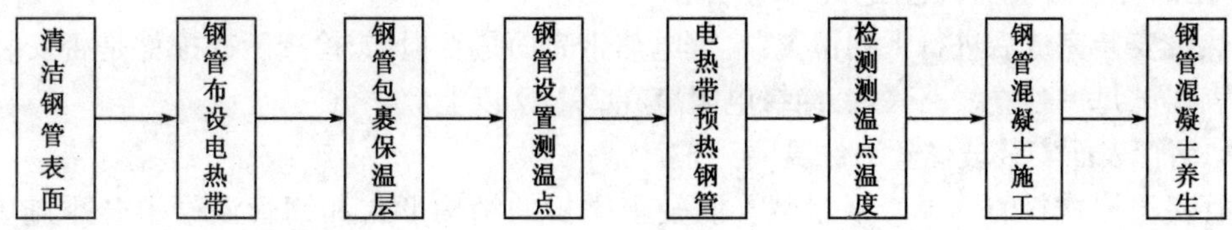

图1 施工工艺流程图

5.2 操作要点

5.2.1 钢管表面布设电热带

(1)计算管道散热量

计算管道散热量,选定电热带的型号和数量及电热带在钢管管道表面的布设方式和间距。

①电热带功率及型号的确定

管道散热量(Q_T):

$$Q_T = K_1 \cdot K_2 \cdot K_3 \cdot \Delta T \cdot Q_A \tag{1}$$

式中:K_1——保温材料修正系数;

K_2——管道材料修正系数;

K_3——现场环境条件修正系数;

ΔT——钢管管道维持温度 T_V 与最低现场环境温度 T_0 之间的温差:$\Delta T = T_V - T_0$。

每根独立钢管所需电热带的功率 Q_H 大于或等于钢管管道热损失 Q_T。根据计算结果选定合适功率的电热带。

②每根独立钢管拱肋所需电热带的长度

电热带的长度(L):

$$L = L_P \cdot R \cdot K_0 \tag{2}$$

式中:L_P——管道长度(m);

K_0——安装系数,取1.05~1.15;

R——电热带功率扩大系数,$R = Q_H/Q_A$,Q_A 为不同管径热损失系数。

根据式(2)计算出的每根独立钢管拱肋所需电热带的总长度,再除以每根独立钢管拱肋的长度,得出每根钢管所需电热带的根数,单根电热带的长度略大于每根钢管长度。

(2)绘制施工设计图

钢管管道安装电热带前,绘制一份完整的施工设计图。主要包括以下内容:线路编号和供电点位置,线路所需的加热电缆的型号及长度,加热电缆伴热系统配套材料附件清单,设计考虑的有关保温参数和所采用的保温材料规格。

(3)电热带安装前准备工作

钢管的除锈和涂漆工序完成后,将钢管表面的积雪、灰尘等清扫干净,锉去钢管表面所有毛刺和利角,使钢管表面光滑清洁;检查电热带表面是否有破损、检测电热带绝缘性能是否良好、检查电热带及配件的型号是否与要求的一致。

(4)电热带的安装

将一卷加热电缆与卷筒放在一支架上,放在钢管其中一端附近。用载人自动升降机沿钢管管道,顺向布设电热带。布设时避免将电热带放置于毛刺和利角上,禁止用力拉扯电热带,禁止脚踏或重物放置在电热带上。在布设电热带时用玻璃纤维压敏胶带(耐高温)间距 80cm 将电热带固定于钢管表面。电热带与钢管平行,电热带在钢管横断方向间距均匀(电热带横向间距由计算每一独立钢管拱肋所需电热带长度决定),由钢管一端起布设至钢管尾端。为确保电热带加热的稳定,每一电热带线路均作为独立线路安装。

电热带在钢管表面安装示意图如图 2 所示。

(5)电热带安装完成后进行下列检查:检查电热带表面是否损伤、检查所有配件是否安装完整;用 2 500VDC 摇表摇试每一独立线路一端,绝缘电阻应在 20MΩ 以上。

5.2.2 钢管表面安装玻璃丝绵保温层

(1)钢管保温层材料的选择。根据钢管混凝土拱桥的结构形式和钢管混凝土冬季施工的特殊要求,选择低温热保温材料——普通玻璃丝绵卷材。卷材厚度 50mm,考虑冬季可能出现的雨雪天气,玻璃丝绵卷材外附着一层防水保护层。卷材规格为长 2m,宽大于钢管周长 20cm(20cm 为玻璃丝绵搭接长度)。

(2)电热带测试合格后开始玻璃丝绵保温层的施工。施工工序为:裁料——缠裹保温材料——用宽胶带包扎保温材料。将保温玻璃丝绵卷材裁剪成施工要求的规格,放置在自动升降机平台内,每个平台内有两个操作工人,从钢管拱肋的最低端开始,玻璃丝绵卷材沿钢管周边紧贴钢管表面包裹,然后用宽胶带紧紧缠绕在玻璃丝绵卷材表面。

钢管安装保温层示意图如图 3 所示。

图 2 钢管表面安装电热带示意图

图 3 钢管表面安装保温层

(3)保温材料的强度、容重、导热系数、规格及保温作法应符合设计要求及施工规范的规定。玻璃丝绵卷材包裹钢管后要求表面平整、做法正确、搭茬合理、封口严密、无空鼓及松动。

(4)玻璃丝绵保温层施工时钢管管道表面要清洁干燥,注意避免损伤电热带,发现因施工保温层造成电热带在钢管表面有松动现象时,用玻璃纤维压敏胶带将电热带重新固定。保温层施工完成后立即对电热带进行绝缘测试。

5.2.3 设置钢管管道测温点,监测钢管温度

每根独立钢管拱肋顺向沿管道均匀设置 6 个测温点,每个测温点安放一个温度计,用以监测钢管混凝土施工各个环节钢管管道的温度,确保钢管混凝土的内在质量。监测钢管温度的几个施工环节如下:

(1)电热带和钢管保温层安装完成后预热前时钢管的温度;

(2)钢管预热完成后,开始泵送钢管混凝土时钢管的温度;

(3)钢管混凝土泵送完成后钢管的温度;

(4)钢管混凝土养生期间(7d)每间隔 4h 钢管的温度。

5.2.4 电热带预热钢管

电热带和钢管保温层施工完成后,在灌注钢管混凝土前需要对钢管进行预热,将钢管温度控制在 20℃左右。电热带在正常情况下分组启动,每一组电热带启动时间间距约 10min。钢管内温度达到钢

管混凝土泵送时温度要求后,方可进行钢管混凝土的泵送施工。

5.2.5　钢管混凝土冬季泵送施工

(1)按钢管冬季混凝土施工的要求,设计出具有抗冻性能的钢管混凝土配合比。

(2)冬季钢管混凝土的搅拌。根据工程施工时的气温,混凝土原材料加热采用加热水的方法能满足施工要求,拌和用水的加热水温准确,供应及时。保持先后用水温度一致,避免拌和物前后温差过大,造成混凝土坍落度不一致,影响施工质量。拌和冬季钢管混凝土采用大容量强制式搅拌机。拌和时投料顺序为先投入集料和加热用水,搅拌一定时间水温下降后,再投入水泥搅拌到规定时间,避免水泥假凝。投料时避免将冰雪和冻团集料装入搅拌机内,集料现场存放要求覆盖保温。

(3)钢管混凝土的运输。冬季混凝土拌和物出机运输到浇筑地点后,温度会逐渐降低。为减少拌和物温度降低值。根据运输过程中温度公式,调整运输过程的环节,控制混凝土拌和物到现场泵送时的温度。

$$T_2 = T_1 - (\alpha t_1 + 0.032n)(T_1 - T_a) \tag{3}$$

式中:T_1——混凝土拌和物出机温度(℃);

t_1——混凝土运输至浇筑现场时的时间(h);

n——混凝土转运次数;

T_a——混凝土拌和物运输时环境温度温度(℃);

α——温度损失系数(h^{-1}),流动式搅拌车 $\alpha = 0.25$。

在施工中要求较高的混凝土出机温度,运输工具采用混凝土搅拌车,搅拌车混凝土罐加保温措施,尽量缩短混凝土出机后到泵送入钢管的时间(控制在1.5h以内)。泵送钢管混凝土选择在气温相对较高时(不低于-5℃),这样混凝土泵送入钢管的温度控制在5℃以上。

(4)钢管混凝土顶升施工

①泵送高强度等级砂浆。这部分砂浆可起润滑钢管内壁、隔离浮渣的作用。

②管内混凝土的压注应连续均匀进行,混凝土灌入量维持在每小时25~30m^3之间为正常,混凝土生产、输送、泵送顶升应协调同步。顶升施工应注意以下几点:

a.混凝土拌制时各组成材料的计量应控制在规定范围内,混凝土出机坍落度控制在20~23cm之间。

b.开始泵送时,泵机应处于低速压送状态。待压送顺利后方可提高到正常压送速度。

c.泵送料斗中的混凝土应始终淹没搅拌叶片,以免泵送空气。当混凝土供应不足时,宜降低压送速度,以免中断。

d.当泵送困难时,泵压升高、管路产生振动,此时不可勉强送泵,应对管路进行检查,并放慢压送速度或使泵反转,以防堵塞。

e.当输送泵堵塞时,应及时找出堵塞部位,及时疏通管路,管路的处理不得超过2h。

f.混凝土泵送顶升时,应严格遵循两岸对称加载的原则进行,可以通过混凝土泵入及敲击检查结果来控制,两岸指挥人员应保持联系,协调同步,使两侧管内混凝土长度差不大于1m。

g.当排浆口开始出浆时。应放慢压注速度,采取间歇泵送,直到连续排出匀质混凝土为止,插打ϕ14mm钢筋截流,防止混凝土回流。

h.散落在钢管拱肋上的混凝土应及时用水冲洗清除。

③清洗设备及封堵排浆、压浆口

清洗拆除输送泵管。待混凝土达到一定强度时,割除压浆管,排浆管,并用与设计相同规格的钢板封堵缺口,并打磨、防腐、刷漆。

5.2.6　钢管混凝土冬季养生

(1)钢管混凝土泵送施工完成后,在混凝土养生期内现场安排6人,随时检查电热带线路是否正常,并间隔4h检测钢管测温点的温度,钢管温度控制在20℃左右。

(2)为确保钢管混凝土养生期间电力供应的稳定,根据钢管混凝土养生时电热带的功率,现场安排备用电源(如柴油发电机组等)。

(3)模拟钢管混凝土冬季养生条件,现场设置同条件养生混凝土试块,用以监测钢管混凝土养生期强度增长情况。

6 材料与设备

6.1 主要机械设备(表1)

6.2 主要设备配置(表2)

主要机械设备配置　　表1

序号	材 料 名 称	材料规格、性能
1	低温基本电热带	功率25W/m
2	防爆接线盒	
3	玻璃丝绵压敏胶带	
4	普通玻璃丝绵卷材	保温修正系数1.0
5	微膨胀混凝土	标号C50

主要设备配置　　表2

序号	设备名称	规格型号	单位	数量
1	自动升降机		台	2
2	柴油发电机	120kW	台	1
3	强制式搅拌机	2 000L	台	2
4	混凝土运输车	$8m^3$	辆	8
5	混凝土输送泵	90	台	2

7 质量控制

7.1 质量控制点

7.1.1 电热带及配件均有出场合格证及质量检验报告。安装电热带后用摇表检测线路是否正常,并检测电热带表面是否破损。

7.1.2 钢管保温层保温材料进场后,检验材料的强度、重度、导热系数、规格是否符合设计要求及施工规范的规定。保温层安装完成后,外观检查保温层表面平整,搭茬合理,封口严密,无空鼓及松动现象。

7.1.3 钢管混凝土配合比控制水灰比过大,避免因水泥用量过度,造成微膨胀量不足产生收缩空隙。

7.1.4 灌注混凝土前清洁钢管内壁,避免因管壁锈蚀造成混凝土与管壁黏结不良。

7.1.5 在顶升混凝土过程中,各个施工环节安排周密,各种设备状况良好,施工严格控制,确保顶升一次完成。

7.1.6 钢管混凝土顶升完成后,安排专人现场24h检查电热带供电线路,每个4h检测钢管温度。确保钢管混凝土养护期钢管温度适宜稳定。现场准备备用电源,避免因外接电源停电造成钢管混凝土养护质量下降。

7.2 钢管混凝土检测项目(表3)

钢管混凝土检测项目　　表3

<table>
<tr><th>项　次</th><th colspan="2">检 查 项 目</th><th colspan="2">规定值或允许偏差</th><th>检查方法和频率</th><th>权　值</th></tr>
<tr><td>1</td><td colspan="2">混凝土强度(MPa)</td><td colspan="2">在合格标准内</td><td>按有关规范</td><td>3</td></tr>
<tr><td rowspan="3">2</td><td colspan="2" rowspan="3">轴线偏位(mm)</td><td>L≤60m</td><td>10</td><td rowspan="3">经纬仪:检查5处</td><td rowspan="3">2</td></tr>
<tr><td>L=200m</td><td>50</td></tr>
<tr><td>L>200m</td><td>L>4 000m</td></tr>
<tr><td>3</td><td colspan="2">拱圈高程(mm)</td><td colspan="2">±L/3000</td><td>水准仪:检查5处</td><td>2</td></tr>
<tr><td rowspan="2">4</td><td rowspan="2">对称点高程(mm)</td><td>允许</td><td colspan="2">L/3 000</td><td rowspan="2">水准仪:检查各接头</td><td rowspan="2">2</td></tr>
<tr><td>极值</td><td colspan="2">L/1 500,且反向</td></tr>
</table>

7.3 钢管混凝土密实度检查

管内混凝土填充密实度大于99%。管内混凝土密实度检测以超声波检测为主,人工敲击为辅。超声波检测参考《超声波检测混凝土缺陷技术规程》(CEC S21—2000)。发现有异常现象,进行钻孔复验,不密实的部位采用钻孔压浆法补强,然后将钻孔补焊封固。

8 安全措施

8.1 在施工过程中坚持对全体员工实施经常性的定期的安全意识教育,强化员工树立安全第一的思想,建立安全保证体系,使安全工作制度化,使安全生产处于受控状态。

8.2 施工中必须向员工进行安全技术交底,对大型临时设施要进行安全设计和技术鉴定,经检查合格后方可使用。

8.3 进入施工现场人员必须戴好安全帽,进行高空作业时系好安全绳或安全带,脚手平台设置安全防护栏杆或安全网。

8.4 对从事电气、起重、厂内驾驶等特殊作业人员进行上岗前的作业培训,有操作证后方可作业,严禁无证操作和违章作业。

8.5 做好施工设备的统一调度、施工机械的合理安排,对机械操作手进行安全交底,定期检查施工机械,对有安全隐患的设备及时进行修理。

8.6 建立安全管理体系,设专职安全员一名,各班组长兼职安全员,安全管理层层承包,责任到人。

8.7 对生产现场进行必要的防护。工地现场设立醒目的安全标志,并在关键地方设专人指挥、警卫,确保安全。职工进入施工现场,必须戴安全帽。夜间施工时,施工区、道路设足够的照明。

8.8 安装电热带时严禁将绝缘层破坏。用压敏胶带固定电热带,禁止用金属丝绑扎。

8.9 电热带一端接入电源,另一端线芯严禁短接或与异电物质接触并剪切为“V”形,必须使用配套的封头严密套封。

8.10 安装一个电热带伴热点,测量一次绝缘,屏蔽层必须接地,绝缘值不小于规定要求。按电伴热各路的电压、电流等参数设断电、漏电保护装置。

9 环保措施

环境保护在施工中越来越重要,除了在日常施工过程中加强环保管理外,采用新的环保型施工工艺和施工材料也是一条改善施工环境的重要途径。相对传统的冬季混凝土施工工艺,钢管混凝土冬季使用电热带加热和玻璃丝棉保温层蓄热就是一个新的环保型施工工艺。首先,电热带在使用过程中不会产生任何对周边环境有污染的物质,并且电热带可以多次重复使用,无有害垃圾。其次,保温层玻璃丝绵卷材安装过程中无施工粉尘和致癌物质,对人体无害。

9.1 建立健全环保体系

9.1.1 设立环境监测点,在环境保护监测站的指导下开展工作,并派专人进行监测,随时向环保专家咨询,及时向环保办汇报动态情况。

9.1.2 聘请环保专家授课,组织所有施工人员学习,提高大家的环保意识,明确本工程环保要点,使大家自觉进行环境保护。

9.1.3 严格遵守国家有关环境保护的法令法规。

9.2 施工区环境保护

9.2.1 施工严格遵守现行的《环境空气质量标准》(GB 3095—1996),确保由于施工产生的空气悬浮颗粒(TSP)不超标。

9.2.2 在设备选型时,选择低污染设备,对可能造成粉尘污染的设备安装空气污染控制系统与设备同步运行。

9.2.3 施工便道、施工场地使用洒水车经常洒水,防止尘土浮悬、飞扬,给居民带来污染。

9.2.4 注意机械保养,使机械保持最低声级水平。

9.3 水污染防治

油料、化学物品等不堆放在民用水井及河边附近,并采取措施,防止雨水冲刷进入水体;施工驻地的生活污水、生活垃圾、废油、粪便等集中处理,不直接排入水体。

10 资源节约

本工法相对与传统的混凝土冬季施工工艺,不仅大量减少了劳动力的使用,而且节约了大量传统冬季混凝土施工所需的煤炭、天然气等提供热源的物质,符合国家大力提倡低碳经济的精神。

11 效益分析

电伴热钢管混凝土冬季施工工法是我公司独创的混凝土冬季施工工法,该工法在实施过程中取得了良好的社会效益和经济效益。

社会效益:在济宁杨家河公路桥施工中,利用该工法成功地实施了钢管混凝土的冬季施工,改变了原来在气温上升后的春季再进行钢管混凝土施工的计划,缩短了2.5个月的工期。由于作为配套工程之一的杨家河公路桥在2010年4月1日竣工,确保整个济宁高新区东部绿洲工程在2010年5月1日顺利完工。

经济效益:由于缩短2.5个月的工期,减少了大量劳动力、机械等资源的占用,项目综合成本降低15万元。

12 工程实例

杨家河公路桥全长120.625m,桥型布置为12.9m+94.825m+12.9m,主跨为中承式钢管混凝土拱桥,主拱为钢管桁架结构,边跨为现浇空心板简支梁桥,基础为钻孔灌注桩基础。杨家河桥设计荷载为公路Ⅱ级,全桥全宽12.72m,桥面横坡1.5%。

该桥在2009年8月开工,2010年4月1日竣工,2009年12月20日成功实施钢管混凝土冬季施工。经建设单位和监理单位及当地质检站联合验收,工程质量符合要求。2010年3月9日,山东省交通工程检测中心对杨家河公路桥钢管混凝土密实度进行了超声波检测,检测结果符合有关规范要求。

预制箱梁湿接缝滑模托架施工工法

GGG(黑)C3133—2010

陈 亮 陈亚光 唐亚坤 谷元军 麻登科
(龙建路桥股份有限公司 黑龙江省龙建路桥第一工程有限公司 黑龙江省广通公路工程有限公司)

1 前言

齐甘高速 B1、B2 合同段嫩江东江桥全长 1 807.16m,该项目由龙建路桥股份有限公司承建,开工日期为 2009 年 9 月 30 日,计划完工日期为 2011 年 9 月 30 日。全桥 10 孔位于水中,其余均为陆上。箱梁预制与安装工作均在 2010 年完成,上部简支转连续施工需在横隔板、湿接缝施工完成后才可以进行,箱梁现浇湿接缝的施工进度制约了上部的整体进度。我部根据嫩江东江桥的上部结构特点采用了箱梁现浇湿接缝滑模托架施工技术,使现浇湿接缝的施工质量得到了保证,同时加快了湿接缝的施工速度,节约了大量的人力及物力资源,得到了业主及监理单位的认可。该工法处于国内领先水平,在江西京福高速抚河特大桥、齐甘公路嫩江东江桥 B1 合同段、齐甘公路嫩江东江桥 B2 合同段得到广泛应用,并有广泛的应用前景。该工法获得 2010 年度龙建路桥股份有限公司优秀工法奖。

2 工法特点

利用滑模托架作为箱梁现浇湿接缝施工的工作平台和湿接缝模板的支撑系统,避免了施工人员桥上、桥下同时施工,解决了高墩和水上现浇湿接缝的施工问题;滑模托架系统实现了模板的整体运输,并且为施工人员提供了安全可靠的施工平台。采用滑模托架进行现浇湿接缝施工,节约了大量的人力、物力资源,缩短了施工周期,其经济效益和社会效益十分显著。

2.1 工期显著缩短

采用本工艺进行箱梁现浇湿接缝施工,显著地缩短了施工周期,在同样的施工时间内本工法施工速度是常规工艺的 2 倍。

2.2 安全性能高

采用滑模托架进行箱梁现浇湿接缝施工,为施工人员提供了一个安全可靠的施工平台;避免了常规湿接缝施工中桥上、桥下施工人员同时进行,减少了施工中的不安全因素;避免了施工人员水上作业。最大限度地降低了箱梁现浇湿接缝中的不安全因素。

2.3 加快了施工速度

本施工工法主要通过卷扬机牵引实现湿接缝模板的运输,减小了施工人员的劳动强度,采用螺旋丝杠作为湿接缝模板的支撑,提高了施工人员支立湿接缝模板的速度。

2.4 提高了湿接缝施工质量

采用螺旋丝杠作为湿接缝模板的支撑系统,使湿接缝模板的加固系统均在箱梁顶板以下,避免了在现浇湿接缝混凝土上预留对拉螺栓孔,使湿接缝外观质量得到了有效的保证。

3 适用范围

该施工工法适用于梁高大于等于 160cm,横隔板为中空形式的箱形梁和 T 形梁。

4 工艺原理

根据箱形梁或T形梁横隔板的结构形式及有效空间的大小和湿接缝施工对滑模托架的具体技术要求设计计算滑模托架,确定滑模托架的具体结构形式及几何尺寸。在设计计算过程中应最大限度地提高滑模托架的整体刚度和减轻滑模托架的自身质量。

利用滑模托架作为箱梁现浇湿接缝施工的工作平台及模板支撑系统,同时滑模托架也作为箱梁现浇湿接缝模板运输过程中的载体。湿接缝滑模托架断面图如图1所示。

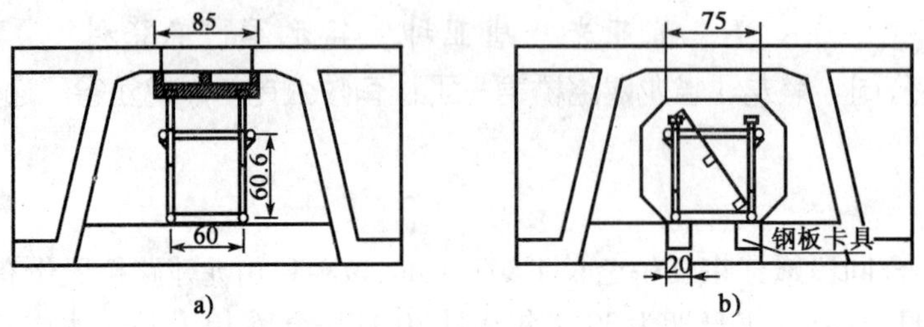

图1 湿接缝滑模托架断面图(尺寸单位:cm)

5 施工工艺流程及操作要点

5.1 工艺流程(图2)

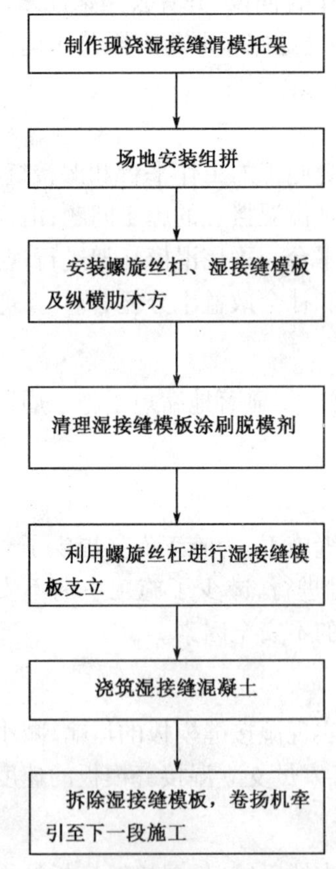

图2 箱梁现浇湿接缝滑模施工工艺流程图

5.2 施工要点

5.2.1 滑模托架安装要因地制宜,根据具体情况采取现场组拼和整体吊装。

5.2.2 滑模托架制作应尽量简洁,除去不必要的部件以减轻自身质量(图3)。

5.2.3　滑模托架应预留足够空间放置模板、木方及施工人员的作业空间。

5.2.4　滑模托架上螺旋丝杠支撑间距应精确计算以保证湿接缝模板不产生较大的变形。

5.2.5　滑模托架牵引行走时速度不宜过快，以保证托架行走过程中的安全。

5.2.6　滑模托架制作过程中各连接件要仔细检查，确保连接牢固、可靠，在使用过程中应经常性检查滑模托架的各连接件连接情况。

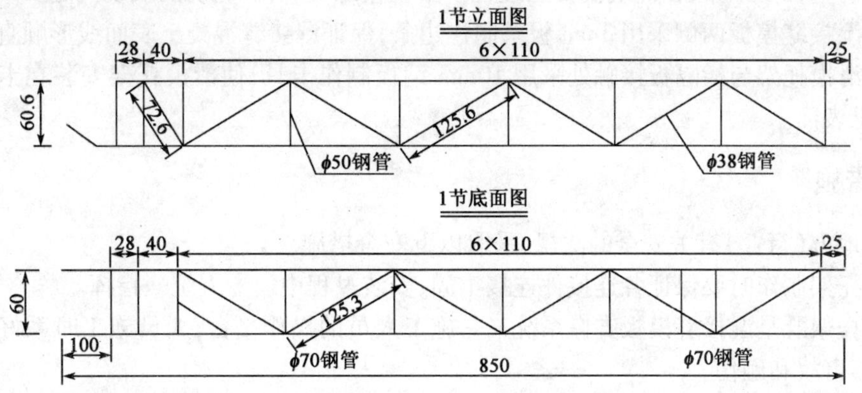

图3　滑模托架结构图（尺寸单位：cm）

6　材料与设备（表1、表2）

主 要 设 备 工 具　　表1

序　号	名　称	规　格	数　量	备　注
1	气式起重机	30t	1	
2	卷扬机	1t	2	
3	单轮滑车	1t	4	

主 要 材 料　　表2

序　号	名　称	规　格	数　量	备　注
1	钢管	ϕ70mm，δ=3.5mm	448.8m	
2	钢管	ϕ50mm，δ=2.5mm	136.1m	
3	钢管	ϕ38mm，δ=2.5mm	356.4m	
4	丝杠	ϕ35mm，l=500mm	216根	
5	钢板卡具	δ=10mm	356kg	
6	竹胶板	δ=14mm	81.6m^3	
7	木方	10cm×10cm	0.6m^3	
8	木方	6cm×8cm	1.4m^3	

7　质量控制

7.1　执行的规范和标准

《公路工程集料试验规程》（JTG E42—2005）；

《普通混凝土配合比设计规程》（JGJ 55—2000）；

《公路工程质量检验评定标准　第一册　土建工程》（JTG F80/1—2004）；

《公路桥涵施工技术规范》（JTJ 041—2000）；

《钢结构设计规范》（GB 50017—2003）。

7.2 质量控制措施

7.2.1 螺旋丝杠间距设置要合理，既能满足工程质量要求，又经济。

7.2.2 滑模托架的制作过程中，各部件连接要牢固可靠，保证滑模托架整体刚度满足施工需要，减小变形保证湿接缝混凝土表面平整。

7.2.3 螺旋丝杠要顶紧，在浇筑混凝土过程中要检查螺旋丝杠的状况，发现问题及时解决。

7.2.4 在湿接缝模板两侧采用3mm板条制作边条，保证湿接缝混凝土表面线形顺直。

7.2.5 在滑模托架与横隔板接触处采用10mm钢板制作卡具，使滑模托架安装在卡具上，避免划伤横隔板混凝土表面。

8 安全措施

根据国家、地方(行业)有关安全的法规，采取以下安全措施。

8.1 滑模托架制作时要保证各连接件连接牢固，安装过程中设专人统一指挥。

8.2 滑模托架既是湿接缝模板支撑系统又是施工人员的操作平台，人员施工时系好安全带、戴好安全帽预防坠落事故和砸伤。

8.3 在湿接缝整个施工过程中每天派专人检查滑模托架的状态，发现问题及时解决，避免酿成事故。

8.4 滑模托架行走时要由专人指挥，设专人检查滑模托架行走状态。

9 环保措施

本工法施工所用机械设备极少，减少了能源的消耗，加快了模板的周转速度，减少了对木材及对拉螺栓等材料的需用量，减少了资源消耗。

9.1 工程施工过程中严格遵守国家和地方政府下发的有关环境保护的法律、法规和规章，加强对施工燃油、工程材料、设备、废水、生产生活垃圾的控制和治理，遵守有关防火及废弃物处理的规章制度。

9.2 现浇湿接缝施工过程中产生的垃圾、废物按环保部门要求堆放在指定地点，避免乱堆乱弃，污染周围环境。

9.3 搅拌站材料根据规划堆放整齐，采用苫布覆盖避免粉尘污染周围环境。

10 资源节约

箱梁现浇湿接缝滑模托架施工实现了现浇湿接缝施工材料的周转，解决了以往现浇湿接缝施工中一次性材料的消耗问题。减少了施工过程中材料及设备的投入，降低了工程造价。

11 效益分析

本工法不但经济效益明显，社会效益也十分突出，本工法在应用的过程中不仅减少了工、料、机的消耗，大大提高了工作效率，缩短了施工工期，对环境污染也非常小。

采用此工法进行现浇箱梁湿接缝施工需投入的材料和常规工艺投入材料见表3、表4。

一孔湿接缝滑模支架施工材料 表3

序 号	材料名称	规 格	总 长 (m)	总质量(kg)
1	钢管	ϕ70mm，δ=3.5mm	448.8	2 576.1
2	钢管	ϕ50mm，δ=2.5mm	136.1	398.7
3	钢管	ϕ38mm，δ=2.5mm	356.4	780.5
4	丝杠	ϕ35mm，l=500mm	216.0	815.3
5	钢板卡具	δ=10mm	0.0	356.1

续上表

序　号	材料名称	规　格	总 长 （m）	总质量(kg)
6	木方	10cm×10cm	61.2	0.6
7	木方	6cm×8cm	288.0	1.4
8	竹胶板	δ=14mm	81.6	81.6

一孔湿接缝常规工艺施工材料用量　　表4

序　号	材料名称	规　格	总 长 （m）	数 量 （m）
1	槽钢	[8	576.0	4 631.0
2	对拉螺栓	φ16mm	288.0	455.0
3	卡盖	[8	96.0	771.8
4	预埋塑料管	φ30mm	144.0	144.0
5	螺母	M16	480.0	480.0
6	木方	10cm×10cm	204.0	2.0
7	木方	6cm×8cm	540.0	2.6
8	竹胶板	δ=14mm	153.0	153.0
12	棕绳		300.0	300.0

以上材料是完成一孔湿接缝施工需投入的材料用量，采用常规施工工艺进行施工，其材料表中的预埋塑料管是一次性消耗材料，其他如竹胶板、木方、棕绳、螺母等均为消耗材料。按齐甘高速B1、B2合同段全桥60孔现浇箱梁湿接缝计算，其消耗材料塑料管是一次性消耗，木方、竹胶板、对拉螺栓、棕绳、卡盖按每孔消耗5%计算，螺母消耗按10%计算。其全桥消耗量见表5、表6。

湿接缝滑模支架施工60孔材料消耗　　表5

序　号	材料名称	规　格	孔 数 （个）	需用总量(m)
1	钢管	φ70mmδ=3.5mm	60	2 576.1
2	钢管	φ50mmδ=2.5mm	60	398.7
3	钢管	φ38mmδ=2.5mm	60	780.5
4	丝杠	φ35mm，l=500mm	60	815.3
5	钢板卡具	δ=10mm	60	356.1
6	木方	10cm×10cm	60	1.3
7	木方	6cm×8cm	60	3.0
8	竹胶板	δ=14mm	60	179.5

湿接缝常规工艺施工60孔材料消耗　　表6

序　号	材料名称	规　格	孔数(个)	需用总量(m)
1	槽钢	[8	60	1 8524.16
2	对拉螺栓	φ16mm	60	1 820.16
3	卡盖	[8	60	3 087.36
4	预埋塑料管	φ30mm	60	8 640
5	螺母	M16	60	3 360
6	木方	10cm×10cm	60	8.16
7	木方	6cm×8cm	60	10.37
8	竹胶板	δ=14mm	60	612
12	棕绳		60	1 200

通过表5、表6对比,在型钢消耗方面,常规工艺消耗型钢及螺栓为23.43t;采用滑模托架施工消耗型钢为4.93t,节约型钢18.5t。木方常规工艺消耗为18.53m^2;采用滑模托架消耗为4.3m^2,节约木材14.23m^2。竹胶板常规工艺需用612m^2,滑模托架施工需要179.5m^2,节约竹胶板432.5m^2。同时采用滑模托架施工节约了棕绳1 200延米,塑料管8 640m,M16螺母3 360个。通过以上对比可以看出采用滑模托架进行60孔现浇箱梁湿接缝施工节约了大量的施工材料。

在施工人员使用方面由于提高了滑模施工的机械化程度,提高了施工人员的劳动效率,施工人员得到了大量的减少,劳动力投入是常规施工工艺的50%。

12 应用实例

12.1 应用实例一

江西京福高速抚河特大桥全长680m,共计17孔预制T梁,该项目开工日期为2002年6月,计划竣工日期为2003年9月。采用此工法进行湿接缝施工减少了劳动力投入、提高了工作效率、节省了施工材料,为全桥桥面系施工创造了有利条件。

12.2 应用实例二

齐甘高速B1合同段嫩江东江桥位于黑龙江省齐齐哈尔市附近,该桥横跨嫩江,桥梁全长1 807m,其上部结构形式为30m预应力混凝土简支变连续混凝土箱梁。该项目开工日期为2009年8月,计划竣工日期为2011年9月。B1合同段共计180道湿接缝。采用此工法进行湿接缝施工减少了劳动力投入、提高了工作效率、节省了施工材料,为全桥桥面系施工创造了有利条件。

12.3 应用实例三

齐甘高速B2合同段嫩江东江桥位于黑龙江省齐齐哈尔市附近,该桥横跨嫩江,桥梁全长1 807m,其上部结构形式为30m预应力混凝土简支变连续混凝土箱梁。该项目开工日期为2009年8月,计划竣工日期为2011年9月。B2合同段共计180道湿接缝。采用此工法进行湿接缝施工减少了劳动力投入、提高了工作效率、节省了施工材料,为全桥桥面系施工创造了有利条件。

悬臂连续箱梁墩顶支架反力梁预压施工工法

GGG(黑)C3134—2010

唐 鹏 李 明 王 斌 徐 浩 杨春明

(龙建路桥股份有限公司 黑龙江省龙建路桥第一工程有限公司

黑龙江省龙建路桥第三工程有限公司)

1 前言

通河松花江大桥、哈尔滨松浦大桥、富锦松花江公路大桥这三座位于黑龙江省境内松花江上的特大型桥梁,其主桥及引桥均为采用悬臂浇筑的连续梁桥。随着大跨径悬臂浇筑的连续梁桥成为跨越大江、大河、山谷的主选桥梁形式,传统悬臂浇筑的连续梁桥的施工方法、施工工艺已很难提高桥梁施工整体速度,很难再保证施工人员的安全和施工成本的降低。由于悬臂浇筑的连续梁桥施工周期长,加之高寒地区冬季漫长的气候特点,设法解决悬臂梁的传统施工工艺、工期和安全性是高寒地区桥梁施工企业面临的难题。

悬臂浇筑的连续梁桥各节段施工是墩顶块施工周期最长的(一般在25d左右)。墩顶块施工是悬臂连续梁的首步工程,其中墩顶块支架预压传统施工方法(采用砂袋或钢材进行预压施工方法)周期为7d,需大量的人员、材料和机械设备的投入并且施工人员的安全难以保证。

龙建路桥股份有限公司在悬臂浇筑的连续梁墩顶节段施工中,总结以往类似工程项目经验,结合传统工艺,自主创新精心组织形成《悬臂连续箱梁墩顶支架反力梁预压施工工法》。本工法各项施工技术措施是行之有效的,解决了传统墩顶支架采用砂袋或钢材进行预压施工方法带来大量人员、材料和机械投入的难题,解决了传统方法预压过程中施工工艺烦琐、施工周期长、受天气条件影响大、施工人员预压时须在支架上作业的问题。本工法的应用使墩顶支架预压施工安全性得到大幅度的提高,缩短工期,节约大量施工成本。经实践证明,该工法已趋于成熟,在国内技术领先,安全可行。

本工法荣获2010年度龙建路桥股份有限公司优秀工法奖。

2 工法特点

2.1 节省大量人力、物力

传统墩顶支架预压施工方法采用砂袋进行预压,每套支架需用人员40人,吨袋680条,中砂680t($453m^3$),挖掘机1台,铲车1台,运输车4台,吊车2台。

反力梁预压施工方法需用施工人员8人,型钢6.4t,战备梁16t,千斤顶8台,吊车1台。

2.2 施工工艺简化、施工周期短

采用砂袋预压施工周期为7d,预压时间长施工工艺烦琐(摆放砂袋时一定均匀、对称整齐,记录准确并在支架上设置防护设施);反力梁预压施工方法施工周期为1d,预压时间短施工工艺简单(反力梁安装简单,预压时只需千斤顶同步预压,易记录)。

2.3 不受天气影响

传统砂袋预压受天气情况影响大,由于雨水浸入砂袋会造成砂袋质量增大,使预压质量大于设计质量,容易造成支架预压过程中垮塌,雨天、风天等恶劣天气不易进行;反力梁预压不受天气影响可在雨

天、风天等恶劣天气进行。

2.4 预压时安全性得到提高

传统砂袋预压需要将大量的砂袋吊装到支架上，摆放一定均匀、对称整齐，砂袋防护设施一定要牢固，如果出现不均匀、不对称、不整齐及防护设施不牢固时易造成支架垮塌，一旦出现支架本身垮塌会造成支架上人员伤亡和支架下方的吊车损坏；反力梁预压时支架上无需作业人员（预压作业人员可在墩身顶部操作），支架下方无需作业人员和任何设备，一旦出现支架垮塌不会造成人员伤亡和设备损坏。

2.5 节约大量施工成本

由于传统砂袋预压需用大量的人力和物力进行装、吊、摆、卸砂袋，并设置安全防护设，施工周期长，砂袋一旦破损将不能周转，被雨水浇湿将不能使用，每套支架预压施工成本约17万元；反力梁预压作业人员大幅度减少，战备梁等型钢需用量小且可周转，设备需用量大幅度降低，施工工艺简化、施工周期短，可节约施工成本15万元。其中富锦松花江公路大桥共8套支架，节约施工成本120万元。

3 适用范围

该工法适用于各种类型悬臂梁墩顶块支架预压。

4 工艺原理

本工法工艺原理是在桥梁墩身上部利用临时支座预留钢筋锚固战备梁（贝雷桁架片组成），锚固的战备梁作为反力梁对墩顶支架进行预压。

首先采用直径32mm螺纹钢筋与临时支座预留钢筋进行双面焊连接。吊装墩顶横桥向战备梁，作为反力梁底座；战备梁拼装形式为双排单层，再吊装墩顶纵桥向战备梁至底座上作为支架预压的反力梁；在反力梁上方用2根I45a工字钢（中间钻成孔34mm）与直径32mm螺纹钢筋机械连接对反力梁进行锚固，在反力梁下方用I28a工字钢并排焊接作为反力梁横梁；最后在反力梁与墩顶之间利用8台千斤顶对连续箱梁墩顶支架进行均匀、同步预压。对支架其强度、刚度、安全性进行检验，同时观测支架的沉降情况，确认支架安全稳定后，卸下荷载，消除支架塑性变形，并测出其弹性变形，为施工预留拱度提供准确的数据（图1）。

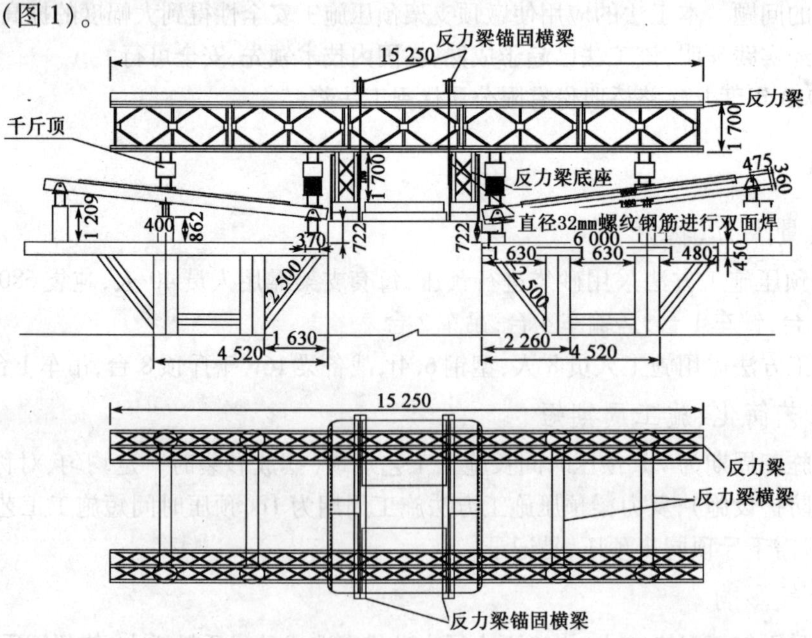

图1 悬臂梁墩顶块支架反力梁预压结构图（尺寸单位：mm）

5 施工工艺流程及操作要点

5.1 悬臂连续箱梁墩顶支架反力梁预压施工工艺流程(图2)

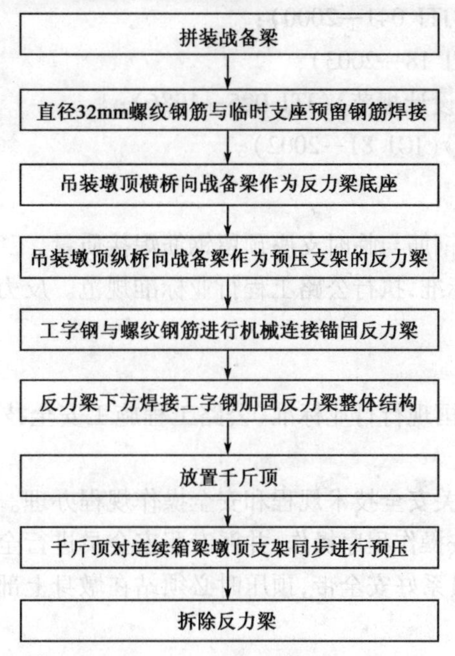

图2 悬臂连续箱梁墩顶支架反力梁预压施工工艺流程图

5.2 悬臂连续箱梁墩顶支架反力梁预压操作要点

5.2.1 反力梁安装结构尺寸、高程允许偏差为±10cm。

5.2.2 螺纹钢筋与临时支座预留钢筋进行双面焊,焊接长度不得小于设计值。

5.2.3 工字钢与螺纹钢筋进行机械连接时,锚固牢固。

5.2.4 千斤顶对连续箱梁墩顶支架必须同步进行施压,即8台千斤顶加载力必须均匀、对称、同步。

6 材料与设备

6.1 材料(表1)

主要材料有工字钢6.4t、战备梁16t、螺纹钢筋等。

主 要 材 料 表1

序 号	材料名称	规 格
1	战备梁	贝雷桁架片(长×宽)154.94cm×304.8cm
2	工字钢	I45a和I28a
3	螺纹钢筋	直径32mm

6.2 主要机械设备表(表2)

主 要 机 械 设 备 表2

序 号	名 称	规 格	数 量	备 注
1	千斤顶、油泵	YCQ400、ZB4-500	8套	预压
2	履带吊车	50t	1	安装反力梁

7 质量控制

7.1 引用标准

《公路桥涵施工技术规范》(JTJ 041—2000);

《钢筋焊接及验收规程》(JTJ 18—2003);

《公路桥涵钢结构及木结构设计规范》(JTJ 025—1986);

《建筑钢结构焊接技术规程》(JGJ 81—2002)。

7.2 质量控制措施

反力梁安装结构尺寸、螺纹钢筋与临时支座预留钢筋焊接质量、工字钢与螺纹钢筋机械连接质量必须符合国家相应行业的规定和标准,执行公路工程行业标准规范。反力梁结构受力安全系数为2.5。

8 安全措施

8.1 应遵照中华人民共和国现行行业标准《公路工程施工安全技术规程》(JTJ076—1995)的要求执行。

8.2 应遵照国家颁布的有关安全技术规程和安全操作规程办理。

8.3 在起吊安装时,严格按操作程序操作,并派专职安全员进行全程监护。

8.4 高空作业工人、技术员系好安全带,预压时必须站在墩身上部,不在支架上停留。

9 环保措施

工程施工过程中严格遵守国家和地方政府下发的有关环境保护的法律、法规和规章,禁止将杂物抛到江水中。

10 资源节约

每套支架预压节约吨袋680条、中砂680t(453m^3)、设备7台,将材料、燃料节能降耗落得实处,提前了工期。达到使企业增效,社会、国家受益的目的。

11 效益分析

反力梁预压需用人员少,战备梁等型钢需用量小且可周转,设备需用量少,施工工艺简化、施工周期短,每套支架预压可节约施工成本15万元。其中富锦松花江公路大桥共计8套支架,共节约施工成本120万元。经济效益以及社会效益十分突出。

12 应用实例

12.1 应用实例一

2006年12月至2009年10月建成的通河松花江大桥位于方正县和通河县交界的松花江上,桥梁全长2 578.28m,全桥跨径布置为:引桥(21×40m)预应力混凝土简支转连续T梁+主桥(63m+4×110m+63m)预应力混凝土连续箱梁+滩桥(7×40m)预应力混凝土简支转连续T梁+主桥(63m+4×110m+63 m)预应力混凝土连续箱梁+引桥(8×40m)预应力混凝土简支转连续T梁全部应用该工法的施工技术,缩短工程整体工期30d,无人员伤亡,降低了工程成本75万元。实践证明,各项施工技术措施是行之有效的,并且具有显著的经济效益和社会效益。

12.2 应用实例二

2008年5月至今建设的哈尔滨松浦大桥位于哈尔滨市道外区二十道街至松北区永胜路轴线上。

路线起点为道外南勋街与二十道街交叉口，路线终点为利民镇永胜路，路线全长3 500m，全桥跨径布置为：引桥（2×56m）等截面预应力混凝土连续箱梁+主桥476m钢—混凝土叠合梁+引桥（30×40m）等截面预应力混凝土连续箱梁+引桥344m变截面预应力混凝土连续箱梁。全部应用该工法的施工技术，缩短工程整体工期24d，无人员伤亡，降低了工程成本60万元。事实证明该施工设计方案达到了预期的效果，其经济效益和社会效益得到社会各界的认可。

12.3 应用实例三

2010年5月至今建设的富锦松花江大桥位于富锦与绥滨交界的松花江上，桥梁全长3 478.2m。全桥跨径布置为：引桥（34×40m）预应力混凝土简支转连续T梁+主桥（85m+6×150m+85 m）预应力混凝土连续箱梁+引桥（26×40m）预应力混凝土简支转连续T梁。连续梁为为双幅单箱单室、变高度、变截面结构，主墩墩顶高度为9.0m，跨中高度3.5m，0号、1号块段箱梁长度为14m，墩身为4m×5.85m，0号、1号块段箱梁落在支架共计10m。

本段连续梁0号、1号块段采用钢管落地支架和三角支架现浇施工。龙建路桥股份有限公司在连续梁0号、1号块段施工中证实，本工法各项施工技术措施是行之有效的。解决了传统墩顶支架采用砂袋或钢材进行预压施工方法带来大量人员、材料和机械的投入，本工法施工工艺简单、施工周期短、不受天气影响、施工人员预压时可不必在支架上作业，安全性得到大幅度的提高，节约大量施工成本。实践证明，该工法已趋于成熟，在国内技术领先，安全可行。该项目缩短工程整体工期42d，无人员伤亡，降低了工程成本120万元。该施工方案达到了预期的效果，得到业主和监理单位的认可和好评。

悬浇挂篮液压预压施工工法

GGG(苏)C3135—2010

李善超　张晓宇　巩艳国　朱金富　余海涛

(江苏省交通工程集团有限公司　中国路桥工程有限责任公司)

1　前言

变截面预应力混凝土连续箱梁和连续刚构桥因其跨径较大、行车舒适性好、施工工艺成熟而在公路工程、铁路工程中广泛采用。

该类型桥梁上部结构一般采用挂篮悬浇法施工,即首先采用落地支架法施工起始节段,然后在其上拼装挂篮,逐块对称浇筑箱梁块件,最后按顺利进行合拢,形成连续体系。

挂篮悬浇法施工的关键是挂篮,挂篮的预压是必不可少的施工步骤。挂篮预压的目的主要是验证挂篮的可靠性和消除其非弹性变形,同时测出挂篮在不同荷载下的实际变形值,以便修正立模高程。

目前,挂篮预压的方法主要采用砂袋或水袋等直接堆载的方法预压。该方法耗时长、费用高,难以模拟挂篮实际工作状态;而且由于挂篮作业空间有限,堆载数量受到限制,往往难以适应大跨径变截面连续箱梁和刚构桥梁的悬浇挂篮的预压施工需要。

上海A5(嘉金)高速公路黄浦江大桥和江苏省宿淮安市天津路京杭运河特大桥主桥都是大跨径变截面连续箱梁结构,前者主跨跨径120m,后者主跨跨径143m。在这两座桥梁施工中,江苏省交通工程集团有限公司积极开展技术创新,摸索出一种新的悬浇挂篮的预压方法——液压预压施工方法。该方法不仅克服了传统预压的缺点,满足了各种悬浇挂篮预压的需要,还能更好地模拟悬浇挂篮的实际受力情况。同时该预压方法,挂篮受力明确、容易控制预压荷载、安全性高,且预压设施简单、省时省力、费用相对较低。为进一步完善悬浇挂篮液压预压施工方法,结合近年来多座桥梁施工的实践,编制了以下液压预压施工工法。

2　工法特点

2.1　该工法采用液压预压技术代替传统的堆载预压技术

更好地模拟悬浇挂篮的实际受力,得出可靠的挂篮各项受力参数,为挂篮施工提供依据。

2.2　适应范围广

适应各种类型悬浇挂篮预压的需要。

2.3　费用低、速度快

预压设施少,施工速度快,并且可以重复预压(堆载预压法难以做到)。

2.4　安全性高

预压荷载是通过千斤顶油泵控制,挂篮出现异常时,可以快速卸载,避免发生安全事故。

3　适用范围

各类悬浇挂篮的预压包括桁架式挂篮、斜拉式挂篮、型钢式挂篮和混合式挂篮等。

特别适用大跨径连续箱梁施工的大吨位悬浇挂篮的预压施工和无法实现堆载的挂篮预压施工。

4 工艺原理

本工法是一种采用液压预压技术对悬浇挂篮进行预压的方法，主要实施设备是反力架和液压千斤顶。具体实施过程：首先将反力架固定在已浇筑的箱梁体上，待悬浇挂篮和箱梁底模安装结束后，再将液压千斤顶置于反力架与底模的预留空间内。利用控制液压千斤顶压力，下压底模，对挂篮进行加载，模拟挂篮实际受力，从而测量出挂篮各部位的变形参数，以达到挂篮预压的目的。悬浇挂篮液压预压施工如图1～图5所示。

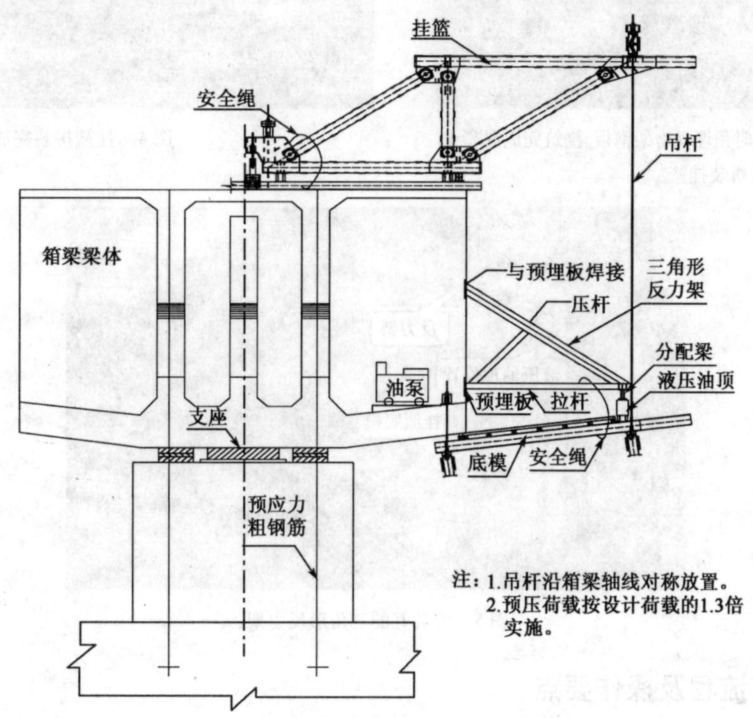

图1 悬浇挂篮液压预压示意图（以单箱单室箱梁为例）

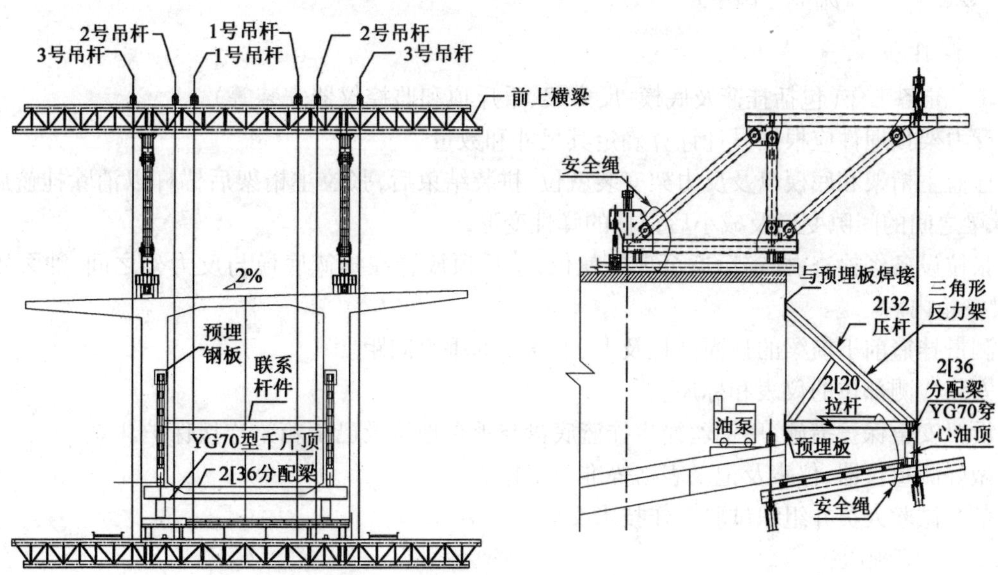

注：1.吊杆沿箱梁轴线对称放置。
2.1号吊杆设计荷载13.3t，2号吊杆设计荷载14.1t，3号吊杆设计荷载10.1t
3.预压荷载按设计荷载的1.3倍实施。

图2 黄浦江大桥大桥挂篮液压预压示意图

图3　箱梁0号块浇筑时预埋反力架钢板、浇筑完成混凝土达到设计强度后拼装挂篮

图4　挂篮拼装完成

图5　安装好的三角形反力架

5　施工工艺流程及操作要点

5.1　施工工艺流程(图6)

5.2　操作要点

5.2.1　准备工作(包括挂篮及底模、反力架、千斤顶和监控仪器安装等)

(1)反力架预埋件应根据设计计算确定其尺寸和数量。

(2)挂篮主桁架和底模以及反力架安装就位、拼装结束后,张拉主桁架后锚杆以消除挂篮后锚杆插件与支承梁之间的间隙变形及减小后锚杆的弹性变形。

(3)张拉设备经检查、标定后运至现场就位,千斤顶放置在挂篮底模与反力架之间,油泵置于已完成的箱梁空箱内。

(4)测量挂篮前下横梁的顶面高程及上、下横梁的垂直间距。

(5)安装检测部位的仪表和标尺。

(6)设置安全保护措施,用钢丝绳将挂篮底盘与承台地锚及已浇箱梁连接保护。

(7)做好测量仪器、仪表及记录表格等准备工作。

(8)落实试验人员并组织试验工作技术交底。

5.2.2　分级预压

(1)试压方法

利用张拉千斤顶对挂篮前端进行加载预压。具体的试压方法是在每只挂篮底模的前下横梁上安装2只液压千斤顶,根据设计预压力,通过张拉千斤顶,对挂篮进行分级加载或卸载,同时测出其相应的变形值。

(2)分级加载和卸载

其主要目的是控制加载速度,便于观测挂篮变形随荷载变化的规律,同时,有利于挂篮预压试验的安全。挂篮预压加载总量按箱梁最大悬浇块件重力的1.3倍考虑,每级加载为总荷载的10%;卸载与加载级距相同,以便于对其变形进行分析对比。

(3)级间间歇时间

分级加载级间间歇时间,根据钢结构试验的有关资料显示,其加载后的变形基本稳定时间一般在10min左右,因挂篮属于钢结构,可按10~20min控制。卸载间歇时间与加载相同。

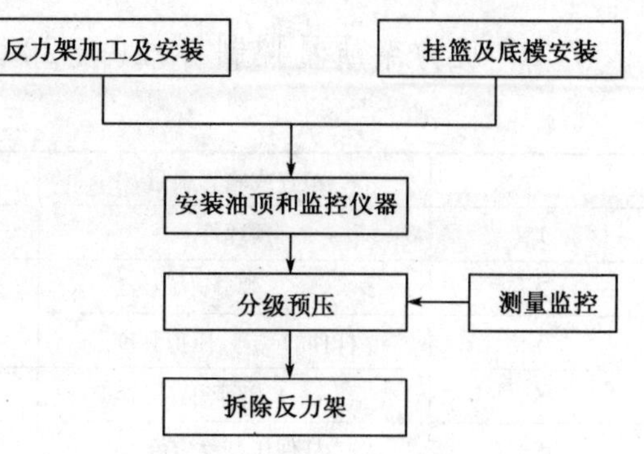

图6　悬浇挂篮液压预压工艺流程图

5.2.3　测量监控

(1)变形及变位观测

其变形及变位观测的主要项目包括主桁前、后支点的沉降及前吊点的变形挠度;前吊杆的伸长量;挂篮前下横梁顶面测点高程;挂篮主桁前倾位移等。测量仪器及工具主要采用水准仪、钢尺、千分表及锤球等,仪器及量具必须经校验后,方能投入使用。

(2)挂篮按加载与卸载重复循环2次进行预压试验,以消除挂篮的非弹性变形。

(3)预压结束后,应对观测数据分析处理,同时,绘制挂篮试验的荷载与挠度对应关系曲线,作为挂篮悬浇施工立模高程调整的依据。

5.2.4　反力架拆除

待预压结束,且观测数据分析无异常后,利用塔吊或吊车拆除反力架。

5.2.5　预压试验注意事项

(1)严格按分级加载的方法进行预压试验,不得擅自增减加载级距。每级加载应做到缓慢、平稳、准确,以保证结构的安全和试验成果的准确性。

(2)每级加载至额定荷载后,应持压10min,待其变形基本稳定后及时用螺母锁定传力拉杆,然后,进行各部位的变形观测,并做好记录。

(3)每级加载试验结束后,应及时进行计算变形值与实际变形值的对比分析,如出现差值偏大的情况,应立即查明原因、及时排除,方可进行下一级加载。

(4)在加载过程中,应注意观察主要受力杆件的变形,焊缝有无出现裂缝,结构支承及连接部位的稳定性等,一旦出现异常情况时,应立即停止加载,并查明其原因,同时采取相应措施,方可继续进行试验。

(5)挂篮预压试验是处于T构的两悬臂端的前端,为确保T构两端的平衡受力,2只挂篮的加载应基本做到同步或相差一个级距,以减小其不平衡弯矩。

(6)挂篮预压试验应连续进行,并做到加载级距和间歇时间均匀,以提高试验成果的准确性。另外,为使卸载后的结构变形得到充分恢复,其空载持续时间应不小于30min,同时应观测卸载后的变形恢复情况和残余变形值。

6　材料与设备

材料与设备(一只挂篮预压)见表1。

材料与设备(一只挂篮预压)　　表1

名　称	数　量	型　号	备　注
液压千斤顶	2台	可根据预压荷载量大小确定	
反力架	1套		
安全绳	4条		
电焊机	2台	17kW	
塔吊	1台	80t・m	可以用吊车代替

7 质量控制

7.1 反力架质量控制标准(表2)

反力架质量控制标准 表2

项 次	检查或验算项目	质量要求或安全系数	备 注
1	预埋件	与混凝土梁接合紧密,有足够承压面积	预压荷载按箱梁最大悬浇块件重量的1.3倍取值
2	焊缝	饱满且不少于主材壁厚	
3	杆件的受弯、压剪强度	安全系数≥1.2	
4	局部承压	安全系数≥1.2	
5	杆件压杆稳定性	安全系数≥1.3	
6	整体稳定性	安全系数≥1.3	

7.2 吊杆质量要求

7.2.1 吊杆(吊带)抗拉强度安全系数≥2.0。

7.2.2 吊杆(吊带)表面损伤,无焊点。

7.2.3 吊杆(吊带)的锚固端采用加强处理,如是精轧螺纹钢吊杆,锚固端用双螺母加固。

7.3 质量保证措施

7.3.1 反力架原材料必须经过严格验收,确保材料本身质量。

7.3.2 油泵、千斤顶、油表等加载设备,提前标定,并随时检查,保证其正常工作。

7.3.3 测量、观测仪器精度合适,数据准确。

7.3.4 挂篮预压实施时,一人统一指挥,加载设备和观测仪器必须固定专人操作观测。加载时缓慢均匀对称进行,若有异常立即停止预压等检查,排除原因后,再进行预压。

7.3.5 预压结束后,及时收集整理观测数据,计算出各项技术参数。

8 安全措施

8.1 悬浇挂篮预压是一项危险性较高的工作,施工前应制订严密的安全保证措施。明确各级人员的安全职责,交代清楚各部位施工及观测人员的安全注意事项,确保预压施工安全进行。

8.2 多人检查挂篮系统和反压系统的各连接机构牢固性和可靠性,重点检查挂篮后锚点、挂篮的前支点、挂篮的前吊点、吊杆的连接点(若有)、吊杆的锚固点、反力架的焊缝、承压点等。

8.3 在挂篮后锚点与混凝土梁间、挂篮底板与混凝土梁间、反力架与混凝土梁间加设安全防护钢丝绳,以防意外事故。

8.4 为保证油泵操作手的安全,油泵置于混凝土梁的空箱内,操作人员在空箱内操作。加载时,观测人员应与现场保持一定的安全距离,待每一级加载稳定后,观测人员再就近观测。

8.5 挂篮预压施工时,应派专人巡查,严禁无关人员进入现场。

9 环保措施

本工法对周围环境和居民影响很小。施工时,应在千斤顶油泵处铺设塑料膜,以防止千斤顶油泵的液压油污染箱梁梁体,若梁体受到油污染,应立即用黄砂吸油,而后用清洁剂清洗干净。

10 效益分析

本工法较好地解决了悬浇挂篮预压施工问题,与砂袋、水袋等堆载法预压相比,工期短、费用低,安全性高,数据准确,有很强的推广价值。

10.1　工期短

本工法的反力架可以与挂篮拼安装同时进行，不占用关键线路上的工作时间，节约工期。预压荷载采用液压千斤顶逐级加载，速度快，一般每级荷载只需几分钟，与砂袋等堆载法（一般需0.5d）相比，大大缩短了工期，同样卸载也非常迅速，总工期节约5～7d。另外，本工法可以重复多次预压，是堆载法预压法难以做到的。

10.2　经济效益好

因本工法不需要实物堆载，从而节约了大量的材料、人力和设备投入，费用相对较低，在水中施工和场地受限地段施工时，此工法的经济效益更为明显。表3以上海A5（嘉金）高速公路黄浦江大桥为例，将液压预压方法与砂袋预压方法工期、费用进行对比。

1副挂篮液压预压方法与砂袋预压方法工期、费用对比　　表3

项　目	液压预压方法	砂袋预压方法	结　果	备　注
工期	2d	约7d	节约5d	不包括准备时间
费用	反力架4t×3 000＝12 000元；塔吊700×3＝2 100元；千斤顶1 000元；人工费4人×60×3＝720元 合计15 820元	黄砂200t×50×2＝20 000元；砂袋2 000元；垫木支架等2t×1 000＝2 000元；塔吊700×7＝4 900元；运输船2只×200×7＝2 800元；人工费10人×7×60＝4 200元 合计35 900元	节约20 080元	按200t的预压荷载计，不包括观测人员

10.3　安全性好

预压荷载是通过千斤顶油泵控制，挂篮出现异常时，可以快速卸载，避免发生安全事故。

11　应用实例

11.1　上海A5（嘉金）高速公路黄浦江大桥

11.1.1　工程概况

上海A5（嘉金）高速公路黄浦江大桥桥位处整个江面400m宽，黄浦江为黄金水道，日通航量达到3 000～4 000艘。在整个施工期间仍要保证黄浦江水域的正常双向通航。主桥上部结构为四跨（69m＋120m＋120m＋69m）变截面连续箱梁，采用挂篮悬浇施工工艺进行施工。

11.1.2　施工情况

黄浦江大桥变截面连续箱梁共采用了6副（12只）菱形挂篮施工，每副挂篮作为一组对称预压，挂篮采用液压预压施工方法。反力架设置在已浇筑完成的箱梁上，具体施工情况如图3所示。

11.1.3　工程监测与结果评价

根据6副挂篮的预压观测数据分析，得出了挂篮底模的预留沉降值，指导挂篮的实际施工。通过施工实践证明，预留沉降值适当而准确，黄浦江大桥主桥连续箱梁线性平滑顺畅，得到了业主和专家的好评。

11.2　上海A11公路拓宽改建工程——西吴淞江大桥

11.2.1　工程概况

上海A11公路拓宽改建工程——西吴淞江大桥位于嘉定区西南部，西起同三立交，东至A11公路2号机孔桥。主桥跨径布置80m＋140m＋80m，结构形式为预应力混凝土连续梁。全桥长1 188m。横断面布置单幅桥为单箱单室，箱梁最大悬臂长3m，采用直腹板形式。主梁采用悬臂浇注施工工艺。顶宽13m，底宽6.8m，外侧翼缘悬臂板宽3m，箱梁根部梁高8m，跨中处梁高3.5m，梁底按抛物线变化。零号块长度12m，悬臂施工梁段划分为3m、3.5m、4m和4.5m四种，共17个节段。中跨合龙段长度2m，箱梁采用C50混凝土，箱梁顶面设2%单向横坡，箱梁采用三向预应力体系。

11.2.2 施工情况

西吴淞江大桥主桥变截面连续箱梁施工采用了4副(共8只)菱形挂篮，每副挂篮作为一组对称预压，挂篮采用液压预压施工方法。反力架设置在已浇筑完成的箱梁上，具体施工情况如图7、图8所示。

图7 西吴淞江大桥安装好的三角形反力架和挂篮、千斤顶

图8 西吴淞江大桥加载油泵和沉降观测水准仪

11.2.3 工程监测与结果评价

根据挂篮的预压观测数据分析，得出了挂篮底模的预留沉降值，指导挂篮的实际施工。通过施工实践证明，预留沉降值适当而准确，完成后主桥连续箱梁线性平滑顺畅，得到了业主和专家的好评。

11.3 江苏省淮安市天津路京杭运河特大桥

11.3.1 工程概况

京杭运河特大桥是市区通往高教园区的一座大型桥梁，桥梁全长998m。主桥为(73.5m+143m+73.5m)三跨预应力混凝土变截面连续箱梁，引桥为4联跨径35m的装配式预应力组合箱梁。

11.3.2 施工情况

京杭运河特大桥主桥变截面连续箱梁施工采用了4副(共8只)菱形挂篮，每副挂篮作为一组对称预压，挂篮采用液压预压施工方法。因该桥的承台的尺寸较大，反力架可以直接锚固在承台上，简化了反力架的形式，施工情况如图9~图12所示。

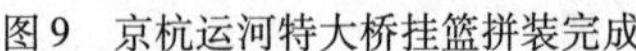

图9 京杭运河特大桥挂篮拼装完成

图10 京杭运河特大桥挂篮液压预压示意照片

11.3.3 工程监测与结果评价

根据挂篮的预压观测数据分析，得出了挂篮底模的预留沉降值，指导挂篮的实际施工。通过施工实践证明，预留沉降值适当而准确，京杭运河特大桥主桥连续箱梁线性平滑顺畅，得到了业主和专家的好评。

图 11　安装好的千斤顶

图 12　连续箱梁即将合龙时线形顺畅、高程符合设计要求

11.4　扬州京杭运河特大桥

11.4.1　工程概况

扬州沿江公路 D1 标京杭运河特大桥主桥采用 78m + 120m + 78m 变截面预应力混凝土连续刚构（T 形刚构），箱梁采用 C50 混凝土，并设置三向预应力体系。主桥全长 973m，桥面宽 45.6m，主桥横向由两个单箱双室断面组成。单幅桥采用单箱双室直腹板截面，顶板宽 22.3m，底板宽 15.3m，翼缘板悬臂分别长 3.5m。

11.4.2　施工情况

扬州京杭运河特大桥变截面连续刚构共采用了三角形挂篮施工，每副挂篮作为一组对称预压，挂篮采用液压预压施工方法。反力架设置在已浇筑完成的箱梁上，具体施工情况如图 13 所示。

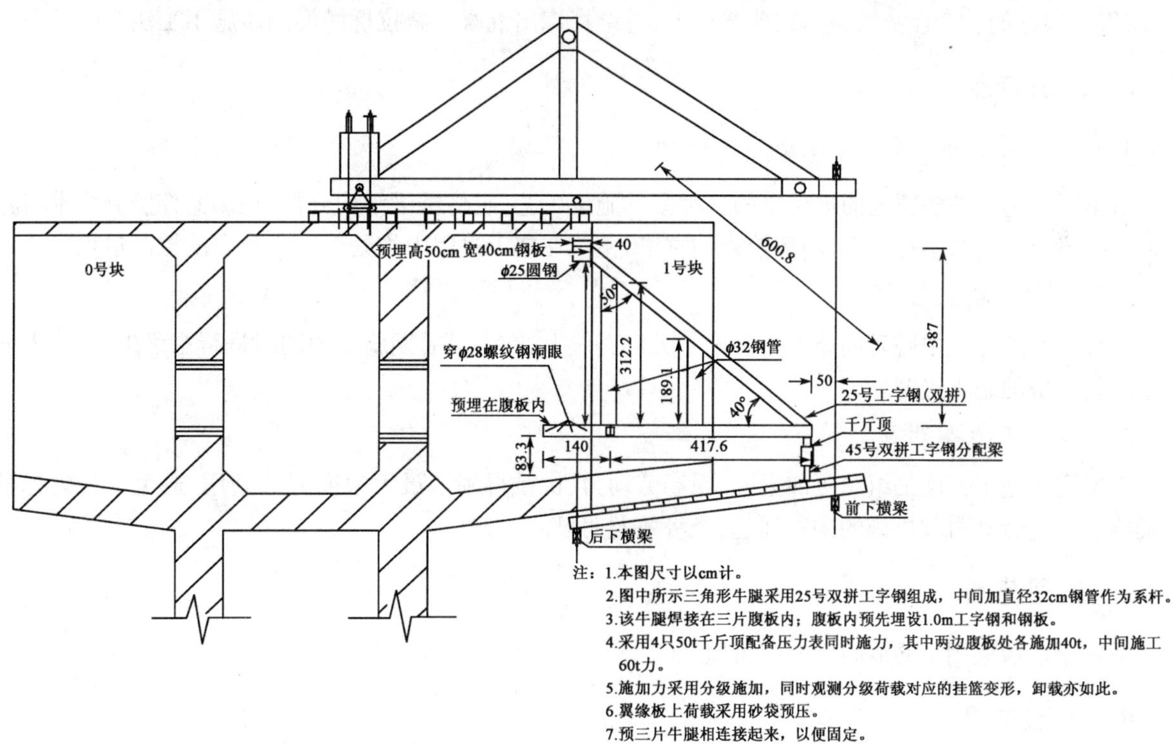

图 13　扬州文昌大桥挂篮液压预压示意图

11.4.3　工程监测与结果评价

根据挂篮的预压观测数据分析，得出了挂篮底模的预留沉降值，指导挂篮的实际施工。通过施工实践证明，预留沉降值适当而准确，扬州文昌大桥主桥连续箱梁线性平滑顺畅，得到了业主和专家的好评。

斜拉桥塔梁同步施工工法

GGG(中企)C3136—2010

熊守富　陈　钧　李小和　王翔玉
(中铁六局集团有限公司)

1　前言

斜拉桥作为一种拉索桥梁体系,比梁式桥有更大的跨越能力,并且不需要悬索桥那样巨大的锚碇。因此,它是桥梁建设中最有效利用力学性能解决大跨度难题的经济、美观的首选桥型。我国1975年建成第一座斜拉桥后,在30多年的时间里,已一跃成为世界上拥有斜拉桥最多的国家,其设计理念和施工水平都得到了发展,新技术、新材料和新工艺不断涌现,大大促进了中国的斜拉桥建设。

传统的混凝土斜拉桥基本采用先施工完主塔后施工主梁的施工工艺,使斜拉桥的施工处于一个较长的周期。中铁六局在天津南仓立交工程主桥斜拉桥的施工中,将桥梁主体结构力学分析、施工监控监测与施工组织有机结合在一起,成功地在主塔施工的同时进行混凝土主梁的施工,大大缩短了施工周期,取得了很好的社会经济效益。在此基础上,总结提炼出混凝土斜拉桥塔梁同步施工工法。

2　工法特点

2.1　技术先进,科技含量高

塔梁同步是斜拉桥新近涌现出来的一种新的施工工艺,它将桥梁结构分析、现场监控监测技术与施工组织有机地紧密联系在一起,使斜拉桥的主塔、主梁在施工过程中均处于一个动态的控制过程。

2.2　缩短施工工期

塔梁同步施工使主塔后期施工不再处于关键路线上,在主塔后期施工的同时进行主梁施工,大大地加快了斜拉桥的施工进度。

2.3　经济效益明显

塔梁同步施工使施工组织更加紧凑,现场劳动力、机械得到了最大限度充分利用,避免了常规先塔后梁施工工艺劳动力和机械的闲置问题,经济效益明显。

3　适用范围

适用于塔墩梁固结的混凝土斜拉桥施工。

4　工艺原理

塔梁同步施工是在结构分析的基础上,确定开始塔梁同步施工的主塔节段高程及相对应斜拉索、主梁块段,并在此基础上进行主塔和主梁的同步施工。对主塔和主梁的定位测量和施工监测均需要在相对静止和相对平衡的状态下进行,即主塔定位测量、施工监测时不进行主梁混凝土浇筑等影响桥面荷载的施工;主梁定位测量和施工监测时不进行主塔混凝土浇筑和拉索张拉等施工。主塔节段和主梁块段施工完后,分别进行各自的预应力张拉和拉索张拉,并进入下一个循环,直到主塔、主梁施工结束。

5 工艺流程

5.1 工艺流程(图1)

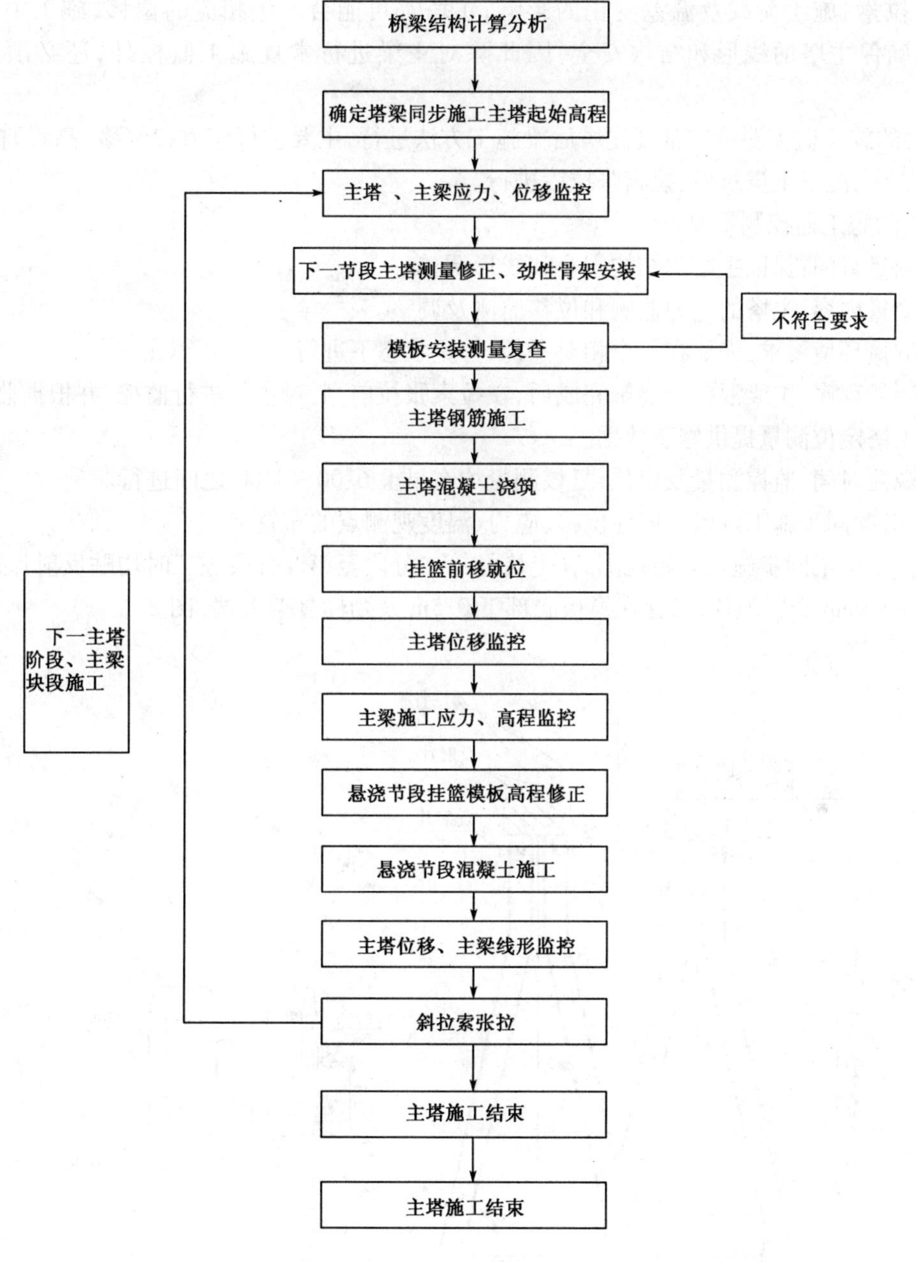

图1 工艺流程图

5.2 操作要点

5.2.1 塔梁同步施工范围的确定

由于斜拉桥拉索锚固区主塔截面多为空心矩形截面,在主塔施工过程中,主塔顶处于开口截面,需要对主塔拉索锚固区局部进行结构力学计算分析,确定拉索处混凝土应力扩散范围及混凝土应力状态,明确拉索受力所需主塔受力截面的范围,从而确定塔梁同步施工起始处的主塔混凝土所需的高程。经计算分析,天津南仓立交工程主塔已施工的高度在主梁块段拉索塔端锚固点8m以上,能够满足拉索锚固应力的要求,具备塔梁同步施工条件。

5.2.2 施工监测监控技术

(1)常规的先塔后梁的施工方法,主塔施工按照常规进行放样定位,施工中一般只需要对主梁进行重点监控测量即可,对主塔的监控测量只是另一个角度的复核性观察。采用塔梁同步施工时,受主梁、拉索、施工荷载及温差变化的影响,主塔都可能会产生相应的位移,施工中必须进行动态调整才能确保主塔的线形和结构安全,因此除对主梁进行常规施工监控外,还必须进行主塔的施工监控。

(2)主梁的施工监控测量按常规先塔后梁施工方法进行,主要进行应力和位移(高程)的监控工作,一般在挂篮就位、混凝土浇筑后、拉索张拉后进行。

(3)主塔的施工监控测量要点。

①监控测量目的:保证主塔的结构安全和线形调整。

②监控测量内容:主塔的应力监测和位移监测及调整。

③监控测量环境要求:需要在一个相对平衡、静止状态下进行。

④监控测量程序:主梁混凝土浇筑完成后,在拉索张拉前、后对主塔进行监控,并根据监控数据对下一个节段的主塔定位测量提供修正数据。

⑤测量观测时间:监控测量及定位、复核测量均在早上6:00~8:00之间进行。

5.2.3 塔梁同步施工阶段上塔柱位移、应力、温度观测点的布置

主塔偏位从塔梁同步施工开始观测,在上塔柱第二分段至第八分段施工时均贴反射片进行观测,规格均采用9cm×9cm金属箔片,布置在模板底部下0.5m及劲性骨架上端(图2)。

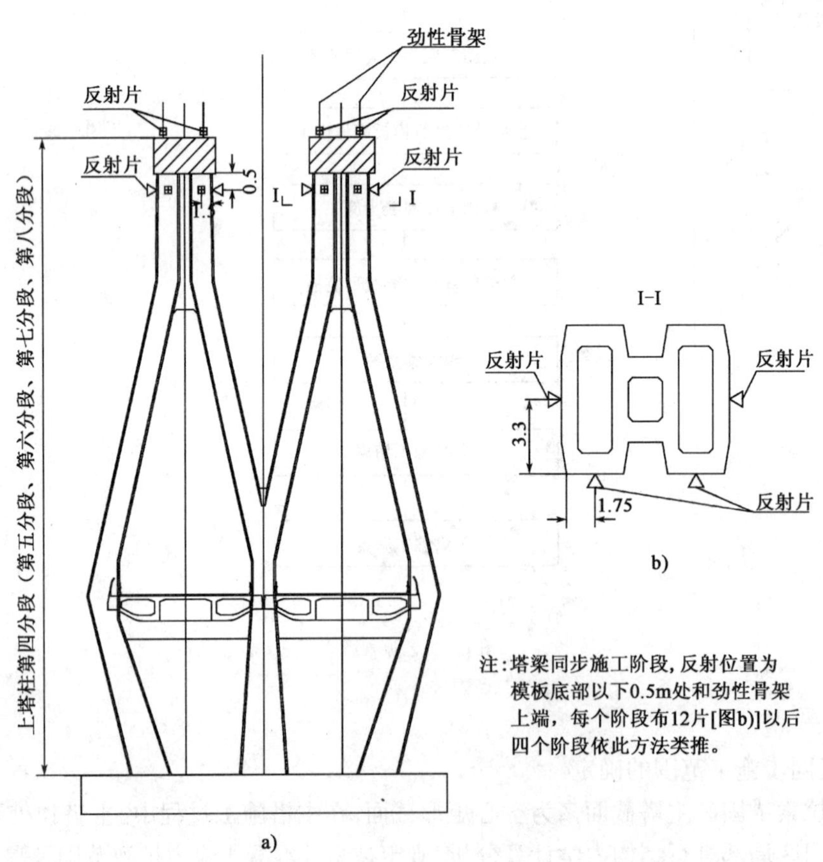

图2 塔梁同步施工主塔观测点布置示意图(尺寸单位:m)

5.2.4 主塔关键截面位置应埋设温度、应力传感器(图3)。

5.2.5 塔梁同步施工组织

(1)采用塔梁同步施工工艺需要现场有较强的施工组织能力,需要现场施工统一安排和协调。在主塔、主梁施工监控和测量放样过程中,均需要保持一个相对平衡的静止的状态,以确保监控数据的精度,从而保证主梁和主塔的线形。

(2)施工中严禁塔、梁同时进行混凝土浇筑,避免主塔、主梁因荷载变化变形导致混凝土开裂等现象。

(3)按照悬浇主梁施工方案要求,桥面上临时荷载平衡放置,尤其在施工监控和测量期间必须要保证荷载的对称性。

(4)挂篮定位前必须进行主塔的位移监控测量,其挂篮定位高程需根据主塔的位移情况进行修正。

(5)斜拉索索力张拉时,必须分级、同步对称张拉。

(6)现场施工与监控、测量紧密联系,及时沟通施工信息。

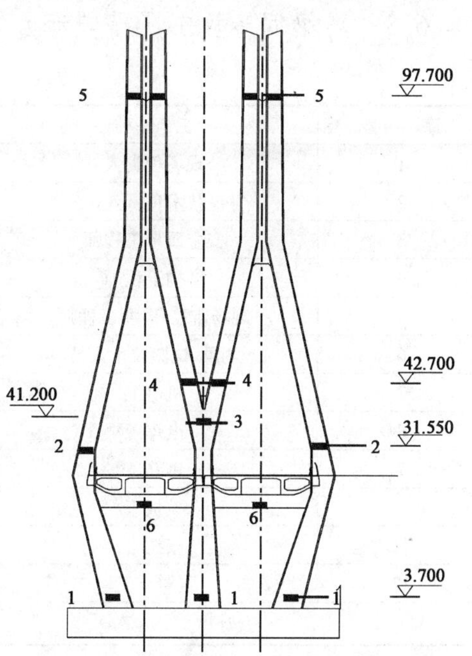

图3 主塔应力、温度测试布置图

6 材料、设备及劳动力

6.1 塔梁同步施工监控测量所需测量仪器(表1)

测量仪器设备 表1

仪器名称	用途	技术指标
电子水准仪	测量主梁变位	采用铟钢尺测高精度±0.3mm
自动化全站仪	测量主塔位移	测角精度1″,测距精度1+1ppm

6.2 塔梁同步施工所需设备(表2)

主要的机具设备(单塔) 表2

序号	名称	规格型号	性能	单位	数量	用途	备注
1	塔吊	180t·m		台	1	主塔施工	
2	液压爬模			套	1	主塔施工	定制
3	牵索挂篮	BX3-400		台	2	主梁施工	定制
4	千斤顶	YCW-400	400t	块	4	拉索张拉施工	
5	千斤顶	YCW-500	500t	台	4	拉索张拉施工	
6	预应力张拉设备			套	10	主梁、主塔预应力施工	
7	混凝土泵送设备	H-90		台	2	主塔、主梁施工	

6.3 塔梁同步施工所需劳动力(表3)

劳动组织 表3

序号	工种	人数	职责
1	现场负责人	1	全面负责现场施工,协调监控与施工的关系
2	技术负责人	1	制订方案、技术指导
3	安全质量工程师	1	执行安全、质量措施,检查整改
4	结构工程师	2	负责桥梁结构分析、技术交底和方案落实
5	现场监控、监测工程师	2	负责主塔、主梁应力位移测试及调整
6	测量、试验技术人员	2	施工、测量试验
7	机电工	2	小型机具维修、保养、供电
8	电焊工	8	结构件和钢筋焊接
9	钢筋工	30	钢筋制作、安装
10	模板工	10	模板制作、安装、加固、拆卸
11	张拉工	16	拉索张拉,主梁、主塔预应力施工
12	混凝土工	20	混凝土浇筑、养生、凿毛
合计		95	

7 质量控制

7.1 主塔位移测量仪器精度应满足测角精度1″、测距精度1+1ppm要求。

7.2 主塔骨架安装时,其平面位置应根据监控监测修正的数据进行测量放样测量,骨架安装后其平面位置小于等于10mm;高程±10mm;倾斜度小于等于1‰;模板安装后其平面位置小于等于10mm;高程±10mm;倾斜度小于等于1‰。

7.3 主梁放样轴线偏差±10mm,高程±10mm。

7.4 拉索张拉采用对称同步分级张拉,张拉力与监控值不超过3%。

7.5 主梁截面尺寸严格控制,偏差±5mm。两悬臂端混凝土需对称浇筑,浇筑过程中其最大偏差不超过$2m^3$,浇筑完后两端混凝土偏差不超过$2m^3$,且总数量控制在理论数量的2%以内。

7.6 统计主梁各块段的混凝土数量,如累计数量两悬臂端偏差超过4%,需由监控提出临时配重进行平衡。

7.7 其他质量控制指标满足《公路桥涵施工技术规范》(JTJ 041—2000)。

8 安全措施

8.1 主梁节段悬浇施工中桥面荷载要对称堆放,并尽量靠近0号块,桥面上施工荷载有一台25t汽车吊机,挂篮、放索走道、模板及钢筋等。对施工荷载实行动态管理,指定专人对荷载情况进行统计,每日上报监控小组,汽车吊机等可移动荷载在主梁混凝土浇筑时需后移到已浇筑的5个节段后。

8.2 各工种的技术要求严格按有关施工安全规则办理。进入现场必须戴安全帽,高空作业必须戴安全带,并有良好牢固的脚手板通道。

8.3 应在每台机械旁标明安全操作说明。塔吊及汽车吊机、主塔液压爬模、挂篮应建立定期检查制度,对易损配件应定期更换。特别是桥面上25t汽车吊机,应严格控制吊重,防止倾覆,注意打顶位置应尽量靠近桥梁中心线。风力大于6级以上时,禁止使用。

8.4 塔梁同步施工过程中,主塔钢筋绑扎、模板安装和拉索安装需同时施工,应在主塔塔内拉索施工平台顶端设置刚性平台,防止主塔钢筋、模板构件坠落砸伤施工人员。

8.5 挂篮是主梁施工的大型临时设施。应定期检查其安全状态,使用一段时期后对螺栓复拧一遍。挂篮提升下降、走行及使用前应办理检查签证。对关键部位如剪力键、吊带、牵索纵梁锚固装置及其下分配梁、承压锚座等结构应在每节段混凝土施工前仔细检查,不符合要求及时整改。

8.6 在挂篮上设接地线(截面积大于 $50mm^2$ 的钢绞线),接地线顺已成桥面铺设,与主塔承台预埋接地钢板连接,直通桩底,接地电阻小于4Ω。主塔从上到下贯通接地线,直到塔顶避雷针装置。

9 环保措施

9.1 成立对应的施工环境卫生管理机构,在工程施工过程中严格遵守国家和地方(行业)下发的有关环境保护的法律、法规和规章。

9.2 由于主梁下端为铁路编组站,主梁施工用的挂篮采用全封闭设计,确保不发生物体坠落及浇筑过程中混凝土浆液流到桥下。

9.3 桥面采取临时拉网护栏,避免桥面垃圾吹落到桥下,施工垃圾集中堆放,定期清理。

9.4 混凝土养护采用养护液+土工布的形式代替塑料薄膜+土工布养护,避免出现大量的塑料薄膜垃圾。

9.5 主梁施工挂篮采用钢模板,主塔施工采用进口维萨板,大大减少了施工木料以及竹胶板的用量,施工完后将不用的木料集中到指定地点焚烧并掩埋。

9.6 对施工中废弃的零碎配件、边角料、水泥袋、包装箱等及时进行收集清理并做好现场卫生,清理的垃圾定期运至垃圾站进行处理,保证现场整洁。

10 资源节约

施工中加强对施工燃油、工程材料、设备、废水、生产生活垃圾、弃渣的控制和治理,遵守有关防火及废弃物处理的规章制度,尽量做到废物利用。

10.1 充分利用钢筋工程中剩余钢筋的短钢筋头,制成波纹管定位钢筋和梁面架立钢筋等。

10.2 主塔上塔柱液压爬模外模采用的维萨板均为中塔柱施工的外模改制,充分利用现有的资源。

10.3 塔梁同步施工时,所需要的建筑材料由地面倒运到桥面和主塔工作面均由塔吊来完成,避免了设备的浪费。

11 效益分析

采用塔梁同步施工,在施工现场未增加额外的机械设备和劳动力,使工期提前了5个月(跨南仓编组站立交2×150m独塔斜拉桥),实际主塔、主梁的施工周期由原计划16个月减少为11个月,工期效益突出,同时避免了主梁冬季施工。主梁减少冬季施工费用、主塔减少大型机械设备的租赁费用及工期减少带来的管理效益,可节省资金近500万元,经济效益显著。

12 应用实例

中铁六局在天津施工的跨南仓编组站立交工程主桥设计采用双塔连体四索面分幅斜拉桥跨越南仓编组站内38股铁路,全桥宽42.5 m,主跨为150m+150m。2007年12月底工程正式开工,由于施工期间处于2008年北京奥运会周期和频繁的铁路专列状态,为保证铁路既有线运营安全,工程基本处于停工状态,主塔施工开始时工程已经较原计划滞后4个月。为兑现合同承诺,中铁六局突破常规的先塔后梁的施工方法,将桥梁结构分析、施工组织和施工监控监测技术有机结合一起,采用塔梁同步的施工技术,主塔15号~21号节段与主梁2号~10号块段同时施工,缩短了施工时间,于2009年9月完成了工程主体工程并通过质量验收,比计划工期提前1个月。该桥主塔最大偏位为5 mm,主梁线形直顺。在施工过程中,有许多兄弟施工单位都到现场来参观和观摩,起到了一定示范作用。其工程质量、施工进度并得到了天津市各界的高度评价,天津晚报、天津电视台、国家新华网等多家媒体都进行了采访,社会效益显著。

水下泵管输送混凝土施工工法

GGG(苏)C4137—2010

鞠金虎　简细明　赵永军　张源喜　何建国
(江苏省交通工程集团有限公司　中国路桥工程有限责任公司)

1　前言

在混凝土输送供应的过程中,不可避免地会遇到向江(水)中部位供应混凝土的情况,在混凝土供应的过程中不仅要保证混凝土供应的连续性和可靠性,同时也需要保证江(水)面的正常通航。

上海嘉金高速公路黄浦江大桥,桥位处江面宽400m左右。黄浦江为黄金水道,船舶通航密度大。大桥三个主墩均位于水中,中墩18号墩位于江中心处,该位置需供应混凝土5 000m^3左右。施工期间在确保航道正常安全地通航的条件下,如何对江中心墩位处进行混凝土输送是一项重大的技术难题。

江苏省交通工程集团有限公司积极开展技术创新,取得了“水下泵管输送混凝土技术”这一国内领先并首创的新成果,同时,形成了水下泵管输送混凝土施工工法。

由于在混凝土输送的过程中,未对江(水)面的通航船舶造成影响,同时也不占用通航水域,效果明显,技术先进,取得了明显的社会效益和经济效益。

2　工法特点

2.1　利用位于水下的管道进行混凝土输送,有效地避免了与水上航行船舶的冲突,在整个施工期间对船舶的正常安全通航影响极小。

2.2　管道采用无缝钢管,接头采用对接焊和加套管焊的双保险方案,有效地保证了整个管道的水密性。

2.3　采用一次性布设多路管道,既增加了混凝土在输送过程中的安全系数,也提高了水下泵管在安装过程的整体刚度,保证了安装的稳定性和成功率。

2.4　竖向段与水平段接头采用高压管卡连接并密封处理,有效地缩短了现场安装的时间,减小了对正常通航的影响,并保证了接头的水密性。

3　适用范围

水上通航密度大,通航水域有限,混凝土供应要求连续稳定,同时在对江(水)中指定位置进行混凝土输送的整个过程中,需保证水域的正常船舶通航。

4　工艺原理

采用无缝钢管进行加工制作管道,用抱箍将多路泵管固定成一个整体,用多台起重设备缓慢、同步地将水平段管道整体移入水中,并利用泵管本身和泵管上设置的浮桶浮于水面。经牵引至指定位置后,与两端的竖向管道进行可靠的快速对接,并进行密封处理,然后解除浮筒,利用泵管自重和起重设备使水平管道和两端的竖向管道缓慢同步地沉入江底,并及时固定牢固。

混凝土输送时,将混凝土由一端伸出水面的竖向管道按常规路上方式泵入,经江底的水平管道,至另一端伸出水面的竖向管道输送出水面,并输入指定部位。

5 施工工艺流程及操作要点

5.1 施工工艺流程

施工准备→泵管加工→泵管固定→泵管安装→混凝土输送施工

5.2 操作要点

5.2.1 泵管加工

整个泵管分三部分进行加工,水平段(包括两端的弯头)和两端的竖向段。

泵管采用无缝钢管加工制作,泵管对接接头采用打坡口对焊,再加套管焊接,以保证整个泵管的密闭性,并进行泵管水密性试验。管道接头示意图参见图1。

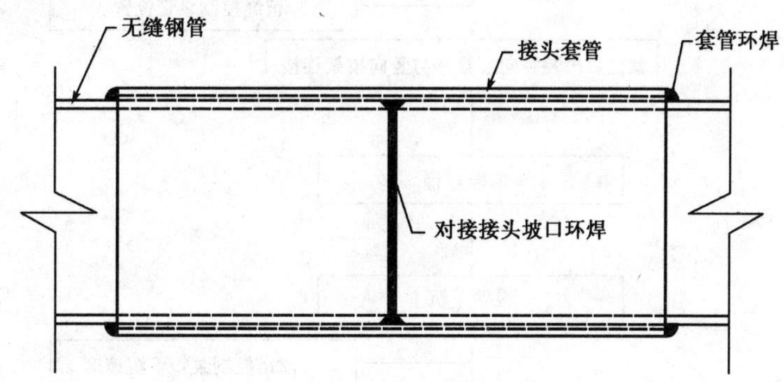

图1 管道接头示意图

5.2.2 泵管固定

为了保证混凝土在输送过程中的安全系数,需一次性铺设多路管道;为了增加多路管道的整体稳定性和安装过程中的整体横向刚度,在每个接头附近设置一道刚性抱箍,并且抱箍间距不大于12m。两端竖向管道除按要求设置抱箍外,还将竖向管道固定在钢桁架上,以保证竖向管道在吊装的过程中不发生破坏。抱箍示意图参见图2。

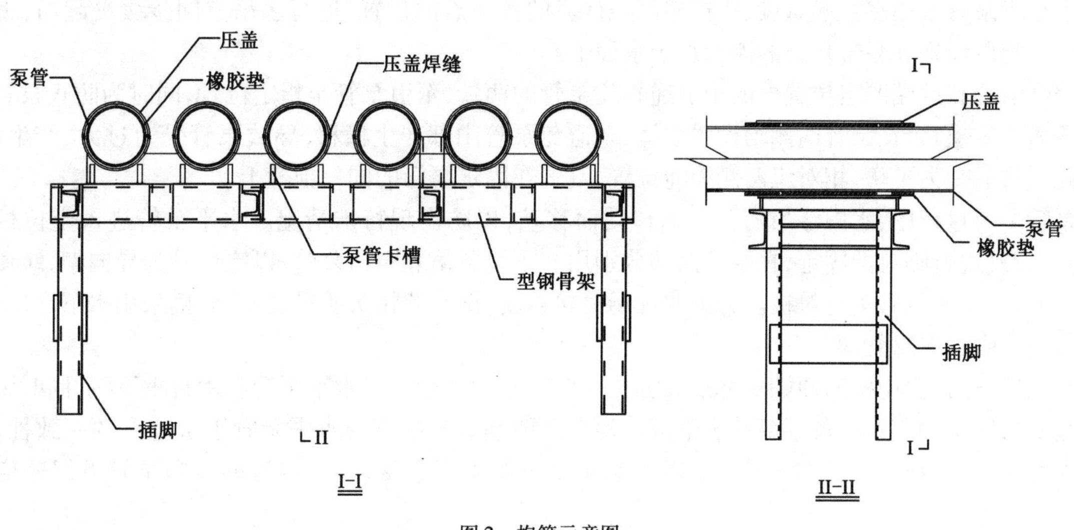

图2 抱箍示意图

5.2.3 泵管安装

泵管安装是整个水下泵管输送混凝土中的关键和难点,施工工艺流程见图3。

泵管固定完成后,按照方案计算的位置,在抱箍上焊接各吊点的吊耳、留绳的拉环,并在水平泵管上绑扎浮桶。

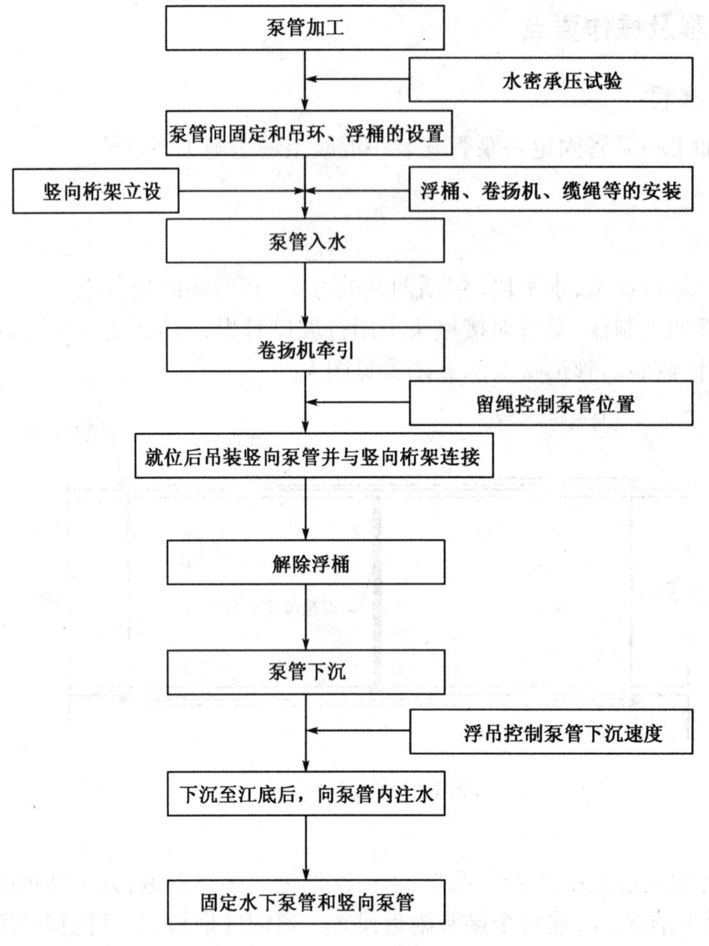

图3　泵管安装流程图

在泵管两端的既定位置各打设1组定位桩,以便进行泵管定位和固定。

水平段泵管采用多台起重设备,按照事先计算的各吊点的位置,进行多吊点同步缓慢起吊,整体吊入水中。利用浮桶和泵管自身的浮力浮于水面上。

用牵引船和两端既定位置处的牵引绳扣住泵管的两端,牵引泵管至指定位置,同时为防止泵管受水流作用而产生横移,在泵管两侧均设置缆绳,以避免泵管中部产生横移,导致泵管受力过大,产生破坏。为保证泵管的受力平衡,相对应两侧缆绳位置,设置在固定泵管的同一抱箍上。

泵管牵引过程中,水中浮吊随泵管的移动而移动,以防出现特殊情况。水平泵管进入定位桩位置后,与定位桩进行临时的固定,在泵管两端分别用起重设备吊装竖向泵管,以定位桩为导向架,缓慢下放至接头处,与水平泵管进行对接。为加快现场对接速度,保证此接头质量,接头对接采用水下高压管卡,并进行快速高强密封处理。

对接完毕后,由中间向两端对称解除绑扎在泵管上的浮桶。让水平泵管利用自重下沉,同时泵管两端的竖向泵管采用起重设备逐渐同步下沉。为保证两端竖向泵管与水平泵管下沉速度的一致性,利用水中浮吊在水平泵管上设置数个吊点,以控制水平泵管下沉速度,并与两端的竖向泵管下沉速度保持协调。

泵管下沉至河床上后,对所有泵管同时进行注水,使型钢插脚较深地插入河床内,以稳固泵管。注水完成后,将竖向泵管、竖向桁架和定位桩间进行固定。

5.2.4　混凝土输送

泵管使用过程中的维护安排专人负责。制订混凝土技术性能指标,避免出现因为混凝土本身质量原因而产生堵管现象。

水下泵管在每次使用前均先用砂浆进行润滑,再进行混凝土输送。每次使用结束后,先采用棉花胎和柱状清洗球清洗泵管,然后再用压缩空气进行清孔,重复多次,使整个泵管内的水全部清除。

5.2.5 监测技术与分析

为确保水下泵管混凝土输送方案的成功,应对各主要工序的施工阶段进行质量控制,并进行相应的计算分析比较,及时指导现场施工,主要监测内容参见表1。

监 测 项 目 汇 总 表1

序号	监 测 项 目	监测仪器	监测频率	检 测 目 的
1	管道直径、壁厚	游标卡尺	1断面/根	保证管道材料本身的质量
2	套管长度、壁厚	钢尺,游标卡尺	1断面/根	保证接头材料本身的质量
3	管道对接接头整齐、坡口、焊缝	目测	5~6次/d	保证对接接头质量
4	套管焊接质量	目测	5~6次/d	保证套管接头质量
5	抱箍、吊点的位置和焊接质量	钢尺	每个	使之与计算情况相同,并保证安装安全
6	浮桶位置、数量	目测	安装前	保证泵管受力与计算一致
7	起重设备吊装速度	记号绳	安装时	保证泵管吊装速度相同
8	混凝土质量	坍落度仪	1次/车	保证混凝土本身的质量

注:现场遇到特殊情况,随时将信息报告现场技术负责人。

6 材料与设备

本工法所采用的材料和设备见表2。

材 料 和 设 备 表2

序号	材料(设备)名称	规格(型号)	单位	所需数量	用 途
1	无缝钢管	$\phi159\times6$mm	m	800	泵管加工
2	无缝钢管	$\phi175\times5$mm	m	100	泵管加工
3	高压管卡	$\phi160$mm	个	14	水平和竖向泵管对接
4	浮吊		艘	2	泵管吊装
5	汽车吊	25t	辆	4	泵管吊装
6	交通船		艘	2	水上交通维护
7	牵引船艘			1	泵管牵引
8	卷扬机		台	4	泵管牵引
9	手拉葫芦		只	4	泵管牵引
10	电焊机		台	4	泵管加工和定位
11	水泵	2.5寸(1寸=0.033m),三相	台	1	泵管检查和试通
12	浮桶	$\phi60\times90$cm	只	36	泵管浮运
13	摇滚		只	12	泵管吊装
14	开口葫芦		只	8	泵管吊装
15	卸扣	3t	只	8	泵管吊装
16	钢丝绳	5′	m	800	泵管吊装
17	尼龙绳	8′	m	400	泵管浮运
18	橡胶	$\delta=12$mm	m^2	50	泵管加工
19	圆钢	$\phi25$	m	12	泵管吊装
20	其他	钳子,铁丝		若干	

7 质量控制

7.1 工程质量控制标准

7.1.1 泵管加工允许偏差(表3)

泵管加工允许偏差 表3

项　次	检 查 项 目	规定值或允许偏差	检查方法和频率
1	管道直径	±0.3mm	游标卡尺量,1次/根
2	管道壁厚	0.3mm	游标卡尺量,1次/根
3	管口圆度	0.3mm	游标卡尺量,1次/根
4	对接接头对口错边	0.6mm	游标卡尺量,1次/接头
5	对接接头缝隙	1.5mm	游标卡尺量,1次/接头
6	焊缝厚度	±0.2mm	焊缝尺,1次/5道

7.1.2 泵管安装允许偏差(表4)

泵管安装允许偏差 表4

项　次	检 查 项 目	规定值或允许偏差	检查方法和频率
1	抱箍位置	10cm	钢尺量,1次/个
2	吊环位置	10cm	钢尺量,1次/个
3	吊装速度	10cm/s	记号绳,吊装时
4	焊缝厚度	±0.2mm	焊缝尺,1次/道

7.1.3 混凝土质量控制偏差(表5)

混凝土质量控制偏差 表5

项　次	检 查 项 目	规定值或允许偏差	检查方法和频率
1	水泥用量	±1%	称重单
2	砂石用量	±2%	称重单
3	水、外加剂用量	±1%	称重单
4	坍落度	±20mm	1次/车
5	和易性	良好	1次/车

7.2 质量保证措施

7.2.1 管道原材料必须经过严格验收,确保材料本身质量。

7.2.2 焊接时严格控制焊接质量,保证焊接部位的强度和密闭性。

7.2.3 泵管抱箍、吊点位置需准确,使泵管在安装时受力状况与计算一致。

7.2.4 吊装作业过程中,吊装速度要缓慢、同步。

7.2.5 在混凝土输送时要严格控制混凝土本身的质量,先对每车混凝土进行检测,合格后方可泵入管道。同时,每车混凝土运输时间不超过60min。

7.2.6 在混凝土输送前后均要对管道进行彻底清洗,保证管道畅通,并在使用后,对管口进行封闭。

8 安全措施

8.1 认真贯彻“安全第一,预防为主”的方针,根据国家有关规定、条例,结合施工实际情况和工程的具体特点,建成专职安全员和班组兼职安全员参加的安全生产管理网络,执行安全生产责任制,明确各级人员的职责,抓好工程的安全生产。

8.2 由于泵管安装需短时占用半幅航道,安装期间另半幅航道需由单向行船改为双向行船,因此在方案制订完毕后应上报当地主管海事部门审批,在海事部门的指导下,制订水上专项安全方案,并由海事部门在施工前发出航行公告。泵管安装时,由海事部门负责整个占用水域的安全巡逻和警示工作。

8.3 对施工方案涉及的整个过程作详细计算和验算,保证相应的安全系数。

8.4 施工现场的临时用电严格按照《施工现场临时用电安全技术规范》(JGJ 46—2005)的有关规定执行。

8.5 氧气瓶与乙炔瓶隔离存放,严格保证氧气瓶不沾染油脂,乙炔发生器有防止回火的安全装置。

8.6 在施工前对所有参加人员做详细的技术交底和安全交底。

8.7 在施工过程中,明确专人进行指挥操作,并保证通信畅通。

8.8 所有参加人员均按规定配备相应的安全装备,如安全帽、救生衣、安全带等。

8.9 施工前对所有参加操作的设备做详细的安全检查。

8.10 建立完善的施工安全保证体系,加强施工作业中的安全检查,确保作业标准化、规范化。

9 环保措施

9.1 成立相应的施工环境卫生管理机构,在工程施工过程中严格遵守国家和地方政府下发的有关环境保护的法律、法规和规章,加强对施工燃油、工程材料、设备、生产生活垃圾、弃渣的控制和治理,遵守有放火及废气物处理的规章制度,做好交通环境疏导,充分满足便民要求。

9.2 将施工场地和作业场地限制在工程建设允许的范围内,合理布置、规范围挡,做到标牌清楚、齐全,各种标志醒目,施工场地整洁文明。

9.3 对施工中可能影响到的建筑物制订可靠的防范措施,加强施工中的监测。同时,将相关方案和要求向全体施工人员详细交底。

9.4 设立专用的弃渣坑,对废渣、垃圾等进行集中处理,从根本上防止施工废渣乱倒。

10 效益分析

10.1 本工法较好地解决了水中墩的混凝土供应问题,同时也避免了水上与航行船舶的相互干扰,充分保障了施工期间水上交通安全,创造了良好的社会效益。

10.2 本工法与同类工程采用水上拌和站或水上混凝土运输船供应水中位置的混凝土相比,大大的节省了工期、加快了工程进度、减少了干扰因素,有利于文明施工,各种资源能较好的利用,节约了设备进出场、维护保养、设备材料费等费用,取得了较好的经济效益。

11 应用实例

以上海 A5(嘉金)高速公路黄浦江大桥为例。

11.1 工程概况

上海 A5(嘉金)高速公路黄浦江大桥主桥上部结构为四跨(69m + 120m + 120m + 69m)变截面连续箱梁,采用挂篮悬浇施工工艺进行施工。

桥位处整个江面仅宽400m,黄浦江为黄金水道,日通航量达到3 000 ~ 4 000 艘。在整个施工期间仍要保证黄浦江水域的正常双向通航。

黄浦江大桥水中共有3 个主墩,即南侧 19 号墩、江中心 18 号墩和北侧 17 号墩。搭设南、北栈桥并分别延伸至 19 号墩和 17 号墩墩位处。19 号墩和 17 号墩的混凝土供应采用在栈桥上设直接泵送混凝土到指定部位。因通航原因无法将栈桥搭设至 18 号处,18 号墩的混凝土供应采用水下泵管输送的方式进行,即在 19 号墩处的栈桥上设泵车,通过水下泵管将混凝土泵送至 18 号墩处。

总体平面布置见图4。

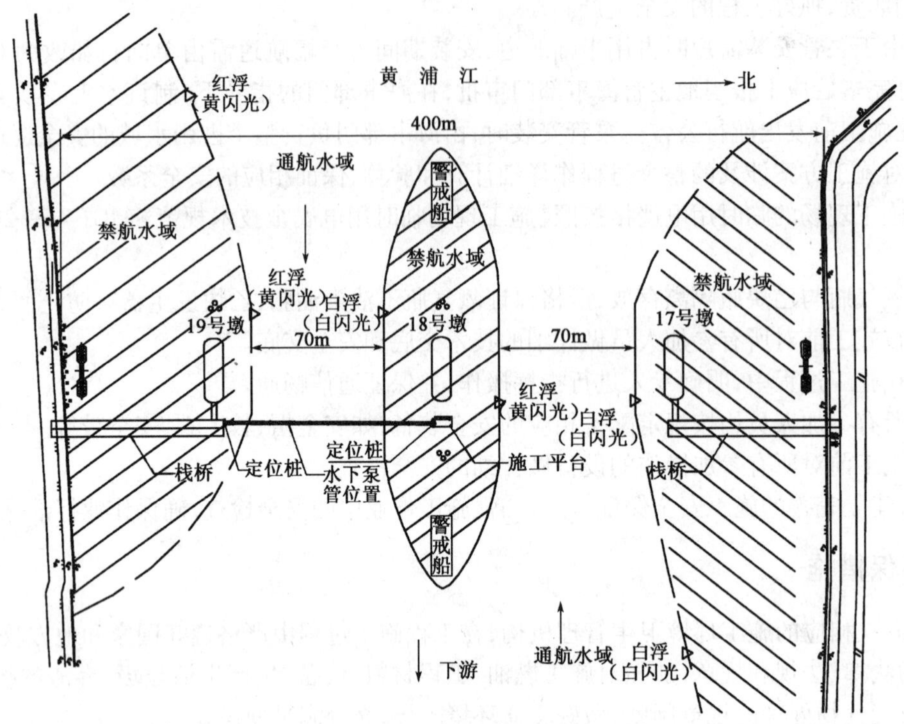

图4　总体平面布置图

11.2　施工情况

泵管采用无缝钢管制作,直管部分采用 $\phi159\times5$mm、弯管部分采用 $\phi159\times6$mm、套管采用 $\phi175\times5$mm。分节加工,泵管接头采用现场打坡口对焊后,再加40cm长套管焊接。

整个水下泵管分三部分:沿江底110m的水平管道(包括两端的弯头)、两端各16m左右高的竖向管道,竖向管道延伸出水面。

水下泵管共设置6路,2路正常使用,4路备用。泵管间在每个接头附近设置一道刚性抱箍,并且抱箍间间距不大于12m。将6路管道固定成一个整体。并在水平抱箍上设置吊耳和浮桶。

泵管在南岸19号墩处的栈桥上加工、制作并进行组拼。采用1艘浮吊和4辆25t汽吊,经三次移位后,将水平段泵管整体吊入栈桥下游的水中,经牵引至指定位置并进行临时固定后,在水平段的两端分别用汽吊和另一台浮吊吊装竖向泵管,与水平泵管进行对接。

对接完毕后,解除浮桶下沉,用浮吊控制下沉速度。下沉至江底河床后,向泵管内注水,使定位型钢较深地插入河床内,以稳固泵管,并将竖向泵管与竖向桁架固定。

水下泵管总体布置见图5。

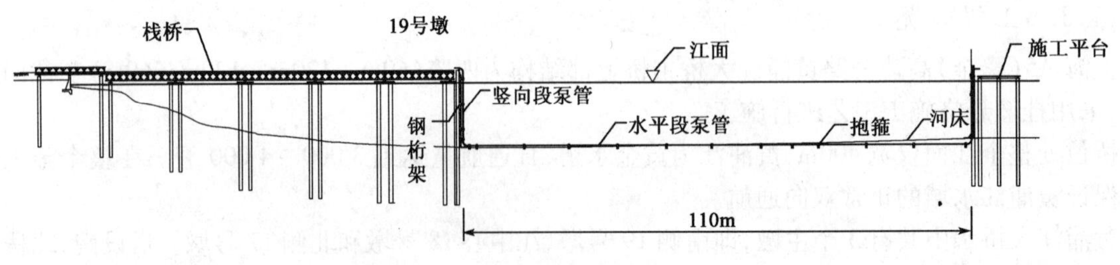

图5　水下泵管总体布置图

将泵管固定后,用空压机排除管道内所有水后即可进行混凝土输送。

泵管加工工期为30d,水上安装、对接和下沉固定时间为10h(需海事部门协调水域半幅通航)。泵管安装完毕后，进行混凝土输送的时间为10个月。

11.3　工程监测与结果评价

泵管在加工制作过程中，采用的无缝钢管接头打坡口对焊和加套管焊的双保险方法，并在加工完成后对整个泵管进行了水密性试验进行了检查，保证了整个泵管的水密性。

在整个混凝土输送的过程中，对每一次泵管的使用过程进行监控。全桥施工结束时，水下泵管共进行了42次混凝土（总量约为5 000 m^3）输送，时间长约10个月，最后仍保持4路畅通，取得了预期效果。其中也有值得总结和优化的方面：如6路泵管使用中共堵塞了2路，其中1路由于混凝土坍落度过大，离析造成堵管；另1路是在泵送润滑用的砂浆时，砂浆缓凝时间太短，过早凝固造成堵管，总体分析是由于混凝土技术指标控制和管理不严造成。

在整个泵管加工制作，水上安装和下沉固定及后续的混凝土输送过程中，未发生一起安全事故，获得了各方的好评。

水泥混凝土桥面铺装链式凿毛施工工法

GGG(鲁)C4138—2010

郭树明　王繁兴　刘国强　盛明乾　李修安
(山东泰山路桥工程公司)

1 前言

新建高速公路桥面铺装现在越来越多采用水泥混凝土铺装 +4cmSMA-13 上面层 +5(或6)cm AC-20 中面层结构。水泥混凝土桥面铺装完以后,要求凿除表面浮浆并拉毛处理,以增加与沥青混凝土的黏结力和摩阻力。

桥面凿毛施工最初多为人工用钝斧头剁除。工效为每人每天处理 $4m^2$ 左右。一孔 30m×12m 的桥面上满是民工手拿斧头或坐或蹲剁除,场面相当壮观,30 人的队伍约 6 天时间才能完成。这种方式仅适用于小桥面的凿毛作业,不适用大中桥面凿毛。后来采用风动凿毛机,它是在风镐的基础上更换成可以旋转的合金头,边旋转边冲击,对桥面进行凿除。每台凿毛机最多每天可以凿除 $40m^2$ 左右,与人工剁除相比较,既节省了劳动力又提高了近 10 倍的功效。一孔 30m×12m 的桥面 3 台凿毛机 3 天可以完成凿毛作业。我公司在路面施工中受铣刨机工作的启发,自行开发了链式凿毛施工工艺,应用于桥面凿毛。它采用三相电机作动力,通过高速旋转的轴带动一端挂在轴上的链条旋转,在离心作用下链条另一端甩出击打桥面,对桥面进行清理浮浆。该设备可以正反向进行旋转,在链条带动下可以自行行走,人工掌控方向,每分钟行进的速度 0.5m。日处理桥面凿毛 $300m^2$ 左右。30m×12m 的桥面铺装凿毛一天时间就可以完成。

2 工法特点

与其他各种方法相比,本工法可以大幅提高施工效率,同时节约大量劳动力,缩短工期。

3 适用范围

本工法适用于由沥青混凝土铺装的大中小桥桥面铺装凿毛处理。

4 工作原理

通过高速旋转的轴带动挂在轴上的链条转动,链条另一端甩出击打桥面。对桥面进行清理浮浆处理,并形成粗糙表面,以达到设计目的。

5 工艺流程及操作要点

5.1 工作流程图

水泥混凝土桥面铺装→养生→凿毛→防水层施工→沥青混凝土铺装。养生期满后开始本工法施工。

5.2 注意事项及操作要点

5.2.1 凿毛机前进一遍,反转再后退一遍。

5.2.2 凿毛机横向凿毛处理完成后再纵向凿毛处理一遍,形成十字交叉处理。

6 材料与设备

本工法要求采用耐磨耗合金链条。本工法采用了链式凿毛机一台,三相发电机一台。

7 质量控制

7.1 质量组织保证

执行项目经理总负责制,建立质量保证体系,由项目部经理担任组长,项目技术负责人担任副组长,组员由项目工程师及现场施工技术人员组成。

7.2 明确质量责任

项目部与施工人员签订质量目标责任书,根据各自的岗位特点,制订岗位职责和质量任务目标,对每个施工环节都要做到不出现任何质量问题和质量隐患。从机械维修保养、原材料采购与检验等方面层层把关,确保每个环节的质量都在受控状态,以保证本工程整体质量不出现任何问题。

7.3 质量过程控制

7.3.1 抓质量管理,着力提高工程质量。针对事前、事中、事后三个过程的特点,全方位进行质量控制。

7.3.2 在事前控制中,着重抓了技术交底工作,技术交底做到一交到底,明确工程的质量标准、施工工艺及容易出现质量问题的环节。

7.3.3 在事中控制中,着重发挥专职质检员的作用,质检人员及时对工程进行检验,根据质量检验标准自检合格后报监理验收,对不合格工程坚决返工处理。

8 安全措施

8.1 在施工中从体系保障、制度约束、教育提高、自检查堵四个方面入手,严格执行《中华人民共和国安全生产法》、《建筑工程安全生产管理条例》以及交通运输部颁发实施的《公路工程施工安全技术规程》(JTJ 076—1995)等国家颁布的安全方面的法律法规,全力抓好安全生产工作。

8.2 牢固树立"安全第一、预防为主、教育先行、制度保障"的思想。逐级建立安全组织机构体系,设置专职安全员,层层签订了安全责任书和安全生产责任状,提高职工的安全意识和自我保护意识,定期组织召开安全例会,检查安全生产责任制和安全措施的落实情况。

8.3 施工中要做到:安全设施与主体工程"三同时",事故处理"四不放过",办公区、生活区、生产区布局合理,施工现场危险部位安全警示标志齐全,机械操作规程随机悬挂张贴,全部人员做到持证上岗,安全管理人员和技术人员挂牌上岗。形成人人重安全、人人讲安全、人人保安全的良好氛围。

8.4 加强施工技术人员及机械操作人员的安全技术教育和培训,工程开工前首先要进行"三级"安全教育。建立施工安全档案,做好安全技术交底,对特殊工种的操作人员如电工等必须持证上岗。

8.5 现场技术人员及机械操作人员严格执行操作规程,各种机械设备、施工工具要完好,定机定人。如有夜间施工,应有充分的照明设备,同时还要安排夜间巡视人员。

8.6 做好施工现场的危害因素识别及风险评价,并制订相应的管理措施及应急预案。

8.7 接受上级安监部门、业主、监理单位对安全生产的监督、检查和指导,对提出的问题在第一时间进行整改,确保安全生产。

9 环保措施

9.1 严格遵照执行《中华人民共和国环境保护法》等各级有关部门颁发的环境保护方面的法律法规,把环境保护当作关系民生的大事。

9.2　把环境保护相关内容列入施工组织设计范围内,在编制施工组织设计的同时要充分考虑环保内容,做到环境保护有组织管理,有检查落实。

9.3　合理安排施工作业时间。如周边有村庄,尽量避免夜间施工;如必须夜间施工,要采取相应的隔音措施,同时灯光不允许直射民居。

9.4　施工中产生的各种工程废弃物及生活垃圾要运到指定地点掩埋或销毁,不得沿路基堆放或在路基附近掩埋。

9.5　自卸汽车在运输桥面细料运输时,要用彩条布或篷布覆盖。

9.6　施工中易起扬尘的路段要根据实际情况做到定期洒水抑尘。

9.7　对全体职工及工人要进行环境保护交底,树立自觉爱护环境的好习惯。

9.8　着力提高"人本化"水平,在施工过程中,及时清理回收施工过程中产生的废料,对每道工序科学安排,使工程切实达到生态环保、安全有序、文明施工。

10　资源节约

该工法施工可以节约大量人力资源,符合国家节能环保要求。

11　效益分析

利用本工法施工,可以大量节约劳动力,降低生产成本,同时大幅度提高生产效率,有利于工序衔接和工期保证。三种工法效益对比如表1所示。

三种工法效益对比　　表1

对比项目	人工剁除施工	风动凿毛施工	链式凿毛施工
单机(人)工效	$4m^2$	$40m^2$	$300m^2$
总面积	630m×12m	630m×12m	630m×12m
设备(人力)数量	100	20	5
施工天数	19天	10天	5天
日工资(元)	50×100=5 000	300×20=6 000	400×5=2 000
总投资(元)	5 000×19=95 000	6 000×10=60 000	2 000×5=10 000

从以上对比中可以看出,链式凿毛施工法可以大量节约劳动力,同时大幅压缩了施工时间,特别是对于高速公路养护工程来讲,交通管制的时间可以大幅降低,社会效益不可估量。

12　工程实例

2009年山东省高速公路路面大中修工程泰安段有20余座大中小桥拆除原桥面铺装,重做水泥混凝土及沥青混凝土铺装。桥面施工工期紧、任务重,交通管制压力大。在该工程中应用了本工法施工,桥面养生到期后立即展开凿毛施工,为早日开放交通提供了保证。

2010年泰安市桥梁改造工程牟汶河大桥,桥面铺装由水泥混凝土铺装改为更换水泥混凝土桥面铺装+4cmSMA-13沥青混凝土铺装。工期紧、任务重。在该工程中应用了本工法施工,2天时间完成单幅630m混凝土桥面铺装的凿毛作业,为早日开放交通提供了保证。

链式凿毛施工可以有效节约大量劳动力,同时大幅压缩了施工时间。特别是对于高速公路养护工程来讲,交通管制的时间可以大幅降低,社会效益不可估量。

全自动、脉冲式、全天候 预制梁板喷淋养生系统施工工法

GGG(中企)C4139—2010

李 先 张新彬 李建华 李建中 赵彦春
(中铁十八局集团有限公司)

1 前言

预制梁板混凝土养生一直是梁板预制中的一个重点控制环节。混凝土养生的好坏直接影响梁板成品的整体质量。在传统预制梁板养生中,大多采用覆盖土工布、腹板贴膜、人工洒水的养生方法,然而该方法受操作者的质量意识和工作态度的影响,存在着一些不可避免的缺陷,如:工人劳动量大、人员配置多、夜间养生不到位、存在养生死角、梁板表面干湿循环等“通病”,为混凝土成品质量留下隐患。

为更好地提高梁板养生质量,本着提高和改变传统的理念,我们着重从研发新型养生方法替代传统方面上入手,经多次试验、总结,成功解决了传统养生方法的弊病,实现了梁板混凝土养生自动化、智能化,最终形成本工法。该工法在实际养生施工中取得了很好的成效。

2 工法特点

2.1 混凝土养生高度自动化、智能化。由于采用了自动控制柜,养生工作在设定完成后可以实现无人值守,使该工作变得更加轻松。

2.2 劳动强度低,人员配置少。采用此系统养生,较传统养生减少人员近1/4,一般只需3~4人。养生人员的主要任务是安装喷淋管以及日常检查、维护等。养生期内无需长时间看守。

2.3 梁体养生全面彻底,无死角。喷淋采用高压水,产生的高压水雾足以在梁体周围形成较密闭的水雾环境,保证梁体各个角落混凝土表面湿润。

2.4 养生作业连续不间断。由于采用智能控制,经初期的调试及试验检测,确定了最佳的养生间隔时段(夏季每10min自动喷洒一次),保证了在养生期内梁体表面始终湿润,避免出现干湿循环。而且夜间也能正常养生。

2.5 系统装拆方便。由于系统所需的配套设施均为小型电器设备,在一般的电器市场都可以买到,因此非常适合于工地的流动性特点。

2.6 节约用水、保护环境。梁板养生用水经过回水系统、简单过滤系统实现水资源的重复利用,极大地减少了水资源的浪费,非常适合在干旱、缺水地区施工时的混凝土养生。另一方面,一般经养生用过的水pH值呈强碱性,直接排入河道或田间会对土壤造成严重污染,不符合“绿色环保”的施工理念。

3 适用范围

本工法适用于各种规格、型号的预制梁板养生。特别是在梁体结构尺寸较大时更能彰显其优越性。另外,该工法极其适合在干旱、缺水的地区施工时使用。

4 工艺原理

4.1 工艺原理

全自动、脉冲式全天候喷淋养生系统的工作原理是:在梁板两侧及顶部安装喷淋管道,利用先进的全天候电子式时间继电器控制柜作为中枢控制系统,控制多台0~72m全扬程多级高压水泵的工作,实现梁板喷淋养生的不间断,并保证在无人值守的情况下,系统能自动运行,始终保持一定合理喷淋间隔(经大量试验确定一般间隔每10min喷淋2min)实现梁体养生的不间断,并且可以根据气候、季节等实际需要调整间隔和喷淋时间。

4.2 结构组成

该喷淋系统由供水储水系统、控制系统、动力系统、喷淋悬挂系统、回水过滤系统等五部分组成(图1)。

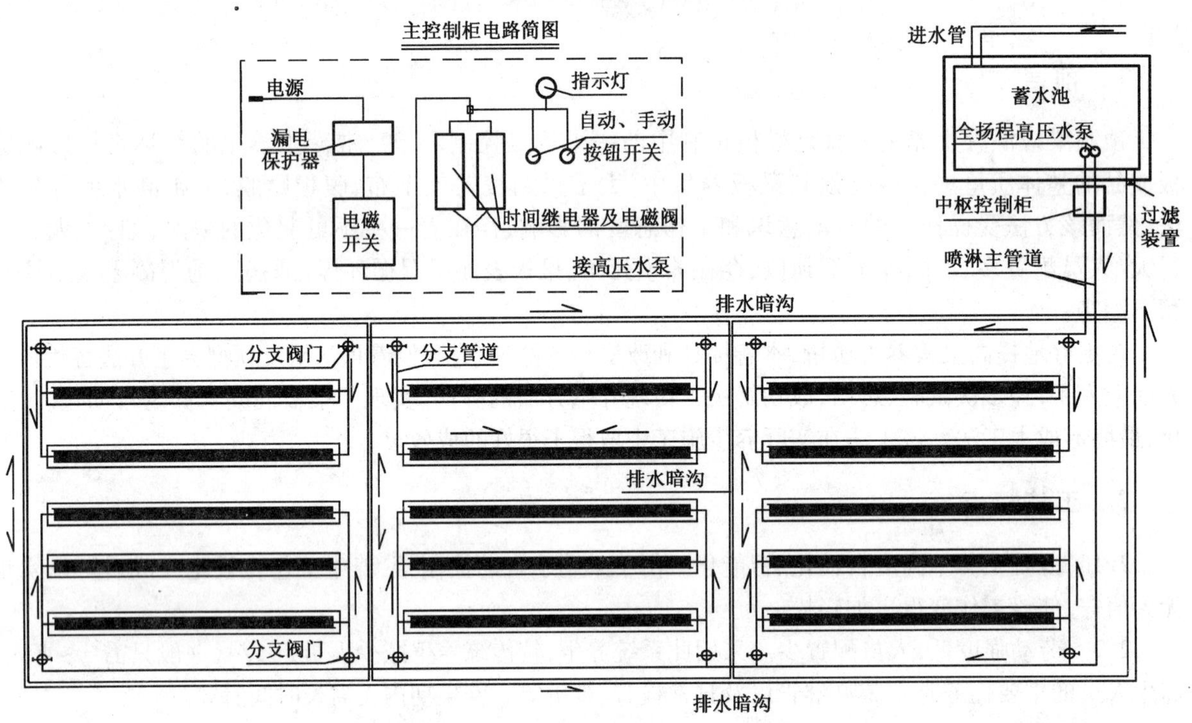

图1 全自动、脉冲式、全天候喷淋养生系统结构组成简图

4.2.1 供水、储水系统

该部分主要由进水管供给储水池。供水管直径一般略大于出水管,以保证养生时有足够的水供给。储水池设计要根据梁场需同期养生梁板的最大量设置水池的容积,防止养生中出现断水情况,一般为一个半小时的供水泵总流量即可。其位置要根据梁场布局合理设置。尽量缩短供水距离,节约成本。另一方面,在雨季该水池也可兼作收集雨水之用,有效地节约水资源,体现了节能、环保的理念。

4.2.2 控制系统

在水泵开关处安装全天候电子式时间继电器控制开关,可实现喷淋养生的自动控制。该继电器可设定喷淋时间间隔。实际操作中可根据气候条件科学计算蒸发时间,进而推算所需的喷淋间隔,调整继电器的喷淋和间隔时间。夏季一般将间隔时间调整为10min,即每10min自动喷水一次,每次2min。

全天候电子式时间继电器控制柜型号为WSC,额定电压为380/220V,以及配套配电箱、空气开关等。控制面板分为自动挡和手动挡(图2)。

电路接线原理如图3所示。电子式时间继电器参数如图5所示、电子式时间继电器实物如图4所示。

电路控制工作原理为:调整计时装置到选定的断开时间间隔及喷水时间,打开需要养护梁体附近分支管道开关,接通电源,电子式时间继电器①(延时闭合开关)开始工作,水泵供水,喷淋管道喷水;当喷淋时间到达规定时间 2min 后，继电器②(延时断路器)吸合、①断开，水泵电源断开停止供水，喷淋停止；10min 后，继电器①重新吸合，②断开，水泵又开始供水。如此反复循环，至养生结束。

图 2　控制柜实物图

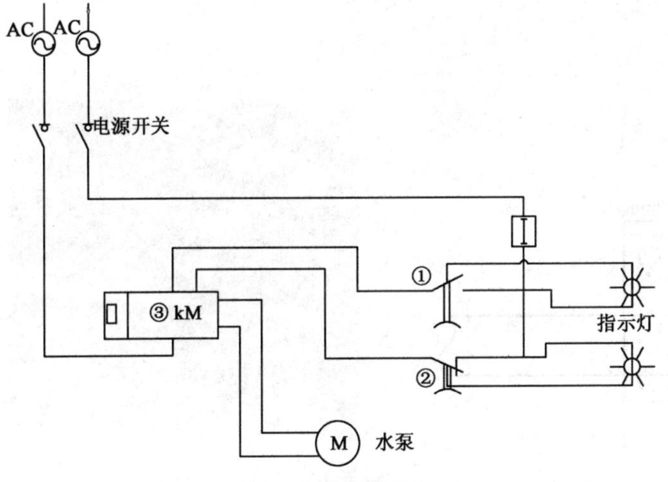

图 3　电路接线原理

①—延时闭合开关；②—延时断路器；③—电磁继电器

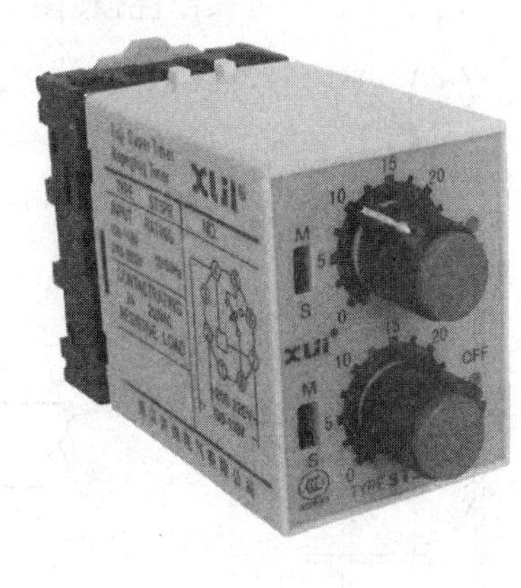

图 4　电子式时间继电器实物图

外型尺寸(mm)		84×41×55.5	安装尺寸图	面板式开孔尺寸 55.5 44.5
工作方式		往复循环延时		
延时范围		6s/60s 10s/10M 30s/30M		
额定电压		DC(V):24 AC(V):110.220　50/60Hz		
触点数量		1组延时触点	接线图	④ ⑤ ③ ⑥ (-) ② ⑦ (+) ① ⑧ AC220V　DC24V AC110V 电源 Power
触点容量		AC250V　3A阻性		
延时精度		<10%		
环境温度		-10℃~45℃		
寿命	机械	5×10^6		
	电气	10^5		
安装方式		装置式或面板式		

图 5　电子式时间继电器参数图

图6 0~72m全扬程多级高压水泵图

4.2.3 动力系统

主动力采用多台三相全扬程多级高压水泵。扬程0~72m,流量$35m^3/h$,每台可供养生梁板片数为5片。出水口径$\phi60mm$,功率9.2kW。

水泵特点:①全扬程水泵是指零至最高扬程全部能适应的水泵,克服了一般水电泵在低扬程使用因过载而烧毁电机的先天缺陷;②该泵为多级泵,所产生的水压较普通泵要高,为多点养生提供了可靠的保障(图6)。

4.2.4 喷淋、悬挂系统

喷淋管道选用了直径2cm的镀锌钢管,采用机械打孔方法在钢管上间隔10~15cm打一个直径1.0~1.5mm的孔,再根据梁长连接成整体。管道一端采用硬质PE水管连接在梁端的阀门上,另一端封闭。养生时只要旋开阀门即可。悬挂系统,采用自主研制的重力调节式夹板,悬挂在梁板两侧翼板外露钢筋上。该装置可灵活调整喷水角度,结构简单、耐用、可操作性强(图7、图8)。

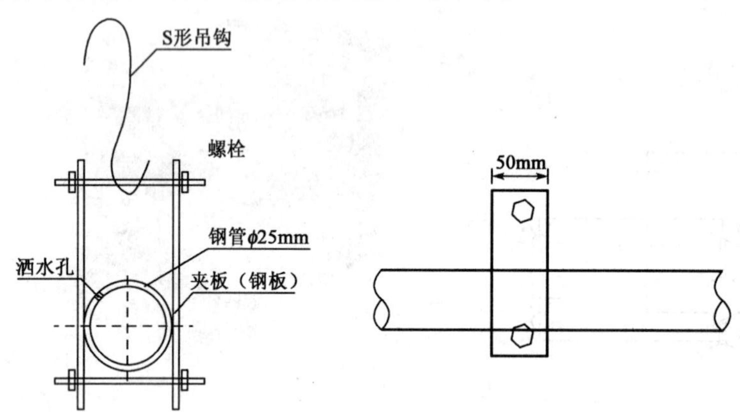

图7 重力调节式夹示意图

图8 重力调节式夹图

4.2.5 回水、过滤系统

梁场制梁区采用全场地硬化处理,并在制梁区龙门吊两侧轨道内侧设置排水暗沟,沟深约50cm,沟宽约20~30cm。沟顶覆盖过滤盖板。台座四周设置排水横、纵坡,保证制梁区不存水。养生用水通过排水暗沟简单沉淀、过滤回流至蓄水池。

该系统的日常维护工作主要集中在管道的老化、破损、梁端阀门的更换;排水暗沟的清理及梁板养生初期的顶板覆盖、腹板贴膜三方面。维护工作简单,工作量小。

5 施工工艺流程及操作要点

5.1 系统安装工艺流程

开挖蓄水池、回水暗沟→布设喷淋管道→安装喷淋设备→安装动力及控制系统→设备调试、基本数据测定→开始应用。

5.2 系统运行施工工艺流程

系统运行施工工艺流程如图9所示。

5.3 操作要点

以下就本系统中喷淋养生设计、安装、调试、应用中需要注意的操作要点具体叙述。

5.3.1 喷淋养生的设计

喷淋养生的设计要结合预制梁场现场情况、地形、水源位置,合理布设蓄水池,并结合梁场台座设计位置合理布置管道、回水沟走向,绘制平面图,做到统筹规划。一般应选择离水源近、不影响制梁施工的位置设置蓄水池,蓄水池的蓄水量应结合梁场台座数量及同期养生梁板的最大片数,计算蓄水量,以保证正常养生时供水。

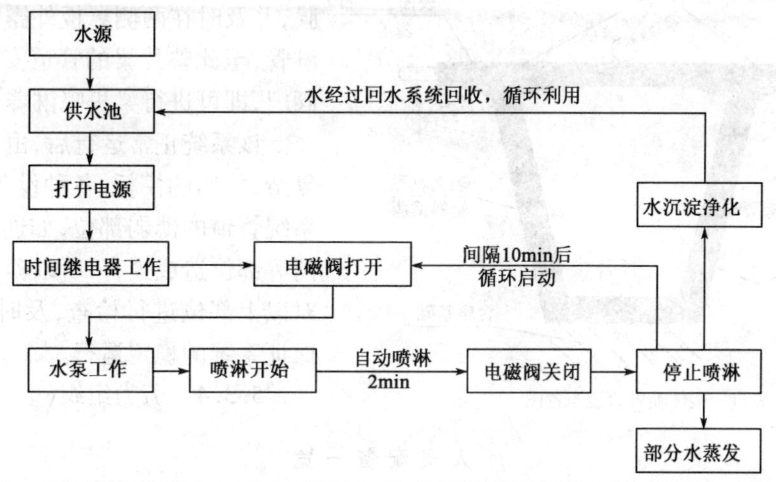

图9　系统运行施工工艺流程图

5.3.2　喷淋养生设备的选用、安装、调试

(1)喷淋采用全扬程多级高压泵。泵要选用满足实际需要的出水压力,与主管配套的出水口径等。

(2)喷淋管道宜采用镀锌钢管,不易造成锈蚀堵塞喷水孔。喷水孔的制作最好采用机械打孔法,机械打孔法孔的大小、线形容易保证,从而在实际使用中能很好的保证各个孔出水均匀(图10),不形成水股。孔的大小可根据实际供水压力大小计算,一般孔径选用1.0~1.5mm即可。孔过大出水压力达不到,不能形成雾状喷洒;孔过小又容易造成堵塞,不利于日常维护。喷淋管一端封闭一端通过软管与梁端分支阀门连接。

图10　喷淋管道及喷淋管钻孔图

(3)接头软管宜采用白色硬质PE管,该管较其他管有质轻、不易变形、易操作等优点。

(4)压力供水主管道可采用焊接无缝钢管,根据供水长度焊接。并在各个梁端分支处焊接分支阀门,方便单片梁养生的开、关。

(5)控制系统是整个施工工艺的重点。控制系统主要由电源开关、电磁继电器、自动延时控制器等组成(图2)。使用时,先连接好水泵的电源线,然后对延时控制器进行延时时间调整,调整到需要的延时时间后,即可启动电源开关。控制柜外侧有两个功能旋钮,供用户选择“自动控制”还是“手动控制”。此时整个控制柜的设置、安装完成后,可进行实际使用。

系统运行初期要对对个运行参数进行校正,如喷淋的间隔时间、同时工作的喷淋管数量等,使用过程中,根据天气或季节的变化应进行调整。

5.3.3 养生系统的应用

每片梁制作完成后,首先对梁顶面采用土工布覆盖,并先在顶板上布设一根喷淋管,开始养生;待侧模板拆除后,在腹板混凝土表面粘贴塑料薄膜,并及时在两侧翼板外露钢筋上布设两根喷淋管,至此整片梁的管道安装完成。打开梁端阀门,即可进行梁板喷淋养生(图11)。

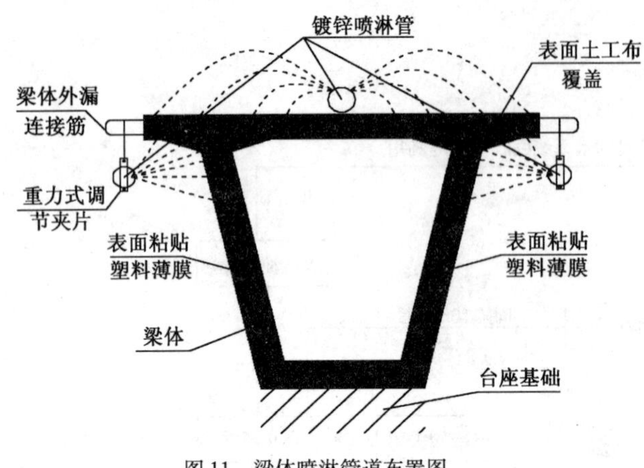

图11 梁体喷淋管道布置图

该系统正常运行后,由于梁板的制作工艺复杂,使用的模板、各种设备种类繁多,容易对系统管道的薄弱部位,如连接软管、接头管、阀门等部位造成损害,所以养生人员要不定期的对以上部位进行检查,及时对其修补或更换,保证系统的稳定运行。

5.3.4 劳力组织(表1)

人员配备一览 表1

序号	人员名称	工作要求	单位	数量	工作范围	附注
1	养生人员	专职	人	3	设备日常维护	
2	安全员	专职	人	1	系统使用安全	
3	电工	专业	人	1	系统电路维护	
4	技工	熟练专业	人	1	设备安装	
5	焊工	熟练专业	人	1	主管道及支管道的焊接	兼职

6 材料与设备(表2)

设备配置一览 表2

序号	名称	规格型号	单位	数量	用途	附注
1	自动延时控制柜	WSC	台	2	水泵延时控制开关	根据泵的数量选用
2	无缝钢管	ϕ55mm ~ ϕ60mm	m	—	供水主管道	长度按梁场需要采购
3	镀锌钢管	ϕ20mm	m	—	喷淋管	需机械打孔
4	阀门及接头管	ϕ20mm	套	150	梁端阀门开关	数量要考虑备用
5	全扬程多级高压水泵	出水口径 ϕ60mm,功率9.2kW	台	3	养生供水	考虑一台备用
6	土工布	—	m^2	—	梁顶面覆盖	视梁场规模购买
7	塑料薄膜	—	m^2	—	梁腹板粘贴	视梁场规模购买
8	台钻	Z406	台	1	钻孔	
9	钻头	1mm	根	400	打孔	易断,需备用
10	电焊机	BX-500	台	2	焊接主管道	
11	套丝机	TQ80	台	1	水管套丝	喷淋管道
12	活动扳手或普通扳手	20	把	4	更换阀门等	
13	电焊条		包	—	焊接主管道	
14	生胶带	防水	卷		管丝密封	
15	重力式夹片	自制	套	—	每片梁约8套	

续上表

序号	名　称	规格型号	单位	数量	用　途	附　注
16	铁丝	8号	kg	—	绑扎管口	
17	钳子		把	4	掐断铁丝	
18	细铁丝	1mm		—	清理阻塞管眼	

7 质量控制

该工法主要依赖喷淋养生系统运行,因此,质量控制主要包括以下几个方面。

7.1 系统本身的维护

7.1.1 注意根据天气的情况,及时调整喷淋系统的控制间隔时间,可通过科学计算或通过试验测定。

7.1.2 水源要保证充足,及时补充水,保证正常的需要。

7.1.3 对于阻塞的喷淋管眼,要及时地捅开。

7.1.4 由于交叉作业较多,对于损坏的塑料软管,要及时更换、修补,保证水压。

7.1.5 重力式夹片的螺钉要拧紧,并经常调节,使喷水的角度处于最佳状态。

7.1.6 浇筑箱梁的混凝土残渣要及时清理出场地,保证回水管路的畅通,避免场地内大量积水,影响其他工序的施工。

7.1.7 吊装模板或进行其他工序时,要爱护管道,尽量防止磕碰、损坏,损坏后及时修复。

7.1.8 刚刚拆模后,水压不宜过大,避免水压过大对混凝土面产生冲刷痕迹或造成毛面,影响混凝土的光泽。

7.2 加强人员管理

7.2.1 人员管理要定人定岗,并做好养护时间、间隔时间的登记记录,做到可回溯查询。

7.2.2 夜间的养护,要避免无人值守,防止出现管道破损等意外。

7.2.3 做好人员的防护器具管理和发放,由于养生系统在各种情况下都不能间断,需要做好防暑、防水的劳保措施。

8 安全措施

8.1 系统安装安全规定

该系统的安装应严格执行《中华人民共和国安全生产法》及《职业健康安全管理体系　规范》(GB/T 28001—2001)中有关焊接的施工、管道安装及施工现场有关安全管理的各项规定,并要注意以下几点。

8.1.1 现场安装及操作人员,必须遵守工地现场安全管理规定,进入施工现场必须戴好安全帽,焊工必须佩戴防护罩。

8.1.2 电工、电焊工应持证上岗,确保作业的安全性。

8.1.3 所使用的主管道属压力容器,购买时应选用正规厂家,且“三证”齐全,并经有资质的单位鉴定合格后方能进行安装使用,操作人员应持证上岗。

8.1.4 安装和焊接支水管道时,应尽量避开其他工序操作高峰期,防止焊接时火花伤人或火灾。

8.1.5 安全员每天应随时对加工过程中及养生过程中系统的安全问题进行监督检查,发现问题及时予以纠正。

8.2 系统正常运行的安全控制

系统正常运行过程中,各类人员应严格按以下要求操作。

8.2.1 养护人员操作时应穿防水胶鞋,严禁穿拖鞋进入养护区。

8.2.2 喷淋管道悬挂要固定牢固,防止坠落。

8.2.3 电工要经常检查水泵电源线,防止老化或人为损伤,造成“烧泵”或漏电事故,影响系统运行。

8.2.4 自动控制柜开关要专人负责,非专职人员不得随意开关、调整。

8.2.5 安全员要在循环蓄水池四周设置围栏,悬挂警示标牌,防止人员或杂物坠入,并时常检查。

9 环保措施

该系统从设计到实际使用无不体现着环保的施工理念。其措施主要体现在以下几方面:

9.1 养生过的水 pH 值呈强碱性,排放到施工区域外,会对附近土壤造成极大的伤害,严重污染环境。因此设置了回水系统,水资源得以循环利用,彻底避免污染的发生。

9.2 此系统可有效减少易耗养生覆盖物的使用,减少不可降解物质的使用,有利于环保。

10 资源节约

该系统贯彻国家节能工程的要求,力求节约资源,通过创新和使用新技术达到节约资源的目的,措施主要体现在以下几方面。

10.1 设置了回水系统,水资源得以循环利用,施工中养生用水得到了极大的节约。

10.2 该套系统成功引入了电子式时间自动控制系统,喷淋时间长度及时间间隔经科学计算,有效缩减了人工养生时的水资源浪费,同时缩短了水泵的工作时间、提高了水泵的使用寿命,节约能源。

10.3 自动化、智能化喷淋养生的实现也使得梁板养生的质量得到了保证,并缩短了混凝土达到预定强度的养生周期。

11 效益分析

11.1 经济效益方面

11.1.1 利用该套养生系统,一方面,使梁板从拆模到养生的时间缩短了约 30min,保证梁体初期的养生,梁板质量有保证,同时也为后续工作提供了较大的空间;另一方面,喷淋养生缩短了梁板混凝土到达规定强度的时间,提高了底座的周转率,从而加快了施工进度。尤其在梁场制梁任务紧、梁板数量多时,更能体现其实用价值。

11.1.2 形成一套先进施工工法,使箱梁养生中的薄弱环节得到彻底规避,使梁板成品质量达到100%合格,一次成优。

11.1.3 养生的自动化、智能化,使得养生人员较传统养生大幅减少,人工费用随之下降,管理费用相应缩减;另外,设备的维修费用也得到了降低。通过成本分析,该工法运行成本较传统人工养生明显降低,达到了降低能耗、减少成本效果。

11.1.4 水的循环利用,减少了供水开支、环境保护费用等,与传统人工洒水养生方法相比较可节约成本约 109 万元(表 3)。

传统人工洒水养生、自动喷淋养生工程费用比较 表3

施工方案	资金使用原因	金额(万元)	合计(万元)
传统人工洒水养生	人工费	54.8	142.8
	设备维修费	3.6	
	其他材料费	2.4	
	预计浪费水资源费	70	
	电力消耗费	12	

续上表

施 工 方 案	资金使用原因	金额(万元)	合计(万元)
全自动、脉冲式、全天候喷淋养生	设备采购费	3.6	34.1
	系统加工安装费	2	
	人工费	18	
	设备维修费	2	
	其他材料费	1.5	
	电力消耗费	7	
节约成本	142.8 - 34.1 = 108.7		108.7

11.2 社会效益

梁板喷淋养生系统施工的成功在取得一定经济效益的同时,也取得了良好的环境和社会效益,主要体现在以下几个方面。

11.2.1 该系统在节约水资源方面对于干旱缺水地区缓解水资源短缺起到了很大的作用;水的循环利用减少了环境污染,对于创建节约环保型社会是一个极大的鼓舞。

11.2.2 积累了宝贵的施工经验,提高了企业的知名度。通过该项施工技术新成果的应用,填补了企业在该领域的空白,预制梁板喷淋养生施工积累了宝贵的经验;同时为本公司培养和锻炼了一批桥梁建设技术人才,拓宽了施工领域,提高了企业的知名度,增强了企业的市场竞争力。

11.2.3 该系统成功应用,使我国高速公路、铁路建设在梁板养生施工工艺方面有了较大改进和提高,带动了整个行业的总体施工质量提升。

12 应用实例

陕西省西潼高速公路改扩建工程 T-C06 合同段预制梁板养生采用此工法养生。养生操作简单,工人劳动量小,施工工序衔接紧凑,施工质量合格率 100%,综合节约水 30 000m^3,节约成本 109 万元。业主对该工法表示一致好评,并召开现场会进行全线推广。陕西省交通厅、质监站也给予了极高的评价,并要求在全省在建高速公路预制梁板养生中推广。

预制装配式盖板涵洞施工工法

GGG(浙)C4140—2010

徐登票　周红星　陈忠欣　胡庄军
(温州交通建设集团有限公司)

1　前言

通道、盖板涵施工主要为钢筋混凝土现浇,存在施工工期长,模板、脚手架等材料损耗大,投入劳动力多,工期长等缺点。为了有效解决劳动力不足、提高工程效率、缩短工期、提高质量、降低费用,将钢筋混凝土通道和盖板涵现场浇筑改为预制场事先标准化预制,现场安装,以解决以上问题。

我公司在湖南省衡阳至桂阳高速公路第8合同段、湖南省常德至吉首高速公路第18合同段,采用预制装配式施工工艺成功施工近100座通道、盖板涵,取得了显著的社会和经济效益,经研究总结形成本工法,本工法具有较高的推广应用价值。

2　工法特点

2.1　预制场标准化生产

通道、盖板涵设计时将墙身、盖板划分为标准节段,在预制场统一标准化预制,流水化、专业化作业。其工艺成熟,质量有保障。

2.2　施工方便,施工速度快

标准节段运至施工现场安装,可规范化、程序化施工。施工速度提高60%以上,同时,减少了对沿线村民通行的干扰以及对路基施工的影响。

2.3　成本低

标准节段统一预制,工作效率得到充分提高;模板周转次数多、损耗少;现场安装,节省了模板、脚手架费用;基础开挖后可快速完成,避免了施工期雨水等影响,工程费用大幅降低。

2.4　环保低碳

所有节段在预制场标准化统一预制,各种材料得到充分利用,节约了资源;现场除基础浇筑外,基本没有现浇,避免了多余混凝土、废旧木料、水泥浆、废机油等对环境的污染。木模板基本不再使用,实现环保低碳。

3　适用范围

本工法适用于跨径2~6m,净高2~5m,洞顶填土高度小于11m的通道、盖板涵施工。运输条件应能满足预制构件运至现场。

4　工艺原理

将现场浇筑通道、盖板涵侧墙(台)身改进为带有倒T形底座、一节2m长的预制钢筋混凝土构件,构件预制场集中预制,运至施工现场安装。侧墙顶端内侧设牛腿或盖板内设挡块,平衡两侧墙身土压力。安装完成后浇筑C25基础,通涵形成一稳定整体(图1)。

5 施工工艺流程及操作要点

5.1 施工工艺流程(图2)

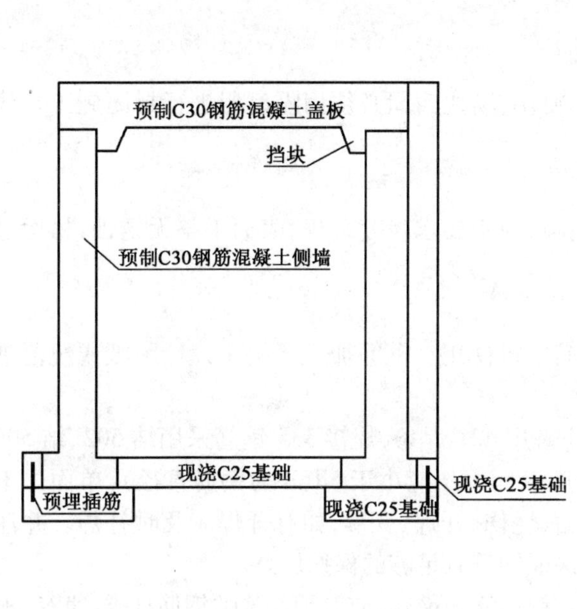

图1 预制装配式通道涵洞示意图

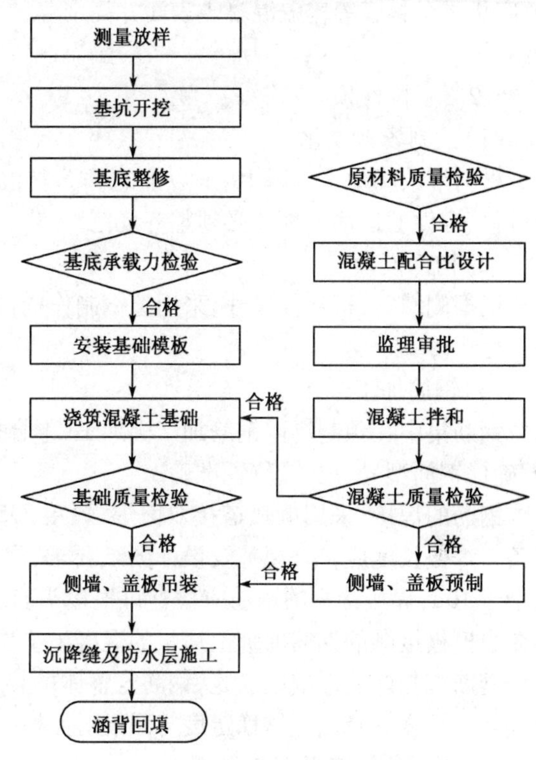

图2 施工工艺流程图

5.2 施工操作要点

5.2.1 测量放样

涵洞测量放样时,应注意核对涵洞纵横轴线的地形剖面图是否与图纸相符,复核涵洞长度、涵底高程。对斜交、曲线上和陡坡上的涵洞,应考虑交角、加宽、超高和纵坡对涵洞具体位置、尺寸的影响。

5.2.2 基础施工

(1)基坑开挖

基坑开挖前做好地面排水,在基坑顶缘向外设排水坡,以防止地表水流入基坑内浸泡基底。

采用路堤填筑后返开槽施工,即路堤填筑高度大于涵顶面高程0.5m(或达到路基设计高程)后再开挖基坑。基坑采用机械开挖,根据不同的土质和开挖深度确定基坑放坡坡度,确保基坑边坡的稳定。当基坑挖至设计高程以上20cm时停止开挖,选择有代表性的断面挖至设计高程,做地基承载力试验。地基承载力满足设计要求后,进行第二次施工测量放样,准确测量盖板涵的平面位置和基底高程。人工挖至设计高程,符合规范要求并监理检验认可后,马上进行垫层或基础施工。

如果地基承载力不能满足设计要求,按监理认可方案进行基底换填等处理,直到满足设计要求,才能进行下一道工序施工。

(2)基础混凝土浇筑

垫层验收合格后,再次精确放样,安装基础模板。基础模板采用强度大、刚度好、尺寸标准的钢模,模板表面平整、板缝间不漏浆。按沉降缝的划分段装模,并增设对拉螺杆。沉降缝用1cm厚木板隔开。

模板安装前,在模板表面涂刷脱模剂。模板安装完毕,为保证位置的正确,必须对其平面位置、平整度、垂直度、顶部高程、节点联系及纵横向稳定性进行检验,模板内的杂物、积水应该清理干净。模板有缝隙必须堵塞严密。经监理抽检合格后方可浇筑混凝土。在浇筑过程中,指派两名经验丰富的木工随时检查模板,一旦发现模板松动或跑模,马上停止混凝土浇筑,采取加固纠正等处理措施,直到符合要求为止。混凝土应振捣密实,混凝土浇筑过程中栽插预埋钢筋,完成后,待混凝土表面收浆后尽快进行草袋、麻袋或塑料膜等覆盖混凝土表面并浇水养护,养护时间不得少于7天。在养生期间保持混凝土表面湿润。

5.2.3　构件预制

(1)预制场地硬化

材料堆放场地采用厚10cm以上的C15贫混凝土硬化,场地四周必须用隔离栅进行封闭施工。建筑材料、构件的运输和堆放必须整齐规范。

(2)构件模板

根据侧墙、盖板构件尺寸,采用型钢制作构件钢模板,模板要求尺寸准确,表面平整无锈蚀,吊运过程不变形。

(3)钢筋加工

钢筋集中在预制场内钢筋加工棚加工,不合格钢筋不得使用。钢筋加工严格按设计图纸或规范进行,确保钢筋型号、尺寸、位置准确。

钢筋的焊接,采用电弧搭接双面焊,焊接235钢筋采用421焊条,焊接335钢筋采用结502、结506焊条。焊接长度应符合规范及设计图纸要求,焊缝长度双面焊不应小于5d(d为钢筋直径),单面焊不应小于10d,焊接接头的钢筋应检查每根接头有无颈缩、烧伤、开焊、变形,如有开焊应及时补焊。并注意在与模板接触的钢筋上绑上适量的混凝土垫块,以保证钢筋有足够的保护层。

钢筋绑扎好后形成钢筋笼,钢筋笼整体吊装入模。钢筋笼入模前,应对钢筋笼的钢筋种类、直径、根数、形状、长度、间距、整体稳定度与图纸对照检查。

(4)混凝土浇筑及养生

钢模安装、钢筋笼验收合格后,按混凝土配合比,电子计量水泥、水、砂、细集料、粗集料,用强制式拌和机拌和混凝土,混凝土各项指标须符合要求。拌制好的混凝土采用吊斗入模,振捣棒振捣密实,尤其边角部分更应细致、缓慢振捣,确保边角密实。侧墙上部预留吊装孔。

养生采用锅炉蒸汽养护,在预制场边挖面积为12m×10m、深2m地坑作为蒸养池,等构件混凝土初凝后,将构件连模板整体吊入蒸养池,吊运过程注意保持构件水平,轻起轻放,防止振动构件。入池3h升温至80~90℃,然后恒温3h,池内湿度不小于95%,再降温3h后出坑,出坑继续洒水养护7d。蒸养后安装前应对构件进行外观检查、几何尺寸检查,标示制作日期、型号、规格、填土高度等于构件上,且标明是否合格。斜交涵端部不规则块件单独预制。

5.2.4　预制件的运输及现场装配

吊装应成立由施工技术员、吊装指挥员、吊车驾驶员、吊装工人、材料及后勤工作人员组成的吊装小组,现场察看、熟悉环境、确定安全快捷吊装方案。

吊装前,现场施工技术员要检查复核涵洞构件型号、尺寸、桩号是否与设计相符合。复核基础中线、基础高程、基础平整度、沉降缝、洞身长宽是否达到要求或与设计相符。

侧墙节段在预制场用龙门吊装车,运至现场用16t吊车进行吊装。吊装按基础顶面放样由一端向另一端逐节进行,先吊装一侧侧墙,再吊装另一侧侧墙。吊装好的侧墙必须垂直、平顺、基脚坐稳,最后安装盖板。安装盖板前在侧墙顶坐浆1cm,盖板吊至侧墙顶50cm以内再平移就位。不得碰撞侧墙,下降至离侧墙顶约10cm时人工辅助盖板下沉就位。安装好的盖板应平整、坐稳,盖板挡块与侧墙间隙应用砂浆塞实。

装配中应便于微调以使最终结构平整、美观,且能安全传递荷载,同时避免构件边、角损坏。构件相互接触的承力处应平整,避免局部承压;构件之间的缝应该均匀,不符合要求处工人用手撬局部调整,使最终结构的洞身尺寸符合质量要求。

5.2.5 沉降缝的处理

每块板搭接处设置柔性沉降缝(1cm),沉降缝处全部断开做成通缝,必须上下贯通成一条垂线。安装完成后,于沉降缝位置塞沥青麻絮,沥青麻絮应采用扁钢条从下往上填塞,确保沥青麻絮密实,防止渗水影响路基。沥青麻絮要求饱满且不溢出墙面,用有纤维掺料的沥青嵌缝膏封缝。在墙背沉降缝处铺设三油二毡防水层。混凝土盖板顶表面在填土前应涂涮沥青胶结材料,以形成防水层。

5.2.6 预制通涵的完善扫尾

预制件装配之后,对构件与基础相接缝隙进行灌砂浆处理,防止产生局部应力。夯实地基,清扫基础顶面,连接基础的插筋与预制件的钢筋,浇筑通涵内外侧基础混凝土。选择合适的台背回填材料、机具、松铺厚度,分层、对称回填台背。

6 材料与设备

6.1 主要材料

钢筋、钢模板、6mm 钢板、现浇 C25 混凝土、预制 C30 盖板、预制 C30 侧墙。

6.2 主要设备(表 1)

主要施工机具设备 表 1

序号	设备名称	规格型号	数量
1	发电机组	50kW	1台
2	模板	—	8套
3	吊车	16t	3台
4	龙门吊车	—	1台
5	载重汽车	12t	3台
6	钢筋加工机具	—	1套
7	混凝土拌和站	$75m^3/h$	1座
8	混凝土罐车	$6m^3$	2台

7 质量控制

7.1 质量标准

《公路工程水泥及水泥混凝土试验规程》(JTG E30—2005);

《公路桥涵施工技术规范》(JTJ 041—2000);

《公路工程质量检验评定标准 第一册 土建工程》(JTG F80/1—2004)。

7.2 质量控制要点

7.2.1 原材料(砂、粗、细集料、钢筋、水泥)的入场必须经材料质量员检查验收,不合格材料不得进场。

7.2.2 钢筋入模前,对钢筋笼的钢筋种类、直径、根数、形状、长度、间距、整体稳定度与图纸对照检查,并记录和出具合格证。

7.2.3 预制模板的检查,包括钢模的对角线控制,各个边的长度量测及其精度、垂直度控制,漏浆检查,紧固件的牢固检查,底架模的牢靠检查,脱模剂的涂抹检查,记录并出具证明。

7.2.4 拌制混凝土的坍落度、均匀性、色泽等满足要求。

7.2.5 混凝土振捣应密实,应加强控制振动棒的插入快慢、位置、角度、表面气泡状况、表面水泥浆情况。

7.2.6 地基的承载力及基础埋置深度必须满足设计要求。

7.2.7 构件安装应直顺、平稳,沉降缝位置正确,填缝材料应有弹性、不透水并嵌塞密实,填缝应无空鼓、开裂、漏水现象;背墙、盖板防水层应粘贴牢固、密实。

7.2.8 台背回填应两侧同时按水平分层、对称方式施工,且按有关要求的压实度填筑、夯(压)实。不得将压路机直接作用墙板,在墙板边缘用小型打夯机夯实。

8 安全保证措施

8.1 加强对施工人员的安全教育,树立安全第一的思想,所有人员必须严格遵守现场的安全规章制度,对安全事故实行一票否决制。

8.2 进入施工现场必须戴安全帽,操作人员要持证上岗,严格遵守国家行业标准《建筑施工安全检查标准》(JGJ 59—1999)、《公路工程施工安全技术规程》(JTJ 076—1995)。

8.3 对施工设备加强维修保养,保证设备在整个施工期间始终处于良好状态。吊装前必须检查吊具、葫芦、钢丝绳等起重用品的性能是否完好。

8.4 盖板安装起重动作应缓慢,防止盖板碰撞侧墙,谨防侧墙倾倒。

8.5 起重等特种作业人员须持证上岗,坚持做到"十个不准吊"。

8.6 在吊装区域设置临时警示标志,工人禁止在吊装范围下方穿越,构件离地0.5m以下,安装人员方可靠近就位。

9 环保措施

9.1 施工现场实行硬地化:工地内外通道、临时设施、材料堆放地、加工场、仓库地面等进行混凝土硬地,并保持其清洁卫生,避免扬尘污染周围环境。

9.2 施工现场必须保证道路畅通、场地平整,无大面积积水,场内设置连续、畅顺的排水系统。

9.3 施工现场各类材料分别集中堆放整齐并悬挂标志牌,严禁乱堆乱放,不得占用施工便道,并做好防护隔离。

9.4 教育全体人员建立防噪扰民意识。禁止构件运输车辆高速运行,禁止鸣笛。

9.5 构件运输、装卸应防止不必要的噪声产生,施工严禁敲打构件、钢管等,在村庄附近施工时,噪声较大机械应尽量避免夜间施工。

9.6 施工和生活的污水、废水、废渣,应根据环保要求排放。

10 资源节约

标准节段统一预制,工作效率得到充分提高,节省了大量劳动力;模板周转次数多、损耗少;现场安装,节省了模板支撑、脚手架费用;基础开挖后可快速完成,避免了施工期雨水等影响,避免多次排水清基,节约了机械台班。

11 效益分析

预制装配式通涵标准节段统一预制,工作效率得到充分提高;预制场集中预制,专业化生产,质量得到充分保障;模板周转次数多、损耗少;现场安装,节省了模板支撑、脚手架费用;施工效率高,节约人工30%以上;基础开挖后可快速完成,避免了施工期雨水等影响;采用预制装配式施工工法,工程费用节省约15%。

标准节段运至施工现场安装,施工速度提高60%以上,减少了对沿线村民通行干扰,对路基施工的影响亦大幅减少,经济效益、社会效益十分显著。

12 工程应用

12.1 湖南省衡阳至桂阳高速公路项目第8合同段K46+700、K47+340、K53+300、K53+740、K56+600、K56+860、K56+960、K57+300等33座通道,5座盖板涵,总长度为570.82m。施工中采用预制装配式施工工艺,取得了显著的社会和经济效益,具有较高的推广应用价值。

12.2 湖南省常德至吉首高速公路第18合同段,位于怀化地区沅陵县境内,主线起点桩号为K141+700,终点桩号为K149+500,路线长7.8km,沅陵连接线长度4.564km,计算行车速度80km/h。施工装配式通道25座、盖板涵32座。施工中采用预制装配式施工工艺,节省了工期,提高了施工质量,降低了工程成本,收到了较理想的社会和经济效益。

大直径钢波纹管涵洞施工工法

GGG(冀)C 4141—2010

孙伯文　李祝龙　王俊杰　郝清琦　赵卫国
(河北广通路桥工程有限公司　中交第一公路勘察设计研究院有限公司　河北省交通运输厅公路管理局)
王立辉　班瑞宏　王国斌
(中铁十七局集团第四工程有限公司)

1　前言

波纹管涵洞是采用波纹状管或由波纹状弧形板通过连接、拼装形成的一种涵洞形式。波纹管由钢材料制成。由于轴向波纹的存在使其具有优良的受力特征,具有适应地基与基础变形的能力,可以解决因地基基础不均匀沉降导致的涵洞破坏问题。在软土、膨胀土、湿陷性黄土等不良工程岩土地区,更具有优势和广阔的应用前景。

美国、加拿大、韩国、日本等国已经广泛应用,并形成了成熟的应用手册,在第二次世界大战期间我国也曾应用,新中国成立后自1997年起开始应用。

2005~2009年河北省交通运输厅公路管理局组织中交第一公路勘察设计研究院有限公司、衡水益通金属制品有限责任公司等单位,开展了"公路大孔径波纹钢管涵技术研究"技术攻关,研究形成了公路大孔径(孔径大于等于2.0m,下同)波纹钢结构涵洞关键技术,项目自主创新设计了钢波纹管涵施工柔性连接卡箍,与传统的法兰对接结构相比,变刚性连接为柔性连接,加强了连接强度,解决了法兰连接存在的系列问题(专利证书200720102481.2);创新大孔径结构拼装技术、回填及压实特殊工艺,2009年3月"公路大孔径波纹钢管涵技术研究"课题成果被鉴定为国际领先,并获得河北省科技进步二等奖,取得了良好的社会和经济效益,在此基础上结合相关调研和工程施工实践编制形成"大孔径钢波纹管涵洞拼装施工工法",以便为大孔径钢波纹管涵洞拼装施工提供施工参考。中铁十七局第四工程有限公司在施工实践中也开发总结了本工法,本工法部分关键技术于2010年5月7日通过了山西省建设厅组织的技术鉴定,鉴定意见认为该项技术达到国内先进水平。本工法经多个项目应用后,效果良好,取得明显的社会和经济效益。

2　工法特点

2.1　采用柔性对接卡箍,以克服钢波纹管涵洞2.0~2.5m结构现有法兰对接的使用缺陷,与传统的法兰对接结构相比,变刚性连接为柔性连接,加强了连接强度,连接螺栓大幅减少,安装拆卸简便快捷,解决了法兰运输中的磕碰问题。

2.2　采用控制扭矩的螺栓连接施工方法,解决了钢波纹管涵洞大于3.0m结构螺栓连接紧密性难题。

2.3　采用小型机具压实波纹管涵洞楔形部,确保了回填压实度,解决了波纹管涵洞楔形部压实难题。

2.4　控制两侧回填的差异,以控制内部应力分布,有效防止管节滚动变形或偏位。

2.5　操作简单方便,不需使用大型设备,适用广泛;拼装方法简便,速度快,可缩短施工工期,社会效益显著;节省常规建材,如水泥、砂、石子、木材的使用,有利于环保;减少养护成本,造价低;受霜冻影响小,质量易于保证。

3　适用范围

3.1　公路、铁路、市政等行业管径大于2.0m小于等于6m的涵洞和通道。

3.2 采用先填筑两侧路基后施工涵洞或通道，或者先填筑完成整个路基结构之后开挖路基、安装该结构后回填。

4 工艺原理

涵洞施工以钢波纹管结构的"薄壳"受力理论为依据，拼装和回填、压实时均控制内部应力差异和最大应力以及挠度，充分发挥钢波纹结构的优势，达到大孔径小壁厚的功能需求，适应地基变形。

5 施工工艺流程及操作要点

5.1 施工工艺流程

涵洞结构由厂方工厂加工后在施工现场进行拼装，采用先填筑两侧路基后施工涵洞或通道，或者先填筑完成整个路基结构之后开挖路基、安装该结构后回填。涵洞施工包括基础施工、拼装、回填三个阶段，施工工艺流程图如图1所示。

5.2 拼装方式

5.2.1 对大孔径钢波纹管涵洞应采用拼装式涵管施工技术，管径2.0~2.5m结构宜采用管节对接，管径大于等于3.0m结构宜采用片状弧形波纹板螺栓连接拼装。

5.2.2 采用管节对接（管径2.0~2.5m结构）宜采用外套箍圈拼装，将整圆管的不同管节采用外套波纹管环接，并注意密封防水和外套波纹管的上下对接设计。管节对接拼装工艺如图2所示。

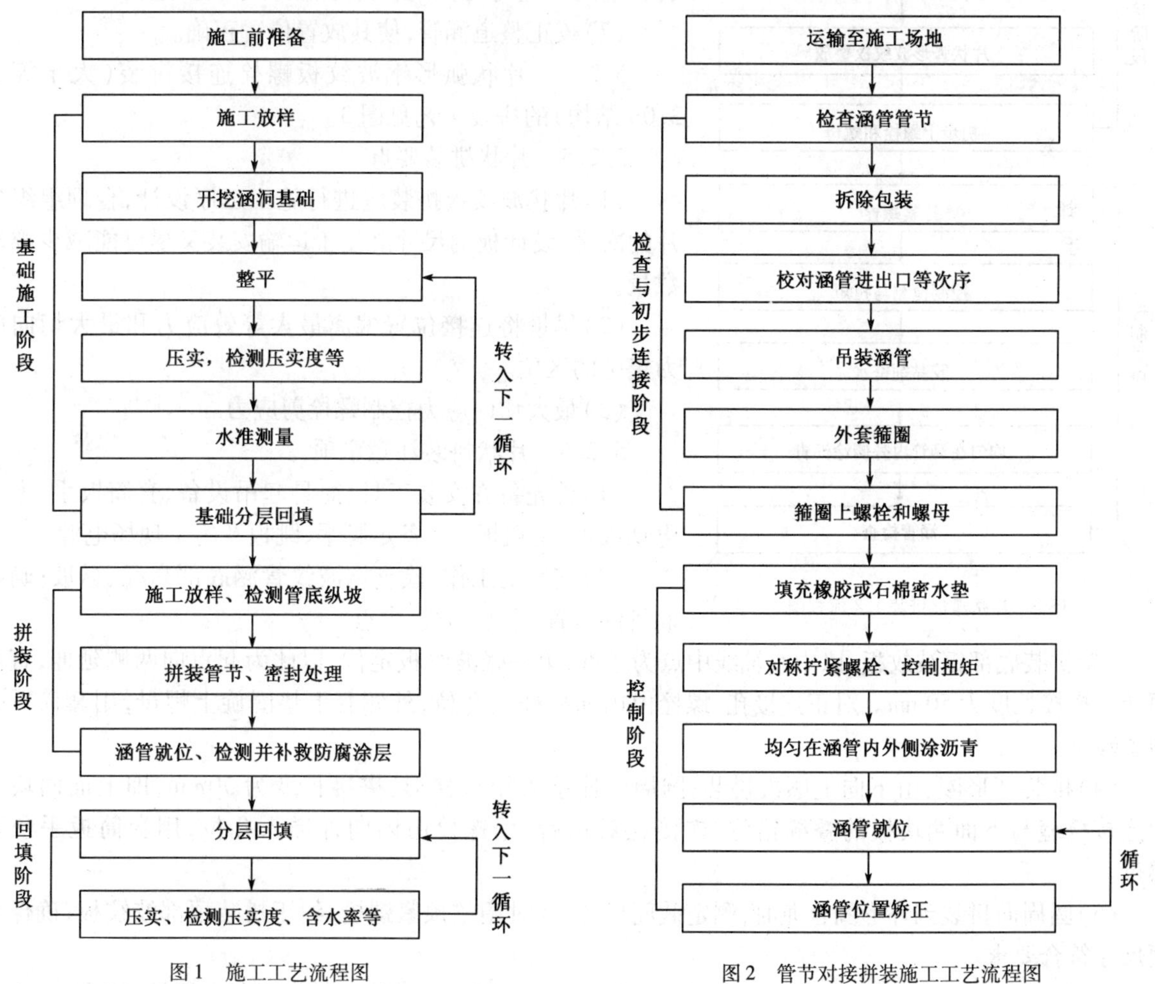

图1 施工工艺流程图

图2 管节对接拼装施工工艺流程图

5.2.3 外套钢波纹管箍圈对接拼装要点

(1)应事先备齐安装工具:梅花扳手、活口扳手、小撬棍、撬杠、手锤、凿子、螺丝刀。

(2)备齐涵管安装所需配件:螺钉及橡胶石棉垫;检测波纹管各管节的长度、直径是否与该处涵洞相符合。

(3)设涵管安装指挥员和安全员一名,负责指挥起吊及施工人员现场操作和安全工作。

(4)安装前工作:检查涵管底部基础平整度、水平、高程;核对土建基准坐标,确定涵洞位置、中心轴线、中点。

(5)连接安装波纹管:根据涵洞实际情况,吊放或摆放涵管。如果涵洞两侧进出水口是与路基同坡度的斜口形式,安装时先安装中间管节,在基础长度方向留出进出水口的位置。中间管节全部安装完毕、校正就位后再安装两侧进出水口。安装时先按照设计的位置摆放第一根管节与第二根管节的外套箍圈的下半部分;然后从一侧吊放或摆放第一根管节,使其管子中心和基础纵向中心线平行,同样把第二根管放置就位;之后,分别轻轻撬起第一根管节和第二根管节的该连接端,放入石棉垫;然后分别在扣盖上外套箍圈的上半部分,使上下箍圈法兰的螺栓孔对正,全部穿上螺栓,拧上螺丝;此后依此方式逐节依次连接。

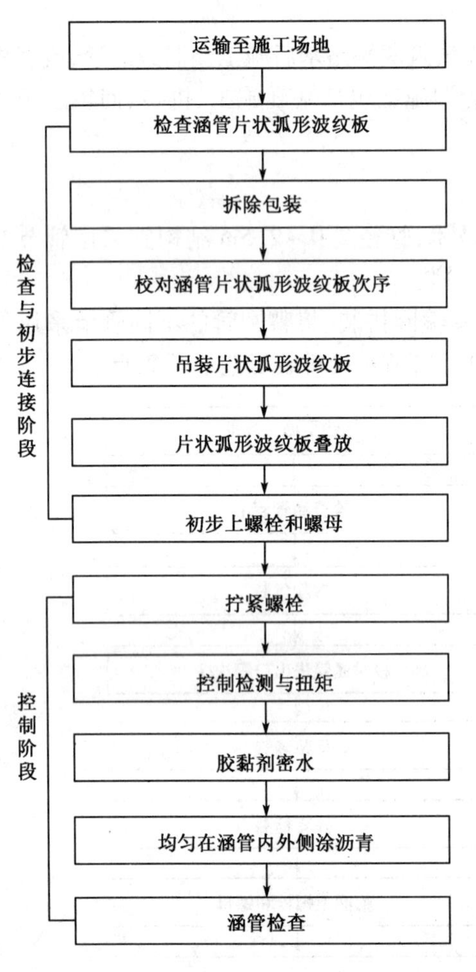

图3 片状弧形拼装工艺流程图

(6)管壁内外涂沥青:乳化沥青或热沥青两遍,从外观看管壁内外应均匀,一般沥青涂层的厚度要达到0.3~1mm。

(7)校正整道涵管,使其放置位置正确。

5.2.4 片状弧形钢波纹板螺栓连接拼装(大于等于3.0m结构)的拼装工艺见图3。

5.2.5 片状拼装要点

(1)片状波纹板拼装应进行施工工序设计,合理组织各片的次序,设计板的尺寸既便于运输安装又尽可能减少螺栓数量。

(2)尽量将连接位置偏离最大等效应力和最大切向应力集中的区位。

(3)最大切向应力控制螺栓剪应力。

5.2.6 片状拼装注意事项

(1)首先备齐安装工具、简易起吊设备、套筒扳手、定扭电动扳手、定扭扳手、备足脚手、跳板及施工现场电源。

(2)安装前工作:检查钢波纹管涵底部高程、纵坡;确定涵管的位置、中心轴线、中点。

(3)拼装底部钢波纹板:以中心轴线中点为基准,第一张波纹板定位,以此为起点向两侧延伸,直至两端。搭接长度为50mm。对正连接孔,螺栓由内向外插入孔位,外侧套上垫圈旋上螺母,用套筒扳手预紧螺母。

(4)拼装环形圈:由下向上顺次拼装;圆周向连接采用阶梯形,搭接长度为50mm,即上面两块板的连接叠缝与下面两块板的叠缝错位,连接孔对正后,用螺栓由内向外插入孔位,用套筒扳手预紧螺母。

(5)圆周向拼装到环形圈合龙时,测定截面尺寸,及时调整预紧螺栓,纠正拼装顶部波纹板,确保截面尺寸符合要求。

(6)涵管拼装全部完成,用定扭汽动扳手,控制扭矩为270~410N·m,紧固所有螺栓,依次序,不得遗漏，紧固后用红漆标示。所有螺栓（包括纵向和环向接缝）应在回填之前按控制扭矩拧紧，保证波纹的重叠部分紧密地嵌套在一起。

（7）预紧力扭矩符合要求后，用专用密封胶密封，以防波纹板连接处渗水。

（8）涵管拼装完毕后，在管内壁、外壁均匀涂刷两遍沥青，沥青可为热沥青或乳化沥青，沥青涂层的厚度应为0.3～1mm。

5.3 地基处理及回填施工要点

5.3.1 地基处理方式

（1）地基处理遵循《公路路基设计规范》（JTG D30—2004）规定的方式（与路基地基处理相同）。

（2）地质条件复杂（如多年冻土、膨胀土、盐渍土）时推荐采用换填砂砾（深度置于最大冻深或最大冲刷线下0.5m，多年冻土地区换填深度至多年冻土顶板），并作好隔水处理。条件具备时也可换填水泥稳定砂砾（水泥可掺5%，砂砾直径小于3cm级配良好），换填厚度根据当地冻土最大深度和地质条件确定，水泥稳定砂砾施工方法参见《公路路面基层施工技术规范》（JTJ 034—2000）。

（3）当涵管位于软土地基上时，地基处理方法与该路段路基的处理方法相同，为便于后期涵洞拼装，可在其上填一层大于20cm厚的砂砾垫层。

（4）湿陷性黄土基坑开挖后，基底回填厚度不小于50cm的3∶7的灰土，在其上回填厚度30～80cm的砂砾垫层。

（5）岩质挖方路堑地基宜超挖换填砂砾等粗颗粒材料，厚度一般为0.3～0.6m。

（6）为方便钢波纹管组装、周围的回填及压实，基坑开挖宽度应大于钢波纹管涵直径的3倍，特殊情况至少应确保涵洞以外1.2m以上的作业空间。

（7）根据涵底纵坡和填土高度等因素，设置预拱度，一般为管长的0.3%～1%，最大不宜超过2%，以确保管道中部不出现凹陷或滑移。如波纹管涵的涵底纵坡大于5%，应采用必要的防滑移措施。

（8）基础回填与压实施工应遵循《公路路基施工技术规范》（JTG F10—2006）的有关规定，地基处理后整个钢波纹管涵应保持均匀的承载力，减少整道涵洞的整体沉降和差异沉降。

5.3.2 两侧及顶部回填

（1）钢波纹管涵拼装完毕后、两侧回填之前，先在侧面作出分层回填厚度的填高标示，以控制分层回填厚度。填土从两侧同时对称分层（压实后厚度小于30cm）回填，控制两侧回填的高程差异（差异不大于1.0m），以控制内部应力分布，有效防止管节滚动变形或偏位。填土的具体方法遵循《公路路基施工技术规范》（JTG F10—2006）的有关规定。

（2）单孔及多孔钢波纹管涵的楔形部可采用小型夯实机械夯实；也可用“粗沙”水密法振捣器密实；或用流态粉煤灰浇筑。

（3）两侧填土压实可用12～20t的压路机压实，靠近管体30cm范围采用小型夯实机械夯实，多孔间的两侧回填可采用小型夯实机械夯实。压实后压实厚度每层应在30cm以下，压实要求应满足设计要求。

（4）填挖交界的斜坡面应处理成锯齿或阶梯状并压实。

（5）管顶上部压实时，应满足最小填土高度要求。管径2.0～2.5m时，最小填土厚度不小于30cm（压实后值，虚铺要考虑松铺系数）；涵管上方回填厚度超过最小填土高度后，先采用20t压路机静压，3遍之后方可采用20t压路机振压。管径3～6m时，最小填土厚度为40cm（压实后值，虚铺要考虑松铺系数）；涵管上方回填厚度超过最小填土高度后，先采用小型手扶振动压路机压实或采用小于6t的静碾压路机压实，3～5遍之后方可采用12t压路机压实；之后各层厚度20cm，可采用20t压路机静压；填土厚度超过80cm后，可采用20t压路机振压。

（6）波纹涵管回填没达到最小填土高度时禁止一切重型车辆通行。

（7）钢波纹管涵洞顶部及周围20m范围内禁止强夯。

6 材料与设备

6.1 主体结构材料要求

6.1.1 波纹管、波纹板采用低碳钢制作,其化学成分及力学性能应符合《碳素结构钢》(GB/T 700—2006)中对应的规定,其中,纵向抗拉强度要求不小于400MPa。

6.1.2 加工波纹管、波纹板所用的钢板、钢带应符合《碳素结构钢和低合金结构钢热轧薄钢板和钢带》(GB/T 710—2008)的规定,其尺寸、外形、重量及允许偏差应符合《热轧钢板和钢带的尺寸、外形、重量及允许偏差》(GB/T 709—2006)的规定。

6.1.3 波纹管、波纹板的主要规格见表1。

波纹管、波纹板的主要规格 表1

波 形 代 号	适用内径 D(mm)	波距 L(mm)	波高 H(mm)	厚度 t(mm)	波峰波谷半径 R(mm)
1	2 000 ~ 2 500	150	50	2.0 ~ 6.0	28
2	2 000 ~ 2 500	145	55 ~ 65	3.0 ~ 6.0	30
3	2 000 ~ 6 000	200	55	3.0 ~ 6.0	30

注:钢板的厚度以表面附着防腐材料前的厚度为基准。可根据上表及工程特点根据计算分析后选用。上表数据为国内不同厂家的主要规格。

6.2 连接件材料要求

6.2.1 螺栓的性能指标应符合《钢结构用高强度大六角头螺栓、大六角头螺母、垫圈技术条件》(GB/T 1231—2006)中强度性能等级为8.8级以上的规定。

6.2.2 螺母的性能指标应符合《钢结构用高强度大六角头螺栓、大六角头螺母、垫圈技术条件》(GB/T 1231—2006)中强度性能等级为10级以上的规定。

6.2.3 螺栓螺母规格为M12 ~ M20,螺栓长度为30 ~ 60mm,依结构钢板和钢管尺寸等确定。

6.2.4 结构用高强度垫圈应符合《钢结构用高强度垫圈形式与尺寸》(GB/T 1230—2006)的规定。

6.2.5 外套箍圈及箍圈法兰的材料采用低碳钢,其化学成分及力学性能应符合《碳素结构钢》(GB/T700—2006)中对应的规定,其中,纵向抗拉强度要求不小于400MPa,参见图4。

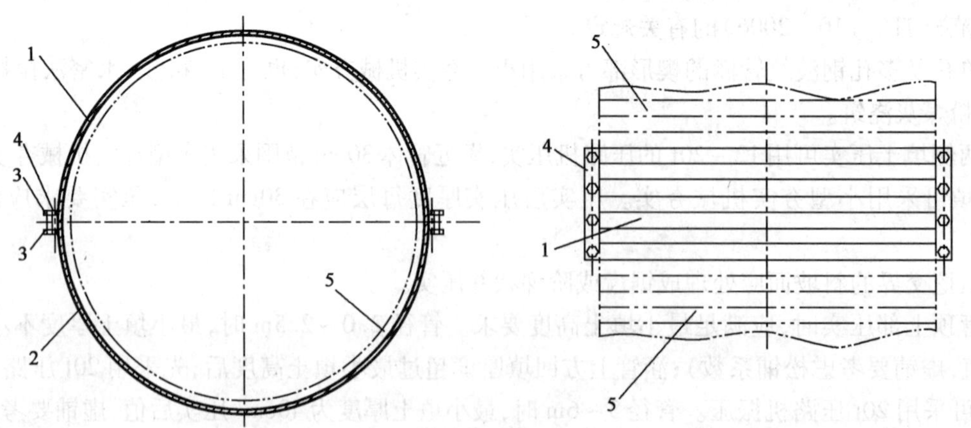

图4 外套箍圈示意图

1-上波纹管节;2-下波纹管节;3-孔板;4-螺栓;5-波纹管

6.2.6 箍圈法兰用角钢尺寸、外形、重量及允许偏差应符合《热轧型钢》(GB/T 706—2008)的规定。

6.2.7　卡箍(箍圈)和管之间采用石棉或橡胶密封垫,密封垫的宽度50~80mm,厚度5~10mm。

6.2.8　螺栓连接时采用专用密封胶进行密封防渗及防锈。

6.3　加工要求

6.3.1　波纹钢管的焊缝和两端法兰焊接采用电弧焊。

当采用外套与管体相同波形的箍圈进行轴向拼接时,箍圈轴向长度应大于5个波距。

6.3.2　波纹板

(1)根据设计的弧度、波形参数和板块尺寸及螺栓孔位进行加工,相邻板件拼接的重叠部分边缘至最外缘螺栓孔距离应不小于50mm,见图5。

(2)拼装时要求相邻板块进行错缝栓接拼装。板件之间不得采用焊接。

(3)接缝位置应偏离最大应力集中的区位。

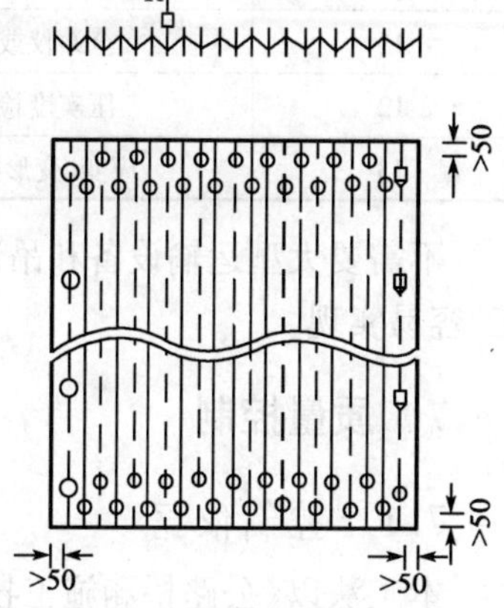

图5　波纹板加工(尺寸单位:mm)

6.4　基础回填材料

6.4.1　基础材料可采用透水性、级配优良的砂砾等粗颗粒材料换填,换填深度不小于1.0m,并应置于最大冻深或最大冲刷线以下0.5m。材料的最大粒径不得超过波距的1/2或不大于50mm。与管接触部分基础要铺设厚度10~15cm的粗砂垫层,其最大粒径应小于等于12mm。

6.4.2　在寒冷冰冻地区,基础用砂砾0.075mm以下粉黏粒含量不得超过3%,同时满足填料最小强度要求、最大粒径要求。

6.4.3　在砂砾材料稀少或砂砾级配较差的地区,可换填碎石、砾石或粗砂及碎石土。

6.5　两侧及管顶以上回填材料

6.5.1　一般地区,两侧及顶部回填材料可采用路基填筑材料。

6.5.2　在寒冷冰冻地区,两侧及顶部一定范围内(如0.5~1m)回填材料采用透水性、级配优良的砂砾等粗颗粒材料,0.075mm以下粉黏粒含量不得超过3%,这一范围以外可采用路基填筑材料。

6.5.3　靠进管体周围0.5m范围内,不允许有大于50mm的石块等硬物。钢波纹管涵的楔形部回填料采用粗砂。

6.6　设备

本施工方法所采用的多是常规小型机具,压实采用手扶振动压路机或采用小于6t的静碾压路机、12t压路机、20t压路机,见表2。

主要施工设备表　　表2

序　号	名称及规格	单　位	数　量	备　注
1	20t运输车	台	2	
2	汽车吊10t	台	1	
3	千斤顶20t	台	2	
4	5t卷扬机	台	1	
5	5t链条葫芦	台	1	
6	定扭气动扳手	套	2	测量控制扭矩
7	6t的静压路机	台	1	
8	12t压路机	台	1	
9	20t压路机	台	1	

续上表

序 号	名称及规格	单 位	数 量	备 注
10	水准仪	台	1	
11	全站仪或经纬仪	台	1	
12	压实度检测设备	套	1	
13	应变、变形检测设备	套	2	

不需要大型运输设备和吊装、安装设备,工艺成熟,操作简便,一般施工单位均可采用本工法进行施工,容易实现。

7 质量控制

7.1 控制依据

本工法以《公路桥涵施工技术规范》(JTJ 041—2000)、《公路工程质量检验评定标准》(JTG F80/2—2004)、《公路路基施工技术规范》(JTG F10—2006)、《公路桥涵用波形钢板》(JT/T 710—2008)、《钢结构设计规范》(GB 50017—2003)、《钢结构工程施工质量验收规范》(GB 50205—2001)等为依据进行质量控制。

7.2 出厂质量检验

7.2.1 钢波纹涵出厂时,必须附有产品质量合格证书。

7.2.2 拼装波纹板涵洞在出厂前应进行必要的预拼装。

7.2.3 钢波纹涵洞出厂时成品允许偏差见表3。管节端面应平整并与其轴线垂直;斜交管涵进出水口管节的外端面,应按斜交角度进行处理。

钢波纹涵洞管节出厂时成品允许偏差 表3

项 目	允许偏差	备 注
管节长度(%)	1	
(跨)直径(mm)	不小于设计	
矢高(mm)	±50	
波形尺寸(%)	3	
管壁厚度(mm)	-0,正值不限	
顺直度(%)	不大于0.2	

7.3 拼装扭矩检测

为了保证达到螺栓扭矩的要求值,在回填之前全面检查结构每一个螺栓,用定扭扳手测定扭矩,确保每一个螺栓扭矩满足要求。

7.4 截面变形测量与控制

7.4.1 钢波纹管涵在刚刚组装完毕之后、回填过程中、刚刚施工完毕后都要测量截面的形状。测量不同位置三处以上。

7.4.2 组装完毕后在开始回填前的截面尺寸偏差不超过设计的±1%,如超出,应重新校正组装。

7.4.3 回填开始至涵顶填土结束钢波纹管截面尺寸偏差应在允许变形范围 $-1\%\ D < D < 2\%\ D$ (D 为直径)之内,最大挠度不超过±2%。如截面变形量超过变形范围时,应立即终止施工并组织查明原因,采取措施将变形量控制在该范围内。

7.5 防腐控制及处理

7.5.1 钢波纹管或板在运输装卸过程中,应采取防碰撞措施,避免管或板损坏或碰伤防腐蚀层,装卸应采用吊具进行,禁止采用滚板或斜板卸管。

7.5.2 现场施工应对局部的防腐涂层缺陷采取有效的补救措施。

7.6 外观要求及施工实测项目

7.6.1 钢波纹涵洞安装线形必须直顺,管口与路堤边坡坡度应一致。

7.6.2 钢波纹涵洞连接应紧密,防水密封有效。

7.6.3 钢波纹涵洞防腐层应均匀,达到设计要求。

7.6.4 钢波纹涵洞施工实测项目见表4。

钢波纹涵洞施工实测项目 表4

项 次	检 测 项 目	规定值或允许偏差	备 注
1	基础压实度%	≥设计要求	每涵不少于3处
2	轴线偏位(mm)	≤50	经纬仪测量不少于3点
3	涵底流水面高程(mm)	≤20	水准仪测量不少于3点
4	涵洞长度(mm)	≤+100,-50	
5	回填压实度(%)	≥设计要求	各层不少于3处
6	管身顺直,进出水口平整,无阻水现象。帽石及一字墙或八字墙等平直,无翘曲现象		

8 安全措施

8.1 安全注意事项

涵洞开挖、拼装施工工程,在公路工程中具有特殊性,存在一些区别于常规作业的不安全因素,其中包括:

(1)拼装结构提升系统的作业安全;

(2)高空坠物、基坑下物体高空坠落;

(3)基坑积水、坍塌。

8.2 安全措施

(1)加强职工培训工作,对参加施工的全体人员全面的进行安全技术培训,经考试合格后发证,持证上岗。

(2)认真执行各级安全生产岗位责任制,坚持安全检查活动,及时处理安全隐患。配备一名安全员,建设"平安工地"。

(3)施工人员必须扎好安全带、戴好安全帽。

(4)定期检查基坑积水和基坑边坡稳定性,发现问题及时处理。

(5)拼装起吊要由跟班队长或组长统一指挥,所有人员服从跟班队长或组长统一指挥。

(6)起吊提升到板材时最大提升高度为涵顶上方1m,防止高空坠落。

9 环保措施

9.1 建立以项目经理任组长的环境保护领导小组,制订管理程序,明确各职能部门的职责,专门负责施工中的环境保护工作。

9.2 建立文明施工区域负责制,实际包干分工负责。

9.3 施工现场设备、材料摆放整齐、施工用管线、敷设标准化。

9.4 施工场地周围保持清洁无杂物,无积水。

9.5 施工管理牌板及开挖施工图板悬挂整齐。

9.6　项目部与当地环保部门联合建立环境保护检测点,对环境质量进行跟踪检测。

9.7　精心保护原有植被,保护野生动物;对施工废弃物和生活垃圾集中运至指定垃圾处理场进行处理。

9.8　工程完工后对工程可恢复地进行植被恢复。

10　资源节约

10.1　采用小波深的中纹波纹管波形,将传统小孔径涵洞波纹管的参数为:壁厚 3 ~ 5.5mm、波距 140 ~ 150mm、波深 60 ~ 70mm,优化为壁厚 2.75 ~ 5mm、波距 110 ~ 140mm、波深 20 ~ 45mm(实用新型专利证书 200720102625.4),在满足使用要求的前提下,可使钢板消耗量降低 21%;成本降低 30%。

10.2　涵洞基础可将常规混凝土涵洞的混凝土或圬工基础改为砂砾换填,减少水泥应用和砂石的开采,主体结构采用波纹状薄壳钢结构,刚度大,与常规混凝土涵洞相比较总体节能 30% ~50%。

11　效益分析

11.1　采用小波深的中纹波纹管波形,钢板消耗量降低 21%;成本降低 30%。

11.2　由于完善了工艺流程,大大减轻了施工的劳动强度,减少施工操作人员,提高了工效,缩短了工序循环时间,降低了施工成本。该工法实质就是在保证工程质量的前提下,通过严格的管理和技术创新来缩短建设工期,具有显著的经济效益和社会效益。

1)经济效益

本工法显著提高施工速度。孔径小于等于 4m 时,波纹管涵洞与混凝土盖板涵、石拱涵造价基本相当,部分涵洞节省 5.9% ~6.4%,工期节省 20 ~ 50d。ϕ5.0m 波纹管涵洞造价与小桥造价基本相当,工期节省 35d。ϕ6.0m 波纹管涵洞与石拱涵相比,节省造价 18.2% ~23%,工期节省 50d 以上,见表 5。

造价分析表　　表 5

项目名称	原结构造价(万元)	波纹管涵洞造价(万元)	节省造价(%)	节省工期(d)
沿海高速唐山段	盖板涵,18	ϕ2.0m,16.84	6.4	29
青兰高速公路	石拱涵,260	ϕ6.0m,200	23	50
河北保唐二级公路	5m 混凝土盖板涵,25	ϕ2.5m,25.9	基本相当	34
承唐高速公路	石拱涵,330	ϕ6.0m,270	18.2	56
西柏坡一级公路	盖板涵,85	ϕ4.0m,80	5.9	50
张家口市赤城崇礼二级公路	小桥,90	ϕ5.0m,89.8	基本相当	35

2)社会效益

(1)汶川地震对四川山区道路破坏严重,多发山体滑坡、路基崩塌、桥涵坍塌等病害。为保证公路通畅,实现抢通,运输救灾物资和伤员,采用钢波纹管涵洞抢修道路,缩短了抢修时间,保证了结构安全,成效显著,得到了广元地区政府和群众的赞扬,并特地发信表示感谢。

(2)此工法机械投入简单,速度快,适合大孔径涵洞施工,工艺简洁流畅,便于推广应用。

(3)优质高效涵洞工程为公路提供适应变形和控制涵洞跳车的优异性能,为公路防灾减灾、安全运营提供了必要的保障。

(4)为施工企业积累了丰富的施工经验,提高了企业的知名度,带动了企业施工技术进步,提高了我国钢波纹涵洞的建设水平。

12 应用实例

12.1 项目1:青兰高速公路邯郸至涉县段第24合同段

青兰高速公路邯郸至涉县段第24合同段(K163+650~K170+405)长6.755km,地处河北省南部邯郸市境内,是河北省“五纵六横七条线”高速公路主骨架6鲁冀界(聊城—邯郸—涉县—冀晋—长治)的重要路段。既是西煤外运的大通道和内陆与沿海联系的大动脉,又是连接邯郸西部各旅游景点及其运送矿产资源的主干道。青兰高速公路邯郸至涉县段主线自青兰高速公路馆陶(鲁冀界)经邯郸、史村、磁山、冶陶,止于涉县更乐。

该高速公路穿越地形、地貌复杂,既有低山丘陵,又有黄土阶地、冲沟、河流及陷落柱、采矿影响。鼓山以东主要为太行山山前丘陵地带,冲沟发育,地势变化大,但工程地质条件较好。鼓山以西,主要为山前黄土台地、河谷、低山、丘陵等。采用钢波纹管涵洞数量共10道,其中大孔径钢波纹管涵洞3道,详见表6。

青兰高速24标金属波纹管一览表 表6

序 号	构造物名称	中心桩号	交角(°)	涵长(m)	跨径(m)
1	大孔径钢波纹管涵洞	K169+055	70	123.38	1-6
2	大孔径钢波纹管涵洞	K169+194	90	65.2	1-6
3	大孔径钢波纹管涵洞	K168+509	50	112.68	1-6

本项目总开工日期:2007年10月26日。钢波纹管施工开工日期为2008年4月6日,完工日期为2008年9月底。

应用本工法拼装回填施工涵洞施工,技术措施简捷高效,各工序之间衔接紧凑,解决了拼装回填施工难题,保证了工程质量,缩短了工期,节省了工程投资,社会和经济效益明显。

12.2 项目2:邢峰二级公路,2009年9月~2009年10月

邢峰二级公路(K0+000~K16+418)全长16.418km,起点北黄沙村北峰峰磁县交界处,为顺接邢峰公路。终点为冀豫界子岗村南与河南省省道大岗公路相接。公路按双向两车道二级公路标准建设(山岭重丘区)。全线采用整体式路基,设计宽度12m。项目所在区域属于太行山余脉,沿线构造类型复杂多样,丘陵起伏,主要地貌类型有山区、低山区丘陵、漳河谷地等。工程采用钢波纹管涵洞数量共4道,其中大孔径涵洞2道,详见表7。

邢峰公路金属波纹管一览表 表7

序 号	构造物名称	中心桩号	交角(°)	涵长(m)	跨径(m)
1	金属波纹管涵洞	K1+715	90	17	1-5
2	金属波纹管涵洞	K11+638	90	24	1-3

项目总开工日期:2009年8月10日。钢波纹管施工开工日期为2009年9月10日,完工日期为2009年10月20日。

涵洞施工简单、快捷,和混凝土构造物相比,工期大大缩短,社会和经济效益明显。

12.3 项目3:衡水中湖大道一级公路,2009年10月

衡水中湖大道一级公路位于衡水市区,应用单位为衡水市桃城区公路管理站。由于衡水中湖大道的修建,衡水衡丰电厂输水管道与道路交角不足20°。为确保工程质量和输水管线的安全,经项目建设指挥部与衡丰电厂协商,电厂输水管线在K4+953.28处垂直横穿道路,需在管线周围采用钢波纹管涵(3.5×2.9m)外包防护,并在洞口两侧设置检查井,该涵洞已建成通车,涵长41m,管顶填土高度1.7m。

采用半幅施工的方式,保证在不断交通的情况下施工简单、快捷,施工用时10d,和混凝土构造物相比,工期大大缩短,社会和经济效益明显。

12.4 其他项目

本工法还在沿海高速唐山段、河北保唐二级公路、承唐高速公路、西柏坡一级公路、张家口市赤城崇礼二级公路中应用,效果明显,未出现任何问题。

工法应用于中铁十七局第四工程有限公司施工的连霍国道主干线永登至古浪段高速公路第6合同段,工程所处地(位于甘肃天祝县)海拔2 700~2 800m,气候属于祁连山高寒亚干旱区,年平均气温为0℃,年最低气温达-35℃,冰冻期为11月至次年3月,年积雪日数100d,土壤最大冻结深度149cm。合同段内有两座直径4m的钢波纹管涵,涵长分别113m和101m,涵顶填土厚度均在20m以上,其中K2392+611涵施工时间为2009年7月17日~2009年8月6日,K2393+650涵施工时间为2009年7月28日~2009年8月16日,每座波纹管涵施工时间少于20d,大大缩短了施工工期,为高路基填筑施工创造了条件,加快了工程总体进度。两座钢波纹管涵洞施工过程中未发生安全事故,节省各项费用约23万元,完工后的钢波纹管涵质量合格,且经过一个冬季后未发现任何质量病害。

钢框架组合模板施工工法

GGG(京)C4142—2010

马 瑞 田云涛 冯 波 李世英 叶春琳
(北京市公路桥梁建设集团有限公司 安通建设有限公司 北京市市政工程研究院)

1 前言

近年来,随着建设部门对混凝土外观质量的重视及对混凝土表面装修的限制,原有的木模板、通用组合钢模板已经不能满足其作为混凝土模板面板的使用要求,取而代之的是大面积酚醛漆复合胶合板。但在实际工程应用中,酚醛漆复合胶合板模板背肋材料是此项工艺的关键。目前,复合胶合板的背肋形式尚无国家统一的标准和规范。北京市公路桥梁建设集团有限公司自北京京石高速公路京周立交桥现浇预应力混凝土箱梁施工中设计开发模板组合钢框架以来,经过十余年、十几座大型桥梁工程经验的积累及工艺改进,最终形成了钢框架组合模板的定型产品和与之配套的施工工法。

在2009年北京市房山区五渡桥工程中,桥梁的桥台、承台、墩柱、盖梁等大体积混凝土构件的施工均使用了钢框架组合模板,此种施工工艺显著改善了混凝土外观质量,明显降低了施工成本、大幅提高了施工机械化程度,且缩短了施工工期。同时,钢框架组合模板的重复使用符合国家绿色、环保、可持续发展的要求,在获得较好经济效益的同时,也获得了较大的社会效益。

该工法经过北京市多个桥梁项目的工程实践,已日趋完善和规范。该工法关键技术在北京市交通委员会组织的成果鉴定会上顺利通过,达到国际先进水平。其中,《模板组合钢框架》已获得实用新型专利(专利授予号:200920314278.0)。

2 工法特点

2.1 在型钢焊接成的钢框架平面上"平铺"面板的方式形成模板,具有原材料通用易得、安装工艺简单、支撑便捷、施工机械化程度高、以钢代木节约资源、利于环保、材料周转率高、可降低成本等优势。

2.2 以钢框架型材作为背肋材料,大大提高了钢框架组合模板的刚度,可选用酚醛漆胶合板、竹胶板、钢塑面板等多种材料作为面板,易于保证混凝土的外观质量。

2.3 组合钢框架尺寸模数规范化,既可大批量生产,又可快速便捷的进行框架临时分割及组拼,可适用于不同形状混凝土结构物的施工。

3 适用范围

本工法适用于公路、市政基础设施建设领域中大体积混凝土模板施工,如桥台、基础、墩柱、盖梁、现浇箱梁等。另外,也可以应用于其他建筑领域中现浇混凝土结构的模板施工。

4 工艺原理

4.1 利用钢框架强度高,面板光洁平整、可更换的特点,将面板平铺固定于钢框架上,形成模数化的钢框架组合模板。

4.2 选择模板面板平接的方式,接缝平顺严密,保障了混凝土外观质量。

5 工艺流程及操作要点

5.1 工艺流程

工艺流程见图1。

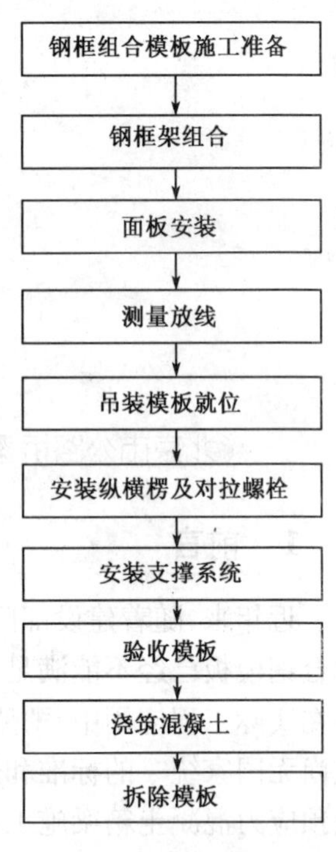

图1 工艺流程图

5.2 操作要点

5.2.1 施工准备

在钢框架组合模板工程施工前,应根据结构图纸综合考虑施工机械设备、材料及现场施工条件,全面组织模板工程施工准备工作,主要包括模板工程设计,现场施工人员技术交底,施工机械、设备及材料准备。

1)模板工程设计

(1)根据图纸计算出结构面板外形尺寸,并组织安排标准钢框架胶合板组合模板和异型板布置,绘制出模板拼接设计图。

(2)标准模板钢框架及其配件制作

采用8号槽钢制作钢框架的外肋,40mm×80mm×4mm方钢做背肋,相互焊接成一个1 200mm×2 400mm×80mm的钢框架,背肋横向间距(通长长肋)30cm,纵向间距(夹缝短肋)30cm,外肋组合连接孔ϕ20mm,间距30cm。将连接胶合板用的三角形钢板进行焊接(4cm×4cm)并在其中心位置钻6mm孔洞,并于平头螺丝栓连接。槽钢、方钢、三角板之间的焊接应满足《钢结构工程施工质量验收规范》(GB 50205—2001)。标准钢框架胶合板见图2。其他配套连接件,如阴角、阳角连接件可按实际情况单独订做。

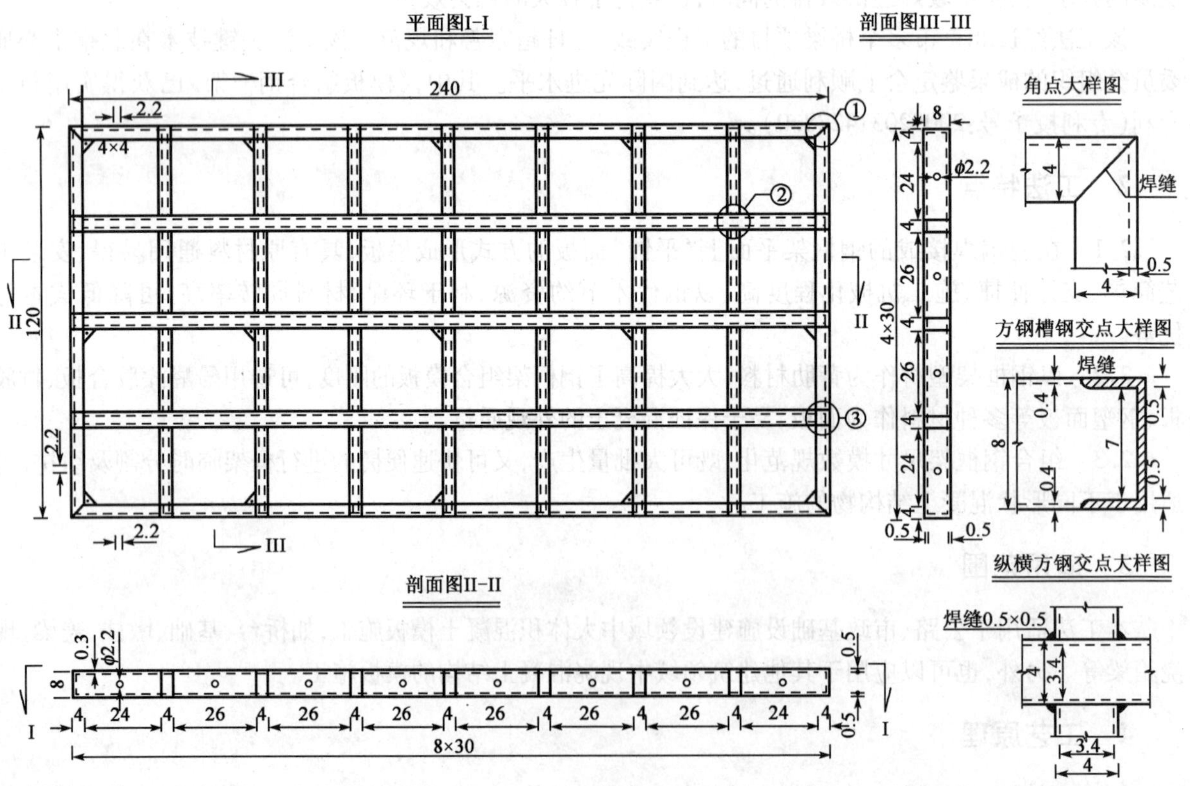

图2 模板组合钢框架设计图(尺寸单位:cm)

(3)根据工程经验及施工条件确定钢框架支撑方式,根据受力形式确定框架外纵横背楞规格、排列方式和对拉螺栓或支撑布置情况。

(4)根据结构形式和施工条件确定模板荷载,并进行模板和支撑的强度、刚度及稳定性验算。

(5)绘制全套模板设计图:标准板、异型板、组装图、角模、节点大样图和零部件加工图,统计模板及配件规格、型号及数量。

(6)根据施工进度,确定模板合理配置数量和周转使用计划。

(7)对单位模板进行编号,编写出模板安装及拆卸说明书。

2)现场施工人员技术交底

对模板安装人员应进行全面的技术交底,使其了解模板施工流程,并熟练掌握拼接组装、支撑加固和拆除技术。

3)材料及施工机械设备准备

(1)模板钢框架宜工厂制作,到场后应核对验收;循环使用的钢框架应进行检查,经检验或修复后合格的方可使用。模板钢框架应严格按照程序进行堆放和装车倒运。平行叠放时,避免碰撞,底层钢框架应垫离地面不小于10cm,立放时,必须采取防止倾倒措施,保证其稳定性。

图3 标准钢框架拼装

(2)面板材料应选择刚度、密实度、吸水率指标合格的胶合板。

(3)根据施工组织设计和施工现场实际情况配备必要的吊装设备和运输设备。

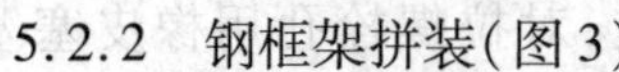

5.2.2 钢框架拼装(图3)

用工字钢制作钢框架组拼平台,按照组装图将每个结构面的钢框架拼装组合,保证拼装后框架整体平整、无翘曲。拼装面大小应根据吊装能力确定。

5.2.3 面板安装(图4、图5)

钢框架拼装成形后,在其上安装面板,面板采用小螺丝与钢框架固定。为保证面板拼接严密,拼接前将面板边缘刨平,在相邻两块面板拼缝间夹填双面胶或海绵等材料。

图4 安装胶合板

图5 胶合板刨边

5.2.4 测量放线

根据设计图纸,在模板支撑位置平面上放出模板内边缘线,并放出距内边缘10~20cm的模板位置控制线,模板内边缘线和模板位置控制线用墨盒弹出。

5.2.5 吊装模板就位

按照组装图自下而上安装模板。根据结构大小和吊装能力,可按面拼装或按节段拼装。模板基础必须与底脚预埋钢筋支拉牢固,并设三角木楔支顶牢靠。在模板安装后采取防漏浆措施。

安装模板时,应做好临时支撑,确保安全及就位准确。按面拼装施工时,应尽快完成模板闭合工作,通过角模将各面连接牢固。

复杂结构的模板安装还需和钢筋绑扎穿插配合施工,对于有芯模的结构,应注意芯模的固定,防止上浮,如图6、图7所示。

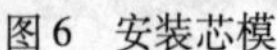
图6 安装芯模

图7 绑扎顶面钢筋

5.2.6 安装纵、横楞及对拉螺栓

当模板较高时,采用加纵、横楞及对拉螺栓的组合形成抱箍对模板进行加强。先安装内楞,内楞可在钢框架拼装时提前用铅丝绑扎于钢框架背部。然后安装外楞,并将对拉螺栓就位。纵、横楞宜采用整根杆件,接头应错开设置,搭接长度不应小于200mm。实际施工时可单设纵楞或横楞。穿越结构的对拉螺栓应外套硬质PVC管,并固定于两侧模板上,对拉螺栓孔用橡皮塞塞堵严密。

5.2.7 安装支撑系统

在结构模板四周设风缆或斜撑,以保证模板的整体稳定性。风缆用细钢丝绳制作,并固定于事先埋置在结构周边的地锚上,风缆与地面夹角宜为60°,预埋地锚与结构距离宜为3/4结构高。用全站仪控制,调整结构模板位置和垂直度。

5.2.8 模板验收

对照模板工程设计方案和施工规范进行模板施工检查验收。

5.2.9 混凝土浇筑

浇筑前检查预埋件是否到位,浇筑分层,每次浇筑厚度不大于30cm,振捣应充分密实。

5.2.10 模板拆除

混凝土强度达到设计或规范要求后,方可拆除。拆除模板的顺序按照先非承重部位,后承重部位以及自上而下的原则进行。先拆掉模板风缆或斜撑,撤出对拉螺栓,卸掉抱箍,再把连接每面模板的角模卸掉,然后用撬棍轻轻撬动模板,使模板与混凝土面脱离,再用吊车吊走。

5.2.11 模板在周转期的使用维护

(1)模板在拆除时应轻拿轻放,避免磕碰、损坏边角。面板和钢框架分离时不能生拉硬拽。

(2)钢框架拆分后,及时清理其上残存的水泥浆体。

(3)设置专用平整有棚场地,用于分层放置钢框架和面板,防止暴晒及雨淋。

6 材料及设备

本工法材料与设备可见表1。

钢框架组合模板材料与设备表 表1

序 号	材料/设备名称	规格/型号	用 途
1	钢框架	Q235/2.4×1.2m Q235/1.2m×1.2m Q235/0.6m×1.2m	组成模板
2	面板(酚醛漆胶合板,竹胶板,钢塑面板)	2.44m×1.22m×0.012m	组成模板
3	阴阳角模	5×7.5cm 角钢	模板连接
4	连接螺栓	ϕ18 mm	模板连接
5	吊车	25t	拆装模板
6	平头螺栓及螺母	ϕ5mm	组成模板

7 质量控制

7.1 技术规范

结构施工质量执行《公路工程质量检验评定标准》(JTG F80/1—2004)。钢框架焊接满足《钢结构工程施工质量验收规范》(GB 50205—2001)。模板安装符合《公路桥涵施工技术规范》(JTJ 041—2000)。

7.2 质量控制具体指标

质量控制针对钢框架模板、胶合面板、模板安装三部分展开。

钢框架模板制作时的允许偏差以钢模板制作允许偏差控制进行,见表2。

钢框架模板制作允许偏差 表2

项 目		允许偏差(mm)
外形尺寸	长和高	0,-1
	肋高	±5
面板端偏斜		≤0.5
连接配件(螺栓、卡子等)的孔眼位置	孔中心与板面的间距	±0.3
	板端中心与板端的间距	0,-0.5
	沿板长、宽方向的孔	±0.6
板面局部不平		1.0
板面和板侧挠度		±1.0

胶合板安装时的允许偏差,见表3。

胶合面板实测项目允许偏差 表3

检 查 项 目	允许偏差(mm)	检 验 方 法
表面平整度	3	用2m直尺和塞尺量
相邻两板面高低差	2	用尺量
面板高程	5	水准仪

组合模板安装时的允许偏差,见表4。

模板安装允许偏差　表4

项　目		允许偏差(mm)
模板高程	基础	±15
	柱、墙和梁	±10
	墩台	±10
模板内部尺寸	上部构造的所有构件	+5,0
	基础	±30
	墩台	±20
轴线偏位	基础	15
	柱或墙	8
	梁	10
	墩台	10
装配式构件支撑面的高程		+2,-5
模板相邻两板表面高低差		2
模板表面平整		5
预埋件中心线位置		3
预留孔洞中心线位置		10
预留孔洞截面内部尺寸		+10,0

8　安全措施

8.1　安全保证方针是:遵守法规、强化管理、落实责任、确保安全、预防为主、加强保护。合理安排施工生产,落实安全保证措施。严格执行施工规范、操作规程,杜绝“违章指挥、违章作业、违反操作规程”行为。

8.2　按照“五项”(综合治理、管生产必须管安全、否决权、从严治理、标准化管理)原则,建立安全保证体系。

8.3　开工前必须对施工队伍进行书面的安全交底,注明施工中应注意的事宜与禁止事项。

8.4　严格按照施工规范和安全操作规程施工,施工现场各种安全防护措施必须设置齐全,严禁违章操作野蛮施工。

8.5　各专业工种使用、操作施工机具时,严格执行本工种、本机械的安全操作规程。机械设备设专人负责检修,不得带病运转,不准超负荷作业。

8.6　多工种作业时,必须设专人负责,统一指挥,相互配合。所有进入施工现场人员,必须按规定佩戴安全帽等个人劳动保护用品,凡不符合安全规定者,严禁上岗。

8.7　吊装模板必须选择足够吨位的吊车进行作业。

8.8　模板吊装前,要仔细检查模板拼接是否牢固,吊点选择是否正确。

8.9　加强对施工现场易燃易爆物品的管理,保证消防安全。

9　环保措施

9.1　面板加工时需加设隔音罩,降低噪声污染。

9.2　面板加工时产生的边角料,应及时清理并集中堆放。

10 资源节约

钢框架可重复使用,周转率高;面板可选择的种类丰富且更换灵活,也可根据对混凝土外观的不同质量要求多次使用,非常适合各种类型的大体积混凝土施工。

与普通钢模板或其他类型模板比较,其混凝土外观质量较好;与特制定型钢模板相比造价低廉,在保证一定周转率的情况下,能大幅度的节约社会资源。

配合异形件可以组装成各种类型的桥梁构件所需模板形式,使得制作和安装方便简捷,可靠性强。另外,本工法的模板安装采用机械化施工,加快了施工进度,大大缩短了工期。

11 效益分析

11.1 房山五渡桥工程

11.1.1 经济效益

以表5给出的不同材料模板单价计算,同时考虑钢框架以周转100次为基础,木材按照周转3次计算,胶合板消耗按照外露面周转2次,隐蔽工程周转10次计算。

不同材料模板单价比较　　表5

项　目	钢　框　架	钢　模　板	木　模	备　注
制作单价(元/m^2)	325 + 30 = 355	675	70 + 30 = 100	钢模板已扣残值
租赁单价[元(m^2·d)]	—	0.5	—	

(1)承台:房山五渡桥工程共有大承台2座,长宽高 = 16m × 11.5m × 4m,单个大承台侧面积 = 220m^2。施工工期需要60d。

采用钢框架组合模板(周转2次):(325/100 + 30/10) × 2 × 220 = 2 750 元

采用租赁钢模板:0.5 × 220 × 60 = 6 600 元

节约成本 = 6 600 − 2 750 = 3 850 元

(2)过渡墩:房山五渡桥工程共有过渡墩4个,长宽高尺寸约为3m × 1.5m × 5m,单个过渡墩面积 = 45m^2。

采用钢框架组合模板(周转4次):(325/100 × 4 + 30/1 × 2) × 45 = 3 285 元

采用订制一套钢模板:675 × 45 = 30 375 元

节约成本 = 30 375 − 3 285 = 27 090 元

(3)主墩:房山五渡桥工程共有主墩2个(共4个支点墩),长宽高按照平均尺寸 9m × 5m × 12m 计算,平均单个支点墩面积 = 336m^2。

采用钢框架组合模板(周转2次):(325/100 × 2 + 30/1) × 336 × 2 = 24 528 元

采用订制钢模板:675 × 336 × 2 = 453 600 元

由于主墩为异型墩,钢框架需加工异形件,异形件加工扣除残值后总费用约需10万元。

综合节约成本 = 453 600 − 100 000 − 24 528 = 329 072 元

(4)盖梁:房山五渡桥工程共有盖梁6片,长宽高尺寸为6m × 2.6m × 1.9m,需做一套侧模模板,周转6次使用。单个盖梁模板面积 = 1.9 × 6 × 2 = 22.8m^2。

采用钢框架组合模板:(325/100 × 6 + 30/1 × 3) × 22.8 = 2 497 元

采用订制一套钢模板:675 × 22.8 = 15 390 元

节约成本 = 15 390 − 2 497 = 12 893 元

(5)系梁:房山五渡桥工程共有系梁2个,折算尺寸计算的面积 = (2.8 × 4 + 8.1) × 30 = 579m^2。与常规自制木模板比较。

采用钢框架组合模板(周转2次):(325/100 × 2 + 30/1) × 579 = 21 134 元

采用自制木模板:(70/3 ×2 +30/1) ×579 =44 390 元

节约成本 =44 390 -21 134 =23 256 元

(6)桥台:房山五渡桥工程 0 号桥台为大桥台,尺寸为 19m ×6m ×3m,面积 =(19 +6) ×2 ×6 = $300m^2$。与常规自制木模板进行比较。

采用钢框架组合模板:(325/100 +30/2) ×300 =5 475 元

采用自制木模板:(70/3 +30/2) ×300 =11 500 元

节约成本 =11 500 -5 475 =6 025 元

综上统计:房山五渡桥工程模板共节省费用:3 850 +27 090 +329 072 +12 893 +23 256 +6 025 = 402 186(元)

11.1.2 社会效益

房山五渡桥工程在施工过程中,充分利用了钢框架组合模板的特点,既保证了工程质量,又提高了工作效率。钢框架模板的大面积使用,不仅节约了大量的木材而且还减少了模板用钢量,符合国家倡导的发展低碳经济需要及节能环保要求,达到了绿色环保、节能降耗的目的。

11.2 机场南线(京承高速公路~东六环路)公路工程第 5 标段

11.2.1 经济效益

说明:钢框架以周转 100 次为基础,木材按照周转 3 次计算,胶合板消耗按照外露面周转 2 次,隐蔽工程周转 10 次计算,见表 6。

表 6

项　目	钢 框 架	钢 模 板	木　模	备　注
制作单价(元/m^2)	325 +30 =355	675	70 +30 =100	钢模板已扣残值
租赁单价[元(m^2 · d)]	—	0.5	—	

(1)承台:机场南线(京承高速公路~东六环路)公路工程第 5 标段

共有承台 91 座,主线承台类型分别有 D、F、G 类,高度分别为 2.15m、3.2m、3.2m,共 57 座,匝道承台类型分别有 B、C、C1 类,高度分别为 1.65m、2.15m,共 34 座。由于承台类型较多,为便于计算承台长宽高尺寸按 8m ×6m ×2.15m 折算,单个承台侧面积 $=60m^2$。需做 8 套模板。

采用钢框架组合模板(周转 12 次):(325/100 ×12 +30/10 ×12) ×60 ×8 =36 000 元

采用订制钢模板:675 ×8 ×60 =324 000 元

节约成本 =324 000 -36 000 =288 000 元

(2)盖梁:机场南线(京承高速公路~东六环路)公路工程第 5 标段

共有盖梁 55 片,盖梁类型分别有 G23、G25、G26、G30、G34、G36、G37、G38、T6、T7 类,高度分别有 1.6m、2.7m、3.4m 三种。为便于计算,长宽高尺寸按 11m ×1.8m ×1.6m 折算。施工时需做 5 套侧模模板,周转 11 次使用。单个盖梁模板面积 =1.6 ×11 ×2 = $35.2m^2$。

采用钢框架组合模板:(325/100 ×11 +30/2 ×11) ×35.2 ×5 =35 332 元

采用订制钢模板:675 ×35.2 ×5 =118 800 元

节约成本 =118 800 -35 332 =83 468 元

综上统计:机场南线(京承高速公路~东六环路)公路工程第 5 标段共节省费用:288 000 +83 468 = 371 468 元

11.2.2 社会效益

机场南线(京承高速公路~东六环路)公路工程第 5 标段在施工过程中,采用钢框架组合模板施工工法施工,既保证了工程质量,又提高了工作效率。特别在承台部位钢框架模板的大面积使用,节约了大量的木材和钢材的消耗,符合国家倡导的发展低碳经济需要及节能环保要求,达到了绿色环保,节能降耗的目的。

11.3 东北城角联络线第二标段

11.3.1 经济效益

说明:钢框架以周转100次为基础,木材按照周转3次计算,胶合板消耗按照外露面周转2次,隐蔽工程周转10次计算,见表7。

表7

项 目	钢 框 架	钢 模 板	木 模	备 注
制作单价(元/m^2)	325 +30 =355	675	70 +30 =100	钢模板已扣残值
租赁单价[元(m^2·d)]	—	0.5	—	

(1)承台:东北城角联络线第二标段总计承台106座。南线高架桥53座,包括52座承台,1座桥台承台;北线高架桥53座,包括52座承台,1座桥台承台。由于承台类型较多,为便于计算承台长宽高尺寸按5m×6.5m×2m折算,单个承台侧面积=46m^2。需做12套模板。

采用钢框架组合模板(周转9次):(325/100×9+30/10×9)×46×12=31 050元

采用订制钢模板:675×12×46=372 600元

节约成本=372 600-31 050=341 550元

(2)桥台:东北城角联络线第二标段共有桥台2座,折算长宽高=12m×6m×5m。面积=(12+6)×2×5=180m^2。与常规自制木模板进行比较。

采用钢框架组合模板:(325/100+30/2)×2×180=6 570元

采用自制木模板:(70/3+30/2)×2×180=13 800元

节约成本=13 800-6 570=7 230元

(3)盖梁:东北城角联络线第二标段共有盖梁38片。为便于计算,长宽高尺寸按12m×1.6m×1.8m折算。施工时需做4套侧模模板,周转10次使用。单个盖梁模板面积=1.8×12×2=43.2m^2。

采用钢框架组合模板:(325/100×10+30/2×10)×43.2×4=31 536元

采用订制钢模板:675×43.2×4=116 640元

节约成本=116 640-31 536=85 104元

综上统计:东北城角联络线第二标段共节省费用:341 550+7 230+85 104=433 884(元)

11.3.2 社会效益

东北城角联络线第二标段在施工过程中,采用钢框架组合模板施工工法施工,加快了施工进度,保证了施工质量。钢框架模板在承台、桥台和盖梁部位的推广使用,节约了大量的木材和钢材的消耗,符合国家倡导的发展低碳经济需要及节能环保要求,达到了绿色环保,节能降耗的目的。

12 应用实例

12.1 房山五渡桥项目

房山五渡桥位于房山区十渡镇涞宝路西关上,跨越拒马河,分主桥工程、引桥工程两大部分,其中主桥为三角刚架悬吊连续梁桥,引桥为普通预应力混凝土箱型梁桥。工程在2008年10月开工至2009年9月完工。该桥主桥全长173m,跨径纵向布置为46.5m+80m+46.5m。主墩为带刚性系梁的V形墩,呈"▽"形。

根据该桥特点,下部结构具有大体积混凝土结构一般特点,其构件主要有:①主桥主墩下特大承台2个;②变截面空腹V形墩2个;③桥台4座;④"Π"形截面主墩系梁2个。此外还有主引桥过渡墩方形墩柱8个,长方形小承台、系梁11个、盖梁6个。以上结构混凝土总用量约为5 500m^2,本次施工中均采取了钢框架胶合面板组合模板施工工艺。下面就这主要构件的模板施工过程分别展开说明。

1)特大承台模板施工

主桥主墩特大承台基本尺寸16.0m×11.2m×4m,将组合钢框架标准件采用ϕ18 mm螺栓对接,连接形成高4.8 m的大面，用ϕ5 mm安装好复合胶合板，用10cm×10cm方木或5cm×10cm方钢横向间距60cm，用铅丝和框架绑牢加固，用吊车将模板就位，边角处使用阳角配件连接，因为组合钢框架标准件模数与承台的长和宽不符，需要提前制作非标准件加入，该承台模板组合需要40cm×240cm共8块。模板就位后安装横向对拉背楞，也可以采用10cm×10cm方木或5cm×10cm方钢竖向间距80cm成对设置，最后安装ϕ16 mm对拉螺栓。

2)变截面空腹V形墩模板施工

变截面空腹V形墩单侧呈斜片状与盖梁一体，盖梁两头各悬臂出3m。各V形墩尺寸不一，以2号V形墩西半侧为例：墩身正截面宽4.773 m，墩底长为8m，墩顶(盖梁顶)长为17.53m，支点悬空垂直墩高为10.046m(含盖梁高2.2 m)，外倾水平角为38.33°。

因为变截面，所以特别要按图纸外形尺寸计算好空间位置，加工边角异型组合钢框架，组合连接配套使用。

首先处理地基并支搭垂直排架，垂直于地面的碗扣支架搭设步距为60cm×90cm，这样在垂直于V形墩底平面位置上形成75cm×90cm方阵。而后支搭斜向排架，斜向钢管排架搭设步距为75cm×90cm，是主受力排架，以上支架布置为V形墩箱室部分，在V形墩中肋和边肋实心体部位另作加固处理；竖向排架加密，变为30cm×90cm方阵，斜向排架变为37.5cm×90cm方阵。

在斜向排架和垂直排架的顶托上顺桥向设置10cm×10cm方木并调好高程，用吊车将固定好横向方木的组合钢框架分片吊到支架上组拼，逐块安装复合板，帮扎好钢筋，安装侧模、顶摸。在垂直于地面的碗扣支架顶托上的方木边，平行设置一根方木，在两方木间设置对拉螺栓。经验算酚醛漆复合胶木板在底模处厚度采用1.8cm规格产品。

3)“Π”形截面主墩系梁

系梁长度为30.03m。系梁截面均为：支点墩顶区域高度为2.5m，底边宽8.1m，顶边宽6.588m；同一主墩的两支点墩间区域，高度2.0m，“Π”形截面主墩系梁模板支搭特点主要是特殊混凝土外形边角异型处的加固处理。设计好框架异型件及模板对拉或支撑方式。

4)0号桥台

0号桥台承台尺寸1 935.4cm×580cm×150cm，为带桩墙式桥台，前墙高587cm长18.954cm。

桥台承台采用组合钢框架模板，做法和主桥台相同。桥台侧墙、台身也采用组合钢框架模板。内竖楞、外横楞采用10cm×10cm木方。模板面板固定于内楞上，对拉螺栓紧固于外楞上。模板安装时必须先支搭脚手架，安装方式是人工配合吊车作业。

房山五渡桥工程由于主要结构采取了组合钢框架模板施工，施工工艺操作简便、混凝土外观质量良好，获得了显著的经济效益和社会效益，达到了预期的质量、成本控制目标。

12.2　机场南线(京承高速公路～东六环路)公路工程第5标段

由北京市公路桥梁建设集团有限公司承建的机场南线(京承高速公路～东六环路)公路工程第五标段，标段起止桩号为K7+300～K8+539，标段全长1 239m。工程内容包括南北主线桥和Z1、Z3、Z4匝道。施工工期为2006年7月～2008年6月。该工程竣工后通过了四方验收，符合设计、规范标准的要求。

该工程在承台和盖梁部位，采用钢框架组合模板施工工法施工，确保了承台和盖梁结构的外观质量，结构尺寸符合设计及规范要求，外露面光洁无裂缝。该工法在保证混凝土外观质量的同时又加快了施工进度，在本工程上取得了成功的应用。

12.3　东北城角联络线第二标段

由北京市公路桥梁建设集团有限公司承建的东北城角联络线第二标段，位于东北城角联络线的二环路到新东路段，上跨北环水系河道、左家庄西街、香河园街、新东路，包括南线、北线2个高架桥的一部分。施工工期为2004年1月～2006年1月。该工程竣工后通过了四方验收，符合设计、规范标准的要求。

东北城角联络线作为市区与空港之间快速客运走廊，是北京市城市客运系统的重要组成部分。该工程在承台、桥台和盖梁部位，采用钢框架组合模板施工工法施工，确保了承台、桥台和盖梁结构的外观质量，结构尺寸符合设计及规范要求，外露面光洁无裂缝。该工法利用模数化“模板组合钢框架”关键技术，在保证混凝土外观质量的同时又加快了施工进度，在本工程上取得了成功的应用。

该工法施工操作简便，钢框架可周转使用，面板可灵活更换，形成的钢框架组合模板拼接迅速、拆装方便，适用范围广，该工法不仅保证了混凝土结构质量而且降低了施工成本，还节能环保。该工法的关键技术及施工工艺具有国内领先水平，技术先进，操作简单，易于推广，非常值得在其他工程中推广应用。

倾斜型预压式钢—混结合段施工工法

GGG(京)C4143—2010

孙文龙　马　瑞　范　良　田云涛　龙佩恒

(北京市公路桥梁建设集团有限公司　北京市市政工程研究院　北京市建筑工程学院)

1　前言

随着钢—混结合段在桥梁工程中的大量应用,发展出多种多样的连接形式,而预压式连接是其中一种较新的结构形式,这种结构施工工艺复杂,给施工带来了较大的难度。钢—混结合段的施工精度及质量控制成为此种桥梁结构施工的关键技术难点,直接影响到桥梁的受力性能,决定桥梁的运营安全。

房山五渡桥是国内外首例三角刚架悬吊连续梁桥,作为主要承重结构之一的三角钢塔架,采用倾斜型钢—混结合段与中跨V形墩固定连接,形成理论跨径为80m,理论轴线矢高为50m的桥梁主跨。为了保证钢—混结合段的连接强度,设计中采用施加高强螺栓预压力加强钢—混结合段与混凝土基座的结合工艺。针对该桥独特的倾斜型预压式钢—混结合段设计,北京市公路桥梁建设集团有限公司进行了深入的技术研究,总结出一套适用于带高强螺栓预压力的倾斜型钢—混结合段的施工工法,可为今后类似工程借鉴。

该工法经过北京市五渡桥项目的工程实践,已日趋完善和规范,综合效益良好。该工法关键技术在北京市交通委员会组织的成果鉴定会上顺利通过,达到国际先进水平。

2　工法特点

2.1　通过增加型钢提高结合段基座钢筋骨架刚度,采用千斤顶调整混凝土基座斜面上镶嵌的钢板,以满足混凝土基座上的钢板与钢塔底板间连接面严密平整的设计要求。

2.2　将结合段钢塔结构分为连接面底板和塔身主体两部分,分步吊装施工,采用砂箱和钢楔对塔身主体的倾斜度进行调节。

2.3　塔身主体与底钢板采用单坡口后垫扁钢进行焊接,焊接顺序需考虑变形的影响。

2.4　塔身内混凝土上端三角区采用高强度等级水泥浆加压注浆处理措施,以确保结合段钢塔主体内部混凝土的密实。

2.5 结合段塔身内混凝土中的接长高强螺栓与混凝土间无黏结,待混凝土强度满足设计要求后再将高强螺栓紧固加压到设计要求。

3　适用范围

适用于钢—混结合段采用施加预压力结构形式的施工,其倾斜角为任意角度。

4　工艺原理

4.1　利用增加型钢以提高结合段基座钢筋骨架刚度,有效保证调平钢板的稳定,采用千斤顶微调将其精确定位。

4.2　为保证结合面平整严密,钢塔底板与塔身主体分体就位,并采用单坡口、后垫扁钢、逐次焊接工艺,以消除钢塔底板与塔身合体焊接次应力。

4.3 通过对无黏结的高强螺栓施加预压力,保证钢—混结合段的有效结合。

5 施工工艺流程及操作要点

5.1 工艺流程

工艺流程见图1。

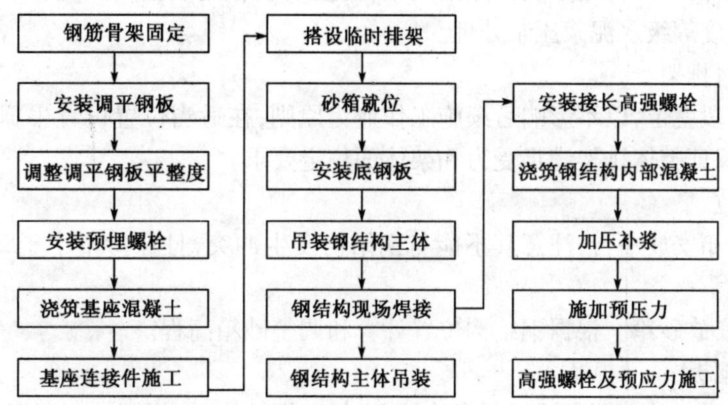

图1 工艺流程

5.2 操作要点

5.2.1 钢筋骨架加固固定

绑扎钢筋骨架,为防止钢板压迫,出现较大变形,在钢筋骨架内上中下三个部位,横向各加设一道16号工字钢,提高基座钢筋骨架的整体刚度。

5.2.2 安装调平钢板

安装预埋于基座内的调平钢板。为保证基座连接面混凝土保护层厚度和调平钢板与钢筋骨架连接准确、牢固,须在钢筋骨架连接面调平钢板下方周边焊一圈定位钢筋(常采用 ϕ22mm,如调平钢板尺寸较大,可在钢筋圈内再加设几道定位钢筋),并在定位钢筋范围内设一层14号钢筋网片。

定位钢筋在焊接就位时,应做好测量控制并适当降低高度(3~5mm的调节预留量),以利于后续调整作业的操作。

用吊车将调平钢板吊起,吊点设在钢板两上边角和下边线中点。就位时先确定底边线中点位置,然后是底边角位置,到位后点焊牢固,再进行上边线坐标位置的测量确定。

5.2.3 精确校准调平钢板平整度

控制点定位完毕后,进行调平钢板整体平整度和角度校准。平整度控制在1/3 000L(L为调平钢板的边长)。

在对应侧角点拉小线,间距15~20cm进行量测,如有不合适,在对应位置穿入工字钢,并在其下方设千斤顶支撑以便于进行调整,调整到位后点焊牢固,并在钢筋骨架内加设定位钢筋将钢板定位。

5.2.4 安装预埋高强螺栓

调整完毕后,安装基座内预埋高强螺栓和钢筋网片。高强螺栓与调平钢板紧固,并加设钢筋进行固定定位。

5.2.5 浇筑基座混凝土

调平钢板安装完毕后,应尽快进行混凝土施工,防止调平钢板受其他外界因素影响发生移动或变形。

浇筑前,用胶布将外露的高强螺栓头包裹严密,防止浆体污染。浇筑过程应监测调平钢板是否发生变位。

由于基座连接面为倾斜面,为防止在浇筑混凝土过程中连接钢板后方出现空洞问题,除加强振捣外,还应采取以下措施:

(1)放慢混凝土结构三角区的浇筑速度。

(2)将混凝土浇筑至高于基座顶面设计高程20cm以上,在混凝土初凝之前将多余混凝土部分清除,修整基座外观。

待混凝土达到设计强度后,用小皮锤敲击钢板,检查钢板和混凝土之间是否有空洞。如有小空洞,可钻眼并采用高一强度等级水泥浆压浆处理。

5.2.6 搭设临时排架

为便于钢结构节段就位,以不影响后续施工作业为原则,在适当位置设置牛腿,并对相应位置的临时排架进行加密,以保证整体排架满足受力和架体的稳定要求。

5.2.7 砂箱就位

用工字钢搭设砂箱安放平台,注意其不能与钢结构发生冲突,且保持不小于20cm的距离,以便于接口调整和焊接施工。

根据牛腿位置,安放砂箱。根据钢结构位置计算和调整砂箱高程。

5.2.8 安装底钢板

为保证钢结构底面与基座调平钢板紧密连接,在加工钢结构时,将钢结构底钢板与主体钢结构分开安装(即先不焊接)。底钢板应按实测预埋高强螺栓位置进行高强螺栓孔钻孔加工,并根据底钢板重心位置和基座倾斜角度计算出吊点位置,一般吊点为3个,以保证钢板在吊装过程中保持平整。

在调平钢板上测出底钢板控制点及控制线位置,一般以角点和中线作为控制点和控制线。由于基座有角度,在调平钢板上测出对应底钢板底边线,在线下焊两小钢板作为定位挡块。

安装时,底钢板底边先落在挡块上,然后缓慢向下倾放钢板,高强螺栓孔对准预埋高强螺栓位置后,再利用控制点、线进行钢板微调,就位后点焊固定,并及时将螺母拧紧。

5.2.9 吊装钢结构主体

复测钢结构底钢板与对应钢结构底节段四角位置处的坐标及高程,根据测量结果进行钢结构主体底接口的切边调整,以保证钢结构倾斜角度准确。

由于钢结构采用斜接形式,应预先计算确定钢结构主体的重心位置,确定吊点,以便于钢结构吊装就位。钢结构主体一般设四个吊点,上面的两吊点需加设手动葫芦,以便进行倾斜角度的调整。

钢结构主体应预先设置定位线作为控制线,在底钢板上对应主体的底口底边线及侧边线位置,分别各焊接两个自制L形钢板(L形钢板底厚度为焊接缝宽)作为纵横向定位挡块。

钢结构主体在工厂预加焊支点牛腿,起吊前,先检查牛腿是否水平,起吊后,检查牛腿与钢结构主体倾角是否合适,如有误差,用手动葫芦进行调整,直到满足要求。

吊装就位时,钢结构主体牛腿和底口分别落在砂箱和纵向定位装置处,横向以一侧横向定位桩控制,就位后,检查底口中线是否满足要求,如需微调,可根据实际情况在底口插入钢楔进行调整。

5.2.10 钢结构现场焊接

钢结构就位后,进行钢结构主体与底钢板焊接施工。焊接工艺根据现行《铁路钢桥制造规范》(TB 10212—2009)的要求在产品制造开工前进行。

焊接环境温度必须在+5℃以上、相对湿度在80%以下。当环境条件不能满足需要时,可采取局部预热(预热范围为焊缝两侧,宽度50~80mm,预热温度80~120℃)的方法,创造局部施焊环境。钢板厚度为25mm以上时进行定位焊、正式焊接前应进行预热,预热温度80~120℃,预热范围为焊缝两侧,宽度50~80mm。具体焊接工艺要求如表1所示。

焊接顺序为先两侧腹板、然后顶板、最后底板,焊接腹板时从上向下对称焊,焊接完成一道后换个位置,不能等整道焊缝焊接完成后再进行下一焊缝的焊接。此外,焊接过程中要时时进行变形监测。

焊接施工工艺要求 表1

序　号	焊缝名称/质量等级	焊接方法、焊接位置及焊接材料	坡口形式	焊接工艺参数	焊接工艺评定编号
钢结构主体与底钢板（焊缝质量等级：I级）	CO_2 半自动焊；焊丝：ER50-6；焊丝直径：ϕ1.2mm	20；壁板外侧 N8任意侧；30×5扁钢；10；35° +5° 0°；N6/N7；7~9；30；（单位：mm）	焊接电流：140~300A 电弧电压：24~36V 焊接速度：25~50cm/min	HP-II-317	注意壁板坡口方向，N8坡口方向以方便焊接为宜

变形矫正方法：钢板对接（如底板、腹板、顶板等）采用反变形控制法。对于构件变形采用火焰矫正法，火焰矫正禁止浇水。对于主次纵梁采用火焰或机械矫正法。

焊接完成后，按规范或设计要求进行焊缝检测。焊缝内部无损检测按照设计要求的焊缝级别，依据《公路桥涵施工技术规范》（JTJ 041—2000）17.2.7 的规定执行；超声波探伤按现行《钢焊缝手工超声波探伤方法和探伤结果分级》（GB/T 11345—1989）执行；射线探伤应符合现行国家标准《金属熔化焊焊接接头射线照相》（GB/T 3323—2005）的规定。

5.2.11　安装接长高强螺栓

钢结构焊接完成后，安装连接套筒以便于连接高强螺栓。高强螺栓外侧采用 PVC 薄管作为无黏结预应力套管。为保证浇筑时的混凝土浆体不漏入套管内，在套管两端加设橡皮套塞。安装时，接长高强螺栓与预埋螺栓之间需通过套筒拧紧，顶部螺母暂不拧紧。

5.2.12　浇筑钢结构内部混凝土

混凝土浇筑前，先检查高强螺杆数量和其他预埋钢筋情况，满足要求后方可进行混凝土浇注。由于有钢结构隔板存在，浇筑过程中容易产生空鼓不密实缝隙的现象，可采用高强度等级浆体，用补压浆法进行填补处理。

5.2.13　施加预压力

待钢结构内混凝土达到设计强度后，采用定扭矩扳手将接长高强螺栓顶部螺母按设计要求拧紧施加预应力。施加力时应对称进行，先左右，然后上下，分次分步对称施加。

6　材料与设备

本工法使用材料可见表 2。

施 工 主 要 材 料 表2

序　号	材 料 名 称	规格/型号	用　途
1	焊条	ER50-6	钢板对接
2	水泥浆体	M40	压浆填充
3	定位挡块	12×40mmA3 钢板	定位
4	工字钢	16 号	调平

本工法使用设备可见表 3。

施 工 主 要 设 备 表3

序　号	设 备 名 称	规格/型号	用　途
1	支架	盘式或碗扣	支撑
2	砂箱	D=250mm	定位

续上表

序号	设备名称	规格/型号	用途
3	吊车	160t	安装
4	半自动切割机	—	钢结构底口切割
5	二氧化碳气体保护焊机	NB-500	钢结构焊接
6	全站仪	拓普康	测量定位
7	手压千斤顶	50t	调整
8	压浆设备	ZB4-500	压浆填充
9	手动葫芦	5t	调整
10	应力扳手	300kN	施加预压力

7 质量控制

7.1 技术规范

本工法应满足以下规范要求:

《公路桥涵施工技术规范》(JTJ 041—2000);

《铁路钢桥制造规范》(TB 10212—2009);

《公路工程质量检验评定标准》(土建工程)(JTG F80/1—2004)。

7.2 质量控制具体指标

节点处质量要求可分基座、连接面底钢板和钢结构主体三部分。

7.2.1 基座(表4)

基座质量控制具体指标　表4

项次	检查项目	规定值或允许偏差	检查方法和频率
1	长度(mm)	符合设计要求	尺量:每边
2	宽宽(mm)	符合设计要求	尺量:每边
3	调平钢板与基座面高差(mm)	2	尺量:每侧3~7处
4	调平钢板纵向平整度(mm)	1/3 000L	3m直尺:每处
5	调平钢板横向平整度(mm)	1/3 000L	3m直尺:每处
6	预埋件偏位(mm)	3	尺量:每个
7	混凝土强度(MPa)	在合格标准内	按JTG F80/1—2004附录D检查

注:①混凝土基座外观无裂缝、气泡,调平钢板与混凝土间无空洞。

②调平钢板外观检查:钢板无翘曲、变形、开裂、锈蚀现象。

③L为调平钢板边长。

7.2.2 连接面底钢板(表5)

连接面底钢板　表5

项次	检查项目	规定值或允许偏差	检查方法和频率
1	长度(mm)	符合设计要求	尺量:每边
2	宽宽(mm)	符合设计要求	尺量:每边
3	厚度(mm)	符合设计要求	尺量:5~8个
4	平整度(mm)	1/3 000	3m直尺:每处
5	与调平钢板间隙(mm)	<3	尺量:每边3~5处

注:底钢板外观检查:钢板无翘曲、变形、开裂、锈蚀现象。

7.2.3　钢结构主体

(1)采用的钢材和焊接材料的品种、规格、化学成分及力学性能必须符合设计和有关技术规范的要求。

(2)制作前必须进行焊接工艺评定试验,评定结果应符合技术规范的要求,并制订实施性焊接施工工艺。施焊人员必须具有相应的焊接资格证和上岗证。

(3)钢梁安装时的允许偏差,见表6。

钢梁安装允许偏差　表6

项次	检查项目		规定值或允许偏差	检查方法和频率
1	轴线偏位(mm)	钢梁中线	10	经纬仪:测量2处
		两孔相邻横梁中线相对偏位	5	
2	梁底高程(mm)	墩台处梁底	±10	水准仪:每支座1处,每横梁2处
		两孔相邻横梁相对高差	5	
3	连接	焊缝尺寸	符合设计要求	量规:检查全部
		焊缝探伤		超声:检查全部 射线:按设计规定,设计为规定时按10%抽查
		高强螺栓扭矩	±10%	测力扳手:检查5%,且不少于2个

(4)外观鉴定

①钢箱梁内外不得有凹陷、划痕、焊疤、电弧擦伤等缺陷,边缘应无毛刺。

②焊缝均匀平滑,无裂纹、未熔合夹渣、未填满弧坑、焊瘤等外观缺陷。

7.3　质量控制技术措施

7.3.1　建立健全全面有效的质量保证系统、严格按照全面质量管理要求,对各工序进行检查,达到规定要求后,方可进行下一步施工。

7.3.2　施工前应对各种机械设备进行调试检验,各种测量仪器均需经过计量部门检验,标定合格后方可使用。

7.3.3　基座施工应重点检查调平钢板平整度($<1/3\,000L$)、预埋高强螺栓数量及位置。基座倾斜角度需按控制点坐标进行严格控制。

7.3.4　钢结构底钢板与调平钢板连接应紧密,最大间隙不超过3mm为宜。

7.3.5　钢结构加工应满足规范要求,连接接口无毛刺、锈蚀和变形情况。

7.3.6　钢结构现场焊接严格按照焊接工艺进行施焊,焊缝按要求进行质量检测。

7.3.7　基座混凝土和钢结构内部混凝土强度等级满足要求,填充必须保证密实。

7.3.8　加长螺杆必须紧固到位,预压力采用应力扳子逐个检查。

7.4　质量控制管理方法

7.4.1　做好厂家构件加工进展和现场结构施工进度的计划安排,并根据现场进度及时调整构件加工的速度。

7.4.2　做好现场实测数据的整理并及时反馈到构件加工厂和监控方,以便对构件进行调整。

7.4.3　钢结构吊装前,应收集近况天气情况和未来天气预报,选择合适的温度、时间进行钢结构吊装和焊接作业。

8 安全措施

8.1 做好人员分工安排和机械设备布置工作,做到分工明确,责任到人;吊装作业应听从信号指挥、遇有大雨、大雾或六级大风等恶劣天气时,应停止作业。

8.2 在钢结构现场吊装、焊接施工过程中,作业人员配备绝缘劳动工具,防止发生触电事故;焊接现场应将易燃物清理干净,并配备充足的消防设施。

8.3 施工现场有施工机械安装、使用、检测、自检记录,做到专车专人开,防止施工机械导致的磕碰事故。

8.4 施工前必须搭设好脚手架及作业平台,并在平台外侧设栏杆,加设安全网。

8.5 高处作业人员不得穿拖鞋或硬底鞋,所有高处作业人员应挂安全带,防止高空坠落事故。

8.6 做好对突发事件的预计分析,并做好应对突发事件的应急预案。

9 环保措施

9.1 混凝土余料应及时清理干净,堆放至指定的地点。

9.2 压浆应采取措施防止浆体污染结构及周边环境。

9.3 应做好千斤顶设备检查工作,并在千斤顶设备下方铺设塑料布防止漏油,发生污染。

9.4 尽量减少夜间作业,防止噪声及光线污染。

10 资源节约

优化施工方案,细化施工工序,合理调配各种施工资源,采取有效的施工措施,提高钢—混结合段的施工质量,缩短工期,实现施工的安全、可靠、经济、低耗,达到高精度低成本施工的目的,以获得良好的经济效益和社会效益。

11 效益分析

利用倾斜型预压式钢—混结合段施工工法进行房山五渡桥钢—混结合段的施工,高质量地完成了施工任务,取得了良好的经济效益和社会效益。

11.1 经济效益

11.1.1 节省工期

按计划预计需要45d进行钢混节点处的施工作业,实际施工时,采用倾斜型预压式钢—混结合段施工工法进行施工,2009年4月20日~2009年5月15日只用了25d就完成了施工任务。两个塔座综合估算节约成本:160t吊车租赁费+千斤顶等小型机具租赁费+辅助材料费 +人工费+管理费+其他费用,合计120 000元。

11.1.2 节约成本

钢结构分为底板安装和主体吊装,降低了吊装难度,同时利用便捷有效的施工措施提高了施工精度,减少了机械设备的重复使用。按照计划拟采用2台160t吊车进行吊装,钢结构主体与底钢板分割后,利用定位挡块,采用1台160t吊车作业即可,减少了吊车台班费约32 000元。

综上统计,房山五渡桥工程钢混结合段施工共节省费用:

12 000+32 000=152 000元

11.2 社会效益

该工法施工所需机械设备均为常用设备,辅助材料易得,施工操作简单明了,且该工法安全可靠,对环境不产生污染,利于环保,值得推广应用。

该施工方法填补了我国倾斜型预压式钢—混结合段施工工法的空白,为今后同类工程施工提供了宝贵的施工经验,对指导今后类似结构部位施工具有一定的参考价值。

12 应用实例 房山五渡桥倾斜型预压式钢—混结合段施工

房山五渡桥位于房山区十渡镇涞宝路西关上,跨越拒马河。工程起点桩号 K0+000,终点桩号 K0+550,全长 550m。本桥主桥在两幅主梁间,设置了一个单肋三角形刚架塔。三角形刚架塔下接主墩跨中侧支点墩,并与跨中侧支点墩轴线一致。墩上刚架塔与跨中侧支点墩形成一个理论跨径为 80m、理论轴线矢高为 50m 的上部单肋三角刚架结构。刚架塔与跨中侧支点墩通过刚架塔座进行固定连接。

刚架塔 A 段与刚架塔座间采用施加高强螺栓预压力和设置钢混连接段的模式进行,连接时,首先进行刚架塔 A 段底钢板与刚架塔座预埋钢板的连接,采用连接螺母接长高强螺栓后,浇筑刚架塔内钢混段混凝土,最后在钢混段顶锚固钢横隔板进行接长高强螺杆的紧固。高强螺栓和螺杆均为 10.9S 级 M24 高强螺栓和螺杆,预紧力为 225kN,均采用定扭矩扳手施工。在运营阶段最不利组合效应下,刚架塔座与刚架塔的结合面不出现拉应力。

钢—混结合段如图 2 所示。

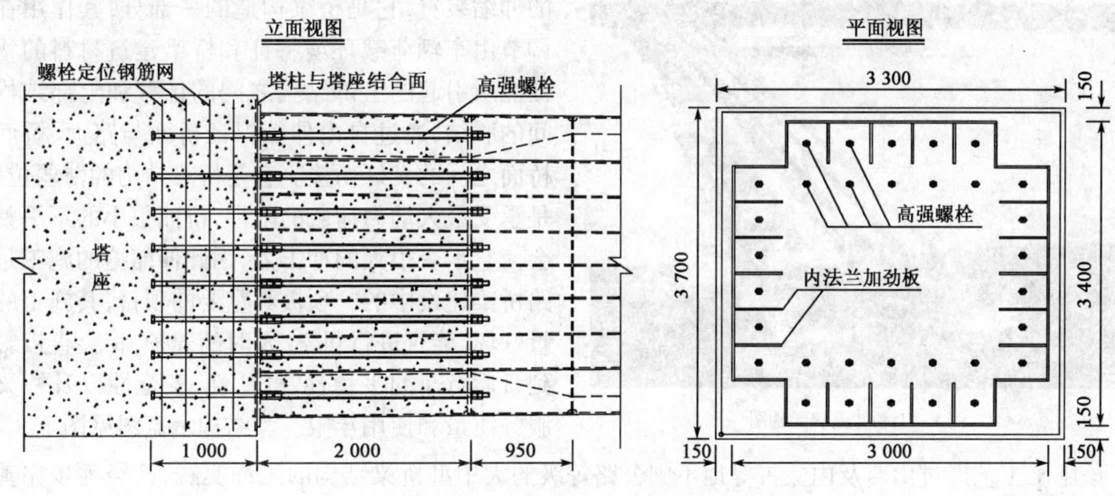

图 2 钢—混结合段示意图(单位:mm)

2009 年 3 ~5 月进行钢混节点处施工,采用本法取得了良好的施工效果,确保了钢结构合龙顺利。

桥梁伸缩缝施工工法

GGG(晋)C4144—2010

张　丽　李保华　王学军　肖华只　孙晓燕
(山西省机械施工公司)

1　前言

在桥梁结构设计中,桥梁伸缩缝通常是在桥的两梁端与桥台之间以及每5孔为1联的墩顶上设置的伸缩装置,它是桥梁构造的一部分,其作用在于调节由车辆荷载环境特征和桥梁建筑材料的物理性能所引起的上部结构之间的位移和上部结构之间的联结,通过自由伸缩保证桥面与路面、桥面与桥面之间的良好衔接。它是桥梁结构的薄弱位置,是承受最大动力荷载的附件,桥面很小的不平整就会使它承受很大的冲击力,因此伸缩缝的施工是公路桥梁建设中的一项极其重要的项目,其施工的质量好坏、能否进行科学、及时的养护,将会直接影响到日后行车的平稳性、舒适性、安全性以及桥梁的服务质量和使用年限。其结构示意图见图1。

图1　毛勒伸缩缝结构图

该施工工艺经过山西及内蒙古等地不同公路等级的大中型桥梁结构的工程实践,已经逐步完善和规范,并取得了较好的社会经济效益。

桥梁伸缩缝施工工法关键技术,2007年1月28日经山西省建设厅工法关键技术鉴定委员会鉴定,该技术达到了国内领先水平。

2　工法特点

(1)伸缩自如,伸缩性能优良。

(2)耐磨、耐腐蚀、抗滑、防水、抗老化性能好。

(3)振动小,无噪声。

(4)使用寿命长,养护方便。

(5)施工安装维修简便。

3　适用范围

本工法适用于高速公路及一、二级公路的大、中型桥梁。

4　工艺原理

伸缩缝装置,是由两个边梁和嵌在边梁鸭嘴内的带状橡胶密封条组成。该种结构通过刚性连接,传递荷载,传力可靠;机械密封、防尘、防水性能好;其弹性支撑能消音减震;两条钢梁之间采用鸟形橡胶条实现伸缩自如功能。从而使车辆在通过路桥衔接处时,能将冲击荷载降到最低,既保证了公路的正常营运,延长了使用年限,又使驾乘人员感觉平稳、舒适。其荷载传递形式见图2、图3。

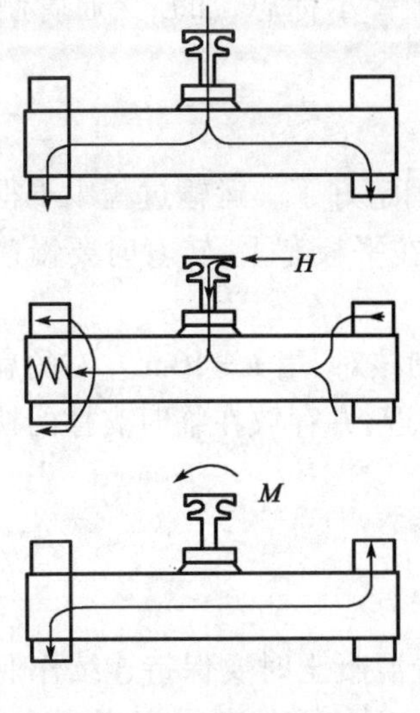

图2 中心梁荷载传递示意

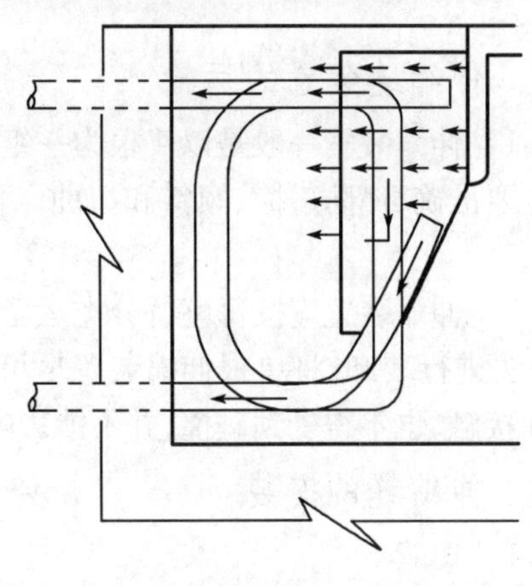

图3 边梁荷载传递示意图

5 施工工艺流程及操作要点

5.1 工艺流程(见图4)

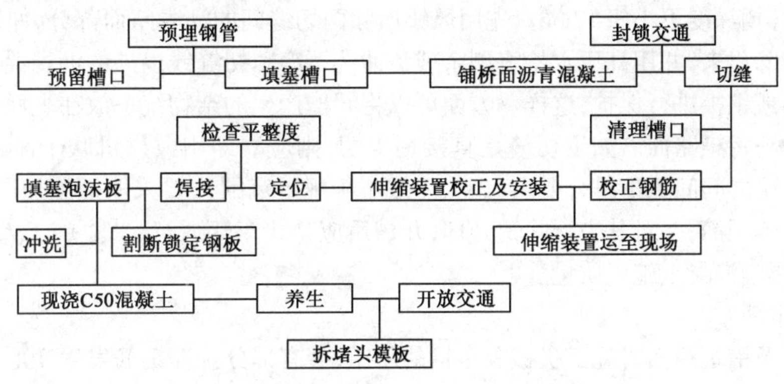

图4 桥梁伸缩缝施工工艺框图

5.2 操作要点

施工准备工作如下。

(1)在预制梁板以及桥台背墙施工时,应按设计要求预埋锚固钢筋,预留槽口。所有预埋钢筋必须按设计要求布置,并且具备可焊性。

(2)梁板安装时,应在设伸缩缝的墩、台上适当调整缝隙的大小,以满足安装伸缩装置所需要的宽度。

(3)为了保证沥青路面摊铺前施工车辆的通行,在槽口内,预埋钢筋之间充填砂或砂性土,其外露部位的顶面应比预埋钢筋顶面高出1~2cm,以保护钢筋不被压坏。

(4)伸缩缝施工前,要求上报详细的施工组织设计方案,要求精心组织、统筹安排,明确责任、职责分明,严格按照施工规范进行控制。

(5)熟悉图纸、安装操作规程,并进行施工操作规程培训,对伸缩缝的位置编号进行检查,对伸缩缝进行顺直度、平整度扭向及间距检查验收工作;机械设备配备齐全,小型机具应全部到位,尤其是发动机,必须检查其完好率,同时确保有一台作为备用,保证整个施工过程的顺利进行;合理选择拌和站及混凝土的运输设备,采取防止路面污染的措施;做好施工警示标志,加强交通管制,确保施工质量。

5.3 伸缩缝装置的运输

5.3.1 伸缩装置一般是以4根为一组,厂家供货时就已经固定好了。运输过程中不得松开螺帽,吊点位置要准确,谨防碰撞、倾斜和扭曲。伸缩装置要整体捆扎在平板车上,转弯时要慢速行驶,以防倾覆。

5.3.2 伸缩装置应按每座桥分类运至桥梁工地,并进行详细核对,用 $L=10\text{m}$ 左右的扁担梁,采用4点吊装法进行装卸,将单根伸缩装置尽可能放在伸缩缝槽口附近,并存放在临时支撑的枕木组上,不要与地面接触,也不得受到碰撞,并不能影响正常施工。

5.4 伸缩缝的安装

5.4.1 切缝

桥面沥青混凝土铺筑完成并养护成型后进行切缝(铺筑沥青混凝土时要保持连续作业,在伸缩缝两边各20m范围内不能停机,以免因机器停止、启动影响伸缩缝周围的平整度,从而影响伸缩缝的安装质量),开始切伸缩缝前,要求必须对沥青路面平整度进行检测,检测结果达到要求时,就根据施工图纸要求确定开槽宽度并准确进行测量放样,一般可拉两道彩色尼龙绳作为切缝参考线,这样能保证切缝尺寸准确、切缝顺直。切缝应保证路面边缘整齐平顺、无缺损。

5.4.2 开槽

用风镐开槽,开槽深度不小于12cm。先用风镐凿除两切缝间的沥青路面部分,伸缩缝开槽后,要将槽口内所有杂物清除出来,并用高压水枪将剩余残渣冲洗干净。切缝线以外的沥青混凝土路面,在开缝前要先覆盖彩条布或钢板进行保护,这样一方面可以将开槽产生的杂物统一放在上面,另一方面可以防止切缝时产生的石粉污染路面。如果切缝是直接用干切,则应立即用鼓风机吹干净,避免造成路面污染。如果发现梁与梁之间间隙不符合要求(即大于或小于规定范围),要采取措施加以处理;应理顺、理直槽内的预埋筋及锚固筋,并对其进行除锈处理,开槽后应禁止车辆通行,禁止施工人员及其他人员在槽两侧边缘踩踏,影响混凝土施工质量。

5.4.3 校正钢筋

由于过往车辆及铺筑路面时施工机械及车辆的碾压,会有部分预埋钢筋发生变形甚至折断,应及时校正并按焊缝要求补焊,以满足预埋钢筋尺寸的要求及安装伸缩装置的要求,最少要保证每侧每1m范围内有两处与预埋钢筋焊接牢固。

5.4.4 吊装

伸缩装置整体长度较长,吊装就位时,易发生变形,如采用钢丝绳实行2点起吊,则会发生较大的弯曲变形,因此,要用25号槽钢2根,焊成“口”字形的铁扁担,并采用4点吊装。

吊装时,吊环下各挂 $\phi16\text{mm}$ 净长100cm的短钢丝绳,用卡具与伸缩缝装置按@2m等距离相连。为防止伸缩装置压坏槽口内钢筋,可沿缝长方向,每隔2m左右安装一根 $12\text{cm}\times12\text{cm}$ 方木作为临时支撑横梁,将伸缩装置平稳地搁在上面,调整好位置,对照伸缩缝装置上的环形钢筋或支撑箱的位置,将预埋钢筋调到正确位置。

5.4.5 安装调整

安装以前检验槽内杂物是否清理干净,特别是桥梁支座间的杂物必须用高压水枪冲洗干净。用自制门架、短道木等组合成调平架,沿缝长2m等间距布置,用挂钩对称地钩在伸缩装置两侧的环形钢筋上,通过调整螺母和调整螺杆高度,抽出临时支撑梁并使伸缩装置顶面与沥青路面大致平顺,调对中,使伸缩装置中心线与实际预留缝中心线重合,误差不得大于3mm;然后调整伸缩装置的高程(其具体操作见示意图5)。在其定位前进行平直度的检查,虽然产品在出厂前已进行过平直度的校正检查,但是考虑到运输途中或装卸对产品的平直度的影响;为确保质量,要求在整个装置安装过程中经常进行顺直度及平整度检测,型钢的顺直度应控制在3mm以内,平整度用3m直尺检查应控制在2mm以内,型钢顶面与沥青路面高差应控制在0~-1mm(用3m直尺进行检查)。发现问题及时处理,避免伸缩装置型钢安装完成后因平整度或顺直度不符合要求而造成返工。

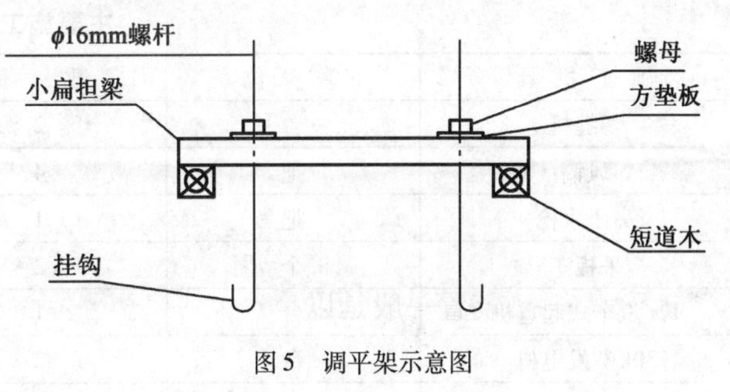

图5 调平架示意图

5.4.6 型钢的焊接

伸缩装置定位后,先将其一侧焊好,使整个装置保持直线和平顺,然后割开锁定钢板,在另一侧,通过螺旋千斤顶,调整伸缩缝隙数值,伸缩装置中型钢安装间隙的确定既与桥梁实际伸缩量和设计伸缩量的实际差值有关(当实际伸缩量比设计伸缩量小时,可考虑适当调小型钢间隙。反之,可考虑适当加大型钢间隙),同时又与安装时温度有关,通常可以在每日最低气温时安装,安装温度与型钢间隙的关系见表1。通过以上操作将伸缩缝隙调整到计算数值后,立即将伸缩装置的环形钢筋与预埋钢筋焊好,整个焊接过程中要采用分段点焊加固的方法,以免型钢过热产生变形,焊接采用高质量的焊条,逐条焊接,先焊接顶面,再焊接侧面,最后焊接底面,确保焊接质量。

安装温度与型钢间隙的关系表(型号:80型) 表1

安装温度	40℃	40℃	35℃	30℃	25℃	20℃	15℃	10℃	0℃	-5℃
间隙(mm)	10	15	20	25	30	35	40	50	60	70

5.4.7 钢纤维混凝土浇筑

型钢定位锚固和铺设路面层钢筋后,二次清理槽内垃圾,用高压水冲洗干净并将间隙堵塞,经监理验收合格后,方可浇筑钢纤维混凝土;浇筑过程中要随时检查混凝土配合比的坍落度是否满足要求,以确保刚纤维混凝土质量;混凝土必须浇筑密实、平整、无蜂窝,平整度在0~-2mm范围内,并一次浇筑,保证整体性;混凝土振捣应采用两侧同步振捣的方法,至泛浆、不再有气泡为止,确保振捣密实,对一些死角的地方,尤其应注意混凝土的振捣密实性;振捣密实后用刮杆将混凝土表面刮平,平整度一般应控制在低于路面高程2mm。

5.4.8 养生

混凝土初凝后应在其表面覆盖麻袋进行洒水养生,使混凝土保持湿润状态。养护时间不小于15d;养生期间应由专人进行交通管制,做好防护或封闭措施,在离桥头两侧设立指示、警示标志,严禁车辆及行人通行,确保伸缩装置两侧混凝土强度满足设计要求后,才能开放交通。

5.4.9 安装橡胶条

经过养生、混凝土达到设计强度的50%以后,方可安装橡胶条。安装前应再次对缝内杂物进行清理,以免杂物夹在缝内,影响混凝土的伸缩性。橡胶止水条安装应平整,长度适当,并做到整洁,外表美观、顺畅。

6 材料与设备

6.1 所选用的伸缩装置必须通过部级认证、资质可靠、信誉较好、产品质量佳,符合《公路桥梁橡胶伸缩装置》(JT/T 327—2004)的要求,且出厂时应附有效的产品质量合格证明文件。

6.2 所选用的橡胶止水胶带、型钢、钢筋、锚固件等材料其物理性能均应满足规范要求。

6.3 主要施工机具(见表2)

主要施工机具表　　表2

施工机具	单位	数量	用途
切缝机	台	2	用于切缝
风镐	把	4	用于凿除两切缝间的沥青
高压水枪	把	1	用于冲洗剩余残渣
平板车	个	2	用于伸缩装置的运输
12t 汽车式起重机	台	1	用于吊装伸缩装置使其准确就位
30kW 发电机	台	2	用于施工全过程的发电
电焊机	台	2	对缝内预埋钢筋和型钢安装进行焊接
螺旋千斤顶	各	2	用于准确调整伸缩缝的空隙
混凝土搅拌机	台	1	用于伸缩缝处混凝土的浇筑
插入式振动器	个	3	用于伸缩缝混凝土浇筑后的振捣

7　质量控制

伸缩缝施工过程中,对切缝、开槽、型钢安装、浇筑混凝土等各道工序的施工均应进行认真的自检和抽检,验收合格后方可进入下一道工序,同时对型钢安装、浇筑混凝土等重要工序均要全过程控制。

7.1　主控项目

7.1.1　缝宽:符合设计要求,用钢尺量,每道检查2处。

7.1.2　与桥面高差:不大于2mm,用尺量,每道检查3~7处。

7.1.3　长度:要符合设计要求,每道均用尺量。

7.1.4　纵坡:一般伸缩缝要求为±0.5%,用水准仪测量纵向锚固混凝土端部3处;大型伸缩缝要求为±0.2%,用水准仪沿纵向测伸缩缝两侧3处。

7.2　一般项目

横向平整度:不大于3mm,用3m直尺对每道伸缩缝进行检查。

7.3　外观鉴定

伸缩缝无阻塞、渗漏、变形、开裂现象;伸缩缝锚固牢靠、伸缩性能有效。

7.4　成品保护

伸缩缝施工期间,首先要采取封闭式施工,其次要保证两周内经常对成品进行覆盖洒水养生,直至混凝土强度达到100%。

8　安全措施

由于伸缩缝施工要在封闭交通的条件下进行,所以为保证施工期间的安全和文明施工,根据国家、地方(行业)有关安全的法规,应采取以下安全措施。

8.1　在施工过程中认真贯彻"安全第一,预防为主"的方针,成立以项目经理为第一负责人的安全生产领导小组,严格执行国家,交通部和地方有关安全生产管理规定。

8.2　施工前,应有针对性地对施工人员做出安全技术交底,利用各种宣传工具,采取多种形式强化全员安全意识。

8.3　施工期间,做好施工警示标志,加强交通管制,杜绝安全隐患。

9　环保措施

9.1　建立环保体系管理机构

项目经理部建立以项目经理为首的,安全环保部为主管部门,各施工队为主体的生态环境保障体系，根据本合同段的施工区域的生态环境特点，依据有关环保法律，法规有关规定，实行生态保护领导负责制，从思想、组织、过程、检查、效果、目标、经济七个方面控制环保工作。

9.2 加强环保教育

加强组织管理，层层强化环境保护意识，印制相应的环境保护宣传资料，在本标段开展环境保护宣传，张贴标语和设立标语牌，对生态环境保护全过程跟踪监督检查，监控、量测、比较，对结果进行总结反馈，及时了解情况，采取相应的对策措施，严格奖惩制度，确保施工及生态环境保护工作的落实，组织全体员工，对自然环境和生态环境及《中华人民共和国环境保护法》的学习，充分认识和提高环保及水土保持的重要性。

9.3 防治粉尘、污染物

伸缩缝处混凝土浇筑前应在缝两侧铺上塑料布，保证不污染路面，施工完成后应及时清理干净施工现场。

9.4 其他

施工时做到施工器件、材料及产品堆放整齐、设备布置妥当，垃圾及时清理干净。

10 资源节约

10.1 施工简便，充分利用材料性能，节约材料。

10.2 工序衔接紧密、缩短了工期、降低了成本，对沥青路面破坏少，桥梁结构影响小。

10.3 工艺先进、成熟，具有人员少，设备简单，操作安装方便等优点，施工质量高，劳动力投入少。

11 经济效益分析

该工艺总体特点是：节约材料，工序衔接紧密、工期缩短，造价低，对沥青路面破坏少，桥梁结构影响小；同其他施工方法相比较提高工效近20%以上，具有良好的经济效益和社会效益。

该工艺流水化作业，降低了工人的劳动强度，经过多年来的实践证明，较好的使用效果和维修方便；因此，在大中型桥梁中有较广泛的适应性，前景广阔。

12 工程实例

12.1 实例一

太原绕城高速公路第七合同段全长8.8km，2004年2月5日开工，2004年9月30日竣工，桥梁设计荷载为汽车—超20级，挂车—120。本标段共有分离式互通立交2处，中桥2座，计长129m，大桥1座，计长307m，伸缩缝单根长12.47～17.64m。安装10道伸缩缝共用了6d时间，速度快，总体质量好，行车舒适平稳。

12.2 实例二

青海至银川国道主干线山西省汾阳至柳林高速公路第六合同段，起讫桩号为K23+200～K36+500，全长13.3 km，2003年3月1日开工，于2004年10月进行质量鉴定。所承建的K32+970长200m大桥被厅质检站评为优良工程。其中，6道伸缩缝装置安装良好，伸缩自如，行车平稳。

12.3 实例三

呼包高速公路第一合同段留宝窑大桥及阿善沟大桥，伸缩缝总长达192m，安装验收一次合格且在2004年质量鉴定中被评为内蒙古优良工程。

数控弯曲机精确加工钢筋构件施工工法

GGG(浙)C4145—2010

陆海峰　焦　岩　黄　平　王绍科
(顺吉集团有限公司)
罗惠清　蔡永春　谢义宝　吴荣军　余运喜
(福建省闽西交通工程有限公司)

1　前言

目前,在我国高等级公路建设中,钢筋的加工质量受到了越来越高的重视,钢筋的加工设备和加工工艺也在不断地创新和发展。传统的钢筋弯曲是由人工控制电机的启动、停止,使钢筋弯曲到所需的角度。这种方法效率低,比较耗费劳动力,而且难以实现较好的精度。采用先进的数控弯曲机进行钢筋加工,实现对钢筋弯曲的全机械操作,微机编程控制,加工精度高,同时可以批量加工,生产效率大大提高。

顺吉集团有限公司与福建省闽西交通工程有限公司分别通过承建的浙江丽水至温州高速公路土建项目第十合同和丽龙高速公路龙泉段第五合同段工程、福建双永高速公路 A4 标和 A6 标的实际应用,不断总结,形成本工法。本工法很好地解决了钢筋加工的精度问题,工效高、质量稳定,且大大节约了劳力和成本,钢筋加工成型件的结构尺寸偏差完全可以满足设计和规范要求。

2　工法特点

2.1　机械化程度高,科学简便

数控弯曲机采用数字控制,操作简单、自动测长、自动弯曲夹紧、快速成型。在微机上先进行参数设置和图形编辑后,仅需 1 人操作,便可批量生产。

2.2　加工精度高,质量稳定

采用数控微机编程,钢筋加工成型件的结构尺寸精度较高,能够满足设计规范允许的偏差要求,并且具有较好的稳定性。

2.3　生产效率高,节约工时

平均每日加工量 5 500 根,可代替 12 名工人,是传统加工设备产量的 10 倍以上。

2.4　适用性强,节约成本

可加工直径 10 ~ 32mm 的成型钢筋,并可完成多达 20 个角度以上的角度图形;设备投资小,日产量高,大大节约了工人成本。

3　适用范围

本工法适用于各类工程中钢筋直径 10 ~ 32mm,弯曲最大曲边尺寸 ≤ 12m,弯曲边最小长度≥0.09m的钢筋加工。

4　工艺原理

本工法涉及一种数控钢筋弯曲机,包括转盘、传感轴、变速齿轮箱、数字控制装置及电动机,其特征是:电动机与传感轴连接,传感轴与数字控制装置相连的同时还与变速齿轮箱连接,变速齿轮箱与转盘连接,转盘位于加工平台上。工作原理是:通过数字控制装置,输入钢筋所要弯曲的角度,启动电动机,数字控制装置同时监测传感轴的转数,当传感轴转到转盘预先设定的角度所对应的转数时,数字控制装置内的控制系统使转盘停止转动,从而按预先设定的角度实现对钢筋的弯曲加工。

5　施工工艺流程及操作要点

5.1　工艺流程(图1)

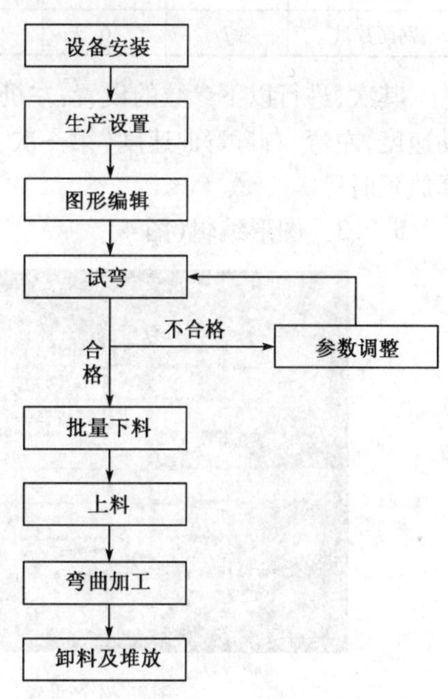

图1　数控弯曲机钢筋加工工艺流程图

5.2　操作要点

5.2.1　设备安装

1)场地布置

钢筋加工场需设置钢筋加工棚,场地应根据实际情况集中布置,可划分为原材料堆放区、钢筋下料区、加工制作区、半成品堆放区以及废料堆放区,并做好硬化处理和排水设施。为方便材料转运及存储,宜配备桁吊或龙门吊,并能覆盖整个区域。区域设置应注意以下几点:

(1)原材料堆放区宜根据便道路口就近设置,材料进场吊装时,尽量不通过加工制作区,以免造成施工干扰;

(2)钢筋下料区和半成品堆放区可设置在加工制作区两侧,既方便上料、卸料又互不干扰;

(3)加工制作区要确保数控弯曲机周边1m内有安全隔离措施进行安全防护,防止钢筋不规则时对人员产生伤害。

2)设备安装

数控弯曲机(图2)安装前,应根据设备安装图纸准备足够的场地,做好场地地面的找平和开挖地脚槽等准备工作。

安装之前应准备好符合设备要求的电源和气源等生产条件。

操作台到主机之间应保持≥2m的间距,这样工人可以自由通过,并减少对控制系统的影响。

图2　数控弯曲机

设备周边应留足够的人行通道,便于操作和设备维护。

操作台操作人员必须侧对或正对设备,这样可以注意到设备的生产情况,一旦出现意外情况便于及时采取措施。

生产线全部安装就绪后,首先须检查电源指示灯是否点亮,若亮则说明电源正确。其次须启动电机按钮,检查各电机有无反转的情况,如有则应立即断开电源改变动力线接法。

5.2.2　生产设置(图3)

首先,选择好模具,设置钢筋长度,计划生产,根据钢筋直径的不同,选择每次生产钢筋的根数(表1)。

各种型号钢筋每次可生产的根数　　表1

钢筋直径	10mm	12mm	14mm	16mm	20mm	22mm	25mm	28mm	32mm
钢筋数量	7	6	5	4	3	2	2	1	1

其次,进行以下参数的设置:左机、右机回参距离,挡板距离,左机、右机反弯工作位置,左机、右机移动速度,左弯、右弯弯曲速度(第一次上电速度应放慢,动作正常以后,速度可以加快),夹紧延时、钢筋释放延时等。

5.2.3　图形编辑(图4)

图3　生产设置

图4　图形编辑

图形编辑可以采用如下两种方法。

1)自由编辑

可以根据钢筋设计图纸在微机界面手工编辑图形,并输入尺寸和角度参数,编辑完成按下确认键完成数据存储和传输。

2)图形选择

微机图库内存有45种图形可供选择,可以根据钢筋设计图纸选择相应图形,并进行尺寸、角度设定,编辑完成后按下确认键即可。

5.2.4　试弯(图5)

由于钢筋在弯曲过程中不可避免地产生一定的伸长量,如按理论下料,制作成型的钢筋尺寸往往出现较设计尺寸偏大的情况,因此需要对下料尺寸进行调整(较设计稍短)。并且,由于钢筋直径、弯曲角度、弯曲长度的差别以及弯曲机自身稳定性的因素,在钢筋批量下料前,需要通过试弯确定当班次的下料长度。如果试件检验(图6)合格(几何尺寸符合设计及规范要求),再按照该试件的下料尺寸进行下料。如试件检验不合格,则根据试件的偏差情况对个别参数稍作调整,直至试弯合格。

5.2.5　批量下料(图7)

(1)钢筋表面应清洁,黏附的泥土、油污、浮锈等应在下料前清除;

(2)钢筋调直,可用机械或人工调直,经调直后的钢筋不得有局部弯曲、死弯、小波浪形弯,其表面伤痕不应使钢筋截面积减少5%;

(3)钢筋切断应耕具钢筋型号、直径、长度和数量,长短搭配,先断长料后断短料,尽量减少和缩短钢筋短头,以节约钢材;

(4)采用钢筋切断机下料时,可根据钢筋下料长度的一端设置挡板,既方便定位又能保证钢筋下料尺寸的精度。

5.2.6　上料(图8)

下料后的钢筋可放置于数控弯曲机的承料机架上,再由1名操作人员将钢筋搁置在两个弯轴上,踩下脚踏开关启动夹紧装置,将钢筋在两个弯轴上夹紧。

图5 钢筋试弯

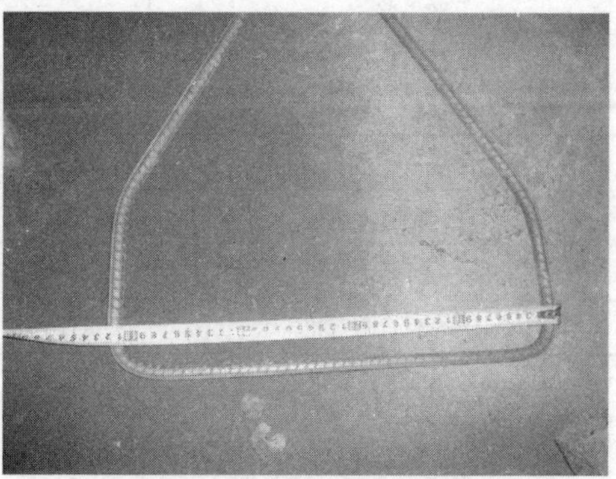

图6 试件检验

图7 钢筋下料

图8 上料

5.2.7 弯曲加工(图9)

钢筋夹紧后,启动程序开关,开始钢筋弯曲加工,电控程序根据设定的程序指令,首先移动弯轴至起弯点位置,进行预定的角度弯曲,再移动至下一个弯点位置进行预定角度的弯曲,依次连贯进行,直至加工成型。

5.2.8 卸料及堆放(图10)

图9 弯曲加工

图10 卸料及堆放

加工完成后,踩下脚踏开关,松开夹紧装置,将钢筋成型件取出,运至堆放区集中堆放。

6 材料与设备

6.1 工程材料

主要工程材料为直径10~32mm钢筋。

6.2 机具设备

主要机具设备见表2。

施工机具设备表 表2

序号	机械名称	规格型号	单位	数量	备注
1	数控弯曲机	尖峰 TJK-G2W32	台	1	钢筋加工
2	钢筋切断机	GQ40	台	2	钢筋下料
3	钢筋调直机	GT4-14	台	1	钢筋调直

7 质量控制

7.1 质量控制要求

执行设计图纸、施工规范和检验评定标准。

7.2 质量控制措施

7.2.1 数控弯曲机需安装在有顶棚、地面干燥的工棚中,基础必须平整、牢靠,尽量避免在阳光曝晒下使用,也不允许在风雪中露天使用,要防风沙、尘埃吹设备及电器控制系统,否则将影响机械寿命和工作稳定性。

7.2.2 材料堆放区应保持地面干燥;钢筋不得堆放在地面上,必须用混凝土墩、砖或垫木垫起,使离地面200mm以上;库存期限不得过长,原则上先进库的先使用。场地四周要有排水措施,堆放期尽量缩短。

7.2.3 钢筋原材料须按规范要求进行抽检,严格控制原材料质量关。

7.2.4 钢筋批量下料前,须通过试弯指导钢筋批量下料,确保钢筋成型件的加工精度。钢筋下料尺寸必须满足设计和规范要求,有弯曲变形的钢筋必须经调直后使用。

7.2.5 数控弯曲机的气源压缩空气必须符合要求,清洁、无潮气。数控弯曲机必须安排专人定期进行检查和保养,保证设备每个部件处于良好的工作状态。

7.2.6 组织操作人员、维护人员进行培训,防止操作和维修不当造成设备故障。

7.2.7 预留、预埋件的安设应位置准确性,避免倾斜现象出现。

7.2.8 安排质检人员对钢筋加工实行过程质量控制,及时检验,发现偏差及时调整。

8 安全措施

8.1 严格执行持证上岗制度,机械操作人员必须熟悉设备的构造、性能及保养规程,熟练掌握机械设备的操作规程。

8.2 作业人员进入施工现场必须穿戴相应的劳动保护用品。作业前应按设备的操作规程进行检查,作业中严格遵守劳动纪律,严格执行相应的安全操作规程和有关的安全规章制度,并做好设备施工、维护、保养纪录。

8.3 数控弯曲机工作平台应稳固,桁吊或龙门吊安装须牢固、稳定,须经标定合格后投入使用。

8.4 起吊钢筋时,下放禁止站人,必须待钢筋降落到地面1m以内方准靠近,就位支撑好才可挂钩。

8.5 钢筋切断机必须牢固。切断小于30cm的短钢筋,应用钳子夹牢,禁止用手把扶,并在外侧设置防护箱笼罩。

8.6 场内施工用电应规范管理,各作业区用电回路分开设置,加设断路器和漏电保护器。

8.7 及时清理设备多余的润滑油和其他油类,以防引起火灾,及时清理各区域的钢筋废料,以防伤害工人。

8.8 在机械设备检修、调试或更换零件时,必须切断电源,安排专人定期检查设备状态,及时排除故障。

8.9 设置安全警示标志、安全操作规程牌、安全标语等。

9 环保措施

9.1 钢筋加工厂应设置完善的排水、排污系统。

9.2 钢筋切断机产生的废渣应及时清理,操作人员应佩戴防护用品,防止金属粉尘对人体造成健康影响。

9.3 钢筋下料产生的短料、废料要合理回收。数控弯曲机维修产生的废品、油污要及时清理。

9.4 尽量选用噪声小的钢筋切断机,如产生噪声较大,则应采取减噪措施,减少对外界的干扰。

9.5 加强施工用电管理,节约施工用电。

10 资源节约

采用本工法施工,大大提高了施工效率,节约了劳力投入。同时由于数控弯曲机加工精度高,能够很好地控制钢筋加工质量,避免了因钢筋不合格而造成的钢筋材料浪费。

11 效益分析

1)进度

采用本工法施工,平均每日钢筋加工量约5 500根,可代替12名工人,是传统加工设备产量的10倍以上,施工进度明显加快,节约了工期成本。

2)质量

由于数控弯曲机较传统设备钢筋加工精度高,更易于控制加工误差,确保钢筋加工尺寸满足设计和规范要求,避免了因钢筋加工不合格造成的返工和材料浪费,对钢筋工程的施工质量提供了有力的保障。

3)成本

目前采用传统加工设备和方法加工钢筋的成本约为300元/t以上,而采用本工法加工钢筋的成本约为130元/t,每吨节约成本170元。

12 应用实例

12.1 丽水至温州高速公路土建项目第十合同

丽水至温州高速公路土建项目第十合同位于浙江省丽水市青田县境内,由顺吉集团有限公司承建,开竣工日期为2003年3月至2005年6月。该合同段全长2 884m,其中路基工程514m,海口—戈溪外村沿江大桥2 370m,连续现浇组合箱梁。合同段内钢筋加工总量7 800t,钢筋采用了加工场集中加工,由于采用了数控弯曲机进行钢筋加工制作,节约成本7 800t×170元/t=132.60万元。尤其是空心板梁钢筋全部采用数控弯曲机加工制作,加工质量和加工工艺得到了业主、监理单位的一致认可,数控弯曲机钢筋加工工艺在全线广泛推广,取得了良好的经济效益,并为公司带来了良好的信誉。

12.2 丽龙高速公路龙泉段第五合同段工程

丽龙高速公路龙泉段第五合同段工程由顺吉集团有限公司承建,原一级公路在2003年1月24日开工,合同竣工日期为2004年12月24日,改高速后工期延长至2006年12月30日。本合同段主要有主要为安仁互通、安仁大桥、黄林源隧道、黄林源分离桥、涵洞24道。钢筋加工总量2 800t,钢筋采用了加工场集中加工,由于采用了数控弯曲机进行钢筋加工制作,节约成本2 800t×170元/t=47.6万元。加工质量和加工工艺得到了业主、监理单位的一致认可,取得了良好的经济效益,也为公司创造了良好的信誉。

12.3 福建省双永高速A4标

A4标位于龙岩漳平市,该项目由福建省闽西交通工程有限公司承建,标段内共有5座桥梁,其中基础钢筋630t,下部结构钢筋797t,上部结构钢筋2 774t,附属结构钢筋349t,合计4 551t。采用传统施工方法,往往在各桥梁场地分散制作加工钢筋,采用小型机具,主要依据人工操作。施工过程存在操作人员投入大,加工质量不稳定,次品损失较高,操作过程损耗大等问题。

A4标钢筋加工,采用本工法,设置大型钢筋加工棚,采用数控钢筋加工设备统一制作加工,显著提高了工效,确保质量的稳定可靠,有效降低了成本,取得了较好的进度、质量及经济效益。

12.4 福建省双永高速A6标

A6标位于龙岩新罗区苏坂乡,该项目由福建省闽西交通工程有限公司承建,标段内共有7座桥梁及3座隧道,其中桥梁基础钢筋1 483t,下部结构钢筋3 423t,上部结构钢筋5 904t,附属结构钢筋750t,桥梁钢筋合计11 559t,隧道钢筋1 987t,标段内钢筋共计13 546t,工程量大。采用本工法,大大提高了工效,降低了加工成本,钢筋质量易控,发挥了较好的经济效益及进度效益。

纤维增强型桥面防水层施工工法

GGG(苏)C4146—2010

吴定山 赵成飞 傅若梁 史 乐
（江苏省交通工程集团有限公司 上海汇城建筑装饰有限公司）

1 前言

随着交通量和重型车辆的增加，桥面铺装因黏结和防水问题引起的桥面铺装层早期损坏，已成为影响高等级公路使用功能的发挥和诱发交通事故的一大病害。近年来，人们越来越重视因桥面铺装黏结防水问题造成的病害，特别是近两年来频繁发生暴雪和长时间低温冰害等灾难性气候后，施撒除冰盐等措施则加剧了对桥梁面层结构的侵蚀和危害，使得桥面铺装防水的问题更为桥梁工作者所重视和研究。混凝土桥面柔性铺装结构设置纤维增强型黏结防水层能解决因层间黏结不良引起的桥面铺装层早期损坏问题和因桥面渗水而引起的美观问题和桥梁的结构破坏。

2 工法特点

通过基面（桥面铺装层）抛丸清理工艺，彻底清除浮浆，以提供更平整规则的粗糙面，然后喷洒防水涂层，同时将纤维同步切割并均匀地将纤维材料喷洒在混合涂层中，解决了涂料防水层抗硌破难题，提高层间黏结强度，以及整体防水层的抗剪强度，提高防水层抗弯拉变形能力和抗疲劳适应性，完善整体的防水效果，增强结构耐久性。

3 适用范围

可应用于所有桥梁桥面铺装防水层。

4 工艺原理

基面抛丸清理是采用目前国际先进的行走式抛丸喷砂清理机构对基面进行抛丸喷砂处理，完全清理浮浆并得到更加平整规则的粗糙面。

同步切割、喷撒纤维及喷涂涂料是通过将压缩空气接入相关的设备，经纤维喷口与涂料喷口中的涂料和纤维同步均匀喷撒在混凝土表面上，等同于在防水层设置中增加了一层胎基。涂料通过调节杆上的调节阀控制涂料喷涂量的大小，纤维量通过调节插入纤维束的数量来控制。

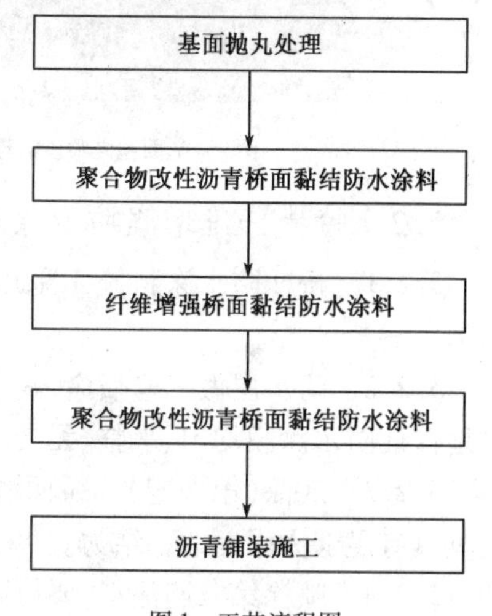

图1 工艺流程图

5 工艺流程及操作要点（图1）

5.1 清理基面

混凝土桥面先进行抛丸清理，清理施工采用国际先进的自动行走式地面抛丸清理设备，并且辅助人工清扫的作业方式。

5.1.1 混凝土表面预处理

(1)抛丸施工前检查混凝土表面外观，应确保桥面无露筋、暴牙等现象,若与之不符,则先应通过机械打磨予以清除,有较大坑洼处采用特制环氧砂浆先修补填平,以确保基面的整体平整度,保证抛丸设备的行走畅通性。

(2)抛丸前混凝土表面玷污的油脂必须清除干净(推荐用清洗剂进行清洗)。

(3)抛丸过程中和施工后,混凝土表面必须避免油脂重新玷污。

5.1.2 抛丸清理施工

(1)环境条件:环境温度应高于大气露点3℃;相对湿度应小于或等于85%,遇下雨、结露等气候时,严禁进行桥面抛丸作业。

(2)磨料:抛丸所用磨料应采用符合国家标准要求的铸钢丸,粒度宜为1.5~2.0mm,磨料必须保持干燥、清洁,不得使用被油脂等污染了的磨料。

(3)抛丸机行走速度要调节适当,以保证在条件允许的工期内达到粗糙度和清洁度要求。

(4)启动抛丸设备,利用高速旋转的抛头将钢丸高速地抛向混凝土表面,借助于砂丸的冲击作用将其表面的浮浆打掉。通过PLC控制调整参数,调配行走速度和进砂量,使得抛丸机匀速前进,清理出连续均匀的喷砂面(图2)。

(5)运转基理:

磨料循环路径:料斗存储磨料→进入磨料控制阀→进入分丸轮→抛头高速抛射→混凝土表面被清理→磨料反弹到回砂室→磨料被抽吸回料斗,这样就实现了磨料的自动回收循环再利用。

粉尘运动路径:混凝土表面产生的粉尘(破碎的浮浆层以及部分磨料的破碎产物)→随磨料→起被抽吸回料斗→经尘砂分离器分离出粉尘→经吸尘管进入除尘器→过滤掉粉尘后的干净空气被排放到大气中。

(6)清理完毕后,先进行人工清扫,再利用水车将桥面冲洗干净,并用吹风机吹走积水和积累的废料(图2)。

(7)抛丸处理后的表面应注意保护,避免二次污染。下一道工序施工前应对检验合格的混凝土表面进行吹灰(图3)。

图2 基面抛丸喷砂清理施工

图3 抛丸过后的混凝土界面

5.2 喷撒纤维增强防水涂料

5.2.1 桥面防水涂料施工采用国内先进型专业防水涂料喷涂车辆,并且雾化程度高,喷涂面须均匀。

5.2.2 防水层做三遍喷涂,其中第二层为纤维增强层喷涂,其余两层为普通涂层喷涂,这样能够很好地保证防水涂膜均匀、平整、无夹层现象。

5.2.3 底涂(第一遍)。桥面清理干净后喷涂第一遍涂料,以保证涂料能渗入混凝土基面毛细孔,使其具有足够大强度的黏结力。

5.2.4 喷涂第二遍涂料,要待底涂实干(约4h)后,才能喷涂第二遍涂料,以防止起鼓。喷涂必须均匀,在桥面不能有涂料堆积现象,也不能漏喷。机械喷涂时要配合人工滚涂人员共同进行。喷涂时用特制喷涂设备同时把纤维均匀的喷射在喷枪的出料口，使得纤维和涂料均匀混合在一起，用量大约为 150g/m^2。

5.2.5　第三遍涂料，采用刷涂方法。待第二遍涂料表干后，用滚筒滚刷一遍，将纤维压实，使得纤维表面更密实、平整。

5.2.6　喷涂施工时要注意防止污染，防撞栏处要有挡板遮挡。防水涂膜必须涂刷防撞墙与桥面接触里面处向上 5cm，以保证因桥面板与防撞墙两次浇筑而形成接缝渗漏。同时检查桥面防水涂膜，发现个别不均匀或被破坏地方，及时修补。

5.2.7　喷涂时要安排技术熟练的工人，注意每遍涂刷的用量以确保总的防水层厚度在 0.8～1.2mm左右(图4、图5)。

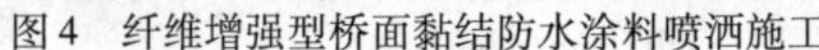

图4　纤维增强型桥面黏结防水涂料喷洒施工

图5　成型后外观

6　材料与设备

6.1　材料准备：聚合物改性沥青桥面防水涂料，纤维增强型桥面防水涂料，抛丸用钢砂，纤维增强型防水层配套材料，纤维增强桥面黏结防水涂料为 AWP-2000F 型。

6.2　机械准备：自动行走式抛丸喷砂机构，全智能沥青洒布车，纤维增强型涂料同步喷洒设备，空气压缩机。

7　质量控制

7.1　材料质量要求

7.1.1　AWP-2000 II 型聚合物改性沥青防水涂料符合建材行标准《道桥用防水涂料》(JC/T 975—2005)(PBII 型)；

7.1.2　AWP-2000F 纤维增强桥面黏结防水涂料符合交通行业标准《路桥用水性沥青基防水涂料》(JC/T 535—2004)(II 型)。

7.1.3　纤维材料技术指标(表1)：

品名：无碱玻璃纤维无捻粗砂。玻璃类型：E。单纤直径：13μm。

型号：ER103/6～2 400。浸润剂类型：硅烷。纤维碱含量：<0.5%。

纤维材料技术指标表　　表1

Tex	灼伤损失	含水率	硬挺度	分散性	卷重
2400 + 10%	0.8	0.1%	≥140	≥95%	(17 + 0.5) kg

7.2　工序质量控制

各施工工序质量标准如下。

(1)基层处理要求平整、干燥、符合设计要求,表面无垃圾、浮浆、污渍。

(2)防水层厚度宜为1.5mm,误差在±0.2mm以内。

(3)防水层和基层黏结牢固,表面平整、无空鼓、脱落等缺陷。

(4)60℃抗剪强度符合《道桥用防水涂料》(JC/T 975—2005)要求;抗碾压咯破性能符合《道桥用防水涂料》(JC/T 975—2005)要求。

(5)纤维的用量以及其切割长度:每平方米纤维的用量控制在:150g左右。纤维长度为1.5 ~ 2.5cm。

7.3 检测评定标准

验收依据按照《公路工程质量检验评定标准》(JTG F80/1—2004)防水层实表头测项目来检验(表2)。

防水层检测表　　表2

项次	检查项目	规定值或允许偏差值	检查方法和频率	权值
1	防水涂膜厚度(mm)	符合设计规定,设计未规定时,±0.1	测厚仪:每200m^{2}测4点或按材料用量推算	1
2	黏结强度(MPa)	不小于设计要求,且≥0.3(常温),≥0.2(气温≥35℃)	拉拔仪:每200m^{2}测4点(拉拔速度:10mm/min)	1
3	抗剪强度(MPa)	不小于设计要求,且≥0.4(常温),≥0.3(气温≥35℃)	剪切仪:1组3个(剪切速度:10mm/min)	1
4	剥离强度(MPa)	不小于设计要求,且≥0.3(常温),≥0.2(气温≥35℃)	90°剥落仪:1组3个(剥落速度:100mm/min)	1

8 安全措施

8.1 实行安全责任制,建立安全保证体系,组成项目经理任组长的安全领导小组,工长兼职安全员,班组设兼职安全员,逐级负责日常安全施工工作。

8.2 加强对施工人员的安全教育,提高施工人员的安全防范意识。

8.3 由于本工法是在桥面上施工,施工前做好桥梁的封闭交通工作,防止车辆驶入,破坏已经完成的防水层,同时也防止发生意外交通事故。

8.4 配备口罩、防水手套、防风眼镜等,作好施工人员的劳动保护。

9 环保措施

9.1 施工中将多余废料集中处理,所排污水均要达到国家排放标准。

9.2 将施工过程中产生的废弃物,按监理工程师要求并结合当地情况堆放至指定地点,不随意丢弃,避免污染,使施工环境更加美好。

10 资源节约

通过相比与桥梁建成投入使用后因渗漏引起的维修和维修时对交通带来的影响的损失,节约了材料及人工,避免了污染的再次产生,融合了低碳环保的要求。相比与桥梁建成投入使用后因渗漏引起的维修和维修时对交通带来的影响的损失,设置防水层的费用仅为维修保养费用的5% ~10%。

11 效益分析

纤维增强型桥面防水黏结层是通过纤维同步切割施工工艺在桥面防水涂料的施工过程中均匀地将纤维材料混合在涂层中,等同于在防水层设置中增加了一层胎基。该技术可彻底解决涂料防水层抗咯破难题,提高层间黏结强度,以及整体防水层的抗剪强度,提高防水层抗弯拉变形能力和抗疲劳适应性,完善整体的防水效果,增强结构耐久性,具有良好的社会效益和经济效益。

目前国内的防水材料类型及优缺点如下:

(1)卷材类防水:其优点主要是整体防水效果好,但其对基面平整度及含水率要求极高,层间黏结和抗剪强度低,且卷材相互搭接处是极为薄弱的环节,在卷材类防水设置较多的北方,可以见到匝道等坡度较大处整块卷材推移破坏以及沿搭接处产生连续的整齐明显裂缝等现象。

(2)柔性涂膜类防水:柔性涂膜类防水一般采用聚合物改性沥青防水涂料进行2~3层喷涂,层间黏结好、抗剪能力高以及各项力学性能指标较高是此类防水层设置的优点,但是涂膜类防水也有其缺陷,主要体现在:①涂料喷洒厚度的均匀性难以把握,对施工工艺及机械化程度的要求较高;②抗硌破能力差:难以全面防止施工过程中摊铺机履带轮和重载料车车轮对其的硌破,以及热沥青碾压摊铺过程中对其的硌破。

(3)刚性渗透型结晶防水:此类防水层设置的机理是通过材料与混凝土表面起化学反应以形成一层致密的保护膜来达到防水效果,但其致命的效果是不成膜,无法防止裂缝的扩展。且其与上层沥青层黏结差,还需要通过洒布黏层油来保证必要的黏结强度。

(4)环氧类防水涂料

缺陷:

①热融固化,固化时间难以控制。

②常温下发黏,摊铺机上去需做保护层。

优点:固化后黏结强度高。

(5)SBS改性热沥青洒布碎石防水

优点:施工快捷,成本低。

缺点:防水、高温时抗剪和黏结等综合指标偏低。

比较可以看出,本工法不仅经济,保证质量,还可以提高施工进度,缩短交通影响时间,减少安全隐患,创造较好的社会效益,并得到业主肯定。

相比与桥梁建成投入使用后因渗漏引起的维修和维修时对交通带来的影响的损失,设置防水层的费用仅为维修保养费用的5%~10%。

12 应用实例

本项工法应用于北京京承、京石、京通、京哈高速及首都机场北线、苏通长江大桥、无锡雪梅路互通等重大工程,相比原采用的卷材类防水材料,防水综合性能有较大提高,每平方米直接成本节约造价约数十元;相比采用的进口卷材类防水材料,每平方米直接成本节约造价约一百多元,并显著加快了施工速度和提高了施工功效,为确保完成该类重大工程节约了宝贵时间。

采用导向仪监控的大管棚(幕)施工工法

GGG(鲁)C4147—2010

刘朝晖　程元林　罗国锋　任隆远　刘执圣
(河北路桥集团有限公司　北京深林开物市政工程有限公司　科达集团股份有限公司)

1　前言

我国最初于2002年开始探索、尝试应用非开挖的管棚(幕)技术。2005年,开始在长距离跨径的管棚(幕)的打设方面进行尝试。近几年,我们通过施工摸索,在掌握长距离跨径和大口径管棚(幕)打设的基础上,通过采用导向仪监控,使大管棚(幕)的打设更为精准。在不加大施工难度的情况下,增加了该施工方法的科技含量,提高了劳动生产率,从而保证了质量和工期的要求。

在如何通过技术改良对大口径、超长管棚(幕)打设的精度进行提高方面,国内尚无先例可循,更无统一规范和技术标准指南。我们率先采用导向仪监控大管棚(幕)的打设,投入大量科研与技术力量,在大管棚(幕)设计、质量控制、安全保障等方面总结出了一整套已被实践所验证的、行之有效的施工方法。

大管棚(幕)(结构物拱部的局部支护通常称为管棚,"口"字形封闭式支护的一般称为管幕)支护下顶进箱涵施工方案在暗挖工程中的应用有增多的趋势。根据工程类别、大管棚设计规格、工程地质水文地质条件、质量设计标准、现场施工等不同条件的施工,我们认真总结整理了"河南郑开大道过京珠高速路"、"南昌洛阳路下穿铁路立交"等大管棚(幕)的施工资料,经过科学梳理,技术升华,归纳出导向仪监控的大管棚(幕)施工工法。

2　工法特点

2.1　设备体积小,机动性强,机械易操作;劳动强度低,机械化程度高。

2.2　导向仪监控的大管棚(幕)施工工所涉及材料主要为管材、水泥、膨润土等,所产生的废浆、废渣等经沉淀后与结构物开挖渣土一起外运,符合施工环保要求。

2.3　施工速度快,施工方便,对整个工程工期影响较小。

2.4　超前支护效果明显,经济和社会效益显著。

2.5　可以将地表沉降控制在允许范围内,确保地表建筑物的安全。

2.6　该工法施工只是所属工程中的一个分项工程,其活动与影响范围不超出所属工程的范围。

2.7　噪声小,无论是钻孔还是注浆作业,所用机具噪声和振动力都较小。

2.8　可以确保施工安全、不塌方。

2.9　此工法避免了拆除旧建筑物,减少了扬尘污染。

2.10　导向仪监控的大管棚(幕)施工的梁效应和固结效应,既能防止坍塌又能有效控制沉降。

3　适用范围

3.1　适用于在软弱特殊地层并对地层变形有严格要求,断面尺寸较大,且下穿地面建筑物、地下构筑物、各种重要管线和既有线路等结构物和地下工程的超前支护施工。

3.2　导向仪监控的大管棚(幕)施工适用于特殊困难地段(如极破碎岩体、塌方体、岩堆地段、砂土质地层、强膨胀性地层、断层破碎带、浅埋大偏压等围岩)的结构物施工。

3.3 第四系土层浅埋暗挖结构物超前支护大管棚(幕)。

3.4 箱涵顶进超前支护大管棚(幕)。

3.5 山坡结构物洞口残坡积层支护管棚(幕)。

3.6 结构物穿越岩石破碎带,地址状况复杂,遇有砂卵石、岩堆、漂石或破碎带不易成孔时。

3.7 管棚(幕)较长(一般≥40m)、地层变化频繁,可以选用本工法。

4 工艺原理

导向仪器监控的大管棚(幕)施工嫁接非开挖技术,即开孔前根据设计钻进轨迹,对开孔角度给予不同的纠偏值的同时,钻进全过程,由导向仪器监控,通过楔形板钻头适时进行纠偏,保证实现实际钻进轨迹与设计轨迹最大公约数,提高工程质量,满足设计技术要求。直接用管棚管做钻杆,形成满眼钻进,有效的约束与控制钻杆弯曲及钻头摆动幅度,减少偏斜几率,随钻进加尺将棚管依次打入,成孔与棚管埋设一次完成。

管棚(幕)的作用机理是将工作面前方开挖应力释放能量传递到稳定土体中,以达到控制开挖沉降的目的,并能提高执护和围岩的承载能力。这种超前支护体系刚度大,可穿透工作面滑动土层破裂面,将管棚(幕)承受的部分地层荷载有效地传递到已封闭的初期支护或衬砌结构上。

管棚(幕)是利用钢管作为纵向支撑、钢格栅拱架作为横向环形支撑,构成纵、横向整体刚度较大,能阻止和限制围岩变形,并能提前承受早期围岩压力的一种超前支护形式。

5 工艺流程及操作要点

5.1 工艺流程

人员设备进场→平台搭设→通水、电→设备组装调试→管位测量(复测)→钻机定位(方位、仰角)→钻具组装、进孔→冲洗液循环→钻进(钻孔)→加尺→导向仪监测钻进偏斜状况→通过钻头出水口与鸭板位置与角度调整钻进方向(纠偏)→管位测量(复测)→钻进(钻孔)→加尺→导向仪监测钻进偏斜状况→终孔→移孔位→下一循环→沉降观测。

注浆流程:浆液搅拌→储浆池→注浆泵→注浆管→注浆接头→棚管→钻头出水口→管外环状间隙→出气孔冒浆→注浆终止。

5.2 技术操作要点

5.2.1 第一环大管棚管位测量

(1)用坐标法测设管棚的起始中心里程,落点。然后置镜中心点,测设中心线的垂线方向,在该方向上测设控制桩,每边各2个,以便随时恢复并检查方向的正确性。

(2)然后,在该方向上安设一钢格栅(其半径与大管棚半径相对应),以作定位用。测设每根导管的中心线方向,并测设控制桩2个,同时在钢格栅上落点,于点位两端焊接ϕ20mm的短钢筋头(长20cm),以作导向用。同时在钢格栅下边用I18工字钢布设五道支撑加固,确保钢格栅稳固。

(3)钻孔方向。方向控制:在每个导管中心线方向上,均钉设两个方向桩,以控制钻孔的方向。

5.2.2 钻孔

(1)检查开挖的断面中线及高程,确保开挖轮廓线符合设计要求。在开挖工作面处安设受力拱架,并在其上正确标明管棚位置。

(2)钢架安装垂直度允许误差为±20cm,中线及高程允许误差为±5cm。在钢架上沿洞口开挖轮廓线纵向钻设管棚孔,其外插角以不侵入洞口开挖轮廓线越小越好。钻孔顺序如图1所示。

(3)按照布好的孔位及钻孔的方向和倾斜度开始钻孔。孔口位置与设计位置的允许偏差为±5cm;孔底位置偏差小于孔深的10‰。

(4)刚开孔时,要低压、慢转,以便于控制方向,然后逐渐地提高钻速,保持正常压力。如遇到大孤石时,则需高压、低速进行。总之,要随着地质的不断变化,相应地调整钻进参数。

(5)钻进时,用清水护壁,中间定期将取芯管取出,取出岩芯。当快成孔时,用水将孔内的悬浮物或泥浆、石渣等清洗出来,做到孔壁圆、角度准、孔身直、深度够、岩粉清洗干净。

(6)当出现严重卡钻、孔口不出水时停止钻孔,立即注浆。

(7)钻孔结束后,掏孔检查,在确认无塌孔和探头石时,才可安设钢管。

(8)钻头采用 ϕ130mm 的合金钻头,遇孤石时,则采用金刚石钻头。

(9)大管棚施工完成后,成伞形辐射状如图 2 所示。

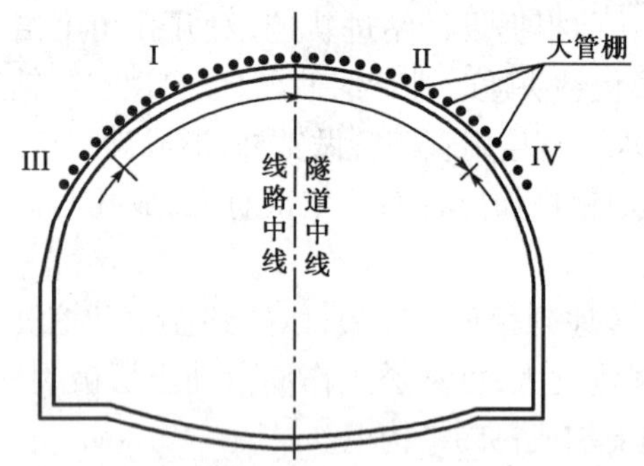

图1 两台钻孔顺序示意图

注:I 部和 II 部同时开孔,同时结束;III 部和 IV 部同时开孔,同时结束。方向前进如图所示。

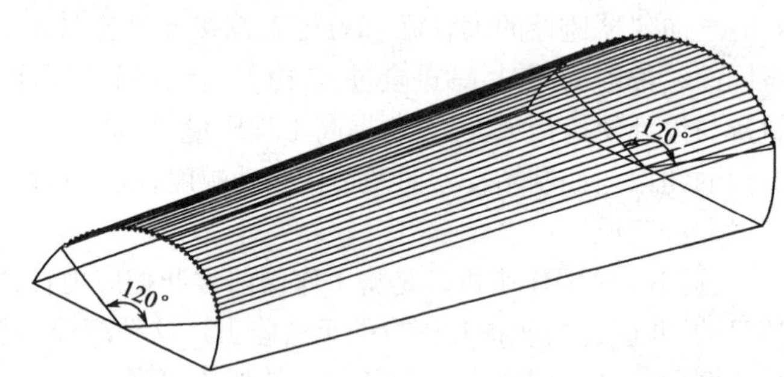

图2 大管棚成型示意图

5.2.3 加尺

棚管连接选择矩形扣,管材加工,单节长度采用定尺。大管棚纵向接头平面布置图见图3。

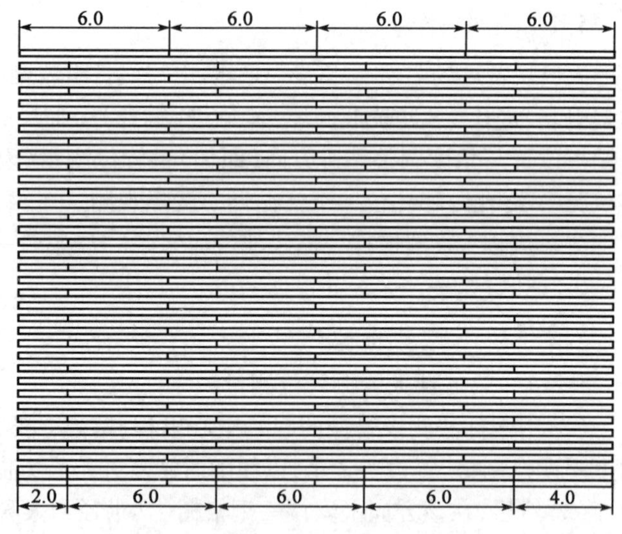

图3 大管棚纵向接头平面布置图(尺寸单位:m)

5.2.4 倾斜度控制

孔外,通过钻头出水口与鸭板位置与角度调整钻进方向(纠偏)。

孔内,通过导向仪监测钻进偏斜状况,不符合钻孔精度和要求的钻孔,必须封孔重钻。

5.2.5 第二环大管棚管位测量

一般测设同第一环大管棚。不同之处是由于第二环大管棚在洞内施工,工作空间狭小,且不能影响后续工序,所以不能像第一环管棚那样,将控制方向护桩钉设在地面上,而是在钻机机身中心上面的初期支护拱部设点,并用红油漆标记。同时,通过导向仪监测钻进偏斜状况。

5.2.6 注浆

1)大导管注浆施工参数

(1)先在钢管上钻 ϕ10mm 的出浆孔,孔距 50cm,呈梅花形布置。钢管尾部 2m 不钻花孔作为止浆段。

(2)钢管沿结构物开挖轮廓线布置,外倾角 1°,间距 0.4m,纵向前后两排钢管水平搭接长度不小于 3m。

(3)单液注浆:水泥浆水灰比(W:C)为 0.5:1。

(4)双液注浆(当地下水较发育或浆液扩散范围大时,注浆浆液改为水泥—水玻璃双液浆。):水泥浆水灰比(W:C)为 0.5:1;水玻璃模数 2.6 ~ 2.9,浓度 35 波美度;水泥浆、水玻璃体积比 1:0.3。注浆压力采用0.5~1.0MPa。试配水泥浆见表1。

水泥浆配合比表　　表1

水灰比	材料名称	水泥	水
0.5:1	$1m^3$ 用量(kg)	1 123	562

采用双液浆时,商品水玻璃波美度为45°Be′,实际要求为35°Be′。这样,需要将水玻璃加水稀释,采用公式如下:

水玻璃稀释计算公式:

$$\begin{cases} V_1\rho_1 + V_W\rho_W = V_2\rho_2 \\ V_1 + V_W = V_2 \end{cases} \tag{1}$$

式中:V_1、V_2——稀释前后水玻璃体积;

ρ_1、ρ_2——稀释前后水玻璃密度,$\rho = 145/(145 - \text{Be}')$;

ρ_W、V_W——水的密度和体积。

2)大导管注浆量计算(表2)

按下式计算:

$$Q = \pi r2H\eta a \tag{2}$$

式中:r——浆液扩散半径;

H——大导管长度,取24m;

η——岩体孔隙率,取0.6;

a——充填率系数,取0.3。

大管棚注浆量计算表　　表2

H \ Q \ r	0.1	0.2	0.3	0.4	0.5
24	136	543	1 221	2 171	3 393
钢管净空容量	160				

注:r、H单位以m计;Q单位以L计。注浆量必须大于钢管的净空容量。注浆时,每根钢管的注浆量一般达到300L左右,估计扩散半径小于0.2m。开挖以后,发现一般在0.1m左右。

3)浆液的调制步骤

(1)水泥浆液搅拌在拌和机内进行,根据拌和机容量大小,严格按要求投料。

(2)搅拌投料的顺序为:在放水的同时,将外加剂(如有)一并加入搅拌,待水量加足后,继续搅拌1min,并将水泥投入,搅拌时间不小于3min,并在注浆过程中不停搅拌浆液。

(3)采用水玻璃浆液时,其浓度宜为25~400Be′(取350Be′)。为稀释水玻璃,采取边加水,边搅拌,边用波美计量测的办法进行。

(4)配制水泥浆或稀释水玻璃浆液时,严防水泥包装纸及其他杂物混入。拌好的浆液在进入贮浆槽及注浆泵之前均应对浆液进行过滤,未经过滤网过滤的浆液不允许进入泵内。

(5)配制的浆液在规定时间内注完。

4)注浆方式

根据围岩类别、地质条件、机械设备及注浆孔的深度选用全孔式。即钻孔直至孔底,然后一次注浆完毕。

5)注浆顺序

先注无水孔,后注有水孔;从拱顶顺序对称向下进行。如遇窜浆或跑浆,则间隔一孔或数孔灌注。注浆结束后,利用止浆阀保持孔内压力,直至浆液完全凝固。

注浆压力与地层条件及注浆范围要求有关,一般要求能扩散到管周0.5~1.0m的半径范围内。但应控制注浆量,每根大导管内已达到规定注入量时就可结束,若孔口压力已达到规定压力值而注入量仍不足时,亦应停止注浆,以防压裂开挖面。

6)注浆作业要求

(1)浆液的浓度、胶凝时间符合设计要求。

(2)经常检查泵口及孔口注浆压力的变化,发现问题及时处理。

(3)采用双液注浆时,经常测试混合浆液的胶凝时间,发现不符,立即调整。

7)注浆结束条件

单孔结束条件:注浆压力达到设计终压,浆液注入量已达到计算值80%以上。

全地段结束条件:所有注浆孔均已符合单孔结束条件,无漏注浆情况。

8)注浆效果检查

采用以下两法进行检查

分析法:即分析注浆记录,看每个孔的注浆压力、注浆量是否达到设计要求;在注浆过程中,漏浆、跑浆是否严重;以浆液注入量估算浆液扩散半径,分析是否与设计相符。

检查孔法:用地质钻机按设计孔位和角度钻检查孔,取岩芯进行鉴定。

9)注浆后至开挖前的时间间隔

单液水泥浆开挖时间为注浆后8h左右,水泥—水玻璃浆为4h左右。

10)注浆异常现象处理

(1)发生串浆现象,即液浆从其他孔中流出时,采用方法:堵塞串浆隔孔注浆。

(2)单液注浆水泥浆压力突然升高,可能发生了堵管,停机检查。

(3)水泥与水玻璃双液浆压力突然升高,则关停水玻璃泵,进行单液浆或注清水,待泵压正常时,再进行双液注浆。

(4)水泥浆单液或水泥与水玻璃双液注浆进浆量很大,压力长时间不升高,则应调整浆液浓度及配合比,缩短凝胶时间,进行小量低压力注浆或间歇式注浆,使浆液在裂隙中有相对停留时间,以便凝胶,但停留时间不能超过混合浆的凝胶时间,才能避免产生注浆不饱满。

5.3 沉降观测

为了检测大管棚施工时对周围环境的影响及施工完毕后的效果,均须通过沉降观测进行。

地面沉降监测参数和地面沉降曲线如表3和图4所示。

地面沉降监测参数表 表3

序号	监测时间	监测频率	地面沉降拟定值	备注
1	第1~14d	每天监测两次	10mm	
2	第15~28d	每天监测一次		
3	28d后	每周(月)一次		对地面沉降数据进行分析后确定

通过对地面沉降监测数据进行分析,一开始沉降大,主要原因是注浆不能及时进行所致,当管棚全部施工完毕,且地面沉降稳定后,地面最终沉降值基本接近,都在事先预定的沉降范围内。

5.4 技术操作注意事项

5.4.1 棚管连接选择矩形扣,管材加工,单节长度采用定尺。

5.4.2 棚管打设顺序为间隔跳打的原则。

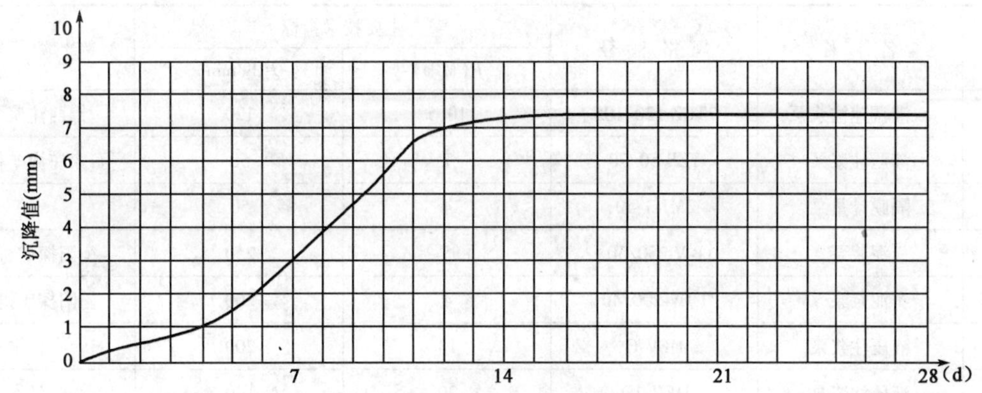

图4 地面沉降监测曲线图

5.4.3 为了保证管棚的抗压性能,相邻棚管接缝应错开,缝距大于等于1m为宜。

5.4.4 设备组装前要进行逐一检查,保证其应有的完好率。

5.4.5 管棚施工时,应对钢管主要材料进行材质检验。

5.4.6 在大管棚预支护施作后,开挖过程中应加强监控量测,其中拱顶下沉和净空变化。

5.4.7 做好钻机和钻具的选型工作,选用钻机首先应适合钻孔深度和孔径的要求,钻机要求平稳灵活,能在360°范围内钻孔,应具备可钻深孔的大扭矩,又要有能破碎地层中坚硬孤石的高冲击力。选择的钻机要能准确定位、可多方位钻孔、深孔钻进精确度高。轻便、移动灵活。

5.4.8 管棚安装后,关口用麻丝和锚固剂封堵钢管与孔壁间空隙,连接压浆管及三通接头。

5.4.9 管棚注浆前,应向开挖工作面、拱圈及孔口管周围岩面喷射10cm厚的C25混凝土,以防钢管注浆时岩面缝隙跑浆。

5.4.10 注浆后及时扫排管内胶凝浆液,用水泥砂浆充填密实,对于非压浆孔,直接充填即可。

6 材料与设备

钻机:选用国产液压水平钻机或者改造后的中小型非开挖钻机,配以钻机移动平台(X-Y型等)。

钻头:①全断面切削型钻头,全断面切削型钻头较小偏差,钻进过程比较流畅,但是不能调节方向;②楔板型钻头,楔板型钻头更容易出现偏差,钻进硬塑或坚硬土层进尺较慢,但能够根据预先设定纠偏标示调节方向。

定向钻进导向仪有:美国月蚀导向仪、英国产RD-385、386型水平钻进导向仪等。

导向仪器的发射器(探棒)分为"有线"与"无线"两种。

"无线"发射器量测深度可达8~10m,设备安装简单,操作方便,控制钻进轨迹精度高,但是抗干扰性差,如果施工场地上有大量线路、大面积金属物形成信号干扰或建筑物密集无法正常布设测点时,无线仪器导向,一次性跟管钻进工法不适用。

有线仪器导向,一次性跟管钻进工法,"有线"发射器的信号不受工作场地地形地貌与障碍物的干扰,不受管棚(幕)埋深限制,是适用范围较广。

根据注浆目的、范围、注浆液类型和数量等,选用性能好、操作简易的注浆机具设备。

常用的注浆机、搅拌机,分别见表4和表5。

常用注浆泵 表4

序号	名称	规格型号	主要技术指标		产地(厂家)
			P(MPa)	Q(l/min)	
1	液压调速注浆泵	YSB-250/120	12	250	
2	双液调速注浆泵	2TGZ-60/210	21	60	锦西注浆泵厂

续上表

序　号	名　称	规格型号	主要技术指标		产地(厂家)
			P(MPa)	Q(L/min)	
3	双液调速注浆泵	2TGZ-120/105	10.5	120	锦西注浆泵厂
4	液压注浆泵	YZB-50/70	7	50	石家庄煤矿机械厂
5	隔膜计量泵	2MJ-3/40	4	50	
6	泥浆泵	BW-250/50	5	250	衡阳探矿机械厂
7	泥浆泵	TBW-200/40	4	200	衡阳探矿机械厂
8	液压注浆泵	HFV-C	13	200	日本
9	液压注浆泵	HFV-2D	20	100	日本
10	双液液压注浆泵	HFV-5D	10	70×2	日本
11	双液液压注浆泵	PF-40A	15	113×2	日本
12	液压注浆泵	ZBE	10	90	瑞典

常用进口搅拌机　　表5

序　号	名　称	规格型号	主要技术指标	产地(厂家)
1	上下双筒搅拌机	MVT-400	有效搅拌400L	日本
2	水平双筒搅拌机	MS-400	有效搅拌400L	日本
3	叶片立式搅拌机	CEMAG-400	有效搅拌400L	瑞典
4	立式搅拌机	CEM-200	有效搅拌200L	瑞典

注:国内搅拌机多为自制。

其他设备:电焊机、水泵、手动葫芦、枕木等设备。

7　质量控制

使用仪器导向是通过安装在钻头后面的探棒,将钻头钻进方位探测结果动态的反馈至地面显示屏上,监控到钻头钻进方位与钻孔设计轨迹产生偏差时,可随时根据显示屏显示的钻头楔形板面向角与钻头方位角进行调整(纠偏),使钻头按设计轨迹钻进。

导向仪监控的大管棚(幕)施工工法经过实践检验,质量保证是可靠的,为了进一步提高工程质量的可靠程度,辅以灯光测斜验证,其效果更为显著。

根据不同地区、不同工程地质条件、不同管棚(幕)设计规格反复验证,仪器导向,跟管钻进工法管棚(幕)打设精度可控制在200~300mm以内。

地面沉降控制在10mm以内。

水泥浆水灰比(W:C)为0.5:1;水玻璃模数2.6~2.9,浓度35波美度;水泥浆、水玻璃体积比1:0.3。注浆压力采用0.5~1.0MPa。这些都要控制好。

8　安全措施

8.1　加强全员安全意识教育。

8.2　针对导向仪监控的“一次性跟管钻进”施工特点和要求,参照有关规范制定规章制度。

8.3　加强对围岩进行动态监控量测,实行信息化管理,科学地组织施工。

8.4　拆卸钻杆时,要有统一指挥、明确联络信号,扳钳卡钻方向正确,防止管钳用扳手伤人。

8.5　钢管内注浆时,操作人员应戴口罩、眼镜和胶手套。

8.6 钻机安装要牢固可靠。

8.7 各种机具设备按照有关规程进行操作，专门设备由专人操作、养护维修。

8.8 操作平台要经常检查，以免失稳。

8.9 对地表房屋要进行监测。

8.10 做好操作平台四周的围挡工作。

8.11 要有良好的照明条件。

9 环保措施

9.1 施工过程中，严格遵守和执行国家及地方政府颁布的有关环境保护、水土保持的有关法律、法规、政策和法令。制订切实可行的环境保护措施。实行环境保护目标责任制，加强日常检查和监控工作，对施工现场环境进行综合治理。

9.2 施工时注意防止噪声污染、扬尘、废水等污染现场。

9.3 注意临时设施的日常维护与管理，竣工后及时拆除。

9.4 施工现场不准乱堆垃圾及余物，应在适当地点设置临时堆放点，专人管理。

9.5 设置文明施工环境保护管理机构，保证环境保护工作的顺利进行。

9.6 施工现场的废水、废液等经沉淀后再排入城市污水管道或河流。

9.7 严格控制人为噪声，进入施工现场不得高声喊叫、无故乱打模板等，限制高音喇叭使用。

9.8 尽量选用低噪声机械设备和工艺减少噪声。

10 资源节约

本施工工法占地面积小，不需要很大的作业面，减少了对土地资源的占用。施工过程中不采用大型机具，耗能低，从施工成本上可节省大量的机械台班费、人工费。由于此工法避免了拆除建筑物，从而节省了资源的浪费。

11 效益分析

本工法是管棚(幕)选用几率最高的施工工法，是管棚(幕)施工队伍创造经济效益的主要手段。在多个工程中应用，效果均佳，其科技含量与质量控制均取得甲方认可与推崇。

由于施工速度快，施工成本相对较低，工期要求较短，施工精度高、施工速度快、经济收益好。

最重要的是该工法施工时避免了对地面建筑物的破坏，并保证了地下施工的安全，避免了建筑物的搬迁费、修理费和赔偿费等。

本工法经济效益和社会效益显著，目前应用广泛。

12 应用实例

12.1 南昌市洛阳路下穿铁路框架桥工程

南昌市洛阳路下穿铁路框架桥工程于2009年3月10日开工，到2009年11月26日竣工。洛阳路下穿铁路框架桥工程位于南昌火车站南侧，是拉通南昌市东西洛阳路，连接南昌火车站东西走向的重要通道，全长180.3m，总宽27.25m，为三孔连续框架，顶程达132m，立交桥下穿南昌火车站(场)16股道。

本工程箱涵两侧管幕与底部滑轨设计规格为$\phi970\times14$mm钢管，单根长度115m。

该工程采用导向仪监控的大管棚(幕)施工，施工质量均达到设计标准，施工全过程南昌火车站设施与路轨安全无损，铁路交通正常运营未受任何影响。为确保箱涵顶进的顺利竣工做出了贡献，受到甲方的认可与好评。

12.2 河南郑开大道过京港澳高速大管棚

河南郑开大道(郑汴城市连接线)下穿京港澳高速工程于2006年3月8日开工，2006年11月19

日正式通车。该工程的施工重点和难点为大型管棚打设。我们采用规格 $\phi180 \times 10$mm、$\phi159 \times 10$mm 钢管,管间距离设定为 100mm,顶层管棚距高速路面 0.7 ~ 1.2m。

本工程使用导向仪监控的大管棚(幕)施工工艺,共完成 $\phi180$mm 打设 196 根共 9 770m,$\phi159$mm 管打设 31 根共 2 313m,管内外灌注素水泥浆。打设精度验证管棚距高速路中心隔离带国际光缆 10 ~ 25cm,光缆安然无恙(图 5、图 6)。

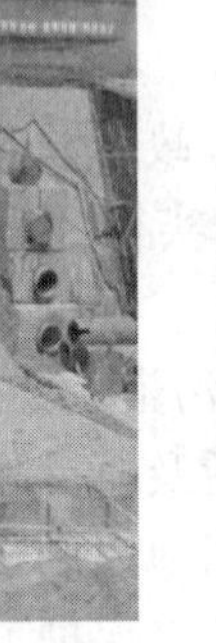

图 5

图 6

碳纤维布粘贴加固旧桥施工工法

GGG(粤)C4148—2010

佘汉聪　黄良钦　苏子贤　钟培明
(汕头公路桥梁工程总公司　邢台公路工程有限责任公司)
刘树东　房海照　赵月平　祁昌旺　李瑞喜
(河北路桥建设集团有限公司)

1　前言

公路桥梁随着使用时间的推移,会不同程度地存在各种缺陷、病害,需要加固和维修。运用碳纤维布(Carbor Fiber Sheet,以下简称 CFS)良好的力学性和环氧树脂高黏结性能对桥梁混凝土构件表面进行修复加固,提高构件的抗弯、抗剪能力,达到对旧桥加固、补强的目的。我们采用 CFS 粘贴加固修复方法,先后完成了 G324 线汕头路段磊口大桥维修加固工程中的 T 构箱梁顶板、G107 线小马河桥维修加固工程中的先简支后连续空心板、青红高速公路贾沟一号桥加固工程中的简支梁修复工程。在此基础上形成了《碳纤维布粘贴加固旧桥施工工法》。本工法的关键技术事项已通过相关单位组织的鉴定验收。科技查新表明:"碳纤维布粘贴加固旧桥施工工法,国内外未见报道"。本工法可为同类型项目施工提供借鉴。

2　工法特点

2.1　适用范围广,可用于桥梁各种混凝土构件表面损伤部位的加固修复。

2.2　具有较高的强度和耐久性,耐腐蚀性能强。

2.3　施工便捷,能适应不同的构件形状。

2.4　占用场地小,不需要大型机具,操作简单,施工安全。

2.5　施工功效高,施工速度快,节约施工成本效果明显。

2.6　施工方法步骤明确,易于施工人员掌握,施工质量易于保证。

2.7　黏结性能好,能够有效地黏结在混凝土构件的表面,封闭表面裂缝,延长构件的使用期限。

2.8　几乎不改变原结构尺寸和不增加构件的重力。补强物柔韧轻薄,易于保持结构原状,对于桥梁结构而言,加固后尺寸及重力的改变可以忽略。

2.9　施工用材料性能成熟,所需材料能稳定成熟,配套材料由厂家直供。

2.10　施工机具简单,所需施工机具简单,易于购得。

2.11　对施工条件和环境无特殊要求,在气温高于 5℃,天气晴好情况下,便可施工。

3　适用范围

混凝土强度等级不低于 C15 的桥梁结构抗磨、抗剪加固修复。施工现场温度宜为 15~35℃。

4　工艺原理

4.1　CFS 与构件的黏结原理。采用粘贴剂(粘贴树脂)将 CFS 粘贴于需修复部位的混凝土构件表面,黏结剂固化后与构件形成新的受力复合体并共同工作,利用 CFS 的抗拉强度以黏结剂固化后的强度和刚度提高构件的承载能力,从而起到加固作用。

4.2 CFS自身纤维的黏结原理。采用黏结剂(浸渍树胶)浸渍CFS,提高其内部协同工作的性能。CFS虽然具有优良的力学性能,但是其编织成布片状后,各纤维间受力并非均匀,在承受荷载尚未达到其以全截面计算的承载力时,一些应力较高的纤维首先达到其抗拉强度极限而断裂,从而引发连锁反应,各纤维渐次断裂,直至整体破坏。黏结剂很好地将各纤维黏结成整体共同工作,从而提高CFS的抗拉强度。

5 工艺流程及操作要点

5.1 工艺流程(图1)

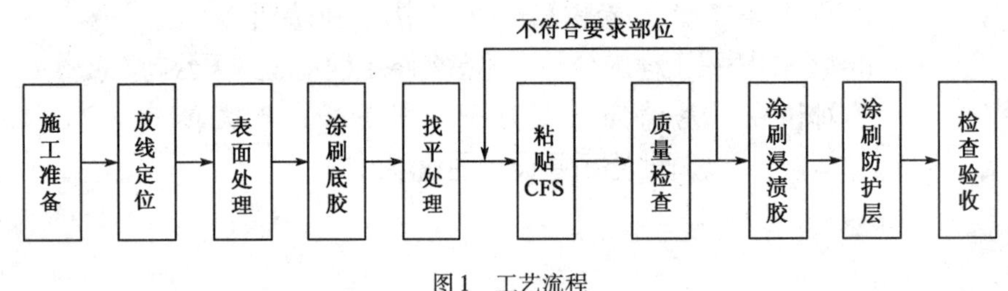

图1 工艺流程

5.2 操作要点

5.2.1 施工准备。施工前应对粘贴部位混凝土的表层含水率及所处环境温度进行测量。在混凝土表层含水率<4%和环境温度>5℃情况下,则可施工。

5.2.2 清除混凝土杂质污垢。清除构件表面的剥落、疏松、蜂窝、腐蚀等杂质,用压缩空气将表面浮浆、油污粉尘等杂质清除,再用丙酮清洗,直至完全露出集料新面。用修补胶对表层补平,并打磨平整,平整度应≤5mm/m。测量露出的混凝土结构保护层表层,其厚度应≥10 mm。

5.2.3 混凝土表面找平。混凝土表面凹陷部位应修补平整,不能有棱角,转角处应打磨成$R\geq$20mm的光滑的圆弧。待找平胶表面"指触"感觉干燥后,即可进行下一道工序。

5.2.4 涂刷底胶。先用丙酮擦净已找平的混凝土表面。然后用滚筒刷或漆胶刷均匀刷底胶,涂刷厚度≤2mm。调成的底胶应在180min内用完。

5.2.5 配制浸渍胶。浸渍胶主剂(环氧树脂)与浸渍胶硬化剂按照1:3的质量配合比例倒入拌和容器内,拌和时让搅拌器处于低速挡运转,搅拌均匀,无气泡,防止灰尘等杂质混入。

5.2.6 粘贴CFS。按设计的粘贴层次和尺寸剪裁CFS;将配制好的底胶用滚筒刷或漆胶刷均匀涂刷于所要粘贴部位的上,胶层平均厚度≤2mm。将裁剪好的CFS粘贴于上,经粘贴的CFS,用滚筒顺纤维方向多次滚压,挤压出气泡,使其平整,不得损伤。在"指触"CFS感觉胶层干燥后涂刷浸渍胶,使浸渍胶充分浸透,确保黏结密实面积在98%以上。同层两片间搭接应使纤维处于同一受力方向,搭接长度在纵向应≥100mm,当进行多层CFS粘贴时,各层之间的搭接位置应相互错开。两层间的间隙平均粘贴厚度≤5mm。

5.2.7 表面防护。在CFS表面分别涂刷上一层防腐涂装。

6 主要施工材料与设备

6.1 主要施工材料

CFS、环氧树脂、找平胶、底胶、浸渍胶、涂料。主要材料性能指标要求如表1~表4所示。

CFS的主要力学性能指标要求 表1

性 能	指 标 要 求	性 能	指 标 要 求
抗拉强度标准值	≥3 400MPa	伸长率	≥1.4%
弹性模量	$\geq 2.2\times10^5$MPa		

底层树脂性能指标要求 表2

性 能	指 标 要 求
正拉黏结强度	≥2.5MPa 且不小于被加固混凝土抗拉强度的标准值

找平胶树脂材料性能指标要求 表3

性 能	指 标 要 求
正拉黏结强度	≥2.5MPa 且不小于被加固混凝土抗拉强度的标准值

浸渍树脂和黏结树脂性能指标 表4

性 能	性能指标要求
拉伸剪切强度	≥10MPa
拉伸强度	≥30MPa
压缩强度	≥70MPa
弯曲强度	≥40MPa
正拉黏结强度	≥2.5MPa 且不小于被加固混凝土抗拉强度的标准值
弹性模量	≥1 500MPa
伸长率	≥1.5%

6.2 主要施工机具

胶体搅拌机、空压机、打磨机、滚筒刷、剪刀、钢钎、漆刮板、铁锤、油灰刀、钢丝刷。主要机具如表5所示。

主要施工机具规格型号一览表 表5

设 备 名 称	型 号	规 格	基 本 数 量
胶体搅拌机	WZL-0.25	$V=0.25m^3$	1
空压机	HUI-Z-0.3/15	工作气压 1.5MPa	1
打磨机	SD-9	便携角、平磨两用	1
滚筒刷		ϕ60mm、ϕ100mm	各1
扁漆刷		宽 60mm、宽 100mm	各1
剪刀	裁衣剪	8in 开口(1in = 0.025 4m)	1
钢钎	Mn16	六角形对边长 20 mm	1

7 质量控制

7.1 质量控制

7.1.1 《公路工程质量检验评定标准》(JTJ F80—2004);

7.1.2 《公路桥梁加固施工技术规范》(JTG/T J23—2008);

7.1.3 《碳纤维片材加固混凝土结构技术规范》(JTG B01—2003)。

7.2 施工质量控制

7.2.1 材料质量控制。进入现场的材料进行抽样送检,委托具有相关资质的检测机构对材料进行检查,各项指标检测合格后方可使用。

7.2.2 施工工艺控制。严格按照施工方案和施工技术交底方案进行施工,做好自检、抽检和互检等质量控制工序。

7.2.3 中间面成果质量控制。用小锤轻轻敲击 CFS 与黏结面之间的黏结质量,以敲击声音判断,如发现空鼓、不密实的声音,应采用针筒注胶进行填充。黏结密实面积应≥98%。

7.2.4 最终成果质量控制。贴5d后须进行静载实验,检查结构的变形值等各项指标是否达到标准规范的要求。

8 安全措施

8.1 CFS的堆放应离用电设备20m以上。

8.2 应在室内配制粘贴剂,保持通风,避免阳光照射,远离火源。

8.3 在通风不良部位施工,应使用鼓风机或电风扇协助通风。

8.4 作业人员须佩戴口罩。

8.5 禁带火种。

8.6 必须备有足够的灭火器材。

8.7 安全通道必须畅通无阻。

8.8 不得在同一垂直方向作业。

8.9 高处作业按《建筑施工高处作业安全技术规范》(JGJ 80—1991)、《高处作业分级》(GB/T 3608—2008)执行。其他安全设施应符合安全技术规程的规定。

9 环保措施

9.1 现场布置

避免将可能产生高污染的原材料堆放在水源地周围。挥发性材料应密封。

9.2 废弃物处理

施工余料要焚烧或深埋处理,进行减害。

10 经济效益分析

10.1 大桥加固工程实际总投资431.80万元,其中粘贴CFS分项费用95.00万元。该桥的维修加固竣工交付使用,实现了以较少的资金投入,延长了大桥的使用期限,改变了此前该桥限载通车的状况,解决了汕头市区车辆通往国道324线的交通瓶颈。按设计将延长5年以上的使用期限,仅此一项,可为交通部门提供5年、平均每昼夜4万余辆车辆的交通便利,所发挥的社会经济效益显著。

10.2 国道107线小马河桥通过应用碳纤维布加固施工,工艺简便,施工期短,较快实现了通车使用。通过加固延长了大桥的服务年限,避免了拆除后大量旧梁处理造成的占地以及环境影响等不利因素,确保了路网的畅通,保障了往来车辆的安全,取得了显著的经济效益和社会效益,此工法推广应用价值巨大,值得桥梁加固工程中广泛应用。青红高速公路贾沟一号桥加固工程的效益基本同本工程。

11 应用实例

11.1 国道324线汕头路段磊口大桥维修加固工程

该桥长为417.0m,共15孔,跨径组合为3×16m+2×25m+52.5m(含25m预应力混凝土挂梁)+80m(含25m预应力混凝土挂梁)+52.5m(含25m预应力混凝土挂梁)+2×25m+5×16m。主桥上部结构为带挂梁的预应力混凝土T形刚构箱梁,下部结构为钻孔灌注桩基、空心薄壁墩;引桥上部构造为16m钢筋混凝土简支T梁和25m预应力混凝土T梁,下部结构为钻孔灌注桩基础或刚性扩大基础、立柱式墩台。

设计荷载为:汽车-20级,挂车-100,并按七度地震烈度设防。大桥于1994年竣工投入使用。2007年10月,委托长沙理工大学试验检测中心对该桥现有状况进行检测和载荷试验,主要结论有:“预应力混凝土箱梁及T梁开裂、混凝土老化破损、剥落、松动、露筋,变形”,按总体技术状况等级评定该桥使用性能处于第三类,即较差的状态。检测报告建议对该大桥上述损伤部位采用:“碳纤维布粘贴施工技术”加固。设计单位:汕头市公路勘察设计院。监理单位:汕头市公路工程监理有限公司。

11.2 国道107线石邢交界至东庞路口段K383+284.81小马河桥加固工程

国道107线石邢交界至东庞路口段K383+284.81小马河桥位于邢台市内丘县小马河上,桥梁上部结构为10~13m先简支后连续空心板,下部结构为桩柱式墩、肋板台,钻孔灌注桩基础,桥梁全长134.08m。近几年随着车流量的逐步上升,车流量的日益增大,桥梁原设计标准无法满足使用要求,考虑到桥梁抗弯能力不足,采用粘贴CFS和粘贴钢板进行补强加固。加固方案:板底粘贴CFS和钢板,其中在跨中4m范围内粘贴4层CFS加固。工程量:粘贴CFS为2 160m^2。开竣工日期:2008年9月1日~2008年9月30日。

11.3 青红高速公路贾沟一号桥加固工程

青红高速公路贾沟一号桥为30m简支梁桥,桥梁全长755m,通过几年的运营,受交通量和超载现象的影响,桥梁板底部出现较多裂缝,通过在梁底粘贴CFS,梁体承载力得到了提高,限制了裂缝发展,保证桥梁的使用安全。

加固方案:梁底板粘贴CFS。工程量:粘贴CFS 2 560m^2。开竣工日期:2009年3月20日~2009年9月20日。

12 应用效果

12.1 采用本工法实施的磊口大桥于2009年5月28日完成加固施工,于同年6月通过竣工验收并通车。营运至今,据统计交通流量平均每昼夜40 000余辆。大桥经加固后开放交通至今,使用情况良好,经跟踪观察未发现新的病害。

12.2 小马河桥加固工程中使用粘贴CFS施工工艺,有效地抑制了板体裂缝的出现,增强了桥梁板体的抗弯刚度,提高了上部结构整体承载能力,达到了预期的设计加固效果。

12.3 青红高速公路贾沟一号桥通过加固后的检测结果可以看出,病害得到有效控制,不再继续发展,桥梁结构安全得到有效保障,达到了预期加固效果。粘贴CFS加固增强了主梁的延性,适合在局部加固代替其他加固方式。

高寒地区旧桥加固施工工法

GGG(黑)C4149—2010

陈　亮　刘朝晖　陈国彦　朱晓明　郝荣久
(龙建路桥股份有限公司　河北路桥集团有限公司　黑龙江省龙建路桥第二工程有限公司)

1　前言

佳木斯松花江公路大桥位于高寒地区,我们采用夏季施工,灌注裂缝施工、植筋施工、粘贴钢板施工,是我公司在佳木斯松花江大桥维修加固项目上应用的几项重要技术,我们对灌注裂缝施工、植筋施工、粘贴钢板施工进行了冻胀试验,试验证明低温对加固效果产生的影响很小,加固效果能够满足设计要求和实际需要。

由于大桥年久失修,大桥桥面破损、伸缩装置破坏、T 梁出现大量裂缝等原因。造成车辆过桥产生较大振动,故整修桥面,增加桥面铺装层厚度,桥梁自身恒载增加,造成原桥结构承载力紧张,以致出现倒塌的危险。我公司在佳木斯松花江大桥维修加固项目中应用灌注裂缝施工、植筋施工、粘贴钢板施工,取得良好的社会效益。

碳纤维复合材料具有抗拉强度高、密度小、耐腐蚀性和耐久性好等优点,碳纤维片加固补强混凝土结构的应用研究始于 20 世纪 80 年代美国、日本等发达国家,进入 20 世纪 90 年代中后期我国的许多科研机构和企业也相继进行了这方面的试验研究。

公司在吉安井冈山大桥维修加固项目中应用了该项技术,加固效果良好得到了建设单位的高度评价,取得良好的社会效益。

本工法还获得龙建路桥股份有限公司 2010 年度优秀工法奖。

2　工法特点

2.1　裂缝灌浆

2.1.1　裂缝灌浆是利用注浆器将配制好的化学浆液注入混凝土结构密封的缝隙内,由于化学浆液固化后黏结性和优越的黏结强度,从而达到修补裂缝并使混凝土恢复整体受力状态。

2.1.2　操作直观,质量更易保证,解决了传统工艺灌注不满,不密实等缺点。

2.2　植筋

2.2.1　混凝土接长、连接不需全部返工,仅需通过植筋即可实现。

2.2.2　植筋深度不深,对原有结构破坏较小,抗拔力即可达到钢筋屈服强度。

2.2.3　植筋材料抗腐蚀、耐老化,黏结强度远大于混凝土强度,且固化速度快,能使植入钢筋尽早承受外力作用。

2.2.4　植筋受孔径、锚固深度、植筋胶质量影响较大,且与基材混凝土强度有关。

2.3　粘贴钢板

2.3.1　粘贴钢板加固法即在混凝土结构受力构件的外侧涂刷结构胶,粘贴钢板,以提高结构强度和安全性。

2.3.2　粘钢法具有工艺简便、加固后所占空间小、不破坏原有结构且与原结构协调工作、受力简单明确等特点。

2.4 粘贴碳纤维布

2.4.1 补强物薄而轻,几乎不增加原结构尺寸及自身重力。

2.4.2 施工简便、快捷。

2.4.3 搞酸碱盐类介质的腐蚀,应用面广。

2.4.4 可以有效的封闭混凝土结构的裂缝,延长结构的使用寿命。

2.4.5 易于保持结构原外观。

3 适用范围

本工法适用于高寒地区的旧桥加固工程。

4 工艺原理

本次加固是对T梁的顶板和腹板出现的裂缝进行灌缝处理,胶液填满裂缝保证混凝土的强度。本桥采用北京冶建工程裂缝处理中心的"工程师"系列AB-1灌浆树脂胶黏剂和专用封缝树脂胶和工程师TM自动压力灌浆器,其具有低黏度,可灌性、韧性及强度均较好,有效操作时间长,并经历了大量工程实践。对主孔箱内锚固横梁的施工,通过植筋,使钢筋与混凝土通过结构胶黏结在一起,然后浇筑锚固横梁新混凝土,从而完成新旧钢筋混凝土的有效连接,针对T构箱梁原有预应力损失的病害,加固设计采用在箱梁内增设体外预应力的方法,将预应力损失补偿。即按设计要求在箱梁顶板设置混凝土齿板并张拉,从而得到加固。用特制的结构胶黏剂,将钢板粘贴在箱梁顶板和腹板钢筋混凝土结构的表面,达到加固和增强大桥结构强度和刚度的目的。碳纤维加固技术具有高强高效、适用范围广、不增加构件自重和体积、耐腐蚀性好等优势。碳纤维布加固修复混凝土结构技术是采用配套胶黏剂将碳纤维布粘贴于混凝土表面,起到结构补强和抗震加固的作用。

5 施工工艺流程及操作要点

5.1 工艺流程

5.1.1 裂缝灌浆工艺流程图(图1)

5.1.2 植筋工艺流程(图2)

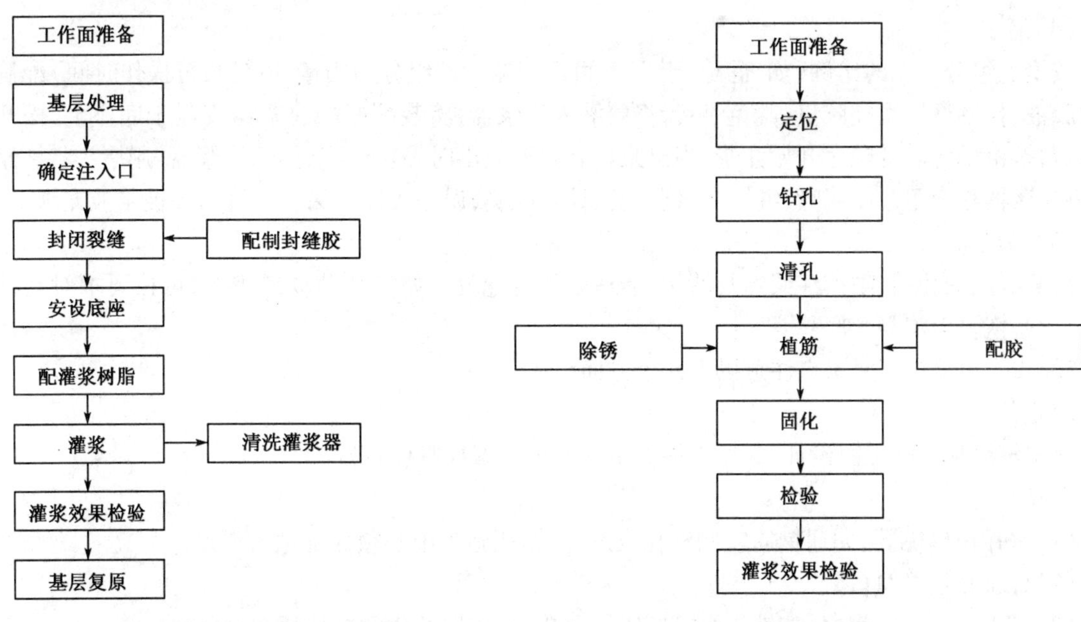

图1 裂缝灌浆工艺流程图　　图2 植筋工艺流程图

5.1.3 粘贴钢板工艺流程(图3)

5.1.4 粘贴碳纤维布工艺流程(图4)

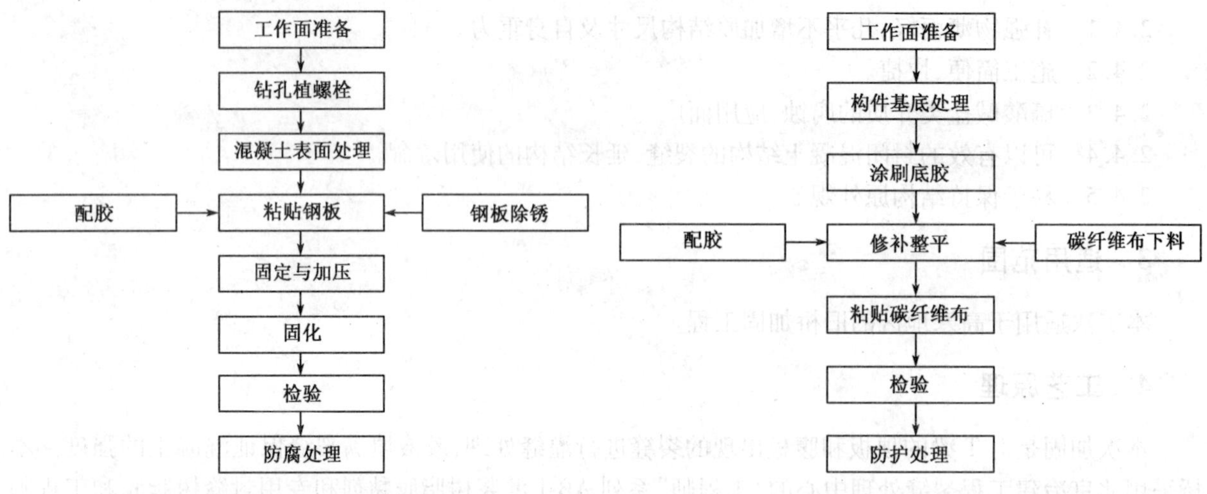

图3 粘贴钢板工艺流程图

图4 粘贴碳纤维布工艺流程图

5.2 灌注裂缝、植筋、粘贴钢板、粘贴碳纤维布的施工操作要点

5.2.1 灌缝施工要重点注意以下几个方面。

(1)混凝土表面处理

用丙酮清洗裂缝表面,清除裂缝表面的灰尘,浮渣、松散层等污物清除,把裂缝两侧20~30mm处擦洗干净,并保持干燥。将裂缝两侧20~30mm处清理干净,达到无浮尘、松散层,表面干燥,无油污。

(2)封缝处理

按甲乙组分100:2~5的比例配置封缝胶,沿裂缝方向抹一层厚1mm宽20~30mm的封缝胶,封缝时应注意防止产生气泡,保证封闭可靠,注浆嘴位置不封闭。配胶计量准确,误差±2g,保证封闭可靠。

(3)粘贴注浆嘴

沿裂缝方向每隔20cm设置一个注浆嘴,端头注浆嘴距裂缝起(终)点10cm,将注浆嘴底座涂上封缝胶,将注浆嘴的进浆孔骑缝粘贴在预定的位置。注将嘴间距误差不超过10mm,注将嘴粘贴牢固、密闭,进浆孔畅通。

(4)灌浆

按甲乙组分4:1的比例(如气温高于22℃可适当减少乙组分的用量,以延长可操作时间)配制一定量的胶液,控制好一次配胶量,避免浪费,将胶灌入注浆器,将装配好的注浆器旋紧于底座上,松开灌浆器弹簧,按由低向高的顺序开始注浆,当出浆口有浆液流出时停止注浆,拆除注浆器,用堵头将注浆嘴堵死,将注浆器移至下一注浆嘴,继续注浆。配胶计量准确,误差±10g,保证裂缝内部被浆液充满。

(5)后处理

待灌缝胶固化后,敲掉注浆嘴及堵头,清理表面封缝胶。如需粘贴碳纤维布,可按要求对裂缝表面进行打磨,恢复至混凝土原貌。

5.2.2 植筋施工要重点注意以下几个方面。

1)定位

根据箱梁加固施工图设计,标注出齿板植筋及植入螺栓具体位置。

2)钻孔

(1)采用电锤钻孔,如遇钢筋宜调整孔位避开,钻孔施工中必须保证钻入深度。

(2)保证植筋数量。

(3)定期检查钻头直径,如钻头缩径则需马上更换,以防止钢筋插入困难。

3）清孔

钻孔完毕，检查孔深、孔径合格后将孔内粉尘用气泵吹出，然后用毛刷、棉布将孔壁刷净，再次用气泵吹孔，应反复进行至少3次，直至孔内无灰尘碎屑。并保持干燥，清孔完毕后，班组自检报验，质检员验收，监理工程师抽检。

4）除锈

钢筋锚固长度范围的铁锈、油污应清除干净（新钢筋的青色氧化外皮也应除去），并打磨出金属光泽，采用角磨机和钢丝轮片，对植入高强螺栓应用丙酮浸泡。

5）植筋

（1）注胶前应对新胶进行预注，把没有混合的胶打出，使混合嘴内的胶充分混合，出胶色泽一致即可，完毕后植筋胶直接注入即可。

（2）注胶时，注胶嘴尽量保证插入孔底，根据注胶速度缓慢拔出注胶嘴。

（3）钢筋可采用旋转方式入孔，插入孔底以保证植入深度。

（4）植筋胶填充量应保证插入钢筋后周边有少许胶溢出。

（5）植筋胶用量：可根据注胶理论用量确定出胶次数。注胶时，注射胶枪注胶行程可做适当调整。

（6）每个孔注胶结束后应松开紧固阀，以使胶囊卸压。

6）固化

植筋胶有一个固化过程，植筋后50min内不得扰动钢筋，若有较大扰动则重新植筋。

7）检验

植筋后随机抽检，检验用拉拔仪作拉拔试验。齿板植筋，分别对顶板、腹板、底板进行拉拔试验。班组先进行自检，然后质检员抽检，最后报监理工程师检验。

5.2.3　粘贴钢板施工要重点注意以下几个方面。

1）钻孔埋植螺杆

在粘贴区域按图纸要求并结合实际测量情况每隔30cm钻孔埋植一根直径为12mm、长度100mm的螺杆，钢板两端必须有螺杆埋置，其距钢板端部的距离应控制在5～10cm之间。埋植螺杆前，应用钢筋混凝土保护层测试仪查明横隔板钢筋分布，避免钻孔时碰到原箱梁预应力筋。钻孔直径为16mm。对形成的孔先用压缩空气清理孔内浮尘，再用结构胶注入孔内，将螺杆慢慢转动插入，最后补填环氧胶泥直至填塞饱满。

2）混凝土表面处理

对混凝土黏合面进行打磨，去掉1～2mm表层，用气泵除去粉尘，然后用丙酮擦拭干净。如表面严重凹凸不平，可用环氧砂浆修补找平，再重新打磨。

3）钢板除锈

对于钢板黏合面，用角磨机打磨，直至出现金属光泽。打磨粗糙程度应尽可能大，打磨纹路尽量与钢板受力方向垂直。其后用丙酮擦拭干净。打磨结束后班组自检报验，质检员验收，监理工程师抽检。

4）配胶

在箱内现场用台称，按选定配胶比例分别称量A、B两组分，采用手工按同一方向进行搅拌，拌至色泽完全均匀为止。如搅拌量大，可自制搅拌器。

5）粘贴

胶黏剂配制好后，用抹刀装拌制好的胶同时涂抹在已处理好的混凝土黏合面和钢板黏合面，为使胶能充分浸润、渗透、扩散、黏附于黏合面，宜先用少量胶于黏合面来回刮抹数遍，再添抹至所需厚度（1～3mm），中间厚、边缘薄，然后将钢板贴于预定位置。

6）固定与加压

钢板贴合后，加垫片，紧固螺母，交替拧紧各加压螺杆，使多余的黏钢胶沿板缝及螺栓孔挤出，加压固定的压力以不小于0.5MPa为宜。同时要不断轻轻敲打钢板及时检查钢板下环氧砂浆饱满度。钢板粘贴后,用铁锤沿粘贴面轻轻敲击钢板,如无空洞声,表示已粘贴密实,否则应剥下钢板,补胶并重新粘贴(所有操作应在胶的适用期内完成)。按图纸要求并结合实际测量情况,在粘贴加固补强区表面先凿除6~8mm厚的表层砂浆,使坚硬的混凝土外露,并形成平整的粗糙面,再用钢丝轮清除表面浮浆,剔除表层疏松物,对于混凝土有缺陷部位应用环氧结构胶进行事先修补,固化后再磨平,进行下一道工序,最后用压缩空气吹净表面尘粒,并用甲苯或工业丙酮擦拭表面数遍,并晾干。

7)固化

JN建筑结构胶可在常温接触压力下固化,施工后应立即固定,固化期间避免扰动。25℃时,固化1天即可,3天即可受力使用;固化温度降低,固化时间应相应处长。若固化温度低于5℃,应采取红外线灯(或碘钨灯)加热等加温措施或使用低温固化改性产品。

8)检验

加固构件的粘贴钢质量,可先查看其外观,检查钢板边缘溢胶色泽、硬化程度,并以小锤敲击钢板检验钢板的有效黏结面积。锚固区有效黏结面积不应小于90%,非锚固区有效黏结面积不应小于70%。

9)防腐处理

经检验确认钢板粘贴效果可靠后,清除钢板外表面污垢和锈斑,擦去灰尘在钢板表面涂三层防锈漆,以防止钢板表面锈蚀。

5.2.4 粘贴碳纤维布施工要重点注意以下几个方面。

1)基底处理

(1)混凝土表层出现剥落、空鼓、蜂窝、腐蚀等劣化现象的部位应予以凿除,对于较大面积的劣质层在凿除后应用环氧砂浆进行修复。

(2)裂缝部位应首先进行封闭处理。

(3)用混凝土角磨机、砂纸等机具除去混凝土表面的浮浆、油污等杂质,构件基面的混凝土要打磨平整,尤其是表面的凸起部位要磨平,转角粘贴处要进行倒角处理并打磨成圆弧状($R \geq 10$mm)。

(4) 用吹风机将混凝土表面清理干净,并保持干燥。

2)黏结剂搅拌

根据配合比确定各种材料用量,严格按照配合比进行配制,并应在现场进行临时配置,每次配胶量以一次用完为宜。黏结剂开始搅拌时,由施工单位主管技术部门、工长组织有关人员,对材料进行检查。

3)涂刷底胶

(1)黏结剂配制好后,用滚筒刷或毛刷将胶均匀涂抹于混凝土构件表面,等胶固化后,再进行下一道工序。

(2)用滚筒刷将底胶均匀涂刷于混凝土表面,待胶固化后(固化时间视现场气温而定,以指触干燥为准)再进行下一工序施工。

4)修补找平

(1)混凝土表面凹陷部位应用刮刀嵌刮整平胶料填平,模板接头等出现高度差的部位应用整平胶料填补,尽量减少高差。

(2)转角的处理,应用整平胶料将其修补为光滑的圆弧。整平胶料须固化后,方可再进行下一道工序。

5)粘贴

(1) 按设计要求的尺寸及层数裁剪碳纤维布。

(2) 调配、搅拌粘贴材料胶(使用方法与底胶相同),然后均匀涂抹于待粘贴的部位,在搭接、混凝土拐角等部位要多涂刷一些。

(3) 粘贴碳纤维布,在确定所粘贴部位无误后,用特制滚子反复沿纤维方向滚压,去除气泡,并使胶充分浸透碳纤维布。多层粘贴应重复上述步骤,待碳纤维布表面指触干燥方可进行下一层的粘贴。

(4) 在最后一层碳纤维布的表面均匀涂抹胶。

(5) 碳纤维布沿纤维方向的搭接长度不得小于100mm,碳纤维端部固定用横向碳纤维或粘钢固定(压条)。

6)防护处理

加固后的碳纤维布表面应采取抹灰或喷防火涂料进行保护。

6 材料与设备

6.1 材料(表1)

主要材料表 表1

材料名称	规格型号	材料名称	规格型号
丙酮		建筑结构胶	JN
棉花		防锈漆	
封缝胶		钢板	Q235
灌封胶	AB-1	螺栓	M12
植筋胶	HIT-RE 500-SD	碳纤维布	
钢筋	HRB335	防火涂料	
环氧结构胶	B5		

6.2 主要设备(表2)

主要设备表 表2

材料名称	规格型号	材料名称	规格型号
角磨机	GWS 7-100 ET	砂纸	320号
腻刀		磨光机	
烧杯	500ml	电锤	TE35
玻璃棒		台秤	1kg
注胶嘴		抹刀	
注胶器		铁锤	
毛刷	2in	扳手	18
胶皮手套		吹风机	
钢卷尺	5m	滚筒刷	
墨斗		刮刀	
气泵	TC-20T		

7 质量控制

7.1 执行的规范标准

《公路工程质量检验评定标准》(JTG F80/1—2004)。

7.2 施工过程中质量控制要点

7.2.1 加固用的结构胶、封缝胶、自动压力灌浆器、植筋胶、JN建筑结构胶、防锈漆、碳纤维布、防火涂料等材料,必须有出厂合格证、出厂质量证明书(或检验报告)、生产许可证等质保证明资料,对结构胶、植筋胶等新材料必须进行现场取样试验鉴定。

7.2.2 检查混凝土结构构件表面的砂浆、浮浆是否打磨清除干净,混凝土表面的平整度、清洁度、干燥度是否满足标准要求。

7.2.3 现场跟踪观察、检查;观察注胶口是否饱满,用取芯机取样检查裂缝灌浆是否饱满。

7.2.4 搞好施工过程的各项工艺、工序交接检查、平行检查、巡检和抽检;上道工艺验收合格,方可进行下道工序的施工。

7.2.5 按照设计要求在混凝土表面精确放样钻孔位置,并在混凝土表面做好标记。

7.2.6 根据欲植入钢筋的直径,确定钻孔直径,由此确定钻头直径及钻孔深度,使用电锤钻孔,如钻孔时遇到原结构钢筋,使成孔深度达不到要求的深度,可适当调整钻孔位置。

7.2.7 先用高压空气吹除孔内粉尘,操作时,将出气孔插入孔底,由内向外吹,再用清孔刷清孔,如此反复,吹四次,刷三次,保证孔内干燥,无油污。

7.2.8 把胶体放入胶枪内,注胶前将先打出的胶液废弃不用,待出胶充分混合,色泽一致后方可使用,注胶时,将出胶嘴插入孔底,边注胶边提出注胶嘴,由内向外注胶,注胶量以插入钢筋后有少量胶溢出为准。

7.2.9 将钢筋表面除锈,向同一方向边旋转边插入孔底,如发现没有胶溢出,可立即将钢筋旋出,向孔内补注适量胶再重新插入钢筋,植筋后将钢筋固定,避免扰动。

7.2.10 当胶体达到固化时间后,按3%且不小于3根的比例抽检,使用抗拔仪对植筋进行抽检。

7.2.11 施工宜在5°C以上环境温度条件下进行,并应符合配套树脂的使用温度。

7.2.12 按规定的程序施工,加压及固化时间应符合设计要求。

7.2.13 锚固螺栓数量、规格、钢板的搭接长度不得少于设计值。

7.2.14 按设计要求进行防腐处理。

7.2.15 黏结剂的配合比、原材料计量、搅拌,必须符合施工规范规定。

7.2.16 碳纤维布黏结的密实度应当保证,不得有空鼓等缺陷。

7.2.17 粘贴钢板和粘贴碳纤维布的有效黏结面积锚固区,有效黏结面积不应小于90%,非锚固区有效黏结面积不应小于70%。

7.2.18 胶黏剂固化后不准在粘贴构件上进行高温作业。

8 安全措施

8.1 建立完善的施工安全保证体系,加强施工过程中的安全检查和控制,确保安全生产。

8.2 施工现场的安全设施、施工人员的安全培训和现场安全技术交底均应遵守《建筑安装工程安全技术规程》。

8.3 灌注裂缝施工、植筋施工、粘贴钢板施工、粘贴碳纤维布施工,必须严格按照施工方案顺序施工,在施工期间严格执行安全操作规范。化学注浆材料为易燃品,应密闭储存,远离火源;在配置及使用现场,必须通风良好,操作人员应做好防护,避免与身体直接接触。工作场地严禁烟火,并必须配备消防设施。裁剪及使用碳纤维布时应尽量远离电源,尤其是高压电线及输电线路,碳纤维布的配套用胶要远离火源,避免阳光直接照射,现场施工人员应穿工作服,同时还须佩戴口罩和手套,施工人员严禁在现场吸烟,配置及使用胶的场所必须保持良好的通风。

9 环保措施

施工时严格执行国家环保有关规定,对于施工后的残渣及残留物必须及时清理,并保持桥的清洁。

10 资源节约

此工法的使用不仅增加了桥梁的使用年限,还大大缩短了施工工期,保证了交通的顺利通行。

11 效益分析

11.1 经济效益

灌注裂缝的应用比常规施工节约大约68万元，早几个月交工通车，间接费至少达到几百万，具有广阔的应用前景；植筋技术的应用比常规施工节约大约130万元，缩短了施工工期；碳纤维片的质量小、强度高，随形性好，能适应各种复杂结构外形的修复补强，对结构重量的影响甚微；粘贴钢板工艺的应用比常规施工节约大约121万元，加固强度比常规施工高；碳纤维修复补强工艺施工简便迅速，该工法的应用比常规施工节约大约86万元，经济效益显著。

11.2 社会效益

灌注裂缝在施工中，大大缩短了工期，为早日竣工通车奠定了基础，植筋技术对大桥加固工程上，具有方便、工作面小、工作效率高的特点，而且还具有适应性强、适用范围广、锚固结构的整体性能良好、价格低廉等优点。粘贴钢板加固强度高，结构坚固耐用。由于碳纤维片修复补强的施工简便迅速、施工周期短、占用空间小，使施工对周围的影响降低到最低限度。社会效益显著。

12 应用实例

12.1 应用实例一

佳木斯松花江大桥建成于1989年9月，已使用20年。大桥桥面破损、伸缩装置破坏、T梁出现大量裂缝等原因。造成车辆过桥产生较大振动，故整修桥面，增加桥面铺装层厚度，桥梁自身恒载增加，造成原桥结构承载力紧张，以致出现倒塌的危险，为保证大桥的正常使用，采用灌注裂缝施工对大桥进行加固。此次共在32箱内灌缝5 000延米，施工工期60d，工程造价250万元。对主孔箱内锚固横梁的施工，通过植筋，使钢筋与混凝土通过结构胶黏结在一起，然后浇筑锚固横梁新混凝土，从而完成新旧钢筋混凝土的有效连接，针对T构箱梁原有预应力损失的病害，加固设计采用在箱梁内增设体外预应力的方法，将预应力损失补偿。即按设计要求在箱梁顶板设置混凝土齿板并张拉，从而得到加固。此次共在8个墩32个锚固横梁植筋12 000根，施工工期30d，工程造价36万元。采用粘贴钢板施工对大桥进行加固。此次共在32箱内灌缝3 200延米，施工工期60d，工程造价384万元经验证，完全满足原设计要求和使用功能要求。经济效益和社会效益显著。

12.2 应用实例二

井冈山大桥设计全长1 090.26m。桥面净空：净—7 +2×1.5m人行道；设计荷载为汽车—13级；拖车—60；人群—3.5kN/m^2。上部构造为16孔预应力T形刚构，孔径组成为(48.13m+14×71m+48.13m)，预应力T形刚构的悬臂长23.5m，钢筋混凝土挂梁跨径为21m。大桥年久失修，承载能力严重下降。采用粘贴碳纤维布对桥梁箱内进行加固，共粘贴碳纤维布510m^2，施工工期为30d，工程造价320万元经验证，完全满足原设计要求和使用功能要求。经济效益和社会效益显著。

溶蚀区特殊透水条件下圆形深大基坑施工工法

GGG(中企)C4150—2010

唐　俊　李　飞　周运志　王玉林　项　进
(中铁四局集团有限公司)

1　前言

随着我国经济快速发展,基础建设规模扩大,深基坑工程应用越来越广泛,涉及不同水文、地质特点的支护技术,一直以来都是深基坑施工的关键。可用于基坑支护的方法较多,如放坡、护壁桩、锚杆、水泥搅拌桩及连续墙等等,各种方法都有其优点和局限性。在广西柳州市双拥大桥单主缆斜吊杆地锚式悬索桥工程施工中,针对临近柳江、临近既有建筑物、具有典型溶蚀地质特点的重力式锚碇深基坑工程施工,采用放坡与垂直开挖相结合,锚杆支护、排桩支护、环形混凝土板墙及止水措施相结合的联合支护方法,在国内尚属首次。通过科研攻关成功实施,有效地解决了技术难题,并进行总结形成工法。

2　工法特点

2.1　场区环境复杂,同时需考虑洪水水位上涨10m的影响,基坑开挖深度大,开挖后产生的水平荷载大,对基坑支护结构的强度要求高、位移控制要求高、止水措施要求高。

2.2　充分考虑场区环境特点、水文地质特点,采用放坡与垂直开挖相结合,在确保基坑安全的基础上,同时又兼顾经济合理性。

2.3　基坑底位于水位下10m,且坑底岩面起伏大,基坑位置有区域断层通过,基岩破碎,裂隙及岩溶管道发育,可与江水贯通,施工中需充分考虑水力特点,充分验证止水效果。

2.4　基坑临近城市道路、铁路营业线,且交通量大,需严格进行位移监测控制。基坑内岩石采用控制爆破,多用破碎锤凿除、解小,避免破坏基坑支护。

2.5　基坑施工中进行动态管理、专项检查,建立信息施工系统,位移监测及时预警,监控地质、水位等设计参数变化情况,及时反馈,进行比对分析。

3　适用范围

适用于溶蚀地质深基坑开挖支护施工。

4　工艺原理

以地下水位为分界线采用不同的支护、止排水施工方案。特别是针对基坑岩体的溶蚀情况采用有效的止水方案是本工法的关键点。

4.1　支护结构及原理

(1)地下水位以上部分:基坑采用放坡开挖、坡面支护的施工方案,放坡坡率1:0.8,支护采用锚杆加钢筋网加喷混凝土的形式。

(2)地下水位以下部分:基坑采用垂直开挖、环向排桩加连续板墙支护。排桩与连续板墙构成一个环向整体,形成一个环向封闭的支护结构,支护结构起到抵抗基坑周边水平荷载的作用,既达到力学强度方面的要求,又能控制基坑整体位移变形。

4.2 止排水结构及原理

(1)地下水位以上部分:以排水为目的设计好整个排水系统。

①坡顶排水:在坡顶距坡角3m处设置高0.4m、宽0.4m的环向截水沟,将锚碇范围的雨水、基坑渗水直接排至锚碇范围以外。

②坡面排水:由混凝土护坡面、坡面泄水孔、二级平台坡脚处环向截水沟和汇水槽对坡面排水汇集构成。再由水泵抽排至坡顶排水沟,排至锚碇范围以外。

(2)地下水位以下部分:地下水位以下部分以止水为目的处理土体渗水及溶蚀区特殊透水条件下渗水、涌水。基坑周边土层采用高压旋喷桩处理,基坑周边及底部岩层采用灌浆处理,高压旋喷桩和灌浆联合处理使基坑外围、底部构成桶形封闭止水帷幕结构。

基坑垂直开挖部分排水:根据基坑开挖后渗水量大小,在坑底设置积水坑、积水井。

5 施工工艺流程及操作要点

5.1 施工工艺流程(图1)

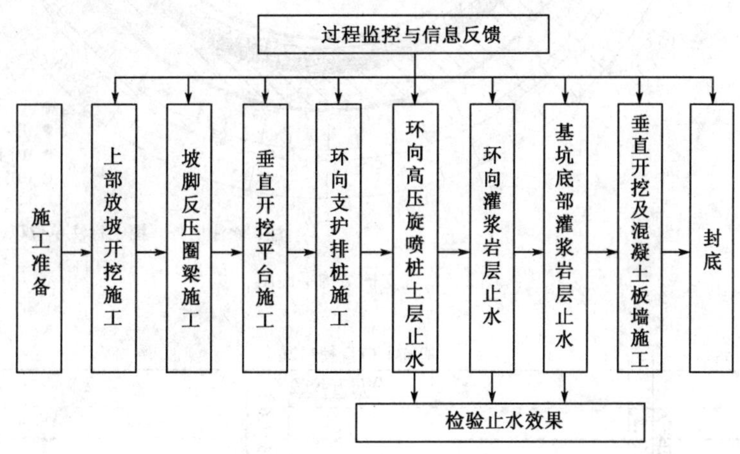

图1 施工工艺流程图

5.2 工艺原则

实现基坑帷幕止水效果及结构稳定,满足后续施工及安全要求。

5.3 操作要点

5.3.1 溶蚀地质基坑开挖支护

因基坑为溶蚀地质,开挖深度大,从安全、成本、施工可操作性等方面进行综合考虑,做出如图2、图3示意的放坡与垂直支护开挖方式,既缩小了放坡开挖的范围,也减小了垂直开挖的深度和难度。

5.3.2 基坑上部放坡开挖支护

根据勘察报告收集确认基坑土层土体参数指标及开挖深度,通过边坡设计软件进行边坡坡率、支护方式的设计。根据基坑地下水位以上部分深度分两级放坡开挖和设置开挖坡率;并在每级间设护坡平台与截水沟。为便于锚杆施工方便,根据锚杆每层层高竖向分层开挖;平面开挖顺序为先基坑中间后边坡坡脚的环形掏槽开挖方式。开挖时采用机械开挖,人工配合修整坡面,坡面锚杆采用HRB335钢筋加砂浆构成的无应力锚杆,护坡面纵横向锚固肋筋和钢筋网片分别采用HRB335、HPB235钢筋,并在锚固钢筋、肋筋、钢筋网片安全前后分别进行各一层喷射C20混凝土施工,两层喷射混凝土厚度根据设计总厚度、钢筋在护坡外露面侧保护层厚度确定,以充分利用钢筋网片的有效受力为目的。

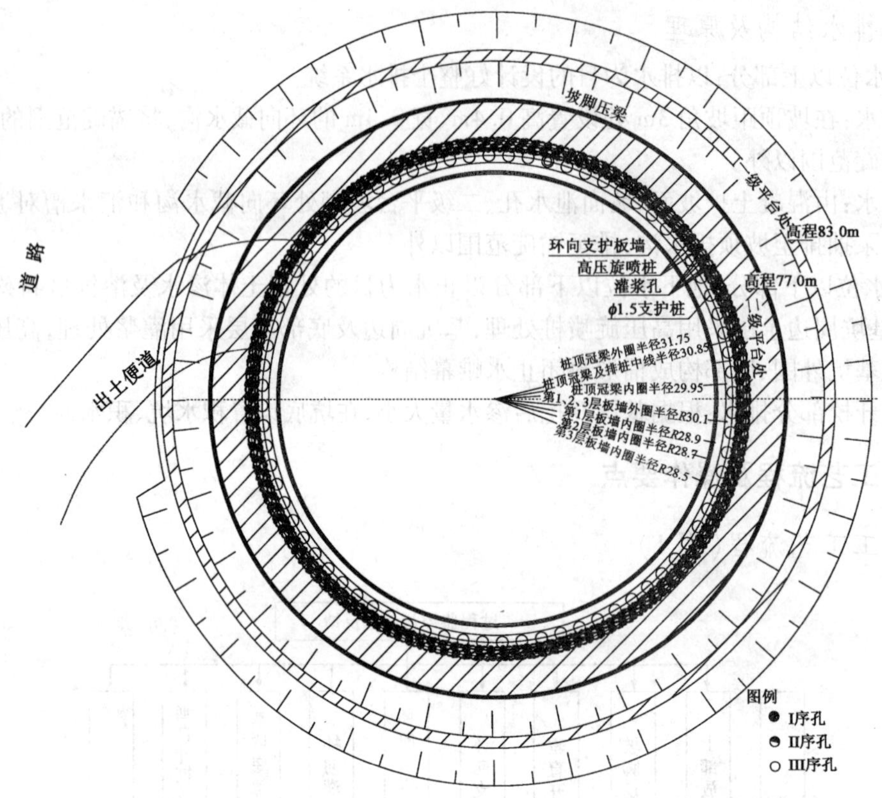

图2 基坑支护结构平面图

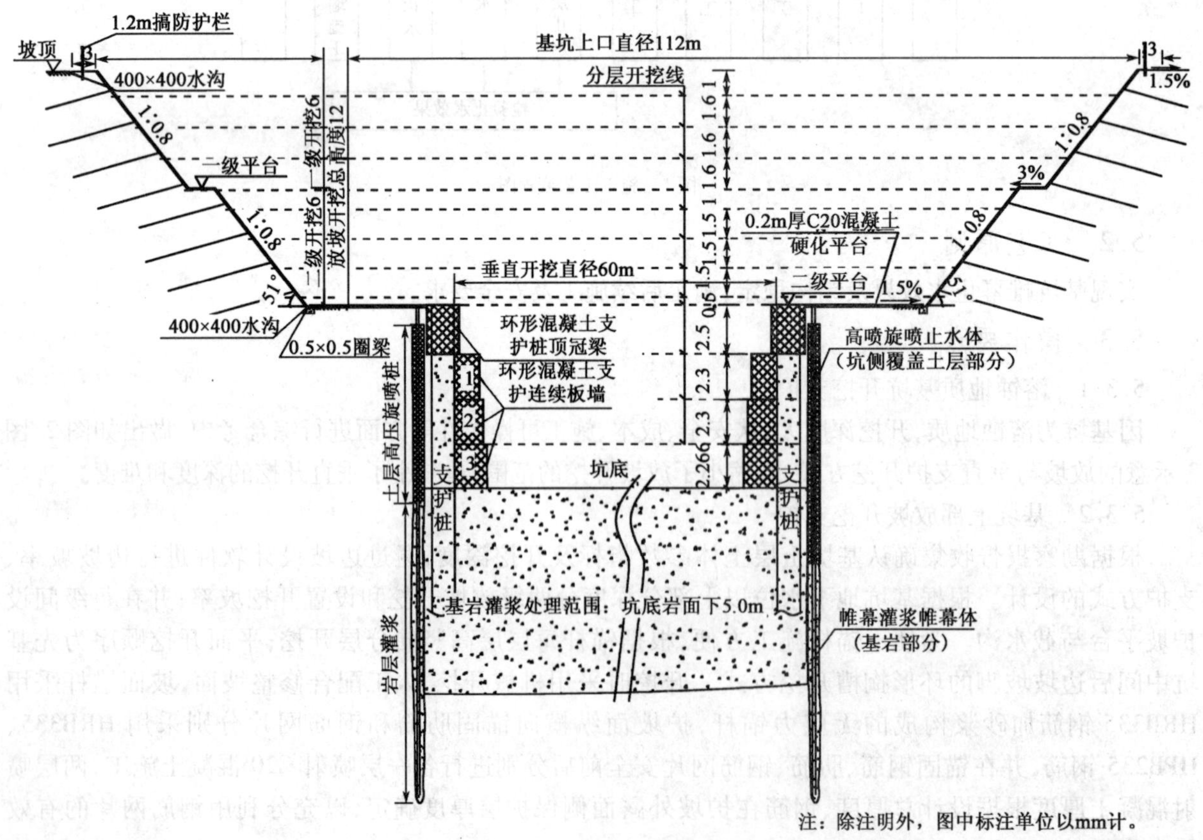

图3 基坑支护结构剖面图

5.3.3 坡脚反压梁及平台施工

(1)坡脚反压圈梁:根据设计计算确认在坡脚位置是否设置坡脚反压圈梁。若设置反压圈梁,要综合考虑护坡面同坡脚反压圈梁的结构受力及防水效果,确保坡脚位置受力的稳定。施工时可设置多个工作面,每个工作面要分段推进施工,根据钢筋规格确定每次推进长度10m或13m,以便于施工。

(2)垂直开挖平台施工:垂直开挖平台为支护排桩、高压旋喷桩、灌浆、土石方开挖、支护板墙等工程施工提供作业平台,施工机械多,是一重要的工作平台,采用C20混凝土封闭硬化,同时设置环形排水系统,确保平台满足垂直开挖施工需要。

5.3.4 环向支护排桩、桩顶冠梁及支护板墙的结构设计以及环向支护排桩施工

由设计确认基坑开挖深度,根据勘察报告收集确认基坑地下水位以下部分垂直开挖深度范围岩面的位置分布,根据施工方案计算坡顶工作荷载,利用结构体为环向(圆形)受力特点,通过边坡设计软件进行边坡支护桩及支护板墙的结构设计。

1)支护桩的设计及施工

(1)确认支护排桩环向布置间距、桩径、桩长;

(2)桩的钢筋配置和混凝强度等级;

(3)桩伸入锚碇基底以下嵌岩深度;

(4)支护桩施工采用常规的钻孔桩施工工艺,可同时组织多台钻机进行同步作业,施工要求每根桩成桩后,进行桩基质量检测。

2)桩顶冠梁及支护板墙的结构设计

(1)确认桩顶冠梁及支护板墙环向布置中线半径、截面高度及宽度;

(2)桩顶冠梁及支护板墙的钢筋配置和混凝强度等级;

(3)桩顶冠梁及支护板墙与支护排桩的位置关系;

(4)桩顶冠梁及支护板墙具体施工详见5.3.7。

5.3.5 环向高压旋喷桩土层止水

溶蚀区特殊透水条件下基坑垂直开挖部分止水帷幕的设计施工是通过基坑支护排桩外侧的土层旋喷桩帷幕体和岩层灌浆帷幕体联合作用实现。其中土体止水主要根据原状土渗透系数及地下水的水力坡度计算确认采用如搅拌桩、高压旋喷桩等相适用的帷幕止水方式。若选定对基岩面以上覆盖层采用高压旋喷桩处理,就要进行如下设计和施工:

(1)确定高压旋喷桩的帷幕体的截面厚度和高度、桩径、排数和根数、桩间相互搭接尺寸;

(2)确定高压旋喷桩施工采用单管法、双管法、三管法;

(3)确定高压旋喷桩引孔直径的,入岩深度;

(4)施工要求高压旋喷桩开孔偏差小于5cm,钻孔斜不大于0.5%,孔内无残留的岩芯、岩粉和其他杂物。确认旋喷施工旋转速度不大于 n 转/min,提升速度 v cm/min,喷射压力不小于 xMPa;

(5)施工采用"之"字形连续施工,相互咬合(图4)。在环向支护排桩外侧形成帷幕实现止水,施工桩长根据土层厚度定,需喷杆下到孔底后进行试喷,当各参数达到设计要求并且孔口返浆的浓度大于进浆浓度时方可提升喷杆,分段搭接长度不小于0.2m。喷至设计高程停止,并根据漏浆情况及时进行补浆。

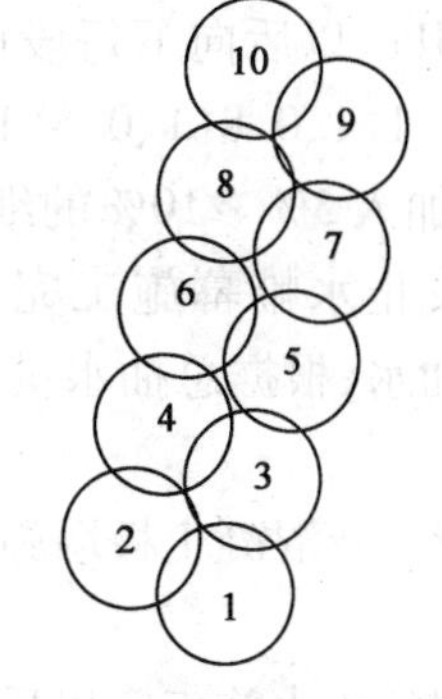

旋喷桩施工顺序示意
(按"之"字形顺序施工)

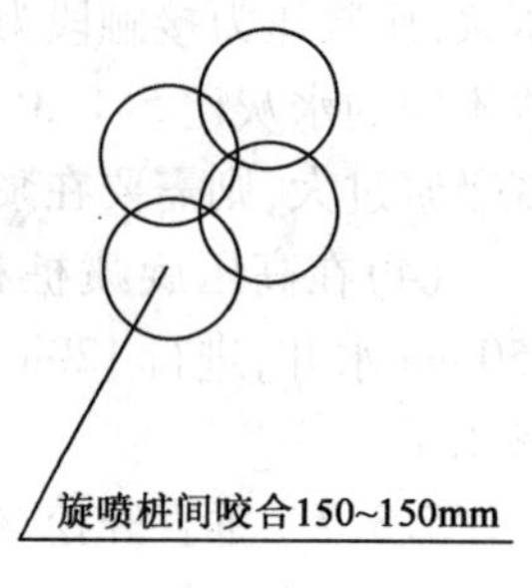

旋喷桩止水帷幕搭接示意

图4 高压旋喷桩施工示意图

5.3.6 环向及基坑底部钻孔灌浆岩层止水

对于岩层的止水采取帷幕灌浆的方式进行,通过封堵岩层中的裂隙、通道达到止水的目的。

(1)溶蚀区特殊透水条件下基坑垂直开挖部分岩层止水帷幕的止水范围根据地质勘探资料确定。为保证止水效果,在基坑外围岩层环向灌浆止水帷幕体设三排孔,每孔深度根据岩面高程、基底高程、基底以下岩层处理范围确定,先施工第一排和第三排,然后施工中间的第二排孔;每排孔均分三序施工,先施工Ⅰ序孔,然后是施工Ⅱ序孔,最后施工Ⅲ序孔,施工时分三批实施,确保浆体扩散半径相互咬合,为保证土层与岩层止水帷幕的衔接,灌浆范围需从岩层延伸至土层1m,见图5。

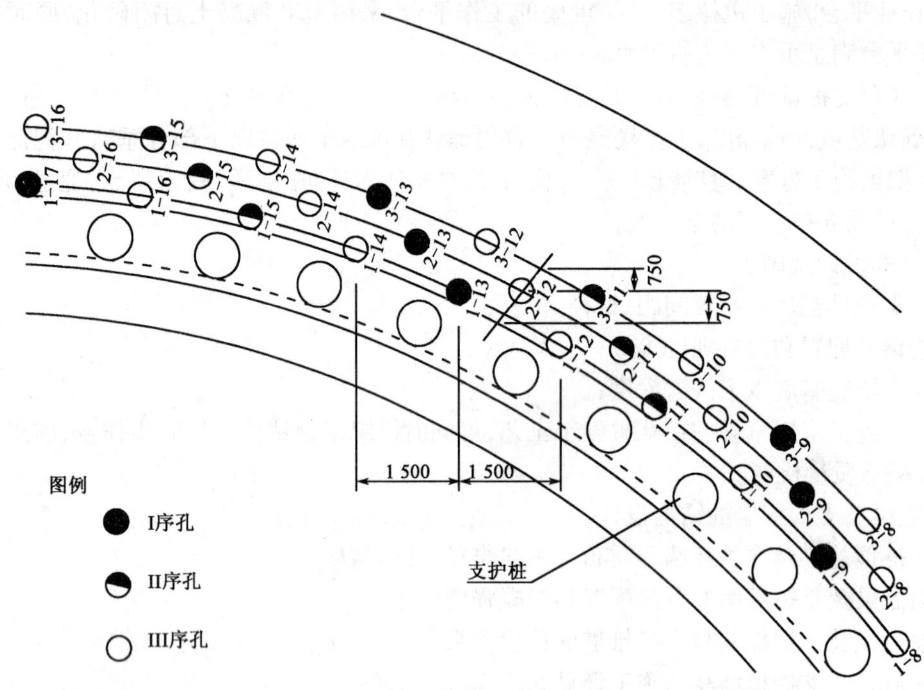

图5　灌浆施工示意图(尺寸单位:mm)

(2)基坑底板灌浆封堵孔排距均根据地质勘探资料确定,梅花形布置,按基坑外围岩层环向灌浆止水帷幕体施工方法分三序施工。钻孔过程中如遇到溶洞,钻孔必须穿过溶洞底板,进入岩石1m以上,预埋灌浆花管,待全部钻孔灌浆完成后,对遇到溶洞的钻孔进行风水联合冲洗,再灌浆。

(3)帷幕灌浆先施工孔,引孔孔径为ϕ75mm,深度由岩层处理范围定,引孔施工完以后向孔内进行压浆,压浆压力接触段为0.2MPa,以后向下每段增加0.05MPa的压力,压浆根据压浆部位的不一样采取不同的水灰比5:1、3:1、2:1、1:1、0.8:1、0.5:1,逐级进行变换浆液的浓度。在压浆的过程中如果出现吸浆过大,则需要在浆液中加入5%~10%的细沙或水玻璃并间歇压浆,间歇时间为4~8h。

(4)在高压旋喷桩和灌浆止水帷幕施工完成后,在锚碇止水帷幕范围内基坑位置设置直径为150mm水井,进行120h过滤抽水,根据总抽水量及抽水时间计算基坑经止水帷幕施工后的渗透系数及渗水量。

5.3.7　垂直开挖、桩顶冠梁及混凝土板墙施工

1)垂直开挖

在主要的支护体系和外围的止水施工完以后,开始进行基坑开挖施工。由于是垂直开挖,开挖过程中分为4个阶段,采用竖向分层,分层厚度根据每层混凝土板墙高度定为:桩顶冠梁2.5m、混凝土板墙三层各2.3m、2.3m、2.266m,水平跳槽间隔开挖,跳槽间距为10m。

岩石部分采用爆破进行施工,爆破施工时需要加强对支护桩和已经完成止水施工的保护,支护桩附近的岩石和土层采用人工进行清理。

2)桩顶冠梁、混凝土板墙施工

桩顶冠梁、混凝土板墙按照基坑开挖分为四层进行施工,均采用C30钢筋混凝土现浇成环向支护板墙,从上至下冠梁、板墙厚度分别为1.8m、1.2m、1.4、1.6m,根据基坑的开挖顺序采用逆做法进行施

工，开挖一段施工一段，及时对基坑的开挖面进行封闭。

5.3.8 监控量测及施工动态管理

(1)基坑水平位移变形观测基准网布置为三等边角网，在基坑四周均匀布设5个基准点，各基准点埋设标石，在坑平台上埋设变形观测点。变形观测点观测等级为"三等"，技术要求为变形点的点位中误差不超过±10mm。

(2)基坑沉降观测基准网各基准点均为钻进到基岩未风化层后埋设深层金属管。各点均设半圆铜头标志，做成窨井式点位，并用水泥盖板或金属盖板保护。

(3)基坑监测进程安排：基坑开挖深度之前，测得坡顶监测点初始值；开挖至一级平台处后，及时布设一级平台处监测点，并及时对监测点进行初始位移值监测；第一平台至第二平台施工期间，每开挖一层观测一次；第二平台施工期间，7d/次；第二平台至坑底施工期间，3d/次；当变形数据超过报警值后，应加密观测次数；当有事故征兆时，应连续监测；在暴雨季节，及连续雨天等条件下加密观测。

(4)随现场施工进度，每天对监测项目进行数据收集，结合监测报告对比分析界定基坑安全状态，书面通报基坑安全状态；签发开挖指令，指导下一步是否能进行下一道工序施工。

5.4 劳动力组织(表1)

劳动力组织情况表 表1

序号	班组名称	人数	备注	序号	班组名称	人数	备注
1	现场管理	人	4	7	普工	人	10
2	安全员	人	2	8	电工	人	2
3	电焊工	人	4	9	钢筋工	人	8
4	装卸工	人	6	10	模板工	人	5
5	驾驶员	人	12	11	混凝土工	人	5
6	喷浆工	人	4	12	钻机工	人	21

6 材料与设备

6.1 材料(表2)

主要材料数量表 表2

序号	材料名称	规格型号	单位	数量
1	钢筋锚杆	HRB335 Φ25	t	150
2	钢筋	HRB335	t	1 796
3	混凝土	C20	m^3	2 014
4	混凝土	C30	m^3	7 730
5	水泥	P.O 42.5	t	9 500

6.2 机械设备(表3)

主要机具设备表 表3

序号	机具设备名称	规格	单位	数量	备注
1	挖掘机	$1m^3$	台	3	土方开挖用
2	自卸汽车	6t	辆	9	土方开挖用
3	空气压缩机	$10m^3$	台	2	喷混凝土用
4	压浆机	ZJB-85	台	2	锚杆压浆用
5	湿喷机	GSP-A	台	1	喷混凝土用

续上表

序号	机具设备名称	规　　格	单位	数量	备　注
6	拌和机	$0.5m^3$	台	2	喷混凝土用
7	抽水机	$10m^3/h$	台	6	基坑排水用
8	取芯机	ϕ100mm	台	12	锚杆孔
9	钻孔桩机械	CJF-20A	台	11	支护排桩用
10	高压旋喷桩机械	GPP-5B	台	6	高压旋喷桩施工用
11	钻孔灌浆机械	电动	台	6	灌浆施工用
12	钢筋切断机	ϕ40mm 以内	套	4	钢筋加工用
13	钢筋弯曲机	ϕ40mm 以内	套	4	钢筋加工用
14	电焊机	42kV·A 以内	台	4	钢筋加工用
15	混凝土运输罐车	$8m^3$ 以内	台	4	桩基、板墙等混凝土施工
16	汽车泵	$45m^3/h$ 以内	台	1	桩基、板墙等混凝土施工
17	塔吊	50m 6t 以内	台	1	桩基、板墙等施工用

7　质量控制

针对溶蚀区特殊透水条件下圆形深大基坑施工的技术难点与现场施工条件，结合相关施工经验和规范，采取有效的质量控制措施。

7.1　主要质量标准及规范

基坑设计、施工过程质量控制主要执行了《建筑基坑支护技术规程》(JGJ 120—99)、《建筑边坡工程技术规范》(GB 50330—2002)、《建筑基坑工程技术规范》(YB 9258—97)、《建筑地基基础设计规范》(GBJ 50007—2002)、《建筑桩基技术规范》(JGJ 94—2008)、《土层锚杆设计与施工规范》(CECS 22:90)、《水工建筑物水泥灌浆施工技术规范》(DL/T 5148—2001)、《工程测量规范》(GB 50026—2007)、《国家一、二等水准测量规范》(GB 12897—91)、《建筑变形测量规程》(JGJ 8—2007)共 10 项规范。

7.2　质量控制措施

7.2.1　放坡开挖及锚杆打孔施工时均采用角度仪控制边坡及锚杆的角度，偏差不大于 1°。

7.2.2　坡面钢筋安装过程中检查钢筋搭接长度、分布间距；坡面喷混凝土施工前，做好厚度标记，施工时严格控制坡面混凝土厚度。

7.2.3　支护排桩、支护板墙钢筋施工严格按照规范要求控制搭接长度和位置偏差，混凝土施工前做好摸板的加固及接茬面的凿毛清理工作，避免出现混凝土胀模或接头裂缝渗水。

7.2.4　严格控制钻孔桩、旋喷桩和灌浆引孔的垂直度不大于 0.5%，平面位置偏差小于 50mm。

7.2.5　通过高压旋喷桩和灌浆工艺试验确定施工各项参数，施工时根据工艺试验参数操作，过程加强质量控制。

8　安全措施

8.1　在基坑坡顶及冠梁顶设置环向围栏防护，基坑内与坑顶通过 4 组救生通道连通。

8.2　为避免基坑坍塌，基坑开挖时采用从坑中间向坡脚开挖，开挖至距坡脚 2m 环向处再分段跳槽开挖支护；连续板墙施工时采用分段跳槽开挖和混凝土施工。

8.3　依据《建筑施工安全检查标准》(JGJ 59—99)编制下发《深基坑专项安全施工组织设计》及安全交底。

8.4　实行三级教育，加强岗前、工序、转岗等培训与教育；组织高空作业、吊装作业等工序的学习，实行班前教育制度。

8.5 每月开展一次高空坠落、深基坑坍塌、通道逃生、伤员救治等专项应急预案的演练。

8.6 实行专业工种组长负责与签认制，统一指挥、分级管理、规范施工。

9 环保措施

9.1 建立健全各级各部门的环保责任制，责任落实到人，签订环保协议书；实行周检、月检、季检制度。

9.2 依据《中华人民共和国环境保护法》编制下发《溶蚀区特殊透水条件下圆形深大基坑工序环保实施细则》。

9.3 环保工程师对工序中存在的环保隐患及时派专人跟踪整改，环保小组每天锚碇施工的杂物等应及时进行清理。

9.4 施工污水采用收集集中处理，土方施工时洒水防尘、弃土场采用集中堆土，分层碾压。

10 资源节约

10.1 在施工过程中，严格贯彻国家节能工程的有关要求，节约钢材、混凝土、高压旋喷桩和灌浆水泥等材料的用量，降低能耗。

10.2 本工法通过放坡与垂直支护开挖、排水与止水结合，减少了施工支护、止水用钢筋30t，混凝土100m^3。

10.3 在施工过程中，采用成熟的施工方法和合理的工艺，提高功效、降低劳动成本、节约劳动力，缩短施工工期，最终实现节能减排目标。

11 效益分析

11.1 技术效益：该工法的形成，属国内首例。填补了国内溶蚀区特殊透水条件下圆形深大基坑开挖支护设计与施工的空白；为各种单一的支护、止水提供了联合利用的思路。

11.2 经济效益：溶蚀区特殊透水条件下圆形深大基坑开挖支护方法安全可靠且防水效果好，是一种安全、高效、实用的开挖支护施工方法；较完全垂直支护开挖方法节约成本200万元；缩短工期30d。

11.3 社会效益：溶蚀区特殊透水条件下圆形深大基坑施工为后续工程施工提供了工期保证，在施工中支护安全可靠、止水效果好，未出现安全事故。

12 应用实例

柳州双拥大桥地处喀斯特溶蚀地区，该区域的岩层多溶洞和溶蚀裂隙，地质勘察资料显示，基岩储水条件较差，圆砾层的空隙受黏性土充填，透水性较差。潜水一般赋存于近河岸处基岩浅部的裂隙中，地下水位为+77.0m，基本与柳江水位+77.4m持平，水量较小。该层水埋藏于岩溶洞穴和裂隙中，受岩溶发育不均匀性的影响，其均匀性较差。开挖过程中在水头作用下，溶洞或溶槽内的软塑填充物有向基坑移动的趋势，施工中应维持水头平衡，并采取固化填充物等措施进行止水。地质基岩面总体起伏较平缓，凹凸不平，落差5m左右。溶蚀较发育，多为串珠状溶洞多为充填性溶洞，充填物为红黏土。基岩为灰色石灰岩，覆盖层从下至上依次为硬塑黏土、红黏土、新四纪充填红黏土，厚薄不均，最厚达30m。

大桥的南北岸锚碇的平面投影为半径28.5m的圆形，地表以下的埋置深度均为22m，基坑采用明挖的方式进行施工。

12.1 应用实例一

柳州双拥大桥南岸锚碇深基坑施工于2009年3月开始施工，2009年12月完成；基坑开挖以地下水位+77.0m为分界线，其中+77.0m以上部分12m深采用放坡开挖，放坡坡率1:0.8，并采用锚杆及坡面喷混凝土支护。+77.0m以下垂直开挖部分10m深采用66根直径1.2m支护桩加三层截面尺寸分别为1.2m×2.3m、1.4m×2.3m、1.6m×2.266m支护板墙环向支护,支护桩顶用1.8 m×2.5m得的桩顶冠梁加固。基坑周边土层用内圈401根加外圈407根双排直径为0.6m的高压旋喷桩帷幕止水,基坑周边岩层5~9m范围灌浆帷幕止水。南锚碇基坑开挖图见图6、图7。

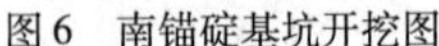

图6 南锚碇基坑开挖图

图7 南锚碇基坑开挖图

12.2 应用实例二

柳州双拥大桥北岸锚碇深基坑施工于2009年8月开始施工,2010年6月完成;基坑开挖以地下水位+77.0m为分界线,其中+77.0m以上部分12m深采用放坡开挖,放坡坡率1∶0.8,并采用锚杆及坡面喷混凝土支护。+77.0m以下垂直开挖部分10m深采用76根直径1.5m支护桩加三层截面尺寸分别为1.2m×2.3m、1.4m×2.3m、1.6m×2.266m支护板墙环向支护,支护桩顶用1.8 m×2.5m得的桩顶冠梁加固。基坑周边土层用内圈201根加外圈205根双排直径为1m的高压旋喷桩帷幕止水,基坑周边岩层与基坑底部5~9m范围灌浆帷幕止水。

海滩软基础桩基组合支架法现浇混凝土箱梁施工工法

GGG(中企)C4151—2010

汪昌喜　邓建林
(中铁隧道集团有限公司)

1　前言

目前,支架法现浇箱梁是我国高速公路施工中普遍采用的桥梁上部结构施工方式,可在海滩软基较深支架法现浇箱梁是罕见的施工方法,主要原因是支架基础的处理难度大、安全隐患多等。我单位承建的舟山大陆连岛工程Ⅰ合同段门岙涂大桥左右幅各长807.08m,上部结构形式为连续箱梁,该工程工作量大,工期紧,若采用吊篮悬臂法施工,效率低,满足不了工期要求,因此必须采用施工速度快的支架现浇法施工,但部分箱梁位于东海滩涂范围,地基承载力低,若采用换填法施工,一则换填深度大(15~23m),二则更换填土可能被海水冲刷渗水,造成支架基础失稳,为安全快速完成箱梁施工任务,结合门岙涂大桥研究开发了海滩软基础桩基组合支架法现浇混凝土箱梁施工工法,该工法的开发和应用,使门岙涂大桥工程安全、快速、高质量地完成,同时为以后类似工程施工提供经验。

2　工法特点

2.1　该工法是将桥梁上部结构施工期间的力通过支架、贝雷片、系梁、桩基传递至基础持力层,其受力情况明确,经过理论计算和承载力试验后,桥梁箱梁施工期间的安全、质量可控。

2.2　在桩基及系梁施工完成后,系梁以上与普通支架法施工工序相同,由于支架的桩基、系梁可与桥梁主体工程的下部结构同时进行施工,故对工期的影响较小。

2.3　该工法是在软弱地层较厚,无法采用清淤换填的方式或换填深度很大时进行基础处理,与清淤换填法相比,箱梁支架现浇法施工进度快,工期短,能满足工期要求,各个步骤的施工工艺成熟,施工时间、成本可控。

3　适用范围

该工法适用于基础处于特别软弱地层且软弱层较厚,无法直接采用清淤换填法对其进行基础处理或处理成本很高的支架法现浇混凝土桥梁上部结构的工程。

4　工艺原理

桩基组合支架由桩基、系梁、贝雷片和支架组成。在箱梁浇筑期间的受力通过支架传递至贝雷片,再传递至系梁和桩基础,从而将桥梁上部结构施工的荷载通过各个部位的传递一直延伸至持力层,受力传递路径清晰,能确保施工安全。

桩基组合支架在施工前需对桩基的位置、桩径、配筋以及桩顶系梁进行专门设计,在设计完成后需进行相应的理论验证,支架搭设后还需进行承载力预压试验,从而确保上部结构施工期间的安全。

5 施工工艺流程及操作要点

5.1 施工工艺流程(图1)

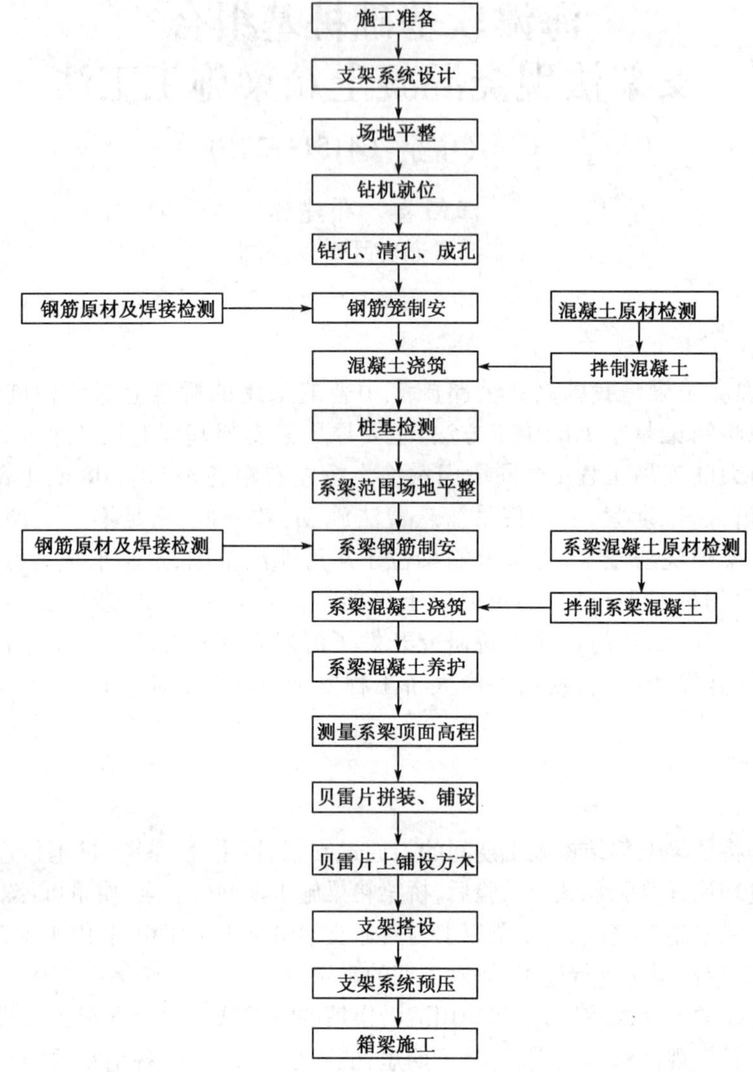

图1 施工工艺流程框图

5.2 操作要点

5.2.1 施工准备

(1)首先现场详细踏勘,了解需进行处理范围地质情况,若没有详细的地质资料,需进行补勘。

(2)桩基施工范围采用宕渣填筑施工平台,其中桩基位置只能填筑黏土,方便钻机施工。

(3)施工测量放样。测量组对桩基进行测量放样,在钻机进行时即可根据测量放样情况将钻机布置在桩位位置,钻机安装完成并验收合格后,即可进行桩基的成孔作业。

(4)施工材料准备。及时备好桩基所需的材料,如钢筋、混凝土等,桩基成孔后及时进行桩基钢筋笼的制安、混凝土灌注等工作。

5.2.2 桩基组合支架体系设计

(1)桩基组合支架体系设计为桩基、系梁、贝雷片,其上再铺设方木作为支架的支撑;其中桩基横桥向设计为群桩，通过钢筋混凝土系梁连接，然后纵向按碗扣支架的纵横间距铺设贝雷片，为了确保碗扣支架的支撑安全，在贝雷片顶部横桥向按支架的纵横间距铺设方木，以利支架的安装。具体如图2、图3、图4所示。

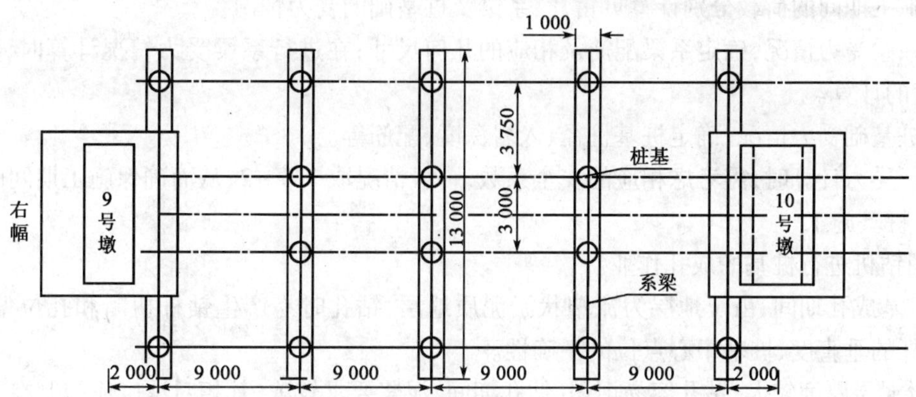

图2　排桩及系梁平面布置图(尺寸单位:mm)

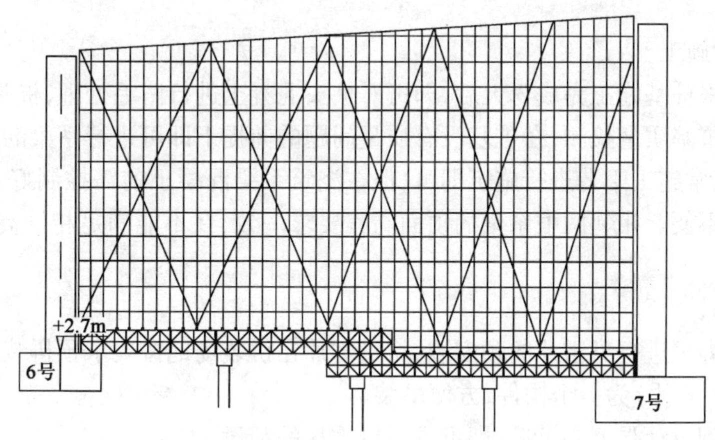

图3　贝雷片纵桥向布置示意图

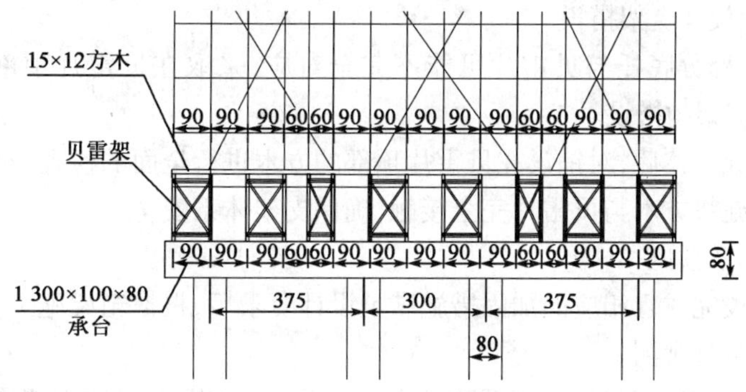

图4　贝雷片横桥向布置图(尺寸单位:cm)

(2)受力计算分析

①首先进行荷载类别的判定，然后根据施工情况考虑荷载组合，最后按从上至下的顺序进行桩基组合支架系统的受力情况计算。

②该桩基组合支架系统的荷载有箱梁混凝土自重、模板及支架体系重量等,为静荷载,按1.2系数进行计算;施工人员及机具重、浇筑混凝土产生的振捣荷载为动荷载,按1.4系数进行计算;将静荷载与动荷载累加后即为施工受力荷载。

③根据施工期间的荷载分别计算贝雷片、系梁及桩基础的受力情况。

④根据系梁受力情况,确定系梁配筋及相应的几何尺寸;在进行系梁受力情况计算时,必须进行抗弯、抗剪强度的计算。

⑤根据桩基础受力情况,确定桩基桩径、入岩深度、配筋等。

⑥在进行受力计算时,需考虑相应的安全系数,一般情况取1.5~2,从而确保施工期间的安全。

5.2.3 桩基施工

(1)采用钻机进行桩基的成孔作业。

(2)在桩基成孔期间,由于地层为流塑状淤泥质地层,钻孔时易产生钻杆扭断和孔位偏移,需加强观测钻机钻杆的垂直度、桩基中心点位的正确性。

(3)因淤泥层厚度较大,钻孔容易坍塌,钻孔期间,泥浆要求较浓,其相对浓度应控制在1.20~1.30之间,否则容易坍孔。

(4)桩基成孔验收合格后及时进行钢筋笼的下放以及混凝土的灌注施工,其工艺与其他混凝土浇筑桩基相同。

5.2.4 桩顶系梁施工

在同一排最后一根桩基施工完成3天后,即可对桩头混凝土进行凿毛处理,桩头混凝土必须凿出至新鲜混凝土面并进行桩基质量检测,在桩基没有质量问题的前提下即可进行系梁的施工。

钢筋、混凝土按正常施工工艺进行施工即可,但在浇筑系梁混凝土前需控制好系梁顶面高程,否则会给安装贝雷片带来不便。相邻两根系梁的顶面高程要求一致,在不能满足相同高程的情况下其高差为贝雷片高度。

5.2.5 贝雷片铺设

在浇筑系梁期间即可进行贝雷片的预安装,将贝雷片在拼装场地按要求预拼装成可吊装的构件,一般情况下按2排×(6~8片)为一个构件,方便吊装。

在系梁混凝土达到设计强度要求后,即可进行贝雷片的铺设。

贝雷片拼装成的构件通过吊车进行铺设,在贝雷片铺设完成后需检查是否完全支撑在系梁顶面,否则必须采取措施将贝雷片与系梁顶部完全接触。

5.2.6 方木铺设及支架搭设

搭设支架期间,部分底托与贝雷片可能不完全对应,采取在贝雷片顶部横桥向铺设一层15cm×12cm的方木,以便支架的搭设。

在支架搭设形成整体后,对铺设在贝雷片顶部的方木进行全面的检查,对没有与贝雷片完全接触的方木需采取支垫措施将方木与贝雷片完全接触,确保支架体系安全。

5.2.7 支架体系预压

在支架体系搭设完成且相应的加固措施满足设计要求后,根据箱梁施工荷载情况,进行支架体系的预压并进行相应的沉降观测。

采用砂袋按箱梁结构荷载分布情况进行逐孔预压,在加压期间按50%、80%、100%、120%荷载重量进行分级加载,并及时进行相应的沉降观测,在加压至120%荷载并持荷24h后卸载。卸载时同样按100%、80%、50%荷载重量分级进行,每级荷载卸载后要求及时进行沉降数据的观测。在预压2孔后,后续采用同样支架体系的箱梁施工可以根据情况取消预压工作。

5.2.8 箱梁浇筑施工

箱梁钢筋制安、混凝土浇筑、预应力施工工艺与普通现浇法相同。

5.3 人员组织(表1)

劳动力组织 表1

序号	工种	所需人数(人)	备注
1	管理人员	2	现场协调
2	技术人员	3	现场技术
3	桩基施工	20	桩基现场施工
4	机械司机	4	吊车、罐车操作
5	钢筋工	5	桩基、系梁钢筋加工
6	木工	16	木模制安、支架搭设
7	混凝土工	6	混凝土浇筑
8	普工	15	拼装贝雷片
合计		71	

6 材料与设备

针对本工法的操作程序,现将所需的主要材料如表2、表3所示。

材料配备表 表2

序号	设备名称	设备型号	单位	数量	用途
1	贝雷片	1.5×3.0	片	364	作为支架方木的支撑,考虑2跨
2	方木	12cm×15cm×4m	m^3	20	作为碗扣支架的支撑,考虑2跨
3	碗扣支架	48mm×3.5mm		2跨	箱梁支架
4	钢管	48mm×3.5mm	t	5	碗扣支架加固用
5	砂袋	吨包	t	1 032	箱梁支架预压

设备配备表 表3

序号	设备名称	设备型号	单位	数量	用途
1	钻机	GPS15	台	2	桩基成孔
2	汽车吊	QY25	台	1	移机、下钢筋笼、吊贝雷片等
3	电焊机	BX3-400	台	5	钢筋加工
4	钢筋弯曲机	GW-40	套	1	钢筋加工
5	钢筋切割机	GQ40	套	1	钢筋加工
6	平压刨木工机床	MLQ342	套	2	箱梁木内模加工
7	张拉设备		套	2	箱梁预应力施工
8	搅拌站	SJ1500	套	2	混凝土生产
9	混凝土罐车	$8m^3$	台	3	混凝土运输
10	装载机	ZL50	台	1	搅拌站用
11	混凝土输送泵	90	台	1	桩基及系梁混凝土施工用

7 质量控制

本工法除执行施工设计图纸和相应规范的有关技术要求外,还应注意以下事项:

7.1 由于该成孔大部分时间在位于淤泥质土中进行钻进,故钻孔成孔期间需控制好泥浆相对浓度,泥浆相对浓度控制在1.20~1.30之间,防止成孔期间孔壁坍塌。

7.2 桩基定位需准确,并在施工期间随时检查,确保桩位符合施工要求。

7.3 桩基底部清孔需干净,沉渣厚度不得大于5cm。

7.4 桩基混凝土灌注需一次成型,确保桩基混凝土的施工质量。

7.5 桩基施工完成后需进行桩基质量检测,满足要求后才可后续工序的施工;若桩基质量不能满足规范要求,需采取措施进行加强处理。

7.6 桩头混凝土必须凿出至新鲜混凝土面后,才可进行系梁施工。

7.7 贝雷片的组拼必须逐个花架进行检查,相应的插销必须连接牢固。

7.8 所有碗扣支架立杆需尽可能支撑在贝雷片位置,尽量避开贝雷片之间的空挡范围。

7.9 碗扣支架的连接及加固构件必须严格按照设计进行连接及加固到位。

7.10 必须按要求对支架系统进行预压。

8 安全措施

严格按照《公路工程施工安全技术规程》(JTJ 076—95)中的规定执行外,还需采取如下措施:

8.1 贝雷片拼装期间,必须仔细检查贝雷片本身的质量、连接部位的连接质量和贝雷片与系梁的接触情况,安排专门的班组进行检查,发现不能满足安全要求的及时进行加固处理。

8.2 支架需安排专门的班组搭设,搭设前需进行安全及技术交底,在施工过程中严格按照交底进行施工,确保支架稳定可靠。

8.3 在施工过程中,派专人对支架及连接部位进行检查,发现松动时及时紧固。

8.4 支架搭设属于高空作业,所有搭建人员必须按规定系好安全带,防止坠落。

9 环保措施

9.1 开工前组织全体干部职工进行环境保护学习,增强环保意识,形成良好的环保习惯。

9.2 施工区域、砂石料场在施工期间和完工后,应妥善管理,以减少对河溪流的侵蚀。

9.3 施工作业易产生粉尘的地段应进行洒水,使粉尘公害减至最小限度。

9.4 合理布置施工场地,生产、生活设施的布置尽量不破坏原有植被,保护自然环境,完工后恢复植被。

10 资源节约

10.1 贝雷片、碗扣支架均可租赁,且在施工中可根据情况进行倒用,可以减少投入。

10.2 紧密结合现场施工,加强教育培训和技术交底,提高劳动生产率,降低周转材料的损耗,减少资源投入。

10.3 施工过程中,严格施工用水、施工用电、机械设备的管理,提高机械设备的利用率,减少机械设备的闲置。

11 效益分析

本工法较好地解决了在海滩淤泥层较厚的范围箱梁支架系统施工的难题,该工法的成功应用,为以后类似情况箱梁现浇施工提供了可靠的决策依据和施作方法,将促进现浇箱梁在公路及铁路桥梁施工中支架体系施工的进一步发展;与采用吊篮悬臂法比较,仅海滩5跨箱梁工期就缩短约3个月,经济效益节约260万元,实现了较好的经济效益和社会效益。

12 应用实例

门岙涂大桥是浙江舟山大陆连岛工程I合同段的一部分,位于舟山市定海区册子乡南岙村,宁波侧与西堠门大桥相连,另一侧与册子互通立交相接,分为左线桥和右线桥,单幅桥宽 11.5m,左右线间距 6m。起讫桩号左幅 MLK19 + 934.46 ~ MLK20 + 741.54,右幅 MRK19 + 931.45 ~ MRK20 + 738.53,全桥长左右幅均为 807.08m。

上部结构采用 4 联 ×(5 跨 ×40m/跨)m C50 预应力混凝土连续箱梁,现浇箱梁均采用满堂碗扣式支架支撑,混凝土一次性完成现浇;路线方向每一联有 5 跨,分两次完成现浇(即 2 ×40m + 6.8m、33.2m + 2 ×40m)。由于左幅 6 ~ 10 跨和右幅 6 ~ 11 跨在海滩上,基础按常规做法不能满足现场的施工要求,故采用桩基础连接系梁后,系梁上方通过顺桥向铺设贝雷片作为支架的支撑系统来进行桥梁上部结构的施工。

本桥开工日期为 2008 年 6 月,于 2008 年 10 月竣工。采用桩基组合支架法施工,既保证了施工安全,提高了施工速度,又节省了工程造价,确保了该门岙涂大桥按期完成施工,得到了相关方的高度评价。

隧　道　篇

无中墙连拱隧道施工工法

GGG(渝)D1152—2010

蒋树屏　胡学兵　黄伦海　王建华
(招商局重庆交通科研设计院有限公司)
万姜林　周颜军
(中铁隧道集团有限公司)

1　前言

连拱隧道施工一般采用三导洞法,即先开挖中导洞,后开挖两侧主洞,施工过程中一般先开挖连拱隧道中墙部岩土体,最后中导洞临时支护,待中导洞开挖完毕后,再浇筑中墙混凝土和中墙侧回填,最后分左右洞分别施作连拱隧道主洞。因此,该工艺的最大的弊端是施工工序多,工序间的时间间隔长,中导洞支护多,造价高、工期长、结构受力复杂、施工质量难以保障、防排水处理复杂。

无中墙连拱隧道施工工法是针对连拱隧道的诸多弊端而开发的一种新型工法,本工法的总体思想是将连拱隧道作为一个超小净距(中夹岩厚度为0)结构进行设计和施工,从而取消连拱隧道中导洞施工。考虑到后行洞施工过程对先行洞的影响,先行洞应按偏压隧道结构进行设计;对于硬岩地段,初期支护背后还应设置减震带;对于软岩地段,先行洞施工时应设置"中墙"顶部径向超前支护和预注浆加固,以保证后行洞施工时该部分岩体的稳定。

无中墙连拱隧道施工工法既加快了施工进度,又节省工程投资,还保证了连拱隧道结构更加安全可靠,在地下结构密集的地段还可以减少对既有结构的影响,因此,具有很好的社会效益和经济效益,该工法达到了国际领先水平。

2　工法特点

由于无中墙连拱隧道施工工法施工时两洞之间干扰大,"中墙"顶部围岩稳定性差,结构受力较为复杂,因此,该工法具有以下技术特点。

2.1　占地省

无中墙连拱隧道结构左右两侧线路距离较近,减小了隧道布线宽度,因此,对地下空间的占用更省,在地下结构密集的地段,具有较强的优越性。

2.2　左右洞施工期间相互影响大

由于左右洞初期支护搭接,两洞中间没有岩柱支撑和隔离,施工过程中围岩压力重分布和爆破震动对结构影响大,因此,施工中应采取以下措施:

(1)左右洞必须纵向错开施工,待先行洞二次衬砌结构超前至少20m后,方可进行后行洞的开挖作业。

(2)先行洞必须按偏压隧道结构进行设计,将先行洞靠"中墙"侧边墙加厚,形成偏压隧道结构体系。

(3)后行洞靠中墙侧应采取机械开挖或静力爆破技术,避免对先行洞支护、衬砌结构的扰动;在硬岩地段需爆破时,先行洞靠"中墙"侧初期支护背后应设置减震带,并在后行洞爆破期间采取控制爆破技术。

2.3 “中墙”顶部岩(土)体稳定性差

采用无中墙连拱隧道施工时,两侧洞室开挖后“中墙”顶部岩(土)体缺少有效支撑,“中墙”顶部岩(土)体很容易失稳,需采取以下对策:

(1)通过先行洞对分“中墙”顶部岩(土)体进行注浆加固,然后施作有效的径向超前支护体系。

(2)后行洞在“中墙”侧施工时,应遵循“预注浆、管超前、弱爆破、短进尺、紧封闭、强支护、勤监测、备预案”的原则,谨慎施工。

(3)两洞初期支护搭接部位应牢靠,在先行洞该部位施作时,设置适当的抗滑移垫块,可将先行洞该部位的连接钢板加厚、加宽处理。

2.4 该工法施工进度快、造价更省、结构安全性高

相对于传统连拱隧道施工方法,该工法省去了中导洞的开挖和支护工序,左右洞独自组织施工,因此各施工工序间的干扰更少、施工进度更快、造价更省。

3 适用范围

无中墙连拱隧道施工工法在国内山区公路连拱隧道中均可推广应用。

4 工艺原理

本工法的总体思想是将连拱隧道作为一个超小净距(中夹岩厚度为0)结构进行设计和施工,从而取消连拱隧道中导洞。施工时先施工一侧洞室(先行洞),待先行洞初期支护和二次衬砌施作完毕后,再施作另一洞室(后行洞),后行洞的初期支护与先行洞初期支护相连,并保证后行洞初期支护拱脚部位固定牢固,从而取消传统的连拱隧道中墙。采用此种结构后,考虑到后行洞与先行洞初期支护的搭接,以及由此产生的先行洞的偏压荷载,设计中需对隧道结构进行一定的调整:先行洞二次衬砌采用偏压结构,后行洞靠中夹岩侧开挖轮廓线适当外移,结构加厚,既保证“中墙”顶部围岩的稳定,又保证后行洞初期支护结构受力良好。因此,两洞初期支护搭接点位置的选择也比较关键。为了保证后行洞靠中夹岩侧围岩的稳定,除了后行洞施工过程中的超前支护是必要的外,在先行洞施工时也对该部位施作一些小导管,以增加该部位底端围岩的稳定。为了确保结构的整体稳定,以及后行洞“中墙”顶部围岩的稳定,后行洞宜采用分部开挖,最好采用 CRD 工法或双侧壁导坑法进行施工。

5 施工工艺流程及操作特点

5.1 施工工艺流程

对于软弱围岩,无中墙连拱隧道采用 CRD 法施工,其施工工序如图 1 所示。主要施工流程为:

施工准备→先行洞采用 CRD 工法开挖及支护,并施作“中墙”顶部的径向小导管和初步注浆加固→先行洞内临时支撑拆除,整体铺挂防水卷材→先行洞二次衬砌结构施工(二次衬砌采用偏压隧道结构)→先行洞二次衬砌结构超前后行洞掌子面 20m 后,后行洞远离中墙侧导坑开挖及支护→后行洞靠近中墙侧超前支护和注浆加固→后行洞靠近中墙侧导坑开挖及支护→后行洞临时支撑拆除,整体铺挂防水卷材→后行洞二次衬砌结构施工。

对于坚硬完整的围岩,无中墙连拱隧道可采用台阶法施工,其施工工序如图 2 所示。主要施工流程为:

施工准备→先行洞采用台阶法开挖及支护,并施作“中墙”顶部的径向小导管和初步注浆加固,初期支护外侧设置泡沫板减震带→整体铺挂防水卷材→先行洞二次衬砌结构施工(二次衬砌采用偏压隧道结构)→后行洞靠近中墙侧超前支护和注浆加固→先行洞二次衬砌结构超前后行洞掌子面 20m 后,后行洞上台阶采用弧形开挖开挖及支护→后行洞整体铺挂防水卷材→后行洞二次衬砌结构施工。

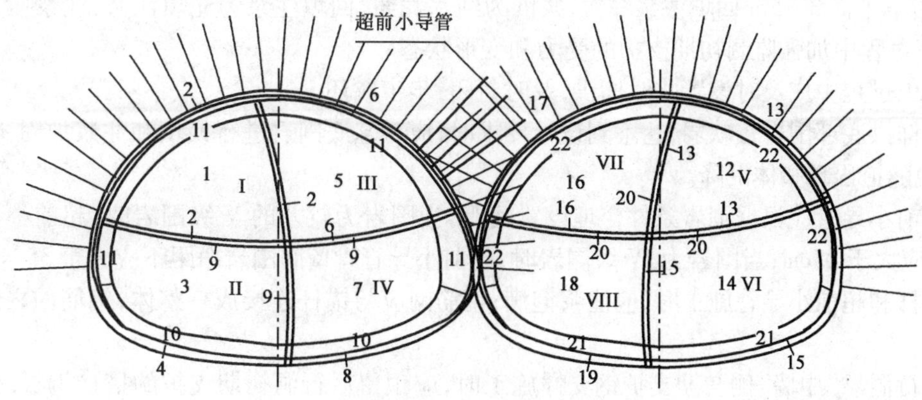

图1 无中墙连拱隧道施工工序图

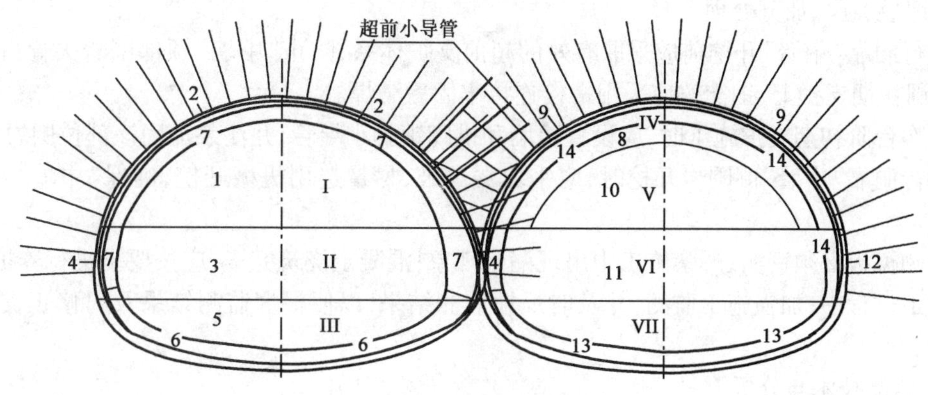

图2 无中墙连拱隧道施工工序图

5.2 操作要点

5.2.1 隧道施工

无中墙连拱隧道结构受力总体上比较复杂,施工工序较多,对开挖、放线、定位、支护等工序要求比较严格,施工过程中应注意以下要点。

(1)施工前应严格核查路线测设线精度,确保隧道位置和开挖断面正确。

(2)施工前严格核查地形、地质、水文条件,超前探测围岩条件,以确定合理的施工辅助措施、开挖方法和防护参数。

(3)严格控制后行洞开挖进尺,每次纵向开挖0.5~1.0m。

(4)遇到隧道上方存在人工杂填土,开挖过程中出现不良地质情况时及时对开挖面进行网喷封闭,进行加固处理后再施工。

(5)严格控制钢支撑间距,网构钢架应精确定位,注意“高程、中线、前倾后仰、左高右低、左前右后”等各个方位的位置偏差,左右洞钢支撑应保持在同一垂直面内,钢支撑保护层临土侧50mm,背土侧不小于2mm。

(6)先行洞钢支撑的位置应精确记载,以保证后行洞的钢支撑与先行洞的钢支撑在同一横断面位置;施工过程中,后行洞中墙侧的钢支撑支撑在先行洞初期支护钢支撑上;先行洞二次衬砌结构施作完成并超前后行洞掌子面不少于20m后,方可进行后行洞的开挖。

(7)每道工序开挖完毕后,应及时初喷一道2~4cm厚的混凝土,封闭围岩断面。

(8)当采用双层钢筋网时,应先铺设内层钢筋网并初喷混凝土至第二层钢筋网位置,然后再挂设第二道钢筋网,并喷射混凝土至设计位置。严禁两层钢筋网一次铺挂再喷射混凝土。

(9)滞后掌子面3～5m回填注浆一次,浆液为纯水泥浆,回填注浆为充填注浆,注浆压力应严格控制,并在注浆过程中加强监测初期支护的受力和变形状态。

(10)施工过程中应及时设置临时仰拱,及时封闭,步步成环。

(11)当仰拱底部围岩较软弱,达不到设计要求时,应对基底围岩进行换填和注浆加固,保证底部围岩稳定,避免隧道出现整体沉降。

(12)超前小导管应根据围岩条件合理设置间距,当围岩为较差的V级围岩时,超前小导管管壁间围岩净距不应大于25cm;当围岩为Ⅳ级围岩时,超前小导管管壁间围岩净距不应大于35cm。

(13)锚杆和超前小导管施工时,应注浆饱满;钢筋网应与锚杆连接成一整体,钢筋网之间的搭接应牢固。

(14)先行洞靠“中墙”侧初期支护钢支撑施工时,应预留后行洞初期支护的搭接钢板,并在两层结构搭接部位设置减震或隔离设施。

(15)两洞初期支护搭接部位应牢靠,在先行洞该部位施作设置适当的抗滑移垫块,可将先行洞该部位的连接钢板加厚、加宽处理。

(16)后行洞靠“中墙”开挖前应采取有效的超前支护体系,防止“中墙”顶部围岩失稳;初期支护应搭接在先行洞初期支护上,钢支撑应采用螺栓连接牢固后满焊。

(17)每次台阶初期支护施工时,应设置边墙和拱脚锁脚小导管,并注浆加固该部位围岩。

(18)后行洞靠“中墙”侧围岩开挖时,应采取弱爆破,尽量选用机械开挖,确保“中墙”顶部围岩的稳定。

(19)衬砌模板必须密实,严禁施工中出现漏浆现象;混凝土浇筑完毕,应按要求进行养护。

(20)施工过程中,加强施工监测,并及时反馈监测结果,以便根据监测结果及时修正支护参数,确保安全。

5.2.2 监测技术与分析

确保工程建设安全的关键是全过程监测隧道施工过程中的稳定情况,主要的监测内容参见表1。

监测项目汇总表 表1

序号	监测项目	监测仪器	监测频率	监测目的
1	地表沉降	WILD-N3精密水准仪、铟钢尺	初期:1～2次/d 后期1～2次/3d	掌握洞口开挖对边仰坡的影响程度和范围
2	拱顶沉降	水准仪、钢尺	初期:1～2次/d 后期1～2次/7d	了解施工过程中围岩的稳定情况
3	水平收敛	收敛仪	初期:1～2次/d 后期1～2次/7d	
4	围岩内部位移	多点位移计、百分表	初期:1～2次/d 后期1～2次/7d	
5	钢架内力	钢筋计、频率接收仪	初期:1～2次/d 后期1～2次/7d	了解施工过程中支护衬砌结构的稳定情况
6	喷射混凝土应变	应变计、频率接收仪	初期:1～2次/d 后期1～2次/7d	
7	围岩与喷射混凝土间的接触应力	压力盒、频率接收仪	初期:1～2次/d 后期1～2次/7d	
8	二次混凝土应变	应变计、频率接收仪	初期:1～2次/d 后期1～2次/7d	

5.3 劳动力组成(表2)

劳动力组织情况表 表2

序号	单项工程	所需人数(人)	备注
1	管理人员	10	
2	技术人员	16	
3	隧道开挖	24	
4	隧道初期支护	20	
5	预注浆施工	6	
6	防水板铺设	10	
7	钢筋绑扎	10	
8	二衬浇筑	8	
9	钢筋加工	4	
10	杂工	8	
合计		116	

6 材料与设备

本工法无需特别说明的材料,采用的机具设备见表3。

机 具 设 备 表 表3

序号	设备名称	设备型号	单位	数量	用途
1	正铲装载机	ZL50	台	2	运土
2	履带式挖掘机	925LC	台	2	挖土
3	混凝土搅拌运输车	混凝土搅拌运输车	台	4	运输混凝土
4	混凝土喷射机	PZ-5B	台	3	喷射混凝土
5	凿岩机	7665	台	12	打设锚杆
6	混凝土输送泵	HB-300	台	2	泵送混凝土
7	钢筋弯曲机	GW40	台	2	钢筋加工
8	点焊机	BX-300	台	6	钢筋加工
9	注浆泵	KBY-50/70	台	2	锚杆或管棚注浆
10	漏斗及导管	ϕ200mm	套	2	灌注混凝土
11	潜孔钻机	KQG150	台	2	管棚施工
12	风机	SDFN0.6.5	台	2	隧道施工通风
13	型钢冷弯机		台	1	型钢加工
14	钢筋切断机		台	1	钢筋加工
15	钢筋调直机		台	2	现场钢筋布置
16	多功能作业台架	轨行式	台	2	施工作业
17	电动空压机	L-20/8	20m^3/min	4	钻孔

7 质量控制

7.1 工程质量控制标准

7.1.1 隧道施工质量执行《公路隧道施工技术规范》(JTG F60—2009),衬砌结构允许偏差按表4执行。

衬砌结构允许偏差表　　表4

序号	项目	允许偏差(mm)	检查频率	检验方法
1	中线	±10	每榀钢架	全站仪
2	高程	±10		全站仪
3	同步	±30		用钢尺
4	环向闭合	±50		全站仪
5	垂直度	20		锤球、钢卷尺

7.1.2　临时衬砌施工质量执行《公路隧道施工技术规范》(JTG F60—2009)中洞门衬砌的相关规定。

7.2　工程质量保证措施

7.2.1　隧道开挖必须按设计要求,随开挖、随防护,严禁一次开挖进尺超过设计值。

7.2.2　隧道开挖不应欠挖,并严格控制超挖,尽量选用机械开挖施工。对意外出现的超挖或局部坍塌,应及时用喷射混凝土回填密实,必要时对围岩注浆加固。

7.2.3　隧道边墙侧不得积水,洞口外应做好截水措施。

7.2.4　及时进行初期支护背后回填注浆。

7.2.5　超前支护严格按设计角度和设计要求施工,防止中墙顶部围岩坍塌。

7.2.6　后行洞靠中墙侧开挖是进行爆破震动监测,严禁爆破震动速率超标。

7.2.7　初期支护施工完毕后,应适时施作二次衬砌结构,在二次衬砌初凝前,禁止爆破施工。

7.2.8　施工过程中加强施工监测和质量检测,对不满足设计要求的工程措施及时返工。

8　安全措施

8.1　认真贯彻“安全第一、预防为主”的方针,根据国家有关规定、条例,结合施工单位实际情况和工程的具体特点,组成专职安全员和班组兼职安全员以及工地安全用电负责人参加的安全生产管理网络,执行安全生产责任制,明确各级人员的职责,抓好工程的安全生产。

8.2　施工现场按复核防火、防风、防雷、防洪、防触电等安全规定及安全施工要求进行布置,并完善布置各种安全标识。

8.3　各类房屋、库房、料库等的消防安全距离做到符合公安部门的规定,室内不堆放易燃品;严格做到不在木料加工场、料库等处吸烟;随时清除现场的依然杂物;不在有火种的场所或其近旁堆放生产物资。

8.4　氧气瓶与乙炔瓶隔离存放,严格保证氧气瓶不沾染油脂、乙炔发生器有防止回火的安全装置。

8.5　施工现场的临时用电严格按照《施工现场临时用电安全技术规范》(JGJ 46—2005)的有关规范规定执行。

8.6　电缆线路应采用“三相五线”接线方式,电器设备和电器线路必须绝缘良好,场内架设的电力线路其悬挂高度和线间距除按安全规定要求进行外,将其布置在专用电杆上。

8.7　施工现场适用的手持照明灯使用36V的安全电压。

8.8　室内配电柜、配电箱前要有绝缘垫,并安装漏电保护装置。

8.9　对将要较长时间停工的开挖作业面,不论地层好坏均应作网喷混凝土封闭。

8.10　建立完善的施工安全保证体系,加强施工作业中的安全检查,确保作业标准化、规范化。

9　环保措施

9.1　成立对应的施工环境卫生管理机构,在工程施工过程中严格遵守国家和地方政府下发的有关环境保护的法律、法规和规章,加强对施工燃油、工程材料、设备、废水、生产生活垃圾、弃渣的控制和治理,遵守防火及废弃物处理的规章制度,做好交通环境疏导,充分满足便民要求,认真接受城市交通管理,随时接受相关单位的监督检查。

9.2 将施工场地和作业限制在工程建设允许的范围内,合理布置、规范围挡,做到标牌清楚、齐全,各种标识醒目,施工场地整洁文明。

9.3 对施工中可能影响到的各种公共设施,制订可靠的防止损坏和移位的实施措施,加强实施中的监测、应对和验证。同时,将相关方案和要求向全体施工人员详细交底。

9.4 设立专用排浆沟、集浆坑,对废浆、污水进行集中,认真做好无害化处理,从根本上防止施工废浆乱流。

9.5 定期清运沉淀泥砂,做好泥砂、弃渣及其他工程材料运输过程中的防散落与沿途污染措施,废水除按环境卫生指标进行处理达标外,并按当地环保要求的指定地点排放。弃渣及其他工程废弃物按工程建设指定的地点和方案进行合理堆放和处治。

9.6 优先选用先进的环保机械,采取设立隔音墙、隔音罩等消音措施降低施工噪声到允许值以下,同时尽可能避免夜间施工。

9.7 对施工场地道路进行硬化,并在晴天经常对施工通行道路进行洒水,防止尘土飞扬,污染周围环境。

10 资源节约

相对于传统连拱隧道三导洞施工法,无中墙连拱隧道施工工法取消了中导洞开挖和支护工序,因此有效节省了中导洞的支护措施,节省了工程造价;无中墙连拱隧道路线走廊要求更窄,节省了地下空间的资源,且在地下管线或构造物繁多的地段,避免了大量的拆迁工作。

11 效益分析

无中墙连拱隧道施工工法取消了中导洞的开挖和支护,根据围岩条件的不同,每延米造价可节省1 000 ~6 000 元。另外,取消中导洞施工工序后,连拱隧道的施工工期会缩短,由此也可节省大量的劳动成本。

总体而言,无中墙连拱隧道施工工法避免了中导洞施工、结构受力非常复杂、防水效果难以保证等技术难题,节省了工程投资,缩短了施工工期,具有极好的适用性,应用前景非常广阔。

12 应用实例

无中墙连拱隧道施工工法是致力于解决连拱隧道辅助工序多、结构受力复杂、安全隐患多、施工进度慢等诸多难题而开发出的一种新型施工工艺,该工法目前已成功运营于以下工程项目。

12.1 厦门成功大道梧村山隧道

厦门市机场路一期工程是厦门市南北主干道,其上的梧村山隧道全长 3 700m 左右,由明挖隧道、连拱隧道、小净距隧道和分离式隧道组成,其中连拱隧道段长 615m,其结构形式为三车道连拱隧道,开挖跨度达 34m,该段地面房屋密集,且多为 20 世纪 80 年代末 90 年代初,建设的居民房或军管房,房屋高度一般为 3 ~8 层,多为毛石基础,砖砌结构,部分房屋已经破损,房屋与隧道的关系各异,有些位于隧道正上方,有些局部位于隧道上,有些位于隧道两侧;隧道埋深仅 10 ~30m,隧址区地质条件差,地下水位较浅,主要穿越残积土、全风化和砂砾状强风化花岗岩,该围岩具有泡水易软化、崩解,强度降低的特征,在较长时间的地下水作用下易产生“流泥”、“流砂”等不良地质现象,总体为V ~VI级围岩。在如此差的围岩条件下施作隧道,既要保证大跨连拱隧道结构自身的安全,又要保证地面建筑物的安全,因此,如何在不破坏地面建筑物及地下管线的情况下顺利穿越该地段是本工程建设的关键。

本工程由重庆交通科研设计院有限公司设计,由中铁隧道集团有限公司施工,采用无中墙连拱隧道结构形式进行连拱隧道段设计和施工,保证了地表建筑物、隧道结构安全的同时,节省了中导洞临时支护措施,加快了施工进度施工过程中的照片如图3。

图3 梧村山隧道无中墙连拱隧道施工过程图

12.2 重庆轻轨三号线一期工程龙头寺站~童家院子站正线及出入线区间隧道

重庆轻轨三号线一期工程龙头寺站~童家院子站正线及出入线区间隧道设计起讫桩号为上行线SK19+630.263~SK20+050,下行线XK19+630.263~XK20+050.474,全部为暗挖地下区间隧道,上行线全长419.737m,下行线全长420.211m。在上下行线之间设有出入线,入段线设计范围K0+000~K0+358.871,出段线设计范围K0+000~K0+358.911。

平面上,本区间隧道内设有道岔区及车辆出入段,出入线设在上行线和下行线之间,设计范围内的上下行轨道设计线间距由15.15m渐变到上行线设计终点处的25.068m。纵断面上,设计范围内上下行线坡度均为-3‰下坡,出入段线变坡点设置在K0+260,线坡由-3‰下坡接+28‰上坡。

本区间共拟定了7种内轮廓类型,其中a型、b型为单洞四线隧道,c型、d型、e型为双洞四线连拱及小净距隧道,f型、g型为三洞四线连拱及小净距隧道。a、b均采用曲墙三心圆断面,c~g型大洞采用曲墙三心圆断面,小洞采用直墙拱形断面。

本工程由重庆交通科研设计院有限公司设计,由中铁隧道集团一处有限公司施工,连拱隧道段均采用无中墙连拱隧道施工工艺,取得了较好的安全、经济和进度效果。施工步序见图4和图5。

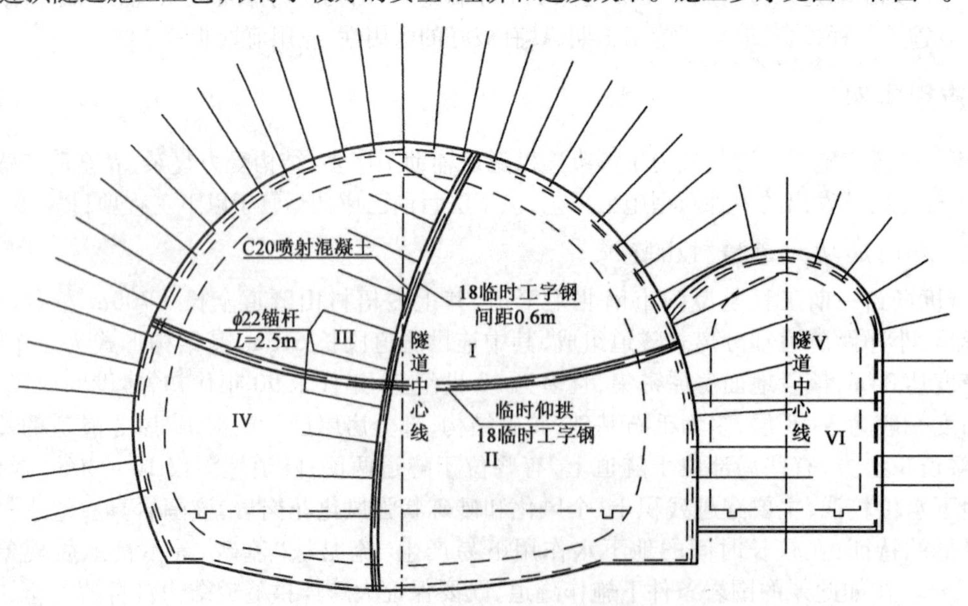

图4 IVc1型衬砌施工步序图

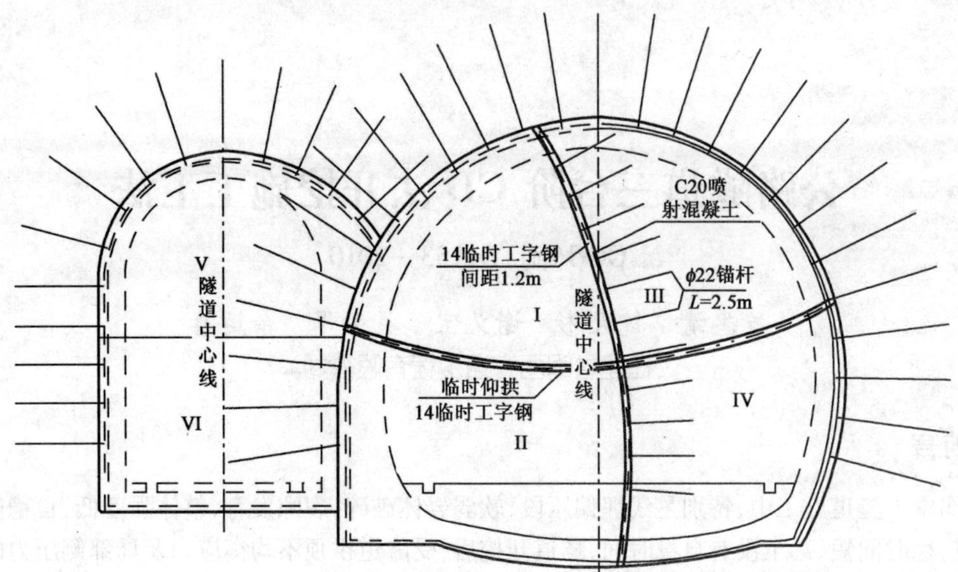

图5 IVf1 型衬砌施工步序图

公路隧道三台阶CD法开挖施工工法

GGG(闽)D1153—2010

罗惠清　钟天彬　谢义宝　吴荣军　余运喜
(福建省闽西交通工程有限公司)

1　前言

在软弱围岩隧道施工中,特别是浅埋偏压段,软弱岩体破碎,裂隙发育,整体强度低,自稳能力差,隧道开挖后自稳时间短,甚至没有自稳时间,隧道开挖后,受隧道拱顶不均衡应力及局部侧压力的影响,围岩整体结构易失稳,易出现坍塌冒顶现象,给施工安全带来极大隐患。我公司通过宁武高速及双永高速两个实际工程的建设,在隧道施工中,根据现场的地质条件及自身的施工能力,对传统的CD法开挖做出调整,由原来的4块改成6块开挖,拱部和边墙采用液压式自行整体衬砌台车衬砌,成功地进行了施工,总结了成功经验,形成了公路隧道三台阶CD法开挖施工工法,并取得了良好的经济效益和社会效益。2010年4月15日由省高指、宁武公司在宁武高速公路(南平段)A10合同段笔架山隧道召开了(全市高速公路)CD法施工现场观摩会,会上"省高指"对该施工方法给予了高度评价。

2　工法特点

2.1　将大断面的隧道开挖分解成小断面,达到减小开挖跨度和降低开挖高度的效果,进行分部开挖,分块分环,化大为小,步步封闭,加快了从开挖到支护完成的施工周期,减少了对周边软弱围岩的扰动,不易形成大面积的坍塌,特点是安全性高,结构受力较好。同时左右侧导坑可平行作业,开挖面相对稳定,作业较为安全。

2.2　与传统的CD法施工相比,施工安全性更高,工序转换较为频繁,要理清各个工序先后顺序及相连关系,在施工中尽量减少各工序之间的相互影响,并根据施工中实际情况灵活调整,确保施工的质量及安全。

3　适用范围

本工法适用于围岩极差、跨度大、浅埋、地表沉降需要控制,特别是土质和类土质、含水率大、承载力极低围岩的公路隧道,也可适用于其他类似工程隧道。

4　工艺原理

4.1　先开挖隧道的一侧,并施作中隔壁,然后再开挖另一侧的施工方法,即将洞室全断面分为六大块,先行导坑上、中、下台阶,后行导坑上、中、下台阶,隧道中部设置中隔壁。先行导坑上台阶初期支护封闭后,开挖先行导坑中台阶,并初期支护封闭,然后下台阶落底并初支封闭成环,左右导坑纵向拉开距离不小于$2D$(D为开挖跨度)时,后行导坑可跟进平行施工,再拆除中隔壁临时支护,分部施工防排水系统和仰拱、边墙、拱部二次模筑混凝土衬砌。分块分环,化大为小,步步封闭,环环相扣,施工安全有保障,如图1所示。

4.2　通过监控量测数据,采用新奥法原理和控制爆破技术,及时采用超前支护及喷锚进行初期支护,针对围岩软弱特点,经监控量测数据反馈,合理确定工序间的关系。

4.3 利用监控量测沉降、位移回归分析及初支锚杆拔力、钢支撑内力、喷射混凝土及二衬混凝土应力的量测结果指导施工。

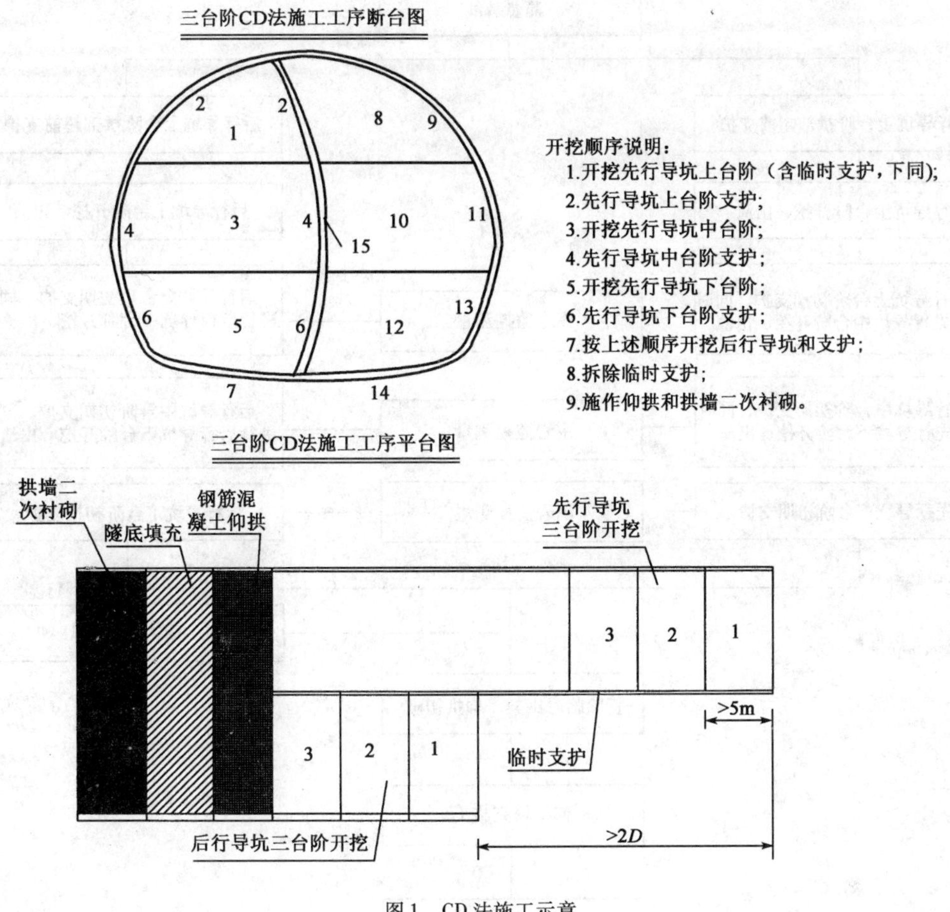

图1 CD法施工示意

5 工艺流程及操作要点

5.1 工艺流程

施工工艺流程，如图2所示。

5.2 操作要点

5.2.1 施工准备

(1)根据超前地质预报分析洞内的地质情况和稳定与否，制定进洞前辅助加固措施。

(2)配备专业施工队伍和施工人员，投入所需的相关设备，组合所需的各种材料。

5.2.2 施作洞口超前管棚

(1)开挖1部前，按照设计文件在拱部154度范围内布设$\phi108\times6$mm，$L=42$m，环向间距$a=0.5$m超前钢管施作超前支护。

(2)进洞第一排管棚施工前，施作C25混凝土明暗洞衬砌套拱(厚0.6m)，套拱内埋设3榀钢拱架，钢拱架与管棚导向钢管焊成一个整体。

(3)施作钻孔：采用CSJ-30管棚钻机沿开挖轮廓线向外倾斜α角(外插角控制在1°~3°)钻孔，管间用丝扣接头连接，钢管顶进到位后，将其与钢支撑焊接成一体，采用CS麻丝胶泥封堵孔口段止浆。注浆采用水泥浆，水灰比为：$W/C=0.5$，注浆的初始压力0.5~1.0MPa，终结压力控制在2.0MPa。注浆料的配合比及压力要通过试验参数调整确定。

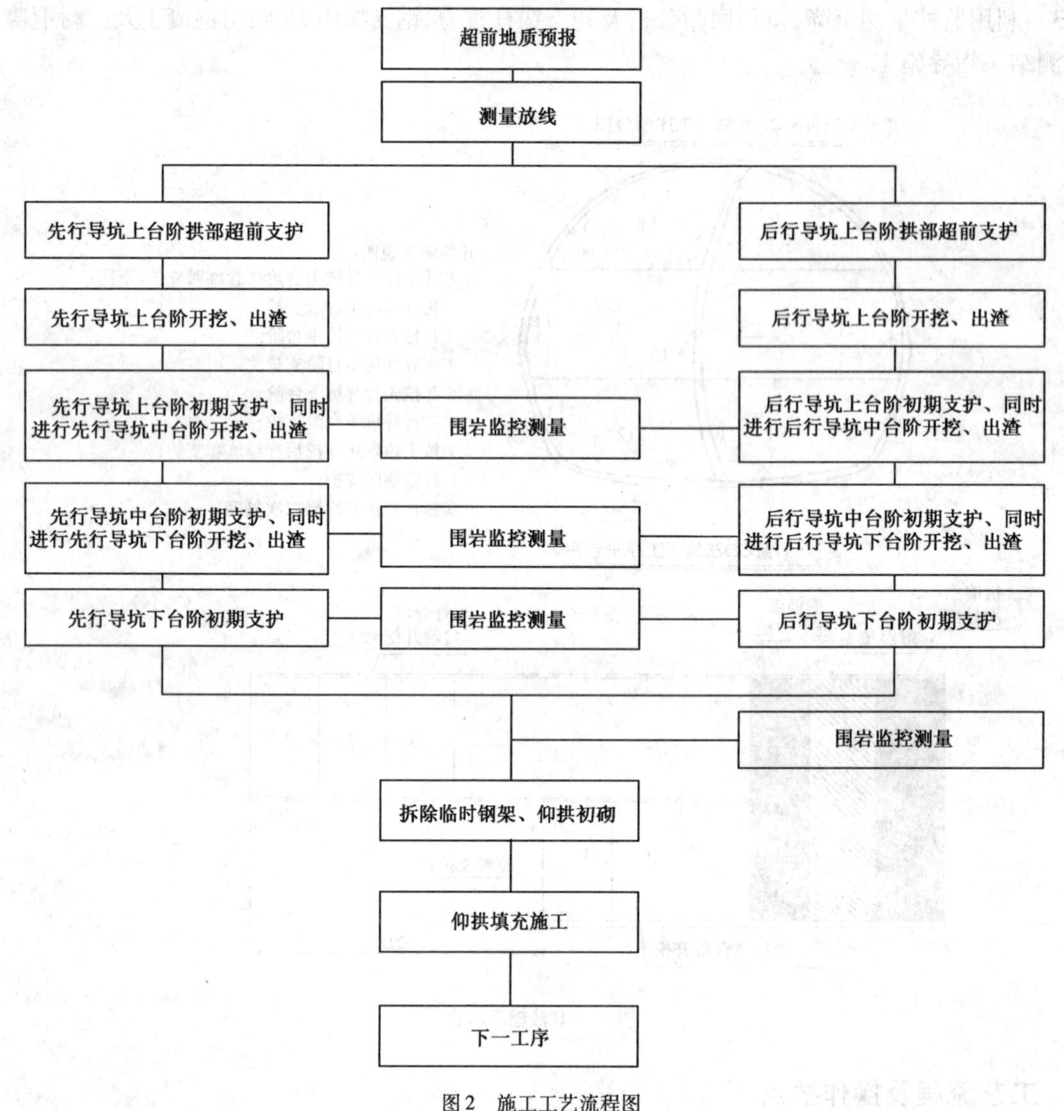

图2　施工工艺流程图

5.2.3　施作洞身超前小导管

(1)在洞口未设管棚地段,开挖1部前,按照设计文件在拱部150范围内布设ϕ50mm,$L=5$m,$a=0.3$m超前小导管施作超前支护。小导管的搭接长度为2.33m、型钢间距为0.5m。

(2)钻孔、插入小导管:采用ϕ60mm钻机钻孔,孔径为:沿开挖轮廓线向外倾斜α角(外插角控制在15°)。孔位检查合格后,插入小导管,小导管的后端焊接在钢拱架上然后进行注浆,注浆采用单浆水灰比为:$W/C=0.5$,注浆的压力控制在0.5~1.0MPa,注浆料的配合比及压力要通过试验参数调整确定。

5.2.4　开挖与支护

(1)开挖顺序:1部先行开挖,随即依次开挖2部、3部。1部采用0.6m^3挖掘机(具有挖、推双重功能)开挖,2、3步采用1.0m^3挖掘机开挖,15t自卸汽车运输。台阶间距控制在3~5m之间。

开挖循环进尺为1.5倍钢拱架间距,即为0.75m(钢拱架间距为0.5m)。

(2)初期支护为:C20喷射混凝土厚24cm,钢拱架间距为0.5m,单层HPB235钢筋网以及法向ϕ25mm中空注浆锚杆,每两榀钢拱架之间设ϕ25mm纵向连接钢筋,环向间距为1m。

(3)临时支护为:C20喷射混凝土厚24cm,钢拱架间距为0.5m,单层HPB235钢筋网以及ϕ22mm超前药卷锚杆,每两榀钢拱架之间设ϕ25mm纵向连接钢筋,环向间距为1m。

(4)喷射混凝土采用湿喷工艺,可大幅度减低粉尘浓度和回弹率,增大一次喷层厚度,提高生产效率,保证工程质量。

①喷射作业按三台阶分部开挖顺序分段，由下而上先边墙、拱脚、后拱顶方式分片，以及先初喷，初支后复喷方式分层进行。

②注意事项：

a. 混凝土材料和易性好，坍落度控制在 8 ~ 15cm；

b. 风压控制在 0.1MPa 左右，风量 $10m^3/min$；

c. 喷射手要注意喷嘴的方向控制。

(5)施作工序

①先行导坑上台阶(1 部)量测划出开挖轮廓线，拱部沿轮廓线施作超前小导管及侧壁临时超前锚杆支护；采用 $0.6m^3$ 挖掘机开挖，上台阶高度及宽度较小，作业面不足时，挖掘机置于中台阶位置进行上台阶开挖，必要时辅以弱爆破，单循环进尺 0.75m；周边及掌子面初喷混凝土厚 4cm，在周边钻锚杆孔，安装系统径向中空锚杆并注浆，挂设钢筋网并与径向锚杆焊接牢固，架立钢拱架(包括侧壁临时钢拱架)，钢拱架 0.5m/榀，并设置锁脚锚杆，周边复喷混凝土至设计厚度，同时浇筑先行导坑上台阶 C20 临时仰拱混凝土。及时封闭成环。

②待 1 部进尺 3 ~ 5m 时，进行 2 部开挖。2 部采用人工配合 $1.0m^3$ 挖掘机开挖，必要时辅以弱爆破，装载机装，15t 自卸汽车出渣，单循环进尺 1 ~ 1.5m；周边及掌子面初喷混凝土厚 4cm，在周边钻锚杆孔，安装系统径向中空锚杆并注浆，挂设钢筋网并与径向锚杆焊接牢固，钢支撑落底(包括侧壁临时钢拱架)封闭成环，钢拱架 0.5m/榀，必要时设置锁脚锚杆，周边复喷混凝土至设计厚度，确保先行导坑相邻台阶纵向错开距离不大于 5m。同理可进行先行导坑下台阶的开挖。

③先行导坑上台阶(1 部)掘进长度大于 2*D*(*D* 为隧道开挖跨度)时，进行后行导坑开挖。后行导坑开挖方法和顺序同先行导坑。

④施工中先行导坑掌子面与后行导坑掌子面在纵向错开距离不小于 2*D*(*D* 为隧道开挖跨度)。

⑤根据监控量测数据分析，当围岩基本稳定时(监控量测数据满足下列要求时可认为已基本稳定：

a. 已产生的各项位移已达预计总位移量的 80%；

b. 周边位移速率小于 0.1 ~ 0.2mm/d；

c. 或拱顶下沉速度小于 0.07 ~ 0.15mm/d，逐段拆除中隔壁临时支护，浇筑仰拱二衬混凝土及填充层。

5.2.5 施工监测项目

监控量测项目主要根据隧道工程的地质条件、围岩级别、跨度、埋深、开挖方法和支护类型等综合条件确定。具体项目、测点布置、量测频率和周边允许相列位移值，如表 1 ~ 表 3 所示。

监 测 项 目 表1

序 号	监 测 项 目	测试工具及仪表	备 注
1	地质和支护状况	地质罗盘及规尺	必测
2	地表下沉	水平仪及水平尺	必测
3	拱顶下沉	精密水准仪	必测
4	周边移位	收敛机	必测
5	锚杆抗拔力	应力计	选测
6	钢拱架支撑内力	支柱压力	选测

测 点 布 置 图 表2

围 岩 级 别	测点间距(m)	水 平 收 敛	拱 顶 下 沉	表 面 移 位
V	5	6	3	2

量 测 频 率 表3

位 移 速 度	距工作面距离	量 测 频 率
>10	0 ~ 1B	1 ~ 2 次/d
5 ~ 10	1 ~ 2B	1 次/d
5 ~ 1	2 ~ 5B	1 次/2d
<1	>5B	1 次/周

根据位移变化速率判别,当净空变化速率连续三天 >1mm/d 时,需加强支护系统;当拱顶下沉速度 <0.07 ~0.15mm/d,或周边位移速率 <0.1 ~0.2mm,则认为围岩基本稳定。

5.2.6 注意事项

(1)应坚持“管超前、短进尺、弱爆破、强支护、勤量测、早封闭”的原则。

(2)应采取分部开挖、小分块、早成环、环套环形成全断面初期支护封闭结构的施工方法。

(3)先行导坑上、中、下台阶与后行导坑上、中、下台阶可以平行交叉作业,确保纵向错开距离,满足设计及规范要求。

5.2.7 劳动组织

劳动力组织人员配备,如表4所示。

劳动力组织人员配备表 表4

开挖及初支	人 数
测量(含监测)	8
开挖班(含超前及锚杆钻孔)	24
支护班(初喷、安装小导管、锚杆、修边、挂网、架立钢拱架、复喷)	28
出渣	12
电工	2
排水、通风道路维护	4
合计	78

6 机械设备(表5)

施工机械设备配备 表5

序 号	机械设备名称	型 号	数 量
1	装载机	LG856	2
2	挖掘机	小松 PC56	1
3	挖掘机	卡特 320D	1
4	自卸汽车	15t	2
5	空压机	艾维特. SG	2
6	气腿式凿岩机	YT28	8
7	混凝土搅拌机	Js750	2
8	混凝土运输车	Vr350	2
9	湿式喷射机	GSP-D2	2
10	注浆机	G2JB	2
11	抽水机		4
12	电焊机	630A 型、400A 型	2
13	切断机	GJ32	2
14	发电机	350kW	1
15	变压器	500kVA	2
16	轴流式风机	55kW	3

7 质量控制

7.1 台阶长度控制。上、中、下各台阶长度根据围岩地质、设备情况进行调整，一般控制在3m～5m范围。

7.2 监测控制。按照设计要求进行监控量测，量测数据及时分析。上、中、下台阶开挖支护后，净空变化速率控制在1mm/d以内；当拱顶下沉速度<0.07～0.15mm/d，或周边位移速率<0.1～0.2mm，才能认为围岩基本稳定。当监测数据异常时，应立即停止上、中、下台阶的开挖，及时开挖隧底，及时封闭初支仰拱成环。

7.3 初支封闭时间控制。台阶开挖后，立即进行初期支护。上台阶初期支护封闭控制在3h以内，中、下台阶初期支护封闭控制在4h以内。加快开挖面的及早封闭，有利于控制沉降支护与变形，确保初期支护的结构安全。

7.4 超欠挖控制。对测量控制点应保护，特别是洞内布点，应经常复合。采用弱爆破，断面开挖测量时应检验上一循环爆破效果，有欠挖的及时挖除，超挖严重的分析原因，改进爆破方法。超前钢管钻孔要严格控制外插角，钢管连接、长度以及注浆压力达到设计和规范要求。

7.5 钢支撑定位准确，连接牢固，无翘曲、垂直，拱脚垫槽钢。

7.6 锚杆垂直岩面施作，其间距、孔深、长度、直径和抗拔力应符合设计要求。

7.7 钢筋网紧贴围岩，钢筋直径和网格间距符合设计要求。

7.8 喷射混凝土应密实饱满，不得留有孔洞，厚度和轻度合格。

8 安全措施

各工序操作必须严格遵守安全操作规程，另采取以下安全措施：

8.1 隧道掌子面50m以内设置专用逃生管。

8.2 在监控量测和超前地质预报信息的指导下，进行隧道的开挖。

8.3 尽量少用炸药，采用弱爆破，土质围岩段采用人工配合机械开挖。

8.4 坚持“管超前、严注浆、短开挖、强支护、早封闭、勤量测”的方针。

8.5 加强通风、照明、防尘、降温等工作，保护施工人员的身心健康。

8.6 备齐应急物资，建立抢险专业队伍。

9 环保措施

9.1 施工场地

在施工场地平面布置过程中，将环保工作纳入统一规划，少占耕地。施工便道尽量避开村庄，驻地及生产设施的建设充分考虑与自然景观的和谐统一。施工生产用水排放沟统一布置，设置多级沉淀池，妥善处理，不排入农田、耕地、河道等处，避免排水回溢、冲刷、污染自然水源。

工地厕所设置三级化粪池净化，施工完毕后覆盖埋置；生活垃圾及时清理，弃至指定地点，并作好绿化。

9.2 弃土场环保

(1)弃土必须分层压实，严禁倾倒，完工后进行平整，加以防护及绿化。

(2)通往弃土场应施工便道，设置纵向排水沟，保证排水通畅，不污染农田。

(3)根据设计与当地环保部门签订的协议，按要求对弃土采取稳妥的防护措施，做好弃土堆坡面防护，为复耕或绿化提供优良条件。

(4)弃土场均设置拦碴墙，施工完后及时复耕或绿化。

9.3 施工扬尘

为防弃土装运工程渣土的车辆遗洒渣土，所有运输车辆全部采用有盖自卸汽车。所有出施工场地的车辆必须经过清洗,并设专人监管采取有效措施,保证不污染道路和环境。

配备专用洒水车对段内施工便道定时洒水,将灰尘降到最低限度;并经常进行清扫,避免造成道路污染。

10 资源节约

与传统的CD法相比,三台阶CD法开挖断面更小,小步快进,安全可靠,节省了大型机械使用,减少能源的浪费,同时平行作业使工序紧凑,在确保安全的前提下工效相对较高。

11 效益分析

三台阶CD法开挖隧道,减小了对围岩的扰动,工序施工周期短,施工环境安全可靠,且经济效益显著。

12 应用实例

实例一:宁武高速(南平段)A10标笔架山隧道由福建省闽西交通工程有限公司承建,采用本工法施工。

笔架山隧道位于南平市政和县,起讫桩号ZK150+309~ZK152+955(左洞)、YK150+305~YK152+935(右洞),全长2638m,进出口采用削竹式洞门;隧道限界10.75×5m,采用三心圆拱衬砌。隧址区洞口为坡残积黏土和强风化凝灰熔岩,断裂及裂隙发育,围岩级别以Ⅳ~Ⅴ级为主。洞身围岩为弱风化—微风化凝灰熔岩,属较硬岩—坚硬岩,级别以Ⅱ、Ⅲ级围岩为主。该隧道Ⅴ级围岩796m(折合单洞),在隧道软弱围岩段施工中,特别是浅埋偏压段,软弱岩体破碎,裂隙发育,整体强度低,自稳能力差,隧道开挖后自稳时间短,甚至没有自稳时间,隧道开挖后,受隧道拱顶不均衡应力及局部侧压力的影响,围岩整体结构易失稳,易出现坍塌冒顶现象,给施工安全带来极大隐患。

采用本工法,有效确保围岩的稳定及隧道施工安全。导坑之间平行穿插作业,提高施工进度,具有较好的进度效益和经济效益。

实例二:双永高速A6标苏坂隧道由福建省闽西交通工程有限公司承建,采用本工法施工。

苏板隧道位于龙岩新罗区苏坂乡,ZK139+309~ZK140+109,长800m;右线起讫桩号为YK139+280~YK140+123,长843m。隧道限界10.75×5m,采用三心圆拱衬砌。隧址区洞口为坡残积黏土和强风化岩,断裂及裂隙发育,围岩级别以Ⅲ~Ⅴ级为主。该隧道Ⅴ级围岩1282m(折合单洞),为双车道隧道软弱围岩。采用本工法,隧道施工安全,进度快。具有较好的进度效益和经济效益。

高压旋喷桩内插钢管基坑支护施工工法

GGG(中企)D1154—2010

孔凡亮　韩廷洪　林光稳　宁艳玲　张　力
(中交一公局厦门工程有限公司)

1　前言

近年来,随着我国城市经济建设的快速发展,城市的交通网越来越趋向于向地下交通网延伸,尤其是城际轨道交通、地铁交通、下穿城市隧道等。将交通网移至地下既不受地面建筑物影响,也是对已显拥挤的地面交通网的一种分流。因此,地下工程尤其是采用明挖法施工的下穿式隧道在地下交通网建设过程中得到越来越广泛的应用,与此同时,明挖法施工的基坑围护结构形式也在不断的改进和发展。高压旋喷桩内插钢管基坑支护施工工法就是在不断改进和总结的基础上形成的一种明挖基坑围护结构的一种工法。

高压旋喷桩原本为软土地基处理方法,通过借鉴,在基坑围护结构中,利用在其桩体内插入钢管,通过高压旋喷桩和钢管的复合作用,形成一道具有一定强度和刚度的、连续完整的基坑挡土侧向支护结构,较好地解决了传统基坑围护形式(钻孔灌注桩和高压旋喷桩作为止水帷幕的结合、地下连续墙、搅拌桩内插H形钢(SMW)工法)因施工场地受限,施工机械无法进场施工、管线众多、基坑开挖深度不是很深(4~8m)的基坑围护结构问题。

本工法目前已经在厦门会展隧道匝道基坑围护、厦门市嘉禾园地下车库湖光路出入通道工程等工程的基坑围护中得以成功应用,取得了较好的经济效益和社会效益。在总结经验和不断完善的基础上,本工法日趋成熟,在铁路、公路、市政、工民建的地下工程中具有较大的推广价值。

2　工法特点

2.1　采用旋喷桩内插钢管进行基坑围护,因其设备简单、机动性强、占地小的特点,与传统的钻孔桩围护和SMW工法桩围护相比,具有成桩速度快、灵活操作性强的特点。

2.2　根据所围护基坑的深浅和基坑的地质状况,通过调整旋转速度和提升速度、增减喷射压力或更换喷嘴孔径以改变流量的方法,可随时调整桩径的大小和插入钢管的大小,来满足基坑支护要求。

2.3　旋喷桩施工只需在土层中钻一个孔径为50~108mm的小孔,便可在土中喷射成直径为0.4~2.0m的固结体(通过旋喷、定喷、摆喷的方式,可形成圆柱状或圆盘状、壁板状、扇状的固结体),因此在管线密布的情况下,能够完成基坑围护。

2.4　旋喷桩内插钢管不仅能起到基坑支挡的作用,还可以起到止水帷幕的效果,将受力和隔水帷幕合二为一。

2.5　旋喷桩内插钢管进行基坑围护,与其他围护形式相比,具有振动小、噪声低、无污染,符合现代城市建设和环境保护的特点。

3　适用范围

3.1　受周边建筑或道路的影响,无法进行放坡开挖的基坑。

3.2　施工钻孔灌注桩的钻孔桩机或SMW工法中的桩机无法就位施工的施工场地狭小的基坑。

3.3　地下管线纵多的基坑。

3.4　开挖深度在4～8m的基坑。

3.5　适用于淤泥质土、黏性土、粉土、黄土、素填土和全风化等土层。

4　工艺原理

利用旋喷钻机高压水、高压气对土体进行切割,形成胶体浆状物,将原土体循环溢出地表成孔,再利用高压注浆泵等高压装置,通过旋转和提升钻杆喷入水泥浆置换土体空间,形成单根桩体,然后在各个桩体之间采取重叠搭接施工,最后在土体中形成一道桩咬桩的固结墙体;在成桩的胶体浆状物未凝固前,将钢管(根据所围护基坑的深浅选择相应直径的钢管)插入,在桩体凝固后,内插钢管形成钢管柱。利用高压旋喷桩桩体本身最高强度可达到5～20MPa和钢管柱刚度大的特点,通过二者的复合作用,形成一道具有一定强度和刚度、连续完整的基坑挡土侧向支护结构。

5　施工工艺流程及操作要点

5.1　施工工艺流程

施工准备→测量放样(布桩)→钻机就位→旋喷成孔→喷射注浆→成桩移架→插打钢管→基坑开挖(旋喷桩强度达到设计要求),具体见图1和图2。

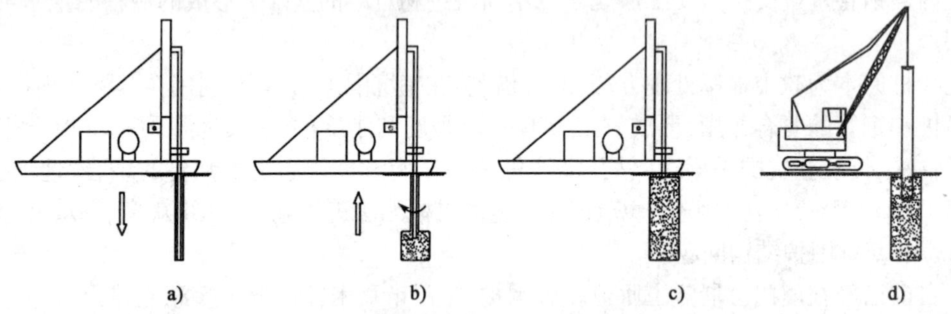

图1　高压旋喷桩内插钢管施工工艺流程示意图

a)旋喷成孔;b)喷浆;c)成桩;d)插打钢管

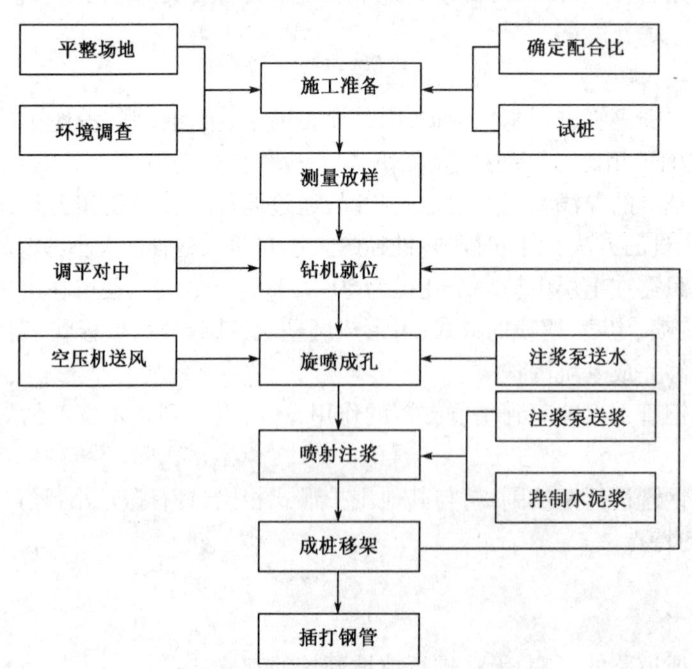

图2　高压旋喷桩内插钢管施工工艺流程框图

5.2 施工操作要点

5.2.1 施工准备

(1)平整场地,接通施工用水、用电,设置回浆池,检查机器运转情况。

(2)在施工现场取样按设计要求进行室内配合比试验,确定浆液最佳配比。

(3)进行旋喷工艺试验,确定各项技术参数,检验成桩效果,试桩数量不少于2根。通过试桩确定以下技术参数:①喷嘴型号及规格,喷嘴直径与个数,注浆压力;②压缩空气的风压;③水的喷射压力与流量;④注浆管提升速度与旋转速度;⑤成桩直径、强度。

5.2.2 测量放样

根据线路导线控制点、桩位平面布置图,使用全站仪和钢尺进行桩点放样。首先在图纸上对桩位进行编号,在现场再根据图纸将每根桩位放好样,并在桩位上插上竹签,竹签上写好原先编好的桩编号,防止漏桩,同时为了防止施工过程中桩径扩大导致侵占基坑净空,放样时桩位全部外放100mm。

5.2.3 钻机就位

将使用的钻机安置在已经放好桩位的孔上,使钻杆对准孔位中心,孔位偏差不大于5cm。钻机就位后,用水平尺校正机身,使钻杆轴线垂直对准钻孔中心位置,钻杆的垂直度偏差控制在1.5%,以确保钻孔达到设计要求的垂直度。喷射孔与高压注浆泵的距离不大于40m。钻孔的位置与设计位置的偏差控制在50mm以内。

5.2.4 钻进成孔

钻孔的目的是为了把注浆管置入到预定深度。钻孔采用高压旋喷钻机或地质钻(图3)。先空载启动空压机,待运转正常后,再空载起动高压泵,同时向孔内送风和水,使风量和泵压逐渐升高至规定值后将喷射管下至设计深度。由于自然地面高程和深度刻度盘零点在施工过程中不是一成不变的,所以施工中,应根据变化情况,随时调整钻进深度与停钻面高程,以保证孔深、桩长、桩顶高程符合要求。

5.2.5 旋喷成桩

钻机钻进至桩底高程成孔后,通过在管底部侧面的一个同轴双重喷嘴,同时喷出高压浆液和空气,用两种介质的喷射流冲击破坏土体(图4)。在施工过程中要预防风、水喷嘴在插管时被泥砂堵塞,用一层塑料膜将插管包扎好。风水畅通后,即可开动注浆泵,旋转注浆管,先向孔内注清水,待泵量泵压正常后,即可将注浆泵的吸水管移至储浆桶开始注浆,估算水泥浆的前峰已流出喷头后,才可匀速提升注浆管,钻杆旋转和提升必须连续不断,自下而上进行旋喷作业。在旋喷过程中,需拆卸注浆管时,先停止提升和回转,同时停止送浆,然后逐渐减少风量和浆量,最后停机。迅速拆除钻杆,继续注浆时,开机顺序与第一次相同,拆除钻杆后继续旋喷时要与前段桩体有20cm的搭接长度,以免出现断桩。因机械故障中断旋喷时,重新钻至设计桩底高程后再旋喷。喷管提升到桩顶高程后停喷,继续用注浆泵注浆,待水

图3 钻进成孔图

图4 喷射注浆图

泥浆从孔口返出再停浆。为稳定孔壁,提高桩体强度和均质性,采用两次旋喷。初喷结束后,不提管出孔,再插管至桩底高程自下而上复喷,提管速度较初喷时缓慢,旋喷至桩顶,地面有浓浆返出后即停止注浆。桩体质量检验在成桩28d后进行,采用钻孔取芯法进行检测。

5.2.6 成桩移架

喷射灌浆结束后,把钻机等机具设备移到新孔位上,进行下一孔的施工作业。

5.2.7 桩位施工顺序

同一排上的桩隔一根施工一根(图5),为保证咬合部位的效果,相邻两桩施工间隔时间应不小于水泥初凝时间。

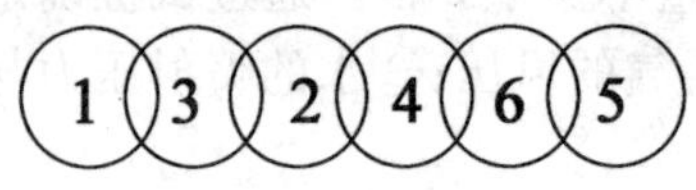

图5 桩位的施工顺序

5.2.8 插打钢管

在喷完浆、移完钻机1~2h之内,开始插打钢管。在这期间时间不宜过长,否则胶体浆状物会凝结,钢管插打不下去。

插打的钢管直径大小根据所围护基坑的大小及深浅通过计算确定。对于50~110mm钢管可直接用人工即可直接插入;对于110mm以上的管径,可采用小型挖机静压或吊车配合静压锤静压的方式插入。

5.2.9 桩体检验及基坑开挖

桩体质量检验在成桩28d后进行,按照一定频率采用钻孔取芯法进行检测。桩体检测合格后即可进行所支护的基坑开挖。

6 材料与设备

6.1 主要机具设备(表1)

主要机具设备表　　表1

序　号	设备名称	型　号	备　注
1	旋喷钻机	XP-20标准型	钻孔旋喷
2	高压注浆泵	XPR-35R型	压浆动力设备
3	空压机	$3m^3/min$	提供高压风
4	灰浆搅拌机	$6m^3/h$	水泥浆搅拌设备
5	钻杆	1800标准型	旋转传动设备
6	注浆连接钢管	ϕ15mm	注浆连接设备
7	挖机		静压钢管
8	吊车	15t	吊振动锤
9	振动静压锤	DZ4.5	静压钢管

6.2 主要材料(表2)

主要材料　　表2

序　号	材料名称	型　号	备　注
1	水泥	P.O 32.5级水泥或P.O 42.5级水泥	
2	钢管	无缝钢管	

7 质量控制

7.1 执行标准

高压旋喷桩施工和钢管施工必须遵守执行现行的国家、行业标准。

《建筑基坑支护技术规程》(JGJ 120—1999);

《建筑地基处理技术规范》(JGJ 79—2002);

《建筑地基基础工程施工质量验收规范》(GB 50202—2002)。

7.2 质量控制要点

旋喷桩内插钢管的主要质量控制点在于旋喷桩成桩的质量及插入钢管的垂直度控制,而旋喷桩成桩的质量是关系到本工法成败的关键,因此对旋喷桩质量控制和实体检测尤为重要。

7.2.1 各项施工应符合各项标准中的有关规定。为此,工程技术人员根据工程具体情况,编制分项工程施工工艺,然后向工人进行详细书面交底,贯彻执行上述规范中的条文;施工员需要亲自跟班,检查指导,认真组织实施,做到精心操作,确保高压旋喷桩的成桩质量。

7.2.2 通过试验桩确定最佳配合比。在地质情况相同的工程所在地试桩,通过试桩确定喷射压力、风压、喷嘴直径、旋转提升速度、成桩直径、成桩强度等参数,保证成桩质量符合设计要求。

7.2.3 水泥浆液的制作与控制:拌制水泥浆不仅要控制水泥用量,而且要控制水泥浆的稠度(比重)。灰浆搅拌时间不少于15min,超过初凝时间的灰浆不得使用。灰浆须经过两道过滤网过滤,以防止喷嘴发生堵塞,抽入储浆桶内的灰浆要不停地搅拌。

7.2.4 泵压的设置:根据喷射机理,在钻杆下钻时采用10MPa的清水压力,一方面防止堵塞喷嘴,另一方面对土体进行第一次喷射,使土体成为混合液,减小喷浆时土体的阻力,以利于浆液充分搅拌,增加桩体的强度;喷浆采用20~30MPa的压力,泵压小不易保证桩径。

7.2.5 水泥用量的控制

在喷浆提升过程中,控制水泥用量是关键。水泥的用量与喷浆压力、喷嘴直径、提升速度及水灰比等有直接关系。具体控制方法如下:

(1)若水泥量剩余,应采取措施为适当增加喷浆压力、加大喷嘴直径、减慢提升速度。

(2)若水泥量不够,措施为保证桩径的情况下,适当减少压力,或喷嘴直径适当减小,或适当加快提升速度,或加大水灰比值。

7.2.6 喷浆过程的控制

(1)经常测试水泥浆液的进浆和回浆密度,当浆液密度与规定水灰比的浆液密度值误差 >0.1g/cm³ 时,应停止旋喷,重新调整水灰比;

(2)水泥浆液应随配随用,并在旋喷作业中连续不停地搅拌,一次搅拌量宜为1.0m³;

(3)供水、供气、供浆必须连续,一旦中断,应将钻杆下沉至停浆点以下不小于2.0m,待恢复供应后再喷浆提升,因故停机2h,应对泵体、输浆管路妥善清洗,以防止灌浆间断造成桩体软弱夹层,影响桩体质量;

(4)旋喷桩应保持连续施工,一是单个旋喷桩桩体应连续作业;二是相邻桩桩体的作业间隔时间不小于24h;

(5)提升速度误差不大于0.5cm/min,旋转速度误差不大于0.5r/min。

7.2.7 桩体成形控制:固结桩体的形状,可以通过调节旋喷压力和注浆量、改变喷嘴移动方向和提升速度予以控制。考虑到深层部位的成形,在底部喷射时,加大喷射压力,做重复旋喷或降低喷嘴的旋转、提升速度,而且针对不同土层(硬土)可适当加大压力,使固结体达到匀质,满足强度要求,保证成桩直径。

7.2.8 插打钢管的方法:在插打钢管前可在钢管上涂抹一层润滑油,以减少钢管与胶状物的摩阻力。快速插入,把握好插打钢管的时间。插打时间要控制在喷完浆1~2h之内,尽量在喷完浆移完钻机后马上就开始插打钢管,不可施工完一排桩后再插打钢管。

7.2.9 钢管垂直度的控制:在钢管插打前应校正位置,设置导向装置,以保证垂直度小于1%,插入过程中,必须吊直钢管,尽量靠挖机静压下沉,若静压无法到位,再用吊车吊振动锤振动下沉至高程。

7.2.10 强度检测:为桩身强度满足要求,用地质钻机取芯检测固结桩体强度,固结桩体强度要满足设计要求,否则,重新钻孔旋喷。

8　安全措施

8.1　建立安全保证体系,始终贯彻安全第一预防为主的思想。

8.2　施工前,应编制详细的安全技术交底,对旋喷桩施工的危险源进行识别,找出重大危险源。把安全控制的重点告诉作业人员,落实人员进场前的安全教育,确保工程施工顺利进行。

8.3　施工现场有大量电动设备,应规范工地用电安全,消除隐患。符合《施工现场临时用电安全技术规范》(JGJ 46—2005)的规定,加大对施工用电的检查力度,及时发现,及时整改。

8.4　正式开工前,检查机具设备和风、水、电管路并试运转。查看是否有漏风、漏浆位置,防止高压流体射伤现场人员。查看管路接头是否紧闭,防止接头脱落管路跳动伤人。

8.5　严格遵守各种机械操作规程,对压力设备进行必要的围挡。

8.6　钻机操作工人应经培训考试合格并取得特种作业人员操作证,凭证操作,禁止无证上岗。

9　环保措施

9.1　建立环保体系和成立环保小组,主动与地方环保部门联系,严格执行国家环境保护法律、法规和条例。

9.2　重视环境工作,加强环境教育。组织职工学习环保知识,加强环保意识,使大家认识到环境保护的重要性和必要性。

9.3　旋喷水泥浆液时,正常施工中冒浆量较大,要开挖污水池,集中排放废水、废液,防止造成大量水系污染。

9.4　加强机械设备的维修和保养工作,确保机械正常运转,降低噪声,以减轻对周围生活环境的影响。

9.5　施工人员的生活垃圾要集中处理,不要随意丢弃,污染环境。

9.6　易于引起粉尘的水泥运输时,用帆布等遮盖物覆盖。

9.7　对施工场地合理布置,各种标识醒目,施工场地整洁文明。

10　资源节约

该工法工艺成熟,设备简单,管理方便,施工快速,能有效地缩短工期,降低施工成本;在材料上,旋喷桩成桩材料是价格低廉的P·O 32.5或P·O 42.5普通硅酸盐水泥和土,与钻孔灌注桩的混凝土相比,节约了大量的砂、碎石等自然资源。

该工法在基坑围护中的成功运用,使基坑围护施工节省了大量的人力、物力和财力,为打造节约型社会做出了贡献。

11　效益分析(表3)

高压旋喷桩内插钢管基坑支护与钻孔灌注桩基坑支护、SMW工法桩基坑支护比较　　表3

比较内容	高压旋喷桩内插钢管基坑围护	钻孔灌注桩基坑围护	SMW工法桩基坑围护
适应地质条件	淤泥质土、黏性土、粉土、黄土、素填土和全风化	淤泥层、土层、砂层、岩石层	黏性土、粉土、砂土、砂砾土
技术可行性	可行,但要根据基坑的深浅确定高压旋喷桩的桩径及插入钢管的大小	可行	可行,但要根据基坑的深浅确定搅拌桩的桩径及插入型钢的大小
施工条件	设备简单、机动性强、占地小	场地条件、施工工艺要求较高	受机械的限制,对施工场地要求较高,机动性不强

续上表

比 较 内 容	高压旋喷桩内插钢管基坑围护	钻孔灌注桩基坑围护	SMW 工法桩基坑围护
施工进度	一台旋喷桩机一天可成桩 50 ~ 80m	一台钻孔桩机一天可成桩 5 ~ 15m 左右	一台搅拌桩机一天可成墙 40 ~ 70m^2
经济方面比较	桩径 1.0m 的高压旋喷桩内插 ϕ325 × 8mm 的钢管将近 600 元/m	桩径 1.0m 的围护桩将近 800 元/m	桩径 1.0m 的搅拌桩内插 H800 × 300 × 13 × 24 型钢将近 630 元/m

12 应用实例

12.1 工程实例一

厦门环岛干道(会展中心段)隧道工程 A 标位于厦门会展中心,属于明挖框架箱体隧道,其中 U 形槽长 350m,框架隧道长 515m。该工程于 2008 年 10 月 1 日开工到 2009 年 9 月 6 日完工。隧道基坑围护采用钻孔灌注桩 + 高压旋喷桩止水帷幕进行基坑支护设计。由于厦门会展远期规划在其广场要设置地下停车场,因此本工程在隧道内又设置了四个远期预留匝道通往会展地下停车场,该匝道下穿主体框架(图 6)。匝道最大开挖深度约为 6.0m,开挖宽度约为 13m,具体见图 6。

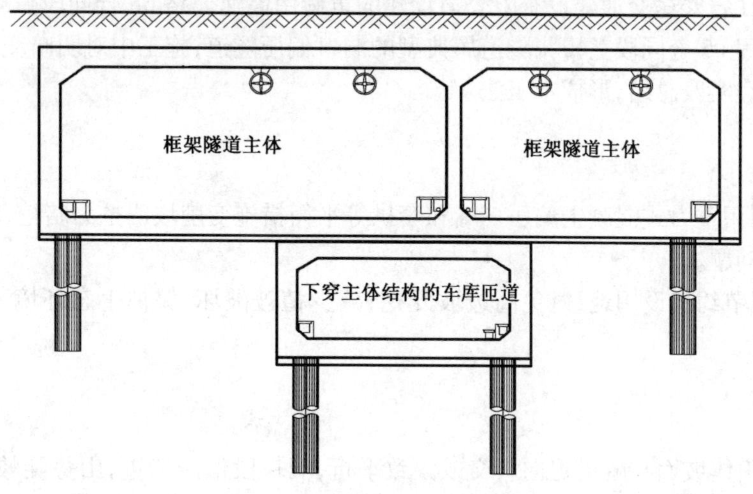

图 6 下穿主体结构的车库匝道

高压旋喷桩内插钢管基坑支护工法在厦门会展隧道下穿主体的地下车库匝道基坑围护中得以应用,采用该方法所支护的车库匝道基坑在施工监测(主要为基坑周围地表沉降、桩体变形、土压力监测)中各项数据均满足设计要求。

12.2 工程实例二

厦门市嘉禾园地下车库湖光路出入通道工程属于明暗挖通道工程。该工程于 2009 年 11 月开工,预计 2010 年 9 月完工。在明挖基坑过程中,基坑开挖处存在大量的电力和通信管道。为了保证管线处的基坑围护,采用高压旋喷桩内插钢管进行管道处的基坑围护,既保证了管道的安全,又成功地进行了基坑围护。

偏压状态下明暗交界段隧道进洞开挖施工工法

GGG(浙)D1155—2010

吴旭初　朱培良　李继平　高小威　许建兴
(浙江省宏途交通建设有限公司)

1　前言

随着我国经济与社会的高速发展,高速公路建设也得到了相应的迅猛发展。隧道在公路建设中,特别是在山岭重丘区发挥着不可替代的作用。能否快速、安全、顺利进洞是隧道施工的关键环节之一,受展线、地形、地质等条件限制,有些隧道洞口段偏压严重,需大范围开挖进洞,存在施工安全性差、环境破坏大等问题。由浙江省宏途交通建设有限公司承建的黄衢南高速公路B8合同段蕉坞隧道及83省道临海至杜桥段改建工程L5合同段兰田张隧道属典型的洞口偏压隧道,施工中对明暗交界段采取明洞暗挖技术,取得了成功,经实践总结,形成本工法。

2　工法特点

2.1　本工法利用重力式混凝土偏压挡墙和套拱等平衡措施变削坡明挖为暗挖,较好地解决了洞口偏压隧道进洞难的问题。

2.2　本工法可节约建设用地,避免高边坡开挖,减少植被破坏,保护生态环境,符合隧道“早进晚出”的设计施工理念。

3　适用范围

适用于进洞口山体坡面与隧道走向斜交或大致平行,洞口段偏压严重,山势陡峻,进洞段需大范围边坡开挖的隧道。

4　工艺原理

利用重力式混凝土偏压挡墙,通过明暗交界段套拱的施作,平衡隧道的单侧偏压力,确保隧道结构安全,做到隧道开挖安全进洞。套拱施工时尽可能减少上拱脚边坡开挖面,减少对原山体的扰动,并及时跟进开挖面的支护。偏压挡墙基础座于基岩上,套拱下拱脚支撑于挡墙上,上拱脚支撑于山体开挖面,呈扇形状,套拱施工后按5级围岩加强段掘进施工,见图1。

5　施工工艺流程及操作要点

5.1　施工工艺流程(图2)

5.2　操作要点

5.2.1　施工准备与测量放样

施工前首先做好洞口场地的平整、设备材料的准备等。测放隧道的中心线及边线,对明暗交界段测绘若干横断面图,根据山体边坡线与隧道的平面关系,确定明洞暗挖段施工范围(图3)。

5.2.2　套拱拱脚开挖及支护

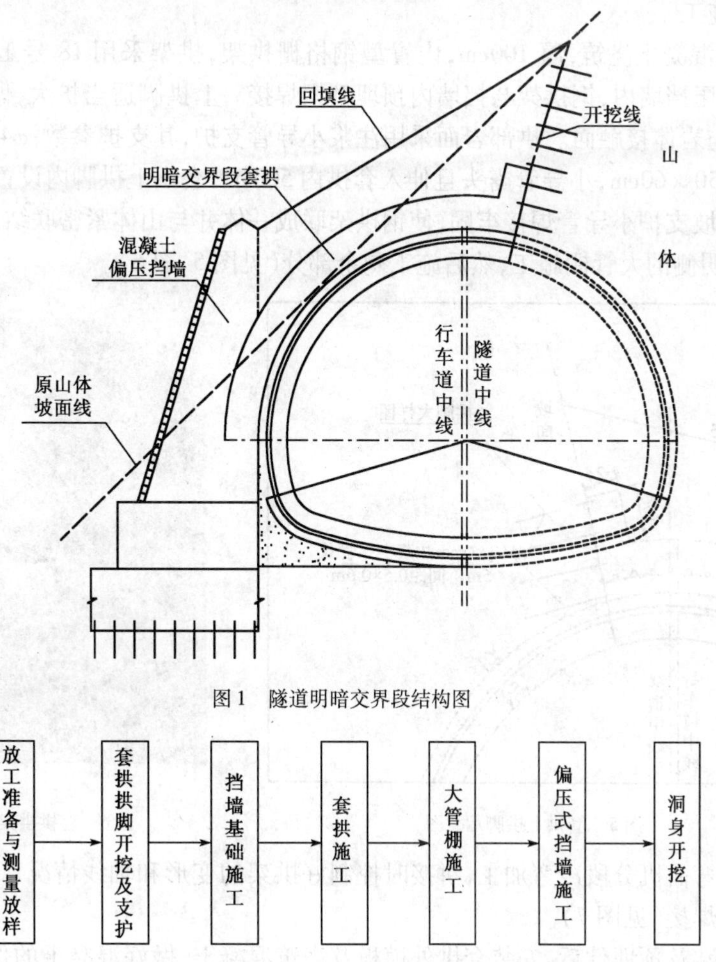

图1 隧道明暗交界段结构图

图2 施工工艺流程图

套拱拱脚开挖主要是上拱脚的开挖，开挖时需控制好开挖面，尽量减少对原山体的扰动，但必须清除土质覆盖层及松散质。

拱脚开挖后及时进行坡面防护，上拱脚及以上部分坡面采取注浆小导管 + 钢筋网 + C20 喷混凝土进行加固防护，拱脚以下部分坡面采取喷混凝土防护（见图4）。

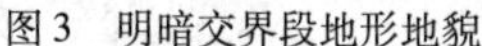

图3 明暗交界段地形地貌

图4 套拱拱脚开挖

5.2.3 挡墙基础施工

明暗交界段及明洞远山体侧设置偏压式挡墙，要求挡墙基础座于岩基上，开挖深度视地质情况而定。基底与岩面结合部位设置注浆锚杆，锚杆设置要求如下：ϕ25mm 中空注浆锚杆，长度 350cm，间距 50×60cm，且露头 50cm。偏压式挡墙外侧坡率 1:0.3，挡墙基础采用 C15 混凝土浇筑。

5.2.4　套拱施工

套拱采用C30混凝土浇筑,厚100cm,内置型钢格栅拱架,拱架采用18号工字钢,间距80cm/榀。套拱下拱脚置于偏压挡墙内,钢拱架与挡墙内预埋型钢焊接。上拱脚适当扩大,做成高200cm、厚75cm的大拱脚,以增大与岩体接触面。拱部岩面采用注浆小导管支护,其支护参数:$\phi42\times4$mm小导管,长度5.0m,纵横向间距50×60cm,小导管露头且伸入套拱内50cm。套拱上拱脚内设置一道25号纵向槽钢,分别与钢拱架及边坡支护小导管焊接牢固,使钢拱架联成一体并与山体紧密联结。套拱分两次施工,先施工2m长并完成明侧的大管棚施工,然后施工剩余部分(见图5、图6)。

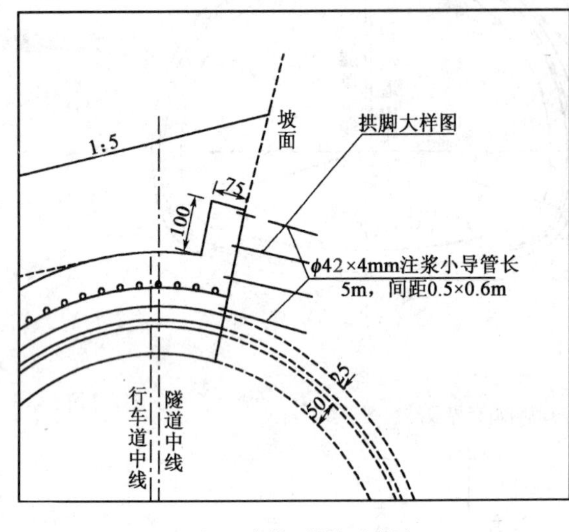

图5　套拱上拱脚示意图

图6　套拱拱架安装

工字钢拱架由弯曲机分段冷弯加工,拼接时控制好拱架的变形和轴线情况。钢拱架安装时要求与套拱内预埋孔口管焊接(见图7)。

完成钢拱架安装及预埋件后,安装套拱外模板及浇筑混凝土,做好混凝土的保湿养生,养生时间不少于14d。

5.2.5　大管棚施工

大管棚分明侧和暗侧两次施工。套拱达到70%设计强度后,进行管棚钻孔,施工时注意控制好钻杆的仰角,确保孔道不侵入开挖限界,孔道深度应符合设计要求且进入岩质层。大管棚参数如下。

(1)管棚规格:热轧无缝钢花管,管径108mm,壁厚6mm,节长3m和6m。

(2)管距:环向间距40mm。

钢管接头采用丝扣连接,丝扣长15cm,隧道纵向同一断面接头数不大于50%,相邻接头须错开1m以上。钢花管安装后即进行注浆,注浆时采取低压力、中流量注入,注浆过程中压力逐步上升,流量逐步减小,当压力升至终压时,继续压注5min再结束注浆(见图8)。

图7　套拱孔口管安装

图8　大管棚安装

5.2.6 偏压挡墙施工

偏压挡墙墙身部分采用C20片石混凝土浇筑。墙身外侧采用毛面花岗岩细料石砌块按一丁一顺砌筑,石料要求质地坚硬,不易风化、无裂纹。

5.2.7 洞身开挖

大管棚施工后,即进行明暗交界段的洞身开挖。洞身开挖遵循"短进尺、紧支护、勤量测、早封闭"的施工原则。洞身开挖采取台阶法开挖且应尽量避免爆破作业,必需时也应采用小药量松动爆破作业,以免损伤套拱,同时应尽早施作仰拱。明暗交界段洞身支护及结构形式见图9。

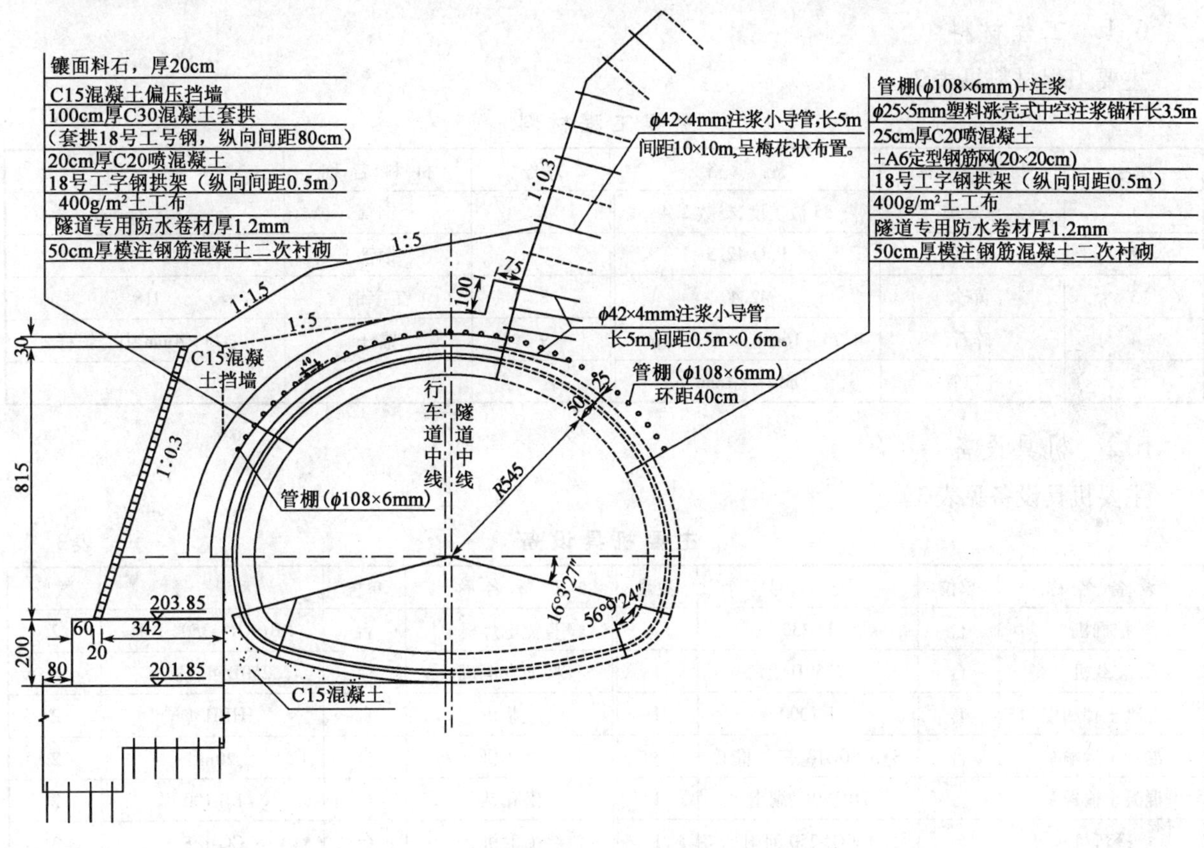

图9 明暗交界段洞身支护及结构图(单位:cm)

5.3 劳动力组织

劳动力组织见表1。

劳动力组织表 表1

序 号	工 程	人 数	责任范围
1	项目经理	1人	施工现场总负责
2	技术负责人	1人	施工技术、质量等现场总负责
3	专职质检员	2人	负责现场质量控制检查、施工记录、数据整理等
4	测量员	3人	负责现场施工放样、监控测量
5	试验员	2人	负责试验及检测工作
6	安全员	1人	负责现场安全管理
7	操作工	1人	负责边边坡开挖
8	混凝土工	12人	负责边仰坡支护、混凝土浇筑、注浆等

续上表

序号	工程	人数	责任范围
9	电焊工	6人	负责钢拱加架的连接、钢筋焊接等
10	钢筋工	10人	负责钢拱架下料、安装
11	钻机工	6人	负责小导管、大管棚施工及洞内开挖

6 材料与设备

6.1 工程材料

主要工程材料见表2。

主要工程材料 表2

序号	材料名称	规格	序号	材料名称	规格
1	水玻璃	35波美度,模数2.4	6	钢管	ϕ108×6mm
2	水泥	P.O 42.5	7	钢管	ϕ42×4mm
3	黄砂	M2.47	8	工字钢	I18
4	碎石	4.75~16mm、16~31.5mm	9	锚杆	ϕ25×4mm中空锚杆
5	孔口管	ϕ127×4mm			

6.2 机具设备

主要机具设备见表3。

主要机具设备 表3

设备名称	单位	型号	数量	设备名称	单位	型号	数量
挖掘机	台	PC230	2	直流电焊机	台	NB(KR)-350、上海	2
装载机	台	龙工50D上海	1	柴油发电机	台	250DF4、杭州	2
混凝土拌和楼	套	JS1000	1	注浆机	台	HBH型	2
混凝土运输车	台	SY5290GJB、三一重工	3	空压机	台	20m^3	2
混凝土输送泵	台	HBT80C、湖南	1	潜孔钻	台	KS-100	2
冷弯机	台	LWGJ-250河南	1	喷射机	台	CG-1.8	2

7 质量控制

7.1 质量控制要求

7.1.1 隧道施工按照《公路隧道施工技术规范》(JTG F60—2009)进行检查验收。

7.1.2 工程质量检测按照《公路工程质量检验评定标准》(JTG F80—2004)进行。

7.2 质量控制措施

7.2.1 坡面开挖及支护

(1)边坡和仰坡上现场的表土、灌木及危石等应清除或加固。

(2)洞口边坡及仰坡应自上而下开挖,不得掏底开挖或上下重叠开挖。

(3)洞口边、仰坡排水系统应在雨季之前完成。

(4)锚杆钻孔深度不应小于锚杆体有效长度,但深度超长值不应大于100mm。

7.2.2 钢拱架施工

(1)钢架必须具有足够的强度和刚度,采用的钢架类型应满足设计要求。

(2)钢架加工尺寸,应符合设计要求,其形状与开挖断面相适应。

(3)钢架基础必须放在牢固的基础上,底脚下的虚渣及其他杂物须清除干净,脚底超挖部分应用钢板支垫。

7.2.3 大管棚施工

(1)孔口管安装定位要求外插角度正确,导向精确,以便于钻孔时控制大管棚的前进方向,不侵入隧道净空。

(2)孔口管不得存在弯曲、变形、破损现象,在焊接孔口管前应检测孔口管内径是否符合图纸要求,防止孔口管内径过大不能精确定向大管棚。

(3)安装好钢拱架后应重新检测孔口管的导向是否正确,如果有偏移或角度偏差现象则需进行调整。

(4)在打钻孔时应严格控制钻孔的外插角,按设计要求的外插角度打入围岩。初钻用低压顶进,以保持方向,防止孔位偏斜。

7.2.4 监控量测项目

(1)地表下沉

隧道洞顶地表沉降在隧道开挖前布设好测点,地表沉降监测可采用普通水平仪测量,测点和拱顶下沉测点应布置在同一断面上。

地表下沉测点布设:在测点位置挖长、宽、深均为200mm的坑,然后放入地表测点预埋件,测点一般采用ϕ20~30mm、长200~300mm的平圆头钢筋制成,测点四周用混凝土填实,待混凝土固结后即可量测。

(2)隧道内空变位(周边位移、拱顶下沉、仰拱隆起量测)

周边位移选用JSS30A型数显式收敛仪;拱顶下沉、仰拱隆起量测采用水准仪测量,两者在同一量测断面内进行。在保证测点不被破坏的前提下,测点尽可能靠近工作面布置,一般为0.5~2m,并在每个开挖循环前获得初始数据。

8 安全措施

(1)做好安全技术交底工作,主要针对边坡开挖、拱架安装、洞内开挖等方面的安全注意事项进行交底。

(2)加强机械设备安全技术管理,机械设备的操作人员和起重指挥人员做到经过专门训练,并考试合格取得主管部门颁发的特殊工种操作证后方可独立操作。

(3)施工现场应设置安全警告牌,上、下沟槽设扶梯,过沟槽设有扶栏的走道板。

(4)基坑开挖后周围设防护设施和明显的警示标志,并不任意移动。

(5)搭设施工脚手架、支撑要按照设计严格执行并需检查验收后方可使用,对重要的承重或支撑结构需经受力计算。

(6)易燃易爆物品要远离施工现场和居住区、炸药库、油库等部位。施工区域内按照有关防火要求布置临时设施,配备足够数量的消防器材,并设立明显的防火标志。

(7)加强同气象部门的联系,注意气象预报,及时掌握气候变化情况,搞好预防措施,避免恶劣天气造成人员伤亡和财产损失。

9 环保措施

(1)洞口开挖时认真制定维护洞口稳定的具体措施,不采用大面积开挖以免破坏洞口土体稳定。隧道进洞前对边仰坡进行防护或加固,及时做好截、排水沟,确保水系畅通。

(2)工程弃方须弃于指定的弃渣场内,严禁随意外弃。隧道开挖的洞渣在符合路基填料技术指标的前提下尽量作为路基填料使用,避免过多的弃渣产生。

(3)在隧道口设置沉淀池、蓄水池和小型过滤池,施工废水经沉淀过滤方可排放或再利用。

(4)对生活垃圾等固体废弃物应当及时收集、运出和处置。

10 效益分析

本工法与传统隧道施工方法相比,工程投资成本有适当的降低,以蕉坞隧道为例,采用半明半暗式施工节约建设费用30万元,占原投资费用的16%,经济效益明显,同时施工安全。

采用本工法节约了工程建设用地,减少植被破坏,防止山体滑坍,保护生态环境,实现隧道"零开挖"进洞,施工过程中各项技术指标符合设计及规范要求,工程质量情况良好。通过本工法的施工实践,为同类隧道施工提供了借鉴,为设计提供成功实例,促进了技术进步。效益分析对比见表4。

工法效益分析对比表 表4

工序/项目	明挖法	本工法
施工成本	开挖工程量大,边坡防护费用高,预计费用约184万元	大大减少开挖及边坡防护费用,实际施工费用:150万元
施工安全	山高坡陡,高边坡开挖存在较高的施工安全风险,同时易引发山体坍塌	减少山体扰动,保持山体的原状结构,通过明暗交界段套拱施作,为洞身开挖提供可靠的安全防护
环境保护	开挖面大,植被破坏严重,对周边生态环境影响大,弃渣量大,易造成环境污染	植被破坏小,保护原生态环境,实现隧道"零开挖"进洞

11 应用实例

工程实例一:

黄衢南高速公路浙江段土建工程第B8合同段由浙江省宏途交通建设有限公司承建。该合同段内的蕉坞隧道右洞黄山端洞口段山体坡面与路线基本平行,且洞口段偏压严重,山体较陡,洞口明暗交界段14m洞身采取明洞暗挖技术施工,该隧道于2007年10月开工,2008年12月顺利贯通。

图10 蕉坞隧道右洞黄山端洞口

通过明洞暗挖的施工方式,既确保了隧道的安全施工,又节约了公路建设用地,避免了高边坡开挖,极大地保护了周边原生态环境,同时降低了工程造价,取得了良好的经济和社会效益(见图10)。

工程实例二:

83省道临海至杜桥段改建工程L5合同段由浙江省宏途交通建设有限公司承建。该合同段内的兰田张隧道杜桥端洞口坡面为斜坡地貌,自然坡度较陡,山坡表部覆盖坡积层,由黏性土和碎石块组成,坡面植被茂盛,线路走向与坡面呈斜交。该隧道于2009年7月开工,杜桥端左洞洞口明暗交界段7m洞身采取明洞暗挖技术施工。

采用明洞暗挖施工,避免了因明洞开挖而造成坡面的大面积破坏,保护了原生态植被,尽量保持坡面的原状,避免因大开挖而造成滑坡,做到工程建设与环境保护的两不误。

软弱围岩隧道上下导坑环形开挖施工工法

GGG(浙)D1156—2010

冯政林 华典年 成建国

(顺吉集团有限公司)

1 前言

隧道施工的进出口段,往往围岩很差,风化严重,节理裂隙较发育,岩体破碎,完整性差,稳定性差,易坍塌。隧道开挖后拱顶及局部应力容易集中,结构极易失稳,容易发生安全事故,给施工带来极大困难。我公司通过58省道淡竹洋隧道及丽龙高速公路黄林源隧道的施工,依据新奥法原理改进施工方案,采用预留核心土上下导坑环形开挖支护,采用组合模板台车衬砌,成功地进行了施工,取得了满意效果,并形成了"软弱围岩隧道上下导坑环形开挖施工技术"。

2 工法特点

2.1 洞身开挖微台阶施工在很大程度上减少了对围岩的扰动,开挖面稳定,作业较为安全,施工机具简单,施工周期短。

2.2 运用微台阶预留核心土法进行开挖支护,拱部边墙先施作系统锚杆注浆,每隔1.5m施作一环注浆超前小导管。初期支护为网、锚、喷加型钢拱架,二次衬砌为钢筋混凝土结构。

3 适用范围

本法适用于V~IV级围岩公路隧道工程施工,当地下水丰富时,应采用其他的特殊施工方法。

4 工艺原理

4.1 采用注浆大管棚和小导管超前支护上下导坑环形预留核心土法施工软弱围岩的隧道,其原理就是将洞室开挖断面分为上部环形拱部、上部核心土、下部弧形拱部、下部核心土以及仰拱,由于开挖台阶短,又有核心土支挡着开挖面,并且能及时施作拱部初期支护,开挖工作面稳定性好,施工安全有保障,开挖顺序见图1。

4.2 以岩体力学理论为基础,监控量测为依据,采用新奥法原理,及时喷锚进行初期支护,针对围岩软弱的特点,经监控量测数据反馈,合理确定工序间关系。

4.3 利用监控位移反分析及初支锚杆轴力、围岩应力、二衬接触应力的测量结果指导施工。

5 工艺流程及操作要点

5.1 施工工艺流程

施工工艺流程见图1所示。

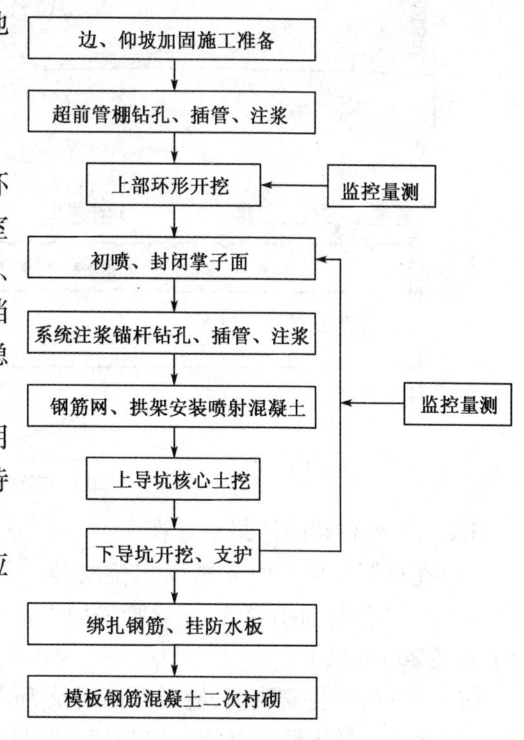

图1 施工工艺流程图

5.2 操作要点

5.2.1 施作超前大管棚(见图2)

(1)管棚采用热轧无缝钢管 ϕ108mm,壁厚6mm,在拱部122°33′36″范围内40cm间距均匀布孔。

(2)在管棚施工前,先进行2m套拱施工,套拱内埋设6榀16号工字钢拱架,并将管棚导向管 ϕ127×4mm孔口管焊接精确固定在16号工字钢拱架上,倾角与隧道纵坡成5°~10°夹角,以防管棚钻孔时由于钻杆自重下沉而侵入隧道开挖断面内,从而妨碍隧道的开挖施工。

(3)管棚采用海王星NE—1型钻机电动液压潜孔钻机钻孔,液压钻机操作平台必须牢固安全,架立钻机时应精确定孔位,确保钻机钻杆线与管棚设计轴线吻合,在钻进过程中不发生偏移和倾斜,钻孔交替进行,每钻完一孔立即顶进钢管,管内全长设排气管,并伸出管口,钢管与孔口处间隙封堵密实,保证注浆时浆液不溢出。

(4)每节钢管丝扣连接,丝扣长15cm,同一断面内接头数量不超过50%,相邻钢管的接头错开长度不小于1m,施工时把孔按序编号。

(5)注浆采用水泥—水玻璃双液浆分段注浆。注浆前应先进行注浆现场试验,注浆参数应通过现场试验按实际情况确定,以利施工。注浆参数:水泥浆与水玻璃体积比:1:0.5,水泥浆水灰比:1:1,水泥浆浓度:40波美度,水玻璃模数为2.4。注浆压力:初压0.5~1.0MPa,终压2.0MPa。

(6)管棚施工应先打有孔钢管,注浆后再打无孔钢管,无孔钢管可作为检查管,检查注浆质量。

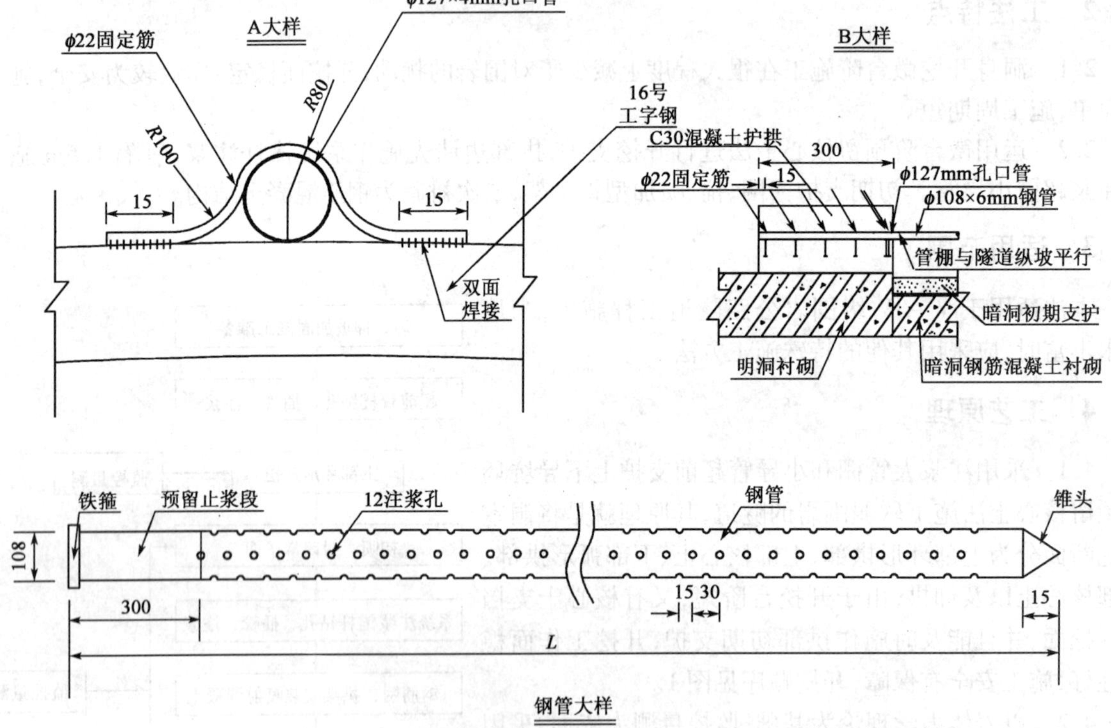

图2 大管棚制作安装图(单位:mm)

5.2.2 施作超前注浆小导管

(1)在进洞口掌子面先精确定位安装一榀钢拱架,在钢拱架外沿线按设计文件要求在隧道拱部119°范围内施作超前小导管,小导管采用XY—28—300电动钻机钻孔并顶进小导管钢管,钻孔直径应大于管径20mm以上。

(2)小导管钻孔安装前,应对开挖面及5m范围内的坑道喷射5~10cm厚混凝土进行封闭。

(3)小导管插入后应外露一定长度,并且尾部焊接在工字钢拱架上,以便连接注浆管和提高防护的稳定性,用塑胶泥(40Be水玻璃拌52.5级水泥)浆导管周围空隙封堵密实。

(4)注浆前应先进行注浆现场试验,注浆参数应通过现场试验按实际情况确定,以利施工。

(5)小导管参数(见图3)。

钢管规格:热轧无缝钢管42×4mm,长3.0m;

管距:环向间距36.4cm;

倾角:与隧道纵坡方向呈45°角;

钢管施工误差:径向不大于15cm;

出浆孔为:ϕ8~20×20cm,按梅花形布置。

(6)注浆参数:

水泥浆水灰比:0.8:1,注浆压力:0.5~1.0MPa。

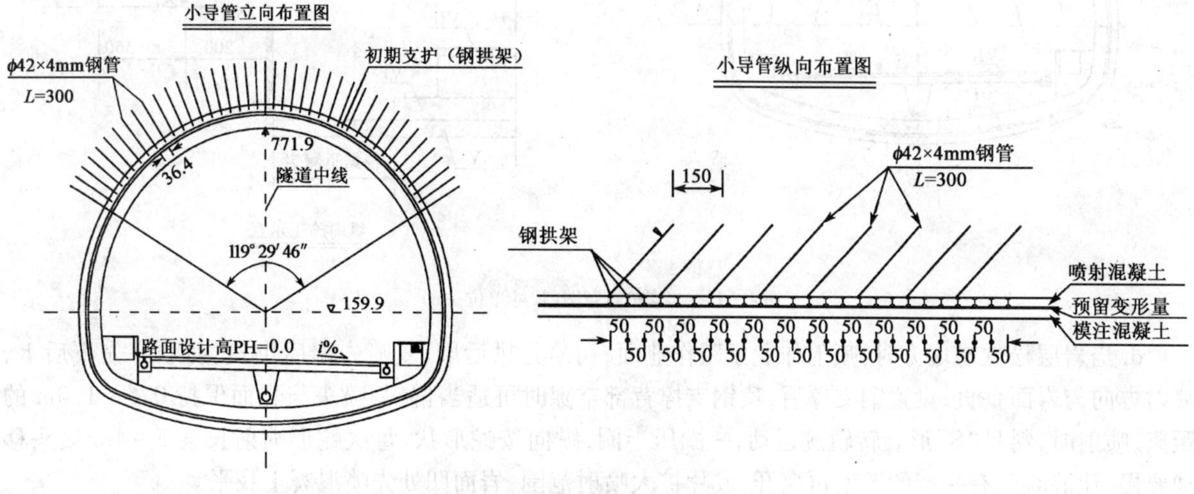

图3　小导管布置图(尺寸单位:cm)

5.2.3　开挖与支护

(1)针对地质条件较差的Ⅴ级围岩,因为围岩稳定性较差,施工中应遵循"管超前、严注浆、短开挖、强支护、勤量测、早封闭"的基本原则,Ⅴ级围岩应先超前支护后开挖,洞口段预支护采用"管棚+注浆",洞身其他段可采用"小导管+注浆"预支护,开挖采用留核心环形开挖,人工挖掘或弱爆破;开挖先进行上部环行开挖,采用凿岩台车,配以风动凿岩机钻孔。爆破用毫秒雷管,周边用光面爆破法,为保证周边围岩稳定,采用多打孔少装药的办法施工。开挖出渣后马上进行量测,如断面符合设计后马上进行锚喷支护,然后再进行核心土开挖,环行部分和核心土间开挖台阶约为1m左右。核心土开挖用松动法爆破,爆破时注意底边和侧墙边线用光面爆破,以防超挖(超过允许值)而增加成本。接着进行下断面的开挖,下断面和核心土间的开挖台阶控制在2m左右,爆破清渣后马上进行围岩量测,达到设计断面要求后立即进行锚喷支护。Ⅴ级围岩开挖约为1.0m一个循环。

具体施工步骤:管棚超前支护→上部环向开挖→上部初期支护→核心土开挖→下部开挖→下部初期支护→铺设防水层及二次衬砌→沟槽路面施作,见图4。

(2)初期支护为:C20喷射混凝土厚20cm,18号工字钢拱架间距0.5m,A6定型钢筋20×20cm焊接网,法向ϕ25mm×5mm先锚后灌式中空注浆锚杆,锚杆纵横向间距0.5×1.0m,呈梅花形布置,施工时尽量垂直于岩层面每两榀钢架之间设ϕ22mm纵向连接钢筋,环向间距为0.75m。

(3)喷射混凝土采用湿喷工艺,按初喷和复喷进行,开挖后即进行初喷,安装好锚杆(钢筋网)和钢架支撑后,再进行复喷,直至达到设计厚度要求。这样可大幅度降低粉尘浓度和回弹率。

(4)施工要求

a.喷射混凝土前,受喷面无松动岩块,墙角无虚渣堆积;

b.严格施工配合比,混凝土在洞外搅拌站集中生产;

c.喷射机的工作风压严格控制在0.5~0.7MPa范围内,从拱部到边墙脚风压由高变低。保证喷头处的压力在0.1~0.15MPa;

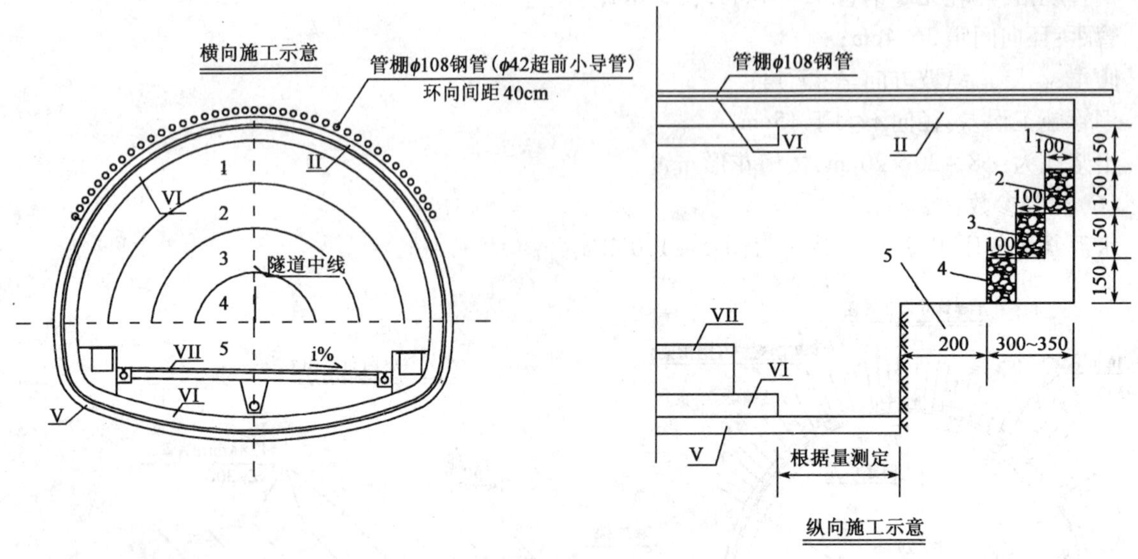

图4 开挖与支护示意图(尺寸单位:cm)

d.当岩层松软易塌方时,喷射作业紧跟作业面,初喷先拱后墙,复喷先墙后拱,喷射顺序先下后上,喷射方向与岩面垂直,设置钢支撑后,喷钢支撑背部空隙时可适当偏斜,喷头与岩面保持0.6~1.0m的距离,喷射时,料呈"S"形旋转轨迹运动,一圈压半圈,纵向按蛇形状,每次蛇形喷射长度3~4m喷头移动要慢,让混凝土有一定的厚度再离开,成片扩大喷射范围,岩面凹处先喷混凝土找平。

e.喷射混凝土作业分段分片依次进行,一次喷射厚度不小于4~6cm,分层喷射时,后一层在前一层混凝土终凝前进行,若终凝后再进行喷射,先用风水清洗喷层面。

f.喷射混凝土的养护:采用喷雾洒水的方法养护,养护7d以上,每天洒水2次。

5.2.4 二衬施工

二次衬砌施工应在围岩与初期支护变形基本稳定,位移收敛已明显减缓,所产生的各项位移量已达到预计总位移量的80%~90%,周边位移速率小于0.1~0.2mm/d,拱顶下沉速率小于0.07~0.15mm/d的时候进行。为了保证二衬混凝土质量,模板采用10m的液压整体移动式钢模板台车,在台车模板上均匀分布12个附着式振动器。混凝土在洞外自动计量750L,拌和站集中拌制,$6m^3$混凝土罐车运输,输送泵泵送入模。浇筑必须左右对称,以防台车位移和模板变形,并应连续完成一模混凝土浇筑,振动方式采用插入式振捣器配合附着式平板振捣器振捣。

拆模时间:不承重结构在二次衬砌混凝土强度达到2.5MPa时即可拆模,承重结构在二次衬砌混凝土强度达到设计强度70%时可拆模。

二衬混凝土养护在隧道洞内相对湿度大于90%时,不需洒水养护,相对湿度在60%~90%时,洒水养护7~14d,相对湿度小于60%时,洒水养护14~21d。

5.2.5 施工监控量测

施工监控量测是隧道新奥法施工的重要组成部分,现场量测结果对研究隧道施工安全、支护效果、修正设计、施作二次衬砌时间等有重要的指导作用。通过监控量测可以掌握围岩力学形态的变化和规律,掌握支护的工作状态信息并及时反馈,作出工程预报,确定施工对策和措施,监视险情,指导施工作业和确保安全施工。

监控量测项目包括地质初期支护状况观察、周边位移量测、拱顶下沉量测、围岩内部位移量测、地表下沉观测、锚杆拉拔试验。监测项目和频率如表1及表2。

量测项目与频率表 表1

<table>
<tr><th rowspan="2">类型</th><th rowspan="2">量测项目</th><th rowspan="2">量测间隔或位置</th><th rowspan="2">配置位置</th><th colspan="3">频率(次)</th><th rowspan="2">预埋量测设备</th><th rowspan="2">备注</th></tr>
<tr><th>0～15日</th><th>16～30日</th><th>30日后</th></tr>
<tr><td>A</td><td>隧道目测观察</td><td>全长度</td><td>各开挖面</td><td></td><td></td><td></td><td></td><td>每次爆破后</td></tr>
<tr><td>B1</td><td>隧道拱顶下陷量</td><td>每10～50m</td><td>拱顶</td><td colspan="3" rowspan="3">开挖面至测点≤15m每天一次
开挖面至测点≥15m每周一次无变化2～3周一次
台阶法开挖面至测点≥30m每周一次无变化2～3周一次</td><td>锚杆</td><td rowspan="3">判定围岩稳定性为二衬时间提供依据</td></tr>
<tr><td>B2</td><td>隧道仰拱顶隆起量</td><td>每10～50m</td><td>仰拱底部</td><td>锚杆</td></tr>
<tr><td>C</td><td>隧道内空变位</td><td>每10～50m</td><td>拱腰边墙各设二点</td><td>短锚杆收敛仪</td></tr>
<tr><td>D</td><td>钢支撑内力</td><td>每40m</td><td></td><td colspan="3">同上</td><td>钢筋计</td><td rowspan="2">判定围岩及支护稳定性</td></tr>
<tr><td>E</td><td>喷内蒙内力</td><td>每40m</td><td></td><td></td><td></td><td></td><td>径向压力盒</td></tr>
<tr><td>F</td><td>地表沉陷</td><td>每5～50m</td><td></td><td colspan="3">同上</td><td>锚杆</td><td>判定稳定性</td></tr>
<tr><td>G</td><td>锚杆抗拔力试验</td><td>每10m</td><td>每个断面测定3根</td><td></td><td></td><td></td><td></td><td>检查砂浆握力</td></tr>
</table>

变形速度与量测频率关系表 表2

变 形 速 度	量 测 频 率	变 形 速 度	量 测 频 率
>10mm/d	1～2次/d	1～5mm/d	1次/d
5～10mm/d	1次/d	<1mm/d	1次/d

当隧道水平位移收敛速度小于0.2mm/d，拱顶下沉、仰拱隆起位移速度小于0.1mm/d时，可以认为围岩已基本稳定。对Ⅴ、Ⅳ级围岩，二次衬砌按承受部分围岩压力考虑，应根据测量结果确定二衬施作时间。

5.2.6 劳动组织

劳动力组织、人员配备见表3。

劳动力组织与人员配备表 表3

开 挖	人数(人)	衬 砌	人数(人)
测量(含监测)	6	防水层施作	8
钻孔(含锚杆安装及爆破)	18	混凝土生产	6
出渣	10	输送泵	2
喷射混凝土(含架立钢架)	16	混凝土运输及振捣	12
排水、通风、道路维护	6	立模定位	10
电工	3	钢筋绑扎	10
合计	59	合计	48

6 材料与设备

施工材料及机械设备配备见表4。

施工材料及机械设备配备表 表4

序 号	机械设备名称	型 号	数 量
1	混凝土拌和站	HZS750	1套
2	混凝土输送泵	HBT—60	2台

续上表

序　号	机械设备名称	型　号	数　量
3	100kVA 发电机组	GF400	2 台
4	挖掘机	CAT320	2 台
5	凿岩台车	T3RW—210	2 台
6	液压衬砌台车	TCDR—1200	1 台
7	通风排风设备	J8T62	2 套
8	空压机	$20m^3$	3 台
9	混凝土输送车	三一重工 SY5251GJ8	2 辆
10	潜孔钻	海王星 NE—1	2 台
11	电焊机	AX—320X1	2 台
12	锚杆注浆机	BW—250/50	2 台
13	喷射混凝土设备	AH—3	2 套
14	自卸车	东风 15t	6 辆
15	变压器	1 000kVA	1 台
16	轮式装载机	龙工 ZLC50	1 辆
17	钢筋加工设备	G40、GQ408、GW40A	1 套

7　质量控制

7.1　本工法严格执行《公路隧道施工技术规范》(JTG F60—2009)、《公路工程质量检验评定标准》(JTG F80/1—2004)。

7.2　环形开挖步长控制在 1m 左右;预留环形土长度约 3~3.5m,环形土开挖要留台阶分部开挖,逐渐缩小环形土的预留半径;每步开挖长度控制在 1m 左右,开挖高度考虑隧道开挖断面和地质情况的同时还要考虑初期支护工作面的要求,一般控制在 1.5m 左右。

7.3　施工中质量控制方法和手段:

(1)建立健全质量保证体系;

(2)配备完整的检测、试验设备;

(3)选用熟练的施工队伍和特种工人;

(4)建立定期质量评检制度;

(5)每道工序施工前搞好技术交底;

(6)认真履行隐蔽工程验收和分项工程检查验收制度;

(7)严格材料采购制度,杜绝不合格材料进入施工现场。

8　安全措施

8.1　配备有力的领导班子,建立健全安全保证体系,是安全工作制度化,经常化,保证施工安全。

8.2　认真贯彻执行国家安全生产的方针政策,对作业工人进行安全教育,牢固树立"安全第一"的思想,坚持"安全生产,预防为主"的方针。

8.3　根据施工情况,编制详细的安全操作规程、细则,制定切实可行的安全措施。

8.4　建立健全安全生产责任制,设置和配置专职、兼职安全检查人员,负责日常安全生产巡查。

8.5　对关键部位、岗位设专人负责,对危险物品加强管理,责任到人。

8.6　安全技术措施应根据不同的工程和具体工作条件,在施工方法、平面布置、材料设备上提出保证安全生产措施。

8.7 特种作业人员必须经考核合格,持证上岗。

8.8 搞好安全三级教育,加大日常安全生产宣传力度,提高工人安全意识。

9 环保措施

9.1 成立项目环保领导小组,建立环保体系,配备相应的环保设施和环保专职或兼职巡视员,与当地政府和环保部门协作,全面控制施工污染,减少污水、空气粉尘及噪声污染,严格控制水土流失,使工程建设达到国家环保标准。

9.2 在洞口设污水处理站,采用隔油沉淀池、气浮设备和二级生化处理设施对施工废水进行处理。设专人值班管理,对沉淀池打捞浮油,以及对隧道污水进行处理,直到符合国家规定标准再排放。

9.3 控制施工注浆使用的水泥、水玻璃的泄漏,并对进入隧道排放系统中的注浆废液作净化达标处理,避免浆液污染洞外居民的生活生产用水。

9.4 爆破采用多打孔少装药的弱爆破方式,减低爆破振动对周边居民的影响,控制夜间爆破;洞内采用水幕除烟降尘,降低隧道施工队大气的污染。

9.5 隧道粉尘、噪声、环境振动、施工废水等满足《大气污染物综合排放标准》(GB 16297—1996)、《建筑施工场界噪声限值》(GB 12523—90)、《农田灌溉水质标准》(GB 5084—2005)等国家标准。

10 资源节约

10.1 项目部建立健全成本核算制度,做到每月、每季度、每半年、每年成本核算,实施动态成本控制,减少不必要的开支。

10.2 加强施工调度,安排好个工序衔接,加快工程进度,提高工程效益。

10.3 选用经验丰富、技术水平高、专业化水平强的技术工人和施工队伍,提高工程质量,尽量避免由于返工造成的资源浪费。

10.4 严格材料采购,确保采购合格低廉的施工材料,从而节约成本。

11 效益分析

该法采用弱爆破人工配合挖掘机开挖的开挖方法,施工灵活,机械利用率高,解决了各工序干扰问题,经济效益好,施工安全可靠,未造成伤亡事故,有力地保证了人民群众和国家的生命财产安全,集中体现了隧道施工的安全效益。

12 工程实例

12.1 58 省道淡竹洋隧道

58 省道淡竹洋隧道,位于浙闽交界的泰顺县境内,由顺吉集团有限公司承建,全长 1043m,是本标段的重点控制工程,该工程开竣工日期为 2004 年 12 月至 2006 年 12 月,其主要工程特点有:

(1)跨度大

隧道最大开挖跨度 15.5m。

(2)地质条件差,不良地质发育

本隧道为软弱围岩,洞口段埋深浅,岩体风化强烈。不良地质发育,如崩塌、滑塌、落水洞等。

(3)围岩含水率大

上部开挖后,围岩含水率在 18% ~25% 之间,下部及仰拱开挖后,围岩含水率在 22% ~30% 之间。

由于采用软弱围岩隧道上下导坑环形开挖施工工法,使得隧道仅用了 14 个月的时间顺利达到合同分界点。受到了监理、设计、指挥部的高度评价,也为全线按时完工打下了坚实的基础。

12.2　丽龙高速公路黄林源隧道

丽龙高速公路黄林源隧道位于浙江龙泉市境内,由顺吉集团有限公司承建,原一级公路在2003年1月开工,合同竣工日期2004年12月,改高速后工期延长至2006年12月。该隧道为分离式双线(右洞全长605m,左洞全长620m),是本标段的重点控制工程,具有偏压、大跨、浅埋、地质差等工程特点。隧道最大开挖宽度15.6m,围岩为晶屑凝灰岩,强风化,岩体呈碎石状压碎结构－块碎状压碎状结构,以Ⅳ～Ⅴ级围岩为主,隧道受一裂带影响,裂隙发育,地下水活动较强。

由于采用了软弱围岩隧道上下导坑环形开挖施工工法,隧道开挖超欠控制较好,施工中无发生坍方和伤亡事故,施工费用大幅降低,受到了监理、设计、指挥部的高度评价。

13　施工图片(图5～图15)

图5　隧道环形开挖

图6　管棚施工

图7　隧道围岩状况

图8　护拱、管棚施工完成

图9　超前小导管安装

图10　钢拱架安装定位

图 11　初期喷混凝土支护

图 12　仰拱二衬钢筋安装

图 13　隧道防水层施工

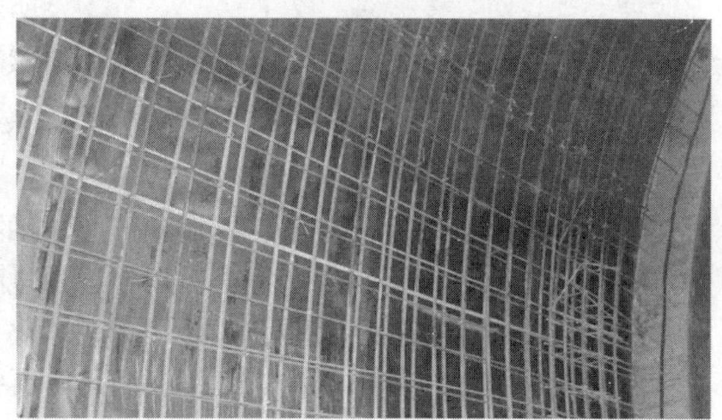

图 14　二衬钢筋安装

图 15　二衬混凝土施工

冰川堆积体隧道开挖施工工法

GGG(中企)D1157—2010

王 多 祁 鹏 李 鈊 刘 伟 易宇明
(安通建设有限公司 四川武通路桥工程局)
孙文龙
(北京市公路桥梁建设集团有限公司)

1 前言

在高海拔严寒地区,隧道施工受到地形、地貌的影响,特别是冰蚀作用强烈的高山峡谷冰川地貌,山势险峻,沟谷发育,冰崩、雪崩发育。冰川在运动过程中,不仅具有强大的侵蚀力,而且还能携带冰蚀作用产生的许多岩屑物质,接受周围山地因冻融风化、雪崩、泥石流等作用所造成的坠落堆积物,从而形成各种冰碛地貌类型。岩堆内部为较大的碎石、块石错乱叠置而成,细颗粒的泥砂较少,碎屑物之间没有胶结,结构松散,围岩稳定性极差。因此隧道工程,尤其是隧道洞口浅埋段影响极其显著,将给隧道施工带来很大困难。

近年来,我们根据多年的隧道施工经验,对冰川堆积体隧道开挖施工关键技术进行了总结,遵循"短进尺、多分部、弱爆破"的原则,加强超前预加固措施,同时充分重视量测数据的及时反馈,经过实用,特别是在嘎隆拉隧道的施工中,收到了显著的效果,我们对之进行了总结,充实和提高,形成本工法。

2 工法特点

2.1 开挖隧道中,尽可能地维持了土体原有稳定状态,对围岩做到了尽量少扰动、少破坏。

2.2 尽可能保持原地形的草皮植被坡面,边坡防护与边坡开挖同步进行,减少洞口边仰坡的开挖,保证了坡体的稳定性。

2.3 采用预留核心土环形开挖法,施工支护采用较强的钢拱架喷锚支护,并辅以超前小导管等辅助施工手段,保证了隧道的顺利进洞。

3 适用范围

该工法一般适用于地质条件复杂,隧道围岩为较为松散的冰川堆积体,达到确保软弱围岩段安全施工的目标。

4 工艺原理

从冰川末端往外,由冰川中融化所成的冰下水携带了大量的泥砾和冰川研磨所形成的细泥,堆积在终子堤边缘,形成了向外扩展的,坡度愈向外愈缓的冰前扇地。并前扇地比下水很浅,河流在切割很浅的河谷中流动。冰川退缩使大量冰碛物堆积下来,形成基底冰碛。基底冰碛厚度近百米,松散、透水性能强且分布很广,加之高原坡面雨较多,给穿越冰川堆积体隧道施工带来了难度。

隧道穿越冰川堆积体施工主要采取综合治理的方法,以确保隧道施工过程中堆积体的稳定性。采取先稳定冰碛边坡的方法,做好边坡坡面防护;在进洞位置及时采取超前支护和预加固,将围岩松动圈内的松散冰碛物预加固为一个整体,然后进行开挖施工,确保开挖进洞前围岩的安全稳定;施工过程中坚持“短进尺、弱爆破、强支护、勤量测、早封闭”的原则，按照新奥法和新意法联合施工原理，认真实施网、锚、喷、注等支护措施和安全监测。

5 施工工艺流程及操作要点

工艺流程图见图1。

5.1 边仰坡防护

5.1.1 采取尽量不扰动边坡的方法，在边仰坡防护前组织人员将坡面危石及杂草清除干净，并在隧道开挖轮廓以外用轨排防护，避免危石溜坍。

5.1.2 做好边仰坡外侧的截排水工作，防止雨水或泥石流冲刷坡面。

5.1.3 在正洞开挖轮廓线以外进行坡面防护，可先用细钢丝网防护后再铺设钢筋网，施作锚杆及喷射混凝土，保证边仰坡的稳定和施工安全。

5.1.4 同时在洞口浅埋段地表埋设地表下沉观测桩点，随时监控地表变化情况（图2）。

5.2 超前支护和预加固

5.2.1 在浅埋、进洞位置或当探明前方围岩破碎时，应及时采取辅助施工方法对地层进行预加固、超前支护或止水。

5.2.2 超前支护方法采用超前小导管预注浆的施工方案，应符合下列要求：

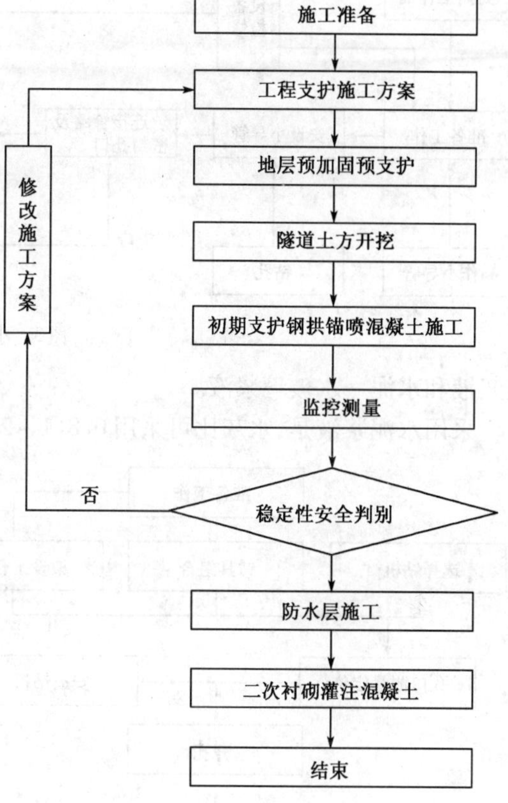

图1 施工工艺流程

(1)小导管采用32mm焊接钢管或42mm无缝钢管制作，长度宜为3～5m。管壁每隔10～20cm交错钻眼，眼孔直径宜为6～8mm。

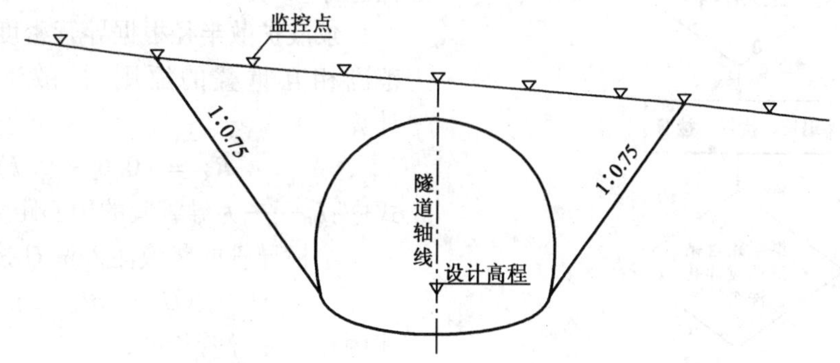

图2 洞口浅埋段地表下沉监控点布置监控量测

(2)沿隧道纵向开挖轮廓线向外10°～30°的外插角钻孔，将小导管打入地层。

(3)小导管注浆前，应对开挖面及5m范围内的坑道喷射厚为5～10cm混凝土或用模筑混凝土封闭。

(4)注浆后至开挖前的时间间隔，视浆液种类宜为4～8h。开挖时应保留1.5～2.0m的止浆墙，防止下一次注浆时孔口跑浆。

工艺流程图见图3。

5.2.3 注浆材料应根据地质条件确定：

(1)断层破碎带和砂卵石地层，当裂隙宽度（或粒径）大于1mm时，加固地层注浆宜优先采用水泥

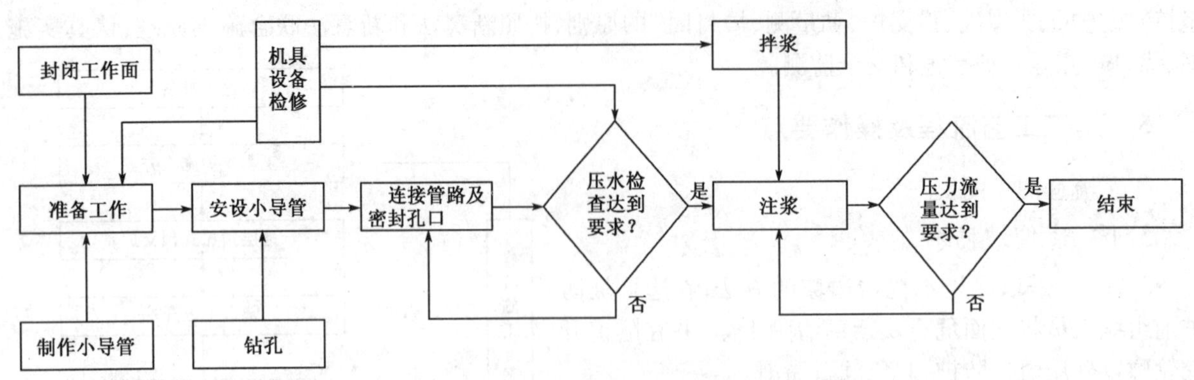

图3　小导管注浆工艺流程图

类浆液和水泥-水玻璃浆液。

采用水泥浆液是，水灰比可采用0.8:1~2:1。需缩短胶凝时间，可加入食盐、三乙醇胺速凝剂。

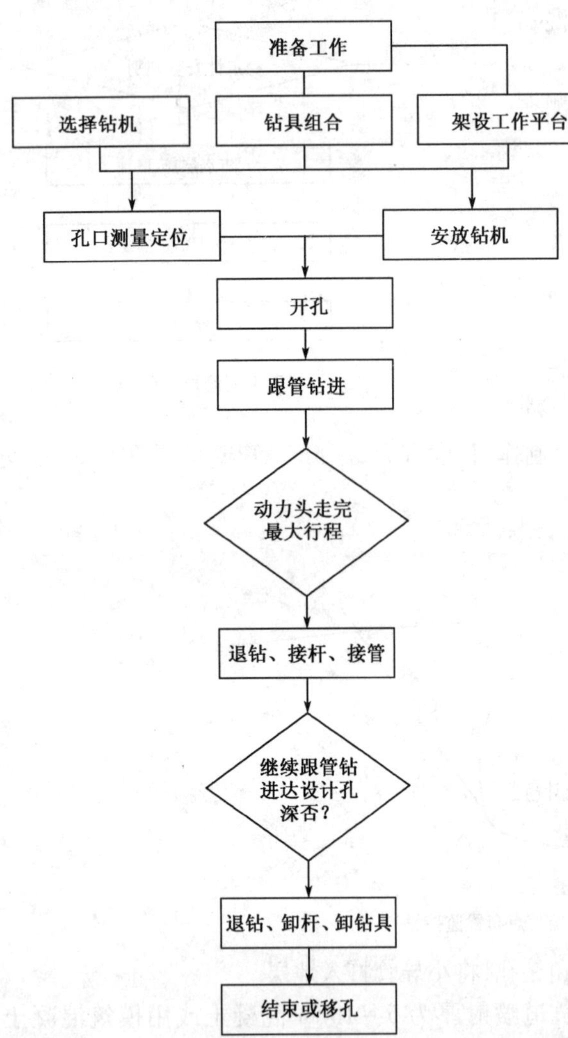

图4　钢筋混凝土棚洞施工工艺流程图

采用水泥-水玻璃浆液，应根据胶凝时间配制。一般水泥浆液的水灰比为0.8:1~1.5:1；水玻璃浓度为25~40波美度，水泥浆与水玻璃的体积比宜为1:1~1:0.3。

(2)断层泥地带，当裂隙宽度(或粒径)小于1mm时，加固注浆宜优先采用水玻璃类和木胺类浆液。

小导管注浆采用注浆压力和流量两个条件来控制，注浆压力一般控制在0.5~1.0MPa之间，注浆材料、注浆方式和注浆压力在实际操作中将根据现场的实际情况进行调整；如发现漏注或有空洞，应及时补注或用混凝土补喷，保证结构总体均匀。

浆液扩散半径根据导管密度确定，考虑注浆范围相互重叠的原则，扩散半径按以下公式计算：

$$R_K = (0.6 \sim 0.7)L_0 \qquad (1)$$

式中：L_0——为导管间的中心距离。

单根导管的浆液注入量Q按下式计算：

$$Q = \pi R_K^2 L\eta \qquad (2)$$

式中：L——导管长度；

η——岩体孔隙率。

5.2.4　开挖前在洞口施作适当长度(一般为2.0m)钢筋混凝土棚洞，防止边仰坡脚溜坍(图4)。

5.3　隧道洞身开挖

5.3.1　隧道进洞段开挖采用短正台阶分部施工法，开挖原则上采用人工或机械开挖；如遇石方必须放炮开挖时，必须格执行弱爆破、短进尺的原则；当围岩特别破碎或遇到夹泥夹沙层时，必须采用人工或机械开挖。

5.3.2　进洞部分施工步骤：先将拱部刷方到核心土上部位置，利用平台作超前支护；然后把边墙部分刷方到设计高程，按洞身初期支护要求加固，再在棚洞外缘用编织袋装土石进行反压回填后，方可进行洞身部分开挖。

5.3.3 为探明前方地质情况，采用短台阶开挖方式(图5)，即先开挖①部(①部领先②部5m)，架立①部钢架；再开挖②部，架立②部钢支撑，将钢支撑合龙，视实际情况在钢支撑中部架设木支撑或型钢作为对口撑，必要时在底部设置临时仰拱，保证初期支护稳定；使用人工或挖掘机、自卸汽车出渣。

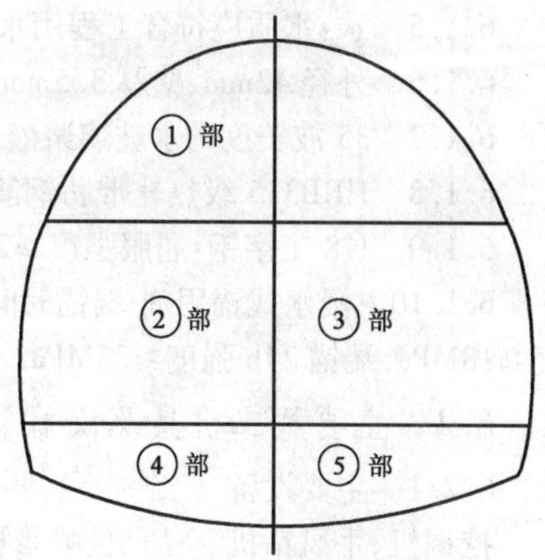

图5 台阶开挖示意图

5.4 施工支护

开挖后应尽快施作锚杆、喷射混凝土、敷设钢筋网或钢支撑。当采用复合衬砌时，应加强初期锚喷支护；锚喷支护或构件支撑，应尽量靠近开挖面，其距离应小于1倍洞跨。

5.4.1 锚杆的施工

(1)采用系统锚杆作为衬砌结构的一部分时，应符合设计要求和《公路隧道设计规范》(JTG D70—2004)的有关规定。

(2)锚杆宜采用Ⅱ级钢筋制作，根据现场实际情况选择锚杆类型，施工时应符合各类型锚杆施工要求。

(3)锚杆安设作业应在初喷混凝土后及时进行。施工钻孔应圆而直，钻孔方向宜尽量与岩层主要结构面垂直；锚杆安设后不得随意敲击，其端部3d内不得悬挂重物。

5.4.2 挂网

钢筋网片在系统锚杆施做后安设，按设计要求加工和安装钢筋网，随受喷面起伏铺设，同定位锚杆固定牢固，钢筋网与受喷面的间隙以3cm左右为宜，混凝土保护层大于2cm。钢筋网施作时注意：加工前对钢筋进行校直、除锈及去油污等，确保钢筋的施工质量。

5.4.3 喷射混凝土

(1)应根据对喷射混凝土的质量要求和作业条件的要求，以及现场的维修养护能力等选定喷射方式，同时尚应考虑对粉尘和回弹量的限制程度。

(2)在喷射混凝土之前，应用水或高压风管将岩壁面的粉尘和杂物冲洗干净；喷射中发现松动石块或遮挡喷射混凝土的物体时，应及时清除。

(3)采用钢架喷射混凝土时，钢架的型式、制作和架设应符合下列要求：

①钢架支撑可选用H形钢、工字钢、U形钢或钢筋格栅等制作。钢架加工尺寸等应符合设计要求。

②钢架支撑必须具有必要的强度和刚度，刚架的设计强度，应保证能单独承受2～4m高的松动岩柱重量，其形状应与开挖断面相适应。

③支撑接头由螺栓连接牢靠，当作为衬砌骨架时，接头应焊接。

④钢架应按设计位置架设，钢架之间必须用纵向钢筋连接，拱脚必须放在牢固的基础上。

6 材料与设备

6.1 主要施工材料及要求

6.1.1 水泥：应优先采用普通硅酸盐水泥，也可采用矿渣硅酸盐水泥；在软弱围岩中宜选用早强水泥。水泥强度等级不得低于42.5级，使用前应做强度复查试验。

6.1.2 速凝剂：必须采用质量合格产品。应注意保管，不使其变质。使用前应做速凝效果试验，要求初凝不超过5min，终凝不超过10min。应根据水泥品种、水灰比等，通过试验确定速凝剂的最佳掺量，并应在使用时准确计量。

6.1.3 砂：喷射混凝土应采用硬质洁净的中砂或粗砂，细度模数宜大于2.5，含水率一般为5%～

7%,使用前应一律过筛。

6.1.4　石料:采用坚硬耐久的碎石或卵石,粒径不宜大于15mm。

6.1.5　水:水质应符合工程用水的有关标准,水中不得含有影响水泥正常凝结与硬化的有害物质。

6.1.6　外径42mm、壁厚3.5mm热轧无缝钢管。

6.1.7　35波美度的水玻璃浆液。

6.1.8　HRB335级热轧带肋钢筋(直条),HPB235级热轧带肋钢筋(直条)。

6.1.9　I18工字钢:屈服强度≥235MPa,抗拉强度375~500MPa。

6.1.10　浸水式锚固剂 端锚时间:初凝1~4min,终凝<7min;端锚0.5h强度≥12MPa,端锚1h强度≥18MPa,端锚24h强度≥25MPa。

6.2　主要施工机具及仪器

6.2.1　主要设备

挖掘机、手风钻机、空压机、喷浆机、注浆机、混凝土搅拌机、装载机、拱架加工设备、潜孔钻。

6.2.2　其他设备

混凝土运输车、自卸运输车、电焊机、钢筋切割机、钢筋弯曲机。

6.2.3　检测仪器

水准仪、全站仪、收敛仪、钢卷尺、混凝土振动台、冲框砂石筛、净浆搅拌机、水泥稠度仪、万能材料试验机。

7　质量控制

7.1　施工中应根据现场实际地质情况,及时调整施工支护参数,以体现"动态施工、过程控制"的理念。

7.2　组成专业测量组,严格按照新奥法施工原则要求,在施工过程中开展监控量测工作,通过对量测数据的分析和判断,对围岩-支护体系的稳定状态进行预测,并据此确定相应的施工措施,以确保围岩及结构的稳定。其主要监控量测项目如下。

7.2.1　洞内外观察

1)洞内观察

(1)开挖面观察:每次开挖后进行一次,当地质情况基本无变化时可每天观察一次。观察后绘制开挖面略图,填写工作面状态记录及围岩级别判定卡。用地质罗盘测岩性、结构面产状。同时将炮眼钻孔速度、卡钻、坍孔、水量大小等情况记录下来,可作为分析掌子面前方围岩情况提供一定判断依据。

(2)初期支护完成区段观察:每天至少进行一次,观察内容包括喷混凝土、锚杆、钢架的状态。

2)洞外观察

冰川堆积体、洞口地表情况、地表沉陷、边坡、仰坡的稳定、地表水渗漏的观察。

7.2.2　水平净空变化观察

每次开挖后尽早进行,最迟不大于24h,在下一循环开挖前完成读数。

采用全断面开挖时,测一条测线,采用台阶法开挖时,在拱腰及边墙各设一条测线。V、IV类围岩每10~15m一个断面,III类围岩每30m一个量测断面。

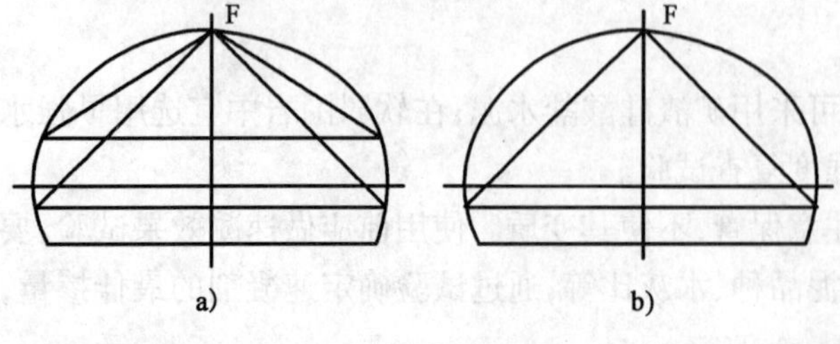

图6　拱顶下沉及周边位移断面布置示意图

7.2.3　拱顶下沉量测

拱顶下沉量测与水平净空量测在同一量测断面内进行,其量测频率相同;当地质条件复杂,下沉量大或偏压明显时,除量测拱顶下沉外,还应量测拱腰及基底隆起量(图6)。V、IV类围岩每10~

15m 一个断面,III 类围岩每 20 ~ 30m 一个量测断面。

7.2.4 浅埋段地表下沉量测

浅埋段地表下沉量测断面布置与拱顶下沉量测及水平净空变化量测在同一量测断面内。地表下沉量测应在开挖面前方隧道埋置深度与隧道开挖之和处开始,直到封闭结构、下沉基本停止为止。

7.3 开展 TSP、地质雷达等地质超前预报工作进行超前地质预报。

8 安全措施

8.1 在施工过程中,认真落实《公路隧道施工技术规范》(JTG F60—2009)及《公路工程施工安全技术规程》(JTJ 076—1995),认真贯彻“安全第一、预防为主”的方针,严格防止各类伤亡事故的发生。

8.2 开工前进行系统安全教育,使广大职工牢固树立“安全第一、预防为主”的思想意识,克服麻痹思想。组织职工加强学习有关安全方面的规章制度和安全生产知识,做到思想上重视,生产上严格执行操作规程。

8.3 制订安全制度和措施,加强通风、照明、防尘、降温及防水和防止有害气体的工作,保护施工人员身体健康和安全。

8.4 按施工组织设计和工艺流程科学组织施工。严格工序衔接,严格操作规程,避免各种违章指挥和违章作业行为的发生;抓好现场安全管理,坚持文明施工,保障人力、机械和器材的安全。

8.5 各种机械设备操作人员,坚持持证上岗,按照规定操作,严格执行班前检查制度和工作中注意观察及工作后的检查保养制度。明确规定指挥信号,坚决服从指挥。定期组织机电设备、车辆安全大检查,查安全问题,进行调查处理,制定防范措施。

8.6 对火工、爆材等物品实行专人跟踪管理,库房、油库等重点场所严禁烟火,认真做好防火、防盗工作,避免各类事故的发生。

9 环保措施

9.1 施工中应符合国家环境保护的有关规定,按照“不破坏是最大的保护”的理念,坚持最大限度的保护、最小程度的破坏、最强力度的恢复,实现隧道工程和周围环境的和谐共存。

9.2 成立环保小组,制定环保措施,严格遵守国家有关环境保护法令,认真检查、监督各项环保工作的落实。对职工进行环保知识教育,积极主动地参与环保工作,自觉遵守环保的各项规章制度,树立人与自然和谐共处的思想。

9.3 严格按照设计施工,严禁乱挖乱填;不得破坏和拆除任何构造物及设施,加强林区的防火防灾工作,不得随意清除地表植被和乱砍树木,红线范围的保护级植物按相关文件进行移栽和避绕。

9.4 隧道开挖的土石方要及时清运,不可随意堆弃,弃方时应保护植被,选好弃渣场地,做好坡脚浆砌防护,以免产生次生病害,尽可能做好覆土层植草防护。

9.5 污水防治:

9.5.1 采用清污分流。

9.5.2 设置污水处理设施对污水进行处理。处理后符合国家环保保标准,再行排放。

9.5.3 妥善处理施工期间产生的各类污染物。对施工产生的固体废物和生活垃圾集中处理,不得随意遗弃。

9.6 粉尘污染防治:

9.6.1 散装材料采用密闭罐运输、存放。

9.6.2 对施工现场和运输便道等易产生粉尘的地段定时进行洒水降尘,勤洗施工车辆,保持湿度、控制扬尘。

9.7 施工噪声污染防治:严格按《建筑施工场界噪声限值》(GB 12523—90)中的有关规定和要求进行施工。对于噪声影响大的施工,合理安排施工组织计划,避免夜间扰民,尽量减少施工对当地居民的不利影响。

9.8 振动防治:

9.8.1 对混凝土搅拌机、抽水机、碎石机、空压机等的基础宜埋入半地下,并铺设砂石垫层以减轻振动影响。

9.8.2 适当选择机械的配置地点,防止振动对周围环境造成影响。

9.9 隧道施工完毕后应做好施工场地竣工后的清理、绿化和复耕还田工作,保护自然环境。

10 资源节约

冰川堆积体隧道开挖遵循“短进尺、多分部、弱爆破”的原则,开挖隧道中,尽可能地维持土体原有稳定状态,对围岩做到了尽量少扰动、少破坏,节省了人力与设备的投入。

11 效益分析

冰川堆积体隧道开挖采用预留核心土环形开挖法,施工支护采用较强的钢拱架喷锚支护,并辅以超前小导管等辅助施工手段,保证了隧道的顺利进洞。利用本工法施工能有效确保隧道施工过程中堆积体的稳定性,少发生甚至不发生返工现象,在保证工程质量的同时既赢得了工期,又创造了经济效益。

12 应用实例

本工法综合总结了国内一些隧道的施工经验,已成功应用于国内已建或在建项目中,现以西藏扎墨公路嘎隆拉隧道工程为实例。

12.1 工程概况

嘎隆拉隧道为单线双向行车隧道,起讫桩号:K48 + 235 ~ K51 + 545,长 3 310m。隧道进口设计高程 3 775.519m,出口设计高程 3 647.700m,隧道净宽 7.5m,净高 4.5m,最大埋设 857m。隧道纵坡为 -4.1% 的下坡,中间设 -3% 的休息坡。隧道进口位于直线段上,出口位于 $R = 160$m 的圆曲线上,出口超高 3%。隧道所在地积雪冰冻期约七个月,洞口段 200m 为区域变质岩地区(进洞端 40m 为第四系堆积体,同时也为浅埋段),洞身发育七条断层。该隧道于 2008 年 12 月 18 日开工,2010 年 12 月 18 日竣工。

12.2 施工过程

(1)在开挖仰坡之前,在仰坡刷坡线 5m 外顺地势布设洞顶截水沟。在 K48 + 246 中桩处左偏 14.1m 至右偏 11.5m 范围内按 1:0.5 的坡率进行成洞面的开挖,两侧临时路堑式边坡坡率为 1:0.75。开挖高度应控制在 20m 内。

(2)边仰坡防护:布置安装 ϕ42mm 注浆钢花管并注水泥浆,初喷混凝土厚度至 3cm,挂钢筋网、复喷至设计厚度。

(3)进洞施工方法:K48 + 246 ~ K48 + 286 段洞身围岩主要为块石、碎石土和强风化黑云母石英片岩,结构松散,稳定性差;片岩片理、裂隙极发育,岩石破碎,产状 210°∠44°开挖时易坍塌,属于 V 级围岩。其中 K48 + 246 ~ K48 + 270 段覆盖层厚度为 5 ~ 30m,属于浅埋段;K48 + 270 ~ K48 + 286 段覆盖层厚度为 30 ~ 42m。

具体施工程序是:ϕ42mm 小导管超前支护→上台阶预留核心土开挖法→初喷 C20 混凝土 4 ~ 6cm→18 号工字钢拱架→钢筋网片→复喷 C20 混凝土至 24cm 厚→开挖核心土→下断面拉中槽→下断面初期支护→仰拱开挖及填充→拱墙二次衬砌。

1)施作超前支护

此段超前支护在拱顶 128°范围内采用 ϕ42mm 注浆小导管($L = 4$m)并采用水泥(添加水泥重量 5% 的水玻璃)浆液进行注浆,稳固围岩。

洞口小导管沿隧道开挖轮廓线、按上中下三排布置,排间距为 50cm,小导管布置详见图 7。外斜角为 10°~15°,内侧环环向间距 20cm,中间环和外侧环 128°范围内小导管数量与内侧环保持一致均匀布置,纵向前后两小导管水平搭接长度不小于 1.0m。

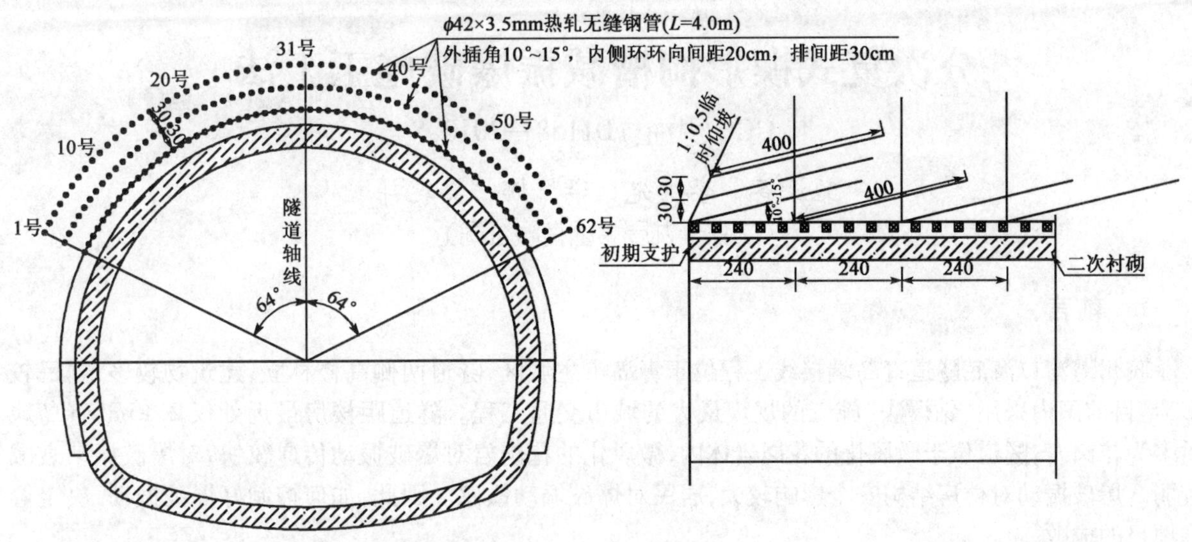

图 7　洞口 ϕ42mm 小导管布置图(单位:cm)

洞内在掌子面沿隧道开挖轮廓线(拱顶 128°范围内)布置一环小导管($L=4$m)。外斜角为 10°~15°,环向间距 0.35m;隔 2.4m 再打一排小导管,纵向前后两小导管水平搭接长度不小于 1.0m。

2)开挖

采取人工配合机械上下断面开挖,开挖时可采取松动爆破。上断面采取预留核心土弧形开挖法,下断面采取拉中槽预留边墙土体的方法。每次进尺控制在 50cm 左右,上下开挖断面之间距离控制在 5m 以内。

3)初期支护

上断面初期支护施作顺序为先喷射 C20 混凝土 4cm、挂单层 ϕ8@(20×20cm)钢筋网片、架立 18 号工字钢架(每延米 2 榀)、而后复喷 C20 混凝土至 24cm 厚。为防止拱脚下沉,在工字钢拱架拱脚下垫 5cm 厚木板,且在拱脚处施作 ϕ25mm 锚杆,锚杆长为 3.5m,锚杆与拱架焊接牢固。下断面初期支护施作同上断面,但左右边墙的拱架落底应采取马口跳槽法,马口长度控制在 80cm 以内。

12.3　工程应用效果

针对浅埋段堆积体围岩情况,采用综合治理的方法,在尽可能不扰动周边地质的情况下,及时有效地加固稳定了围岩,确保了隧道进洞开挖的安全稳定性。此项施工工艺操作简单,所需材料与设备较为常用,具有很强的适用性和应用空间,符合工程建设可持续发展的方针。

分次复式楔形掏槽减振爆破施工工法

GGG(中企)D1158—2010

鲍汝苍　李少先　李　娜　樊延祥

(中铁十九局集团有限公司)

1　前言

胶州湾湾口海底隧道青岛端接线工程位于青岛市主城区,隧道两侧高楼林立,建筑物较多,居民较多,是目前国内采用"钻爆法"施工的规模最大的城市交通工程。隧道距楼房最近处仅 2.15m,青岛地质多为花岗岩,隧道位于微风化的花岗岩体内,微风化的花岗岩对爆破振动传递较快,对爆破振动衰减较弱。爆破振动对楼房结构安全影响较大,居民对爆破振动敏感。因此,如何控制好爆破振动,决定着本项目的成败。

传统的"钻爆法"爆破产生的最大振动主要在掏槽部位,掏槽部位产生的振动远远大于掘进眼和周边眼。要将掏槽部位的振动降至允许范围内(2cm/s),势必减少掏槽部位的装药量,缩短掏槽部位的进尺,不仅影响了掏槽效果,还制约着整个循环的进尺。在科技攻关小组无数次的试验后,终于研究出了"分次复式楔形掏槽减振爆破施工方法",分次复式楔形掏槽,是一种全新的掏槽形式,就是将对巷道爆破至关重要的掏槽分为一次、二次乃至多次掏槽。避免了传统的一次掏槽集中装药、爆破振动大、掏槽效果差等缺点,降低了掏槽部位爆破振动与掘进眼和周边眼爆破振动的差距,增大了循环进尺。该方法特别适合于对爆破振动有较高要求的地下工程爆破。在总结升华该施工方法的基础上形成本工法,并获得 2009 年度中铁十九局集团三级工法,其关键技术和综合技术都通过了中国铁建股份公司科技成果评审,专家一致认为其关键技术达到国内领先水平,综合技术达到国际先进水平。

2　工法特点

2.1　掏槽简单,面积较小,不需要特殊的台架及其他设备。

2.2　掏槽面积小,炮眼布置较密,毫秒雷管可用段数多,可以有效地降低段装药量,达到降低爆破振动的目的。

2.3　多次掏槽后,能为掘进眼、周边眼提供较大的临空面,能有效地降低周边眼和掘进眼爆破产生的振动,从而可以增加掘进眼、周边眼的深度,加大其装药量,达到降低炸药单耗,增加循环进尺的目的。

2.4　由于先行掏槽产生较大的临空面,能大幅度的提高光面爆破质量,增加周边眼的半眼率,降低爆破对围岩的扰动。

3　适用范围

适用于在地面建筑林立,地下管线纵横交错的复杂城市环境下,坚硬岩体(Ⅰ、Ⅱ、Ⅲ、Ⅳ 级围岩)内采用"钻爆法"施工的地下工程以及对爆破振动有较高要求的其他工程。包括地下交通工程,轨道工程,过街通道,各种储库,人防工程以及地下车库,城市地下综合体等。

4　工艺原理

根据萨氏爆破振动衰减公式 $V = K(\frac{Q^{1/3}}{R})^{\alpha}$,决定爆破振动速度最大的因素为"地质条件(表现为

K、α 值),单段最大装药量 Q 值及爆破监测点(需要保护的建筑物)至起爆点的距离 R”。在进行爆破施工时,地质条件基本相同,可以认为 K、α 为定值,起爆点与监测点(需要保护的建筑)的距离 R 为定值。因此,对爆破振动影响最大的为单段装药量 Q 值。通过现场试验,在单临空面的独头巷道中,爆破振动实测值跟利用萨氏衰减公式计算理论值相近。当采用掏槽技术人为的制造为第二个临空面后,掘进眼和周边眼爆破振动要比理论值小得多。也就是说,在独头巷道的爆破施工中,爆破对地表建筑物的影响与临空面有关,临空面越多,相同药量下,产生的振动越小,其关系基本为线性反比关系。因此,萨氏公式可以修正为 $V=\frac{1}{N}K(\frac{Q^{1/3}}{R})^{\alpha}$,其中 N 为临空面的个数。从前期爆破施工监测情况来看,爆破振动最大的部位基本都在掏槽部位,当掏槽眼的爆破振动达到临界点(设计允许值 2cm/s)时,掘进眼、周边眼产生的振动都在 0.8cm/s 以内。形成了掏槽眼直接控制了最大段装药量,掘进眼和周边眼受其制约而不能充分利用的局面。分次复式掏槽技术就是为解决该种局面而形成的,利用多次掏槽降低每次掏槽的炸药用量,形成较大的临空面,掘进眼和周边眼得到有效的利用,从而增加了每次循环的进尺。

5 施工工艺流程及操作要点

5.1 施工工艺流程

施工工艺流程见图 1。

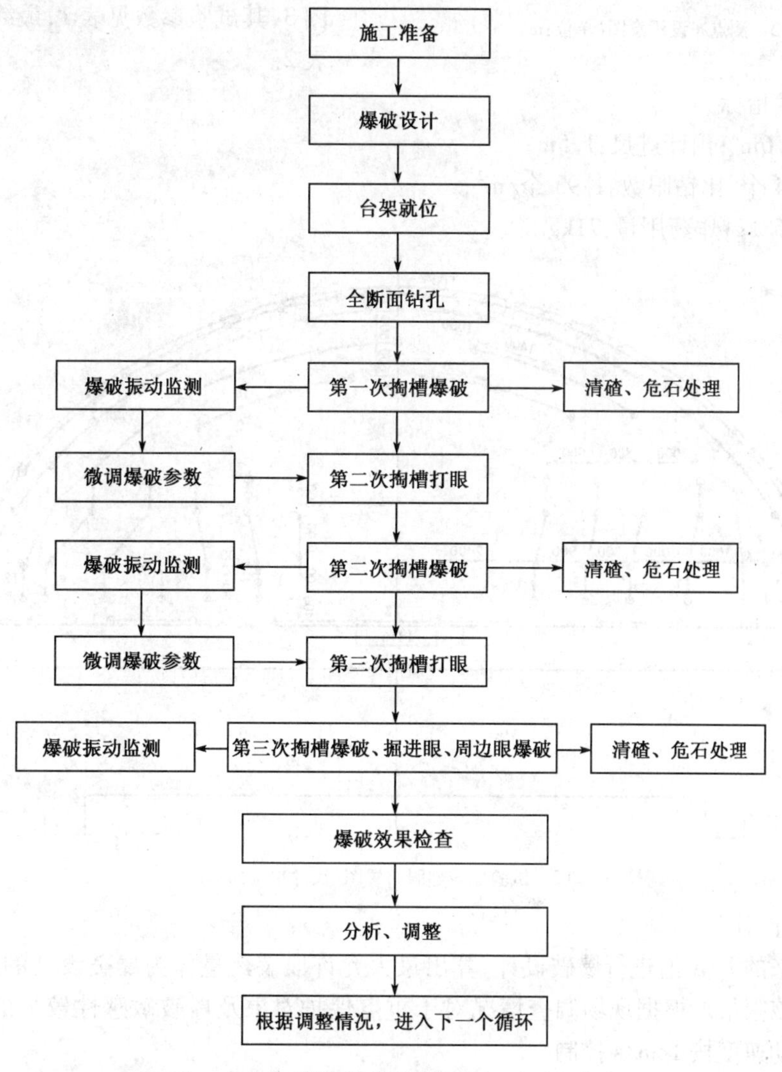

图 1 分次复式楔形掏槽减振爆破法工艺流程框图

5.2 操作要点

5.2.1 施工准备

1)施工调查

在施工前,对爆破区域进行详细的调查,了解场区的地质情况,地面建(构)筑物,地下管线,地表路面车流量,居民组成情况等信息。圈画出场区内需要重点保护的建(构)筑物以及对爆破振动敏感情较强的居民,做到有的放矢。

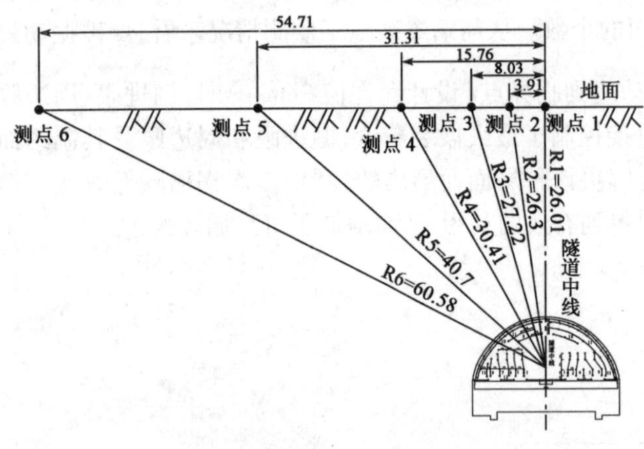

图2 测点布设示意图(单位:m)

2)测定爆破区域的 K、α 值

选择地势开阔、民房较少、岩质均匀、在爆破场区内具有代表性的地段进行试验性爆破,采用多台爆破振动监测仪进行数据采集,并用爆破振动监测分析系统进行回归分析,计算出 K、α 值。该试验要反复进行,并对计算出的 K、α 分析整理,最终得出适合现场地质情况的值。该值非常重要,是爆破设计及调整的基础。在胶州湾湾口海底隧道青岛端接线工程中,其测点布置和试验爆破炮眼布置见图2及图3,其试验参数见表1,最终计算出的 K、α 见表2。

主要经济技术指标:

开挖面积:69.6m^2;预计进尺:1.5m;

炮眼个数:134 个;比钻眼数:1.93 个/m^2;

炸药单耗:0.68kg;炸药用量:71kg。

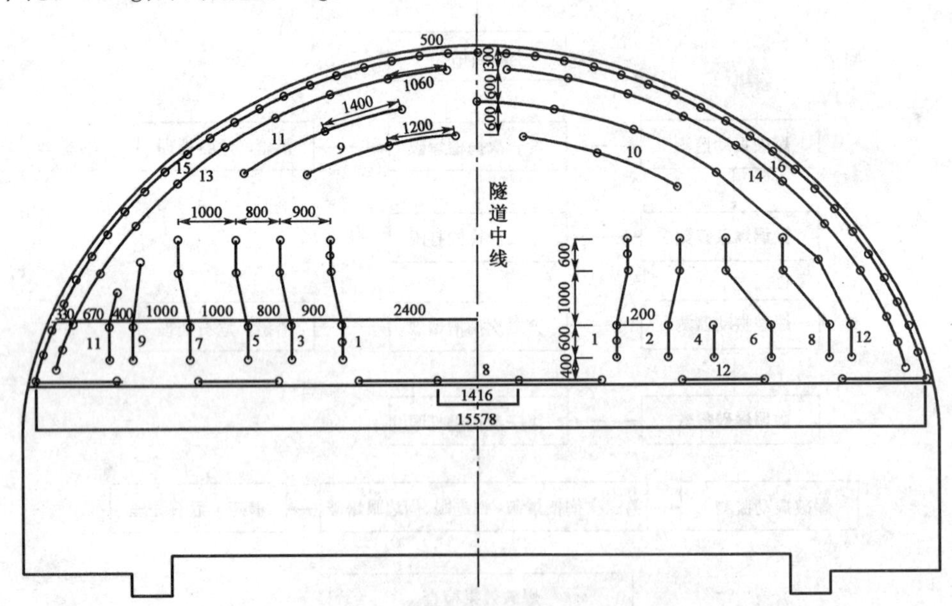

图3 试验爆破炮眼布置图(尺寸单位:mm)

5.2.2 爆破设计

根据计算出来的 K、α 值进行爆破设计,算出最大允许段装药量作为爆破设计的限量,任何段别的装药量不能超过该限量。根据现场调查情况对于重点保护对象及爆破敏感性较强的地段进行单独设计,重点考虑,振动速度按 1cm/s 控制。

1)爆破器材的选择

爆破器材的选择详见“6.1 爆破材料”。

2)钻爆参数的选择

根据经验与计算相结合的方式,确定钻爆参数见表3。

试验爆破参数表 表1

段 数	炮 眼	眼深(m)	眼 数	单眼装药量(kg)	最大段装药量(kg)	装药量(kg)
1	掏槽眼	2.7	12	0.6,0.9	9	9
2~9,11,12	扩槽眼	1.9~2.6	34	0.6,0.9	3.6	21.6
15,16	周边眼	1.8	41	0.3	6.3	12.3
13,14	辅助眼1	1.9	22	0.3,0.6	4.2	8.4
11,12	辅助眼2	1.8	7	0.6	2.4	4.2
9,10	辅助眼3	1.9	6	0.8	2.4	4.8
8,12,16	底板眼	1.9	12	0.9	3.6	10.8
合计			134			71

K、α 计 算 表 表2

测 点	1	2	3	4	5	6
振速峰值V(cm/s)	3.071	4.607	2.92	3.769	1.767	1.445
对应装药量Q(kg)	9	9	9	9	9	9
测点距爆心的距离R(m)	26.01	26.3	27.22	30.41	40.7	60.58
爆破频率	38.45	38.45	38.45	50.65	50.04	50.06
K值	69.65					
α	1.37					

爆 破 参 数 表 表3

岩 石 种 类	周边眼间距E(cm)	周边眼最小抵抗线W(cm)	相对距E/W	周边眼装药参数(kg/m)
硬岩	50	67	0.71	0.30~0.35

3)掏槽方式

掏槽方式是本工法的核心,掏槽效果的好坏,直接影响到爆破振动的效果,本工法主要采用分次复式楔形掏槽。

分次就是沿隧道掘进方向进行多次掏槽,每次掏槽部位进尺约50cm,通过多次掏槽后形成一个较大的腔体,作为掘进眼和周边眼爆破的临空面。掏槽的次数与保护建筑物的抗振动要求有关。如果建筑物距离爆破点近,防振要求高。采用一次掏槽,爆破振动容易超标,或虽然不超标,但大大地限制了施工进尺,就要考虑二次掏槽、三次掏槽等。在胶州湾湾口海底隧道青岛端接线工程中,我单位最多的时候用到三次掏槽。

复式就是在掌子面上对称于隧道中线布置有超过一排的掏槽眼进行掏槽眼布置的方法。胶州湾湾口海底隧道青岛端接线工程中,掏槽部位我们对称布置了四排掏槽眼。第一排炮眼与掌子面的夹角最小,夹角最好为30°,第二排与掌子面的夹角为45°,第三排与掌子面的夹角为60°,第四排与掌子面的夹角为75°(如果断面较小,掏槽眼没有那么排,夹角可以适当调整)。

该方式是经过实践检验的可靠的掏槽形式。其减振原理是,从第一排承担小部分岩体爆破开始,分多排爆破,逐步扩大形成槽腔。这样掏槽爆破的每段药量比其他炮眼的每段药量小得多,而且夹制作用小。其优点是能有效地减小掏槽爆破的震动强度,有效地控制围岩变形,保持围岩的稳定。缺点是增加了钻眼量及多使用了雷管与雷管段号。其掏槽形式详见图4。

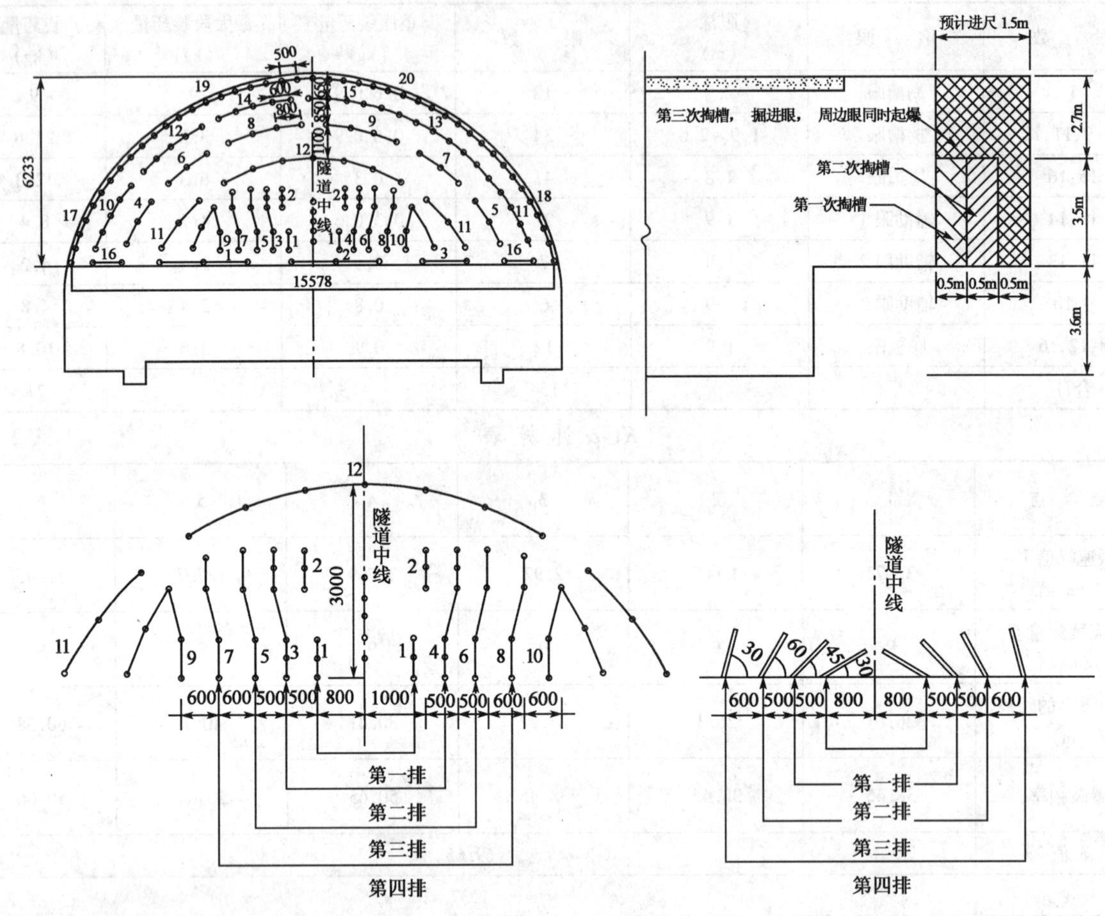

图4　分次复式楔形掏槽工艺图(尺寸单位:mm)

4)装药结构及堵塞方式

目前,有利于隔震、减震的装药方式主要有炮眼轴向空气间隔或炮泥间隔装药、不偶合装药。这些装药方式都忽略了延长药包沿炮孔轴向对围岩的冲击作用以及由此引起爆区前方建筑物的振动加强问题。在施工中,课题组通过研究,周边眼采用了带缓冲装置的空气间隔装药结构,掏槽眼和掘进眼采用带缓冲装置的连续装药结构。有效地降低了正前方振动加强的问题。这些缓冲装置可以是5~10cm的竹节、木棍或水炮泥。装药结构详见图5。

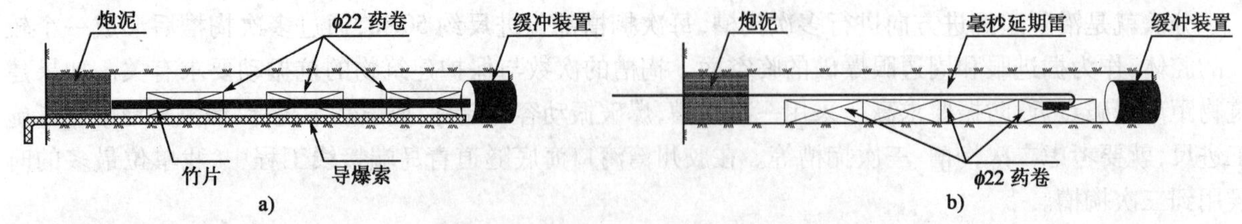

图5　装药结构图

a)周边眼装药结构图;b)掏槽眼、掘进眼装药结构图

5)最大装药量的计算

最大装药量直接决定着爆破振动速度与施工进度,计算是否合理至关重要,其计算的依据主要是采

用修正萨氏公式 $V = \frac{1}{N}K(\frac{Q^{1/3}}{R})^{\alpha}$,将要保护建筑物的允许振动速度 V,已经试验测定的 K、α 值,建筑物跟爆破点的距离 R 代入公式中,将 Q 值计算出来。再根据每次爆破监测的情况进行调整。

6)炮眼布置图

根据以上设计,结合现场实际情况,确定需要分次掏槽的次数。并根据爆破参数、Q 值等信息,绘制出爆破区域的爆破布置图,指导爆破作业。

5.2.3　台架就位

台架采用自制轮胎式多功能钻孔台架,台架设计加工时要与断面尺寸相匹配,尤其是采用复式楔形掏槽,掏槽部位的空间尽可能的大一些,以便掏槽时干扰较小。出完渣后,利用装载机将台架推至掌子面,台车中线与隧道中线尽量处于同一线上,台架尽量贴紧掌子面。

5.2.4　全断面钻孔

根据钻爆设计,利用全站仪三维坐标放样系统将炮眼布置于掌子面上。钻孔采用 YT-28 风动凿岩机钻眼,掌子面较大,操作工人和凿岩机多配备一些,以便减少凿岩时间。由于掏槽眼和周边眼对爆破振动及光面爆破影响较大,司钻人员安排技术过硬、责任心强的工人,以便严格的按爆破设计进行钻孔。

钻完孔后,技术人员对炮孔进行认真检查,验收合格后方可进入下一道工序。

5.2.5　第一次掏槽眼爆破施工

1)连线起爆

钻完孔后,按照爆破设计及装药结构对掏槽部位进行装药,缓冲结构用竹节做成,长度在 5cm 左右,利用 ϕ25mm 的 PVC 软管作为炮管,将缓冲结构置于炮孔底端,然后装入炸药。装药过程技术人员全程参与,以便确保雷管段数与炸药用量的准确性。连线采用一把抓方式,将毫秒雷管的导爆管与两枚电雷管用防水胶布紧缠在一起。在安全距离外采用引爆器触发电雷管引爆。

2)清碴、危石处理

第一次掏槽进尺短、方量小,利用挖掘机将弃渣扒至一侧,人工对松动的围岩进行清理,以便保证二次掏槽掘进时的安全。

3)爆破振动监测

第一次掏槽爆破时,对需要保护的建筑物进行监测,监测采集爆破产生的波形图,并对波形图进行软件分析,得出水平切向、水平径向及垂直方向的振动速度,振动频率等信息,并将这些信息及时反馈给技术人员。

4)微调爆破参数

如果是爆破振动速度达到或接近允许值,在第二次掏槽时马上对爆破参数进行调整,以确保第二次掏槽爆破时,爆破振动不超标。

5.2.6　第二次掏槽眼爆破施工

1)打眼

根据调整后的炮眼布置,进行第二次掏槽打眼。第二次掏槽眼布置于第一次掏槽产生的掌子面上。由于掏槽眼要求较高,司钻人员应选用经验丰富,技术过硬,责任心强的人员。

2)装药连线起爆

与第一次掏槽爆破一样,装药时要严格按爆破设计参数及结构装药,确保雷管段别不装错,炸药用量不超过设计值。

3)清碴、危石处理

第二次掏槽方量也较小,利用装载机或挖掘机将弃查置于一侧,以便有空间进行第三次掏槽。

4)爆破振动监测

第二次掏槽爆破时,对需要保护的建筑物进行监测,监测采集爆破产生的波形图,并对波形图进行软件分析,得出水平切向、水平径向及垂直方向的振动速度,振动频率等信息,并将这些信息及时反馈给技术人员。

5)微调爆破参数

如果是爆破振动速度达到或接近允许值,在第三次掏槽时马上对爆破参数进行调整,以确保第三次掏槽爆破时,爆破振动不超标。

5.2.7 第三次掏槽、掘进眼、周边眼爆破施工

1)打眼

在第二次掏槽的掏槽面上进行炮眼布置,炮眼按调整后的参数布置由于掏槽眼要求较高,司钻人员须选用经验丰富,技术过硬,责任心强的人员。

2)第三次掏槽眼、掘进眼、周边眼起爆

按爆破设计的参数及装药结构,对第三次掏槽眼,掘进眼,周边眼进行装药。由于断面大,炮眼多,装药时要仔细认真,确保严格按爆破设计参数装药。

3)清渣、危石处理

爆破通风后,进行出渣作业,出渣采用两台侧卸式装载机,运输车辆为大吨位自卸车。出碴后利用挖掘机进行清底、扒渣。掌子面和开挖轮廓,利用挖掘机认真清理,挖掘机力量大,能将松动的大块危石清理掉,除了挖掘清理外,还要采用人工对危石进行清理。确保下一循环的施工安全。

4)爆破振动监测

对需要保护的建筑物进行监测,采集爆破产生的波形图,并对波形图进行软件分析,得出水平切向、水平径向及垂直方向的振动速度,振动频率等信息,并将这些信息及时反馈给技术人员。

5)调整爆破参数

如果是爆破振动速度达到或接近允许值,在第三次掏槽时马上对爆破参数进行调整,以确保下一循环爆破时,爆破振动不超标。

5.2.8 爆破效果检查

完成一循环后,对本循环进行认真检查,检查的内容主要有:爆破振动是否超标,光面爆破效果如何,以及进尺能否达到设计进尺等。

5.2.9 分析、调整

对本循环爆破作业进行认真的分析,根据爆破效果,分析出本循环中影响爆破振动的环节。并根据影响环节进行针对性的调整,确保下一循环中不出现问题。

5.3 劳动力组织

5.3.1 劳动力组织

劳力组织见表4。

5.3.2 每工班循环时间

在胶州湾湾口海底隧道青岛端接线工程中,我单位采用的三次复式楔形掏槽,其循环时间为16小时,每循环进尺1.5m,其循环时间见表5。

劳动力组织表 表4

序号	工种	每班人数	主要职责	备注
1	技术员	1	负责本工班的技术交底,解决技术问题,掘进完后检查钻孔是否按交底进行,是否满足精度要求等,并根据监测结果调整爆破参数	
2	测量员	4	测量放线,负责检查上一循环的超欠情况,放出本循环的开挖轮廓,并根据爆破布置图放炮眼位置	
3	振动监测员	3	负责对爆破点周围建筑物的振动监测,分析监测结果,并将监测结果快速、准确的反馈给技术人员,作为下一循环爆破参数调整的依据	

续上表

序 号	工 种	每班人数	主 要 职 责	备 注
4	安全员	1	负责本工班的安全情况，爆破完后检查掌子面危石处理情况	
5	工班长	1	负责协调本班的各个工种之的工作，组织实施生产	
6	司钻手	15	负责打眼，根据测量班所放炮位，按要求进行打眼，负责掌子面小型危石的清理	
7	爆破工	3	负责装药、连线、启爆及本工班的炸药等火工品的领取、现场管理及回库	
8	空压机司机	1	负责开启、管理空压机	
9	挖掘机司机	1	爆破完后对掌子面排除危石，清渣及扒运渣底	
10	装载机司机	1	根据现场要求，移动多功能台架，爆破完后清渣	
11	自卸车司机	5	负责运输弃渣	
12	电工	1	负责全洞电路检查，负责接电、接灯等工作	
13	杂工	5	负责抽水，道路维护	
14	合计	42		

三次掏爆破循环时间表

表5

作业项目	持续时间(h)	循环时间 1	2	3	4	5	6	7	8	9	10	11	12	13	14	15	16
施工测量	0.5																
上台阶钻眼	2.5																
第一次掏槽爆破	0.5																
第一次掏槽清渣，找顶	1																
第二次掏槽打眼	1.5																
第二次掏槽爆破	0.5																
第二次掏槽清渣，找顶	1																
第三次掏槽，掘进根，周边眼爆破	1																
通风排烟	0.5																
找顶，初喷混凝土	2																
出渣	2.5																
初期支护	2.5																

注：每循环进尺1.5m，16h一循环，折合月进尺67.5m

6 材料与设备

6.1 爆破材料

6.1.1 炸药

采用2号岩石乳化炸药,规格为 $\phi32\times200$mm,每卷180g,0.9kg/m;$\phi27\times225$mm,每卷150g,0.65kg/m。乳化炸药的性能见表6。

乳化炸药性能指标表 表6

炸药品种	药卷密度(g/cm^3)	炸药密度(g/cm^3)	殉爆距离(cm)	爆速 m/s	猛度(mm)	做功能力(mL)
2号岩石乳化炸药	0.95~1.30	1.00~1.30	≥3	≥3200	≥12	≥260

6.1.2 雷管

采用第二系列秒延期导爆管雷管。各段别导爆管雷管的延期25ms。起爆选用普通瞬发电雷管或导爆管激发针起爆,发爆器选用渭南煤矿专用设备厂生产的MFB-100型矿用发爆器。

周边眼采用导爆索起爆,为了达到降低段装药量的目的,周边眼采用孔外延时的方式。

6.2 施工设备

施工设备主要包括辅助设备,动力设备、凿岩设备、出渣设备以及通风设备。

辅助设备主要包括自制多功能凿岩台架,自制多功能升降架等辅助性的小型设备及材料。

动力设备主要是空气压缩机。空气压缩机布置于洞外,能产生较大的噪声,是工地噪声的主要污染源,因此在城市环境下施工,要选择高性能的静音空气压缩机,将噪声控制在规范允许范围内。空气压缩机的功率要根据工程规模合理使用,一般是能保证正常施工的前提下至少有一台的预留量,以确保发生故障是不影响工地的正常运转。

凿岩设备选用普通气腿式风动凿岩机(YT-28),凿岩机,设备操作灵活,使用方便,功率较大,是国内目前钻孔的主要设备。

出碴设备主要包括挖掘机、侧卸式装载机、自卸车。

通风设备是保证掘进时产生的粉尘、水气以及爆破产生的废气能及时排出洞外,确保操作人员的健康。同样,在城市施工时要考虑噪声的影响,必要时对通风设备进行屏蔽。

在施工中配备的主要机械见表7。

施工机械设备表 表7

机械名称		规格型号	额定功率(kW)或容量(m^3)或吨位(t)	数量	生产厂家	备注
辅助设备	钻孔台架	6m		1	自制	根据隧道断面大小进行设计,符合人体工程学
	多功能升降平台	6m		1	自制	
动力设备	超静音电动空压机	4L-20/8	$20m^3$/min	4	柳州	噪声小于75dB
	内燃空压机	VY-12/7-B	$12m^3$/min	1	柳州	
凿岩设备	风动凿岩机	YT28	$2.86m^3$/min	28	沈阳	
	风镐	G10	26L/s	5	沈阳	
出渣设备	挖掘机	PC220	1.0 m^3	1	日本小松	
	侧卸式装载机	ZLC50B	135kW	2	柳州	两台装载方向相反
	自卸车	XC3320	18t	6	重庆铁马	
通风设备	轴流风机		2×115	2	山西巨龙	超静音设备噪声小于75dB

7 质量控制

控制爆破对爆破设计,钻孔,监测等技术要求较高,哪个环节出问题,就会影响整个爆破效果,导致爆破振动超过标准及开挖轮廓断面较差,不圆顺。因此,为了保证爆破效果对每个环节都要保证质量

7.1 执行标准

7.1.1 质量标准

工程质量合格,争创省、部级优质工程。

7.1.2 国家和交通部有关公路工程建设质量的方针、政策、法规和规定。

7.1.3 国务院2000年第279号令《建设工程质量管理条例》(国务院令第279号)。

7.1.4 中华人民共和国交通部《公路工程质量管理办法》([2000]第6号令)。

7.1.5 国家和交通运输部颁布的有关技术标准、规范、规程、验收标准等。

7.1.6 经批准的有关本工程的技术标准、设计文件和施工组织设计等。

7.2 设计质量的控制

7.2.1 要准确的测定与爆破振动相关的参数,尤其是K、α,一定要与爆破场区的地质情况相适应,另外是建筑物与爆破点的距离也要测准确。

7.2.2 要准确选用爆破器材,如果有高精度的雷管尽量采用,现阶段采用的雷管精度较差,如果采用连续段别,爆破时振动容易叠加。

7.2.3 设计时,最大段装药量一定要小于计算的控制值QMAX。

7.2.4 爆破设计是动态的,不能一成不变,要随时根据爆破监测的情况进行调整。

7.3 监测质量的控制

7.3.1 爆破监测是一门独立性较强的学科,要安排熟练的技术人员进行监测,最好是与各高校合作,国内工科院校基本都有相关的学科,他们对监测与分析水平较高。

7.3.2 监测仪器要采用操作简单,灵敏度较高的仪器,尽量采用多台同时进行监测,以保证监测的效果。

7.3.3 测点的布置,测点的布置选择建筑物具有代表性的部位进行布点。

7.4 钻孔及装药质量的控制

7.4.1 制爆破对炮眼的要求较高,对钻凿工人技术要求高,操作难度大。因此,应注意对钻爆人员的合理调配。固定技术好的钻工进行光爆孔和预裂孔的钻凿作业。从布眼、钻孔、装药到爆破网络连接层层把关,责任到人。

7.4.2 周边眼分布在隧道轮廓的不同部位,高度、角度各不相同。配备合适的多功能简易钻孔台架非常关键。根据断面尺寸,利用钢管、网片制成简易拼装钻孔台架,可以快速拆卸,便于施工。

7.4.3 炮眼深度及装填药量的控制

(1)炮眼深度。根据钻爆设计,钻眼深度严格按照设计进行施钻。

(2)清孔装药。装药前将炮孔内的石屑、杂物用高压水、风冲净。

(3)装药连线。严格按照装药结构图进行装药,药量应严格按照设计装填,炮泥填塞应分层捣实,填塞长度应满足设计要求。

(4)预裂孔、光面孔应按设计图纸钻凿在一个布孔面上,钻孔偏斜误差不超过1°。

(5)验孔、装药等应在现场爆破工程技术人员指导监督下由熟练爆破员操作。

(6)起爆网路。起爆网路连接应由专人负责。对于孔外延期部分的连线,应特别注意对孔外雷管及滞后起爆网路的保护,防止先爆雷管产生的飞片炸坏滞后起爆的网路,以及先行起爆产生的飞石损坏之后起爆的网路。

(7)爆破。装药、连线结束后,经技术人员检查合格后,撤离人员和机械设备,最后引爆。

8 安全措施

8.1 执行标准

《安全生产法》、《建设工程安全生产管理条例》、《安全许可证条例》等法律、法规。

8.2 安全措施

8.2.1 掘进是隧道安全控制的最重要环节,针对不同地质情况,采取合理的开挖方案,严格控制循环进尺,选择最佳的爆破参数,确保施工安全。

8.2.2 浅埋段、破碎带地段隧道开挖要采用机械开挖或浅孔控制爆破方法。爆破后加强监测,根据监测和地质情况及时调整爆破参数,保证爆破安全。不良地质隧道先治水,短开挖、弱爆破、强支护、早衬砌,稳步前进。

8.2.3 配备足够的抽水设施,确保排水顺畅。

8.2.4 钻孔台车或凿岩机钻眼时,必须采用湿式凿岩,严禁在残眼中继续钻眼。

8.2.5 隧道爆破作业按《爆破安全规程》(GB 6722—2003)操作施工,洞内爆破时,必须统一指挥,所有人员应撤至不受有害气体、振动及飞石伤害的地点,安全距离大于200m。

8.2.6 爆破后必须经过通风排烟,且至少相差15min以上,才准安全检查人员进入工作面。经过检查和处理确认安全后,其他施工人员才准进入工作面。

8.2.7 瞎炮处理必须设立警戒区,瞎炮必须由原爆破手按规定处理。视情况确定具体处理方法:将引线或电线重新接好,再行起爆,严禁打残眼;在距瞎炮0.6m处打一平行炮眼诱爆,但必须注意岩层节理情况,在打眼地点不得有连通瞎炮的裂缝;安全妥善地取出堵塞物,重装药起爆。

8.2.8 爆破器材加工,应在远离洞口100m外的加工房中进行。

8.2.9 隧道掘进中,围岩量测是施工管理的主要环节。根据不同地质采取相应的安全技术措施。

8.2.10 隧道开挖后及时进行施工支护,围岩量测数据有变或喷混凝土表面开裂、地表出现裂缝时,要视为危险警告信号,必须立即通知施工人员撤离现场,待加固处理后再行施工。

9 环保措施

9.1 执行标准

环境管理要本着"三同时"原则与工程本体同步实施。控制污水、噪声、粉尘、废弃物等因素对环境的影响,满足国家及青岛市有关标准及法律法规要求;施工现场相关方的环境行为符合管理体系要求;节约能源。在施工中尽量减少弃方,坚持做到"少破坏、多保护,少扰动、多防护,少污染、多防治"。

9.1.1 噪声遵守《建筑施工场界噪声限值》(GB 12523—90),汽车噪声的控制达标。

9.1.2 施工振动遵守《城市区域环境振动标准》(CB 10070—88)。

9.1.3 污水排放达到山东省二级排放标准。

9.1.4 环境空气遵守《环境空气质量标准》(GB 3095—1996)。

9.2 环保措施

9.2.1 加强工作面的通风,降低有害气体浓度。采用大功率的通风设备,压入式通风,将新鲜空气由软风管送至工作面。

9.2.2 掌子面放炮后由专人喷洒水雾进行除尘以减少空气中的悬浮颗粒。

9.2.3 在掌子面50m范围内派专人每2小时向洞壁洒水,一方面除尘,另一方面降低岩面温度,在洞内空压站处设降温循环水池,并及时用高压水补充。降低空压机产生的热量。

9.2.4 提高油料燃烧率,减少尾气有害成分的含量,在出碴车及装载机、装碴机进气孔设增压阀,增加进氧量,使油料燃烧充分,同时在排气管处增加过滤器,过滤尾气中的有害气体,改善工作环境,提高工作效率。

9.2.5 采用湿喷混凝土技术进行初期支护，减少空气悬浮物，减轻对空气的污染，改善作业环境。

9.2.6 采用毫秒雷管微差爆破技术，实现光面爆破，根据不同的地质构造及围岩级别采用不同的爆破参数，使爆破震动减到最低。在爆破时施工人员撤离到安全地方，防止爆破冲击对其产生不良的影响，达到保护目的。

9.2.7 在满足施工需要的情况下，尽量选择噪声低、振动小的施工机械，对装载机及通风机、空压机、凿岩机的操作人员佩戴防声耳塞和耳罩进行个人防护，防止噪声损害施工人员的听觉，以免降低工作效率，影响安全生产。

9.2.8 对各种洞内施工车辆和机械进行强制性的定期保养维护，保证设备的完好状态，减少因机械故障产生的附加噪声与振动。

10 资源节约

本工法实际应用的过程中认真贯彻落实科学发展观，围绕建设资源节约型社会目标，在保证爆破震动速度不超过设计的前提下，加快了施工进度，从而以最少的资源材料消耗，来最大限度地实现资源节约(表8)。

从表8可以看出，采用"采用分次复式楔形掏槽减震爆破施工工法"，每一方节约雷管4.3枚，炸药节约0.11kg，人工节约1.03工日，电量节约16.91度。对于有爆破震动控制要求的地铁及其他长大隧道来说，开挖方量基本都在几十万方以上，因此，采用本方法，能节约大量的社会资源。

消耗资源对比表 表8

序　号	分析项目	常规掏槽爆破	分次复式楔形掏槽	节　约
1	爆破部分面积(m^2)	69.6	69.6	
2	掘进进尺(m)	0.5	1.5	
3	每循环方量(m^3)	34.8	104.4	
4	炮眼个数(个)	252	303	
5	操作人数(人)	42	42	
6	炸药消耗(kg)	32	85	
7	循环时间(h)	12	16	
8	每循环耗电量(kW)	1.5×698.9=1 048.35	2×698.9=1 397.8	
9	每月进尺(m)	30	67.5	
10	单方雷管消耗(枚/m^3)	7.2	2.9	4.3
11	单方炸药消耗(kg/m^3)	0.92	0.81	0.11
12	单方人工消耗(工日/m^3)	1.83	0.8	1.03
13	单方用电量消耗(度/m^3)	30.12	13.21	16.91

11 效益分析

11.1 社会效益

在城市或有较为敏感的建筑物附近等复杂地域条件进行地下工程爆破施工采用本工法可以有效的降低爆破震动，增加每循环进尺，施工进度较普通方法快；采用各种辅助技术措施及变形控制技术，安全性较高，不仅保证了隧道的施工质量，还能加快工程进度。下穿或侧穿居民区进行爆破施工，有效控制震动速度，保证了地上建筑物的安全，没造成扰民事件的发生。在业主及监理的历次检查中，以其进度快、质量好、安全可靠受到好评，取得了良好的社会效益。

11.2 经济效益

我们选取胶州湾湾口海底隧道青岛端接线工程比较有代表性的地段作为研究对象，进行效益分析。

该段里程为ZK1+237~+537段,段埋深浅(约15m),地表为20世纪70年代后期建筑,多为八层砖结构,无构造柱,圈梁,基础多为毛石基础,部分为桩基础,抗震性能差。人员组成为老人与小孩,学生(智荣中学,青岛商务学校),部队(团岛消防站),对爆破震动敏感性较高,隧道下穿该段,因此,该段是整个工程的重点与难点。在该段的施工过程中,要求爆破震动控制在1cm/s以内,我单位采用常规的掏槽爆破方法,进度慢,爆破震动控制效果较差,后采用分次复式楔形掏槽技术后,效果较为明显。下面我们对影响爆破成本的几个主要指标进行对比分析,其具体分析见表9及表10。

每循环经济技术指标对比表 表9

序号	分析项目	常规掏槽爆破	分次复式楔形掏槽	备注
1	爆破部分面积(m^2)	69.6	69.6	
2	炮眼个数(个)	252	303	
3	掘进进尺(m)	0.5	1.5	
4	操作人数(人)	42	42	
5	炸药消耗(kg)	32	85	
6	循环时间(h)	12	16	
7	每月进尺(m)	30	67.5	

每延米增减成本分析表 表10

序号	项目	常规掏槽	分次复式楔形掏槽	增减量	单价	合价(元)	备注
1	爆破方量(m^3)	69.6	69.6	0			
2	雷管个数(炮眼个数)(个)	504	202	302	5元/枚	1510	
3	操作人工(工日)	126	56	70	70元/工日	4900	
4	炸药消耗(kg/m)	64	56	8	8元/kg	64	
5	合计					6474	

从以上两表可以看出,采用分次复式楔形掏爆破法要比采用传统的楔形掏槽爆破法节约直接成本6474元,工期仅该段就节约2个月左右,经济效益非常明显。

11.3 环保效益

城市条件下爆破施工,对机械设备的噪声,爆破产生的粉尘、污水以及机械设备出入污染路面要求较高,在施工中对容易产生较大噪声的电动空压机,通风机,装载机以及自卸车等都采用静音设备,成功的将噪声控制在《建筑施工场界噪声限值》(GB 12523—90)范围内,给周围的居民一个安静的生活环境,不仅不影响居民的生活,也为我们的工程减少了不必要的干扰。对于爆破产生的粉尘,采用水幕降尘技术,使其还未扩散到空中就进行了处理,给居民一个干净清洁的一个空气环境。对于施工产生的废水,引入洞口的污水处理池内,经沉淀或化学处理达到排放标准后,排入市政污水管道,不影响居民的生活。尤其是采用本技术成功地将居民们最担心的爆破对房屋结构的影响降至最低,解决了居民的后顾之忧。在整个施工过程中,没有接到过一起因环保问题而引起的投诉,取得了良好的环保效益。

12 应用实例

胶州湾湾口海底隧道青岛端接线工程位青岛市南区,是海底隧道的有机组成部分,其穿越青岛老城区,沿云南路、台西三路下穿青岛八号院小区、青岛智荣中学、青岛商务学校、团岛消防站,在团岛驻地内与海底隧道相接。该隧道断面大,为三车道城市快速路隧道,最大开挖宽度17.10m,最大开挖高度13m,断面188m^3,是国内目前采用钻爆法施工的规模最大的城市隧道。该工程于2007年12月26日开工,2010 年 5 月 9 日贯通,历时 862 天。

其地质以微风化、弱风华的花岗岩为主,主要围岩级别为Ⅱ、Ⅲ、Ⅳ级,埋深在 5 ~ 30m 之间,大多数埋深在 15m 左右。隧道穿越的沿途都为老旧的建筑,抗震性能差,居民以学生、老人及小孩子为主,对爆破震动敏感性较强。因此,如何将爆破震动控制在设计允许范围内,或者将爆破震动控制在居民的承受范围内是该工程能否顺利施工的关键。

在施工前期,我单位采用传统的爆破方法,由于振动较大(4cm/s),远远超过设计要求的 2cm/s,导致部分民房开裂,引起了投诉,面对如此情况,我单位认真分析、调查并进行科技攻关,研究的“分次复式楔形掏槽减震爆破施工工法”,成功地将爆破控制在居民能承受的范围内,顺利地完成了主隧道的掘进,获得了良好的经济效益和社会效益。

强震后帽式防护法处理特大塌方段隧道重建施工工法

GGG(中企)D1159—2010

房　军　苏红岭　王周理　陈　运　马红叶

(中铁二十一局集团第三工程有限公司)

1　前言

龙溪隧道是都江堰至映秀段高速公路上的一座特长高瓦斯软弱围岩隧道,由于隧址区位于“5.12汶川8.1级特大地震”极震区,隧道出口即为震中映秀,在这次地震中该隧道受损情况严重,左、右线发生塌方段落总计约206m;塌方规模大、围岩受地震影响极为破碎、塌腔存在大量瓦斯聚集,塌方处理难度大。采用传统的管棚法进行塌方处理,该工法工序复杂,且需要大型机械设备进行施工,施工速度慢,工期长。中铁二十一局集团针对龙溪隧道震后塌方处理施工进行了科技攻关,采用帽式防护法处理塌方技术取得成功。“汶川大地震龙溪特长瓦斯隧道恢复抢建技术”科技成果,于2009年10月通过了甘肃省科技成果鉴定,达到国际先进水平,并获中国铁道建筑总公司科学技术奖二等奖。该项技术经进一步总结完善形成本工法。

2　工法特点

2.1　降低塌渣体高度,减轻拱顶以上的塌渣体荷载,增大了结构永久安全系数。

2.2　超前支护与回填混凝土形成壳体(帽式防护),提高了结构抵御受余震影响塌腔顶部坠落的塌渣形成的冲击荷载的能力,安全、可靠。

2.3　喷砂形成隔离层,避免了因渣体过度固结、混凝土渗漏造成的侵限。

2.4　混凝土壳体以及喷砂层切断了塌腔内大量瓦斯溢出到作业面的通道,确保了施工作业的安全。

2.5　采用帽式防护的施工方法,设备常规、工艺简单、节约成本、缩短工期。

3　适用范围

主要适用于软弱围岩隧道,特别是瓦斯、地震、战备等多种不利因素同时存在的情况下的隧道塌方处理。

4　工艺原理

充分利用壳体结构受力特性,以保护结构整体稳定性以及施工安全为出发点,重点采用超前支护与回填混凝土形成的壳体(帽式防护)作为超前保护措施,辅助喷砂形成隔离层等方法防止碴体过度固结造成侵限以及塌腔内瓦斯外溢,并通过监控量测监测结构变形情况。通过以上几个方面施工技术的综合运用,确保结构稳定和施工安全。

5　施工工艺流程及操作要点

5.1　施工工艺流程(见图1)

5.2　操作要点

5.2.1　加固塌方影响段

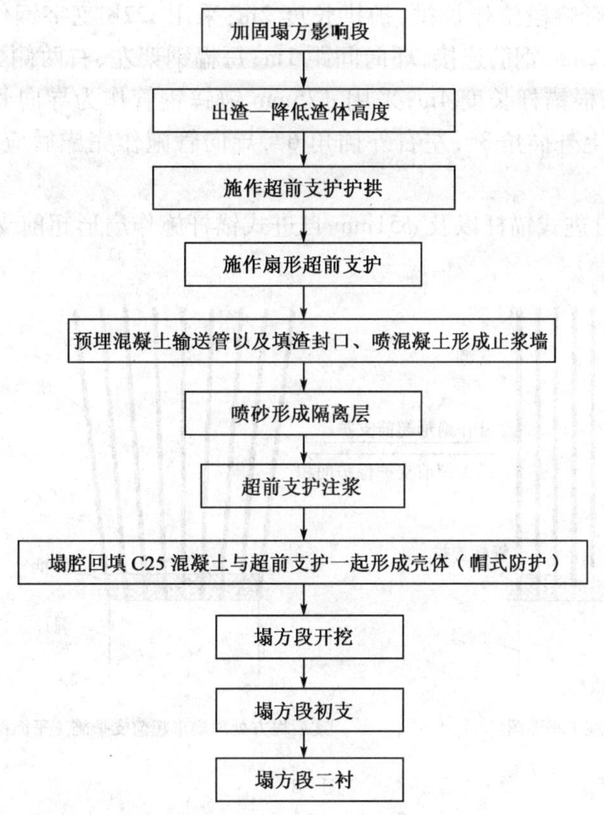

图1 帽式防护法施工流程图

在塌方影响段针对二衬开裂、坍塌情况架设加固钢架，钢架采用 I18 工字钢，钢架间距 50cm/榀，钢架间距可根据具体情况进行调整；纵向采用 ϕ22mm 螺纹钢筋连接，钢筋环向间距 1m，每榀每侧施作 4 根 ϕ32mm 自进式锚杆(4m/根)作为锁脚锚杆。

5.2.2 出渣——降低渣体高度

出渣降低渣体高度(图 2)，将渣体高度降至拱部开挖轮廓线以上 50cm 处；一方面减轻了拱顶以上的渣体荷载，另一方面避免了因注浆效果不佳造成的开挖过程中超前支护间漏渣。

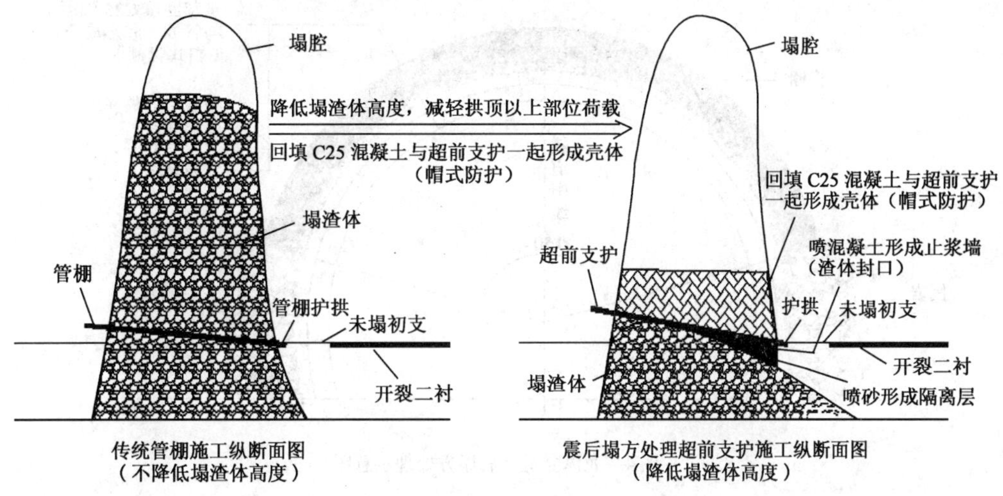

图2 降低塌渣体高度

5.2.3 施作超前支护护拱

在靠近塌方段的塌方影响段施作护拱,护拱长度 2m;采用 I22b 工字钢作为护拱钢架,钢架间距 0.5m/榀,钢架纵向采用 ϕ22mm 钢筋连接,环向间距 1m;每榀钢架左、右两侧分别采用 4 根 ϕ32mm 自进式锚杆作为锁脚锚杆,每根锚杆长度 4m;采用 ϕ75mm 镀锌钢管作为导向管,导向管中心环向间距 30cm,拱部 150°范围布置,上外插角 3°,左右外插角 6°,导向管施作完毕后应呈扇形分布,喷 30cm 厚 C20 混凝土形成护拱。

5.2.4 采用 T40 高强自进式锚杆以及 ϕ51mm 自进式锚杆施作扇形超前支护——扩大超前支护保护面积(图 3)。

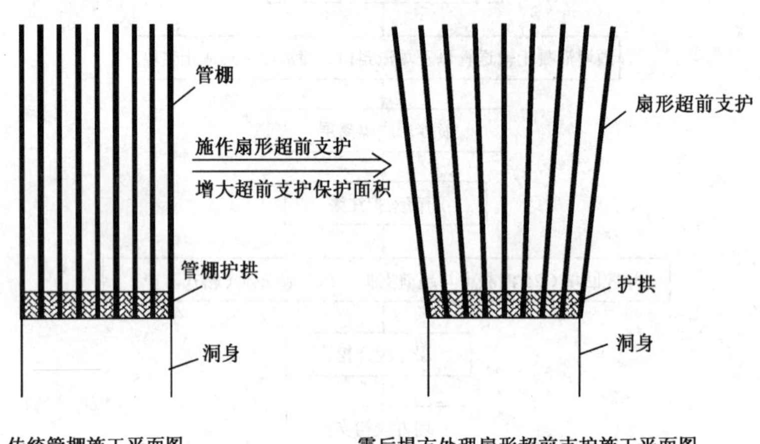

图 3

超前支护采用 T40 高强自进式锚杆以及 ϕ51mm 自进式锚杆;每环施作长度 6m,搭接长度 1.5m,环向间距 30m,拱部 150°范围布置,上外插角 3°,左右外插角 6°;ϕ51mm 自进式锚杆每节长度 1m,采用丝扣连接套连接,并钻 ϕ8mm 注浆孔,注浆孔环向间距 5cm × 纵向间距 10cm,呈梅花形布置。

5.2.5 预埋混凝土输送管并喷 C20 混凝土进行封闭

通过塌渣与原初期支护相接处空隙在左、中、右分别各垂直预埋 3m、9m、3m 长混凝土输送管;在混凝土输送管埋设完毕后,对塌渣与原初期支护相接处喷 20cm 厚 C20 混凝土进行封闭,并形成止浆墙。

5.2.6 喷砂形成隔离层(图 4)

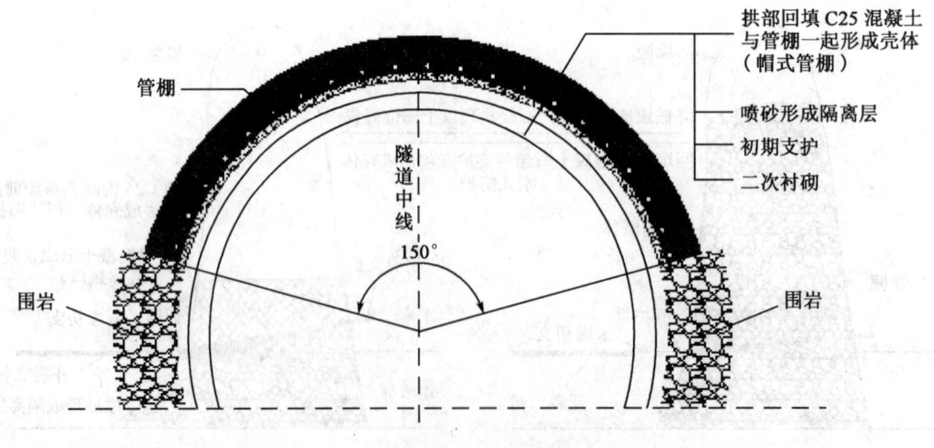

图 4 龙溪隧道震后塌方处理示意图

在超前支护以下渣体以上区域喷砂形成隔离层。根据超前支护于渣体之间的体积,计算所需喷砂的方量在进行限制方量喷射。在喷护时注意两侧拱脚处的喷砂厚度,确保后期支护的空间位置后,拱部则按照砂体的自然堆放坡度 1∶6 喷射形成,造成的局部超欠在施工初期支护时采用喷射混凝土进行找平或用风枪局部进行凿除处理。

5.2.7　超前支护注浆

在回填 C25 混凝土以前,采用 1∶1 水泥净浆对超前支护进行注浆,注浆压力 1.0 ~ 1.5MPa。

5.2.8　回填 C25 混凝土与超前支护形成壳体—帽式防护

在喷砂形成隔离层后,通过预埋的混凝土输送管回填 C25 混凝土,回填混凝土高度约为 3m。由于混凝土具有流动性,混凝土沿隔离层表面形成混凝土自然拱,且超前支护在隔离层之上,混凝土与超前支护融为一个整体,形成混凝土—超前支护壳体(外形类似于安全帽)即帽式防护。

5.2.9　塌方段开挖、初支

1)塌方段开挖

(1)塌方段开挖按上、中、下三个台阶开挖,每次开挖长度不大于 1m。

(2)上导坑开挖、初支完成后需采用 ϕ42mm 小导管对上导坑两侧进行注浆加固;在中导坑、下导坑开挖前需分别通过上导坑拱脚、中导坑拱脚用 ϕ42mm 小导管对中导坑、下导坑两侧围岩注水泥净浆预加固,以确保开挖时,两侧围岩稳定不产生滑塌。

采用 3m 长 ϕ42mm 小导管对周边围岩进行径向注浆加固,小导管间距环向 50cm × 纵向 50cm,注浆浆液采用 1∶1 水泥净浆,注浆压力 1.0 ~ 1.5MPa。

(3)由于塌渣体松散,自稳能力差,每循环作业面采用 10cm 厚 C20 喷射混凝土封闭。

2)塌方段初支

(1)钢架采用 I22b 工字钢,钢架间距 50cm /榀,封闭成环;钢架纵向采用 ϕ22mm 钢筋连接,环向间距 1m。

(2)预留变形量 35 cm。

(3)ϕ8mm 钢筋网 20cm × 20cm。

(4)喷 C20 混凝土 30 cm。

(5)采用 ϕ32mm 自进式锚杆作为系统锚杆,锚杆长度 4m,环向间距 80 cm、纵向间距 50 cm。

5.2.10　塌方段二衬

采用 70cm 厚钢筋混凝土(含仰拱);主筋 ϕ25mm,纵向间距 20cm;纵筋 ϕ12mm,环向间距 20cm;箍筋 ϕ8mm,环向间距 20cm。

6　材料与设备

6.1　主要材料(见表 1)

主 要 材 料 表　　表 1

序 号	材 料 名 称	规 格 型 号	单 位	数 量	备 注
1	T40 高强自进式锚杆	ϕ40mm	m	14 706	帽式防护
2	ϕ51mm 自进式锚杆	ϕ51mm	m	14 706	
3	喷砂	中砂	m^3	3 120	
4	回填 C25 混凝土		m^3	7 107	
5	I22b 工字钢		t	580	
6	ϕ32mm 自进式锚杆	ϕ32mm	m	81 902	
7	二衬 C25 混凝土		m^3	4 779	
8	Ⅱ级钢筋	ϕ25mm	t	263	
9	Ⅰ级钢筋	ϕ12mm、ϕ8mm	t	73	

6.2 机具设备(见表2)

主要机具设备表　　表2

序号	设备名称	规格型号	单位	数量	备注
1	挖掘机	PC220	台	2	
2	装载机	ZL50C	台	4	
3	自卸汽车	奥龙自卸车,12t	台	10	
4	电动空压机	$20m^3/min$	台	6	
5	内燃空压机	$12m^3/min$	台	2	
6	气腿式凿岩钻机	YT28	台	30	
7	通风机	110kW	台	8	
8	注浆机	BW250	套	4	
9	风镐		台	8	
10	简易开挖台架	自制	台	2	自制
11	潜孔钻		台	4	改装
12	湿喷机		台	8	
13	电焊机	ZXG-500	台	4	
14	钢筋切断机	CJ4-1	台	2	
15	万能弯筋机		台	2	
16	混凝土输送泵	HB-60	台	2	
17	混凝土运输车	$8m^3$	台	8	
18	强制式混凝土搅拌机		套	2	
19	整体式衬砌台车	液压	台	2	
20	变压器	630kVA	台	2	
21	发电机	250kW	台	2	

7 质量控制

7.1 工程质量控制标准

7.1.1 《公路隧道施工技术规范》(JTG F60—2009)。

7.1.2 交通部汶川地震灾后公路恢复重建技术指南2008年第25号公告。

7.1.3 参照:《铁路瓦斯隧道技术规范》(TB 10120—2002) J 160—2002。

7.2 质量保障措施

7.2.1 实施GB/T 19001—2000—ISO9001:2000标准质量管理体系,建立健全质量保证体系和全面质量管理体系。

7.2.2 加强技术管理、开展科技攻关,优化施工方案,对重点关键性工艺组织开展QC小组活动,进行专项技术攻关。

7.2.3 加强施工过程的质量监控,严格"三检"制度,把好材料进场关、检验关、使用关,把好工序质量关。

7.2.4 严格控制超前支护施做的间距、角度、长度。

7.2.5 在喷砂施工时确保砂层内无杂物、喷射密实无空洞,确保混凝土不渗漏。

7.2.6 通过预埋混凝土输送管,对塌腔内回填混凝土厚度进行监测,以达到设计要求。

7.2.7 严格控制钢架间距、垂直度,并检查钢架各单元间连接情况。

7.2.8 严格控制喷射混凝土的原材料质量,拌制时严格按照配合比计量,均匀掺放,缩短存放时间,随拌随用。

7.2.9 加强初期支护监控量测,分析初期支护变形规律;若初期支护变形出现突变,立即采取钢架加固措施。

7.2.10 二次衬砌及仰拱紧跟初期支护,及早进行封闭。

8 安全保障

8.1 加强隧道结构监控量测:对隧道破坏情况进行初步调查,对混凝土存在开裂、变形处加强监控量测,如裂纹继续发展,应及时汇报并进行加固处理。

8.2 加强隧道结构临时加固措施:对存在安全隐患地段应采取临时加固措施—工字钢临时支撑,避免变形破坏进一步扩大或受余震影响加大破坏程度,同时保证进出人员的安全。

8.3 隧道塌方处理采用帽式防护法

采用帽式防护法进行塌方处理,超前支护与塌腔内回填的混凝土一起形成的壳体,承受了再次塌方产生冲击荷载,防止下部结构因冲击荷载导致失稳、坍塌。在余震不断的情况下,最大限度地确保了施工人员的安全。

8.4 针对地震后隧道涌水或瓦斯涌出量有变化,在施工期间应进一步加强瓦斯监测、通风及排水措施,防止次生灾害事故发生。

8.5 为预防余震引起塌方段出现新的塌方,导致逃生路线堵塞,威胁施工人员安全,在原塌方段及掌子面设置了隧道简易应急救生联系装置。该装置把风管及相关改进装置改为事故前装入,即同时跟随作业面铺进,一旦作业面后方坍塌事故发生时,可以即时有效发挥通风、通话和输入液体食物的作用。

8.6 其他处理措施

为预防持续余震造成隧道结构的破坏,隧道坍塌人员难以逃离隧道,被涌水淹没或因瓦斯突出超限,危及洞内人员安全,组织施工人员开展地震逃生、隧道涌、突水和瓦斯灾害演练,了解并掌握施工场地内相对安全区域,确定必要的地震躲避区和可行的逃生路线。根据隧道施工及结构特点,将已施工好的电缆沟盖板封上、高压风管可设多个阀门、选择固定避难洞室等有效措施。在隧道不同区域可设置相对安全的避难洞室,并配备必要的氧气、水等以备用。尽快打通原设计所有横通道,如通风需要可作临时封闭,在应急时可立即保持畅通。

9 环保措施

9.1 严格执行国家有关环保法规及工程所在地政府对环保的有关规定,严格执行合同中的环保条款,开工前对全体职工进行培训教育,认真学习法律法规,增强全体施工人员的环保意识,提高认识,明确环保责任,形成全员全过程环保局面。

9.2 了解当地环保内容与要求,严格执行建设单位与当地环保部门签订的有关协议,建立环保检查制度,把环保措施层层落实,做到责任到人,奖罚分明。

9.3 在编制实施性施工组织设计时,施工方案与环保问题同时考虑,对易污染环境的施工项目如弃土、施工垃圾、扬尘、燃料、污水、化学物质等制定具体防护措施,从施工安排上全力落实。不多占用土地,少破坏植被,不污染河流,不随意堆放垃圾,减少施工扬尘。

9.4 生产施工废水及生活污水经收集并采用二级生化或化粪池、过滤、沉淀等措施进行净化处理,经检查符合标准后按当地环保部门的规定要求排放。施工机械的废油废水采用隔油池处理,未经处理的废水、废油,不得直接排放。

9.5 生产及生活垃圾分可降解、不可降解分类集中收集,可降解的垃圾就地降解处理,不可降解的垃圾运至环保部门指定的地点按规定处理。

9.6 及时清理并保持生产、生活区环境卫生,严格禁止随意倾倒垃圾,同时认真搞好周围环境的绿化工作。

9.7 配备专用洒水车,对施工现场和运输便道经常进行洒水湿润,防止扬尘,并对施工便道进行植被绿化。

9.8 对使用的工程机械和运输车辆加强维修保养,提高尾气排放标准,降低运行噪声。

9.9 严格按设计方案弃土,并按设计要求及时实施工程防护,严禁向设计范围外场地弃土。

9.10 工点完工后,及时进行现场清理,恢复植被绿化,建筑垃圾运至环保部门指定地点。

9.11 经常征求当地环保部门及群众对施工范围内环保工作的意见,及时整改,避免和减小由于施工方法不当引起对环境的污染和破坏。

10 资源节约

10.1 使用该工法能够快速、安全通过过震后塌方段,减少风险投入。

10.2 用 ϕ51mm 自进式锚杆超前支护代替 ϕ108mm 钢管管棚节约钢材用量。

10.3 回填时利用原有塌方碴体,节约地材用量。

10.4 采用帽式防护法施工,形成的混凝土壳体(帽式防护),提高了结构抵御受余震影响塌腔顶部坠落的塌碴形成的冲击荷载的能力,使得塌腔顶部不需要回填,节省了混凝土用量。

10.5 采用喷砂形成隔离层,既避免了因渣体过度固结、混凝土渗漏造成的侵限,节省了混凝土用量。

11 效益分析

11.1 经济效益

塌方处理结束后,进行了成本核算,节约工程投资 121 万元,具体经济效益如下:提前两个月完工,人工费、管理费66 万元。改变施工工艺,采用帽式防护法进行塌方处理,用 ϕ51mm 自进式锚杆超前支护代替 ϕ108mm 钢管管棚节约材料费用 20 万元,同时钻进设备由改装后的潜孔钻代替水平地质钻机,节约水平地质钻机购置费用约 20 万元。施工过程中合理组织工序、加强成本管理,节约直接施工成本 15 万元。

11.2 社会效益

“5 · 12”汶川地震后,龙溪隧道震后塌方处理中应用了帽式防护法施工技术。在余震不断、高瓦斯、围岩极破碎、塌方规模大等多种因素同时存在的不利条件下,帽式防护法与传统施工方法相比,具有安全、高效、快捷的特点。该工艺的成功应用,有效地缩短了龙溪隧道大规模塌方处理的工期,塌方处理工期原计划 6 个月缩短为 4 个月,为加快龙溪隧道整体灾后恢复重建打下了坚实的基础,确保了龙溪隧道震后一周年顺利通车。该技术是通过在隧道拱部形成的混凝土拱,一方面隔离了塌腔内的瓦斯,另一方面防止了塌腔顶部坍渣坠落形成冲击荷载造成结构失稳坍塌,有效地确保了施工人员的安全。在龙溪隧道 200m 的塌方处理中未出现任何安全事故。震后塌方处理,是在余震不断的情况下进行的;危险系数高。采用帽式防护法能够最大限度地确保施工人员的生命财产安全,较快的通过大规模塌方段,有效地防止瓦斯溢出,消除隧道运营期间安全隐患。对今后震后及战备工程抢建施工有很好的借鉴意义。

12 应用实例

实例:都汶高速龙溪隧道左右线

龙溪隧道设计为双向分离式四车道,设计行车速度 60km /h,建筑限界净宽 9.25m 、净高 5m,左、右洞分别长 3 658m、3 691m。

龙溪隧道于2003年10月开工，2009年5月12日汶川大地震发生时，该隧道正在建设中，由于隧址区位于“5·12”汶川8.1级特大地震极震区，在这次地震中该隧道受损情况严重，左、右线发生塌方段落总计约206m。

在四川汶川“5·12”大地震后，都汶高速公路龙溪隧道发生毁灭性破坏时，为了保证灾区重建的交通畅通，全力以赴保证都汶线上的这个交通咽喉如期完工，中铁二十一局集团基于几十年隧道施工经验，决定采用帽式防护法施工技术处理塌方。龙溪隧道作为都映高速（都江堰—映秀）这一灾区生命线的重点控制咽喉工程，在地震一周年之际顺利实现通车，将从都江堰至映秀原来的2个多小时车程缩短至20min，为确保都汶高速公路在地震一周年后顺利开通起到了关键作用，在灾区恢复重建过程中，提供了快捷的运输通道，其经济价值和社会价值是无法估量的。

小半径螺旋隧道施工通风工法

GGG(中企)D1160—2010

李治强　武旭升　樊建国
(中铁二十三局集团有限公司)

1　前言

雅安经石棉至泸沽高速公路为交通部批准的西部山区科技示范工程(交函科教【2007】292 号文,2007 年 8 月 15 日),其中《小半径螺旋型曲线隧道通风技术研究》科研项目将《干海子隧道小半径曲线隧道施工通风技术研究》作为一个重要的子课题进行研究。中铁二十三局集团负责承建干海子螺旋隧道,施工期间对螺旋上升洞身通风技术进行了有益的科研和实践,效果良好。

现对该隧道实际采取的通风技术从工法层面进行有益总结,使得该施工通风技术可直接应用于今后同类公路、铁路隧道施工通风。

2009 年 11 月 19 日,中国铁道建筑总公司组织有关专家在北京对本工法关键技术进行了研讨评审,与会专家认为该施工通风技术方案针对性强,具有可操作性,特别是对施工期间洞内的主要作业面—掌子面的空气质量改善效果明显,建议作为通用技术进行推广,以在更大层面上发挥该技术的社会效益和经济效益。

2　工法特点

该工法针对隧道掘进进尺的深入,对于风量风速的不同要求采取了分阶段递进增强的通风模式,有效满足施工期间洞内作业人员机具对于空气质量的要求。

3　适用范围

各类小半径螺旋隧洞上坡掘进,施工期间的通风皆可以按照本工法进行通风,改善洞内空气质量,特别是快速改善掌子面空气质量。

4　工艺原理

借鉴运营隧道射流通风原理,将射流通风理论引入隧道的施工通风之中,通过压入式通风产生巨大的压力差,强迫掌子面的污浊空气向洞口单向流动,达到通风换气的目的。

根据洞内所需风量风速需要,分阶段进行接力通风加强,加快空气循环,改善洞内空气环境。接力通风一种是串联接力,一种是负压接力。通过两种接力辅助通风模式,改善了掌子面空气质量,改善了作业环境。

第一阶段:只依靠洞口射流主风机压入式通风方式运行。此时的掘进距离不超过 900m,所需风量小,采用变极多速风机,变风量送风。当污染小时,开低速挡,当污染量大时,开高速挡。当高速挡也不能满足需要风量风压时,进入第二阶段通风模式。

第二阶段:在洞身 800 ~ 900m 范围内串联一个额定功率通风机,配合洞口风机进行接力压入式供风。在掘进继续深入超过 1200m 后,在靠近掌子面的出风口再增加一台小功率的隧道引风机,与洞口变速射流主风机及洞身串联风机配合使用,快速改善掌子面空气环境。

第二阶段在后期增加的小功率引风机将风管末端压力已减弱许多的新鲜空气接力引射到掌子面而不用增加通风管,接力引射最长距离可达 30m,最大引风量可达 $450m^3/min$,5min 即能排出掌子面炮烟,功率仅为7.5kW,在不增加大功率通风机的前提下可以快速有效改善掌子面施工环境。

5　施工工艺流程及操作要点

5.1　工艺流程

隧洞内掌子面爆破——洞口大功率风机根据风量需要多挡送风(一阶段)——必要的洞内串联接力通风(二阶段,第1步)——引风机辅助掌子面通风(二阶段,第2步)。

5.2　操作要点

须根据洞内掘进进尺的实际情况,及时调整洞口主风机送风挡位以及一次或两次接力送风配合,以满足通风需要。实际通风时须采取递进式接力方式,以改善通风效果。

6　材料与设备

6.1　风管材料选择

本工法实际采取的通风管为PVC拉链式通风管,通风管内布置了螺旋钢丝圈,可保证实际通风时风管管身直径大致一致,以减少不必要的通风阻力。

通风管的主要控制指标,主要是通过通风时观察PVC通风管未布设螺旋钢圈部位不得出现鼓大现象,即所谓的风管"香肠"现象,以减小通风阻力,同时风管不得有破损,以免造成风量损失。

6.2　风机设备选择

实际采取的风机名称、型号、性能及合理的配置数量可参考表1。

示例:干海子隧道通风设备配置表　　表1

风机型号	风量(m^3/min)	风压(Pa)	功率(kW)	数量(台)	备　注
SFD-II-NO.12.5	1 500～2 450	1 400～4 500	75×2	2	洞口主射流风机一台
SFD-II-NO.10	800～1 550	780～3 500	37×2	2	超900m后洞身增设,串联辅助接力
隧道引风机	450		7.5	2	掘进超过1 200m,洞内接近掌子面接力
通风管	采取ϕ1 500mm软质风管,洞口300m为加强型,单节风管长20m				

洞口风机宜采用轴流式多级变速通风机,在风机型号选择时须按Q机≥1.1Q需进行选择。(1.1是风量储备系数,Q需为实际测算需要的风量)。表1设备选择为本工法范例干海子小半径隧道实际采取的风机类型和功率。

不同隧道实际采取的通风设备选型应以实际测算风量和风压的要求为基本依据进行选择,隧道施工通风风量和风压等可按照如下系列公式和参数进行计算:

6.2.1　实际计算时可从如下四个方面考虑需要的通风量,即可满足洞内空气质量标准:

(1)洞内允许最低风速计算得Q_1;

(2)按洞内最多工作人员数计算得Q_2;

(3)按排除爆破炮烟计算得Q_3;

(4)按稀释内燃机废气计算得Q_4。

通过上述计算,取$Q=\mathrm{Max}(Q_1,Q_2,Q_3,Q_4)$,并考虑其他不利因素,计算出洞口风机的需供风量:$Q_{需实际}$。

6.2.2　具体所需风量计算:

(1)按洞内允许最低风速计算:

$$Q_1=60\times v\times S(\mathrm{m^3/min})$$

式中:v——洞内允许最小风速,取0.15m/s;洞内风速要求,全断面开挖时应不小于0.15m/s,坑道内应不小于0.25m/s,但均不得大于6m/s;

S——开挖断面积,60min 和 S 换算常数。

(2)按洞内最多工作人员数计算:

$$Q_2 = 3 \times k \times m(\mathrm{m^3/min})$$

式中:3——每人每分钟需供应新鲜空气标准($\mathrm{m^3/min}$);

k——风量备用系数,取 1.25;

m——同一时间内工作最多人数,按 80 人计。

(3)按排除爆破炮烟计算风量:

$$Q_{2压} = \frac{7.8}{t} \times \sqrt[3]{AS^2L^2}(\mathrm{m^3/min})$$

式中:t——通风时间,取 30min;

A——同一时间起爆总药量;

S——隧洞一次爆破面积;

L——工作面到压入风口长度,一般取较大数值,取 40m。

(4)按稀释内燃机废气计算通风量:

内燃机械按照 1kW 需消耗风量不小于 3 $\mathrm{m^3/min}$(即为 Q_0)计算,考虑在洞内同时工作的内燃机械总功率为 A,取机械设备的平均利用率为 60%,则总的有效功率 $\sum p = A \times 0.6\mathrm{kW}$,可得内燃机稀释需要通风量:$Q_4 = Q_0 \sum p\mathrm{m^3/min}$;

设备供风能力取 $Q = \max(Q_1, Q_2, Q_3, Q_4)$ $\mathrm{m^3/min}$。

实际上,根据计算取值 $Q(\mathrm{m^3/min})$,并考虑工作面要求温度(实际控制不得超过 28℃),掌子面实际需求风量,一般放大 100 $\mathrm{m^3/min}$,即取需求风量为 $Q_{需1} = (Q + 100)\mathrm{m^3/min}$。

对于长隧道,管道的漏风现象造成入口处与出口处的风量差别很大,按百米漏风率(取 1%)计算洞口风机风量:

$$Q_{需实际} = Q_{需1}/[1 - 1\% \times (L/100)](\mathrm{m^3/min})$$

式中:L——掌子面到洞口距离(m)。

6.2.3 风压计算

通风机应有足够的风压以克服系统阻力,即 $h > h_{阻}$,按下式计算:

$$h_{阻} = \sum h_{动} + \sum h_{沿} + \sum h_{局}(\mathrm{Pa})$$

(实际风压应考虑串联及负压接力通风对单个风机的要求比总风压要小)

两阶段通风方案布置示意如图 1 所示。

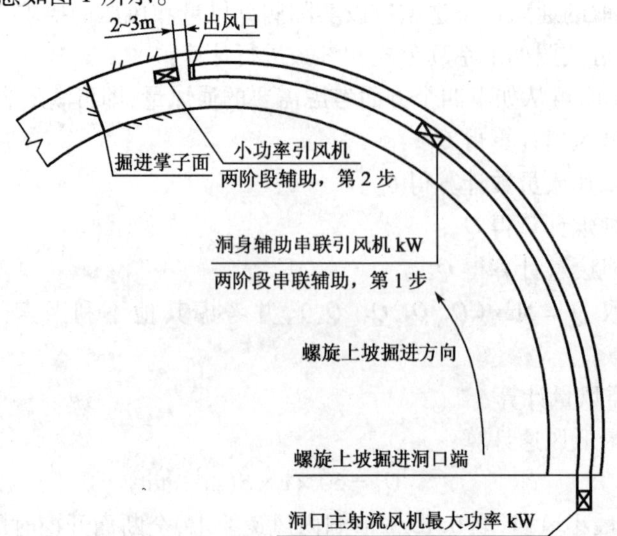

图 1 两阶段通风方案示意

7 质量控制

通风质量要求执行《公路隧道施工技术规范》(JTG F60—2009)标准,通过施工通风洞内须达到如下几个量化控制指标。

(1)隧洞内氧气含量按体积不得不小于20%。

(2)有害气体浓度容许值:

一氧化碳最高容许浓度为30mg/m^3;

二氧化碳按体积不得大于0.5%;

氮氧化物(NO_2)浓度不超过5mg/m^3。

(3)每立方米空气中的粉尘允许含量:

含10%以上游离二氧化硅的粉尘浓度不得超过2mg/m^3;

含10%以下游离二氧化硅的粉尘浓度不超过4 mg/m^3。

(4)最低的排尘风速不小于0.15m/s。

(5)坑道内气温不高于30℃。

8 安全措施

8.1 劳动力组织

实施本通风方案,需要专业通风技术人员一名,施工通风期间动态检测洞内空气质量指标,根据实际情况动态调整风机挡位及送风模式,以满足空气质量要求。

随着掘进的深入,通风设施及风管的布设需要技术安装工人3人和电工1人配合进行递进安装,以满足施工通风系统跟进需要。

8.2 安全及功效等要求

8.2.1 为避免洞内流出的污浊空气重新进入,主风机应置于距洞口20m以外的基座上,基座高度按2~3m控制,一般位于进洞口方向右侧。风机安装由专业人员严格按使用说明进行,确保风机水平、稳定,风机和风管接口处法兰间加密封垫,以减少局部漏风。

8.2.2 通风机配电柜设于干燥易操作的地方。开机时应先低挡位开机运行,待风管被安全起动后再加大挡位。

8.2.3 风机风管的布设在二衬作业期间与衬砌台车存在一定干扰,风管需要从台车边模内侧进行绕行,替换绕行时须注意风管绕行弯度不宜过大,以免增加通风阻力,影响通风效率。

8.2.4 风管使用中应有专人负责检查、养护。风管挂在洞壁拱腰部位,距地面4.5m,这一高度可防止机械车辆撞坏风管,并对机械通行无影响。悬挂时先在拱腰处每隔3m打设ϕ22mm锚杆,孔深50cm。并应沿隧洞纵坡在洞同一高度统一设置,用8号铁丝拉直固定在锚杆上。风筒悬挂要求平、直,以减小风阻。悬挂时应先将接头挂好,再依次挂风管其他挂钩。全部挂好后,再重新调整一遍,使整体风路顺直、无扭曲,具体布置见图2。

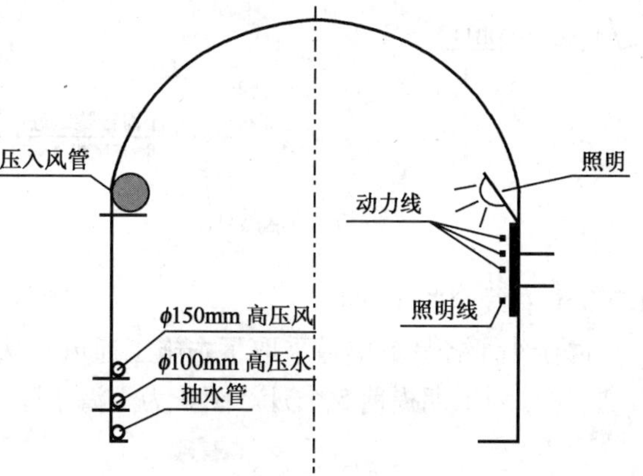

图2 洞室内管线布置示意图

8.2.5 通风机须有保险装置,当发生故障时能自动停机。通风期间根据需要适当辅助洒水除尘措施,加强个人防护。

9 环保措施

隧道洞身开挖期间虽然有良好的通风技术配

合改善施工环境,但是必要环保辅助措施也是需要采取的,以确保对环境及人员设备进行有效防护。

9.1　合理设计爆破参数,保证爆破大块率在控制范围内,保证光面爆破的实施效果。爆破一般宜选择在白天进行,以降低爆破产生的噪声对周围居民的影响。

9.2　爆破后进行通风时间应进行有限控制和保证,确保通风效果。

9.3　隧道施工期间及时完成洞内的临时排水沟和路面纵坡平整,以保证隧道渗涌水能及时顺利排到洞外,改善洞内通车条件,提供作业效率。

9.4　爆破作业人员进行炮眼钻孔时,必须戴好防尘口罩或防尘面具,并在作业时进行洒水降尘。

9.5　凿岩施工必须采用湿法钻孔,且装碴、放炮后必须喷雾、洒水辅助进行净化粉尘处理,减少通风负荷,提供通风效率。

9.6　公路隧道的开挖面较大,又采用无轨运输,为保证现场工作人员的身体健康,在做好施工通风的同时,作业人员应采取倒班制,避免在洞内工作时间太长,且施工时要配备防尘和防噪声的设施。

10　效益分析

10.1　经济效益

雅泸高速公路首创的干海子螺旋公路隧道采取了本工法进行的施工通风,实际有效压缩了掌子面通风循环时间,且较常规施工通风对掌子面的空气质量改善明显,有效加快了施工进度,减少了施工期间各类成本的投入。

根据测算,采取该工法可以延长无轨运输的隧道独头施工的长度而不会恶化特别是掌子面作业环境,对于施工成本的降低、施工速度的加快均十分重要,如一座2 000m的螺旋公路隧道采用无轨运输施工比有轨运输施工可降低成本大约1 000万元,经济效益十分明显。

10.2　社会效益

随着西部大开发的不断深入,西部山区基础建设会进一步加快步伐,受地形地质等因素影响,山区高速公路会更多地选择已经在雅泸高速公路试验成功的螺旋爬坡的隧道形式。

本施工通风工法,具有简单可靠、经济高效的特点,特别是易操作,有利于广泛推广应用,可以形成良好的施工环境,树立文明施工的良好形象;并且有效地控制施工中的尘毒污染,保护施工人员的身体健康,确保劳动法规、职业病防治法等国家法令法规的落实。

推广已经在世界首创干海子公路螺旋隧道实践成功的通风技术方案,可以对今后同类螺旋上坡隧道施工进行有针对性的施工通风,社会效益深远。

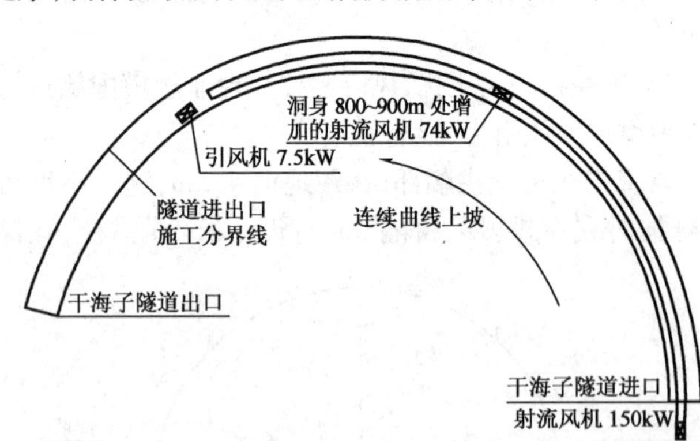

图3　通风方式示意图

11　应用实例

雅泸高速公路为克服12.35km729m的高差和避开断裂带、季节性冰冻带以及季节性积雪冰冻,创造性地设计了世界罕见的双螺旋小半径曲线隧道,中铁23局集团承建的干海子螺旋隧道就属于其中一座,干海子隧道左线全长1 713m,右线全长1 798m。

干海子小半径螺旋隧道采取了本施工通风工法,效果良好,该隧道左右洞已于2009年7月中旬全线贯通,比计划工期提前5个月。图3为干海子隧道施工实际采取的通风方式示意图。

早高强 C40 钢纤维喷射混凝土施工工法

GGG(中企)D1161—2010

宋星光　张彦伟　王利平
(中铁隧道集团有限公司)

1　前言

目前,国内隧道及地下工程设计喷射混凝土等级一般为 C20、C25,其初期强度增长较慢,且早期强度低、黏结性差、回弹率高、污染较重,特别是在隧道软弱围岩段喷射混凝土难以快速达到其力学性能,不能满足隧道早期支护强度要求,隧道围岩早期变形量偏大,初期支护结构甚至出现开裂、变形而破坏。

中铁隧道集团有限公司承建的黔灵山隧道在围岩变形较大的二叠系龙潭组软弱地层施工过程中,支护结构采用了早高强 C40 钢纤维喷射混凝土,针对新材料、新工艺的应用,施工单位开展了《早高强 C40 钢纤维喷射混凝土施工技术》课题研究,取得了良好效果,并于 2010 年 4 月通过集团公司评审。本工法即通过黔灵山隧道施工实践、对科研项目进行整理归纳提炼而成,并经贵阳市北京东路二号隧道推广应用。

2　工法特点

2.1　与普通喷射混凝土施工,其施工工艺较易掌握,现场施工中各环节较易控制,同时早高强 C40 钢纤维喷射混凝土的各项力学性能指标较高,利于支护结构作用发挥,因此其更有利于现场施工安全、工程质量的控制。

2.2　与普通喷射混凝土相比较,其施工进度快、工期宜于掌握、成本易于控制。与普通喷射混凝土相比较增加了外加剂、外掺料等,虽然成本有所增长,但因提前工期,人工费、机械费均有所节约,工程总成本可有效的控制。

2.3　与普通喷射混凝土相比较,其粉尘污染更小,更加有利于环保。早高强 C40 钢纤维喷射混凝土采用"湿喷"工艺施工,回弹率低,喷射过程中产生的粉尘污染较小,能有效地减少自然资源的投入和职业病的发生,有利于环境保护。

3　适用范围

本工法可适用于需要提高初期承载能力的隧道及地下工程的支护结构、预防隧道支护结构早期变形过大和已发生大变形隧道支护结构的补强、补修。

早高强 C40 钢纤维混凝土的拌制生产和施工环境温度不宜低于 5℃。

4　工艺原理

施工过程中将水泥、砂、碎石、外掺料、外加剂等配作混合料,在常温状态下,采用强制式自动计量拌和机拌和混凝土,采用混凝土搅拌运输车运至湿喷机转子活塞凸轮喂料机构,速凝剂在湿喷机专用入口加入,由速凝剂供给配套设施将速凝剂通过胶管压入喷嘴,依靠喷射管中压缩空气将速凝剂雾化与物料充分混合后喷出。

在喷射混凝土配合比中加入掺加高效减水剂,从而有效地降低了喷射混凝土的水灰比;在普通喷射混凝土掺入的高细度外掺料起到填充喷混凝土的孔隙,也就是通过减少喷射混凝土结构中的孔隙含量以获得额外的强度,进而提高喷射混凝土的早期强度;与此同时,硅灰与其他混合料之间的化学反应提高混凝土的黏性,进而保持喷射混凝土与岩体表面之间的黏附性;此外,在普通喷射混凝土中掺加钢纤维以起到增加混凝土结构之间的黏结,其黏结主要表现为黏着力、摩擦力和机械啮合力。

5 施工工艺流程及操作要点

5.1 施工工艺流程(见图1)

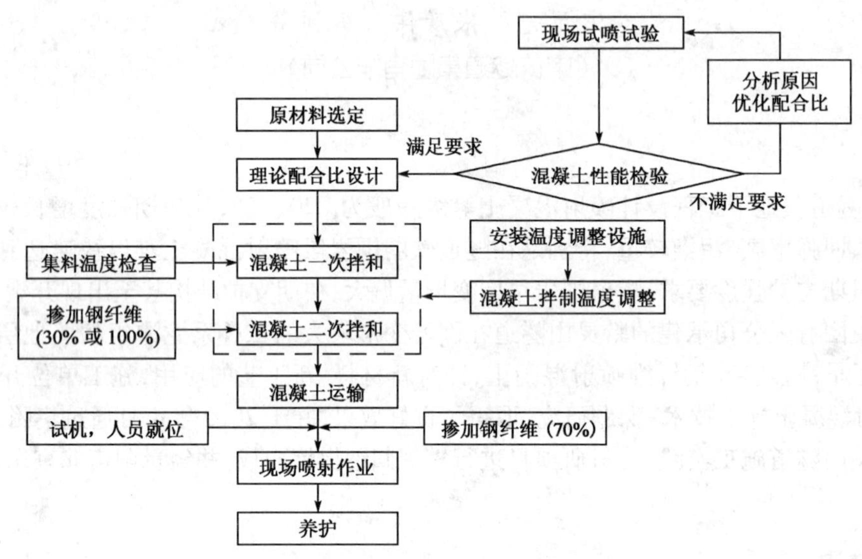

图1 早高强C40钢纤维喷射混凝土施工工艺流程图

5.2 操作要点

5.2.1 原材料选定

喷射混凝土的材料主要包括水泥、粗细集料(砂和碎石)、速凝剂、减水剂、钢纤维、外掺料等。

水泥:普通硅酸盐水泥,水泥强度等级不低于42.5级。

水:拌和用水为pH≈7的日常饮用水,满足《混凝土用水标准》(JGJ 63—2006)要求。

集料:喷混凝土采用的集料最好选用清洁、坚硬、耐久的,具有粒度适中、不会降低喷混凝土品质,物理、化学稳定的骨料,同时集料中不含土、有机物和盐分。在细集料的选择上,现场最好使用河砂,其细度模数控制在2.5~3.1之间,粗集料的最大尺寸控制在10mm。

速凝剂:液体、无碱性,且满足"在使用速凝剂前,应做与水泥的相容性试验及水泥净浆凝结效果试验,初凝不应大于5min、终凝不应大于10min"。

减水剂:满足《混凝土外加剂》(GB 8076—2008)的技术规定及要求的高效减水剂。

外掺料:在实际施工过程中,硅灰的使用性能较为稳定,因此在实际施工过程中多采用硅灰作为外掺料。硅灰应满足表1中的要求。

钢纤维:在钢纤维和有机纤维的选择上,喷射混凝土多采用钢纤维进行加强处理,同时钢纤维混凝土在不良地质条件下的应用也较为广泛。一般情况下,钢纤维长度为20~35mm、长径比为30~80、抗拉强度不得小于600MPa、断面直径(等效直径)为0.3~0.8mm。

5.2.2 配合比设计

试配强度应符合施工规范的要求,即:

$$f_{cu,o} \geqslant f_{cu,k} + 1.645\sigma$$

式中:$f_{cu,o}$——混凝土的试配强度;

$f_{cu,k}$——设计强度等级;

σ——施工标准差。

硅灰技术要求

表1

序号	项目	技术要求	备注
1	烧失量(%)	≤6	按《水泥化学分析方法》(GB/T 176—2008)检验
2	Cl^{-1}(%)	不宜大于0.01	按《水泥原料中氯的化学分析方法》(JC/T 420)检验
3	SiO_2含量(%)	≥85	按《高强高性能混凝土用矿物外加剂》(GB/T 18736—2002)检验
4	比表面积(m^2/kg)	≥18 000	
5	需水量比(%)	≤125	
6	含水率(%)	≤3.0	按《水泥化学分析方法》(GB/T 176—2008)检验
7	7d活性指数(%)	≥95	按《高强高性能混凝土用矿物外加剂》(GB/T 18736—2002)检验
8	28d活性指数(%)	≥105	

配合比设计时,相关要求如下:

(1)单位用水量及坍落度:设计坍落度控制在200mm左右,现场施工配合比的坍落度偏差控制在200±20mm之间;

(2)水胶比及单位水泥量:水胶比[$W/(C+SF)$]控制在0.55~0.60,单位水泥用量450~500kg/m^3;

(3)细集料率:$S/(G+S)=0.60\sim0.70$;

(4)速凝剂的添加率:(4~7)%·[C+SF];

(5)高效减水剂的添加可根据现场配合比设计中坍落度进行调整;

(6)混合料采用硅灰时的添加量控制在(5~10)%·C之间;

(7)钢纤维:一般混入率为混凝土体积的0.5~1.5%,一般控制在0.5%,折合40kg/m^{3}左右。

5.2.3 现场试喷试验

在理论配合比和喷射混凝土正式施工前,必须进行喷射试验以确定喷射混凝土的力学性能、喷射的施工性能以及耐久性能等。

试喷试验包括两类:①仿照实际施工现场的喷射试验;②实际施工时的喷射试验。

(1)试验喷射要采用实际施工中预计采用的材料,喷射前材料保管的准备方法等,要和实际施工时的条件一致,混凝土配合比也与施工时一致。

(2)在喷射混凝土配合比设计阶段主要进行"仿照实际施工现场的喷射试验",试验中要求混凝土制造设备、运送设备、喷射机、空气压缩机、速凝剂添加剂、喷嘴等,在与施工时条件接近的模拟空间进行;在实际施工调整、改进过程中主要进行"实际施工时的喷射试验",试验中要求采用与实际施工的材料、混凝土制造设备、运送设备、空气压缩机、速凝剂添加机、喷嘴等,在与施工时一致的条件下进行。

(3)喷射试验结果以试验报告的形式提出,报告内容包括:①试验年月日;②试验种类;③使用的机械设备;④喷射条件(压送距离、喷射方式、喷射方向、喷嘴距受喷面的距离、吐出压力、设定吐出量、喷射对象等);⑤材料的种类和品质;⑥混凝土配比;⑦试验日的气温和适度;⑧力学性能的试验结果(包括抗压强度、初期强度、弯曲韧性、附着强度等);⑨喷射施工性能的实验结果(压送时有无脉动和堵塞、回弹率、粉尘浓度、填充性等);⑩耐久性能的试验结果。

5.2.4 混凝土性能检验

喷射混凝土的性能检验包括两个方面:①喷混凝土力学性能的试验;②喷混凝土的施工性能试验。

1)喷混凝土的力学性能

(1)喷混凝土抗压强度试验用试件可以在实际喷射现场使用取样钻机切割取得,也可以在实际喷射地点的大板(隧道内一般采用500mm×500mm×150mm)上钻取加工直径100mm、厚度100mm的试件,同时保证试件的直径要大于粗集料最大尺寸的3倍以上、高度在2倍以上,试件数量在3组以上,上下表面要研磨平滑。

(2)喷混凝土附着强度检验采用直接拉拔的方法进行检测。采用混凝土取芯机从喷层和围岩的结合体中取出直径约50~100mm、高度为直径2倍的试件,试件直径要大于喷混凝土最大骨料尺寸的4倍、不大于喷层厚度的4倍、附着面距试件每一端面的距离至少在0.5倍直径以上。试验时在试件上下端面黏结垫块,垫块直径与试件直径相等,垫块厚度不小于垫块直径的0.4倍,然后放在试验机上以(0.05±0.01)MPa/s的速度加载进行拉伸试验。附着强度就是最大荷载除以横断面积的值。如果80%的断裂出现在附着面上,其值就可以作为附着强度;如若断裂不在附着面上,说明围岩强度低于附着强度。

(3)喷混凝土初期强度(3h、24h)检验采用空气压钉贯入法(射钉法)进行检验,射钉使用射钉B(10MPa以内)进行。每次试验量测不小于10次,螺钉布置间距保持在80mm以上,螺钉贯入喷混凝土中不小于20mm。

(4)喷射混凝土弯曲强度及弯曲韧性检验采用最大吨位1 000kN以下的液压试验机,进行3等分点荷载加载的装置进行弯曲试验。

2)喷混凝土的施工性能

(1)喷混凝土的压送性的检验要在实际施工条件进行喷射试验,以目视不发生显著脉动和堵塞为标准。

(2)喷混凝土回弹率的测定:在喷混凝土配合比设计阶段,可以使用大板喷射进行试验;在喷混凝土施工过程中,可以在隧道开挖后用实体结构物喷射进行试验。

(3)喷混凝土粉尘率检测可以通过相关仪器进行测定。

5.2.5 混凝土拌制

(1)水泥及混合料、外加剂要按照品种不同分别封闭储藏,并且防止不纯物的混入、变质、吸潮和分离;集料要按照材料不同分别进行隔离堆放,堆放高度控制在2m以内,防止集料离析。

(2)材料的计量全部采用质量自动计量装置(水和液体的混合剂可按容积计量),计量误差控制在允许范围内,材料计量允许偏差满足表2的要求。

混凝土原材料称量允许误差 表2

序 号	材 料 名 称	允 许 偏 差	备 注
1	水泥、外掺料	±1%	复称,每工作班抽查不少于一次
2	粗、细集料	±2%	
3	水	±1%	
4	外加剂	±1%	
5	钢纤维	±2%	

(3)喷混凝土拌制必须采用二轴强制性搅拌机拌和,拌和时间不少于2min30s。喷混凝土拌制采用两次搅拌。“一次拌和”即首先将集料、部分水进行搅拌,搅拌时间约30s,使集料湿润,紧接着投入水泥,搅拌时间30s,使水泥包裹集料;随后投入剩余水、钢纤维,搅拌时间1min30s,使钢纤维均匀分布,即“二次拌和”。

在钢纤维喷射混凝土拌制过程中,容易出现钢纤维聚集“成球”,导致钢纤维分布不均匀,造成纤维空洞和特定方向的排列,不能保证其所要求的性能。因此,在钢纤维喷射混凝土“二次拌和”过程中,钢纤维的掺入最好使用供给机或输送机,以保证钢纤维均匀投入,提高其分散性;施工过程中,也可以分通过分两次进行投放,第一次在“二次拌和”过程中,投入量控制在设计量的30%,混凝土运输至现场在使用之前在投放剩余的70%后,在自动搅拌车的鼓形圆筒按拌和速率再旋转30~40次后再使用。

5.2.6 混凝土运输

现场喷混凝土运输设备采用搅拌运输车运输。使用运输车不宜长距离运送混凝土，以免造成过多的坍落度损失或者离析。

考虑到钢纤维的投入时间关系，现场喷射混凝土运输就必须采用自动搅拌运输车，同时保证其运输能力和自动拌和能力满足现场需要。

5.2.7 现场喷射作业

现场喷射作业工艺流程见图2。

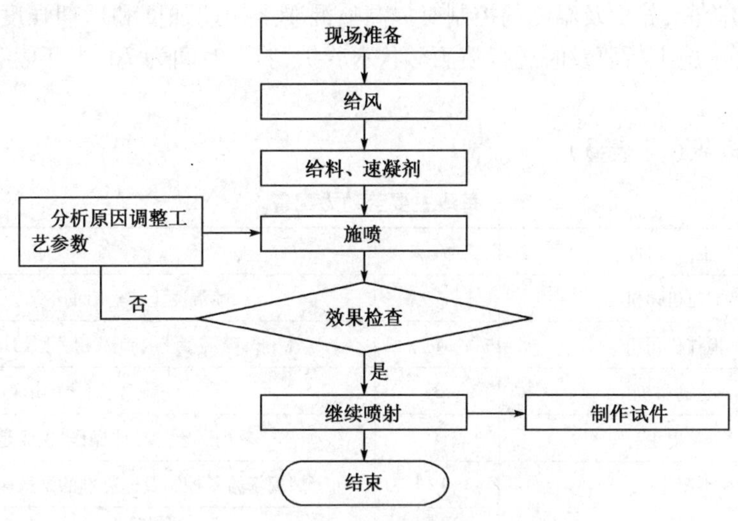

图2 混凝土现场喷射工艺流程图

1)现场准备

现场准备工作除了高压风、高压水、供电系统等的连接和喷射机等相关辅助设备的到位外，主要的准备工作集中在对受喷面的处理。

受喷面的处理包括涌水、淋水、滴水点的引排和封堵，受喷面岩屑和粉尘的冲洗。

2)给风、给料

喷混凝土的压送量和压送压力，根据现场喷混凝土的要求性能为准。压送压力、压送量与喷混凝土回弹率、粉尘密切相关。一般情况下，压送压力(在压缩空气插入位置的管内压力)控制在0.3~0.6MPa之间、喷混凝土设备的压送能力控制在10~15m^3/h范围内。

喷混凝土的压送距离要尽量缩短，为减小管道摩阻力，避免出现堵管现象，一般控制在30m以内。

3)速凝剂

喷混凝土通过泵压送至喷嘴，气体混合液体速凝剂在压送空气的作用下通过其压送管至喷嘴与喷混凝土进行混合，同时在压缩空气作用下进行喷射。

针对喷混凝土作业部位不同，液体速凝剂的掺加量也不相同。在隧道拱部进行喷射时的速凝剂掺量一般为标准掺加量的1.5~2.0倍，此外，涌水地段的速凝剂的掺加量也基本是标准掺加量的1.5~2.0倍。

4)施喷

混凝土喷射作业关键是喷射角度、喷射距离，一次喷射厚度的控制。

(1)为减少喷混凝土回弹率，一般情况下，喷嘴与受喷面保持垂直，特殊部位(如钢拱架背后与周围，钢筋网背后)可斜向喷射。

(2)喷嘴与受喷面之间的距离与喷混凝土吐出量、喷嘴移动速度等有关，一般情况下喷嘴与受喷面之间的距离控制在1.0~1.5m之间。

(3)“一次喷射厚度”是从喷混凝土由于自重而不与围岩剥离、剥落的角度进行考虑，尤其隧道拱部,一次喷射过厚会因自重而剥落,从经济性、安全性考虑都应避免。一般情况下,“一次喷射厚度”控制在5~10cm为宜。

5)效果检查

早高强C40钢纤维喷混凝土效果主要检查包括混凝土强度、粉尘浓度、回弹率等,其中强度包括抗压强度(3h、24h、28d)、附着强度,粉尘浓度在施工过程中于作业区内检测。当检查的指标中有不满足要求者,分析其产生的原因,并在后续的施工中调整相应的工艺参数。

5.2.8 养护

在喷混凝土试验阶段,养护及温度的控制对提高喷混凝土初期强度和后期强度中的作用非常重要和明显,因此,喷混凝土施工后要及时进行喷洒雾状水养护,养护时间为7d;当环境湿度大于90%时,可喷洒水养护。

5.3 劳动力组织(见表3)

每班主要劳动力配备 表3

序　号	工　　种	人数(人)	备　　注
1	空压机司机	1	喷混凝土作业时的给风及风压调整
2	搅拌机司机	1	喷混凝土拌制及相关原始记录的收集
3	运输司机	3	喷混凝土的运输
4	喷射手	4	现场试验的具体操作,主要是喷嘴的控制
5	混凝土工	12	现场给料控制及速凝剂的泵送速率、掺量的调整
6	机械修理工	1	喷射机的日常维修及保养
7	普工	4	根据现场需要进行调配
8	电工	1	现场照明及喷射机电路的连接
9	司炉工	1	喷混凝土原材料的温控
合　计		28	

6 材料与设备

6.1 原材料

6.1.1 水泥、碎石、粗/细集料等材料,均为常规建筑材料,按设计及规范要求购置即可。

6.1.2 速凝剂、高效减水等外加剂,硅灰外掺料和补强材钢纤维在按照设计及规范要求进行选购的同时,加强其日常试验检验,检验结果应满足其相关规范、规程要求,确保其性能稳定。与此同时必须与现场原材料进行相容性试验,以保证其相互之间的适用性;此外,必须增加试验,保证其在促进混凝土凝结硬化的同时对混凝土长期强度影响小;再者保证其不损害作业人员的健康、不会促进钢纤维的腐蚀。速凝剂、高效减水剂等外加剂按照《混凝土外加剂应用技术规范》(GB 50119—2003)进行检验。

6.1.3 外掺料硅灰技术要求见表1。

6.1.4 钢纤维技术要求见表4。

钢纤维技术要求 表4

序　号	项　　目	技 术 要 求	备　　注
1	长度	20~35mm	按照《钢纤维混凝土》(JG/T 3064—1999)进行检验
2	长径比	30~80	
3	抗拉强度	≥600MPa	
4	断面直径(等效直径)	0.3~0.8mm	

6.2 设备(见表5)

主要机械设备配备表 表5

序 号	设备名称	规格型号	单 位	数 量	备 注
1	自动计量拌和站	JS750	套	1	混凝土的拌制
2	电动空压机	LS20-150H	台	4	喷混凝土高压风供给
3	混凝土湿喷机	TK系列	台	4	现场喷混凝土试验、施工
4	热风机	天津蓝通	台	3	集料加热
5	电热水炉		台	1	拌和水加热
6	混凝土运输车	CA3102-4	辆	3	喷混凝土的运输
7	试验仪器设备		套	1	现场试验
8	红外线温度仪		套	2	各种相关温度的检测

7 质量控制

除按照《锚杆喷射混凝土支护技术规范》(GB 50086—2001)、《客运专线隧道工程施工技术指南》(TZ 214—2005)、《铁路混凝土工程施工技术指南》(TZ 210—2005)要求施工外,还需注意以下事项。

7.1 原材料质量控制措施

7.1.1 水泥、集料、外加剂、外掺料等原材料的品种、规格等均符合设计要求及其各项技术指标相关技术规范要求。

7.1.2 水泥、集料、外加剂、外掺料等原材料进场检验合格后,严格按照规范要求及其相关技术要求进行堆码、储存;同时做好防潮、防雨雪等防护措施和通风、保温措施。

7.1.3 加强拌和用水水源的维护和日常使用过程中的检测,避免拌和用水受污染。

7.2 混凝土拌制生产、运输

7.2.1 混凝土拌制生产前,加强细集料含水率的测定,同时严格按照早高强C40钢纤维喷射混凝土设计配合比进行实际配合比的调整。

7.2.2 原材料严格按照施工顺序均匀、缓慢添加,称重误差严格满足规范要求,搅拌时间不小于2min30s。

7.2.3 拌制生产过程中严格进行坍落度试验,及时调整施工配合比。

7.2.4 混凝土运输过程中要求运输车辆要清洁干净,使用前采用拌和用水湿润,但不得有积水。

7.3 混凝土喷射作业

7.3.1 混凝土喷射作业现场必须进行现场坍落度试验,以检验混凝土和易性是否满足要求;现场坍落度试验应分别在搅拌机出料后、喷射混凝土机进料前或混凝土运输车出料后,同一喷射混凝土拌和停放时间超过30min进行,坍落度试验所测实际结果与设计坍落度的偏差控制在±20mm。

7.3.2 施喷作业现场必须进行区域环境温度和机械作业温度的测定,以确定最佳作业环境;冬季施工区域环境温度不得低于5℃、夏季施工区域环境温度不宜高于30℃,喷射混凝土拌和物温度控制在20±2℃。

7.3.3 速凝剂的使用必须严格按照配合比设计进行调试泵送速度,严禁擅自修改速凝剂的掺量。

7.3.4 混凝土进料速度、空气压力、喷射速度要稳定、均匀,避免出现堵管现象;与此同时及时进行空气压力的调整,在减少回弹率的同时保证工程质量;喷射混凝土进料速度、空气压力、喷射速度应根据喷射混凝土机的自身性能和作业部位进行调试。

7.3.5 混凝土拌和料必须置于一个封闭容器,同时进行保护、防护,避免喷射混凝土拌和料水灰比的变化和外界环境影响。

7.4 混凝土养护

7.4.1 施喷完成后,现场要及时进行防护、养护;防护措施主要防止外界环境对喷射混凝土的破坏、损坏,养护措施主要保证混凝土在自身强度发展过程中出现因养护不及时而导致内部结构破坏。

7.4.2 混凝土初期养护(1~3d内)的主要措施建议采用被膜养护剂,同时每4h洒水一次;后期养护建议采用喷雾式洒水养护。

7.4.3 混凝土在3h养护期内时,周边如若进行爆破尽量使用控制爆破,减少爆破震动对混凝土的损伤和破坏。

8 安全措施

8.1 作业前认真检查喷锚地段的危石是否处理,用高压水冲洗岩面是否符合要求,能否使喷层与岩面密贴,作业平台是否牢固可靠,是否设置防护栏杆,照明是否符合要求,作业范围是否布置警戒人员等。

8.2 加强施工通风,降低粉尘浓度;由于水泥和速凝剂对皮肤有腐蚀性,工作人员要加强个人防护,喷射手应佩戴防尘面罩、防水披肩、防护眼镜、防尘口罩、乳胶手套;其他工作人员也应佩戴防尘口罩等防护用品。

8.3 对所需的机械必须实行“三定”制度(定机、定人、定岗位),认真执行安全操作、保养和交接班制度。

8.4 喷射机械设备应布置在安全地段。

8.5 搅拌输送车卸料地点及喷射作业场地要做到机械布置合理,运输道路畅通,风、水、电位置合理,线路顺直,互不干扰,管线路应不漏风、不漏水、不漏电,场地整洁无积水。加强交通管理,防止人员与车辆互相干扰而发生事故。

8.6 喷射机应先给风、再开机、后送料。结束时待料喷完,先停机、后关风。工作中应经常检查输料管、出料弯管有无磨薄击穿及连接不牢的现象,发现问题应及时处理。当喷嘴不出料时,检查输料管是否堵塞,但一定要避开有人的地方,防止高压水、高压风及其他喷射物突然喷出伤人。

8.7 在进行要加强施工用电安全管理,例如温控室的养护、原材料加热、混凝土试件切割等,杜绝室内试验出现触电事故。

8.8 室内混凝土配合比试验过程中,辅助机电设备的操作使用要规范。

9 环保措施

9.1 为了保护环境和水源、河水不受污染,在隧道口处设污水处理系统。

9.2 施工期间,施工物料如水泥、速凝剂等堆放管理严格,防止在雨季或暴雨将物料随雨水径流排入地表附近水域造成污染。

9.3 施工机械防止漏油,禁止机械运转过程中产生的油污水未经处理就直接排放,或维修施工机械时油污水直接排放。

9.4 对施工现场和运输便道等易产生粉尘的地段定时进行洒水降尘,勤洗施工机械车辆,使产生的粉尘危害减至最小程度。

9.5 对施工人员发放口罩、防毒面具、防护服装等,并定期进行体检。

9.6 加强施工机械设备的维护保养,减少噪声和污染。

9.7 严格按照机械设备操作规程进行现场操作使用,尤其是外加剂掺加设备,防止人为损坏造成外加剂泄露进而造成环境污染。

9.8 现场喷射混凝土作业过程中产生的施工废水,必须经过沉淀、净化、过滤、消毒后方可再次利用或排放。

10 资源节约

10.1 合理规划临时工程,科学进行总平面布置,尽量减少临时用地,节约土地资源。

10.2 紧密结合现场施工,运用信息化技术手段,不断优化施工方案和工艺参数,提高劳动生产率,降低单位产值能耗,减少资源投入。

10.3 规范喷射混凝土工艺,减少喷射混凝土回弹量,节约水泥、砂、碎石等原材料。

10.4 严格内部管理,建立相应的材料节超奖惩制度,鼓励节约材料,处罚材料超用浪费。

10.5 规范施工操作行为,尽量减少不合格产品的出现,杜绝质量事故的发生,从而避免因返工造成的材料浪费。

10.6 施工过程中,严格施工用水、施工用电、机械设备的管理,尤其是施工用水、用电的浪费和减少机械设备空转。

10.7 科学合理选择与现场施工工艺、施工工法相配套的机电设备,并尽量选用节能型号的设备,避免出现能耗过高和机电设备配置不合理导致能耗增加。

11 效益分析

11.1 经济效益

11.1.1 每立方"早、高强"钢纤维喷混凝土造价较普通喷混凝土造价高77.13元(见表6),主要是增加了硅灰、钢纤维、高效减水剂等材料成本。黔灵山隧道共喷射11 495.30m^3(695m×2(双洞)×8.27m^3/m),增加造价88.66万元(11 495.30m^3×77.13元/m^3)。

每立方"早、高强"钢纤维喷混凝土与普通喷混凝土的造价对比表 表6

项目 \ 名称	"早、高强"钢纤维喷混凝土	普通喷混凝土	备 注
人工费(元)	32.13	156.65	
机械费(元)	45.48	208.80	
材料费(元)	888.16(已考虑7%回弹)	523.19(已考虑20%回弹)	
合计(元)	965.77	888.64	

11.1.2 由于"早、高强"钢纤维喷混凝土回弹率低、初期强度较高,工效得到了提高,循环作业时间大大减少,使得黔灵山隧道提前4个月贯通,节约人工费10.1万元(84人×3 000元/月×4月)、机械使用费167.84万元(其中:挖掘机2台×3.5万元/月/台×4月=28万元,装载机:5台×2.1万元/月/台×4月=42万元,自卸汽车:10台×1.7万元/月/台×4月=68万元,电动空压机:6台×0.985万元/月/台×4月=23.64万元,其他机械设备使用费6.2万元),合计减少人工费、机械使用费177.94万元。

综上比较,共计节约工程成本177.94-88.66=89.28万元,综合评价经济效益显著。

11.2 社会效益、环境效益

与普通混凝土相比较,"早、高强"钢纤维喷混凝土的优点主要集中在初期强度(3h、24h)较高,一次喷射混凝土厚度较厚,能够及时的进行下一道工序的施工组织;与此同时,其回弹率较低,对资源是一种节约;此外,其产生的粉尘极低,对施工人员身心和周边环境产生的影响极少。

根据现场喷射混凝土作业过程中的粉尘量检测结果显示,"早、高强"钢纤维喷射混凝土作业面附近的粉尘量在0.5~1.5mg/m^3之间,普通喷射混凝土作业面附近的粉尘量在2.5~6.0mg/m^3之间。"早、高强"钢纤维喷射混凝土混凝土粉尘量的减少有助于减少通风设施的投入和生产用电。

11.3 技术效益

早高强C40钢纤维喷射混凝土由于早期、后期强度高,且附着强度较高,与现目前较为常用的C20、

C25喷射混凝土相比,具有良好的承载性能,对需要提供高承载能力隧道及地下工程的初期支护结构、工程抢修、高边坡防护等工程有着广泛的应用前景,它的应用势必成为锚喷支护发展的一个重要方向,对于喷射混凝土技术的发展前进有着重要意义;同时,为隧道结构设计的进一步优化、节约工程造价提供了基础。

12 应用实例

12.1 贵阳市贵金线道路工程B标黔灵山隧道

12.1.1 工程概况

贵阳市贵金线(瑞金北路延伸段)道路工程B标段黔灵山隧道为大跨度、小净距超长并行隧道。隧道左右幅线路走向基本平行,隧道双洞平均长度为1589m。隧道左右幅线间距为24m左右,隧道之间净距离为不足5m;隧道道路设计为双向六车道,隧道设计建筑限界净宽14.25m、限界净高5.0m。

黔灵山隧道穿越地层围岩为Ⅴ、Ⅳ级,其中Ⅴ级围岩占整个隧道的85%以上;同时,隧道通过地层断层、褶皱十分发育,受其影响隧址区地层产状变化较大,隧道通过路段及附近发育有10余条大小断层;此外,二叠系龙潭组软弱地层分布较广,岩溶、采空区分布广泛。上述不良地质情况对隧道施工安全,尤其控制隧道变形、防塌难度较大。

12.1.2 施工情况

2008年6月~2009年6月,黔灵山隧道处于二叠系龙潭组软弱地层段(K1+340~K2+035,分布长度约695m,占隧道总长的43.5%)施工阶段,为了能有效的控制隧道变形,预防坍塌事故发生,采用了早高强C40钢纤维喷射混凝土施工工法,有效的控制和减少了隧道围岩变形,避免了盲目增加预留变形量来预防隧道围岩变形而侵入净空,并且减少了喷射混凝土施工作业时间,与之前未采用此工法施工时节约3h/循环,有效地加快了施工进度。

12.1.3 工程监测及效果评价

施工过程中所测粉尘浓度为0.5~1.5mg/m^3、喷混凝土的3h的抗压强度为5.4~6.5MPa、24h的抗压强度为13.6~15.8MPa、28d的抗压强度为47.8MPa;3h的附着强度为1.2~1.5MPa;喷射混凝土的回弹率为7%~10%。

黔灵山隧道于2009年7月初全部贯通,比原计划贯通时间提前了4个月的时间,为企业在贵州省和贵阳市扩大了社会影响,赢得了良好的社会效益。

12.2 贵阳市北京东路道路工程B标二号隧道

12.2.1 工程概况

贵阳市北京东路道路工程二号隧道设计为大跨度、小净距并行隧道。隧道双洞平均长度为1 115m,隧道之间净距为15m;隧道设计为隧道道路设计为双向六车道,隧道设计建筑限界净宽14.50m、限界净高5.0m。

12.2.2 施工情况

现场建筑用地和远期规划建设的影响,导致二号隧道洞口段K1+690~K1+730里程段的边仰坡高达20~35m,同时隧道进口段围岩为黏土(Q^{el+dl})和二叠系龙潭组(P_{2lt})泥岩,围岩结构松散,自稳能力极差。在施工过程中由于受到贵阳雨季雨水的影响,导致隧道已封闭成环地段K1+730~K1+780里程段的初期支护结构出现拱墙开裂变形、喷射混凝土出现剥离,钢拱架支护结构拱顶下沉最大达到350.24mm。为防止隧道支护变形从而导致坍塌事故,对已变形的初期支护采用分段拆除、增加预留变形量、增强支护参数的方案予以处理。

增强支护参数的方案如下:①洞身开挖预留变形调整至20cm;②@70cm的I20a钢拱架调整为@50cm的I22a钢拱架;③单层HPB235ϕ8@20×20cm的钢筋网调整为双层HPB235ϕ8@20×20cm的钢筋网;④D25中空注浆锚杆纵向布置间距至50cm;⑤C20喷射混凝土的厚度由原来的28cm调整为

30cm;⑥超前小导管纵向间距由2.1m调整至1.5m。

经分析研究和方案比选,决定在保持原设计预留变形量(13cm)和原有支护措施的基础上,仅将普通喷射混凝土改为早高强C40钢纤维喷射混凝土,采用“早高强C40钢纤维喷射混凝土施工工法”施工。

12.2.3　工程监测及效果评价

通过本工法的成功运用,提高了初期支护结构承载能力,二号隧道换拱后围岩变形彻底得到遏制,避免了隧道支护结构变形过大而遭破坏的可能,现场监控量测显示,2个月内累计拱顶下沉量为34.86mm,支护结构表面未现裂缝,围岩及支护结构变形稳定,确保了施工安全和工程质量,满足了设计要求,避免了因增加预留变形量和加强支护措施而额外增加工程投入,得到我单位的高度评价。

早高强C40钢纤维喷射混凝土的使用不仅有效地控制了隧道围岩变形,保证了施工安全,同时避免了增加预留变形量和加强支护结构措施的而额外增加的工程投入。

两种方案工程造价如表7所示。

方案工程造价对比表　　表7

项目名称	增强支护参数方案的工程造价(元)	采用早高强C40钢纤维喷射混凝土施工方案的工程造价(元)	备　注
洞身开挖	1 006 207.10	976 426.45	
钢拱架	718 086.00	612 620.70	
D25中空注浆锚杆	635 270.70	454 310.15	
钢筋网	67 610.55	35 557.15	
喷射混凝土	479 995.65	805 162.45	
超前支护	742 723.95	543 170.05	
合计	4 681 287.5	4 344 949.15	

综上比较,采用早高强C40钢纤维喷射混凝土施工工法的方案较增强支护参数方案节约工程成本4 681 287.5－4 344 949.15＝336 338.35元。

海底隧道断层破碎带综合施工工法

GGG(中企)D1162—2010

罗　嵩　李海宝　杨祖根　荆永军

(中铁隧道集团有限公司)

1　前言

青岛胶州湾隧道是目前国内最长的海底隧道,全长 7.8 km(含连接线),其中海底隧道长度 6.17km,施工跨度约 17m。该工程跨越海域 3.95 km ,设双向六车道,采用钻爆法修建。其中,由中铁隧道集团有限公司承建的起止里程为:YK5 +600 ~ YK8 +900,跨海域段 1750m,隧道覆盖层厚度约在 25.4 ~35.1m 之间,最大水深 42m,拱顶最大静水压力 0.78MPa。

基岩主要为下白垩纪青山群火山岩及燕山晚期崂山超单元侵入岩,多断层裂隙,Ⅱ级 ~ Ⅴ级围岩,采用钻爆法施工,由于工期紧,工程技术和安全质量要求高,因此需要通过探索创新来攻克施工的重点和难点。

胶州湾隧道岩体种类繁多、地质软硬交替、频繁变化,隧道岩性界面形态复杂、断层构造发育,具有与海水连通通道的可能,稍有不慎,就可能引发严重的安全生产事故。隧道需穿越海底 9 条共长 178m 的断裂破碎带,断层以压碎岩、碎裂岩、糜棱岩为主,裂隙发育多为微张型,施工风险高;国内尚无成熟经验可供借鉴,施工难度大。

针对工程的特殊性,如何安全快速地通过多条断层破碎带施工,是海底隧道顺利推进的关键。为此,在施工中开展了复杂地质环境下隧道施工安全风险控制与管理技术研究,严格施工组织实施,依靠先进的超前地质预报手段以及超前预注浆加固止水、新型支护结构、机械化配套、快速掘进等综合技术,同时经过对凿岩台车的二次开发,实现了钻注一体化,使工程开挖安全顺利完成,工程质量良好,并总结出本工法。

2　工法特点

2.1　依靠超前探孔和 TSP 预报等方法组成的综合超前地质预报技术,将超前探孔等综合地质预报技术纳入工序作业,通过准确分析、判断围岩的工程、水文地质情况结合探孔出水量实施有针对性的注浆方案。

2.2　对凿岩台车进行二次开发,实现台车钻注一体化,人工和机械的配套组织合理,能有效保证施工安全质量和效率。

2.3　断层破碎带(出水量、水压大及地质条件差地段)采用全断面超前预注浆,止水和加固效果显著,提高开挖安全性。

2.4　在充分了解和加固围岩后,选择适宜的开挖方法,有效降低安全风险并提高了施工进度。

3　适用范围

适用于岩石地层条件下的海底隧道断层破碎带等复杂地质的安全施工,亦可用于岩石条件下山岭隧道及城市地铁高压富水段的施工。

4 工艺原理

施工中主要采用超前探孔和TSP预报等方法组成的综合超前地质预报技术，并将超前探孔等综合地质预报技术纳入工序作业，通过准确分析、判断围岩的工程、水文地质情况结合探孔出水量实施有针对性的注浆方案，采用三臂凿岩台车进行超前探孔和注浆，充分挖掘了该设备的性能，提高了施工效率，并大幅度降低了大量人员参与施工的风险，开挖作业前实施超前预支护（双层小导管支护），开挖施工按照三台阶分部法组织。确保地层稳定，开挖完成后立即支护。同时依据洞内监控量测数据反馈不断修正施工方案，及时控制住了隧道开挖中的各种险情，确保了隧道安全与快速通过断层破碎带。

5 施工工艺流程及操作要点

5.1 施工工艺流程

施工工艺流程图如图1所示。

5.2 操作要点

5.2.1 超前地质预报

为获取准确的地质信息，主要采用超前探孔和TSP预报等方法组成的综合超前地质预报技术（图2），施工中将超前探孔等综合地质预报技术纳入工序作业，经过施工准备、过程控制和分析总结，查明断层的工程、水文地质情况及不良地质体的准确位置和岩土物理力学参数及岩体强度和可注性等情况，从而为制订有针对性且有效的施工方案提供依据。

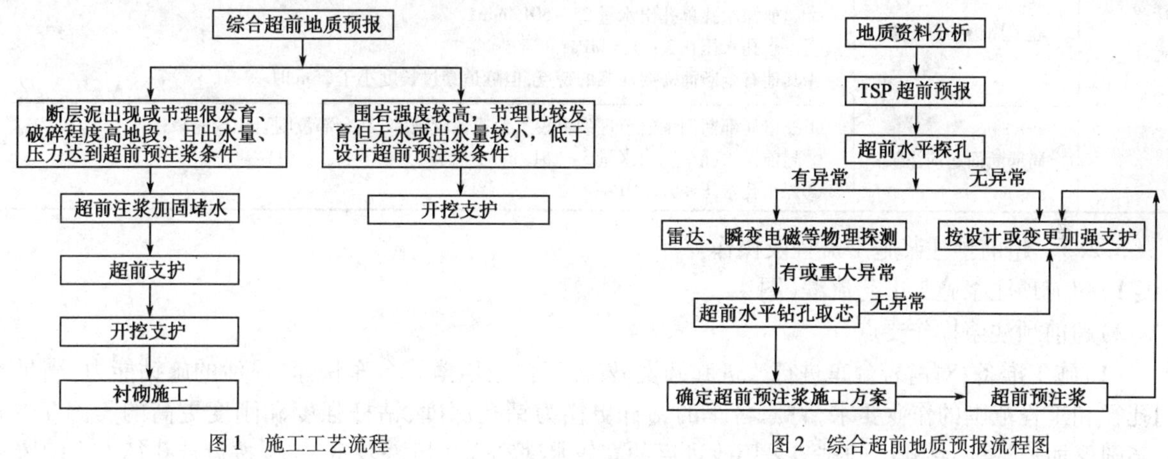

图1 施工工艺流程

图2 综合超前地质预报流程图

1）TSP超前地质预报

TSP203+每次可探测100~350m，为提高预报准确度和精度，采取重叠式预报，每开挖100~150m预报一次，重叠部分（不小于20m）对比分析，每次探测结果与开挖揭示情况对比分析。

2）超前地质探孔

超前地质探孔采用南京阿特拉斯公司组装的全液压火箭式RB353E三臂液压凿岩台车实施，可提高探孔施工速度和探孔质量，探孔最佳长度30~37m，探孔数量3孔为宜，孔径ϕ90mm（孔径过大，钻进速度缓慢，过小探测效果不明显）。掌子面超前探孔位置见图3。

此外根据工程实际需要，可增设雷达及瞬变电磁等进行短距离预报及拱顶岩层厚度雷达探测，特别是遇异常断层等不良地质体时，需要采用雷达对顶部岩层厚度进行探测，以确定是否进行立拱支护，确保工程安全。

5.2.2 注浆方式选择

为安全快速通过断层破碎带，依靠隧道超前预报手段，并主要根据超前探孔情况结合其他超前预报成果确定是否采取超前预注浆方案（全断面注浆、周边帷幕注浆、局部注浆），注浆方案具体选择标准见表1。

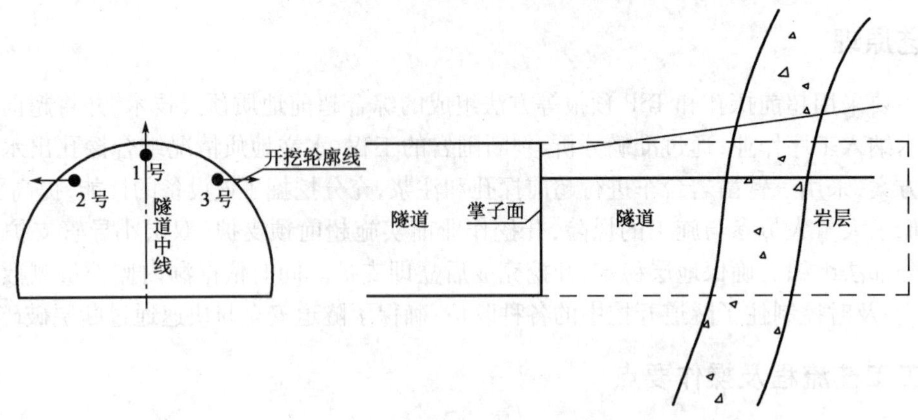

图3　超前水平探孔示意图

注浆方案选择表　　表1

方案		选择标准
超前预注浆	全断面超前预注浆	①前方围岩破碎,断层岩体风化严重,有可能存在断层泥; ②V级围岩地段; ③探水孔流水量 > 60L/min; ④探水孔水压≥0.6 MPa; ⑤隧道通过以上特点断层长度大于25m
	隧道周边帷幕注浆	①前方围岩比较破碎,围岩风化较严重; ②超前探水孔单孔出水量25~60L/min; ③探水孔水压0.3~0.6 MPa; ④其他有全断面需要注浆的特点,但隧道穿过长度小于25m时
	局部断面超前注浆	①隧道局部断面围岩节理裂隙较发育或比较破碎,其余部位围岩比较完整; ②超前探水孔单孔出水量5~25L/min; ③探水孔水压≤0.3 MPa

5.2.3　超前预注浆施工流程及操作要点

1)超前预注浆施工工艺流程(图4)

2)超前预注浆操作要点

(1)施工准备:对凿岩台车进行改进和开发,发挥三臂液压凿岩台车快速、灵活的施钻能力,满足不同孔径和工程范围的作业要求,将原台车的钻杆更换为钻孔深度、钻杆强度和刚度更高的美国T38×3.66圆形加长钻杆,钻孔中的排渣采用改进后的高压水洗和高压风洗双重系统,按设计孔径大小配置相应大小的钻头,由台车进行钻孔,用符合设计要求的设备、机具、材料、工艺进行施工组织。

(2)注浆加固范围:根据环境条件、力学模拟计算和分部开挖的施工方法,结合工程经验,过断层破碎带施工中隧道注浆加固区范围为隧道轮廓线外5m。

(3)浆液扩散半径:根据工程经验和工程类比,注浆扩散半径为2m。施工中可根据注浆试验或施工前期注浆效果验证、评估后进一步修正确定。

(4)注浆终孔间距:根据注浆加固交圈理论,注浆后应形成严密的注浆帷幕,在注浆终孔断面上不应存在注浆盲区,根据公式计算得出注浆终孔间距不超过3.5m。

$$a \leqslant \sqrt{3}R \tag{1}$$

式中:a——注浆终孔间距(m);

R——浆液扩散半径(m)。

(5)注浆段长度确定:应综合考虑工程水文地质情况、选择钻机的最佳工作能力、余留止浆墙厚度等内容。本工法过断层破碎带帷幕注浆每循环注浆段长为30m,开挖25m,预留5m为下一循环止浆岩盘。

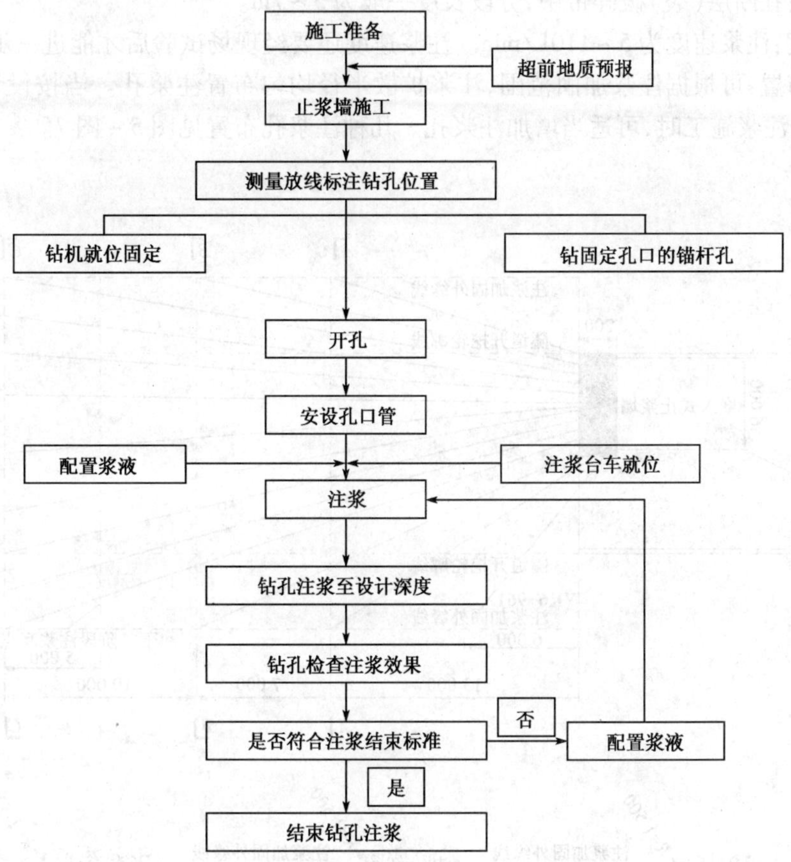

图4 超前预注浆施工工艺流程图

(6)注浆材料及配比设计:根据相关工程经验和室内试验结果,结合本工程特点选择以下几种材料进行注浆,并根据现场试验情况进行优化组合,同时每循环注浆段可根据注浆顺序采用不同配合比。浆液配比参数及适用性见表2。

浆液配比参数及适用性表 表2

序号	名 称	配 比 参 数			适 用 条 件
		水灰比 $W:C$	体积比 $C:S$	水玻璃浓度	
1	普通水泥单液浆	0.4:1~1:1			探孔涌水量较小的地段
2	水泥—水玻璃双液浆	0.4:1~1:1	1:1~1:0.3	30~45Be	封闭掌子面、锚固孔口管和探孔顶水
3	超细水泥单液浆	0.6:1~1.2:1			强风化和渗透性较差围岩段
4	特制硫铝酸盐水泥单液浆	0.6:1~1.2:1			探水孔涌水压力较大围岩地段及海水连通段

同时,水泥单浆液的析水性大、稳定性差、注入能力有限,且凝胶时间较长,在遇高压动水情况下,浆液容易冲刷和稀释,影响注入效果。为改善这些问题,在浆液制备时可掺入适量的外加剂。此外,满足设计要求下,必要时可选用其他浆液作为注浆施工的辅助浆液,根据不同地层注浆堵水的需要灵活组合。

(7)注浆压力的确定:根据试验超前预注浆压力为:$P=1.5\sim3.0$MPa。现场根据施工需要逐步调整。

(8)浆液注入量:根据相关公式和经验计算,常见孔径每延米单孔注浆量为:ϕ130mm 钻孔:0.31 m^3/m;ϕ90mm 钻孔:0.18 m^3/m;ϕ56mm 钻孔:0.14m^3/m。

(9)分段长度:在断层(裂)破碎带中,分段长度一般为5~7m。

(10)注浆速度:注浆速度为5~110L/min。注浆速度还要经现场试验后才能进一步确定。

(11)注浆孔布置:可根据注浆加固范围、注浆扩散半径均匀布置注浆孔。当按设计要求布设的注浆孔无法满足实际注浆施工时,可适当增加注浆孔。几种注浆孔布置见图5~图7。

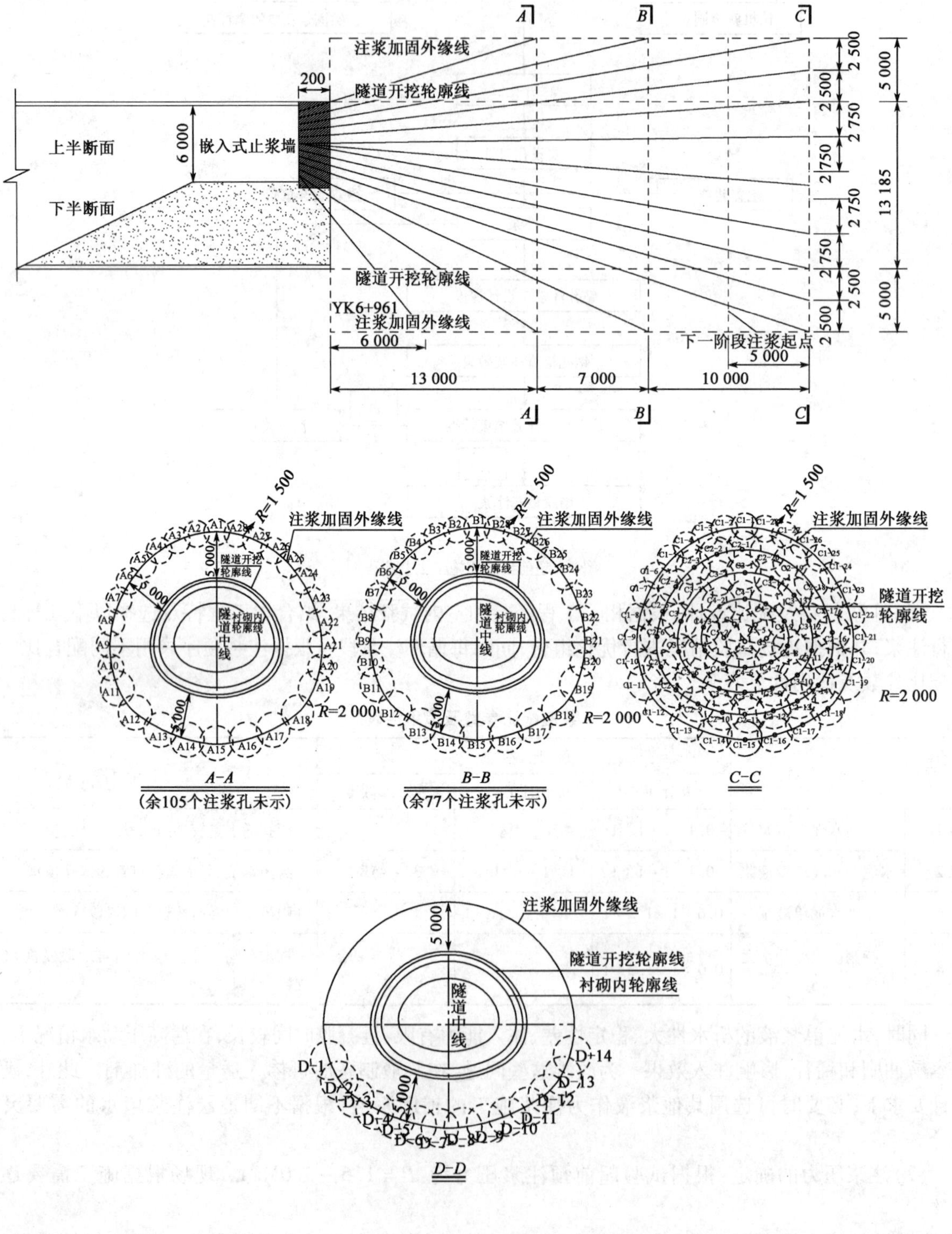

A-A

(余105个注浆孔未示)

B-B

(余77个注浆孔未示)

C-C

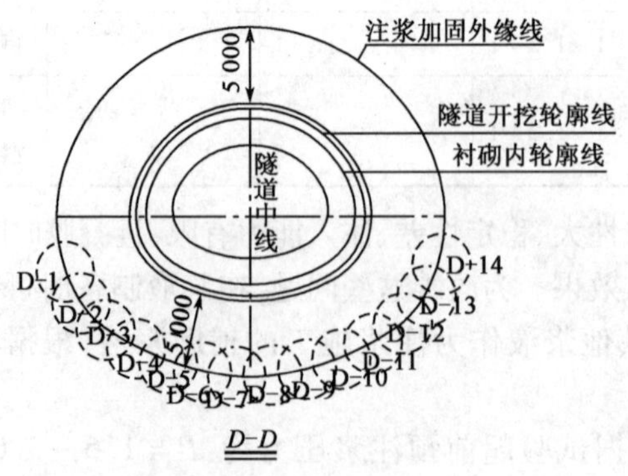

D-D

图5 全断面预注浆布置图(尺寸单位:cm)

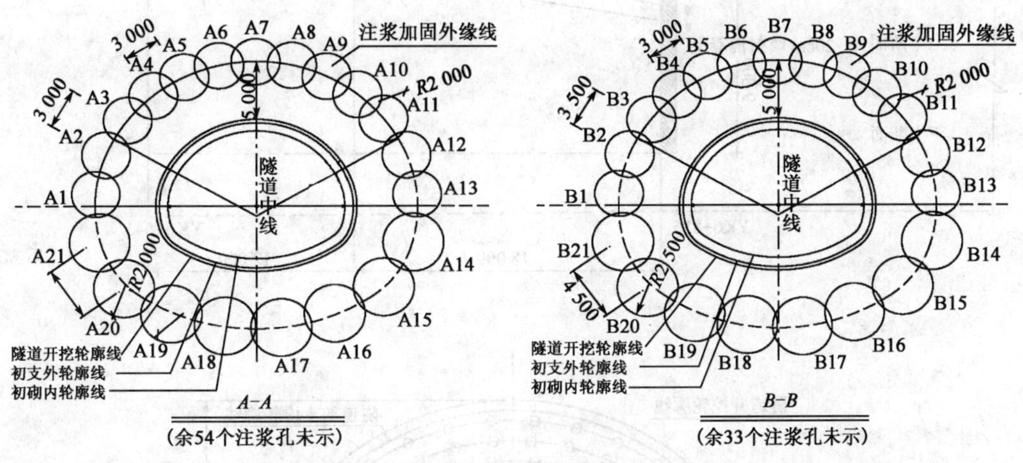

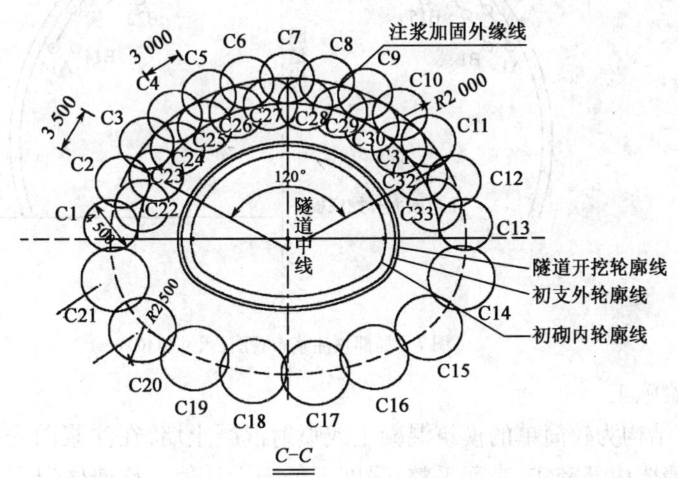

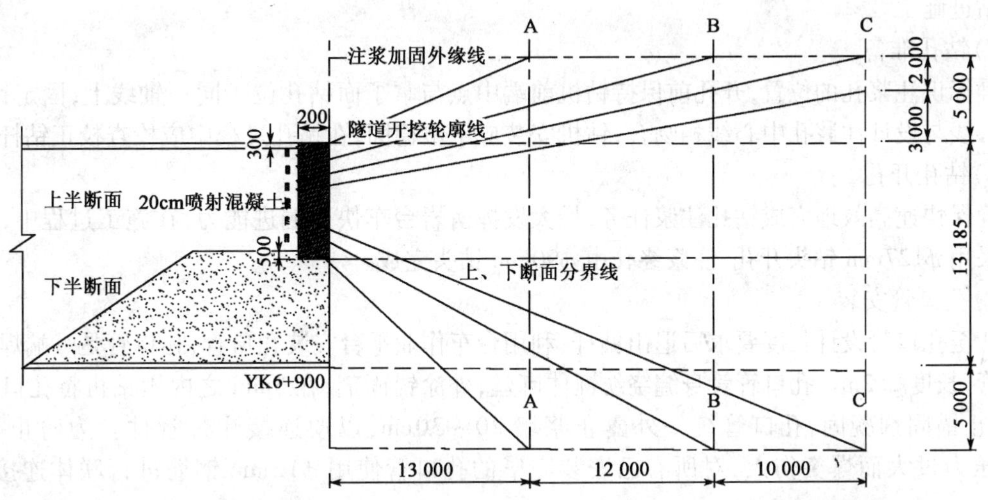

图6 周边帷幕预注浆布置图(尺寸单位:cm)

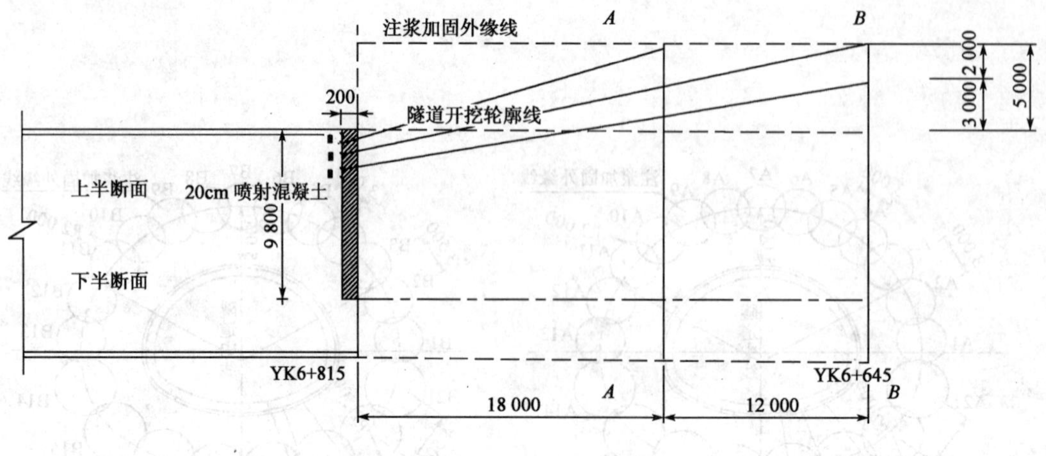

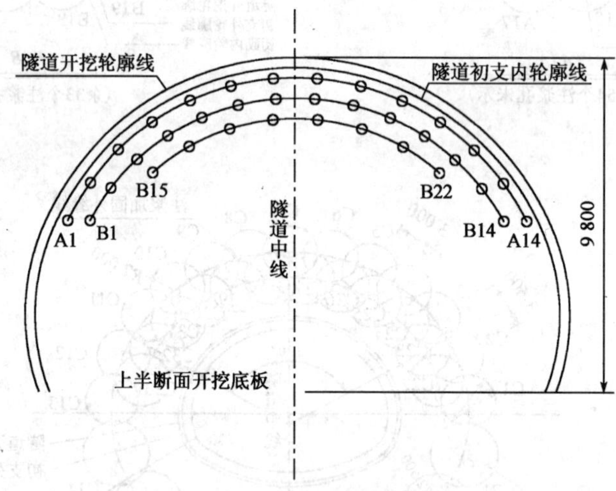

图7　局部预注浆布置图(尺寸单位:cm)

(12) 止浆墙施工

止浆墙通常结构为较简单的模筑混凝土或喷射混凝土墙,在注浆前先施工。混凝土墙必须内实外光,喷射混凝土墙要内部密实、表面平整,强度不低于设计值。待墙体混凝土强度达到设计值后才转入注浆孔钻进施工。

(13)钻孔准备

准确标识注浆孔的位置,开孔前保持钻机前端中点与掌子面钻孔位于同一轴线上,固定钻机,保证钻杆中心线与设计注浆孔中心线相吻合,钻机安装应平整稳固,在钻孔过程中应检查校正钻杆方向。

(14)钻孔开孔

为确保快速高效地完成钻孔注浆任务,最大发挥凿岩台车快速掘进能力,在施工过程中,开孔由凿岩台车采用 ϕ127mm 钻头开孔,注浆终孔由 ϕ90mm 钻头完成。

(15)孔口管安装

钻孔至孔口管设计长度要求后退出钻杆,利用台车作业平台安装孔口管,孔口管是一端焊有抱箍卡口的钢管,长度 2.2m。孔口管管身缠绕纺锤体麻丝,外涂锚固剂,在 5min 之内用钻机将孔口管顶入孔内,以防止锚固剂凝固,孔口管统一外露止浆墙 20 ~ 30cm,以便连接注浆管件。为防止孔口管由于注浆压力过大而爆突伤人,对所有已安装完毕的孔口管使用 ϕ12mm 钢筋进行联体连接,确保施工安全。

(16)配置浆液

一般情况下,部分制浆参数如下:

单液水泥浆：水灰比0.4：1～1：1，先稀后浓，可加入适量的速凝剂。

单液水泥浆配制：先在搅拌机内放入定量清水进行搅拌，同时视设计及现场要求加入速凝剂，待全部溶解后放入水泥，继续搅拌即可。

水泥—水玻璃双液浆：水泥浆与水玻璃浆液体积比1：1～1：0.3，水玻璃浓度30～45波比，凝胶时间1～3min。并加入缓凝剂或速凝剂来调整凝胶时间，可调范围为十几秒到几十分钟。

双液浆的配制：水泥浆的配制同上，水玻璃浆的配制在搅拌桶内加一定量的清水，再放入一定量的水玻璃，搅拌均匀即可。两种浆液通过注浆机在混合器处混合后进入岩层。

(17) 注浆

采用前进式分段或全孔一次性注浆，安设孔口管的孔位采用台车ϕ127mm钻头开孔，随后改为ϕ90mm钻头成孔，通过孔口管钻进3～10m后，停止钻孔，进行注浆施工，之后每钻进5～7m，再注浆，如此循环下去，直至完成该孔的钻孔及注浆施工。

注浆顺序：从外圈向里圈注浆。每环注浆孔先施工奇数编号注浆孔，然后施工偶数编号注浆孔同时作为检查孔，如果不能达到标准，则另设检查孔。

(18) 注浆结束标准

注浆结束标准以定压和定量为主，注浆压力达到设计终压，并且注浆速度小于5L/min超过20min时，即可结束该孔注浆。若注浆过程中长时间压力不上升，并且达到设计注浆量时，应缩短浆液的凝胶时间，并采取间歇注浆措施，控制注浆量。当设计孔全部达到结束标准并注浆效果检查合格时，即可结束本循环注浆。

(19)注浆效果检查

注浆效果检查主要以凿岩台车钻孔检查法并结合注浆资料的分析法为主，后期开挖效果检查为辅。检查孔的位置和数量依据注浆情况确定，检查孔数量一般按注浆孔数量5%～10%布置，检查孔钻深以开挖段长度并预留5～8m止浆岩盘确定。根据检查孔出水量及强度来决定是否实施补充注浆。如果每孔每延米涌水量大于0.15L/min或局部孔涌水量大于3L/min的需追加钻孔注浆，再次压注直到达到设计要求为止。

5.2.4　开挖支护和衬砌

1)超前预支护

为了保证断层破碎带开挖施工安全，采用双层小导管超前预支护方式，长管采用$L=10\text{m}$、$\phi=50\text{mm}$、$\delta=5\text{mm}$无缝钢管，在注浆完成后由凿岩台车施作并注浆，短管采用$L=3.0\text{m}$、$\phi=32\text{mm}$，$\delta=3.25\text{mm}$的热轧无缝注浆钢管，在每循环开挖前由凿岩台车施作并注浆，这样每循环都至少有2层超前预支护。在最大限度上封闭破碎岩体，能够保证隧道在软弱富水地段的安全施工。支护方式详见图8。

2)开挖支护

超前预注浆达到设计要求，经探测检查达到止水效果后方可进行开挖支护。在断层破碎带施工中，施工安全及结构稳定，主要根据现场地质状况，围岩破碎程度，采用预留核心土分部开挖法施工，减小一次开挖面积，利于围岩稳定。采用液压凿岩台车进行钻爆开挖。当各部位开挖完成后及时进行支护作业，支护采用以格栅拱架为主要承力结构的锚、网、喷体系。三台阶分部法施工图见图9。

3)二次衬砌施工

本工法的衬砌防水等级为一级防水，防排水有两种方案：海域段全封闭方案和陆域段限量排放方案。衬砌施工前，对初支结构渗漏水超过设计标准的部位再次实施径向注浆堵水，确保初支结构表面无渗漏水。隧道二次衬砌采用全液压移动模板台车进行C50、S12耐久性混凝土模筑施工。

5.3　劳动力组织(超前预注浆、小导管预支护为主)

施工人力资源配置详见表3。

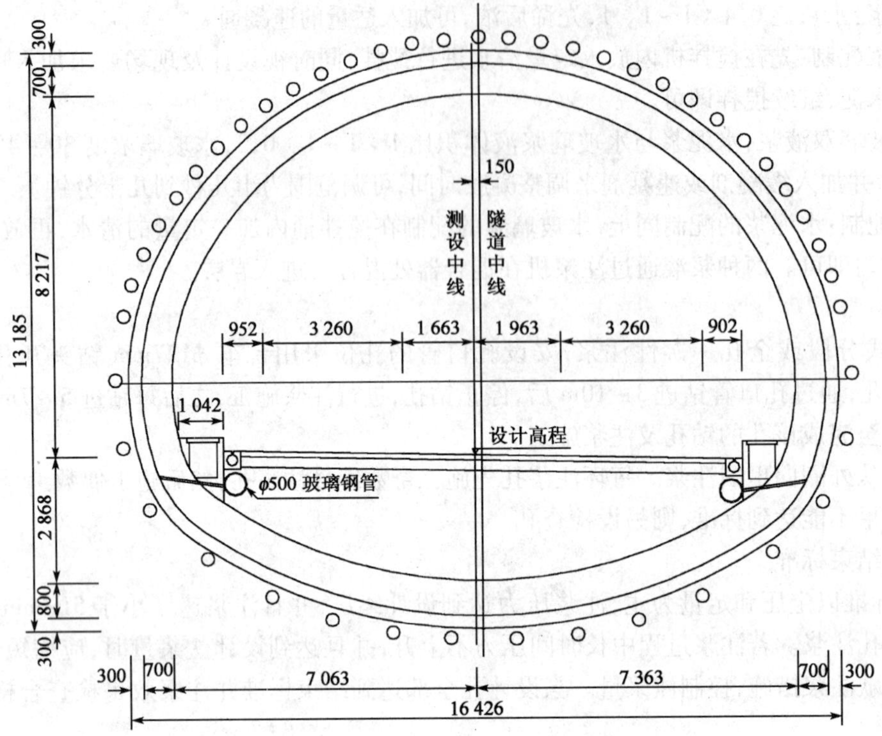

图8　双层小导管超前支护图(尺寸单位:cm)

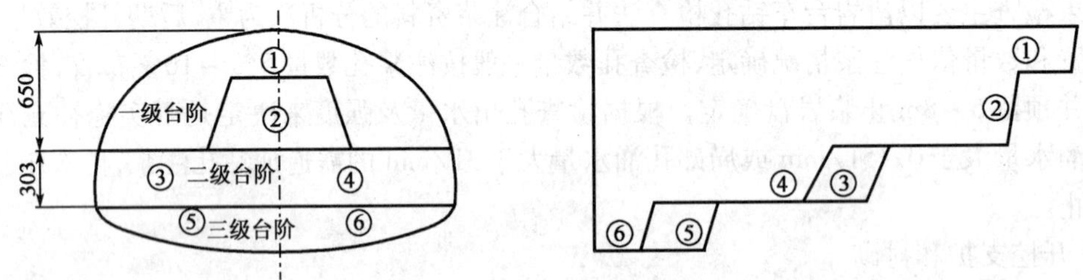

图9　三台阶分部法施工图(尺寸单位:cm)

注:①部为先行开挖上台阶的弧形断面部分。

②为预留的核心土,确保拱部稳定,再下循环施工时开挖,同时预留新的核心土。

③④为中台阶的分幅开挖(距离上台阶约50m,上、中台阶过渡采用单侧斜坡道,作为运输通道),左右错开施工,错开距离控制在10m以内。

⑤⑥为台阶(仰拱部分)(距离中台阶约50m,中、下台阶过渡采用单侧斜坡道,作为运输通道),也采用两侧分幅开挖,加快施工进度,错开距离与中台阶相同。

劳动力配置表　　表3

序号	工种名称	每班劳动力	班　制	施工人数(个)
1	凿岩台车驾驶员及辅助人员	1+3	两班制	8
2	工班长	1	两班制	2
3	注浆作业人员	6	两班制	12
4	装载机驾驶员	2	三班制	6
5	运输车驾驶员	8	三班制	24
6	挖掘机驾驶员	1	三班倒	3
7	小导管支护人员	10	两班制	20
8	电工	1	三班制	3
9	文明施工	8	循环	8
合　计				86

6 材料与设备

海底隧道开挖施工所需要的材料主要有乳化炸药、雷管、导爆索、普通水泥、无碱速凝剂、格栅钢架、钢筋、超细水泥、水玻璃、钢管、方木等。机械设备配置见表4。

机械设备配置表 表4

序号	名称	规格型号	单位	数量
1	凿岩台车	RB353E	台	2
2	装载机	WA470/380	台	2
3	自卸汽车	18t 北方奔驰	台	8
4	挖掘机	PC200	台	2
5	空压机	XP825E,20m^3/min	台	4
6	混凝土搅拌站	HZS60 型	台	2
7	进口喷射机组	SiKa-PM500 型	台	1
8	湿喷机	TK-500 型	台	9
9	高速制浆机	ZJ-400	台	1
10	搅拌桶	3kW 容量 300L	台	1
11	注浆泵	KBY50/70,KBY70/100	台	4
12	三参数注浆记录仪	LHGY-3000	台	1

7 质量控制

7.1 质量控制标准

7.1.1 孔位误差≤±1cm,钻机定位误差≤±5cm,角度误差≤±0.5°。

7.1.2 注浆孔的孔底偏差应不大于孔深的1/40孔深,检查孔的孔底偏差应不大于孔深的1/80孔深。

7.1.3 水、水泥、水玻璃称量误差不应大于2%,外加剂称量误差不应大于1%。

7.2 质量控制措施

7.2.1 开孔钻进的前3m一定要采取低冲击、慢钻进的操作方法,减少开孔段的钻进偏差,对随后的深钻孔起到很好导向作用。

7.2.2 超前预注浆参数、注浆材料等指标须根据实际地层选用,但一旦确定就必须按要求严格实施,同时选用经验丰富的注浆作业人员,保证注浆效果及质量。

7.2.3 为保证浆液质量,制浆材料准确计量,水泥、缓凝剂、速凝剂等固相材料采用质量称量法,水、水玻璃采用体积称量法。

7.2.4 严格按顺序加料,有外加剂的浆液中,外加剂未完全溶解,不得加入水泥。搅拌时不得将绳头、纸片等杂物带入搅拌机内,搅拌后的浆液必须经筛网过滤后方可进入注浆机。掺有缓凝剂的水泥浆必须在30min内用完。

7.2.5 各类浆液必须搅拌均匀,测定浆液密度和黏滞度等参数,并做好记录。

7.2.6 拌制超细水泥浆液时,应加入减水剂和采用高速搅拌机,高速搅拌机转速应大于1 200 r/min,搅拌时间应通过试验现场确定。超细水泥浆液的搅拌,从制备至用完的时间宜小于2h。确保浆液的良好性能。

7.2.7 隧道注浆效果的检查及评价很重要,是确定是否可以开挖的重要依据,因此注浆过程中必须安排技术人员全过程监控,确保注浆按照方案要求施工,同时对注浆过程中出现的问题及情况记录清楚,便于效果检查做评判参考依据。

7.2.8 隧道开挖支护后要及时进行回填注浆,确保支护体系与围岩密贴,使支护体系尽快起到承重作用,减小围岩变形。

7.2.9 合理安排资源,及时施做衬砌结构,尽可能缩小开挖与衬砌之间的距离,满足规范要求,保证施工安全与质量。

8 安全措施

8.1 严格执行"有疑必探、先探后挖、不探不挖"的超前地质预报原则。

8.2 备好应急物资:施工中应做好正常排水工作,同时准备好充足的应急抽水设备,并有备用,同时保证自发电系统良好运转,以防止施工中出现涌水危害;准备好抢险材料、应急救援物资,做好抢险准备工作(应急物资见表5),以便在隧道发生险情时,及时进行支护,将险情及时控制。

应急物资储备表 表5

序号	名称	数量	性能状态	备注
1	装载机	2台	合格	
2	汽车	5台	合格	
3	编织袋	若干	合格	
4	注浆机	2台	合格	
5	速凝剂	5t	随时更换批次,并保持在有效期内	
6	水泥	30t		
7	抽水机	10台	合格	
8	钢管	若干	合格	
9	救生衣	30套	合格	

8.3 防止钻孔注浆时发生突涌水,先设置孔口管,并安设止水球阀。

8.4 海底隧道施工防止突涌水发生是关键,在施工过程中要仔细分析、认真研究每一施工步骤面临的风险,然后提出科学的解决方案和应急预案,并进行应急演练及逃生演练,力求将海底含水断层破碎带等施工风险降到最低。

8.5 为确保洞内外信息通畅,及时了解海域段断层破碎带施工情况,第一时间下达正确的施工指令,应在各作业点之间设置便捷可靠的通信设备。

8.6 隧道监控量测是海底隧道安全措施之一,同时及时建立监测系统,采集围岩和结构安全信息,认真进行分析、处理和反馈,实行动态管理、信息化施工,确保施工安全。

8.7 设置安全预警系统,当洞内出现紧急情况时,可启动安全警报,安全指示灯会跳到红色预警。能够及时通知各部门人员,及时启动应急预案。

8.8 为保证结构安全,支护要加强并紧跟开挖,同时及时施做二次衬砌。

9 环保措施

9.1 由于出水等情况探明后采用超前预注浆及时进行止水和加固,且效果达到目标要求,在确保施工安全的同时,也保证了海洋水体的稳定,保护了海洋生态系统。

9.2 喷射混凝土采用湿喷工艺,采用进口 SiKa PM500 型喷射机组施工,有效减少了粉尘污染;同时喷射混凝土外加剂采用无碱速凝剂,防止了对海底环境的二次污染。

9.3 海底隧道施工大量采用新技术、新工艺,在提高了结构的防排水性能的同时,支护和衬砌结构分别采用高强度等级、耐久性的 C35 及 C50 混凝土,保证了使用期限安全的同时,也降低了维护费用和资源,对资源的节约,也是对环保有积极意义。

9.4 采用超前预注浆时,特别加强了对环境的保护,采取的主要措施如下:

9.4.1 采用全新注浆设备,保证良好机况,注浆过程中,加强跟踪检查及维修,尽量避免跑、冒、滴、漏。

9.4.2 注浆时,严格控制注浆材料用量,浆液随伴随用,并在作业面设置排水沟及沉淀池,沉淀掌子面溢出的浆液,沉淀物及时清理出场,其余废水经过多级沉淀,达标排放,防止浆液对水土造成污染。

10 资源节约

10.1 通过对三臂凿岩台车改进,实现长距离超前探孔,提高超前预报的准确性,减少了其他技术资源的利用,降低了风险,节约了资源。

10.2 通过对三臂凿岩台车改进,实施钻注一体化施工,既减少了作业人员又降低了安全风险,同时也挖掘了设备的潜力,提高了设备的使用效率,降低了单位能耗,节约了资源。

10.3 倡导减少资源投入,针对不同的地层条件选择不同的注浆方案,既保证施工安全,同时满足经济和资源节约的要求。

10.4 注浆施工工艺改变传统做法,将注浆管的法兰盘连接改为活结口的套接,在提高作业速度的同时,配件清洗后可重复利用,降低了投资,节约了资源。

10.5 大量采用新技术、新工艺,从中空防腐锚杆、多重注浆锚杆等新支护结构到采用高强度等级、耐久性的C35及C50混凝土,在保证结构安全的同时,也降低了运营维护费用,对资源节约有积极意义。

10.6 科学组织、精心施工,加强过程控制,提高成功率,避免返工带来的资源浪费。

11 效益分析

胶州湾隧道应用海底断层破碎带综合施工工法,不仅提高了施工进度(采用传统方法,进度只能达8~20m/月,而应用此工法后,进度达60m/月,提高功效2倍以上),使工程进展始终领先其他标段,而且隧道施工也处于安全状态,未发生安全事故,获得良好的安全效益,同时取得了良好的社会和经济效益。

青岛海底隧道的相继建成将展示我国工程技术的发展和实力,对推进隧道建设技术的进步,缩小与世界海底隧道先进修建技术的差距,起到积极作用。对国内诸如烟大、大连湾,甚至台湾海峡隧道等众多工程的论证、修建将起到很好的案例引导作用,其政治、社会、环保效益巨大,影响深远。

12 应用实例

12.1 应用实例一

青岛胶州湾隧道是一项规模宏大的跨海工程,是青岛市实现"拥湾战略、环湾保护"的举措之一,工程全长约8 720m,包括跨海隧道主体工程及两岸的部分接线工程。隧道部分设两条主隧道和一条服务隧道,以及各项运营管理设施,并预留市政管线敷设通道。海底隧道总长约6 170m,其中跨越海域段约3 950m,路基段长约950m,是一条以城市道路功能为主兼有公路功能的隧道,主隧道内设双向六车道,断面为椭圆形断面,内净空高8.218m,宽14.426m 。

主隧道限界高度5.0m ,车行道宽度2×3.5+3.75=10.75m,总宽13.5m。

胶州湾隧道工程第四施工合同段主隧道长3 300m,起止里程为YK5+600~YK8+900,海域段约1 750m,覆盖层厚度约在25.4~35.1m之间。隧道通过海域段最大水深约42m。

其中,开挖支护长度3 220m,II级围岩段长度1 065m,占合同段隧道长度的32.27%,III级围岩段长度812m,占合同段隧道长度的24.61%,IV级围岩段长度1 100m,占合同段隧道长度的33.33%,V级围岩323m,占合同段隧道长度的9.79%。

隧道围岩地质复杂多变,在III、IV级围岩中,频繁出现节理破碎带,规模不等的小断层,裂隙集中区等。Ⅱ级围岩岩体强度较高,岩性主要为花岗岩,节理、裂隙不甚发育,完整性和稳定性较好。

主要的不良地质体,从设计图纸地质资料上显示,在本合同段内共分布有9条断层(裂)破碎带,其中海域段有(f4-5、f4-4、f4-3、f4-2、f4-1、f3-2、f3-1)7条,以压扭性和张性断层(裂)为主,带内岩体多呈碎裂~镶嵌碎裂结构,裂隙多为微张型且发育,破碎带影响带岩体受其影响发育微张型裂隙。

水文地质主要指海域范围内地层中的地下水,据其赋存形式分为松散岩类孔隙水、风化基岩孔隙裂隙水及基岩裂隙水三种。海域地下水主要受海水的垂直入渗补给。

施工前进行了地质情况调查分析,结合开展的综合工法研究进行了科学合理的施工方法选择及工序设施配套。

从2008年10月28日主隧道进入海域段第一个断层f4-5正式运用此工法至通过2009年12月11日最后断层f3-1。实际使用超过14个月。

通过运用此工法,成效显著:

(1)本项目的海底隧道施工未发生安全事故;

(2)在确保施工安全与质量的前提下,加快了施工速度,从原计划的断层带的8~20m/月的施工进度指标提高到60 m/月,提高功效2倍以上。

根据本工程存在的断层(裂)构造发育、岩性界面形态复杂、穿越海底的突出特点,在本工程采用以地质分析为主,长距离宏观预报与短距离精确预报相结合、物探与钻探相结合、定性与定量相结合、多种探测方法相互补充验证的综合超前预报方案,结合洞内变形量测进行光爆设计、特殊地段施工方案、普通段开挖支护方案的参数进行修正,能够及时控制住隧道开挖中的各种险情,使工程安全、优质地完成了开挖支护。经过断的修正参数使海底隧道各项施工参数更趋于合理,即能保证隧道安全,施工速度也有了提高。目前已安全、高速地完成了主隧道的全部开挖任务,后续工程正在按计划推进。在胶州湾隧道的四个标段中,中铁隧道集团率先安全顺利完成掘进工作,获得了业主和监理的好评,此工法的成功运用对今后类似条件下的水下隧道的施工具有重要示范作用。

12.2 应用实例二

湖南长沙市营盘路湘江隧道工程位于银盆岭大桥和橘子洲大桥居中偏南位置,东西走向,分别穿越潇湘大道和湘江大道,距上游橘子洲大桥约1.3km左右,距下游银盆岭大桥约2.1km左右。

隧道设计净宽9.0m=余宽0.25m+左侧路缘带宽度0.5m+行车道宽度3.5m×2+右侧路缘带宽度0.5m+右侧检修道宽度0.75m,净高4.5m。

根据地勘资料,隧道将先后穿过三条断层破碎带,分别为傅家洲断层破碎带(F1)、橘子洲断层(F2)及湘江东岸断层破碎带(F3)。隧道过断层破碎带时极易发生突泥、涌水、岩块崩落甚至坍塌。隧道暗挖段大部分地段覆土厚度为6.5~22.3m,而地下分岔大跨段达到23.49m,因此隧道暗挖段存在很大的施工风险。

工程于2009年10月开工,隧道在通过F1断层破碎带施工方案制订时,吸收了《海底隧道断层破碎带综合施工工法》的相关内容,目前已在湘江隧道的施工中推广应用,给项目施工产生了良好的经济、社会和环境效益,为后续安全通过剩余断层破碎带施工积累了成功经验,确保隧道施工安全。

大跨双拱复合形模板台车隧道衬砌施工工法

GGG(中企)D2163—2010

赵 炜 周彦军 高奇文 彭跃松 曹军强

(中铁隧道集团有限公司)

1 前言

厦门市机场路JC3标段明挖段结构需要实现两条垂直主干道的立体交通问题,为此,招标设计为上下双层八孔的矩形框架结构。施作该结构,基坑开挖跨度达80~85m,且结构施作工序繁多,钢筋混凝土消耗量大。为有效优化施工工艺,参建各方根据现场地质条件及可运用的施工技术,提出了上拱下箱组合结构的隧道形式。

因上部的拱需覆盖主行车道、上层匝道和两侧匝道,所以该拱具有跨度大(单跨24.7m)、拱下净空大(拱顶内部距路面最大高差为17.5m)的特点。用传统的满堂支架法施工,虽工艺简单、资源投入少,但存在安全可控性差、质量不易保证、工期长等缺陷。为解决以上问题,采用了大跨度的双拱复合形台车,保证了施工的安全,满足了工程的质量和工期要求,取得了较好的经济和社会效益。

2 工法特点

2.1 模板台车跨度大、自重大。组装完成的台车跨度达24.7m,每台自重160t,钢筋混凝土按2.6t/m^3,单侧拱圈重692.3t(按13.5m长计算);台车自重与拱圈重力由台车下部5排纵向立柱来承担。

2.2 本工程属于联拱隧道,在施工过程中需对称施工,避免产生混凝土对台车和拱座偏压的现象。

2.3 因外侧匝道的纵向坡度与主线坡度相差较大,所以随着台车的纵向移动,需要不断地调整支柱的高程。

2.4 将数据处理和信息反馈技术应用于施工,利用监控量测指导施工,确保工程的质量和安全。

3 适用范围

该工法适用于微风化、弱风化、碎块状强风化地质条件下大跨度明挖暗埋隧道,特别是受临近建(构)筑物和地面条件限制的城市立交明挖暗埋地下工程。对于减少占地、保护环境、保证质量、降低造价都有显著的效益。

4 工艺原理

在大型有限元软件ANSYS中,对拱箱组合结构计算模型进行静定受力分析,得出如下结果:对于拱形结构,拱顶的内侧受拉且量值较小,拱脚的外侧受拉且量值较大,在拱顶和拱脚的过渡部分出现反弯点,整个拱结构部分所受的弯矩值相对于箱型部分都要小些,所以拱结构承载能力强。

拱形结构的稳定性很大程度上取决于拱脚的侧向约束。为此,本工法根据不同的地质情况或围护结构形式采用了相应的台身、拱座(或承台)形式。对于微风化和弱风化的地段,采用了高(小)台身加拱座形式,对于碎块状强风化的地段,采用了低(大)台身加拱座形式,对于一侧有围护桩的地段,采用了承台的形式,承台与围护桩间采用钢筋连接,承台下采用ϕ150mm挖孔桩作为基础。

5 工艺流程及操作要点

5.1 工艺流程

施工准备→围护结构施工→基坑开挖→承台桩基施工→台身基础施工→台身施工→承台(拱座)施工→拱圈施工→结构外防水施工→基坑回填。各部位如图1所示。

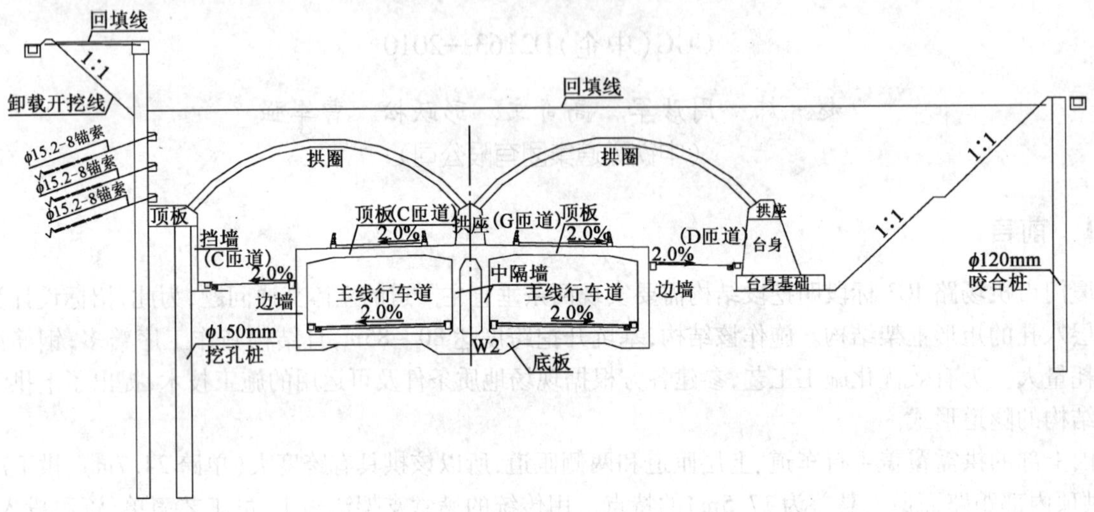

图1 大跨拱形结构施工工艺示意图

5.2 施工方法及操作要点

5.2.1 围护桩施工

围护桩采用ϕ120 @200钻孔灌注桩,冲击钻成孔。在钢筋笼与承台相接的高度范围内,预埋11排ϕ32mm钢筋及直螺纹套筒,每排2根,布置于钢筋笼两侧,中间部位的连接钢筋待承台施工时采用植筋的方式施作。吊放钢筋笼时,严格控制其方向和高度,保证预埋直螺纹套筒在承台高度范围内,且与承台立面垂直,详见图2。

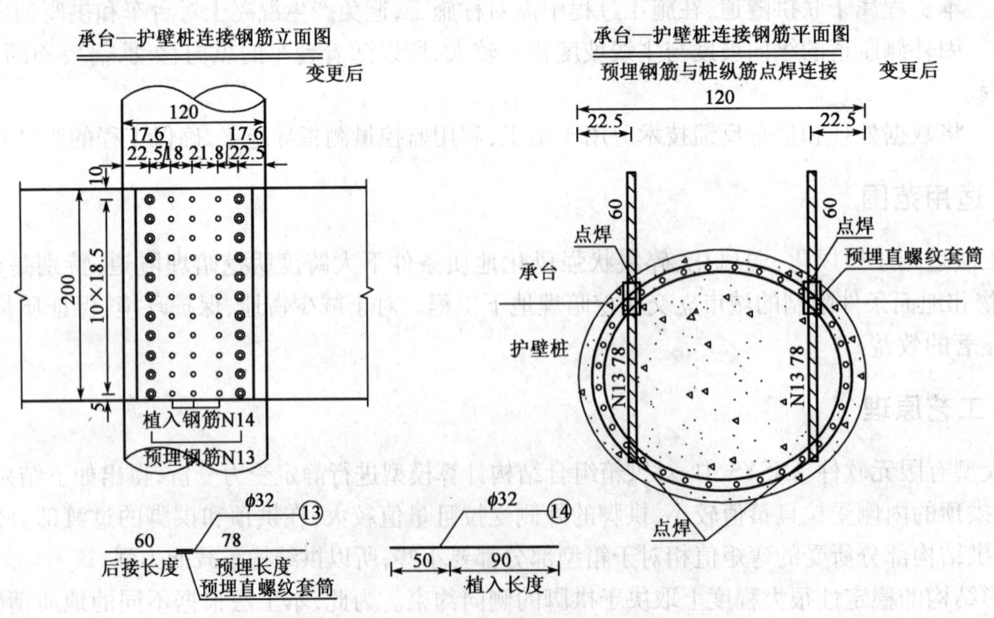

图2 围护桩与承台钢筋连接示意图(尺寸单位:cm)

5.2.2 基坑开挖

基坑开挖以从前向后、从左向右的顺序进行。对左侧围护桩外侧高于回填线的土方进行卸载。回填线以下随基坑开挖施作锚索,锚索纵向间距2m,竖向间距3m,采用6ϕ15.2mm或8ϕ15.2mm高强度、低松弛预应力钢绞线,极限强度1 860MPa。

5.2.3 承台桩基施工

在基坑开挖到承台底面高程时,开始施工承台桩。承台桩采用ϕ150cm人工挖孔桩,纵向间距3~3.25m,桩底嵌入弱风化岩2m。

5.2.4 台身(基础)、拱座(承台)施工

对于高台身,分两次施工。因台身体积大,在浇筑混凝土前要敷设冷却水管,水管横向间距×竖向间距=100cm×100cm,在混凝土终凝后开始通水降温。为掌握混凝土内部温度,在混凝土浇筑前预留3个测温孔,在混凝土养护期间,根据温度的变化进行洒水养护和通水降温的控制。

为抵抗左侧承台与围护桩之间的剪力,在围护桩与承台之间需用钢筋连接。凿出围护桩施工时在钢筋笼内预埋的直螺纹套筒,在两排套筒间植入钢筋。植筋的工程量大、施作时间长,所以施工安排要提前,创造承台的工作面,避免影响拱圈的施工。

5.2.5 拱圈施工

本工程拱圈结构跨度大、拱下净空大,用传统的满堂支架法施工,虽工艺简单、资源投入少,但施工期间安全隐患多、施工周期长,且拱部合拢的质量难以保证。为解决这些实际问题,采用了大跨度的双拱复合形台车,其示意图如图3所示。

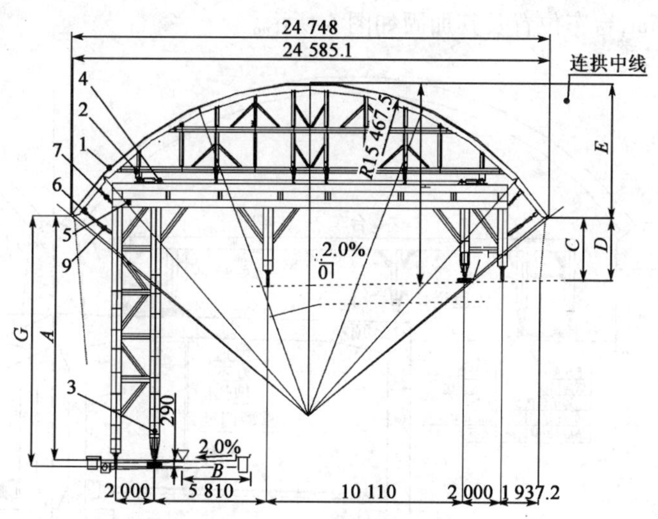

图3 大跨拱形模板台车示意图(尺寸单位:mm)

1-模板;2-顶模架体;3-升降油缸;4-平移装置与平移油缸;5-门架;6-通梁;7-丝杠;8-工作窗;9-边模油缸

A-(半径未加大5cm时模板边缘)到(C匝道高程位置)的距离,$A\approx$3 842~10 733mm;B-(C匝道高程位置)到(框架边缘)的距离,$B\approx$3500mm;C-(半径未加大5cm时模板边缘)到(F匝道与中拱座中线的交点)的垂直距离,$C\approx$2 938~3 538mm;D-(半径加大5cm时模板边缘)到(F匝道与中拱座中线的交点)的垂直距离,$D\approx$2 968~3 568mm;E-(半径加大5cm时模板边缘)到(拱顶)的距离,$E\approx$6 195mm;F-(台车中线与F匝道交点)到(拱顶)的距离,$F\approx$9 428~10 028mm;G-(半径加大5cm时模板边缘)到(C匝道高程位置下290位置处)的距离,$G\approx$4 162~11 703mm

1)拱圈模板台车使用说明

(1)模板台车使用必备条件:检查路面高程及路面状况是否满足设计要求;检查枕木和钢轨是否满足设计要求,枕木:200mm;钢轨:43kg/m;检查钢模板外表面是否涂抹脱模剂。

(2)绑扎钢筋

在模板台车上绑扎钢筋,务需注意安全问题。首先,在模板的前、中、后三个部位挂绳索通至拱脚部位,利用绳索作人员上下移动的依托;然后,绑扎下层主筋、分布筋,人员利用绑扎好的钢筋上下移动;最后,绑扎拉结筋和上层分布筋、主筋。

(3)拱圈混凝土浇注

钢筋绑扎完成后,在拱肩以下部位立外模,然后浇注混凝土。浇注之前,在钢模板表面涂抹脱模剂,以减少脱模时模板与混凝土之间的黏结力。

在混凝土浇注过程中要注意以下两点:

①在每次混凝土浇注之前,应检查丝缸、千斤顶是否有松动,防止在浇筑时台车变形。

②混凝土浇注时,钢模板台车前后混凝土高差要求不超过600mm;左右混凝土高度差要求不超过500mm。

(4)脱模

混凝土浇筑完成之后,等混凝土强度达到5MPa(约24h)后再进行脱模。

2)台车及结构加固措施

根据台车制作公司提供的设计方案,在YK6 +998 ~ YK7 +018框架顶板上台车组装完成,组装完成的台车每台自重160t,钢筋混凝土按2.6t/m^{3}计算,单侧拱圈重692.3t(按13.5m长计算);台车自重与拱圈重力由台车下部5排纵向立柱来承重,其中台车2排纵向立柱在靠近中拱座2m范围内,1排在框架侧墙顶,2排在靠近挡墙2m范围内;按照平均受力计算,每排纵向立柱受力170t,因此,台车定位前在框架顶板靠中拱座与挡墙处的台车纵向立柱受力需要加强处理。

台车在框架侧墙顶与中拱座处的立柱横向间距为10.11m,承受大部分荷载,需要在台车轨道对应的框架内利用脚手架纵向支撑2排,以减少框架顶板承受的荷载;脚手架高7.1m(包括上下顶托40cm),横向间距0.6m,台车位置及其加固如图4所示。

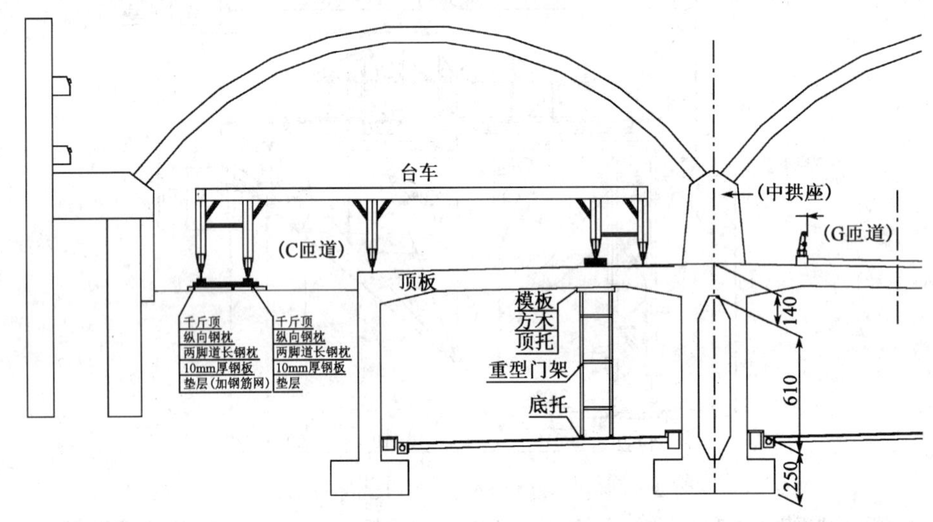

图4　台车位置及其加固示意图

3)模板台车施工难点解决

(1)偏压问题

本工程属于联拱隧道,在混凝土浇筑过程中,如果两侧或中部浇筑太快,将会对台车的中部拱脚(及中拱座)或台车的两侧拱脚(及左、右拱座)产生偏压,引发台车施工的安全问题或结构的质量问题。为此,需要左、中、右同步浇筑,将混凝土面高差控制在500mm以内。

(2)台车纵向行车

因外侧匝道的纵向坡度(4.5%)与内侧匝道坡度(2%)相差较大,所以随着台车的纵向移动,需要不断地调整支柱的高程。

为此,采取了回填土和接长支柱的方式。匝道填土密实度要求达到95%以上,并且在匝道内的2排纵向立柱底面浇筑厚20cm的C20混凝土。

4)模板台车监测

为了清楚了解模板台车的受力特征和变形特征,如图5所示布置测点,测量模板台车的内力及变形。

5.3 施工管理方法及劳动力组织

施工管理实行双线管理,项目经理对施工的安全、质量、工期负总责,由生产副经理组织现场施工,由总工领导下的各职能部室或班组对现场作业进行指导及监控。现场组织实施流水线作业管理,由生产副经理安排支架作业队、钢筋作业队、模板作业队、混凝土浇筑作业队、机械队根据现场各工作面的情况进行流水作业。各班组及作业队的劳动力组织如表1所示。

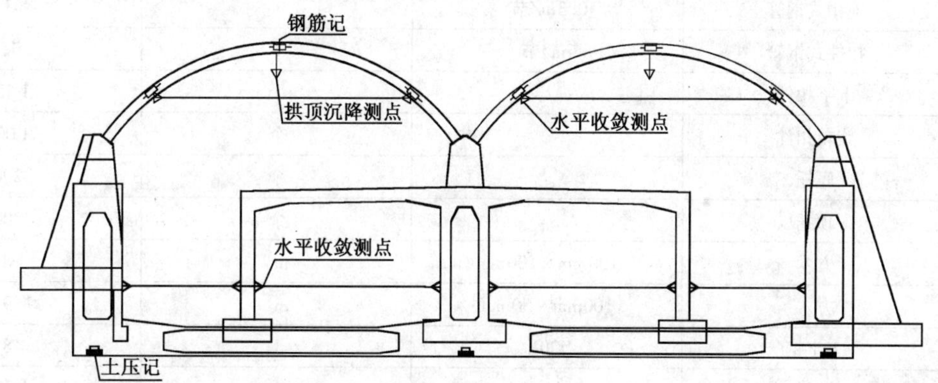

图5 内力和变形测点布置图

劳动力组织一览表 表1

组织名称	人数	组织名称	人数
支架作业队	30	机械作业队	20
模板作业队	40	测量、监测组	8
混凝土作业队	30	合计	168
钢筋作业队	40		

6 材料与设备

6.1 主要机具配置

主要机具配置见表2。

主要机具配置一览表 表2

序号	机具名称	规格或型号	单位	数量
1	模板台车	13m长,160t	台	2
2	吊车	Q25	台	3
3	混凝土输送泵车	43m臂长	台	2
4	电焊机	BX1-400	台	20
5	钢筋切割机	GQ40	台	4
6	钢筋调直机	GT4-14	台	1
7	钢筋弯曲机	GW40	台	6
8	套丝机	BLZS40	台	4

6.2 主要材料配置

主要材料配置见表3。

主要材料配置一览表 表3

序 号	材料名称	规 格	单 位	数 量
1	碗扣式钢管	2.4m/节	t	20
2	碗扣式钢管	1.5m/节	t	1
3	碗扣式钢管	0.9m/节	t	30
4	碗扣式钢管	0.6m/节	t	3
5	碗扣式钢管	0.3m/节	t	1
6	扣件式钢管	6m/节	t	15
7	十字扣件		个	1 500
8	旋转扣件		个	1 000
9	底托		个	200
10	顶托		个	200
11	方木	100mm×100mm	m^3	8
12	方木	100mm×50mm	m^3	9
13	工字钢	I20b	t	8
14	竹胶板	244mm×122mm×10mm	m^2	1 000

7 质量控制

7.1 执行的工程质量标准

本工程主要执行了钢筋、混凝土施工现有的相关技术标准及规范。

7.2 采用的技术措施

7.2.1 绑扎前认真学习结构图纸,明确钢筋的形状及各个细部的尺寸,确定各类结构的绑扎程序;核对钢筋配料单和料牌,再根据料单和料牌核对钢筋半成品的钢号、形状、直径和规格数量是否正确,有无错配、漏配及变形,如有此情况,及时整修、增补。

7.2.2 钢筋按结构要求,分层、分批进行绑扎,所有钢筋焊接接头均按规范错开,对于多层钢筋,在层间设置足够的撑筋,撑筋规格为ϕ16@1000,梅花形布置,以保证钢筋骨架的整体,防止浇注混凝土时钢筋骨架错位和变形。

7.2.3 为保证混凝土外观质量,模板主要采用大块的竹胶板,板缝用宽胶带进行封闭,脱模时轻撬轻放,下次使用时进行清理。

7.2.4 混凝土采用"一个坡度,薄层浇注,循序推进,一次到顶"的浇注方法来缩小混凝土暴露面。

7.2.5 组织两套浇注设备及两个作业班组同时浇注,浇注速度达30m^3/h,壳体分幅为2m,确保在1h内完成一幅施工,可以保障连续的不间断施工。

7.2.6 为了避免拱圈混凝土凝固初期产生收缩裂纹,在混凝土浇注后终凝前采用"提浆、压实、抹光"工艺,能够保证结构外防水层与结构密贴。

7.2.7 覆盖浇水养护在混凝土浇筑完毕后的12h内进行,夏天缩短至2~3h,或混凝土终凝后立即覆盖麻袋或土工布,并浇水养护。

7.2.8 覆盖浇水养护时间,对有抗渗要求的混凝土,不得少于14d,一般混凝土,不得少于7d。

8 安全措施

8.1 执行的安全法规

本工程施工及安全管理主要执行机械使用、脚手架施工现有的安全法规及操作规程。

8.2　模板台车力的传递注意事项

8.2.1　模板台车外侧的立柱未支撑在已施作的钢筋混凝土结构上，为了给竖向力提供足够的反力支撑，于模板台车定位一周前，在轨道位置浇筑 20cm 厚 C20 混凝土。

8.2.2　为了保证模板台车受力均衡，在混凝土浇筑过程中，左中右同步浇筑，将混凝土面高差控制在 500mm 以内。

8.3　模板台车安全操作规程

8.3.1　钢模板台车必须完全静止后，才能换向行驶。

8.3.2　当轨道坡度过大，导致台车行驶打滑时，可撒些干细沙到轨面上，以增大黏着力，而使打滑现象消失。

8.3.3　每一个工作循环前要校对钢轨是否平直，钢轨中心距与衬砌中心距是否对齐，检测钢轨牢固性。台车就位前，一定要把钢轨铺直，防止门架支撑千斤顶不能撑于钢轨上这一现象发生。

8.3.4　每一个工作循环后要检查各部位螺栓、销子的松紧状态，对各种连接件重新检查紧固。

8.3.5　液压系统应无泄漏现象，液压油应清洁，工作时压力表开关应打开，随时观察压力的波动情况。

8.3.6　钢模板台车行走时，边模板下端与地面间不得有风管、水管等障碍物，严防台车行走时有拖带现象。

8.3.7　台车浇注前，丝杠千斤顶务必旋紧。

8.3.8　必须引入三相四线制电源，否则漏电断路器起不到漏电保护跳闸的作用。

8.4　防洪、防台和防火安全防护措施

8.4.1　针对厦门市的天气情况编制专门的防洪、防台应急预案。

8.4.2　严格用电制度，安装安全用电装置，严禁私自搭接电线。

8.4.3　做好消防安全工作，对于消防器材采取专人管理定期检查定期更换。

9　环保措施

9.1　施工便道采取洒水防尘、夯实或硬化等办法，控制施工现场及道路扬尘。

9.2　在施工作业现场按照业主的要求，对施工现场实施围挡措施。

9.3　施工期间，控制施工车辆鸣笛，经过居民区的重型运输或施工机械，减速慢行。

9.4　加强施工期环境管理，合理安排施工工序，做到文明施工，减小噪声影响。

9.5　根据施工项目现场环境的实际情况，合理布置机械设备及运输车辆进出口。

9.6　禁止在施工作业过程中从高空抛掷钢材、铁器等施工材料及工具而造成的人为噪声。

9.7　为了保护环境和水源不受污染，在明挖基坑设置截水沟和污水处理系统，利用集水池改建成沉淀池和污水处理池对施工废水进行处理，污水处理达到国家规定标准再排放。

9.8　及时收集建筑垃圾，对施工产生的废物料，尽量进行回收利用和处理，属不会产生明显污染的废砖头、废混凝土、废墙体、废桩块等建筑固废，作为填充材料，充垫场地、便道等，不得随意堆存或丢弃；不能回收的一般废物送垃圾场统一处置。

10　资源节约

10.1　合理规划施工场地，尽量减少临时用地，节约土地资源。

10.2　严格控制外侧匝道开挖高度，减少轨道下方土石方回填量，从而提高劳动生产率，降低单位产值能耗，减少资源投入。

10.3　严格内部管理，建立主材及周转材料节超奖惩制度，鼓励节约材料，处罚材料超用和浪费。

10.4　规范施工操作行为，尽量减少不合格产品的出现，杜绝质量事故的发生，从而避免因返工造成的材料浪费。

10.5　施工过程中,加强对施工用水、施工用电、机械设备的管理,尤其是减少施工用水、用电的浪费和减少机械设备空转。

11　效益分析

与上下双层均采用框架结构相比,上拱下箱的组合结构承载能力强,有利于保证工程的施工质量,并充分发挥材料的力学性能,从而大大节约了建筑材料成本;在施工中投入了大型拱圈模板台车,缩短了工期;大跨拱形结构的采用减小了基坑开挖断面(与上、下层都是框架的结构相比,开挖跨度减小了15m),从而减少了植被的破坏,最大限度地保护了环境。

将采用大跨拱形结构后的投入与未采用该工法的投入进行比较,其产生的经济效益分析如下:

与上下双层均采用框架结构相比,上拱下箱的组合结构承载能力强,有利于保证工程的施工质量,并充分发挥材料的力学性能,从而大大节约了建筑材料成本,节约混凝土3 000m^3,节约钢筋540t,节约脚手架等周转性材料费用约130万元,共计约630万元;在施工中投入了大型拱圈模板台车,增加费用200万元,但总的材料设备投入费用节约了430万元。

通过大型拱圈模板台车的应用,缩短工期4个月(采用满堂脚手架施工需13个月,采用模板台车后仅需9个月),每个月的人工、机械费及其他固定投入为60万元,共计节约费用4×60=240万元。

以上两项费用共计670万元。

12　应用实例

厦门市机场路一期工程JC3标段明挖工程明挖段左侧紧邻部队军营,右侧水厂家属楼距基坑开挖边线5m左右,南海渔村距基坑开挖边线10m左右,莲坂水库距基坑最近处70m,水库的水位在高程15m左右,根据地质资料显示,该段岩石主要为砂砾状强风化花岗岩,而开挖的基坑高程在1.0左右,形成了14m左右的水头压力,且此水库基底未进行防渗处理。深基坑段采用明挖法施工,深度达到30m,宽度达到60m。

该区域场地狭小,不具备建设城市立交桥的条件,为了解决立体交通的问题,经研究、分析、比较,确定采用上拱下箱的大型"拱箱组合"结构形式,上层行车通过大跨拱形结构实现。该拱形结构具有跨度大(单跨24.7m)、拱下净空大(拱顶内部距路面最大高差为17.5m)的特点。用传统的满堂支架法施工,虽工艺简单、资源投入少,但存在安全可控性差、质量不易保证、工期长等缺陷。为解决以上问题,施工单位采用了大跨度的双拱复合形台车,并采取相应措施解决了施工中遇到的实际问题,保证了施工的安全,满足了工程的质量和工期要求,取得了较好的经济和社会效益。

该工程开工日期为2008年2月15日,竣工日期为2008年11月25日,按时实现通车,得到了市政府的肯定。该工法在以下方面非常值得推广。

在狭小的空间内,用拱的形式来构筑第二层结构,可以明显减少混凝土和钢筋用量,并减少施工缝,这种节约资源的思想值得在类似工程中推广。

在矢跨比小、拱下净空变化的联拱拱形结构中,采用大型模板台车保证施工中的安全、质量、工期问题。

软弱围岩隧道聚丙烯纤维增强混凝土性能施工工法

GGG(浙)D2164—2010

焦 岩 高 峰 陈青山 陈志平
(顺吉集团有限公司)

1 前言

目前,软弱围岩隧道二衬混凝土中加入钢纤维,其抗弯、抗拉、抗裂、抗疲劳和防止收缩裂缝产生等性能得到了很大提高,因而受到国内工程界的普遍重视,并得到广泛应用。但钢纤维耐腐蚀性较差,特别潮湿的渗水地段,钢纤维遇水易氧化,氧化层锈斑降低了钢纤维与混凝土的黏结性能;其次,钢纤维造价较高,每立方米混凝土增加造价为300~400元;另外,钢纤维运输不便、磨损搅拌及泵送设备、易结团并堵塞泵管。

聚丙烯纤维是一种有机合成柔性纤维(见图1),兼顾了钢纤维高抗拉强度、耐高温、抗裂、抗疲劳等性能,并且化学性质稳定。通过在软弱围岩隧道的浙江104国道长岙隧道与后江隧道及41省道狮子山隧道和黄田岭隧道工程应用,形成本工法。本工法通过二次衬砌混凝土中加入聚丙烯纤维,从而产生一种二级加强的物理配筋效果,有效阻止了混凝土的收缩离析,沉降及其他裂缝的形成和发展,且聚丙烯纤维在混凝土中易分散,泵送不易堵管,充分保证了纤维与混凝土的良好结合;与添加钢纤维相比,材料费用也有较大减少,取得了满意的效果,具有良好的应用前景。

图1 聚丙烯纤维

2 工法特点

2.1 聚丙烯纤维在混凝土中形成均匀的乱向支撑体系,数量在2 000~3 000万根/m^3,犹如在混凝土中掺入数量巨大且握裹力强的微细筋,抑制了混凝土开裂的进程,提高了混凝土的断裂韧性,完全物理配筋从而达到了增强混凝土性能的目的,被称为混凝土的“次要加强筋”。

2.2 产品具有高耐碱性、无腐蚀、无毒害、抗潮湿,解决了一般钢纤维腐蚀生锈问题。

2.3 易分散、易施工、无锋利棱角,对搅拌和泵送设备及洞身衬砌防水卷材等无任何损伤。

2.4 可替代或部分替代钢纤维,并增强了与混凝土的握裹力,克服了钢纤维的许多不足。

2.5 施工工艺简单、易操作掌握,并兼顾成本及长短期效益。

2.6 配制便易,经济效益明显、易推广。

3 适用范围

由于聚丙烯纤维增强混凝土具有以上力学特性,因此适用于软弱围岩隧道的二衬混凝土浇筑及初期支护喷射混凝土施工,特别适用于既有隧道衬砌补强。

4 工艺原理

在混凝土内掺入一定量的聚丙烯纤维,聚丙烯纤维与水泥集料有极强的结合力,可以迅速而轻易地

图2 纤维三维乱向分布网络模型

与混凝土材料混合,分布均匀;同时由于聚丙烯纤维直径小,长度短,同等质量的纤维,其纤维根数越多,纤维的比面积就越大。例如:0.9kg 聚丙烯纤维分布在 $1m^3$ 的混凝土中,则可使每立方米混凝土中有 2 000 ~ 3 000 万根纤维不定向分布在其中,故能在混凝土内部构成一种均匀的三维乱向支撑体系(图2)。当微裂缝在细裂缝发展的过程中,必然碰到多条不同向的微纤维,由于遭到纤维的阻挡,消耗了能量,难以进一步发展。因此,聚丙烯纤维可以有效地抑制混凝土早期干缩微裂的产生和发展,极大地减少混凝土的收缩裂缝。在受荷(拉、弯)初期,水泥基料与纤维共同承受外力,微纤维分布了混凝土的定向拉应力,从而增强了混凝土整体受力的效果,延长使用寿命。

5 施工工艺及操作要点

5.1 混凝土生产工艺流程

混凝土生产工艺的流程如下:

材料准备→纤维混凝土搅拌→纤维混凝土运输→泵送→浇筑养护。

5.2 材料准备

各种原材料按批次抽样检验后,方可入厂。聚丙烯纤维作为聚丙烯纤维混凝土主要材料,应有厂家提供的产品合格证及检验报告,以判断该种纤维是否满足混凝土的拌和要求。根据经验,对 C25 与 C30 混凝土,聚丙烯纤维一般掺量在 0.6 ~ 0.9kg/m^3,为了方便计量和投放,一般提前要求生产厂家将聚丙烯纤维按一定量分袋包装(0.6 ~ 0.9kg/袋)。

5.3 混凝土搅拌

纤维同混凝土集料、外加剂、掺和料和水泥都不会有任何冲突。施工时,根据配合比直接将纤维投入上料系统。对搅拌及施工工艺没有特别的要求,只要适当保证搅拌时间即可使用。

5.3.1 根据每次搅拌混凝土的方量,按照配合比要求(或建议掺量)正确计量每次加入纤维的质量。

5.3.2 将集料连同纤维一起加入搅拌机,应调整搅拌时间,湿拌时间应较普通混凝土增加 30%,使纤维充分分散于混凝土中。

5.3.3 搅拌完成后随机取样,若纤维已均匀分散成单丝,则混凝土可投入使用,如果仍有成束纤维则延长搅拌时间 20 ~ 30s,即可使用。

5.4 混凝土运输

5.4.1 混凝土运输全过程中的任务是要求始终使聚丙烯纤维混凝土拌和物保持均匀、不离析、不分层状态。这要求在输送过程中混凝土罐车的罐体保持 3 ~ 6r/min 的转速转动,并及时将混凝土送到指定浇筑点。拌和好的纤维混凝土由搅拌站输送至浇筑部位,时间不应超过 60min。

5.4.2 输送过程中严禁驾驶员、施工人员私自向聚丙烯纤维混凝土中加入生水来调节和易性,否则会严重影响混凝土的质量。

5.4.3 聚丙烯纤维混凝土施工过程中应保持混凝土浇筑的连续性。

5.5 泵送

5.5.1 泵送前,应先开机用水润湿整个管道,而后送入砂浆,使输送管壁处于充分滑润状态,再开始泵送混凝土。

5.5.2 混凝土应保证连续供应,以确保泵送连续进行,尽可能防止停歇。若不能连续供料,宁可放慢速度,以保证连续泵送。当发生供应脱节不能连续泵送时,泵机不能停止工作,应每隔 4 ~ 5min 使泵正、反转两个冲程,把料从管道内抽回重新拌和,再泵入管道,以免管道内拌和结块或沉淀。同时开动料斗中的搅拌器，搅拌 3～5 转，防止混凝土离析。

5.5.3 泵送混凝土时，应使料斗内持续保持一定量的混凝土，如料斗内剩余的混凝土降低到 20cm 以下，则易吸入空气，致使转换开关阀间造成混凝土逆流，形成堵塞，则需将泵机反转，把混凝土退回料斗，除去空气后再正转泵送。

5.5.4 泵送时，应随时观察泵送效果，若喷出的混凝土像一根柔软的柱子，直径微微放粗，石子不露出，更不散开，证明泵送效果尚佳；若喷出一半就散开，说明和易性不好；喷到地面时混凝土飞溅严重，说明坍落度应再小些。

5.6 浇筑、养护

5.6.1 混凝土浇筑自下而上分层灌筑，每层灌筑高度、次序和方向根据混凝土的运输距离、灌筑速度、洞内气温、振捣等因素确定。

5.6.2 随着混凝土的灌筑，捣固人员应使用插入式振动器从衬砌大模板混凝土捣固窗中对混凝土进行捣固，混凝土振捣以不冒气泡为准，但不得超振引起混凝土翻沙和粗集料下沉。

5.6.3 聚丙烯纤维混凝土终凝后开始洒水养护，养护时间不少于 14d。混凝土拆模时间根据同期养护试件强度确定，混凝土强度必须达到设计强度的 70% 以上方可拆模。

6 材料与设备

6.1 对聚丙烯纤维要求

聚丙烯纤维是一种以聚丙烯为主要原料，以独特生产工艺制造而成的高强度束状单丝纤维。表 1 为聚丙烯纤维的物化性能参数。

聚丙烯纤维的物化性能参数

表 1

原料成分	聚丙烯	纤维类型	束状单丝
纤维直径	18～30μm	长度	9、12、19
抗拉强度	300～450MPa	弹性模量	3 000～3 500MPa
断裂伸长率	≥15%	抗酸碱性（强力保持率）	≥93%

6.2 对设备的要求

为确保纤维充分分散于混凝土中，须采用强制式双卧轴混搅拌机进行混凝土搅拌。

7 质量控制

7.1 质量标准

本工法执行以下标准：

7.1.1 《混凝土质量控制标准》（GB 50164—1992）；

7.1.2 《混凝土质量结构工程施工质量验收规范》（GB 50204—2002）；

7.1.3 《混凝土泵送施工技术规程》（JGJ/T 10—1995）；

7.1.4 《公路隧道施工技术细则》（JTG/T F60—2009）。

7.2 质量控制点

混凝土的质量形成过程分为：原材料及配合比设计→混凝土拌和及运输→混凝土灌筑，三个阶段中原材料选定及配合比设计是混凝土本身质量及质量形成的重要阶段，通过采取科学的严格的试验手段和管理措施，使混凝土本身质量较容易得到控制；而混凝土的拌和运输以及灌筑阶段影响混凝土质量的因素较多。

7.2.1 制订凝土生产、运输、浇筑实施方案，制订设备、人员、小型机具及运输组织计划。

7.2.2 每次混凝土浇筑前，制订落实混凝土的供应和运输计划，配齐各种运输机具，协调好隧道内各种运输设备走行时间和路线,并备用相应功率的内燃发电机。

7.2.3　混凝土拌和站运来的混凝土要先经试验人员检查核实和配料单是否符合配合比要求并取样后方能运至工作面浇筑。对达不到质量控制要求、或坍落度损失超标准,以及超过允许运输时间的混凝土作废弃处理。凝土泵送的坍落度不宜过大以避免离析或泌水。如发现坍落度不足,不得擅自加水,应当在技术人员的指导下用追加减水剂的方法解决。

7.2.4　按照浇筑工艺和混凝土的供应量,隧道二衬混凝土进行对称浇筑。在浇筑过程中,全力组织好混凝土的运输供应,缩短浇筑时间,以免出现施工冷缝。

8　安全措施

8.1　聚丙烯纤维属易燃品,在使用及堆放时需远离电气焊及其他火源,并严格执行现场用火制度。

8.2　对投放聚丙烯纤维的操作人员要及时发放安全技术交底,并对其进行培训后方可上岗,现场搅拌人员必须戴口罩。

8.3　仓库、料场应配备足够的消防器材,对易燃材料要集中管理,并设有明显标志。设专人对聚丙烯纤维料库定期进行安全检查。

9　环保措施

9.1　对使用的工程机械和运输车辆安装消声器并加强维修保养,降低噪声。

9.2　合理安排施工作业时间,尽量降低夜间车辆出入频率,夜间施工不安排噪声很大的机械。

9.3　合理安排施工人员在高噪声区和低噪声区的作业时间,并配备劳保用品。

9.4　配备专用洒水车,对施工现场和运输道路经常进行洒水湿润,减少扬尘。

9.5　对汽油等易挥发品的存放要密闭,并尽量缩短开启时间。

9.6　在有粉尘的作业环境中作业,除洒水外,作业人员还必须配备劳保防护用品。

9.7　营造良好环境。在施工现场和生活区设置足够的临时卫生设施,经常进行卫生清理,同时在生活区周围种植花草、树木,美化生活环境。

10　资源节约

目前的钢纤维混凝土在应用中主要问题是钢纤维生产成本及用量较高,而聚丙烯纤恰恰在生产成本及用量上得到了降低,并且聚丙烯纤混凝土在抗拉强度、耐高温、抗裂、抗疲劳等性能优越,在后期维修费用较低及使用寿命延长,资源得到节约。

11　效益分析

11.1　经济效益

若使用聚丙烯纤维代替钢纤维,在提高混凝土性能同时,则材料费用可以大大减少。通过表2可以看出,采用该项新技术每立方混凝土造价减少323.90元,经济效益十分可观。

钢纤维及聚丙烯纤维混凝土的经济效益分析表　表2

序　号	项　目	掺加量(kg/m^3)	材料单价(kg/元)	合　计
1	钢纤维	50	7.00	350
2	聚丙烯纤维	0.9	29.00	26.1
3	减少费用			323.90

11.2　社会效益

本工程经验收后,各项指标均满足技术要求。抗裂、抗渗效果明显,混凝土表面均无裂缝产生。

在商品混凝土快速发展的今天,寻求技术上的创新是必然选择,通过聚丙烯纤维混凝土技术的不断成熟,提高混凝土的各项性能延长使用寿命,从而可获得更大的社会效益。

12 应用实例

12.1 104 国道公路长岙隧道和后江隧道

104 国道永嘉乌牛至张家堡段改建工程第一合同段,位于浙江省永嘉县境内,由顺吉集团有限公司承建,该合同段全长 10.421km,开竣工日期为 2006 年 10 月至 2008 年 8 月。长岙隧道和后江隧道是 104 国道公路主干线上两座双连体隧道,长度分别为 268m 和 168m,具有偏压、大跨、浅埋、地质差等工程特点。衬砌外最大覆土厚度 42m,覆盖比小于 1.5,属超浅埋隧道。隧道从山垭口穿越,围岩为断层压性构造,微风化的灰岩夹全~强风化的泥质砂岩,软硬不均,自稳能力差,围岩类别以 V 级、VI 级为主,隧道洞口都设置了部分明洞。两座隧道都具有一座山势较高,另一座山势较低的特点,偏压十分明显。

本项目采软弱围岩隧道聚丙烯纤维增强混凝土施工工艺,经工程经验证明,聚丙烯纤维能减少和防止混凝土在塑性和初期硬化阶段的收缩裂缝产生,从而提高防渗、抗折等性能,获得参建各方好评,具有广泛的应用前景。

12.2 41 省道永嘉岭下至上塘改建工程狮子山隧道和黄田岭隧道

41 省道永嘉岭下至上塘段改建工程第 1 施工合同段由顺吉集团有限公司承建,全长 6.338km,开竣工日期为 2008 年 2 月至 2009 年 12 月。该项目狮子山隧道和黄田岭隧道分别长 198m、178m,均穿越微风化含角砾晶屑熔结凝灰岩,呈块状结构,节理较发育,由于受浅理等因素影响,围岩稳定性较差,且狮子山隧道右线出口存在偏压现象。

本项目采软弱围岩隧道聚丙烯纤维增强混凝土施工工艺,经工程经验证明,聚丙烯纤维能减少和防止混凝土在塑性和初期硬化阶段的收缩裂缝产生,从而提高防渗、抗折等性能,且施工费用大幅降低,获得参建各方好评。

多变径模板台车整体衬砌施工工法

GGG(中企)D2165—2010

张伯阳　张亚果　丁立金　王善高　张英明
(中交隧道工程局有限公司　中国路桥工程有限责任公司)

1　前言

由于电气化铁路具有速度快、能耗低、效率高等特点,使用电力牵引的区段铁路运输能力明显提高,所以电气化铁路是我国铁路未来发展的方向。

电气化铁路为满足供电 、机械方面的分段要求,将接触网分成若干个长度一定且相互独立的分段,每一分段称为锚段。两个相邻锚段的衔接部分称为锚段关节,为满足建筑限界的要求,隧道内的锚段关节按四跨形式考虑,在原建筑限界的基础上加高 0.5m、加宽 0.5m,如图 1 所示。隧道内直线段线间距一般为 4.4m,曲线段线间距为 4.53m,直线段和曲线段均有锚段关节,这样,一座长隧道内至少有 4 种变化的衬砌断面,衬砌半径变化最大达 550mm。

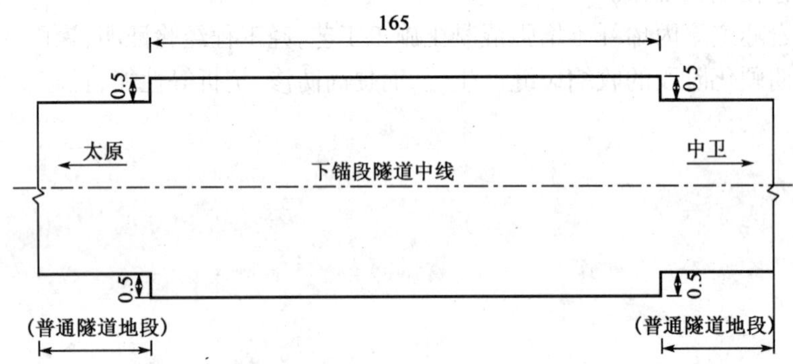

图 1　非绝缘锚段关节平面示意图(尺寸单位:m)

太中银铁路柳林隧道全长 7 637.5m,是全线 7 处重点控制性工程之一,衬砌断面变化频繁且幅度大,给二衬施工增加了很大的难度,为此,成立了科技攻关小组,设计并应用了多变径模板台车。该模板台车具有通用性,能适用于多种不同半径的衬砌断面施工,且该模板台车在进行不同断面转换时,改装简单,更换部件工作量少,机械化程度高,变径速度快、经济实用,保证了隧道二次衬砌的整体强度,既节约时间,又节约了人力、物力,大大提高了二衬施工效率。

该模板台车技术先进、实用性强,获得了 2010 年度国家实用新型专利(2009201704069),其关键技术通过了中国铁道工程建设协会的鉴定,经过现场应用后总结归纳为本工法,并在太中银中交隧道工程局管段内隧道群中推广应用,取得了十分显著的社会效益和经济效益。

2　工法特点

2.1　多变径模板台车能够在有多种断面尺寸的隧道中连续衬砌,根据不同的衬砌断面进行变径,完成各种变径断面的衬砌作业。与传统的衬砌方法相比,一部模板台车完成了以前多台模板台车才能够完成的作业。在复杂多变径衬砌断面的隧道施工中发挥了特殊的作用,在变径作业时,模板台车改装快,且衬砌轮廓圆顺,无错台,表观质量好,大幅度降低了施工成本。

2.2　该多变径模板台车设计图见图2，主要有如下几个特点。

2.2.1　多变径：模板台车利用柔性铰接、拱顶加宽模板、边墙挂板等辅助措施可以变径，适合多种不同半径的衬砌断面。

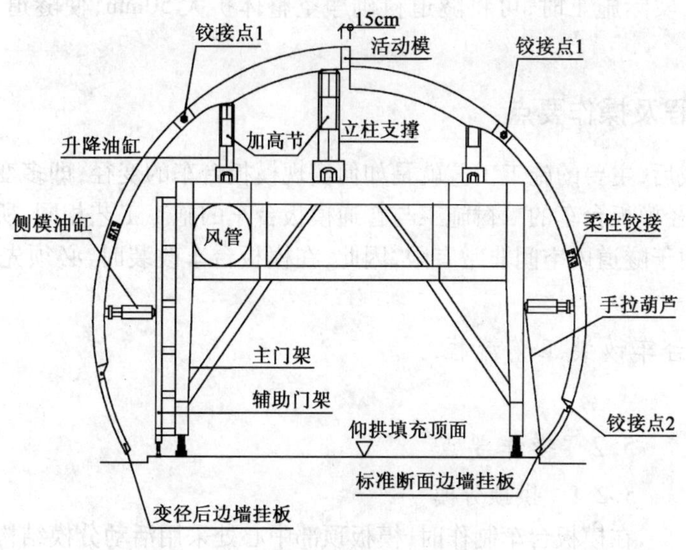

图2　多变径模板台车设计图

2.2.2　整体性：在台车下部设置边墙挂板，不需要超前施工矮边墙，减少了一道施工缝，衬砌整体性强。

2.2.3　快捷性：模板台车变径时，改装简单，机械化程度高，工作量小，变径速度快。

2.2.4　低成本性：模板台车变径时，无需更换大的部件，所需人员少，时间短暂，成本低廉。

3　适用范围

在多断面形式隧道中，利用一台模板台车能够连续衬砌，并根据不同的衬砌断面进行变径，完成各种不同尺寸断面的衬砌作业，实现"一车多用"，衬砌半径变化最大可达1.15m，特别适用于铁路电气化隧道工程，同时也可经过改进应用于公路变断面隧道工程。

4　工艺原理

4.1　多变径模板台车就是利用其中某个断面作为基本断面来加工标准模板台车，采取增加拱顶加宽模板、加高节、辅助门架及更换边墙挂板等辅助措施，利用近似法实现其他断面半径尺寸，从而实现"一车多用"。下面以太中银铁路柳林隧道为例说明本工法的工艺原理。

4.2　根据设计图纸，隧道主要衬砌断面半径为6 100mm、6 160mm、6 600mm、6 650mm4种（已考虑净空加大50mm），半径变化最大达到550mm，衬砌断面周长增加1.49m，所以，设计的变径模板台车选定以衬砌半径6 160mm（线间距4.53m）为设计基准断面，制作标准衬砌模板台车。

在标准模板台车以半径6 160mm实现半径6 100mm断面衬砌时，只需将标准模板台车升降油缸降低60mm，侧模油缸回收约60mm，并以两铰接为旋转中心分别进行二次旋转后便可实现，从而达到半径6 100mm断面衬砌轮廓要求。

4.3　在标准模板台车以半径6 160mm实现半径6 600mm和半径6 650mm断面衬砌时，必须先改装模板台车。首先在标准模板台车拱顶中心增加加宽模板300mm，拟合大断面衬砌内缘的弧度；利用机械千斤顶配合升降油缸对门架上部的立柱支撑增加加高节，实现模板台车面板整体升高510mm；并在台车主门架上安装辅助门架，确保侧模加宽500mm；同时利用侧模面板可以根据柔性铰接点转动的特点对侧模板的半径进行扩大，达到侧模板变径的目的。然后，更换弧长较长的边墙挂板，从而满足大断面衬砌内缘的弧长要求,这时便完成了模板台车的变径操作过程。

4.4 由于使用基准断面近似法实现其他衬砌断面,在模板台车变径后,实际衬砌断面轮廓线与设计值存在偏差,经过计算,偏差均在20mm以内,最大偏差值出现在拱顶与拱腰之间,主要是因为衬砌断面设计半径相差太大。实际施工时,可将隧道衬砌净空整体扩大50mm,使隧道衬砌净空满足了设计要求。

5 施工工艺流程及操作要点

模板台车制作完成后,主要的施工工艺就是如何实现模板台车的变径,即多变径模板台车的改装过程。改装完成后,多变径模板台车的二衬施工与普通模板台车的施工工艺相同,所以本工法主要对变径过程作详细的阐述。由于隧道内空间非常有限,因此,在模板台车改装时,必须先将模板台车行至锚段关节加宽段。

5.1 变径模板台车改装工艺流程

工艺流程见图3。

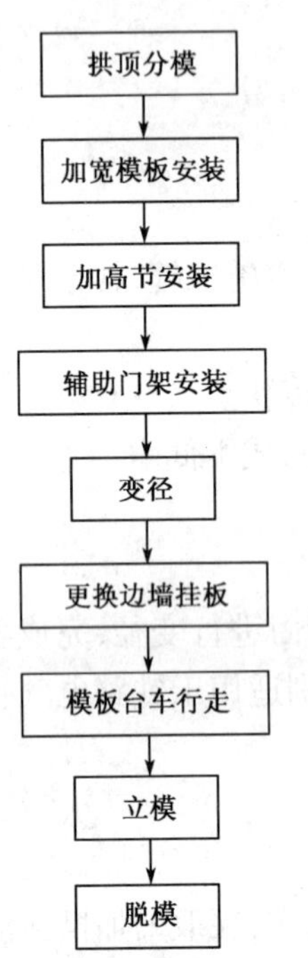

图3 工艺流程图

5.2 操作要点

5.2.1 拱顶分模

在模板台车制作时,模板顶部中心处采用活动分模结构。

首先将在模板台车两端焊接机械千斤顶,使模板台车顶部模板分模后处于稳定状态,将模板台车中心处两侧高强连接螺栓松开并取下,这时启动模板台车的水平移动油缸,让顶部左右侧模板分别向两侧移动,单侧移动距离各为155mm(模板分模尺寸为310mm,比加宽块模板宽10mm,方便加宽模板吊装),即在拱顶中心增加一块300mm的加宽模板,以确保下锚段拱板弧度。在水平油缸移动的同时,模板台车两端的机械千斤顶也同时松开,使机械千斤顶的行程与水平油缸的行程一致。

5.2.2 加宽模板安装

(1)模板顶部分模后,在模板台车顶部用ϕ80mm的钢管制作一个简易三角架,三角架高度约800mm,三角架底部与模板台车面板焊接,以保证三角架的稳定性。将手拉葫芦固定在三角架上。

(2)在加宽模板中部焊接一个三角形悬挂手柄,焊接强度以保证能够承受加宽模板的自重为标准。

(3)采用手拉葫芦将加宽模板吊装至设计位置,工人及时使用高强螺栓将加宽模板与模板台车连接。吊装时,人工将加宽模板扶稳,防止碰撞模板台车其他部位。

(4)按照上述步骤,再吊装其他加宽模板。加宽模板一共4块,其中有3块长度为3.0m,一块长度为3.1m,故模板台车总长度为12.1m。加宽模板横向与纵向均用高强螺栓连接,保证模板台车分模处的强度。

5.2.3 加高节安装

模板台车的升降油缸行程为300mm,在施工下锚段断面衬砌时,显然不能满足断面加高550mm的要求。因此考虑在标准台车的基础上,在上纵梁底部增设加高节510mm,配合升降油缸的调节,就能满足下锚段断面衬砌的要求。

(1)首先将模板台车的4个升降油缸同时升至最高位置,由于油缸的行程为300mm,所以本次升高的高度为300mm。

(2)在油缸旁的立柱支撑位置按照实际高度增加加高节,由技术员用钢尺测量立柱支撑需要加高的长度,底部用25t的液压千斤顶调节。

(3)在4个立柱支撑加固稳定后,对升降油缸卸压,这时模板台车的自重全部由立柱支撑承受。

(4)在4个升降油缸上部增加加高节,加高节与油缸、模板台车上纵梁之间采用法兰连接。

(5)这时升降油缸重新有了300mm的行程,就可以再升高300mm,这时取下液压千斤顶。该模板台车最大升高为550mm,可以满足模板台车的整体升高要求。

5.2.4 辅助门架安装

由于下锚段的衬砌半径加大了550mm,在模板台车撑开后,主门架与面板的距离就增加了550mm,侧模螺旋千斤顶的长度就不能满足要求,且模板的受力结构发生了变化,所以在下锚段施工时,在主门架上增加一套辅助门架,辅助门架宽度为500mm。侧模螺旋千斤顶在加工时要考虑衬砌断面变化以后的通用性。

(1)使用模板台车左右、前后4个侧模油缸将模板台车的左右侧的模板最大限度的撑开。

(2)模板台车一共7榀主门架,侧模油缸位于第一榀和第七榀主门架上,在侧模油缸将台车面板撑开后,先安装左侧第二榀至第六榀主门架上的辅助门架,每榀主门架上分别安装一榀辅助门架。

(3)辅助门架与主门架采用高强螺栓连接。模板台车在制作时,主门架上预留与辅助门架的连接螺栓孔。辅助门架安装后,一定要派专人逐一检查连接螺栓,检查是否有松动螺栓。

(4)左侧第二榀至第六榀辅助门架安装完成后,即可安装第二榀至第六榀辅助门架上的螺旋千斤顶,并与模板台车面板连接,并将螺旋千斤顶撑开。

(5)将左侧的两个侧模油缸卸压,并将侧模油缸从主门架上拆下,按照步骤(2)~步骤(4)的方法安装第一榀与第七榀上的辅助门架、螺旋千斤顶。完成后将侧模油缸安装在辅助门架上。

(6)按照步骤(2)~步骤(5)的方法安装模板台车右侧辅助门架、螺旋千斤顶及油缸。

5.2.5 变径

顶模与侧模、边墙挂板与侧模的连接以铰接的形式进行连接,侧模板可以绕铰链转动,以便调节模板的伸缩,满足衬砌断面要求。台车侧模面板是一块整体的模板,侧模的上、下两部分以柔性铰接的形式进行连接。

柔性铰接就是以模板台车的面板为固定连接,中间的环向加强筋板在该处全部断开,环向筋板全部采用高强螺栓进行连接,螺栓孔间距可以调整,连接螺栓拧下后,下部侧模板即可围绕该处转动,达到变径的目的,变径后再用螺栓连接。

柔性铰接处上边设置一根纵梁,下边设置纵向加强筋板,保证模板台车的强度和刚度。模板台车面板为10mm的钢模板,由于台车面板有一定的强度,所以,在柔性铰接的上、下两侧必须设置螺旋千斤顶支撑,变径时将环向筋板的所有连接螺栓全部拧开取下,这时下部侧模板可以围绕柔性铰接点转动,可以通过螺旋千斤顶的作用力进行内外调节,达到调节台车半径的目的。变径完成后用高强螺栓将环向筋板再次进行连接、固定,这样就完成了模板台车的变径改装。

5.2.6 更换边墙挂板

台车制作时,将台车的边墙挂板直接作用在仰拱填充顶面,模板底部距离仰拱顶面10cm,即仰拱填充两侧1.2m范围内浇筑成台阶状,台阶高度为10cm,如图4所示。

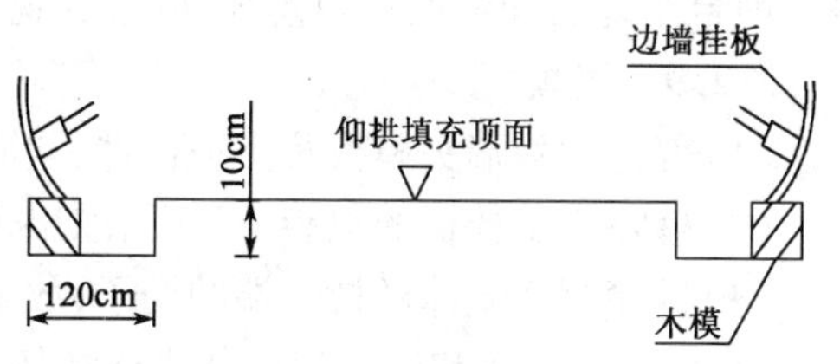

图4 边墙模板

在施工时,该处用木模进行垫实,防止漏浆,取消以往“矮边墙”的做法,边墙挂板通过铰链与上部模板连接,保证了模板台车的操作灵活性。这样减少了超前施工工序,减少了一道施工缝及施工缝的处理,有利于加快工序循环,减少投入,节约成本。

由于该模板台车改装后,整体抬高了550mm,且左右侧均加宽了550mm,模板台车面板总弧长比设计短,侧模底部距离地面较高,这时更换弧长较长的边墙挂板,就能满足下锚段衬砌断面的要求,如图4

所示,A1 型边墙挂板弧长比 A 型边墙挂板长 595mm。

边墙挂板纵向分成三块进行拼装,边墙挂板与侧模采用铰链连接。由于边墙挂板没有动力装置,所以,在二衬脱模时,采用手拉葫芦将其吊起,完成脱模。

边墙挂板更换完成后,技术人员必须对左右侧的铰接点逐一检查,是否有未拧紧螺栓,发现问题,要及时纠正,防止在混凝土浇筑过程中跑模,影响施工进度和衬砌的表观质量。

5.2.7 模板台车行走

操作台车人员,必须由熟悉台车性能的专职人员操作。

1)检查

台车移动前,必须认真检查台车,是否收缩到位置;侧纵联两头与中部在移动前,必须用丝杠临时支护,防止模板与门架摆动而折断油缸,侧丝杠临时固定是否牢靠,防止移动过程松脱支地;模板台车上平台前后两侧与地面前后两侧,必须有直接监护人员进行移动式的监护。

2)检查、校对钢轨

校对钢轨是否平直,钢轨中心距与衬砌中心距是否对齐,检查钢轨的牢固性。用于垫钢轨的枕木纵向间距一般不得超过 600mm。

3)行走模板台车

模板台车行走一定要慢,匀速行走。行走时,操作人员必须时刻与监护人员保持联系,发现问题,立即停止行走。

5.2.8 立模

(1)检查电路电器防爆系统安全后,合闸通电,使液压系统处于待运转状态。

(2)调整台车至衬砌位置后,将支撑行走梁底部丝杠撑于钢轨上并旋紧。

(3)操纵液压控制阀,调整各部模板到位。先确定拱顶模板位置与隧道断面相符。精测各切线、腰线中心位置。这时所有支撑丝杠和千斤顶都处于分开状态,在各油缸旁安装支撑丝杠。(拱部起升、侧模板调节、模板横移均采用液压控制)。

(4)操作换向阀手柄,使水平油缸平移,可调整模板台车中心距与衬砌中心线对齐。

(5)操作换向阀手柄,使升降油缸上升。调整台车达到设计高度后,旋紧各竖向千斤顶。

(6)操作换向阀手柄,使侧向油缸撑出。同时调整节流阀,粗调侧模板至设计位置。

(7)关闭电机,来回摇动换向阀手柄,使侧向油缸卸压。调节侧向支撑丝杠,使台车侧模达到混凝土浇注状态。

(8)启动电机,保持油缸压力。

(9)通过螺旋千斤顶调整边墙挂板至设计位置。小边墙地锚丝杠和其他支撑杆件定位。检查各铰接点和主要的螺栓紧固区,检查窗口的锁定等。

(10)边墙挂板底部用木模板挡护密实,端模挡护与支撑。

(11)立模完后检查各支撑点的稳定性和整体相关尺寸,检查无误后,可进行混凝土浇注。混凝土灌注前台车外表面需涂抹脱模剂,以减少脱模时的表面黏力。

5.2.9 脱模

(1)首先拆除端头模板及支护杆件、紧固件。

(2)拆除边墙挂板的螺旋千斤顶,取出边墙挂板下面的木板挡护,用手拉葫芦将边墙挂板拉起。

(3)拆除侧面支撑丝杠一端的销子,放下丝杠。然后再拧松拱部平台支撑千斤顶,并从纵梁下部抽出摆放好,防止台车移动时掉落伤人或摔坏。

(4)拧松行走梁下边的支撑丝杠(离轨平面约 60~100mm)。

(5)拆模:操纵液压控制阀,首先收回侧模油缸,然后再降落拱部升降油缸。收模操纵油缸时应先点动后续动收位。

(6)台车移动位置前,必须按照 5.2.7 中的要求进行。移动到位置后,请切断电源。

(7)清除模板表面的异物和检查模板表面质量(分模线、接模线、铰接线、窗口、混凝土浇注孔)。

5.3 劳动力组织

该变径模板台车改装时,工作量小,更换部件少,改装速度快,改装模板台车劳动力组织见表1,二衬施工劳动力组织情况见表2。

改装模板台车劳动力组织情况表 表1

序 号	工 种	所需人数(人)	备 注
1	管理人员	1	
2	技术人员	1	
3	电焊工	1	
4	工 人	4	
5	电 工	1	
合计		8	

二衬施工劳动力组织情况表 表2

序 号	岗 位	人数(人)	备 注
1	工班长	1	
2	输送泵司机	1	
3	混凝土班	6	
4	木工	3	
5	钢筋工	8	
6	安质员	1	
7	电工	1	
8	试验员	1	
9	电焊工	1	
10	其他	3	
合计		27	

6 材料与设备

本工法无需特别说明的材料与设备,变径模板台车改装时采用的机具设备见表3,二次衬砌时所需要的设备见表4。

改装机具设备表 表3

序 号	设备名称	设备型号	单 位	数 量	用 途
1	手拉葫芦	10t	台	1	加宽模板吊装
2	电焊机	BX-300	台	4	手柄焊接
3	千斤顶	25t	个	4	
4	氧焊机		台	1	

二次衬砌设备表 表4

序 号	设备、机具名称	型 号	数 量	备 注
1	拌和站	$60m^3/h$	1台	
2	装载机	50L	1台	
3	混凝土输送车	$6m^3$	3台	

续上表

序　号	设备、机具名称	型　号	数　量	备　注
4	附着式振捣器		12台	
5	插入式振捣器		8台	
6	输送泵	$60m^3/h$	1台	
7	模板台车	12.1m	1台	
8	钢筋加工设备		1套	
9	运输车	8t	1台	
10	简易台架	4m	1台	

7　质量控制

7.1　模板台车安装质量控制标准

7.1.1　模板台车安装允许偏差和检验方法执行《铁路隧道工程施工质量验收标准》(TB 10417—2003),见表5、表6。

模板安装允许偏差和检验方法　表5

序　号	项　目	允许偏差(mm)	检验方法
1	边墙脚	±15	尺量
2	起拱线	±10	尺量
3	拱顶	+100	水准测量
4	模板表面平整度	5	2m靠尺和塞尺
5	相邻浇筑段表面高低差	±10	尺量

预埋件和预留孔洞的允许偏差和检验方法　表6

序　号	项　目		允许偏差(mm)	检验方法
1	预留孔洞	中心线位置	10	尺量
		尺寸	+10 0	
2	预埋件中心线位置		5	尺量

7.2　质量保证措施

7.2.1　根据设计资料计算出枕木及钢轨的位置和高程,轨枕采用标准轨枕,每50cm布设一根,钢轨采用43kg/m标准钢轨,连接采用鱼尾板连接。钢轨和轨枕连接完成后,对钢轨间距、高程和平顺度进行测量并调整,防止变径模板台车在行走过程中出轨。

7.2.2　模板台车改装完成后,按照设计衬砌断面尺寸撑开,测量班对变径模板台车进行全面的检查,检查内容和方法按照表5、表6的方法进行。若有局部不符合要求的,应按照规范要求进行调整。

7.2.3　模板台车改装时,在台车表面进行了一些临时焊接,所以衬砌前必须对模板台车表面进行打磨,保证台车面板表面平整,没有错台,才能使二衬外表质量美观。

7.2.4　台车轨道枕木支垫要牢固,基底要坚实,使模板台车能够抵抗来自侧模的侧向压力。

7.2.5　台车就位前要检查液压系统、结点螺栓、销子等是否保持良好状态,有问题要提前检修。

7.2.6　每次立模时,要切实安装好所有撑地螺旋千斤顶,否则浇注过程中会造成模板的变形或跑模。

7.2.7　台车就位后,必须锁定行走轮,放出基脚千斤顶撑紧钢轨,防止台车移动。

7.2.8　模筑混凝土施工时要两侧对称浇注,保证台车受力平衡。对台车每侧浇注0.6m~1.0m时进行轮换浇注，绝不能一浇到底，两侧混凝土面高差不得大于0.5m，否则会致使台车偏心受压而变形。

7.2.9 用注浆口浇注顶模时，要随时注意观察混凝土是否注满，注满后及时停止浇注。

7.2.10 每个循环结束后，要组织人员对模板台车的行走电机、液压电机的控制电路等项目进行全面检查一次。

7.2.11 脱模时间的确定：承受围岩压力较大的拱墙模板拆除时，封顶和封口混凝土的强度应达到设计强度的100%，承受围岩压力较小的拱墙模板拆除时，封顶和封口混凝土的强度应达到设计强度的70%。

7.2.12 衬砌净空检查、外观检查：养护期间用断面仪或全站仪对衬砌进行净空检查、外观检查，主要检查拱顶高程、起拱线支距等关键位置的净空尺寸；外观主要对混凝土蜂窝麻面、错台等表观质量进行检查，找出原因，提出解决方案，不断优化完善施工工艺，保证衬砌质量。

8 安全措施

8.1 认真贯彻"安全第一，预防为主"的方针，根据国家有关规定、条例，结合施工单位实际情况和工程的具体特点，组成专职安全员和班组兼职安全员以及工地安全用电负责人参加的安全生产管理网络，执行安全生产责任制，明确各级人员的职责，抓好工程的安全生产。

8.2 拱部模板升降油缸和侧模板调节油缸，是为调整模板尺寸所设计的，不承受混凝土浇筑时产生的垂直力和侧压力。浇筑受力是由各类机械千斤顶、支撑丝杠和模板刚性来承受的。在侧模油缸旁均配置有支撑丝杠。

8.3 在发现电路电器防爆系统不符合要求，电源线路缺相，线路磨损外裸时，严禁合闸起动。

8.4 液压油低于警示区时，严禁使用。

8.5 台车移动时，严禁在轨道上碾压任何它物和单侧移动。

8.6 台车完成衬砌循环后的接模时，严禁用高压力操作顶升油缸。

8.7 工作平台上严禁放其他杂物，总承载重力不大于6 000N。

8.8 建立完善的施工安全保证体系，加强施工作业中的安全检查，确保作业标准化、规范化。

8.9 多变径模板台车改装时，由于空间较小，人工安装时要注意人身安全，且在高处作业的施工人员一定要系好安全带。

9 环保措施

9.1 健全环境保护体系，成立对应的施工环境卫生管理机构，在工程施工过程中严格遵守国家和地方政府下发的有关环境保护的法律、法规和规章，加强对施工燃油、工程材料、设备的控制和治理，遵守有防火及废弃物处理的规章制度。

9.2 定期组织项目管理人员和现场施工人员认真学习环境保护条例和具体要求，在思想上树立环保意识。

9.3 模板台车面板脱模剂喷洒适量，防止脱模剂流入排水沟，并在洞口设置多级沉淀池，废水除按环境卫生指标进行处理达标外，并按当地环保要求的指定地点排放。

9.4 将施工场地和作业限制在工程建设允许的范围内，合理布置、规范围挡，做到标牌清楚、齐全，各种标识醒目，施工场地整洁文明。

9.5 注意保养机械和正常操作，尽量使机械噪声维持其最低声级水平。

10 资源节约

10.1 采用变径模板台车整体衬砌工法施工时，可以省去传统铁路隧道下锚段采用人工台架组合模板，节约了大量的脚手架及组合模板等周转材料，实现了资源的直接节约。

10.2 本工法的使用可以使得初砌施工连续进行，改变了传统台架组合模板施工时需要另行组织单独的施工班组进行施工,节约了人力资源。

10.3 该模板台车技术施工时不需要施工矮边墙,减少了两道水平施工缝,可直接节省用于施工缝的橡胶止水材料,节约了施工材料资源。

11 效益分析

11.1 在中交股份太中银铁路项目部施工的管段内,共7座隧道,隧道长度共11.96km,占管段长度的80%,隧道工程现在已全部贯通,衬砌也已完成。在施工初期,由于我公司设计的变径液压模板台车,在施工中衬砌速度较快、轮廓圆顺、表观质量好、劳动强度低、施工成本低,引来了许多单位参观、学习,得到了高度评价。隧道新颖的施工工艺将促进地下工程施工技术进步,社会效益和经济效益明显。

11.2 中交太中银铁路ZQ-II标柳林隧道为中交集团在建工程中最长的双线铁路隧道,起讫里程为DK208+367~DK216+004.5,全长7 637.5m,按照业主的工期要求,设置了2座斜井作为辅助坑道,共有进口、1号斜井、2号斜井三个作业工区,每个作业工区都有4种变径的衬砌断面,若按照衬砌断面半径变化大于45cm时就加工一套模板台车(变径10cm左右的不考虑),根据施工进度和工期的要求,柳林隧道一共需加工10套液压模板台车,而实际只加工了5套模板台车,节省了模板台车5套。按照我公司实际加工模板台车时的单价,12.1m的台车为81万元/台,则节约模板台车制造费用合计为405万元。

11.3 该模板台车施工时不需要施工矮边墙,减少了两道施工缝(左、右侧)。按照太中银铁路的设计要求,施工缝必须要安装中埋式橡胶止水带,柳林隧道全长7 637.5m,目前中埋式橡胶止水带的市价及安装费用约43元/m,则柳林隧道可以节约7 637.5×2×43≈65万元。这个费用还没有计算矮边墙施工时必须要加工的模板费用。

本隧道因采用了先进的多变径模板台车而节约的直接费用约470万元,产生了较好的经济效益。

12 应用实例

12.1 柳林隧道

新建太中银铁路柳林隧道位于山西省吕梁地区柳林县境内,起讫里程为DK208+367~DK216+004.5,全长7 637.5m,是全线7座重点控制工程之一,是中交集团在建工程中最长的双线铁路隧道。隧道穿过柳林地区内的八盘山,属于低山区地貌,地形起伏较大,黄土冲沟发育,多呈"V"形,山上植被较少,山顶大部分为耕地。

按照工期的要求,设置了2座斜井作为辅助坑道,共有进口、1号斜井、2号斜井三个作业工区5个开挖面,每个作业区都有4种变径的衬砌断面,该隧道衬砌断面变化频繁且幅度大,给二衬施工增加了很大的难度。若按照衬砌断面半径变化大于45cm时就加工一套模板台车(变径10cm左右的不考虑),根据施工进度和工期的要求,柳林隧道一共需加工10套液压模板台车,而实际只加工了5台多变径模板台车,节省了模板台车5台。

多变径模板台车能适用于多种不同半径的衬砌断面施工,且该模板台车进行不同衬砌断面转换时,改装简单,更换部件工作量少,机械化程度高,变径速度快、经济实用,保证了隧道二次衬砌的整体强度,大大提高了二衬施工效率,保证了铁道部和规范要求的衬砌与掌子面的安全距离。为该隧道的安全、快速的贯通做出了巨大的贡献,取得了较好的经济效益。

12.2 穆村1号隧道

新建太中银铁路穆村1号隧道位于山西省吕梁地区柳林县境内,隧道位于黄土地区,地形起伏较大,黄土冲沟发育。隧道进口里程为DK205+615,出口里程为DK206+543,全长928m;隧道进口处地势较陡,表层黄土覆盖,植被稀疏,无基岩裸露。出口位于一垭口处,地势较陡,黄土覆盖,植被稀疏,无基岩裸露。

该隧道在里程 DK206 + 335 ~ DK206 + 500 段设计为非绝缘锚段关节,在普通衬砌断面的基础上加高0.5m,左右侧均加宽0.5m,该隧道出口有3种变化断面,若按照常规施工方法,需要加工两套模板台车和一套工字钢简易模板台架。

穆村1号隧道属黄土隧道,土体稳定性极差,开挖自稳能力弱,对开挖控制极为不利。且断面大,开挖支护困难,施工难度大,根据铁道部的要求,该隧道衬砌与开挖掌子面距离最大不能超过90m,要求衬砌速度紧跟开挖面。我公司在施工中,采用了多变径液压模板台车进行施工,大大提高了衬砌施工速度,保证了铁道部和规范要求的衬砌与掌子面的安全距离。

12.3 柏树坪隧道

新建太中银铁路柏树坪隧道位于陕西省吴堡县境内,隧道位于黄土梁茆地区,地形起伏较大,黄土冲沟发育。隧道进口里程为 DK220 + 398,出口里程为 DK221 + 780,全长1382m,隧道纵坡自进口到出口为11.5‰的上坡,为双线铁路隧道,隧道进口线间距为4.75m,逐渐过渡到出口线间距5.15m;该隧道处于砂岩夹泥岩层、老黄土和新黄土等地质段,地质条件复杂,隧道进口处地势陡峭,表层覆盖黄土,植被稀疏,基岩裸露,隧底位于基岩内。隧道出口段围岩为黄土Ⅴ级加强围岩,工程地质结构为新黄土、老黄土,强风化,洞顶黄土覆盖层较薄,地表植被,土质松散,隧道位于老黄土内。

隧道全长1382m,有5种变化断面,断面变化达10多处,线间距从隧道进口断面线间距为4.75m,逐渐过渡到出口线间距5.15m。若根据断面的变化制作不同的衬砌台车,不仅工期要求延长,而且会增加大量的施工成本,显然不可取,所以本隧道衬砌采用多变径液压模板台车,在模板台车变径时,模板台车改装只需要3d,大大提高了衬砌施工速度,保证了铁道部和规范要求的衬砌与掌子面的安全距离。

严寒地区隧道保温防火层施工工法

GGG(中企) D3166—2010

盖青山　白国艳　尤春颖　岳丽敏　胡利平
(中铁十三局集团第四工程有限公司)

1　前言

随着我国交通事业的快速发展,特别是随着西部大开发和振兴东北经济政策的进一步落实,在西部的高海拔寒冷地区和北部的高纬度寒冷地区将会有大量新的隧道兴建。而且与以往寒冷地区的隧道相比,这些隧道的规模更大、技术要求更高(机电设施增多、高速运行要求等)、气候条件更加恶劣。因此,如何在这些隧道的修建中采取行之有效的防治冻害措施,是目前隧道工程界急需解决的一个重大课题。

中铁十三局集团第四工程公司承建的哈尔滨绕城高速公路天恒山隧道为国内第一座严寒地区软塑黏土地层大断面浅埋隧道,隧道地处低纬度严寒地区,冬季长达5个月,年平均气候5.7℃,极端最低温度-41.4℃。为预防隧道冻害现象的发生,在仰拱混凝土与仰拱回填之间设置了保温层,并且把天恒山隧道初期支护和二次衬砌之间设置的保温层调整至二次衬砌表面,在预制的F13-1PU硬质聚氨酯表面设置防火板和防火涂料;为确保保温层封闭成环,在隧道电缆槽内设置了保温层,保温层的设置有效预防了隧道冻害的发生。2009年12月13日,黑龙江省科技厅组织专家对《绕城高速公路天恒山隧道综合快速施工技术研究》进行了科学技术成果鉴定,该技术达到国际领先水平。

2　工法特点

2.1　衬砌表面设置保温防火层,使衬砌受力更加明确,对二次衬砌耐久性的不利影响小。

2.2　施工工序简单,施工设备少,施工工期短。

2.3　施工质量容易控制,后期维修方便,维修设备少,维修时间短。

2.4　施工时对作业环境无特殊要求,且对隧道环境污染小。

3　适用范围

本工法适用于寒冷地区公路、铁路等地下工程的保温防火层施工。

4　工艺原理

在二次衬砌净空、表面平整度和渗漏水情况检查并处理合格后,打设膨胀螺栓,使预制的F13-1型PU硬质聚氨酯泡沫板通过U形轻钢龙骨固定在二次衬砌表面,然后铺设硅酸钙防火板并喷涂防火涂料。这样可以预防春融期出现的渗漏而引发的各种冻害,确保结构稳定和行车安全。

5　施工工艺流程及操作要点

5.1　施工工艺流程

施工工艺流程如图1所示。

5.2 操作要点

5.2.1 衬砌表面处理

对隧道衬砌表面浮灰、油污、泥土等进行清除。先用清水冲刷，再对凹凸不平或局部错台的地方进行修补，确保基层面平整。若有漏水的地方必须先进行止水补漏。

5.2.2 保温防火层施工

(1)定位放样。根据隧道纵向坡度、保温层设置高度、保温板宽度和轻钢龙骨间距在衬砌表面用墨线放样。

(2)打孔预埋膨胀螺栓。根据设计要求间距利用冲击钻沿墨线在衬砌表面打眼，安装膨胀螺栓。

(3)安装调整U形卡件。弯折U形卡件，使U形卡与衬砌表面垂直。

(4)安装保温板。U形卡穿透保温材料，保温板之间的缝隙利用聚氨酯泡沫填缝剂封堵，使保温板完全覆盖二衬表面，不得留有空隙。

(5)固定轻钢龙骨。U形卡穿透保温材料并弯折后将U形轻钢龙骨用自攻钉固定在U形卡上。龙骨延伸方向同隧道纵深方向一致，U形轻钢龙骨加长时使用接长件连接。

(6)安装防火板。用双排自攻钉将防火板固定在U形龙骨架上。使用专用腻子及网带将防火板之间的缝隙密封，每个缝隙封闭完整后，再打磨平整，确保嵌缝线宽度均匀，外表美观，使整个施工面随隧道必须成自然弧形。

(7)喷涂防火涂料。基层用喷涂机喷涂，从隧道腰部向顶部(从下而上)进行。待第一次喷涂基本干透以后方可继续喷第二次，间隔时间至少为24h，如因喷涂表面不够光滑，那在最后一次喷涂后，立即用涂料进行手工补填，修整，使涂层表面平整、光滑，且使其达到设计厚度。

(8)电缆槽保温层施工。为了隧道电缆槽在施作保温工程后能够与二次衬砌连接牢固可靠，在电缆槽内靠近二次衬砌侧采用膨胀螺栓外挂5cm厚的保温板，保温板外挂铁丝网后涂抹1cm厚的防火水泥砂浆，安装图见图2～图4。

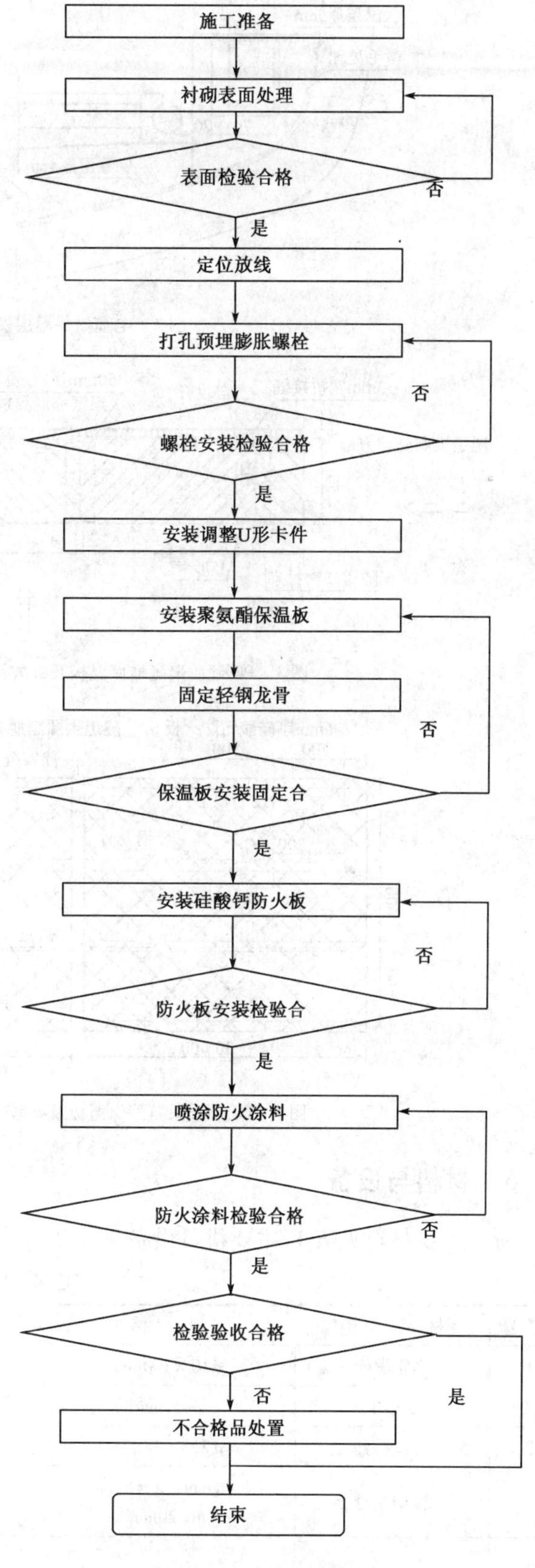

图1 保温层施工工艺流程图

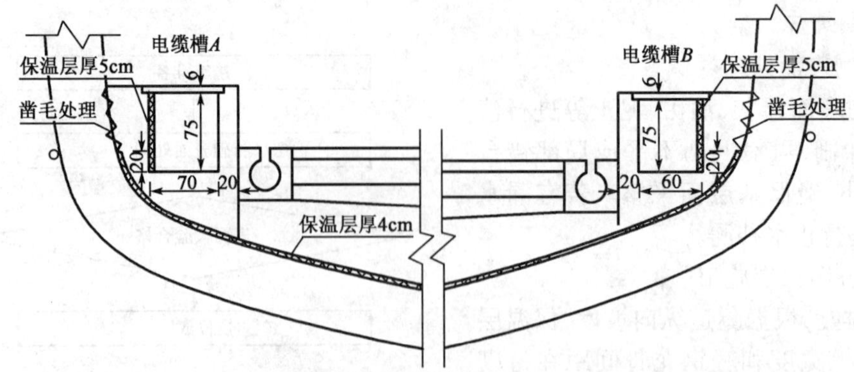

图2　电缆槽保温层安装图(尺寸单位:cm)

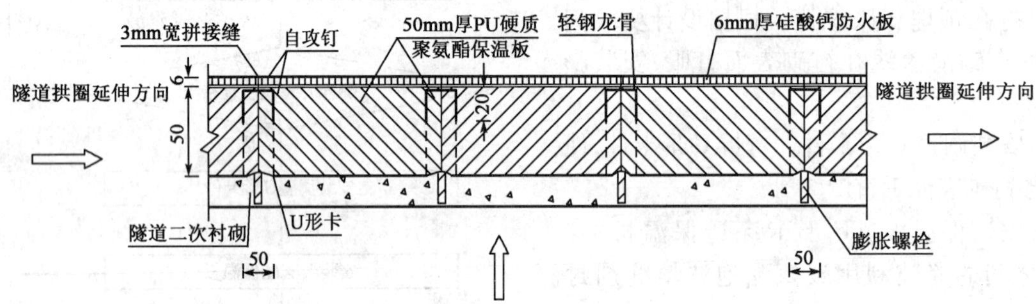

图3　PU 硬质聚氨酯保温板及硅酸钙防火板安装断面图(尺寸单位:cm)

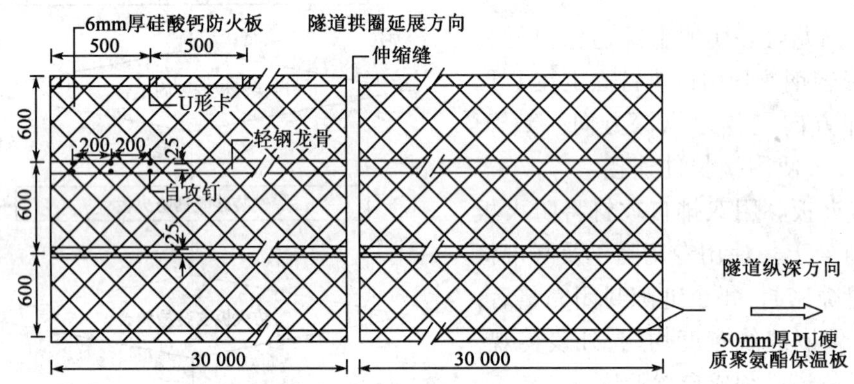

图4　PU 硬质聚氨酯保温板及硅酸钙防火板安装平面图(尺寸单位:cm)

6　材料与设备

所用主要材料见表1;主要机具设备见表2。

主要材料表　　表1

序号	材料名称	规格	单位	数量	备注
1	膨胀螺栓	$\phi10\times100$mm	个	284 024	单面镀锌量≥120g/m²
2	U形卡	$\delta=1$mm	个	284 024	单面镀锌量≥120g/m²
3	自攻钉	$\phi2.5\times18$mm	个	1 286 062	镀锌自攻钉
4	轻钢龙骨	$\delta=1$mm　$w=50$mm $h=20$mm	m	128 585	单面镀锌量≥120g/m²
5	F13—1型PU硬质聚氨酯保温板	2 000mm×600mm×50mm	m²	81 941	表观密度为≥40kg/m³，0.022W/(m·K)≤导热系数≤0.025W/(m·K),自熄性≤5s

续上表

序 号	材料名称	规 格	单位	数量	备 注
6	增强纤维硅酸钙防火板	2 400mm×1 200mm×6mm	m^2	81 941	使用范围：-41～150℃
7	防火涂料	δ=3mm	m^2	81 941	细度≤1.0%，表干时间≤10h，干密度≤620kg/m^2，耐水性≥24h，耐碱性≥24MPa，与混凝土黏结强度≥0.4MPa

保温防火层施工机械设备配置表 表2

序 号	机具设备名称	规格型号	单 位	数 量	用 途
1	电动冲击钻		台	16	衬砌打孔
2	电动手枪钻	LGPDM-2016	台	45	安装自攻钉
3	进口无气喷枪	244499-XTREMEKING	台	2	喷射聚氨酯泡沫填缝剂
4	电动角磨机	SBD-256	台	4	衬砌表面错台处理
5	平板砂光机	SIB-ZY-93	台	8	防火板接缝打磨
6	油漆喷枪	244480-XTREMEKING	把	8	喷射防火涂料
7	手提式切割机		台	4	防火板切割

7 质量控制

7.1 所有使用的膨胀螺栓、U形卡、保温板、U形轻钢龙骨、防火板和防火涂料等进行取样检验，各项性能满足设计要求的才能使用。保温防火材料实测项目见表3。

保温防火材料实测项目 表3

<table>
<tr><th>项 次</th><th colspan="3">检 验 项 目</th><th>规定值或允许偏差</th><th>检验方法和频率</th></tr>
<tr><td rowspan="3">1</td><td rowspan="3">保温板</td><td rowspan="3">尺寸(mm)</td><td>长</td><td>±5</td><td rowspan="14">2m直尺：每40m每侧检查5处</td></tr>
<tr><td>宽</td><td>±5</td></tr>
<tr><td>厚</td><td>不小于设计</td></tr>
<tr><td rowspan="3">2</td><td rowspan="3">硅酸钙防火板</td><td rowspan="3">尺寸(mm)</td><td>长</td><td>±5</td></tr>
<tr><td>宽</td><td>±5</td></tr>
<tr><td>厚</td><td>不小于设计</td></tr>
<tr><td rowspan="2">3</td><td rowspan="2">膨胀螺栓</td><td rowspan="2">尺寸(mm)</td><td>直径</td><td>不小于设计</td></tr>
<tr><td>长</td><td>不小于设计</td></tr>
<tr><td>4</td><td colspan="3">U形卡厚度(mm)</td><td>不小于设计</td></tr>
<tr><td rowspan="3">5</td><td rowspan="3">U形轻钢龙骨</td><td rowspan="3">尺寸(mm)</td><td>长</td><td>±5</td></tr>
<tr><td>宽</td><td>±5</td></tr>
<tr><td>厚</td><td>不小于设计</td></tr>
</table>

7.2 保温层施工前对二次衬砌表面平整度和渗漏水情况进行检查，保证衬砌表面平顺、干燥，存在问题提前处理。

7.3 定位放线必须准确，镀锌膨胀螺栓与隧道二次衬砌的连接必须牢固。膨胀螺栓与二次衬砌表面垂直且紧固于衬砌内，膨胀螺栓埋深不低于50mm。

7.4 保温板之间必须连接紧密，相邻两环保温板之间按错缝设置，使用聚氨酯泡沫填缝剂将保温板之间的接缝密封，同时注意做好照明、消防等附属设施以及预留洞室处孔洞预留。

7.5 U形轻钢龙骨通过U形卡固定保温板时必须保证自攻钉的数量，每U形卡上自攻钉不得少于4颗。

7.6 安装防火板时自攻钉应自板边缘至中间至另一侧边缘逐排固定。

7.7 用专用防火腻子及网带将防火板之间缝隙密封,要求封闭完全、平整,然后将缝隙处打磨平整。

7.8 防火涂料喷涂均匀,完全封闭防火板,厚度满足要求。

保温板施工现场控制项目见表4。

保温板施工现场控制项目 表4

<table>
<tr><th>项 次</th><th colspan="2">检 验 项 目</th><th>规定值或允许偏差</th><th>检验方法和频率</th></tr>
<tr><td>1</td><td colspan="2">二衬表面平整度(mm)</td><td>20</td><td rowspan="11">2m直尺:每40m每侧检查5处</td></tr>
<tr><td>2</td><td colspan="2">二衬表面渗漏</td><td>不允许</td></tr>
<tr><td rowspan="2">3</td><td rowspan="2">保温板</td><td>平整度(mm)</td><td>20</td></tr>
<tr><td>错缝设置</td><td>密封封闭完全</td></tr>
<tr><td rowspan="2">4</td><td rowspan="2">U形轻钢龙骨</td><td>平整度(mm)</td><td>20</td></tr>
<tr><td>龙骨间距(mm)</td><td>±5</td></tr>
<tr><td rowspan="2">5</td><td rowspan="2">膨胀螺栓</td><td>间距(mm)</td><td>±5</td></tr>
<tr><td>深度(mm)</td><td>不小于设计</td></tr>
<tr><td>6</td><td colspan="2">自攻钉间距(mm)</td><td>不大于设计</td></tr>
<tr><td>7</td><td colspan="2">防火涂料厚度(mm)</td><td>不小于设计</td></tr>
</table>

8 安全措施

8.1 本工法除严格遵循《中华人民共和国安全生产法》、《建设工程安全生产管理条例》、《施工现场临时用电安全技术规范》(JGJ 6—2005)、《建筑机械使用安全技术规程》(JGJ 33—2001)和《建筑安装工人安全技术操作规程》的规定要求执行外,还应根据各施工工序注意事项,制订具体的专项安全技术措施和安全预案。

8.2 加强岗前安全教育及培训,做好安全警示标志的设置,提高全体操作人员安全意识。

8.3 施工人员进入施工现场必须佩戴安全帽。作业台车挂设安全防护网,在离地1.8m以上,每人要佩戴好安全带、不准吸烟、不得明火,做到安全施工。

8.4 用电设备要有可靠接地,漏电保护器保护措施必须有效。防止电器设备漏电伤人,严禁带电作业。

9 环保措施

9.1 PU硬质聚氨酯保温板为低毒材料,因此在预制时通风顺畅,防止有害气体的聚积。

9.2 对边角料等回收处理,严禁随地遗弃或焚烧而造成污染。

9.3 由于防火涂料黏合性好,因此防火涂料喷涂前对照明、消防和其他外露面进行塑料布覆盖保护,防止造成污染。

10 资源节约

10.1 加强宣传力度,提高职工节约意识。材料严格执行限额领料,达到无长明灯,常流水。加强输水管道、供电设备的维修保养,降低资源消耗。

10.2 施工中采用节能型工艺和设备,对水、电、煤、油等资源进行能耗指标管理。

11 效益分析

11.1 PU硬质聚氨酯保温板现场预制,减少车间租用费、运输费等约10万元。

11.2 PU 硬质聚氨酯保温板市场单价约 120 元/m^2，福利凯保温板材市场单价 158 元/m^2，两者相比每平方可节约造价 38 元，全隧道工程造价可节约 320 万元。

11.3 PU 硬质聚氨酯保温板固定有 U 形轻钢龙骨 + U 形卡和扁钢两种措施，U 形轻钢龙骨市场价为 15 元/m，U 形卡($\delta = 1$mm)市场价为 2 元/个，而扁钢(50 × 4mm)市场价为 25 元/m，全隧道共需要设置 U 形轻钢龙骨或扁钢 128 585m，U 形卡 284 024 个，全隧道 U 形轻钢龙骨和 U 形卡总造价为 251 万元，扁钢总造价为 322 万元。因此，U 形轻钢龙骨固定方案比扁钢固定方案节省工程造价约 71 万元。

11.4 硅酸钙防火板 + 防火涂料费用为 60 元/m^2，FL 纤维增强板单价为 72 元/m^2，两者相比全隧道工程造价可减少约 100 万元。

11.5 铺设硅酸钙防火板并喷涂防火涂料，可以预防春融期出现的渗漏而引发的各种冻害，确保了结构的稳定和行车安全，起到了最大限度地优化施工工序，降低施工成本，提高经济效益的作用。

综合计算，该工法所创造的经济效益达 500 多万元。

11.6 该工法具有施工工序简单，施工设备少，施工工期短，施工时对作业环境无特殊要求，且对隧道环境污染小等特点。在安全保证、工程质量、工期控制、节能、环境保护、劳动保护等方面都有很大提高。多家媒体对隧道的施工进行专题报道或新闻报道，在国内建筑行业产生了巨大的影响，创造了良好的社会效益。

12 应用实例

天恒山隧道位于黑龙江省哈尔滨市，是哈尔滨绕城公路东北段项目的重难点工程。隧道为双洞分离式设计，单向双车道，单洞上行线长 1 660m，下行线长 1 690m。

哈尔滨为北寒带气候条件。冬季长达 5 个月之久，春秋季节较短，年平均气温为 5.7℃，极端最高气温 39.1℃，极端最低气温 -41.4℃。

隧道岩土主要为亚黏性土，局部见砂层，存在 3-1、5-1、5-2、7-1 和 8-2 等软可塑状态的软弱夹层，地基承载力为 110 ~ 270kPa，含水率在 20% ~ 24% 之间。

因此天恒山隧道是我国第一座严寒地区大跨浅埋软塑黏土隧道。鉴于此隧道特殊的气候、结构、地质及水文条件，保温防火层方案的选择和施工质量的控制是寒区隧道保温层施工的关键，后期测温传感器数据显示衬砌表面设置保温防火层的方案是正确的，按照本工法施工的保温层确实起到了预防冻害的作用。

高寒地区隧道保温防排水施工工法

GGG(黑)D3167—2010

张　鹏　史新春　韩志刚　赵长龙　王　威
(龙建路桥股份有限公司　黑龙江畅捷桥梁隧道工程有限公司　黑龙江省广通公路工程有限公司)

1　前言

国道301线绥芬河至满洲里公路海林至亚布力段雾淞岭隧道,隧道平面布置为上、下行分离式断面,上行线隧道长501m,下行线隧道长590m,隧道结构为削竹式洞门,复合式衬砌。该项目于2005年5月开工,2007年10月竣工。

寒冷地区的隧道常在春融期出现渗漏,冰冻期发生冻胀,引发各种冻害,影响行车,威胁结构稳定和安全。科学合理地布设隧道防排水系统,采用隔热保温的办法,防止隧道岩层裂隙水产生冰冻,保证隧道岩体裂隙水有效排出洞体,解决隧道冰冻病害的关键。

本工法有效地防止基岩裂隙水产生冰冻,更好地解决隧道防排水问题,施工中采用锚喷支护+复合模筑混凝土衬砌,衬砌表面设置聚氨酯隔热保温层,内设防水板和排水管,路面以下设置深埋排水管,洞口设置保温出水口,有效地解决高寒地区隧道防排水问题。

采用聚氨酯现场发泡技术施工保温层,防止隧道裂隙水产生冰冻,保证排水系统通畅,充分发挥排水系统的功能。基岩裂隙水渗透初期支护到防水板表面,利用防水板自身特点收集裂隙水,并将其排入纵向排水管;进入横向排水管,通过排水盲管,引入隧道深埋排水沟,再将裂隙水排出隧道体外,达到隧道防排水的预期目的。本工法将隧道排水系统的"保温、放水、排水"等方法充分结合起来,取得很好的效果。

通过两年的冬季对隧道隔热保温成果监测,测试结果显示二衬内部接近围岩位置表面温度均在摄氏零度以上,达到了预期效果。

2　工法特点

2.1　把隧道"防冻、隔水、防水、排水"充分结合起来,连续施工,节约工期。

2.2　施工质量方面:

2.2.1　采用先进的进口防水板材料(防水板背后自带凸凹沟槽),充分发挥防水板纵向和环向排水的功能。

2.2.2　在隧道路面冻胀线以下(3.15m处)设置纵向深埋排水管,能够使山体裂隙水不冻结,保证排水通畅。

2.2.3　在隧道出口以外,冻深线以下布设的隧道排水保温出口,能够在寒冷季节将隧道内的裂隙水排出隧道以外。

2.2.4　采用隧道衬砌隔热保温的方法,防止衬砌和初期支护内的岩体裂隙水产生冰冻,避免隧道整个排水系统发生冻害。

2.2.5　采用聚氨酯(EPU-h)现场发泡技术施作保温层,区别于拼装式保温材料施工方式,取消了操作接缝,减少衬砌与保温层之间空隙,使保温层的连续性和整体性更好。

2.2.6　使用墙体界面剂,能更好地把聚氨酯层与二次衬砌以及聚氨酯层和装饰砂浆层结合起来,使不同结构层之间结合紧密,防止不同材料发生剥离现象,避免衬砌与保温层之间产生裂隙,保证工程质量,使隔热和保温性能良好。

2.2.7 采用防裂镀锌钢丝网,能使装饰砂浆与聚氨酯层更好的结合,保证结构的整体性能,并有效的防止装饰砂浆产生裂纹。

2.2.8 在隧道洞内最里层喷涂麻面隧道专用防火涂料,不仅起到防火作用,同时起到了减少噪声的效果。

2.3 雾淞岭隧道施工可根据工程的施工进度,逐段、逐点施工,施工安全。

2.4 从工程造价而言,在雾淞岭隧道施工中,防水卷材铺挂、保温层聚氨酯材料现场发泡喷涂等,使用的现场施工作业平台,采用了行走式操作工作台,施工作业简单方便,大大地减少了材料的使用和人工作业,从而大大降低工程造价,且减少了对生态环境的破坏。一般可减少8%左右的费用。

3 适用范围

本工法适用于高寒地区隧道保温防排水工程。

4 工艺原理

4.1 围岩裂隙水排出过程(图1):① 基岩裂隙水通过初期衬砌渗透到防水板表面;② 防水板收集裂隙水,并使其排入纵向排水管;③ 进入纵向排水管的裂隙水,通过横向排水盲管(PVC环向盲管、预制混凝土环向盲管)引入隧道深埋排水沟;④ 通过深埋排水沟将裂隙水排出隧道体外,达到隧道防排水的效果;⑤设置隧道隔热防冻保温层,防止基岩裂隙水产生冰冻,更好地保证隧道保温排水效果。

4.2 利用聚氨酯(EPU-h)材料具有较好的隔热保温的特性,对结构物实施隔热,减少围岩与外界气温产生热交换。

4.3 采用聚氨酯材料现场发泡的施工工艺,使保温层接缝少,整体性好,减少保温层与衬砌之间空隙,使保温效果更好。

4.4 采用墙体界面剂将聚氨酯材料与二次衬砌紧密结合,更好地发挥保温层的作用。

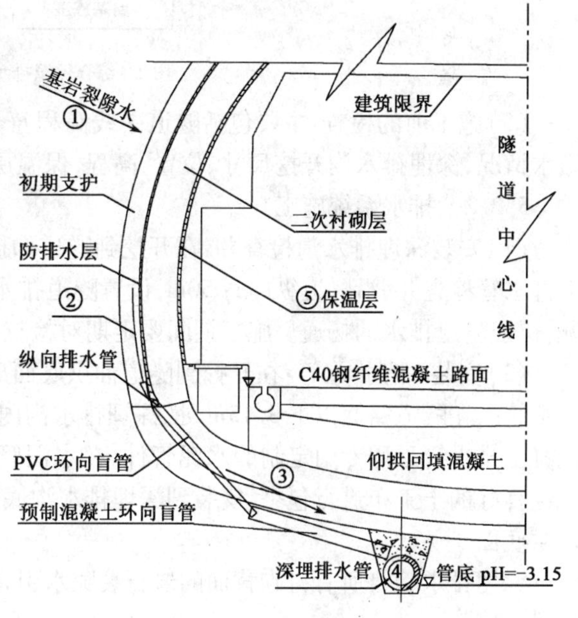

图1 保温防排水系统示意图

5 施工工艺流程及操作要点

5.1 工艺流程(图2)

5.2 操作要点

5.2.1 施工前准备工作

(1)材料进场:材料进场可根据进度和工序要求。主要包括土工布、防水卷材和纵向排水管,环向PVC盲管、环向混凝土盲管、隧道深埋排水管和检查井预埋件,脚手架材料,保温层材料。

(2)设备进场:主要包括电焊机、防水卷材热熔焊接机、保温层施工机具。

(3)材料加工:主要包括纵向排水管、环向排水盲管、纵向深埋排水管打眼。

(4)检验试验:主要包括防水材料的检验、热熔焊接试验、PVC管材、混凝土管材和检查井预埋件的检验,初期支护强度检验、保温层施工前二次衬砌的强度检验。

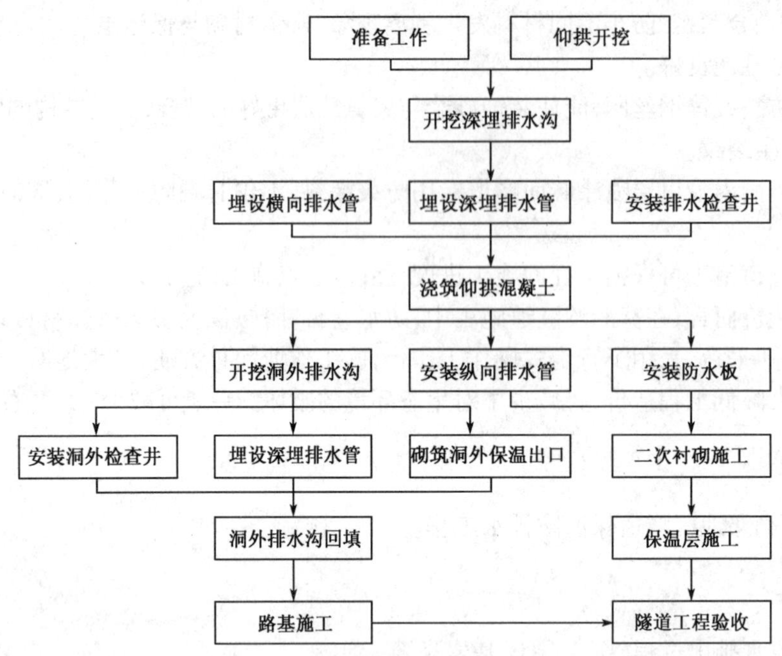

图2　综合保温排水系统施工工艺流程图

(5)施工前的检查:主要包括隧道中线高程符合,初期支护收敛监测、预留变形量变化、表观检查、渗水情况,深埋排水沟开挖尺寸、位置、高程,保温层施工前对二次衬砌的检查。

5.2.2　排水系统施工

(1)安装深埋排水沟检查井:在开挖到隧道仰拱底面后,继续开挖深埋排水沟,检查验收合格后,安设排水管检查井,沿隧道纵向每50m,设置隧道排水检查井,以便进行排水管清理和检查隧道的排水情况,保证隧道排水的畅通。施工期间要定期对检查井进行清理,防止杂物将检查井淤死。

(2)安装深埋排水管:在开挖到隧道仰拱底面面后,继续开挖深埋排水沟,检查验收合格后,安设深埋排水管。在隧道路面以下3.15m处,深埋排水沟内,延纵向布设内径ϕ400mm水泥混凝土排水管,水泥混凝土排水管采用专门定制的水泥管件,在水泥管表面实钻直径为1cm,间距30cm×30cm的眼,用透水性良好的土工布进行包裹,安装到深埋排水沟底部,安装完毕并检查合格后,采用碎石填充排水沟至仰拱底面。

深埋排水管将所有衬砌背面的岩石裂隙水引入隧道排水保温出口,并排出隧道体外,达到防排水的效果。

(3)预埋横向排水管:在开挖到隧道仰拱底面后,在隧道边墙以下,延隧道纵向每10m安设直径ϕ100mm的PVC环向盲管和直径ϕ200mm预制混凝土盲管,并确保两管接口连接紧密不漏水。

PVC环向盲管上口设置PVC三通管与纵向排水管相连接,下口伸入到预制混凝土盲管;预制混凝土盲管下口伸入到深埋排水沟。

该系统的设置将把防水板收集到的岩体裂隙水通过纵向排水管引入到环向盲管,排入隧道深埋排水沟。

(4)初期支护表面处理:初期支护喷射混凝土表面,一般较为粗糙,凸凹不平,对铺设防水层质量有很大影响,为此对防水层基面必须按照相关要求处理,并达到标准。

主要考虑初期支护喷射混凝土表面平整,没有明显凸凹现象,基面没有钢筋等尖锐突出物,基面没有明显裂缝和渗漏水现象。

(5)防水板层安装:包括土工布安装和防水板材安装。在初期支护施工完毕,二次衬砌施工之前,布设防水板,防止岩石裂隙水渗透初期支护侵蚀二次衬砌。

首先在初期支护基面布设400g/m^{2}土工布,作为排水过滤层,将土工布垫层采用钢钉加塑料胶垫固定在初期支护表面,(该塑料胶垫同时作为防水板临时固定的连接点),然后紧布防水板,先将防水板临时固定于内层塑胶垫片上,然后采用钢筋支架固定防水板。防水板接缝连接采用热熔焊接,使防水板连接成整体,保证接缝严密不漏水。

防水板层的设置,是利用防水板自带的沟槽,将岩石裂隙水引到纵向排水管中,发挥防水板排水的功能;利用防水板的防水功能,防止裂隙水渗漏侵蚀二次衬砌。

(6)安设纵向排水管:在初期支护边墙底部,沿隧道纵向布设PVC透水管,并采用透水性良好的土工布进行包裹,起到渗水的作用,将防水板阻止的岩石裂隙水引入透水管内,通过该纵向透水管将水引入隧道深埋排水管。

在初期支护底部,防水板与初期支护之间安设纵向排水管,排水管采用 ϕ100mmPVC 透水软管,并在软管上面打上直径为10mm 的圆孔,外侧采用土工布和防水板包裹纵向排水管(图3),保证防水板收集的裂隙水能够有效地深入到排水管内,达到排水的目的。

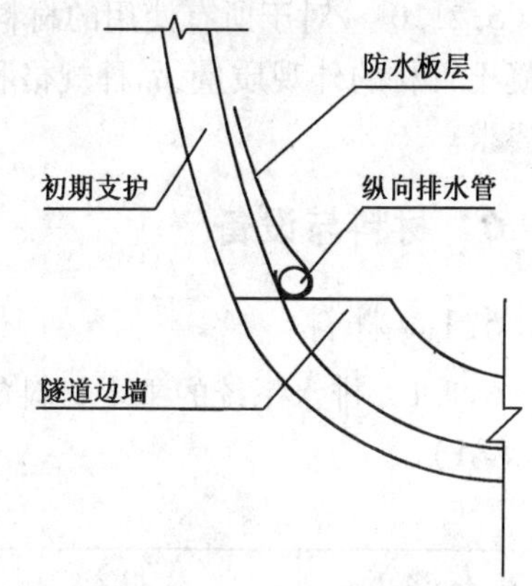

图3 纵向排水管安设示意图

(7)排水保温出口:在隧道出口以外,冻深线以下,布设隧道排水保温出口,将隧道内的裂隙水通过该排水系统排出隧道以外,达到隧道排水的目的。在出水口外侧要欲留一定的积水面积,防止出水口位置在冬季由于逐层冻结,将出水口冻死。

保温出水口冻胀线以下采用浆砌片石砌筑,冻胀线以上回填隧道弃渣,在地表附近铺设腐殖土或铺设塔头草。

5.2.3 保温层施工

(1)清理二次衬砌表面,凿除每组衬砌混凝土接头的错台和凸凹不平的部位并用砂浆找平,清除衬砌表面尖锐突出物,并用砂纸打磨衬砌表面模板浮锈和浮灰,以便界面剂能更好地与衬砌黏接。

(2)测量防线、钻眼,用 70mm 长的膨胀螺丝打入二次衬砌 20mm,外露 50mm,间距设置为纵向200mm,横向(环向)600mm。

(3)在膨胀螺丝的钉帽处用镀锌的铁丝相邻的相互连接,注意铁丝要拉直,铁丝距离二次衬砌表面的距离为50mm,这样用镀锌铁丝打出的格子将作为喷涂聚氨酯保温层的控制厚度线。

(4)对二次衬砌基面雾喷墙体界面剂清除污物,墙体界面剂能更好的使聚氨酯层与衬砌紧密结合。

(5)现场发泡使用机械喷涂,按照控制线,将聚氨酯(EPU-h)喷涂在隧道二次衬砌表面,聚氨酯层是保温层的最主要工序,使保温效果的关键,施工过程中要严格控制施工质量。

(6)用红丹油涂外露的膨胀螺丝钉帽,做防锈处理,将热镀锌铁丝网用 TOX 钉固定牢靠,TOX 钉间距为 500mm × 500mm。

(7)辊涂 EPU-h 界面剂,抹 5mm 厚聚合物砂浆乳液进行修饰。

(8)刮柔性腻子进行精修饰,喷涂隧道专用防火涂料。

5.2.4 施工过程中定位放线必须准确,要根据每道施工工序情况布设好控制点和控制线,布控好喷涂聚氨酯厚度的镀锌铁丝的标线。

5.2.5 防水板在铺设之前要对初期支护表面进行认真检查,清理支护表面,保证基面平整,无尖锐物,避免防水板不被破坏。防水板铺设由拱顶向两侧依次进行,防水卷材要实现无钉孔铺挂,不允许用钉子穿透防水卷材钉在初期支护喷射混凝土表面上;防水层铺装只允许环向接缝,不允许存在纵向接缝。防水卷材接缝连接采用热熔焊接工艺,拼接缝宽度不小于 10cm,相邻两幅接缝需错开。防水板在运输过程、安装和二次衬砌混凝土浇筑时,要注意对防水材料的保护防止板面破坏。

5.2.6 纵向排水管、横向排水管、深埋排水沟等管材的连接接头保证顺畅,严密不漏水。

5.2.7 喷涂聚氨酯保温层前要完成照明、消防以及一些预埋件等附属设施的埋设。喷涂聚氨酯保温层时要在施工允许的温度范围进行。TOX钉的膨胀螺栓与隧道二次衬砌表面连接必须牢固,然后才能将热镀锌钢丝网固定。

5.2.8 防水板安装、喷涂聚氨酯保温层时要注意工人的配合,要选用操作精心和熟练操作工人施工,保证施工质量。

5.2.9 注意高空作业安全和保证安全的应急措施。

5.2.10 对于所有使用的材料,厂家均应提供相应的检验、检测报告。所选防水卷材、PVC管材、混凝土管材的外观质量、品种规格和主要的物理性能指标必须满足设计要求和符合国家标准或行业标准要求。

6 材料与设备

6.1 材料

6.1.1 排水系统的主要材料包括:防水卷材、PVC排水管、预制混凝土圆管、预制混凝土检查井构件(表1)。

排水系统主要材料性能指标 表1

指标名称	技术指标	备注	指标名称	指标	备注
ECP防水卷材					
抗拉强度	≥15MPa		黏合性	≥5/mm	
伸长率	≥300%		助燃性能	一级	GB2 408
其他指标符合国家标准					
PVC排水管					
执行标准	GB/T 5836	符合执行标准			
混凝土构件					
抗压强度	≥25MPa		表观	无破损	

6.1.2 保温层的主要材料包括:EPU-h聚氨酯、墙体界面剂、聚合物砂浆(表2)。

保温层材料性能指标 表2

指标名称	指标	备注	指标名称	指标	备注
聚氨酯(EPU-h)					
抗拉强度	≥150kPa		材料密度	40kg/m^3	
抗压强度	≥150kPa		导热系数	≤0.024W/(m·k)	
吸水率	≤3.0%(V/V)	(浸水96h)	老化寿命	>30年	
耐低温	-35°C不发脆		施工误差	≤±3mm	
墙体界面剂					
拉伸强度	≥700kPa	常温状态	搅拌	容器中搅拌无结块、状态均匀	
拉伸强度	≥500kPa	浸水7d			
拉伸强度	≥500kPa	冻融循环30次			
聚合物砂浆					
砂浆稠度	80~130mm		黏结强度	≥0.6MPa	常温28d
可操作时间	≥1.0h		抗弯曲性	变形无裂纹	
拉伸强度	≥0.8MPa	常温28d	渗透压力比	200	

6.2 主要设备

防水系统施工主要设备机具包括:防水板热熔焊机、电焊机、安装脚手架(表3)。

防水主要设备、机具表　　表3

序　号	名　称	型　号	技术参数	技术参数	数　量
1	热熔焊接机	501	焊接速度	0～4m/min	6
				加热温度	0～450℃
2	脚手架	轻型			

保温层施工机具主要包括：喷涂机和空压机（表4）。

保温层施工机具表　　表4

序　号	名　称	型　号	技术参数	数　量
1	聚氨酯喷涂机	DF-35	8kg/min	6
2	防火涂料喷涂机	EW N2	60L/min	2
3	空压机	TP552	200L/min	6
4	发电机	PPC93	75W	2

7　质量控制

7.1　执行的规范标准

《公路隧道施工技术规范》（JTG F60—2009）；

《公路工程集料试验规程》（JTG E42—2005）；

《公路路基施工技术规范》（JTG F10—2006）；

《普通混凝土配合比设计规程》（JGJ 55—2000）；

《公路工程质量检验评定标准》（JTG F80/1—2004）。

7.2　施工过程中质量控制要点

7.2.1　防水板在施工前应对初期支护表面认真检查，混凝土基面平整度要控制在规定的范围内（$D/L<1/8$），基面不得有钢筋及凸出的管件等尖锐突出物。

7.2.2　防水层铺装要采用环向接缝，不允许纵向接缝，且均匀连续，土工布、防水卷材铺设保证平整、无皱褶。

7.2.3　拼接缝宽度不小于10cm；无假焊、漏焊、焊焦和焊穿等现象，焊接完成后，要对每条焊缝进行焊接检验，确保焊接质量要求。

7.2.4　接钢筋时在周围石棉板遮挡隔离，以免溅出火花烧坏防水层；浇灌混凝土时，振动棒不得直接接触防水层以免破坏防水层。

7.2.5　纵向排水管和深埋排水管的土工布包裹要密实，防止因排水管因泥土淤积引起，排水不畅。

7.2.6　保温出水口的出口要设在冻深以下，且保证有足够的排水面积，确保排水畅通。

7.2.7　做好施工内业的整理和归档工作。

7.3　保温层施工质量控制要点

7.3.1　在对保温板进行施工时，一定要认真检查，确定各种预埋件已经施工完毕，防止在保温板施工结束后，进行预埋件的返工，易影响保温板的施工质量。

7.3.2　EPU-h界面剂必须在容器中进行搅拌，搅拌后呈均匀状态，无结块，方可进行施工；辊涂EPU-h界面剂，横竖各辊涂一遍，要均匀一致，勿漏辊涂。

7.3.3　为了提高聚氨酯（EPU-h）材料的保温效果，达到预期目的，聚氨酯施工采用现场发泡技术施工，聚氨酯（EPU-h）密度控制在35～40kg/m^{3}左右，喷涂聚氨酯的温度宜在15～25℃，高温或暴晒下严禁作业，喷涂完的聚氨酯熟化时间72h，才能进行下道工序。喷涂聚氨酯保温层要连续、饱满、不得发生断层现象。

7.3.4　采用红丹油涂刷外露的膨胀螺钉帽,做防锈处理,不得漏涂,以免遇水侵蚀。

7.3.5　做好工程技术内业整理工作,保证工程内业归档工作。

8　安全措施

8.1　认真贯彻执行 GB/T 28001 执业健康安全标准,使安全生产工作标准化、规范化。

8.2　成立安全生产管理小组,明确责任,签订安全生产责任状,建立健全安全生产制度,加强安全生产入场教育,制订安全生产预案,加强安全生产检查,严格执行安全生产操作规程,加大安全生产投入,确保人身安全和施工生产的顺利进行。

8.3　防水板的挂设、聚氨酯保温层施工需要在现场操作工作平台上作业,操作人员要将作业范围内的杂物清理干净,并带好安全带,注意高空作业安全,防止高空坠落。

8.4　整个保温防排水系统施工段落应在爆破安全距离之外,以免炸坏防水板或防排水系统构件。

8.5　防水卷材接缝连接采用热熔焊接工艺,使用热熔焊机,操作温度较高,防止烫伤等意外伤害。

8.6　深埋排水沟开挖,注意设置好警示标志,避免行人和车辆坠入沟内发生伤亡事故。

8.7　聚氨酯保温层具有低毒的特性,施工现场喷涂,现场会产生粉尘和烟雾,施工人员一定要佩戴防毒的面罩,同时做好隧道内的通风。

8.8　聚氨酯材料具有易燃性,施工时现场要严格注意现场烟火,严禁现场明烟、明火,严禁吸烟,并设专职人员严禁烟火,杜绝火灾,确保现场防火安全。

8.9　操作平台的行走,要设专人指挥,平台在行走时,要严禁平台上有人,保证操作平台行走过程的安全。

9　环保措施

9.1　认真贯彻执行《环境管理体系要求及使用指南》GB/T 24001—2004 环境管理标准,使环境管理工作标准化、规范化。

9.2　了解当地相关环境保护的政策法规,并认真执行和贯彻落实相关法律法规。

9.3　防水卷材和透水软管、聚氨酯材料都具有耐老化的特性,施工所剩余的残渣,要及时清理,不能随意丢弃,在收集后,集中按要求进行处理。

9.4　隧道的排水系统属于永久排水,要与自然环境合理结合,防止因隧道的排水不合理造成淤泥堆积和泥土流失。

9.5　聚氨酯材料具有低毒特性,在现场喷涂施工中,施工人员须佩戴防毒面具,且要保证施工环境通风良好。

10　资源节约

在雾淞岭隧道施工中,防水卷材铺挂、保温层聚氨酯材料现场发泡喷涂等,使用的现场施工作业平台,采用了行走式操作工作台,施工作业简单方便,大大地减少了材料的使用,资源节约效果明显。

11　效益分析

经济效益:本工法应用于雾淞岭隧道,施工方法简便,施工工艺简单,工程成本低;采用该工法有效地解决了隧道保温排水问题,在隧道的开挖初期阶段,每天都进行人工配合水泵抽水,耗费许多资金,防排水保温系统初步建立起来后,就取得了明显的经济效益,在该隧道的施工过程中节约3.4万元/月 · 500m 隧道,总体施工期间累计节约资金 41 万元(详见表 5),直接降低工程造价,经济效益显著。

防排水保温系统建立前后使用费用对照表　　元/(月·500m)　　表5

施 工 前		施 工 后		节约（元）	施工时间	节约总金额（元）
人工费(元)	机械费(元)	人工费(元)	机械费(元)			
9 000	24 000	1 800	0	34 200	12个月	410 400

社会效益:该工法在高寒地区隧道的施工中,对隧道的防排水技术进行了积极地尝试和探索,并取得了成功。设置科学合理的排水系统,使用聚氨酯现场发泡技术,大大地发挥了防排水系统的防冻、隔水、防水和排水的功能,对隧道围岩裂隙水对衬砌的侵蚀和渗漏产生的冻害起到了有效防治。

该工法的实施,避免了隧道在春融期出现渗漏、冻融循环导致隧道防水工程受到破坏,使隧道结构的稳定和安全得到了有效保证,也使安全行车得到了保障,取得显著效果和显著的社会效益。同时为有效的防治高寒地区隧道病害提供了宝贵经验,具有广阔的应用前景。

黑龙江省绥满公路雾凇岭隧道的建设,不仅填补了黑龙江省公路隧道的空白,同时减少了公路建设对周围环境的影响,实现了公路建设与自然环境的和谐。

12　应用实例

黑龙江省绥满公路A20标段雾凇岭隧道,位于黑龙江省尚志市亚布力镇虎峰林场,隧道上行线501m;下行线590m;隧道结构形式为削竹式洞门,复合式衬砌(锚喷式初期支护+二次衬砌)和复合式排水系统;本工程于2005年5月开工,2007年10月竣工通车。在施工过程中,设置合理的排水系统,使用聚氨酯现场发泡技术,大大地发挥了保洁防排水系统的保温、防冻、隔水、防水和排水的功能,对隧道围岩裂隙水对衬砌的侵蚀和渗漏产生的冻害起到了有效防治。该项目运营使用两年,经历两个高寒季节,隧道表面没有出现渗漏,冰冻现象,隧道衬砌结构完整。隧道施工采用本工法,经济、社会效果显著。

小直径简易网格盾构机砂层顶管施工工法

GGG(中企)D6168—2010

汪学军　梁长海　尚俊良　刘振华　张　洪

(中铁六局集团有限公司)

1　前言

各种地下管道需要下穿既有建构筑物,当穿越砂层地质时,为保证地上结构物的安全,一般采用顶管盾构机或人工挖土顶进的方式施工。顶管盾构机施工成本极高且不能处理顶进前方的障碍物(直径大于150cm的块石就可能造成盾构机停机),不适于在路基下方这种可能有块石、钢轨、枕木等杂填物的地质情况下施工;人工开挖时,因砂层直立性差,顶进过程中容易塌方,可能造成路基下沉影响道路行车安全。中铁六局集团在京广线砂层施工中采用自制的简易盾构机,成功完成顶管施工,施工费用大大降低。并在此基础上总结出了砂层简易盾构机顶管施工工法。该项技术得到沙河市交通局、新乐市建设局、北京铁路总工室和邯郸工务段的肯定和表扬。"砂层顶管盾构机"实用新型专利已获国家知识产权局授权。

2　工法特点

2.1　制作简单:采用钢板和小顶镐制作。

2.2　施工简便:施工过程全部采用小型机具,操作简单;所需机具、人力投入少,工序简单,劳动强度低。

2.3　作业安全:采用格栅控制砂层的塌方,施工过程安全可控。

2.4　施工经济:进度快,工期短,投资少。

3　适用范围

3.1　适用于砂层地质顶管工程。

3.2　适应于砂层中有障碍物的地质。

3.3　不适用于含水丰富不能形成稳定安息角的砂层。

4　工艺原理

4.1　一般砂层自然形成的角度在30°~45°,简单来说砂层简易盾构机就是利用砂层容易坍塌这一自然现象采用钢板格栅将管内坍塌的沙层分成几部分,保证每一部分的砂层都不能在自然条件下持续坍塌从而达到控制砂层塌方的目的。图1为只安装钢刃角的砂层顶管示意图,图2为安装砂层简易盾构机情况下的砂层坍塌情况。

4.2　砂层顶管施工时,将简易盾构机安装在一个中继间管上,并放在顶管最前面,在简易盾构机后部安装4~6台50t顶镐用于调整盾构机角度,顶进时在顶管后部用顶镐将顶管和简易盾构机顶进砂层中,砂子顺着盾构机格栅按自然塌方坡度流进混凝土管内,人工只需清理混凝土管内流进的砂子即可,顶进过程中边顶边清,以减小整个顶管的阻力。当顶进高程或方向出现问题时,启动简易盾构机上的4~6台小顶镐,来调整高度和方向。

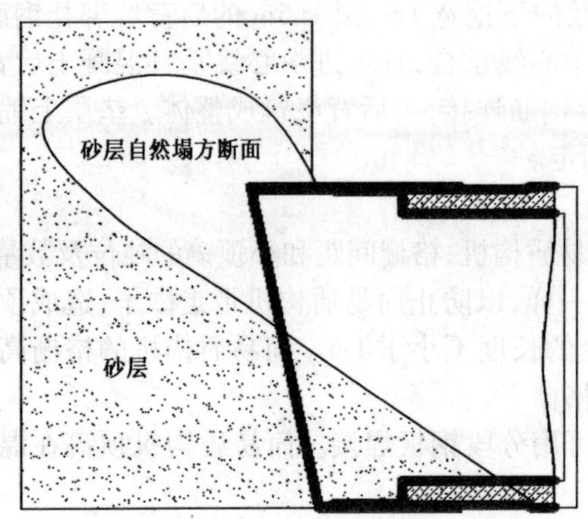

图1　只安装钢刃角的砂层顶管示意图

图2　安装砂层简易盾构机情况下的砂层坍塌情况

5　施工工艺流程及操作要点

5.1　工艺流程(图3)

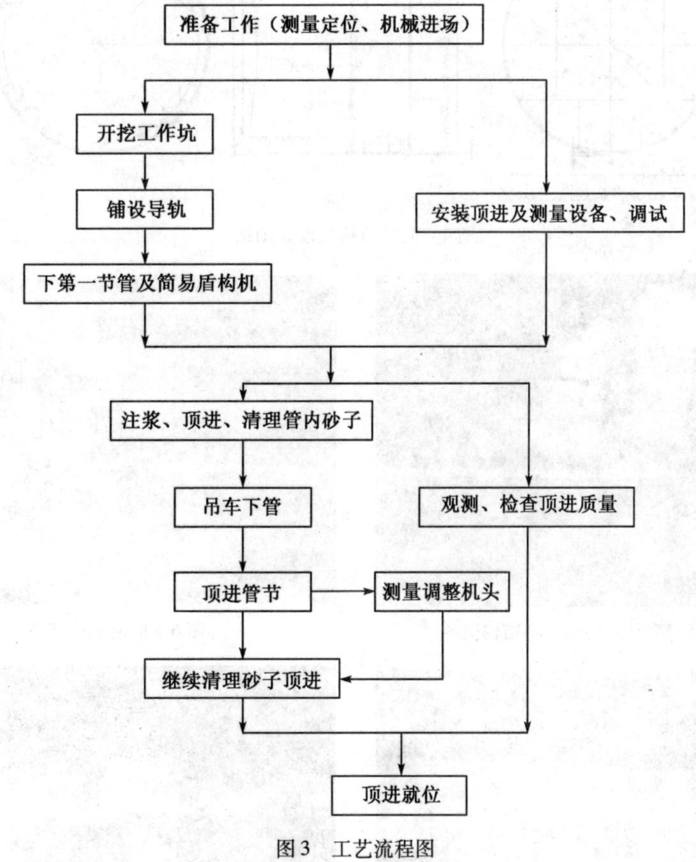

图3　工艺流程图

5.2　操作要点

5.2.1　工作坑开挖

工作坑的开挖顺序:测量放线→开挖→修坡→整平→预留土层→人工清底→开挖后背基坑。

5.2.2　后背及导轨制作

工作坑人工整平之后,在工作坑两端放出中心线(顶进方向线),根据后背被动土压力可承受顶进时的最大顶力计算混凝土后背尺寸,通常在后背处人工继续向下挖宽1m,深1.5m的后背坑绑扎钢筋,支护模板浇筑混凝土后背,使混凝土后背的中心线与顶进中心线重合,且顶进中心线垂直混凝土后背。在工作坑底铺设20cm厚的混凝土垫层,垫层设钢筋与后背钢筋连接,与后背浇筑成整体。垫层上铺设一层枕木,在枕木上铺2根钢轨作为导轨,用道钉将钢轨固定。

5.2.3 简易盾构机制作安装

(1)根据设计图纸和管径大小计算出钢板厚度制作简易盾构机,格栅间距和小顶镐的吨位及数量。

(2)简易盾构机外径尺寸应和混凝土管外径尺寸大小一样,以防止简易盾构机带走砂子,造成顶管扎头。简易盾构机长度不小于1.5m,保证套在混凝土管上的长度不小于1m。简易盾构机的格栅高度和宽度需提前试验,保证塌落的砂层在静止情况下到不流格栅下。

(3)简易盾构机的横向格栅应是整块钢板,竖向格栅可用分段钢板焊接。简易盾构机顶镐在混凝土管上的着力点应垫上厚钢板,以防止顶裂管口。

(4)盾构机头的小顶镐位置在对称布置,以便调整方向,小顶镐最前端距离盾构机头最前沿约20cm,并在小顶镐前面焊上镐窝。

(5)安装简易盾构机时,必须使横向格栅水平。第一节混凝土管必须采用标准的中继间管(见图4~图8)。

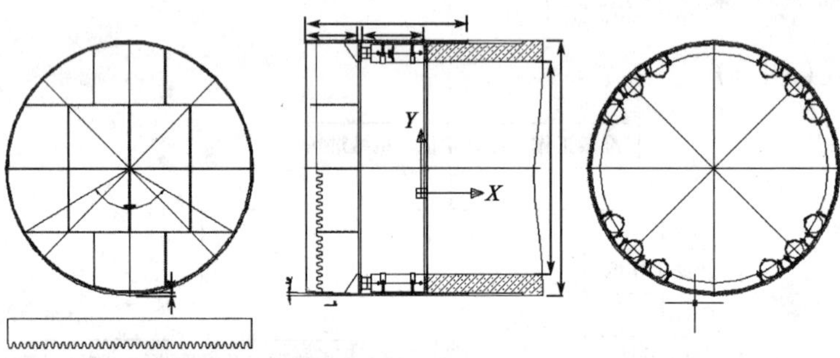

图4 简易盾构机设计图纸

图5 简易盾构机内部结构图

图6 简易盾构机进入砂层情况

图7 简易盾构机安装图

图8 顶管工程安装注浆管

5.2.4 顶进施工

用320t的顶镐进行顶进,将简易盾构机硬顶进砂层中,砂子顺着盾构机格栅按自然塌方坡度45°角流进混凝土管内，人工只需清理流进混凝土管内的砂子即可，边顶边清，以减小顶力。由于格栅宽度和高度一样，故砂子不会随意塌方，刚好把格栅底面铺满就自然停止塌方，因此施工过程中不存在超挖和塌方现象。当顶进方向出现问题时，启动简易盾构机上的4台小顶镐，来调整高度和方向。本着勤顶勤清的原则，管中清土长度由盾构机顶镐的顶程来控制，该顶镐最大顶程为30cm，但每次顶进最大距离不应大于25cm。人工清土后再进行下一步的顶进直至顶进就位。

5.2.5 触变泥浆

(1)为了减少顶进阻力，增大顶进长度，则在管壁与土壁的缝隙间注入触变泥浆，形成泥浆套，减少管壁与土壁之间的摩擦阻力。顶进完成后注水泥浆，以稳定路基，防止其下沉。施工中需认真拌制浆液，选定泥浆配合比，搅拌好的泥浆须静置12h以上方可使用，保证浆液在输送和灌注过程中具有流动性、可泵性。管子顶进10m后开始进行注浆，随顶随注浆以保证泥浆套环的连续性，从而达到减阻目的。

(2)灌浆压力刚开始不大于0.1MPa，然后逐渐加压，由小到大进行，以0.2～0.3MPa为宜，但不能超过0.4MPa。

(3)触变泥浆材料主要成分(表1)

膨润土、碱(碳酸钠)和水，触变泥浆拌制配合比(质量比) 表1

膨润土的胶质价	膨润土	水	碱(碳酸钠)
60～70	100	524	2～3
70～80	100	524	1.5～2
80～90	100	614	2～3
90～100	100	614	1.5～2

(4)触变泥浆的拌和程序如下：

①将定量的水放入搅拌罐内，并取其中一部分水溶化碱；

②在搅拌过程中，将定量的膨润土徐徐加入搅拌罐内搅拌均匀；

③将溶化的碱水倒入搅拌罐内(碱水必须在膨润土搅拌均匀后加入)，再搅拌均匀，静置12h后即可使用。

5.2.6 障碍物的处理

(1)对于块石、砖块、碎木、木枕等直径小于格栅孔径的障碍物可以采用撬棍、镐、斧头等工具人工清除。

(2)对于混凝土枕木、大块石、砖墙、混凝土块等大于格栅孔径的障碍物可以采用风镐破碎、撬棍清除的方式清除。

(3)对于钢轨、废钢筋等障碍物可以采用气割方式清除。

(4)障碍物清除时应注意至管外壁并有足够余量，避免增大阻力。

6 材料与设备

6.1 施工主要材料、机具设备(表2)

材料、机具设备 表2

序号	名称	规格型号	性能	能耗	单位	数量	用途	备注
1	钢板				t	1.5	简易盾构机	
2	50t小顶镐				台	4	简易盾构机	
3	电焊机	BX3-400		22kV·A	台	1	焊接简易盾构机	
4	320t顶镐				台	3	顶管	备用2台
5	高压泵及高压管路				套	1	顶管	
6	泥浆泵及泥浆管				套	1	压浆	

续上表

序号	名　　称	规格型号	性　能	能　耗	单　位	数　量	用　途	备　注
7	氧气切割机				套	1		
8	顶铁				m	10	顶管	
9	膨润土				t	4	压浆	
10	水泥				t	1	压浆	
11	25t 吊车				台	1	吊装混凝土管	
12	小车				辆	4	运输管内砂子	小车
13	风镐(带空压机)				套	1	准备破碎障碍物	风镐(带空压机)

6.2　劳动力组织(表3)

劳 动 力 组 织　　表3

序　号	工　　种	人　　数	职　　责
1	现场负责人	1	全面负责现场施工
2	技术负责人	1	制订方案、技术指导
3	安全质量工程师	1	执行安全、质量措施,检查整改
4	技术测量人员	1	施工技术交底、测量试验、监控量测
5	机电工	1	小型机具维修、保养、供电
6	电焊工	3	结构件和钢筋焊接
7	顶镐司机	3	顶镐操作、安拆
8	管内清砂工人	4	清理第一节管头的砂子
9	运输砂子工人	10	把管内的砂子运出工作坑
	合计	23	

7　质量控制

7.1　顶管时严格按《铁路桥涵工程施工质量验收标准》(TB 10415—2003)的规定进行操作,确保各部位质量。

7.2　顶进时设专人观测高程、方向的变化数据,若数据异常立即停止顶进,并进行盾构机头调整。每次顶进高程误差 ±(1～2)mm,方向误差≤2mm。

7.3　每次测量如果偏差均超出规范值,则及时调整简易盾构机头的小顶镐位置,确保顶进质量。

7.4　就位允许偏差:中线 50mm,高程 -50mm、+20mm。

8　安全措施

8.1　顶管顶进施工,严格执行国家有关安全生产的劳动保护法规,建立安全生产责任制,加强规范化管理,进行安全交底、安全教育和安全宣传,严格执行安全技术方案。

8.2　设备安装调试由专业人员指挥安装,顶镐安放垂直并支稳支牢。每次顶进前,对高压系统、顶镐、动力装置等进行检查,合格后才许可正式顶进。

8.3　对高压设备设置防护装置,加强施工机具设备管理和施工用电管理,各种电器设备及照明由电工统一安装并经常检修,按防火要求配备消防器材。

8.4　顶进时,要求监护人员认真监护,出现压力过大,应立即停止顶进作业,查明原因并处理后才许可继续顶进。

9 环保措施

9.1 施工垃圾及时清运,适量洒水,减少扬尘。

9.2 机械废油回收利用,妥善处理。

9.3 施工采用节能型工艺和设备,对水、电、煤、油等资源进行能耗指标管理,施工过程中避免将施工产生的污水排入河里。

9.4 合理安排施工作业时间,避免噪声扰民。

10 资源节约

10.1 执行国家"加强能源资源节约和生态环境保护,增强可持续发展能力"方针政策,爱护施工现场植被,减少废气排放,加强能源消耗管理。

10.2 妥善处理施工废弃物及生活垃圾,运至环保部门指定地点。

11 效益分析

11.1 简易盾构机制作简单,费用小。

11.2 砂层简易盾构机施工工法经济综合效益可观。在砂层顶管施工中,利用大型盾构机,每米的顶进费用约为8 000元,同时,需要200t的大吊车配合才能将机头安全地吊入工作坑。而采用简易盾构机施工工法仅需2 000多元,用25t的吊车就可以将机头吊入工作坑。

11.3 工程实施时,没有拆除噪声和环境污染,施工时文明程度很高;达到了降低劳动强度、减少不安全因素的目的。

11.4 简单盾构机施工工法实施时,受到了业主、设计单位、监理单位和当地有关部门的高度评价。

12 应用实例

12.1 2008年12月1日,沙河市建设局在地道桥排水管道施工中,计划把直径1 950mm的污水管道用正式35t重的盾构机顶进,由于施工现场为粗沙土层,里面含有大块石头等障碍物,盾构机刚入土一半就被迫停工。2009年5月10~25日,中铁六局利用简易盾构机成功清除障碍物仅用半个月的时间就完成该项目的顶管工程。

12.2 2009年,新乐市建设局在市污水管网建设中,准备把直径1 350mm的顶管在细沙土层中顶进60m。中铁六局利用简易盾构机只用了11天的时间就轻松完成了此项工程,并受到新乐市建设局的表扬。

12.3 陕京三线输气管道穿越铁路顶管工程于2010年5月1日开工,2010年5月15日~2010年5月20日顶进就位。该工程为砂层,地质情况复杂,容易发生塌方影响行车安全,采用简易盾构机顶进施工,有效地防止了砂层塌方,使其安全、有效、快速地顶进就位,获得了中国石油天然气集团公司领导和员工的一致好评,产生了很好的经济效益和社会效益。

瓦斯隧道施工工法

GGG(中企)D6169—2010

周小兵　彭红军　祁　鹏　李　铋　夏孝畲　叶春琳
(安通建设有限公司　北京市公路桥梁建设集团有限公司　四川武通路桥工程局)

1　前言

公路行业瓦斯隧道施工属于前沿施工行业,各方面施工技术不够成熟,也无专门技术规范。至董家山隧道瓦斯爆炸后,才引起了行业高度重视,其施工水平同时得到了相应提高。本工法所实施的勒不果喇吉隧道隧址区白果湾组地层含有瓦斯,隧道全洞身按瓦斯隧道设计。根据瓦斯压力测试结果和隧址区的含煤性,该隧道发生煤与瓦斯突出的可能性不大。区内地质构造复杂,节理裂隙发育,可能存在裂隙瓦斯。本工法参照铁路及煤矿相关规程,考虑瓦斯隧道特征,进行了施工方案的编制,因此针对性、可操作性较强。同时,本工法所采用的瓦斯监控设备属全自动智能系统,配合人工检测,能全面、可靠地进行瓦斯浓度的监控;采用的"三专两闭锁"措施,能及时可靠地保障施工安全。

2　工法特点

本工法特点为以下三方面:一是通过科学的计算验证,选择合理的施工方案及设备;二是通过检测手及相应自动设备,有效地检测瓦斯浓度,并根据检测结果控制施工程序;三是对各种可能出现的施工环境作出相应的应对措施。

3　适用范围

根据实际施工操作状况,本工法适用于所有低瓦斯隧道施工。高瓦斯隧道施工可以此作为参考。

4　工艺原理

因本工法为瓦斯隧道综合施工工法,原理分为开挖、通风、监控、设备选择等部分,较为烦琐,将在工法内逐一阐述。

5　施工工艺流程及操作要点

5.1　瓦斯隧道施工方案

瓦斯爆炸的要件包括瓦斯在空气中的浓度、氧气和火源。施工中有氧条件无法避免,就需要在浓度监控和火源控制上下工夫。采用超前探孔方法,用地质钻打80m以上探孔,探测瓦斯带和瓦斯溢出情况,做好预先防范工作;加强通风,隧道内都采用压入式通风设计,在掌子面和需要局部焊接的地方设置局扇;加强瓦斯浓度的实时检测工作。

5.1.1　总体施工方案

隧道通风采用压入式的通风方式。瓦斯检测采用人工检测和自动检测相结合的检测方式。隧道施工采用新奥法施工,人工风钻打眼,矿用炸药、煤矿许用电雷管起爆,光面爆破,超前小导管和喷射混凝土支护,台阶法开挖,挖掘机辅助装载机挖、装,自卸汽车运输,模板台车进行二次衬砌,混凝土在洞外集中拌和，混凝土运输车运输，泵送入模。

隧道开挖后立即施作初期支护，及时进行仰拱施工，尽快完成二次衬砌，及早封闭，减少瓦斯溢出量。施工中遵循“短进尺、弱爆破、强支护、早衬砌”的原则稳步前进。

隧道监控设计：瓦斯检测采用便携式瓦检仪人工检测、超前钻孔探测和KJ90安全视频监控报警断电装置系统相结合的检测方式；全方位、全天候检测，及时报警，快速撤离现场，降低事故发生的风险，确保安全施工。

隧道通风设计：隧道进口每个洞口安装1台（备用）轴流风机（左洞为2×110kW、右洞为2×115kW）和1台2×55kW（备用）轴流风机，隧道出口每个洞口安装1台2×158kW（备用）轴流风机。通过ϕ1 300mm双抗阻燃风管将新鲜空气送至掌子面。在距洞口400m和800m处均设置射流风机向洞外抽风，隧道每个洞口共设置2台射流风机。轴流风机设在洞外距洞口20m以外处。掌子面至模板台车地段的死角、塌腔等部位设置移动式5.5kW局扇，以增加瓦斯易聚地段的风速，将积聚的瓦斯吹出。风管最前端距掌子面5m，并且前55m采用可折叠风管，以便放炮时将此55m风管迅速缩至爆破抛掷区以外。所有掘进工作面的风机和局部风机都须装设“三专”（专用变压器、专用开关、专用线路），保证局扇、风机可靠运转。

隧道供电设计：隧道距洞口300m以后洞内供电采用两条铠装电缆，固定敷设的照明、通信、信号和控制用的电缆采用35mm^{2}铠装电缆，风机、台车、输送泵、焊机、喷浆机的电缆采用150mm^{2}铠装电缆。固定照明灯具，可采用EXdII型防爆照明灯，间隔10m设置一个；开挖工作面和台车附近的固定照明灯具，采用EXdI型矿用防爆照明射灯，共设置4个；移动照明必须使用矿灯。洞内的开关和启动器采用防爆型，设置瓦斯浓度超限与供电的闭锁装置。在洞口安装避雷系统。

5.1.2 瓦斯检测、监控方案

(1)瓦斯监控要求

《铁路瓦斯隧道技术规范》（TB 10120—2002）要求：瓦斯隧道施工期间，应建立瓦斯通风监控、检测的组织系统，加强施工过程中测定气象参数、瓦斯浓度、瓦斯涌出量、风速、风量等参数。瓦斯工区和瓦斯突出工区应配置高浓度瓦检仪和瓦斯自动检测报警断电装置。瓦斯自动检测报警断电装置的安设应符合《铁路瓦斯隧道技术规范》（TB 10120—2002）附录B的相关要求。

①单纯压入式通风时，瓦斯自动检测报警断电装置探头的布置可按图1进行。

断电浓度：$T\geqslant1.5\%$。

断电范围：开挖工作面及其附近20m内全部电气设备。

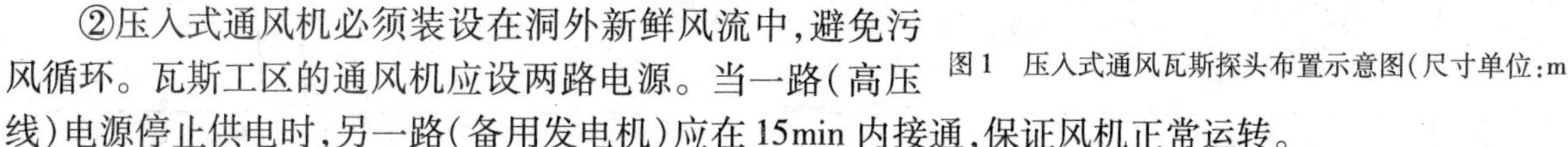

图1 压入式通风瓦斯探头布置示意图（尺寸单位：m）

②压入式通风机必须装设在洞外新鲜风流中，避免污风循环。瓦斯工区的通风机应设两路电源。当一路（高压线）电源停止供电时，另一路（备用发电机）应在15min内接通，保证风机正常运转。

(2)瓦斯检测仪器、瓦斯超前探孔预测

瓦斯工区和瓦斯突出工区配置便携式瓦检仪、高浓度瓦检仪和瓦斯自动检测报警断电装置。选用北京生产的SG4J CB—C120型便携式瓦检仪4台和光干涉瓦检仪4台；重庆煤科院生产的KJ90安全视频监控系统2套。

超前钻孔在上台阶布设1～3个，钻孔直径65mm，每个钻孔深度超过80m。每循环超前钻孔施工完成后，对前方围岩的瓦斯压力、瓦斯涌出量、瓦斯涌出衰减系数进行测定，并计算在隧道开挖过程中瓦斯涌出量，由此核定非瓦斯工区、瓦斯工区的瓦斯等级，同时预测施工前方可能出现的异常瓦斯涌出情况或判断是否存在煤与瓦斯突出的可能性。若超前预测钻孔有瓦斯突出危险，则应采取钻孔排放瓦斯措施，在有突出危险的预测孔周围打3个排放瓦斯孔，排放孔与预测孔间距不得大于2m。

(3)洞内瓦斯自动监控系统

经过全面考察，决定采用KJ90安全视频监控系统。该系统由重庆煤科院研制提供，由重庆科飞采

矿技术咨询有限公司安装、提供验收方案,并现场进行其相关功能及操作方法演练。

①监控方案总述

根据设计和实际的要求,结合勒不果喇吉隧道特点,采用人工监控和自动监控系统组成监控体系。自动监控系统经比选论证,选用重庆煤科院生产的KJ90安全视频监控系统作为主安全监控系统。在工作面的上隅角设置便携式甲烷检测报警仪,在检测到瓦斯浓度>0.4%时报警,瓦斯浓度>1%时命令切断作业区电源、工人停止作业,瓦斯浓度>1.5%时撤出作业人员。对需人工检测的部位,保证每15min检测一次;当瓦斯浓度>1.5%时,保证每5min检测一次。隧道自动断电报警系统为声、光连动形式。

仪器设备按照《铁路瓦斯隧道技术规范》(TB 10120—2002)附录C的规定进行定期检验。KJ90安全视频监控系统每月校核一次,光干涉瓦检仪每旬校核一次。

便携式瓦检仪由瓦检员携带在洞内巡检。KJ90安全视频监控系统通过在洞内安装的瓦斯传感器、一氧化碳传感器测定洞内瓦斯参数,并将此信息回馈主控计算机分析处理,瓦斯超标自动进行声光报警。该系统主要对洞内瓦斯、风量和主要风机实施瓦电闭锁及风量控制,及时准确地对洞内各工作面的瓦斯状况进行24h全方位监控。

②KJ90安全视频监控系统的工作原理

系统由监控中心站、分站、输入、输出设备构成。监控中心站与分站之间通信,接收分站内的信息,可以对分站发出指令。对接收的信息进行处理、显示、报警,通过外围设备可以将信息进行打印、上传、发送等。

③KJ90安全视频监控系统的布设

根据《铁路瓦斯隧道技术规范》(TB 10120—2002)的要求,应在以下方面设置瓦斯传感器、视频头等。

a.在开挖工作面、高瓦斯及瓦斯突出工区的回风巷、机电设备硐室的进风侧应设置瓦斯传感器;

b.在装备安全监控系统的煤层容易自燃的地段,设置一氧化碳传感器;

c.在满足上述要求的情况下,结合勒不果喇吉隧道的实际情况,各种传感器布置如图2所示。

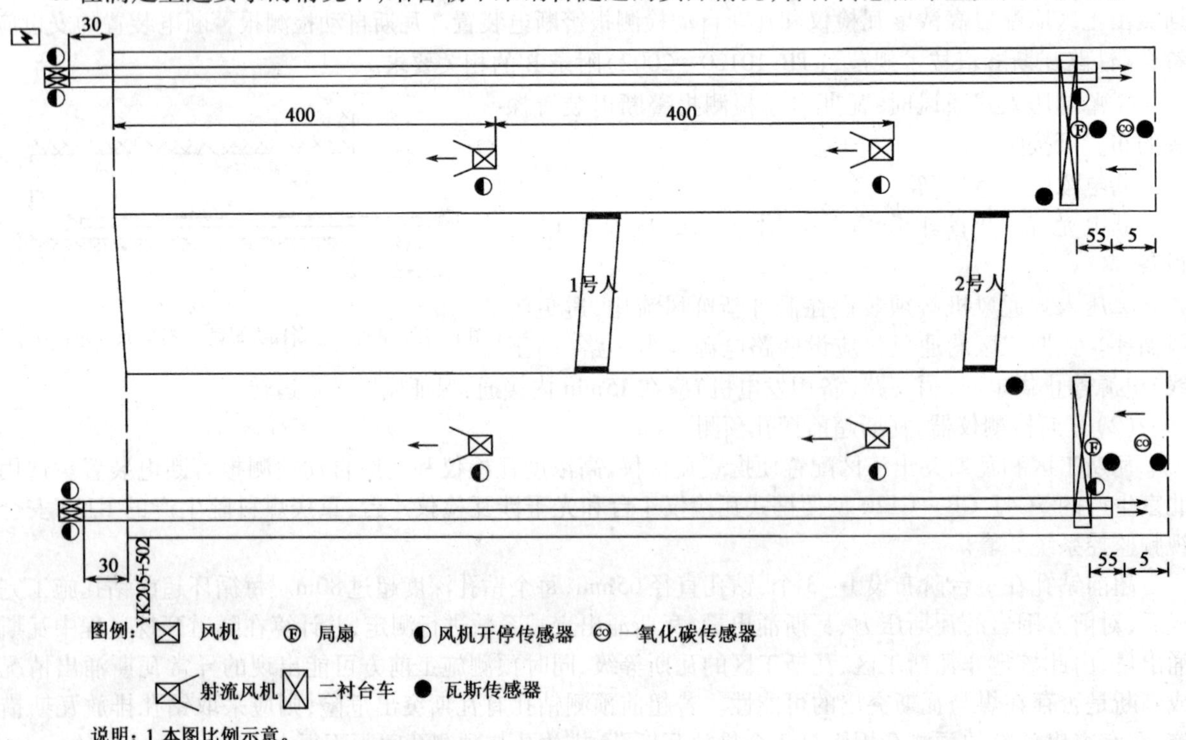

图2 传感器布置示意图(尺寸单位:m)

④KJ90 安全视频监控系统的安装

a. 监控中心站。机房设置在右洞洞口外侧，距洞口约 50m 远，机房设专用配电箱，使用前应对电源进行检测，电压波动范围为 220V ±10%，频率为 50Hz ±2%，波形失真率≤20%。采用双路两级稳压电源供电，第一级为交流稳压器供一台 UPS 及其他计算机外部设备，第二级为 UPS 供主控计算机，UPS 电源供电至少 15min。

b. 分站安装。分站的具体位置应安装在系统维护人员易于观察、调试、检修、维护的地方，同时应远离杂物、无滴水积水、方便安装。安装时垫支架，支架距地面不小于 300mm 并可靠接地。设专用配电箱，使用前对电源进行检测。分站电源箱所接入的动力电缆以及控制电缆，必须与所配密封圈相匹配；接线端子与外接电压等级必须相符。

c. 传感器安装。所有传感器的安装应充分考虑吊点、支撑及卡固强度，传感器线的走向及固定等。安设点应保证传感器处于系统维护人员易于观察、调试、检修、维护的地方，同时应远离杂物、无滴水积水、方便安装。

对于瓦斯传感器，甲烷的密度小于空气，因此甲烷传感器应布置在巷道的上方，并应不影响行人和行车，安装维护方便。甲烷传感器应垂直悬挂，安装在距拱顶不大于 500mm 或距隧道壁不小于 200mm 处。掌子面的瓦斯传感器距掌子面不大于 5m。用于监测局扇进风流的瓦斯传感器除满足上述要求外，还应考虑安装在较为典型的进风流中。

隧道内风速采用便携式风速仪进行测量。

一氧化碳传感器布置在巷道的上方，并应不影响行人和行车，便于安装维护，悬挂时应保持垂直。

开停传感器卡固在被测设备的负荷电缆上。卡固开停传感器时，必须在动力电缆非密集的地方进行，避免其他电缆的干扰。

d. 电缆线的安装。电缆线属屏蔽线，相互之间干扰很小。多路线向一个方向延伸时，为方便固定，可将其绑扎成束，固定在隧道洞壁上，支撑点间距离不得大于 3m。与动力线之间距离不得小于 0.5m，以防强电磁干扰。

(4)洞内施工异常现象预警

开挖工作面出现下列煤与瓦斯突出预兆时，应立即报警，停止工作，撤出人员，切断电源，并上报有关部门。

①瓦斯浓度忽大忽小，工作面温度降低、闷人、有异味等；

②开挖工作面地层压力增大、鼓壁、深部岩层或煤层的破裂声明显、响煤炮、掉渣、支护严重变形；

③岩层结构变化明显，层理紊乱，由硬变软，厚度与倾角发生变化，岩层顶、底板出现断裂、波状起伏等；

④钻孔时有顶钻、夹钻、顶水、喷孔等动力现象。

(5)瓦斯超限与处理

①瓦斯浓度管理应按三级管理实施，即隧道内任何一处瓦斯浓度低于 0.3% 时可正常施工，达到 0.4% 时应报警，达到 0.5% 时应停工检查并加强通风。

②在焊接、切割等工作点前后各 20m 范围内，风流中瓦斯浓度不得大于 0.5%。在检查证明作业地点附近 20m 范围内隧道顶部、支护背板后无瓦斯积存时方可进行作业。作业完成需由专人检查，确认无残火后方可结束作业。

③隧道内瓦斯浓度限值及超限处理措施应严格按照表 1 执行。

5.1.3　通风方案

(1)通风要求

①风速。《铁路瓦斯隧道技术规范》(TB 10120—2002)7.2.7 条和设计文件规定：瓦斯隧道施工中

防止瓦斯积聚的风速不宜小于1m/s。根据以往瓦斯隧道施工案例,如华蓥山瓦斯隧道回风风速0.5m/s,综合考虑勒不果喇吉隧道的实际情况,回风风速按0.25m/s设计。在塌腔、模板台车、加宽段、避车洞、横通道等处增加局扇。对于一般段落采用射流风机卷吸升压以提高风速,从而解决回风流瓦斯的层流问题。

瓦斯浓度限值及超限处理措施表 表1

序号	地点	限值(%)	超限处理措施
1	瓦斯工区任意处	0.5	超限处20m范围内立即停电,查明原因,加强通风监测
2	局部瓦斯积聚(体积大于0.5 m^3)	2.0	超限处20m范围内停工、断电、撤人,进行处理,加强通风
3	开挖工作面风流中	1.0	停止电钻钻孔
		1.5	超限处停工、断电、撤人,查明原因,加强通风
4	回风巷或工作面回风流中	1.0	停工、撤人,进行处理
5	放炮地点附近20m风流中	1.0	严禁装药放炮
6	煤层放炮后工作面风流中	1.0	继续通风,不得进入
7	局扇及电气开关10m范围内	0.5	停止运转,加强通风,进行处理
8	电动机及开关附近20m范围内	1.5	停工、断电、撤人,进行处理
9	竣工后洞内任何处	0.5	查明渗漏点,进行整治

②瓦斯含量。为确保施工安全,通风瓦斯浓度按0.5%考虑。

③通风的连续性。根据《铁路瓦斯隧道技术规范》(TB 10120—2002)7.2.9条规定:瓦斯隧道施工期间,应实施连续通风。因检修、停电等原因停风时,必须撤出人员,切断电源。恢复通风前,必须检查瓦斯浓度。

(2)通风方案概述

①采用1台轴流风机在洞口向洞内压风,距洞口400m和800m处各设置1台射流风机。横通道用风门封闭,风门采用钢架结构外贴土工布密封,避免漏风和循环风出现。

②隧道进口每个洞口安装1台2×110kW的SDF(C)—No12.5型(备用)轴流风机和1台2×55kW(备用)轴流风机,隧道出口每个洞口安装1台2×158kW的SDF(C)—No12.5型(备用)轴流风机,通过ϕ1 300mm双抗风管(阻燃、抗静电)将新鲜空气送至掌子面。风机设在洞外距洞口20m处。风管最前端距掌子面5m,并且前55m采用可折叠风管,以便放炮时将此55m风管迅速缩至炮烟抛掷区以外。

③射流风机采用SDA12582B型和93—1型风机,依据施工进度分两个阶段布设:第一阶段布设1台风机、第二阶段再布设1台风机。射流风机布设在隧道拱顶或距边墙2m处。

④掌子面至模板台车地段设置移动式局扇,配合软风管供风,以增加瓦斯易积聚地段的风速,防止瓦斯积聚。

⑤在掌子面至模板台车地段的死角、塌腔等部位用高压风将瓦斯引出。具体方案为根据瓦斯检测结果对其吹入高压风,将其积聚的瓦斯吹出,使之与回风混合后排出。

⑥二衬台车附近采用5.5kW局扇2台以吹散该处积聚的瓦斯,确保台车附近瓦斯浓度不大于0.5%。

⑦在每个隧道的紧急避车洞设置5.5kW局扇1台,以吹散该处积聚的瓦斯。

(3)通风设计

①风量计算

a.根据同一时间洞内工作人员数计算所需风量。

$$Q_1 = K \times M \times Q_n \tag{1}$$

式中:K——风量备用系数,采用1.2;

M——同时在洞内工作的人数，取40人；

Q_n——每个工作人员所需新鲜空气，取$4m^3/min$。

计算得：

$$Q_1 = 1.2 \times 40 \times 4 = 192m^3/min$$

b. 按照爆破作业确定风量。

$$Q_2 = \frac{2.25}{t}\sqrt[3]{\frac{G(AL)^2\psi b}{p^2}} \tag{2}$$

式中：t——通风时间（min），取30min；

G——同时爆破的炸药量（kg），取120kg；

ψ——淋水系数，取0.8；

b——炸药爆炸时的有害气体生成量，根据本隧道的情况取80；

A——掘进巷道的断面面积，根据实际考虑到超挖情况，一般地段选择（上半断面）$50.5m^2$；

p——风管漏风系数，m；

L——临界长度，m。

p采用公式$p = \frac{1}{(1-p_{100})^{\frac{L}{100}}}$进行计算。其中，$L$为单根风管长度，取1 150m。$P_{100}$为风管百米损耗率，为1%。则风管漏风系数$p = \frac{1}{(1-p_{100})^{\frac{L}{100}}} = \frac{1}{(1-0.01)^{\frac{1150}{100}}} = 1.12$。

临界长度L采用公式$L = 12.5\frac{GbK}{AP^2}$进行计算。其中，G取120，b取80，A取50.5，p取1.12，K依据$\frac{l}{2D}$计算结果查表得出（其中风流有效射程$l = 4\sqrt{A} = 4\sqrt{50.5} = 28.4m$，$\frac{l}{2D} = \frac{28.4}{2\times1.3} = 10.92$，查表得沿程系数$K\approx0.304\ 35$），则临界长度$L = 12.5\frac{GbK}{AP^2} = 12.5 \times \frac{120\times80\times0.304\ 35}{50.5\times1.12^2} = 576.5m$。

代入以上数据，计算得：

$$Q_2 = \frac{2.25}{t}\sqrt[3]{\frac{G(AL)^2\psi b}{p^2}} = 1\ 298.5m^3/min$$

c. 按照隧道瓦斯涌出量计算所需风量。

$$Q_3 = Q_{CH4} \times K \div (Bg - Bg_0) \tag{3}$$

式中：Q_{CH4}——取四川省康泰煤矿劳动及评价咨询有限公司“瓦斯专项安全评估报告”提供的单洞瓦斯最大涌出量$0.6m^3/min$；

K——瓦斯涌出的不均衡系数，取1.6；

Bg——工作面允许的瓦斯浓度，取0.5%；

Bg_0——送入风流中的瓦斯浓度，取0。

计算得：

$$Q_3 = 0.6 \times 1.6 \div (0.5\% - 0) = 192m^3/min$$

d. 按照瓦斯隧道洞内最小风速计算所需风量。

$$Q_4 = 60 \times V \times A \tag{4}$$

式中：V——瓦斯隧道要求回风风速，取0.25m/s。

A——掘进巷道的断面面积，查洞身通风断面表，取$50.5m^2$。

计算得：

$$Q_4 = 60 \times 0.25 \times 50.5 = 757.5m^3/min$$

e. 计算风机风量。

取以上风量的最大值1 298.5 m^3/min,则风机风量为:

$$Q_m = PQ = 1.12 \times 1\,298.5 = 1\,454 m^3/min$$

f. 计算风压。

$$h_f = \lambda \times \frac{L}{D} \times \frac{\rho}{2} v^2 \tag{5}$$

式中:λ——达西系数,取0.015;

D——风管直径配,1.3m;

L——供风长度,取1 150m;

ρ——系数,取1.2;

V——风速,采用公式 $V = \frac{\sqrt{Q_m \times Q_0}}{\frac{\pi}{4} \times D^2}$ 进行计算。其中 Q_m 为通风管进口风量,取1 454m^3/min。Q_0 为通风管出口风量,取1 125m^3/min。则 $V = \frac{\sqrt{1\,454 \times 1\,125}}{\frac{\pi}{4} \times 1.3^2} = 963.6 m/min = 16.1 m/s$。

则风机的风压为:

$$h_f = 0.015 \times \frac{1\,150}{1.3} \times \frac{1.2}{2} \times 16.1^2 = 2\,063.7 Pa$$

②风机选型

根据计算,左右洞各配1台2×110kW的SDF(C)—No12.5型轴流风机(1台2×55kW备用)。参照风机性能曲线图(图3),风机风量 Q_m = 1 454m^3/min时,风压 P = 4 000Pa > 2 063.7Pa。

③ 通风管

通风管选用抗静电阻、燃风管,直径为1 300mm,模板台车至洞口风管每节100m,二次衬砌至掌子面风管每节30m,风管因模板台车所限悬挂在隧道一侧拱腰处。通风布置示意图如图4所示。

④隧道风机、风管配置数量表(表2)

勒不果喇吉隧道单侧瓦斯防范设备 表2

设备名称	型号	功率(kW)	流量(m^3/h)	风压(Pa)	投入数量	产地
射流风机	93—1	30	40 000	5 000	4台	洛阳
轴流风机	SDF(C)—No12.5	158×2	100 000	343	2台	洛阳
轴流风机	SDF(C)—No12.5	110×2	90 000	343	2台	洛阳
轴流风机	SDF(C)—No12.5	55×2	45 000	343	2台	洛阳
局扇	JK	5.5			6台	洛阳
手持瓦检仪	SG4JCB—C120				4台	北京
瓦斯遥测系统	KJ90				2套	重庆
灭火器					20个	
ϕ1 300mm抗静电、阻燃风管					4 500m	

(4)通风管理

①成立专人通风安装、使用、维修、维护的通风班组,每天进行巡检,确保管路顺直,无死弯、漏洞,其开机人员每天按班组对风机运行进行记录。

②通风系统安装后,首先,由项目部组织人员对通风设施进行验收,确认通风效果是否与设计相符。其次,项目部组织相关人员每周对通风进行定期检查。

③钻眼、喷锚、出渣运输、安装格栅钢架、掌子面塌方、塌方处理、瓦斯浓度≥0.5%时,风机要高速运转、加强检测,确保洞内任一处瓦斯浓度降至0.5%以下才能施工。

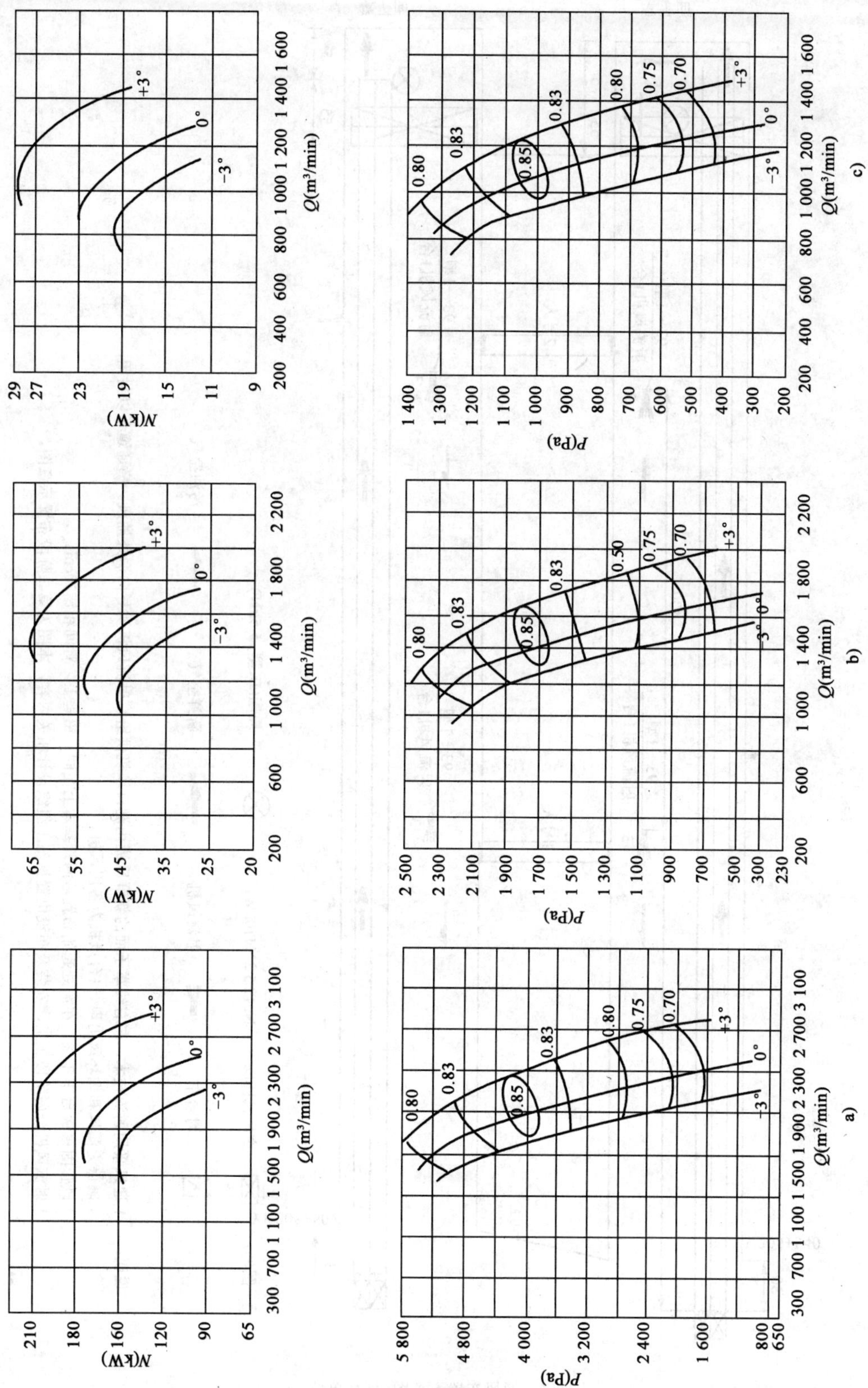

图3　SDF(C)—No12.5 型风机性能曲线图

a)高速;b)中速;c)低速

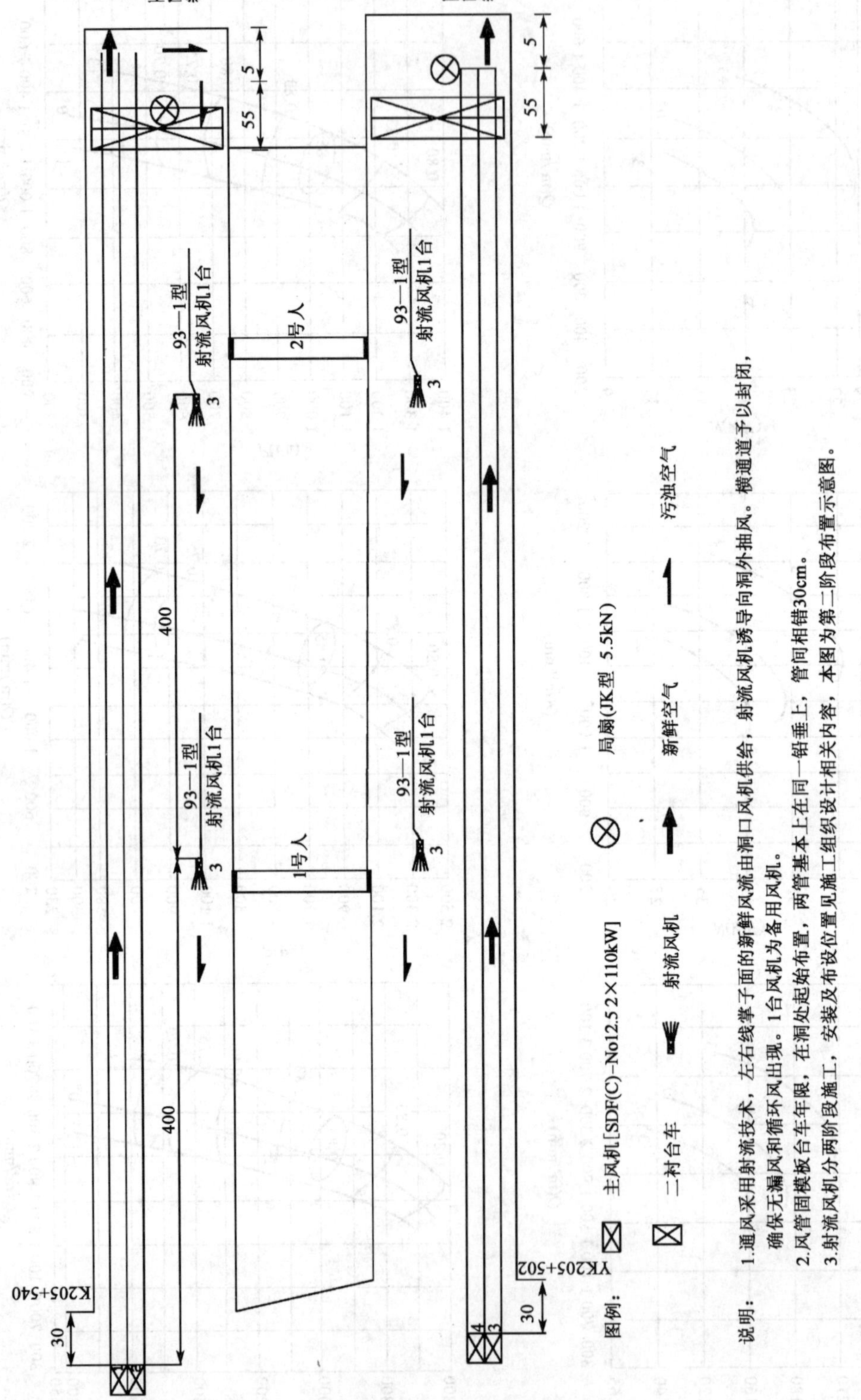

图4　通风布置示意图(尺寸单位:m)

④风机的停运、启动、变速由监控中心通风工程师负责调度指挥，并且做好相应的记录，签认后备查，其他任何人不准擅自停机。当移动模板台车时，风机采取低挡位供风，以保证供风的连续性。

⑤通风设施安装完毕正常运转后，每 10 天进行一次全面测风。对掌子面和其他用风地点，根据实际需要随时测风，每次测风结果做好记录并写在测风地点的记录牌上。

⑥每 7 天在风管进风、出风口测一次风速及风压，并计算漏风率。如漏风率大于 2%，分析查找原因，尽快改正，确保送至掌子面的风量与设计相符。

5.1.4 供电、通信方案

(1)供电要求

《铁路瓦斯隧道技术规范》(TB 10120—2002)规定：瓦斯工区供电应配置两路电源。工区内采用双电源线路(变电站和备用发电机)，其电源线上不得分接隧道以外的任何负荷。勒不果喇吉隧道左右洞供电方案为各自系统独立，单洞配备双电源线路，即一条来自公用变电站、一条来自自备发电站的两条电源线路。洞内电器全部采用防爆型，并做到“三专”(即专用变压器、专用开关、专用供电线路)，以保证瓦斯隧道安全施工。单侧隧道供电示意图见图 5。

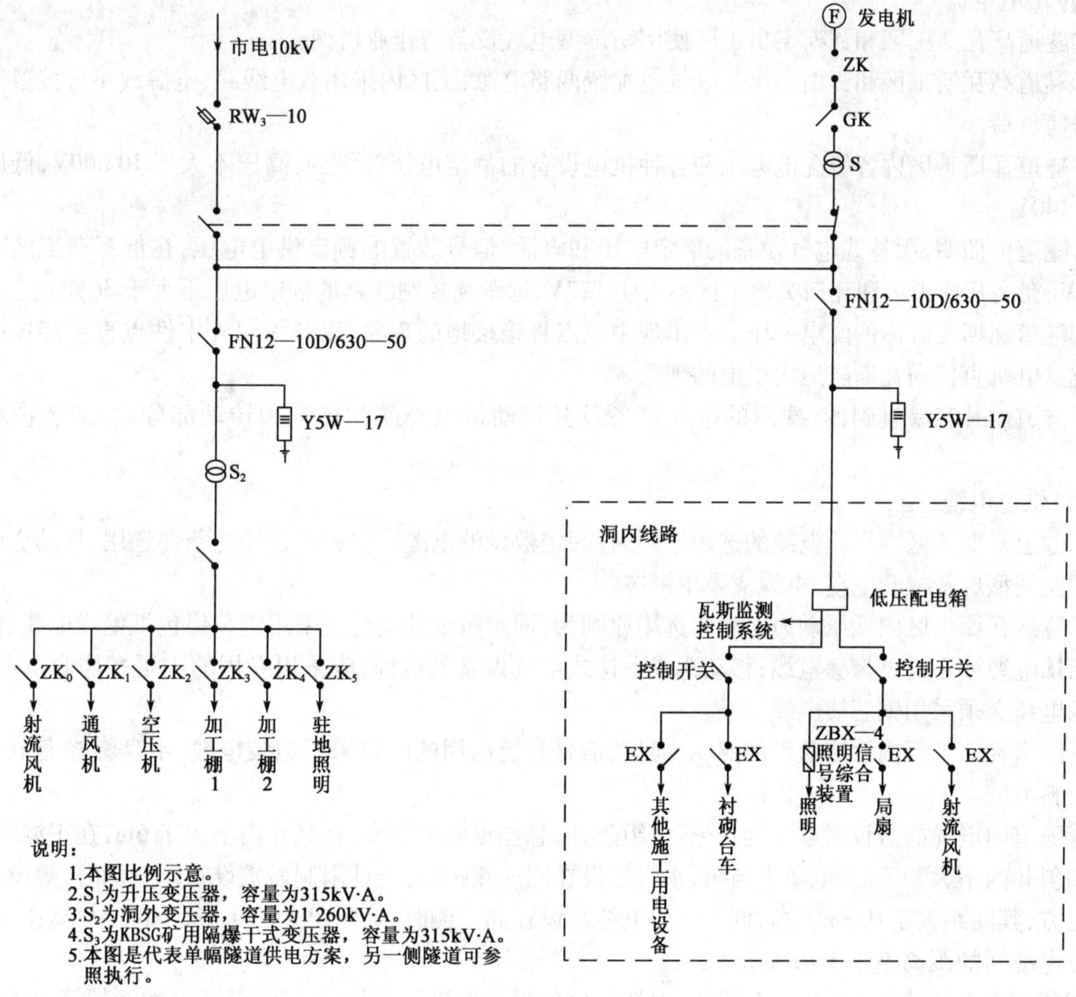

图 5 单侧隧道供电示意图

(2)供电设计

①隧道内设两回路电源线路，当一回路运行时，另一回路备用，以保证供电的连续性。隧道距洞口 300m 以后洞内供电采用两条铠装电缆，固定敷设的照明、通信、信号和控制用的电缆采用 $35mm^2$ 铠装电缆，风机、台车、输送泵、焊机、喷浆机的电缆采用 $120mm^2$ 铠装电缆。

②隧道施工单边长度为1 116m,低压进洞。

③电压波动范围:高压为额定值的±5%,低压为额定值±10%。

④洞内低压电缆使用不延燃橡套电缆,电缆的分支连接使用与电缆配套的防爆连接器、接线盒。

⑤为保证隧道的正常通风及照明,左右洞各备用1台康明斯400型630kW发电机,在停电15min内,启动发电机供隧道内通风、监测及照明。

⑥进入隧道内的供电线路,在隧道洞口处装设避雷装置。

⑦施工照明:洞内照明系统采用矿用防爆主电缆在各相应地段设置照明及信号专用的ZXB—4型综合保护装置,将380V三相中性点不接地电源降为127V,用分支电缆、防爆接线盒接入防爆灯具,以满足道路和施工的需要。

固定敷设的电线采用铠装铅包纸绝缘电缆、铠装聚氯乙烯电缆或不延燃橡套电缆;移动式或手持式电气设备的电缆,采用专用不延燃橡套电缆;开挖面采用铜芯质电缆。

隧道内固定照明灯具采用EXdII型防爆照明灯,每10m设置一个;开挖工作面附近移动照明灯具采用EXdI型矿用防爆照明灯。

(3)供电电器

①隧道高瓦斯工区和瓦斯突出工区使用防爆型电气设备与作业机械。

②隧道高瓦斯工区和瓦斯突出工区供电配置两路电源,工区内采用双电线路,电源线不分接隧道以外的任何负荷。

③隧道瓦斯工区内各级配电电压和各种机电设备的额定电压等级为:高压不大于10 000V,低压不大于1 140V。

④隧道内照明、手持式电气设备的额定电压和电话、信号装置的额定供电电压,在低瓦斯工区不大于220V、在高瓦斯工区和瓦斯突出工区不大于127V,远距离控制线路的额定电压不大于36V。

⑤隧道瓦斯工区内的配电变压器不出现中性点直接接地的现象,以及无洞外中性点直接接地的变压器或发电机直接向瓦斯隧道内供电的现象。

⑥隧道内凡容易碰到的、裸露的电气设备及其带动机械外露的传动和转动部分,均加装护罩或遮栏。

(4)供电电缆

①隧道瓦斯工区内高压电缆的选用原则为:固定敷设的电缆应根据作业环境条件选用,移动变电站应采用监视型屏蔽橡套电缆,电缆应采用铜芯。

②隧道瓦斯工区内低压动力电缆的选用原则为:固定敷设的电缆应采用铠装铅包纸绝缘电缆、铠装聚氯乙烯电缆或不延燃橡套电缆;移动式或手持式电气设备的电缆,应采用专用的不延燃橡套电缆;开挖面的电缆必须采用铜芯质电缆。

③隧道瓦斯工区内固定敷设的照明、通信、信号和控制用的电缆采用铠装电缆、不延燃橡套电缆或矿用塑料电缆。

④隧道内电缆的敷设采取下列措施:电缆悬挂,悬挂点间的距离,在竖井内不大于6m,在正洞、平行导坑和斜井内不大于3m。电缆不与风、水管敷设在同一侧;当受条件限制需敷设在同一侧时,敷设在管子的上方,其间距大于0.3m。高、低压电力电缆敷设在同一侧时,其间距大于0.1m。高压与高压、低压与低压电缆间的距离不小于0.05m。

⑤隧道内电缆的连接采取下列措施:电缆与电气设备连接,使用与电气设备防爆性能相符合的接线盒;电缆芯线使用齿形压线板或线鼻子与电气设备连接;在高瓦斯工区和瓦斯突出工区内,电缆之间若采用接线盒连接时,选用防爆型的接线盒;高压纸绝缘电缆接线盒内灌注绝缘充填物。

(5)供电电器保护措施

①隧道瓦斯工区内的电气设备小于额定值运行。

②隧道瓦斯工区内的低压电气设备不使用油断路器、带油的启动器和一次线圈为低压的油浸变压器。

③隧道瓦斯工区开挖工作面附近的固定照明灯具采用 EKd Ⅰ型矿用防爆照明灯,移动照明使用矿灯。

④隧道内高压电网的单相接地电容电流小于 20A。

⑤隧道瓦斯工区内高压馈电线路无单相接地运行,当发生单向接地时立即切断电源,低压馈电线路上装设有能自动切断漏电线路的检漏装置。

⑥隧道高瓦斯工区和瓦斯突出工区内的局部通风机和开挖工作面的电气设备装设有风电闭锁装置,当局部通风机停止运转时能立即自动切断局部通风机供风区段的一切电源。

⑦为防止雷电波引起瓦斯爆炸,采取以下措施:经由地面架空线路引入隧道内的供电线路,在隧道洞口处装设避雷装置;由地面直接进入隧道内的轨道和露天架空引入(出)的管路,在隧道洞口附近将金属体进行不少于 2 处的集中接地;通信线路在隧道洞口处装设熔断器和避雷装置。

⑧隧道内 36 V 以上的和由于绝缘损坏可能带有危险电压的电气设备的金属外壳、构架等,都应保护接地,并且接地电阻值满足下列要求:接地网上任一保护接地点的接地电阻值小于 2Ω;每一移动式或手持式电气设备与接地网间的保护接地,所用的电缆芯线的电阻值小于 1Ω。

(6)施工通信方案

①在掌子面、洞口及值班室设置防爆应急电话,确保信息安全畅通。

②隧道内固定敷设的通信、信号和控制用电缆全部采用铠装电缆、不延燃橡套电缆或矿用塑料电缆。

③为防止雷电波引起瓦斯事故,通信线路在隧道洞口处装设熔断器和避雷装置。

5.1.5　洞内管线布置图(图 6)

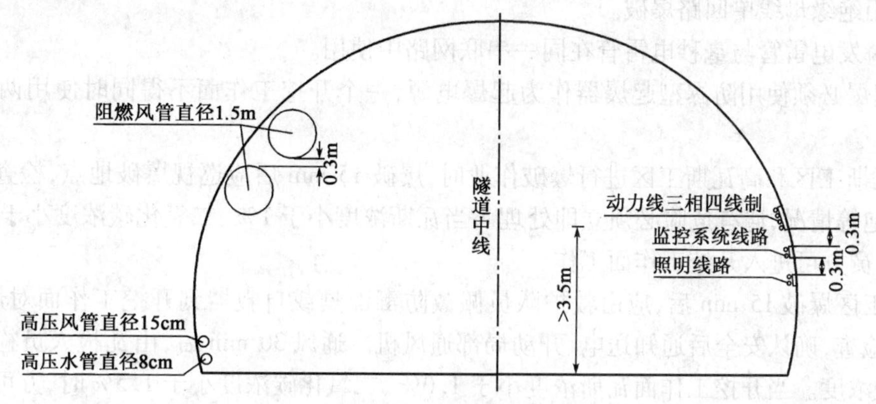

图 6　洞内管线布置示意图

5.2　勒不果喇吉隧道Ⅴ级围岩爆破设计

5.2.1　爆破设计依据

(1)隧道施工图设计文件;

(2)《公路隧道施工技术细则》(JTG/T F60—2009);

(3)《铁路瓦斯隧道技术规范》(TB 10120—2002);

(4)《爆破安全规程》(GB 6722—2003)。

5.2.2　爆破设计要求

(1)瓦斯工区钻孔作业应符合下列规定:

①开挖工作面附近 20m 风流中瓦斯浓度必须小于 1.5 %;

②必须采用湿式钻孔;

③炮眼深度不应小于 0.6m。

(2)瓦斯工区装药与爆破作业应符合下列规定:

①爆破地点 20m 内,风流中瓦斯浓度必须小于 1%;

②爆破地点 20m 内,矿车、碎石、煤渣等物体阻塞开挖断面不得大于 1/3;

③通风应风量足,风向稳,局扇无循环风;

④炮眼内煤、岩粉应清除干净;

⑤炮眼封泥不足或不严不应进行爆破。

(3)瓦斯工区的爆破作业必须采用煤矿许用炸药,瓦斯突出地段采用安全等级不低于三级的煤矿许用含水炸药。

(4)瓦斯工区必须采用电力起爆,并使用煤矿许用电雷管。严禁使用秒或半秒级电雷管。使用煤矿许用毫秒延期电雷管时,最后一段的延期时间不得大于130ms。

(5)瓦斯工区采用电雷管起爆时,严禁反向装药。采用正向连续装药结构时,雷管以外不得装药卷。

在岩层内爆破,炮眼深度不足0.9m时,装药长度不得大于炮眼深度的1/2;炮眼深度为0.9m以上时,装药长度不得大于炮眼深度的2/3。在煤层中爆破,装药长度不得大于炮眼深度的1/2。

所有炮眼的剩余部分应用炮泥封堵。炮泥应用水炮泥和钻土炮泥。水炮泥外剩余的炮眼部分应用钻土炮泥填满封实。严禁用煤粉、块状材料或其他可燃性材料作炮泥。

(6)爆破网路和连线,必须符合下列要求:

①必须采用串联连接方式。线路所有连接接头应相互扭紧,明线部分应包覆绝缘层并悬空。

②母线与电缆、电线、信号线应分别挂在巷道的两侧,若必须在同一侧时母线必须挂在电缆下方,并应保持0.3m以上间距。

③母线应采用具有良好绝缘性和柔软性的铜芯电缆,并随用随挂,严禁将其固定。母线的长度必须大于规定的爆破安全距离。

④必须采用绝缘母线单回路爆破。

⑤严禁将瞬发电雷管与毫秒电雷管在同一串联网路中使用。

(7)电力起爆必须使用防爆型起爆器作为起爆电源,一个开挖工作面不得同时使用两台及以上起爆器起爆。

(8)在低瓦斯工区和高瓦斯工区进行爆破作业时,爆破15 min后应巡视爆破地点,检查通风、瓦斯、煤尘、瞎炮、残炮等情况,遇有危险必须立即处理。当瓦斯浓度小于1%、二氧化碳浓度小于1.5%,解除警戒后,工作人员方可进入开挖工作面工作。

瓦斯突出工区爆破15 min后,应由救护队员佩戴防毒面具或自救器到开挖工作面对爆破效果、瓦斯浓度等进行检查,确认安全后通知送电、开动局部通风机。通风30 min后,由瓦检人员检测开挖工作面、回风道瓦斯浓度。当开挖工作面瓦斯浓度小于1.0%、二氧化碳浓度小于1.5%时,方可通知工地负责人允许施工人员进洞。

5.2.3　开挖总体思路

隧道瓦斯地段的掘进爆破施工中,总的原则是“早封堵、短进尺、多循环、快封闭”,防止有害气体溢出。勒不果喇吉隧道设计均为V级围岩,采用台阶法施工,分三级台阶。第一台阶高度为5.34m,光面爆破,一次开挖成型,进尺1.0m。第二台阶高度为3.47m,先拉中槽宽度6m,进尺为3.5m;两侧边墙预留分别3.17m,马口跳槽开挖边墙,光面爆破,马口开挖长度为1.8m,安装两榀拱架。第三台阶为仰拱,最高高度为2.05m,半幅开挖。

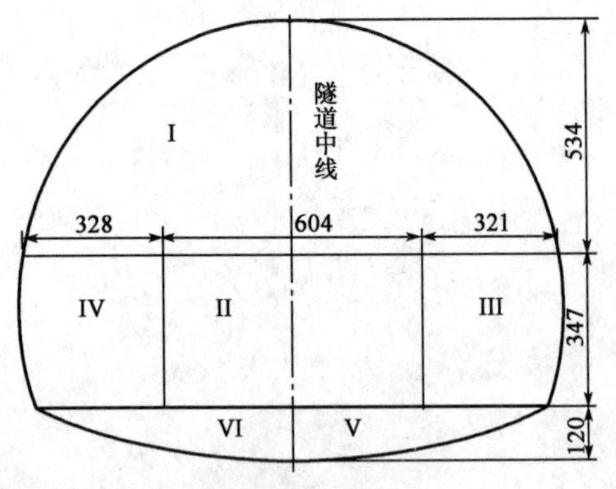

图7　开挖顺序图(尺寸单位:cm)

开挖顺序依次为:I→II→III→IV→V→VI,如图7所示。每次开挖完毕后立即进行初期支护。

5.2.4　爆破器材

勒不果喇吉隧道计划采用气腿式凿岩机钻孔,配用40mm的钻头。使用煤矿许用2号岩石乳化炸药和毫秒电雷管。爆破器材相关参数见表3、表4。

爆 破 器 材 参 数 表3

序 号	爆破器材名称	规 格 型 号
1	煤矿许用2号乳化炸药	35mm/200mm/200g
2	毫秒电雷管	1~5段(电阻6.3Ω)
3	GM—2 000型起爆器	输出电压2 000V
4	孔口连接线(铜线)	$1mm^2$,单股,电阻17.5Ω/km
5	主线(铜线)	$5.5mm^2$,7股,电阻3.18Ω/km

第二系列毫秒电雷管延期时间 表4

段 数	1	2	3	4	5
延期时间(ms)	0	25	50	75	100

5.2.5 钻爆参数设计

(1)炮眼数目计算:

$$N=\frac{qs}{\gamma\eta}=\frac{0.8\times 50.5}{0.96\times 0.45}=93.5\text{个}\approx 94\text{个}$$

式中:N——计算炮眼数目,不包括未装药的空眼数;

q——单位炸药消耗量,kg/m^3;

s——开挖断面面积,m^2;

η——炮眼装填系数;

γ——每米药卷长度的炸药重量,kg/m。

(2)掏槽眼设计,采用三级复式楔形掏槽。

5.2.6 炮眼布置图及爆破参数

设计每循环进尺1.0m,取掏槽眼深度分别为1.17m、1.71m、1.5m,辅助眼为1.3m,底眼为1.4m。炮眼布置图见图8~图11。各部位爆破参数见表5~表8。

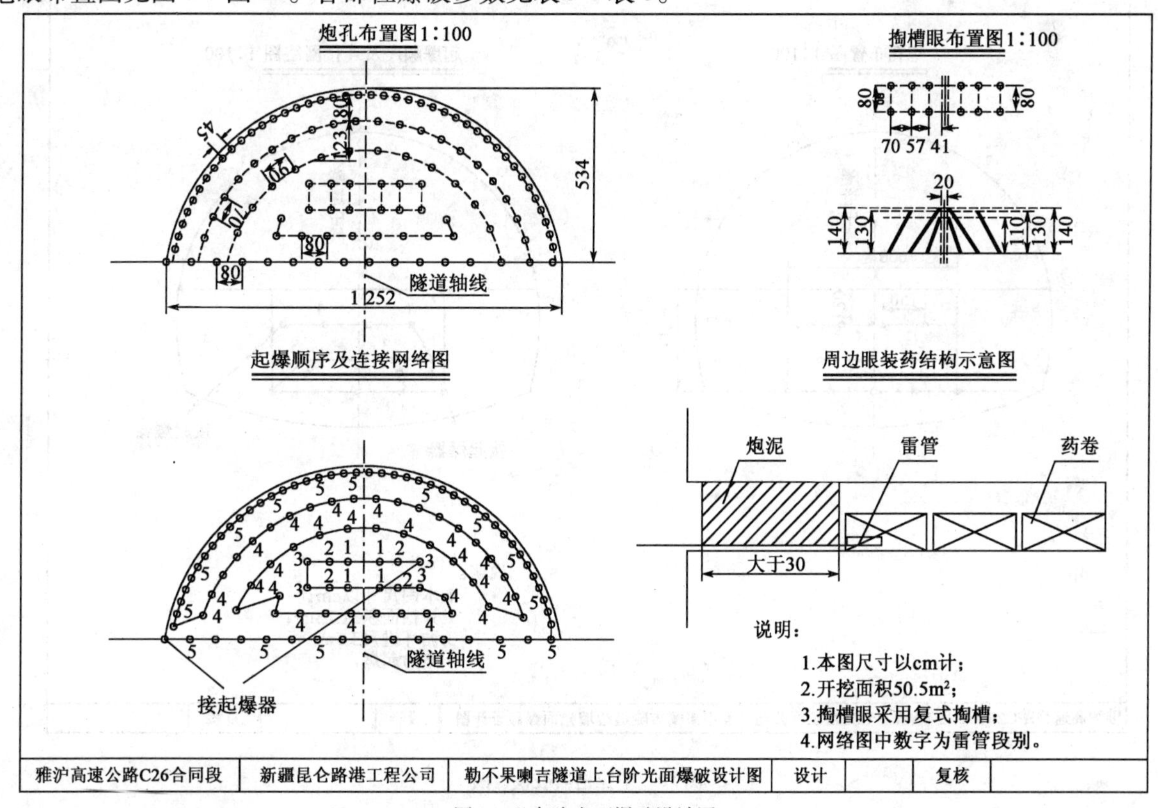

图8 上台阶光面爆破设计图

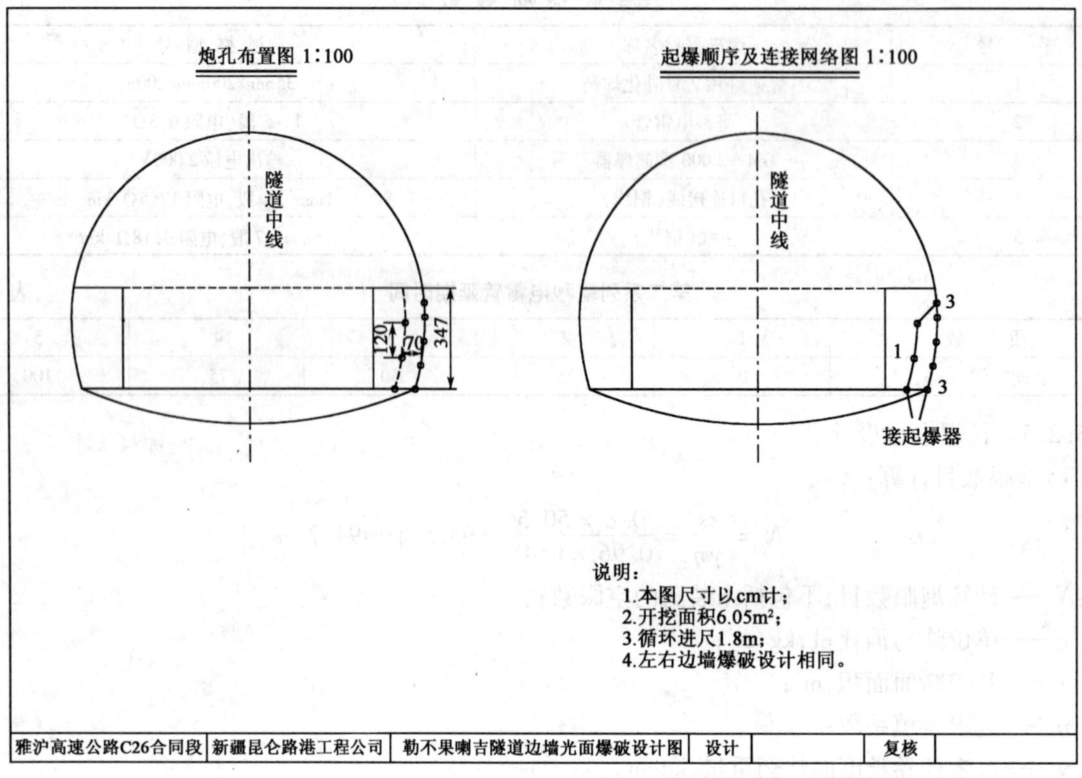

图9　边墙光面爆破设计图

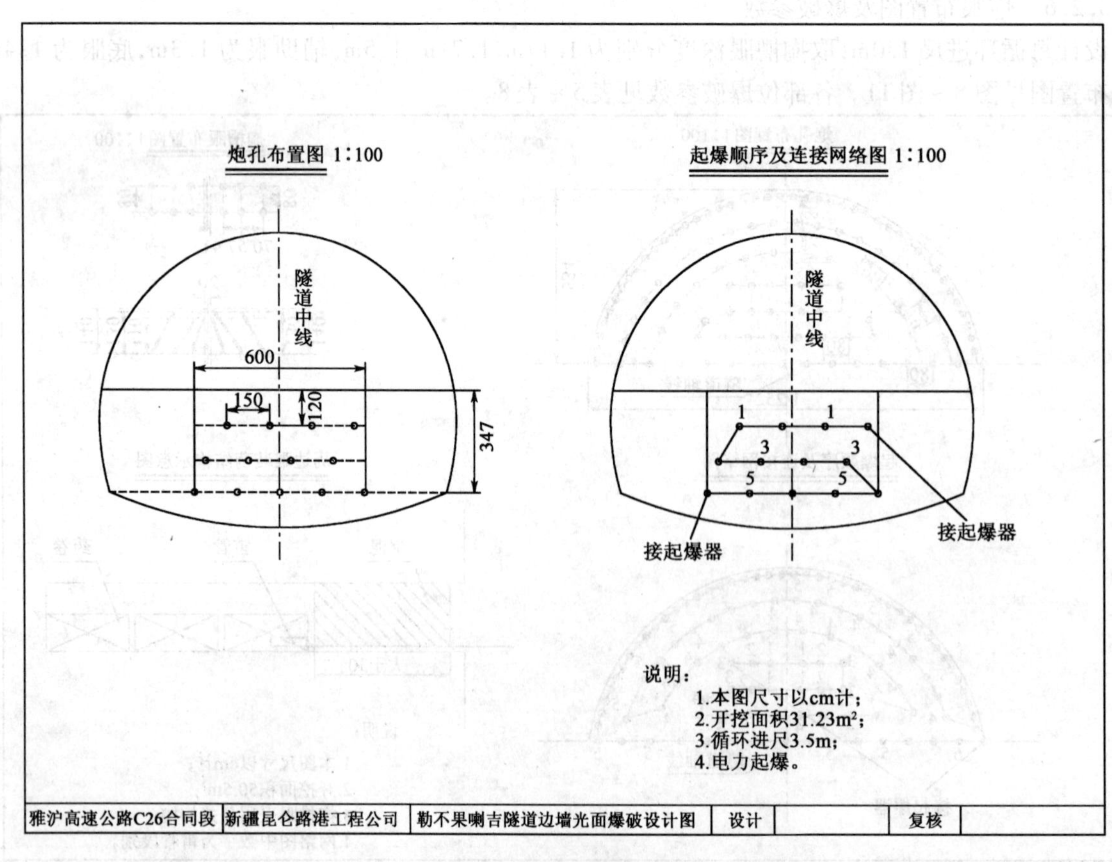

图10　中拉槽爆破设计图

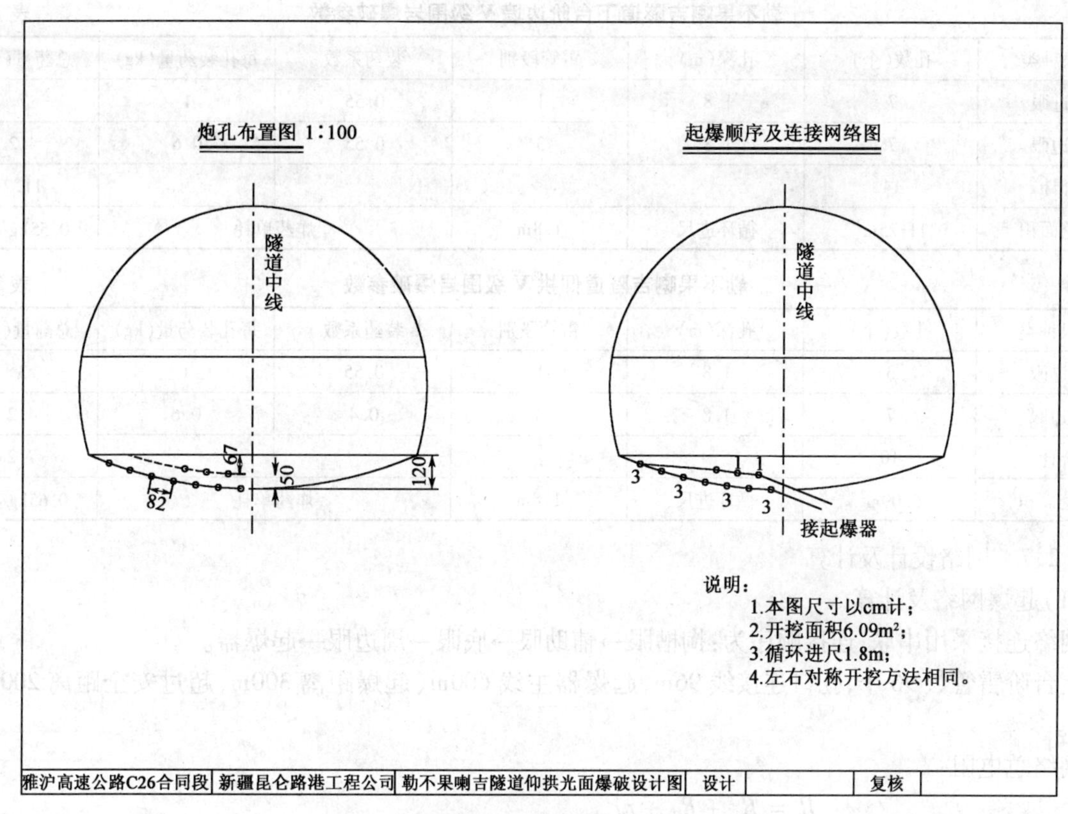

图11 仰拱光面爆破设计图

勒不果喇吉隧道上台阶Ⅴ级围岩爆破参数 表5

炮眼种类	孔数(个)	孔深(cm)	雷管段别	装药系数	每孔装药量(kg)	总药量(kg)
掏槽眼	4	117	3	0.55	0.5	2
掏槽眼	4	171	1	0.5	0.6	2.4
掏槽眼	4	150	2	0.5	0.5	2
辅助眼	8	130	4	0.5	0.5	4
辅助眼	10	130	4	0.5	0.5	5
辅助眼	16	130	4	0.45	0.5	9
周边眼	36	130	5	0.35	0.35	12.6
底眼	12	140	5	0.5	0.5	6
合计	94					43
开挖面积		50.5m²		计划进尺		1.0m
计划炸药单耗		0.8m²		实际炸药单耗		0.85kg/m³

勒不果喇吉隧道下台阶中拉槽Ⅴ级围岩爆破参数 表6

眼种类	孔数(个)	孔深(m)	雷管段别	装药系数	每孔装药量(kg)	总药量(kg)
掘进眼	4	3.6	1	0.55	2	8
掘进眼	4	3.6	3	0.55	2	8
底眼	5	3.7	5	0.6	2	10
合计	13					26
开挖面积	20.82m²	循环进尺	3.5m		炸药单耗	0.35kg/m³

勒不果喇吉隧道下台阶边墙 V 级围岩爆破参数　表 7

炮眼种类	孔数(个)	孔深(m)	雷管段别	装药系数	每孔装药量(kg)	总药量(kg)
掘进眼	7	1.8	1	0.55	1	7
周边眼	7	1.8	3	0.55	0.6	4.2
合计	14					11.2
开挖面积	11.25m^2	循环进尺	1.8m	炸药单耗		0.55kg/m^3

勒不果喇吉隧道仰拱 V 级围岩爆破参数　表 8

炮眼种类	孔数(个)	孔深(m)	雷管段别	装药系数	每孔装药量(kg)	总药量(kg)
掘进眼	3	1.8	1	0.55	1	3
周边眼	7	1.8	3	0.4	0.6	4.2
合计	10					7.2
开挖面积	6.09m^2	循环进尺	1.8m	炸药单耗		0.65kg/m^3

5.2.7　网络设计及计算

(1)起爆网络及计算

网络连接采用串联,连接顺序为:掏槽眼→辅助眼→底眼→周边眼→起爆器。

上台阶雷管数 96 个,孔口连接线 96m,起爆器主线 600m(起爆距离 300m,超过安全距离 200m 的要求)。

网络总电阻:

$$
\begin{aligned}
R &= R_1 + R_2 + nr \\
&= 600 \times 3.18 \div 1\,000 + 96 \times 17.5 \div 1\,000 + 96 \times 6.3 \\
&= 709.2\Omega
\end{aligned}
$$

式中:R——总电阻;

R_1——主线电阻;

R_2——孔口连接线电阻;

n——电雷管数目;

r——每个电雷管电阻。

通过网络及每个电雷管的电流为:

$$i = I = V \div R = 2\,000 \div 709.2 = 3.2\text{A}$$

式中:R——总电阻;

V——起爆电压;

I——通过网络电流;

i——通过每个电雷管电流。

经过计算,通过每个电雷管电流为 3.2A,《爆破安全规程》(GB 6722—2003)规定直流电起爆流经每个雷管的电流不小于 2A,符合要求,可以起爆。下台阶中拉槽、边墙、仰拱爆破设计中,雷管数目远小于上台阶数目,可以起爆,此处不做计算。

(2)起爆顺序

隧道内:掏槽眼→辅助眼→底眼→周边眼。

(3)起爆方法

采用毫秒电雷管起爆炸药,防爆起爆器起爆电雷管。

(4)警戒与信号

一切准备完成之后,发出预备信号,有关人员撤至安全地点,设置警戒,指挥人员确认无误,发出起爆信号。人工利用电雷管起爆器起爆,爆破安全距离为 200m。爆破后 30min 进入爆区检查,确认无盲炮后方可解除警戒。

6 材料与设备

本工法材料与设备在5中已详细列出，在此不再赘述。

7 质量保证措施

各工程施工队在每一道工序完成后，由各班组和现场主管工程师按设计图和技术规范要求严格进行自检，自检合格工程填写质检申请表，经核实后报项目部质检科审查，质检科确认自检组的检查有效后签字报送现场（驻地）监理工程师申请检验，监理工程师检验合格后，方可进行下一工序的施工。

质量检查程序图见图12。

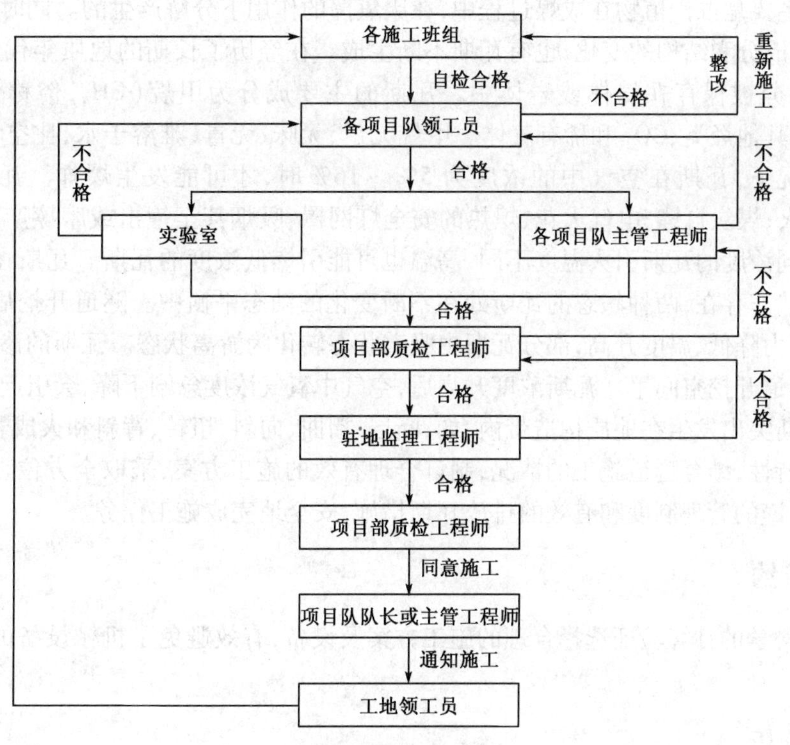

图12 质量保障检查程序图

8 安全措施

8.1 区域危险源

设计院提供的勒不果喇吉图纸中没有明确瓦斯的具体位置和瓦斯涌出量，故以超前探孔瓦斯检测来确定危险源位置。根据实际情况，勒不果喇吉隧道危险源划分为以下七处：左线进口、右线进口、K207+000破碎断层带、YK207+140破碎断层带、YK207+680破碎断层带、左线出口、右线出口。

8.2 动态危险源

隧道采用常规地质素描、HSP地质雷达检测、超前钻探三种方法进行动态危险源的识别，从而指导各类环境下的施工。

8.3 断层破碎带施工

8.3.1 断层地段施工时，采取超前小管棚注浆固结围岩，以提高围岩自稳能力，同时通过注浆阻止裂隙水渗漏。

8.3.2 断层地段采取上下台阶开挖、上台阶预留核心土的开挖方法，并尽可能采取人力风镐开挖。

确需爆破时,严格控制炮眼深度及装药量,以减少对围岩的扰动。

8.3.3　开挖后及时进行初期支护,喷射混凝土、布置系统锚杆。挂网及钢格栅施工,尽早形成闭合环受力结构,以减少围岩松弛变形。

8.3.4　加强现场监控量测,加密量测断面,及时进行量测结果反馈,以指导施工及判断各项支护参数是否合理有效。

8.3.5　二次衬砌可适当跟紧开挖,尽早完成。

8.3.6　在一般支护结构模式条件下,采用拱脚加强(增喷混凝土、加长锚杆等)、临时仰拱闭合、缩短开挖进尺等局部措施。

9　环保措施

瓦斯的形成主要是古代植物在成煤过程中,在厌氧菌的作用下分解产生的。同时,在煤的炭化过程中,随着煤的化学成分和结构的变化,也有瓦斯不断生成。在经历了长期的地质年代后,大量瓦斯扩散到大气中,只有部分被保存在煤体或岩体中。瓦斯的主要成分为甲烷(CH_4,俗称沼气),占80% ~ 90%,此外还含有其他烃类、CO_2 和稀有气体。甲烷无色、无味、无毒,难溶于水,比空气轻,遇火即燃烧或爆炸。一般情况下,瓦斯在空气中的浓度为5% ~16%时,才可能发生爆炸。瓦斯的引火温度为650~750℃。明火、煤炭自燃、电气火花、炽热的安全灯网罩、吸烟甚至撞击或摩擦产生的火花等,都足以引燃瓦斯。不同浓度的瓦斯引火温度不同,高温也可能引燃低浓度的瓦斯。瓦斯在煤体和围岩中以游离状态和吸着状态存在,两种状态的瓦斯处在不断变化的动态平衡中。隧道开挖后,改变了温度、压力等平衡状态,压力降低、温度升高,部分瓦斯由吸着状态转化为游离状态。瓦斯的渗透性极好,扩散速度快,会渗透到隧道开挖空间里。瓦斯浓度升高后,空气中氧气浓度急剧下降,会引起人员窒息。

绝大多数瓦斯突出发生在地质构造带内,如:断层、褶曲、向斜、扭转、背斜和火成岩侵入区。

根据瓦斯的特性,结合隧道施工的情况,制订合理有效的施工方案,采取全方位、全天候、高科技的检测手段,制订严谨的管理制度和有效的排放瓦斯措施,安全地完成施工任务。

10　资源节约

本工法通过科学的计算验证选择合理的施工方案及设备,有效避免了机械设备的闲置和人力资源的浪费。

11　效益分析

本工法技术先进,在瓦斯隧道的施工中,能可靠保证国家财产及人员的安全。本工法具备可观的经济效益和良好社会效益。

12　应用实例

本工法成功应用于京昆高速公路雅安至泸沽段C26合同段的勒不果喇吉隧道。雅泸高速公路勒不果喇吉隧道位于四川省凉山州冕宁县曹古乡与城厢镇之间,属瓦斯隧道,开工日期2008年3月30日,完工于2009年1月30日,为期22个月,隧道左右洞共长4 462m,造价1.9亿元。本工法为施工此工程而形成,经过施工过程中的不断完善修正,已相对成熟,实用性较强,有效保证了勒不果喇吉瓦斯隧道的安全施工。

公路隧道前置式洞口工法

GGG(渝)D6170—2010

蒋树屏　胡学兵　黄伦海　濮家利　郭云普

(招商局重庆交通科研设计院有限公司)

1　前言

隧道洞口是隧道施工中最为困难的地段。传统的方法是先进行洞口边仰坡开挖、防护,达到一定的进洞条件后再进洞施工,但这时已经形成了较大高度的边仰坡。有些洞口虽采用接长明洞回填绿化的方法加以补救,然而,这对于原生植被的破坏却是不可恢复的。

宁淮高速公路上的老山隧道处于国家级森林公园老山风景区,属原始次森林带,古树参天,植被茂密,自然生态环境良好。老山隧道的修建势必影响附近的自然环境,破坏部分原生植被。为了实现"自然生态系统良性循环,维护国家生态环境安全,确保国民经济和社会的可持续发展"的战略目标,使公路能够方便、迅达、安全、舒适、清洁,同时兼顾公路的美观、公路与周围生态环境的和谐以及公路建设引起的生态可持续性问题,重庆交通科研设计院联合管理单位和施工单位开展了科技创新,共同完成了"公路隧道环保型建设技术研究"课题,并开发了国内首创、国际领先的"公路隧道前置式洞口工法",成功地将其应用于老山隧道洞口施工中。本科研成果于2006年5月28日在南京由江苏省科技厅委托江苏省交通厅组织评审,并于2007年获得中国公路学会科学技术一等奖。

鉴于"公路隧道前置式洞口工法"在老山隧道的成功实施,2006年重庆交通科研设计院在进行重庆至长沙公路洪安至酉阳段设计时,又将该工法成功运用于隧道洞口施工过程中,减少了隧道边仰坡工程。在保证安全的前提下,既保护了周边生态环境,又节省了总体造价,还加快了工期,取得了很好的社会效益和经济效益。

2　工法特点

2.1　利用隧道中间核心土体的支撑作用稳定隧道边仰坡,减少洞口开挖量。

2.2　采用隧道两侧开槽,在原设计明洞外轮廓以外施作钢拱架并浇筑混凝土,作为临时衬砌,然后反压回填,稳定边仰坡。

2.3　在临时衬砌保证了边仰坡稳定的前提下,进行明洞的开挖。

2.4　本工法在施工过程中尽可能减少边仰坡开挖,减少对围岩的扰动,并及时施作临时衬砌结构和回填反压,缩短了边仰坡的暴露时间。因此,相对于传统洞口施工方法,隧道边仰坡对环境的破坏更小,稳定性更好,安全隐患更少,质量更高,总体造价更节省。

3　适用范围

前置式隧道洞口工法在国内山区高等级公路隧道洞口施工中均可推广应用。对处于滑坡区段的洞口,应先对滑坡进行处治后再进行洞口开挖。

4　工艺原理

前置式洞口工法采取不切坡进洞方法,即在洞外不开挖山脚土体的情况下,采用两侧开槽逐榀施作工字钢拱架,随着钢拱架推进逐渐“亲吻”山体,拱架间以纵向钢筋连接为整体,浇筑混凝土形成临时衬砌,在进洞前以临时衬砌成洞,回填反压后再进行临时衬砌内暗挖施工。

本工法在隧道洞口施工过程中,由于开槽范围小,对洞口边仰坡的稳定性影响小,开槽过程中边仰坡处于稳定状态;开槽至暗洞口位置,及时施作临时明洞和结构外反压回填,保证边仰坡的稳定,再进行暗洞开挖。因此,本工法施工过程,一直是在隧道洞口边仰坡稳定的情况下进行的,能有效避免洞口坍塌或滑移等不良地质现象的发生。

5 施工工艺流程及操作特点

5.1 施工工艺流程

前置式洞口工法的开挖顺序为:左洞施工槽开挖→左洞施工槽喷锚支护→左洞前置支护钢拱架架立→左洞前置支护混凝土浇筑→左洞回填→左洞前置支护内开挖→左洞衬砌。右洞口基本相同。施工中,关键是尽量迟缓洞内核心土(小土埂)的挖出时间,并永久保留两洞之间的大土埂。

5.2 操作要点

5.2.1 开槽施工与防护

开槽的宽度和深度主要受施工工艺、施工操作空间、围岩条件等因素的限制。在岩质边坡地段,围岩条件较好,可采用爆破开挖,开槽宽度可适当宽些,开槽深度直接挖至隧道明洞边墙底高程位置;在土质边坡地段,围岩条件较差,边坡稳定性较差,可采用机械开挖,开槽宽度可适当窄些,开槽深度可分台阶跳槽开挖。施工中的具体要求如下:

(1)施工前应严格核查路线测设线位置,确保隧道洞口位置正确。

(2)施工前严格核查地形、地质、水文条件,以确定合理的洞口开挖及防护参数。

(3)洞口开挖前应清除仰坡浮土,做好截水措施,放出开挖边界线。

(4)拉槽开挖过程中,应严格控制一次纵向开挖长度和每次的开挖深度。

(5)边仰坡开挖后应及时喷锚防护,边开挖边防护,严禁将洞口边槽开挖完毕后进行一次性防护。

(6)锚杆施工时应注浆饱满;钢筋网应与锚杆连接成一整体,钢筋网之间的搭接应牢固。

(7)开槽施工时应做好槽内的排水工作。

(8)开槽施工过程中,应加强施工监测,并及时反馈监测结果,以便及时修正支护参数,确保安全。

5.2.2 临时衬砌施作

临时衬砌刚度的设计受围岩条件、地形条件的制约,当洞口地形陡峭或偏压较严重时,临时结构应设计得比较牢固;当基底为软弱岩土时,临时衬砌边墙底端还应设置桩基础等辅助措施,保证边坡及结构的稳定。主要施工步骤如下。

(1)按设计施工管棚套拱,钢拱架架立就位后,浇筑C25混凝土套拱。若无超前大管棚,直接进行下一步。

(2)超前大管棚或超前小导管预支护施工。若无超前预支护,直接进行下一步。

(3)前置式洞口临时衬砌施工。首先架立型钢拱架,并采用连接钢筋焊接牢靠。在型钢拱脚部先浇筑C15片石混凝土稳定拱架基脚,浇筑高度控制在2m左右。型钢拱采用20b工字钢分段焊接而成,型钢拱脚设架立钢板。型钢钢架纵向间距为每榀50cm,连接钢筋采用ϕ22mm钢筋,以环向间距100cm交错布置。临时衬砌采用30cm厚的C25混凝土。

(4)洞顶回填反压,以保证临时衬砌和边仰坡的稳定。临时衬砌最大回填高度控制在2m内。

临时衬砌施作时的具体要求如下:

(1)临时衬砌的基础承载力必须满足设计要求,当达不到设计要求时,应采取换填或设置桩基础。

(2)严格控制型钢拱架间距,拱架必须直立;每榀拱架的接头应错开布设,严禁设置在同一断面;接头位置应设置于弯矩较小的部位,避免设于拱顶和拱腰位置。

(3)纵向连接筋应通长设置,与钢架焊接牢固,保证钢架的整体性,起到分布钢筋作用。

(4)临时衬砌模板必须密实,严禁施工中出现漏浆现象;混凝土浇筑完毕后应按要求进行养护。

(5)临时衬砌回填过程中应左右侧同时对称进行,两侧的回填高差不应大于1m。

5.2.3 监测技术与分析

确保工程建设安全的关键是全过程监测隧道洞口边仰坡的稳定情况,及时监测各施工工序对边仰坡的稳定性影响,回填过程中及时监测临时衬砌的结构内力。主要监测内容见表1。

监测项目汇总表

表1

序号	监 测 项 目	监 测 仪 器	监 测 频 率	监 测 目 的
1	地表沉降	WILD—N3 精密水准仪、铟钢尺	初期:1~2 次/d 后期:1~2 次/3d	掌握洞口开挖对边仰坡的影响程度和范围
2	地表分层沉降	分层沉降仪	初期:1~2 次/d 后期:1~2 次/3d	掌握洞口边仰坡不稳定情况下围岩内部的滑移状况
3	边坡位移	多点位移计、全站仪	初期:1~2 次/d 后期:1~2 次/3d	掌握洞口边仰坡的稳定状况
4	临时衬砌拱顶沉降	水准仪、钢尺	初期:1~2 次/d 后期:1~2 次/7d	了解施工过程中临时衬砌的稳定情况
5	临时衬砌水平收敛	收敛仪	初期:1~2 次/d 后期:1~2 次/7d	
6	钢架内力	钢筋计、频率接收仪	初期:1~2 次/d 后期:1~2 次/7d	
7	混凝土应变	应变计、频率接收仪	初期:1~2 次/d 后期:1~2 次/7d	

5.3 劳动力组成(表2)

劳动力组织情况表

表2

序 号	单 项 工 程	所 需 人 数	备 注
1	管理人员	4	
2	技术人员	4	
3	拉槽开挖	10	
4	管棚施工	6	
5	临时衬砌施工	15	
6	钢筋加工	4	
7	杂工	4	
合 计		47	

6 材料与设备

本工法无需特别说明的材料,采用的机具设备见表3。

机 具 设 备 表

表3

序号	设备名称	设备型号	单位	数量	用途
1	正铲装载机	ZL50	台	1	运土
2	履带式挖掘机	925LC	台	1	挖土
3	混凝土搅拌运输车	混凝土搅拌运输车	台	2	运输混凝土

续上表

序号	设备名称	设备型号	单位	数量	用途
4	混凝土喷射机	PZ—5B	台	2	喷射混凝土
5	凿岩机	7665	台	4	打设锚杆
6	混凝土输送泵	HB—300	台	2	泵送混凝土
7	钢筋弯曲机	GW40	台	1	钢筋加工
8	点焊机	BX—300	台	4	钢筋加工
9	注浆泵	KBY—50/70	台	1	锚杆或管棚注浆
10	漏斗及导管	ϕ200mm	套	1	灌注混凝土
11	潜孔钻机	KQG150	台	1	管棚施工

7 质量控制

7.1 工程质量控制标准

7.1.1 洞口施工质量执行《公路隧道施工技术规范》(JTG F60—2009),明洞结构允许偏差按表4执行。

明洞结构允许偏差表　　表4

序号	项目	允许偏差(mm)	检查频率	检验方法
1	中线	±10	每榀钢架	全站仪
2	高程	±10		全站仪
3	同步	±30		钢尺
4	环向闭合	±50		全站仪
5	垂直度	20		锤球、钢卷尺

7.1.2 临时衬砌施工质量执行《公路隧道施工技术规范》(JTG F60—2009)中洞门衬砌的相关规定。

7.2 工程质量保证措施

7.2.1 边坡开挖必须按设计要求,随开挖、随防护。

7.2.2 边坡开挖不应欠挖,并严格控制超挖,尽量选用机械开挖施工。对意外出现的超挖或局部坍塌,应及时用喷射混凝土回填密实,必要时对围岩注浆加固。

7.2.3 拉槽基坑内不得积水,坡口外应做好截水措施。

7.2.4 拉槽施工完毕后,应及时施作临时明洞结构,在临时衬砌达到设计强度指标要求后,及时进行洞顶回填,保证边仰坡稳定。

8 安全措施

8.1 认真贯彻"安全第一、预防为主"的方针,根据国家有关规定、条例,结合施工单位实际情况和工程的具体特点,组成由专职安全员和班组兼职安全员以及工地安全用电负责人参加的安全生产管理网络,执行安全生产责任制,明确各级人员的职责,抓好工程的安全生产。

8.2 施工现场按防火、防风、防雷、防洪、防触电等安全规定及安全施工要求进行布置,并完善布置各种安全标识。

8.3 各类房屋的消防安全距离符合公安部门的规定,室内不堆放易燃品;严格做到不在木料加工场、料库等处吸烟;随时清除现场的易燃杂物;不在有火种的场所或其近旁堆放工程材料。

8.4 氧气瓶与乙炔瓶隔离存放,严格保证氧气瓶不沾染油脂、乙炔发生器有防止回火的安全装置。

8.5 施工现场的临时用电严格按照《施工现场临时用电安全技术规范》的有关规定执行。

8.6 电缆线路采用“三相五线”接线方式,电器设备和电器线路必须绝缘良好。场内架设的电力线路,其悬挂高度和线间距除要符合安全规定要求外,还要将其布置在专用电杆上。

8.7 施工现场适用的手持照明灯使用36V的安全电压。

8.8 室内配电柜、配电箱前放置绝缘垫,并安装漏电保护装置。

8.9 对将要较长时间停工的开挖作业面,不论地层好坏均进行网喷混凝土封闭。

8.10 建立完善的施工安全保证体系,加强施工作业中的安全检查,确保作业标准化、规范化。

9 环保措施

9.1 成立对应的施工环境卫生管理机构,在工程施工过程中严格遵守国家和地方政府下发的有关环境保护的法律、法规和规章,加强对施工燃油、工程材料、设备、废水、生产生活垃圾、弃渣的控制和治理,做好交通环境疏导,充分满足便民要求,认真接受城市交通管理,随时接受相关单位的监督检查。

9.2 将施工作业限制在工程建设允许的范围内,合理布置、规范围挡,做到标牌清楚、齐全,各种标识醒目,施工场地整洁、文明。

9.3 对施工中可能影响到的各种公共设施,制订可靠的防止损坏和移位的实施措施,加强实施中的监测、应对和验证。同时,将相关方案和要求向全体施工人员详细交底。

9.4 设立专用排浆沟、集浆坑,对废浆、污水进行集中,认真做好无害化处理,从根本上防止施工废浆乱流。

9.5 定期清运沉淀泥砂,做好泥砂、弃渣及其他工程材料运输过程中的防散落与沿途污染措施。废水除按环境卫生指标进行处理达标外,按当地环保要求的指定地点排放。弃渣及其他工程废弃物按工程建设的指定方案进行合理堆放和处治。

9.6 优先选用先进的环保机械,采取设立隔音墙、隔音罩等消声措施,以降低施工噪声至允许值以下,同时尽可能避免夜间施工。

9.7 对施工场地道路进行硬化,并在晴天经常对施工通行道路进行洒水处理,防止尘土飞扬,污染周围环境。

10 资源节约

10.1 比较《日本道路公团设计要领》中关于洞口仰坡高度的规定,前置式洞口工法的上仰坡开挖高度仅为日本规定值的20%;比较国内传统工法,前置式洞口工法的上仰坡开挖高度仅为传统工法的3%。前置式洞口工法能够达到悄然进洞、避免植被破坏的效果,有效地减少了洞口开挖量和边仰坡防护措施,节省了大量的征地面积,发挥了资源节约的功效。

10.2 前置式洞口工法对洞口边仰坡的影响小,基本能保证边仰坡的稳定,解决了隧道进洞难的问题,避免了洞口滑塌的风险,加快了洞口的施工进度,从而达到资源节省的效果。

11 效益分析

前置式洞口工法实现了隧道洞口“零仰坡”施工,避免了隧道洞口高大边坡开挖,保护了自然植被,减小了对原地质体的扰动,节约了资源,取得了良好的环境效益与社会效益。本工法符合科学发展观的时代要求,体现了“环境友好、资源节约型”交通建设的理念。前置式隧道洞口工法在国内山区高等级公路隧道洞口施工中均可推广应用,具有极好的适用。其应用前景是广阔的,发挥的作用是巨大的,意义是深远的。

12 应用实例

前置式洞口工法紧密结合交通运输部勘察设计新理念,注重安全、环保、经济的原则,目前成功运用于以下工程项目。

12.1 江苏宁淮高速公路南京老山隧道

宁淮高速公路是国家重点规划建设公路“十三纵、十五横”中的重要组成部分,也是江苏省干线公路网规划中“四纵、四横、四联”主骨架中的重要组成部分,是南京通往苏北腹地的一条重要干线高速公路,全长193km。公路建设标准为双向6车道高速公路,设计行车速度100km/h。老山隧道位于国家级森林公园老山林场辖区内,采用上下行分离形式布置。老山中部垭口将隧道截分为1号隧道和2号隧道,老山隧道左线全长3 210m,右线全长为3 595m,为双向6车道高速公路隧道。针对老山林场自然环境条件和隧道工程地质条件,在1号隧道出口和2号隧道进口采用前置式洞口工法施工,贯彻落实隧道“早进晚出”设计施工理念。该方法使隧道最大仰坡高度控制在1.5m以下,隧道边坡高度控制在8m以下,减少边仰坡开挖面积2 362m²。隧道洞口建成后情形见图1。

图1 老山隧道洞口

12.2 渝沙通道洪安至酉阳段高速公路隧道

重庆至长沙公路是西部开发省际公路通道之一,也是宁波至樟木国家重点干线公路及重庆市骨架公路网的重要组成部分,是连接我国西南、中南、东南的重要横向干线。洪安至酉阳段是重庆至长沙公路重庆境内的一段,也是重庆规划建设的“三环八射九联线”骨架公路网中重庆至秀山公路的一段。路线全长77.387km,其中洪安(湘渝界)至上官桥段路线长度45.437km,上官桥至酉阳段路线长度31.95km。公路建设标准为双向4车道高速公路,设计行车速度80km/h。洪酉高速设隧道10座,分别为狮子山隧道、大董岭隧道、老虎山隧道、沙帽坡隧道、小龙潭隧道、平阳隧道、青冈隧道、龙门隧道、葡萄隧道、寨上隧道洞。洞口均采用前置式洞口工法设计与施工,避免了隧道进洞难的问题,加快了洞口施工进度,取得了较好的安全、环保、经济效果。隧道洞口建成后情形见图2。

图2 洪酉高速隧道洞口

交通工程、养护篇

高速公路混凝土防撞护栏滑模施工工法

GGG(中企)E1171—2010

靳德辉　李吉根　池雁彬　李　白
(中铁十二局集团有限公司)

1　前言

防撞护栏是指在公路中央或两侧为防止车辆冲出路面而设置的安全防护设施。常见的防撞护栏有两种:一种是波形钢护栏,另一种是钢筋混凝土护栏(图1、图2)。混凝土护栏比钢护栏具有安全性能高、耐久性好、成本低等优点。长期以来混凝土护栏一直受施工进度慢的制约,往往采取集中预制,再进行安装。这种施工工法使得其安全性能大大降低,因而一直得不到大范围推广。

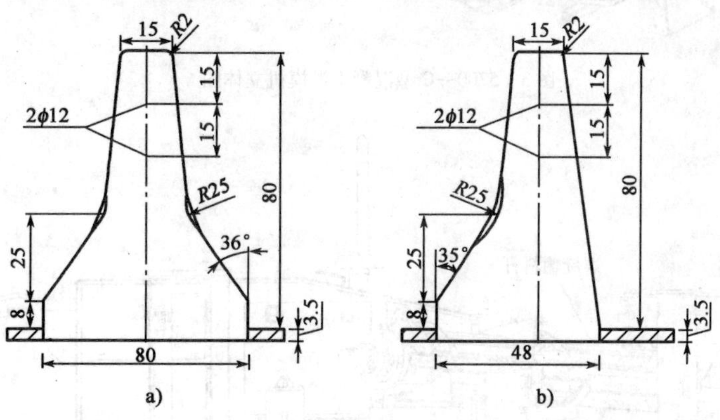

图1　高速公路混凝土防撞护栏横断面图(尺寸单位:cm)
a)DBA 型混凝土防撞护栏;b)GBA 型混凝土防撞护栏

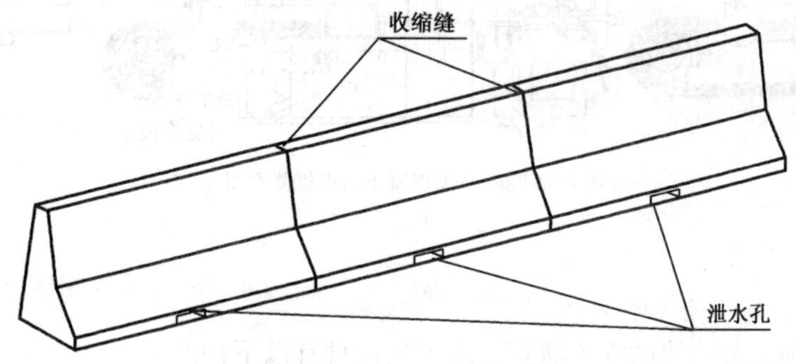

图2　高速公路 GBA 型混凝土防撞护栏立体图

5700—C 型混凝土滑模机(图3、图4)是美国力霸公司专门为长条状混凝土构筑物生产的一种混凝土滑模设备。该设备可更换挤压模具,施工不同断面的混凝土条状构筑物,但对构筑物有严格的要求:一是横断面不发生变化,纵向不断延伸,且纵向钢筋少、无箍筋;二是必须为道路上(旁)的构筑物,便于滑模机沿道路行驶,且要求构筑物的纵坡与道路的纵坡保持一致。高速公路中央和两侧的混凝土防撞护栏完全符合 5700—C 型混凝土滑模机所要求的条件。

欧洲和非洲许多国家的高速公路在路基中央和两侧都设置钢筋混凝土防撞护栏,本工法就是在阿尔及利亚东西高速公路混凝土防撞护栏滑模施工过程中总结而形成的。随着5700—C型混凝土滑模机的推广,钢筋混凝土防撞护栏的施工变得简易快捷,未来国内高速公路也会大量使用混凝土防撞护栏(国内在路基范围内最为常见的护栏是波形钢护栏,近年来也出现了混凝土防撞护栏)。

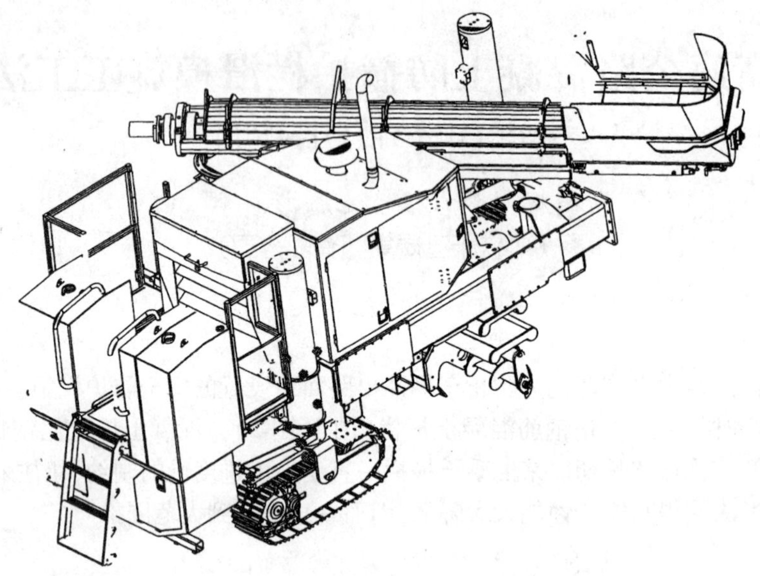

图3　5700—C型混凝土滑模机立体图

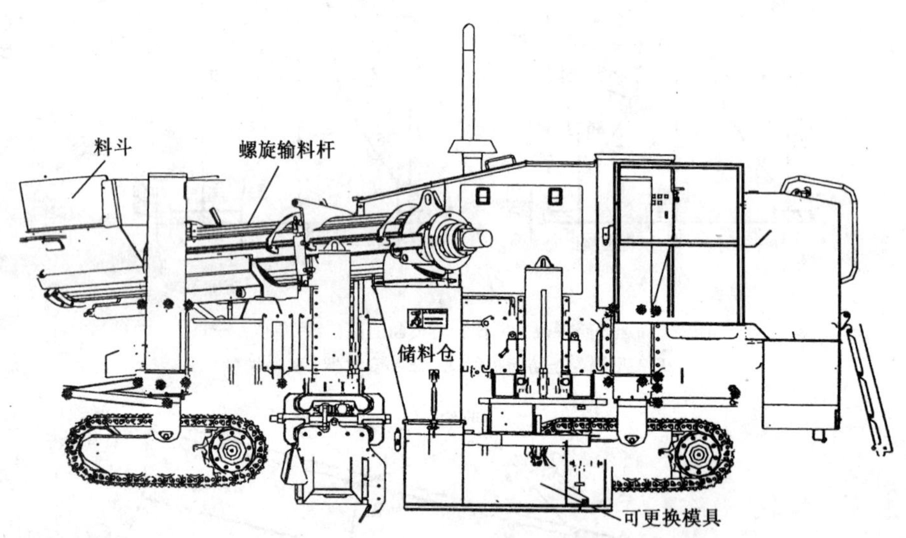

图4　5700—C型混凝土滑模机侧面图

2　工法特点

防撞护栏滑模法施工与传统的立模灌筑法施工相比具有以下特点。

2.1　施工速度快、工效高,特别适合长段落施工。

2.2　机械化程度高,能节省大量的模板和支撑,所需人员少,劳动强度低。

2.3　施工技术容易掌握,操作方便、易于推广。

2.4　由于采用传感系统和液压装置控制高程和方向,因此滑出的护栏线性流畅、感观好。

2.5　由于滑模机一次性投入大,因此经济效益与工程量相关,工程量越大,成本越低,收益越高。

2.6　滑模机的走行和混凝土的振捣全部是液压装置,作业时噪声非常小,对作业人员无伤害;采取螺杆传送混凝土方式进行喂料,洒落物易控制,对沥青路面污染小。

3 适用范围

本工法适用于国内外高速公路钢筋混凝土防撞护栏,加以推广还可应用于公(铁)路路基挖方地段侧沟、长大隧道水沟和电缆槽等长条状混凝土构筑物。

4 工艺原理

将混凝土倒入滑模机的喂料口,进入到模具后先对混凝土振捣使其密实,然后一次挤压成型。该机械具有行走装置,通过橡胶履带可以独立行进,行走的方向和高度通过事先放样挂好的导向线、传感器和液压系统来保障。作业时一边吞料挤压,一边向前行进,条状构筑物便源源不断地形成。

5 施工工艺流程及操作要点

5.1 施工工艺流程

施工准备→放样定线→滑模机就位→调整模板→搭接钢筋→喂料→开启振动→滑模机向前行进→局部修整、抹面收光→切收缩缝→设置泄水孔(滑 GBA 型混凝土护栏时)→养护。工艺流程见图 5。

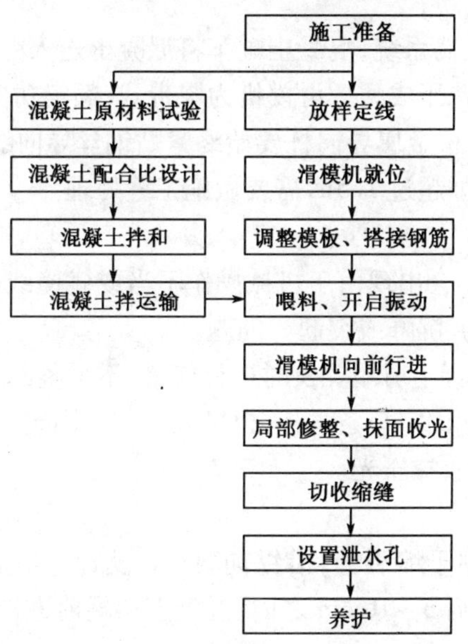

图 5 高速公路混凝土防撞护栏滑模施工工艺流程图

5.2 操作要点

5.2.1 施工准备

(1)准备好钢筋、水泥、砂、石子、减水剂、引气剂和养护液。

(2)准备好各种机具及零配件。

(3)将与构筑物断面吻合的模具(在设备采购时与厂家预订)安装在混凝土滑模机上。

5.2.2 放样定线

(1)作业面清洗干净,以保证黏结紧密。

(2)在摊铺前进方向的左侧平移 80cm 放样定位,每隔 4m 设置一处钢桩,在小半径曲线段可加密至 2~3m 设置一处。

(3)测量定线,放出点位后作好标记,打孔,插入钢桩,调至竖直。

(4)在钢桩安放横杆,高程测量定出横杆高度,用定位卡箍固定好横杆。

(5)横杆端部有斜向凹槽,将钢丝卡在凹槽内。

(6)复测精确微调,确保挂线准确无误后用紧线钳绷紧钢丝。

5.2.3　滑模机就位

将滑模机开至作业点,通过调节滑模机的方向和高度使机上定型配套钢模具起始位置(含高程)准确,调节"两横一竖"三根金属导向杆,使其紧贴金属(或尼龙)导向线。根据法国规范规定,混凝土棱面与理论定位最大允许偏差为1cm。

5.2.4　钢筋搭接

混凝土护栏内有两道通长ϕ12mmII级螺纹钢筋,滑模开始前钢筋从模具前端的两个孔穿入,其余钢筋沿滑进方向摆放好。钢筋接头要在滑模机滑到位之前用铅丝绑扎好,搭接长度为60cm,预留长度至少1m,以保证施工缝处钢筋连续。

5.2.5　混凝土拌和及现场控制

(1)混凝土拌和前要测出砂的含水率,将设计配合比调整为生产配合比后再进行拌和。严格控制含水率,在拌和站每盘都要测坍落度,发现不合格时须及时调整。

(2)混凝土运送到施工现场后,先凭经验目测其和易性,如有异常,立即复测坍落度。施工坍落度超出设计值不得大于1cm。

5.2.6　滑模机向前行进

滑模机自带螺旋输料装置和振捣系统,混凝土罐车将混凝土送入喂料口后,滑模机会自动将其倒入模板内振捣密实,随行进过程一次挤压成型。滑模机为履带式,额定功率为97kW,行进速度宜为0.5~0.8m/min。行进中,"两横一竖"三根金属导向杆要始终紧贴钢丝导向线,不得偏离和挤压,应派专人跟踪观察,控制前进方向。施工中断如超过1.5h,需要做施工缝处理。

5.2.7　局部修整与抹面收光

(1)护栏施工成型后,护栏线形会出现由于机械操作不当或碰撞线位而引起的稍微偏移,造成成品护栏局部缺陷,形成波浪、粗细不均、沉降或突起等问题。

(2)对护栏顶部塌陷及局部混凝土坍塌要及时进行修整,不平整的地方应及时抹平。

(3)顶部修整抹平时,要在两侧固定长条木板,也可人工临时固定,以保证顶部线形平顺、流畅。

(4)将护栏的外露表面用抹子收抹压光。

5.2.8　切收缩缝

为防止混凝土表面出现不规则干缩裂缝,沿纵向每4m设置一道收缩缝,与护栏垂直。收缩缝宽0.5cm,深1cm,切收缩缝需在摊铺后5~10min之内、混凝土初凝前进行。

5.2.9　设置泄水孔

在路基两侧的GBA型混凝土护栏每间隔10~15m设置矩形泄水孔,泄水孔的尺寸为40cm×10cm。防撞护栏滑好后,要在混凝土初凝前设置泄水孔。设置前要将准备好的模具(3mm厚铁皮制成的槽状模具)对准泄水孔应处的部位靠在护栏的内外两侧,然后用锤子往里打击模具。注意内外两个模具要对正,击打要对称、用力要均匀,直到两个模具靠拢后将模具内的混凝土掏出。泄水孔模具要在1.5~2h内取出,取出后及时修补孔口周围被带掉的棱角。

5.2.10　混凝土养护

每滑完200m左右护栏,用喷雾器在其表面喷涂混凝土专用养护液(本地产),然后用塑料布(或土工膜)进行覆盖养护,养护期以3~4d为宜。为防止塑料布被风掀起,可制作与护栏断面外形相似的钢筋夹(ϕ10mm)夹住底部。

5.2.11　现场清理

遗洒到路面上的混凝土要及时清理,严防污染路面。

5.3　劳动力组织

劳动力组织见表1。表1中所列人数为一个工班的人数(不含混凝土拌和人员和运输驾驶员)。

劳动力组织情况表 表1

序　号	工　种	人　数	分　工
1	组长	1	负责全面协调工作
2	技术兼质检员	1	负责现场技术指导及质量控制
3	测量工	2	负责测量放样(一次可多放,不需每班参与)
4	滑模机驾驶员	1	负责滑模机操作
5	混凝土工	5	负责混凝土表面修饰、切缝和设置泄水孔
6	养护工	1	负责成品的养护
7	普工	2	负责方向、高程控制杆线安设及钢筋的搭接
8	安全员	1	负责现场安全设施的移动及车辆的指挥
9	合计	14	

6 材料与设备

采用的设备(机具)与材料见表2。表2中不包括测量、试验仪器以及安全防护用具,也不含生产混凝土所需的原材料、钢筋以及养护液等。

机具设备与材料表 表2

序　号	机具名称	型号规格	单　位	数　量	用　途
1	混凝土滑模机	5 700—C 型	台	1	构筑物的成型
2	混凝土拌和站	HZS—50 型	座	1	生产混凝土
3	混凝土罐车	$7m^3$	台	由运距确定	运输混凝土
4	洒水车	$10m^3$	台	1	洒水养护
5	发电机	24kW	台	1	供电
6	手持式电钻		把	2	沥青路面上打眼
7	1.5m 长钢立杆	ϕ25mm	根	200	
8	0.8m 长钢横杆	ϕ25mm	根	200	
9	定位卡箍		个	200	
10	紧线钳		把	1	
11	塑料布		m^2	3 000	覆盖养生混凝土用
12	固定夹	ϕ10mm 钢筋	个	100	固定塑料布用
13	固定木板		套	2	
14	泄水孔模具	3mm 厚钢板	套	6	只用于 GBA 型混凝土护栏
15	手锤	4 磅、8 磅	把	各 1	
16	铝合金直尺	3m 长	根	1	
17	抹子	铁制	个	5	
18	橡胶水泥桶		个	3	
19	喷雾器		个	1	养生混凝土用
20	移动式照明灯具	1kW	台	6	夜间施工照明

7 质量控制

7.1 工程质量控制标准

7.1.1 护栏总高度允许偏差为 +3cm，-2cm;底部直段高度允许偏差为 +3cm，-1cm。

7.1.2 顶面和侧面的所有平面不得出现较大的鼓包和坑洼,用 3m 长的直尺贴靠检查,坑洼和鼓包深度或厚度不得超过 5mm。

7.1.3 在非收缩缝处不得出现竖向贯通裂纹。

7.1.4 钢筋搭接长度不得小于 60cm,上、下两根钢筋的间距允许偏差不得超过 ±3cm。

7.1.5　混凝土试件28d抗压强度等级不得低于RN27(法国标准)。

7.2　质量保证措施

7.2.1　测量放线

为了准确控制防撞护栏的位置必须进行精确放样。一是确保控制点的平面位置和高程满足精度要求;二是控制点的数量要满足要求;三是控制杆与地面要固定牢固;四是控制线绷紧并与控制杆固定牢固。如发现平面位置和高程有异常时应立即进行复核,直到纠正错误后方可进行滑模作业。

7.2.2　混凝土坍落度控制

混凝土拌和及运输过程中坍落度不易控制。过稠混凝土不便从罐车里倒出,而且在滑模过程中易造成混凝土拉裂;过稀易造成混凝土护栏顶部塌陷甚至坍塌。因此,须精确测定集料实际含水率,严格控制混凝土配合比,必须采用有自动计量装置的混凝土拌和设备;确保拌和站至作业点的运输道路畅通,避免混凝土浇筑前的长时间等待,以使喂料时混凝土坍落度满足要求。

7.2.3　作业连续性

混凝土拌和及运输过程中,运距远或运输车辆不足,会导致混凝土滑模机不能连续作业,造成混凝土护栏顶面波浪起伏,线形不顺畅。因此,必须综合考虑混凝土拌和速度、运输距离、便道路况及滑模机摊铺速度,配置适量的混凝土运输车辆,保证混凝土护栏连续施工。

7.2.4　表面收抹

对于混凝土滑模施工来说,表面收抹是一道关键工序,如果收抹不及时或不认真会直接影响护栏的外观质量。高速公路中央护栏外露面应全部收抹,左、右两侧护栏的外侧表面可以不收抹。混凝土护栏在连续浇筑过程中,对成型护栏局部出现塌陷及表面混凝土脱落修饰不及时,易造成护栏顶面线形不顺,混凝土表面光洁度差。因此,前方连续浇筑时,后方须及时修整。

7.2.5　掌握气温变化情况

气温变化或夜间施工时及时调整水灰比。当温度低于5℃时,不宜进行滑模施工;当温度低于0℃时,必须停止滑模施工。

7.2.6　过程控制

质检人员必须跟班作业,当滑模中出现大的拉裂和滑坍时,不得采取补抹措施,必须将该段切除,清理干净之后再重新滑模,接头处夹泡膜板设成伸缩缝。

8　安全措施

8.1　加强安全教育与安全检查,提高施工人员的安全意识与防范能力。

8.2　确保混凝土灌车与滑模机的走行速度相吻合,并设专人指挥。

8.3　作业面前后50m范围设安全防护墩、作业警示牌、减速行驶牌等,防止在路面上行驶的其他车辆冲入作业区,发生安全事故。

8.4　认真执行“定机定人、持证上岗”制度,非专业人员严禁操作机械。

8.5　夜间作业使用足够的照明设备,保证光线充足。

8.6　所有作业人员必须穿反光背心,所有车辆必须安倒车语音提示装置。

9　环保措施

9.1　砂石料运输车辆的车厢设篷布覆盖,防止沿途泼洒,污染环境。

9.2　混凝土拌和站设在远离居民区的地方,防止噪声影响居民生活。

9.3　在拌和站设污水沉淀池,清洗搅拌机和混凝土罐车时,产生的污水必须排在沉淀池内。

9.4　混凝土罐车的出料口设接料兜,防止在运输过程中洒落的混凝土污染沥青路面。

9.5　每滑完一段后及时清理洒落在路面上的杂物,对于无法回收利用且不易分解的垃圾作集中深埋处理。

10 效益分析

10.1 社会效益十分显著,突出表现为:护栏线形好,施工进度快;所需劳力少,劳动强度低,各种污染小,有利于环保和职业健康,符合“以人为本”的发展方向。

10.2 经济效益潜力巨大。由于护栏滑模工法的成功实践与混凝土护栏的大范围推广相辅相成,护栏滑模工法解决了混凝土护栏施工进度缓慢这一瓶颈,为混凝土护栏在高速公路上大范围设计使用创造了条件。当大范围设计使用混凝土护栏时,一次性投入较大的滑模机利用率得到提高,摊销到每延米护栏上的设备折旧费大大降低,从而使经济效益得到提高。

11 应用实例

阿尔及利亚东西高速公路按照欧洲标准设计,为节省用地、减少路基填挖方工程数量,在上下行之间没有规划绿化带。路基所有地段的中央采用了 DBA 型钢筋混凝土防撞护栏,两侧采用了 GBA 型钢筋混凝土防撞护栏,仅 W7 标段钢筋混凝土防撞护栏就有 132km,每延米护栏混凝土为 0.266m^3,钢筋为 1.776kg,全标段护栏混凝土总量达 35 000m^3,护栏钢筋总量达 235t。如果按照普通的立模浇筑法施工,需要大量的人员、模板、支撑和机具,施工进度和工程质量无法得到保证。为此,采用 5 700—C 型混凝土滑模机进行施工,在 24h 不间断作业的情况下,创下了单机日滑 1 020m 护栏的最高记录,且质量较为良好。现场采用的原材料及配合比如下。

水泥:CPJ 42.5 水泥产自 Beni-saf 水泥厂,符合法国规范 NF P15-300、301 的规定。

中粗砂:粒径 0 ~ 3mm 中粗砂产自 Tlemcen 砂场,满足易碎系数≤30、砂当量≥75 以及法国规范 NF P18-101、301 的要求。

碎石:粒径 3 ~ 15mm 碎石产自 Tizi 石料厂,满足细粒洁净度系数≤2%、洛杉矶(Los Angeles)试验系数≤40、微德瓦尔(Micro Deval)试验系数≤35 以及法国规范 NF P18-101、301 的要求。

外加剂: Dracem 141/R 型减水剂产自意大利 Grace 公司;引气剂产自 NCBT 公司。

混凝土配合比:混凝土强度等级为 RN27(法国标准),水泥:水:砂(0 ~ 3):碎石(3 ~ 8):碎石(8 ~ 15) = 360:158:659:489:734,水灰比为 0.44。每立方米混凝土减水剂掺量为 1L,引气剂掺量为 0.13L。拌和站出仓后坍落度为 5cm,15min 后坍落度为 1.5cm。

阿尔及利亚东西高速公路 W7 标段钢筋混凝土防撞护栏施工于 2009 年 6 月 4 日开工,2009 年 12 月 2 日顺利完工,施工进度和工程质量均受到了业主和监理的好评。

离心式热熔喷涂型标线施工工法

GGG(晋)E1172—2010

杜利民　薛晓东　关腊生　杨晓东　孔令军

(山西长达交通设施有限公司)

1　前言

热熔喷涂型道路标线是用专用施工设备将热熔道路标线涂料采取喷涂的施工方式涂敷到路面而形成的道路标线,根据喷涂方式的不同分为低压有气喷涂和离心式喷涂。低压有气喷涂,施工速度快,但设备体积大,标线成膜后中间厚、两边薄,表面不平整,毛边现象严重,而不被国内接受。离心式喷涂设备体积可以小型化,并且喷涂形成的标线表面均匀,边缘整齐,线形美观。

2002年,山西长达交通设施有限公司从日本进口了一台小型热熔喷涂设备。该设备采用离心式喷涂,所施划的标线成膜均匀,外观好。经过两年多试验、调整,形成了一套适合中国市场的成熟、稳定的喷涂式标线施工工艺。截至目前,已累计应用超过100万m^2。

2　工法特点

2.1　施工出的标线厚度均匀,同时不受路面平整度影响,能有效节约施工成本。

2.2　施工速度快,能有效避免交通堵塞、节约工期。

2.3　裂纹相对刮涂标线要小。由于热熔喷涂型道路标线涂料在施工时采用离心式喷涂,标线成膜后没有内应力,经受温度变化而引起的收缩应力也相对较小。

2.4　施工出的标线防滑值较高。采用热熔喷涂施工工艺施工的标线是均匀地涂敷于路面的,完工后的标线表面和原始路面基本一样,因而标线的防滑性能较好,同时对雨水的阻碍较小。

2.5　性价比最优。热熔喷涂在施工时施工刀具离地而行,在标线面上的各点厚度一样,不用填补路面的空隙,因而可以节约涂料的使用,同时由于材料消耗的降低,煤气、燃油等都得到了节约。

3　适用范围

3.1　3年内准备大修而又需要施工反光标线的路面。

3.2　原有刮板式热熔旧标线养护时需要重涂施工的路面,包括高速公路、一级公路、二级公路的标线施工。

3.3　路面粗糙,无法用普通热熔刮板施工的路面结构,如稀浆封层等。

3.4　其他需要施工热熔反光标线的路面。

4　工艺原理

离心式喷涂的原理是采用双轴齿轮高速旋转,产生离心力将涂料喷出,见图1。涂料进入涂斗后,通过气动开关打开快门,涂料依靠自身重力流到高速旋转的双转子上,通过转子的转动将流动的涂料喷射到路面,形成标线。

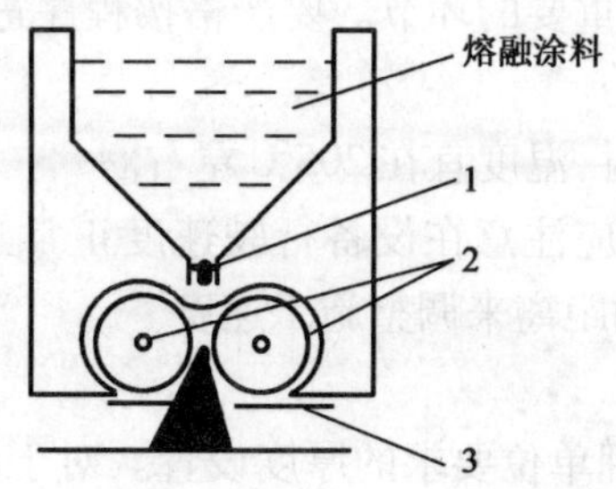

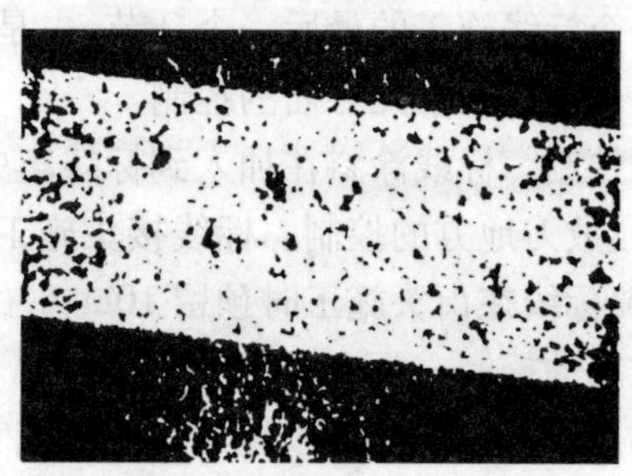

图1　离心式喷涂涂斗工作原理图及其成型的标线
1-阀门;2-转子;3-快门

5　施工工艺流程及操作要点

5.1　主要工艺流程

施工准备→封闭交通→测放基准点→标线基准线放样→清扫拟标线路面区域→喷涂下涂剂,热熔涂料熔化准备→标线施工→标线质量检查及修整→开放交通。

5.2　操作要点

5.2.1　施工准备

标线材料、施工设备调试等准备。

5.2.2　施工工序控制

(1)测放基准点

测基准点是标线施工的首要环节,是指根据图纸计算确定所放基准线的尺寸,然后每间隔10~20m间断打点。为保证基准点的准确性,采用经纬仪进行打点。

(2)放线

在基准点测放确定后,放线人员据此放出一条基准线,车载放线设备再据此基准线连续放出其他基准线。

(3)质量检测

基准线放出后,专职质量检测人员要上路对所放基准线的尺寸作出测量和记录,观测车道尺寸的误差情况,判断虚线间距准确与否,然后在施工记录表格栏中据实填写,并在结论栏中注明是否可以进行下一步作业,上报带队队长,由其做进一步安排。

(4)清扫路面

在下涂剂喷涂前先要进行路面清扫,其作用是清扫干净路面残留的泥土、砂石或水泥浆块等,确保下涂剂能直接、均匀地覆盖于要作业的路面。

(5)下涂剂喷涂

下涂剂对路面和标线起到一个"合二为一"的作用,它能使二者紧密黏结在一起。因此,它的均匀度就变得尤为重要,应采用喷涂机进行施工。

(6)涂料熔融准备

熔料过程是热熔喷涂标线工艺中极其重要的环节之一。施工性能的好坏与熔料有很大的关系,热熔喷涂涂料温度忽高忽低时容易造成标线薄厚不均匀,所以在熔料过程中如料温过高时应及时采取各种降温措施,料温过低时应适当延长在热熔釜中的熔料时间。热熔釜中涂料温度一般控制在205~215℃之间,热熔釜内如由于各种原因一时达不到设定温度时不要急于将涂料放到手推车涂料罐内,应稍微等候几分钟,待涂料达到控制温度时再放料。此外,在连续施工作业时,标线车操作人员和热熔釜操作人员应紧密配合,保证涂料熔融时的稳定性。

(7)标线施划

标线施划是整个标线施工的最后一个环节,也是最重要的环节。要严格按程序进行操作,同时根据路面和当时气温条件做好以下几方面的控制。

①涂料温度的控制。标线涂料在加入到标线车中时,温度宜在205℃左右。

②标线接头、收放刀地方的控制。标线接头施工时应注意在设备行驶速度正常且均匀一致后再打开涂斗料门,即需要标线在街头施工时预留10m左右的距离来调整施工速度。

③标线反光效果的控制。

④标线厚度的控制。标线厚度按施工时业主或管理单位要求的厚度设置。对于施工中影响标线厚度的因素,即设备速度、涂料温度、料门开关大小及涂斗中涂料液面高度,施工中应首先确保熔料温度稳定,然后控制涂斗中液面高度、保持料门开关大小基本不变,最后依靠标线车操作人员控制设备行进速度来确保标线厚度。一些常见问题及处理方式见表1。

常见问题及处理方式 表1

序号	常见问题	处理方式
1	标线飞溅严重	原因是涂料温度过高,适当降低涂料温度即可
2	标线无法喷涂出来	首先检查涂斗料门是否堵塞,再检查气缸是否将料门打开,最后检查涂料温度是否过低或涂料是否融化不开
3	标线厚度不一致	同一次标线车中的涂料出现厚度不一致,一般是行驶速度不稳定造成的;两次施工时,根据四个影响标线厚度的因素逐次调整即可解决
4	标线表面有类似划痕的现象	原因是涂斗中混有热熔釜内壁脱落的料渣堵在料门的相应部位,清理料渣即可。但应注意在标线车上严格过滤熔融的涂料,以防料渣混入涂料中
5	标线反光不好	一种原因是涂料温度较高,玻璃珠沉降严重,此时应将玻璃珠撒布器和涂斗距离适当加大

6 材料与设备

施工工艺所需要的材料为热熔喷涂型道路标线涂料,涂料指标见《路面标线涂料》(JT/T 280—2004)要求。施工设备主要有清扫机(图2)、放线车、经纬仪、下涂剂喷涂机、热熔釜、离心辊式热熔喷涂标线机(图3)。

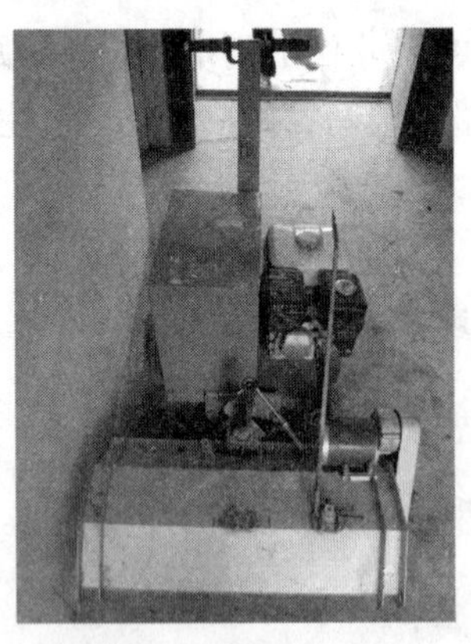

图2 清扫机

图3 离心辊式热熔喷涂标线机

离心辊式热熔喷涂标线机为自行式手推车,动力是5.5马力的发动机,具有无级变速行进系统,时速0~4km。该设备还装有小型空压机、自动搅拌系统、玻璃珠自动撒布装置、电脑自动控制系统等。整个设备紧促、轻巧,易于操作。

7 质量控制

7.1 标线质量应符合《道路交通标志和标线》(GB 5768—2009)、《道路交通标线质量要求和检测方法》(GB/T 16311—2009)、《公路工程质量检验评定标准　第一册　(土建工程)》(JTG F80/1—2004)中的有关规定。

7.2　标线涂料温度控制。热熔喷涂施工工艺对涂料温度要求较高,涂料温度应严格控制在设定范围内。一般涂料在热熔釜中的温度应控制在205~215℃之间,涂料放到喷涂机后温度宜控制在200~205℃之间,这样能较好地防止涂料温度过低或过高造成标线成型较差。

7.3　质量体系保证。首先建立健全质量管理组织机构和相应的制度,明确职责;其次要做好二、三级技术交底工作;第三是按分项工程或工序及时做好"自检、互检、交接班"的"三检"工作;第四是认真做好各项施工原始记录、施工日志;第五是认真做好报验与签认工作;第六是质检部门要及时做好抽检工作;第七是试验室要做好施工中各项试验工作,以试验数据指导施工;第八是施工中要把质量隐患消灭在工序施工中。

8　安全措施

8.1　施工前的安全准备工作

8.1.1　所有上路的施工人员,必须熟悉安全施工操作内容,严格按照安全施工操作规程施工。

8.1.2　施工时必须穿戴好安全工作服、安全帽。

8.1.3　施工时必须戴安全手套,防止在施工过程中烧伤或擦伤。

8.1.4　施工路段应摆放安全锥及封路指示牌,必要时应设专人负责交通,防止车辆闯入施工路段,造成伤亡事故。

8.1.5　检查液化气管路连接是否安全牢固,杜绝漏气现象,明火不得靠近气罐和管路。

8.1.6　液化气满罐或大半罐时不能放倒使用,移动液化气罐时应轻拿轻放。

8.1.7　点火前不要先开煤气后点火,这样容易造成烧伤事故,应先用火把纸或点火棒点燃,将其放在炉盘口再开煤气。开火时不应开得太大,否则容易造成回火现象,使炉盘烧红堵塞。

8.1.8　启动柴油机时,应查看机油、柴油、水等是否短缺,先缓慢摇动柴油机,观察釜内叶片转动自如后,再发动柴油机。

8.1.9　检查手推车各部位是否正常,煤气管路是否漏气,以避免在施工中出现故障,影响施工进展速度。

8.2　施工中的安全注意事项

8.2.1　施工中要尽可能逆行车方向前进施工。

8.2.2　汽车放线时要注意来往车辆及行人,以防架子把其他人员擦伤。

8.2.3　下涂剂属于易燃易爆物品,杜绝在施工时点火或抽烟,以防发生火灾。

8.2.4　施工中往热熔釜继续加料而打开锅盖时,不要将头部伸到锅内或锅口上方,防止锅内由于加热时间太长而起火烧伤面部。

8.2.5　手推车前打扫的人员,应与手推车保持至少2m以上的距离,以防指针将脚扎伤。

8.2.6　中间休息时,不要坐在公路中间,应将设备停靠到路边。

8.2.7　人员在施工过程中需穿越公路时,应随时注意前后路况,确定无通行车辆时才可穿越。

8.2.8　施工人员应尊重施工所在地风俗习惯,以免出现其他不该发生的情况。

8.3　完工后的注意事项

8.3.1　工程结束后,先关掉液化气开关,然后收拾工具,最后逆行收安全锥和封路指示牌,安全离开施工现场。

8.3.2　尽量避免夜晚施工,如因特殊情况需晚上施工时,应加强安全封路标志设置并增添安全疏导人员。

9 环保措施

由于各种标线涂料对环境都有一定的破坏,涂料包装材料又以塑料制品较多,所以标线施工时的环保措施也应是一项必不可少的工作。环保管理工作应该按照ISO14000环境管理体系认证的要求具体实施,具体到标线施工项目应着重做好以下工作。

9.1 所有施工用原材料都应包装良好,标识清楚。原材料保管时要注意防潮、防火、防盗。

9.2 施工过程中各种原材料采用包装运输,用完的包装物应整理回收,防止随地抛撒。

9.3 在工程施工中,抓好文明施工,做到施工全过程整洁有序,保持现场清洁,不乱扔乱放废弃物品。

9.4 工程竣工后,场内剩余工程材料、施工废料,均按规范要求清理干净,防止可能出现的水、土等资源的污染。

10 资源节约

热熔喷涂型标线施工在施工效率上不但大大优于普通热熔性标线,节约了部分人工成本,同时由于采用喷涂工艺,标线不必填满路面面层构造深度,从而节约了材料使用量,也在熔料环节节约了大量燃料。

11 效益分析

目前,我国标线只有常温溶剂漆标线、普通热熔标线两种,品种单一。溶剂漆标线是一种低档的溶剂类产品,从环保性和经济性来说都将趋于淘汰。热熔标线已在我国使用了十几年,但一直采用的是普通的刮板式标线,该种标线在日后的养护施工中缺陷较大,其使用是对资源和成本的极大浪费。热熔喷涂标线是一种中等耐久性标线,属于热熔标线一类,其初始价格和寿命介于溶剂漆标线和热熔刮板标线之间,性价比最优。目前它的涂料生产、设备制造、施工队伍都非常成熟,是刮板式标线的换代产品,其市场用量必将越来越大。

在如何合理选择使用不同种类标线的问题上,美国学者Millar. Ted提出的将不同种类标线性价比作为合理选择标线的决定因素的理论得到了各国政府部门、施工单位的认同。其理论可以用下式表示。

$$A = K\frac{T}{M \cdot S}$$

式中:A——标线的性价比值;

M——标线初始费用,元;

T——标线使用寿命,为标线逆反射值和残存值的综合考虑;

S——安全性,即施工作业在交通中暴露的几率;

K——其他影响因素,如施工路面、环境等因素。

Millar. Ted认为:A值越大,则标线的选择性越好。从表2可看出,热熔喷涂标线性价比值最大,冷漆标线最小。结合热熔喷涂标线重涂性较好、裂纹较小、施工速度快的优点,热熔喷涂标线的应用会越来越广。

三种标线产品的性能价格比较　表2

项目 / 标线种类	标线使用寿命 T(月)	标线初始费用 M(元)	施工作业暴露几率 S	$A=K\frac{T}{M \cdot S}$
冷漆标线	5	10.5	1.75	0.27
热熔喷涂	30	30	0.3	3.3
热熔刮涂	36	36	0.35	2.8

12 应用实例

12.1 热熔喷涂标线已正式纳入《公路交通安全设施设计规范》(JTG D81—2006)及实施细则中。

12.2　近几年来部分使用热熔喷涂标线的路段、施工时间及工作量如下。

12.2.1　河北石青高速稀浆封层路面，施工时间2003年8月，工程量18 000 m^2。热熔喷涂与刮涂效果对照见图4。

12.2.2　210国道陕西榆林段，施工时间2004年7～8月，工程量21 000m^2，施工效果见图5。

图4　石青高速热熔喷涂与刮涂效果对照

图5　210国道热熔喷涂施工效果

12.2.3　太原南过境高速，施工时间2004年10月，工程量8 600 m^2，施工效果见图6。

图6　太原南过境高速热熔喷涂标线完工后

12.2.4　山西榆次至寿阳一级路，新建沥青路面，施工时间2004年11月，工程量13 000 m^2，施工效果见图7。

图7　榆次至寿阳一级路热熔喷涂标线完工后

12.2.5　203国道吉林松原至肇源一级公路，沥青混凝土马蹄脂路面(SMA)，施工时间2005年8～9月，工程量33 500 m^2。

12.2.6　吉林长营高速、长平高速、长吉高速，施工时间2005年9月，工程量38 000 m^2。

12.2.7　四川西攀高速公路四根实线，施工时间2007年9～11月，4个合同段工程量110 000 m^2。

12.2.8　山东青莱高速公路四根实线，施工时间2007年9～12月，5个合同段80 000 m^2。

12.2.9　山西太旧高速公路预防性养护路段，施工时间2008年6～10月、2009年5～10月，工程量分别为28 000m^2、42 300 m^2。

12.2.10　山西原太高速公路微表处路面，施工时间2009年7～10月，工程量31 000 m^2。

泡沫沥青就地冷再生水稳基层施工工法

GGG(皖)F3173—2010

杨　枫　李承章　李　陶　马　骏　章志明
(合肥市公路桥梁工程有限责任公司　安徽省骏腾工程试验检测有限公司
安徽国顺交通咨询设计有限公司)

1　前言

我国公路建设发展迅速,全国高速公路里程已超过4万km,一级公路、二级公路近20万km,其中绝大部分是沥青路面。因此,近年来沥青需求量呈增长趋势。

石油资源是不可再生的,过度的开采会造成资源的枯竭。我国公路建设,尤其是高速公路的大规模建设经历了十多年的发展已取得了显著的成绩,目前有的高速公路已进入大、中修期。每年都有相当数量的沥青路面需要翻修,旧沥青废弃物数量庞大,如能很好地加以利用,则既可节省生产沥青混合料的材料费用,又可节约石油资源,同时也保护了环境,避免了废旧沥青混凝土堆弃造成的土地占用与环境污染。

为了解决旧沥青路面再生利用问题,合肥市公路桥梁工程有限责任公司在合肥市合相路养护工程中,联合合肥市公路管理局、安徽国顺交通咨询有限公司、同济大学交通学院等单位组成科研小组,在利用现有水泥稳定(二灰)碎石基层强度的基础上,通过添加少量的水泥和发泡沥青,现场拌和、重新生成路面基层,形成了"泡沫沥青冷再生路面基层"的成果,有效地解决了沥青路面在大、中修过程中需要翻修路面的问题。

2　工法特点

2.1　解决了沥青路面在大、中修过程中产生的沥青废弃物的处理问题。

2.2　节约资源、降低成本,减少了沥青废弃物的占地和环境污染问题,具有显著的经济、社会和环境效益。

2.3　解决了冷再生基层施工的质量控制方法、发泡沥青冷再生技术在干线公路中的适应性以及超期服役沥青路面的养护新技术。

3　适用范围

本工法适用于高等级公路、一级公路养护工程的底基层施工,亦可适用于二级公路及其以下公路养护工程的基层施工。

4　工艺原理

先对沥青路面大、中修过程中需要翻修的路面进行调查、弯沉测试、取芯、旧路面材料级配分析、添加集料的再生层配合比设计,确定每平方米需要添加的水泥、石屑和粗集料的用量,然后利用再生机进行铣刨再生作业(加入施工配合比所需的发泡沥青),将原有的沥青面层破碎后与添加的材料形成再生的水泥稳定碎石,经整平、碾压、养生后,作为路面的基层或底基层使用。

5 施工工艺流程及操作要点

5.1 施工工艺流程

本工法工艺流程见图1。

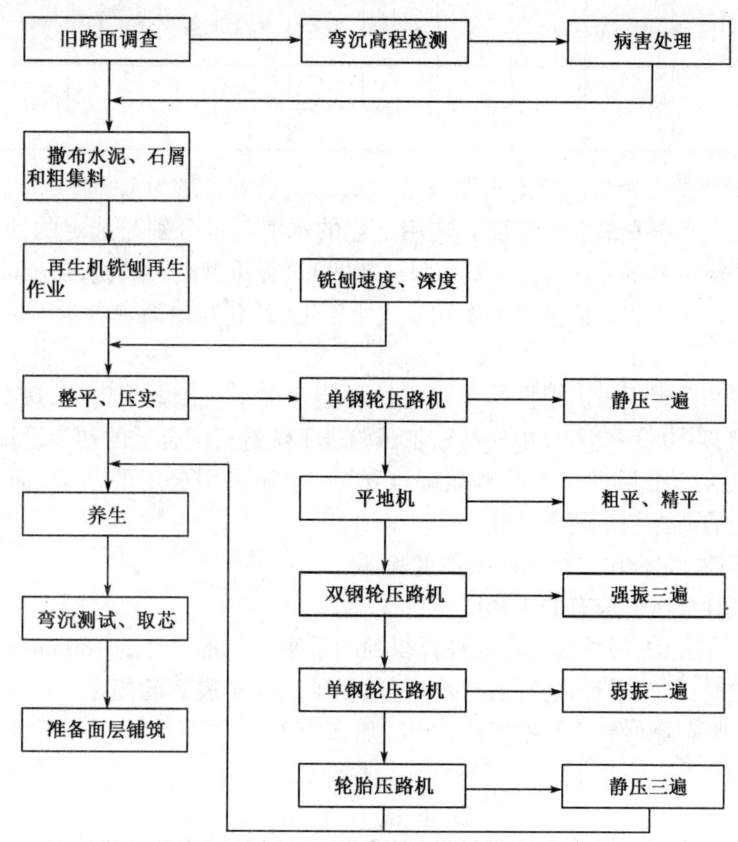

图1 泡沫沥青冷再生水泥稳定碎石基层施工工艺流程图

5.2 操作要点

5.2.1 施工准备

(1)技术准备

①设计施工图、设计说明及其他设计文件已经会审。

②施工方案审核、批准已完成。

③施工技术书面交底已签认完成。

④恢复中线。

(2)机具设备准备

①主要机械及仪器、检测设备:再生机组、平地机、双钢轮压路机、振动压路机、胶轮压路机、自卸汽车、洒水车、全站仪、水准仪、钻芯机、弯沉仪、3m靠尺等。

②一般机具:铝合金导梁、试验设备等。

(3)作业条件准备

①对旧路面进行调查、弯沉测试、取芯、旧路面材料级配分析、添加集料的再生层配合比设计及相关室内试验。

②对所有参与施工人员进行施工要点培训。

5.2.2 原材料检验

原材料检验试验合格。

5.2.3　配合比设计

(1)根据《公路路面基层施工技术规范》(JTJ 034—2000)的规定,水泥、沥青再生集料的级配范围见表1。

水泥、沥青再生集料的级配范围　　表1

方孔筛(mm)	37.5	31.5	26.5	19	16	13.2	9.5	4.75	2.36	1.18	0.6	0.3	0.15	0.075
通过率(%)	90~100	82~100	76~100	69~94	66~90	62~86	56~80	45~67	35~57	26~47	19~39	12~30	8~25	5~20

(2)确定水泥、泡沫沥青用量。选定水泥剂量为1.5%,沥青含量为1.5%~2.5%进行正交试验。

①初步确定最佳含水率和最大干密度。选用上述的水泥剂量分别与选定的沥青剂量匹配,按《公路工程无机结合料稳定材料试验规程》(JTG E51—2009)进行重型击实试验,初步确定1组最佳含水率和最大干密度。根据试验所得的最佳含水率和最大干密度,计算其他沥青含量时的最大干密度和最佳含水率。

②初步确定水泥和沥青用量。根据初步确定的最佳含水率和最大干密度,按《公路工程沥青及沥青混合料试验规程》(JTJ 052—2000)中的马歇尔试验表干法进行配合比的初步设计。

③根据马歇尔试验的结果进行干湿劈裂强度试验,水泥采用选定的剂量,沥青采用初选的剂量±0.2%,以比较选定的沥青剂量的合适性。

(3)根据初步确定的配合比进行无侧限强度验证

①按规定压实度计算试件应有的干密度。

②按初步确定的配合比、最佳含水率和计算得到的干密度制备尺寸为150mm×150mm×150mm的试件。进行强度试验时,作为平行试验的最少试件数量不应少于表2的规定。如试验结果的偏差系数大于表中规定的值,则应重做试验,并找出原因,加以解决。如不能降低偏差系数,则应增加试件数量。

最少试件数量　　表2

土类 \ 试件数 \ 偏差	<10%	10%~15%	15%~20%
细粒	6	9	—
中粒	6	9	13
粗粒	—	9	13

③试件在规定的温度下保湿养生6d,浸水24h后,按《公路工程无机结合料稳定材料试验规程》(JTG E51—2009)进行无侧限抗压强度试验。

④计算试验结果的平均值和偏差系数。

⑤根据设计的强度要求,选定合适的水泥、沥青剂量。此剂量试件室内试验结果的平均强度,应符合下式要求。

$$\overline{R}_7 = \frac{R_d}{1 - Z_\alpha \cdot C_v}$$

式中:R_d——设计抗压强度;

C_v——试验结果的偏差系数(以小数计);

Z_α——标准正态分布表中随保证率(或置信度α)而变的系数,取保证率90%,即$Z_\alpha = 1.282$。

⑥采用路拌法施工时,工地实际采用的剂量应比室内试验确定的剂量多0.5%左右,沥青含量与室内试验确定的剂量可相差±0.3%。

(4)根据初步确定的配合比进行干湿劈裂强度验证。

5.2.4 调试机械设备

对所有机械设备进行全面的检查,包括再生机、振动(胶轮)压路机、平地机、油(水)罐车及其他辅助机械。检查油(水)罐车和再生机内所装水或稳定剂是否能够满足再生路段施工的需要,在条件允许的情况下,检查沥青罐车中标尺的读数。连接所有与再生机相连的管路,排除系统中的所有空气并确保所有阀门均处于全开的状态。检查再生机操作人员是否已将与稳定剂添加量有关的数据输入计算机,所有开始程序是否均已清楚。

5.2.5 试验路段

在正式施工前做试验路段,以便确定现有路面材料的特性。通过试验路段检验,对工料配给参数、集料级配、发泡沥青用量、最佳含水率、再生机的技术参数、碾压设备的组合、碾压速度、压实遍数、松铺系数、再生层厚度、压实度、再生料的膨胀性及强度等级等方面进行验证。

5.2.6 拌和

(1)撒布集料和水泥

撒布前用石灰(或放线)画出方格。方格的尺寸大小以水泥的袋装单位计算,反算集料用量。人工均匀撒布集料和水泥。

(2)再生深度

对照测定的参考面(在道路两侧设置水平控制桩)随时核查再生深度。

(3)作业面

在作业面的边缘设置固定导向线,以获得正确的施工路线,保证作业面正确,重叠合适。

(4)行进速度

最佳的拌和速度为3~8m/min,取决于作业深度、老路面的强度等因素。严格禁止再生机以最大速度施工。

(5)再生材料的含水率控制

再生后的材料密实度(现场密度)受材料及原路面含水率的影响。当材料的含水率略低于最佳含水率时,可通过增加压实功来达到要求;当含水率超过最佳含水率时,再生层的压实度往往达不到要求。因此,施工现场必须加强对含水率的监控,对于原路面含水率超过最佳含水率的情况,应在铣刨后进行适当的晾晒,再进行整平、碾压。

(6)沥青的发泡效果

施工中,随时从再生机试验喷嘴中放出少许已发泡的沥青,检查沥青的发泡效果,确定发泡的用水量和发泡温度,保证高质量的泡沫沥青用于稳定层施工。

(7)机械组合及影响因素

再生施工的效率主要由再生机的类型和配套设备决定。若采用多台再生机前后间隔10~15m进行全宽平行作业,则无需进行反向或转向二次作业,但这种方式往往受到成本限制。多数再生施工采用一台再生机,需进行多次作业才能完成要再生的全宽断面。这种方式限制了再生机一次施工的作业长度,该作业长度主要受稳定剂的影响。不同的稳定剂有不同的要求:①采用水泥作为稳定剂时,一次性施工长度一般较短,以便有足够的时间对整个半幅路段进行再生,并在水泥初凝以前完成再生层的整型和压实以及表面处理。②采用泡沫沥青或乳化沥青作稳定剂时,罐车的容积是决定因素之一。一般在罐车用空之前不应停顿、倒车或掉头。

5.2.7 摊铺、整平

(1)履带式再生机配备有熨平板,其自身就完成了再生料的摊铺及整平工作。

(2)轮胎式再生机通常需要平地机配合整平。在平地机整平前,采用振动压路机在无振状态下对全幅的再生料进行稳压。平地机的作业量取决于再生层上罩面的类型。如果再生层上要加铺较厚的沥青层,则对路面的平整度误差比仅做单层封层处理的要求要高得多。平地机整平的次数不宜过多,平整深度不宜过大,整平即可,尽量减少扰动,避免离析。

5.2.8　碾压

(1)在再生料含水率合适的情况下进行碾压,碾压分初压、复压、终压三个阶段。

(2)初压、复压、终压均采用钢轮振动压路机进行,压路机吨位应在12t以上。

(3)整形后,立即在全宽范围内进行碾压。采用轮胎式单钢轮振动压路机,直线段由两侧向中心碾压,超高段由内侧向外侧碾压。每道碾压应与上道碾压重叠300mm,使每层厚度和宽度完全均匀地压实到规定的密实度为止。

(4)压实后表面应平整,无轮迹、隆起、裂纹搓板及起皮松散等现象,压实度达到规定要求。碾压过程中,再生料的表面应始终保持湿润。如果表面水蒸发过快,应及时补洒少量的水。

(5)碾压后,试验人员测压实度,测量人员测量高程,并做好记录。如高程达不到要求,根据实际情况进行机械或人工整平,使之达到要求。

(6)在碾压过程中应始终保持表面湿润,集料含水率控制在最佳含水率1%～2%以内。终压完成后应检测压实度和设计高程,达到要求后再进行下一步施工。

5.2.9　接缝处理

每次施工开始、终止或停机会形成横向接缝。因此,施工中应尽量减少停机现象。在不可避免的情况下,应对所形成的横缝前后各1.5m范围进行二次再生处理,保证接缝处的再生质量。

5.2.10　再生层表面处理

对再生层表面洒适量的水并用轮胎压路机碾压,通过轮胎压路机的泵吸作用使细料充分填充于粗颗粒之间的空隙中,并在表层形成防水膜。这一工作一般在压实的最后阶段进行,但在需要立即开放交通或者使用水泥稳定剂的情况下,必须及时完成。

5.2.11　养生

(1)碾压完成后应立即进行洒水养生,洒水次数视气温情况而定,以保持表面湿润为度。

(2)当基层上为封层或透层沥青层时,可进行封层或透层乳化沥青施工,代替洒水养生。

5.2.12　季节性施工

(1)在雨季施工时,应特别注意气候变化,勿使水泥和混合料被雨淋。降雨时应停止施工,已经摊铺的混合料应尽快碾压密实。

(2)冬期环境温度低于10℃、风力大于4～5级时不宜进行施工。

6　材料与设备

6.1　材料

6.1.1　水泥、沥青再生集料技术指标见表3。

水泥、沥青再生集料技术指标　　表3

序　号	检验项目	要求值
1	0.5～1cm表观密度(g/cm^3)	≥2.45
2	吸水率(%)	≤3.0
3	石粉表观密度(g/cm^3)	≥2.45
4	砂当量(%)	≥50
5	1～3cm碎石压碎值(%)	≤30
6	1～3cm碎石对沥青黏附性	≥3级
7	1～3cm碎石表观密度(g/cm^3)	≥2.45
8	1～3cm碎石细长扁平颗粒含量(%)	≤20

6.1.2　硫酸盐含量超过0.25%的集料，不应用水泥、沥青再生。

6.1.3　普通硅酸盐水泥、矿渣硅酸盐水泥和火山灰质硅酸盐水泥都可用于稳定集料，但应选用初凝时间在3h以上和终凝时间较长（宜在6h以上）的水泥。不应使用快硬水泥、早强水泥以及已受潮变质的水泥，宜采用32.5级或42.5级的水泥。

6.1.4　用于发泡的沥青其技术要求及适用范围应符合《公路沥青路面再生技术规范》（JTG F41—2008）的规定。用于重载交通或面层较薄的道路时宜选用70号沥青，当平均气温低于20℃时宜选用90号沥青。不得使用改性沥青。

6.1.5　凡是饮用水（含牲畜饮用水）均可用于水泥、沥青再生集料施工。

6.2　主要机械设备（表4）

主要机械设备　　表4

序　号	设备名称	规格型号	单　位	数　量
1	沥青路面再生机组		套	1
2	平地机	德莱赛 D870	台	1
3	振动压路机	YZ20C	台	2
4	双钢轮压路机	卡特 13t	台	1
5	双钢轮压路机	徐工 10t	台	1
6	轮胎压路机	YL21	台	1
7	轮胎压路机	XP260	台	1
8	运输车辆	斯太尔 20t	辆	4
9	洒水车	SGZ5100GSS	辆	2

7　质量控制

7.1　过程控制

7.1.1　再生深度

再生层厚度主要取决于再生深度。如再生深度太浅，再生层厚度将达不到设计要求。层厚是决定路面结构性能的最关键的一个参数，必须认真检查再生深度，保证再生层厚度。

7.1.2　水和稳定剂

为确保再生时添加剂量的稳定，必须严格地执行再生机的操作程序。再生过程中，需要仔细核对输入微处理器的信息，严格遵循预启动程序，同时要监控计算机控制台显示的流量和读数。

采用泡沫沥青时，需要至少检查一次每罐沥青的发泡特性。在连接罐车和再生机前，必须用手持数字温度计检查沥青的温度。对所有的沥青类稳定剂，一定要计算并核对每罐车预期的作业面长度，对偏差进行记录并纠正。

7.1.3　拌和质量

再生机的运行速度必须按规定检查，以确保最佳的拌和速度。此外，再生机后面的材料需要连续地监控，以确保其拥有合适的含水率使混合料处于理想的状态。

7.2　检查验收

水泥、沥青再生材料的抗压强度试验应按照《公路工程无机结合料稳定材料试验规程》（JTG E51—2009）进行，7d浸水抗压强度满足表5。

7d 浸水抗压强度标准(MPa) 表5

层位 \ 公路等级	二级及二级以下公路	高速公路及一级公路
基层	2.5~3	3~5(慎用)
底基层	1.5~2.0	1.5~2.5

7.3 其他要求

其他要求按照《公路路面基层施工技术规范》(JTJ 034—2000)执行。

8 安全措施

8.1 严格执行“安全第一、预防为主”的方针,制订安全管理目标,建立项目经理部安全保证体系,实行多级管理并确立安全检查制度。

8.2 做好职工的定期教育及新工人、变换工种工人、特种作业人员的安全教育。新进场工人未经三级安全教育不得上岗。所有技术工种人员必须持证上岗。

8.3 机械设备必须经过安全部门检查并取得合格证后方能投入使用,否则不准送电运转。

8.4 施工过程中,严格执行国家颁发的安全生产操作规程有关规定,严禁违章指挥、违章操作。

8.5 施工机具、车辆及人员与电气线路保持足够的安全距离,不能保证时应采取可靠的安全防护措施。

8.6 卸料车应由专人负责指挥。卸料时,卸料车附近严禁站人。

8.7 人工清除粘在压路机滚动轮上的混合料时,施工人员必须跟在压路机后作业,严禁在压路机前面倒退作业。

8.8 夜间施工必须有足够的照明设备。

8.9 在开放交通的道路上施工时,对施工场地要进行围护并设置安全警示标志,施工人员要穿带醒目反光标志的服装,确保施工安全。

9 环保措施

9.1 细颗粒散体材料应尽可能在库内存放或严密遮盖,运输时采取封闭措施以减少扬尘,保护周围环境。

9.2 现场存放油料的库房必须进行防渗漏处理,储存和使用时都要采取隔油措施,以防油料污染水质。

9.3 对施工噪声进行严格控制,最大限度地减少噪声扰民。

9.4 对施工临时道路定期进行维修和养护,每天洒水2~4次,防止扬尘。

10 资源节约

本工法是利用现有水泥稳定(二灰)碎石基层,通过添加少量的水泥和发泡沥青、集料,同旧沥青路面再生拌和生成路面基层,不仅可以节约运弃废旧沥青混凝土的费用,还节省了对石油资源和当地天然石材的开采。

11 效益分析

11.1 沥青面层病害常规处理方案成本为122.7元/m^2,就地冷再生处理方案成本为97.5元/m^2,使用泡沫沥青冷再生技术可节约25.2元/m^2。

11.2 有效解决了沥青路面大、中修过程中产生的沥青废弃物的处理问题。

11.3 节约了不可再生的天然资源、降低了沥青面层病害处理的成本,减少了沥青废弃物堆放、占地的费用,降低了对环境的污染,具有显著的社会、经济和环境效益。

12 应用实例

12.1 合肥市合相路养护工程,技术标准为二级公路,路基宽17m,路面宽12m,病害处理长1km。于2007年4月开工,2007年8月竣工。常规处理方案为:将需处理段落挖除,回填20cm的二灰碎石基层或水泥稳定碎石基层,再加铺7cm沥青面层。采用泡沫沥青就地冷再生处理方案为:15cm泡沫沥青就地冷再生基层+1cm封层+3cm沥青面层。建设成本节约25.2元/m^2,总计节约成本30.24万元。

12.2 合肥市S315桃杨路中修工程,全长11.4km,技术标准为二级公路,沥青混凝土路面,路面宽12m,路基宽17m。于2009年10月10日开工,2009年12月28日竣工。其中铺设沥青冷再生底基层79 810m^2,节约成本25.2元/m^2,总计节约成本201.12万元。

沥青路面半刚性基层钻孔压浆施工工法

GGG(鄂)F3174—2010

李　峻　汪国泰　李俊桥　赵正文
(湖北中南路桥有限责任公司)

1　前言

京港澳高速公路湖北段通车经营多年,路面常出现裂缝现象。如果不及时治理,裂缝会向四周发散,导致相邻路面凹陷。雨季到来时,裂缝翻浆,泥浆撒布在路面上,影响行车安全和路容路貌。严重时,会导致大量泥浆从裂缝翻出,路面出现凹陷跳车,最终致使路基路面严重损坏。高速公路广泛采用水泥稳定碎(砾)石半刚性基层沥青混凝土路面。据调查,在半刚性基层路面的沥青面层上产生横向裂缝是极为普遍的,国内外许多学者甚至认为半刚性沥青路面产生横向裂缝是不可避免的。裂缝的形成主要有以下几方面原因。

1.1　基层反射裂缝

一方面在基层成型过程中,因基层材料失水收缩而形成规则的横向裂缝;另一方面基层材料因温度骤降而发生低温收缩开裂。这两种收缩变形使面层底面承受拉力,当拉力超过沥青面层的抗拉强度时,沥青面层底部就会拉裂,并随着温湿的循环变化及行车荷载的反复作用最终导致沥青面层地面裂缝。从现场取样看,面层裂缝与基层裂缝上下贯通,且下宽上窄。

1.2　沥青混凝土温缩裂缝

沥青是一种对温度变化比较敏感的黏弹性材料。温度下降时,沥青混合料会逐渐变硬、变脆,并发生收缩变形。当收缩拉应力超过沥青混凝土的抗拉强度时,沥青路面表面就会被拉裂,并逐步向下发展,形成上宽下窄的横向裂缝。由于大多数的高速公路上面层采用进口优质沥青或改性沥青,沥青混合料的自身低温抗裂性能较好,故此种横向裂缝相对较少。

1.3　差异沉降引起的横向裂缝

在软土地基与非软土地基交界处、软土地基处理方法变化处及构造物台背与路段交接处,因地基或路基与构造物差异沉降导致基层开裂,并反射到沥青面层,形成横向裂缝。这种横向裂缝类似于基层反射裂缝,但往往为路面横向全幅贯通,在软基分布比较广泛,在构造物众多的水网地区的高速公路有一定比例。

通过对以上高速公路裂缝形成原因分析,京港澳高速公路湖北段养护工程,旨在缓解或处治沥青路面出现的翻浆病害,提高路面承载力,实现基层补强、封水及填充。湖北中南路桥公司在京港澳高速公路湖北段养护施工中,采用了沥青路面半刚性基层钻孔压浆施工方法,对高速公路中的路段裂缝进行了加固整治,取得了较好的经济性及社会效益。

2　工法特点

2.1　施工周期短,大幅减少施工对交通的延误。

2.2　性能优越,施工方便,造价低廉。

2.3　能针对路面状况,制订最合理的处理方案。

2.4 “预防为主、防治结合”，能有效延长高速公路的寿命。

2.5 积极响应国家倡导的“安全环保、节能降耗”的要求。

3 适用范围

3.1 半刚性基层路面出现基层反射裂缝、差异沉降引起的横向裂缝、路面凹陷、翻浆等病害。

3.2 提高路面承载力，达到基层补强、封水及填充作用的大、中修养护工程项目。

4 工艺原理

钻孔后，将按一定比例配置的水泥混合料以一定压力注入孔内，达到填充和封堵基层裂隙的效果，经固化后提高基层的整体性和承载力。

5 施工工艺流程及操作要点

5.1 工艺流程

确定压浆施工段面→封闭施工段面→确定工、料、机投入→布孔→钻孔→压浆→封孔→养生→清理现场→开放交通。

5.2 操作要点

5.2.1 确定处治范围

采用人工观察的方法，确定路面明显病害、裂缝翻浆、重度纵缝、沉陷等处治范围。

5.2.2 布孔间距及钻孔深度控制

布孔间距宜在纵向2~3m之间，距裂缝或病害两侧0.5~1m等距布设，钻孔深度控制在70~80cm之间。监理工程师可根据现场实际情况合理调整布孔间距。

5.2.3 拌和

根据配合比进行初步拌和，拌和时间以5~10min为宜。在施工过程中不间歇拌和，确保浆液拌和后均匀、无结块。浆液在30min内尽量用完，超过2h不得使用。

5.2.4 清孔

钻孔完毕后，应用清水将孔洞中的碎渣杂物清除干净，以便水泥浆料顺利流入裂隙处。

5.3 施工控制

5.3.1 灌浆控制

(1)打开压力泵，在2~5min内使其压力均匀增加至0.8MPa左右，最大压力控制在1.5MPa以内。在达到压力后停滞3~5min，不超压，确保压浆过程中不改变临近路面高程。

(2)灌浆时应先从超车道开始，然后再施作于行车道，有利于浆液在缝内密实。

(3)压浆时间在3~15min时，若浆液从裂缝处或另一排浆孔流出，可认为该孔注浆完成，立即停止灌浆。

(4)灌浆时，注意原路面变形情况和路侧边坡、中央分隔带情况，防止浆体外出，避免影响质量和环境。

5.3.2 配合比控制

(1)监理工程师要对每批次原材料核实确认，对材料的说明书、合格证、进货单核对签认。

(2)每个施工班组必须配有磅秤，由监理工程师抽查各种原材料是否符合配合比标准。

(3)由监理工程师与施工质量控制人员共同制作一定比例的试件，交由试件检测监理工程师进行跟踪检测试验。

5.3.3 封孔(芯洞回填)及裂缝处理

(1)压浆作业完毕后及时回填好芯洞，或采用改性沥青拌和集料，分层进行夯实，确保芯洞密实。

(2)由于压浆完毕后可能造成原裂缝再次出现开裂,应采用改性乳化沥青封灌。

5.3.4 养生时间控制

压浆路段宜采用改道施工,对已压浆完成的段面要确保36h以上的养生固结时间,使强度达到预期值。封闭养生期间,施工单位负责对施工现场进行清理,待试件抗压强度达到2MPa后,方可开放交通。

6 材料及设备

6.1 材料

6.1.1 水泥宜选用普通水泥或矿渣水泥(P.O 32.5),具体指标应符合《公路水泥混凝土路面施工技术规范》(JTG F30—2003)中的原材料技术要求。

(1)特重、重交通路面宜采用旋窑道路硅酸盐水泥,也可采用旋窑硅酸盐水泥或普通硅酸盐水泥;中、轻交通的路面可采用矿渣硅酸盐水泥;低温天气施工或有快通要求的路段可采用R型水泥,此外宜采用普通型水泥。各交通等级路面水泥抗折强度、抗压强度应符合表1的规定。

各交通等级路面水泥各龄期的抗折强度、抗压强度 表1

交通等级	特重交通		重交通		中、轻交通	
龄期	3d	28d	3d	28d	3d	28d
抗压强度(MPa)	≥25.5	≥57.5	≥22	≥52.5	≥16	≥42.5
抗折强度(MPa)	≥4.5	≥7.5	≥4.0	≥7.0	≥3.5	≥6.5

(2)水泥进场时每批量应附有化学成分、物理力学指标合格的检验证明。各交通等级路面所使用水泥的化学成分、物理性能等路用品质要求应符合表2的规定。

各交通等级路面所使用水泥的化学成分和物理指标 表2

水泥性能	特重、重交通路面	中、轻交通路面
铝酸三钙	不宜>7.0%	不宜>9.0%
铁铝酸四钙	不宜<15%	不宜<12%
游离氧化钙	不得>1.0%	不得>1.5%
氧化镁	不得>5.0%	不得>6.0%
三氧化硫	不得>3.5%	不得>4.0%
碱含量	$Na_2O+0.658K_2O$≤0.6%	怀疑有碱活性集料时,≤0.6%;无碱活性集料时,≤1.0%
混合材种类	不得掺窑灰、煤矸石、火山灰和黏土,有抗盐冻要求时不得掺石灰、石粉	不得掺窑灰、煤矸石、火山灰和黏土,有抗盐冻要求时不得掺石灰、石粉
出磨时安定性	雷氏夹或蒸煮法检验必须合格	蒸煮法检验必须合格
标准稠度需水量	不宜>28%	不宜>30%
烧失量	不得>3.0%	不得>5.0%
比表面积	宜在300~450m^2/kg	宜在300~450m^2/kg
细度(80μm)	筛余量不得>10%	筛余量不得>10%
初凝时间	不早于1.5h	不早于1.5h
终凝时间	不迟于10h	不迟于10h
28d干缩率	不得>0.09%	不得>0.1%
耐磨性	不得>3.6kg/m^2	不得>3.6kg/m^2

注:28d干缩率和耐磨性试验方法采用《道路硅酸盐水泥》(GB 13693—2005)标准。

(3)选用水泥时,除满足表1、表2的各项规定外,还应通过混凝土配合比试验,根据其配制弯拉强度、耐久性和工作性优选适宜的水泥品种、强度等级。

(4)采用机械化铺筑时,宜选用散装水泥。散装水泥的夏季出厂温度:南方不宜高于65℃,北方不宜高于55℃;混凝土搅拌时的水泥温度:南方不宜高于60℃,北方不宜高于50℃,且不宜低于10℃。

(5)当贫混凝土和碾压混凝土用做基层时,可使用各种硅酸盐类水泥。不掺用粉煤灰时,宜使用强度等级32.5级以下的水泥;掺用粉煤灰时,只能使用道路水泥、硅酸盐水泥、普通水泥。水泥的抗压强度、抗折强度、安定性和凝结时间必须检验合格。

6.1.2 粉煤灰应采用散装I类或II类灰,其二氧化硅和二氧化铝含量应大于70%,烧失量应小于10%。具体指标应符合《公路水泥混凝土路面施工技术规范》(JTG F30—2003)中的原材料技术要求。

(1)混凝土路面在掺用粉煤灰时,应掺用质量指标符合表3规定的电收尘I、II级干排或磨细粉煤灰,不得使用III级粉煤灰。贫混凝土、碾压混凝土基层或复合式路面下面层应掺用符合表3规定的III级或III级以上粉煤灰,不得使用等外粉煤灰。

粉煤灰分级和质量指标 表3

粉煤灰等级	细度①(45μm气流筛,筛余量)(%)	烧失量(%)	需水量比(%)	含水率(%)	Cl^-(%)	SO_3(%)	混合砂浆活性指数②	
							7d	28d
I	≤12	≤5	≤95	≤1.0	<0.02	≤3	≥75	≥85(75)
II	≤20	≤8	≤105	≤1.0	<0.02	≤3	≥70	≥80(62)
III	≤45	≤15	≤115	≤1.5	—	≤3	—	—

注:①45μm气流筛的筛余量换算为80μm水泥筛的筛余量时换算系数约为2.4。

②混合砂浆的活性指数为掺粉煤灰的砂浆与水泥砂浆的抗压强度比的百分数,适用于所配制混凝土强度等级≥C40的混凝土;当配制的混凝土强度等级<C40时,混合砂浆的活性指数要求应满足28d括号中的数值。

(2)粉煤灰在进货时应有等级检验报告。

(3)路面和桥面混凝土中可使用硅灰或磨细矿渣,使用前应经过试配检验,确保路面和桥面混凝土弯拉强度、工作性、抗磨性、抗冻性等技术指标合格。

6.1.3 饮用水可直接用于水泥浆体的搅拌,水中不得含有油污、泥或其他有害杂质。

6.1.4 膨胀剂应符合《混凝土膨胀剂》(GB 23439—2009)的规定,在施工前必须进行限制膨胀率检测,合格后方可使用。

6.1.5 减水剂必须符合《混凝土外加剂》(GB 8076—2008)的规定,pH值在7~9之间,硫酸钠的含量≤20%。

6.2 配合比

6.2.1 按原路基强度,根据配合比设计试验。配合比采用水泥:粉煤灰:膨胀剂:减水剂:水=100:60:4:1:80。

6.2.2 钻孔压浆完毕后需封闭养生36~48h,方可开放交通。

6.3 设备

根据封闭路段长度可配备相应数量的压浆施工机械设备,每一个施工班组的压浆施工设备基本配置标准见表4。

压浆施工机械配置标准 表4

名称	数量	单位	功率/载重	备注
运输装载车	1	辆	5t	
发电机	2	台	20kW	
二次灰浆搅拌机	1	台	3kW	
钻机	2	台	1.1kW	钻杆长90cm,钻头直径6cm
双活塞式压浆机	1	台	4kW	压浆头规格30cm×6cm

续上表

名　称	数　量	单　位	功率/载重	备　注
水泵	2	台	2kW	
水车	1	辆	10t	

7　质量控制

7.1　工程质量控制标准

本工法施工质量应符合《公路水泥混凝土路面施工技术规范》(JTG F30—2003)、《混凝土膨胀剂》(GB 23439—2009)、《混凝土外加剂》(GB 8076—1997)及《公路工程水泥及水泥混凝土试验规程》(JTG E30—2005)的有关规定。

7.2　施工工艺

7.2.1　施工段落必须与计划段落相符,未经监理工程师同意,不得超出计划范围。

7.2.2　施工作业必须与工艺流程相符,布孔位置与孔深必须按照施工工艺要求严格执行。

7.3　原始记录

7.3.1　《钻孔压浆记录表》、《水泥用量记录表》应记录完整,由监理工程师及时签认,无涂改。

7.3.2　压浆所使用的材料投入情况属实,且通过换算满足配合比要求。

7.3.3　单孔出现压浆量较大时要由现场监理工程师予以确认,施工作业时保留图片及视频资料。

7.4　验收

每封闭段压浆施工时应由监理工程师与施工质量控制人员共同现场制作水泥砂浆试件(7.07cm×7.07cm×7.07cm),并在20℃±5℃温度环境下养生24h、36h、48h及7d后进行抗压试验。试验具体操作及要求严格按照《公路工程水泥及水泥混凝土试验规程》(JTG E30—2005)T 0570—2005条款执行。

7.5　外观质量

7.5.1　压浆施工完毕后不得再次出现路面翻浆病害,压浆施工质量保证期为1年。

7.5.2　压浆施工段面不得出现明显的隆起或变形,孔洞封闭情况良好,无沉降或开裂。

7.5.3　压浆施工段面内无垃圾或污染物,无明显施工痕迹。

8　安全措施

本工法严格遵守《中华人民共和国安全生产法》、《公路养护安全作业规程》(JTG H30—2004)及现行高速公路养护施工安全有关规定。在施工前,到路政、交管等相关部门办理《施工许可证》、《施工车辆通行证》,并配备相应的安全装置、设备或采取其他有效措施。

8.1　安全目标:

因公死亡率:0。

重大机损事故:0。

重大火灾事故:0。

负伤事故频率<1%。

8.2　坚持“定期安全教育、安全讲话、安全检查”制度。设立安全监督岗,支持和发挥安全员的作用,对危及施工和人身安全的事项及时报告处理,落实到人,限期改正。

8.3　严格现场管理,坚持文明施工。做到现场布局合理,物、机堆放整齐;设备机具完好,操作规程明确;防护设施齐全有效,安全警示醒目;现场施工有序,作业流程顺畅;环境整洁,安全氛围浓厚,管理有条不紊。

8.4　特种作业如电焊、起重设备的操作人员,必须经过有关部门培训,在取得特种作业操作证后方可上岗。

8.5 安全帽:

8.5.1 安全帽必须经有关部门检验合格后方能使用。

8.5.2 正确使用安全帽并扣好帽带。

8.5.3 不准抛、扔或坐、垫安全帽。

8.5.4 不准使用缺衬、缺带及破损的安全帽。

8.6 结合本养护工程的施工情况,特作如下具体安全措施。

8.6.1 配置安全管理人员。各施工队设1名专职安全员,各生产班组设兼职安全员,兼职安全员由班组负责人担任。

8.6.2 在施工现场设置作业标志与设施。施工标志和设施严格按照路政管理部门提供的高速公路作业交通安全标志设置图示要求进行设置。在施工现场前(汽车驶来方向)1km处开始设置警示标牌,如"前方施工,车辆缓行"。在施工现场设置"道路施工,车辆绕行"的警示标牌,现场周围设置旗帜作为醒目标识。所有施工人员着反光服、戴反光帽,施工车辆装饰安全标志,施工工具和材料放置安全。涂敷标线时,应对施工断面进行全封闭,禁止车辆通行。

8.6.3 施工车辆严禁在高速公路上逆行,对需要在中央分隔带调头的,须向管段路政大队报告,经同意后,由施工单位派专人执旗指挥。中央分隔带活动护栏应做到随开随关。

8.6.4 为保证行车正常和施工安全,每一施工路段封闭前,均应向业主和现场监理工程师报告,服从业主的统一安排。

8.6.5 汛期防洪及冬季防火

(1)汛期防洪是确保安全的重要环节。为保障国家财产和人民生命安全,项目经理部安全领导小组应与当地政府防汛指挥部保持一致,听从指挥,顾全大局。

(2)冬季是火灾多发季节,安检员应到生产区各环节仔细检查,排除隐患,杜绝火灾的发生。

8.6.6 开展安全竞赛活动,把安全生产目标分解到各部门。

8.6.7 严禁酒后上岗;施工现场设专职安保员,禁止闲杂人员入内。

8.6.8 建立安全奖惩制度,定期检查安全工作落实情况,及时排除隐患,确保安全。

9 环保措施

9.1 工程环境保护的重要性

随着社会的发展,工业现代化程度越来越高,环境资源所受到的破坏也越来越大,人们已逐渐认识到在致力于高速发展经济的同时,更要精心地保护自身赖以生存的环境资源。现在各国在发展经济建设的同时都把环境保护问题放在优先考虑的重要位置上。施工现场本身是一个大的污染源,如果在施工过程中不认真加以治理,将会严重地影响周围环境和生态平衡。

因此,施工单位应将施工和施工过程中的环境保护工作放在同等重要的位置上认真对待,把施工对环境和生态的影响减小到最低程度。

9.2 水质污染控制

9.2.1 禁止施工人员向水中丢弃垃圾,排放废水、废油和冲洗物。

9.2.2 地面冲洗物,包括水泥、其他悬浮或溶解物质,应引入污泥井中。

9.2.3 燃料、油和颜料应保存在合适的安全容器中,并放在指定地点,以免意外泄漏进入水塘。

9.2.4 有毒废水要用相应容器收集,并根据所含毒物的性质进行处理。

9.2.5 及时清理、分离施工废物料,并堆放在指定的位置或安全的临时储存处,以防雨水或内涝造成水质污染。

9.3 噪声污染源控制

噪声是干扰人们正常工作和生活、危害人体健康、影响面较广的一种公害,因此,应将施工噪声作为一个十分重要的问题来处理。施工中的噪声源主要来自运输车辆、混凝土搅拌机、振捣器等。

9.3.1 在确定施工方法时,尽量选择产生噪声较小的工艺,并选用低噪声的施工设备。

9.3.2 加强设备的现场维修和保养,保证设备长期处于正常的运转状态。

9.3.3 合理安排工作进度和工作面,尽量避免在一个地方同时使用多种动力机械。

9.4 粉尘污染控制

施工中的粉尘污染主要来源于配料等施工环节产生的粉尘。此外,施工机械、生活设施排放的烟气、油雾也会对空气造成污染。

9.4.1 及时清扫施工路面、喷洒清水,以减少灰尘。对机动车采用严格的限速措施,防止扬尘。

9.4.2 安装炉具或锅炉设施要事先报请监理工程师许可,并尽量选用节能低污染设备。

9.4.3 严禁在工地焚烧任何残留废物。

9.4.4 水泥库应做成封闭式,并远离敏感物体。

9.5 生态保护

9.5.1 注意防火安全,以免损害周围植被。

9.5.2 在业主指定的范围内开展施工生产及其他活动,避免对环境造成不必要的破坏。

9.5.3 拌和场应尽量复垦,同时避免弃土流失、污染农田及环境。

10 资源节约

我国对粉煤灰的研究开发利用始于20世纪50年代,主要集中在水泥和混凝土应用开发试验研究上,并已成功推广于工程建设中。近年来,在我国高等级公路建设中,粉煤灰不仅用于流态水泥粉煤灰回填、路基填筑,还用于软基处理,成为了不可少的材料。本工法就是利用工业废渣——粉煤灰为原料进行施工,从而节约了土地资源,减少了对环境的污染,同时有效地降低成本,加快了工程进度。

11 效益分析

常见类似高速公路病害处治一般采用大、中修或加设盲沟等方案来进行处理。大、中修处理和加设盲沟处理时要开挖路面,成本高、工期长。

一条盲沟的成本在1万元左右;大、中修洗刨,基层处理,摊铺的费用更高。而采用沥青路面半刚性基层钻孔压浆施工每平方米只要1千元左右,具备良好的经济效益。

12 应用实例

京港澳高速公路湖北段养护工程第一合同段对病害类型为重度纵向裂缝、连片翻浆、桥头跳车及独立横缝翻浆的四类病害进行了本工法处治,共计处治1 098处。在处理过的病害中再次翻浆处只有5处,达到了预期效果。